Carlo Westbrook

Active Directory

in Windows Server 2012 R2

Planung und praktischer Einsatz in Windows-Netzwerken

CertPro PRESS
ein Imprint von CertPro® Limited

Bibliografische Informationen der Deutschen Nationalbibliothek

Die Deutsche Nationalbibliothek verzeichnet diese Publikation in der Deutschen Nationalbibliografie; detaillierte bibliografische Daten sind im Internet über *http://dnb.d-nb.de* abrufbar.

Print-Ausgabe: ISBN 978-3-9447-4902-0
ebook-Ausgabe (PDF): ISBN 978-3-9447-4907-5
ebook-Ausgabe (EPUB): ISBN 978-3-9447-4908-2

Einbandgestaltung: Carlo Westbrook, CertPro® Limited
Bilder und Grafiken: CertPro® Limited
Herstellung: CertPro® Limited
Druck und Verarbeitung: BoD GmbH, Hamburg
ebook-Distribution: libreka! GmbH, Frankfurt am Main
Printed in Germany

Auf einen Blick

Teil 1 - Einführung und Grundlagen

Teil 2 - Planung, Aktualisierung und Migration

Teil 3 - Implementierung, Verwaltung und Wartung

Buch+

Website zum Buch

Liebe Leserin, lieber Leser,

zu diesem Buch bieten wir Ihnen zusätzliche Materialien, wie z. B. Zusatzdokumentation, Beispieldateien, die Sie bei Bedarf gerne direkt aus unserer Verlagswebsite im Internet herunterladen können unter:

http://www.CertPro-Press.de/9020.html

Inhaltsverzeichnis

Vorwort

Mit Windows Server 2012 R2 hat Microsoft wieder einmal einen Meilenstein in der Betriebssystementwicklung für Serversysteme geschaffen. Die darin enthaltenen Rollen und Funktionen wurden gegenüber den Vorversionen nicht nur optimiert, sondern gleich um eine Vielzahl weiterer, für die tägliche Praxis sicher notwendige Dienste und Funktionen erweitert. Mit Windows Server 2012 R2 orientierte sich Microsoft auch wieder direkt an der aktuellen Entwicklung in Richtung des „Cloud Computing". Das Betriebssystem lässt sich problemlos in Private, Public oder auch Hybrid-Cloud-Umgebungen betreiben. Die dazu mitunter notwendige Anbindung der Active Directory-Domänendienste an die Microsoft Cloud-Dienste im Internet, z. B. für die Verwendung von Office 365 oder Exchange Online, wird in den Online-Inhalten des Buches in einem Zusatzkapitel Schritt für Schritt erklärt. Problemlos lässt sich das neue Serverbetriebssystem aber auch parallel zu älteren Windows-Server-betriebssystemen, wie z. B. Windows Server 2012 oder auch Windows Server 2008 (R2) einsetzen, was in diesem Buch ebenso berücksichtigt wurde.

Da die Active Directory-Domänendienste für immer mehr der BackOffice-Produkte - nicht nur von Microsoft - die eigentliche „Basis" für die Authentifizierung und auch Autorisierung darstellen, ist es umso notwendiger, sich von Grunde auf bis ins Detail mit diesen zu befassen. Aus diesem Grund ist das Buch in insgesamt drei verschieden Abschnitte unterteilt. Der erste Teil des Buches beschreibt die wichtigsten Neuerungen in Windows Server 2012 R2 sowie auch in Windows Server 2012, und geht auf die Grundlagen und Funktionen der in Windows Server 2012 R2 unter Active Directory zusammengefassten Dienste und Funktionen ein. Im zweiten Teil des Buches werden dann die Konzepte für die erfolgreiche Planung der Bereitstellung von Windows Server 2012 R2 in neue und auch bereits existierende Unternehmensnetzwerke vorgestellt. Im dritten Teil finden Sie die notwendigen Schritte zur Bereitstellung, Konfiguration, Verwaltung und Wartung der Active Directory-Domänen-dienste mitsamt der darin enthaltenen Rollen und Funktionen.

Die Inhalte des Buches sind so verfasst, dass Einsteiger, aber auch Active Directory-Profis darin das notwendige Wissen rund um die Active Directory-Domänendienste unter Windows Server 2012 R2 finden.

An dieser Stelle möchte ich mich bei meiner Familie für ihre Unterstützung während der Zeit der Erstellung dieses Buches bedanken. Natürlich möchte ich mich auch bei Ihnen, liebe Leser, für den Kauf dieses Buches bedanken und wünsche Ihnen nun eine interessante Zeit beim Lesen.

Ihr Carlo Westbrook

Aufbau des Buches

Das Buch ist zur besseren Übersicht in insgesamt drei verschiedene Teile gegliedert. Die einzelnen Teile unterscheiden sich in ihrer inhaltlichen Ausrichtung, bauen fachlich jedoch aufeinander auf. Insgesamt finden Sie in diesem Buch die folgenden Teile:

Teil 1 - Einführung und Grundlagen

Teil 2 - Planung, Aktualisierung und Migration

Teil 3 - Bereitstellung, Verwaltung und Wartung

Konventionen und Symbole

Um bestimmten Textpassagen dieses Buches etwas hervorzuheben, habe ich die folgenden typografischen Konventionen und Symbole verwendet:

Konvention	Bedeutung
`befehl`	Stellt die Befehlssyntax oder auch Befehlsausführung von Kommandozeilen- oder Windows PowerShell-Befehlen dar.
Weiter	Kennzeichnet die Ausführung einer bestimmten Programmfunktion, beispielsweise den Mausklick auf eine Schaltfläche.
HINWEIS	Weist auf einen allgemeinen Hinweis zu bestimmten Themenbereichen hin.
WICHTIG!	Gibt einen Hinweis auf wichtige Funktionen oder auch Situationen, die unbedingt beachtet werden sollten.
VORSICHT!	Kennzeichnet Informationen oder auch Situationen, die ein Risiko oder eine Bedrohung darstellen können.
PRAXISTIPP!	Kennzeichnet Tipps für die praktische Anwendung bzw. Umsetzung.
INTERNET	Weist auf weitere Informationsquellen zu bestimmten Themenbereichen im Internet hin.

Teil 1

Einführung und Grundlagen

Die drei Kapitel im Teil 1 dieses Buches sind nicht nur für Einsteiger von Interesse. Auch geschulte Administratoren finden hier ebenso bereits wertvolle Informationen, um die Active Directory-Domänendienste unter Windows Server 2012 R2 oder unter Windows Server 2012 effizient zu planen, einzusetzen und zu betreiben.

Nach der Einführung in die Neuerungen rund um Windows Server 2012 R2 im ersten Kapitel erhalten Sie anschließend einen einführenden Überblick über die Protokolle, Dienste und Komponenten der Active Directory-Domänendienste sowie deren Funktionsweise.

Das letzte der drei Kapitel in diesem Abschnitt gibt letztlich einen Überblick über die konfigurierbare Sicherheit in den Umgebungen der Active Directory-Domänendienste.

Dieser erste Teil dieses Buches unterteilt sich in die folgenden Kapitel:

- **Kapitel 1 – Einführung in Windows Server 2012 (R2)** Lernen Sie die Neuerungen und Verbesserungen rund um Windows Server 2012 R2 und Windows Server 2012 kennen. (*ab Seite 33*)
- **Kapitel 2 – Funktionsweise und Beschreibung des Active Directory** Neben der Einführung in Active Directory werden die Komponenten, Protokolle und Dienste der Active Directory-Domänendienste unter Windows Server 2012 (R2) sowie auch die Funktionsweisen der einzelnen Komponenten vorgestellt. (*ab Seite 51*)

- **Kapitel 3 – Sicherheit in Umgebungen der Active Directory-Domänendienste** Dieses Kapitel beschreibt die grundsätzlichen Sicherheitsfunktionen, den Authentifizierungsvorgang mitsamt der dafür konfigurierbaren Sicherheitsebenen, die Domänencontrollersicherheit sowie auch die Möglichkeit der Überwachungsmöglichkeiten der Active Directory-Domänendienste. (*ab Seite 123*)

1 Einführung in Windows Server 2012 R2

Microsoft hat wieder sehr viel Fleiß in die Entwicklung des Windows Server 2012 R2 (Release 2) gesteckt. Dies zeigt sich in den vielen Verbesserungen und Ergänzungen, die in das Betriebssystem eingeflossen sind. Insbesondere fallen diese Änderungen im direkten Vergleich zu Windows Server 2008 R2 auf, denn zum direkten Vorgänger, dem Windows Server 2012 hingegen fallen diese eher marginal aus. Einige der Neuerungen und Verbesserungen nimmt man jedoch erst wahr, wenn man sich intensiver mit dem neuen Betriebssystem befasst. Gleich noch mit Windows Server 2012 hatte Microsoft jedoch bereits das Angebot der dazu verfügbaren Editionen im Vergleich mit älteren Windows-Serverbetriebssystemen verändert.

1.1 Verfügbare Editionen

Anders als noch bei Windows Server 2008 R2 hat Microsoft, beginnend bereits mit Windows Server 2012, lediglich noch vier direkte, unterschiedliche Betriebssystemeditionen von Windows Server 2012 R2 veröffentlicht. Die zuvor zum Beispiel noch erhältliche *Enterprise Edition* existiert nicht mehr. Die Editionen von Windows Server 2012 R2 richten sich in erster Linie nach der Größe des Unternehmens, sowie nach dem möglichen Bedarf an Virtualisierung und Cloud Computing.

Windows Server 2012 R2 wird von Microsoft in den folgenden Editionen angeboten:

Edition	Einsatzbereich	Enthaltene Funktionen
Datacenter	Große virtualisierte Private- und Hybrid-Cloud-Umgebungen	Vollständige Windows Server-Funktionalität
Standard	Unternehmensweiter Einsatz in kleinen, mittleren und großen Unternehmen, Behörden und Institutionen	Vollständige Windows Server-Funktionalität
Essentials	Kleine und mittlere Unternehmen	Eingeschränkte Windows Server-Funktionalität, unterstützt maximal 25 Benutzer und 50 Geräte.
Foundation	Einstiegsserver für kleine Unternehmen, Kanzleien und Freiberufler	Grundlegende Windows Server-Funktionalität, unterstützt bis zu 15 Benutzer.

Tabelle 1.1: *Verfügbare Editionen von Windows Server 2012 R2*

HINWEIS: Die Windows Server 2012 R2 Essentials Edition wird von Microsoft als der Nachfolger des Microsoft Small Business Server 2011 Standard/Essentials angeboten, und ist für die Verwendung Cloud-basierter Dienste konzipiert. Im Vergleich zum SBS 2011 enthält die Essentials Edition jedoch die zuvor noch im Umfang enthaltenen Exchange- und SQL-Server-Funktionalitäten nicht mehr. Diese Produkte müssen – alternativ zur Nutzung der von Microsoft angebotenen Cloud-basierten Dienste – bei Bedarf nunmehr zusätzlich beschafft und lizenziert werden.

Seitens der im Umfang enthaltenen Serverrollen und -funktionen gibt es unter Windows Server 2012 R2 keinen Unterschied zwischen der Standard Edition zur Datacenter Edition. So unterstützt selbst die Standard Edition u. a. auch das Failover-Clustering. Lediglich in den Virtualisierungsrechten unterscheiden sich die beiden Betriebssystem-Editionen. Im Vergleich dazu fehlen in Windows Server 2012 R2 Essentials unter anderem die Virtualisierungsunterstützung mit Hyper-V oder auch die Active Directory-Verbunddienste (engl. *Active Directory Federation Services, AD FS*). Der Windows Server 2012 R2 Foundation ist als „Einstiegsserver" noch weiter eingeschränkt und lediglich als OEM-Version (*Original Equipment Manufacture*) verfügbar.

1.2 Unterstützte Serverrollen und -funktionen

Windows Server 2012 R2 enthält eine Vielzahl der in den Computernetzwerken von Unternehmen notwendigen Serverrollen und -funktionen. Der jeweilige Umfang unterscheidet sich dabei zwischen den jeweiligen Betriebssystem-Editionen von Windows Server 2012 R2, und wird Ihnen in den nachfolgenden Tabellen verdeutlicht.

1.2.1 Unterstützte Serverrollen

Die folgende Tabelle enthält eine Übersicht über die in den verschiedenen Editionen von Windows Server 2012 R2 enthaltenen Serverrollen:

Unterstützte Serverrolle	Foundation	Essentials	Standard	Datacenter
Active Directory Lightweight Directory Services (AD LDS)	•	•	•	•
Active Directory-Domänendienste (AD DS)	• (max. 15 Benutzer)	• (max. 25 Benutzer und 50 Geräte)	•	•
Active Directory-Rechteverwaltungsdienste (AD RMS)	•	•	•	•

Unterstützte Serverrolle	Foundation	Essentials	Standard	Datacenter
Active Directory-Verbunddienste (AD FS)	•	•	•	•
Active Directory-Zertifikatdienste (AD CS)	•	•	•	•
Anwendungs-server	•	•	•	•
Datei- und Speicherdienste	•	•	•	•
DHCP-Server	•	•	•	•
DNS-Server	•	•	•	•
Druck- und Dokument-dienste	•	•	•	•
Faxserver	•	•	•	•
Hyper-V			•	•
Netzwerkricht-linien- und Zugriffsdienste	•	•	•	•
Remotedesk-topdienste	•	•	•	•
Remotezugriff	•	•	•	•
Volumenakti-vierungsdienste	•	•	•	•
Webserver (IIS)	•	•	•	•
Windows Server Essentials-Umgebung			•	•
Windows Server Update Services (WSUS)			•	•
Windows-Bereitstellungs-dienste (WDS)	•	•	•	•

Tabelle 1.2: *Unterstützte Serverrollen in den verschiedenen Editionen von Windows Server 2012 R2*

1.2.1 Unterstützte Features (Funktionen)

Die folgende Tabelle enthält eine Übersicht der in den verschiedenen Editionen von Windows Server 2012 R2 enthaltenen Features (Funktionen):

Unterstützte Features (Funktionen)	Foundation	Essentials	Standard	Datacenter
.NET Framework 3.5-Funktionen	•	•	•	•
.NET Framework 4.5-Funktionen	•	•	•	•
Benutzer-oberfläche und Infrastruktur	•	•	•	•
BitLocker-Laufwerks-verschlüsselung	•	•	•	•
BitLocker-Netzwerk-entsperrung	•	•	•	•
BranchCache	•	•	•	•
Client für NFS	•	•	•	•
Data Center Bridging	•	•	•	•
Einfache TCP/IP-Dienste	•	•	•	•
Erweitertes Speichern	•	•	•	•
Failoverclustering			• (max. 64 Knoten)	• (max. 64 Knoten)
Freihand- und Handschriftdienst	•	•	•	•
Gruppenricht-linienverwaltung	•	•	•	•
Hostfähiger Webkern für	•	•	•	•

Unterstützte Features (Funktionen)	Foundation	Essentials	Standard	Datacenter
Internetinformationsdienste				
IIS-Erweiterungen für OData Services for Management	•	•	•	•
Intelligenter Hintergrundübertragungsdienst (Background Intelligent Transfer Service, BITS)	•	•	•	•
Interne Windows-Datenbank	•	•	•	•
Internetdruckdienstclient	•	•	•	•
IP-Adressverwaltungsserver (IPAM-Server)	•	•	•	•
iSNS-Serverdienst	•	•	•	•
LPR-Portmonitor	•	•	•	•
Media Foundation	•	•	•	•
Message Queuing	•	•	•	•
Multipath-E/A	•	•	•	•
Netzwerklastenausgleich	•	•	•	•
Peer Name Resolution-Protokoll	•	•	•	•
RAS-Verbindungs-Manager-Verwaltungskit (CMAK)	•	•	•	•
Remotedifferenzialkomprimierung	•	•	•	•
Remoteserver-Verwaltungstools	•	•	•	•
Remoteunterstützung	•	•	•	•

Unterstützte Features (Funktionen)	Foundation	Essentials	Standard	Datacenter
RPC-über-HTTP-Proxy	•	•	•	•
SMB-Bandwith Limit			•	•
SMTP-Server	•	•	•	•
SNMP-Dienst	•	•	•	•
Standardbasierte Windows-Speicherverwaltung	•	•	•	•
Telnet-Client	•	•	•	•
Telnet-Server	•	•	•	•
TFTP-Client	•	•	•	•
Unterstützung für die SMB 1.0/CIFS-Dateifreigabe (nur *OPTIONAL* - standardmäßig deakt.)	(•)	(•)	(•)	(•)
Verbesserte Windows-Audio-/Video-Streaming	•	•	•	•
Windows Identity Foundation 3.5	•	•	•	•
Windows PowerShell	•	•	•	•
Windows Search	•	•	•	•
Windows Server-Migrationstools	•	•	•	•
Windows Server-Sicherung	•	•	•	•
Windows-Biometrieframework	•	•	•	•
Windows-Feedbackweiterleitung	•	•	•	•
Windows-Prozessaktivierungsdienst	•	•	•	•

Unterstützte Features (Funktionen)	Foundation	Essentials	Standard	Datacenter
Windows-TIFF-IFilter	•	•	•	•
WinRM-IIS-Erweiterungen	•	•	•	•
WINS-Server	•	•	•	•
WLAN-Dienst	•	•	•	•
WoW64-Unterstützung	•	•	•	•
XPS-Viewer	•	•	•	•

Tabelle 1.3: *Unterstützte Features in den verschiedenen Editionen von Windows Server 2012 R2*

WICHTIG! Wie in der oberen Tabelle zu ersehen ist, unterstützt Windows Server 2012 R2 *SMB 1.0-Freigaben* lediglich noch *optional*. Bei Bedarf kann man diese Unterstützung in der Windows-Registry des Serverbetriebssystems aktivieren.

Darüber hinaus wurden der *Windows System Ressourcen-Manager (WSRM)*, sowie auch die *Windows Services for Unix (Unterstüzung POSIX-kompatibler Anwendungen)* vollständig aus dem Umfang von Windows Server 2012 R2 entfernt.

1.3 Neuerungen und Verbesserungen

Im Vergleich zu Windows Server 2008 R2 hat Microsoft in Windows Server 2012, sowie auch in Windows Server 2012 R2 (Release 2) wiederum eine Vielzahl an Neuerungen und auch Verbesserungen eingearbeitet. Die Verwaltung der neuen Serverbetriebssysteme wurde an die Anforderungen in modernen Computernetzwerken angepasst und verbessert. Die Möglichkeit der zentralen Verwaltung von Serversystemen stand insbesondere bei der Entwicklung und Optimierung des Server-Managers sicher bedeutend im Fokus. Microsoft hat auch viele der zuvor bereits vorhandenen Serverrollen und -funktionen vielfach überarbeitet und optimiert. Viele der Neuerungen und Verbesserungen werden Ihnen in den nächsten Seiten dieses Fachbuches vorgestellt.

1.3.1 Der Anmeldebildschirm

Nach der Installation von Windows Server 2012 R2 (Release 2) fällt auf, dass Microsoft mögliche Neuerungen nicht nur innerhalb des Serverbetriebssystems eingearbeitet hat. Auch der *Startbildschirm* zeigt sich in neuem Gewand. Deutlich sichtbar ist dabei die Anzeige für Datum und Uhrzeit.

Nach dem gleichzeitigen Drücken der Tasten **Strg**, **Alt** und **Entf** sich dann der überarbeitete Anmeldebildschirm. Wenn man Zeichen in das darin enthaltene Kennwortfeld eingegeben hat, so kann man dies durch einen Klick auf das daneben enthaltene Symbol kontrollieren. Solange man die Maustaste gedrückt hält, werden die in das Kennwortfeld eingegebenen Zeichen im Klartext angezeigt. Hierdurch lässt sich problemlos feststellen, ob man sich bei der Eingabe des Benutzerkennworts womöglich vertan hat.

Abbildung 1.1: *Der Anmeldebildschirm von Windows Server 2012 R2*

Die Funktion für die visuelle Kontrolle des im Kennwortfeld eingegebenen Kennworts findet sich parallel auch in Windows 8, Windows 8.1 und auch Windows 10, wodurch sich die Anzahl von Kontosperrungen von Benutzerkonten durch die Falscheingabe von Kennwörtern - und somit auch der damit verbundene Supportaufwand - möglicherweise reduzieren lassen kann.

1.3.2 Die grafische Benutzeroberfläche

Gleich nach der Anmeldung an Windows Server 2012 R2 als Server mit grafischer Benutzeroberfläche startet automatisch der grafische Server-Manager. Am unteren Rand fällt in der unter Windows-Betriebssystemen gewohnten Taskleiste auf, dass Microsoft den Startknopf unter Windows Server 2012 R2, sowie parallel auch unter Windows 8.1 wieder hinzugefügt hat. Das von früheren Windows-Version gewohnte Startmenü ist unter dem aktuellen Windows-Serverbetriebssystem nicht enthalten. Es findet sich im Gegensatz dazu ein auf die wichtigsten Funktionen hin reduziertes (Ersatz-)Startmenü, das durch einen Klick mit der rechten Maustaste auf den Startknopf angezeigt wird.

Unter dem Serverbetriebssystem wie parallel auch unter Windows 8.1 findet sich ein auf die mögliche *„Touch"*-Steuerung abgestimmter Startbildschirm (technisch engl. *Modern UI*), in dem sich standardmäßig bereits einige Verknüpfungen befinden. So steht zum Beispiel bereits eine entsprechende Kachel (engl. *Tile*) zum Aufruf der Systemsteuerung, der Windows PowerShell, der Verwaltung, sowie auch des Internet Explorers bereit.

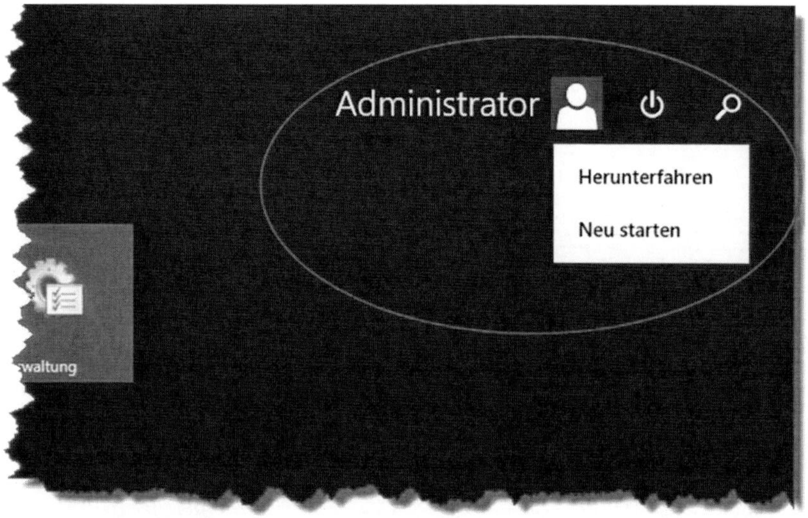

Abbildung 1.2: *Verknüpfungen im Startbildschirm von Windows Server 2012 R2 mit Update (1)*

In der grafischen Benutzeroberfläche des Startbildschirms hat Microsoft unter Windows Server 2012 R2 und Windows 8.1 auch die zuvor bereits unter Windows 8 bzw. Windows Server 2012 zur Navigation eingeführte, sogenannte „Charms"-Leiste integriert. Hierüber besteht neben der Maussteuerung auch die Möglichkeit, das Serversystem beispielsweise von einem Tablet-PC mit Touch-Bildschirm oder vergleichbaren Geräten mit den Fingern zu steuern.

1.3.3 Der grafische Server-Manager

Der bereits seit Windows Server 2008 auf den Serversystemen als zentrale Verwaltungskonsole enthaltene Server-Manager wurde bereits unter Windows Server 2012 nochmals völlig überarbeitet. Neben einer neu konzipierten Oberfläche findet man darin nicht nur verbesserte, sondern auch viele neue Funktionen. So kann man im grafischen Server-Manager unter Windows Server 2012 R2 nicht nur andere Serversysteme im Netzwerk remoteverwalten, sondern auch Serverrollen und -features über das Netzwerk auf anderen Servern installieren bzw. bei Bedarf auch wieder entfernen.

HINWEIS: Im Vergleich zu Windows Server 2012 finden sich im grafischen Server-Manager unter Windows Server 2012 R2 (Release 2) prinzipiell keine Änderungen.

Gleich nach dem Aufruf der grafischen Server-Manager-Konsole zeigt dieser das Dashboard, in dem man u. a. einen Überblick über die damit verwalteten Server und Serverrollen erhält.

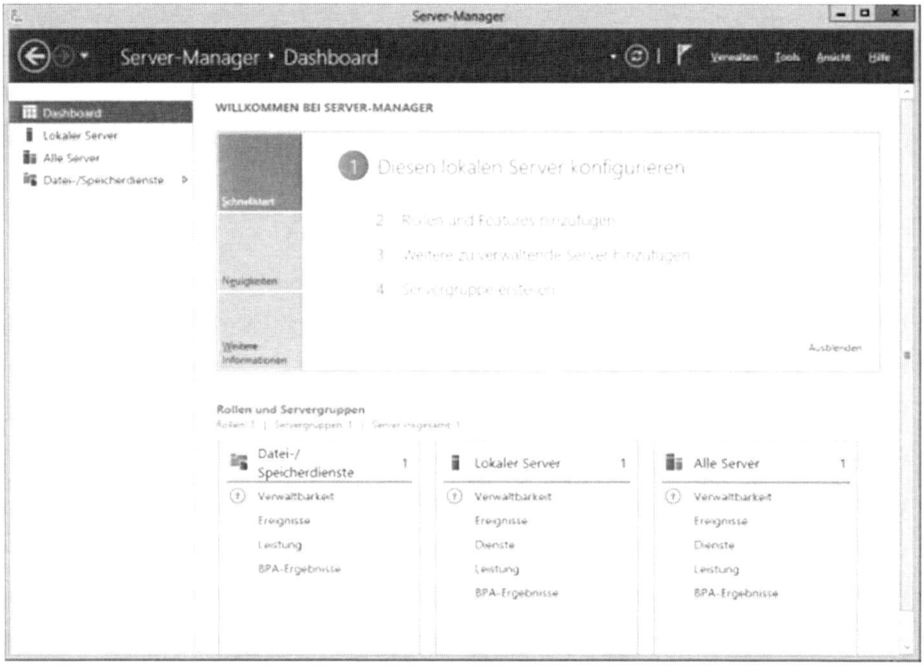

Abbildung 1.3: *Der grafische Server-Manager von Windows Server 2012 R2 mit Update (1)*

1.3.4 Server Core - Grafikoberfläche nachträglich aktivierbar

Die Möglichkeit zur Installation von Windows-Serverbetriebssystemen als Server Core hat Microsoft mit Windows Server 2008 erstmalig eingeführt. Um die Sicherheit und Stabilität von Serversystemen zu erhöhen, sowie gleichsam die Angriffsfläche gegenüber Hackern zu vermindern, fehlt den Core-Servern die grafische Oberfläche. Die lokale Verwaltung dieser Systeme erfolgt mithilfe der Eingabeaufforderung, sowie unter Windows Server 2008 R2 (*Release 2*) zusätzlich mittels der darin im Umfang enthaltenen PowerShell. Auch lassen sich Core-Server für die Remoteverwaltung konfigurieren, so dass man die darauf ausgeführten Serverrollen und -funktionen von einem anderen Computersystem im Netzwerk somit problemlos auch grafisch verwalten kann.

In der Praxis regte sich seitens der IT-Administratoren oft bereits Interesse am Einsatz von Serversystemen als Server Core-Installation, jedoch wurde die fehlende Grafikoberfläche u. a. als Nachteil bei der möglichen Fehlerbehebung oder auch einer späteren Neukonfiguration der Serversysteme betrachtet - die Grafikoberfläche lässt sich unter Windows Server 2008 und Windows Server 2008 R2 auf den Core-Servern nachträglich ohne Neuinstallation des Betriebssystems nämlich nicht mehr reaktivieren oder nachinstallieren. Microsoft hat die Stimmen aus der Praxis offensichtlich wahrgenommen - seit Windows Server 2012 kann man die grafische Benutzeroberfläche auf den als Core-Server installierten Serversystemen als optionales Server-Feature bei Bedarf jederzeit nachinstallieren. Die Windows PowerShell in der Server Core-Installation von Windows Server 2012 R2 unterstützt dazu beispielsweise das

Cmdlet `Install-WindowsFeature`. Auch ist es im umgekehrten Fall möglich, einen zuvor vollständig installierten Server unter Windows Server 2012 (R2) über die Verwaltung der Serverrollen und -features im Server-Manager problemlos zu einem Core-Server umzuwandeln.

Beim nachträglichen Installieren der grafischen Benutzeroberfläche auf Serversystemen unter Windows Server 2012 (R2) als Server-Core-Installation bleiben alle Einstellungen und Serverrollen erhalten. Auch umgekehrt werden bei Bedarf lediglich die Funktionen der grafischen Benutzeroberfläche entfernt.

HINWEIS: Auf Serversystemen unter Microsoft Hyper-V Server 2012 R2 gehört die grafische Benutzeroberfläche nicht zum Umfang und kann - anders als bei der Standard und Datacenter Edition von Windows Server 2012 (R2) - auch nicht nachträglich hinzugefügt werden. Alternativ lässt sich der Hyper-V Server 2012 R2 jedoch von Windows 8/8.1 oder auch Windows 10 mit dessen bereits im Umfang enthaltenen *Hyper-V-Manager* grafisch verwalten, ohne dass man auf dem Clientcomputer dazu erst die jeweilig optional verfügbaren Remoteserver-Verwaltungstools (engl. *Remote Server Administration Tools, RSAT*) installieren muss.

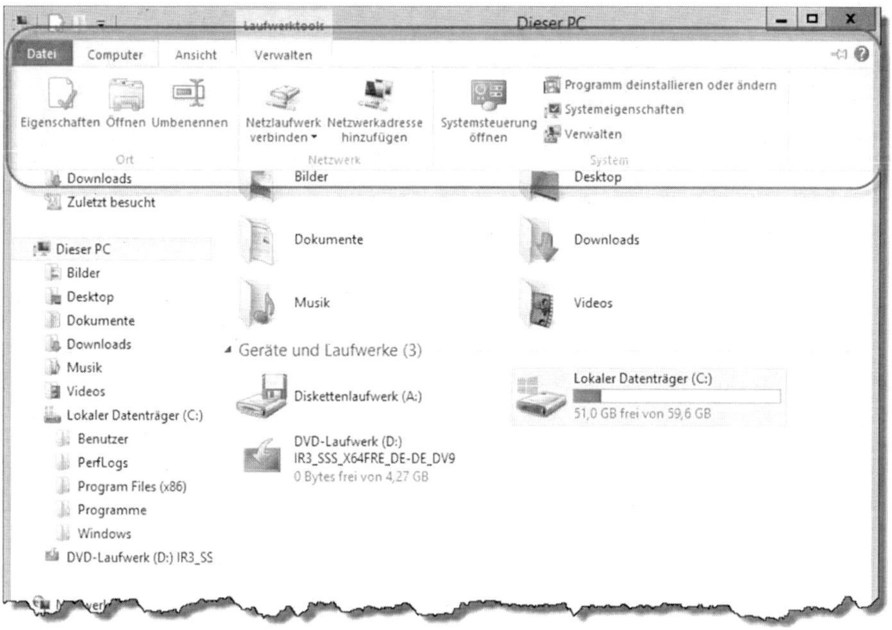

Abbildung 1.4: *Erweiterte Verwaltungsoptionen im Windows-Explorer*

1.3.5 Neuerungen im Windows-Explorer

Bereits im Windows-Explorer unter Windows Server 2012 hatte Microsoft ebenso einige interessante Neuerungen und Verbesserungen eingebracht. Am oberen Rand des Windows Explorers findet man unter Windows Server 2012 R2 das parallel ebenso wie in Windows

8/8.1 und Windows 10 enthaltene Menüband - wie die aus Office-Anwendungen bekannte *„Ribbon-Leiste"*. Dieses lässt sich bei Bedarf dauerhaft ausklappen, so dass die darin enthaltenen, der Funktion nach kategorisierten Optionen für den schnellen Zugriff stets angezeigt werden.

Bei einem Klick im Windows-Explorer in der linken Konsolenstruktur auf Computer werden im Menüband u. a. Schaltflächen zum Aufruf der Systemeigenschaften, sowie noch weitere Verwaltungsoptionen eingeblendet.

1.3.6 Die Windows PowerShell 4.0

In Windows Server 2012 R2 ist die Windows PowerShell nun in der umfangreich erweiterten Version 4.0 mit einer Vielfalt neuer PowerShell-Befehle (engl. *CommandLets, CmdLets*), sowie vielen neuen Modulen für die Systemverwaltung enthalten. In der Version 4.0 der Windows PowerShell lassen sich unter Windows Server 2012 R2 nunmehr neben den Netzwerkeinstellungen, Dateifreigaben, z. B. auch alle im Umfang des Servers enthaltenen Dienste mittels der Windows PowerShell verwalten. Insbesondere in größeren Computernetzwerken kann man durch diese umfangreichen Erweiterungen der Windows PowerShell viele der Verwaltungsschritte durch den Einsatz von PowerShell-Skripts automatisieren.

Wie ebenso bereits unter Windows Server 2012 lässt sich auch unter Windows Server 2012 R2 der *Windows PowerShell-Web Access* als Feature aktivieren. Dieses Feature dient als *Windows PowerShell-Gateway* und umfasst eine webbasierte Windows PowerShell-Konsole für die Remoteverwaltung. Zum Zugriff auf die webbasierte Windows PowerShell-Konsole benötigt man lediglich ein Computersystem, einen Tablet-PC oder ein Smartphone mit einem Browser, der JavaScript unterstützt und Cookies akzeptiert.

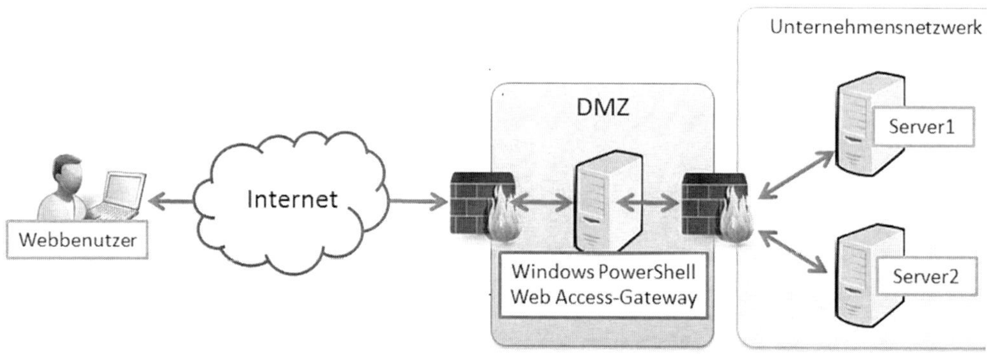

Abbildung 1.5: *Webbasierter Remotezugriff auf die Windows PowerShell*

1.3.7 Active Directory-Verwaltungscenter

Das mit Windows Server 2008 R2 eingeführte, auf Windows PowerShell-basierte Active Directory-Verwaltungscenter (engl. *Active Directory Administrative Center, AD AC*) wurde bereits unter Windows Server 2012 um viele Funktionen erweitert und verbessert. So besteht darin neben vielen weiteren Optionen nunmehr sogar die Möglichkeit, die darin getätigten Verwaltungsschritte für die spätere Automatisierung als PowerShell-Skript zu speichern. Beim Ausführen von Aktionen in der Benutzeroberfläche werden die entsprechenden Windows PowerShell-Befehle innerhalb von *AD AC* in Windows Server 2012 (R2) im *Windows Power-Shell History Viewer* angezeigt. Man kann diese in *AD AC* als Aufgaben abschnittsweise gruppieren oder über die Zwischenablage in einen Editor kopieren und als PowerShell-Skript für die spätere Verwendung speichern.

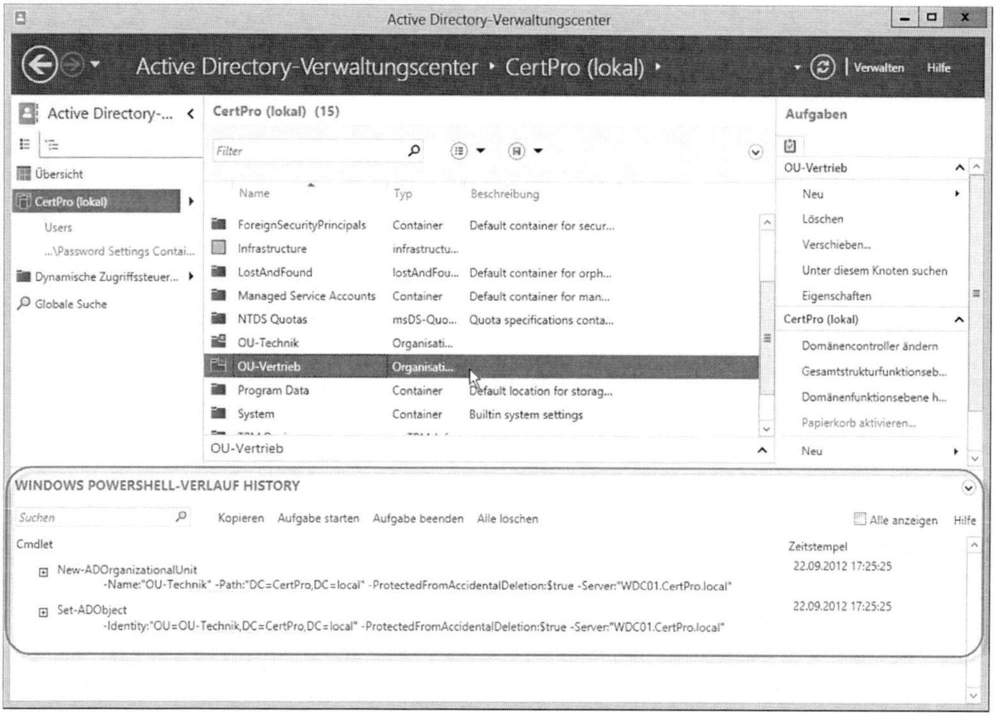

Abbildung 1.6: *Grafisches Active Directory-Verwaltungscenter*

1.3.8 Active Directory-Papierkorb - jetzt grafisch

Bereits in Windows Server 2008 R2 konnte man auf den Active Directory-Domänencontrollern den sogenannten Active Directory-Papierkorb aktivieren, um (versehentlich) gelöschte Objekte wieder herstellen zu können. Die Wiederherstellung war in der vorherigen Betriebssystemversion jedoch lediglich mithilfe von PowerShell-CmdLets möglich.

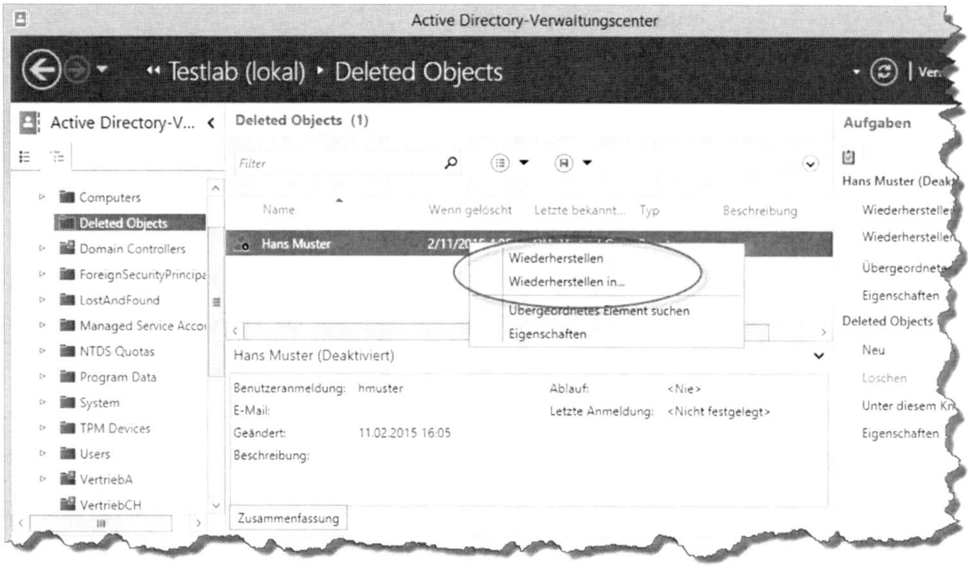

Abbildung 1.7: *Grafischer Active Directory-Papierkorb unter Windows Server 2012 R2*

Seit Windows Server 2012 lässt sich die Wiederherstellung gelöschter Objekte bequem im grafischen *Active Directory-Verwaltungscenter* (engl. *Active Directory Administrative Center, AD AC*) durchführen. Vorausgesetzt werden hierbei zumindest die *Windows Server 2008 R2-Gesamtstrukturfunktionsebene*, sowie die Aktivierung des Active Directory-Papierkorbs als Feature.

1.3.9 Verbesserte Kennwortrichtlinienverwaltung

Die in Windows Server 2008 erstmalig eingeführten, differenzierten Kennwortrichtlinien (engl. *Fine-Grained Password Policy, FGPP*) können in Windows Server 2012, sowie auch Windows Server 2012 R2 als *Kennworteinstellungen* direkt im Active Directory-Verwaltungscenter (engl. *Active Directory Administrative Center, AD AC*) erstellt und verwaltet werden. Kennwortrichtlinieneinstellungen ermöglichen die von Gruppenrichtlinienobjekten unabhängige, granulare Definition unterschiedlicher Kennwortvorgaben für einzelne Benutzer oder Sicherheitsgruppen innerhalb einer Active Directory-Domäne. So ist es beispielsweise möglich, für Administratoren durch den Einsatz spezifischer Objekte für die Kennworteinstellungen höhere Kennwortanforderungen als den einfachen Benutzern innerhalb einer selben Domäne zu definieren. Der Umweg zur Konfiguration von Kennworteinstellungen über den ADSI-Editor oder gar der Einsatz von Drittanbietersoftware (beispielsweise *SpecOps Password Policy Basic*, u. ä.), wie dies noch unter Windows Server 2008 und Windows Server 2008 R2 notwendig war, bleibt den Administratoren für dieses in Punkto Sicherheit doch so wertvolle Feature endlich erspart.

Die Kennworteinstellungen-Objekte werden in den Active Directory-Domänendiensten, wie bereits auch unter Windows Server 2008 R2 im Container *System\Password Settings Container* der betreffenden Active Directory-Domäne gespeichert. Vorausgesetzt wird für den Einsatz differenzierter Kennwortrichtlinien zumindest die *Windows Server 2008-Domänenfunktionsebene*.

1.3.10 Active Directory-basierte Aktivierung

Für die einfache Betriebssystem-Aktivierung in Unternehmen kann die in Windows Server 2012 erstmalig eingeführte, Active Directory-basierte Aktivierung (engl. *Active Directory Based Activation, AD BA*) für Computersysteme unter Windows 8/8.1 oder auch Windows 10 verwendet werden. Hierbei muss der von Microsoft bereitgestellte, kundenspezifische Volumenlizenzschlüssel (engl. *Volume License Key, VLK*) lediglich einmalig beim *Microsoft Activation Service* im Internet aktiviert werden. Anschließend erfolgt die Betriebssystemaktivierung für die in der Active Directory-Gesamtstruktur enthaltenen Computersysteme unter Windows 8/8.1, Windows 10 sowie Windows Server 2012 bzw. Windows Server 2012 R2 (Release 2) völlig automatisch - vorausgesetzt wird für diese Computersysteme jedoch die Domänenmitgliedschaft in einer der in der Gesamtstruktur vorhandenen Active Directory-Domänen.

Die Active Directory-basierte Aktivierung findet man unter Windows Server 2012 (R2) in der Serverrolle der *Volumenaktivierungsdienste*. Der Betrieb eines KMS (*Key Management Service*)-Systems, beispielsweise zur zentralen Aktivierung von Windows 7-Systemen und Microsoft Office 2010, ist parallel zu der Active Directory-basierten Aktivierung innerhalb des gleichen Computernetzwerks problemlos möglich. Für die Verwendung der Active Directory-basierten Aktivierung muss das Active Directory-Schema der betreffenden Gesamtstruktur auf Windows Server 2012 (oder höher) erweitert sein, man benötigt hierfür jedoch keine Domänencontroller unter Windows Server 2012 (R2).

1.3.11 Klonen von Domänencontrollern

Die Active Directory-Domänendienste (engl. *Active Directory Domain Services, AD DS*) unter Windows Server 2012 R2 ermöglichen ein effektiveres Bereitstellen weiterer, u. a. für die Ausfallsicherheit, sowie auch die Lastverteilung notwendigen Domänencontroller innerhalb einer Active Directory-Domäne. Microsoft ermöglicht hierzu das Klonen eines in der Domäne zuvor eingerichteten, virtuellen Domänencontrollers. Die notwendigen Verwaltungsschritte werden mit dafür bereitgestellten Windows PowerShell-Cmdlets durchgeführt. Die Eindeutigkeit eines virtuell betriebenen, mitunter bereits geklonten Domänencontrollers ergibt sich durch den Einsatz einer „*VM-Generation-ID*" auf einer unter Hyper-V betriebenen Virtualisierungsplattform.

INTERNET: Die Details zum Klonen von Domänencontrollern unter Windows Server 2012 R2 bzw. Windows Server 2012 werden in der Website von Microsoft detailliert beschrieben. Informationen hierzu findet man im Internet unter:

https://technet.microsoft.com/de-de/library/hh831734.aspx

1.3.12 Dynamische Zugriffssteuerung

Seit Windows Server 2012 kann man die Zugriffe auf die auf Dateiservern gespeicherten Daten durch die Verwendung der dazu neu entwickelten, dynamischen Zugriffssteuerung (engl. *Dynamic Access Control, DAC*) steuern. Unternehmen können in diesem Zusammenhang zentrale Zugriffs- und Steuerungsrichtlinien in Active Directory definieren, um zu steuern, wer auf die auf Dateiservern gespeicherten Daten zugreifen kann. Die Identifizierung der Daten kann auch durch die automatische oder manuelle Klassifizierung von Dateien erfolgen, damit die dynamische Zugriffssteuerung auf diese angewendet werden kann. Die Unterstützung der Option „Zugriff verweigert" ermöglicht im Zusammenhang mit der dynamischen Zugriffssteuerung, dass Sie für die Benutzer auf einem Computersystem unter Windows 8/8.1 oder auch Windows 10, denen der Zugriff auf Dateien verweigert wurde, eine angepasste Fehlermeldung innerhalb eines Dialogfensters erhält. Dieses Dialogfenster kann so konfiguriert werden, dass er darin die Möglichkeit erhält, den Zugriff auf die Datei einfach anzufordern. Im *Ressourcen-Manager für Dateiserver* (engl. *File Server Resource Manager, FSRM*) lässt sich eine Benutzergruppe angeben, an welche die Zugriffsanforderung des Benutzers gesendet werden soll.

INTERNET: Weitere Informationen und Details zur dynamischen Zugriffssteuerung unter Windows Server 2012 (R2) erhalten Sie im Internet auf der Website von Microsoft unter:

https://technet.microsoft.com/de-de/library/hh831746.aspx

1.3.13 Essentials Experience - für kleine Firmen und Institutionen

Völlig neu in Windows Server 2012 R2 findet sich das *Essentials Experience*-Feature. Dieses Feature ist in den Standard- und Datacenter-Editionen von Windows Server 2012 R2 als optional installierbare Serverrolle enthalten. Die Installation der Windows Server Essentials-Umgebung in Windows Server 2012 R2 stellt alle Funktionen (wie das Dashboard, Clientcomputersicherungen und Remotewebzugriff) der gesondert erhältlichen Windows Server 2012 R2 Essentials-Edition ohne Einschränkungen bereit.

Die Windows Server 2012 R2 Standard und Datacenter Edition unterstützen nach der installierten Essentials Experience-Serverrolle maximal 100 Benutzer oder 200 Geräte.

Merkmale der Essentials Experience-Serverrolle

Die Merkmale der Essentials Experience-Serverrolle umfassen:

- **Datenspeicherung und -schutz** - Daten können an einem zentralen Ort gespeichert und Server- und Clientcomputer im Netzwerk gesichert werden.
- **Benutzerverwaltung** - Benutzer und Gruppen können über das vereinfachte Server-Dashboard verwaltet werden. Darüber hinaus ermöglicht die Integration in Microsoft

Azure Active Directory (Azure AD) den einfachen Datenzugriff auf die Microsoft Online Services (z. B. Office 365, Exchange Online und SharePoint Online). Dazu müssen Benutzer nur ihre Anmeldeinformationen eingeben.

- **Dienstintegration** - Der Server lässt sich einfach in Microsoft Online Services integrieren (z. B. Office 365 SharePoint Online und Microsoft Azure Backup). Der Server kann aber auch in eigene Dienste oder in Dienste von Drittanbietern integriert werden.
- **Zugriff überall** - Mitarbeiter können von nahezu überall aus und mit fast jedem Gerät auf Server, Netzwerkcomputer und Daten zugreifen, sofern sie über eine Internetverbindung verfügen. Mit dem Remotewebzugriff können sie über eine optimierte Browserumgebung, auf Anwendungen und Daten zugreifen.
- **Medienstreaming** - Wenn das Medienpaket auf einem Server mit aktivierter Windows Server Essentials Experience installieren, können die Benutzer Musik, Videos und Fotos in freigegebenen Ordnern speichern und anschließend über Computer im Netzwerk oder per Remotewebzugriff auf diese Mediendateien zugreifen.
- **Statusüberwachung** - Die Integrität des Netzwerks kann überwacht und benutzerspezifische Statusberichte abgerufen werden.

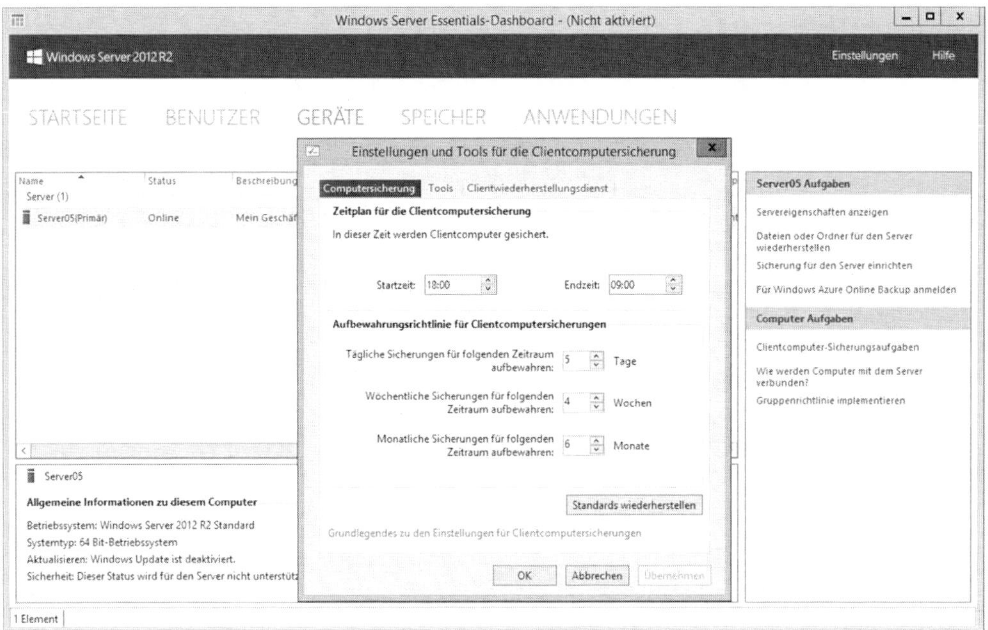

Abbildung 1.8: *Grafische Verwaltung der Essentials Experience-Serverrolle*

Windows Server Essentials Experience als Serverrolle in den Standard- und Datacenter-Editionen von Windows Server 2012 R2 kann als Mitgliedsserver in einer bereits vorhandenen Active Directory-Domäne installiert werden. Falls noch keine Active Directory-Domäne vorhanden ist, wird bei der Installation der Serverrolle eine Active Directory-Domäne erstellt, und der Server wird zum Domänencontroller der Stammdomäne der Gesamtstruktur, und enthält alle FSMO-Rollen. Man kann problemlos mehrere Server im Netzwerk einsetzen, auf denen die Windows Server Essentials-Serverrolle installiert ist.

1.3.14 Weitere Verbesserungen und Neuerungen

Insgesamt betrachtet erkennt man an der Vielfalt und Vielzahl der Neuerungen und Verbesserungen in Windows Server 2012 R2, dass Microsoft sehr viel Mühe in die Entwicklung des Serverbetriebssystems investiert hat. Einige der bereits in den vorherigen Versionen von Windows Server 2008 bzw. Windows Server 2008 R2 (Release 2) eingeführten Features wurden bereits in Windows Server 2012 verbessert, andere hingegen teils völlig neu konzipiert und realisiert. Windows Server 2012 R2 trägt diese Features fort, und enthält dazu noch eine Vielzahl weiterer Neuerungen und Verbesserungen.

Neben den in den vorangegangenen Seiten aufgeführten Neuerungen und Verbesserungen sind von Microsoft noch viele weitere in Windows Server 2012 R2 eingearbeitet worden. Diese werden zum Teil in den nachfolgenden Kapiteln dieses Fachbuches ebenso vorgestellt.

INTERNET: Eine vollständige Übersicht über alle Neuerungen und Verbesserungen in Windows Server 2012 R2 kann man sich im Internet auf der Website von Microsoft anzeigen lassen unter:

https://technet.microsoft.com/de-de/library/dn250019.aspx

1.4 Zusammenfassung

In diesem ersten Kapitel haben Sie mehr über Windows Server 2012 R2 sowie Windows Server 2012, sowie die darin enthaltenen Serverrollen und -funktionen erfahren Auch wurden die wichtigsten Neuerungen und Verbesserungen rund um die Serverbetriebssysteme kurz vorgestellt.

Im nächsten Kapitel erhalten Sie nun einen grundlegenden Überblick über die Active Directory-Domänendienste (engl. *Active Directory Domain Services, AD DS*) mit ihren Merkmalen, Protokollen sowie logischen und physikalischen Komponenten.

2 Einführung in Active Directory

Seit der Einführung von Windows 2000 Server bildet Active Directory mit seinen Protokollen und Diensten den Kern der Windows-Domänen in den weltweit angesiedelten Unternehmensnetzwerken. Hiermit wird es möglich, die Struktur eines Computernetzwerkes und dessen logische Grenzen klar zu definieren.

Mit der Einführung von Windows Server 2008 hat Microsoft dem Active Directory neben den Domänendiensten noch weitere, zuvor noch als eigenständig behandelte Dienste hinzugefügt. Dem Trend geschuldet, Ressourcen in einer privaten, einer öffentlichen oder einer hybriden Cloud-Umgebung bereitzustellen, lässt sich Active Directory mit den Microsoft Cloud-Diensten im Internet synchronisieren. Dies ermöglicht den Unternehmen unter anderem die Verwendung von Office 365 oder Exchange Online. Details hierzu erfahren Sie in den nachfolgenden Kapiteln dieses Buches.

In diesem Kapitel gehe ich zuerst auf die Active Directory-Domänendienste (engl. *Active Directory Domain Services, AD DS*) ein. Neben der Erklärung der wichtigsten Begriffe erfahren Sie auch mehr zur Funktionsweise, zu den Diensten und Protokollen sowie auch zu den Modellen der in Windows Server 2012 R2 implementierten Active Directory-Domänendienste.

2.1 Was ist ein Verzeichnisdienst?

Im heutigen Zeitalter der Informationsverarbeitung spricht man immer mehr von Globalisierung. Die Kommunikation von Unternehmen mit Geschäftspartnern und Kunden finden immer häufiger rund um den gesamten Globus statt. Auch die Art der Kommunikation hat sich in den letzten Jahrzehnten sehr verändert. Wo früher die Telefonnummer zur Kommunikation ausreichte, ergänzte sich schnell die Faxkommunikation über den E-Mail-Verkehr bis hin zu Videokonferenzen und globalem Datenaustausch. Es wird immer notwendiger, mehr und mehr Daten zu Personen und Unternehmen zu speichern. Ohne eine entsprechend konzipierte Datenbank wäre dies für viele kaum mehr zu bewältigen. Ähnlich verfährt es auch in den modernen Computernetzwerken.

Die verantwortlichen Administratoren müssen immer neue Technologien in die bereits vorhandenen Unternehmensnetzwerke implementieren und dürfen die Übersicht und Kontrolle über die bereits vorhandenen Komponenten und Ressourcen nicht verlieren. Eine Abhilfe schafft hierbei ein globales Verzeichnis bzw. ein Verzeichnisdienst im Sinne einer großen Datenbank. Dieses Verzeichnis muss sämtliche Informationen aufnehmen, die von beliebigen Objekten stammen. Da man die Art und den Umfang der zu verwaltenden Daten nicht im Voraus kennt, muss ein Verzeichnisdienst die Möglichkeit bieten, die gespeicherten Objekte beliebig zu erweitern sowie auch neue Objekttypen zu ergänzen. Darüber hinaus ist es für kaum jemanden absehbar, wie umfangreich sich die zu speichernden Datenmengen zukünftig entwickeln. Ein Verzeichnisdienst muss also auch in der Lage sein, eine beliebig große

Menge an Informationen speichern zu können. Diese Aufgabe kann durch die technisch eingeschränkten Möglichkeiten zum heutigen Zeitpunkt sicher nicht zentral geschehen. Ein Verzeichnisdienst muss deshalb verteilt arbeiten können, sodass er ganz nach Bedarf beliebig skaliert werden kann. Darüber hinaus muss er eine entsprechende Performance und ständige Verfügbarkeit bieten, um Daten in annehmbarer Weise bereitzustellen. Auch spielt die Sicherheit bei einem Verzeichnisdienst eine große Rolle, wenn man die Art der gespeicherten Daten bedenkt. Der Schutz vor unerwünschter Manipulation oder Ausspähung sowie die Steuerungsmöglichkeit der Bereitstellung von Daten müssen durch einen entsprechenden Verzeichnisdienst gewährleistet sein. All diese Anforderungen erfüllen die Active Directory-Domänendienste (engl. *Active Directory Domain Services, AD DS*) von Microsoft als Verzeichnisdienst unter Windows Server 2012 R2: Erweiterbarkeit, Skalierbarkeit, Performance, Verfügbarkeit und Sicherheit.

2.2 Merkmale der Active Directory-Domänendienste

Die Active Directory-Domänendienste (engl. *Active Directory Domain Services, AD DS*) unter Windows Server 2012 R2 besitzen die folgenden Merkmale:

- **Zentralisiertes Verzeichnis** Durch das Zusammenfassen der zu verwaltenden Benutzer, Gruppen und Computer in einem einzigen Verzeichnis wird die Verwaltung der Objekte vereinfacht.
- **Skalierbarkeit** Im Bedarfsfall können zu einer bestehenden Implementierung der Active Directory-Domänendienste jederzeit weitere Domänen oder auch Domänencontroller hinzugefügt werden. Das Wachstum oder auch die Ausdehnung eines Unternehmens auf weitere Standorte erfordert hierbei in der Regel keine Neukonfiguration einer bereits bestehenden Active Directory-Infrastruktur.
- **Integrierte Sicherheit** Die in Windows Server 2012 R2 integrierten Sicherheitsmerkmale ermöglichen die zentrale Steuerung und Verwaltung der Zugriffe auf Netzwerkressourcen.
- **Single-Sign-On (SSO)** Im Gegensatz zum Zugriff auf Ressourcen in Arbeitsgruppenumgebungen ist es in einer Active Directory-Domänendienste-Umgebung nicht notwendig, sich durch die Eingabe von Benutzername und Kennwort bei jedem Ressourcenzugriff erneut zu authentifizieren. Durch die Implementierung der Single-Sign-On-Mechanismen der Active Directory-Domänendienste werden die bei der Domänenanmeldung verwendeten Anmeldeinformationen während der nachfolgenden Sitzung des Benutzers automatisch für die jeweiligen Ressourcenzugriffe verwendet.

2.3 Der X.500-Standard und die Microsoft Active Directory-Domänendienste

Um sich ein klareres Bild von der Microsoft-Implementierung eines Verzeichnisdienstes, der Active Directory-Domänendienste (engl. *Active Directory Domain Services, AD DS*) zu schaffen, muss man sich zuerst mit dem als Basis dienenden X.500-Standard befassen.

Die X.500-Spezifikation beschreibt einen Standard für den Entwurf eines globalen Verzeichnisdienstes, der auf hierarchisch angeordneten Objekten mit den dazugehörigen Protokollen dient. Dieser wiederum wird durch ein global verteiltes Verzeichnis repräsentiert.

Die Entwicklung von X.500 liegt bereits lange Jahre zurück. Im Jahre 1988 wurde der erste X.500-Standard, das CCITT X.500 Blue Book, definiert. Eine zweite, erweiterte Version folgte dann im Jahre 1993. Hierbei hat sich auch der gängige Name X.500 abgeleitet. Da es sich hierbei um einen offenen Standard handelt, existieren keine klaren Vorgaben über die zu speichernden Informationen. Vielmehr beschreibt der X.500-Standard die Verwendung von Objekten und Verbindungen. Die Objekte können einer oder mehreren Objektklassen zugehörig sein. Den Objekten werden hierbei teils notwendige, teils optionale Attribute zugeordnet, die ihrerseits detaillierte Informationen zu den einzelnen Objekten beschreiben. Alle Objekte eines Verzeichnisses werden zusammengefasst als *Directory Information Base* (*DIB*) bezeichnet. Die in der DIB vorhandenen Objekte werden hierbei in einer Baumstruktur abgelegt, die als *Directory Information Tree* (*DIT*) bezeichnet wird. Jedes Objekt innerhalb seiner Hierarchieebene

führt einen eindeutigen Bezeichner (engl. *Distinguished Name, DN*), der sich seinerseits aus einem relativen Bezeichner (engl. *Relative Distinguished Name, RDN*) und dem jeweiligen Objektpfad im Verzeichnisbaum der sogenannten Gesamtstruktur (engl. *Forest*) zusammensetzt.

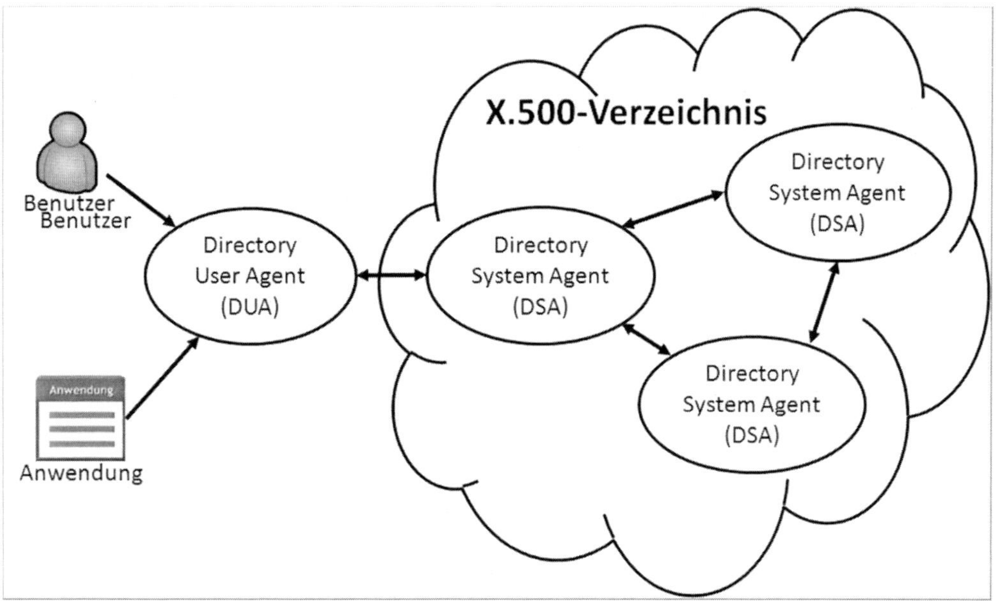

Abbildung 2.1: *Grundprinzip der X.500-Verzeichnisdienstkommunikation*

Das X.500-System baut auf eine Client-Server-Architektur, die über das ISO/OSI-Modell miteinander kommuniziert. Der Client wird hierbei Verzeichnis-Benutzer-Agent (engl. *Directory*

User Agent, DUA), der Server Verzeichnis-System-Agent (engl. *Directory System Agent, DSA*) genannt. Zur Kommunikation verwenden die Clients und Server verschiedene Protokolle.

Ein Verzeichnis-Benutzer-Agent (engl. *Directory User Agent, DUA*) verwendet das *Directory Access Protocol (DAP)* als quasi Abfragesprache, um mit dem nächstliegenden Verzeichnis-System-Agenten (*Directory System Agent, DSA*) zu kommunizieren. Die einzelnen DSA eines verteilten Verzeichnisses hingegen kommunizieren zur Abfrage von Informationen untereinander über das *Directory System Protocol* (*DSP*). Das Directory Operational Binding Management Protocol (*DOP*) wird für die Verbreitung von Informationen zwischen den DAS genutzt. Ein drittes Protokoll, das *Directory Information Shadowing Protocol* (*DISP*), dient den DSAs zur Replikation von Verzeichnisdaten, um die Ausfallsicherheit und die Reaktionszeit des Verzeichnisses auf Anfragen zu erhöhen.

Das DAP ist hierbei quasi die Abfragesprache eines Verzeichnisbenutzers. Die Objekte werden über einen bestimmten Namenskontext abgefragt, um eine Eindeutigkeit der Objekte zu erreichen.

Microsoft Active Directory ist weitgehend an den X.500-Standard angelehnt. Als *Directory System Agent* (*DSA*) dienen die Domänencontroller einer Domäne bzw. der Gesamtstruktur. Zur Abfrage von Informationen aus dem Verzeichnis verwendet das Active Directory ein vom *Directory Access Protocol* (*DAP*) abgeleitetes, quasi „abgespecktes" Protokoll, das *Lightweight Directory Access Protocol* (*LDAP*).

2.3.1 Das Lightweight Directory Access Protocol (LDAP)

Wie schon erwähnt, handelt es sich bei dem Lightweight Directory Access Protocol (*LDAP*) um das primäre Zugriffsprotokoll in der Active Directory-Umgebung. Die gesamte Interaktion von Clients mit dem Active Directory während des Anmeldeprozesses (engl. *Logon Process*) und bei Suchanfragen wird über LDAP vollzogen. Auch erfolgt die gesamte Kommunikation zwischen den Domänencontrollern untereinander über LDAP.

Prinzipiell gesagt, dient LDAP dazu, um textorientierte Abfragen von einem LDAP-Client zu einem LDAP-Server direkt über den TCP/IP-Protokoll-Stack abzuwickeln.

LDAP wurde erstmalig bereits im Jahre 1995 erarbeitet und im RFC 1487 (späterer RFC 1777) niedergeschrieben. Dieser Standard wurde damals unter dem Namen LDAPv2 bekannt. Nach weiteren Überarbeitungen und Verbesserungen konnte im Jahr 1997 dann LDAPv3 im RFC2251 veröffentlicht werden. Die meisten der aktuellen Implementierungen von Verzeichnisdiensten unterstützen beide Standards.

2.3.2 Der Namenskontext

Die Objekte der Active Directory-Domänendienste (engl. Active Directory Domain Services, AD DS) werden über eindeutige Namen (engl. *Distinguished Names, DNs*) angesprochen. Im Zusammenhang mit Verzeichnisdiensten wird der Gültigkeitsbereich eines Namens als Namenskontext bezeichnet. Der Aufbau dieses Namenskontextes wurde in Bezug auf das Active

Directory an den X.500-Standard angelehnt. Active Directory unterstützt aber noch weitere Standards, über die ein Objekt über seinen Namen zu identifizieren ist.

Die gebräuchlichsten Namenskonventionen sind die folgenden:

Distinguished Name (DN)

Das Active Directory ist hierarchisch aufgebaut und besteht aus zwei verschiedenen Arten von Objekten: *Container*-Objekte und *leaf*-Objekte. Container-Objekte können andere Objekte enthalten, *leaf*-Objekte hingegen nicht. Ein Beispiel für ein Container-Objekt ist der Standardcontainer *Users* in Active Directory, ein Beispiel für ein *leaf*-Objekt hingegen ist ein *Benutzer*-Objekt. Im Standardcontainer *Users*, der beim Einrichten von Active Directory automatisch angelegt wird, werden beispielsweise alle neu angelegten *Benutzer*-Objekte gespeichert. Der DN eines Objektes bezeichnet den Pfad in Active Directory zum jeweiligen Objekt. Ein Beispiel für einen *Distinguished Name* (*DN*) ist beispielsweise:

```
CN=cwest,OU=Autoren,DC=CertPro,DC=de
```

CN=cwest beschreibt in dem Beispiel ein Objekt im Container *OU=Autoren* der Domäne *DC=CertPro*, die sich selbst wiederum unterhalb der Domäne *DC=de* befindet.

Die Objektbeschreibungen *CN* (*Common Name*), *OU* (*Organizational Unit*) und *DC* (*Domain Component*) sind hierbei fester Bestandteil des Namens.

Relative Distinguished Name (RDN)

Ein Relative Distinguished Name *(RDN)* ist lediglich der Teil des Distinguished Names (DN*)*, der das Objekt relativ zu seinem Namenskontext beschreibt. Er stellt die eigentliche Objektbezeichnung dar, ohne die Angabe des gesamten Namenspfades (-kontextes). Ein Beispiel für einen Relative Distinguished Name (*RDN*) könnte so aussehen:

```
CN=cwest
```

Relative Distinguished Names (*RDNs*) werden häufig bei Suchabfragen nach Objekten im Active Directory verwendet.

LDAP Uniform Resource Locator (URL)

Ein *LDAP-URL* besteht aus einem Präfix LDAP://, dem Namen des Servers, auf dem sich das Objekt befindet, sowie nachfolgend dem DN des Objekts. Die Syntax ist in der RFC 2255 beschrieben. LDAP-URLs werden vorwiegend in Skripten zum Zugriff auf Active Directory-Objekte verwendet. Ein Beispiel für einen LDAP-URL kann wie folgt aussehen:

```
LDAP://dc1.CertPro.de/CN=cwest,CN=users,DC=certpro,DC=de
```

User Principal Name (UPN)

Ein *User Principal Name* (*UPN*) steht im Active Directory für jedes Benutzer-Objekt zur Verfügung. Die Syntax gleicht dem Aufbau von E-Mail-Adressen und basiert auf dem Internet-Standard RFC 822. Der erste Teil des UPN besteht aus einem UPN-Präfix (*Benutzername*), gefolgt von einem @-Zeichen und nachfolgend dem UPN-Suffix (*Domänenname*). Ein Beispiel für einen UPN-Namen kann wie folgt aussehen:

`cwest@certpro.de`

Das UPN-Präfix muss in Active Directory eindeutig sein und ist kompatibel mit dem Benutzeranmeldenamen unter Windows NT. Das UPN-Suffix kann von den Administratoren der Domäne frei festgelegt werden, entspricht aber in der Praxis häufig dem Domänennamen der Domäne, in der das Benutzerkonto gespeichert ist. Da sich ein UPN-Name vom Aufbau her einer E-Mail-Adresse gleich hält, ist es unter Umständen sinnvoll, beide gleichlautend zu benennen. Somit hält sich der Anmeldename (als UPN-Name) für den Benutzer mit seiner E-Mail-Adresse gleich. Dies sorgt auch gleich dafür, dass dieser einerseits seinen Anmeldenamen, andererseits aber auch seine E-Mail-Adresse nicht mehr so einfach vergessen kann.

2.3.3 Das Kerberos-Protokoll

Damit der Zugriff auf Ressourcen innerhalb einer Netzwerkumgebung gezielt gesteuert werden kann, setzt man Authentifizierungsprotokolle ein. In der Domänenumgebung der Active Directory-Domänendienste (*Active Directory Domain Services, AD DS*) kommt in der Kommunikation der darin eingesetzten Domänencontroller unter Windows 2000 Server und höher und den ebenso vorhandenen Clientcomputern und Mitgliedsservern ab Windows 2000 das Kerberos Version 5-Authentifizierungsprotokoll zum Einsatz. Hierbei werden seitens der Domänencontroller ab Windows 2000 Server nach erfolgreicher Authentifizierung sogenannte Tickets als Nachweis für die Identität des betreffenden Benutzers in der Netzwerkumgebung ausgestellt. Diese Tickets werden als ticketgenehmigendes Ticket (engl. *Ticket Granting Ticket, TGT*) bezeichnet. Als ausstellende Instanz innerhalb des Domänencontrollers agiert hier das sogenannte Schlüsselverteilungscenter (engl. *Key Distribution Center, KDC*).

Nach der Authentifizierung werden für die Zugriffe auf Netzwerkressourcen seitens der KDCs dann zusätzlich noch weitere Tickets, sogenannte Sitzungstickets (engl. *Session Tickets*), für die jeweiligen Benutzer ausgestellt.

Die ausgestellten Kerberos-Tickets werden im Clientrechner in einem speziellen, dafür vorgesehenen Speicherbereich des Arbeitsspeichers abgelegt, aufgrund von Sicherheitsanforderungen jedoch nicht in die Auslagerungsdatei des Rechners übertragen.

Im Gegensatz zu Kerberos v5, das mit Windows 2000 in die Microsoft-Betriebssystemwelt eingeführt wurde, unterstützen die Clientcomputer und Server unter Windows NT 4.0 und Windows 98 jedoch lediglich das alte Lan-Manager(*LM*)- bzw. das NT-Lan-Manager(*NTLM*)-Protokoll zur Authentifizierung. Aus Gründen der Abwärtskompatibilität unterstützen die

Server unter Windows Server 2012 R2 ebenso noch das alte Lan-Manager(*LM*)- und NT-Lan-Manager(*NTLM*)- und NT-Lan-Manager V2(*NTLMv2*)-Protokoll.

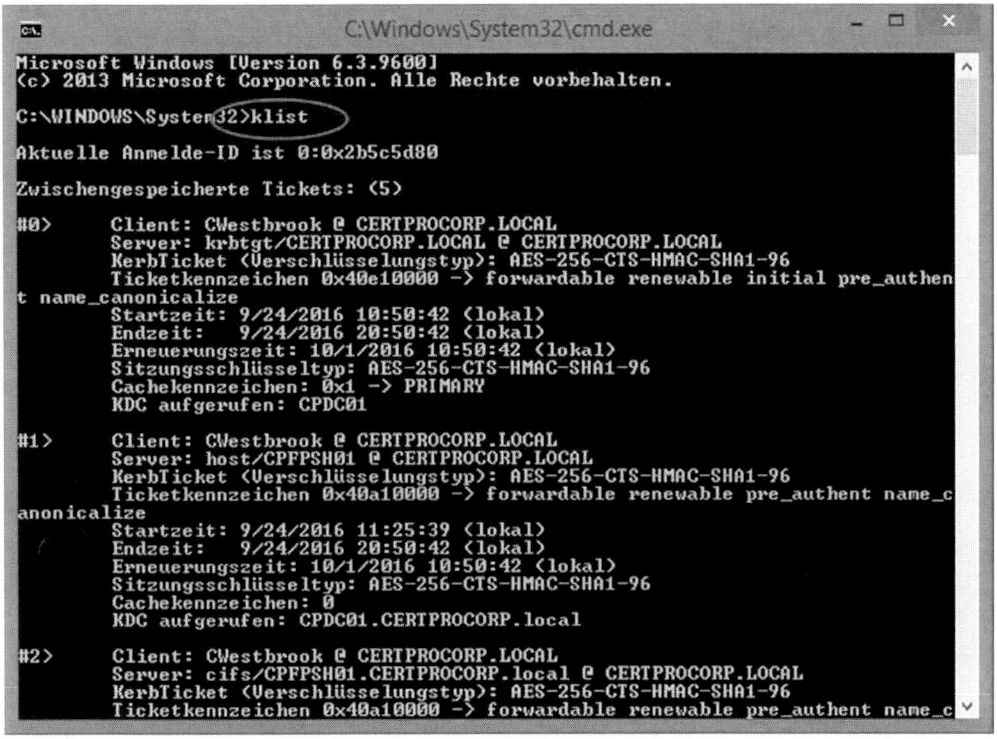

Abbildung. 2.2: *Anzeige von Kerberos-Tickets mittels KList.exe*

2.4 Die Architektur

Die Active Directory-Domänendienste (*Active Directory Domain Services, AD DS*) stellen die Implementierung des Microsoft-Verzeichnisdienstes dar und bestehen aus verschiedenen Komponenten, die ihrerseits auf logische Weise miteinander agieren. Sie vereinen das Internet Domain Name System (*DNS*), die X.500-Namenskonventionen und das LDAP (*Lightweight Directory Access Protocol*). Letzteres stellt das primäre Zugriffsprotokoll der Active Directory-Domänendienste dar und ist vollständig in das Betriebssystem unter Windows Server 2012 R2 integriert. Eine erste Version dieses Verzeichnisdienstes publizierte Microsoft bereits mit dem Windows 2000 Server – als direkten Nachfolger von Windows NT 4.0 Server. Zur damaligen Zeit war bereits ein weiterer Verzeichnisdienst, Novell Directory Services (*NDS*) der Firma Novell, am Markt vertreten, der über die Jahre jedoch insgesamt an Bedeutung verlor. Microsoft schaffte es im Gegensatz dazu, mit der eigenen Entwicklung eines Verzeichnisdienstes, dem Active Directory, Einzug in die weltweit angesiedelten Unternehmen zu halten.

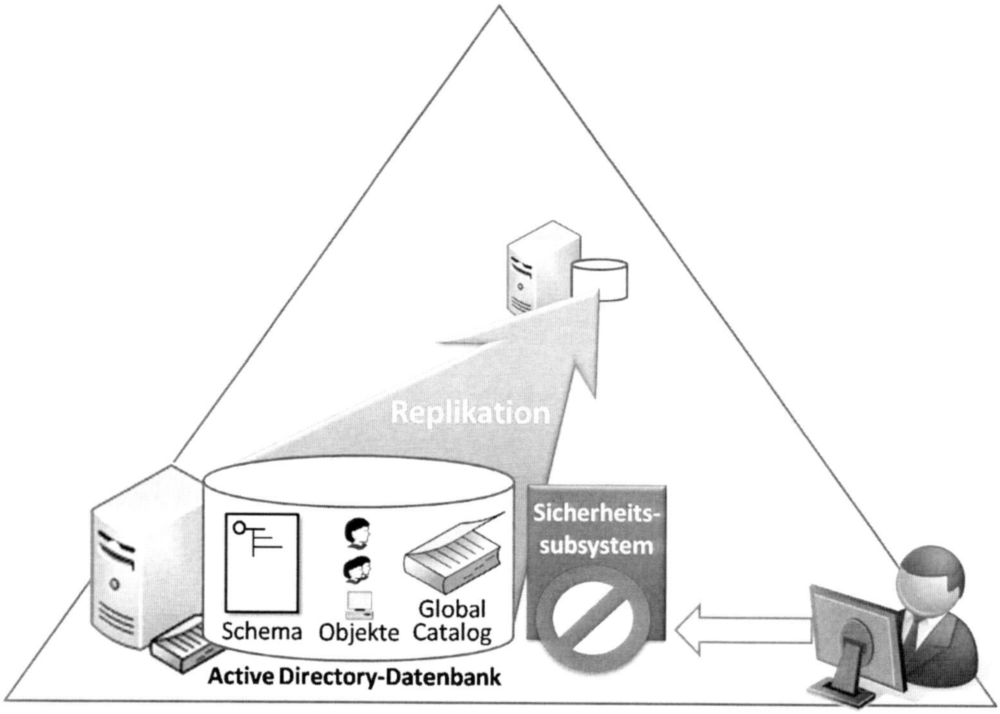

Abbildung 2.3: *Die Architektur des Microsoft-Verzeichnisdienstes*

Um die Active Directory-Domänendienste (*Active Directory Domain Services, AD DS*) zu verstehen, muss man sich erst einmal mit den darin enthaltenen Komponenten sowie auch deren Zweck und Funktionsweisen befassen.

Die Funktionalität der Active Directory-Domänendienste (*Active Directory Domain Services, AD DS*) unter Windows Server 2012 R2 wird durch die Verwendung *physikalischer* und *logischer* Komponenten gewährleistet. Erst das Zusammenspiel der einzelnen Komponenten ermöglicht die effektive und effiziente Verwaltung von Netzwerkressourcen in Unternehmen.

2.5 Die physikalischen Komponenten der Active Directory-Domänendienste

Zum besseren Verständnis der Funktionsweise der Active Directory-Domänendienste (*Active Directory Domain Services, AD DS*) muss man sich zuerst mit den darin beinhalteten, physikalischen Komponenten befassen. Zu diesen zählt man:

- **Eine Datenbank** für die Speicherung und Veröffentlichung von Objekten. Diese Datenbank wurde als relationale ESE (*Extensible Storage Engine*)-Datenbank realisiert. Sie wird auch Verzeichnis genannt.

- **Domänencontroller**, welche die Verzeichnisdienste in einer Active Directory-Domänendienste-Umgebung bereitstellen und (mit Ausnahme schreibgeschützter Domänencontroller) jeweils eine beschreibbare Kopie der Verzeichnisdatenbank beinhalten.
- **Schreibgeschützte Domänencontroller** (*Read-Only Domain Controllers, RODCs*), die, wie es der Name schon sagt, lediglich eine schreibgeschützte Kopie der Verzeichnisdatenbank beinhalten.
- **Der globale Katalog** (*Global Catalog, GC*), der eine definierbare Menge von Daten zum schnellen Auffinden von Informationen bereithält.
- **Der Replikationsdienst** zur Replikation der Datenbankinhalte und Änderungen auf andere Server. Somit werden eine hohe Verfügbarkeit und Redundanz der gespeicherten Daten gewährleistet.

HINWEIS: Zu Zeiten von Windows Server 2003 zählte Microsoft die in den Infrastrukturen der Active Directory-Domänendienste konfigurierbaren Standorte (engl. *Sites*) ebenso noch zu den physikalischen Komponenten. Mit der Einführung von Windows Server 2008 hingegen fand hierzu eine Korrektur statt, sodass man diese seitdem den logischen Komponenten zuordnet, mit denen man die physikalischen Standorte eines Unternehmens bei Bedarf als Active Directory-Objekte nachbilden kann.

2.5.1 Die Datenbank

In der Datenbank der Active Directory-Domänendienste (*Active Directory Domain Services, AD DS*) werden alle Objekte einer Domäne bzw. Gesamtstruktur gespeichert. Die eigentliche Datenbankdatei trägt hierbei den Namen *NTDS.DIT*. Neben ihr existieren noch weitere Dateien, wie zum Beispiel die für den reibungslosen Betrieb notwendigen Transaktionsprotokolldateien.

Aufteilung in einzelne Partitionen

Die Datenbank ist in einzelne Partitionen aufgeteilt. Man spricht hierbei allgemein auch vom *Namenskontext* (engl. *Naming Context*). Eine der Partitionen, die sogenannte *Schemapartition* (engl. *Schema Partition*), wird für die Speicherung des Active Directory-Schemas verwendet. In einer weiteren Partition, der *Konfigurationspartition* (engl. *Configuration Partition*), werden alle Konfigurationsinformationen, beispielsweise die Informationen über den Aufbau der vorhandenen Replikationstopologie der Active Directory-Umgebung, gespeichert. Die Inhalte dieser beiden Partitionen werden auf alle Domänencontroller in der Active Directory-Gesamtstruktur des Unternehmens repliziert, sodass diese Daten redundant vorliegen. Eine dritte Verzeichnispartition, die *Domänenpartition* (engl. *Domain Partition*), dient der Speicherung der jeweiligen Domänenobjekte, wie zum Beispiel Benutzer-, Computer- und Gruppenobjekte. Diese Inhalte werden nur an alle Domänencontroller der jeweils eigenen Domäne repliziert.

Es ist möglich, die Active Directory-Datenbank um weitere Verzeichnispartitionen, sogenannte Anwendungsverzeichnispartitionen (engl. *Application Directory Partitions*), zu erweitern. Standardmäßig verfügt die Active Directory-Datenbank unter Windows Server 2012 R2 über zwei bereits vordefinierte Anwendungsverzeichnispartitionen mit den Namen *DomainDNSZones* und *ForestDNSZones*. Diese werden vom Serversystem für die Speicherung spezifischer DNS(*Domain Name System*)-Daten verwendet.

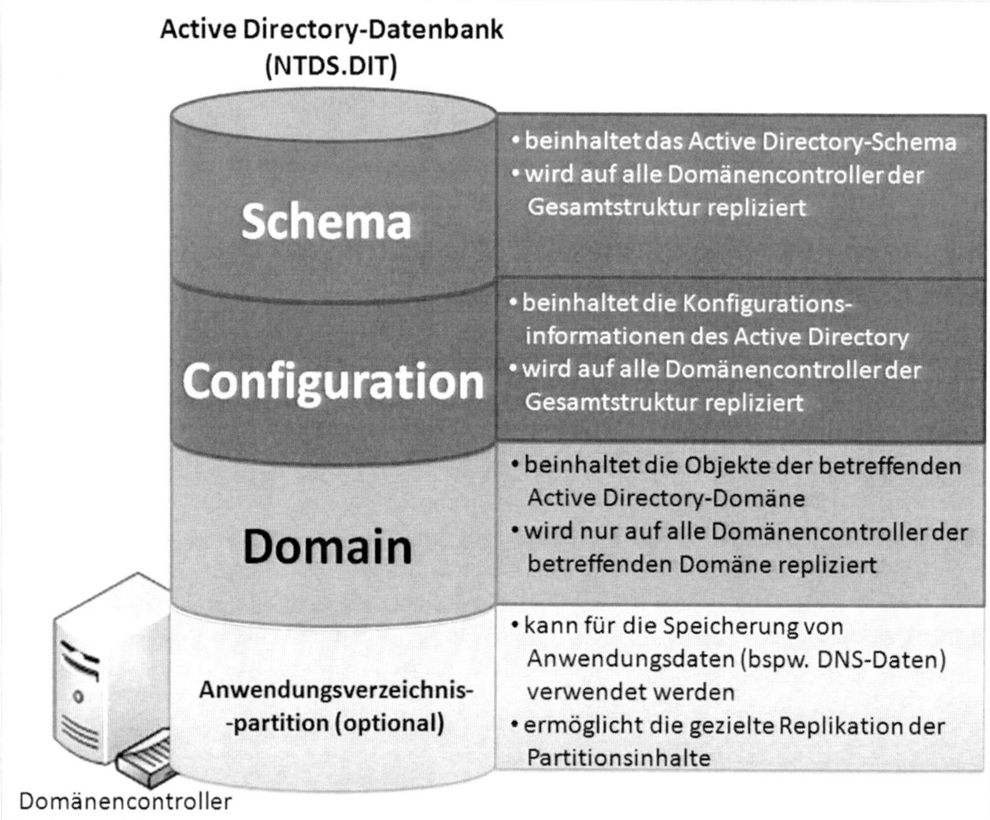

Abbildung 2.4: *Aufbau der Active Directory-Datenbankdatei NTDS.DIT*

Replikation der Partitionsinhalte

Die Replikation der Partitionsinhalte von Anwendungsverzeichnispartitionen kann durch den Administrator gezielt gesteuert werden. Nur der Domänencontroller, der ebenso über die entsprechende Anwendungsverzeichnispartition verfügt, kann an der Replikation der Inhalte der betreffenden Partition teilhaben.

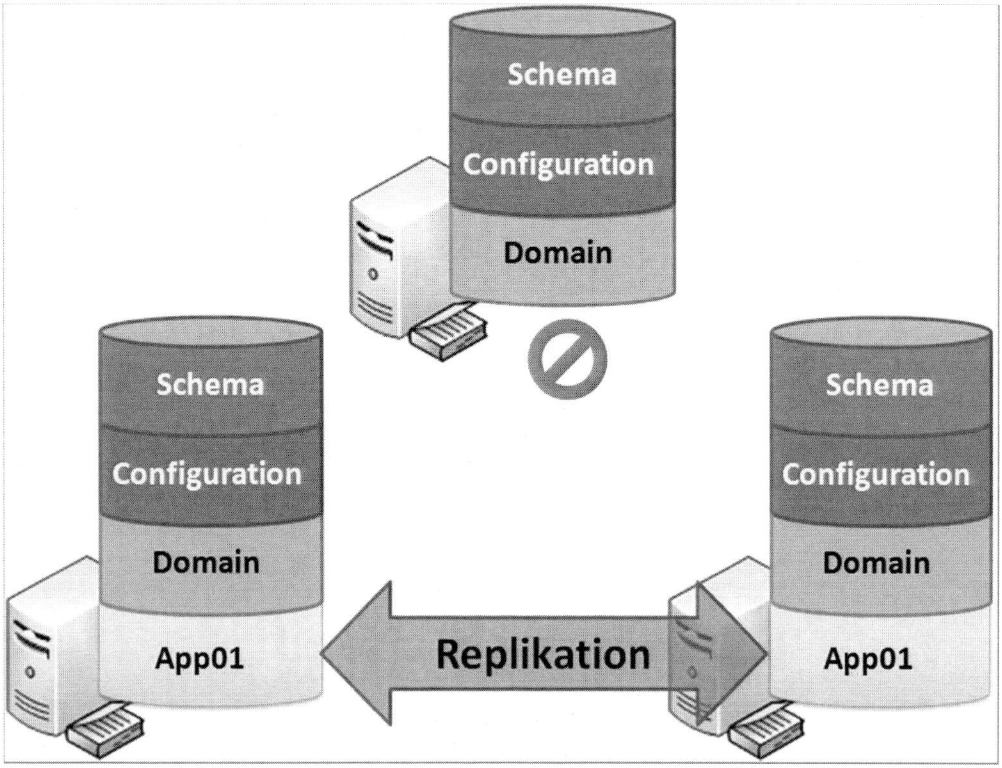

Abbildung 2.5: *Die Replikation von Anwendungsverzeichnispartitionen*

Das Datenspeicherungsmodell

Die Speicherung von Objekten in der Datenbank der Active Directory-Domänendienste (*Active Directory Domain Services, AD DS*) erfolgt nach einem vordefinierten Modell. Hierbei kommen auf den Active Directory-Domänencontrollern verschiedene Komponenten zum Einsatz. Das Datenspeicherungsmodell der Active Directory-Domänendienste (*Active Directory Domain Services, AD DS*) unter Windows Server 2012 R2 sieht wie folgt aus:

Eine direkte Kommunikation mit der Datenbank ist unter den Active Directory-Domänendiensten von Microsoft nicht möglich. Für die Zugriffe auf die Inhalte der Datenbank wurden *Schnittstellen* (engl. *Interfaces*) definiert, welche die verschiedenen Arten von Abfragen auf die Datenbankinhalte ermöglichen. Die Zugriffsanfragen werden über die Schnittstellen an den *Directory Service Agent* (*DSA*) weitergereicht, der seinerseits über die interne Datenbankschicht mit der *Extensible Storage Engine* (*ESE*) kommuniziert. Die ESE ist letztlich für die Datenkommunikation von und zur eigentlichen Datenbank, der Datei *ntds.dit*, verantwortlich. Sie steuert die einzelnen Transaktionen und dokumentiert diese vor der eigentlichen Änderung an der Datenbank in Form von Transaktionsprotokolleinträgen.

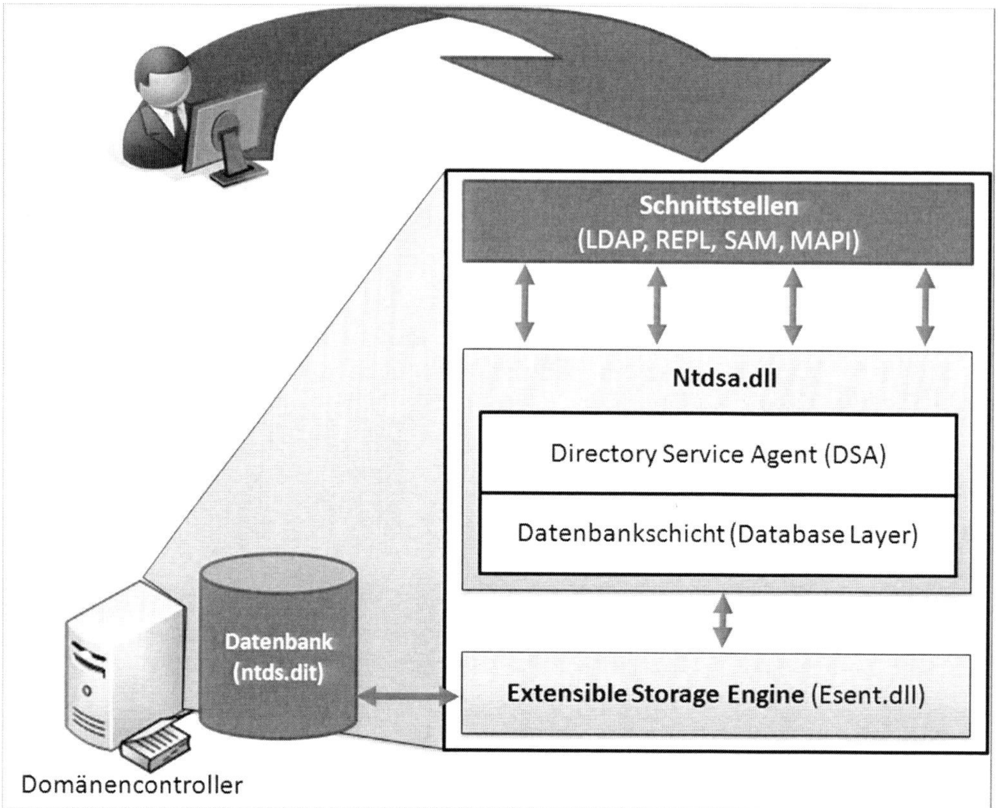

Abbildung 2.6: *Das Datenspeicherungsmodell unter Windows Server 2012 R2*

Schnittstellen für den Datenbankzugriff

Das Datenspeicherungsmodell unter Windows Server 2012 R2 stellt die folgenden Schnittstellen zum Zugriff auf die Datenbank der Active Directory-Domänendienste (*Active Directory Domain Services, AD DS*) bereit:

Schnittstelle	Beschreibung
Lightweight Directory Access Protocol (*LDAP*)	Dient für die Datenbankzugriffe durch Verzeichnisdienstclients. Hierbei wird standardmäßig der Kommunikationsport 389 (Standardport für LDAP) verwendet. Darüber hinaus ermöglicht diese Schnittstellen auch Zugriffe über mit SSL geschützte Kommunikation mit LDAP (über Port 636) sowie auch die Zugriffe auf den globalen Katalog (*Global Catalog, GC*) über den Port 3268.
Replication (*REPL*)	Die REPL-Schnittstelle wird für die Replikation zwischen Domänencontrollern verwendet. Darüber hinaus kommunizieren auch die Active Directory-Domänendienste-Verwaltungstools über diese Schnittstelle mit der Verzeichnisdienstdatenbank. Die Kommunikation findet hierbei

Schnittstelle	Beschreibung
	über RPC (*Remote Procedure Calls*), bei der SMTP-basierten Replikation zusätzlich noch über das Simple Mail Transfer Protocol (*SMTP*).
Security Accounts Manager (*SAM*)	Diese Schnittstelle steht für die (abwärtskompatible) Unterstützung von Windows NT 4.0-Clients zur Verfügung, die mittels Remote Procedure Calls (*RPC*) mit dem Directory System Agent (*DSA*) kommunizieren.
Messaging Application Programming Interface (*MAPI*)	Diese Schnittstelle ist für Exchange Server 2000 und höher integriert worden, damit diese in der Lage sind, Empfängerinformationen in der Datenbank der Active Directory-Domänendienste (*Active Directory Domain Services, AD DS*) zu speichern oder abzurufen. Darüber hinaus ermöglicht diese Schnittstelle den Messaging-Clients wie beispielsweise Outlook den Zugriff auf die globale Adressliste (*Global Address List, GAL*). Über die MAPI-Schnittstelle wird mittels RPC kommuniziert.

Tabelle 2.1: *Schnittstellen des Datenspeichermodells*

Die Datenbankdateien

Die Datenbank der Active Directory-Domänendienste (engl. *Active Directory Domain Services, AD DS*) wird auf den Domänencontrollern standardmäßig im Ordner *%Systemroot%\NTDS* gespeichert. Dort finden sich neben der eigentlichen Datenbankdatei standardmäßig noch weitere, für die Funktionalität der Active Directory-Domänendienste erforderliche Dateien.

Hier nun die Bedeutung der einzelnen Datenbankdateien der Active Directory-Domänendienste (*Active Directory Domain Services, AD DS*) im Einzelnen:

- **ntds.dit** Diese Datei ist die eigentliche Active Directory-Datenbankdatei. In ihr werden alle Objekte und deren Attribute nachvollständig in abgeschlossenen Transaktionsvorgängen gespeichert.
- **edb.log** In dieser Datei werden die Transaktionsdaten gespeichert. Wenn an Active Directory Änderungen vorgenommen werden, schreibt die ESE (*Extensible Storage Engine*) diese zunächst in die Datei *edb.log*. Diese Datei stellt die aktuelle Log-Datei dar. Sobald sie eine bestimmte Größe erreicht hat, wird sie umbenannt (beispielsweise in *edb00001.log*) und damit geschlossen. Die ESE erzeugt dann unmittelbar darauf eine neue *edb.log*, um darin die nachfolgenden, aktuellen Transaktionen in Active Directory weiter dokumentieren zu können.
- **edbXXXXX.log** Diese Log-Dateien werden von der ESE generiert und beinhalten die vorweg vorgenommenen Transaktionen. XXXXX steht hierbei für eine Hexadezimalzahl, die bei 00001 beginnt und für jede neue Datei sequenziell nach oben gezählt wird. Die Standardgröße einer edb-Dateien liegt bei 10.240 Byte. Die nicht mehr benötigten Log-Dateien können entweder beim Sicherungsvorgang oder manuell gelöscht werden.

- **edb.chk** Die Datei dient als Prüfpunktdatei beim Speichervorgang von Transaktionen. Anhand der Datei *edb.chk* wird beispielsweise nach einem unerwünschten Neustart des Systems kontrolliert, welche der vorweg erfolgten Transaktionen noch nicht in die Active Directory-Datenbank übernommen wurden. Die weitere Speicherung von Transaktionen wird anschließend an dieser Stelle fortgesetzt.
- **res1.log und res2.log** Diese Dateien dienen, wie es der Name bereits erahnen lässt (*res* steht für *reserved*, deutsch: *reserviert*), als Platzhalter für den Fall, dass der betreffende Domänencontroller über nicht ausreichenden Speicherplatz zum Speichern weiterer Transaktionen verfügt. Die Reservedateien umfassen jeweils 10.240 Byte (10 MByte), in denen noch nicht abgeschlossene Transaktionen gespeichert werden können, bevor das Serversystem ordnungsgemäß heruntergefahren wird.
- **temp.edb** Die Datei temp.edb wird für die Verarbeitung und Zwischenspeicherung von Transaktionen verwendet.
- **edbtmp.log** Die Datei edbtmp.log wurde mit Windows Server 2008 neu eingeführt und stellt eine Vorlagendatei für die eigentliche Log-Datei edb.log dar. Wenn die Datei edb.log die vordefinierte Größe erreicht hat, wird diese in edbXXXXX.log umbenannt. Die Datei edbtmp.log wird nachfolgend in edb.log umbenannt, sodass sofort wieder eine neue, aktuelle Log-Datei zum Erfassen von Transaktionen zur Verfügung steht. Eine neue Datei mit dem Namen edbtmp.log wird vom Serversystem anschließend wiederum automatisch neu erstellt.

Auf den Servern unter Windows Server 2012 R2 wird bereits bei der Installation des Betriebssystems eine (quasi leere) Kopie der Datei *ntds.dit* im Ordner *%Systemroot%\System32* abgelegt. Diese Datei wird beim Heraufstufen des Servers zu einem Domänencontroller als Domänendatenbank verwendet, ohne dass für diesen Vorgang auf das Installationsmedium zugriffen werden muss. Beim Ausführen des Befehls *Dcpromo.exe* zum Heraufstufen des Servers zu einem Domänencontroller wird im NTDS-Ordner (standardmäßig: *%Systemroot%\NTDS*) eine Kopie der Datei angelegt und bei Bedarf (falls bereits andere Domänencontroller in der Domäne vorhanden sind) über den Replikationsprozess aktualisiert.

Die Extensible Storage Engine (ESE)

Die *Extensible Storage Engine* (kurz: *ESE*) ist eine optimierte Version der Jet-Engine, wie sie vielen Lesern bereits von Microsoft Exchange-, WINS- oder auch den DHCP-Servern bekannt ist. Die ESE ist ein *transaktionsorientiertes Datenbanksystem*, das die abgeschlossenen Transaktionen in Log-Dateien speichert und anschließend an die eigentliche Datenbank übergibt. Sollte eine Transaktion nicht vollständig abgeschlossen sein, so beherrscht die ESE eine *Rollback*-Operation, um die begonnenen Änderungen wieder ruckgängig zu machen. Hierdurch wird die Konsistenz der Datenbank der Active Directory-Domänendienste sichergestellt. Die Datenbank selbst besteht aus einer Objekt und einer Link-Tabelle. Die Objekt-Tabelle speichert in ihren Zeilen die einzelnen Objekte und in den zugehörigen Spalten deren Attribute. Die Link-Tabelle beschreibt die Beziehung zwischen den Objekten.

Der Ablauf von Transaktionen

Änderungen an beispielsweise den Attributen von Objekten werden von der ESE (*Extensible Storage Engine*) des Active Directory als Transaktionen behandelt.

Die nachfolgende Grafik verdeutlicht den Ablauf von Transaktionen innerhalb der Active Directory-Domänencontroller.

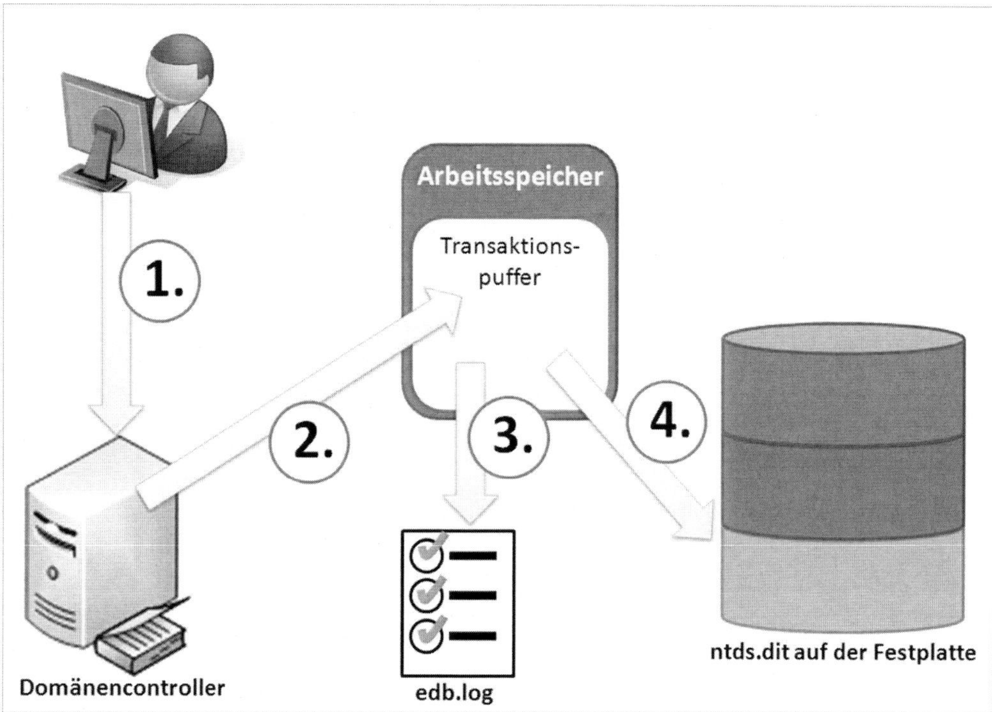

Abbildung 2.7: *Ablauf von Transaktionen in Active Directory*

Der Ablauf von Transaktionen stellt sich dabei wie folgt dar:

1. Ein Administrator nimmt Änderungen an den Attributen eines Objektes im Active Directory vor. Alternativ können Änderungen auch auf anderen Domänencontrollern im Active Directory erfolgt sein, die nun durch die Replikation zwischen den einzelnen Domänencontrollern durch die ESE (*Extensible Storage Engine*) als Transaktion erfasst werden.

2. ESE schreibt die Änderungen nun in den dafür eigens angelegten *Transaktionspuffer* im Arbeitsspeicher.

3. Anschließend schreibt die ESE die abgeschlossene Transaktion in die *Transaktionsprotokolldatei edb.log*. Sollte der Domänencontroller nun beispielsweise unerwartet neu gestartet werden, so prüft ESE nach dem Neustart des Servers die in der Datei *edb.log* bereits erfassten Transaktionen anhand der *Prüfpunktdatei edb.chk* im Vergleich zu den in der Active Directory-Datenbank erfassten Transaktionen. Die noch nicht erfassten

Transaktionen werden in diesem Zusammenhang in die Active Directory-Datenbank übernommen.

4. Sollte das Serversystem nicht ausgefallen gewesen sein (der Regelfall), so überträgt die ESE, sobald das Serversystem weniger stark ausgelastet ist, die Transaktion in die Active Directory-Datenbank (*ntds.dit*).

Das obige Beispiel verdeutlicht, wie die Domänencontroller die Konsistenz der in der Datenbank der Active Directory-Domänendienste (*Active Directory-Domain Services, AD DS*) zu speichernden Daten überprüfen und somit sicherstellen können.

2.5.2 Domänencontroller

Domänencontroller sind Serversysteme unter Windows 2000, Windows Server 2003, Windows Server 2008, Windows Server 2008 R2, Windows Server 2012 oder Windows Server 2012 R2, auf denen die Active Directory-Domänendienste (*Active Directory Domain Services, AD DS*) ausgeführt werden. Die Domänencontroller einer Domäne dienen in erster Linie zur Authentifizierung und Autorisierung von Benutzern in einem Unternehmensnetzwerk. Hierzu wird auf jedem der Domänencontroller einer Domäne eine Kopie der Datenbank (ntds.dit) der Active Directory-Domänendienste (*Active Directory Domain Services, AD DS*) gespeichert. Im Gegensatz zu den früheren Windows NT 4.0-Domänencontrollern verfügt jeder vollwertige Domänencontroller seit Windows 2000 Server jeweils über eine eigene, schreibfähige Kopie der Active Directory-Domänendienste-Datenbank. Änderungen an den Datenbankinhalten werden zwischen den einzelnen Domänencontrollern repliziert, sodass hierdurch die Datenredundanz innerhalb einer Active Directory-Domänendienste-Infrastruktur gewährleistet werden kann.

2.5.3 Schreibgeschützte Domänencontroller

Mit der Einführung von Windows Server 2008 hatte Microsoft auch eine neue Art von Domänencontrollern ins Leben gerufen, die sogenannten schreibgeschützten Domänencontroller (engl. *Read-Only Domain Controllers, RODCs*). Diese Domänencontroller besitzen lediglich eine schreibgeschützte Kopie der Datenbank der Active Directory-Domänendienste (*Active Directory Domain Services, AD DS*). Änderungen an den Datenbankinhalten werden von den schreibgeschützten Domänencontrollern lediglich durch die Replikation vollwertiger Domänencontroller unterstützt. Die Änderungen an der auf den schreibgeschützten Domänencontrollern gespeicherten Datenbank sind auf anderem Wege nicht zugelassen.

Einsatzzweck von RODCs

Schreibgeschützte Domänencontroller (*Read-Only Domain Controllers, RODCs*) sind beispielsweise für den Einsatz in Zweigniederlassungen vorgesehen, in denen der räumliche Schutz vor physikalischen Angriffen vor Ort nicht gewährleistet werden kann. Standardmäßig werden auf den schreibgeschützten Domänencontrollern keine Kennwörter für Benutzerkonten gespeichert. Während des Anmeldevorgangs eines Benutzers an dem betreffenden, schreibgeschützten Domänencontroller kontaktiert dieser einen vollwertigen Domänencontroller zwecks Authentifizierungsabfrage der vom Benutzer angegebenen Anmeldedaten.

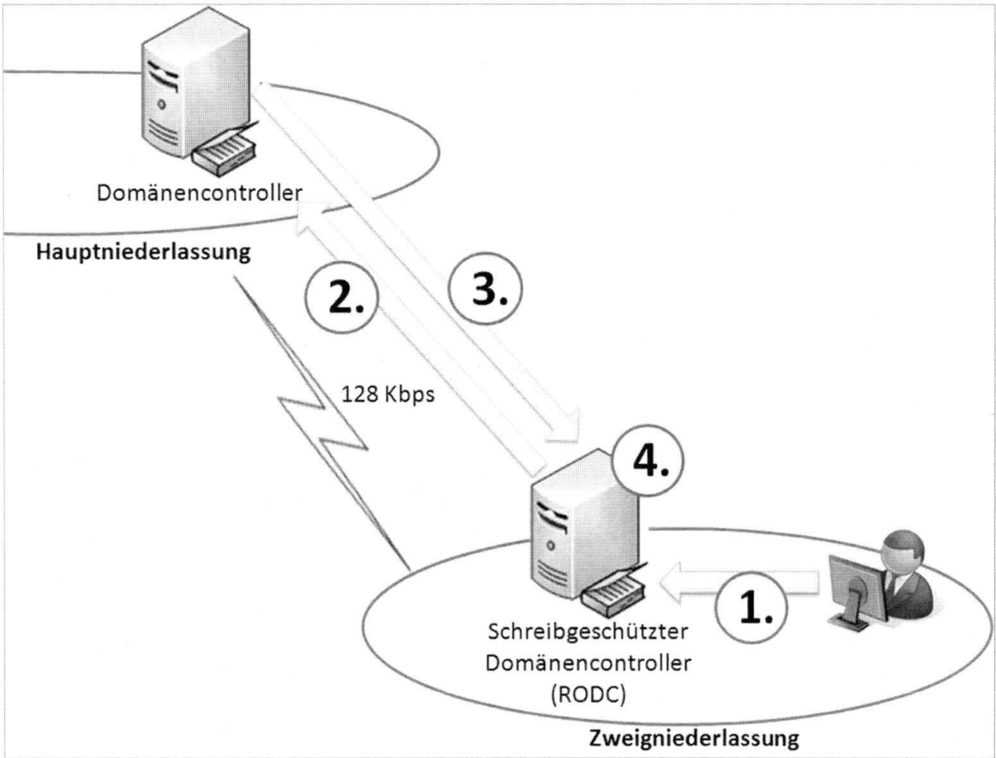

Abbildung 2.8: *Einsatz schreibgeschützter Domänencontroller*

Der Einsatz schreibgeschützter Domänencontroller in Zweigniederlassungen verläuft, wie in der Abbildung 2.8 dargestellt, wie folgt:

1. Ein Benutzer übermittelt die Anmeldeanfrage an den in der Zweigniederlassung vorhandenen, schreibgeschützten Domänencontroller.
2. Der Domänencontroller als RODC kann die Benutzeranmeldedaten nicht überprüfen, da die Kennwortinformationen auf ihm nicht gespeichert sind, und fragt einen vollwertigen Domänencontroller in der Hauptgeschäftsstelle an.
3. Der Domänencontroller in der Hauptgeschäftsstelle überprüft die übersandten Anmeldedaten mit den in der Domänendatenbank gespeicherten Daten und teilt das Ergebnis der Überprüfung dem anfragenden, schreibgeschützten Domänencontroller mit.
4. Wenn der Benutzer durch den Domänencontroller in der Hauptgeschäftsstelle authentifiziert werden konnte, generiert der schreibgeschützte Domänencontroller ein Sicherheitstoken und sendet dieses an den anfragenden Benutzer. Somit ist der Benutzer in der Domänenumgebung angemeldet.

Die Implementierung schreibgeschützter Domänencontroller setzt in der betreffenden Domäne *mindestens einen vollwertigen (schreibfähigen) Domänencontroller* unter Windows Server 2008 (oder höher) voraus. Zudem können die schreibgeschützten Domänencontroller (*Read-Only Domain Controllers, RODCs*) nur in Domänen mit einer *Domänenfunktionsebene unter Windows Server 2003 oder höher* eingesetzt werden.

Weitere Funktionen

Schreibgeschützte Domänencontroller (*RODCs*) können noch weitere Funktionen ausführen:

- **Schreibgeschützter DNS** Auf den schreibgeschützten Domänencontrollern (*RODCs*) können schreibgeschützte Kopien von den in die Active Directory-Domänendienste (*Active Directory Domain Services, AD DS*) integrierten DNS-Zonen gespeichert werden.
- **Globaler Katalogserver** Auch ist der Einsatz schreibgeschützter Domänencontroller (*RODCs*) als globaler Katalogserver (*Global Catalog, GC*) möglich. An einem Standort, an dem auch Microsoft Exchange Server eingesetzt werden, muss jedoch ein globaler Katalogserver als vollwertig nutzbarer Domänencontroller vorhanden sein. RODCs können in einem solchen Szenario als globaler Katalogserver nicht genutzt werden.

Zwischenspeichern von Kennwörtern auf RODCs

Domänenadministratoren können das Zwischenspeichern von Kennwörtern bestimmter Benutzer auf den RODCs der jeweiligen Domäne zulassen. Hierdurch kann ein schreibgeschützter Domänencontroller die Anmeldeanfragen der betreffenden Benutzer ganz ohne die Kontaktaufnahme zu vollwertigen Domänencontrollern gleich lokal beantworten. Die für das Zwischenspeichern zugelassenen Kennwörter werden durch die Replikation von vollwertigen Domänencontrollern auf die schreibgeschützten Domänencontroller (*Read-Only Domain Controller, RODCs*) übertragen.

Delegierung der Verwaltungsberechtigung

Die schreibgeschützten Domänencontroller (*Read-Only Domain Controllers, RODCs*) unterstützen neben der besonderen Behandlung von Kennwörtern auch die Delegierung der Verwaltungsberechtigung durch die Separierung der Administrator-Rolle. Hierbei kann man die Verwaltung des RODC auch an Benutzer delegieren, die seitens ihres Benutzerkontos in der Domäne nicht als Administratoren agieren.

Einschränkungen schreibgeschützter Domänencontroller

Die Implementierung schreibgeschützter Domänencontroller (*Read-Only Domain Controllers, RODCs*) birgt einige Einschränkungen, die sich auf die Planung von Niederlassungsnetzwerken auswirken können. Zu den Einschränkungen zählen unter anderem:

- Ein schreibgeschützter Domänencontroller kann keine Betriebsmaster-Rollen übernehmen. Beispielsweise muss die RID-Master (*Relative Identifier Master*)-Rolle auf einem schreibfähigen Domänencontrollerausgeführt werden, um die einzelnen, an die Domänencontrollervergebenen RID-Pools in die Datenbank der Domäne schreiben zu können.

- In einem physikalischen Active Directory-Standort (*Site*) ist jeweils nur ein einziger, schreibgeschützter Domänencontroller (*RODC*)einsetzbar.
- Die Rolle als *Bridgehead*-Server kann von einem schreibgeschützten Domänencontroller nicht ausgeführt werden, da für bestimmte Betriebsvorgänge auch hierbei Änderungen in die Datenbank der Active Directory-Domänendienste (*Active Directory Domain Services, AD DS*) geschrieben werden müssen.

VORSICHT! Bei der Delegierung der Berechtigung für die Verwaltung eines schreibgeschützten Domänencontrollers (*Read-Only Domain Controllers, RODCs*) wird dem Benutzerkonto *vollständiger, administrativer Zugriff auf den betreffenden Server* eingeräumt. Zwar kann der Betroffene dabei keine Änderungen an der Datenbank der Active Directory-Domänendienste (*Active Directory Domain Services, AD DS*) vornehmen, jedoch ist er in der Lage, die darin gespeicherten Objektinformationen mittels bestimmter Programme auszulesen. Ebenso kann der Delegierte auch eine Kopie der Datenbankdatei *ntds.dit* anlegen und diese aus dem System heraus kopieren. Vor der Delegierung sollten also alle Vor- und Nachteile der Delegierung der Verwaltungsberechtigung für RODCs im Rahmen der möglichen Sicherheitsgefahren gegeneinander abgewogen werden. Insbesondere dann, wenn auf dem schreibgeschützten Domänencontroller auch die Kennwörter von Benutzern zwischengespeichert werden sollen.

2.5.4 Die Betriebsmasterrollen

Innerhalb der Gesamtstruktur sowie einer jeden Domäne der Active Directory-Domänendienste (*Active Directory Domain Service, AD DS*) führen Domänencontroller noch bestimmte Rollen, sogenannte *Betriebsmasterrollen* (engl. *Operations Master Roles*), aus. Bestimmte Rollen müssen hierbei einmal pro Gesamtstruktur, andere hingegen pro Domäne jeweils auf einem der Domänencontroller ausgeführt werden.

Gesamtstrukturweite Betriebsmasterrollen

Die gesamtstrukturweiten Betriebsmasterrollen umfassen:

- **Schemamaster** (engl. *Schema Master*) Stellt das Active Directory-Schema für neue Domänencontroller bereit und steuert die Aktualisierungen der Schemaklassen und -attribute. Änderungen am Active Directory-Schema sind nur auf dem Schemamaster möglich. Innerhalb einer Gesamtstruktur darf nur ein einziger Domänencontroller die Rolle des Schemamasters ausführen. Standardmäßig führt der erste Domänencontroller einer Gesamtstruktur diese Rolle aus.
- **Domänennamenmaster** (engl. *Domain Naming Master*) Steuert das Hinzufügen oder Entfernen von Domänen innerhalb der Gesamtstruktur und sorgt für eine Eindeutigkeit

von Domänennamen. Auch beim Hinzufügen oder Entfernen von Anwendungsverzeichnispartitionen auf den Domänencontrollern der Gesamtstruktur wird von dem Domänennamenmaster kontrolliert. Innerhalb einer Gesamtstruktur darf nur ein einziger Domänencontroller die Rolle des Domänennamenmasters ausführen. Standardmäßig führt der erste Domänencontroller einer Gesamtstruktur diese Rolle aus.

HINWEIS: Die benannten Betriebsmasterrollen müssen in einer Active Directory-Gesamtstruktur eindeutig sein. Sie dürfen innerhalb einer Gesamtstruktur jeweils nur ein einziges Mal ausgeführt werden.

Domänenweite Betriebsmasterrollen

Die domänenweiten Betriebsmasterrollen müssen innerhalb einer jeden Domäne jeweils einmal vorhanden sein und umfassen:

- **PDC-Emulator** (engl. *PDC Emulator*) Der PDC-Emulator fungiert für Windows NT 4.0-basierte Computer innerhalb der Domäne als primärer Domänencontroller (*Primary Domain Controller, PDC*). Darüber hinaus verarbeitet der PDC-Emulator alle Anfragen von diesen Computern für Kennwortänderungen. Aber auch wenn keine Windows NT-basierten Clients oder Server in der Domäne vorhanden sind, senden alle anderen Domänencontroller mögliche Kennwortänderungen mittels einer Replikation an den PDC-Emulator. Sollte die Authentifizierung eines Benutzers bei einem anderen Domänencontroller in der Domäne fehlschlagen, so wird die Authentifizierung im Hintergrund nochmals beim Domänencontroller mit der Rolle *PDC-Emulator* wiederholt. Sollte vorweg eine mögliche Kennwortänderung beim PDC-Emulator eingetroffen sein, so ist es möglich, dass die Authentifizierung des betreffenden Benutzers erfolgreich verläuft. Der PDC-Emulator agiert innerhalb der Domäne ebenso noch als Zeitserver. Er wird zudem bevorzugt für Änderungen in Gruppenrichtlinienobjekten verwendet. Nur ein einziger Domänencontroller innerhalb einer jeden Domäne darf die Rolle des PDC-Emulators ausführen. Standardmäßig führt der erste in der betreffenden Domäne erstellte Domänencontroller die Rolle aus.

- **RID-Master** (engl. *RID Master*) Der RID-Master stellt für die Domänencontroller innerhalb einer Domäne die sogenannten RID-Pools zur Verfügung und verwaltet diese. Ein RID-Pool umfasst zu Beginn immer 500 Sicherheitskennungen (engl. *Security Identifiers, SIDs*), die neuen Objekten beim Erstellen innerhalb der Domäne als eindeutiger Kennzeichner zugewiesen werden. Nur so ist eine Eindeutigkeit von Objekten gewährleistet. Sollte ein Domänencontroller durch das Anlegen neuer Objekte den RID-Pool bis zu einem bestimmten Maß aufgebraucht haben, so fordert dieser neue SIDs beim RID-Master an. Der RID-Master füllt den RID-Pool des betreffenden Domänencontrollers wiederum auf 500 SIDs auf, die wiederum für das Erstellen neuer Objekte innerhalb der Domäne verwendet werden können. Nur ein einziger Domänencontroller innerhalb einer jeden Domänen darf die Rolle des RID-Masters ausführen. Standardmäßig führt der erste in der Domäne erstellte Domänencontroller die Rolle aus.

- **Infrastrukturmaster** (engl. *Infrastructure Master*) Der Infrastrukturmaster ist für die Aktualisierung der domänenübergreifenden Objektreferenzen innerhalb einer Domäne zuständig. Er vergleicht beispielsweise seine Verzeichnisdaten mit denen eines globalen Katalogservers. Falls die Daten veraltet sind, fordert er die aktuellen Daten bei einem globalen Katalogserver an und repliziert die Änderungen an die anderen Domänencontroller der Domäne. Nur ein einziger Domänencontroller innerhalb einer jeden Domäne darf die Rolle des Infrastrukturmasters ausführen. Standardmäßig führt der erste in der Domäne erstellte Domänencontroller die Rolle aus.

HINWEIS: Die benannten Betriebsmasterrollen müssen in einer Active Directory-Domäne eindeutig sein. Sie dürfen innerhalb einer Domäne jeweils nur ein einziges Mal ausgeführt werden.

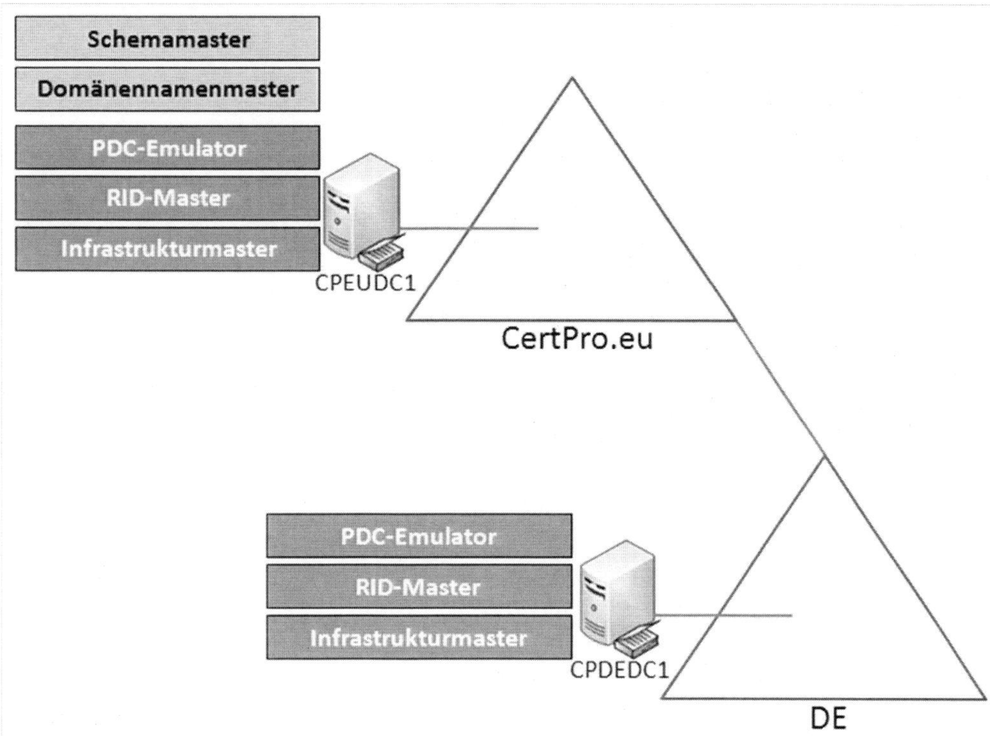

Abbildung 2.9: *Die Betriebsmasterrollen einer Active Directory-Gesamtstruktur*

Tools zur Verwaltung der Betriebsmasterrollen

Die folgenden MMC-Snap-Ins und Tools können verwendet werden, um die Betriebsmasterrollen innerhalb einer Active Directory-Gesamtstruktur zu verwalten:

- Active Directory-Benutzer und -Computer
- Active Directory-Domänen und -Vertrauensstellungen

- Active Directory-Schema
- Dsquery.exe
- ntdsutil.exe
- Windows PowerShell

Das MMC-Snap-In *Active Directory-Schema* steht für die Verwendung standardmäßig nicht zur Verfügung. Zur Nutzung dieser Konsole muss zuerst die DLL-Datei für die Ausführung des Konsolen-Snap-Ins im betreffenden Computersystem registriert werden. Um das MMC-Snap-In *Active Directory-Schema* zu öffnen, gehen Sie wie folgt vor:

1. Klicken Sie auf **Start**, dann auf **Ausführen**, und geben Sie den folgenden Befehl in das Eingabefeld ein: `regsvr32 schmmgmt.dll`
2. Klicken Sie nachfolgend auf **OK**.
3. Klicken Sie im nachfolgenden Dialog über die erfolgreiche Registrierung der Datei *schmmgmt.dll* auf **OK**.
4. Klicken Sie nochmals auf **Start**, dann auf **Ausführen**, und geben Sie `mmc` in das Eingabefeld ein.
5. Klicken Sie auf **Datei**, dann auf **SnapIn hinzufügen/entfernen**.
6. Wählen Sie im linken Abschnitt des Fensters das Konsolen-Snap-In *Active Directory-Schema* aus, und klicken Sie in der Mitte des Fensters auf den [→]-Schalter.
7. Klicken Sie auf **OK**.

Die Betriebsmasterrollen können während des Betriebes auf andere Domänencontroller übertragen werden. Sollte ein Domänencontroller als Inhaber einer oder mehrerer Betriebsmasterrollen dauerhaft ausfallen, so können die davon betroffenen Rollen auf einem anderen Domänencontroller innerhalb der Gesamtstruktur bzw. der jeweiligen Domäne neu festgelegt werden. Die Verwaltung der Betriebsmasterrollen sowie auch die Vorgehensweise für das Übertragen oder Übernehmen der Rollen auf andere Domänencontroller einer Active Directory-Gesamtstruktur oder Domäne wird in den nachfolgenden Kapiteln detailliert erklärt.

2.5.5 Der globale Katalog

Der globale Katalog (engl. *Global Catalog, GC*) wird als Rolle auf einem oder mehreren Domänencontrollern einer Gesamtstruktur des Active Directory ausgeführt. Der GC enthält eine Teilmenge der Attribute des Active Directory und stellt diese auf Abfrage für bestimmte Betriebsvorgänge, wie beispielsweise den Anmeldevorgang von Benutzern oder die Abfrage bei der Suche nach Attributen, bereit. Beispielsweise werden Daten aus dem globalen Katalog bereitgestellt, wenn ein Benutzer die darin gespeicherte E-Mail-Adresse eines anderen

Benutzers in der Active Directory-Gesamtstruktur über die Suchfunktionen der Active Directory-Domänendienste (*Active Directory Domain Services, AD DS*) abfragt. Der globale Katalog wird hierbei als Dienst wie eine Art Suchmaschine eingesetzt.

Standardmäßig erhält der erste Domänencontroller in einer Gesamtstruktur der Active Directory-Domänendienste die Rolle des globalen Katalogservers. Es können bei Bedarf auch weitere Domänencontroller mit der Rolle des globalen Katalogs definiert werden. Dies ist insbesondere dann sinnvoll, wenn geografisch verteilte (Zweigstellen-)Niederlassungen betrieben werden, in denen eigene Domänencontroller für die Anmeldeprozesse der Benutzer eingesetzt werden. Sollte hierbei die Kommunikation zu möglicherweise entfernt eingesetzten globalen Katalogservern fehlschlagen, so misslingt ebenso auch die Anmeldung des Benutzers in der Domäne.

Der Anmeldeprozess fragt beim globalen Katalogserver die Mitgliedschaften des jeweiligen Benutzers in möglichen universellen Gruppen des Active Directory ab. Sollte diese Abfrage nicht beantwortet werden können, da der globale Katalogserver für die Abfrage nicht erreichbar war, so schlägt die Anmeldung innerhalb der Domänen eines Mehrfachdomänenmodells fehl, in dem diese in der Domänenfunktionsebene Windows 2000 pur oder höher ausgeführt werden. Eine einzige Ausnahme stellen hierbei die Domänenadministratoren dar, die sich trotz möglicher Probleme mit dem globalen Katalog grundsätzlich immer in der vorhandenen Domäne anmelden können.

Darüber hinaus wird durch den jeweils lokalen Einsatz globaler Katalogserver in verteilten Active Directory-Standorten die Netzwerklast über die WAN-Verbindungen reduziert. Abfragen an den globalen Katalog können hierbei direkt lokal aufgelöst werden.

Über den globalen Katalog (engl. *Global Catalog, GC*) werden während des Anmeldeprozesses von Benutzern die möglichen Mitgliedschaften in universellen Sicherheitsgruppen abgefragt. Sollte für diesen Vorgang kein globaler Katalogserver zur Verfügung stehen, so kann sich in der betreffenden Active Directory-Umgebung kein Benutzer mehr in der Domäne anmelden. Lediglich die Administratoren sind dann noch in der Lage, sich lokal an den Domänencontrollern anzumelden, bis ein globaler Katalogserver wieder verfügbar ist. Eine Ausnahme stellt hierbei die Funktion des *Zwischenspeicherns der universellen Gruppenmitgliedschaft* dar, die auf der Ebene von Active Directory-Standorten (engl. *Sites*) aktiviert werden kann.

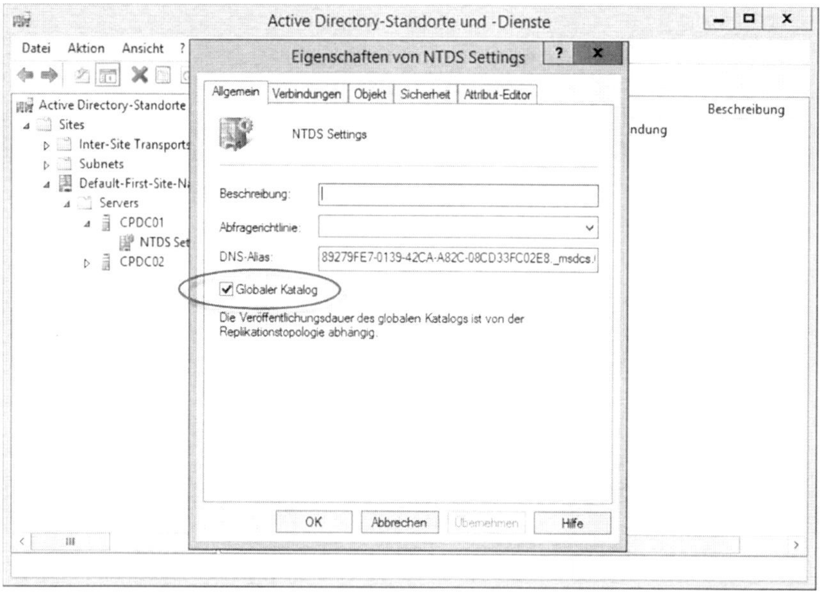

Abbildung 2.10: *Konfiguration eines Domänencontrollers als globaler Katalogserver unter Windows Server 2012 R2*

Bei der Lastkalkulation für Remoteverbindungen darf man aber nicht außer Acht lassen, dass die Inhalte des globalen Katalogs zwischen den globalen Katalogservern repliziert werden. Wenn häufig viele Änderungen an den Inhalten der globalen Katalogserver (beispielsweise der Gruppenmitgliedschaft in universellen Gruppen) vorgenommen werden, so steigt hiermit auch die Replikationslast, die sich wiederum negativ auf die Netzwerkleistung auswirken kann.

Aus Gründen der Redundanz sollten in Active Directory-Gesamtstrukturen mindestens zwei Domänencontroller die Rolle des globalen Katalogservers ausführen. Diese sind für die Client- und Serversysteme innerhalb des Unternehmensnetzwerks dann anhand der in den DNS-Servern (*Domain Name System*) registrierten Diensteinträge (*Service Records*) auflösbar und somit erreichbar.

Globaler Katalog und der Infrastruktur-Master

Theoretisch kann jeder Domänencontroller einer Domäne die Rolle des globalen Katalogservers ausführen. Lediglich in Active Directory- Umgebungen, in denen mehrere, in einer Domänenstruktur zusammenhängende Domänen eingerichtet wurden, besteht eine Einschränkung. Der Server, der als Infrastruktur-Master definiert ist, darf in einer solchen Konstellation die Rolle des globalen Katalogservers nicht auch ausführen. Dies ist technisch bereits seit der ersten Version von Active Directory unter Windows Server 2000 als Problem bekannt. Um zu vermeiden, dass es bei der Gruppenverschachtelung zwischen zwei verschiedenen Domänen zu möglichen Auflösungsproblemen der Gruppennamen und somit zur Gruppenverschachtelung kommt, wird seitens Microsoft davon abgeraten, die Rolle des globalen Katalogservers mit der Funktion als Infrastruktur-Master in einer Multidomänenumgebung auf einem einzigen Server zu definieren.

Sollte die Active Directory-Gesamtstruktur jedoch nur aus einer einzigen Domäne bestehen, gilt diese Einschränkung der Platzierung des Infrastruktur-Masters und des globalen Katalogservers nicht. In einem solchen Szenario können sich die beiden Rollen problemlos auf dem gleichen Domänencontroller befinden.

Eine weitere Alternative stellt eine Implementierung der Active Directory-Domänendienste in einem Mehrfachdomänenmodell dar, in dem alle Domänencontroller gleichzeitig ebenso auch als globale Katalogserver konfiguriert sind. Auch hierbei stellt die Platzierung des Infrastrukturmasters – vergleichbar mit der Platzierung der Betriebsmasterrolle innerhalb einer einzigen Domäne – dann kein Problem mehr dar.

Seitens der notwendigen Konfigurationsschritte ist es für die Administratoren ein Leichtes, einen weiteren Domänencontroller innerhalb einer Active Directory-Gesamtstruktur als einen globalen Katalogserver zu konfigurieren. Die genaue Schrittfolge für die Konfiguration eines Servers als globalen Katalogserver erfahren Sie in Teil II dieses Buches.

2.5.6 Zwischenspeichern der universellen Gruppenmitgliedschaft

Eine Alternative für den Einsatz globaler Katalogserver, beispielsweise in Zweigniederlassungen mit geringer Bandbreitenanbindung an den Hauptstandort, stellt die Zwischenspeicherung der universellen Gruppenmitgliedschaft dar. Diese kann *auf Domänencontrollern unter Windows Server 2003 oder höher* aktiviert werden. Bei aktivierter Zwischenspeicherung der universellen Gruppenmitgliedschaft von Benutzern, die jeweils pro physikalischem Standort des Active Directory aktiviert wird, fragt ein entfernt eingesetzter Domänencontroller beim ersten Anmeldeprozess eines Benutzers die Gruppenmitgliedschaften in möglichen universellen Gruppen bei einem der globalen Katalogserver ab. Diese Daten speichert der betreffende Domänencontroller nach Erhalt für einen definierten Zeitraum (*standardmäßig acht Stunden*) zwischen.

Bei nachfolgenden Anmeldeanfragen des betreffenden Benutzers greift der vor Ort befindliche Domänencontroller nun auf die zwischengespeicherte Gruppenmitgliedschaft der universellen Gruppen zurück und muss diese nicht mehr über die WAN-Leitung beim eigentlichen globalen Katalogserver abfragen.

Auch bietet sich das Aktivieren der Zwischenspeicherung der universellen Gruppenmitgliedschaft für solche Active Directory-Standorte an, die über eine unzuverlässige oder schmalbandige Remoteverbindung zu beispielsweise den Hauptstandorten von Unternehmen verfügen. Wenn vor Ort kein globaler Katalogserver eingesetzt wird, reduziert sich auch die Replikationslast über die Fernverbindung, wenn die Inhalte des globalen Katalogservers nicht über die Fernleitung repliziert werden müssen.

Vorteile

Die Vorteile der Zwischenspeicherung der universellen Gruppenmitgliedschaft auf den Domänencontrollern in Remote-Standorten liegen klar auf der Hand:

- Reduzierung der Replikationsvorgänge über WAN-Verbindungen, wenn in bestimmten Active Directory-Standorten keiner der vorhandenen Domänencontroller die Rolle des globalen Katalogservers ausführt.
- Reduzierung der Auslastung von WAN-Verbindungen durch das lokale Zwischenspeichern der universellen Gruppenmitgliedschaften der Benutzer bei wiederholten Anmeldevorgängen.
- Erhöhung der Ausfallsicherheit bei Problemen mit der WAN-Verbindung, da die Gruppenmitgliedschaften der universellen Gruppen der Benutzer vor Ort zwischengespeichert werden.

Ablauf des Anmeldevorgangs

Der Ablauf eines Anmeldevorgangs eines Benutzers in einer Zweigniederlassung, die über eine schmalbandige WAN-Verbindung an eine Hauptniederlassung angebunden ist, stellt sich bei aktivierter Zwischenspeicherung der universellen Gruppenmitgliedschaft im Niederlassungsstandort (ohne den lokalen Einsatz globaler Katalogserver) wie folgt dar:

1. Der Benutzer fordert die Anmeldung beim Domänencontroller an. Der Domänencontroller überprüft die Anmeldedaten des Benutzers und prüft nachfolgend das Vorhandensein der Informationen über die mögliche Gruppenmitgliedschaft des Benutzers in universellen Gruppen.
2. Der Domänencontroller in der Zweigniederlassung ermittelt über einen DNS-Server (*Domain Name System*) den globalen Katalogserver und fragt nun bei diesem über die WAN-Verbindung die möglichen Gruppenmitgliedschaften des betreffenden Benutzers ab.
3. Der globale Katalogserver ermittelt die möglichen Gruppenmitgliedschaften des Benutzers in universellen Gruppen und sendet das Ergebnis an den abfragenden Domänencontroller über die WAN-Verbindung.
4. Der Domänencontroller in der Zweigniederlassung empfängt die möglichen Mitgliedschaften des betreffenden Benutzers in universellen Gruppen des Active Directory und speichert diese Informationen zwischen. Nachfolgend bestätigt der Domänencontroller die ursprüngliche Anmeldeanfrage und sendet die ermittelten, möglichen Gruppenmitgliedschaften innerhalb des Anmeldevorgangs an den betreffenden Benutzer – der Benutzer ist im Netzwerk angemeldet. Sollte der Benutzer sich nachfolgend ab- und anschließend wieder anmelden, so kann der betreffende Domänencontroller in der Zweigniederlassung nun auf die zwischengespeicherten Gruppenmitgliedschaften der

universellen Gruppen in Active Directory zurückgreifen. Er muss in Bezug auf die Anmeldeanforderungen des betreffenden Benutzers für die Ermittlung dessen Gruppenmitgliedschaften in universellen Gruppen innerhalb des vordefinierten Zeitraumes keinen Kontakt mehr zum globalen Katalogserver in der Hauptniederlassung aufnehmen.

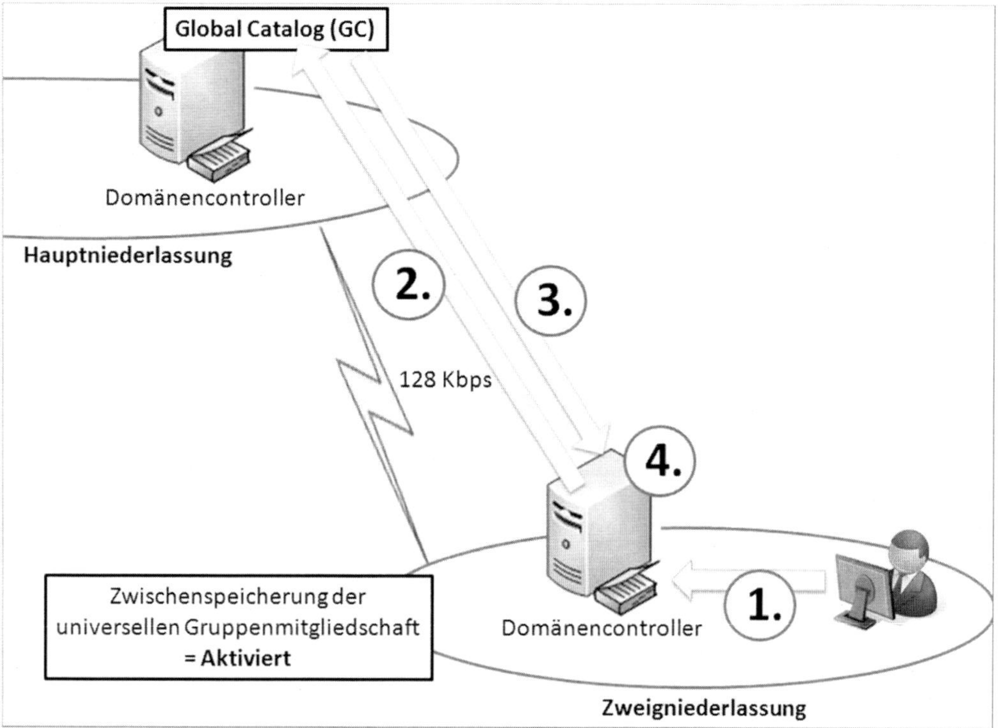

Abbildung 2.11: *Der globale Katalog beim Anmeldevorgang*

2.5.7 Der Replikationsdienst

Damit die Inhalte der Datenbank der Active Directory-Domänendienste (*Active Directory Domain Services, AD DS*) zwischen den einzelnen Domänencontrollern einer Gesamtstruktur oder auch Domäne konsistent gehalten werden können, kommen die Replikationsdienste zum Einsatz. Wenn Änderungen an der Struktur der Active Directory- Umgebung oder an Attributen eines Benutzerobjektes, beispielsweise der Telefonnummer, auf einem der Domänencontroller vorgenommen werden, so repliziert dieser die Änderungen nachfolgend in vordefinierten Zeitphasen an alle weiteren Domänencontroller der Domäne.

Zum Vergleich der Änderungen mit den bereits vorhandenen Datenbankinformationen setzen die Domänencontroller sogenannte *Update Sequence Numbers* (*USNs*) ein. Diese Werte werden den einzelnen Objekten beim Erstellen zugeordnet und bei Änderung inkrementiert.

Die Replikationstopologie

Die Domänencontroller, genauer die darin enthaltene Funktion eines *Konsistenzprüfers* (engl. *Knowledge Consistency Checker, KCC*) übernimmt die Berechnung der Replikationstopologie. Hierbei unterscheidet man zwischen der *standortinternen* und *standortübergreifenden* Replikation. Der Standort bezieht sich dabei auf den jeweils logisch definierten Standort (*Site*) in Active Directory. Innerhalb eines Standortes bilden die KCCs automatische Replikationspfade zwischen den einzelnen Domänencontrollern, sodass die Replikationstopologie selbst bei Ausfall eines Domänencontrollers erhalten und funktional bleibt. Auch reagieren die KCCs auf das Hinzufügen weiterer Domänencontroller und nehmen diese in die bereits vorhandene Replikationstopologie auf.

Im Gegensatz zu der standardmäßig, automatisch generierten Replikationstopologie innerhalb eines logischen Active Directory-Standorts (*Site*) muss die standortübergreifende Replikation manuell konfiguriert werden. Um die Häufigkeit der Replikationsvorgänge zwischen den Standorten zu regeln, kann man hierbei zusätzlich auch feste Zeiten und Intervalle definieren, in denen die Replikation zwischen den Domänencontrollern erlaubt ist.

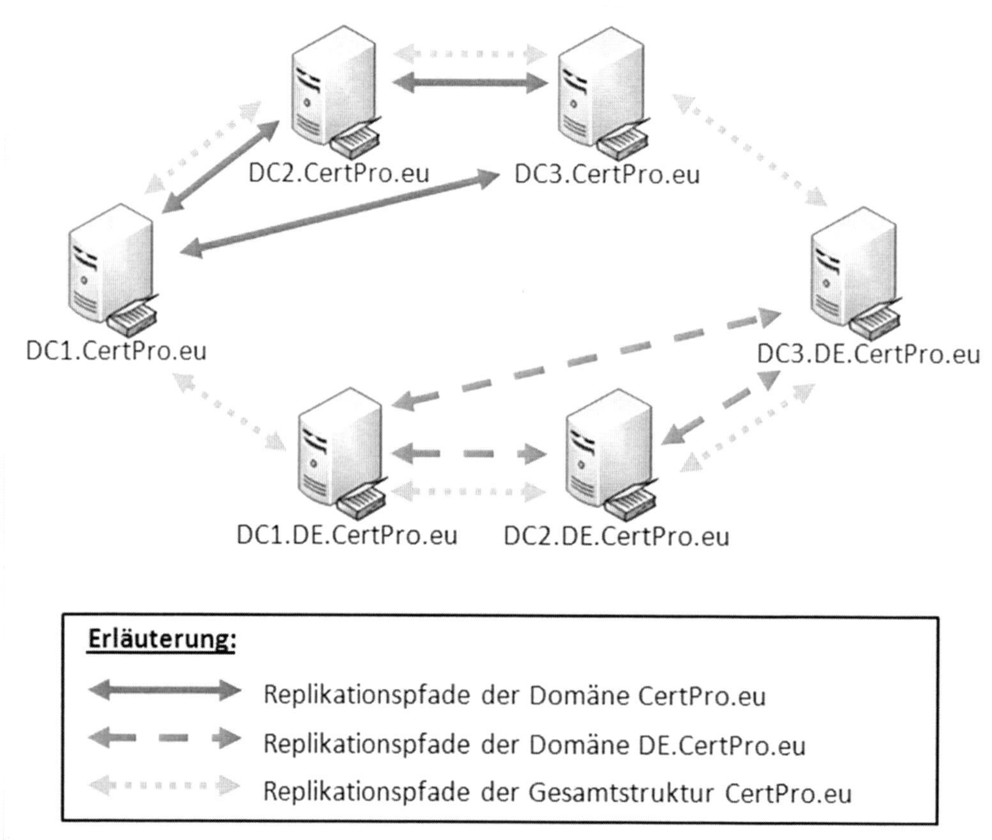

Abbildung 2.12: *Beispiel für die Replikationstopologie einer Active Directory-Gesamtstruktur mit zwei Domänen*

Bei Replikationsvorgängen zwischen Domänencontrollern, die sich an verschiedenen Active Directory-Standorten befinden sowie zugleich auch unterschiedlichen Domänen innerhalb der Gesamtstruktur angehören, wird bei der Replikation mittels *RPC-over-IP* sogar eine automatische *Komprimierung* der Replikationsdaten auf 40 % der ursprünglichen Größe angewendet. Die automatische Komprimierung wird angewendet, sobald die zu replizierenden Daten die Größe von 32 KByte überschreiten. Dies nimmt damit direkten Einfluss auf die entstehende Replikationslast. Als alternatives Replikationsprotokoll kann auch das *Simple Mail Transfer Protocol* (*SMTP*), das standardmäßig für die Mailkommunikation eingesetzt wird, zur Replikation von Active Directory-Informationen zwischen den Domänencontrollern verschiedener Standorte konfiguriert werden. Mithilfe von SMTP können lediglich die Inhalte der Schema- sowie der Konfigurationspartition der Active Directory-Domänendienste, nicht jedoch die Inhalte der Domänenpartition repliziert werden. Dies schließt die Verwendung von SMTP für die Replikation innerhalb von Active Directory-Domänen somit ebenso aus. Die Konfiguration hierzu gestaltet sich jedoch etwas komplizierter, weshalb es nicht als Standardreplikationsprotokoll zum Einsatz kommt.

Auch kann man die Replikationstopologie mit sogenannten Mehrfachpfaden zwischen den Standorten konfigurieren, beispielsweise mit einer 2-Mbps-Standardverbindung über eine vorhandene, breitbandige Standleitung, jedoch als Ausweichstrecke bei Ausfall der Standleitung eine schmalbandige ISDN- oder Modemverbindung. Um nun sicherzustellen, dass die Standleitung bei Verfügbarkeit als primäre Verbindung zwischen den Standorten zur Replikation genutzt wird, kann man mit einem Wert, den man als Kosten bezeichnet, eine Priorisierung der Verbindung konfigurieren. Dies ist prinzipiell vergleichbar mit dem Kostenwert, der beim Routing innerhalb von Netzwerkinfrastrukturen zum Einsatz kommt.

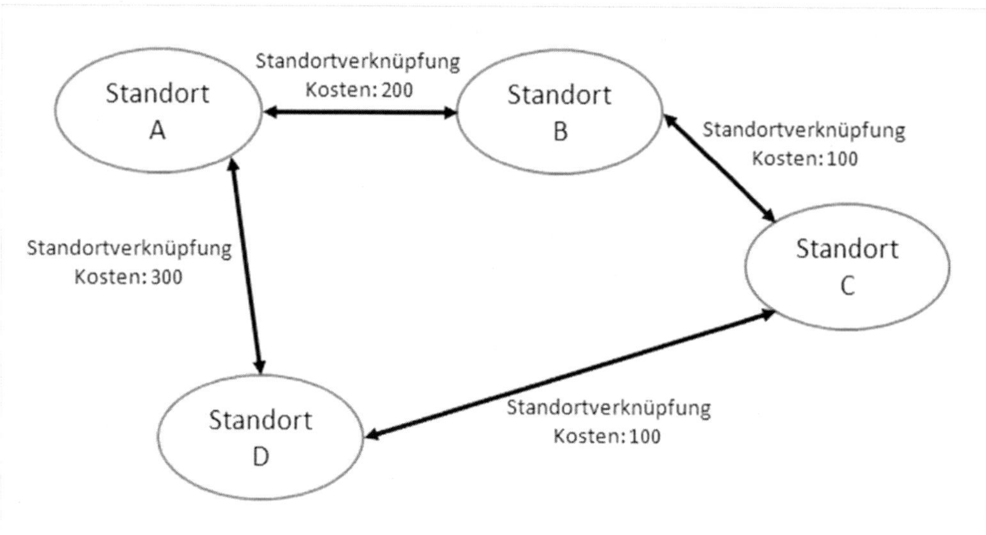

Abbildung 2.13: *Definition der Kostenwerte für Standortverknüpfungen zur Steuerung des Replikationsverkehrs zwischen Active Directory-Standorten*

Die Grafik 2.13 zeigt die definierten und mit Kostenwerten versehenen Standortverknüpfungen zwischen verschiedenen Active Directory-Standorten. Der KCC berechnet in diesem Modell jeweils die optimale Replikationsstrecke zwischen Standorten. Hierzu verwendet er die kumulierten Kosten aller für die Replikation zu verwendenden Standortverknüpfungen. Zur Replikation beispielsweise von Standort A zu Standort C kalkuliert der KCC, der im Standort A die Rolle des *Inter-Site Topology Generators* (*ISTG*) ausführt, vorweg die Kosten der Replikationsstrecke von Standort A über B nach C (entspricht: 200 + 100 = 300) sowie die der Replikationsstrecke von Standort A über D nach C (entspricht: 300 + 100 = 400). Nach Ermittlung der jeweils anfallenden Kosten entscheidet er sich automatisch für die Replikationsstrecke mit dem niedrigeren Kostenwert (in diesem Beispiel für die Replikation von A über B nach C).

Inter-Site Topology Generator

In Active Directory-Gesamtstrukturen übernehmen die beim Anlegen von Active Directory-Standorten darin zuerst befindlichen Domänencontroller in ihrer Funktion als KCC (*Knowledge Consistency Checker*) zusätzlich die Rolle eines ISTG (*Inter-Site Topology Generator*). Dieser ist u. a. für die Berechnung der optimalen Replikationspfade bei der standortübergreifenden Replikation zuständig. Hierzu ermittelt der ISTG beispielsweise alle in einem Standort vorhandenen, definierten Bridgehead-Server.

Replikation der Inhalte von Verzeichnispartitionen

Der Replikationsprozess sorgt für die Konsistenz der in einer Datenbank der Active Directory-Domänendienste (*Active Directory Domain Services, AD DS*) vorhandenen Informationen. Diese wiederum werden innerhalb der Datenbank in verschiedenen Partitionen, den sogenannten Verzeichnispartitionen, gespeichert. Standardmäßig werden die folgenden Informationen zwischen den Domänencontrollern einer Active Directory-Gesamtstruktur bzw. innerhalb einer Domäne repliziert:

Informationsart	Replikationsumfang
Schemainformationen (Klassen und Attribute)	Replikation auf jeden Domänencontroller in der Active Directory-Gesamtstruktur
Konfigurationsinformationen	Replikation auf jeden Domänencontroller in der Active Directory-Gesamtstruktur
Domäneninformationen (bspw. Benutzer oder Computerobjekte)	Replikation auf jeden Domänencontroller innerhalb der jeweiligen Active Directory-Domäne
Globaler Katalog	Replikation auf jeden Domänencontroller der Active Directory-Gesamtstruktur, der als globaler Katalogserver konfiguriert ist

Informationsart	Replikationsumfang
Inhalte von Anwendungsverzeichnispartitionen (bspw. AD-integrierte DNS-Zonen)	Replikation auf jeden Domänencontroller, der über die gleiche Anwendungsverzeichnispartition verfügt

Tabelle 2.2: *Replikation von Verzeichnispartitionen*

Multimaster-Replikation

Bereits in Active Directory unter Windows 2000 Server führte Microsoft das *Multimaster-Replikationsmodell* ein. Dieses Modell beschreibt, dass jeder beliebige Domänencontroller einer Domäne ab Windows 2000 Server gleichgestellt ist mit anderen Domänencontrollern und somit auch Änderungen an den in der Datenbank der Active Directory-Domänendienste (*Active Directory Domain Services, AD DS*) gespeicherten Objekten und Attributen vornehmen darf. Diese Änderungen werden dann von diesem Domänencontroller an die anderen Domänencontroller repliziert. Dies war nicht immer so.

Zu Zeiten von Windows NT 4.0 existierte innerhalb einer Domäne lediglich ein einziger vollwertiger Domänencontroller, der primäre Domänencontroller (engl. *Primary Domain Controller, PDC*), der in der Lage war, Änderungen an den vorhandenen Benutzer- oder Computerkonten und Gruppen vorzunehmen. Diese Änderungen reichte der Domänencontroller nachfolgend mittels eines Synchronisierungsvorgangs an die möglicherweise vorhandenen Sicherungsdomänencontroller (engl. *Backup Domain Controller, BDC*) der Domäne weiter. Dieser Vorgang war ein rein einseitiger, sodass Änderungen selbst von Zweigniederlassungen aus, in denen zum Teil lediglich Sicherungsdomänencontroller eingesetzt wurden, immer zuerst zum primären Domänencontroller und von diesem dann nachfolgend an die vorhandenen Sicherungsdomänencontroller übertragen werden mussten. Von dem dafür notwendigen Zeitaufwand abgesehen, kam hier auch eine zusätzliche Netzwerklast auf den Remoteverbindungen zustande. Eine ähnliche, jedoch nur in Teilen angelehnte Konzeption findet man heutzutage lediglich noch im Umfeld schreibgeschützter Domänencontroller (*Read-Only Domain Controllers, RODCs*), die beispielsweise in kleineren Zweigniederlassungen zum Einsatz kommen. Diese RODCs werden jedoch zum Schutz der Netzwerkressourcen gegen möglichen Diebstahl der Domänendatenbank oder unerwünschte Manipulationen der Domänenobjekte eingesetzt.

HINWEIS: Da die Domänencontroller unter Windows Server 2008 und höher mit Domänencontrollern unter Windows NT 4.0 Server nicht mehr kompatibel sind, entfällt das PDC-BDC-Prinzip in den modernen Domänenumgebungen vollständig.

Dringlichkeitsreplikation (Urgent Replication)

In den Unternehmensnetzwerken kommt es vor, dass die standardmäßige Latenz (zeitliche Verzögerung) der Replikation bestimmter Informationen, beispielsweise im Rahmen der Einhaltung der Sicherheit, zu lang ist. Die Domänencontroller sind so programmiert, dass bestimmte Informationen zwischen ihnen ohne zeitlichen Verzug im Rahmen der Dringlichkeitsreplikation (engl. *Urgent Replication*) ausgetauscht werden können. Zu diesen Informationen zählt man u. a. die folgenden:

- Änderungen an den Kennwortrichtlinien der Domäne
- Änderungen an den Kontosperrungsrichtlinien der Domäne
- Sperrung eines Benutzerkontos bei Falscheingabe des Kennworts gemäß der Kontosperrungsrichtlinie
- Verschieben des RID-Masters auf einen anderen Domänencontroller

Die Dringlichkeitsreplikation wird von den Domänencontrollern ohne weiteren Verzug sofort ausgelöst. Die empfangenden Domänencontroller übermitteln die mithilfe der Dringlichkeitsreplikation empfangenen Informationen bei Bedarf ebenso wiederum ihrerseits an weitere Domänencontroller. Eine Dringlichkeitsreplikation ist deshalb in der Regel innerhalb von Sekunden abgearbeitet. Die Dringlichkeitsreplikation findet in der Regel lediglich innerhalb von Active Directory-Standorten statt. Es besteht die Möglichkeit, diese ebenso für die standortübergreifende Replikation zu konfigurieren.

Lokale USN

Die Replikation zwischen den Domänencontrollern findet auf Attributebene statt. Bei Änderungen, beispielsweise des Nachnamens eines Benutzerobjekts in einer Active Directory-Domäne, muss anschließend nicht das vollständige Objekt, sondern lediglich der geänderte Attributwert zwischen den vorhandenen Domänencontrollern repliziert werden. Die Änderung einzelner Attribute wird für die Domänencontroller anhand einer sogenannten *Lokalen Update Sequence Number* (*Local USN*) erkennbar. Der Wert der *Local USN* des betreffenden Attributs wird bei der Wertänderung nach oben gezählt. Wenn die Domänencontroller bei einem der beiden Domänencontroller höher sind als die des anderen, so setzt sich dieses Attribut gegenüber dem anderen Attribut mit der niedrigeren *Local USN* durch.

HINWEIS: Die *Local Update Sequence Number* (*Local USN*) der verschiedenen Attribute der Active Directory-Objekte kann man sich mithilfe des folgenden Kommandozeilenbefehls in der Eingabeaufforderung anzeigen lassen: **`repadmin /showobjmeta`** *`<Objekt-DN>`*

Nach der Eingabe des im Hinweis benannten Befehls kann man eine Liste der *Local USNs* aller Attribute eines Active Directory-Objekts anzeigen lassen. Eine USN wird auf jedem Domänencontroller individuell festgelegt und unterscheidet sich deshalb im Vergleich zwischen verschiedenen Domänencontrollern im Wert.

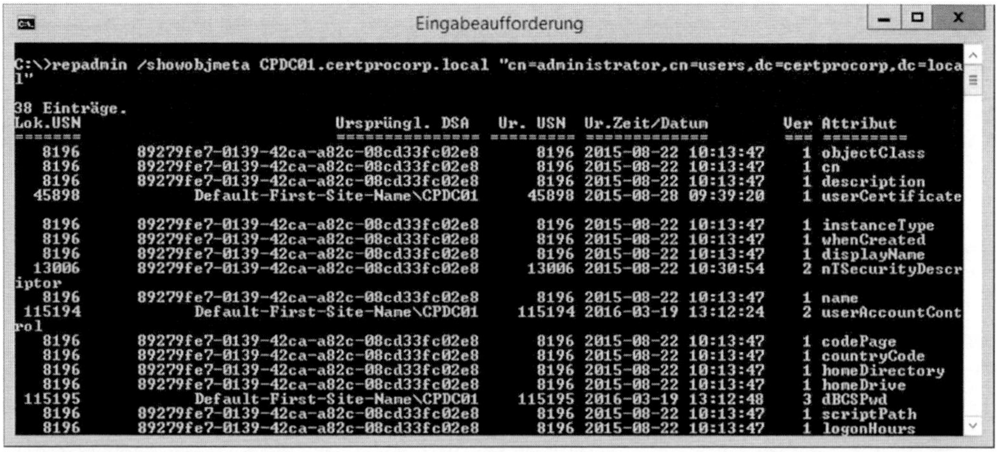

Abbildung 2.14: *Anzeige der Local USN der Attribute eines Active Directory-Objekts unter Windows Server 2012 R2*

Replikationskonflikte

In einem Multimaster-Replikationsmodell, in dem jeder vorhandene Domänencontroller in der Lage ist, Änderungen an den gespeicherten Objekten in der Datenbank der Active Directory-Domänendienste (*Active Directory Domain Services, AD DS*) entgegenzunehmen, können mitunter Konflikte auftreten. Wenn beispielsweise zwei Administratoren zeitgleich an unterschiedlichen Domänencontrollern die Telefonnummer eines bestimmten Benutzers sogar noch mit unterschiedlichen Werten ändern, führt dies bei der nachfolgenden Replikation unweigerlich zu einem so bezeichneten Replikationskonflikt. Da die vollzogene Änderung das gleiche Objekt betrifft, muss anschließend geregelt werden, welche der Änderungen sich letztlich durchsetzt. Die Domänencontroller lösen einen solchen Konflikt anhand vordefinierter Vorgänge in der Regel untereinander, ohne dass ein Administrator hierzu tätig werden muss.

Zur Lösung von Replikationskonflikten vergleichen die Domänencontroller einen Änderungsstempel (engl. *Change Stamp*), der die folgenden Informationen enthält:

- ***Versionsnummer*** Diese wird beim Erstellen auf den Wert 0 (Null) für alle Attribute eines Objekts gesetzt, denen noch kein Attributwert zugewiesen wurde. Beim erstmaligen Zuordnen eines Werts wird die Versionsnummer dann auf den Wert 1 gesetzt. Bei jeder weiteren Änderung des betreffenden Attributs wird die Versionsnummer dann wiederum schrittweise erhöht.
- ***Uhrzeit der letzten Änderung*** Dieser Wert wird im Bedarfsfall herangezogen, um bei gleicher Versionsnummer die zuletzt durchgeführte Änderung zu ermitteln. Diese setzt sich im Fall des Replikationskonflikts gegenüber dem anderen Domänencontroller durch.
- ***GUID des Domänencontrollers*** Diese dient letztlich dazu, den Domänencontroller ausfindig zu machen, auf dem die letzte Änderung durchgeführt wurde. Anhand der höheren

GUID wird letztlich entschieden, wessen Änderung sich im Konfliktfall durchsetzt, wenn neben der Versionsnummer zudem auch die Uhrzeit der letzten Änderung im Vergleich zwischen den Domänencontrollern gleich war.

Der Änderungsstempel wird für den möglichen Vergleich mitsamt dem jeweils geänderten Attribut zwischen den Domänencontrollern repliziert.

Replikation zwischen Standorten

Zur Replikationssteuerung über die Grenzen eines Unternehmensstandortes hinweg können seitens der verantwortlichen Administratoren logische Standorte (engl. *Sites*) in Active Directory definiert werden, die den physikalischen Standorten (beispielsweise den Niederlassungen) eines Unternehmens entsprechen. Da diese Standorte nicht zwangsläufig über Breitbandanschlüsse verfügen, ist die zeitliche Steuerung der Replikationsvorgänge hierbei oft von sehr großer Bedeutung. Damit nicht jeder Domänencontroller eines Standortes über die Standortgrenzen hinweg repliziert, kann man im Bedarfsfall bestimmte Domänencontroller als sogenannte Bridgehead-Server definieren. Lediglich diese Domänencontroller dürfen dann standardmäßig zu den Domänencontrollern der anderen Standorte replizieren.

Wenn man keinen Domänencontroller als Bridgehead-Server definiert, so werden diese standardmäßig vom ISTG des jeweiligen Active Directory-Standorts bestimmt.

In großen Unternehmensnetzwerken mit vielen physikalischen Standorten kann man die in den Active Directory-Domänendiensten (*Active Directory Domain Services, AD DS*) vorhandenen *Standortverknüpfungen* (engl. *Site Links*) bei Bedarf zusätzlich noch über sogenannte *Standortverknüpfungsbrücken* (engl. *Site Link Bridges*) miteinander verbinden, um die Replikationstopologie zu optimieren.

Optimierung des Client-Anmeldeverkehrs

Active Directory-Standorte (*Sites*) werden auch zur Optimierung des Client-Anmeldeverkehrs und somit zur Entlastung von Remoteverbindungen eingesetzt. Hierzu muss jedem logischen, in den Active Directory-Domänendiensten definierten Standort zusätzlich auch jedes physikalisch vorhandene IP-Subnetz zugeordnet werden. Dies geschieht in der Verwaltungskonsole *Active Directory-Standorte und -Dienste.*

Bei der Benutzeranmeldung erfragt ein Clientcomputer oder Server unter Windows 2000 und höher eine Liste aller im eigenen Standort verfügbaren Domänencontroller beim DNS-Server. Aus dieser Liste wählt der betreffende Rechner den ersten darin aufgeführten Domänencontroller und sendet ihm die Anmeldeanfrage zu. Erst wenn von den vor Ort befindlichen Domänencontrollern keine Rückantwort erfolgt, kontaktiert ein solcher Clientcomputer oder Server einen Domänencontroller außerhalb der eigenen Standortgrenzen.

2.6 Die logischen Komponenten der Active Directory-Domänendienste

Neben den bereits benannten, physikalischen Komponenten der Active Directory-Domänendienste (*Active Directory Domain Services, AD DS*) existieren auch logische Komponenten. Diese werden primär für die Steuerung des Zugriffs auf Unternehmensressourcen verwendet.

Die logischen Komponenten der Active Directory-Domänendienste umfassen:

- **Das Schema** als „Blaupausen", in dem die Syntax und Gültigkeit verschiedener, in Active Directory verwendeter Objekte definiert ist.
- **Verzeichnispartitionen** innerhalb einer Verzeichnisdatenbank, die für die Speicherung sowie auch die Replikationssteuerung der Objekte einer Domäne und beispielsweise der Konfigurationsinformationen einer Domänengesamtstruktur verwendet werden.
- **Domänengesamtstrukturen** (engl. *Domain Forest*) Eine oder mehrere Domänenstrukturen, die gemeinsame Verzeichnisinformationen nutzen und auf einem gemeinsamen Schema basieren.
- **Domänenstruktur** (engl. *Domain Tree*) Eine oder mehrere Domänen, die einen fortlaufenden Namensraum (engl. *Namespace*) gemeinsam nutzen.
- **Domäne** (engl. *Domain*) Eine Gruppe von Computern, die eine gemeinsame Verzeichnisdatenbank unter einem einheitlichen Namenskontext nutzen. Eine Domäne stellt eine Sicherheitsgrenze dar, die gemeinsame Sicherheitsrichtlinien nutzt.
- **Organisationseinheit** (engl. *Organizational Unit, OU*) Eine Untereinheit in Domänen. Diese spiegeln häufig die geschäftliche oder funktionale Struktur eines Unternehmens.
- **Standorte** (engl. *Sites*) Eine logische Definition der physikalischen Standorte eines Unternehmens. Diese werden primär zur Steuerung des Anmelde- und des Replikationsverkehrs verwendet.
- **Subnetz** (engl. *Subnet*) Die Definition eines spezifischen IP-Adressbereichs und einer entsprechenden Netzwerkmaske (engl. *Subnet Mask*). Subnets werden in Verbindung mit Active Directory-Standorten eingesetzt, um beispielsweise den Client-Anmeldeverkehr zu steuern.

Damit man in der Lage ist, eine Active Directory-Domänendienste-Umgebung verwalten zu können, muss man sich mit den elementaren Komponenten befassen. Die nachfolgenden Seiten führen Sie nun detailliert in die logischen Komponenten der Active Directory-Domänendienste (*Active Directory Domain Services, AD DS*) ein.

HINWEIS: Bislang ordnete Microsoft die Active Directory-Standorte (engl. *Sites*) sowie die damit zu verwendenden Subnetze (engl. *Subnets*) in vielen Publikationen als Objekte den physikalischen Komponenten des Active Directory zu. Da diese innerhalb der Active Directory-Domänendienste als logische Objekte erstellt und verwaltet werden, ordnet man sie nunmehr ebenso den logischen Komponenten des Active Directory zu.

2.6.1 Das Active Directory-Schema

Die Active Directory-Domänendienste (*Active Directory Domain Services, AD DS*) speichern Objekte in der Active Directory-Datenbank, die auch *Verzeichnis* genannt wird. Die Objekte bestehen hierbei aus einer definierten Menge von Attributen, die aus dem X.500-Standard abgeleitet sind. Die Menge der Attribute eines bestimmten Objekts wird als Objektklasse (kurz: *Klasse*) bezeichnet.

Die Definitionen und Gültigkeitsregeln von Attributen und Klassen werden im sogenannten *Schema* des Active Directory gespeichert. Hiermit wird eine konsistente Generierung von Objekten gewährleistet. Das Schema wird in der Active Directory-Datenbank gespeichert und auf alle Domänencontroller in der Gesamtstruktur repliziert. Somit ist eine gewisse Konsistenz der Datenbankinhalte der einzelnen Domänencontroller auch in großen, mitunter weltumspannenden Unternehmensnetzwerken gewährleistet.

Das Schema ist beliebig erweiterbar, sodass Unternehmen in der Lage sind, beliebige Objekte darin abbilden zu können. Je nach Bedarf können jederzeit neue Attribute oder Klassen definiert werden. Dies geschieht in der Regel über das Konsolen-Snap-In *Active Directory-Schema*, mithilfe von Skriptdateien oder auch im Verlauf der Installation von BackOffice-Anwendungen, beispielsweise Microsoft Exchange Server 2016.

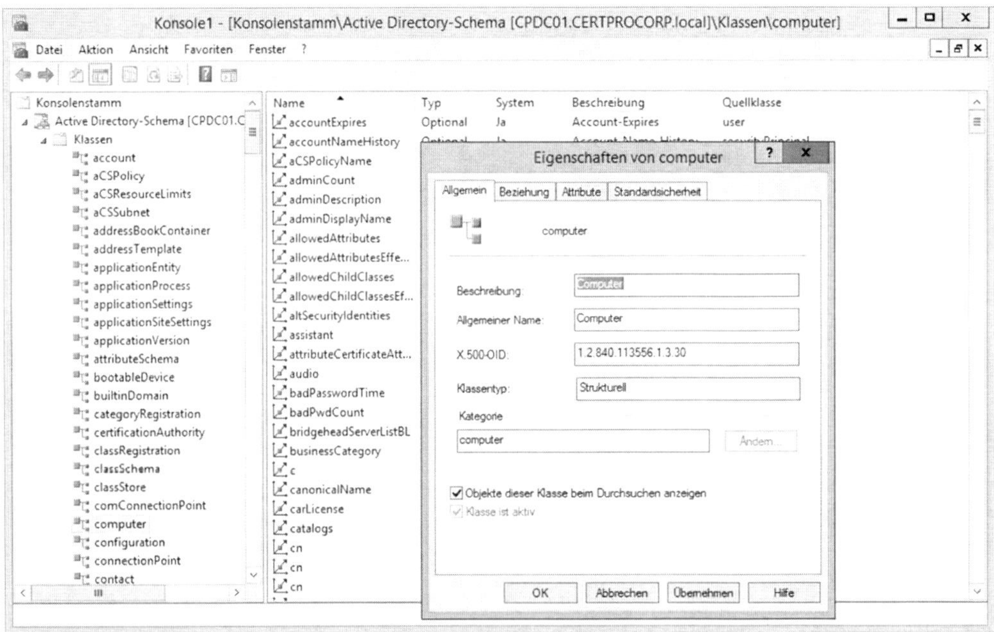

Abbildung 2.15: *Einblick in das Active Directory-Schema*

PRAXISTIPP! Neu zum Schema des Active Directory hinzugefügte Attribute und Klassen können nach dem Erstellen *nicht wieder gelöscht*, sondern *lediglich deaktiviert werden.* Eine mögliche Änderung am Schema sollte daher vorweg sorgfältig geplant werden.

Das Schema stellt mit seinen definierten Attributen und Klassen die Basis aller in einer Umgebung der Active Directory-Domänendienste vorhandenen Objekten dar. Daher muss man eine Änderung der Schemainformationen vorweg sehr detailliert planen. Auch empfiehlt Microsoft, dass man vor der eigentlichen Änderung des Active Directory-Schemas unbedingt eine Sicherung der Systemstatusdaten des betreffenden Domänencontrollers anfertigen soll. So kann man diesen im Bedarfsfall aus der Sicherung wieder herstellen.

PRAXISTIPP! Zur Sicherung und möglichen, nachfolgenden Wiederherstellung von Domänencontrollern empfiehlt sich der *Recovery Manager for Active Directory* (*RMAD*) der Firma Dell (früher von Quest Software vertrieben). Nähere Informationen hierzu erhalten Sie im Internet unter:

http://software.dell.com/products/recovery-manager-for-active-directory/

Änderungen am Active Directory-Schema können nur auf dem Domänencontroller vorgenommen werden, der die Betriebsmasterrolle des *Schemamasters* ausführt. In der Regel besitzt der erste in einer Gesamtstruktur installierte Domänencontroller diese Rolle. Um Änderungen am Schema des Active Directory vornehmen zu können, muss man der Sicherheitsgruppe der *Schema-Administratoren* zugeordnet sein.

Gründe für die Änderung des Active Directory-Schemas

Im normalen Betrieb des Active Directory wird es kaum notwendig werden, Änderungen am Schema vorzunehmen. Gründe für mögliche Änderungen können sich jedoch beispielsweise durch das Hinzufügen von BackOffice-Komponenten wie dem Microsoft Exchange Server 2013 oder Exchange Server 2016 ergeben.

In der Praxis können die folgenden Gründe eine Änderung des Active Directory-Schemas erforderlich machen:

- Eine vorhandene Klasse benötigt weitere Attribute. Mögliche Operation: *neue Attribute hinzufügen*.
- Vorhandene Attribute einer Klasse genügen den Anforderungen des Unternehmens nicht und müssen verändert werden. Mögliche Operation: *vorhandene Attribute anpassen*.
- Vorhandene Klassen sind für die Anforderungen nicht ausreichend. Mögliche Operation: *neue Klasse definieren*.
- Existierende Klassen entsprechen den Anforderungen nahezu, und es sollen keine weiteren Klassen erstellt werden. Mögliche Operation: *Auxiliary-Klasse von vorhandener Klasse ableiten*.
- Vorhandene Attribute werden nicht mehr benötigt. Mögliche Operation: *Attribute deaktivieren*.

- Vorhandene Klassen werden nicht mehr benötigt. Mögliche Operation: *Klassen deaktivieren.*

PRAXISTIPP! Neue Klassen und Attribute können auch durch das Hinzufügen von Back-Office-Anwendungen, wie beispielsweise dem Microsoft Exchange Server 2016, erforderlich werden. Hierzu stehen in aller Regel dann jedoch fertig vorbereitete .ldf-Dateien für die Durchführung der notwendigen Änderungen des Schemas zur Verfügung.

Tools zum Verwalten des Active Directory-Schemas

Sollte eine Änderung des Schemas notwendig werden, so stehen hierzu die folgenden Tools zur Verfügung:

- MMC-Snap-In ***Active Directory-Schema*** Active Directory-Schema ist als Snap-In der Microsoft Management Console (*MMC*) in Windows Server 2012 R2 enthalten. Mit diesem Tool können neue Attribute und Klassen erstellt sowie auch Änderungen an den bereits vorhandenen vorgenommen werden. Darüber hinaus kann man mit dem Tool gezielt festlegen, welche der Attribute in den globalen Katalog (*Global Catalog, GC*) der Active Directory-Gesamtstruktur übernommen werden sollen.

- ***Active Directory Service Interface*** Änderungen am Active Directory-Schema können per Skript oder auch mit einer höheren Programmiersprache durchgeführt werden. Hierzu steht das Active Directory Service Interface (*ADSI*) zur Verfügung.

- ***Weitere Tools & Methoden*** Darüber hinaus existieren noch weitere Tools zum Ändern des Active Directory-Schemas. Einige dieser Tools sind teilweise kostenfrei im Internet erhältlich. Eine weitere Methode ist der Einsatz von Skripten, um Änderungen am Active Directory-Schema vorzunehmen.

2.6.2 Verzeichnispartitionen

Die anhand des Schemas der Active Directory-Domänendienste (*Active Directory Domain Services, AD DS*) definierten Objekte werden nicht wahllos, sondern sehr geordnet in der Verzeichnisdatenbank (*ntds.dit*) gespeichert. Hierzu ist die Datenbank intern in spezielle Partitionen aufgeteilt, die man der logischen Struktur der Active Directory-Domänendienste zuordnet.

Die Verzeichnisdatenbank der Active Directory-Domänendienste (*Active Directory Domain Services, AD DS*) enthält die folgenden Partitionen:

- **Schemapartition** Die Schemapartition enthält die „Blaupausen" als Vorlage für die in einer Active Directory-Umgebung vorhandenen Objekte in Form von definierten Klassen und der zugehörigen Attribute. Die Inhalte der Schemapartition werden zwischen allen Domänencontrollern der Gesamtstruktur repliziert, um eine Konsistenz der zu erstellenden Objekte zu schaffen.

- **Konfigurationspartition** In der Konfigurationspartition werden beispielsweise Informationen über die vorhandene Domänenstrukturen und die Replikationstopologie gespeichert. Die Inhalte dieser Partition werden wiederum zwischen allen vorhandenen Domänencontrollern einer Active Directory-Gesamtstruktur repliziert.

- **Domänenpartition** Die Domänenpartition stellt hierbei eine Ausnahme dar. Da in einer solchen Partition lediglich domäneninterne Informationen, wie zum Beispiel die Benutzer- und Computerobjekte, oder auch Benutzerkennwörter der Benutzer der betreffenden Domäne gespeichert werden, replizieren lediglich die Domänencontroller der jeweiligen Domäne die Inhalte zueinander. Eine Replikation dieser Informationen über die Grenzen der Domäne hinaus findet lediglich als Teilattributsatz aller Domänenobjekte zum globalen Katalog statt.

- **Globaler Katalog** Als weitere, jedoch nicht sichtbare Partition wird der Inhalt des globalen Katalogs (engl. *Global Catalog, GC*) behandelt. Dessen Inhalt, der eine Teilsumme der Attribute der Objekte der Active Directory-Domänendienste (*Active Directory Domain Services, AD DS*) darstellt, wird wiederum nur zwischen den vorhandenen globalen Katalogservern repliziert.

Neben den benannten Verzeichnispartitionen existieren seit Windows Server 2003 ebenso noch zwei weitere, sogenannte Anwendungsverzeichnispartitionen mit den Namen *ForestDnsZones* und *DomainDnsZones*. Diese beiden Verzeichnispartitionen werden für die DNS-Namensdienste verwendet. Sie dienen in erster Linie dazu, die darin gespeicherten Daten in Form von Active Directory-integrierten DNS-Namenszonen zielgerecht nur zwischen bestimmten Domänencontrollern zu replizieren.

Tools zum Verwalten von Verzeichnispartitionen

Die einzelnen Verzeichnispartitionen der Datenbank der Active Directory-Domänendienste (*Active Directory Domain Services, AD DS*) können u. a. mit den folgenden Tools angezeigt und verwaltet werden:

- Ldp.exe
- ADSIEdit.exe
- DNSCmd.exe

Wie bereits erwähnt, werden in der Schema- und Konfigurationspartition der Active Directory-Domänendienste (*Active Directory Domain Services, AD DS*) gemeinsame Informationen von verschiedenen Domänen gespeichert. Damit diese gemeinsam verwaltet werden können, fasst man diese Domänen zu einer Active Directory-Gesamtstruktur zusammen.

2.6.3 Gesamtstrukturen

Eine Gesamtstruktur (engl. *Forest*) stellt die Grenze der Implementierung einer Active Directory-Domänendienste-Infrastruktur dar. Mit ihr definiert man zudem die Replikations- und

Sicherheitsgrenzen eines Unternehmensnetzwerks. Eine Gesamtstruktur enthält Domänenstrukturen und Domänen.

Beim Einrichten der allerersten Domäne einer Active Directory-Implementierung bildet man die Wurzel einer Gesamtstruktur – diese wird auch als Stammdomäne (engl. *Root Domain*) der Gesamtstruktur bezeichnet.

Die Gesamtstruktur teilt sich bestimmte Komponenten zwischen den darin enthaltenen Domänencon0trollern und Domänen. Hierzu zählt man:

- ***Gemeinsames Schema*** Innerhalb der Gesamtstruktur wird für alle Objekte, die auf den Domänencontrollern erstellt werden, das gleiche Schema verwendet. Dieses wird hierzu an alle vorhandenen Domänencontroller repliziert.
- ***Gemeinsame Konfigurationspartition*** Die Domänen innerhalb einer Gesamtstruktur besitzen alle die gleiche Konfigurationspartition. Somit erhält jeder vorhandene Domänencontroller innerhalb der Gesamtstruktur beispielsweise die Informationen über die Active Directory-Topologie, die Replikationstopologie, die vorhandenen Domänen und Vertrauensstellungen. Die Konfigurationspartition wird hierzu an alle vorhandenen Domänencontroller in der Gesamtstruktur repliziert.
- ***Gemeinsamer globaler Katalog*** Die Gesamtstruktur führt einen gemeinsamen globalen Katalog (*Global Catalog, GC*), in dem Teilattribute der Objekte aus allen Domänen gemeinsam gespeichert und für die Abfrage bereitgestellt werden. Der globale Katalog wird zwischen allen globalen Katalogservern in der Gesamtstruktur repliziert.

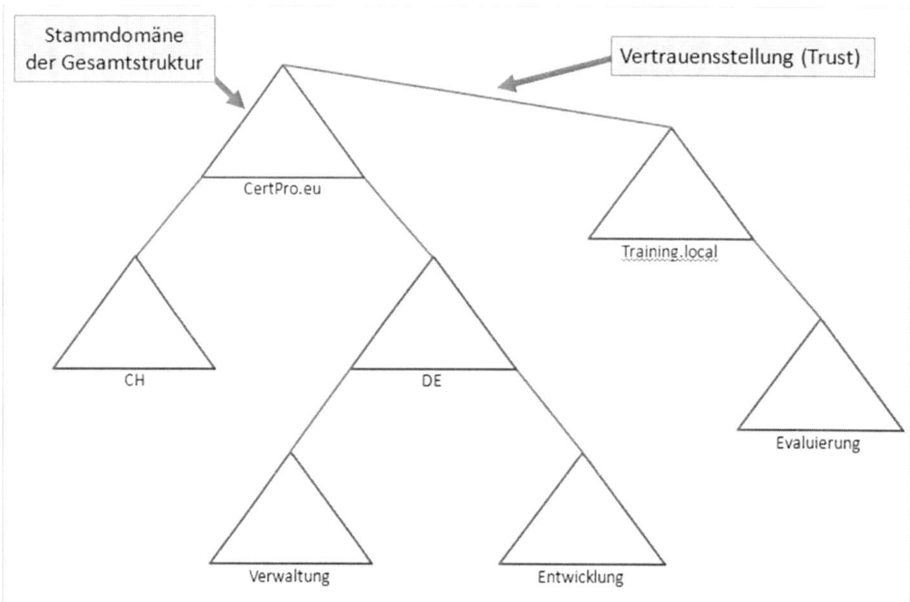

Abbildung 2.16: *Active Directory-Gesamtstruktur mit mehreren Domänenstrukturen und Domänen*

Zur Verwaltung der in einer Active Directory-Gesamtstruktur vorhandenen Domänen und darin enthaltenen Objekte innerhalb sowie auch zum Hinzufügen weiterer Domänen zu der bereits bestehenden Gesamtstruktur steht die Gruppe der *Organisations-Administratoren* (engl. *Enterprise Admins*) in der Stammdomäne der Gesamtstruktur zur Verfügung. Mitglieder dieser Sicherheitsgruppe können prinzipiell jedes Objekt in der Gesamtstruktur verwalten – auch die Gruppen der Domänen-Administratoren der einzelnen, in der Gesamtstruktur vorhandenen Domänen. Sie stellt die höchste Instanz der Verwaltung in einer Active Directory-Domänendienste-Infrastruktur dar. Die Domänen-Admins hingegen sind in ihrer Verwaltungsmöglichkeit auf die Objekte innerhalb der Domänengrenzen beschränkt.

Eine Gesamtstruktur kann aus einer Vielzahl von Domänen bestehen. Die Skalierbarkeit einer Gesamtstruktur ist im Prinzip nur physikalisch sowie in der Verwaltbarkeit begrenzt.

2.6.4 Vertrauensstellungen

Zwischen den einzelnen Domänen innerhalb einer Gesamtstruktur werden automatisch bidirektionale (gegenseitige) und transitive (durchreichende) Vertrauensstellungen eingerichtet. Somit kann beispielsweise ein Benutzer einer untergeordneten Domäne auf die Ressourcen einer übergeordneten Domäne innerhalb der Gesamtstruktur Zugriff erhalten. Diese automatisch eingerichteten Vertrauensstellungen können nicht entfernt werden, da dies sonst zu Problemen in der gesamtstrukturinternen Kommunikation führen könnte.

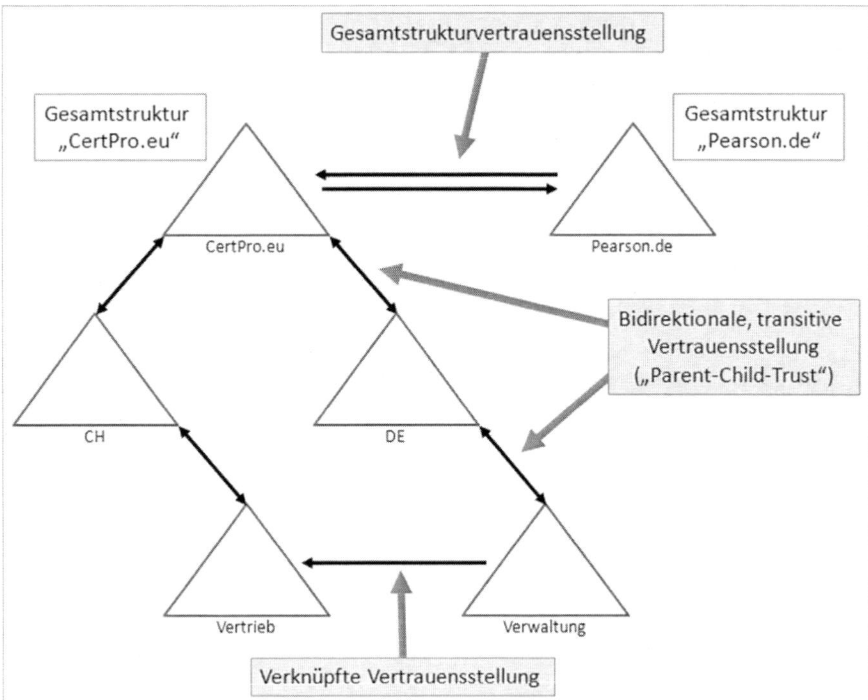

Abbildung 2.17: *Beispiele für Vertrauensstellungen zwischen Active Directory-Gesamtstrukturen und -Domänen*

Es existieren verschiedene Typen von Vertrauensstellungen, die entweder automatisch generiert oder von Administratoren der Domänen oder der Active Directory-Gesamtstruktur im Bedarfsfall erstellt werden können.

Zu diesen Vertrauensstellungstypen zählt man:

- Bidirektionale, transitive Vertrauensstellungen
- Gesamtstrukturvertrauensstellung
- Verknüpfte Vertrauensstellung

Vertrauensstellungen können bei Bedarf jederzeit manuell eingerichtet und auch wieder aufgehoben werden. Wichtig ist es in der Praxis, dass die einzelnen, automatisch und auch manuell eingerichteten Vertrauensstellungen dokumentiert werden. Somit wird eine Nachvollziehbarkeit auch bei möglichen Zugriffsproblemen auf bestimmte Ressourcen innerhalb einer Active Directory-Gesamtstruktur vereinfacht.

Aber lassen Sie uns ein wenig mehr auf die einzelnen Vertrauensstellungstypen eingehen.

Bidirektionale, transitive Vertrauensstellungen

Beim Hinzufügen untergeordneter Active Directory-Domänen zu einer bereits bestehenden Domäne wird zwischen diesen automatisch eine bidirektionale, transitive Vertrauensstellung eingerichtet. Hierdurch wird es von beiden Seiten aus möglich, Zugriff auf die Ressourcen der jeweils anderen Domäne zu erhalten. Zudem wird es innerhalb einer Gesamtstruktur hierdurch möglich, die Benutzer einer jeden, vorhandenen Domäne zu authentifizieren.

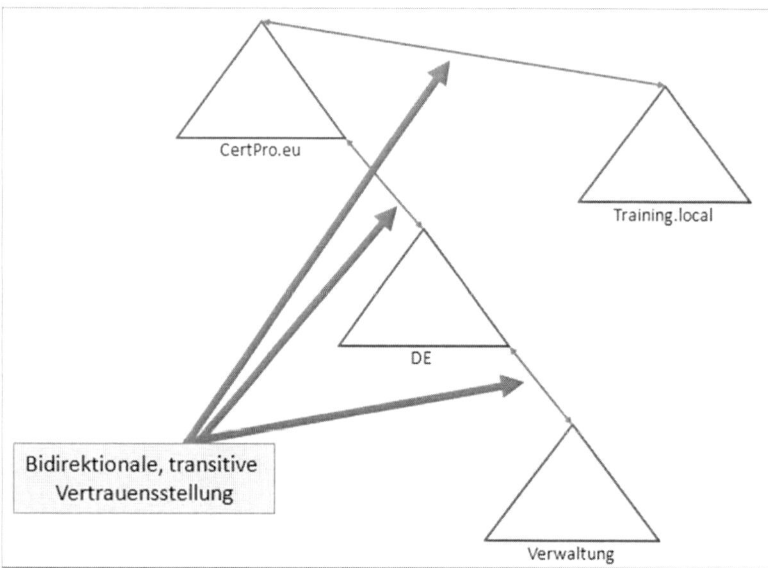

Abbildung 2.18: *Automatisch generierte, bidirektionale und transitive Vertrauensstellungen innerhalb einer Active Directory-Gesamtstruktur*

Über die automatisch eingerichteten, bidirektionalen und transitiven Vertrauensstellungen zwischen den einzelnen Domänen einer Struktur der Gesamtstruktur können alle vorhandenen Benutzer im Bedarfsfall die Zugriffsmöglichkeit auf prinzipiell alle vorhandenen Ressourcen erhalten.

Gesamtstrukturvertrauensstellung

Seit der Einführung von Windows Server 2003 ist es möglich, zwischen zwei unterschiedlichen Active Directory-Gesamtstrukturen eine Gesamtstrukturvertrauensstellung (engl. *Forest Trust*) einzurichten. Diese kann unidirektional oder auch bidirektional eingerichtet werden, sodass der Zugriff auf Ressourcen entweder einseitig oder gegenseitig möglich wird.

Die Gesamtstrukturvertrauensstellungen werden immer zwischen den Stammdomänen der jeweiligen Active Directory-Gesamtstrukturen eingerichtet. Wenn hierbei jedoch eine Active Directory Gesamtstruktur gleich auch mehreren anderen Gesamtstrukturen über die Gesamtstrukturvertrauensstellungen vertraut, so ist die Transitivität der Vertrauensstellung zueinander nicht nutzbar. Gesamtstrukturvertrauensstellungen gelten immer nur zwischen den jeweils bei der Einrichtung der Vertrauensstellung angegebenen Gesamtstrukturen (sprich: eine Art „Punkt-zu-Punkt-Vertrauen").

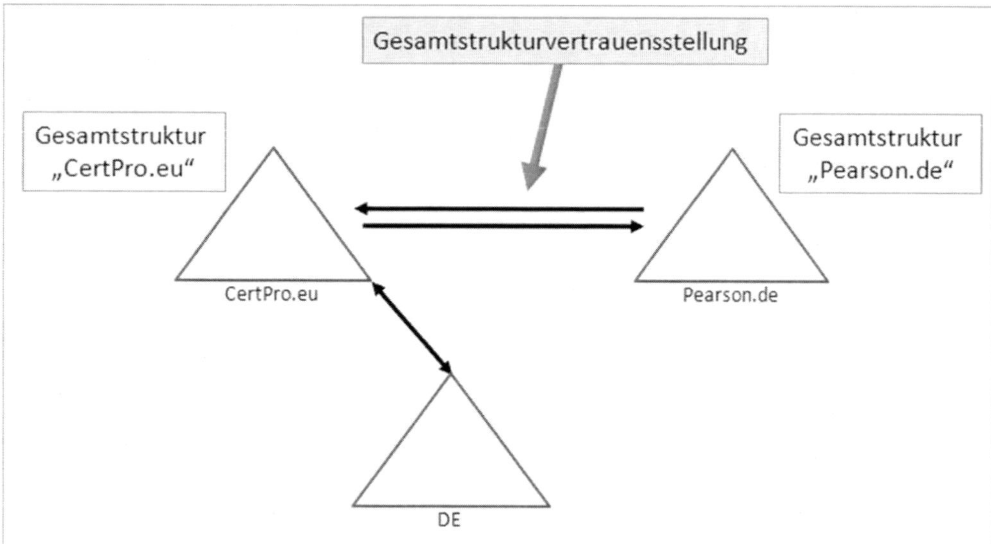

Abbildung 2.19: *Gegenseitige Gesamtstrukturvertrauensstellung zwischen zwei verschiedenen Active Directory-Gesamtstrukturen*

Gesamtstrukturvertrauensstellungen können sehr dienlich sein, wenn bisherige, unterschiedliche Active Directory-Gesamtstrukturen beispielsweise durch die Fusion zweier Firmen zu einem großen Netzwerk zusammenwachsen sollen. Wenn die vorhandenen Gesamtstrukturen, beispielsweise wegen der notwendigen, administrativen Autonomie, erhalten bleiben sollen, so kann man zumindest den gegenseitigen Zugriff mit dieser Art von Vertrauensstellung sicherstellen. Die Gesamtstrukturvertrauensstellungen werden transitiv eingerichtet, sodass über das Vertrauen zwischen den jeweiligen Stammdomänen der Gesamtstrukturen der Zugriff auf Ressourcen ebenso auf die jeweils untergeordneten Domänen ermöglicht wird.

Filterung mittels Namensuffix-Routing

Die Reichweite einer Gesamtstrukturvertrauensstellung kann durch das sogenannte *Namensuffix-Routing* beschränkt werden. Hierbei kann man bestimmte, untergeordnete Domänen oder auch weitere Active Directory-Strukturen einer Active Directory-Gesamtstruktur aus der Nutzungsmöglichkeit der Gesamtstrukturvertrauensstellung zwischen zwei Gesamtstrukturen ausschließen. Ausschlaggebend ist hierbei der zur Filterung angegebene Name bei der Konfiguration des Namensuffix-Routings.

Das Namensuffix-Routing kann für bestimmte Domänennamen aktiviert bzw. deaktiviert werden. Bei der Deaktivierung des Namensuffix-Routings für bestimmte Domänen anhand derer Domänensuffix wird deren Mitgliedern der Zugriff auf die in der vertrauen den Gesamtstruktur vorhandenen Ressourcen verwehrt. Das Namensuffix-Routing kann im Bedarfsfall sogar direkt auf Ebene der Stammdomäne der Gesamtstruktur für die gesamten darin befindlichen Domänen deaktiviert werden.

Das Namensuffix-Routing wird mittels der Konsole *Active Directory-Domänen und Vertrauensstellungen* direkt in der Konfiguration für die Gesamtstrukturvertrauensstellung aktiviert bzw. deaktiviert.

Standardmäßig ist das Namensuffix-Routing innerhalb einer Gesamtstrukturvertrauensstellung zwischen zwei Active Directory-Gesamtstrukturen für alle Domänennamen aktiviert.

INTERNET: Weitere Informationen zu den Konfigurationsmöglichkeiten des Namensuffix-Routings unter Windows Server 2012 (R2) erhalten Sie im Internet unter:

https://technet.microsoft.com/en-us/library/cc731648.aspx

Verknüpfte Vertrauensstellung

In Active Directory-Gesamtstrukturen, die über mehrere physikalische Standorte verteilt sind und in denen auch gleich mehrere, untergeordnete Domänen vorhanden sind, kann man die zu beschreitenden Wege des Vertrauens mitunter verkürzen – durch die Einrichtung von verknüpften Vertrauensstellungen. Hierbei werden neben den ohnehin automatisch eingerichteten, transitiven Vertrauensstellungen zwischen den untergeordneten zu den übergeordneten Domänen innerhalb einer Active Directory-Gesamtstruktur noch zusätzliche, ebenso transitive Vertrauensstellungen zwischen bestimmten Domänen eingerichtet. Diese dienen oft dazu, um den langen Weg des Vertrauens, der standardmäßig immer über die jeweilige Stammdomäne der Active Directory-Struktur(en) führt, zu verkürzen.

Wenn sich beispielsweise zwei untergeordnete Active Directory-Domänen an einem, die Stammdomäne der betreffenden Active Directory-Struktur sich jedoch an einem anderen physikalischen Standort befindet, kann man die übermäßige Kommunikation zwischen den

Domänen über die WAN-Verbindung mitunter reduzieren. Hierzu kann man eine verknüpfte Vertrauensstellung direkt zwischen den beiden am gleichen physikalischen Standort befindlichen, untergeordneten Domänen einrichten.

INTERNET: Weitere Informationen zu verknüpften Vertrauensstellungen unter Windows Server 2012 (R2) findet man im Internet unter:

https://technet.microsoft.com/de-de/library/cc754538.aspx

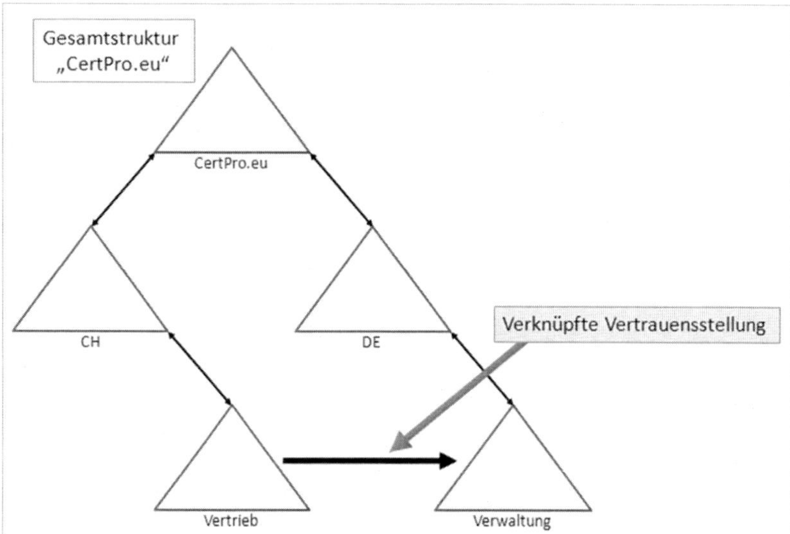

Abbildung 2.20: *Verknüpfte, unidirektionale Vertrauensstellung zwischen zwei untergeordneten Domänen innerhalb einer Active Directory-Gesamtstruktur*

Externe Vertrauensstellung

Eine externe Vertrauensstellung dient in der Praxis dazu, den Zugriff zwischen Domänen verschiedener Gesamtstrukturen oder auch zwischen einer Windows NT 4.0- und einer Windows Server 2012 R2-Active Directory-Domäne über die betreffende Vertrauensstellung zu ermöglichen. Externe Vertrauensstellungen sind grundsätzlich nicht transitiv, können jedoch bidirektional eingerichtet werden, sodass bei Bedarf ein gegenseitiger Zugriff auf Ressourcen ermöglicht wird.

INTERNET: Weitere Informationen zur Konfiguration externer Vertrauensstellungen unter Windows Server 2012 (R2) findet man im Internet unter:

https://technet.microsoft.com/de-de/library/cc732859.aspx

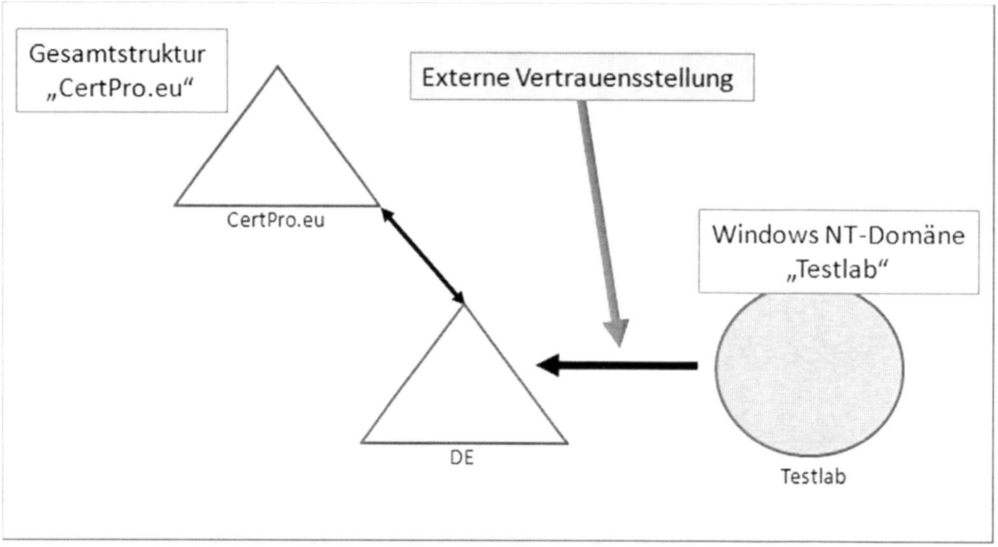

Abbildung 2.21: *Externe, unidirektionale Vertrauensstellung zwischen einer Windows NT-Domäne und einer untergeordneten Domäne einer Active Directory-Gesamtstruktur*

Bereichsvertrauensstellung

Eine Bereichsvertrauensstellung dient in der Praxis dazu, den Zugriff zwischen verschiedenen Verzeichnisdiensten, die Kerberos als Authentifizierungsprotokoll verwenden, beispielsweise einer Active Directory-Gesamtstruktur und einem *LDAP-Bereich* unter *Unix/Linux* (*OpenLDAP* oder Ähnlichem), zu ermöglichen. Diese Art von Vertrauensstellung, prinzipiell vergleichbar mit der externen Vertrauensstellung in Abbildung 2.22, wird im Englischen auch als *Realm Trust* bezeichnet. Sie kann unidirektional oder bidirektional sowie transitiv oder nicht transitiv eingerichtet werden.

INTERNET: Weitere Informationen zur Konfiguration von Bereichsvertrauensstellungen (engl. *Realm Trusts*) unter Windows Server 2012 (R2) findet man im Internet unter:

https://technet.microsoft.com/de-de/library/cc731297.aspx

Tools zum Verwalten von Vertrauensstellungen

Zur Verwaltung von Vertrauensstellungen in einer Active Directory-Domänendienste-Infrastruktur stehen die folgenden Tools zur Verfügung:

- Active Directory-Domänen und -Vertrauensstellungen
- Netdom.exe

2.6.5 Domänenstrukturen

Eine Domänenstruktur (engl. *Tree*) stellt den Teilbereich einer Gesamtstruktur der Active Directory-Domänendienste (*Active Directory Domain Services, AD DS*) dar. Eine Domänenstruktur beschreibt einzelne oder auch mehrere, über Vertrauensstellungen zusammenhängende Domänen, die einem bestimmten Namensraum entsprechen. Die in Domänenstrukturen untergeordneten Domänen führen den Namensraum der jeweils übergeordneten Domäne fort. Hierzu ein Beispiel:

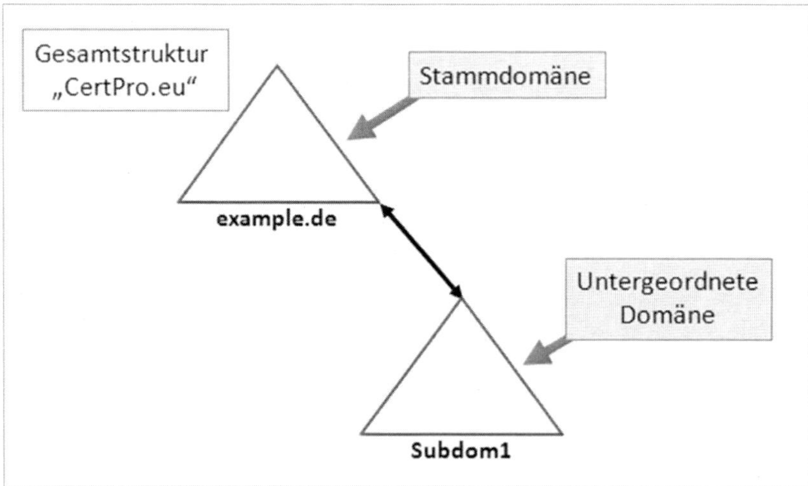

Abbildung 2.22: *Beispiel einer Active Directory-Stammdomäne mit einer weiteren, untergeordneten Domäne*

Die Stammdomäne einer Active Directory-Gesamtstruktur wird mit dem Namen *example.de* eingerichtet. Wenn man zu dieser Domäne nun eine untergeordnete Domäne hinzufügt, so führt diese den bereits definierten Namen fort. Wenn die untergeordnete, neue Domäne nun den Domänennamen *Subdom1* erhalten soll, so setzt sich ihr vollständiger Name wie folgt zusammen: *Subdom1.example.de*

2.6.6 Domänen

Eine Active Directory-Domäne stellt eine Gruppe von Computern (sprich: Domänencontrollern) dar, die eine gemeinsame Verzeichnisdatenbank unter einem einheitlichen Namenskontext nutzen. Eine Domäne definiert die Sicherheitsgrenzen, in denen gemeinsame Sicherheitsrichtlinien für die darin enthaltenen Objekte wie beispielsweise Benutzer- oder Computerobjekte genutzt werden. Die Namen von Domänen müssen in der Netzwerkumgebung eindeutig sein und bauen auf den Namensauflösungsdiensten des DNS (*Domain Name System*) auf. Hierbei kommen in der Regel sogenannte vollqualifizierte Domänennamen (engl. *Fully Qualified Domain Name, FQDN*) zum Einsatz. Wenn die Active Directory-Domäne gleichsam intern wie auch im Internet vertreten sein soll, so sollte der entsprechend übergeordnete Domänenname bei der zuständigen Registrierungsstelle registriert werden. Somit kann die Verwendbarkeit des Domänennamens einer Active Directory-Gesamtstruktur eines Unternehmens im Internet sichergestellt werden.

PRAXISTIPP! Die Domänenregistrierung für .de-Domänen kann in Deutschland unter anderem bei der DeNIC (***http://www.denic.de***) erfolgen. Für internationale Namen wie beispielsweise die .com- oder .org-Domänen ist die InterNIC zuständig (***http://www.internic.net***).

Domänen können als Domänenstrukturen in Hierarchien angeordnet werden. Die oberste Domäne wird hierbei als *Stammdomäne der Domänenstruktur*, die darunter liegenden Domänen werden als *untergeordnete Domänen* bezeichnet. Die erste Domäne, die man in einer Active Directory-Umgebung installiert, wird als *Stammdomäne der Gesamtstruktur* bezeichnet.

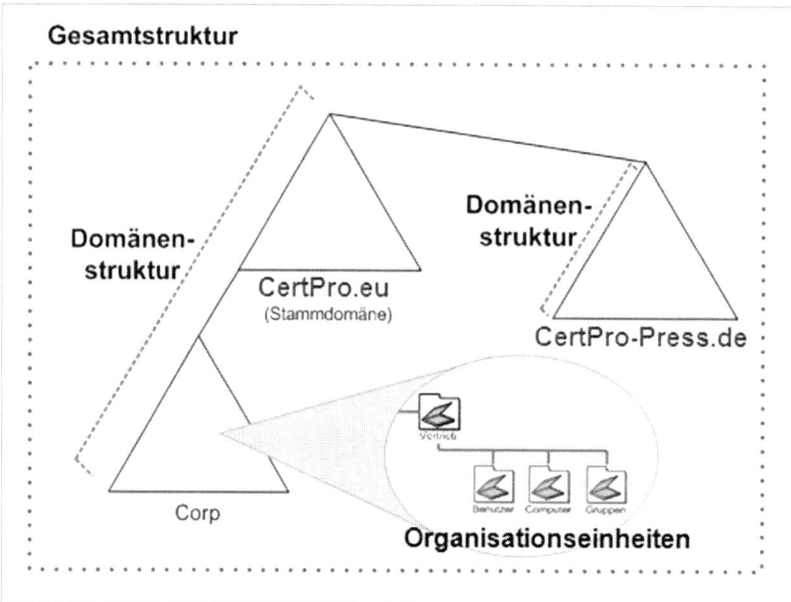

Abbildung 2.23: *Active Directory-Domänen innerhalb verschiedener Domänenstrukturen einer Active Directory-Gesamtstruktur*

Domänen können sich über mehrere Standorte erstrecken. In der Verzeichnisdatenbank der Active Directory-Domänendienste (*Active Directory Domain Services, AD DS*) werden die domäneninternen Objekte, wie beispielsweise Benutzer-, Computerobjekte, Gruppen, Organisationseinheiten (*OUs*), Gruppenrichtlinien, Drucker und veröffentlichte freigegebene Ordner gespeichert. Diese Verzeichnisdatenbank befindet sich auf den Domänencontrollern und wird zwischen diesen durch Replikationsvorgänge ständig abgeglichen.

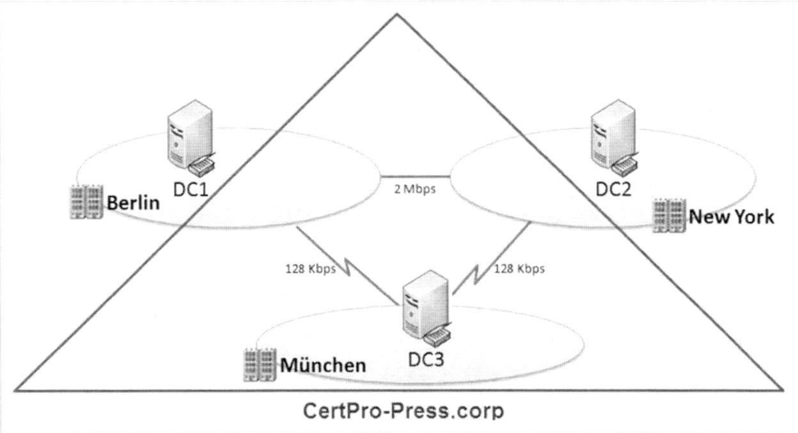

Abbildung 2.24: *Erstreckung einer Active Directory-Domäne über mehrere physikalische Standorte*

Tools zum Verwalten von Domänen

Zum Verwalten von Domänen der Active Directory-Domänendienste (*Active Directory Domain Services, AD DS*) bzw. der darin enthaltenen Objekte können u. a. die folgenden Tools eingesetzt werden:

- Grafisches *Active Directory-Verwaltungscenter*
- Konsole *Active Directory-Benutzer und -Computer*
- Konsole *Active Directory-Domänen und -Vertrauensstellungen*
- DS-Tools (dsadd.exe, dsmod.exe, dsmove.exe, dsquery.exe, dsrm.exe)
- CSVde.exe
- LDIFde.exe
- ADSIEdit.msc
- LDP.exe
- Netdom.exe
- Windows PowerShell

2.6.7 Authentifizierung und Autorisierung

Die Benutzeranmeldung sowie der Zugriff auf Ressourcen in einer Active Directory-Domänendienste-Umgebung werden anhand von zwei unterschiedlichen, nacheinander folgenden Prozessen geregelt:

Der Authentifizierungsprozess

Bei der Authentifizierung wird die Identität eines Benutzers anhand eines vorweg definierten Benutzerkontos der betreffenden Domäne oder eines lokalen Benutzerkontos in Verbindung mit dem jeweils persönlichen Kennwort überprüft.

Windows Server 2012 R2 unterstützt zur Authentifizierung eine Vielzahl an Protokollen (sog. Authentifizierungsprotokolle). Als Standardauthentifizierungsprotokoll kommt in Domänenumgebungen mit Clients und Servern ab Windows 2000 das Kerberos Version 5(*V5*)-Protokoll zum Einsatz. Aus Gründen der Abwärtskompatibilität zu älteren Client- und Server-Betriebssystemen, wie zum Beispiel Windows NT 4.0, werden jedoch noch weitere Authentifizierungsprotokolle unterstützt. Hierzu zählen beispielsweise das Lan-Manager-Protokoll (*LMProtokoll*), das NT-Lan-Manager-Protokoll (*NTLM*) und das NT-Lan-Manager-Protokoll Version 2 (*NTLMv2*).

Mit Sicherheitsrichtlinien in Gruppenrichtlinienobjekten einer Domäne ist es möglich, die Authentifizierungsebene festzulegen, um die Sicherheit gegenüber möglichen Man-in-the-Middle-Angriffen durch das Mitlesen der übermittelten Authentifizierungsinformationen zu erschweren.

Als Alternative zu den herkömmlichen Authentifizierungsmethoden über den Benutzernamen und das Benutzerkennwort können auch digitale Zertifikate für die Authentifizierung von Benutzern und Computern verwendet werden. Dies erfordert jedoch die Integration der Active Directory-Zertifikatdienste (*Active Directory Certificate Services, AD CS*) in die Domänenumgebung. Auf lange Sicht hin wird sich diese Art der Authentifizierung in Netzwerken wohl durchsetzen.

Die Windows Server 2012 R2-Verbunddienste (*Active Directory Federation Services, AD FS*) können verwendet werden, um die Authentifizierung sogar beispielsweise auf Partnerfirmen über das Internet auszuweiten.

HINWEIS: Selbst wenn ein Benutzer gegenüber einem Domänencontroller erfolgreich authentifiziert werden konnte, muss er für den eigentlichen Ressourcenzugriff zusätzlich noch autorisiert werden. Beispielsweise kann einem Benutzer trotz erfolgreicher Authentifizierung durch fehlende Autorisierung dennoch die Anmeldung an einer spezifischen Arbeitsstation im Netzwerk verweigert werden.

Der Autorisierungsprozess

Im zweiten Schritt folgt nach der erfolgreichen Authentifizierung eines Benutzers nun die Autorisierung. Hierbei wird anhand des bei der Authentifizierung verwendeten Benutzerkontos die Berechtigung für beispielsweise die lokale Anmeldung auf dem betreffenden Computer sowie auch die Berechtigung für Zugriffe auf Netzwerkressourcen überprüft.

Zur Überprüfung der Autorisierung eines Benutzers werden die folgenden Komponenten verwendet:

Komponente	Beschreibung
Sicherheitskennung (Security Identifier, SID)	Beim Erstellen eines Benutzerkontos wird dem Objekt eine eindeutige Sicherheitskennung (SID) zugeordnet.

Komponente	Beschreibung
Sicherheitstoken (Security Token)	Nach der erfolgreichen Anmeldung eines Benutzers wird diesem ein Sicherheitstoken ausgestellt, das die Sicherheitskennung des Benutzers sowie aller Sicherheitsgruppen enthält, welcher der Benutzer angehört. Darüber hinaus sind in dem Sicherheitstoken die dem Benutzer zugeordneten Benutzerrechte enthalten.
Zugriffskontrollliste (Access Control List, ACL)	Liste von Einträgen (sog. *Access Control Entries, ACEs*), anhand derer der Zugriff auf Ressourcen geregelt werden kann. Mit den Einträgen in den ACLs kann der Zugriff auf die betreffende Ressource genehmigt oder verweigert werden. Beim Zugriff auf Ressourcen im Netzwerk wird das Sicherheitstoken des Benutzers auf Übereinstimmung mit den Einträgen der jeweiligen Zugriffskontrollliste verglichen. Bei den ACLs unterscheidet man zwischen: Discretionary Access Control List (DACL) für die eigentliche Zugriffssteuerung und Security Access Control List (SACL) für die Steuerung der Überwachung des Zugriffs auf Ressourcen.

Tabelle 2.3: *Komponenten zur Überprüfung der Autorisierung eines Benutzers*

Beispiel für den Anmeldevorgang in einer Domäne

Nachfolgend sehen Sie ein vereinfachtes Beispiel für den Anmeldevorgang eines Benutzers in einer Domänenumgebung:

Die Schritte im Einzelnen:

1. Ein Benutzer gibt seine Anmeldedaten in das Anmeldefenster ein.
2. Das lokale Sicherheitsteilsystem (engl. *Local Security Authority, LSA*) des betreffenden Rechners nimmt die Anmeldeinformationen des Benutzers entgegen und sendet diese an einen Domänencontroller.
3. Der betreffende Domänencontroller überprüft die Anmeldedaten des Benutzers anhand des jeweiligen Domänenbenutzerkontos.
4. Nach erfolgreicher Authentifizierung generiert der Domänencontroller ein Sicherheitstoken, in dem die Sicherheitskennung des Benutzerkontos sowie aller Sicherheitsgruppen, denen der Benutzer zugeordnet ist, enthalten ist, und sendet dieses an den betreffenden Computer zurück.

5. Der Computer vergleicht die Inhalte des Sicherheitstokens im Schritt der nun folgenden Autorisierung, um dem Benutzer das lokale Anmelden zu ermöglichen oder bei Bedarf zu verweigern.

6. Nach erfolgreicher Autorisierung wird der Windows-Desktop geladen und nachfolgend angezeigt – der Benutzer ist erfolgreich angemeldet.

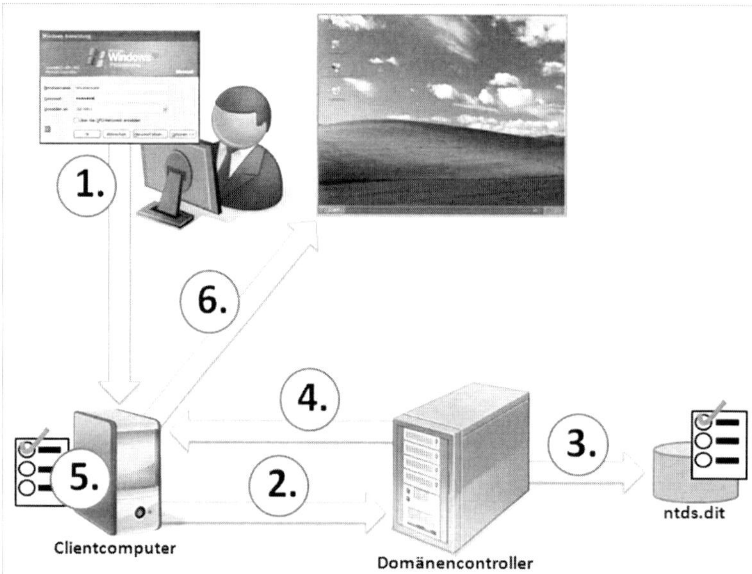

Abbildung 2.25: *Beispiel für den Anmeldevorgang in einer Active Directory-Domäne*

2.6.8 Organisationseinheiten

Um die Objekte in den Domänen der Active Directory-Domänendienste (*Active Directory Domain Services, AD DS*) effektiv verwalten zu können, bedarf es ab einer bestimmten Anzahl an vorhandenen Benutzer- oder auch Computerobjekten einer gewissen Ordnung. Eine Domäne, in der die verschiedenen, vorhandenen Objekte wild durcheinander gespeichert sind, lässt sich sicher nur sehr schwer verwalten. Hier kommen die Organisationseinheiten (engl. *Organizational Unit, OU*) zum Einsatz.

Organisationseinheiten werden innerhalb von Domänen als Untergruppen zur geordneten Speicherung, Verwaltung oder auch zur Verwaltungsdelegierung verwendet. Sie werden hierarchisch angelegt und entsprechen in ihrer logischen Anordnung häufig den geschäftlichen oder funktionalen Strukturen der betreffenden Unternehmen.

Organisationseinheiten in Domänen können unter anderem die folgenden Active Directory-Objekte enthalten:

- Organisationseinheiten (OUs)
- Benutzerobjekte und Dienstkonten-Objekte

- InetOrgPerson-Objekte
- Kontakte-Objekte
- Sicherheits- und Verteilergruppen
- Computer-Objekte
- Drucker-Objekte
- Freigegebene Ordner-Objekte

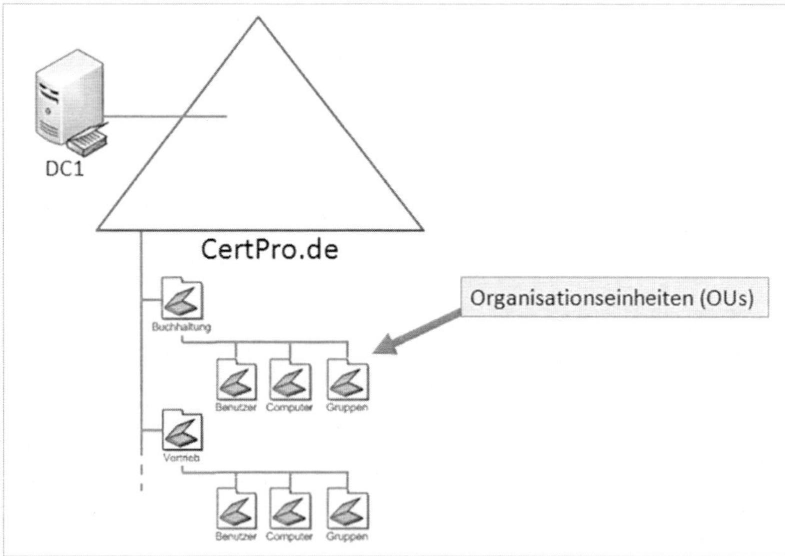

Abbildung 2.26: *Organisationseinheiten (OUs) innerhalb einer Active Directory-Domäne*

Beispiel für die Strukturierung von Organisationseinheiten

Organisationseinheiten können ihrerseits wiederum – je nach Bedarf – ineinander verschachtelt werden. Ein Beispiel hierfür:

Die Abteilung „Vertrieb" eines Unternehmens wird in einer Active Directory-Domäne als Organisationseinheit (*OU*) angelegt. Da sich die Abteilung über mehrere Kontinente erstreckt, soll vor Ort jeweils ein delegierter Administrator eingesetzt werden. Der jeweilige Administrator soll lediglich in der Lage sein, nur die dem betreffenden Standort entsprechenden Benutzer- und Computerobjekte der Domäne verwalten zu können. Als Lösung zur geschilderten Anforderung kann man unterhalb der Organisationseinheit „Vertrieb" nun einfach weitere, den jeweiligen Standorten entsprechende Organisationseinheiten erstellen und diese zur Verwaltung an die jeweiligen Administratoren delegieren.

Sollte es durch die wachsende Anzahl an zu verwaltenden Objekten innerhalb der einzelnen Organisationseinheiten notwendig werden, so kann man jederzeit noch weitere, untergeordnete Organisationseinheiten (beispielsweise zur Trennung der Benutzer- und Computerobjekte) erstellen. Die Verwaltungsdelegierung der übergeordneten Organisationseinheiten für die Standorte wird hierbei standardmäßig an die darunter neu erstellten Organisationseinheiten vererbt. Die Vererbung kann bei Bedarf jedoch auch aufgehoben und die Delegierung der Verwaltung für die wiederum untergeordneten Organisationseinheiten kann für diese Strukturelemente neu definiert werden.

Auch ist es in diesem Beispiel möglich, Gruppenrichtlinieneinstellungen gezielt nur auf einzelne Standorte oder Teilbereiche der Vertriebsabteilung zu verknüpfen. Somit ermöglicht der Einsatz von Organisationseinheiten innerhalb von Domänen ein gewisses Maß an Flexibilität in der Verwaltung und auch der Delegierung der Verwaltungsberechtigung.

Delegierung der Verwaltungsberechtigung

Organisationseinheiten (engl. *Organizational Units, OUs*) können, wie im oberen Beispiel bereits erwähnt, für die Delegierung der Verwaltungsberechtigung verwendet werden. Die Organisationseinheiten verfügen hierfür über eine Zugriffskontrollliste (engl. *Access Control List, ACL*), in der bestimmte Berechtigungen der Verwaltung an Benutzer oder Gruppen delegiert werden können. Ein Eintrag in einer solchen Zugriffskontrollliste wird als Zugriffskontrolleintrag (engl. *Access Control Entry, ACE*) bezeichnet. Beispielsweise kann einem bestimmten Benutzer oder einer bestimmten Sicherheitsgruppe einer Domäne das Recht des Zurücksetzens von Benutzerkennwörtern für die Benutzerobjekte in einer bestimmten Organisationseinheit (*OU*) delegiert werden. In diesem Beispiel erhält der betreffende Benutzer oder die betreffende Gruppe keinerlei sonstige, administrative Rechte innerhalb der Domäne. Ebenso muss die Person bzw. die Gruppe hierbei nicht zu weiteren administrativen Gruppen innerhalb der Domäne hinzugefügt werden. Die Vergabe von Verwaltungsberechtigungen lässt sich somit optimal auf bestimmte Objekte innerhalb der Domäne anwenden.

Tools zum Verwalten von Organisationseinheiten

Zum Verwalten von Organisationseinheiten (engl. *Organizational Units, OUs*) innerhalb einer Domäne stehen beispielsweise die folgenden Tools zur Verfügung:

- Grafisches *Active Directory-Verwaltungscenter*
- Konsole *Active Directory-Benutzer und -Computer*
- angepasste MMC-Snap-Ins
- DS-Tools (DSadd.exe, DSmod.exe, DSmove.exe, DSquery.exe, DSrm.exe)
- CSVde.exe
- LDIFde.exe
- ADSIEdit.msc
- Windows PowerShell

2.6.9 Standorte

Eine weitere logische Komponente der Active Directory-Domänendienste (*Active Directory Domain Services, AD DS*) stellen die definierbaren Standorte (eng. *Sites*) als Objekte der in der Regel damit abgebildeten, physikalischen Standorte eines Unternehmens dar. Diese werden zur Replikationssteuerung sowie zur Steuerung des Client-Anmeldeverkehrs in Unternehmensnetzwerken eingesetzt.

Standardmäßig befinden sich alle Domänencontroller einer Active Directory-Gesamtstruktur innerhalb eines vordefinierten Standorts mit dem automatisch zugewiesenen Namen *Standortname-des-ersten-Standorts* (engl. *Default-First-Site-Name*). Die Replikationstopologie innerhalb dieses Standortes wird zwischen den auf den Domänencontrollern ab Windows 2000 ausgeführten Konsistenzprüfern (engl. *Knowledge Consistency Checker, KCC*) automatisch erstellt.

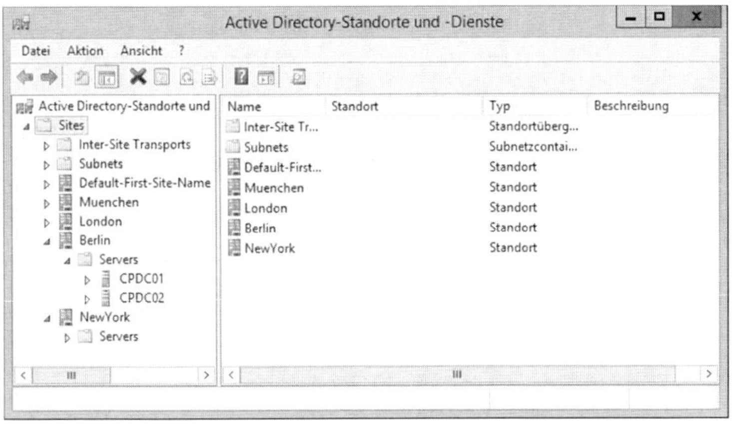

Abbildung 2.27: *Verwaltung von Active Directory-Standortobjekten in der Konsole Active Directory-Standorte und -Dienste unter Windows Server 2012 R2*

HINWEIS: Unter Windows 2000 und Windows Server 2003 ordnete Microsoft die Active Directory-Standorte und Subnetze noch den physikalischen Komponenten zu. In den Publikationen zum Active Directory unter Windows Server 2008 und höher werden die hierfür verwendeten Objekte nun klar den logischen Komponenten des Active Directory zugeordnet.

Bei Bedarf kann man weitere Standorte manuell anlegen und die jeweiligen Domänencontrollerobjekte in die zutreffenden Standorte verschieben. Dieser Bedarf leitet sich oft aus der verfügbaren Bandbreite der Kommunikationsstrecken zwischen verschiedenen Unternehmensstandorten und der möglicherweise vorhandenen Netzwerklast auf diesen Fernleitungen ab. Wenn beispielsweise eine Standleitung zwischen zwei verschiedenen Unternehmensstandorten bereits durch sonstiges Kommunikationsaufkommen stark belastet ist, so kann man die Replikation der Änderungen an Objekten der Active Directory- Domänendienste (*Active Directory Domain Services, AD DS*) mitunter auf Zeiten außerhalb der Hauptbelastung der Fernverbindung verlegen. Somit kann man mit der Definition von möglichen Replikationszeiten direkten Einfluss auf die Performance der Datenkommunikation zwischen den Standorten nehmen.

Standorte werden über sogenannte Standortverknüpfungen (engl. *Site Links*) miteinander verbunden. Diese Verknüpfungen müssen von den Mitgliedern der Gruppe der Organisations-Administratoren der Active Directory-Gesamtstruktur definiert werden.

Tool zum Verwalten von Active Directory-Standorten

Um Active Directory-Standorte (engl. *Sites*) zu verwalten, verwendet man das MMC-Snap-In *Active Directory-Standorte und -Dienste*. Alternativ steht die Windows PowerShell mit den darin für die Active Directory-Verwaltung enthaltenen Cmdlets zur Verfügung.

2.6.10 Subnetz

Subnetze (engl. *Subnets*) werden in Computernetzwerken eingesetzt, um große Netzwerkumgebungen, die auf TCP/IP basieren, in kleinere, logische Segmente zu unterteilen. In einer Umgebung der Active Directory-Domänendienste (*Active Directory Domain Services, AD DS*) können diese definierten Subnetze eingesetzt werden, um beispielsweise den Client-Anmeldeverkehr zu steuern. Die Subnetze werden durch die Mitglieder der Gruppe der Organisations-Administratoren als logische Komponenten einer Active Directory-Domänendienste-Umgebung entsprechend der physikalisch vorhandenen TCP/IP-Subnetze angelegt und dabei den ebenso logischen, definierten Active Directory-Standorten (engl. *Sites*) zugeordnet.

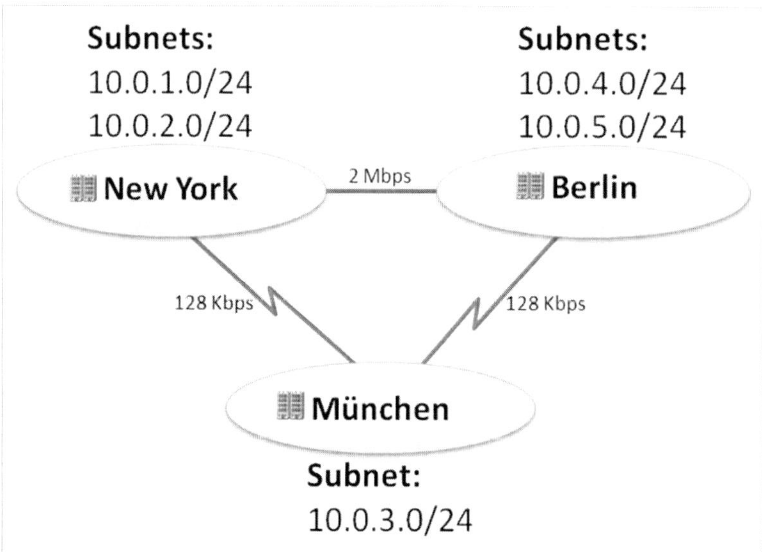

Abbildung 2.28: *Active Directory-Standorte und Subnetze*

Beispiel für den Einsatz von Subnetzen in Active Directory-Domänen

Wenn ein Unternehmensnetzwerk auf verschiedene, physikalische Standorte verteilt ist und sich an jedem der Standorte ein Domänencontroller der betreffenden Domäne befindet, so bietet es sich an, den Benutzeranmeldeverkehr möglichst lokal abzuhandeln. Somit kann man die Last auf den Verbindungen zwischen den Standorten verringern.

Damit der Anmeldeverkehr jedoch von den jeweils lokal vorhandenen Domänencontrollern verarbeitet werden kann, müssen die Clientcomputer diese auch dazu kontaktieren. Ein Clientcomputer erfragt hierzu bei einem für ihn konfigurierten DNS-Server nach einer Liste der verfügbaren Domänencontroller. Sollte vorweg eine Definition logischer Active Directory-Standorte mitsamt den zugehörigen Subnetzen vollzogen worden sein, so kann der DNS-Server dem Client die im jeweiligen Standort vorhandenen Domänencontroller mitteilen. Der Clientcomputer versucht dann, den ersten in der Liste vorhandenen Domänencontroller zwecks Anmeldeanfrage für die Benutzerauthentifizierung zu kontaktieren. Sollte dieser Domänencontroller nicht auf die Anfrage reagieren, so erfragt der Clientcomputer die Benutzeranmeldung beim nächsten in der Liste aufgeführten Domänencontroller. Erst wenn die in der Liste der lokal vorhandenen Domänencontroller nicht auf die Anmeldeanfrage reagieren, so erfragt der Clientcomputer bei seinem DNS-Server eine Liste weiterer, in der Active Directory-Domänenumgebung vorhandener Domänencontroller und kontaktiert diese dann in der angegebenen Reihenfolge (bis einer der Domänencontroller auf die Anfrage reagiert).

Tool zum Verwalten von Subnetzen

Subnetze werden als logische Komponenten in einer Active Directory-Domänendienste-Umgebung definiert und verwaltet. Hierzu steht das MMC-Snap-In *Active Directory-Standorte und Dienste* zur Verfügung. Alternativ kann man hierfür auch die Windows PowerShell mit den darin für die Active Directory-Verwaltung enthaltenen Cmdlets verwenden.

INTERNET: Weitere Informationen zu Active Directory-Standorten und -Subnetzen finden Sie im Internet unter:

https://technet.microsoft.com/de-de/library/cc730868.aspx

2.7 Domänen- und Gesamtstrukturfunktions-ebenen

Die in einer Domäne und Gesamtstruktur vorhandenen, nutzbaren Funktionen unterscheiden sich durch verschiedene, definierbare Domänen- und Gesamtstrukturfunktionsebenen. Diese wiederum sind abhängig von der jeweiligen Betriebssystemversion der in den Domänen eingesetzten Domänencontroller.

2.7.1 Domänenfunktionsebenen

Die folgenden Domänenfunktionsebenen (engl. *Domain Function Level, DFL*) werden in den aktuellen Active Directory-Infrastrukturen in Unternehmen verwendet:

- **Windows 2000 gemischt** Unterstützt Domänencontroller, die unter Windows NT 4.0, Windows 2000 Server und Windows Server 2003 ausgeführt werden. Dieser Modus wird von Windows 2000 Server sowie Windows Server 2003 aus Gründen der Abwärtskompatibilität gegenüber Windows NT 4.0 unterstützt. Vom Einsatz von Windows Server 2008-Domänencontrollern in diesem Modus wird abgeraten. Auch wenn sich die Domänenfunktionsebene lediglich auf die darin einzusetzenden Betriebssystemversionen der Domänencontroller bezieht, ist es unbedingt zu erwähnen, dass selbst im Zusammenspiel mit Windows Server 2008 lediglich als Mitgliedsserver mit Domänencontrollern unter Windows NT 4.0 Server unter Umständen Probleme auftreten können. Diese Domänenfunktionsebene ist sehr eingeschränkt und verhält sich seitens der nutzbaren Domänenfunktionen prinzipiell wie eine Windows NT 4.0-Domäne.

HINWEIS: Aktuelle Active Directory-Features, wie beispielsweise der Einsatz universeller Gruppen, Gruppenverschachtelung, das Umbenennen von Domänencontrollern und vieles mehr, stehen in dieser Domänenfunktionsebene nicht zur Verfügung. Dieser Modus wird lediglich der Vollständigkeit halber noch erwähnt.

- **Windows 2000 (pur)** In dieser Domänenfunktionsebene dürfen in der betreffenden Domäne nur noch Domänencontroller unter Windows 2000 Server, Windows Server 2003, Windows Server 2008 und Windows Server 2008 R2 (Release 2) vorhanden sein. Domänencontroller unter Windows NT 4.0 Server werden in dieser Domänenfunktionsebene nicht mehr unterstützt und müssen vor der Umstellung mindestens auf Windows 2000 Server aktualisiert oder vorweg aus der Domäne entfernt werden. Beim Wechsel vom gemischten in den Modus Windows 2000 (pur) gelten u. a. die folgenden Bedingungen:
  - Kerberos v5 wird das bevorzugte Authentifizierungsprotokoll.
  - Es können keine Windows NT-Domänencontroller zur Domäne hinzugefügt werden.
  - Universelle Gruppen können als Verteiler- oder als Sicherheitsgruppen eingesetzt werden.
  - Gruppenverschachtelungen (z. B. globale Gruppen in globale Gruppen) sind möglich.
- **Windows Server 2003** Unterstützt nur noch Domänencontroller, die unter Windows Server 2003 oder höher ausgeführt werden. Domänencontroller unter Windows NT 4.0 Server oder Windows 2000 Server werden in diesem Modus nicht mehr unterstützt. Domänencontroller in dieser Betriebssystemebene müssen vor dem Heraufstufen der Domänenfunktionsebene auf mindestens Windows Server 2003 aktualisiert werden. Eine Domäne, die im Modus Windows Server 2003 ausgeführt wird, unterstützt viele der Active Directory-Features, wie zum Beispiel universelle Gruppen, Gruppenverschachtelungen, Umbenennen von Domänencontrollern, den Einsatz schreibgeschützter Domänencontroller (*RODCs*) und vieles mehr.
- **Windows Server 2008** Beim Betrieb der Domäne in der Domänenfunktionsebene Windows Server 2008 unterstützt das Active Directory lediglich noch Domänencontroller unter Windows Server 2008 oder höher. Domänencontroller unter Windows NT 4.0, Windows 2000 Server oder Windows Server 2003 werden hierin nicht mehr unterstützt.

Eine Domäne in diesem Modus unterstützt alle verfügbaren Active Directory-Funktionen, wie zum Beispiel auch die Definition unterschiedlicher Kennwort- und Kontosperrungsrichtlinien innerhalb einer Domäne.

- **Windows Server 2008 R2** Beim Betrieb der Domäne in der Domänenfunktionsebene Windows Server 2008 R2 unterstützt das Active Directory lediglich noch Domänencontroller unter Windows Server 2008 R2 oder höher. Eine Domäne in diesem Modus unterstützt alle verfügbaren Active Directory-Funktionen, wie auch bereits unter Windows Server 2008. Zusätzlich ermöglicht diese Funktionsebene die Verwendung „verwalteter Dienstkonten" (engl. *Managed Service Accounts*).
- **Windows Server 2012** Beim Betrieb der Domäne in der Domänenfunktionsebene Windows Server 2012 unterstützt das Active Directory lediglich noch Domänencontroller unter Windows Server 2012 oder höher. Eine Domäne in diesem Modus unterstützt alle verfügbaren Active Directory-Funktionen, wie auch bereits unter Windows Server 2008 R2. Zusätzlich unterstützt dieser Modus die für die dynamische Zugriffskontrolle (engl. *Dynamic Access Control, DAC*) verwendeten Claims.
- **Windows Server 2012 R2** Beim Betrieb der Domäne in der Domänenfunktionsebene Windows Server 2012 R2 unterstützt das Active Directory lediglich noch Domänencontroller unter Windows Server 2012 R2 oder höher. Eine Domäne in diesem Modus unterstützt alle verfügbaren Active Directory-Funktionen, wie auch bereits unter Windows Server 2012. Zusätzlich unterstützt dieser Modus u. a. die neue Sicherheitsgruppe *„Protected Users"* (dt. *Geschützte Benutzer*), für die höhere Sicherheitsanforderungen gelten. So können die Mitglieder der *„Protected Users"*-Gruppe z. B. die NTLM-Authentifizierung, oder seitens der Kerberos-Authentifizierung die unsicheren DES- und RC4-Kryptoalgorithmen nicht mehr verwenden. Diese neue Sicherheitsgruppe verhindert zudem die Delegierung der Mitgliedskonten, und setzt den Erneuerungszeitraum für die Kerberos-Tickets auf genau 4 Stunden fest.

HINWEIS: Domänencontroller unter Windows Server 2012 sowie Windows Server 2012 R2 setzen die Domänenfunktionsebene mindestens „Windows Server 2003" voraus. Die Funktionsebenen Windows 2000 gemischt und Windows 2000 wurden nur der Vollständigkeit halber hier aufgeführt.

2.7.2 Gesamtstrukturfunktionsebenen

Neben den vorweg dargestellten Domänenfunktionsebenen existieren in Active Directory-Umgebungen zudem noch verschiedene Gesamtstrukturfunktionsebenen (engl. *Forest Function Level, FFL*), die sich wiederum in der Vielzahl der darin enthaltenen Active Directory-Funktionen unterscheiden. Diese beziehen sich, wie der Name es schon ableiten lässt, nicht mehr auf einzelne Domänen, sondern gleichsam auf alle in der Gesamtstruktur einer Active Directory-Implementierung vorhandenen Domänen. Erst wenn sich alle Domänen in der entsprechenden Domänenfunktionsebene (oder höher) befinden, kann die Gesamtstruktur des Active Directory auf die entsprechende Gesamtstrukturfunktionsebene heraufgestuft werden.

HINWEIS: Die Gesamtstrukturfunktionsebene „Windows Server 2003" oder höher wird für den Einsatz von Domänencontrollern unter Windows Server 2012 sowie Windows Server 2012 R2 vorausgesetzt!

Die folgenden Gesamtstrukturfunktionsebenen (engl. *Forest Function Level, FFL*) werden in den aktuellen Active Directory-Infrastrukturen in Unternehmen verwendet:

- **Windows 2000** In dieser Gesamtstrukturfunktionsebene stehen alle Standardfunktionen von Active Directory zur Verfügung. In diesem Modus der Gesamtstruktur können Domänen in den Domänenfunktionsebenen unter Windows 2000, Windows Server 2003, Windows Server 2008 und Windows Server 2008 R2 enthalten sein.

  HINWEIS: Diese Funktionsebene wird von Windows Server 2012 sowie von Windows Server 2012 R2 nicht mehr unterstützt und nur der Vollständigkeit halber aufgezeigt.

- **Windows Server 2003** In diesem Modus stehen neben den Standardfunktionen von Active Directory auch noch weitere Funktionen, wie zum Beispiel die Gesamtstruktur-Vertrauensstellung, sowie die Möglichkeit zur Bereitstellung eines unter Windows Server 2008 (oder höher) ausgeführten, schreibgeschützten Domänencontrollers (engl. *Read-Only Domain Controller, RODC*) zur Verfügung. Zum Heraufstufen auf die nächsthöhere Gesamtstrukturfunktionsebene Windows Server 2003 müssen zuerst alle in der Gesamtstruktur enthaltenen Domänen mindestens auf die Domänenfunktionsebene Windows Server 2003 heraufgestuft sein. Alle neu hinzugefügten Domänen werden anschließend automatisch ebenso in der Domänenfunktionsebene Windows Server 2003 ausgeführt.

- **Windows Server 2008** Diese Gesamtstrukturfunktionsebene bietet alle Funktionen, die auf der Gesamtstrukturfunktionsebene Windows Server 2003 zur Verfügung stehen. Es werden keine weiteren Funktionen mehr bereitgestellt. Alle Domänen, die man nach dem Hochstufen auf die Gesamtstrukturfunktionsebene Windows Server 2008 zur Gesamtstruktur hinzufügt, werden automatisch in der Domänenfunktionsebene Windows Server 2008 ausgeführt.

- **Windows Server 2008 R2** Diese Gesamtstrukturfunktionsebene bietet alle Funktionen, die auf der Gesamtstrukturfunktionsebene Windows Server 2003 zur Verfügung stehen. Zusätzlich ermöglicht diese Funktionsebene erstmalig die Aktivierung des „Active Directory Recycle Bin" (dt. *Active Directory-Papierkorb*), um gelöschte Objekte in den Active Directory-Domänendiensten bei Bedarf wieder herstellen zu können. Alle Domänen, die man nach dem Hochstufen auf die Gesamtstrukturfunktionsebene Windows Server 2008 R2 zur Gesamtstruktur hinzufügt, werden automatisch in der Domänenfunktionsebene Windows Server 2008 R2 ausgeführt.

- **Windows Server 2012** Diese Gesamtstrukturfunktionsebene bietet alle Funktionen, die auf der Gesamtstrukturfunktionsebene Windows Server 2008 R2 zur Verfügung stehen. Es werden keine weiteren Funktionen mehr bereitgestellt. Alle Domänen, die man nach dem Hochstufen auf die Gesamtstrukturfunktionsebene Windows Server 2012 zur Gesamtstruktur hinzufügt, werden automatisch in der Domänenfunktionsebene Windows Server 2012 ausgeführt.

- **Windows Server 2012 R2** Diese Gesamtstrukturfunktionsebene bietet alle Funktionen, die auf der Gesamtstrukturfunktionsebene Windows Server 2012 zur Verfügung stehen. Es werden keine weiteren Funktionen mehr bereitgestellt. Alle Domänen, die man nach dem Hochstufen auf die Gesamtstrukturfunktionsebene Windows Server 2012 R2 zur Gesamtstruktur hinzufügt, werden automatisch in der Domänenfunktionsebene Windows Server 2012 R2 ausgeführt.

Im Ausnahmefall: herabstufen möglich

Nachdem die Gesamtstrukturfunktionsebene auf einen bestimmten Wert festgelegt wurde, kann man diese nicht zurücksetzen oder herabstufen. Dabei gibt es eine Ausnahme: Wenn die Gesamtstrukturfunktionsebene auf Windows Server 2012 heraufgestuft wird, kann man sie auf Windows Server 2008 R2 herabstufen. Wenn der Active Directory-Papierkorb *nicht* aktiviert ist, kann man die Gesamtstrukturfunktionsebene auch von Windows Server 2012 auf Windows Server 2008 R2 oder Windows Server 2008 oder von Windows Server 2008 R2 auf Windows Server 2008 herabstufen. Wenn die Gesamtstrukturfunktionsebene auf Windows Server 2008 R2 festgelegt ist, kann sie jedoch beispielsweise nicht auf Windows Server 2003 zurückgesetzt werden.

Nachdem die Domänenfunktionsebene auf einen bestimmten Wert festgelegt wurde, kann diese nicht zurückgesetzt oder herabgestuft werden. Dabei gibt es eine Ausnahme: Wenn die Domänenfunktionsebene auf Windows Server 2008 R2 oder Windows Server 2012 heraufgestuft wurde, und die Domänenfunktionsebene Windows Server 2008 oder niedriger ist, kann man die Domänenfunktionsebene auf Windows Server 2008 oder Windows Server 2008 R2 zurücksetzen. Man kann die Domänenfunktionsebene lediglich von Windows Server 2012 auf Windows Server 2008 R2 oder Windows Server 2008 oder von Windows Server 2008 R2 auf Windows Server 2008 herabstufen. Wenn die Domänenfunktionsebene auf Windows Server 2008 R2 festgelegt ist, kann sie jedoch beispielsweise nicht auf Windows Server 2003 zurückgesetzt werden.

2.7.3 Heraufstufen einer Domänen- oder Gesamtstrukturfunktionsebene

Die jeweilige Domänen- und auch Gesamtstrukturfunktionsebene kann bei Vorhandensein der durch die in der jeweiligen Funktionsebene geforderte Betriebssystemversion der Domänencontroller heraufgestuft werden. Ein nachfolgendes Herunterstufen in eine niedrigere Domänen-oder Gesamtstrukturfunktionsebene ist jedoch nicht möglich.

Nach dem Heraufstufen von Domänen- und Gesamtstrukturfunktionsebenen kann eine vollständige Aktualisierung mitunter schon mal bis zu 15 Minuten oder länger dauern, bis der gesamte Aktualisierungsprozess abgeschlossen ist. Während dieser Zeit können Verzögerungen in der Netzwerkkommunikation auftreten. Es ist deshalb unbedingt zu empfehlen, das Heraufstufen von Domänen- oder Gesamtstrukturfunktionsebenen außerhalb der normalen Geschäftszeiten zu planen.

Heraufstufen der Domänenfunktionsebene

Um die Domänenfunktionsebene einer Active Directory-Domäne heraufzustufen, gehen Sie wie folgt vor:

1. Öffnen Sie die Konsole *Active Directory-Domänen- und -Vertrauensstellung*.
2. Klicken Sie nun in der Konsolenstruktur mit der rechten Maustaste auf die gewünschte Domäne, und wählen Sie im Kontextmenü den Eintrag **Domänenfunktionsebene heraufstufen**.
3. Die aktuelle Domänenfunktionsebene wird im Dialogfeld *Domänenfunktionsebene heraufstufen* angezeigt.
4. Wählen Sie nun in der im Dialog vorhandenen Auswahlliste die gewünschte Domänenfunktionsebene aus, und klicken Sie anschließend auf **Heraufstufen**. Beachten Sie, dass der Vorgang nicht mehr rückgängig gemacht werden kann, und klicken Sie, wie gewünscht, anschließend auf **OK**.

Der Vorgang für das Heraufstufen der Domänenfunktionsebene für die betreffende Domäne ist somit abgeschlossen. Der Aktualisierungsvorgang kann nun einige Zeit in Anspruch nehmen, bis die Änderung der Domänenfunktionsebene zu jedem Domänencontroller in der Domäne repliziert wurde.

HINWEIS: Alternativ kann das Heraufstufen der Gesamtstrukturfunktionsebene auch mit dem Windows PowerShell-Cmdlet **`Set-ADDomainMode`** durchgeführt werden. Details erhält man durch den Aufruf des folgenden Befehls in der Windows PowerShell:

```
Get-Help Set-ADDomainMode
```

Heraufstufen der Gesamtstrukturfunktionsebene

Um die Gesamtstrukturfunktionsebene einer Active Directory-Gesamtstruktur heraufzustufen, gehen Sie wie folgt vor:

1. Öffnen Sie die Konsole *Active Directory-Domänen- und -Vertrauensstellung*.
2. Klicken Sie in der Konsolenstruktur mit der rechten Maustaste auf ***Active Directory-Domänen- und -Vertrauensstellung***, und wählen Sie im Kontextmenü den Eintrag **Gesamtstrukturfunktionsebene heraufstufen**.
3. Die aktuelle Gesamtstrukturfunktionsebene wird im Dialogfeld *Gesamtstrukturfunktionsebene heraufstufen* angezeigt.

4. Um die Gesamtstrukturfunktionsebene heraufzustufen, wählen Sie in der Auswahlliste die gewünschte Gesamtstrukturfunktionsebene aus, und klicken Sie auf **Heraufstufen**. Beachten Sie, dass der Vorgang nicht mehr rückgängig gemacht werden kann, und klicken Sie, wie gewünscht, anschließend auf **OK**.

Der Vorgang für das Heraufstufen der Gesamtstrukturfunktionsebene für die betreffende Gesamtstruktur ist somit abgeschlossen. Der Aktualisierungsvorgang kann nun einige Zeit in Anspruch nehmen, bis die Änderung der Gesamtstrukturfunktionsebene zu jedem Domänencontroller in der Gesamtstruktur repliziert wurde.

HINWEIS: Alternativ kann das Heraufstufen der Gesamtstrukturfunktionsebene auch mit dem Windows PowerShell-Cmdlet **`Set-ADForestMode`** durchgeführt werden. Details erhält man durch den Aufruf des folgenden Befehls in der Windows PowerShell:

```
Get-Help Set-ADForestMode
```

2.8 Active Directory- Domänendienste und das Domain Name System (DNS)

Die Active Directory-Domänendienste (*Active Directory Domain Services, AD DS*) setzen seitens ihrer in den Domänen- und Gesamtstrukturen verwendeten Namen völlig auf dem DNS-Namensdienst (*Domain Name System*) auf. DNS-Domänen sind, wie auch die Active Directory-Domänenstrukturen, hierarchisch aufgebaut. Innerhalb einer Gesamtstruktur verwenden die Domänencontroller die DNS-Dienste standardmäßig zur Auflösung von Namenseinträgen der betreffenden Servernamen in die für die jeweilige Kommunikation notwendigen IP-Adressen. DNS stellt hierbei aber auch die in Namenszonen für die Active Directory-Domänendienste notwendigen Diensteinträge (engl. *Service Location Resource Record, SRV*) mitsamt der für die jeweilige Kommunikation notwendigen Kommunikationsports bereit, womit das Auffinden der betreffenden Domänencontroller innerhalb einer Domäne oder Gesamtstruktur in der entsprechenden Funktion überhaupt erst möglich wird. Diese Diensteinträge werden seitens der Clientcomputer beispielsweise auch bei der Suche nach Domänencontrollern für Benutzeranmeldeanfragen benötigt.

Bereits schon unter Windows Server 2008 wurde die direkte Unterstützung von IPv6 in sogenannten Forward- und Reverse-Lookup-Zonen integriert. Die DNS-Dienste sind somit in der Lage, die Host- oder Dienstnamen in mögliche IPv6-Adressen und auch im umgekehrten Fall aufzulösen.

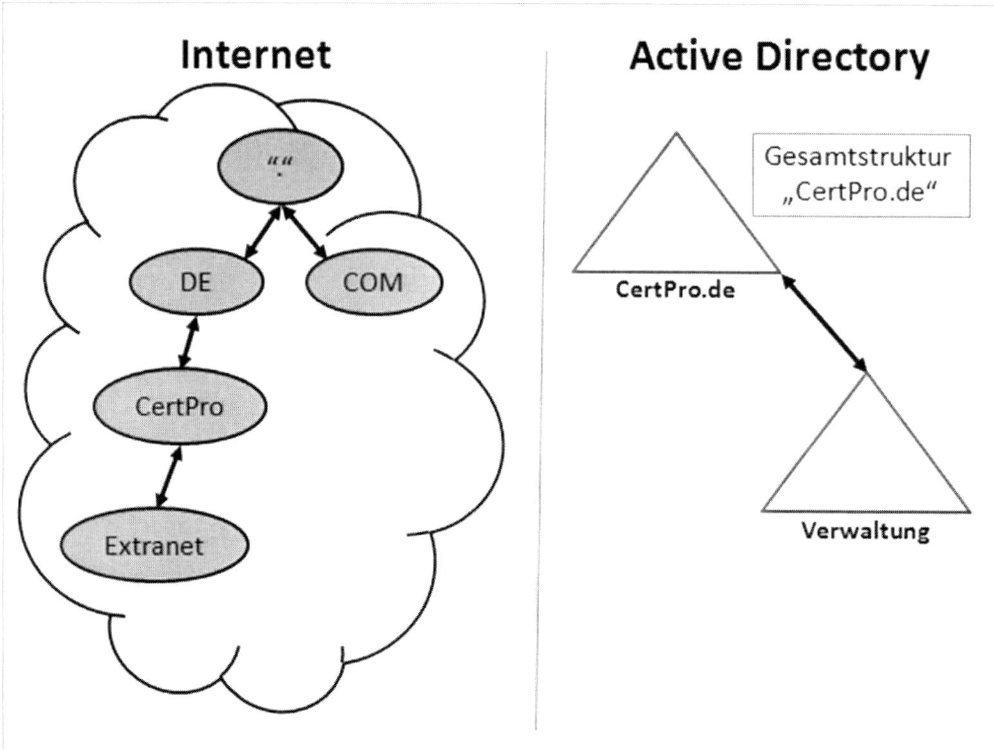

Abbildung 2.29: *Vergleich der Internet-Namensstrukturen zur Namensverwendung in einer Active Directory-Gesamtstruktur*

2.8.1 Die DNS-Namenszonen

DNS-Namenszonen beinhalten Einträge für Server, Clients, Dienste und weitere Ressourcen von Active Directory- oder internetbasierte Domänen und werden standardmäßig in Form von DNS-Zonendatenbankdateien auf den betreffenden DNS-Servern lokal gespeichert.

Neben den Domänendiensten können auch andere Dienste, wie beispielsweise Mail-Dienste, als Ressourceneintrag in der entsprechenden DNS-Namenszone eines DNS-Servers registriert werden.

Die DNS-Namenszonen werden in verschiedenen, dem Abfragetyp angepassten Zonentypen gespeichert. Es existieren die folgenden Namenszonen:

Forward-Lookup-Zone

Eine solche Zone wird von einem DNS-Server für die Auflösung von (bekannten) Hostnamen und Diensten in (unbekannte) IP-Adressen verwendet. Als Ergebnis liefert der DNS-Server aus einer solchen Zone in der Regel die IP-Adresse an den anfragenden Computer zurück.

Reverse-Lookup-Zone

Anhand einer Reverse-Lookup-Zone ermittelt ein DNS-Server (wie es sich aus dem Namen bereits ableiten lässt) in umgekehrter Folge den (unbekannten) Namen aus einer (bekannten) IP-Adresse und gibt diesen als Ergebnis auf die Abfrage an den anfragenden Computer zurück.

2.8.2 DNS-Zonentypen

Forward- und Reverse-Lookup-Zonen können in Form verschiedener Zonentypen auf den DNS-Servern angelegt werden. Diese unterscheiden sich wie folgt:

Zonentyp	Beschreibung
Standard (Primär)	Primäre Namenszone, die auch als Master-Zone bezeichnet wird. Änderungen an der Zone sind auf dem Computer, der die primäre Zone führt, entweder manuell oder durch die dynamische Aktualisierung möglich.
Standard (Sekundär)	Sekundäre Namenszone, die eine schreibgeschützte Kopie einer Master-Zone darstellt. Änderungen an einer sekundären Namenszone sind lediglich über einen so genannten Zonenübertragungsvorgang über die Master-Zone möglich.
Active Directory-integriert	Eine Active Directory-integrierte Zone stellt eine ebenso primäre Namenszone (Master-Zone) dar, welche in der Datenbank der Active Directory-Domänendienste gespeichert ist. Änderungen an Active Directory-integrierten Zonen können durch die dynamische Aktualisierung oder auch manuell vorgenommen werden. Active Directory-integrierte Zonen bieten noch mehr Sicherheit durch die Option der sicheren dynamischen Updates. Hierbei kann sich ein Client oder Server in der Active Directory-integrierten Zone nur dann registrieren oder aktualisieren, wenn er in einer der Domänen der betreffenden Gesamtstruktur über ein Computerkonto verfügt.
Stubzone	Eine Stubzone stellt sich wie eine sekundäre (schreibgeschützte) Zone dar, in der jedoch lediglich der SOA-, die NS- und die Glue-Host-Einträge der autorisierenden Server der betreffenden Namenszone gespeichert sind. Dieser Zonentyp wird über die Zonenaktualisierung von der Master-Zone aus aktualisiert.

Tabelle 2.4: *Die verschiedenen DNS-Zonentypen*

Auf einem DNS-Server ist es problemlos möglich, mehrere, unterschiedliche Namenszonen oder auch Zonentypen anzulegen und zu verwalten. Hierbei können auch primäre Zonen parallel zu differierenden, sekundären Namenszonen angelegt werden.

Active Directory-integrierte Zonen können nur auf DNS-Servern angelegt werden, die gleichzeitig auch für die Rolle als Domänencontroller einer Active Directory-Domäne konfiguriert sind.

2.8.3 Standardspeicherorte für DNS-Zonendaten

Eine Namenszone kann im Format einer textbasierten Zonendatei (mit der Dateinamenserweiterung *.dns*) oder – je nach Konfiguration – auch als sogenannte Active Directory-integrierte Zone in der Datenbank der Active Directory-Domänendienste (*Active Directory Domain Services, AD DS*), der Datei *Ntds.dit*, gespeichert sein.

Eine textbasierte Zonendatei einer DNS-Standardnamenszone wird standardmäßig im Ordner *%systemroot%\system32\dns* gespeichert. Die Inhalte dieser Namenszonen werden in einer primären Zone angelegt und können anschließend auf weitere DNS-Server, die eine schreibgeschützte Kopie der Namenszone als sekundäre Zone enthalten, synchronisiert werden. Textbasierte Standardnamenszonen können auf Domänencontrollern sowie auch auf Mitglieds- und Standalone-Servern angelegt werden.

Active Directory-integrierte Zonen existieren erst seit der Einführung von Active Directory mit Windows 2000 Server – und können nur auf Domänencontrollern angelegt werden. Die Namenszonen werden, wie es vom Namen her bereits ableitbar ist, in der Active Directory-Domänendienste-Datenbank (*ntds.dit*) des betreffenden Domänencontrollers gespeichert. Die Inhalte der Active Directory-integrierten Zonen können aus Gründen der Redundanz und Fehlertoleranz zwischen den Domänencontrollern repliziert, aber auch über einen Synchronisierungsvorgang auf DNS-Server mit Standardsekundärzonen übertragen werden.

2.8.4 Dynamische oder statische Registrierung

Die DNS-Datenbank unterstützt seit der Einführung von Windows 2000 Server dynamische Einträge und Aktualisierungen in den primären DNS-Namenszonen. Die betreffenden Computer können sich anhand ihres Computernamens und der eigenen IP-Adresse sowie bestimmter, auf dem Computer ausgeführter Dienste dynamisch in der DNS-Namenszone registrieren. Manuelle Einträge durch die Administratoren sind bei dieser Konfiguration der DNS-Datenbank aber genauso möglich.

HINWEIS: Die dynamische Aktualisierung von Host- oder Diensteinträgen in einer DNS-Namenszone ist nur auf DNS-Servern möglich, die zur Änderung an der Namenszone autorisiert sind. Diese Art der dynamischen Aktualisierung ist bei DNS-Servern, die lediglich eine sekundäre Zone (schreibgeschützte Standardzone) besitzen, nicht möglich.

Aus Gründen der Sicherheit kann die Unterstützung für dynamische Registrierung von DNS-Einträgen innerhalb von DNS-Namenszonen auf den DNS-Servern abgeschaltet werden. Somit sind bei dieser Art der Konfiguration der DNS-Dienste keine dynamischen Registrierungen von Computernamen oder -diensten mehr zugelassen. Jegliche Einträge müssen bei dieser Art der Konfiguration durch die jeweiligen Administratoren in der entsprechenden, statischen Namenszone vorgenommen werden.

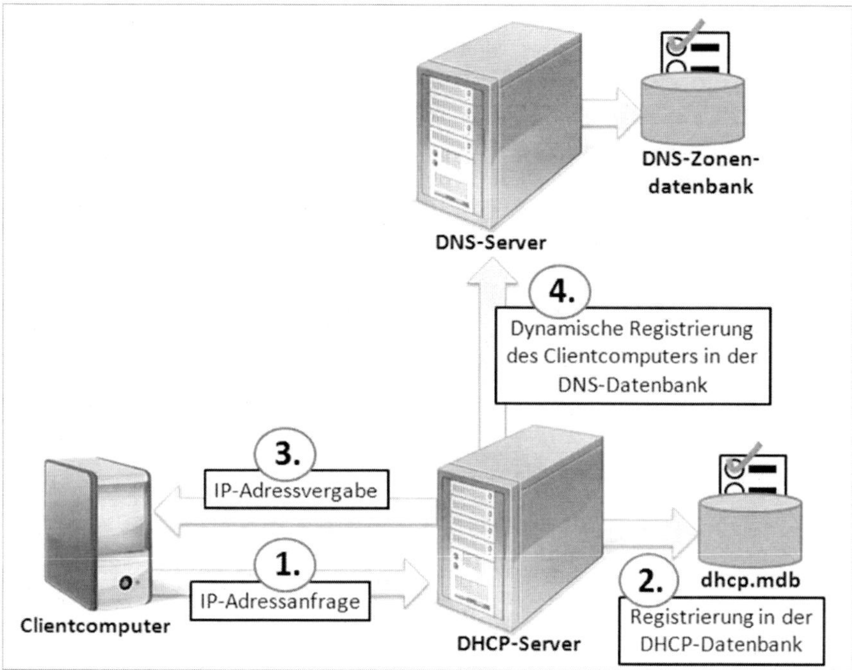

Abbildung 2.30: *Dynamische Registrierung eines Clientcomputers in der DNS-Zonendatenbank durch einen DHCP-Server*

DNS und DHCP

Seit der Einführung von Windows Server 2003 sind die dynamische Registrierung und auch Aktualisierung von Hosteinträgen (A-Records) in Forward-Lookup-Zonen sowie von Zeigereinträgen (Pointer, PTR) in Reverse-Lookup-Zonen seitens der DHCP(*Dynamic Host Configuration Protocol*)-Dienste nach entsprechender Konfiguration möglich. Hierdurch erreicht man die Unterstützung älterer Clientbetriebssysteme (beispielsweise Windows NT 4.0-Clients und -Server), die ihrerseits eine dynamische Registrierung oder Aktualisierung ihres Host- oder Zeigereintrages in DNS nicht unterstützen.

2.8.4.2 Sichere dynamische Aktualisierung

Die Active Directory-integrierten DNS-Namenszonen können vor der unberechtigten Registrierung von Computernamen oder -diensten geschützt werden. Hierzu besteht seit der Einführung von Windows 2000 Server die Möglichkeit, die sichere dynamische Registrierung solcher Einträge in einer Active Directory-integrierten Namenszone zu konfigurieren.

Die Konfiguration der sicheren dynamischen Registrierung erfordert für jeden der zur Registrierung seines Hostnamens anfragenden Client und Server ein vorhandenes Computerkonto in der betreffenden Active Directory-Domäne. Sollte der angefragte DNS-Server, der gleichzeitig auch die Rolle eines Domänencontrollers ausführt, feststellen, dass ein solches Computerkonto für den anfragenden Client oder Server nicht existiert, so wird dieser nicht in der DNS-Datenbank registriert.

2.8.5 DNS-Ressourceneinträge

Neben den Ressourceneinträgen (engl. *Resource Records, RRs*) zur Zuordnung von Computernamen zu IP-Adressen (sogenannte *Host- oder A-Einträge*) werden noch weitere Eintragstypen für die Funktionalität der Gesamtstrukturen oder Domänen benötigt. Eine Auflistung der wichtigsten DNS-Eintragstypen finden Sie in der folgenden Tabelle:

Eintragstyp	Zweck/Bedeutung
A (IPv4-Adresse)	Ordnet einen Hostnamen zu einer IP-Adresse auf Ebene von IPv4 zu.
AAAA (IPv6-Adresse)	Ordnet einen Hostnamen zu einer IP-Adresse auf Ebene von IPv6 zu.
CNAME (Canonical Name)	Definiert einen Aliasnamen für einen Host.
NS (Name Server)	Definiert einen Namensserver für die entsprechende Namenszone oder Domäne. Jeder Namensserver muss anhand eines Namensservereintrages in DNS registriert werden.
PTR (Pointer)	Ordnet in einer Reverse-Lookup-Zone eine IP-Adresse zu einem Hostnamen.
SOA (Start Of Authority)	Kennzeichnet den autorisierenden DNS-Server für die betreffende DNS-Namenszone.
MX (Mail Exchange)	Kennzeichnet einen Mail-Server, der für den Empfang und die Weiterleitung von E-Mails der betreffenden Domäne zuständig ist.

Tabelle 2.5: *Übersicht über die wichtigsten Eintragstypen in DNS*

2.8.6 SRV-Einträge

Die in DNS-Datenbanken gespeicherten, so genannten Diensteinträge (engl. *Service Location Resource Records, SRV*), welche in der *RFC 2782* spezifiziert sind, dienen, wie bereits erwähnt, zur Identifizierung von Computern, die einen bestimmten Dienst oder eine bestimmte Funktion (beispielsweise den Globalen Katalog) im Netzwerk anbieten. Beim Einrichten eines Domänencontrollers ab Windows 2000 Server registriert dieser sich seitens der durch ihn ausgeführten, bestimmten Active Directory-Domänendiensten und -Funktionen in Form von SRV-Einträgen dynamisch in der betreffenden DNS-Datenbank. Die DNS-Diensteinträge (*SRV-Einträge*) werden in der DNS-Datenbank in standardisierter Form vorgenommen. Sehen Sie hierzu ein Beispiel:

```
_ldap._tcp.Example.com. 600 IN SRV 0 100 389 DC1.Example.com
```

Der DNS-Diensteintrag schlüsselt sich dabei in folgende Komponenten auf:

Komponente	Beschreibung
_ldap	Identifizierung des Dienstes (in diesem Beispiel der LDAP-Dienst)
_tcp	Das Protokoll, über welches mit dem Zielsystem kommuniziert wird (alternativ könnte hier auch _udp für das User Datagram Protocol, UDP stehen).
Example.com	Der Domänenname, auf den sich die Abfrage bezieht.
600	Steht für die Time-to-Live (TTL) dieses Eintrags im Client-Cache.
IN	Beschreibt die Standard-DNS-Internet-Klasse des Eintrags.
SRV	Kennzeichnet den Eintrag als Diensteintrag.
0	Kennzeichnet die Priorität dieses Eintrags. Wenn mehrere Einträge sich auf denselben Dienst beziehen, so wird zuerst der Server mit dem niedrigsten Prioritätswert kontaktiert.
100	Wert für die Gewichtung des Eintrags, wird als Load-Balancing-Mechanismus eingesetzt. Wenn mehrere Einträge sich auf den gleichen Dienst beziehen, so versuchen die Clients den Server mit der höheren Gewichtung häufiger abzufragen.
389	Beschreibt den Kommunikationsport des betreffenden Dienstes.
DC1.Example.com	Name des Hosts, welcher den in diesem Eintrag beschriebenen Dienst ausführt.

Tabelle 2.6: *Die Komponenten eines DNS-Diensteintrags*

Arten von Diensteinträgen

In den DNS-Namenszonen für die Active Directory-Domänendienste (*Active Directory Domain Services, AD DS*) findet man verschiedene, den jeweiligen Funktionen der Domänencontroller zugeordnete Diensteinträge. Zu den wichtigsten Diensteinträgen in einer Active Directory-Domänendienst-Umgebung zählen:

- **_ldap**
  Die Active Directory-Domänen basieren auf dem Lightweight Directory Access Protocol (*LDAP*). Dieser Diensteintrag kennzeichnet einen Domänencontroller unter Windows 2000 Server oder höher, zu welchem man über LDAP kommunizieren kann. Auch können mit diesem Eintrag andere LDAP-Server gekennzeichnet werden, die nicht auf Microsoft Windows basieren (beispielsweise *Open-LDAP-Server*).

- **_kerberos**
  Kerberos stellt das primäre Authentifizierungsprotokoll innerhalb der Active Directory-Domänen für die Clients und Server ab Windows 2000 dar. Dieser Eintrag kennzeichnet einen Server, der das Schlüsselverteilungscenter (engl. *Key Distribution Center, KDC*) für das Ausstellen oder Erneuern von Kerberos-Tickets ausführt.

- **_kpasswd**
  Dieser Eintrag kennzeichnet einen Server, der für die Kerberos-Kennwortänderung zuständig ist. Ein solcher Eintrag wird in Verbindung mit dem *_kerberos-Eintrag* in DNS geführt.

- **_gc**
  Mit diesem Eintrag wird ein Domänencontroller gekennzeichnet, der als globaler Katalogserver (engl. *Global Catalog, GC*) in der Gesamtstruktur konfiguriert ist.

2.8.7 DNS-Abfragen

Wenn ein Anwender sich auf eine Ressource im Netzwerk verbinden möchte, benutzt er im Allgemeinen hierzu den betreffenden Servernamen. Die Kommunikation jedoch seitens seines Rechners im Netzwerk findet über die zugehörige IP-Adresse statt. Um die IP-Adresse des Zielservers zu ermitteln, fragt der Clientcomputer im Hintergrund beim DNS-Namensserver eine Namensauflösung an. Ein DNS-Server übernimmt den angefragten Namen und liefert im günstigsten Fall die für die Kommunikation notwendige IP-Adresse als Abfrageergebnis zurück. Nicht in allen Fällen jedoch wird nach der IP-Adresse zu einem bekannten Namen gefragt. Auch die umgekehrte Abfrage bei dem Vorliegen einer IP-Adresse in den noch unbekannten Hostnamen kann an einen DNS-Server gestellt werden. Um sämtliche Arten von Abfragen zu ermöglichen, unterstützen die DNS-Dienste unter Windows Server 2012 R2 bzw. Windows Server 2012 die folgenden:

- **Forward-Lookup-Abfrage**

Bei der Forward-Lookup-Abfrage wird eine Anfrage zur Ermittlung der IP-Adresse eines beispielsweise vorliegenden Hostnamens an den betreffenden DNS-Server gestellt. Dieser überprüft das Vorhandensein des entsprechenden Hosteintrages und liefert dem anfragenden Rechner die in der DNS-Datenbank registrierte IP-Adresse als Ergebnis zurück.

- **Reverse-Lookup-Abfrage**
  Bei einer Reverse-Lookup-Abfrage ermittelt ein DNS-Server – im Gegensatz zu einer Forward-Lookup-Abfrage – anhand einer vorliegenden IP-Adresse den möglicherweise in einer Reverse-Lookup-Zone gespeicherten Hostnamen und liefert diesen an den anfragenden Clientcomputer als Ergebnis zurück.

Zu den verschiedenen Anfragearten bedarf es auch entsprechender DNS-Zonen, damit die Auflösung der Abfrage entsprechend der gesuchten Information erfolgreich durchgeführt werden kann.

Nicht alle DNS-Anfragen können von einem DNS-Server aus dessen lokal gespeicherten DNS-Namenszonen heraus aufgelöst werden. Auch ist es beispielsweise in Bezug auf das Internet und der damit verbundenen Namensauflösungen gar unmöglich, alle Arten von Anfragen innerhalb eines einzelnen DNS-Servers aufzulösen. Eine DNS-Anfrage wird von dem betreffenden DNS-Server in Form von zwei verschiedenen Abfragetypen behandelt:

- **Rekursive Abfrage**
  Bei der rekursiven Abfrage erwartet ein anfragender Clientcomputer von dem betreffenden, für ihn konfigurierten DNS-Server eine Antwort. Der Clientcomputer übernimmt hierbei die Rolle des *Resolvers*. Der DNS-Server prüft, ob er die Anfrage lokal aus den gespeicherten Namenszonen oder auch aus bereits im DNS-Cache zwischengespeicherten, vorherigen Namensauflösungsvorgängen beantworten kann. Ist dies nicht der Fall, so befragt der DNS-Server weitere, ihm bekannte DNS-Server, um das Abfrageergebnis für den anfragenden Clientcomputer zu ermitteln. Wenn das Ergebnis der Abfrage ermittelt wurde, so übergibt der DNS-Server dieses an den Clientcomputer (*Resolver*). Die Rekursion kann auf DNS-Servern unter Windows Server 2012 R2 bzw. Windows Server 2012 deaktiviert werden, um den DNS-Server an der Weiterleitung einer Namensabfrage zu hindern.
- **Iterative Abfrage**
  Bei der iterativen Abfrage erwartet der anfragende Client eine sofortige Antwort vom angefragten DNS-Server. Sollte auf diesem Server die Rekursion ausgeschaltet sein oder der Client die Rekursion nicht angefordert haben, so gibt der DNS-Server lediglich die Adresse des als nächsten anzufragen den DNS-Servers als Ergebnis der Abfrage zurück. Der Clientcomputer muss dann die weitere Anfrage selbst an den bzw. die nächsten DNS-Server senden, bis der angefragte DNS-Name vollständig aufgelöst wurde.

2.8.8 Alterungs- und Aufräumprozess

Client- und Serversysteme können sich in Domain Name System (*DNS*)-Zonen, für welche die dynamische Aktualisierung von Host-Einträgen (*A Records*) aktiviert ist, selbstständig anhand ihres Namens und der jeweils zugeordneten IP-Adresse(n) registrieren sowie auch den jeweiligen Host-Eintrag bei Änderungen (beispielsweise der eigenen IP-Adresse) aktualisieren. Das jeweilige Client- oder Serversystem wird in der DNS-Datenbank als der Besitzer dieses Eintrags erfasst.

Wenn in Netzwerken, in denen dynamische DNS-Zonen auf DNS-Servern eingesetzt werden, ein Client-System ausfällt oder seitens der Administratoren aus dem Netzwerk entfernt werden muss, so verbleibt der durch das betreffende Computersystem registrierte Host-Eintrag oft in der DNS-Zonendatenbank. Diese Einträge werden standardmäßig nicht automatisch entfernt, sodass die betreffende Zonendatenbank nach und nach durch die nicht mehr benötigten Einträge veraltet. Abhilfe schafft in diesem Zusammenhang die Funktion der *Alterungs-und Aufräumprozesse* (engl. *Aging and Scavenging*) des Domain Name System(DNS)-Dienstes unter Windows Server 2012 R2 bzw. Windows Server 2012. Nach Aktivierung dieser Funktion werden die Hosteinträge anhand eines Zeitstempels bewertet und nach einem vordefinierten *Nicht-Aktualisierungs-* und einem nachfolgenden *Aktualisierungszeitraum* für den Aufräumprozess freigegeben.

Nachdem ein DNS-Eintrag erstmalig dynamisch erstellt wurde, weist ihm der betreffende DNS-Dienst einen auf dem standardmäßig siebentägigen Nicht-Aktualisierungsintervall basierenden Alterungswert zu. Während dieses Alterungszeitraums nimmt der DNS-Server keinerlei Aktualisierungen für diesen Eintrag an. Damit wird verhindert, dass der DNS-Server in sehr großen Netzwerkumgebungen ständige Aktualisierungen von DNS-Einträgen vornehmen muss.

Innerhalb des anschließenden Aktualisierungszeitraums, der standardmäßig ebenso sieben Tage beträgt, kann ein Client oder Server seinen DNS-Eintrag in der DNS-Datenbank dynamisch aktualisieren. Bei Ablauf des Aktualisierungszeitraums wird der betreffende Eintrag bei Ausbleiben der Aktualisierung automatisch aus der Zonendatenbank des DNS entfernt. Eine übermäßige Überalterung der Einträge der DNS-Zonendatenbank wird somit weitgehend verhindert.

2.9 Zusammenfassung

In den vorangegangenen Seiten haben Sie grundlegende Informationen zu Active Directory unter Windows Server 2012 R2 bzw. Windows Server 2012, den darin eingesetzten Protokollen sowie den logischen und physikalischen Komponenten erhalten. Das Kapitel gab Ihnen einen Überblick über den für die Active Directory-Domänendienste (*Active Directory Domain Services, AD DS*) notwendigen DNS-Namensauflösungsdienst mitsamt der darin eingesetzten Zonenarten und -typen, der dynamischen Registrierung sowie auch der für die Funktionalität von Active Directory notwendigen Diensteinträge (*SRV Records*).

Im nächsten Kapitel wenden wir uns der Sicherheit sowie auch der für die Authentifizierung von Benutzern und Computern verwendeten Protokolle in Umgebungen der Active Directory-Domänendienste (*Active Directory Domain Services, AD DS*) unter Windows Server 2012 R2 und Windows Server 2012 zu.

3 Sicherheit in Active Directory-Domänendienst-Umgebungen

In dem vorangegangenen Kapitel haben Sie grundlegendste Informationen zu Active Directory-Gesamtstrukturen und -Domänen erfahren. Es wurde Ihnen mitunter auch erläutert, dass Domänen im Microsoft-Umfeld eine gewisse Sicherheitsgrenze darstellen. Ein verantwortlicher Administrator kann die Grenzen einer Domäne klar definieren und damit ebenso festlegen, welcher Clientcomputer oder Benutzer im Vertrauen der Domäne steht. Im Gegensatz zu Arbeitsgruppencomputern, in denen die Benutzerkonten und Ressourcen auf jedem der darin teilhabenden Computer jeweils getrennt verwaltet werden müssen, erfolgt die Verwaltung von Computern, Benutzerkonten und Ressourcen in Domänenumgebungen in der Regel zentral, beispielsweise durch die Domänenadministratoren. Auch lassen sich die Rechtevergaben, aber auch bestimmte Einschränkungen für die einzelnen Domänenbenutzer durch Domänenrichtlinien sehr detailliert und bei Bedarf einheitlich definieren.

Damit diese sichere, zentrale Verwaltbarkeit funktioniert, kommen in einer Domäne der Active Directory-Domänendienste (*Active Directory Domain Services, AD DS*) bestimmte Mechanismen sowie Objekte und auch Richtlinien zum Einsatz. In den nachfolgenden Seiten erfahren Sie mehr über die Identifikation von Sicherheitsprinzipalen, die Rechtevergabe sowie den Authentifizierungs- und Autorisierungsprozess.

3.1 Grundlagen

Um die Sicherheit in Domänenumgebungen zu verstehen, muss man sich zuerst einmal mit den notwendigen Grundlagen und Grundbegriffen befassen. Als Erstes wendet man sich hierbei der möglichen Eindeutigkeit und Identifizierbarkeit von Benutzern oder Computern innerhalb von Active Directory-Domänen zu.

3.1.1 Sicherheitsprinzipale

Die Identität von Benutzern oder Computern wird in den Domänen der Active Directory-Domänendienste (*AD DS*) anhand von Sicherheitsprinzipalen (engl. *Security Principals*) geregelt. Diese Sicherheitsprinzipale erhalten ihre Eindeutigkeit durch eine einzigartige Sicherheitskennung (engl. *Security Identifier, SID*). Diese Sicherheitskennung besteht prinzipiell aus zwei Teilen:

- der eindeutigen **Domänenkennung**
- der eindeutigen **Objektkennung** (*Relative Identifier, RID*)

Die Domänenkennung wird beim Einrichten einer Domäne als eindeutige Kennung festgelegt. Die eindeutige Objektkennung (als *Relative Identifier, RID*) wird vom RID-Master einer jeweiligen Domäne definiert, an die vorhandenen Domänencontroller in Form von RID-Pools ausgegeben und beim Anlegen eines Objekts (in Kombination mit der Domänenkennung) für dieses vergeben.

Der Anzeige- oder Objektname eines Objekts in Active Directory ist dabei unerheblich. Selbst beim Umbenennen von Objekten bleibt die Sicherheitskennung die gleiche.

Anhand der Sicherheitskennung (*SID*) eines Objekts in einer Active Directory-Domäne ist es möglich, beispielsweise den Zugriff auf Ressourcen gezielt zu vergeben oder gar zu verweigern.

Beispiel für eine Sicherheitskennung (SID)

Die Sicherheitskennungen (*SIDs*) innerhalb von Domänen sind nach einem bestimmten Schema definiert. Eine Sicherheitskennung enthält dabei die folgenden Bestandteile:

S-1-5-21-1454471165-494733854-2908337755-501

Bestandteile der Sicherheitskennung

Die Sicherheitskennung unterteilt sich dabei wie folgt:

S - Kennzeichnet die Zeichenkette als SID

1 - Die Revisionsebene

5 - Identifizierungsautorität

21-1454471165-494733854-2908337755 - Domäne / Computer

501 - Relativer Identifizierer (RID)

Standardmäßige Sicherheitskennungen

In Active Directory gelten bestimmte Regeln für die Vergabe von Sicherheitskennungen. So erhält das bei der Installation von Domänen standardmäßig eingerichtete Administrator-Objekt immer die gleiche Endung.

In der folgenden Tabelle finden Sie einige der wichtigsten, vordefinierten Sicherheitskennungen im Umfeld einer Infrastruktur der Active Directory-Domänendienste (*Active Directory Domain Services, AD DS*):

Sicherheitskennung	Zuordnung
S-1-5-<*Domäne*>-500	Administrator - Benutzerkonto
S-1-5-<*Domäne*>-501	Gast - Benutzerkonto
S-1-5-<*Domäne*>-502	KRBTGT - Dienstkonto
S-1-5-<*Domäne*>-512	Domänen-Admins - Gruppe

Sicherheitskennung	Zuordnung
S-1-5-<*Domäne*>-513	Domänen-Benutzer - Gruppe
S-1-5-<*Domäne*>-514	Domänen-Gäste - Gruppe
S-1-5-<*Domäne*>-515	Domänencomputer - Gruppe
S-1-5-<*Domäne*>-516	Domänencontroller - Gruppe
S-1-5-<*Domäne*>-519	Organisations-Admins - Gruppe
S-1-5-<*Domäne*>-520	Richtlinien-Ersteller-Besitzer - Gruppe
S-1-5-32-544	Administratoren - Gruppe
S-1-5-32-545	Benutzer - Gruppe

Tabelle 3.1: *Standardmäßige Sicherheitskennungen*

HINWEIS: Das bei der Installation standardmäßig angelegte Administrator-Objekt einer Domäne oder eines lokalen Computersystems erhält am Ende immer die gleiche Kennung (*500*) und ist somit grundsätzlich auch für potenzielle Angreifer ermittelbar. Selbst ein Umbenennen des Administratornamens verschleiert dieses Objekt gegenüber Dritten nur bedingt. Es existieren Tools, mit denen man in der Lage ist, das Konto des Administrators – unbemerkt – ausfindig zu machen. Es ist deshalb umso wichtiger, für dieses Konto ein strenges Kennwort zu vergeben und die damit vollzogenen, erfolgreichen wie auch fehlgeschlagenen Anmeldeversuche zu überwachen.

Löschen von Objekten

Wenn ein Objekt in einer Domäne gelöscht wird, kann es für weitere Anmeldevorgänge oder Ressourcenzugriffe nicht mehr verwendet werden. Sollte man nun ein neues Objekt mit dem gleichen Namen des vorweg gelöschten Objekts anlegen, so erhält das neue Objekt trotzdem keinen Zugriff auf die Ressourcen, die dem ursprünglichen Objekt zugeordnet waren. Das neue Objekt erhält beim Anlegen wiederum eine neue Sicherheitskennung, die nicht der des alten, gelöschten Objekts entspricht. Somit greift die Eindeutigkeit der Objekte, und der Zugriff wird dem neuen Objekt verwehrt.

In der Praxis empfiehlt es sich oft, nicht mehr benötigte Objekte, beispielsweise Benutzerkonten, erst einmal zu deaktivieren, bevor man diese dauerhaft löscht. Im Bedarfsfall kann man sie einfach wieder aktivieren, ohne sie durch umfangreiche Wiederherstellungsvorgänge wieder bereitzustellen. Einen Zeitpunkt für die Löschung sollte man aber schon ins Auge fassen, um mit der Zeit keine unnötigen „Objektleichen" anzusammeln.

3.1.2 Zugriffskontrolllisten

Der Zugriff auf Ressourcen wird in einer Domäne der Active Directory-Domänendienste in der Regel anhand einer *Zugriffskontrollliste* (engl. *Access Control List, ACL*) festgelegt. Innerhalb einer Zugriffskontrollliste sind Zugriffskontrolleinträge (engl. *Access Control Entries,*

ACEs) enthalten, in denen der Zugriff auf die betreffende Ressource anhand der Sicherheitskennung (*SID*) eines Objektes mitsamt der zugehörigen Zugriffsrechte (beispielsweise Lese- oder Schreibzugriff) geregelt werden.

Zugriffskontrolllisten, wie sie innerhalb von Active Directory-Domänen für die kontrollierte Vergabe von Zugriffsrechten auf Objekte eingesetzt werden, finden beispielsweise auch im *NTFS-Dateisystem* ihren Nutzen. Auch dort werden die Zugriffe auf Dateien und Ordner über Zugriffskontrolllisten geregelt.

Es existieren zwei verschiedene Arten von Zugriffskontrolllisten (*ACLs*):

- *Discretionary Access Controll List* (*DACL*)
- *System Access Control List* (*SACL*)

Die beiden Zugriffskontrolllisten unterscheiden sich hierbei in der jeweiligen Verwendung.

Discretionary Access Control List (DACL)

Eine *Discretionary Access Control List* (*DACL*) wird als diskrete Zugriffskontrollliste für die Steuerung von Zugriffen auf Ressourcen verwendet. In dieser Zugriffskontrollliste werden Objekte (beispielsweise Benutzer, Gruppen oder Computer) in Form von sogenannten Zugriffskontrolleinträgen (engl. *Access Control Entries, ACEs*) eingetragen, um ihnen darüber beispielsweise die Berechtigung des Lese- oder Änderungszugriffs auf eine Ressource (sprich: Datei, Ordner oder Objekt) zu genehmigen oder gar zu verweigern.

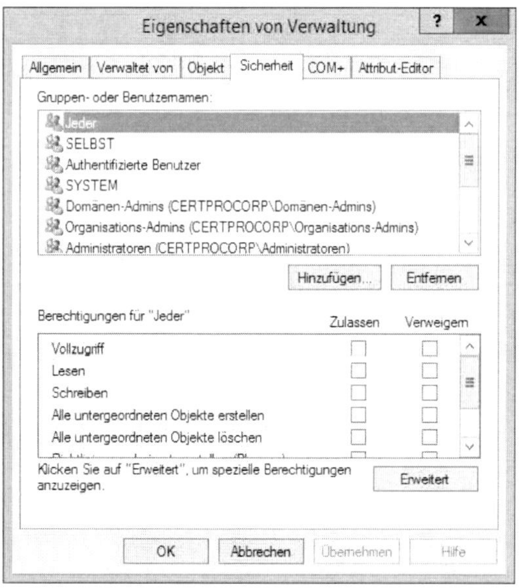

Abbildung 3.1: *Beispiel für eine „diskrete" Zugriffskontrollliste (DACL) in den Active Directory-Domänendiensten (AD DS) unter Windows Server 2012 R2*

System Access Control List (SACL)

Im Gegensatz zur DACL wird eine *Systemzugriffskontrollliste* (engl. *System Access Control List, SACL*) für die Definition von Überwachungseinträgen für Ressourcen verwendet. Auch in SACLs werden sogenannte Zugriffskontrolleinträge (engl. *Access Control Entries, ACEs*) definiert, über die jedoch die Zugriffsüberwachung gesteuert wird. So kann man beispielsweise den Änderungs- oder Löschzugriff von bestimmten Benutzern oder Gruppen auf eine spezielle Datei, einen Ordner oder ein Objekt innerhalb eines Computersystems überwachen. Der dabei festgestellte Zugriff wird als Eintrag in der Ereignisanzeige des betreffenden Computersystems dokumentiert.

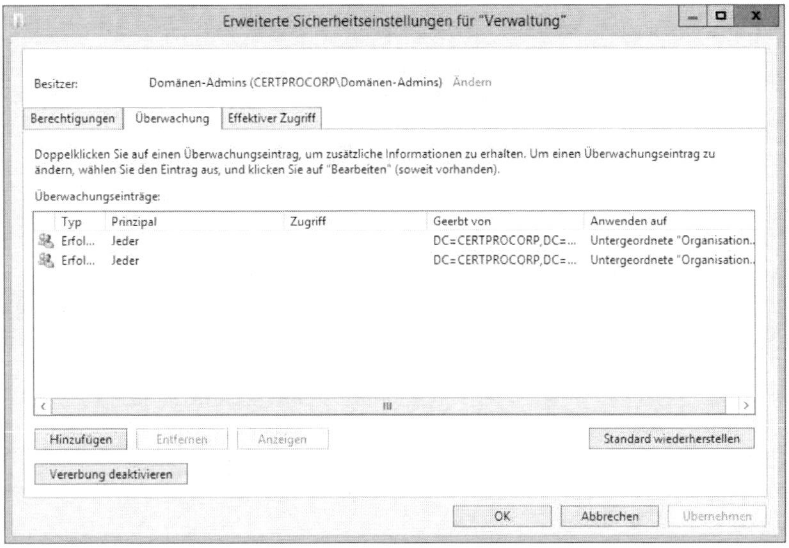

Abbildung 3.2: *Beispiel für eine Überwachungsrichtlinie (SACL)*

3.1.3 Authentifizierung & Autorisierung

Um die Zugriffe auf Ressourcen innerhalb von Active Directory-Domänen steuern zu können, werden den darin enthaltenen Objekten (beispielsweise Benutzern oder Gruppen) eindeutige Sicherheitskennungen (engl. *Security Identifier, SIDs*) zugeordnet. Um die Eindeutigkeit zu gewährleisten, muss sich ein Benutzer anhand eines ihm zugeordneten Anmeldenamens und eines zugehörigen Kennworts gegenüber einem der Domänencontroller einer Domäne anmelden. Wenn der betreffende Domänencontroller die Anmeldedaten nun erfolgreich mit den Einträgen in der Active Directory-Domänendienste-Datenbank abgleichen konnte, so ordnet man diesen Vorgang der erfolgreichen Authentifizierung zu.

Obgleich der Benutzer sich gegenüber der Domäne erfolgreich authentifizieren konnte, wird vom Domänencontroller des Weiteren überprüft, ob der Benutzer überhaupt autorisiert ist, sich beispielsweise zu bestimmten Anmeldezeiten oder gar von der betreffenden Arbeitsstation aus in der Domäne anzumelden. Dieser Vorgang wird als Autorisierung bezeichnet. Bei fehlender Autorisierung kann einem Benutzer trotz vorangegangener, erfolgreicher Authentifizierung die Anmeldung in einer Active Directory-Domäne verweigert werden.

Es wird ersichtlich, dass sich der Anmeldeprozess innerhalb einer Active Directory-Domäne, aber auch innerhalb eines Computersystems in zwei Prozesse aufteilt:

- ***Authentifizierung***
- ***Autorisierung***

PRAXISTIPP! Die Authentifizierung ist nicht auf den Benutzernamen in Verbindung mit einem Benutzerkennwort beschränkt. Wenn die notwendigen Voraussetzungen geschaffen sind, kann für den Authentifizierungsprozess auch ein digitales Zertifikat, welches auf einer ***SmartCard*** oder einem ***SecureToken*** gespeichert ist, verwendet werden.

Um nach erfolgreicher Authentifizierung und Autorisierung den Zugriff auf Ressourcen steuern zu können, bedarf es noch einer weiteren Komponente: eines ***Zugriffstokens***.

3.1.4 Zugriffstoken

Ein Zugriffstoken (engl. *Access Token*) wird bei einer Domänenanmeldung von einem Domänencontroller erstellt und enthält neben der eindeutigen Sicherheitskennung (*SID*) des Benutzers auch alle Sicherheitskennungen von Benutzergruppen, denen der Benutzer zugeordnet ist. Darüber hinaus sind in dem Zugriffstoken beispielsweise auch Benutzerrechte aufgeführt, die dem Benutzerkonto zugestanden wurden.

Das Ausstellen des betreffenden Zugriffstokens erfolgt unter Windows durch die lokale Sicherheitsautorität (engl. *Local Security Authority, LSA*) eines Domänencontrollers bei Domänenanmeldung oder bei lokaler Anmeldung durch die lokale LSA eines Computersystems.

3.1.5 Kerberos V5-Protokoll

In Active Directory-Domänen, die auf den Active Directory-Domänendiensten (*Active Directory Domain Services, AD DS*) basieren, wird seit der Einführung von Windows 2000 das Kerberos-Protokoll für die Authentifizierung von Benutzern eingesetzt. Nach erfolgreicher Authentifizierung und Autorisierung über das Kerberos-Protokoll erhält der Benutzer seitens eines auf den Domänencontrollern ab Windows 2000 vorhandenen ***Schlüsselverteilungscenters*** (engl. *Key Distribution Center, KDC*) ein so genanntes ***Ticket-genehmigendes Ticket*** (engl. *Ticket-Granting Ticket, TGT*) ausgestellt. In diesem TGT ist auch ein Zugriffstoken enthalten, in welchem die Sicherheitskennung (*SID*) des Benutzers, sowie aller Sicherheitsgruppen enthalten ist, denen der Benutzer zugeordnet wurde.

Wenn der Benutzer nachfolgend auf eine Ressource (beispielsweise eine Freigabe auf einem Dateiserver) innerhalb der Domäne zugreifen möchte, so erfragt er für den Zugriff wiederum bei dem KDC ein ***Dienstticket*** (engl. *Service Ticket*) für die notwendige Zugriffsgenehmigung.

Das KDC stellt dem Benutzer anschließend das beantragte Dienstticket aus, welches der Benutzer nun beim Zugriffsversuch an den betreffenden Dateiserver sendet. Der Dateiserver vergleicht nun die im übersandten Dienstticket enthaltenen Sicherheitskennungen des Benutzers und aller Gruppen mit der für den Ressourcenzugriff konfigurierten, diskreten Zugriffskontrollliste (*DACL*). Anschließend genehmigt oder verweigert der Server den Zugriff anhand der darin enthaltenen Zugriffskontrolleinträgen (*ACEs*).

Hierzu ein Beispiel:

Ein Benutzer melde ich in der Active Directory-Domäne mit seinem Benutzernamen und Kennwort an, und möchte nach erfolgter Authentifizierung und Autorisierung nun auf eine Freigabe auf einem Dateiserver zugreifen.

Die einzelnen Schritte beschreiben sich dabei (vereinfacht) wie folgt:

1. Der Benutzer sendet seine Anmeldedaten zur Authentifizierung über seinen Clientcomputer an den Domänencontroller.
2. Der Domänencontroller überprüft die Anmeldedaten und stellt dem Benutzer ein Ticket-genehmigendes-Ticket (Ticket-Granting Ticket, TGT) aus
3. Der Domänencontroller sendet das TGT an den Clientcomputer zurück.
4. Der Clientcomputer sendet nun die Anfrage für den Zugriff auf die Dateifreigabe an den Domänencontroller.
5. Der Domänencontroller stellt für den Clientcomputer ein Dienstticket (Service Ticket) aus, und sendet dieses an ihn zurück.
6. Der Clientcomputer übersendet das Dienstticket für den Zugriff auf die Dateifreigabe an den Dateiserver.

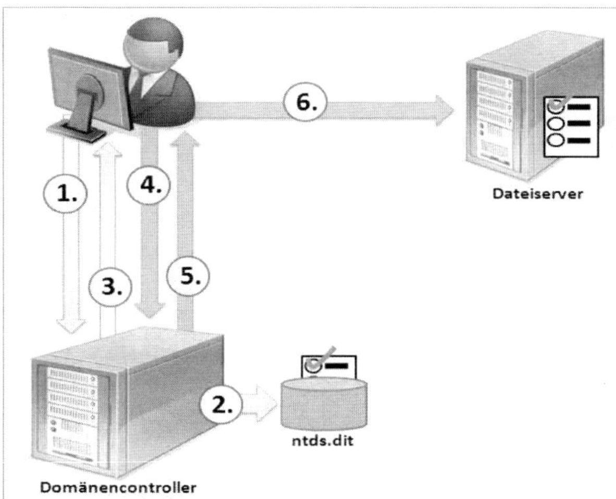

Abbildung 3.3: *Beispiel für die Authentifizierung und Zugriffssteuerung über Kerberos*

Wie in dem oben gezeigten Beispiel deutlich wird, ermöglicht das Kerberos-Protokoll eine zeitnahe Entscheidung über die Genehmigung oder gar die Verweigerung des Zugriffs auf Ressourcen. Vor der Ausstellung eines Diensttickets für den Zugriff auf Ressourcen liest das KDC die aktuellen, dem Benutzer zugeordneten Sicherheitskennungen (*SIDs*) aus dem vorweg ausgestellten TGT und trägt diese in das Zugriffstoken ein.

Kerberos - unterstützte Verschlüsselungstypen

Kerberos in der Version 5 stellt die Unterstützung für den Datenverschlüsselungsstandard (*Data Encryption Standard, DES*) bereit. DES unterstützt mehrere Ebenen der Verschlüsselung, einschließlich Microsoft Punkt-zu-Punkt-Verschlüsselung (*Microsoft Point-to-Point Encryption, MPPE*) Standard (40-Bit), MPPE Standard (56-Bit), MPPE stark (128-Bit), Internet Protocol Security (IPsec) DES (40-Bit), IPsec-56-Bit-DES und IPsec Triple DES (3DES).

Wenn die Domänenfunktionsebene einer Active Directory-Domäne auf Windows Server 2008 R2, Windows Server 2008 oder Windows Server 2003 festgelegt ist (was die Mindestanforderung zum Einsatz von Windows Server 2012 R2 als Domänencontroller darstellt) unterstützt Kerberos zusätzlich auch die Kerberos-AES-Verschlüsselungsoptionen (sowohl die 128-Bit-Option als auch die 256-Bit-Option). Clientseitig steht die AES-Verschlüsselung seitens des Kerberos-Protokolls erst seit Windows Vista zur Verfügung. Angriffe auf das Kerberos-Protokoll werden durch die Verwendung des AES-Algorithmus zeitlich bedeutend verzögert, weshalb man dieses als Standard für die Authentifizierung verwenden sollte.

Festlegen der AES-Verschlüsselung für Kerberos

Die Sicherheit für die Authentifizierung lässt sich zusätzlich noch weiter erhöhen, indem man den zulässigen Verschlüsselungstypen für die Kerberos-Authentifizierung explizit im gesamten Umfeld einer Active Directory-Domäne entweder auf **AES128_HMAC_SHA1** oder **AES256_HMAC_SHA1** festlegt. Dies setzt jedoch voraus, dass sich Clientcomputer unter Windows 7, Windows 8/8.1 und Windows 10, sowie Serversysteme und Domänencontroller unter Windows Server 2008 R2, Windows Server 2012 und Windows Server 2012 R2, sowie auch sonst lediglich noch für die Verwendung von AES kompatible Anwendungen und Dienste im Computernetzwerk befinden.

VORSICHT! Eine Abwärtskompatibilität zu niedrigerer Verschlüsselung wird durch die Konfiguration der Richtlinieneinstellung grundsätzlich nicht erlaubt. Man sollte also zuvor unbedingt überprüfen, ob jegliche, im Unternehmensnetzwerk eingesetzten Komponenten die hohe Verschlüsselung der Authentifizierung mittels AES unterstützen. Alternativ könnte man noch die zumindest notwendige, nächst niedrigere Verschlüsselungsart mit einbeziehen, was jedoch die Sicherheit wiederum etwas aufweicht.

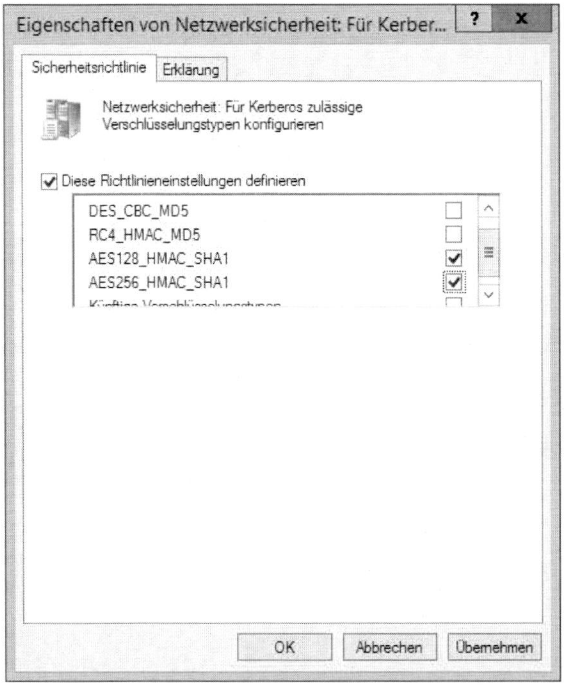

Abbildung 3.4: *Richtlinie zum Festlegen der Kerberos-Verschlüsselungstypen*

Standardmäßiger Fallback zu NTLM

Ab Windows 7 bzw. Windows Server 2008 R2 werden Kerberos-Anfragen und -Antworten standardmäßig nicht mehr mit DES, sondern nur noch mit AES und RC4 verschlüsselt. Sollte eine Applikation oder ein Dienst die AES- oder RC4-Verschlüsselung nicht unterstützen, so verbleibt in den Standardeinstellungen lediglich der Fallback zu NTLM - oder aber die Authentifizierung scheitert. Dies sollte man schon bei der Planung des Einsatzes von Anwendungen und Diensten im Umfeld von Windows 7, Windows 8/8.1 bzw. Windows 10 und Windows Server 2008 R2, Windows Server 2012 bzw. Windows Server 2012 R2 beachten.

INTERNET: Detaillierte Informationen zu Kerberos findet sich in diversen Webseiten im Internet, u. a. auch bei Microsoft unter:

https://technet.microsoft.com/library/bb742516

Kerberos-Konfiguration unter Windows Server 2012 (R2)

Unter Windows Server 2012 R2 sowie unter Windows Server 2012 können verschiedene Einstellungen für die Verwendung des Kerberos-Protokolls innerhalb einer Domäne vorgenommen werden. Standardmäßig nimmt man diese Einstellungen in der ***Default Domain Policy*** einer Domäne vor, welche auf alle Clients, Mitgliedsserver und Domänencontroller der jeweiligen Domäne angewendet wird.

PRAXISTIPP! Bei der Installation des ersten Domänencontrollers einer Domäne wird ein spezielles Konto mit dem Namen ***krbtgt*** erstellt. Dieses Konto dient dem Domänencontroller für die Ver- und Entschlüsselung der durch das KDC ausgestellte TGTs. Dieses Konto kann nicht gelöscht oder umbenannt werden. Auch wird diesem Konto ein Kennwort gemäß den Kennwortrichtlinien der Domäne zugeordnet. Dieses Kennwort wird dann im vordefinierten Zeitzyklus der Domäne automatisch erneuert. Jeder schreibgeschützte Domänencontroller (*RODC*) erhält beim Einrichten ein ebensolches Konto namens ***krbtgt***. Durch die Verwendung eines eigenen *krbtgt*-Kontos wird in der Netzwerkumgebung eines RODCs somit ein anderes Kennwort für die Ver- und Entschlüsselung der TGTs verwendet, als auf einem beschreibbaren Domänencontroller in der betreffenden Domäne - und somit die Sicherheit erhöht.

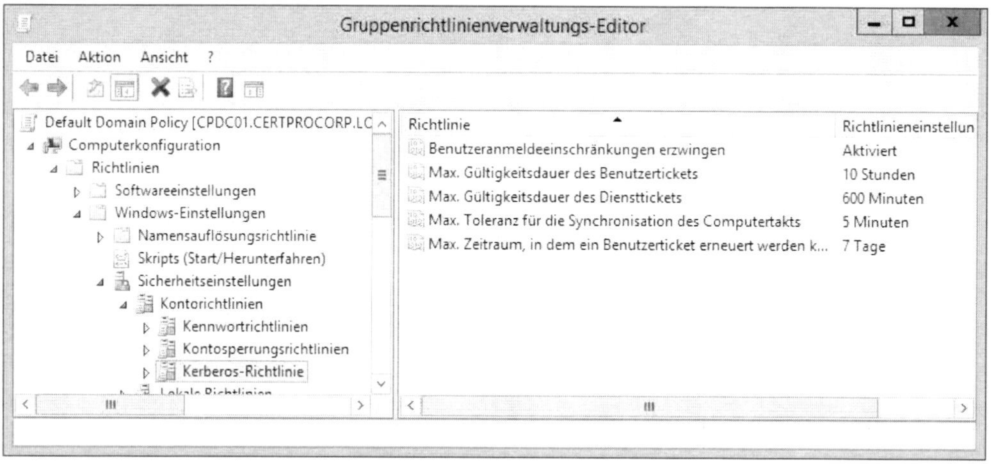

Abbildung 3.5: *Kerberos-Einstellungen in der Default Domain Policy*

Ports für die Kerberos-Authentifizierung

Die Kerberos-Authentifizierung wird zwischen den Clients, Servern und Domänencontrollern über spezielle Kommunikationsports durchgeführt. Diese müssen insbesondere bei der Firewall-Konfiguration innerhalb einer Domänenumgebung berücksichtigt werden.

Die nachfolgende Tabelle enthält die für die Authentifizierung über das Kerberos-Protokoll benötigten Kommunikationsports:

Port	Wird verwendet für
53 (TCP) und 53 (UDP)	Namensauflösung über DNS
88 (TCP) und 88 (UDP)	Kommunikation zum KDC
123 (TCP) und 123 (UDP)	Zeitsynchronisation
464 (TCP)	Kerberos-Kennwortänderungen unter Windows 2000

Tabelle 3.2: *Kommunikationsports für die Kerberos-Authentifizierung*

Tools für die Kerberos-Verwaltung und -Problembehandlung

In Windows Server 2012 R2 und Windows Server 2012 sind einige Tools für die Verwaltung und auch die Problembehebung im Zusammenhang mit der Kerberos-Authentifizierung enthalten. Weitere Tools findet man im ***Resource Kit*** zu Windows Server 2003. Die nachfolgende Tabelle gibt Ihnen einen Überblick über die wichtigsten Kerberos-Tools:

Tool	Beschreibung
Klist.exe	Kerberos List (Kommandozeilentool) Dient der Anzeige, sowie dem Löschen von genehmigten Kerberos-Tickets.
Kerbtray.exe	Kerberos Tray (grafisches Tool, Bestandteil des Windows Server 2003-Resource Kit) Dient der Anzeige, sowie dem Löschen von genehmigten Kerberos-Tickets.
Tokensz.exe	Kerberos Token Size (Bestandteil des Windows Server 2003-Resource Kit) Dient zum Ermitteln der Größe eines Kerberos-Token.

Tabelle 3.3: *Tools für die Kerberos-Verwaltung und -Problembehandlung*

3.1.6 NTLM-Protokoll

Neben der Kerberos-Authentifizierung unterstützen Windows Server 2012 R2 und Windows Server 2012 auch die NT-LanManager-Authentifizierung (*NTLM*). Dieses Authentifizierungsprotokoll ist u. a. auch aus Abwärtskompatibilitätsgründen (sogar zu Computern unter Windows 95, 98 und NT 4.0) weiterhin verwendbar.

Situationen für die Verwendung des NTLM-Protokolls

Das NTLM-Protokoll wird in folgenden Situationen verwendet:

- Beim Zugriff auf einen unter Windows Server 2012 R2 oder auch Windows Server 2012 betriebenen, einzeln stehenden Server (Stand-alone-Server) außerhalb einer Domäne.
- Von Clientsystemen unter Windows 2000 oder XP ersatzweise beim Anmeldeprozess an einem Active Directory-Domänencontroller unter Windows Server 2012 (R2), wenn die Authentifizierung über Kerberos nicht möglich war.
- Von Client- und Serversystemen unter Windows NT 4.0 bei der Authentifizierung gegenüber einem Domänencontroller unter Windows Server 2012 (R2).
- Von Clientsystemen unter Windows 95 oder 98 mit installierten Active Directory-Clienterweiterungen (*DSClient.exe*).
- Beim Zugriff auf Ressourcen über die IP-Adresse anstellen von Computernamen.

Vergleich von LM, NTLM und NTLMv2

Das NT-LanManager-Protokoll findet seine Ursprünge im reinen LanManager-Protokoll, welches bereits zu Zeiten von Windows 95, also zu Zeiten vor Windows NT 4.0, zum Einsatz kam. Zur damaligen Zeit waren das Thema Sicherheit und auch die Kennwortattacken noch lange nicht in aller Munde. Die Sicherheitsanforderungen an die Authentifizierungsprotokolle sind mit den Jahren stark gewachsen. In diesem Zusammenhang erhalten Sie in der nachfolgenden Aufzählung einen Überblick über die verschiedenen - nicht empfohlenen - Alternativen zur Kerberos-Authentifizierung:

LanManager (LM)-Protokoll

Das LanManager-Protokoll stellt das unsicherste Protokoll für die Benutzerauthentifizierung im Windows-Umfeld dar. Hierbei werden die Benutzerkennwörter bei einer maximalen Kennwortlänge von 14 Zeichen in zwei kurze Kennwortteile mit je 7 Zeichen aufgeteilt. Groß-/Kleinschreibung, sowie auch einige Sonderzeichen werden dabei jedoch nicht berücksichtigt. Das Kennwort wird lediglich mit dem einfachen DES-Algorithmus (*Data Encryption Standard*) verschlüsselt. Von der Verwendung des LanManager (LM)-Protokolls in Active Directory-Domänen wird aus Sicht der IT-Sicherheit klar abgeraten. Lediglich alte Betriebssysteme wie Windows 95 oder 98 ohne installierte Active Directory-Clienterweiterungen verwenden das LM-Protokoll zur Benutzerauthentifizierung. Im Bedarfsfall sollte man diese alten Betriebssysteme gegen neuere Versionen ersetzen.

NT-LanManager Version 1 (NTLMv1)-Protokoll

Der Nachfolger des einfachen LanManager-Protokolls, das NT-LanManager (NTLM)-Protokoll in der Version 1 wurde mit Windows NT 4.0 (bis einschließlich Service Pack 3) eingesetzt. Das Kennwort wird dabei anhand des RSA-MD4-Algorithmus (Message Digest 4) mit einer Verschlüsselungstiefe von 128 Bit gesichert.

NT-LanManager Version 2 (NTLMv2)-Protokoll

Eine Weiterentwicklung des NTLM-Protokolls stellt das NT-LanManager-Protokoll in der Version 2 dar. Hierbei werden die Kennwörter durch ein *Challenge-Response*-Verfahren ergänzt, welches das Erraten der Kennwörter für Angreifer erschwert. Dieses Protokoll kann ab Windows NT 4.0 mit Service Pack 4 oder höher eingesetzt werden.

Verhindern der Zwischenspeicherung von LM-Hashes

Die Angriffsfläche gegenüber Hackerangriffen lässt sich in modernen Infrastrukturen der Active Directory-Domänendienste auf verschiedene Weise verringern. Unter anderem kann man die Speicherung von LM-Hashwerten von Kennwörtern verhindern, so dass diese für mögliche Kennwortattacken nicht missbraucht werden können.

Um zu verhindern, dass Windows einen LM-Hashwert des Benutzerkennworts speichert, stehen die folgenden Methoden zur Verfügung:

1. Implementieren einer Gruppenrichtlinie für die Richtlinie "NoLMHash".

Die Richtlinie *„**Netzwerksicherheit: Keine LAM Manager-Hashwerte für nächste Kennwortänderung speichern**"* findet man in den Gruppenrichtlinienobjekten unter Windows Server 2008 R2, Windows Server 2012 oder auch Windows Server 2012 R2 unter:

Computerkonfiguration\Richtlinien\Windows-Einstellungen\Sicherheitseinstellungen\Lokale Richtlinien\Sicherheitsoptionen

Gehen Sie folgendermaßen vor, um die Speicherung des LM-Hashwerts von Benutzerkennwörter in der lokalen SAM-Datenbank eines Computers mithilfe einer lokalen Gruppenrichtlinie (Windows XP, Windows Server 2003 oder höher) oder in einer Active Directory-Umgebung mithilfe der Gruppenrichtlinie in Active Directory (hier am Beispiel von Windows Server 2012 R2), zu verhindern:

1. Erweitern Sie in der Gruppenrichtlinie **Computerkonfiguration,** erweitern Sie **Richtlinien**, erweitern Sie **Windows-Einstellungen**, erweitern Sie **Sicherheitseinstellungen**, erweitern Sie **Lokale Richtlinien**, und klicken Sie anschließend auf **Sicherheitsoptionen**.
2. In der Liste der verfügbaren Richtlinien doppelklicken Sie auf **Netzwerksicherheit: Keine LAN Manager-Hashwerte für nächste Kennwortänderung speichern**.
3. Klicken Sie auf **Aktiviert** und anschließend auf **OK**.

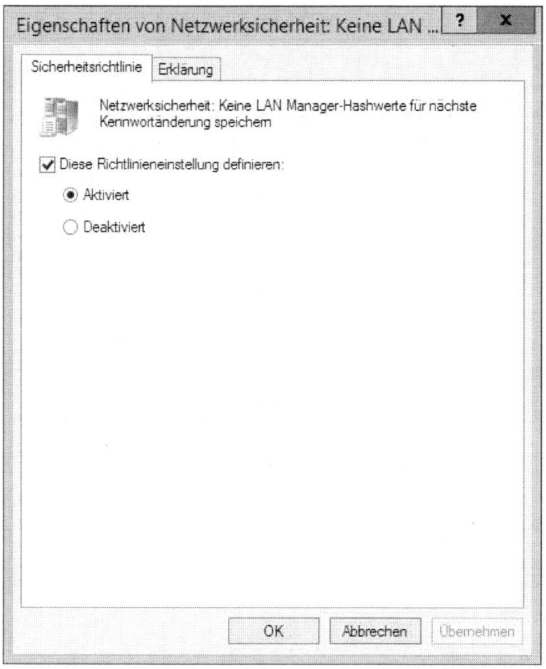

Abbildung 3.6: *Richtlinie zum Verhindern der Speicherung von LM-Hashes*

Standardmäßig ist diese Richtlinie auf Domänencontrollern unter Windows Server 2012 (R2) bereits aktiviert.

2. Implementieren der Richtlinie NoLMHash durch die Bearbeitung der Windows-Registry

Alternativ zur Verwendung von Gruppenrichtlinien kann man auch manuell, sprich: lokal die Speicherung von LM-Hashes verweigern. Gehen Sie wie folgt vor, um zu verhindern, dass Windows einen Hash-Wert speichert, wenn Sie das nächste Mal Ihr Kennwort ändern:

1. Starten Sie den Registrierungseditor (***regedit.exe***).
2. Klicken Sie auf den folgenden Registrierungsschlüssel:
   HKEY_LOCAL_MACHINE\SYSTEM\CurrentControlSet\Control\Lsa

1. Zeigen Sie im Menü **Bearbeiten** auf **Neu**, und klicken Sie anschließend auf **DWORD-Wert**.
2. Geben Sie **NoLMHash** ein, und drücken Sie anschließend die **Eingabetaste**.
3. Klicken Sie im Menü **Bearbeiten** auf **Ändern**.
4. Geben Sie **1** ein, und klicken Sie auf **OK**.
5. Starten Sie Ihren Computer neu und ändern Sie Ihr Kennwort.

Diese Änderungen an der Registrierung müssen auf allen Windows Server 2003-Domänencontrollern vorgenommen werden, um die Speicherung von LM-Hashwerten von Benutzerkennworten in einer Windows 2003 Active Directory-Umgebung zu deaktivieren. Dieser DWORD-Wert verhindert, dass auf Computern, auf denen Windows XP, Windows Server 2003 (oder höher) ausgeführt wird, neue LM-Hashwerte erzeugt werden. Der Verlauf aller vorangehenden LM-Hashwerte wird gelöscht, wenn Sie diese Schritte ausführen.

3. Verwenden eines mindestens 15 Zeichen langen Kennworts

Der einfachste Weg zu verhindern, dass Windows einen LM-Hashwert des Kennworts speichert, ist die Verwendung eines Kennworts, das **mindestens 15 Zeichen lang** ist. In diesem Fall speichert Windows einen LM-Hashwert, der nicht zur Authentifizierung des Benutzers verwendet werden kann.

Konfiguration der Lan Manager-Authentifizierungsebene

Man kann die LanManager-Authentifizierungsebene innerhalb einer Active Directory-Domäne festlegen, um die Verwendung der LanManager (*LM*)- oder NT-LanManager (*NTLM*)-Authentifizierung zu verhindern, hingegen aber die NT-LanManager Version 2 (*NTLMv2*)-Authentifizierung zu erlauben.

Sie finden Sie Richtlinie in der ***Default Domain Policy*** einer Active Directory-Domäne unter Windows Server 2012 R2 sowie Windows Server 2012 unter dem Namen:

Netzwerksicherheit: LanManager-Authentifizierungsebene

im folgenden Pfad:

Computerkonfiguration\Richtlinien\Windows-Einstellungen\Sicherheitseinstellungen\Lokale Richtlinien\Sicherheitsoptionen

Für die Richtlinie *„Netzwerksicherheit: LanManager-Authentifizierungsebene"* können Sie die folgenden Einstellungen konfigurieren, um Einfluss auf die möglichen Authentifizierungsmethoden der Clientcomputer und Server gegenüber den Domänencontrollern zu nehmen:

Ebene	Einstellung	Beschreibung
0	LM- und NTLM-Antworten senden	Clients (und Server) verwenden die LM- und NTLM-Authentifizierung, jedoch niemals die NTLMv2-Sitzungssicherheit; Domänencontroller akzeptieren die LM-, NTLM- und NTLMv2-Authentifizierung.
1	LM- und NTLM-Antworten senden (NTLMv2-Sitzungssicherheit verwenden, wenn ausgehandelt)	Clients verwenden die LM- und NTLM-Authentifizierung bzw. die NTLMv2-Sitzungssicherheit, wenn dies vom Server unterstützt wird; Domänencontroller akzeptieren die LM-, NTLM- und NTLMv2-Authentifizierung.
2	Nur NTLM-Antworten senden	Clients verwenden nur die NTLM-Authentifizierung bzw. die NTLMv2-Sitzungssicherheit, wenn dies vom Server unterstützt wird; Domänencontroller akzeptieren die LM-, NTLM- und NTLMv2-Authentifizierung.
3	Nur NTLMv2-Antworten senden	Clients verwenden nur die NTLMv2-Authentifizierung bzw. die NTLMv2-Sitzungssicherheit, wenn dies vom Server unterstützt wird; Domänencontroller akzeptieren die LM-, NTLM- und NTLMv2-Authentifizierung.
4	Nur NTLMv2-Antworten senden \ LM verweigern	Clients verwenden nur die NTLMv2-Authentifizierung und verwenden die NTLMv2-Sitzungssicherheit, wenn dies vom Server unterstützt wird; Domänencontroller verweigern die LM-Authentifizierung (nur die NTLM- und NTLMv2-Authentifizierung wird akzeptiert).
5	Nur NTLMv2-Antworten senden \ LM & NTLM verweigern	Clients verwenden nur die NTLMv2-Authentifizierung und verwenden die NTLMv2-Sitzungssicherheit, wenn dies vom Server unterstützt wird; Domänencontroller verweigern die LM- und NTLM-Authentifizierung (nur die NTLMv2-Authentifizierung wird akzeptiert).

Tabelle 3.4: *Konfigurierbare LanManager-Authentifizierungsebenen*

Um die größtmögliche Sicherheit im Zusammenhang mit der NT-LanManager-Authentifizierung zu erreichen, empfiehlt es sich (nach eingehender Überprüfung der möglichen Kompatibilität mit älteren Clientbetriebssystemen und Anwendungen im Netzwerk) mitunter, die Sicherheitsebene 5 der LanManager-Authentifizierungsebene zu konfigurieren. Hierdurch wird die Authentifizierung über die unsicheren LanManager- und NT-LanManager-Protokolle verhindert.

PRAXISTIPP! Unter Windows Server 2012 R2 sowie unter Windows Server 2012 ist die **LanManager-Authentifizierungsebene** standardmäßig auf den Wert der **Ebene 3** voreingestellt. Bei Bedarf kann sollte man diese Richtlinie auf die Ebene 4 oder gar 5 konfigurieren. Überprüfen Sie jedoch vor der Konfiguration der Richtlinie, ob eventuelle Probleme mit älteren Client-Betriebssystemen oder -Anwendungen zu erwarten sind, welche mit den hohen Sicherheitsebenen ggf. nicht kompatibel sind.

Nachdem wir uns mit den Authentifizierungsprotokollen in der Umgebung der Active Directory-Domänendienste (*Active Directory Domain Services, AD DS*) befasst haben, wenden wir uns nun den Active Directory-Domänen und den darin u. a. für die Authentifizierung eingesetzten Active Directory-Domänencontrollern zu. Diese Server müssen wegen den in der Verzeichnisdatenbank gespeicherten Domänenbenutzerkonten und Benutzerkennwörtern besonders geschützt werden.

3.2 Domänensicherheit

Die Sicherheit der gespeicherten Objekte in einer Active Directory-Domänendienste-Umgebung stellt in Unternehmensnetzwerken einen immens wichtigen Aspekt dar. Letztlich wird der Zugriff auf die internen Unternehmensdaten (Personal- und Kundendaten, Buchhaltungsdaten, etc.) durch bestimmte Sicherheitsmechanismen geregelt. Die Konzeption einer Active Directory gibt den verantwortlichen Administratoren die notwendigen Mittel in Form von Richtlinien und Bedingungen zur Hand, um die Sicherheit dieser Daten zu gewährleisten. Auch ist Microsoft von der ursprünglichen Konzeption einer Domäne, wie sie noch zu Windows NT 4.0-Zeiten herrschte, abzugehen. Die Einfachheit der Verwaltung sollte hierbei jedoch erhalten bleiben, der Aspekt der Sicherheit allerdings um ein Vielfaches erhöht werden. Dies ist Microsoft mit dem Windows Server 2012 R2 sicherlich gut gelungen.

3.2.1 Vordefinierte Sicherheit

Bereits mit der Einführung von Windows Server 2003 forderte eine Domäne beim Einrichten bereits „komplexe" Kennwörter, die durch potentielle Angreifer nicht mehr so einfach zu knacken sind. Im Gegensatz zu den vorherigen Betriebssystemen werden Kennwörter mit Null Zeichenlänge standardmäßig nicht mehr akzeptiert.

Damit die Sicherheit in den Active Directory-Domänen unter Windows Server 2012 R2 gewahrt werden kann, hat Microsoft bereits viele Voreinstellungen in den nach der Installation einer Domäne standardmäßig vorhandenen Gruppenrichtlinienobjekten („*Default Domain Policy*" und „*Default Domain Controllers Policy*") vorgenommen. Es existieren noch weitere

Sicherheitsfunktionen, die allesamt die Sicherheit in den Unternehmensnetzwerken gewährleisten können. In diesem Zusammenhang sind insbesondere auch die Domänencontroller zu erwähnen, die eine besondere Rolle in den Active Directory-Domänen einnehmen.

PRAXISTIPP! An den standardmäßigen, nach der Einrichtung der Active Directory-Domänendienste vorhandenen Gruppenrichtlinienobjekte, ***Default Domain Policy*** und ***Default Domain Controllers Policy*** sollten in der Praxis möglichst keine, oder gar wenige Änderungen vorgenommen werden. Stattdessen sollte man eigens erstellte Gruppenrichtlinienobjekte definieren und auf gleicher Ebene einer Active Directory-Domäne verknüpfen. Somit steht einer möglicher Weise notwendigen Wiederherstellung der standardmäßigen Gruppenrichtlinienobjekte mithilfe des Kommandozeilenbefehls DCGpofix.exe nicht mehr viel entgegen.

3.2.2 Microsoft Security Compliance Manager (SCM) 3.0

Der Microsoft Security Compliance Manager (SCM) ist ein kostenloser *Solution Accelerator*, mit dem man vorhandene Gruppenrichtlinien mit empfohlen Einstellungen von Microsoft, sowie entsprechend der Unternehmensvorgaben auch mit eigenen Compliance-Vorgaben abstimmen kann. Er lässt sich in der Version 3.0 beispielsweise problemlos unter Windows 7, Windows 8 oder auch Windows 8.1 installieren.

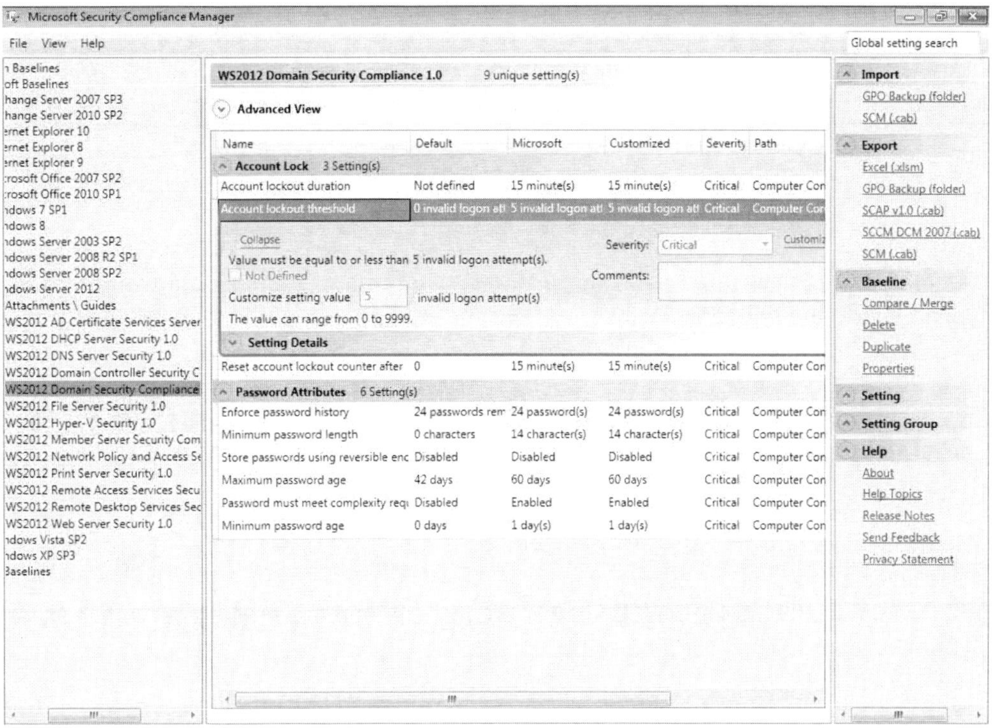

Abbildung 3.7: *Die grafische Oberfläche des Microsoft Security Compliance Manager 3.0*

Problemloser Export in Gruppenrichtlinienobjekte möglich

Die in *„Baselines"* (Basislinien) zusammengestellten Konfigurationseinstellungen und Richtlinien lassen sich problemlos mittels *„GPO Backup (Folder)"* als GPO-Sicherung in einen Ordner speichern. Die darin enthaltenen Einstellungen kann man dann problemlos in ein in der Gruppenrichtlinienverwaltung neu erstelltes Gruppenrichtlinienobjekt im Kontextmenü über die Option *Einstellungen importieren...* integrieren. Das neue Gruppenrichtlinienobjekt kann dann sofort in der Domäne eingesetzt werden, um die darin vorgegebenen Einstellungen auf die vorhandenen Benutzer und/oder Computersysteme „einheitlich" anzuwenden.

INTERNET: Ein detaillierter Beitrag zum Microsoft Security Compliance Manager (SCM) 3.0 findet sich im Internet unter der folgenden Adresse auf der Website von Microsoft: **https://technet.microsoft.com/de-de/magazine/hh489604.aspx**

Den Microsoft Security Compliance Manager (SCM) kann man kostenfrei aus der Website von Microsoft herunterladen unter:

https://go.microsoft.com/fwlink/?LinkId=182512

3.3 Domänencontroller-Sicherheit

Die Sicherheit für Domänencontroller spielt in Umgebungen der Active Directory-Domänendienste eine besonders große Rolle. Wenn ein Angreifer es schaffen würde, einen Domänencontroller erfolgreich zu attackieren, so würde er unter Umständen sogar an die darauf gespeicherten Domänenbenutzerkonten und Benutzerkennwörter gelangen. Es ist deshalb besonders wichtig, sich der Schutzbedürftigkeit solcher Systeme bewusst zu sein.

Es existieren ein paar wichtige, sicherheitsrelevante Grundregeln für den Einsatz von Active Directory-Domänencontrollern. Zu diesen zählen u. a.:

- **Deaktivierung aller nicht benötigten Dienste auf einem Domänencontroller** Durch den Verzicht auf unnötig ausgeführte Dienste verringert sich auch die Angriffsfläche gegenüber einem potentiellen Hacker. Mit dem Sicherheitskonfigurations-Assistenten (engl. *Security Configuration Wizard, SCW*), welcher in Windows Server 2012 R2 bereits enthalten ist, kann man Sicherheitsvorlagen einheitlich auf die Domänencontroller einer Domäne anwenden, um den Zugriff auf unnötige Dienste, Protokolle und Kommunikationsports zu verhindern.
- **Aktivierung der Überwachungsrichtlinien** Durch die Aktivierung der Überwachungsrichtlinien können beispielsweise mögliche, unerlaubte Änderungsversuche an den Benutzerkennwörtern, oder den Benutzerkonten und Sicherheitsgruppen der Active Directory-Domäne, erkannt werden.
- **Aktivierung der Firewall** Die in Windows Server 2012 R2 bzw. Windows Server 2012 integrierte Firewall sollte auf allen Domänencontrollern, sowie auch auf allen vorhandenen

Client- und Serversystemen aktiviert sein. Hierdurch wird der Zugriff auf ungewünschte Kommunikationsports und Dienste verhindert.

3.3.1 Der Sicherheitskonfigurations-Assistent

In Windows Server 2012 R2 ist der Sicherheitskonfigurations-Assistent (engl. *Security Configuration Wizard, SCW*), der bereits schon Bestandteil des Service Packs 1 für Windows Server 2003 war, integriert. Mit diesem Assistenten kann man bereits vordefinierte oder auch speziell angepasste Sicherheitsvorlagen einheitlich auf die Domänencontroller in einer Active Directory-Domäne anwenden. Darüber hinaus ist es beispielsweise auch möglich, die konfigurierten Sicherheitsvorlagen in fertige Gruppenrichtlinienobjekte für eine Active Directory-Domäne zu transformieren.

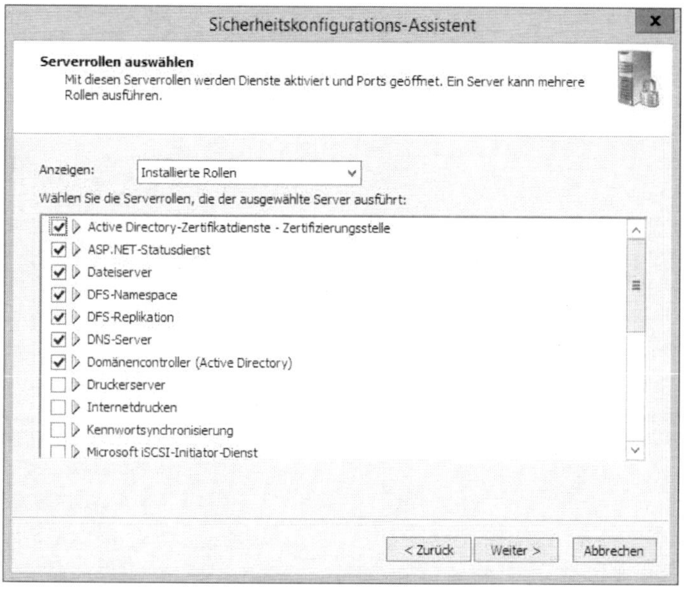

Abbildung 3.8: *Konfiguration von Serverrollen im Sicherheitskonfigurations-Assistenten von Windows Server 2012 R2*

Mit dem Sicherheitskonfigurations-Assistent (*SCW*) kann man die Sicherheitskonfiguration von Servern, wie beispielsweise den Domänencontrollern anhand von definierbaren Sicherheitsrichtlinien analysieren und das Ergebnis im HTML-Format anzeigen lassen. Zum Speichern der vorgenommenen Konfigurationen setzt der Sicherheitskonfigurations-Assistent (*SCW*) eine auf XML-Dateien basierte Sicherheitskonfigurationsdatenbank ein.

Enthaltene Tools

Zum Ausführen sämtlicher Funktionen verfügt der *Sicherheitskonfigurations-Assistent (SCW)* über eine grafische Oberfläche, die man unter Windows Server 2012 (R2) im grafischen *Server-Manager* über einen Klick auf die **Tools** und dann auf **Sicherheitskonfigurations-Assis-**

tent aufrufen kann. Viele der Konfigurationsschritte jedoch, wie zum Beispiel das Transformieren von Sicherheitsvorlagen in Gruppenrichtlinien, werden mit einer Kommandozeilenversion des SCW, dem Tool *SCWcmd.exe* durchgeführt.

Weitere Informationen zum Sicherheitskonfigurations-Assistent (*SCW*) finden Sie in der (Online-)Hilfe von Windows Server 2012 R2.

3.3.2 Sicherheitsrichtlinien für Domänencontroller

Bereits mit der Einführung von Active Directory mit Windows 2000 war es möglich, spezielle Sicherheitsrichtlinien für die Domänencontroller einer Domäne festzulegen.

Standardmäßige Gruppenrichtlinienobjekte

Nach der Einrichtung der Active Directory-Domänendienste (Active Directory-Domain Services, AD DS) auf einem Domänencontroller stehen in der betreffenden Active Directory-Domäne zwei bereits vordefinierte Gruppenrichtlinienobjekte zur Verfügung:

- **Default Domain Policy** Dieses Gruppenrichtlinienobjekt ist standardmäßig direkt mit der Domäne verknüpft und enthält Richtlinien für alle Objekte in der betreffenden Active Directory-Domäne.
- **Default Domain Controllers Policy** Dieses Gruppenrichtlinienobjekt ist standardmäßig mit der Organisationseinheit (engl. *Organizational Unit, OU*) Domaincontrollers der Domäne verknüpft. Hiermit werden spezielle Richtlinien auf die in der Domäne vorhandenen Domänencontroller angewendet.

Die in den vordefinierten Gruppenrichtlinienobjekten enthaltenen Richtlinien werden standardmäßig an in der Domäne enthaltenen Objekte weitergereicht, sprich: *vererbt*. Beispielsweise enthält die Domäne eine vordefinierte Anzahl an Organisationseinheiten und Containerobjekte, in denen die Active Directory-Objekte enthalten sind. Die nun in der *Default Domain Policy* definierten Richtlinien werden standardmäßig automatisch auf alle in der Domäne vorhandenen Objekte angewendet. Hierdurch wird den Domänenadministratoren die zentrale Verwaltbarkeit und Steuerung der enthaltenen Objekte in der betreffenden Active Directory-Domäne ermöglicht.

WICHTIG! Da die Verknüpfung der Default Domain Controllers Policy standardmäßig auf die Organisationseinheit (engl. *Organizational Unit, OU*) Domain Controllers angewendet wird, gelten die darin definierten Richtlinien auch nur für solche Computersysteme der Domäne, deren Computerobjekt in der betreffenden Organisationseinheit gespeichert sind.

3.3.3 SMB - Zugriff auf Freigaben erst ab Version 2.0

Nach der Aktualisierung von Domänencontrollern zu Windows Server 2012 R2 muss man die Abwärtskompatibilität des neuen Server-Betriebssystems in Punkto SMB (*Server Message Block*) beachten. Der neue Server stellt die Kompatibilität zu SMB in der Version 1.0 (SMBv1) lediglich noch „optional" zur Verfügung - standardmäßig ist nur noch SMB in der Version 2.0 und 3.0 auf dem Server aktiviert.

SMBv1 kann in der Windows-Registry eines Serversystems bzw. Domänencontrollers unter Windows Server 2012 R2 problemlos aktiviert werden. Gehen Sie dazu wie folgt vor:

- Starten Sie die Windows PowerShell, geben Sie den folgenden Befehl ein, und drücken Sie anschließend die **Eingabetaste**:

  ```
  Set-SmbServerConfiguration -EnableSMB1Protocol $true
  ```

- Prüfen Sie die Konfiguration durch die Eingabe des folgenden Befehls in der Windows PowerShell:

  ```
  Get-SmbServerConfiguration | Select EnableSMB1Protocol
  ```

WICHTIG! SMBv1 sollte man lediglich dann aktivieren, wenn man seitens der Abwärtskompatibilität darauf angewiesen ist.

3.3.4 Domänencontroller als Server Core-Installation

Die Möglichkeit zur Installation von Windows-Serverbetriebssystemen als Server Core hat Microsoft mit Windows Server 2008 erstmalig eingeführt. Um die Sicherheit und Stabilität von Serversystemen zu erhöhen, sowie gleichsam die Angriffsfläche gegenüber Hackern zu vermindern, fehlt den Core-Servern die grafische Oberfläche. Die lokale Verwaltung dieser Systeme erfolgt mithilfe der Eingabeaufforderung, sowie seit Windows Server 2008 R2 (*Release 2*) und höher zusätzlich mittels der darin im Umfang enthaltenen PowerShell. Auch lassen sich Core-Server für die Remoteverwaltung konfigurieren, so dass man die darauf ausgeführten Serverrollen und -funktionen von einem anderen Computersystem im Netzwerk somit problemlos auch grafisch verwalten kann.

Grafische Benutzeroberfläche nachträglich wieder aktivierbar

In der Praxis regte sich seitens der IT-Administratoren oft bereits Interesse am Einsatz von Serversystemen als Server Core-Installation, jedoch wurde die fehlende Grafikoberfläche u. a. als Nachteil bei der möglichen Fehlerbehebung oder auch einer späteren Neukonfiguration der Serversysteme betrachtet - die Grafikoberfläche lässt sich unter Windows Server 2008 und Windows Server 2008 R2 auf den Core-Servern nachträglich ohne Neuinstallation des Betriebssystems nämlich nicht mehr reaktivieren oder nachinstallieren. Microsoft hat die Stimmen aus der Praxis wahrgenommen - unter Windows Server 2012 und Windows Server 2012 R2 kann man die grafische Benutzeroberfläche auf den als Core-Server installierten Serversystemen als optionales Server-Feature bei Bedarf jederzeit nachinstallieren. Die Windows PowerShell in der Server Core-Installation von Windows Server 2012 und Windows Server 2012 R2 unterstützt dazu beispielsweise das Cmdlet `Install-WindowsFeature`. Auch ist es im umgekehrten Fall möglich, einen zuvor vollständig installierten Server unter Windows Server 2012 bzw. Windows Server 2012 R2 über die Verwaltung der Serverrollen und -features im Server-Manager problemlos zu einem Core-Server umzuwandeln.

Beim nachträglichen Installieren der grafischen Benutzeroberfläche auf Serversystemen unter Windows Server 2012 bzw. Windows Server 2012 R2 als Server-Core-Installation bleiben alle Einstellungen und Serverrollen erhalten. Auch umgekehrt werden lediglich die Funktionen der grafischen Benutzeroberfläche entfernt.

HINWEIS: Details zum Einsatz und zur Konfiguration von Domänencontrollern als Server Core-Installation erhalten Sie in den späteren Kapiteln dieses Fachbuchs.

3.3.5 Dynamische Zugriffssteuerung

In Windows Server 2012 bzw. Windows Server 2012 R2 kann man die Zugriffe auf die auf Dateiservern gespeicherten Daten durch die Verwendung der dafür entwickelten dynamischen Zugriffssteuerung (engl. *Dynamic Access Control, DAC*) steuern. Unternehmen können in diesem Zusammenhang zentrale Zugriffs- und Steuerungsrichtlinien in Active Directory definieren, um zu steuern, wer auf die auf Dateiservern gespeicherten Daten zugreifen kann.

Die Identifizierung der Daten kann auch durch die automatische oder manuelle Klassifizierung von Dateien erfolgen, damit die dynamische Zugriffssteuerung auf diese angewendet werden kann. Die Klassifizierung der Daten kann unter anderem anhand von zuvor festgelegten Metadaten, oder auch mittels vordefinierter Zeichenketten (wie z. B. das Wort „Vertraulich") gesteuert werden.

Die Unterstützung der Option *„Zugriff verweigert"* ermöglicht im Zusammenhang mit der dynamischen Zugriffssteuerung, dass man für die Benutzer auf einem Computersystem unter Windows 8, Windows 8.1 bzw. Windows 10, denen der Zugriff auf Dateien verweigert wurde, eine angepasste Fehlermeldung innerhalb eines Dialogfensters erhält. Dieses Dialogfenster kann so konfiguriert werden, dass er darin die Möglichkeit erhält, den Zugriff auf die Datei einfach anzufordern. Im *Ressourcen-Manager für Dateiserver* lässt sich eine Benutzergruppe angeben, an welche die Zugriffsanforderung des Benutzers gesendet werden soll.

INTERNET: Weitere Informationen und Details zur dynamischen Zugriffssteuerung unter Windows Server 2012 bzw. Windows Server 2012 R2 erhalten Sie im Internet auf der Website von Microsoft unter: **https://technet.microsoft.com/de-de/library/hh831746.aspx**

3.3.6 Verbesserte Kennwortrichtlinienverwaltung

Einer der Wünsche vieler Domänenadministratoren weltweit wurde von Microsoft bereits erhört: Unter Windows Server 2008 war es erstmalig möglich, unterschiedliche *Richtlinien für Benutzerkontenkennwörter* als sogenannte *„abgestimmte Kennwortrichtlinien"* (engl. *Fine Grained Password Policies, FGPP*) innerhalb der Grenzen einer Active Directory-Domäne zu definieren.

Zwar ist in der Definition hierbei der Begriff „Richtlinie" enthalten, jedoch werden diese nicht innerhalb von Gruppenrichtlinienobjekten definiert. Für das Einrichten von unterschiedlichen Richtlinien für Benutzerkontenkennwörter hat Microsoft bereits unter Windows Server 2008 einen neuen Active Directory-Container erstellt, den *„Password Settings Container"*. Diesen findet man im Container *System* der jeweiligen Domänenpartition der Active Directory-Datenbank. Dieser Umstand lässt sicher bereits ableiten, dass die abgestimmten Kennwortrichtlinien (auch *Richtlinien für Benutzerkontenkennwörter* genannt) sich frühestens ab Windows Server 2008 realisieren lassen. Es wird deshalb **auch mindestens die Domänenfunktionsebene Windows Server 2008 vorausgesetzt**.

Anders als noch unter Windows Server 2008 und Windows Server 2008 R2 lassen sich die abgestimmten Kennwortrichtlinien als *Kennworteinstellungen*-Objekte im neuen Active Directory-Verwaltungscenter unter Windows Server 2012 und Windows Server 2012 R2 nunmehr bequem und übersichtlich erstellen und verwalten.

Funktionsweise

Die *abgestimmten Kennwortrichtlinien* (auch *Richtlinien für Kennwörter* genannt) werden jeweils als Active Directory-Objekte (*ms-DS-Password-Settings*-Objekte) erstellt und lassen sich anschließend auf Ebene von Benutzerobjekten, InetOrgPerson-Objekten und globalen Sicherheitsgruppen verknüpfen. Eine Verknüpfung auf Ebenen von Organisationseinheiten (engl. *Organizational Units, OUs*) ist hierbei nicht möglich.

Die Objekte der abgestimmten Kennwortrichtlinien (*Richtlinien für Kennwörter)* besitzen ein Attribut mit dem Namen *ms-DS-Password-Settings-Precedence* und der Klasse *ms-DS-Password-Settings*. Anhand des Zahlenwertes, der diesem Attribut zugewiesenen ist, wird eine Priorisierung ermöglicht. Das ist wichtig, falls mehrere Richtlinienobjekte auf ein und dasselbe Active Directory-Objekt, wie ein Benutzerobjekt, verknüpft sind. Das Richtlinienobjekt mit dem niedrigeren Wert für das Attribut *ms-DS-Password-Settings-Precedence* setzt sich im Konfliktfall gegenüber allen anderen Kennwortrichtlinienobjekten durch. Auch stehen die explizit erstellten Richtlinienobjekte der *„abgestimmten Kennwortrichtlinien"* in der Priorisierung über der *„Default Domain Policy"* (oder einem eigens erstellten, vergleichbaren Gruppenrichtlinienobjekt), mit welcher bislang die Kennwortrichtlinie einheitlich für alle Benutzer in einer Domäne definiert wurde. Sobald einem Benutzer in einer Active Directory-Domäne eine Richtlinie für Kennwörter zugewiesen wird, setzt diese die eigentliche *„Default Domain Policy"* (oder das vergleichbar auf der Ebene der Domäne definierte Gruppenrichtlinienobjekt) für diesen Benutzer außer Kraft.

Sollten mehrere abgestimmte Kennwortrichtlinien mit jeweils gleicher Priorität mit einem Benutzerobjekt verknüpft sein, so setzt sich die Richtlinie durch, welche die kleinere *GUID* (*Global Unique Identified* - einzigartige Kennung) besitzt. Da dieser Umstand nicht sonderlich transparent erscheint, empfiehlt Microsoft die Verwendung von eindeutigen Prioritätswerten für die Richtlinien für Kennwörter.

Auswertelogik

Da es möglich ist, einem Objekt mitunter gleich mehrere Richtlinien zuzuweisen, geht Windows Server 2012 R2 (sowie zuvor auch Windows Server 2008, Windows Server 2008 R2 und Windows Server 2012) nach einem vordefinierten Auswerteschema vor. Die nachfolgende Grafik zeigt Ihnen die Auswertelogik beim Verarbeiten der Richtlinien für Kennwörter auf Ebene der Domänencontroller unter Windows Server 2012 bzw. Windows Server 2012 R2:

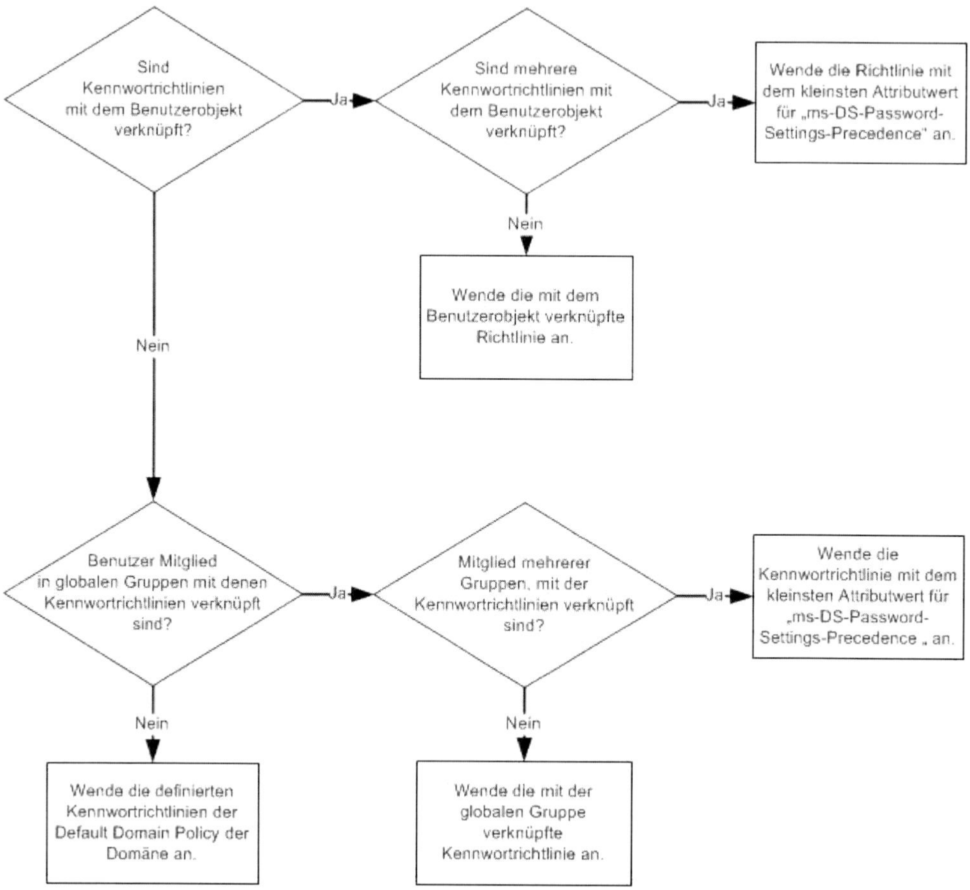

Abbildung 3.9: *Auswertelogik*

Wie in der Grafik oben zu sehen, setzt sich die abgestimmten Kennwortrichtlinien mit dem niedrigsten Attributwert für *„ms-DS-Password-Settings-Precedence"* gegenüber anderen verknüpften Kennwortrichtlinien, insbesondere auch gegenüber den Kennwortrichtlinien der standardmäßigen *„Default Domain Policy"*, durch.

Da die Richtlinienobjekte direkt auf dem jeweiligen Domänencontroller als Active Directory-Objekte angelegt werden, können diese nach der Replikation auf alle anderen Domänencontroller einer Active Directory-Domäne sofort angewendet werden. Eine zeitliche Verzögerung, wie sie standardmäßig bei der Verarbeitung von domänenbasierten Gruppenrichtlinienobjekten auftritt, kommt hier nicht zur Anwendung. Wenn beispielsweise eine neue Kennwortrichtlinie für einen Benutzer oder ein Sicherheitsgruppe mit veränderten Werten erstellt und auf die betreffenden Objekte verknüpft wird, so können diese anschließend sofort auf diese angewendet werden.

Schritte zum Erstellen abgestimmter Kennwortrichtlinien

Unter Windows Server 2008 und auch Windows Server 2008 R2 musste man, wenn man lediglich auf die „*Onboard*"-befindlichen Tools und Programme zurückgreifen konnte, die *abgestimmten Kennwortrichtlinien* noch umständlich mittels *ADSIEdit.exe* erstellen und konfigurieren. Erst nun in Windows Server 2012 und Windows Server 2012 R2 hat Microsoft das *Active Directory-Verwaltungscenter* für die Verwaltung der abgestimmten Kennwortrichtlinien entsprechend erweitert.

Gehen Sie wie folgt vor, um abgestimmte Kennwortrichtlinien für Benutzer im *Active Directory-Verwaltungscenter* unter Windows Server 2012 (R2) zu erstellen und zu konfigurieren:

1. Melden Sie sich als *Administrator* am Serversystem unter Windows Server 2012 R2 an.
2. Öffnen Sie den grafischen *Server-Manager* (soweit dies nicht automatisch geschieht) über einen Klick in der *Taskleiste* auf das **Symbol für den Server-Manager** bzw. im *Startbildschirm* auf die entsprechende **Kachel**.
3. Klicken Sie oben im *Server-Manager* auf **Tools**, und dann auf **Active Directory-Verwaltungscenter**.
4. Doppelklicken Sie auf den *Domänennamen*, den Container **System**, und dann auf **Password Settings Container.**
5. Klicken Sie in der *Aufgabenleiste* auf **Neu**, und dann auf **Kennworteinstellungen**.
6. Geben Sie die gewünschten Konfigurationsdaten für das neu zu erstellende Kennwortrichtlinienobjekt in die entsprechenden Felder ein.
7. Klicken Sie anschließend auf **Hinzufügen**, um das Passwortrichtlinienobjekt nach dem Erstellen auf bestimmte Benutzer oder Sicherheitsgruppen anzuwenden, und klicken Sie anschließend auf **OK**.

Nach dem Erstellen wird das neue Kennwortrichtlinienobjekt (engl. *Password Settings Object, PSO*) im *Active Directory-Verwaltungscenter* innerhalb des Containers *Password Settings Container (PSC)* angezeigt. Die darin definierten Kennwortrichtlinien werden unverzüglich auf die davon betroffenen Benutzerkonten angewendet.

Anzeigen der auf einen Benutzer angewandten abgestimmten Kennwortrichtlinien

Im Bedarfsfall kann man im Active Directory-Verwaltungscenter unter Windows Server 2012 oder Windows Server 2012 R2 problemlos kontrollieren, ob und welche der vorhandenen Kennwortrichtlinienobjekte auf ein bestimmtes Benutzerkonto angewendet werden. Dies kann auch im Einzelfall sehr hilfreich sein, wenn Probleme beim Ändern von Benutzerkontenkennwörtern auftreten sollten.

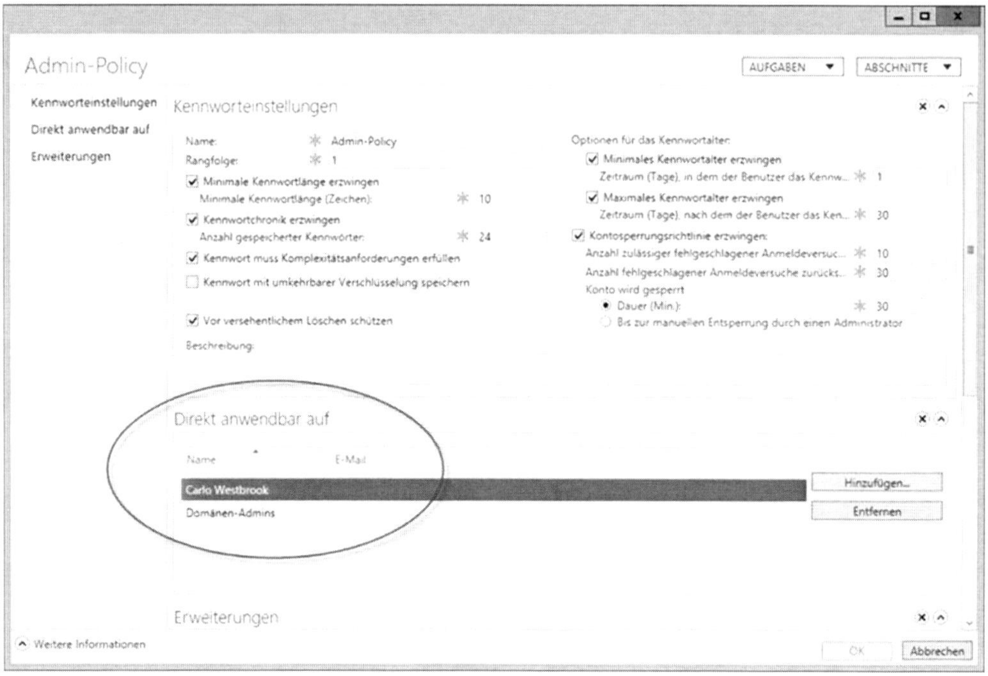

Abbildung 3.10: *Filterergebnis bei der Suche nach resultierenden Kennworteinstellungen für bestimmte Benutzerobjekte*

Gehen Sie wie folgt vor, um die auf ein bestimmtes Benutzerkonto in den Active Directory-Domänendiensten unter Windows Server 2012 (R2) angewendeten Kennwortrichtlinien eines abgestimmten Kennwortrichtlinienobjekts im *Active Directory-Verwaltungscenter* anzeigen zu lassen:

1. Melden Sie sich als *Administrator* am Serversystem unter Windows Server 2012 bzw. Windows Server 2012 R2 an.

2. Öffnen Sie den grafischen *Server-Manager* (soweit dies nicht automatisch geschieht) über einen Klick in der *Taskleiste* auf das **Symbol für den Server-Manager** bzw. im *Startbildschirm* auf die entsprechende **Kachel**.

3. Klicken Sie oben im *Server-Manager* auf **Tools**, und dann auf **Active Directory-Verwaltungscenter**.

4. Klicken Sie mit der rechten Maustaste auf den *Domänennamen*, und wählen Sie im Kontextmenü den Eintrag **Unter diesem Knoten suchen**.

5. Geben Sie im Feld *Suchen* den gewünschten Benutzernamen (oder einen Teil davon) ein, und klicken Sie auf **Suchen**.

6. Klicken Sie auf das gewünschte *Benutzerkonten*, und dann in der Aufgabenleiste auf **Resultierende Kennworteinstellungen anzeigen...**

Die auf das Benutzerobjekt angewendeten Kennwortrichtlinien werden angezeigt.

Sollten gleich mehrere Kennwortrichtlinienobjekte auf ein einzelnes Benutzerkonto angewendet werden, so wird dennoch lediglich das letzte Objekt geöffnet, das sich am Ende gegenüber den anderen Kennwortrichtlinienobjekten durchgesetzt hat.

INTERNET: Weitere Informationen zu den abgestimmten Kennwortrichtlinien (*Fine Grained Password Policies, FGPP*) finden Sie in der Windows-Hilfe von Windows Server 2012 bzw. Windows Server 2012 R2, sowie in der Microsoft-Website im Internet unter:

https://technet.microsoft.com/de-de/library/cc770394.aspx

3.3.7 Sicherheitsgruppe „Protected Users"

In Windows Server 2012 R2 hat Microsoft eine weitere Neuerung rund um die Sicherheit von Benutzerkonten in die Active Directory-Domänendienste eingebaut - die globale Sicherheitsgruppe mit der Bezeichnung *Protected Users* (deutsch: *Geschützte Benutzer*). Diese findet sich im Standardcontainer *Users* der jeweiligen Active Directory-Domäne.

Vordefinierte Schutzfunktionen

Mitglieder dieser Gruppe erhalten gegenüber standardmäßigen Benutzer einer Active Directory-Domäne zusätzlichen Schutz, wie zum Beispiel:

- Maximale Gültigkeitsdauer des Benutzertickets für Kerberos ist fest auf 240 Minuten - fest und unveränderbar - voreingestellt.
- Maximaler Zeitraum für die Erneuerung von Benutzertickets für Kerberos ist ebenso fest auf 240 Minuten - fest und unveränderbar - voreingestellt.
- Anmeldeinformationen werden für Offline-Anmeldeversuche nicht zwischengespeichert.
- Windows Digest (Nur-Text-Anmeldeinformationen) werden nicht zwischengespeichert, selbst wenn Windows Digest aktiviert ist.
- NTLM-Authentifizierung wird für Mitglieder dieser Gruppe nicht mehr unterstützt.
- Delegierung mit eingeschränkter oder nicht-eingeschränkter Delegierung ist für Mitglieder dieser Gruppe nicht mehr möglich.

Voraussetzungen für den erweiterten Schutz

Die Sicherheitsgruppe *Protected Users* ist nur verwendbar, wenn man sich von Windows 8.1- oder Windows 10-Geräten mit einem Windows Server 2012 R2-Serversystem verbindet. Zusätzlich muss die *Domänenfunktionsebene* der betreffenden Active Directory-Domäne auf *Windows Server 2012 R2* heraufgestuft sein.

INTERNET: Weitere Informationen zur neuen Sicherheitsgruppe *Protected Users* unter Windows Server 2012 R2 findet man auf der Website von Microsoft im Internet unter:

https://technet.microsoft.com/de-de/library/dn466518.aspx

3.3.8 Überwachung der Active Directory-Domänendienste

Bereits unter Windows Server 2008 wurden neue Überwachungsrichtlinien zum Serverbetriebssystem hinzugefügt, und die Überwachungsmöglichkeiten damit nochmals erweitert. In Windows Server 2012 R2 und auch schon Windows Server 2012 können diese Richtlinien (wie bereits auch unter Windows Server 2008 (R2)) entweder mittels des Kommandozeilentools *Auditpol.exe* oder grafisch mithilfe von Gruppenrichtlinien konfiguriert und verwaltet werden.

Man kann sich die neuen Unterkategorien der Überwachungsrichtlinien für den Verzeichnisdienstzugriff mit dem folgenden Befehl auf einem Domänencontroller unter Windows Server 2012 bzw. Windows Server 2012 R2 anzeigen lassen:

Auditpol /get /category:"DS-Zugriff"

Konfiguration der erweiterten Überwachungsrichtlinien

Alternativ zum Kommandozeilentool *auditpol.exe* kann man die erweiterte Überwachungskonfiguration unter Windows Server 2012 bzw. Windows Server 2012 R2 auch grafisch (mittels der lokalen Richtlinienverwaltung oder domänenweit mit der Gruppenrichtlinienverwaltungskonsole) konfigurieren.

Die zu konfigurierenden Überwachungsrichtlinien findet man in den Gruppenrichtlinienobjekten unter Windows Server 2012 und Windows Server 2012 R2 unter:

Computerkonfiguration\Richtlinien\Windows-Einstellungen\Sicherheitseinstellungen\Erweiterte Überwachungsrichtlinienkonfiguration\Überwachungsrichtlinien

Die erweiterte Überwachungsrichtlinienkonfiguration unter Windows Server 2012 (R2) umfasst die folgenden Richtlinienkategorien:

- Kontoanmeldung
- Kontenverwaltung
- Detaillierte Überwachung
- DS-Zugriff

- Anmelden/Abmelden
- Objektzugriff
- Richtlinienänderung
- Berechtigungen
- System
- Globale Objektzugriffsüberwachung

Jede der einzelnen Richtlinienkategorien umfasst eine Vielzahl von konfigurierbaren Richtlinien, die man bei Bedarf aktivieren kann.

Zusätzliche Konfiguration für die erweiterte Überwachung

Damit die erweiterte Überwachungsrichtlinienkonfiguration aktiv verwendet werden kann, muss zuvor die folgende Richtlinie aktiviert werden:

Überwachung: Unterkategorieeinstellungen der Überwachungsrichtlinie erzwingen (Windows Vista oder höher)

Diese findet man in den lokalen Richtlinien oder Gruppenrichtlinienobjekten unter Windows Server 2012 (R2) unter:

Computerkonfiguration\Richtlinien\Windows-Einstellungen\Sicherheitseinstellungen\Lokale Richtlinien\Sicherheitsoptionen

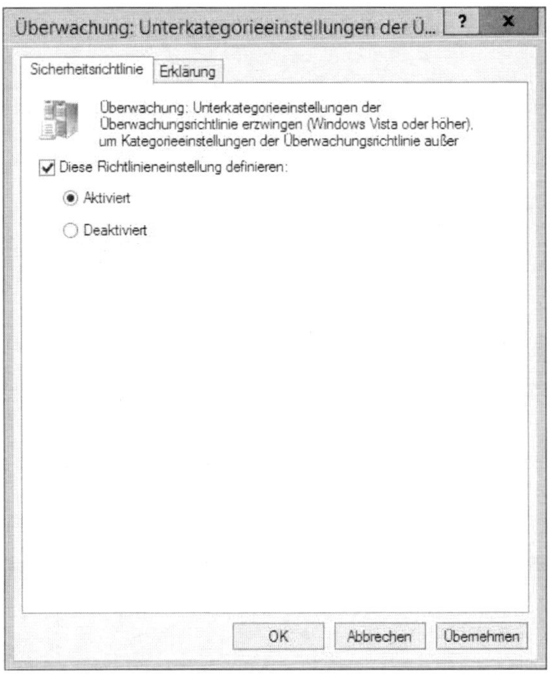

Abbildung 3.11: *Aktivierung der Verwendung der erweiterten Überwachungsrichtlinienkonfiguration*

Aktivierung der Überwachung einzelner Active Directory-Objekte

Mit der Aktivierung der Überwachungsrichtlinien für den Verzeichnisdienstzugriff (*DS-Zugriff*) besteht die Möglichkeit, beispielsweise die Änderungen an Benutzerobjekten in der Active Directory-Domäne zu überwachen. Eine erweiterte Überwachung der Verzeichnisdienstzugriffe findet jedoch noch nicht statt.

Damit die Überwachung der Active Directory-Objekte erfolgen kann, muss nun festgelegt werden, welche der Objekte in der Active Directory-Domänendienste-Datenbank überhaupt überwacht werden sollen. Dies legt man in der *Systemzugriffskontrollliste* (engl. *System Access Control List, SACL*) der zu überwachenden Organisationseinheiten oder der einzelnen Objekte in der Active Directory-Domänendienste-Datenbank fest.

Um die Überwachung der Änderungen an einzelnen Objekten in einer Organisationseinheit (engl. *Organizational Unit, OU*) festzulegen, gehen Sie wie folgt vor:

1. Öffnen Sie die Konsole *Active Directory-Benutzer und -Computer.*
2. Klicken Sie in der Menüleiste auf **Ansicht** und dann auf **Erweiterte Features**.
3. Klicken Sie mit der rechten Maustaste auf die zu überwachende Organisationseinheit (engl. *Organizational Unit, OU*) oder das zu überwachende Active Directory-Objekt, und dann auf **Eigenschaften**.
4. Wechseln Sie in den Eigenschaften auf das Register **Sicherheit**, und klicken Sie auf **Erweitert**.
5. Wechseln Sie zum Register **Überwachung**, und klicken Sie auf **Hinzufügen**.
6. Wählen Sie die zu überwachende Benutzergruppe (beispielsweise die Gruppe *„Jeder"*) oder den gewünschten Benutzer aus, und klicken Sie auf **OK**.
7. Bestimmen Sie die zu überwachenden Zugriffe (Erfolg und/oder Fehler), und klicken Sie anschließend auf **OK**.
8. Schließen Sie das Dialogfeld *Erweiterte Sicherheitseinstellungen* mit einem Klick auf die Schaltfläche **OK**.
9. Schließen Sie das Dialogfeld *Eigenschaften von ...* mit einem erneuten Klick auf die Schaltfläche **OK**.

Nach dieser Konfiguration wird der entsprechend definierte Verzeichnisdienstzugriff (*DS-Zugriff*) nun überwacht und bei Eintreten des entsprechenden Ereignisses in der Ereignisanzeige des betreffenden Domänencontrollers dokumentiert.

Die Domänenadministratoren sind somit in der Lage, sämtliche Änderungen an den in der Datenbank der Active Directory-Domänendienste (*Active Directory Domain Services, AD DS*) vorhandenen Objekte zu überwachen, und bei Bedarf anschließend rückgängig zu machen.

Dokumentation der Änderungen in der Ereignisanzeige

Die Änderungen, die durch die aktivierten Überwachungsrichtlinien für die Verzeichnisdienstzugriffe (*DS Access*) auf Domänencontrollern erfasst werden, speichert das betreffende Serversystem in Ereignisanzeigeprotokollen.

Die Erfassung der Änderungen von Objekten in der Datenbank der Active Directory-Domänendienste (*Active Directory Domain Services, AD DS*) kann unter bestimmten Umständen von rechtlicher Bedeutung sein. Damit die Ereignisse in den Ereignisanzeigeprotokollen der Active Directory-Domänencontroller nicht versehentlich überschrieben werden, müssen diese Protokolle regelmäßig archiviert werden. Auch sollten die Ereignisprotokolle so konfiguriert werden, dass sie beim Erreichen einer vordefinierten Größe zum Erfassen neuer Einträge nicht einfach überschrieben werden. Die genaue Vorgehensweise zur entsprechenden Konfiguration der Ereignisprotokolldateien wird Ihnen in der Hilfe von Windows Server 2012 R2 erklärt.

3.4 Zusammenfassung

Wie Sie in den vorangegangenen Seiten erfahren haben, kommen in Umgebungen der Active Directory-Domänendienste (*Active Directory Domain Services, AD DS*) verschiedene Protokolle zum Authentifizieren von Benutzern und Computern zum Einsatz. Neben dem Kerberos-Protokoll wird auch weiterhin die Authentifizierung auf Ebene des NT-LanManager-Protokolls unterstützt. Beschrieben wurden auch die vordefinierten Sicherheitseinstellungen, die in einer Active Directory-Domäne unter Windows Server 2012 R2 automatisch aktiviert sind.

Wie beschrieben, bietet der Sicherheitskonfigurations-Assistent (engl. *Security Configuration Wizard, SCW*) durch den Einsatz entsprechender Sicherheitsvorlagen die Möglichkeit, Domänencontroller und auch andere Server und Clientcomputer auf nur die notwendigen Rollen, Funktionen und angebotenen Kommunikationsports zu beschränken. Hierdurch kann die Sicherheit in Unternehmensumgebungen gegenüber potenziellen Angreifern erheblich verstärkt werden. Im nächsten Kapitel wenden wir uns der Planung einer Infrastruktur der Active Directory-Domänendienste (*Active Directory Domain Services, AD DS*) zu.

Teil 2

Planung, Aktualisierung und Migration

Nach der Einführung in die Grundlagen und Funktionen der Active Directory-Domänendienste führt Sie der Teil 2 dieses Buches in insgesamt drei weiteren Kapitel in die Planung der Implementierung der Active Directory-Domänendienste sowie die Aktualisierung und Migration von bestehenden Active Directory-Gesamtstrukturen und -Domänen ein.

Der zweite Teil dieses Buches unterteilt sich in die folgenden Kapitel:

- **Kapitel 4 – Planung einer Infrastruktur der Active Directory-Domänendienste** Erfahren Sie die notwendigen Schritte und Details für die erfolgreiche Planung der Implementierung einer Infrastruktur der Active Directory-Domänendienste unter Windows Server 2012 R2 und Windows Server 2012. (*ab Seite 156*)
- **Kapitel 5 – Aktualisierung vorhandener Gesamtstrukturen und Domänen** In diesem Kapitel werden Ihnen die möglichen Aktualisierungspfade sowie auch die durchzuführenden Schritte zur erfolgreichen Aktualisierung vorhandener Active Directory-Gesamtstrukturen und -Domänen beschrieben. (*ab Seite 223*)
- **Kapitel 6 – Migration von Gesamtstrukturen und Domänen** Erfahren Sie die möglichen Migrationspfade sowie die notwendigen Verwaltungsschritte für die Migration vorhandener Active Directory-Gesamtstrukturen und -Domänen zu Windows Server 2012 R2 sowie zu Windows Server 2012. (*ab Seite 237*)

4 Planung einer Active Directory-Domänendienste-Infrastruktur

Eine Infrastruktur der Active Directory-Domänendienste (*Active Directory Domain Services, AD DS*) stellt die Grundlage der Verwaltung der Benutzer, Computer und Ressourcen in einer Netzwerkumgebung eines Unternehmens dar. Da sich die Anforderungen von Unternehmen an eine funktionale und verwaltbare Netzwerkinfrastruktur jedoch allgemein unterscheiden, bietet die Implementierung der Active Directory-Domänendienste unter Windows Server 2012 R2 die größtmögliche Flexibilität zur Anpassung der Umgebung an die jeweils eigenen Anforderungen. Ob ein Unternehmen lediglich an einem einzigen physikalischen Standort oder gar mit tausenden von Niederlassungen weltweit vertreten ist, an all diese Szenarien lässt sich die Infrastruktur der Active Directory-Domänendienste anpassen. Wichtig ist hierbei jedoch eine gewissenhafte und detaillierte Planung der gewünschten Infrastruktur.

Die einfachste Implementierung der Active Directory-Domänendienste stellt sich in einer einzelnen Active Directory-Domäne dar. Wenn jedoch zwischen den Abteilungen eines Unternehmens verschiedene Kennwortrichtlinien realisiert werden sollten, so war man in den Active Directory-Implementierungen unter Windows 2000 Server oder Windows Server 2003 gezwungen, dies durch die Implementierung mehrerer Domänen innerhalb einer Active Directory-Gesamtstruktur zu realisieren. Unter diesen Betriebssystemen war es bis heute nicht möglich, verschiedene Kennwortanforderungen für Benutzerkennwörter innerhalb einer selben Domäne - mit der Garantie der Funktionalität - zu erfüllen. Mit der Einführung von Windows Server 2008 hatte Microsoft diese Einschränkungen bereits aufgehoben. Es ist unter bestimmten Voraussetzungen möglich, mehrere, verschiedene Kennwortrichtlinien für Benutzerkennwörter innerhalb der gleichen Domäne zu implementieren. Dieser Umstand wirkt in gewisser Weise sich natürlich auch auf Planung für das Design der Active Directory-Domänendienste-Infrastrukturen aus, denn ursprünglich mehrere, erforderliche Domänen können nun in vielen Fällen zu einer einzelnen Domäne zusammengefasst, sprich: konsolidiert werden.

Aber: Kennwortrichtlinien für Benutzerkennwörter sind nicht die einzigen Faktoren, die bei der Planung der Infrastruktur der Active Directory-Domänendienste (*Active Directory Domain Services, AD DS*) berücksichtigt werden müssen. In den nachfolgenden Seiten werden Ihnen nun die notwendigen Details zur erfolgreichen Planung der Active Directory-Verzeichnisdienste vorgestellt.

4.1 Planung der Active Directory-Domänendienste

Die Planung der Implementierung der Active Directory-Domänendienste (*Active Directory Domain Services, AD DS*) richtet sich oft nach bestimmten geschäftlichen, technischen, rechtlichen oder auch sicherheitsrelevanten Anforderungen eines Unternehmens. Nach genau diesen Kriterien sollte noch vor der Planung einer Infrastruktur der Active Directory-Domänendienste eine entsprechende Bewertung erfolgen. Auch wirkt sich die physikalische Ansiedlung von Unternehmensstandorten auf das Design der Infrastruktur aus.

Einen weiteren Faktor für die Entscheidungsfindung über das Design einer entsprechenden Infrastruktur stellt auch das Benutzerumfeld dar. Wenn in einem Unternehmen beispielsweise viele der Mitarbeiter von einem Home-Office auf die Active Directory-Domänendienste-Infrastruktur zugreifen müssen, kann dies aus sicherheitsrelevanter Sicht heraus einen bestimmten Einfluss auf die Planung des Remote-Zugriffs auf das Netzwerk darstellen.

Um die Implementierung der Active Directory-Domänendienste (*Active Directory Domain Services, AD DS*) vorzubereiten, müssen in der Planungsphase verschiedene Aufgaben durchgeführt werden. Zu diesen Aufgaben zählen unter anderem:

- Sammeln von Informationen über das Unternehmen
- Analysieren der Unternehmensanforderungen
- Dokumentation der vorhandenen Netzwerkinfrastruktur
- Analysieren der Entwurfsoptionen
- Auswählen eines Entwurfs
- Entwickeln und Ausarbeiten eines Entwurfs
- Bewerten von Risiken

4.1.1 Der Masterplan

Neben der notwendigen Analyse und Bewertung müssen verschiedene Entwurfspläne erstellt werden, welche man insgesamt zu einem Masterplan für die Active Directory-Implementierung zusammenfasst. Der Masterplan setzt sich hierbei (mindestens) aus den folgenden Teilplänen zusammen:

- **Gesamtstrukturplan** Darin wird das notwendige Modell der Gesamtstrukturen (engl. *Forest*) festgehalten. Darüber hinaus werden die vollqualifizierten Domänennamen (engl. *Fully Qualified Domain Names, FQDNs*) der einzelnen in der Gesamtstruktur vorhandenen Stammdomänen der einzelnen Gesamtstruktur(en) festgehalten.
- **Domänenplan** In diesem Plan wird nach der sorgfältigen Analyse und Auswertung der Unternehmensanforderungen die Anzahl der notwendigen Domänen und Domänenstrukturen festgehalten. Auch sollte der Domänenplan die vollqualifizierten Domänennamen der einzelnen, zu erstellenden Domänen sowie auch Informationen über die notwendigen Vertrauensstellungen enthalten.

- **Plan für den DNS-Namensraum** In diesem Plan wird die DNS-Infrastruktur des Unternehmensnetzwerks dokumentiert. Neben den einzelnen notwendigen, intern sowie ggf. auch extern zu verwendenden Namenszonen erfasst dieser Plan auch die für die Namensauflösung in der Infrastruktur der Active Directory-Domänendienste notwendigen Server und Dienste. Auch wird in diesem Plan festgehalten, welche Zonentypen zum Einsatz kommen sollen sowie die mögliche Zonenübertragung, die mitunter zwischen den DNS-Servern in der zu planenden Active Directory-Infrastruktur genutzt wird.

- **Plan für die Organisationseinheiten** Dieser Verwaltungsplan beschreibt die Struktur der in den einzelnen Domänen der Gesamtstruktur notwendigen Organisationseinheiten (engl. *Organizational Units, OUs*). Darüber hinaus wird in diesem Plan auch das mögliche Verwaltungsmodell mitsamt der unter Umständen notwendigen Verwaltungsdelegierung für Organisationseinheiten dokumentiert.

- **Plan für die Standorttopologie** Im Rahmen des Plans für die Standorttopologie werden die Standorte der einzelnen Domänencontroller, die notwendigen Active Directory-Standorte (engl. *Sites*) sowie auch mögliche Standortverknüpfungen und Standortverknüpfungsbrücken erfasst. Innerhalb dieses Plans werden dann auch noch die Replikationspfade innerhalb und zwischen den einzelnen Standorten dokumentiert.

- **Kapazitätsplan für die Domänencontroller** In diesem Kapazitätsplan wird, aufbauend auf dem Plan für die Standorttopologie, die notwendige Anzahl an Domänencontrollern der Active Directory-Infrastruktur erfasst. Dieser Plan enthält zudem die einzelnen Server-Rollen und Funktionen sowie die jeweils notwendige Hardwareanforderung an die Domänencontroller.

- **Funktionsebenenplan** Im Funktionsebenenplan werden die möglichen Funktionen auf Ebene der zu implementierenden Active Directory-Domäne(n) und der Gesamtstruktur(en) dokumentiert. Hieraus lässt sich dann auch ableiten, auf welcher Funktionsebene die jeweilige(n) Domäne(n) oder auch Gesamtstruktur(en) ausgeführt werden müssen.

Die zu einem Masterplan zusammengefassten Pläne dienen anschließend als Leitfaden für die erfolgreiche Implementierung der Active Directory-Domänendienste im betreffenden Unternehmen.

4.1.2 Sammeln von Informationen über das Unternehmen

Um die Implementierung der Active Directory-Domänendienste (Active Directory Domain Services, AD DS) erfolgreich planen zu können, muss man sich zuerst über das betreffende Unternehmen informieren. Hierbei ist es wichtig, Informationen über die Unternehmensstruktur, geografische Standorte, die technische Ausstattung des Unternehmens, die Netzwerkinfrastruktur, sowie über eventuelle Änderungspläne (geplante Fusionen, Eröffnung neuer Standorte, etc.) zu sammeln.

Sammeln und Analysieren von Unternehmensanforderungen

Bevor Sie mit der Planung einer Active Directory-Domänendienste-Infrastruktur beginnen können, sollten Sie die Informationen zu den folgenden Anforderungen des betreffenden Unternehmens sammeln und auswerten:

- Geschäftliche Anforderungen
- Funktionale Anforderungen
- Rechtliche Anforderungen
- Sicherheitsrelevante Anforderungen
- Unterstützungs- und Supportanforderungen
- Projektanforderungen

Erst wenn alle notwendigen Faktoren erfasst und ausgewertet wurden, kann man eine Infrastruktur der Active Directory-Domänendienste planen und realisieren.

Geschäftliche Anforderungen

Es ist wichtig, sich über die geschäftlichen Anforderungen eines Unternehmens zu informieren. Unter Umständen ist seitens des betreffenden Unternehmens der Datenaustausch oder gar der Zugriff auf netzwerkinterne Informationen für Partnerunternehmen geplant. Auch spielt ein zukünftiges Wachstum (beispielsweise die Neugründung von weiteren Niederlassungen) eine tragende Rolle in der Planung der Infrastruktur der Active Directory-Domänendienste. Auch wirkt sich die Anzahl an Niederlassungen eines Unternehmens auf die Planung der Infrastruktur mitunter aus. Sollte ein Unternehmen auch Tochterunternehmen besitzen, so kann dieser Umstand einen direkten Einfluss auf die möglichen Anzahl der erforderlichen Gesamt- oder auch Domänenstrukturen der Infrastruktur der Active Directory-Domänendienste haben.

Funktionale Anforderungen

Mitunter sind Mitarbeiter eines Unternehmens intern an bestimmte Funktionen gebunden, die Einfluss auf die Planung der Infrastruktur der Active Directory-Domänendienste haben können. Beispielsweise kann es notwendig sein, eine Active Directory-Infrastruktur nach den durch die Mitarbeiter zu bearbeitenden Projekten innerhalb von bestimmten Abteilungen auszurichten, um dazu notwendige Sicherheitsgrenzen zu definieren.

Rechtliche Anforderungen

Unternehmen unterliegen weltweit bestimmten, oft länderbezogenen, rechtlichen Anforderungen, so dass diese einen bestimmten Einfluss auf die Infrastruktur der Active Directory-Domänendienste haben können. So ist es nicht in allen Ländern erlaubt, personenbezogene

Daten in der Datenbank der Active Directory-Domänendienste für jeden Mitarbeiter im Lesezugriff zur Verfügung zu stellen. Wenn ein Unternehmen seitens der Active Directory-Standorte in verschiedenen Ländern vertreten ist, kann dieser Umstand sich auf die Infrastruktur der Active Directory-Domänendienste auswirken. Auch kann das Vorhandensein von beispielsweise Tochterunternehmen sich rechtlich auf die Planung einer Infrastruktur der Active Directory-Domänendienste auswirken.

Sicherheitsrelevante Anforderungen

In der heutigen Zeit der Globalisierung stellen die sicherheitsrelevanten Anforderungen eines Unternehmens eine sehr bedeutende Rolle dar. Wenn Mitarbeiter eines Unternehmens beispielsweise häufig im Außendienst tätig sind, und trotzdem jederzeit den Zugriff auf Ressourcen im internen Unternehmensnetzwerk benötigen, stellt dies eine erhöhte Anforderung an die Implementierung der Active Directory-Domänendienste-Infrastruktur dar. Wenn in dem betroffenen Unternehmensnetzwerk zudem noch sensible Daten gespeichert sind, so erhöht sich durch den Remote-Zugriff der Mitarbeiter hierdurch auch automatisch das Risiko für diese Daten.

Unterstützungs- und Supportanforderungen

Anforderungen, die sich auf die Unterstützung oder den Support von Mitarbeitern beziehen, können in einem gewissen Maß mitunter auch Einfluss auf die Strukturierung der Active Directory-Domänendienste eines Unternehmens haben.

Projektanforderungen

Letztlich können bestimmte Projektanforderungen einen gewissen Einfluss auf die Implementierung einer Active Directory-Domänendienste-Infrastruktur nehmen. Wenn für die Realisierung der Infrastruktur nur bestimmte finanzielle oder auch technische Ressourcen zur Verfügung stehen, kann dies entscheidend für die Planung der Infrastruktur sein. Oft spielt auch der Faktor Zeit für die Planung oder Implementierung einer Infrastruktur der Active Directory-Domänendienste eine tragende Rolle.

Erst wenn alle möglichen Faktoren ermittelt und ausgewertet sind, kann man sich an die Planung der Infrastruktur der Active Directory-Domänendienste begeben.

4.1.4 Dokumentation der vorhandenen Netzwerkinfrastruktur

Die erfolgreiche Implementierung der Active Directory-Domänendienste (*Active Directory Domain Services, AD DS*) muss vollständig und detailliert vorbereitet werden. Nach der Erfassung und Auswertung der Unternehmensanforderungen erfolgt nun in erster Linie die Dokumentation der bereits vorhandenen Netzwerkinfrastruktur (soweit noch nicht geschehen).

Projektvorbereitende Dokumentation

In der Dokumentation der vorhandenen Netzwerkinfrastruktur sollten die folgenden Informationen enthalten sein:

- **Physikalische Netzinfrastruktur** Als Grundlage für eine spätere Planung der Infrastruktur der Active Directory-Domänendienste muss die vorhandene, physikalische Netzwerkinfrastruktur mitsamt aller eingesetzten Netzwerkgeräte, Verbindungswege und auch zur Verfügung stehenden Bandbreiten der Kommunikationswege erfasst werden. Auch sollten alle in der Netzwerkinfrastruktur vorhandenen Serversysteme, wie zum Beispiel Domänencontroller, DNS- oder DHCP-Server, erfasst werden.
- **Physikalische Standorte** Es ist wichtig, alle physikalischen Standorte, sowie auch die ggf. vorhandenen Kommunikationswege zwischen diesen Standorten zu dokumentieren. Auch sollte hierbei die Anzahl der Mitarbeiter an jedem der Standorte erfasst werden, da dies Einfluss auf die Anzahl oder auch die Standorte der zu implementierenden Domänencontroller nehmen kann.
- **Active Directory-Infrastruktur** Wenn in dem betreffenden Unternehmen bereits eine Active Directory-Infrastruktur vorhanden ist, so muss diese vor der Implementierung einer Infrastruktur der Active Directory-Domänendienste (*Active Directory Domain Services, AD DS*) unter Windows Server 2012 R2 vollständig erfasst werden. Unter Umständen kann man das Design der bereits vorhandenen Active Directory-Implementierung durch die mitunter vielen Funktionen in Windows Server 2012 R2 (beispielsweise den Einsatz von mehreren Kennwortrichtlinien für Benutzerkennwörter in einer einzelnen Domäne, oder den Einsatz von schreibgeschützten Domänencontrollern) optimieren. Erfasst werden müssen auch möglicherweise vorhandene Vertrauensstellungen zu anderen Domänen, die Standort- und Subnetzkonfiguration, sowie die Platzierung der Domänencontroller mit den Betriebsmaster-Rollen der Gesamtstruktur und Domäne. Sollten Gruppenrichtlinien eingesetzt werden, so müssen diese in der Dokumentation der Active Directory-Infrastruktur ebenso erfasst werden.
- **Namensauflösungsdienste** Für die erfolgreiche Planung einer Infrastruktur der Active Directory-Domänendienste muss die ggf. vorhandene Infrastruktur der Namensauflösungsdienste dokumentiert werden. Hieraus lassen sich dann weitere Planungsansätze ableiten und auf das Design der neuen Infrastruktur anwenden.
- **Administrative Anforderungen** Die vorhandenen, administrativen Anforderungen eines Unternehmens müssen vollständig erfasst und dokumentiert werden. Die Infrastruktur der Active Directory-Domänendienste kann mitunter vollständig nach den administrativen Anforderungen eines Unternehmens geplant und ausgerichtet werden.
- **Internet-Zugänge und Firewalls** Um bei entsprechender Anforderung den Zugriff auf die Active Directory-Domänendienste-Infrastruktur für Mitarbeiter über das Internet zu ermöglichen, ist die Erfassung und Dokumentation der vorhandenen Internet-Zugänge

mitsamt der jeweiligen Bandbreite wichtig. Hierzu müssen dann ebenso auch ggf. vorhandene Firewall-Lösungen dokumentiert werden, um den sicheren Zugang auf interne Unternehmensressourcen planen zu können.

- **Weitere Infrastrukturkomponenten und -Anwendungen** Unter Umständen nehmen noch weitere vorhandene oder gar geplante Infrastrukturkomponenten, wie beispielsweise der Exchange Server 2016 einen direkten Einfluss auf die Planung der Infrastruktur der Active Directory-Domänendienste (*Active Directory Domain Services, AD DS*). Es ist deshalb wichtig, auch solche Infrastrukturkomponenten zu erfassen und zu dokumentieren. Auch kann die Implementierung bestimmter Anwendungssoftware Einfluss auf die Infrastruktur nehmen. Deshalb sollten diese ebenso dokumentiert werden.

PRAXISTIPP! Zur Dokumentation der vorhandenen Active Directory-Infrastruktur existieren viele, teils kostenfreie Tools und Lösungen. Selbst der Hersteller Microsoft bietet hierzu ein entsprechendes Tool an, den ***Active Directory Topology Diagrammer*** (*ADTD*). Hiermit ist es möglich, die vorhandene Active Directory-Infrastruktur in Form von MS-VISIO-Dokumenten grafisch zu erfassen und zu dokumentieren. Dieses Tool steht zum kostenfreien Download auf der Website von Microsoft zur Verfügung unter:

https://www.microsoft.com/downloads/details.aspx?FamilyID=cb42fc06-50c7-47ed-a65c-862661742764 &DisplayLang=en

Wenn die Dokumentation der vorhandenen Netzwerkinfrastruktur erfolgt ist, kann man sich anhand der gesammelten Informationen nun an die Planung der neuen Infrastruktur der Active Directory-Domänendienste (*Active Directory Domain Services, AD DS*) begeben.

WICHTIG! Bevor Sie sich an die Implementierung einer neuen oder Aktualisierung einer bereits vorhandenen Active Directory-Domänendienste-Infrastruktur begeben, planen Sie vorweg die notwendigen ***Schritte zur möglichen Wiederherstellung*** der ursprünglichen Infrastruktur. Sollten, aus welchen Gründen auch immer, Probleme bei der Implementierung auftreten, so sollten Sie in der Lage sein, die ursprüngliche Infrastruktur im Bedarfsfall schnellstmöglich und vollständig wieder herzustellen.

4.2 Analysieren der Entwurfsoptionen

Die Implementierung einer Infrastruktur der Active Directory-Domänendienste (*Active Directory Domain Services, AD DS*) beginnt immer mit der Planung der Active Directory-Gesamtstruktur (engl. *forest*). Eine Active Directory-Gesamtstruktur stellt die Grenze der Implementierung der Active Directory-Domänendienste eines Unternehmens dar. Sie ist zugleich die Verwaltungsgrenze eines Unternehmensnetzwerks. Zwischen den in einer Gesamtstruktur enthaltenen Active Directory-Domänen werden beim Einrichten automatische Vertrauensstellungen geschaffen, welche den domänenübergreifenden Ressourcenzugriff ermöglichen.

4.2.1 Eine oder mehrere Gesamtstrukturen?

Bei der Planung einer Infrastruktur der Active Directory-Domänendienste muss man gleich zu Beginn eine Entscheidung über die Anzahl der zu implementierenden Active Directory-Gesamtstrukturen treffen. In den meisten Fällen entscheidet nicht die Anzahl der zu implementierenden Domänen, sondern eher die mögliche Trennung der Verwaltung und Eigenständigkeit von Gesamtstrukturen eine tragende Rolle in der Entscheidungsfindung über die Aufteilung eines Unternehmensnetzwerks in mehrere Gesamtstrukturen.

Es existieren einige Empfehlungen vom Hersteller Microsoft, die sich auf die maximale Anzahl bestimmter Komponenten in einer Active Directory-Gesamtstruktur beziehen:

Maximale Anzahl an Domänen

Eine Active Directory-Gesamtstruktur kann aus einer oder auch aus mehreren Domänen bestehen. *Die maximale Anzahl an **Domänen in einer einzigen Active Directory-Gesamtstruktur empfiehlt Microsoft mit 1.200 Domänen***. Darüber hinaus empfiehlt es sich, die Domänen auf mehrere Gesamtstrukturen aufzuteilen. Der empfohlene Maximalwert lag bei den Active Directory-Gesamtstrukturen unter Windows 2000 noch bei 800 Domänen.

Maximale Anzahl an Domänencontrollern

*Innerhalb einer jeden Active Directory-Domäne sollte die **maximale Anzahl an 1.200 Domänencontrollern** aus Sicht des Replikationsverhaltens* nicht überschritten werden.

Maximale Anzahl an Active Directory-Objekten

*Die maximale Anzahl der innerhalb einer einzigen Active Directory-Gesamtstruktur verwaltbaren Objekte beschreibt Microsoft mit **rund 2.15 Milliarden Objekten***. Die Zahl bezieht sich hierbei auf alle Arten von Active Directory-Objekten (beispielsweise Benutzer- und Computerkonten, Gruppen, Domänen- und Replikationsobjekte, Gruppenrichtlinienobjekte, und andere), die in einer Active Directory-Gesamtstruktur erstellt und genutzt werden.

Es existieren noch weitere Maximalwerte, die (gemessen an den bereits benannten Maximalwerten) jedoch in der Regel keinen Einfluss auf die Planung einer Active Directory-Gesamtstruktur nehmen.

Anhand dieser Zahlenwerte kann man die mögliche Skalierbarkeit einer Infrastruktur der Active Directory-Domänendienste (*Active Directory Domain Services, AD DS*) erkennen. Die Planung einer Active Directory-Implementierung richtet sich bei den meisten Unternehmen demnach weniger nach den genannten Maximalwerten, sondern nach anderen Planungsfaktoren.

4.2.2 Gesamtstrukturmodelle

Es existieren verschiedene Modelle, nach denen man die Planung einer Active Directory-Gesamtstruktur ausrichten kann.

Organisations-Gesamtstrukturmodell

Das Organisations-Gesamtstrukturmodell bietet sich für Unternehmen an, die viele Abteilungen oder auch geografische Standorte besitzen. Hierbei werden Benutzerkonten und Ressourcen mithilfe einer oder mehrerer Gesamtstrukturen verwalten. Beim Einsatz von mehreren Gesamtstrukturen können für den übergreifenden Ressourcenzugriff sogenannte gesamtstrukturübergreifende Vertrauensstellungen zwischen diesen eingerichtet werden. Dieses Modell bietet sich ebenso für Unternehmen an, die eine Dienstisolation benötigen. Hierbei könnte in einer der vorhandenen Gesamtstrukturen die Implementierung einer Exchange-Organisation mitsamt der damit verbundenen Active Directory-Schemaerweiterung, in einer zweiten Gesamtstruktur hingegen die Implementierung einer anderen Kommunikationsinfrastrukturlösung realisiert werden.

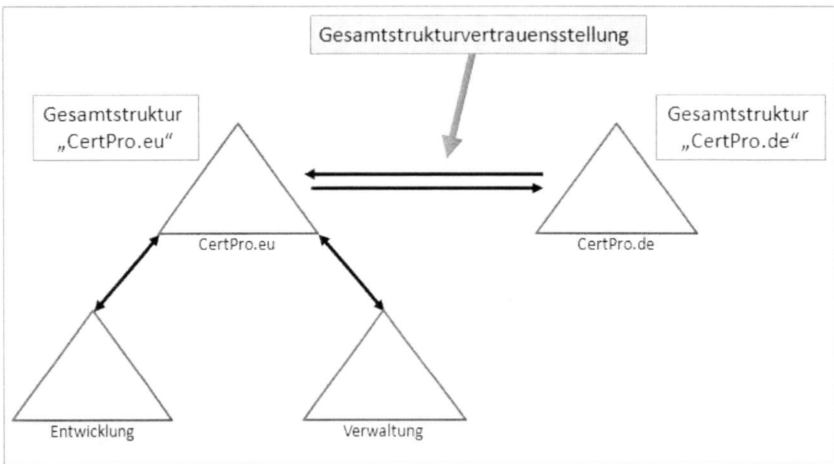

Abbildung 4.1: *Beispiel für ein Organisations-Gesamtstrukturmodell*

Ressourcen-Gesamtstrukturmodell

Das Ressourcen-Gesamtstrukturmodell kann von Unternehmen gewählt werden, bei denen die Benutzer- und Gruppenverwaltung von der Ressourcenverwaltung getrennt werden soll. Zwischen den einzelnen Domänen werden Vertrauensstellungen eingerichtet, um den Zugriff auf die Ressourcendomänen zu ermöglichen. Dieses Modell kann in Produktionsumgebungen dazu beitragen, eine hohe Verfügbarkeit durch Dienstisolierung zu erreichen. Wenn in einer der Gesamtstrukturen Probleme auftreten, so sind die übrigen Gesamtstrukturen davon nicht zwangsläufig auch betroffen. Ebenso wird durch die Isolierung der Ressourcen in einer eigenen Gesamtstruktur die Sicherheit erhöht.

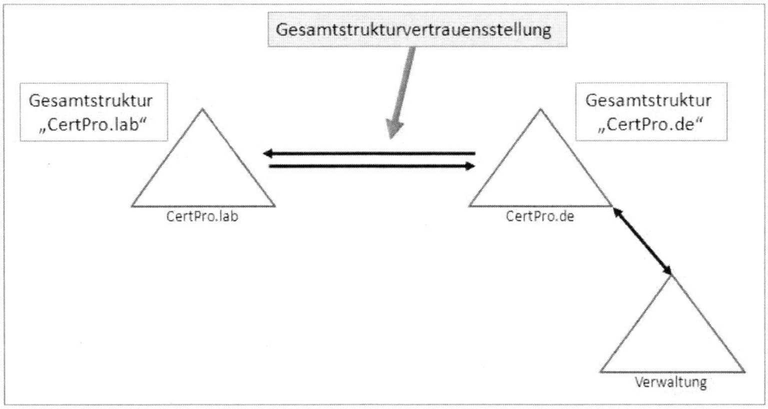

Abbildung 4.2: *Beispiel für ein Ressourcen-Gesamtstrukturmodell*

Gesamtstrukturmodell mit eingeschränktem Zugriff

Das Gesamtstrukturmodell mit eingeschränktem Zugriff richtet sich an Unternehmen, die bestimmte Unternehmensbereiche von dem übrigen Unternehmensnetzwerk trennen müssen. Zwischen den vorhandenen Gesamtstrukturen werden keine Vertrauensstellungen eingerichtet. Bestimmte Gesamtstrukturen werden von den übrigen isoliert. Beispielsweise kann ein Unternehmen auf diesem Wege eine Gesamtstruktur für das Verwaltungsnetzwerk, eine weitere Gesamtstruktur hingegen für einen vertraulichen, sensiblen Forschungsbereich einrichten. Dieses Gesamtstrukturmodell findet man ebenso auch in Regierungs- oder Militärnetzwerken. Benutzer, die einen Zugriff auf die Daten in mehreren Gesamtstrukturen benötigen, besitzen hierzu auch jeweils unterschiedliche Arbeitsstationen, um die sensible Trennung zwischen den Gesamtstrukturen zu bewahren.

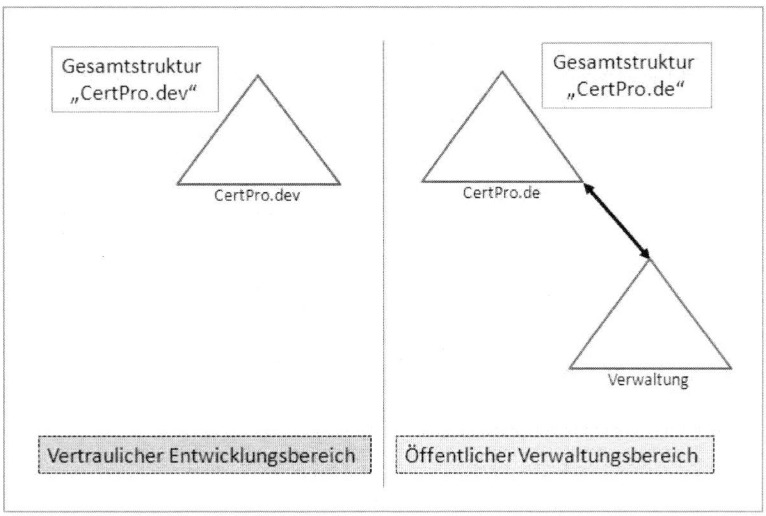

Abbildung 4.3: *Beispiel für ein Gesamtstrukturmodell mit eingeschränktem Zugriff*

4.2.3 Gesamtstrukturübergreifende Vertrauensstellung

Bei einigen der möglichen Gesamtstrukturmodelle können gesamtstrukturübergreifende Vertrauensstellungen eingerichtet werden. Dies ist im Bedarfsfall auch zwischen verschiedenen Unternehmen möglich, setzt auf beiden Seiten jedoch mindestens die Gesamtstrukturfunktionsebene Windows Server 2003 voraus.

Eine Gesamtstrukturvertrauensstellung wird immer zwischen den Stammdomänen der einzelnen Active Directory-Gesamtstrukturen eingerichtet und ermöglicht - je nach Konfiguration - den ***einseitigen*** (*unidirektionalen*) oder ***gegenseitigen*** (*bidirektionalen*) ***Ressourcenzugriff***. Im günstigsten Fall spart man sich beim Verwenden von gesamtstrukturübergreifenden Vertrauensstellungen das Einrichten von gleich mehreren einzelnen expliziten Vertrauensstellungen auch zu untergeordneten Domänen der betreffenden Gesamtstrukturen. Die gesamtstrukturübergreifenden Vertrauensstellungen sind ***transitiv*** (*durchreichend*), so dass dies den Zugriff über die Vertrauensstellung zur Stammdomäne auch den transitiven Zugriff auf die Ressourcen in den darunter liegenden, untergeordneten Domänen ermöglicht. Gesamtstrukturübergreifende Vertrauensstellungen sind jedoch nur zwischen den bei der Einrichtung der Vertrauensstellung angegebenen Gesamtstrukturen transitiv.

SID-Filterung

Beim Erstellen von Sicherheitsprinzipalen (beispielsweise Benutzer- oder InetOrgPerson-Objekten) in einer Active Directory-Domäne wird diesen in die eigene Sicherheitsprinzipal-SID (*Security Identifier*) auch die Domänen-SID eingeschlossen. Dies ermöglicht nachfolgend die Zuordnung des betreffenden Sicherheitsprinzipals zu der jeweiligen Active Directory-Domäne.

Die Domänen-SID eines Sicherheitsprinzipals spielt auch bei der Nutzung von Vertrauensstellungen eine bedeutende Rolle. Um zu verhindern, dass Benutzer über die bestehende Gesamtstrukturvertrauensstellung zwischen zwei Active Directory-Gesamtstrukturen unerlaubten Zugriff auf Ressourcen erhalten, wird mithilfe der SID-Filterung überprüft, ob die eingehende Authentifizierungsanforderung bei der vertrauenden Domäne nur SIDs der vertrauenswürdigen Domäne enthält. Wenn eine der Sicherheitsprinzipal-SIDs eine Domänen-SID enthält, die nicht die der vertrauenswürdigen Domäne ist, wird diese SID von der Vertrauensstellung entfernt.

Beim Einrichten einer gesamtstrukturübergreifenden Vertrauensstellung zwischen zwei Gesamtstrukturen wird die SID-Filterung (*Security Identifier*) standardmäßig aktiviert, kann jedoch durch den Administrator nachfolgend jederzeit wieder deaktiviert werden.

SID-Filterung deaktiveren oder aktivieren

Zum Deaktivieren der SID-Filterung verwendet man das Kommandozeilentool *Netdom.exe*. Geben Sie dazu den folgenden Befehl in der *Eingabeaufforderung* eines Domänencontrollers unter Windows Server 2012 R2 ein, und drücken Sie anschließend die **Eingabetaste**:

```
netdom trust <Name VertrauendeDomäne> /domain:<Name Vertraute-
Domäne> /quarantine:no /userD:<Name Domänenadministrator>
/passwordD:<Passwort Domänenadministrator>
```

Um die SID-Filterung zu einem späteren Zeitpunkt bei Bedarf wieder zu aktivieren, verwendet man wiederum den Befehl *Netdom.exe*. Geben Sie dazu den folgenden Befehl in der *Eingabeaufforderung* eines Domänencontrollers unter Windows Server 2012 R2 ein, und drücken Sie anschließend die **Eingabetaste**:

```
netdom trust <Name VertrauendeDomäne> /domain:<Name Vertraute-
Domäne> /quarantine:yes /userD:<Name Domänenadministrator>
/passwordD:<Passwort Domänenadministrator>
```

Authentifizierungsoptionen

Bei der Einrichtung von gesamtstrukturübergreifenden Vertrauensstellungen zwischen zwei Gesamtstrukturen stehen zwei verschiedene Authentifizierungsoptionen zur Auswahl:

- **Gesamtstrukturweite Authentifizierung** Bei der gesamtstrukturweiten Authentifizierung, welche in der Standardeinstellung für neu erstellte, gesamtstrukturübergreifende Vertrauensstellungen zwischen zwei Gesamtstrukturen verwendet wird, können die Benutzer der vertrauten Gesamtstruktur auf allen Computern der vertrauenden Gesamtstruktur authentifiziert und somit für Ressourcenzugriffe autorisiert werden.

- **Ausgewählte Authentifizierung** Bei der ausgewählten Authentifizierung können die Administratoren der vertrauenden Gesamtstruktur festlegen, auf welche Computer in der Gesamtstruktur die Benutzer aus der vertrauenswürdigen Gesamtstruktur zugreifen können. Um Benutzern aus einer vertrauenswürdigen Gesamtstruktur den Zugriff auf freigegebene Ressourcen in der vertrauenden Gesamtstruktur zu ermöglichen, müssen diesen explizit die folgenden Berechtigungen gewährt werden:

  - Zugriffsberechtigung für die freigegebene Ressource (beispielsweise Lese- oder Änderungszugriff)

  - Die Berechtigung ***Darf authentifizieren*** für das Active Directory-Objekt des Computers, auf dem sich die jeweiligen Ressourcen befinden.

WICHTIG! Die Verwendung der ausgewählten Authentifizierung für gesamtstrukturübergreifende Vertrauensstellungen kann den erforderlichen Verwaltungsaufwand für den Zugriff auf Ressourcen erheblich steigern.

UPN-Suffix-Routing

Zur Vereinfachung der Verwaltung von Authentifizierungsanforderungen werden beim Einrichten von Gesamtstruktur-Vertrauensstellungen standardmäßig alle eindeutigen Namensuffixe weitergeleitet, die in den jeweiligen Active Directory-Gesamtstrukturen verwendet werden. Ein eindeutiger UPN-Suffix (*User Prinzipal Name-Suffix*) ist hierbei der im UPN-Namen eines Benutzers angegebene Domänenname. Beispielsweise ist im UPN-Namen hmuster@firma.de der UPN-Suffix „firma.de" enthalten. Alle Zeichen, die dem @-Zeichen vorangestellt sind, werden hierbei dem eigentlichen Benutzernamen zugeordnet.

Die Namensuffixe werden durch ein Sternchen (*) am Anfang des Namens gekennzeichnet, und somit auch Authentifizierungsanforderungen von untergeordneten Domänen der Stammdomänen der jeweiligen Active Directory-Gesamtstrukturen weitergeleitet. Wenn eine der für die Gesamtstruktur-Vertrauensstellung verwendete Domäne den Namen CertPro.eu trägt, so wird ihr Name im Rahmen der definierten Vertrauensstellung mit *.CertPro.eu erfasst. Somit werden auch alle Authentifizierungsanforderungen von den untergeordneten Domänen, beispielsweise DE.CertPro.eu, über die Gesamtstruktur-Vertrauensstellung weitergeleitet. Ein Administrator kann das UPN-Suffix-Routing in der Konfiguration der Gesamtstruktur-Vertrauensstellung jedoch bei Bedarf auch deaktivieren. Hiermit kann (beispielsweise aus einer technischen oder sicherheitsrelevanten Situation heraus) verhindert werden, dass Authentifizierungsanfragen für bestimmte Namenssuffixe an eine Gesamtstruktur geroutet werden.

4.2.4 Entwerfen einer Domänenstruktur

Nachdem man sich für das entsprechende Gesamtstrukturmodell entschieden hat, beginnt man nun mit der Planung der für das betreffende Unternehmen notwendigen Active Directory-Domänenstruktur.

Bei der Planung der Domänenstruktur müssen die folgenden Faktoren einbezogen werden:

- Das Domänenmodell
- Die Anzahl an erforderlichen Domänen
- Die Stammdomäne der Gesamtstruktur
- Die Domänenfunktionsebene für die jeweilige Domäne

Das Domänenmodell

Die einfachste Active Directory-Domänenstruktur besteht aus einer einzelnen Domäne. Hierin sind alle Benutzerkonten, Gruppen und Ressourcen enthalten und können somit sich verwalten. Je nach Anforderung kann es jedoch notwendig sein, gleich mehrere Domänen in Form von Domänenstrukturen innerhalb der Gesamtstruktur zu planen.

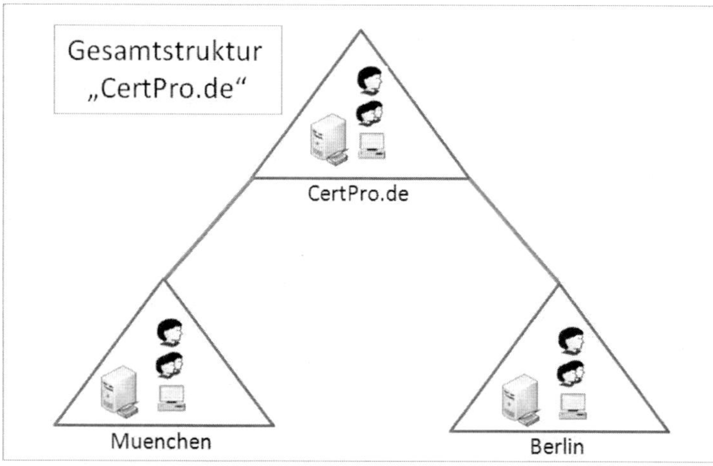

Abbildung 4.5: *Regionales Domänenmodell mit mehreren Domänen an unterschiedlichen physikalischen Standorten*

In der Praxis entscheidet man sich für eines der folgenden Domänenmodelle:

- **Einfaches Domänenmodell** Beim einfachen Domänenmodell besteht die Active Directory-Gesamtstruktur lediglich aus einer einzigen Domäne, die alle Benutzer-, Computer- und Gruppenkonten der Gesamtstruktur enthält. Dieses Domänenmodell lässt sich am einfachsten und sicher auch am kostengünstigsten verwalten. Jeder der Domänencontroller der betreffenden Domäne besitzt die gleichen Inhalte der Datenbank der Active Directory-Domänendienste (Active Directory Domain Services, AD DS). Das einfache Domänenmodell eignet sich für die meisten Unternehmen und kann nach den Empfehlungen von Microsoft aus bis zu 1.200 Domänencontrollern mit insgesamt bis zu rund 100.000 Benutzern bestehen. Eine einzelne Domäne kann auch mehr Benutzer aufnehmen, jedoch sollte man in diesem Fall die Replikationslast auf den WAN-Verbindungen (*Wide Area Network*) berücksichtigen, um sicherzustellen, dass der anfallende Replikationsverkehr noch ausreichend verarbeitet werden kann. Eine einzelne Domäne kann auch problemlos über mehrere physikalische Standorte verteilt sein und im Bedarfsfall auch über externe Vertrauensstellungen verfügen.
- **Regionales Domänenmodell** Im regionalen Domänenmodell werden mitunter mehrere Domänen eingerichtet, die sich an verschiedenen geografischen Standorten befinden. Die regionalen Domänen enthalten dann die Benutzer- und Computerobjekte der am jeweiligen Standort eingesetzten Benutzer und Computer. Regionale Domänen können verwendet werden, um den Replikationsverkehr innerhalb einer Gesamtstruktur über die Standortgrenzen hinaus zu verringern. Änderungen an beispielsweise den Benutzerkonten werden hierbei lediglich zwischen den im jeweiligen Standort befindlichen Domänencontrollern der betreffenden Domäne repliziert. Bei diesem Domänenmodell ist es möglich, regionale Administratoren mit der Verwaltung der jeweils domäneninternen Benutzer-, Computer-, Gruppenobjekte und Ressourcen zu betrauen.

Anzahl der erforderlichen Domänen

Nach der Entscheidung über das passende Active Directory-Domänenmodell muss man nun die notwendige Anzahl der erforderlichen Domänen ermitteln. Es existieren verschiedene Faktoren, die es erforderlich machen können, statt nur einer gleich mehrere Domänen in einer Active Directory-Gesamtstruktur einrichten zu müssen.

- **Unterschiedliche Kennwortanforderungen** Wenn in den Domänen einer Active Directory-Gesamtstruktur beispielsweise noch Domänencontroller unter Windows 2000 Server eingesetzt werden, so kann die Domänenfunktionsebene der betreffenden Domäne lediglich auf Windows 2000 pur betrieben werden. In einem solchen Szenario müssen zum Erfüllen unterschiedlicher Kennwortanforderungen für verschiedene Benutzergruppen in der Regel auch mehrere Domänen eingerichtet werden. Dies liegt an der Tatsache, dass der Einsatz mehrerer Kennwort- und Kontosperrungsrichtlinien innerhalb einer einzigen Domäne (wie es seit der Einführung von Windows Server 2008 möglich ist) die Domänenfunktionsebene Windows Server 2008 (oder höher) voraussetzt.
- **Verwaltungsautonomie** Das erforderliche Verwaltungsmodell kann es erforderlich machen, mehrere Domänen innerhalb einer Active Directory-Gesamtstruktur erstellen zu müssen. Dies kann zum Beispiel bei einem regionalen Domänenmodell erforderlich werden, worin die jeweils lokalen Domänenadministratoren nur ihre eigenen Benutzer-, Computerkonten und Ressourcen verwalten dürfen. Die Domäne stellt hierbei die Verwaltungsgrenze für domäneninterne Objekte, wie Benutzer, Computer und Ressourcen dar.
- **Sicherheitsgrenze** Eine Domäne stellt auch eine Sicherheits- und Verwaltungsgrenze in einer Netzwerkumgebung dar. Der Domänenadministrator einer Active Directory-Domäne kann mithilfe von Sicherheitsprinzipalen in seiner eigenen Umgebung den Zugriff auf vorhandene Ressourcen, sowie beispielsweise auch die Anwendung von Kennwortrichtlinien steuern. In Netzwerken, in denen mitunter auch sensible Daten gespeichert werden, kann es notwendig sein, die betreffenden Ressourcen durch den Einsatz weiterer Active Directory-Gesamtstrukturen vom übrigen Netzwerk zu trennen.
- **Dienst- und Anwendungsisolation** Wenn innerhalb einer Active Directory-Gesamtstruktur eine Dienst- und Anwendungsisolation notwendig wird, kann es erforderlich sein, mehrere Domänen in einer Active Directory-Gesamtstruktur zu erstellen. Ein Beispiel hierfür ist die Implementierung von Exchange Server 2013. Nachdem die Gesamtstruktur für die Einrichtung einer Exchange-Organisation vorbereitet wurde, müssen die einzelnen Domänen zusätzlich auf den Einsatz von E-Mail-aktivierten Benutzerkonten (erfolgt hierbei anhand des Schalters ***/domainprep*** des Setup-Befehls von Exchange Server 2013) vorbereitet werden. Hierbei kann man auch einzelne Domänen auslassen, in denen die Verwendung von Exchange Servern für die Kommunikation beispielsweise nicht gewünscht ist. Wenn Teilstrukturen eines Unternehmens sogar eine vollständige Dienst- und Anwendungsisolation erfordern, so kann es mitunter notwendig werden, dies durch

die Implementierung getrennter Active Directory-Gesamtstrukturen innerhalb des Unternehmensnetzwerks zu realisieren.

- **Bandbreite der WAN-Verbindungen zwischen Standorten** Die verfügbare WAN-Verbindung zwischen Standorten kann es unter Umständen erforderlich machen, mehrere Domänen innerhalb einer Active Directory-Gesamtstruktur einzurichten. Wenn an den physikalischen Standorten eines Unternehmens eine große Anzahl an Benutzer- und Computerobjekten vorhanden ist, und die Bandbreite für die Replikationslast zwischen den Standorten kaum mehr ausreichend ist, kann man sich für das regionale Domänenmodell entscheiden. Hierbei werden an den betreffenden physikalischen Unternehmensstandorten jeweils eigene Domänen in der Active Directory-Gesamtstruktur eingerichtet. Die Replikation von domäneninternen Informationen (beispielsweise bei der Änderung eines Benutzerkennworts) werden dann nicht mehr zwischen den Domänencontrollern der verschiedenen, sondern nur noch der im jeweiligen Standort befindlichen und somit nur der jeweils gleichen Domäne angehörigen Domänencontroller repliziert.

Die Stammdomäne der Gesamtstruktur

Nachdem man die erforderliche Anzahl der Domänen ermittelt hat, muss man nun entscheiden, welche der zu erstellenden Domänen als Stammdomäne der Active Directory-Gesamtstruktur genutzt wird.

Auch hier existieren verschiedene Planungsansätze, die sich wiederum an bestimmten Faktoren orientieren:

- **Verwendung einer dedizierten Stammdomäne** Sobald man zur Erkenntnis über den Einsatz mehrerer Domänen in einer Gesamtstruktur gelangt ist, kann man sich für die Verwendung einer dedizierten (*leeren*) Stammdomäne entscheiden. Dieser dedizierten Stammdomäne werden nachfolgend regionale Domänen untergeordnet.

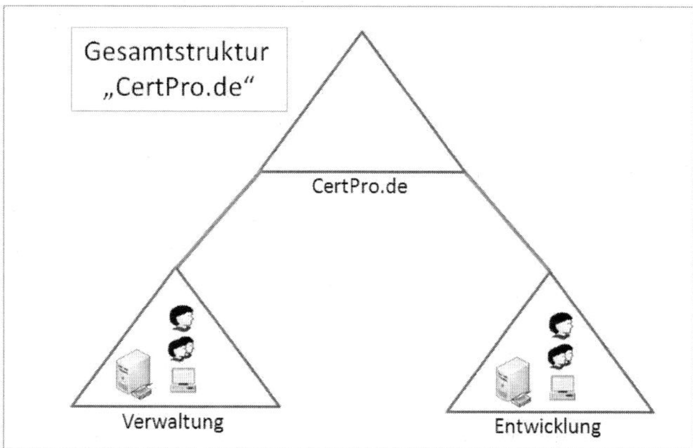

Abbildung 4.6: *Dedizierte Stammdomäne (leere Stammdomäne) mit untergeordneten Domänen*

Die untergeordneten Domänen enthalten hierbei die Benutzer- und Computerkonten, Gruppen und Ressourcen. Die Stammdomäne enthält lediglich die standardmäßigen, administrativen Gruppen (beispielsweise Organisations-, Domänen- und Schema-Administratoren) zur Verwaltung der Stammdomäne. Sie dient auch in Hinsicht der DNS-Namensstruktur als Stammdomäne und gibt den übergeordneten Domänennamen für alle untergeordneten Domänen vor. Eine dedizierte Stammdomäne lässt sich als neutrale Stammdomäne betrachten, so dass sich keine der untergeordneten, regionalen Domänen einer anderen Domäne als untergeordnet betrachtet.

- **Verwendung einer regionalen Stammdomäne** Eine regionale Stammdomäne wird in einer Active Directory-Gesamtstruktur meist im Hauptstandort eines Unternehmens, an dem sich die meisten der Mitarbeiter befinden, eingerichtet. Die Zweigstellenniederlassungen des Unternehmens werden zu dieser Domäne dann als untergeordnete Domänen hinzugefügt. Die Domänen innerhalb dieses Modells lassen sich somit auch jeweils regional verwalten.

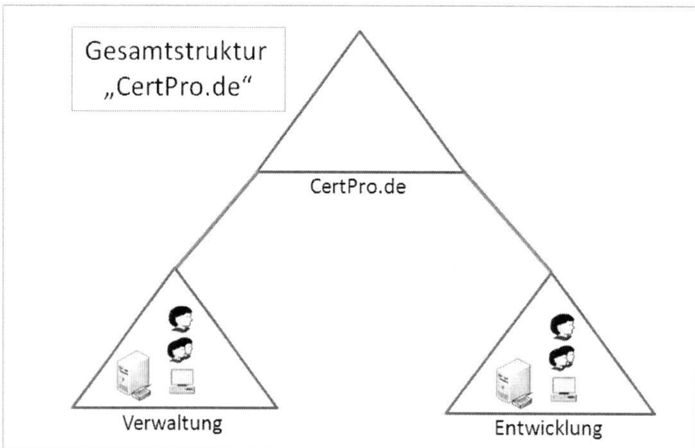

Abbildung 4.7: *Beispiel für das Modell der regionalen Stammdomäne (Hauptniederlassung) mit zwei Zweigstellen*

Die Domänen- und Gesamtstrukturfunktionsebene

Auf Domänen- und Gesamtstrukturebene entscheidet die Betriebssystemversion der darin eingesetzten Domänencontroller über die nutzbaren Active Directory-Domänendienste-Funktionen.

WICHTIG! Domänencontroller unter Windows Server 2012 R2 und Windows Server 2012 setzen mindestens die Domänen- und Gesamtstrukturfunktionsebene Windows Server 2003 voraus. Die Funktionsebenen lassen sich i.d.R. nicht mehr rückgängig machen. Eine Ausnahme ist die mögliche Herabstufung von Windows Server 2012 auf Windows Server 2008 R2 - allerdings nur, wenn der Active Directory-Papierkorb zuvor noch nicht aktiviert wurde.

Die nachfolgende Tabelle enthält eine Übersicht der in der jeweiligen Domänenfunktionsebene unterstützten Betriebssysteme der darin eingesetzten Domänencontroller.

Domänenfunktions-ebene	Unterstützte Betriebssysteme der Domänencontroller
Windows Server 2003	Windows Server 2003 Windows Server 2008 Windows Server 2008 R2 Windows Server 2012 Windows Server 2012 R2
Windows Server 2008	Windows Server 2008 Windows Server 2008 R2 Windows Server 2012 Windows Server 2012 R2
Windows Server 2008 R2	Windows Server 2008 R2 Windows Server 2012 Windows Server 2012 R2
Windows Server 2012	Windows Server 2012 Windows Server 2012 R2
Windows Server 2012 R2	Windows Server 2012 R2

Tabelle 4.1: *Unterstützte Betriebssysteme der Domänencontroller in den verschiedenen Domänenfunktionsebenen*

Die nachfolgende Tabelle enthält eine Übersicht über die durch das jeweilige Serverbetriebssystem unterstützten Active Directory-Domänendienste-Funktionen im Vergleich zu der dazu jeweils notwendigen Domänen- und Gesamtstrukturfunktionsebene:

Domänen- und Gesamtstrukturfunktionsebene	Unterstütze Funktionen
Domänenfunktionsebene: Windows Server 2003	Alle Active Directory-Standardfunktionen, alle Funktionen der Domänenfunktionsebene Windows 2000 (pur) und die folgenden:
	Aktualisierung des Zeitstempels für die letzte Anmeldung von Benutzern oder Computern (*lastLogonTimestamp-Attribut*), sowie die Replikation innerhalb der Domäne
	Möglichkeit zur Umleitung von Benutzer- und Computercontainern

Domänen- und Gesamtstrukturfunktionsebene	Unterstütze Funktionen
	Verfügbarkeit des Domänenverwaltungstools netdom.exe zur Vorbereitung der Domänencontrollerumbenennung
	Umfasst eingeschränkte Delegierung, sodass Anwendungen die sichere Delegierung von Benutzeranmeldeinformationen mithilfe des Kerberos-Authentifizierungsprotokolls nutzen können.
	Unterstützt die ausgewählte Authentifizierung, wodurch Benutzer und Gruppen einer vertrauenswürdigen Gesamtstruktur angegeben werden können, die sich für Ressourcenserver in einer vertrauenden Gesamtstruktur authentifizieren dürfen.
Gesamtstrukturfunktionsebene: Windows Server 2003	Alle Active Directory-Standardfunktionen und die folgenden:
	Gesamtstruktur-Vertrauensstellung
	Domänenumbenennung
	Verknüpfte Wertereplikation (Änderungen in Bezug auf die Werte zum Speichern und Replizieren der Gruppenmitgliedschaft für einzelne Mitglieder anstelle der Replikation der gesamten Mitgliedschaft als einzelne Einheit).
	Möglichkeit zum Bereitstellen eines unter Windows Server 2008 ausgeführten schreibgeschützten Domänencontrollers (*Read-Only Domain Controller, RODC*)
	Verbesserte Algorithmen und Skalierbarkeit der Konsistenzprüfung (*Knowledge Consistency Checker, KCC*).
	Verbesserter ISTG-Algorithmus (*Intersite Topology Generator, ISTG*).
	Möglichkeit zum Erstellen von Instanzen der dynamischen Erweiterungsklasse mit dem Namen *dynamicObject* in einer Domänenverzeichnispartition.
	Möglichkeit zum Konvertieren von *inetOrgPerson*-Objekten zu *Benutzer*-Objekten (und umgekehrt).
	Möglichkeit zum Erstellen von abfragebasierten Gruppen.
	Deaktivierung und Neudefinition von Attributen und Klassen im Schema.
Domänenfunktionsebene: Windows Server 2008	Alle Active Directory-Standardfunktionen, alle Funktionen der Domänenfunktionsebene Windows Server 2003 und die folgenden:

Domänen- und Gesamtstrukturfunktionsebene	Unterstütze Funktionen
	Replikationsunterstützung für SYSVOL durch das verteilte Dateisystem (*DFS*).
	Unterstützung des Kerberos-Protokolls durch die erweiterten Verschlüsselungsdienste (*AES 128 und 256*).
	Informationen zur letzten interaktiven Anmeldung, mit denen der Zeitpunkt der letzten erfolgreichen interaktiven Anmeldung eines Benutzers, die Arbeitsstation und die Anzahl der nicht erfolgreichen Anmeldeversuche seit der letzten Anmeldung angezeigt werden.
	Abgestimmte Kennwortrichtlinien, welche die Angabe von Kennwort- und Kontosperrungsrichtlinien für Benutzer, inetOrgPerson-Objekte und globale Sicherheitsgruppen in einer Domäne ermöglichen.
Gesamtstrukturfunktionsebene: Windows Server 2008	Alle Active Directory-Standardfunktionen, alle Funktionen der Domänenfunktionsebene Windows Server 2003, jedoch keine zusätzlichen. Alle Domänen, die man anschließend zur Gesamtstruktur hinzufügt, werden automatisch auf der Domänenfunktionsebene Windows Server 2008 ausgeführt.
Domänenfunktionsebene: Windows Server 2008 R2	Alle Active Directory-Standardfunktionen, alle Funktionen der Domänenfunktionsebene Windows Server 2003 und Windows Server 2008, jedoch keine neuen Funktionen.
Gesamtstrukturfunktionsebene: Windows Server 2008 R2	Alle Active Directory-Standardfunktionen, alle Funktionen der Domänenfunktionsebene Windows Server 2003 und Windows Server 2008, sowie die folgende. Alle Domänen, die man anschließend zur Gesamtstruktur hinzufügt, werden automatisch auf der Domänenfunktionsebene Windows Server 2008 R2 ausgeführt.
	Active Directory-Papierkorb
Domänenfunktionsebene: Windows Server 2012	Alle Active Directory-Standardfunktionen, alle Funktionen der Domänenfunktionsebene Windows Server 2003, Windows Server 2008 und Windows Server 2008 R2, sowie die folgenden:
	Klonen von Domänencontrollern
	Einsatz verwalteter Dienstkonten auf mehreren Servern

Domänen- und Gesamtstrukturfunktionsebene	Unterstütze Funktionen
	Verwendung der Kerberos-Domänencontrollerrichtlinie für die Unterstützung der dynamischen Zugriffssteuerung und Kerberos-Armoring.
Gesamtstrukturfunktionsebene: Windows Server 2012	Alle Active Directory-Standardfunktionen, alle Funktionen der Domänenfunktionsebene Windows Server 2003, Windows Server 2008 und Windows Server 2008 R2, jedoch keine neuen Funktionen. Alle Domänen, die man anschließend zur Gesamtstruktur hinzufügt, werden automatisch auf der Domänenfunktionsebene Windows Server 2012 ausgeführt.
Domänenfunktionsebene: Windows Server 2012 R2	Alle Active Directory-Standardfunktionen, alle Funktionen der Domänenfunktionsebene Windows Server 2003, Windows Server 2008 und Windows Server 2008 R2, sowie die folgenden:
	Absichern von Benutzerkonten durch die Mitgliedschaft in der Sicherheitsgruppe „*Protected Users*“
Gesamtstrukturfunktionsebene: Windows Server 2012 R2	Alle Active Directory-Standardfunktionen, alle Funktionen der Domänenfunktionsebene Windows Server 2003, Windows Server 2008 und Windows Server 2008 R2, jedoch keine neuen Funktionen. Alle Domänen, die man anschließend zur Gesamtstruktur hinzufügt, werden automatisch auf der Domänenfunktionsebene Windows Server 2012 R2 ausgeführt.

Tabelle 4.2: *Unterstützte Funktionen in den verschiedenen Domänen- und Gesamtstrukturfunktionsebenen*

HINWEIS: Wie in den oben aufgeführten Tabellen ersichtlich, werden Domänencontroller unter Windows NT 4.0 im Umfeld von Domänencontrollern seit Windows Server 2008 und höher nicht mehr berücksichtigt. Diese sind zueinander nicht mehr kompatibel.

Um letztlich alle auf Domänen- und Gesamtstrukturfunktionsebene verfügbaren Active Directory-Domänendienste-Funktionen nutzen zu können, müssen alle in den Domänen einer Gesamtstruktur eingesetzten Domänencontroller unter Windows Server 2012 R2 betrieben werden. Erst in einer solchen Active Directory-Infrastruktur lassen sich die Domänen- und Gesamtstrukturfunktionsebene auf Windows Server 2012 R2 hochstufen.

4.2.5 Entwerfen einer Namensstrategie

Wenn die Planung der Active Directory-Gesamtstruktur, sowie auch der darin zu realisierenden Active Directory-Domänen abgeschlossen ist, geht es nunmehr darum, eine passende Namensstrategie zu entwerfen.

Bei der Planung des Namensraums für eine Active Directory-Gesamtstruktur für ein Unternehmen sollte man sehr sorgfältig vorgehen. Eine nachträgliche Namensänderung, insbesondere der Stammdomäne einer Gesamtstruktur lässt sich oft nur mit sehr großem Aufwand realisieren, da diese sich ebenso auf die möglicherweise vorhandenen, untergeordneten Active Directory-Domänen auswirkt. Es ist deshalb wichtig, gleich von Beginn an bereits einen möglichen, geplanten Internetauftritt des betreffenden Unternehmens in die Planung des Namensraums der Gesamtstruktur mit einzubinden.

Der Namensraum der Active Directory-Gesamtstrukturen baut auf den Namenskonventionen des Domain Name Systems (DNS) auf, welches ebenso für die Festlegung von Domänennamen im Internet verwendet wird.

Strategien für die Planung von DNS-Namensräumen

Es existieren verschiedene Strategien, den DNS-Namensraum für eine Active Directory-Gesamtstruktur zu planen:

- Verwenden des Namens einer untergeordneten Domäne eines für das Unternehmen im Internet bereits registrierten DNS-Domänennamens für die Active Directory-Stammdomäne.
- Verwenden desselben Namens eines für das Unternehmen im Internet bereits registrierten DNS-Domänennamens für die Active Directory-Stammdomäne.
- Verwenden eines anderen DNS-Domänennamens für die Active Directory-Stammdomäne als der für das Unternehmen bereits im Internet registrierte Domänenname.

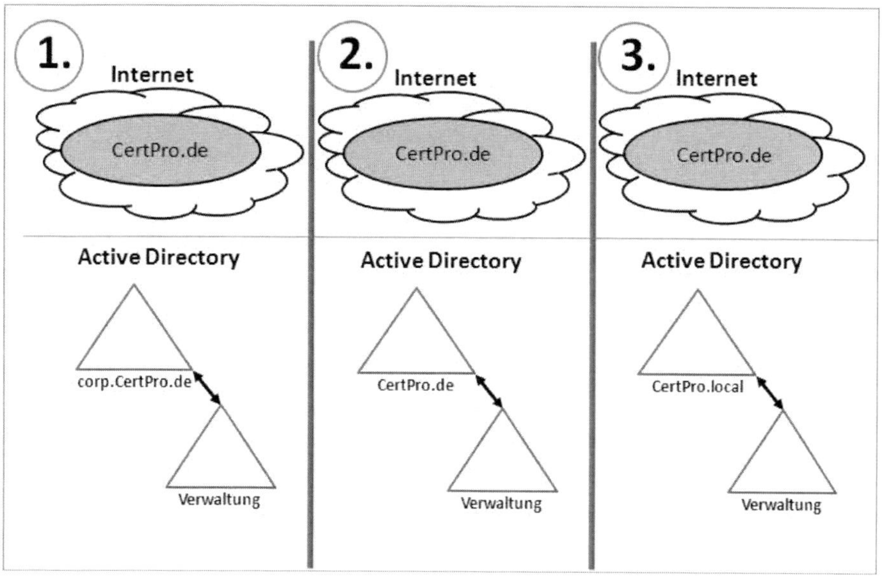

Abbildung 4.8: *Die verschiedenen Namensstrategien im Überblick*

Die verschiedenen Namensstrategien für die Planung von DNS-Namensräumen sollten in ihren Vor- und Nachteilen gut gegeneinander abgewogen werden, um die bestmögliche Entscheidung für das Unternehmen zu treffen.

PRAXISTIPP! Seit der Einführung von Windows Server 2003 ist es endlich möglich, Active Directory-Domänen mittels des Tools *rendom.exe* umzubenennen. Bei einzelnen Domänen mag dies mitunter ohne große Unterbrechungen des Geschäftsbetriebes möglich sein. Bei größeren Active Directory-Gesamtstrukturen mit ein oder gleich mehreren, untergeordneten Domänen kann die Umbenennung einer Domäne mitunter nur unter großem Aufwand vollzogen werden. Es ist deshalb wichtig, bereits in der Planungsphase die zu verwendende Namensstrategie für die DNS-Namen mit allen Vor- und Nachteilen zu analysieren, und aus dem Ergebnis die bestmögliche Namensstrategie abzuleiten.

Merkmale der verschiedenen Namensstrategien

Die folgende Tabelle enthält die Merkmale der möglichen Namensstrategien. Diese sollten zur Entscheidungsfindung über die bestmögliche Namensvergabe in ihrer Auswirkung gegeneinander abgewogen werden.

Namensstrategie	Merkmale/Auswirkung
Verwenden des Namens einer untergeordneten Domäne eines im Internet registrierten DNS-Domänennamens	Vereinfacht die Verwaltung durch die interne und externe Domäne Trennt die Active Directory-Gesamtstruktur von den öffentlich zugänglichen Ressourcen, wie z. B. Webserver, etc. Stellt einen zusammenhängenden Namensraum der internen und externen Domäne dar Erfordert die Registrierung des externen, im Internet zu verwendenden Domänennamens
Verwenden desselben, bereits im Internet registrierten Domänennamens für die interne Active Directory-Gesamtstruktur (wird NICHT empfohlen!)	Transparente Namensverwendung für die Mitarbeiter des Unternehmens Erfordert zusätzlichen Verwaltungsaufwand Kann zu Problemen in der Namensauflösung führen Erfordert unter Umständen eine komplexere Firewall-Konfiguration Erfordert die Registrierung des externen, im Internet zu verwendenden Domänennamens
Verwenden von unterschiedlichen externen und internen DNS-Domänennamen	Erfordert die Verwaltung von zwei getrennten Namensbereichen

Namensstrategie	Merkmale/Auswirkung
	Stellt eine eindeutige Namensstruktur für interne und externe Ressourcen des Unternehmens bereit Verhindert die Offenlegung der internen Namensverwendung im Internet Mitunter Gewöhnungsbedarf für die internen Mitarbeiter Erfordert neben der Registrierung des im Internet verwendeten DNS-Namens möglicherweise die Registrierung des intern verwendeten Domänennamens, um die internen Ressourcen ggf. später doch öffentlich zugänglich machen zu können

Tabelle 4.3: *Merkmale und Auswirkung der verschiedenen DNS-Namensstrategien*

Empfehlungen für die Namensvergabe

Bei der Planung einer Namensstrategie für die zu realisierende Active Directory-Gesamtstruktur eines Unternehmens sollte man die folgenden Empfehlungen beachten:

Planen Sie den DNS-Namensraum für ein Unternehmen, so dass dieser mindestens für die nächsten 3 bis 5 Jahre Bestand hat. Darüber hinaus sollten Sie folgendes berücksichtigen:

- Der DNS-Namensraum sollte auch Tochterunternehmen, sowie künftige Partnerfirmen berücksichtigen.
- Der DNS-Namensraum sollte *aussagekräftig* und *eindeutig* sein.
- Der auszuwählende DNS-Domänenname sollte möglichst auch als *NetBIOS-Name* im internen Netzwerk des Unternehmens verwendbar sein.
- Der DNS-Domänenname sollte *RFC-konform* (gem. *RFC 1035*) gewählt werden und nur zugelassene Zeichen enthalten.
- Registrieren Sie den internen DNS-Domänennamen im Internet, so dass Sie zukünftig in der Lage sind, die internen Ressourcen bei Bedarf öffentlich zugänglich zu machen.

INTERNET: Weitere Informationen zu den Benennungsregeln für Internet-Domänennamen erhalten Sie ausführlich im Internet unter:

http://tools.ietf.org/html/rfc1035

Wenn Sie sich für eine entsprechende Namensstrategie für die Benennung der Active Directory-Gesamtstruktur entschieden haben, müssen Sie sich nun der Planung der Standorttopologie zuwenden.

4.2.6 Entwerfen einer Standorttopologie

In einer Active Directory-Gesamtstruktur dient die Standorttopologie in erster Linie zur Steuerung des Benutzeranmeldeverkehrs, sowie auch der Replikation der Inhalte der Datenbank der Active Directory-Domänendienste (*Active Directory Domain Services, AD DS*) zwischen den Domänencontrollern. Eine Active Directory-Standorttopologie entspricht in der Regel den physikalischen Standorten eines Unternehmens. Zwischen den Standorten (engl. *sites*), die als logische Active Directory-Objekte angelegt werden, kann man die Replikation gezielt steuern.

PRAXISTIPP! Exchange Server 2007 bis hin zur aktuellen Version 2016 bedienen sich zur Replikation bestimmter Daten (beispielsweise der Inhalte von Öffentlichen Ordnern) zwischen den einzelnen Exchange-Servern einer Exchange-Organisation der logischen Active Directory-Standorttopologie. Der Einsatz von sogenannten Routinggruppen-Konnektoren, wie sie noch unter Exchange Server 2003 zum Einsatz kamen, wurde damit überflüssig.

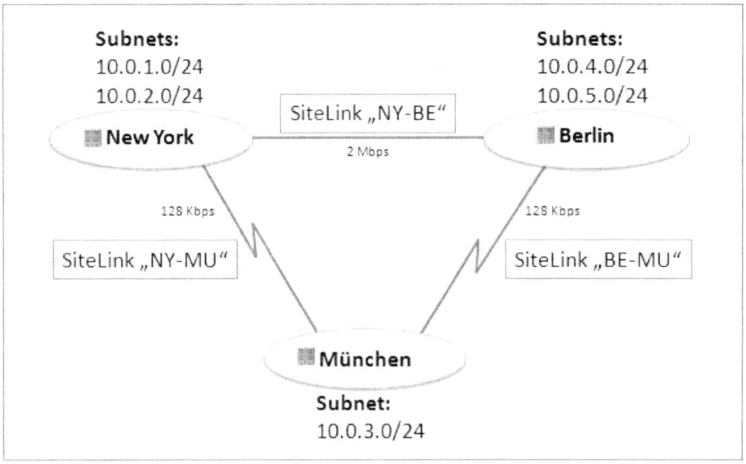

Abbildung 4.9: *Active Directory-Standorttopologie eines Unternehmens*

Standorte (Sites)

Die logischen Active Directory-Elemente, die man in der Regel anhand von physikalischen Standorten eines Unternehmens definiert, an denen sich mindestens ein Active Directory-Domänencontroller befindet, werden als Active Directory-Standorte (*Sites*) bezeichnet. Diese Standorte werden in der Active Directory-Domänendienste-Umgebung als logische Objekte angelegt.

Die logischen Active Directory-Standorte dienen u. a. der Steuerung der Replikation zwischen Active Directory-Domänencontrollern an verschiedenen physikalischen Unternehmensstandorten, sowie auch zur Steuerung des Benutzeranmeldeverkehrs. Auch werden diese zur Unterstützung von standortsensitiven Diensten, wie z. B. domänenbasiertes DFS eingesetzt.

Bei der Standortplanung sollten Sie die folgenden Richtlinien beachten:

- Erstellen eines Active Directory-Standorts für jeden geografischen Unternehmensstandort, an dem ein Domänencontroller platziert werden soll.
- Ordnen Sie die im physikalischen Standort vorhandenen IP-Subnetze dem jeweiligen Active Directory-Standort zu. Erst durch die Zuordnung von IP-Subnetzen zu den Active Directory-Standorten wird die Standortmitgliedschaft der in Active Directory vorhandenen Computer bestimmt.
- Erstellen Sie keinen Active Directory-Standort für physikalische Standorte des Unternehmens, an denen nicht mindestens ein Active Directory-Domänencontroller oder eine standortsensitive Anwendung oder ein entsprechender Dienst eingesetzt wird.
- Richten Sie entsprechende WAN-Verbindungen (*Wide Area Network*) mit ausreichender Bandbreite zwischen den Standorten ein. Kalkulieren Sie hierbei die voraussichtliche Replikationslast in die für den normalen Datenverkehr notwendige Bandbreite ein.

Stellen Sie für das Einrichten der Standorttopologie die folgenden Daten bereit:

- Standortnamen für die geplanten Active Directory-Standorte. Diese entsprechen in der Regel den Namen der physikalischen Standorte. Achten Sie darauf, dass der Standortname zusammengeschrieben werden muss. Einzelne Begriff im Standortnamen dürfen durch einen Bindestrich (-), jedoch nicht durch ein Leerzeichen ( ) getrennt werden.
- Übersicht der den Active Directory-Standorten zugeordneten physikalischen Standorte des Unternehmens.
- Liste alle IP-Subnetze, die sich an den einzelnen physikalischen Standorten befinden und den Active Directory-Standorten zugeordnet werden sollen.
- WAN-Verbindungen zwischen den physikalischen Standorten. Hierbei müssen dann auch Informationen über die Verbindungsart, die Verbindungsgeschwindigkeit und die verfügbare Bandbreite, sowie die jeweiligen Standorte, die über die WAN-Verbindungen verbunden werden sollen, erfasst werden.

Subnetz

Ein Active Directory-Subnetz (*Subnet*) entspricht einem physikalisch vorhandenen IP-Subnetz in der Netzwerkumgebung. Dieses wird einem logischen Active Directory-Standort zugewiesen, um somit die Standortbestimmung für Clientcomputer und Server in einer Active Directory-Infrastruktur zu ermöglichen.

Standortverknüpfung (Site Link)

Eine Standortverknüpfung (*Site Link*) ist ein Active Directory-Objekt, mit welchem eine physikalische Verbindung zwischen mindestens zwei Active Directory-Standorten darstellt. Sie stellen sich als logische Pfade dar, über die der Replikationsverkehr zwischen den Active Directory-Domänencontrollern der verschiedenen Standorte übertragen wird.

Beim Einrichten der ersten Domäne einer Active Directory-Gesamtstruktur wird standardmäßig eine Standortverknüpfung mit dem Namen ***DEFAULTIPSITELINK*** erstellt. Diese Standortverknüpfung können Sie für die Verbindung aller zu planender, logischer Active Directory-Standorte verwenden, wenn diese über die gleiche WAN-Verbindung (beispielsweise über ATM) miteinander verbunden sind. Standardmäßig verwendet die ***DEFAULTIPSITELINK***, wie es der Name bereits vermuten lässt, RPC über IP als Replikationsprotokoll.

Beachten Sie die folgenden Richtlinien für das Erstellen von Standortverknüpfungen:

- Erstellen Sie die Standortverknüpfungen anhand der physikalischen Verbindungen von Unternehmensstandorten.
- Erstellen Sie Standortverknüpfungen mit mehr als zwei Active Directory-Standorten nur, wenn diese über eine einzelne WAN-Verbindung (beispielsweise über ATM) miteinander verbunden sind.
- Verwenden Sie RPC über IP als Replikationsprotokoll für die Standortverknüpfungen. SMTP sollte als Replikationsprotokoll nur dann eingesetzt werden, wenn die einzelnen Standorte durch ein unzuverlässiges Routing miteinander verbunden sind.
- Verwenden Sie den vordefinierten Standardreplikationszeitplan für die Replikation. Passen Sie diesen im Bedarfsfall an die jeweiligen Erfordernisse an.
- Definieren Sie die Kosten für die einzelnen Standortverknüpfungen, um die Replikation bevorzugt über Standortverbindungen mit hoher Bandbreite durchzuführen.

Zuweisung von Kosten zu Standortverknüpfungen

Wie auch in einer Netzwerkroutingtopologie definiert man für die Standortverknüpfungen ebenso Kostenwerte. Hierdurch wird die Steuerung des Replikationsverkehrs zwischen Standorten, die über mehrfache, in der Bandbreite unterschiedliche IP-Verbindungen miteinander verbunden sind, möglich. Beim Einrichten einer Standortverknüpfung muss ein Wert für die Kosten der Verbindung zwischen den betreffenden Standorten definiert werden. Innerhalb der Standortverbindungen verwenden die Domänencontroller primär immer die Standortverknüpfung mit dem niedrigsten, definierten Kostenwert. Erst wenn diese Verbindung (beispielsweise durch einen Verbindungsausfall) nicht möglich ist, verwenden die Domänencontroller untereinander eine vorhandene Standortverknüpfung mit dem nächst höherem Kostenwert.

Beachten Sie die folgenden Richtlinien für die Definition von Kostenwerten für Active Directory-Standortverknüpfungen:

- Wenn alle Standorte über die gleiche Bandbreite miteinander verbunden sind, verwenden Sie den Standardwert 100 für die Kosten der Verbindung.
- Bei unterschiedlichen Bandbreiten zwischen den Standorten vergeben Sie einen niedrigen Kostenwert für die Verbindung mit der höheren, zur Verfügung stehenden Bandbreite, sowie einen höheren Kostenwert wiederum für die Standortverknüpfung mit der niedrigeren Bandbreite.

Zeitplan für die Replikation zwischen Active Directory-Standorten

Standardmäßig können die Active Directory-Domänencontroller jederzeit über Standortverknüpfungen zwischen Active Directory-Standorten replizieren. Hierfür existiert ein Standardreplikationszeitplan für jede Standortverknüpfung. Die Replikation über Standortverknüpfungen kann durch die Änderung des Standardreplikationszeitplans bei Bedarf zeitlich gesteuert werden. Somit kann man beispielsweise die Replikationslast auf Zeiten außerhalb der Spitzenauslastung von WAN-Verbindungen planen.

Replikationsintervall für die Replikation zwischen Active Directory-Standorten

Die Häufigkeit der Replikation zwischen den Active Directory-Standorten kann über einen Replikationsintervall gesteuert werden. Hierbei wird festgelegt, wie oft die Domänencontroller der verschiedenen Active Directory-Standorte in dem zulässigen Zeitfenster replizieren dürfen. Wenn die Replikationszeit zwischen Active Directory-Standorten auf die Zeit zwischen 23:00 Uhr und 05:00 Uhr zugelassen ist, so kann man festlegen, wie häufig die Domänencontroller der betreffenden Standorte innerhalb dieses Zeitraumes (beispielsweise alle 180 Minuten) replizieren dürfen.

Der Standardreplikationsintervall für die Replikation zwischen Active Directory-Standorten liegt bei 180 Minuten.

Standortverknüpfungsbrücke (Site Link Bridge)

Eine Standortverknüpfungsbrücke (engl. *Site Link Bridge*) dient dazu, die Replikation zwischen Active Directory-Standorten zu ermöglichen, die durch mindestens zwei verschiedene, dazwischen liegende Standortverknüpfungen verbunden sind. In der Standardeinstellung werden alle vorhandenen Standortverknüpfungen überbrückt, so dass jeder Active Directory-Standort unabhängig von der Anzahl der vorhandenen Standortverknüpfungen beliebig mit jedem anderen, vorhandenen Standort replizieren kann. Bei Bedarf kann man dieses Verhalten deaktivieren und eigene Standortverknüpfungsbrücken erstellen. Dies empfiehlt sich jedoch erst in sehr großen Netzwerkumgebungen, in denen die Kommunikation der einzelnen Active Directory-Standorte zum Teil nicht vollständig untereinander geroutet werden können.

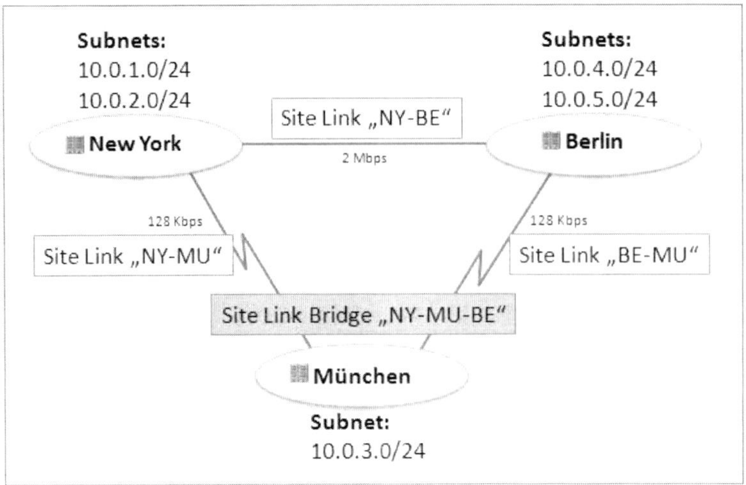

Abbildung 4.10: *Vereinfachtes Beispiel für die Bereitstellung einer Standortverknüpfungsbrücke (Site Link Bridge) zwischen drei Standorten*

Beachten Sie die folgenden Richtlinien für das Einrichten von Standortverknüpfungsbrücken:

- In einem IP-Netzwerk mit vollständigen Routing zwischen den Active Directory-Standorten verwenden Sie die standardmäßig vorhandene Standortverknüpfungsbrücke zwischen allen logischen Standorten.
- Wenn Sie in großen, weitläufigen Computernetzwerken Einfluss auf den Replikationsverkehr zwischen den einzelnen Standorten nehmen möchten, oder im Netzwerk zwischen den Standorten kein vollständiges Routing möglich ist, verwenden Sie eigene Standortverknüpfungsbrücken. Deaktivieren Sie hierzu vorweg die Standardeinstellung für die Überbrückung aller Standortverknüpfung vorhandener Active Directory-Standorte.

Replikationsprotokolle

Für die Replikation zwischen den Active Directory-Standorten stehen zwei verschiedene Replikationsprotokolle zur Verfügung:

- **RPC** (Remote Procedure Calls) **über IP**
- **SMTP** (Simple Mail Transfer Protocol)

RPC über IP wird als Standardreplikationsprotokoll zwischen Active Directory-Standorten verwendet, die über eine zuverlässige und direkte IP-Verbindung verfügen.

SMTP wird als Replikationsprotokoll nur bei unzuverlässigen IP-Verbindungen zwischen den Active Directory-Standorten eingesetzt. SMTP verfügt zudem über Einschränkungen, denn hierüber können lediglich die Schema- und Konfigurationspartitionen, sowie die Inhalte des globalen Katalogs repliziert werden. Die Replikation der Domänenpartition der Datenbank der Active Directory-Domänendienste ist über SMTP als Replikationsprotokoll nicht möglich. Zudem erfordert die Verwendung von SMTP als Replikationsprotokoll die Einrichtung der ***Active Directory-Zertifikatdienste*** (*AD CS*), da der gesamte Replikationsverkehr hierbei digital signiert und verschlüsselt werden muss.

Beachten Sie die folgenden Richtlinien für die Verwendung von Replikationsprotokollen zwischen Active Directory-Standorten:

- Setzen Sie primär RPC über IP als Standardreplikationsprotokoll zwischen den Active Directory-Standorten ein.
- Setzen Sie SMTP nur dann als Replikationsprotokoll ein, wenn zwischen den einzelnen Active Directory-Standorten keine zuverlässige und direkte IP-Verbindung besteht.

Bridgeheadserver

Die in den Active Directory-Standorten vorhandenen Domänencontroller können als bevorzugte Bridgeheadserver für die Replikation zu anderen Standorten über RPC über IP oder SMTP als Replikationsprotokolle definiert werden. Hierdurch ist die Steuerung des Replikationsverkehrs zwischen den einzelnen Active Directory-Standorten über bestimmte Domänencontroller möglich. Wenn Sie innerhalb eines Standorts bestimmte Domänencontroller als bevorzugte Bridgeheadserver definieren, so wird die nachfolgende, standortübergreifende Replikation nur noch über diese Server durchgeführt. Sie sollten in jedem der Active Directory-Standorte bei Bedarf mindestens zwei der vorhandenen Domänencontroller als bevorzugte Bridgeheadserver definieren, um eine bestimmte Ausfallsicherheit für die standortübergreifende Replikation zu erreichen.

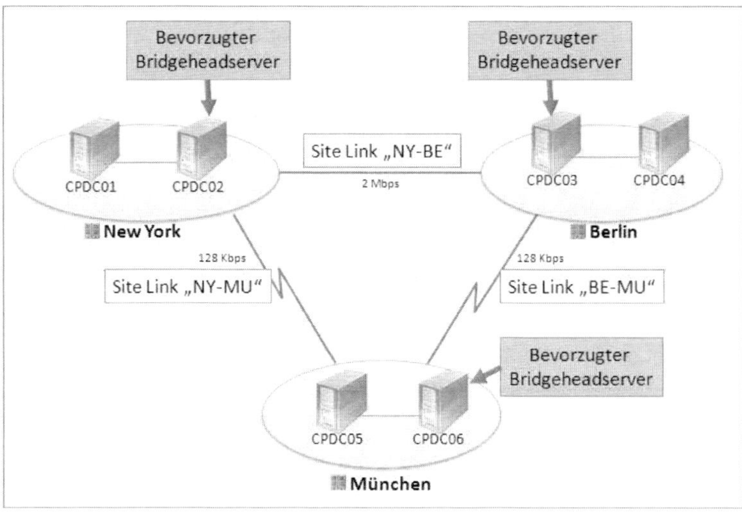

Abbildung 4.11: *Bevorzugte Bridgeheadserver für die standortübergreifende Replikation*

Die Konfiguration erfolgt hierbei direkt in den Eigenschaften der Domänencontrollerobjekte in den Active Directory-Standorten.

Wenn Sie keine der Domänencontroller als bevorzugte Bridgeheadserver definieren, ist es prinzipiell jedem der vorhandenen Domänencontroller erlaubt, standortübergreifende Replikationsvorgänge durchzuführen. Die Steuerung übernimmt hierbei jedoch der in jedem Standort vorhandene ISTG (*Intersite Topology Generator*). Dieser legt fest, welcher der vorhandenen Domänencontroller die Rolle eines Bridgeheadservers übernimmt.

4.3 Platzierung von Domänencontrollern

Entscheidend für den Entwurf der Active Directory-Gesamtstruktur ist die Anzahl der benötigten Domänencontroller. Wie schon benannt, können innerhalb einer einzigen Active Directory-Domäne in der Regel problemlos bis zu 1.200 Domänencontroller eingesetzt werden.

Die benötigte Anzahl der Domänencontroller richtet sich in Unternehmensnetzwerken in erster Linie nach der Anzahl der Benutzer und auch der Active Directory-Standorte.

4.3.1 Empfehlungen für die Anzahl von Domänencontrollern

Grundsätzlich existieren die folgenden Empfehlungen für die benötigte Anzahl an Domänencontrollern:

- In jeder Active Directory-Domäne sollten nach Möglichkeit mindestens zwei Domänencontroller eingesetzt werden.
- Für die Unterstützung von bis zu 1.000 Benutzern innerhalb einer Active Directory-Domäne ist zumindest ein einzelner Domänencontroller erforderlich. Aus Fehlertoleranzgründen sollte hierbei jedoch mindestens noch ein zweiter Domänencontroller eingesetzt werden.
- Da schreibgeschützte Domänencontroller keine Änderungen an der AD DS-Datenbank ermöglichen, sollten in jeder Domäne neben möglicherweise vorhandenen RODCs mindestens zwei vollwertig beschreibbare Domänencontroller eingesetzt werden. Für die Unterstützung von RODCs muss dabei mindestens einer der vollwertig beschreibbaren Domänencontroller unter Windows Server 2008 (oder höher) ausgeführt werden.
- Setzen Sie bei einer Benutzerzahl von über 10.000 Benutzern für alle weiteren 5.000 Benutzer einen weiteren Domänencontroller ein.

4.3.2 Schreibgeschützte Domänencontroller

An Standorten, in denen die physikalische Sicherheit der Domänencontroller nicht gewährleistet werden kann, sollten Sie den Einsatz von schreibgeschützten Domänencontrollern

(Read-Only Domain Controllers, RODCs) unter Windows Server 2012 R2 in Erwägung ziehen. Diese Domänencontroller besitzen lediglich eine schreibgeschützte Version der Datenbank der Active Directory-Domänendienste, die lediglich durch die Replikation von einem vollwertig beschreibbaren Domänencontroller unter Windows Server 2008 (oder höher) aktualisiert werden kann. Änderungen an der Active Directory-Domänendienste-Datenbank sind auf anderem Wege nicht möglich, so dass eine Manipulation der Objekte in der Datenbank an diesem Domänencontroller verhindert wird. Zudem speichert der schreibgeschützte Domänencontroller standardmäßig keine Benutzerkontenkennwörter zwischen, so dass diese auch bei einem physikalischen Angriff nicht gefährdet sind. Ein schreibgeschützter Domänencontroller sendet die eingehende Authentifizierungsabfrage stattdessen an einen vollwertigen Domänencontroller, welcher dann die Authentifizierungsdaten überprüft und nachfolgend an den anfragenden, schreibgeschützten Domänencontroller bestätigt.

Voraussetzung für den Einsatz von RODCs

Schreibgeschützte Domänencontroller (*Read-Only Domain Controllers, RODCs*) können in Active Directory-Infrastrukturen eingesetzt werden, um die Sicherheit gegenüber Angreifern zu erhöhen. In der betreffenden Active Directory-Gesamtstruktur müssen vor der Implementierung von RODCs jedoch bestimmte Voraussetzungen erfüllt werden:

- **Domänenfunktionsebene mindestens auf Windows Server 2003 (oder höher)** Der Einsatz von schreibgeschützten Domänencontrollern setzt voraus, dass eine möglicherweise vorhandene Active Directory-Infrastruktur seitens der Domänenfunktionsebene mindestens unter Windows Server 2003 ausgeführt wird. Es können somit lediglich Domänencontroller unter mindestens Windows Server 2003 eingesetzt werden. Domänencontroller mit älteren Betriebssystemen werden in dieser Domänenfunktionsebene nicht mehr unterstützt.

- **Vorbereitung der Gesamtstruktur mittels adprep /rodcprep** Die Active Directory-Gesamtstruktur, in welcher RODCs eingesetzt werden sollen, müssen durch die Ausführung des *Active Directory Preparation Tools(adprep /rodcprep)* auf die Installation von schreibgeschützten Domänencontrollern vorbereitet werden. Es ist dabei unerheblich, auf welchem der bereits vorhandenen Domänencontroller das Tool mit dem betreffenden Schalter ausgeführt wird. Durch die Ausführung von *adprep.exe* werden alle Infrastrukturmaster der vorhandenen Domänen kontaktiert, um die Berechtigungen der Domänen-, sowie Anwendungsverzeichnispartitionen und der *ForestDNSZones* und *DomainDNSZones* in der Gesamtstruktur zu aktualisieren.

- **Mindestens ein vollwertig beschreibbarer Domänencontroller unter Windows Server 2008 (oder höher)** Für die Replikation der Inhalte der AD DS-Datenbank, sowie die nachfolgenden Aktualisierungen muss vor der Einrichtung eines RODCs mindestens ein vollwertig beschreibbarer Domänencontroller mindestens unter Windows Server 2008 (oder höher) vorhanden sein. Die Replikation der Inhalte der Domänenpartition an den schreibgeschützten Domänencontroller kann nicht von einem mitunter vorhandenen Domänencontroller unter Windows Server 2003 erfolgen.

- **Mindestens ein vollwertig beschreibbarer Domänencontroller als globaler Katalogserver (GC) in der Gesamtstruktur** Es muss mindestens ein vollwertig beschreibbarer Domänencontroller als globaler Katalogserver (GC) in der Gesamtstruktur eingesetzt werden.

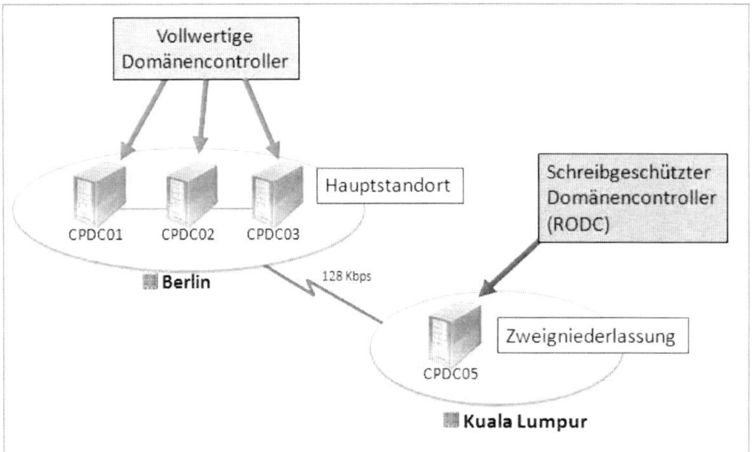

Abbildung 4.12: *Beispiel für den Einsatz schreibgeschützter Domänencontroller (RODCs)*

PRAXISTIPP! Wenn es erforderlich wird, die Kennwörter bestimmter Benutzer auf einem schreibgeschützten Domänencontroller (RODC) zu speichern, so muss hierzu die Kennwortreplikationsrichtlinie für den RODC angepasst werden. Standardmäßig speichert ein RODC keine Benutzerkennwörter, so dass dieser während der Authentifizierung eines Benutzers einen vollwertig beschreibbarer Domänencontroller an einem anderen Active Directory-Standort kontaktieren muss, um die Richtigkeit der Kennworteingabe bestätigen zu lassen. Um zu verhindern, dass die Authentifizierung von Benutzern während eines Ausfalls der WAN-Verbindung zu den vollwertig beschreibbaren Domänencontrollern fehlschlägt, kann man die Kennwortreplikationsrichtlinie so anpassen, dass Kennwörter bestimmter Benutzer zwischengespeichert werden. Die Kennwörter von Administratorenkonten sollte man hierbei jedoch nicht mit einbeziehen.

RODC als globaler Katalogserver

Ein als schreibgeschützter Domänencontroller (*RODC*) eingerichtetes Serversystem kann im betreffenden Active Directory-Standort auch die Funktion eines globalen Katalogservers (*GC*) übernehmen. Diese Option kann bei der Einrichtung eines Servers als schreibgeschützter Domänencontroller konfiguriert werden, und ist standardmäßig aktiviert. Der RODC kann im betreffenden Active Directory-Standort somit für Suchanfragen im globalen Katalog verwendet werden. Microsoft Exchange Server sind zu den auf RODCs eingerichteten, schreibgeschützten Versionen des globalen Katalogs nicht kompatibel. Diese Server erfordern den Einsatz einer vollwertigen Version eines globalen Katalogs, sodass in dem betreffenden Active Directory-Standort hierfür zumindest ein vollwertiger Domänencontroller eingesetzt werden muss.

RODC und die Zwischenspeicherung der universellen Gruppenmitgliedschaft

In Active Directory-Standorten, die über eine schmalbandige WAN-Verbindung an andere Standorte angebunden sind, ist der Einsatz von globalen Katalogservern wegen der damit verbundenen Replikationslast mitunter nicht möglich. Auf schreibgeschützten Domänencontrollern (*RODCs*) kann deshalb, wie auch auf vollwertig beschreibbaren Domänencontrollern ab Windows Server 2003 (oder höher), die Zwischenspeicherung der universellen Gruppenmitgliedschaft für den betreffenden Active Directory-Standort aktiviert werden. Bei einem Ausfall der WAN-Verbindung können die während des Anmeldeprozesses der betreffenden Benutzer notwendigen Mitgliedschaften in universellen Gruppen dann anhand der zwischengespeicherten Gruppenmitgliedschaften ermittelt werden.

RODC und die Betriebsmasterrollen (FSMO-Roles)

Ein schreibgeschützter Domänencontroller kann die in der Gesamtstruktur oder auch Domäne vorhandenen Betriebsmasterrollen (engl. *Flexible Single Master Operations Roles, FSMO-Roles*) nicht ausführen. Für die Ausführung der einzelnen FSMO-Rollen ist das Vorhandensein einer beschreibbaren AD DS-Datenbank, wie sie auf vollwertig beschreibbaren Domänencontrollern eingesetzt wird, erforderlich.

RODC und die Bridgehead-Server

In Active Directory-Standorten kann ein RODC nicht als Bridgehead-Server eingesetzt werden. In dieser Verwendung sind mitunter Änderungen an der AD DS-Datenbank notwendig (beispielsweise bei möglichen Störungen oder auch Veränderungen in der Active Directory-Standorttopologie), welche einem schreibgeschützten Domänencontroller nicht erlaubt sind.

Delegierung von RODCs

Die Verwaltung eines schreibgeschützten Domänencontrollers (*RODCs*) kann im Bedarfsfall auf lokal in den betreffenden Standorten befindliche Administratoren delegiert werden. Die Delegierung beschränkt sich hierbei auf die reine Verwaltung des Serversystems. Änderungen an der schreibgeschützten Active Directory-Domänendienste-Datenbank sind durch den Delegierten hierbei jedoch nicht möglich. Durch das Verhindern der Zwischenspeicherung von Benutzerkennwörtern auf schreibgeschützten Domänencontrollern wird der Wirkungsgrad von physikalischen Angriffen vermindert, so dass eine mögliche Delegierung des betreffenden Serversystems im Zweifelsfall sogar an Nicht-Administratoren erfolgen kann.

Schreibgeschützter DNS

Ein Serversystem unter Windows Server 2012 R2, welches als schreibgeschützter Domänencontroller (engl. *Read-Only Domain Controller, RODC*) eingesetzt wird, kann auch die Rolle eines DNS-Servers ausführen. Hierbei ergibt sich dann eine Besonderheit:

- Ein RODC unterstützt neue, schreibgeschützte, primäre DNS-Namenszonen, die durch Replikationsvorgänge von einem vollwertig beschreibbaren Domänencontroller aktualisiert werden. Beim Einrichten eines RODCs als DNS-Server repliziert dieser eine vollständige Kopie der *Domänenpartition*, *ForestDNSZones* und *DomainDNSZones* sowie aller vorhandenen, für DNS verwendeten Anwendungsverzeichnispartitionen.
- Der RODC kann als schreibgeschützter DNS-Server auf Namensauflösungsanfragen von Clients antworten, jedoch werden die Clientrechner für mögliche, dynamische Aktualisierungsversuche für DNS-Einträge an vollwertig beschreibbare DNS-Server verwiesen.
- Änderungen an den Inhalten der schreibgeschützten DNS-Zonen auf einem RODC können selbst durch einen Administrator nicht direkt, sondern lediglich durch die Replikation von einem vollwertig beschreibbaren Domänencontroller, der die Rolle als DNS-Server ausführt, durchgeführt werden.

PRAXISTIPP! Neben den schreibgeschützten DNS-Namenszonen, die lediglich über die Replikation von einem vollwertig beschreibbaren Domänencontroller übertragen und aktualisiert werden, können auf einem RODC aber auch primäre oder sekundäre Standard-DNS-Namenszonen eingerichtet werden. Diese Namenszonen werden nicht in der AD DS-Datenbank gespeichert, und sind auch auf einem RODC somit vollwertig verwaltbar.

Bei der Planung einer Active Directory-Infrastruktur sollte man den Einsatz von schreibgeschützten Domänencontrollern (engl. *Read-Only Domain Controllers, RODCs*) für entfernte Unternehmensstandorte ohne ausreichenden, physikalischen Schutz der Domänencontroller unbedingt berücksichtigen, sowie die damit verbundenen Vor- und Nachteile gegeneinander abwägen. Auch in Active Directory-Gesamtstrukturen, die erst die letzten Jahre auf Windows Server 2003 aktualisiert wurden, kann der Einsatz von RODCs unter Windows Server 2008 (oder höher) die Sicherheit für Benutzerkontenkennwörter ungemein erhöhen.

4.3.3 Platzieren globaler Katalogserver

Der globale Katalog (engl. *Global Catalog, GC*) innerhalb einer Active Directory-Gesamtstruktur stellt ein *Repository* bestimmter Attribute der Active Directory-Domänendienste-Datenbank dar. Er wird beispielsweise für die Ermittlung der Gruppenmitgliedschaft der universellen Gruppen von Benutzern beim Anmeldeprozess, sowie auch für die Suche nach Ressourcen in der Active Directory-Infrastruktur verwendet.

Die Domänencontroller, welche den globalen Katalog (*Global Catalog, GC*) innerhalb einer Active Directory-Gesamtstruktur bereitstellen, werden über Diensteinträge (engl. *Service*

Records) in der betreffenden DNS-Namenszone über die DNS-Dienste publiziert und sind somit für die anfragenden Clients und Server in der Netzwerkumgebung lokalisierbar.

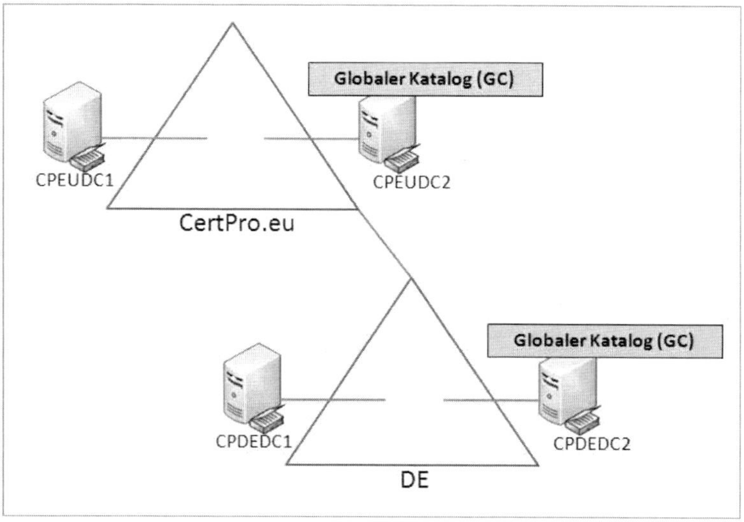

Abbildung 4.13: *Globale Katalogserver in einer Active Directory-Gesamtstruktur*

Sollte nicht mindestens ein einzelner Domänencontroller als globaler Katalogserver erreichbar sein, so schlagen die Anmeldeversuche von Benutzern in der betreffenden Active Directory-Gesamtstruktur fehl.

Globaler Katalog und der Anmeldeprozess

Beim Anmeldeprozess eines Benutzers in den Active Directory-Gesamtstrukturen wird von dem betreffenden Domänencontroller über den globalen Katalog die mögliche Gruppenmitgliedschaft in universellen Gruppen ermittelt. Die hierbei ermittelten Sicherheitskennungen (engl. *Security Identifiers, SIDs*) der universellen Gruppen werden dann in dem vom Domänencontroller für den Benutzer auszustellenden Zugriffstoken (engl. *Access Token*) erfasst. Sollte es für den Domänencontroller nicht möglich sein, die Gruppenmitgliedschaften des sich anmeldenden Benutzers in möglichen, universellen Gruppen zu ermitteln, könnte mitunter die Sicherheit von Ressourcen in der Active Directory-Umgebung gefährdet sein. In Domänenumgebungen, die sich in der Domänenfunktionsebene Windows 2000 oder höher befinden, schlägt der Anmeldeversuch eines Benutzers im Netzwerk bei der erfolglosen Abfrage der Mitgliedschaft in universellen Gruppen unter Umständen fehl. Um diesem Verhalten vorzubeugen, und eine gewisse Redundanz zu erreichen, sollten mindestens zwei der in einer Active Directory-Gesamtstruktur vorhandenen Domänencontroller für den Einsatz als globale Katalogserver konfiguriert werden. Alternativ kann man in Active Directory-Standorten, die über eine schmalbandige Anbindung an Unternehmensstandorte verfügen, die Zwischenspeicherung der universellen Gruppenmitgliedschaften von Benutzern aktivieren.

Globaler Katalog und die Infrastrukturmasterrolle

In einfachen Active Directory-Domänenmodellen kann prinzipiell jeder der vorhandenen Domänencontroller als globaler Katalogserver eingesetzt werden. Eine Ausnahme stellen hierbei die Active Directory-Gesamtstrukturen mit mehrere Domänen dar, in denen nicht alle der vorhandenen Domänencontroller der jeweils vorhandenen Active Directory-Domänen auch gleich als globaler Katalogserver konfiguriert sind. In diesem Fall sollte man auf den Domänencontrollern, welcher den globalen Katalogserver ausführen, nicht auch gleichzeitig die Rolle des Infrastrukturmasters der betreffenden Domäne platzieren. Diese Einschränkung gilt jedoch nur in solchen Gesamtstrukturen, in denen Domänencontroller eingesetzt werden, die nicht auch gleichzeitig als globaler Katalogserver fungieren.

Der globale Katalog und Remote-Standorte

In Active Directory-Standorten, die über eine schmalbandige, unzuverlässige oder auch stark ausgelastete WAN-Verbindung an andere Active Directory-Standorte angebunden sind, kann der Einsatz von globalen Katalogservern mitunter wenig sinnvoll sein. Beim Einrichten eines Domänencontrollers als globaler Katalogserver wird der Inhalt des globalen Katalogs auf den betreffenden Server repliziert. Wenn die betreffenden Server räumlich getrennt betrieben werden, stellt dies mitunter eine große Belastung für die WAN-Verbindung zwischen den Servern dar. Es empfiehlt sich daher in kleineren Remote-Standorten mitunter das Aktivieren der Zwischenspeicherung der universellen Gruppenmitgliedschaft, um die Replikationslast zu reduzieren, jedoch die Anmeldeprozesse der am betreffenden Standort befindlichen Benutzer erfolgreich durchführen zu können.

Richtlinien für die Platzierung von globalen Katalogservern

Bei der Planung des Einsatzes von globalen Katalogservern sollten Sie die folgenden Richtlinien berücksichtigen:

- Platzieren Sie mindestens zwei globale Katalogserver innerhalb einer Active Directory-Gesamtstruktur.
- Setzen Sie, soweit möglich, alle Domänencontroller einer Active Directory-Domäne als globalen Katalogserver ein.
- Platzieren Sie in Domänen, in denen nicht jeder Domänencontroller als globaler Katalogserver konfiguriert ist, die Infrastrukturmasterrolle auf einem Server, der nicht auch als globaler Katalogserver fungiert.
- In Active Directory-Standorten, in denen verzeichnisabhängige Anwendungen (beispielsweise Microsoft Exchange Server) ausgeführt werden, empfohlen Microsoft den Einsatz eines Domänencontrollers als globalen Katalogserver.

- In Active Directory-Standorten mit weniger als 100 Benutzern, welche über eine schmalbandige, unzuverlässige WAN-Verbindung an einen anderen Active Directory-Standort angebunden sind, kann die Zwischenspeicherung der universellen Gruppenmitgliedschaft im betreffenden Standort aktiviert werden, um die Notwendigkeit des Einsatzes von globalen Katalogservern, und der damit verbundenen Replikationslast zu vermeiden.

Die notwendigen Schritte für die Konfiguration eines Domänencontrollers als globaler Katalogserver, sowie auch die Aktivierung der Zwischenspeicherung der universellen Gruppenmitgliedschaft für Benutzerkonten werden in den nachfolgenden Kapiteln detailliert erläutert.

4.3.4 Platzieren der Betriebsmasterrollen

In Active Directory-Gesamtstrukturen und -Domänen führen Domänencontroller bestimmte Betriebsmasterrollen (engl. *Flexible Single Master Operations Roles, FSMO roles*) aus, die für die fehlerfreie Funktion der Active Directory-Domänendienste (*Active Directory Domain Services, AD DS*) notwendig sind. Diese Betriebsmasterrollen sind spezielle Funktionen, die einerseits auf Ebene der Active Directory-Gesamtstruktur, andererseits auf Ebene der jeweiligen Active Directory-Domänen ausgeführt werden müssen.

Auf der Ebene einer Active Directory-Gesamtstruktur existieren zwei Betriebsmasterrollen:

- **Schemamaster** (engl. *Schema Master*)
- **Domänennamensmaster** (engl. *Domain Naming Master*)

WICHTIG! Die Betriebsmasterrollen Schemamaster und Domänennamenmaster dürfen nur einmal in jeder Gesamtstruktur ausgeführt werden.

Auf der Ebene einer jeden Active Directory-Domäne werden drei Betriebsmasterrollen ausgeführt:

- **PDC-Emulator** *(*engl. *PDC Emulator)*
- **RID-Master** *(*engl. *RID Master)*
- **Infrastrukturmaster** *(*engl. *Infrastructure Master)*

WICHTIG! Die Betriebsmasterrollen PDC-Emulator, RID-Master und Infrastrukturmaster dürfen nur einmalig innerhalb einer jeden Domäne einer Active Directory-Gesamtstruktur ausgeführt werden.

Standardmäßige Platzierung von Betriebsmasterrollen

Bei der Einrichtung einer Active Directory-Gesamtstruktur erhält der erste, dabei installierte Domänencontroller alle fünf Betriebsmasterrollen. Bei der Einrichtung von untergeordneten

Domänen erhält der dabei installierte, erste Domänencontroller die drei Betriebsmasterrollen der betreffenden Active Directory-Domäne. Die Betriebsmasterrollen können anschließend jederzeit auf andere Domänencontroller derselben Domäne übertragen werden.

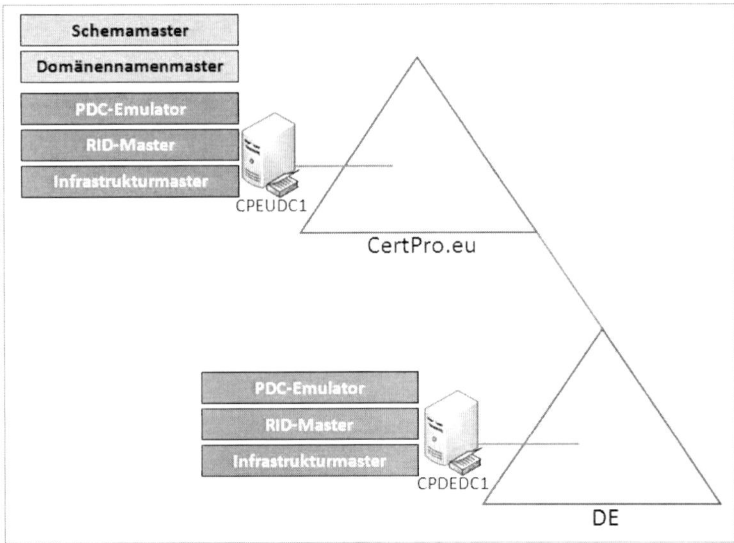

Abbildung 4.14: *Verteilung der Betriebsmasterrollen (FSMO-Roles) in einer Active Directory-Gesamtstruktur mit untergeordneter Domäne*

Richtlinien für die Platzierung von Betriebsmasterrollen

Bei der Planung der Platzierung der Betriebsmasterrollen innerhalb einer Active Directory-Gesamtstruktur bzw. -Domäne sollten Sie die folgenden Richtlinien berücksichtigen:

Active Directory-Gesamtstruktur mit einer einzigen Domäne

In einer Active Directory-Gesamtstruktur mit einer einzigen Domäne gelten u. a. die folgenden Empfehlungen:

- Belassen Sie die fünf Betriebsmasterrollen auf dem zuerst eingerichteten Domänencontroller der Active Directory-Gesamtstruktur.
- Führen Sie in Domänen, in denen nicht jeder Domänencontroller auch als globaler Katalogserver konfiguriert ist, die Betriebsmasterrolle des Infrastrukturmasters und des globalen Katalogs auf verschiedenen Domänencontrollern aus, um somit auf das mögliche, spätere hinzufügen weiterer Domänen vorbereitet zu sein.
- Bestimmen Sie einen zweiten in der Gesamtstruktur vorhandenen Domänencontroller als Standby-Server für die mögliche Übernahme der Betriebsmasterrollen. Dieser Server muss nicht weiter konfiguriert werden, sondern wird zu der Funktion als Standby-Server

lediglich bestimmt, und in der Dokumentation der Active Directory-Gesamtstruktur vermerkt. Der geplante Standby-Server muss als Domänencontroller an der standardmäßigen Replikation teilhaben, um im Bedarfsfall zeitnah als Betriebsmaster eingesetzt werden zu können.

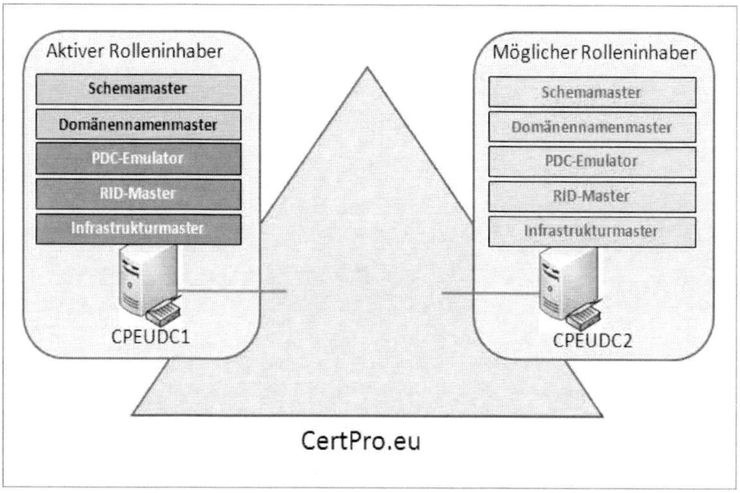

Abbildung 4.15: *Aktiver und möglicher Inhaber der Betriebsmasterrollen (FSMO-Roles) einer Active Directory-Domäne*

Active Directory-Gesamtstruktur mit mehreren Domänen

In einer Active Directory-Gesamtstruktur mit mehreren Domänen gelten u. a. die folgenden Empfehlungen:

- In Active Directory-Gesamtstrukturen, in denen alle Domänencontroller auch als globale Katalogserver konfiguriert sind, belassen Sie die Betriebsmasterrollen auf den jeweils zuerst eingerichteten Domänencontrollern der in der Gesamtstruktur vorhandenen Domänen.
- Übertragen Sie die Betriebsmasterrollen innerhalb einer Active Directory-Gesamtstruktur, in der nicht alle Domänencontroller auch als globale Katalogserver eingesetzt werden, auf einen Domänencontroller, der nicht als globaler Katalogserver fungiert.
- Setzten Sie, je nach der Konfiguration der Domänencontrollerfunktion als globale Katalogserver, in jeder Domäne einen Standby-Server ein, der die Betriebsmasterrollen im Bedarfsfall übernehmen kann. In Gesamtstrukturen, in denen nicht jeder Domänencontroller als globaler Katalogserver konfiguriert ist, sollten Sie sicherstellen, dass der zu planende Domänencontroller als Standby-Server für die Betriebsmasterrollen die Funktion als globaler Katalogserver nicht ausführt.

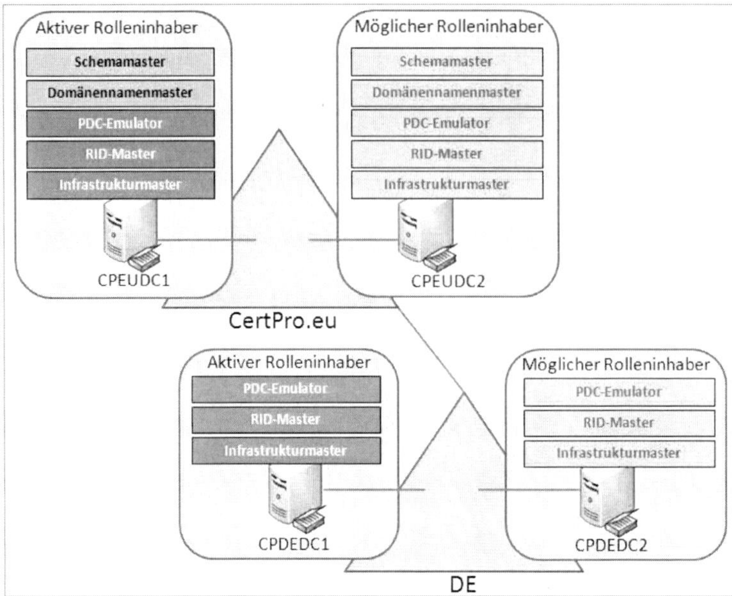

Abbildung 4.16: *Aktive und mögliche Inhaber der Betriebsmasterrollen (FSMO-Roles) einer Active Directory-Gesamtstruktur*

4.4 Entwerfen einer Verwaltungsinfrastruktur

Neben der Planung der Platzierung der Domänencontroller muss für eine erfolgreiche Implementierung einer Active Directory-Gesamtstruktur auch die Verwaltungsinfrastruktur geplant werden. Häufig wird hierbei die IT-Verwaltungsstruktur des betreffenden Unternehmens zugrunde gelegt. Bei der Planung der Verwaltungsinfrastruktur ist es wichtig, sich für ein mögliches Verwaltungsmodell zu entscheiden. Das notwendige Wissen, sowie auch Richtlinien und Empfehlungen für die erfolgreiche Planung einer Verwaltungsinfrastruktur erhalten Sie in den nachfolgenden Seiten.

4.4.1 Bestimmen eines Verwaltungsmodells

Um ein auf die geplante Active Directory-Gesamtstruktur passende Verwaltungsinfrastruktur definieren zu können, sollte man sich an der Verzeichnisstruktur der Active Directory-Domänendienste (*AD DS*) orientieren. Oft lässt sich hieraus bereits ein zutreffendes Verwaltungsmodell ableiten. Bei der Beurteilung der geplanten oder auch bereits implementierten Active Directory-Infrastruktur sollte man sich für die Bestimmung des zutreffenden Verwaltungsmodells über die folgenden Schwerpunkte informieren:

- Ist zukünftiges Wachstum geplant?
- Wer ist in einer bereits bestehenden Active Directory-Infrastruktur bisher für die Verwaltung der Gesamtstruktur und der darin enthaltenen Domänen zuständig?

- Verfügt das Unternehmen an jedem Unternehmensstandort über eine ausreichende Anzahl an Administratoren?
- Sollen Teile der Verwaltung, wie beispielsweise das Zurücksetzen von Benutzerkontenkennwörtern, an bestimmte Personen delegiert werden?
- Ist eine Aufteilung der bisherigen Verwaltungszuständigkeiten geplant?
- Sind derzeit bereits Administrator-Rollen (beispielsweise Trennung von Administration und Support) definiert und sollen diese auch zukünftig so erhalten bleiben?
- Welche zu verwaltenden Ressourcen sind im betreffenden Unternehmen geplant oder bereits vorhanden?
- Existieren bestimmte Sicherheitsanforderungen, die eine Rollentrennung in der Verwaltung von Ressourcen erforderlich machen?

Die möglichen Antworten zu diesen Fragen sollten festgehalten werden, da diese in die spätere Entscheidung für ein entsprechendes Verwaltungsmodell einbezogen werden müssen.

Wenn die notwendigen Informationen in Erfahrung gebracht wurden, ist die Auswahl eines möglichen Verwaltungsmodells um ein Vielfaches einfacher. Aber: welche Verwaltungsmodelle existieren im Umfeld der Active Directory-Infrastrukturen?

Verwaltungsmodelle

Es existieren verschiedene Verwaltungsmodelle, mit denen man bestimmte Personen für die Verwaltung von Unternehmensressourcen definiert. Auch wird in den verschiedenen Verwaltungsmodellen der Umfang der geplanten Verwaltungstätigkeit festgehalten. In der Regel leitet sich hieraus auch die Struktur der in den Active Directory-Domänen zu definierenden Organisationseinheiten (engl. *Organizational Units, OUs*) ab.

Die folgende Tabelle enthält die möglichen, planbaren Verwaltungsmodelle:

Verwaltungsmodell	Verwaltungszuständigkeit	Delegierungsmöglichkeit
Zentralisierte IT	Verwaltung erfolgt durch eine Person oder Abteilung.	Alltägliche Aufgaben, wie das Zurücksetzen von Kennwörtern kann an bestimmte Personen oder Gruppen delegiert werden.
Zentralisierte IT mit dezentralisierter Verwaltung	Die zentrale Verwaltung der Netzwerkumgebung erfolgt durch die am Hauptstandort befindliche IT-Abteilung, die Verwaltung der Ressourcen an	Verwaltung der Basisdienste erfolgt zentral durch eine IT-Abteilung. Die Verwaltung der täglichen Verwaltungsschritte jedoch erfolgt durch das dazu delegierte IT-Personal an den einzelnen Unternehmensstandorten.

Verwaltungsmodell	Verwaltungs-zuständigkeit	Delegierungsmöglichkeit
	weiteren Unternehmensstandorten jedoch erfolgt hierbei jeweils durch lokal eingesetztes IT-Personal.	
Dezentralisierte IT	Verwaltung erfolgt durch verschiedene Abteilungen, um beispielsweise jeweils spezifische Anforderungen erfüllen zu können.	Im Bedarfsfall können einzelne Verwaltungstätigkeiten mitunter gemeinsam durchgeführt werden, beispielsweise die unternehmensweite Einführung einer Exchange-Organisation.
Ausgelagerte IT	Externe Unternehmen oder Personen (engl. *Outsourcing*)	Die vollständige oder auch Teile der IT-Verwaltung.

Tabelle 4.2: *Verwaltungsmodelle einer Active Directory-Verwaltungsinfrastruktur*

Weitere Gesichtspunkte für die Auswahl eines Verwaltungsmodells

Bei der Auswahl eines Verwaltungsmodells sollte man (auch aus Gründen der Sicherheit) die folgenden Gesichtspunkte berücksichtigen:

- Beschränken Sie die Verwaltungsrechte auf die für die Administration nur tatsächlich notwendigen Rechte.
- Beschränken Sie die Anzahl der Administratoren auf Ebene der Gesamtstruktur oder auch der Domäne.
- Beschränken Sie die Mitgliedschaft der Gruppe der Schema-Administratoren.

4.4.2 Planen einer Struktur für Organisationseinheiten

Wenn Sie sich für ein bestimmtes Verwaltungsmodell entschieden haben, so müssen Sie sich nun für die Struktur der in den Domänen zu erstellenden Organisationseinheiten (engl. *Organizational Units, OUs*) entscheiden. Achten Sie hierbei unbedingt auf ein möglicherweise absehbares oder geplantes Wachstum des betreffenden Unternehmens, da dieses einen nicht unerheblichen Einfluss auf das Verwaltungsmodell ausüben kann.

Die nachfolgende Tabelle enthält die verschiedenen Planungsstrategien für die Strukturen von Organisationseinheiten (engl. *Organizational Units, OUs*) mitsamt der damit verbundenen Vor- und Nachteile:

Organisationseinheiten-Struktur	Vorteile	Nachteile
nach Standorten	Hinzufügen oder das Schließen von Unternehmensstandorten ist jederzeit möglich.	Standortbasierte Administratoren können erforderlich sein.
nach Abteilungen	Hinzufügen oder die Zusammenführung von Abteilungen ist jederzeit möglich.	Anfällig für die Reorganisation des Unternehmens.
nach Funktionen	Unabhängig von der Reorganisation des Unternehmens.	Unter Umständen sind noch weitere Unterschachtelungen notwendig, um die darin enthaltenen Ressourcen delegieren zu können.
Struktur nach Standorten und dann nach Abteilungen	Hinzufügen weiterer Abteilungen wird problemlos unterstützt.	Struktur muss bei der Reorganisation des Unternehmens überarbeitet werden.
Struktur nach Abteilungen und dann nach Standorten	Hinzufügen weiterer Standorte ist problemlos möglich.	Struktur muss bei der Reorganisation des Unternehmens überarbeitet werden.

Tabelle 4.3: *Planbare Strukturen von Organisationseinheiten (OUs)*

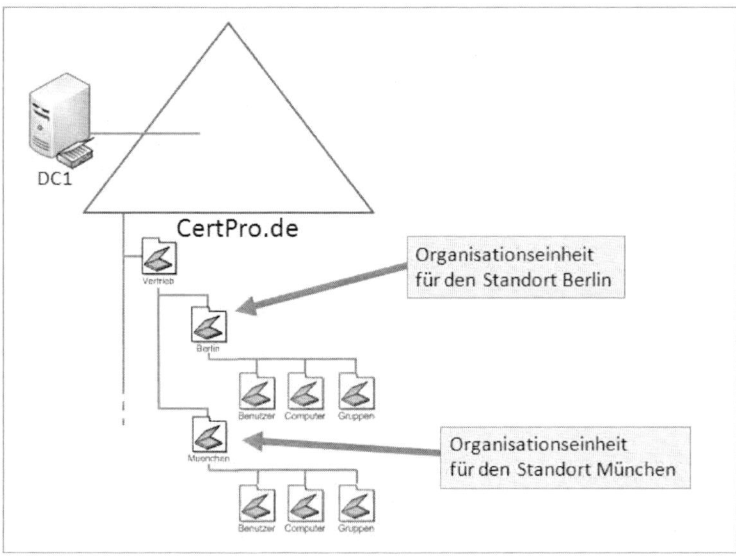

Abbildung 4.17: *Beispiel einer Organisationseinheitenstruktur (OU-Struktur) in einer Active Directory-Domäne*

4.4.3 Delegieren der Verwaltungsfunktionalität

Nachdem die Struktur der Organisationseinheiten (engl. *Organizational Units, OUs*) geplant wurde, muss man sich nun dem Entwurf für die Delegierung der Verwaltungsfunktionalität zuwenden. Man unterscheidet die Delegierung der Verwaltungsfunktionalität zwischen:

- **Objektbezogener Delegierung** Hierbei basiert die Delegierung der Verwaltung auf der Ebene einer Organisationseinheit, und somit der darin enthaltenen Objekttypen (beispielsweise Benutzer- oder Computerobjekte). Die Verwaltung der betreffenden Organisationseinheit wird hierbei an einzelne Benutzer oder an eine Gruppe delegiert.
- **Aufgabenbezogene Delegierung** Bei dieser Art der Delegierung wird einem Benutzer oder einer Gruppe Recht für die Durchführung bestimmter Aufgaben (beispielsweise das Zurücksetzen von Benutzerkontenkennwörter oder das Erstellen von Computerobjekten) übertragen.

Vererbung der Verwaltungsberechtigung

Die auf Ebene der Domäne oder auf einer der darin enthaltenen Organisationseinheiten delegierten Verwaltung wird auf die jeweils untergeordneten Organisationseinheiten standardmäßig vererbt. Somit kann man die Delegierung auf der zutreffenden, höchsten Ebene einer Struktur von Organisationseinheiten vornehmen, um die Verwaltung der darunterliegenden Struktur ebenso an den betreffenden Benutzer oder die Gruppe zu delegieren. Die Vererbung kann jedoch auch deaktiviert werden, um die Delegierung der Verwaltung ab einer bestimmten, untergeordneten Organisationseinheit wiederum zu unterbrechen.

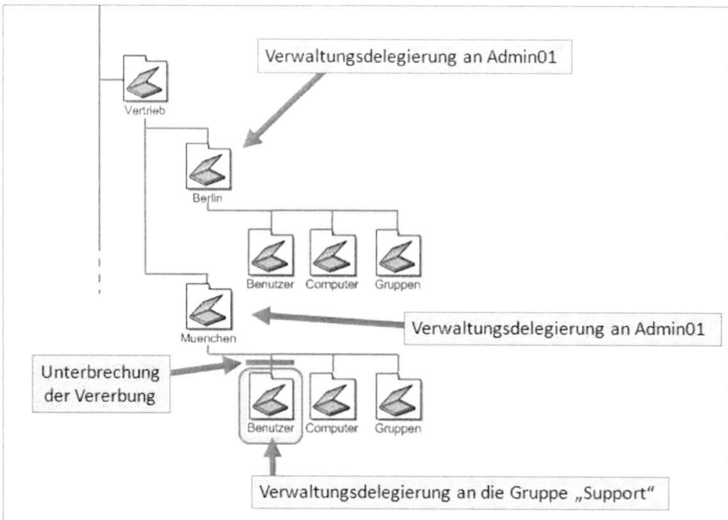

Abbildung 4.18: *Delegierung der Verwaltung von Organisationseinheiten (OUs) innerhalb einer Active Directory-Domäne*

In den Active Directory-Domänen werden die Delegierungsberechtigungen in diskreten Zugriffskontrolllisten (engl. *Discretionary Access Control Lists, DACLs*) festgelegt. Diese Berechtigungen können bei Bedarf jederzeit angepasst werden.

Empfehlungen für den Entwurf von Organisationseinheitenstrukturen

Beim Entwurf von Strukturen für Organisationseinheiten sollten Sie die folgenden Empfehlungen berücksichtigen:

- Delegieren Sie die Verwaltungsberechtigung auf der jeweils höchsten Ebene der Organisationseinheiten an Sicherheitsgruppen oder (im Ausnahmefall) an einzelne Benutzer. Beachten Sie dabei die standardmäßige Vererbungsfolge der delegierten Berechtigungen.
- Planen Sie die Struktur der Organisationseinheiten, so dass die Verwendung von wenigen Gruppenrichtlinienobjekten für die in der Struktur enthaltenen Benutzer- und Computerobjekte in Betracht gezogen werden kann.

Delegieren Sie die Verwaltungsberechtigung für Objekte entweder auf Ebene der Organisationseinheit oder im Bedarfsfall aufgabenbasierend.

4.5 Entwerfen von Strukturen für die Verwendung von Gruppenrichtlinienobjekten

Bei der Planung der Struktur für Organisationseinheiten innerhalb einer Domäne sollte man die mögliche Verwendung von Gruppenrichtlinienobjekten und deren Verknüpfungsebene berücksichtigen. Diese werden standardmäßig ab der Verknüpfung auf Ebene der Domäne oder einer Organisationseinheit auf alle darunterliegenden Organisationseinheiten vererbt und somit alle darin enthaltenen Benutzer- und Computerobjekte angewendet.

Gruppenrichtlinienobjekte können auch auf Ebene von Active Directory-Standorten verknüpft werden und durch die darin enthaltenen Domänencontroller auch auf gleich auf Benutzer- und Computerobjekte verschiedener Domänen innerhalb einer Active Directory-Gesamtstruktur angewendet werden. Hierbei verlieren die verantwortlichen Administratoren in einer großen Active Directory-Infrastruktur jedoch schnell den Überblick, und damit die eigentliche Kontrolle über die Anwendung der beabsichtigten Gruppenrichtlinieneinstellungen.

Gruppenrichtlinienobjekte können auf die folgenden Ebenen innerhalb einer Active Directory-Gesamtstruktur verknüpft werden:

- **Active Directory-Standorte**
- **Active Directory-Domänen**
- **Organisationseinheiten (OUs)**

Die angegebene Reihenfolge der Ebenen, auf denen man Gruppenrichtlinienobjekte verknüpfen kann, stellt hierbei auch gleich die Vererbungs- und auch Verarbeitungsfolge von konkurrierenden Gruppenrichtlinien-objekten dar.

4.5.1 Empfehlungen für die Planung der Struktur der Organisationseinheiten für die Verwendung von Gruppenrichtlinienobjekten

Für die Planung der Struktur der Organisationseinheiten (*OUs*) innerhalb von Active Directory-Domänen für die Verwendung von Gruppenrichtlinienobjekten sollte Sie die folgenden Empfehlungen berücksichtigen:

- Planen Sie die Struktur der Organisationseinheiten, so dass Sie die standardmäßige Vererbungsfolge von verknüpften Gruppenrichtlinien auf der jeweils höchsten Ebene für die darin enthaltenen, untergeordneten Organisationseinheiten nutzen können.
- Erstellen Sie Organisationseinheiten, die auf dem betreffenden Objekttyp basieren (beispielsweise für Benutzer-, Gruppen- und Computerobjekte), unterhalb von standort- oder abteilungsbezogenen Organisationseinheiten.

4.6 Entwerfen einer Strategie für Objekte

Wenn Sie sich für eine entsprechende Struktur der Organisationseinheiten (*OUs*) entschieden haben, müssen Sie nun noch eine Strategie für die anzulegenden Benutzer-, InetOrgPerson-, Kontakt-, Gruppen- und Computerobjekte entwerfen. Der Schwerpunkt liegt hierbei eindeutig bei der Festlegung einer entsprechenden Namensstrategie für die betreffenden Objekte.

4.6.1 Benutzerobjekte

Ein Benutzerobjekt wird in der Datenbank der Active Directory-Domänendienste (*Active Directory Domain Services, AD DS*) erstellt und wird als domänenbasiertes Benutzerkonto beispielsweise für die Domänenanmeldung der einzelnen Benutzer, sowie für authentifizierte Zugriffe auf Netzwerkressourcen verwendet.

Unterschiede zwischen lokalen und Domänenbenutzerkonten

Man unterscheidet zwischen lokalen Benutzerkonten, die in der Kontendatenbank (engl. *Security Account Manager, SAM*) eines Windows-Systems und den Domänenbenutzerkonten, die in der Datenbank (*ntds.dit*) der Active Directory-Domänendienste gespeichert werden. Die lokalen Benutzerkonten dienen für die jeweils lokale Anmeldung von Benutzern an bestimmten Computer, die Domänenbenutzerkonten hingegen für die Anmeldung der betreffenden Benutzer in einer Active Directory-Domäne.

Eindeutigkeit anhand von Benutzerobjekten

Um die Eindeutigkeit in einer Domäne zu erreichen, erhält jeder Benutzer ein eigenes, ihm zugeordnetes Benutzerobjekt, über das er sich anhand des dem Objekt zugeordneten Anmeldenamens und eines entsprechenden Benutzerkennworts gegenüber den Domänencontrollern identifiziert.

Benutzerobjekte können auch als Dienstkonten für spezielle Dienste, wie beispielsweise Microsoft SQL Server oder SharePoint Services angelegt und verwaltet werden. Auch hierbei entsteht eine Eindeutigkeit des Dienstkontos anhand des dem Konto zugeordneten Anmeldenamens, sowie des zugehörigen Anmeldekennworts.

Namensstrategie

Um eine Eindeutigkeit von Benutzerobjekten in einer Active Directory-Gesamtstruktur zu erreichen, muss man eine Strategie für die Namensvergabe der Objekte entwickeln. Hierbei muss man auch Benutzernamenskonflikte von Benutzern mit sehr ähnlichen oder gar gleichen Namen berücksichtigen.

Eine empfohlene Namensstrategie kann beispielsweise so konzipiert sein, dass sie die folgenden Bedingungen berücksichtigt:

- Ein bis drei Buchstaben des Vornamens des Benutzers (beispielsweise *H* für *Hans*).
- Ein bis sechs oder gar alle Buchstaben des Nachnamens (beispielsweise *Muster* für *Mustermann*)
- Um Namenskonflikte zu vermeiden kann man bei gleichen Vor- oder Nachnamen noch weitere Buchstaben hinzunehmen. Wenn beispielsweise zwei Personen im Unternehmen den exakt gleichen Vor- und Nachnamen *Hans Mustermann* tragen, so kann man diesen Konflikt in der Namensgebung lösen, indem man den ersten Benutzer mit dem Namen *HMuster* und den zweiten Benutzer mit dem Namen *HaMuster* versieht.

PRAXISTIPP! Aufzählungswerte bei gleichen Vor- und Nachnamen, wie HMuster1, HMuster2, HMuster3... und folgende haben in der Vergangenheit häufig schon zu Unstimmigkeiten zwischen den Mitarbeitern geführt (Zitat: ***„...Du bist bei uns ja nur die Nummer 3, ich bin die Nummer 1...“***), so dass man von einer solchen Strategie eher abraten kann.

Eine andere Lösung für die Namensvergabe ist die Verwendung der intern im Unternehmen verwendeten Personalnummer der einzelnen Mitarbeiter als Anmeldename. Diese kommt in der Regel nur einmalig im gesamten Unternehmen vor.

Die verwendete Namensstrategie sollte sich nicht nur auf eine einzelne Domäne, sondern die Active Directory-Gesamtstruktur beziehen. Spätestens bei der Verwendung von E-Mail-Adressen, die in der Regel dasselbe Domänensuffix innerhalb eines Unternehmens tragen, könnte es sich rächen, wenn man bei der Namensvergabe nur einzelne Domänen berücksichtigt.

Teilzeitkräfte, externe Mitarbeiter, Praktikanten und Dienstkonten

Für bestimmte Konten sollte man ein Präfix entwickeln, der eine zusätzliche, eindeutige Kennzeichnung bestimmten Benutzerkonten darstellt. So kann man ein „***T_***" für die Kennzeichnung von Teilzeitkräften (beispielsweise *T-CWestbrook*), ein „***EX-***" für externe Mitarbeiter (beispielsweise *EX-CWestbrook*) voransetzen, um diese in Anzeige der Benutzerobjekte in der Verwaltungskonsole aus der Masse der Benutzerkonten der internen Mitarbeiter herauszuheben.

Benutzerprinzipalnamen (UPN)

Für die Anmeldung in Active Directory-Domänen können für die einzelnen Benutzerkonten *Prä-Windows 2000-kompatible Anmeldenamen*, beispielsweise *Domäne\Administrator*, oder *Benutzerprinzipalnamen*, beispielsweise *Administrator@CertPro.de*, definiert werden.

In umfangreichen Active Directory-Gesamtstrukturen mit einer Vielzahl an unterschachtelten Domänen kann ein einheitliches Benutzerprinzipalnamen-Suffix (*User Principal Name, UPN*) für alle Mitarbeiter verwendet werden. Beispielsweise könnte man für alle Mitarbeiter der untergeordneten Domäne *Technik.London.GB.CertPro.local* und auch aller anderen vorhandenen Domänen ein einheitliches UPN-Suffix mit dem Namen *CertPro.eu* verwenden. Der Benutzerprinzipalname der Benutzer in der betreffenden Domäne verkürzt sich dadurch ungemein. Wenn die Möglichkeit besteht, kann man durch diese Strategie mitunter sogar den Benutzeranmeldenamen mit der E-Mail-Adresse der betreffenden Benutzer gleichhalten. Dies kommt den Mitarbeitern zusätzlich entgegen, da man sich in beiden Fällen nur an einen selben Namen gewöhnen muss.

Entwerfen einer Kennwortrichtlinie für Benutzerobjekte

In der Active Directory-Infrastruktur sollte eine der jeweiligen Sicherheitsanforderung der Domäne entsprechende Kennwortrichtlinie für Benutzerobjekte entwickelt werden.

Seit der Einführung von Windows Server 2008 besteht Möglichkeit, gleich auch unterschiedliche Kennwort- und Kontosperrungsrichtlinien auf die verschiedenen Benutzerobjekte innerhalb einer Domäne anzuwenden. Somit ist es nun möglich, höhere Kennwortanforderungen für die Benutzerkonten von Administratoren als für die der einfachen Benutzer zu konfigurieren.

Auch sollte man die Komplexitätsvoraussetzung für Benutzerkontenkennwörter, welche seit der Einführung von Windows Server 2003 in neu eingerichteten Domänen standardmäßig aktiviert ist, in die Kennwortstrategie eines Unternehmens einplanen.

Man sollte die folgenden Empfehlungen bei der Planung einer Kennwortstrategie für Benutzerkontenkennwörter berücksichtigen:

- **Erzwingen der Kennwortchronik** In der Standardeinstellung der Domänen unter Windows Server 2003, Windows Server 2008 (oder höher) werden die letzten 24 Kennwörter eines Benutzers gespeichert. Auf diese Weise wird die nochmalige Verwendung der letzten Benutzerkontenkennwörter verhindert.

- **Erzwingen eines maximalen Kennwortalters** Die Standardeinstellung liegt bei 42 Tagen. In vielen Unternehmen mit einer durchschnittlichen Sicherheitsanforderung wird dieser Wert auf 90 Tage verlängert, in Unternehmen, die hohe Sicherheitsanforderungen zu erfüllen haben, jedoch auf durchschnittlich 30 Tage reduziert. Bei der Festlegung dieses Werts sollte man die Sicherheitsanforderung des betreffenden Unternehmens ermitteln und den entsprechenden Wert konfigurieren.

- **Erzwingen eines minimalen Kennwortalters** Dieser Wert wird standardmäßig mit 1 Tag vorgegeben. Man sollte die Verwendung der Benutzerkontenkennwörter über einen bestimmten Zeitraum erzwingen, so dass Benutzer die vorgegebene Kennwortchronik nicht unterlaufen und sich so doch häufig mit dem gleichen Kennwort anmelden können.

- **Erzwingen einer minimalen Kennwortlänge** Standardmäßig fordert eine Domäne unter Windows Server 2003 (oder höher) eine Kennwortlänge von 7 Zeichen. Je nach Sicherheitsanforderung kann sollte man die Kennwortlänge nach oben anpassen. Viele Unternehmen verwenden in Netzwerken mit niedriger Sicherheit eine Kennwortlänge von mindestens 6 Zeichen. Dies ist den heutigen Sicherheitsanforderungen aber kaum mehr gewachsen. Die Tendenz sollte eher in Richtung der Verwendung von mindestens 8 Zeichen oder mehr zeigen, um die Hürde für Hacker bei Angriffen auf das Netzwerk zu erhöhen.

- **Komplexitätsanforderung für Benutzerkontenkennwörter** Standardmäßig ist diese Richtlinie in den Domänen ab Windows Server 2003 (oder höher) bereits aktiviert. Sie setzt voraus, dass ein Benutzerkontenkennwort sich aus verschiedenen Zeichentypen, beispielsweise Buchstaben, Zahlen und Sonderzeichen, zusammensetzt. Die Komplexitätsanforderung wird in Unternehmen oft deaktiviert, um den Benutzern eine einfachere Kennwortwahl zu ermöglichen. Diese Einstellung sollte in Netzwerken mit mittlerer und hoher Sicherheitsanforderung unbedingt aktiviert bleiben.

4.6.2 InetOrgPerson-Objekte

Seit der Einführung von Windows Server 2003 kann man in den Active Directory-Domänen sogenannte InetOrgPerson-Objekte anlegen. Diese dienen, vergleichbar mit Benutzerobjekten, für die Authentifizierung und die Steuerung des Ressourcenzugriffs. InetOrgPerson-Konten sind jedoch auch mit anderen LDAP (*Lightweight Directory Access Protocol*)-Verzeichnisdiensten kompatibel. Bei diesen werden InetOrgPerson-Objekte anstelle von Benutzerkontenobjekten verwendet.

Wenn in einem Unternehmensnetzwerk noch weitere LDAP-Verzeichnisdienste verwendet werden, so kann man für den gemeinsamen Zugriff und die Authentifizierung InetOrgPerson-Konten anstelle der Benutzerkonten verwenden.

Die Namenskonventionen sollten für InetOrgPerson-Objekte mit denen für Benutzerkontenobjekte gleich gehalten werden. Man kann diese Kontenart jedoch auch durch ein zusätzliches Präfix (beispielsweise ***„INO-"***) kennzeichnen.

4.6.3 Kontaktobjekte

Kontaktobjekte werden in der Datenbank der Active Directory-Domänendienste (*AD DS*) gespeichert und dienen, wie es der Namen schon ableiten lässt, als reine Kontaktobjekte, denen man ein oder im Bedarfsfall auch mehrere E-Mail-Adressen zuordnen kann. Die Active Directory-Benutzer können nach den in der Active Directory-Datenbank gespeicherten Kontaktobjekten suchen und die dafür definierten E-Mail-Adressen für den direkten E-Mail-Versand verwenden.

Den Kontaktobjekten können keinerlei Berechtigungen oder Rechte zugeordnet werden. Oft werden die Kontaktobjekte für die Speicherung der E-Mail-Adresse von externen Mitarbeitern genutzt.

Kontaktobjekte sollten in der Namensstrategie der Active Directory-Domänendienste (*Active Directory Domain Services, AD DS*) des Unternehmens ebenso berücksichtigt werden. Oft werden diese Objekte sogar in eigenen Organisationseinheiten (*OUs*) zusammengefasst.

4.6.4 Gruppenobjekte

Neben den Benutzer-, InetOrg- und Kontaktobjekten existieren in den Active Directory-Domänen, wie auch in lokalen Computersystemen, bestimmte Gruppen, um die Verwaltung zu vereinfachen. Wenn viele Benutzer einer bestimmten Abteilung auf viele, gleiche Ressourcen zugreifen müssen, so wäre es mit viel Verwaltungsaufwand verbunden, jedem einzelnen Benutzer die entsprechenden Zugriffsrechte zuzuweisen. Einfacher lässt sich dies in Active Directory-Domänen über die Verwendung von Gruppenobjekten realisieren.

Die Benutzer werden einfach gemeinsam zu einer bestimmten Gruppe hinzugefügt, welcher man dann im Folgenden die entsprechenden Rechte oder Berechtigungen zuweist. Somit erhalten automatisch alle Mitglieder der betreffenden Gruppe die definierten Rechte oder Berechtigungen.

Man unterscheidet bei den Active Directory-Gruppenobjekten zwischen *Gruppentypen* und *Gruppenbereichen*.

Gruppentypen

Anhand eines Gruppentyps eines Active Directory-Gruppenobjekts legt man die Verwendung des Objekts in der Verwaltung fest. Man unterscheidet dabei zwischen:

- **Sicherheitsgruppe** Eine Sicherheitsgruppe kann verwendet werden, um Rechte und/oder Berechtigungen an die Mitglieder der Gruppe zu erteilen. Sie kann auch für die Verteilung von E-Mail-Nachrichten an die Mitglieder der Gruppe verwendet werden.
- **Verteilergruppe** Eine Verteilergruppe dient, wie es der Name bereits ableiten lässt, für die Verteilung von E-Mail-Nachrichten an die Mitglieder der Gruppe. Eine solche Gruppe wird beispielsweise im Umfeld von Microsoft Exchange Server eingesetzt. Einer Verteilergruppe können keinerlei Rechte oder Berechtigungen erteilt werden.

Konvertierung von Gruppen

Eine Verteilergruppe kann in einer Active Directory-Domäne in eine Sicherheitsgruppe umgewandelt werden. Hierdurch ist es möglich, der Gruppe nachfolgend Rechte und Berechtigungen zu erteilen. Auch ist die Konvertierung einer Sicherheits- in einer Verteilergruppe möglich.

VORSICHT! Man sollte aus Gründen der Sicherheit von der Konvertierung von Sicherheitsgruppen zu Verteilergruppen unbedingt absehen. Da die Sicherheitskennung (*SID*) der zu einer Verteilergruppe konvertierten Sicherheitsgruppe noch in den Zugriffskontrolllisten (engl. *Access Control Lists, ACLs*) für Ressourcen enthalten sein kann, ist es für Mitglieder der Gruppe mitunter möglich, selbst nach der Konvertierung noch Zugriff auf die betreffenden Ressourcen zu erhalten. Stattdessen sollten Sie eine Sicherheitsgruppe vorsichtshalber lieber löschen und nachfolgend als Verteilergruppe neu anlegen. Beim Erstellen der Verteilergruppe wird dieser eine neue Sicherheitskennung (*SID*) zugeordnet, die auf keinen Fall mehr konform mit der der ehemaligen Sicherheitsgruppe gleichen Namens sein kann.

Gruppenbereiche

Neben den Gruppentypen, bei denen festgelegt wird, welche Art von Gruppe vorliegt, kann man anhand der Gruppenbereiche die „Wirkungsweite" einer Gruppe definieren.

In Active Directory-Domänen und Gesamtstrukturen existieren die folgenden Gruppenbereiche:

- **Domänenlokale Gruppe (DL)**
- **Globale Gruppe (G)**
- **Universelle Gruppe (U)**

In Domänen und Gesamtstrukturen, die mindestens auf der Domänenfunktionsebene „Windows 2000 (pur)" (oder höher) ausgeführt werden, existieren die folgenden Gruppenbereiche:

Gruppenbereich	Gruppenmitgliedschaft	Verwendung
Domänenlokale Gruppe (DL)	Benutzerkonten und Gruppen aus beliebigen Domänen der eigenen, sowie von vertrauenswürdigen Domänen	Zugriffssteuerung auf Ressourcen innerhalb der betreffenden Domäne
Globale Gruppe (G)	Benutzerkonten der betreffenden, sowie andere globale Gruppen derselben Domäne	Zugriffssteuerung auf Ressourcen innerhalb und übergreifend in vertrauenswürdigen Domänen, oder zwischen vertrauenswürdigen Gesamtstrukturen
Universelle Gruppe (U)	Benutzerkonten aus beliebigen Domänen der Gesamtstruktur Globale Gruppen aus beliebigen Domänen der Gesamtstruktur Andere universelle Gruppen aus beliebigen Domänen der Gesamtstruktur	Zugriffssteuerung auf Ressourcen in vertrauenswürdigen Domänen, oder zwischen vertrauenswürdigen Gesamtstrukturen

Tabelle 4.6: *Gruppenbereiche in Active Directory-Domänen*

Die universellen Gruppen sind die übergreifend flexibelsten Gruppen, die man in einer Active Directory-Domäne einsetzen kann. Jedoch sollte man bei der Planung von universellen Gruppen bedenken, dass diese (wie auch globale und domänenlokale Gruppen) in den globalen Katalog repliziert werden. Dies ergibt sich aus dem Umstand, dass in einer universellen Gruppe Benutzerkonten und Gruppen einer beliebigen Domäne einer Gesamtstruktur enthalten sein können.

Jede Änderung an der Mitgliedschaft einer universellen Gruppe wird nachfolgend in den globalen Katalog und dann zwischen den einzelnen Servern des globalen Katalogs repliziert. Bei einer absehbar großen Anzahl an Änderungen der Gruppenmitgliedschaften von universellen Gruppen sollte man dies in die Kalkulation der notwendigen Bandbreite von WAN-Verbindungen einkalkulieren.

PRAXISTIPP! Es empfiehlt sich, die Mitgliedschaft einzelner Benutzer in universellen Gruppen zu beschränken und stattdessen eher die globalen Gruppen der Benutzer als Mitglied zu universellen Gruppen hinzufügen. Die Praxis zeigt, dass häufiger Benutzerkonten gelöscht und neu angelegt werden, hingegen jedoch die erstellten, globalen Gruppen einer Domäne im Vergleich dazu häufig für eine lange Zeit bestehen bleiben. Wenn man also globale Gruppen als Mitglied einer universellen Gruppe definiert, und sich innerhalb der globalen Gruppe nachfolgend Änderungen der Gruppenmitgliedschaften einzelner Benutzer ergeben, so entsteht die Änderung hierbei lediglich in der globalen Gruppe. Änderungen an universellen Gruppen werden somit vermieden und gleichlautend auch die Replikationslast reduziert.

Delegierung der Verwaltung der Gruppenmitgliedschaft

Seit der Einführung von Windows Server 2003 (oder höher) ist es möglich, die Verwaltung der Gruppenmitgliedschaft an bestimmte Benutzer zu delegieren. Der jeweilige Benutzer wird somit zum Manager der betreffenden Gruppe.

Durch die Delegierung der Verwaltung der Gruppenmitgliedschaft erhält der Manager die Berechtigung, andere Benutzer als Mitglied zur jeweiligen Gruppe hinzuzufügen, oder diese aus der betreffenden Gruppe zu entfernen.

Abbildung 4.19: *Delegierung der Verwaltung der Gruppenmitgliedschaft einer globalen Gruppe an einen Vorgesetzten*

In der Praxis wird die Verwaltung der Gruppenmitgliedschaft einer Gruppe in einer Active Directory-Domäne meist an Abteilungsleiter oder Personen in ähnlichen Funktionen übertragen. Diese steuern dann über die Mitgliedschaft der Mitarbeiter in der jeweiligen Gruppe den Zugriff auf die abteilungsinternen Ressourcen.

Active Directory-Standardgruppen

In den Active Directory-Domänen unter Windows Server 2012 R2 sind viele bereits vordefinierte Gruppen enthalten. Diese befinden sich standardmäßig im Container ***Builtin*** und im Container ***Users*** einer jeden Active Directory-Domäne.

Active Directory-Gruppen im Builtin-Container

Die im Container ***Builtin*** einer Active Directory-Domäne vorhandenen Gruppen entsprechen weitgehend den standardmäßig vorhandenen Gruppen eines Mitgliedsservers unter Windows Server 2012 R2. Eine Ausnahme stellt beispielsweise die Gruppe der Hauptbenutzer eines Mitgliedservers dar. Diese Gruppe existiert in dem Builtin-Container einer Active Directory-Domäne nicht. Alternativ steht in der Domäne dafür die Gruppe der Server-Operatoren bereit, die ihrerseits wiederum auf Mitgliedsservern nicht existiert.

HINWEIS: In einer Active Directory-Domäne wirken sich alle im Builtin-Container vorhandenen Gruppen auf alle in der Domäne vorhandenen Domänencontroller gleichermaßen aus. Diese Serversysteme führen nach dem Heraufstufen zu einem Active Directory-Domänencontroller selbst keine lokalen Benutzer und Gruppen mehr.

Die folgende Tabelle enthält eine Übersicht über die standardmäßig vorhandenen Gruppen des ***Builtin***-Containers einer Active Directory-Domäne.

Gruppenname	Beschreibung
Administratoren	Mitglieder dieser Gruppe besitzen uneingeschränkten Zugriff auf die Domänencontroller in der Domäne.
Benutzer	Mitglieder dieser Gruppe können keine zufälligen oder beabsichtigten Änderungen am betreffenden System durchführen, dürfen aber die meisten herkömmlichen Anwendungen ausführen.
Distributed COM-Benutzer	Mitglieder dieser Gruppe können Distributed-COM-Objekte auf den Domänencontrollern starten, aktivieren und verwenden.
Druck-Operatoren	Mitglieder dieser Gruppe können Drucker auf den Domänencontrollern der Domäne verwalten.
Ereignisprotokollleser	Mitglieder dieser Gruppe dürfen Ereignisprotokolle der Domänencontroller lesen.
Erstellungen eingehender Gesamtstrukturvertrauensstellung	Mitglieder dieser Gruppe können eingehende, unidirektionale Vertrauensstellungen zu dieser Gesamtstruktur erstellen.
Gäste	Mitglieder dieser Gruppe besitzen eingeschränkte Zugriffsrechte in der Domäne.
Hyper-V-Administratoren	Die Mitglieder dieser Gruppe erhalten uneingeschränkten Zugriff auf sämtliche Features von Hyper-V.
IIS_IUSRS	Von Internetinformationsdiensten verwendete integrierte Gruppe.
Konten-Operatoren	Mitglieder dieser Gruppe können Domänenbenutzer und -gruppen verwalten.
Kryptografie-Operatoren	Mitglieder dieser Gruppe sind berechtigt, kryptografische Vorgänge durchzuführen.
Leistungsprotokollbenutzer	Mitglieder dieser Gruppe können die Protokollierung von Leistungsindikatoren planen, Traceanbieter aktivieren und

Gruppenname	Beschreibung
	Ereignistraces sammeln, sowohl lokal als auch über Remotezugriff.
Leistungsüberwachungsbenutzer	Mitglieder dieser Gruppe können lokal oder remote auf Leistungszählerdaten zugreifen.
Netzwerkkonfigurations-Operatoren	Mitglieder dieser Gruppe verfügen über einige Administratorrechte zum Verwalten der Konfiguration von Netzwerkfunktionen.
Prä-Windows 2000 kompatibler Zugriff	Eine mit Vorgängerversionen kompatible Gruppe, die allen Benutzern und Gruppen in der Domäne Lesezugriff gewährt.
RDS-Endpunktserver	Auf den Servern dieser Gruppe werden virtuelle Computer ausgeführt und Sitzungen für RemoteApp-Programme und persönliche virtuelle Desktops der Benutzer gehostet. Die Gruppe muss auf denjenigen Servern aufgefüllt werden, die den RD-Verbindungsbroker ausführen. Bei der Bereitstellung verwendete RD-Sitzungshostserver und RD-Virtualisierungshostserver müssen dieser Gruppe angehören.
RDS-Remotezugriffsserver	Die Server dieser Gruppe bieten Benutzern von RemoteApp-Programmen und persönlichen virtuellen Desktops Zugriff auf diese Ressourcen. Bei Bereitstellungen mit Internetzugriff werden sie in der Regel einem Umkreisnetzwerk zugeordnet. Die Gruppe muss auf denjenigen Servern aufgefüllt werden, die den RD-Verbindungsbroker ausführen. Bei der Bereitstellung verwendete RD-Gatewayserver und Server mit RD-Web Access müssen dieser Gruppe angehören.
RDS-Verwaltungsserver	Auf den Servern dieser Gruppe werden administrative Routineaktionen für Server ausgeführt, auf denen die Remotedesktopdienste (RDS) installiert sind. Die Gruppe muss auf allen Servern aufgefüllt werden, die Teil der RDS-Bereitstellung sind. Server, auf denen der zentrale RDS-Verwaltungsdienst ausgeführt wird, müssen dieser Gruppe angehören.
Remotedesktopbenutzer	Mitglieder dieser Gruppe haben die Berechtigung, sich remote anzumelden.
Remoteverwaltungsbenutzer	Mitglieder dieser Gruppe können über Verwaltungsprotokolle auf WMI-Ressourcen zugreifen (z. B. WS-Verwaltung über den Windows-Remoteverwaltungsdienst). Dies gilt nur für WMI-Namespaces, die dem Benutzer Zugriff gewähren.
Replikations-Operator	Unterstützt Dateireplikationen in Domänen.

Gruppenname	Beschreibung
Server-Operatoren	Mitglieder dieser Gruppe können Domänenserver verwalten.
Sicherungs-Operatoren	Mitglieder dieser Gruppe können Daten sichern und wiederherstellen, sowie sich am System lokal anmelden.
Terminalserver-Lizenzserver	Mitglieder dieser Gruppe können Benutzerkonten in Active Directory für Nachverfolgungs- und Berichtszwecke mit Informationen zur Lizenzausstellung aktualisieren.
Windows-Autorisierungs-zugriffsgruppe	Mitglieder dieser Gruppe haben Zugriff auf das berechnete Attribut *„tokenGroupsGlobalAndUniversal"* für Benutzerobjekte.
Zertifikatdienst-DCOM-Zugriff	Mitglieder dieser Gruppe sind berechtigt, eine Verbindung mit den Zertifizierungsstellen im Unternehmen herzustellen.
Zugriffssteuerungs-Unterstützungsoperatoren	Mitglieder dieser Gruppe können remote Autorisierungsattribute und -berechtigungen für Ressourcen auf dem Computer abfragen.

Tabelle 4.5: *Standardmäßige Gruppen im Container „Builtin"*

Neben den standardmäßigen Gruppen im *Builtin*-Container sind in Active Directory-Domänen noch weiter Gruppen vorhanden. Diese befinden sich im Container *Users* der Domäne.

Active Directory-Gruppen im Users-Container

Die im Container ***Users*** einer Active Directory-Domäne vorhandenen Gruppen werden zur Rechte- und Berechtigungsvergabe innerhalb der Domäne verwendet.

Die folgende Tabelle enthält eine Übersicht über die standardmäßig vorhandenen Gruppen des ***Users***-Containers einer Active Directory-Domäne.

Gruppenname	Beschreibung
Abgelehnte RODC-Kennwort-replikationsgruppe	Mitglieder, deren Kennwörter nicht auf schreibgeschützten Domänencontrollern (RODCs) repliziert werden.
DNSAdmins	Mitglieder dieser Gruppe können DNS-Objekte in der Domäne verwalten.
DNSUpdateProxy	Mitglieder dieser Gruppe (typischer Weise DHCP-Server) können im Namen anderer Clients dynamische Aktualisierungen in der DNS-Datenbank vornehmen.

Gruppenname	Beschreibung
Domänen-Admins	Mitglieder dieser Gruppe besitzen administrative Rechte und Berechtigungen innerhalb der Active Directory-Domäne.
Domänen-Benutzer	Alle Benutzerkonten in dieser Domäne.
Domänencomputer	Alle Arbeitsstationen und Mitgliedsserver in dieser Domäne.
Domänencontroller	Alle Domänencontroller in dieser Domäne.
Domänen-Gäste	Alle Gäste dieser Domäne.
Klonbare Domänencontroller	Mitglieder dieser Gruppe sind Domänencontroller, die geklont werden.
Organisations-Admins	Mitglieder dieser Gruppe besitzen administrative Rechte in der Active Directory-Gesamtstruktur.
Protected Users	Mitglieder dieser Gruppe erhalten zusätzlichen Schutz vor Sicherheitsbedrohungen.
RAS- und IAS-Server	Server in dieser Gruppe können auf die RAS-Eigenschaften von Benutzern zugreifen.
Richtlinien-Ersteller-Besitzer	Mitglieder dieser Gruppe können Gruppenrichtlinienobjekte in der Domäne erstellen oder ändern.
Schema-Admins	Mitglieder dieser Gruppe können Änderungen im Schema der Active Directory-Gesamtstruktur vornehmen.
Schreibgeschützte Domänencontroller	Mitglieder dieser Gruppe sind schreibgeschützte Domänencontroller in der Domäne.
Schreibgeschützte Domänencontroller der Organisation	Mitglieder dieser Gruppe sind schreibgeschützte Domänencontroller im Unternehmen.
WinRMRemoteWMIUsers_	Mitglieder dieser Gruppe können über Verwaltungsprotokolle auf WMI-Ressourcen zugreifen (z. B. WS-Verwaltung über den Windows-Remoteverwaltungsdienst). Dies gilt nur für WMI-Namespaces, die dem Benutzer Zugriff gewähren.
Zertifikatherausgeber	Mitglieder dieser Gruppe können Zertifikate innerhalb von Active Directory veröffentlichen.
Zulässige RODC-Kennwortreplikationsgruppe	Mitglieder, deren Kennwörter auf schreibgeschützte Domänencontroller (RODCs) repliziert werden.

Tabelle 4.6: *Standardmäßige Gruppen im Container „Users"*

4.6.5 Planungsstrategien für Gruppen

Die Planungsstrategie für die Verwendung von Gruppen in einer Active Directory-Gesamtstruktur sollte möglichst transparent gehalten sein. Es ist sicher empfehlenswert, sich an grundlegende Standardregeln zu halten.

Die "A-G-DL-P"-Regel

Die einfachste Regel beschreibt sich mit A-G-DL-P. Die Abkürzungen stehen hierbei für:

A = Accounts (deutsch: Benutzerkonten)

G = Global Groups (deutsch: Globale Gruppen)

DL = Domain local Group (deutsch: Domänenlokale Gruppe)

P = Permission (deutsch: Berechtigung)

Die Regel übersetzt die empfohlene Gruppenstrategie, der man sicher die effektivste und effizienteste Verwaltung von Active Directory-Objekten im Zugriff auf Ressourcen nachsagen kann.

Bei dieser Strategie werden die Benutzerkonten (***A***) in globale Gruppen (***G***) zusammengefasst. Diese wiederum werden zum Mitglied der domänenlokalen Gruppen (***DL***), welchen man letztlich die Berechtigung (***P***) zuordnet.

Wenn man in dieser Gruppenstrategie nun ein Benutzerkonto als Mitglied einer der betreffenden globalen Gruppen (***G***) definiert, so erhält der Benutzer die der domänenlokalen Gruppe (***DL***) zugeordneten Berechtigungen an der jeweiligen Ressource. Die Gruppenverschachtelung macht es möglich.

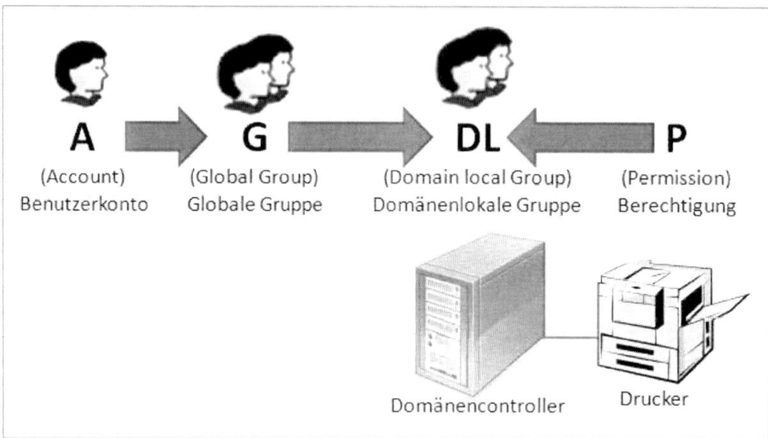

Abbildung 4.20: *A-G-DL-P-Verfahren für den Zugriff auf eine Ressource*

Je nachdem, wie die Active Directory-Umgebung eines Unternehmens strukturiert ist, kann es von Vorteil sein, noch weitere Regeln für die effektivste Gruppenverschachtelung zu nutzen.

Die „A-G-G-DL-P"-Regel

Diese Regel beschreibt die Verschachtelung von globalen Gruppen in andere globale Gruppen derselben Active Directory-Domäne. So kann man beispielsweise viele globale Vertriebsgruppen (*G Vertrieb Nord, G Vertrieb Mitte, G Vertrieb Süd*) zu einer einzigen globalen Vertriebsgruppe (*G Gesamtvertrieb*) zusammenfassen, wenn man Ressourcen für alle Mitglieder einer verstreuten Vertriebsabteilung gemeinsam bereitstellen möchte.

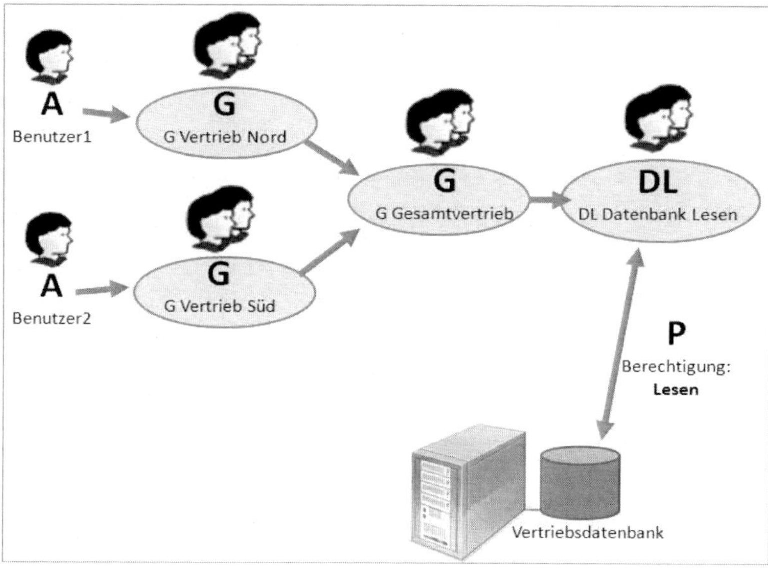

Abbildung 4.21: *Verschachtelung mehrerer globaler Gruppen innerhalb einer Active Directory-Domäne nach A-G-G-DL-P für den Zugriff auf eine Vertriebsdatenbank*

Die „A-G-U-DL-P"-Regel

Diese Regel findet ihren Nutzen in sehr großen Active Directory-Gesamtstrukturen mit mehreren Domänen. Wenn man beispielsweise allen Benutzern verschiedener Domänen einer Gesamtstruktur den gemeinsamen Zugriff auf Ressourcen ermöglichen möchte, so kann man die vorhandenen, globalen Gruppen zu einer einzigen, universellen Gruppe zusammenfassen. Diese universelle Gruppe verschachtelt man dann jeweils einmalig in die für die Ressourcenzugriffe bereitgestellte, domänenlokale Gruppe.

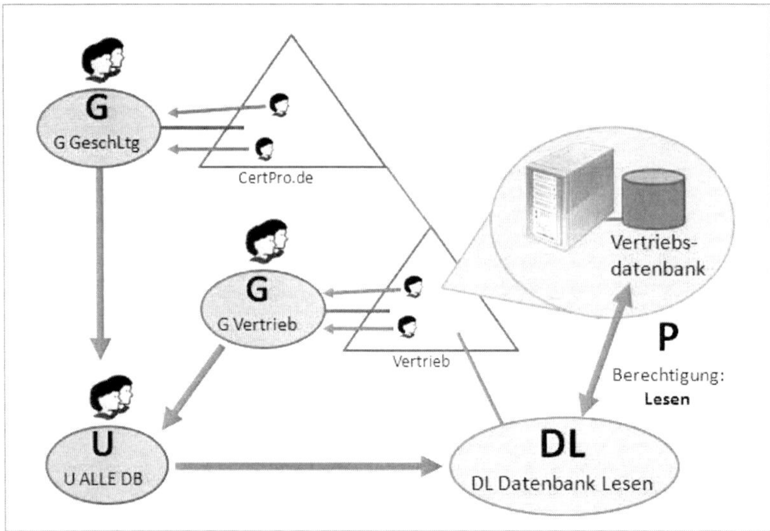

Abbildung 4.22: *Beispiel für die mögliche Gruppenverschachtelung mehrerer globaler Gruppen verschiedener Domänen in eine universelle Gruppe zwecks Verschachtelung in eine domänenlokale Gruppe*

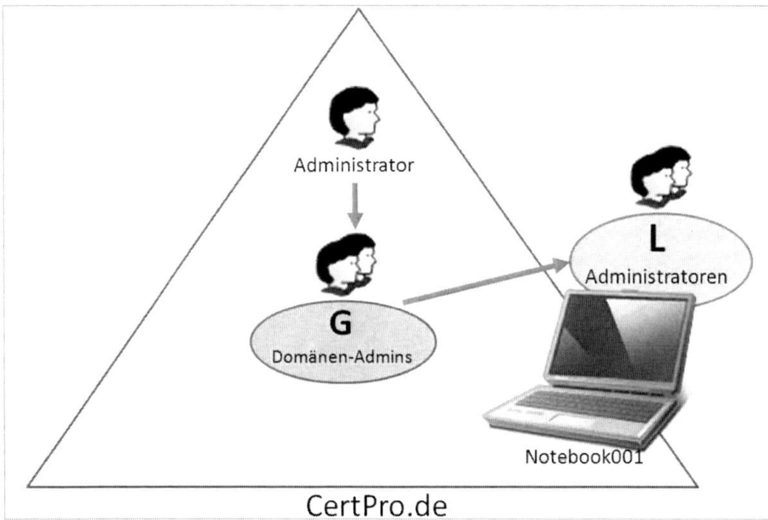

Abbildung 4.23: *Standardmäßige Gruppenverschachtelung der globalen Gruppe der Domänen-Admins in die lokale Gruppe der Administratoren auf einem Clientcomputer als Mitglied einer Active Directory-Domäne*

Die „A-G-L-P"-Regel

Wenn sich eine zu verwaltende Ressource lokal auf einem der in der Domäne enthaltenen Computer befindet, so kann man sich der vorhandenen oder gar neu zu erstellenden, lokalen

Gruppen des Rechners bedienen, um den Ressourcenzugriff zu steuern. Die *A-G-L-P*-Regel wird beispielsweise beim Hinzufügen von Computern zu einer Domäne angewendet. Sobald man einen Computer zu einer Active Directory-Domäne hinzufügt, wird die Gruppe der Domänen-Admins automatisch als Mitglied in der lokalen Gruppe der Administratoren des jeweiligen Computers definiert. Hierdurch ist ein Domänen-Administrator in der Lage, das betreffende Computersystem zu verwalten.

Die „A-G-P"-Regel

In wenigen Fällen wird man die globalen Gruppen einer Active Directory-Domäne direkt mit den Berechtigungen für eine Ressource versehen. Möglich ist dies im Einzelfall aber dennoch.

PRAXISTIPP! Die Erstellung und Verschachtelung von Active Directory-Gruppen, sowie deren Gruppenmitgliedschaften muss unbedingt in Form einer zu aktualisierenden Dokumentation schriftlich festgehalten werden. Nicht nur die Nachvollziehbarkeit der erteilten Berechtigungen und Rechte, sondern auch die Wiederherstellung der entsprechenden Gruppen und Verschachtelungen wird hierdurch überhaupt erst möglich.

Verwendung neuer oder vorhandener Gruppen?

Nach Möglichkeit sollte man für die Vergabe von Rechten und Berechtigungen an Benutzer die bereits vorhandenen, vordefinierten Gruppen des *Builtin-* und *Users-Containers* einer Active Directory-Domäne verwenden. Wenn jedoch beispielsweise einige Benutzer einerseits Daten auf Computern lediglich sichern, andere Benutzer hingegen nur in der Lage sein sollen, die gesicherten Daten wieder herzustellen, so kann man hierzu keine der vordefinierten Gruppen verwenden. Die Gruppe der Sicherungs-Operatoren ermöglicht neben der Sicherung von Daten auch das Wiederherstellen der Daten. In diesem Beispiel müsste man also eine jeweils eigene, globale Gruppe für das Sichern der Daten (beispielsweise *G Backup*) und eine weitere Gruppe für das Wiederherstellen der Daten (*G Restore*) erstellen. Den jeweiligen Gruppen ordnet man dann über die Gruppenmitgliedschaften in entsprechenden, domänenlokalen oder auch lokalen Gruppen die notwendigen Rechte für die Sicherung bzw. die Datenwiederherstellung zu. Nachfolgend muss man die Benutzer als Mitglied der jeweils gewünschten, globalen Gruppe definieren.

Neben den benannten Gruppen im Users- und Builtin-Container einer Active Directory-Domäne existieren noch weitere, sogenannte besondere Identitäten. Diese sind ebenso, wie die benannten Gruppen bereits vordefiniert.

4.6.6 Besondere Identitäten

Die besonderen Identitäten stellen spezielle Gruppen dar, deren Mitgliedschaften von den jeweiligen Gegebenheiten in der Active Directory-Domäne abhängig sind.

- **Anonyme Anmeldung** Dieser besonderen Identität werden Benutzer oder Dienste zugeordnet, welche ohne die Angabe von Anmeldedaten den Zugriff auf Ressourcen erhalten sollen. Für Computer, auf denen Windows NT und frühere Versionen ausgeführt werden, ist die Gruppe ***Anonyme Anmeldung*** Standardmitglied der Gruppe ***Jeder***. Für Computer, auf denen Windows Server 2012 (R2), Windows Server 2008 (R2) oder Windows Server 2003 ausgeführt wird, ist die Gruppe ***Anonyme Anmeldung*** standardmäßig kein Mitglied der Gruppe ***Jeder***.
- **Jeder** Dieser Gruppe werden alle aktuellen Netzwerkbenutzer zugeordnet, einschließlich der Domänenkonten Gäste und Benutzer anderer Domänen. Gleich mit der Anmeldung wird ein Benutzer der Gruppe ***Jeder*** automatisch zugeordnet.
- **Netzwerk** Diese Gruppe umfasst alle Benutzer, die aktuell auf bestimmte Netzwerkressourcen zugreifen.
- **Interaktiv** Dieser Gruppe werden alle Benutzer zugeordnet, die sich an einer bestimmten Ressource, beispielsweise einem Computer, lokal angemeldet haben.

Die Mitgliedschaft in den Gruppen der besonderen Identitäten kann durch einen Administrator nicht geändert werden.

4.6.7 Computerobjekte

Neben den bereits benannten Benutzer-, InetOrgPerson-, Kontakt- und Gruppenobjekten existieren in den Active Directory-Domänen auch Computerobjekte. Diese werden wiederum für die Steuerung des sicheren Zugriffs auf die Unternehmensressourcen verwendet.

WICHTIG! Alle Computersysteme bis hin zu Windows 10 sowie Windows Server 2016 benötigen für die vollständige Verwaltbarkeit standardmäßig ein Computerkonto in einer Active Directory-Domäne. Alternativen findet man durch den Einsatz von Microsoft Intune. Nähere Informationen hierzu findet man im Internet auf der Website von Microsoft.

Sicherheit durch Kennwortvereinbarung

Beim Hinzufügen eines Computers zu einer Domäne, wird für den betreffenden Rechner ein Computerkonto in der Active Directory-Domäne erstellt. Während dieses Vorgangs wird zwischen dem Active Directory-Domänencontroller und dem betreffenden Computersystem ein Kennwort ausgehandelt, welches dem Computerobjekt in der Domäne zugeordnet wird. Hierdurch wird sichergestellt, dass kein anderer Rechner gleichen Namens sich dieses Computerobjekts in der Active Directory-Domäne bedienen kann.

Wie vorweg schon benannt, wird die Gruppe der Domänenadministratoren beim Hinzufügen eines Computers zu einer Domäne automatisch zur lokalen Gruppe der Administratoren des betreffenden Rechners hinzugefügt. Hierdurch sind die Administratoren der Domäne in der Lage, den jeweiligen Rechner zu verwalten. Da die Domänen-Administratoren, wie es der

Name ja schon sagt, die Verantwortung für die jeweilige Active Directory-Domäne tragen, ist dies seitens der Sicherheit immens wichtig. Die Domänenadministratoren können in diesem Fall den Zugriff auf die in der Domäne befindlichen Computer steuern und kontrollieren.

Das zwischen dem Domänencontroller und dem Computersystem vereinbarte Kennwort wird in regelmäßigen Abständen aktualisiert.

Zurücksetzen von Computerkonten

Sollte ein Computer, welcher ein Computerkonto in einer Active Directory-Domäne besitzt, für längere Zeit ausgeschaltet sein, so kann man sich mit einem legitimen Benutzerkonto von diesem Computer aus unter Umständen nicht mehr in der Domäne anmelden. Dies kann aus der Tatsache resultieren, dass der Domänencontroller das ursprünglich mit dem Computersystem vereinbarte Kennwort seinerseits aus Sicherheitsgründen erneuert hat, der Computer (da er über eine gewisse Zeit hinaus ausgeschaltet war) allerdings noch versucht, sich mit dem ursprünglichen Kennwort in der Domäne anzumelden.

Wenn dieser Fall eingetreten ist, sollten Sie das Computerkonto in der Active Directory-Domäne zurücksetzen. Dabei bleibt das Computerobjekt des betreffenden Rechners in der Domäne erhalten. Nachfolgend müssen Sie am Computersystem lokal aus der Domäne in eine Arbeitsgruppe wechseln. Anschließend können Sie mit dem betreffenden Computersystem wiederum der Domäne beitreten. Hierbei wird zwischen dem Domänencontroller und dem Computersystem ein neues Kennwort vereinbart, und der Computer wird wiederum dem ursprünglichen Computerkonto in der Active Directory-Domäne zugeordnet.

PRAXISTIPP! Durch das Zurücksetzen des Computerkontos eines Rechners in der Domäne bleiben die ursprüngliche Sicherheitskennung (*SID*) des Computerkontos, und somit auch die mögliche Verknüpfung des Rechners in bestimmte Sicherheitsgruppen erhalten.

Standardcontainer für Computerobjekte

Standardmäßig werden die Computerobjekte für neue Computer während des Beitritts zu einer Active Directory-Domäne im Container Computers angelegt. Diesem Container kann jedoch selbst kein Gruppenrichtlinienobjekt zugeordnet werden, wodurch die Sicherheit in bestimmten Unternehmensumgebungen gefährdet sein kann.

Standardmäßig wird auf den in den Active Directory-Domänen vorhandenen Container ***Computers*** lediglich die ***Default Domain Policy*** angewendet. Dem Container können direkt keine Gruppenrichtlinienobjekte zugeordnet werden.

Es ist seit der Einführung von Windows Server 2003 möglich, den Standardcontainer für neue Computer in einer Active Directory-Domäne mittels des Kommandozeilenbefehls **`redircmp.exe`** zu ändern.

PRAXISTIPP! Die Umleitung des Standardcontainers Computers auf eine Organisationseinheit für neue Computer erfordert die Domänenfunktionsebene *Windows Server 2003* (oder höher). In einer solchen Domäne können keine Domänencontroller eingesetzt werden, deren Betriebssystemversion niedriger als Windows Server 2003 ist.

Um in einer Active Directory-Domäne den Standardcontainer für neue Computer auf eine Organisationseinheit mit dem Namen ***NeueComputer*** zu ändern, geben Sie den folgenden Befehl ein:

```
redircmp ou=NeueComputer,dc=CertPro,dc=corp
```

Nach der Anwendung des Befehls wird die Änderung zwischen den in der Active Directory-Domäne vorhandenen Domänencontrollern repliziert. Sie können nun ein spezielles Gruppenrichtlinienobjekt mit der Organisationseinheit (*OU*) für neue Computer verknüpfen. Wenn nun ein neuer Computer zu der betreffenden Active Directory-Domäne hinzugefügt wird, so wird sein notwendiges Computerkonto in der Organisationseinheit (*OU*) erstellt, und die damit verknüpften Gruppenrichtlinieneinstellungen auf den neuen Rechner angewendet.

Speicherung von Computerobjekten

Computerobjekte werden in der Praxis oft in eigenen, dafür erstellten Organisationseinheiten (*Organizational Units, OUs*) zusammengefasst. Hierdurch wird es auch möglich, bestimmte Gruppenrichtlinien auf die jeweiligen Computer anzuwenden. Wenn in einer Abteilung eines Unternehmens unterschiedliche Rechner, beispielsweise Desktop-PCs und Notebooks eingesetzt werden, so kann man die Organisationseinheit (*OU*) für die Computer nochmals in untergeordnete Organisationseinheiten (*OUs*) unterteilen.

Computerkonten für Computersysteme mit speziellen Funktionen, wie beispielsweise Terminalserver sollte man vorweg schon in eigenen, dafür speziell zu erstellenden Organisationseinheiten (*OUs*) speichern. Durch diese Trennung von den übrigen Computersystemen kann man beispielsweise Gruppenrichtlinien noch gezielter auf die betreffenden Rechner anwenden. Auch kann man Computerkonten bestimmter Computer in eigens dafür erstellten Organisationseinheiten speichern, um die Delegierung der Computersysteme an bestimmte Benutzer oder Gruppen zu ermöglichen.

4.6.8 Druckerobjekte

Eine weitere Art von Active Directory-Objekten stellen die Druckerobjekte in einer Active Directory-Domäne dar. In der Druckerverwaltung unter Windows Server 2012 R2 kann man die installierten Drucker in den Active Directory-Domänendiensten auflisten oder daraus entfernen. Nach diesen aufgelisteten Druckern kann man in den Active Directory-Domänendiensten gezielt suchen.

Wenn ein Benutzer beispielsweise nach einem bestimmten Farbdrucker suchen muss, welcher eine Druckleistung von mindestens 12 Seiten pro Minute erfüllt, so kann er dies in dem Suchdialog angeben. Die passenden Ergebnisse werden ihm sodann angezeigt.

Abbildung 4.24: *Dialogfenster für die Suche nach Druckerobjekten in Active Directory*

PRAXISTIPP! Im Gegensatz zu den vorangegangenen Betriebssystemen werden Drucker, die an einem Serversystem unter Windows Server 2008 (oder höher) angeschlossen, installiert und im Netzwerk freigegeben werden, nicht auch automatisch in den Active Directory-Domänendiensten veröffentlicht. Dies kann im Bedarfsfall nach der Freigabe des Druckers gesondert konfiguriert werden.

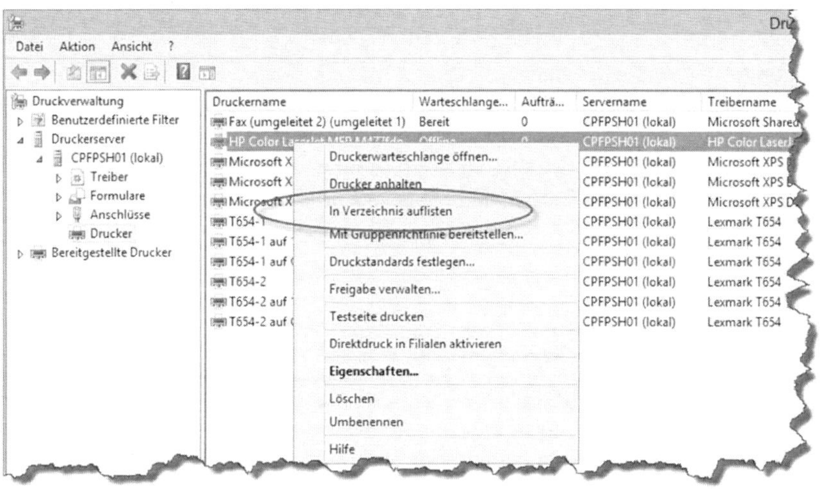

Abbildung 4.25: *Möglichkeit zur Auflistung von Druckern im Verzeichnis*

Gruppenrichtlinien für die Druckerkonfiguration

In den Gruppenrichtlinienobjekten von Windows Server 2012 R2 sind Gruppenrichtlinieneinstellungen für die Druckerkonfiguration bereits enthalten. Für Druckerobjekte können so beispielsweise bereits Druckerstandorte vordefiniert werden. Dies setzt natürlich voraus, dass man das eigentliche Druckgerät dann auch an dem entsprechenden Ort installiert.

Gruppenrichtlinienobjekte unter Windows Server 2012 R2 können verwendet werden, um Drucker auf Ebene von Benutzern oder Computern in einer Active Directory-Domäne bereitzustellen.

Druckerstandorte

In Active Directory-Domänen können Druckerstandorte definiert werden, um das Auffinden von Druckern im Benutzerumfeld zu ermöglichen. Diese Konfiguration kommt den Benutzern sehr entgegen, wenn sie einen Drucker suchen, der sich beispielsweise auf der gleichen Etage innerhalb eines Gebäudes befinden, in der sie gerade tätig sind. In Ihrer Planung sollten Sie Druckerstandorte unbedingt mit einbeziehen.

4.6.9 Freigegebene Ordner-Objekte

Freigaben auf Mitgliedsservern in Active Directory-Domänen können anhand eines dafür vorgesehenen Objekts für freigegebene Ordner erfasst werden. Diesen Objekten kann man dann bestimmte Schlüsselbegriffe zuordnen, durch welche die Suche nach bestimmten Ressourcen im Netzwerk vereinfacht wird. Die Benutzer müssen den Freigabenamen oder gar den Freigabeort bestimmter Informationen innerhalb einer Active Directory-Domäne nicht kennen, sondern können anhand der Schlüsselbegriffe gezielt nach den Ressourcen suchen. Die Benutzer können im Suchdialog anschließend mit der rechten Maustaste auf die betreffende Freigabe klicken, und somit sogar einen definierbaren Laufwerksbuchstaben dauerhaft mit der Ressource verknüpfen.

Natürlich kann ein Administrator die Veröffentlichung von freigegebenen Ordnern jederzeit wieder deaktivieren. Nachfolgend sind die freigegebenen Ressourcen nicht mehr direkt über die Active Directory-Suche, jedoch noch über das Netzwerk auffindbar. Dazu später mehr.

4.7 Zusammenfassung

Wie Sie in den vorangegangenen Seiten dieses Kapitels sicher bemerkt haben, ist die Planung einer Active Directory-Domänendienste-Infrastruktur mit vielen Faktoren behaftet. Nach der Analyse der Unternehmensanforderungen müssen hierbei ebenso auch wichtige Entscheidungen über die zu implementierende Infrastruktur der Active Directory-Domänendienste (*Active Directory Domain Services, AD DS*) getroffen werden. Auch müssen die Anzahl der notwendigen Domänencontroller sowie deren Platzierung bereits in der Planungsphase festgelegt werden, um die Vorgehensweise in der eigentlichen Implementierungsphase zu erleichtern.

Da Active Directory weltweit bislang in vielen Unternehmen bereits erfolgreich eingesetzt wird, liegt der Schwerpunkt sicher eher auf der möglichen Aktualisierung vorhandener Gesamt- und Domänenstrukturen zu Windows Server 2012 R2. Die hierzu notwendigen Informationen erhalten Sie im folgenden Kapitel.

5 Aktualisieren vorhandener Gesamt- und Domänenstrukturen

In vielen der weltweit angesiedelten Unternehmen haben sich Active Directory-Domänen unter Windows Server 2003 oder auch Windows Server 2008 (R2) für die Verwaltung der Unternehmensressourcen bereits bewährt. Auch haben viele der Unternehmen in den letzten Jahren die Aktualisierung der Domänen von Windows NT 4.0, Windows 2000 oder Windows Server 2003 oder auch direkt bereits nach Windows Server 2008 (R2) erst vollzogen. Hier stellt sich natürlich die Frage, ob und in welchem Umfang sich eine Aktualisierung der vorhandenen Active Directory-Gesamt- und -Domänenstrukturen auf Windows Server 2012 R2 oder Windows Server 2012 überhaupt anbietet.

Neue Funktionen, wie zum Beispiel den grafische Active Directory-Papierkorb, sowie auch diverse neuen Gruppenrichtlinieneinstellungen haben sich viele der Unternehmensadministratoren händeringend herbeigesehnt. Auch bietet die unter Windows Server 2012 erstmalig im Active Directory-Verwaltungscenter integrierte, grafische Verwaltung für „abgestimmte Kennwortrichtlinien" (engl. *Fine Grained Password Policies, FGPP*), mit der man bequem unterschiedliche Kennworteinstellungen für verschiedene Benutzer und Gruppen in einer Domäne vornehmen kann, einen weiteren, langersehnten Vorteil. Vieles spricht also für die Aktualisierung vorhandener Active Directory-Infrastrukturen.

Natürlich muss man sich - neben den benannten und noch weiteren Vorteilen - aber erst einmal die Frage stellen, ob eine Aktualisierung der vorhandenen Gesamt- oder Domänenstruktur des Active Directory seitens der vorhandenen Betriebssysteme der Domänencontroller überhaupt möglich ist. Hierzu sollte man die unterstützten Aktualisierungspfade älterer Betriebssysteme zu Windows Server 2012 R2 beachten.

5.1 Planen der Aktualisierungspfade

Bevor man die Aktualisierung der Active Directory-Umgebung auf die Active Directory-Domänendienste (*Active Directory Domain Services, AD DS*) unter Windows Server 2012 R2 oder Windows Server 2012 durchführen kann, muss man die möglichen Aktualisierungspfade von vorherigen Betriebssystemversionen bedenken. Nicht von jeder beliebigen Vorversion von

Windows kann auf die aktuelle Version unter Windows Server 2012 R2 bzw. Windows Server 2012 aktualisiert werden.

Wenn die Aktualisierung einer Vorversion nicht unterstützt wird, verbleibt mitunter dennoch die Möglichkeit, zwar nicht die einzelnen Domänencontroller, wohl aber die Domäne oder auch die Gesamtstruktur vom darin verwendbaren Funktionsumfang her auf Windows Server 2012 R2 oder auch Windows Server 2012, und damit auf die Active Directory-Domänendienste (*Active Directory Domain Services, AD DS*) zu aktualisieren.

5.1.1 Unterstützte Aktualisierungspfade zu Windows Server 2012 R2

Die folgende Tabelle enthält eine Übersicht über die möglichen, von Microsoft unterstützten Aktualisierungspfade zu Windows Server 2012 R2:

Aktuell ausgeführtes Betriebssystem	Zieledition(en)
Windows Server 2008 R2 Standard mit Service Pack 1 (SP1) *oder* Windows Server 2008 R2 Enterprise mit Service Pack 1 (SP1)	Windows Server 2012 R2 Standard *oder wahlweise* Windows Server 2012 R2 Datacenter
Windows Server 2008 R2 Datacenter mit Service Pack 1 (SP1)	Windows Server 2012 R2 Datacenter
Windows Web Server 2008 R2 mit Service Pack 1 (SP1)	Windows Server 2012 R2 Standard
Windows Server 2012 Standard	Windows Server 2012 R2 Standard *oder wahlweise* Windows Server 2012 R2 Datacenter
Windows Server 2012 Datacenter	Windows Server 2012 R2 Datacenter
Windows Web Server 2008 R2 mit Service Pack 1 (SP1)	Windows Server 2012 R2 Standard
Hyper-V Server 2012	Hyper-V Server 2012 R2

Tabelle 5.1: *Unterstützte Aktualisierungspfade von vorherigen Windows-Betriebssystemen zu Windows Server 2012 R2*

Wie in der Tabelle zu sehen, existieren umfangreiche Aktualisierungsmöglichkeiten von bereits installierten Serversystemen unter Windows Server 2008 R2 mit SP1 und Windows Server 2012. Eine Aktualisierung von älteren Betriebssystemen zu Windows Server 2012 R2 wird jedoch nicht unterstützt.

Im Übrigen gelten prinzipiell die gleichen Voraussetzungen, wie bei einer Neuinstallation.

WICHTIG! Eine Aktualisierung von Windows Server 2008 R2 mit SP1 als Server Core-Installation zu einer vollständigen Installation von Windows Server 2012 R2 oder auch umgekehrt, wird nicht unterstützt. Alternativ kann man Serversysteme unter Windows Server 2008 R2 mit SP1 als Server Core-Installation zuerst zu Windows Server 2012 R2 als Server Core aktualisieren. In einem nächsten Schritt kann man die grafische Benutzeroberfläche unter Windows Server 2012 R2 bei Bedarf einfach hinzufügen.

5.1.2 Unterstützte Aktualisierungspfade zu Windows Server 2012

Die folgende Tabelle enthält - *der Vollständigkeit halber* - eine Übersicht über die möglichen, von Microsoft unterstützten Aktualisierungspfade zu Windows Server 2012:

Aktuell ausgeführtes Betriebssystem	Zieledition(en)
Windows Server 2008 Standard mit Service Pack 2 (SP2) oder Windows Server 2008 Enterprise mit Service Pack 2 (SP2)	Windows Server 2012 Standard oder wahlweise Windows Server 2012 Datacenter
Windows Server 2008 Datacenter mit Service Pack 2 (SP2)	Windows Server 2012 Datacenter
Windows Web Server 2008	Windows Server 2012 Standard
Windows Server 2008 R2 Standard mit Service Pack 1 (SP1) oder Windows Server 2008 R2 Enterprise mit Service Pack 1 (SP1)	Windows Server 2012 Standard oder wahlweise Windows Server 2012 Datacenter
Windows Server 2008 R2 Datacenter mit Service Pack 1 (SP1)	Windows Server 2012 Datacenter
Windows Web Server 2008 R2	Windows Server 2012 Standard

Tabelle 5.2: *Unterstützte Aktualisierungspfade von vorherigen Windows-Betriebssystemen zu Windows Server 2012*

Wie in der Tabelle zu sehen, existieren umfangreiche Aktualisierungsmöglichkeiten von bereits installierten Serversystemen unter Windows Server 2008 mit SP2 sowie von Windows Server 2008 R2 mit SP1. Eine Aktualisierung von älteren Betriebssystemen, insbesondere z. B. von Windows Server 2003 zu Windows Server 2012, wird jedoch nicht unterstützt.

Darüber hinaus ist ein plattformübergreifendes Update von einer 32-Bit-Version von Windows Server 2008 auf eine 64-Bit-Version von Windows Server 2012 (R2) ebenso nicht möglich.

Im Übrigen gelten prinzipiell die gleichen Voraussetzungen, wie bei einer Neuinstallation.

WICHTIG! Eine Aktualisierung von Windows Server 2008 SP2 oder Windows Server 2008 R2 mit SP1 als Server Core-Installation zu einer vollständigen Installation von Windows Server 2012 oder auch umgekehrt, wird nicht unterstützt. Alternativ kann man Serversysteme unter Windows Server 2008 SP2 oder Windows Server 2008 R2 mit SP1 als Server Core-Installation zuerst zu Windows Server 2012 als Server Core aktualisieren. In einem nächsten Schritt kann man die grafische Benutzeroberfläche unter Windows Server 2012 bei Bedarf einfach hinzufügen.

5.2 Planen der Domänen- und Gesamtstrukturfunktionsebene

Auf Domänen- und Gesamtstrukturebene entscheidet die Betriebssystemversion der darin eingesetzten Domänencontroller über die nutzbaren Active Directory-Domänendienste-Funktionen.

WICHTIG! Domänencontroller unter Windows Server 2012 R2 sowie Windows Server 2012 setzen mindestens die Domänen- und Gesamtstrukturfunktionsebene Windows Server 2003 voraus. Das Heraufstufen von Funktionsebenen lässt sich i.d.R. nicht mehr rückgängig machen. Eine Ausnahme ist die mögliche Herabstufung der Gesamtstrukturfunktionsebene von Windows Server 2012 auf Windows Server 2008 R2 - allerdings nur, wenn der Active Directory-Papierkorb zuvor noch nicht aktiviert wurde.

5.2.1 Vergleich der Domänen- und Gesamtstrukturfunktionsebenen

Die nachfolgende Tabelle enthält eine Übersicht der in der jeweiligen Domänenfunktionsebene unterstützten Betriebssysteme der darin eingesetzten Domänencontroller.

Domänenfunktionsebene	Unterstützte Betriebssysteme der Domänencontroller
Windows Server 2003	Windows Server 2003 Windows Server 2008 Windows Server 2008 R2 Windows Server 2012 Windows Server 2012 R2

Domänenfunktionsebene	Unterstützte Betriebssysteme der Domänencontroller
Windows Server 2008	Windows Server 2008 Windows Server 2008 R2 Windows Server 2012 Windows Server 2012 R2
Windows Server 2008 R2	Windows Server 2008 R2 Windows Server 2012 Windows Server 2012 R2
Windows Server 2012	Windows Server 2012 Windows Server 2012 R2
Windows Server 2012 R2	Windows Server 2012 R2

Tabelle 5.3: *Unterstützte Betriebssysteme der Domänencontroller in den verschiedenen Domänenfunktionsebenen*

Die nachfolgende Tabelle enthält eine Übersicht über die durch das jeweilige Serverbetriebssystem unterstützten Active Directory-Domänendienste-Funktionen im Vergleich zu der dazu jeweils notwendigen Domänen- und Gesamtstrukturfunktionsebene:

Domänen- und Gesamtstruktur-funktionsebene	Unterstütze Funktionen
Domänenfunktionsebene: Windows Server 2003	Alle Active Directory-Standardfunktionen, alle Funktionen der Domänenfunktionsebene Windows 2000 (pur) und die folgenden:
	Aktualisierung des Zeitstempels für die letzte Anmeldung von Benutzern oder Computern (lastLogonTimestamp-Attribut), sowie die Replikation innerhalb der Domäne
	Möglichkeit zur Umleitung von Benutzer- und Computercontainern
	Verfügbarkeit des Domänenverwaltungstools netdom.exe zur Vorbereitung der Domänencontrollerumbenennung
	Umfasst eingeschränkte Delegierung, sodass Anwendungen die sichere Delegierung von Benutzeranmeldeinformationen mithilfe des Kerberos-Authentifizierungsprotokolls nutzen können.
	Unterstützt die ausgewählte Authentifizierung, wodurch Benutzer und Gruppen einer vertrauenswürdigen Gesamtstruktur

Domänen- und Gesamtstruktur-funktionsebene	Unterstütze Funktionen
	angegeben werden können, die sich für Ressourcenserver in einer vertrauenden Gesamtstruktur authentifizieren dürfen.
Gesamtstrukturfunktions-ebene: Windows Server 2003	Alle Active Directory-Standardfunktionen und die folgenden:
	Gesamtstruktur-Vertrauensstellung
	Domänenumbenennung
	Verknüpfte Wertereplikation (Änderungen in Bezug auf die Werte zum Speichern und Replizieren der Gruppenmitgliedschaft für einzelne Mitglieder anstelle der Replikation der gesamten Mitgliedschaft als einzelne Einheit).
	Möglichkeit zum Bereitstellen eines unter Windows Server 2008 ausgeführten schreibgeschützten Domänencontrollers (Read-Only Domain Controller, RODC)
	Verbesserte Algorithmen und Skalierbarkeit der Konsistenzprüfung (*Knowledge Consistency Checker, KCC*).
	Verbesserter ISTG-Algorithmus (*Intersite Topology Generator, ISTG*).
	Möglichkeit zum Erstellen von Instanzen der dynamischen Erweiterungsklasse mit dem Namen dynamicObject in einer Domänenverzeichnispartition.
	Möglichkeit zum Konvertieren von inetOrgPerson-Objekten zu Benutzer-Objekten (und umgekehrt).
	Möglichkeit zum Erstellen von abfragebasierten Gruppen.
	Deaktivierung und Neudefinition von Attributen und Klassen im Schema.
Domänenfunktionsebene: Windows Server 2008	Alle Active Directory-Standardfunktionen, alle Funktionen der Domänenfunktionsebene Windows Server 2003 und die folgenden:
	Replikationsunterstützung für SYSVOL durch das verteilte Dateisystem (*DFS*).
	Unterstützung des Kerberos-Protokolls durch die erweiterten Verschlüsselungsdienste (*AES 128 und 256*).
	Informationen zur letzten interaktiven Anmeldung, mit denen der Zeitpunkt der letzten erfolgreichen interaktiven Anmeldung eines Benutzers, die Arbeitsstation und die Anzahl der nicht

Domänen- und Gesamtstruktur-funktionsebene	Unterstütze Funktionen
	erfolgreichen Anmeldeversuche seit der letzten Anmeldung angezeigt werden.
	Abgestimmte Kennwortrichtlinien, welche die Angabe von Kennwort- und Kontosperrungsrichtlinien für Benutzer, inetOrgPerson-Objekte und globale Sicherheitsgruppen in einer Domäne ermöglichen.
Gesamtstrukturfunktionsebene: Windows Server 2008	Alle Active Directory-Standardfunktionen, alle Funktionen der Domänenfunktionsebene Windows Server 2003, jedoch keine zusätzlichen. Alle Domänen, die man anschließend zur Gesamtstruktur hinzufügt, werden automatisch auf der Domänenfunktionsebene Windows Server 2008 ausgeführt.
Domänenfunktionsebene: Windows Server 2008 R2	Alle Active Directory-Standardfunktionen, alle Funktionen der Domänenfunktionsebene Windows Server 2003 und Windows Server 2008, jedoch keine neuen Funktionen.
Gesamtstrukturfunktionsebene: Windows Server 2008 R2	Alle Active Directory-Standardfunktionen, alle Funktionen der Domänenfunktionsebene Windows Server 2003 und Windows Server 2008, sowie die folgende. Alle Domänen, die man anschließend zur Gesamtstruktur hinzufügt, werden automatisch auf der Domänenfunktionsebene Windows Server 2008 R2 ausgeführt.
	Active Directory-Papierkorb
Domänenfunktionsebene: Windows Server 2012	Alle Active Directory-Standardfunktionen, alle Funktionen der Domänenfunktionsebene Windows Server 2003, Windows Server 2008 und Windows Server 2008 R2, sowie die folgenden:
	Klonen von Domänencontrollern
	Einsatz verwalteter Dienstkonten auf mehreren Servern
	Verwendung der Kerberos-Domänencontrollerrichtlinie für die Unterstützung der dynamischen Zugriffssteuerung und Kerberos-Armoring.
Gesamtstrukturfunktionsebene: Windows Server 2012	Alle Active Directory-Standardfunktionen, alle Funktionen der Domänenfunktionsebene Windows Server 2003, Windows Server 2008 und Windows Server 2008 R2, jedoch keine neuen Funktionen. Alle Domänen, die man anschließend zur

Domänen- und Gesamtstruktur-funktionsebene	Unterstütze Funktionen
	Gesamtstruktur hinzufügt, werden automatisch auf der Domänenfunktionsebene Windows Server 2012 ausgeführt.
Domänenfunktionsebene: Windows Server 2012 R2	Alle Active Directory-Standardfunktionen, alle Funktionen der Domänenfunktionsebene Windows Server 2003, Windows Server 2008 und Windows Server 2008 R2, sowie die folgenden:
	Absichern von Benutzerkonten durch die Mitgliedschaft in der Sicherheitsgruppe „Protected Users“
Gesamtstrukturfunktionsebene: Windows Server 2012 R2	Alle Active Directory-Standardfunktionen, alle Funktionen der Domänenfunktionsebene Windows Server 2003, Windows Server 2008 und Windows Server 2008 R2, jedoch keine neuen Funktionen. Alle Domänen, die man anschließend zur Gesamtstruktur hinzufügt, werden automatisch auf der Domänenfunktionsebene Windows Server 2012 R2 ausgeführt.

Tabelle 5.4: *Unterstützte Funktionen in den verschiedenen Domänen- und Gesamtstrukturfunktionsebenen*

WICHTIG! Wie in den oben aufgeführten Tabellen ersichtlich, werden Domänencontroller unter Windows NT 4.0 im Umfeld von Domänencontrollern unter Windows Server 2008 (und höher) nicht mehr berücksichtigt. Diese sind zueinander nicht mehr kompatibel.

Um letztlich alle auf Domänen- und Gesamtstrukturfunktionsebene verfügbaren Active Directory-Domänendienste-Funktionen nutzen zu können, müssen alle in den Domänen einer Gesamtstruktur eingesetzten Domänencontroller unter Windows Server 2012 R2 betrieben werden. Erst in einer solchen Active Directory-Infrastruktur lassen sich die Domänen- und Gesamtstrukturfunktionsebene auf Windows Server 2012 R2 hochstufen.

Wie man im direkten Vergleich erkennen kann, lohnt sich seitens der Domänencontroller für viele Unternehmensnetzwerke ein Wechsel zu Windows Server 2012 R2 oder zumindest Windows Server 2012, um durch die damit erreichbare Domänenfunktionsebene beispielsweise die Sicherheit innerhalb der Netzwerke zusätzlich zu erhöhen.

5.2.2 Mitgliedsserver und Clientcomputer

In einer Active Directory-Domänendienste-Umgebung unter Windows Server 2012 R2 sowie Windows Server 2012 können jegliche Mitgliedsserver und Clientbetriebssysteme ab Windows 2000 problemlos eingesetzt werden. Von dem Einsatz von Windows NT-basierten Clients und Mitgliedsservern in modernen Domänenumgebungen rät Microsoft wegen der geringeren Sicherheit dieser Systeme klar ab.

HINWEIS: Domänencontroller unter Windows NT 4.0, sowie auch unter Windows 2000 Server können in Domänen, in denen Domänencontroller unter Windows Server 2012 R2 eingesetzt werden, wegen fehlender Abwärtskompatibilität nicht mehr genutzt werden.

Wenn Sie weiterhin noch Domänencontroller unter Windows NT 4.0 betreiben müssen (beispielsweise wegen einer auf den Servern ausgeführten, und zu den nachfolgenden Betriebssystemversionen nicht kompatiblen Anwendung), müssen Sie von einer Aktualisierung der Domäne zu den aktuellen Windows-Serverbetriebssystemen absehen. In allen anderen Fällen sollte man aus Gründen der IT-Sicherheit heraus die doch zwischenzeitlich veralteten Domänencontroller unter Windows NT 4.0 schnellstmöglich durch eine aktuelle Betriebssystemversion, beispielsweise durch Windows Server 2008 (oder höher), ablösen.

In Domänenumgebungen unter Windows Server 2012 R2 sowie Windows Server 2012 können problemlos Clients und Mitgliedsserver unter Windows 2000 Professional, Windows 2000 Server, Windows XP Professional, Windows Server 2003, Windows Vista, Windows 7, Windows 8, Windows 8.1, Windows 10, Windows Server 2008, Windows Server 2008 R2, Windows Server 2012 sowie Windows Server 2012 R2 eingesetzt werden. Der Einsatz von Windows 2000 Server als Domänencontroller wird jedoch in Verbindung mit Windows Server 2012 R2 oder auch Windows Server 2012 nicht mehr unterstützt.

Windows 8/8.1 und Windows 10 als Clientbetriebssystem

Wenn Sie Windows 8.1 oder Windows 10 als Clientbetriebssystem einplanen, so erfahren Sie den größtmöglichen Nutzen der Aktualisierung der Active Directory-Gesamtstruktur oder -Domäne. Windows 8.1 und auch Windows 10 nutzen seitens der Gruppenrichtlinienverarbeitung (wie bereits auch Windows Vista und Windows 7) die *XML*-basierten, administrativen Gruppenrichtlinienvorlagen, und somit die vielfältig erweiterten Gruppenrichtlinien unter Windows Server 2012 R2. Darüber hinaus lassen sich Serversysteme unter Windows Server 2012 R2 mithilfe der für Windows 8.1 oder auch für Windows 10 downloadbaren „Remoteserver-Verwaltungstools" (RSAT) optimal im Netzwerk verwalten.

Vergleichbar verhält es sich mit Windows 8, das man Windows Server 2012 als Domänencontroller gegenüberstellen sollte, um dessen Vielfältigkeit der Verwaltung optimal nutzen zu können. Natürlich lassen sich Serversysteme unter Windows Server 2012 auch mit RSAT unter Windows 8.1 oder Windows 10 vollständig verwalten. Umgekehrt jedoch fehlen den RSAT unter Windows 8 jedoch noch die Verwaltungsmöglichkeiten einiger, unter Windows Server 2012 R2 erstmalig veröffentlichter, oder teils auch überarbeiteter Feature, so dass man hier nach Möglichkeit zum aktuellsten Clientbetriebssystem, Windows 10, ausweichen sollte.

5.3 Der Aktualisierungsvorgang

Die Domänen- oder Gesamtstrukturaktualisierung auf Windows Server 2012 R2 bzw. Windows Server 2012 kann auf zweierlei Wegen vollzogen werden:

- Aktualisierung des Betriebssystems der Domänencontroller von Windows 2000 oder Windows Server 2003 auf Windows Server 2008 mit Service Pack 2 oder auf Windows Server 2008 R2, um dieses anschließend auf Windows Server 2012 R2 bzw. Windows Server 2012 aktualisieren zu können.
- Hinzufügen von Domänencontrollern unter Windows Server 2012 R2 oder Windows Server 2012 zu einer bestehenden Active Directory-Domäne mit Domänencontrollern mit Windows Server 2003 (oder höher).

5.3.1 Aktualisierung des Betriebssystems der Domänencontroller

Wenn es die Hardwareanforderungen für Windows Server 2012 R2 zulassen, kann eine einfache Domänenaktualisierung durch die einfache Aktualisierung der Betriebssysteme der vorhandenen Domänencontroller unter Windows Server 2008 R2 mit SP1 erfolgen. Vergleichbar ist dies eine Aktualisierung von Windows Server 2008 mit SP2 bzw. Windows Server 2008 R2 mit SP1 zu Windows Server 2012. Diese Art der Aktualisierung wird in der Praxis auch als „***Inplace-Upgrade***" bezeichnet. Domänencontroller unter Windows 2000 Server oder Windows Server 2003 müssen für die Durchführung eines Inplace-Upgrades zuerst mindestens auf Windows Server 2008 R2 mit Service Pack 1 aktualisiert werden, damit die Aktualisierung auf Windows Server 2012 R2 unterstützt wird.

Bei dieser Art der Aktualisierung wird die vorhandene Active Directory-Infrastruktur, sowie auch die Namensbezeichnungen der dahin enthaltenen Domänen nicht verändert.

PRAXISTIPP! Wenn auf den zu aktualisierenden Domänencontrollern in der Vergangenheit bereits Probleme, beispielsweise mit der Hardware oder auch mit auf den Domänencontrollern eingesetzten Treibern oder Software aufgetreten ist, sollte man eine mögliche Aktualisierung des Betriebssystems gegen die Vorteile einer Neuinstallation abwägen. Bei der Aktualisierung (Upgrade) des Betriebssystems werden alle vorherigen Einstellungen in das neue Betriebssystem übernommen, also auch möglicherweise vorhandene, falsche oder veraltete Einträge in der Registrierung des Betriebssystems.

Eine solche Aktualisierung (auch „***Inplace Upgrade***" genannt) empfiehlt sich, wenn die bisherige Active Directory-Infrastruktur beibehalten, sowie um die neuen Funktionen der Active Directory-Domänendienste (*Active Directory Domain Services, AD DS*) unter Windows Server 2012 R2 bzw. Windows Server 2012 erweitert werden soll.

Die einzelnen Schritte zum Aktualisieren vorhandener Serverbetriebssysteme zu Windows Server 2012 R2 bzw. Windows Server 2012 finden Sie im nächsten Kapitel.

5.3.2 Domänenaktualisierung durch das Hinzufügen von Windows Server 2012 R2 bzw. Windows Server 2012-Domänencontrollern

Eine einfache Art der Domänenaktualisierung besteht in dem Hinzufügen von Domänencontrollern unter Windows Server 2012 R2 bzw. Windows Server 2012 in eine bestehende Active Directory-Domäne. In diesem Szenario werden die vorhandenen Domänencontroller beibehalten, und um neue Domänencontroller unter Windows Server 2012 R2 oder Windows Server 2012 einfach ergänzt.

Der Nachteil in diesem Szenario liegt in der dafür notwendigen Domänen- und Gesamtstrukturfunktionsebene. Solange in der betreffenden Domäne noch Domänencontroller unter Windows 2000 Server eingesetzt werden, kann die Domänenfunktionsebene nicht auf Windows Server 2003 (oder höher) heraufgestuft werden. Dies ist jedoch die Mindestanforderung, damit man Domänencontroller unter Windows Server 2012 in einer Active Directory-Domäne betreiben kann.

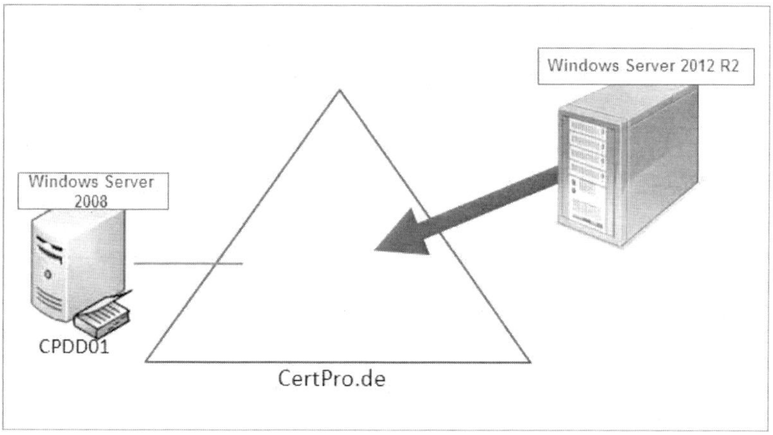

Abbildung 5.1: *Domänenaktualisierung durch das Hinzufügen von Windows Server 2012 R2 Domänencontrollern zu einer bestehenden Active Directory-Domäne*

5.3.3 Vorbereitung der Active Directory-Umgebung

Als Mitgliedsserver lassen sich Serversysteme i.d.R. problemlos und ohne große Vorbereitungen in aktuellen Active Directory-Domänen, sowie auch als Mitglieder in Arbeitsgruppen betreiben. Im Zusammenhang mit der Aktualisierung eines bereits vorhandenen, bislang als Domänencontroller eingesetzten Serversystems unter Windows Server 2008 R2 (Release 2) auf Windows Server 2012 R2 sind vorweg aber noch weitere Schritte notwendig. In einem ersten Schritt muss die Active Directory-Gesamtstruktur (engl. *forest*), in der das zu aktualisierende Serversystem bisher eingesetzt wurde, seitens des Active Directory-Schemas für den Einsatz von Windows Server 2012 R2 aktualisiert werden. In einem weiteren Schritt muss dann noch die Aktualisierung der betreffenden Active Directory-Domäne für den Einsatz eines Domänencontrollers unter Windows Server 2012 R2 durchgeführt werden. Erst im Anschluss folgt dann die eigentliche Aktualisierung des Betriebssystems des betreffenden Serversystems.

INTERNET: Die Aktualisierung vorhandener Domänencontroller einer Active Directory-Domäne auf Windows Server 2012 R2 sowie Windows Server 2012 setzt voraus, dass sich die Active Directory-Infrastruktur mindestens in der Gesamtstrukturfunktionsebene auf Windows Server 2003 oder höher befindet. Gleichsam müssen demnach auch alle vorhandenen Domänencontroller mindestens auf Windows Server 2003 oder höher ausgeführt werden, und auch alle Domänen vorweg bereits auf die Domänenfunktionsebene von Windows Server 2003 umgestellt worden sein. Domänencontroller unter Windows 2000 Server oder niedriger werden parallel zu Domänencontrollern unter Windows Server 2012 R2 bzw. Windows Server 2012 in den aktualisierten Active Directory-Domänen nicht mehr unterstützt. Weitere Informationen hierzu finden Sie u. a. im Internet unter:

https://technet.microsoft.com/en-us/library/hh994618.aspx

Das für die Aktualisierung der Active Directory-Gesamtstruktur und -Domäne notwendige Tool **`adprep.exe`** finden Sie im Ordner ***\Support\Adprep*** auf der Installations-DVD von Windows Server 2012 R2 bzw. Windows Server 2012.

HINWEIS: Das Tool *adprep32.exe* für die mögliche Aktualisierung der vorhandenen Active Directory-Umgebung auf einem 32-Bit-basierten Serversystem unter Windows Server 2008 ist auf der Installations-DVD von Windows Server 2012 (und höher) nicht mehr enthalten. Vereinheitlicht findet sich darauf lediglich noch das Tool *adprep.exe* im Ordner *\Support\Adprep* der Installations-DVD.

Vorbereitung der Active Directory-Gesamtstruktur

Führen Sie zur Vorbereitung einer bereits vorhandenen Active Directory-Gesamtstruktur auf die Aktualisierung von vorhandenen Domänencontrollern unter Windows Server 2008 R2 auf Windows Server 2012 R2 bzw. Windows Server 2008 auf Windows Server 2012 den folgenden Befehl aus dem Ordner ***\Support\Adprep*** auf der Installations-DVD auf dem Domänencontroller aus, der als ***Schemamaster der Gesamtstruktur*** fungiert:

```
Adprep /forestprep
```

Zum Ausführen dieser Aktualisierung muss man über die entsprechenden Rechte in der Gesamtstruktur verfügen. Standardmäßig sind lediglich die Mitglieder der Sicherheitsgruppen der *Organisations-Administratoren* und der *Schema-Administratoren* in der Lage, die Aktualisierung auf der Ebene einer Active Directory-Gesamtstruktur vorzunehmen.

PRAXISTIPP! Sie sollten die Replikation der Schemapartition des gerade aktualisierten Domänencontrollers an alle anderen Domänencontroller der Gesamtstruktur abwarten, bevor Sie mit der Aktualisierung der einzelnen Domänen beginnen.

Anschließend muss noch die betreffende Active Directory-Domäne vorbereitet werden, in welcher die Domänencontroller unter Windows Server 2012 R2 bzw. Windows Server 2012 eingesetzt werden sollen.

Vorbereitung der Active Directory-Domäne

Zur Vorbereitung einer Active Directory-Domäne auf die Aktualisierung eines Domänencontrollers von Windows Server 2008 R2 auf Windows Server 2012 R2 bzw. von Windows Server 2008 auf Windows Server 2012 muss sich diese zumindest in der Domänenfunktionsebene von Windows Server 2003 (oder höher) befinden. Zur Aktualisierung der betreffenden Active Directory-Domäne müssen Sie den folgenden Befehl aus dem Ordner ***\Support\Adprep*** auf der Installations-DVD auf dem vorhandenen Domänencontroller ausführen, der als ***Infrastrukturmaster der Domäne*** fungiert:

```
Adprep /domainprep
```

Die Aktualisierung einer Active Directory-Domäne kann problemlos von einem der *Domänen-Administratoren* durchgeführt werden. Höhere Rechte sind hierzu nicht erforderlich. Der Befehl muss in jeder der Domänen einer Active Directory-Gesamtstruktur ausgeführt werden, in denen die Domänencontroller auf Ebene von Windows Server 2012 R2 bzw. Windows Server 2012 eingesetzt werden sollen.

PRAXISTIPP! Sie sollten die Replikation des gerade aktualisierten Domänencontrollers an alle anderen Domänencontroller der Domäne abwarten, bevor Sie mit der Aktualisierung der einzelnen Domänencontroller auf oder mit der Installation eines neuen Domänencontrollers unter Windows Server 2012 R2 bzw. Windows Server 2012 beginnen.

Nach Abschluss der Domänenvorbereitung kann man im nächsten Schritt mit dem Hinzufügen von Domänencontrollern unter Windows Server 2012 R2 bzw. Windows Server 2012 beginnen. Die detaillierten Schritte hierzu werden Ihnen in den nachfolgenden Kapiteln noch vorgestellt.

Vorbereitung der Domänen für den Einsatz eines RODCs

Wenn Sie den Einsatz von schreibgeschützten Domänencontrollern (engl. *Read-Only Domain Controllers, RODCs*) in Erwägung ziehen, so müssen Sie - in Active Directory-Gesamtstrukturen, die zuvor ursprünglich unter Windows 2000 Server oder Windows Server 2003 erstmalig eingerichtet wurden - noch einen weiteren Schritt zur Vorbereitung der betreffenden Gesamtstruktur vollziehen. Schreibgeschützte Domänencontroller werden in Active Directory-

Domänen erst seit Windows Server 2008 (oder höher) unterstützt, so dass ältere Domänencontroller und somit auch die damit verwalteten Domänen auf deren Einsatz technisch nicht vorbereitet sind.

WICHTIG! Der Einsatz von schreibgeschützten Domänencontrollern (*Read-only Domain Controllers, RODCs*) setzt voraus, dass sich in der betreffenden Domäne mindestens ein vollwertiger Domänencontroller unter Windows Server 2008 (oder höher) befindet. Dieser wird für die Replikation zum RODC verwendet. Ein Domänencontroller unter Windows Server 2003 kann für die Replikation zu schreibgeschützten Domänencontrollern nicht genutzt werden.

Achten Sie darauf, dass der Domänencontroller unter Windows Server 2008 (oder höher) vor der Installation des schreibgeschützten Domänencontrollers (*RODCs*) den PDC-Emulator in der betreffenden Domäne ausführt. Darüber hinaus muss die betreffende Active Directory-Gesamtstruktur mindestens in der Gesamtstrukturfunktionsebene Windows Server 2003 ausgeführt werden.

Aktualisieren der Berechtigungen für DNS-Anwendungsverzeichnispartitionen mittels adprep.exe

Um einen schreibgeschützten Domänencontroller (RODC) in einer vorhandenen Gesamtstruktur einrichten zu können, die zuvor ursprünglich bereits unter Windows 2000 Server oder Windows Server 2003 erstmalig eingerichtet wurde, müssen Sie die Berechtigungen für alle DNS-Anwendungsverzeichnispartitionen der betreffenden Active Directory-Gesamtstruktur aktualisieren. Hierdurch wird sichergestellt, dass diese zu schreibgeschützten Domänencontrollern (RODCs) unter Windows Server 2008 (oder höher) repliziert werden können, wenn diese ebenso auch als DNS-Server konfiguriert sind.

PRAXISTIPP! Um die Aktualisierung der Berechtigungen für DNS-Anwendungsverzeichnispartitionen in der Active Directory-Gesamtstruktur durchführen zu können, müssen Sie der Gruppe der ***Organisations-Administratoren*** angehören.

Führen Sie den folgenden Befehl aus dem Ordner ***\Support\Adprep*** auf der Installations-DVD auf dem Domänencontroller unter Windows Server 2012 R2 bzw. Windows Server 2012 in der Stammdomäne der Gesamtstruktur aus, um die Berechtigungen für die vorhandenen DNS-Anwendungsverzeichnispartitionen für die Einrichtung von schreibgeschützten Domänencontrollern (Read-Only Domain Controllers, RODCs) zu aktualisieren:

```
adprep.exe /rodcprep
```

Wenn die Aktualisierung abgeschlossen ist, können Sie schreibgeschützte Domänencontroller (*RODC*) in der betreffenden Domänenumgebung einrichten. Die detaillierten Schritte hierzu erfahren Sie in den späteren Kapiteln dieses Fachbuches.

5.4 Zusammenfassung

Nicht in allen Fällen lässt sich in vorhandenen Active Directory-Infrastrukturen eine einfache Gesamtstruktur- und Domänenaktualisierung durchführen. Als Alternative kann die Möglichkeit der Migration der Gesamtstruktur in Erwägung gezogen werden.

Das nachfolgende Kapitel gibt Ihnen die notwendigen Informationen zur Hand, um die Objekte einer vorhandenen Active Directory-Gesamtstruktur z. B. unter Windows 2000, Windows Server 2003 oder Windows Server 2008 (R2) zu einer Gesamtstruktur unter Windows Server 2012 R2 bzw. Windows Server 2012 zu migrieren.

Als Alternative zu einer zumeist doch recht anspruchsvollen, zeitlich oft sehr umfangreichen Migration von Objekten wird das Einrichten von Gesamtstrukturvertrauensstellungen vorgestellt. Diese ersparen einerseits zwar die Mühen einer Migration, andererseits jedoch wird der administrative Aufwand für die Verwaltung, die Dokumentation und auch die Wartung der vorhandenen Ressourcen mitunter erhöht.

6 Migration von Gesamtstrukturen und Domänen

Eine der großen Herausforderungen für die Unternehmensadministratoren ist sicherlich die Migration einer bislang funktionierenden Netzwerkumgebung zu einer neu zu implementierenden Technologie, wie die Active Directory-Domänendienste (*Active Directory Domain Services, AD DS*) unter Windows Server 2012 R2 oder Windows Server 2012.

Eine gesunde und vor allem detaillierte Planung kann dazu verhelfen, relativ problemlos von der bisherigen Netzwerkumgebung unter Windows NT 4.0, Windows 2000, Windows Server 2003, Windows Server 2008 oder Windows Server 2008 R2 zu Windows Server 2012 R2 bzw. Windows Server 2012 zu migrieren.

Wichtig ist in allen Migrationsszenarien die detaillierte Ausarbeitung eines dazu notwendigen Migrationsplans. Viele der möglichen Probleme lassen sich so unter Umständen bereits im Vorfeld erkennen - und beseitigen.

PRAXISTIPP! Beachten Sie bei der Planung einer möglichen Migration vorhandener Active Directory-Gesamtstrukturen und -Domänen, dass die aktuelle Version 3.2 des Active Directory-Migration Tool (ADMT) den Einsatz unter Windows Server 2012 R2 und Windows Server 2012 *nicht* unterstützt. Die einzige Möglichkeit zur Durchführung der Migration mittels ADMT besteht somit in der Verwendung eines - übergangsweise für die Migration eingesetzten - Domänencontrollers unter Windows Server 2008 R2 in der Zieldomäne, den man im Anschluss an die Migration entweder wieder entfernt oder auf Windows Server 2012 R2 bzw. Windows Server 2012 aktualisiert.

INTERNET: Microsoft Active Directory Migration Tool (ADMT) 3.2 steht im Internet zum kostenfreien Download auf der Website von Microsoft bereit unter:

https://connect.microsoft.com/site1164/program8540

6.1 Mögliche Migrationspfade

Die Unternehmensnetzwerke sind im direkten Vergleich zueinander oft sehr unterschiedlich strukturiert, so dass man sich zuerst über die möglichen Migrationspfade informieren sollte. Insgesamt stehen zwei verschiedene Migrationspfade zur Verfügung:

- **Neustrukturierung** Bei der Neustrukturierung wird die bestehende Domänen- oder Gesamtstruktur in eine neu installierte Domänen- oder Gesamtstruktur der Active Directory-Domänendienste (*Active Directory Domain Services, AD DS*) quasi kopiert.
- **Domänenaktualisierung und nachfolgende Neustrukturierung** Dieser Migrationspfad ist sicherlich der aufwändigste. Hierbei wird die vorhandene Verzeichnisdienststruktur zuerst über eine Domänenaktualisierung (beispielsweise von Windows NT 4.0 oder Windows 2000 zu Windows 2003 oder Windows Server 2008 (R2)) aktualisiert, und nachfolgend zu den Active Directory-Domänendiensten „kopiert". Wie zu erkennen, findet die Migration einer vorhandenen Verzeichnisdienststruktur anhand dieses Migrationspfades in zwei verschiedenen Phasen statt, die zeitlich auch voneinander getrennt durchgeführt werden können. Ein solches Szenario empfiehlt sich sicher eher für größere Netzwerkumgebungen.

Um sich für den richtigen Migrationspfad entscheiden zu können, muss man die Vor- und Nachteile der einzelnen Pfade zueinander vergleichen. Darüber hinaus bestehen für die einzelnen Migrationspfade auch verschiedene Bedingungen, die letztlich ebenso noch vor der Migration erfüllt werden müssen.

6.1.1 Neustrukturierung

Eine Alternative zur vorweg benannten Gesamtstruktur- und Domänenaktualisierung stellt die Neustrukturierung der Active Directory-Infrastruktur dar. Hierbei besteht beispielsweise auch die Möglichkeit der Domänenkonsolidierung von mehreren Active Directory-Domänen- oder -Gesamtstrukturen in eine einzige, neue Active Directory-Gesamtstruktur unter Windows Server 2012 R2 bzw. Windows Server 2012.

Bei der Neustrukturierung wird die neue, geplante Active Directory-Gesamtstruktur parallel zur bestehenden Gesamtstruktur installiert. Nachfolgend werden die in der alten Active Directory-Infrastruktur vorhandenen Benutzer-, Gruppen- und Computerobjekte, sowie auch alle vorhandenen Clientcomputer, Mitgliedsserver und Ressourcen in die neue Active Directory-Infrastruktur migriert. Die alte Active Directory-Infrastruktur wird im Anschluss auf die Migration vollständig aufgelöst.

Bei der Neustrukturierung besteht mitunter die Möglichkeit des Parallelbetriebes der alten zur neuen Active Directory-Infrastruktur, wenn für die neue Gesamtstruktur ein anderer DNS-Name verwendet wird. Wenn die Benutzer-, Gruppen- und Computerobjekte aus der alten Active Directory-Domäne mit dem ***Active Directory Migration Tool*** (*ADMT*) bereits in die neue Domäne migriert wurden, so kann man den Mitarbeiter mittels der ***SID-History*** den Zugriff auf die Ressourcen der neuen, sowie der alten Domäne ermöglichen. Die vorhandenen Benutzerkonten aus der alten Domäne werden hierbei mitsamt der darin vergebenen Sicherheitskennung (*Security Identifier, SID*) der einzelnen Objekte in die neue Domäne kopiert. Dabei wird beim Anlegen der Objekte in der neuen Domäne auch gleich eine neue Sicherheitskennung (*Security Identifier, SID*) für die betreffenden Benutzerkonten generiert, welche mittels der SID-History mitsamt der ursprünglichen Sicherheitskennung gespeichert werden. Die betreffenden Benutzerobjekte verfügen somit über die alte und neue Sicherheitskennung und können demnach Zugriff auf Ressourcen in der ursprünglichen, sowie auch der neuen Active Directory-Domäne erhalten.

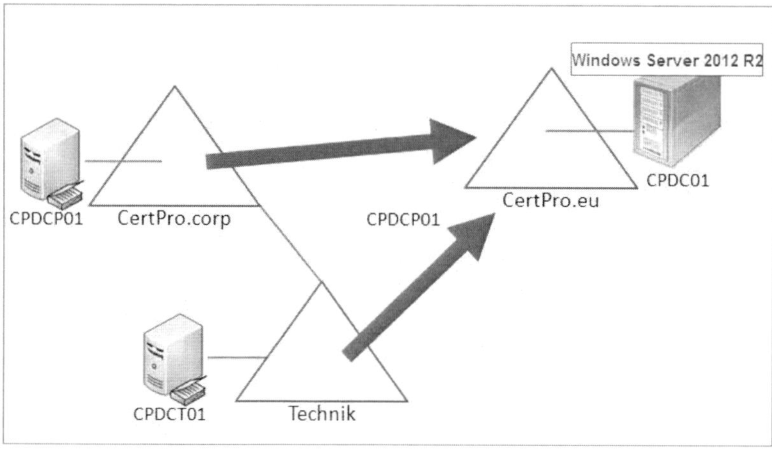

Abbildung 6.1: *Neustrukturierung einer bestehenden Active Directory-Gesamtstruktur mit mehreren Domänen zu einer einzigen, neuen Active Directory-Domäne*

Die Neustrukturierung stellt im Gegensatz zur verhältnismäßig einfachen Gesamtstruktur- und Domänenaktualisierung einen zumeist viel größeren Aufwand dar. Im Gegensatz zur Domänenaktualisierung, bei der die vorhandene Active Directory-Infrastruktur in der Regel vollständig übernommen wird, bietet die Neustrukturierung jedoch die Möglichkeit, die vorhandene Infrastruktur völlig neu zu entwerfen. Beispielsweise kann man hierbei eine Vielzahl an Active Directory-Domänen in eine geringere Anzahl, möglicherweise sogar in eine einzige Domäne konsolidieren. Hierdurch wird der Verwaltungsaufwand mitunter erheblich reduziert. Diese Möglichkeit sollte man in die Überlegungen zur Auswahl des Migrationspfades mit einbeziehen.

SID-History und der Zugriff auf Ressourcen

Bei der Verwendung der SID-History mittels Active Directory Migration Tool (*ADMT*) erhalten die damit in die neue Active Directory-Domäne kopierten Benutzerkonten die neue, sowie auch die alte Sicherheitskennung (Security Identifier, SID). Diese Sicherheitskennung selbst wird beim Zugriff, beispielsweise auf Datei- und Druckressourcen, mit den für die Zugriffsteuerung verwendeten Einträgen (engl. *Access Control Entries, ACEs*) in den jeweiligen Zugriffskontrolllisten (*ACLs*) verglichen. Da die Benutzer über die alte, sowie die neue Sicherheitskennung (*Security Identifier, SID*) verfügen, können sie somit Zugriff auf die Ressourcen der alten, sowie der neuen Domäne erhalten.

Durch die Verwendung der „***SID-History***" kann die Migration von Active Directory-Domänen in den meisten Fällen problemlos auch über einen längeren Zeitraum, sowie in verschiedenen Abschnitten (Phasen) erfolgen, ohne dass es dabei zu Zugriffsproblemen auf Ressourcen kommen muss.

Die Neustrukturierung in Form der Migration einer bestehenden Active Directory-Gesamtstruktur kann nun anhand einer gesamtstrukturübergreifenden, oder bei Bedarf auch einer gesamtstrukturinternen Migration erfolgen. Die jeweils notwendigen Schritte werden Ihnen in den nächsten Seiten detailliert erklärt.

6.2 Gesamtstrukturübergreifende Migration

Eine gesamtstrukturübergreifende Migration stellt einen mitunter nicht unerheblichen Aufwand dar. Es müssen verschiedene Schritte für die Migration einer vorhandenen in eine neu zu installierende Gesamtstruktur durchgeführt werden. Diese Schritte umfassen beispielsweise:

- Einrichtung der neuen Gesamtstruktur
- Erstellen von Benutzerkonten für den Migrationsvorgang
- Einrichtung von Vertrauensstellungen
- Installation des Active Directory Migration Tools (ADMT)
- Aktivierung der Überwachung in der Quell- und Zieldomäne
- Migration der globalen und domänenlokalen Gruppen
- Migration der Benutzerkonten
- Migration der Computerkonten
- Migration der Dienstkonten
- Migration der Domänenressourcen der Quell- zur Zieldomäne

- Auflösung der alten Gesamtstruktur

Die benannten Migrationsschritte sollten Sie gut vorbereiten, sowie auch unbedingt dokumentieren. Dies kann bei der Fehlerbehebung während der Migrationsphasen eine große Hilfe darstellen.

WICHTIG! Es ist nicht möglich, Domänencontroller von einer Quelldomäne zu einer Zieldomäne zu migrieren. Wenn der Bedarf besteht, die Domänencontroller aus einer Quelldomäne nach der Migration als Domänencontroller der Zieldomäne zu verwenden, so muss Active Directory vorweg vollständig von dem Domänencontroller entfernt werden. Nachfolgend kann man den Server als Mitgliedsserver zur Zieldomäne hinzufügen und ihn anschließend zu einem Domänencontroller der betreffenden Domäne heraufstufen.

6.2.1 Einrichtung der neuen Gesamtstruktur

Die Einrichtung der neuen Gesamtstruktur, welche nachfolgend als Ziel für die zu migrierenden Objekte der bereits bestehenden Active Directory-Gesamtstruktur dient, ist der erste der für die Migration auszuführenden Schritte. Die Einrichtung der Active Directory-Infrastruktur bietet die Möglichkeit, die in der ursprünglichen Active Directory-Gesamtstruktur erkannten Probleme, beispielsweise durch die Verwendung vieler untergeordneter Domänen, oder auch vielfältig verschachtelter Organisationseinheiten in den bisherigen Domänen zu beheben.

Wenn die gewünschte, neue Active Directory-Gesamtstruktur erstellt wurde, kann man nun zum nächsten Migrationsschritt übergehen.

6.2.2 Erstellen von Benutzerkonten für den Migrationsvorgang

Als nächsten Schritt sollten Sie nun die für die Durchführung der Migration der Active Directory-Objekte zu verwendenden Benutzerkonten erstellen. Diese sollten für die Vorbereitung und Durchführung der Migration über die Berechtigungsebene der Organisations-Admins, oder zumindest über die der Domänen-Admins jeder der Zieldomänen verfügen.

Wenn die Migration von mehreren Administratoren durchgeführt werden soll, so bietet es sich an, für jeden auch ein eigenes Migrationskonto einzurichten. Somit wird die Nachvollziehbarkeit der jeweils durchgeführten Migrationsschritte möglich.

Im weiteren Verlauf der Migration (nach der Einrichtung der benötigten Vertrauensstellungen) muss das jeweilige Migrationskonto ebenso zur Gruppe der Domänen-Admins der Quelldomäne hinzugefügt werden.

6.2.3 Einrichtung von Vertrauensstellungen

Nach dem Einrichten der entsprechenden Migrationskonten für die Administratoren ist es nun an der Zeit, die notwendigen Vertrauensstellungen zwischen der alten, zu migrierenden (Quell-)Domäne zur neu eingerichteten (Ziel-)Domäne einzurichten. Hierbei sollte man eine jeweils einseitige Vertrauensstellung verwenden, um den Zugriff auf die Quell- und Zielressourcen zu ermöglichen.

Verwenden Sie für das Einrichten der Vertrauensstellungen die MMC-Konsole *Active Directory-Domänen und -Vertrauensstellungen*.

Nach der Einrichtung der Vertrauensstellungen zwischen der Quell- und Zieldomäne sollten Sie diese auf die Funktionalität hin überprüfen. Hierzu können Sie das Kommandozeilentool *netdom.exe*, oder die MMC-Konsole *Active Directory-Domänen und -Vertrauensstellungen* verwenden.

6.2.4 Installation des Active Directory Migration Tools (ADMT)

Für die Migration der Benutzer-, Gruppen- und Computerkonten können Sie das kostenfreie ***Active Directory Migration Tool*** (*ADMT*) von Microsoft verwenden. Mit diesem Tool kann man eine gesamtstrukturübergreifende, sowie auch eine gesamtstrukturinterne Migration durchführen. Neben der Grafikoberfläche bietet das Tool auch eine Scripting-Schnittstelle, um bestimmte Migrationsvorgänge bei Bedarf zu automatisieren.

Das ***Active Directory Migration Tool*** (*ADMT*) sollte für die Migration auf einem Computer in der ***Zieldomäne*** installiert werden.

WICHTIG! Das Active Directory Migration Tool (ADMT) lässt sich erst in der neuesten Version 3.2 auf einem Server unter Windows Server 2008 R2 installieren. Diese Version unterstützt die Migration erst ab der Betriebssystemversion Windows 2000. Eine Migration von Windows NT 4.0-Domänen wird mit dieser Version nicht mehr unterstützt.

Bei der Installation des Active Directory Migration Tools (ADMT) wird die Installation der SQL Server Desktop Edition automatisch durchgeführt. Im weiteren Verlauf der Installation des Tools kann aber auch ein SQL-Server als Speicherstandort für die Migrationsberichte angegeben werden.

Nach der Installation von ADMT kann dieses in der Benutzeroberfläche von Windows Server 2008 R2 über einen Klick auf **Start**, **Verwaltung**, **Active Directory-Migrationsprogramm** gestartet werden.

Mögliche Migrationsschritte mit ADMT

Das Active Directory Migration Tool (*ADMT*) bietet die Möglichkeit der Durchführung der folgenden Migrationsschritte:

- Migration von Benutzer- und Dienstkonten
- Migration von Sicherheits- und Verteilergruppen
- Migration von Computerkonten
- Sicherheitskonvertierung von Zugriffssteuerungslisten (*ACLs*)
- Migration von Vertrauensstellungen
- Migration von Microsoft Exchange-Verzeichnissen
- Berichterstattung über die durchgeführten Migrationsvorgänge

Darüber hinaus bietet das Tool die Möglichkeit, den jeweils vorangegangenen Migrationsschritt rückgängig zu machen, oder bei Bedarf zu wiederholen. Es hat sich in den letzten Jahren in vielen Domänenmigrationen sehr bewährt.

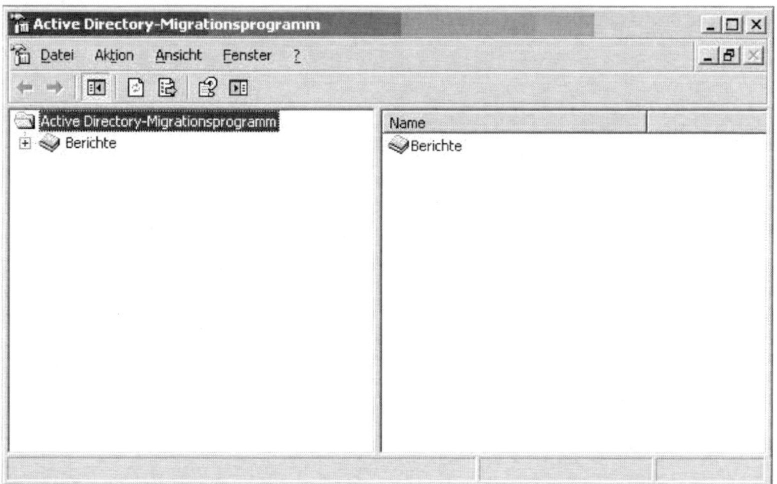

Abbildung 6.2: *Benutzeroberfläche des Active Directory Migration Tool*

INTERNET: Das Active Directory Migration Tool (ADMT) in der Version 3.2, sowie auch die Installationsdateien des für die Kennwortmigration erforderlichen Password Export Server (PES) Version 3.1 stehen kostenfrei zum Download im Internet zur Verfügung unter:

https://connect.microsoft.com/site1164/program8540

Migration von Benutzerkontenkennwörtern

Das Active Directory Migration Tool (*ADMT*) besitzt eine Erweiterung, die sogar die Migration der Benutzerkontenkennwörter aus der Quell- in die Zieldomäne ermöglicht. Dies wird durch die Installation einer Password Migrations-DLL über die ***Pwdmig.msi***-Datei auf dem Quelldomänencontroller möglich.

Nach der Installation des Active Directory Migration Tool (*ADMT*) kann nun zum nächsten Schritt der Migration übergegangen werden.

PRAXISTIPP! Das *Active Directory Migration Tool (ADMT)* unterstützt die Verwendung sogenannter *Include*-Dateien. Diese ist eine Textdatei, in der die zu migrierenden Objekte inklusive dem Quell- und Zielpfad der Objekte angegeben ist. Hierdurch wird es möglich, die Quellobjekte in die gewünschten Zielpfade in der Zieldomäne zu migrieren. Zum Erstellen einer *Include*-Datei kann in der Quelldomäne beispielsweise das Kommandozeilentool *ldifde.exe* verwendet werden, um die Quellobjekte in eine Textdatei zu kopieren. Diese kann dann anschließend mit einem einfachen Editor angepasst werden.

Include-Dateien können in umfangreicheren Migrationsprojekten eingesetzt werden, um den Aufwand der Migration einer Vielzahl von zu migrierenden Objekten zu reduzieren. Weitere Informationen zum Erstellen und Verwenden einer *Include*-Datei erhalten Sie in der Hilfe von *Active Directory Migration Tool (ADMT)*.

6.2.5 Aktivierung der Überwachung in der Quell- und Zieldomäne

Die Migration von Objekten von der Quell- und Zieldomäne setzt die Aktivierung der Überwachung von erfolgreichen und fehlgeschlagenen Kontenoperationen voraus. Diese muss auf dem Quell- und dem Zieldomänencontroller aktiviert sein.

Um die Überwachung auf dem Zieldomänencontroller unter Windows Server 2008 (R2) für die Richtlinie ***Kontenverwaltung überwachen*** zu aktivieren, gehen Sie wie folgt vor:

1. Öffnen Sie die Konsole *Gruppenrichtlinienverwaltung* (*GPMC*).
2. Erweitern Sie die Struktur bis zur Organisationseinheit ***Domain Controllers (Domänencontroller)***, und klicken Sie mit der rechten Maustaste auf die Verknüpfung für das Gruppenrichtlinienobjekt **Default Domain Controllers Policy**.
3. Wählen Sie im Kontextmenü den Eintrag **Bearbeiten...**
4. Wechseln Sie zu `Computerkonfiguration\Richtlinien\Windows Einstellungen\Sicherheitseinstellungen\Lokale Richtlinien\Überwachungsrichtlinie\`

5. Doppelklicken Sie auf die Richtlinie ***Kontenverwaltung überwachen***, und aktivieren Sie diese durch die Auswahl der Option ***Diese Richtlinieneinstellungen definieren***.

6. Aktivieren Sie die Optionskästchen für ***Erfolgreich*** und ***Fehlgeschlagen***, und klicken Sie dann auf OK.

7. Schließen Sie den Gruppenrichtlinienverwaltungs-Editor, sowie die Konsole Gruppenrichtlinienverwaltung.

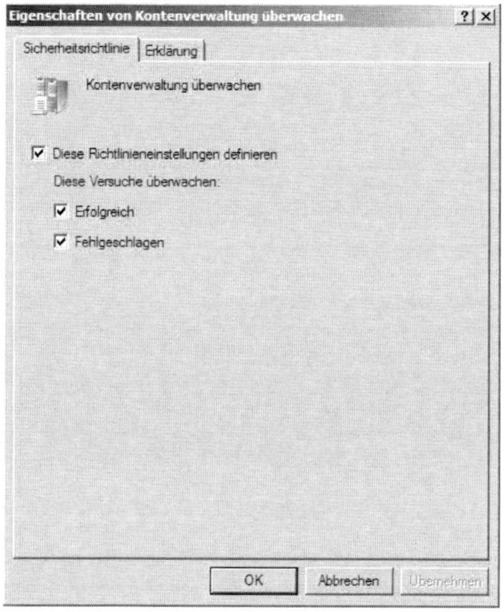

Abbildung 6.3: *Dialog für die Aktivierung der Überwachung der erfolgreichen und fehlgeschlagenen Kontenoperationen unter Windows Server 2008 R2*

Nicht vergessen: Die Überwachung der Kontenverwaltung muss auch in der Quelldomäne auf dem betreffenden Domänencontroller aktiviert werden. Gehen Sie dort entsprechend vor.

6.2.6 Migration der Gruppen

Nach der Aktivierung der Überwachung der Kontenverwaltung geht es nun an die Migration der globalen und domänenlokalen Gruppen aus der Quell- in die Zieldomäne. Hierfür wird das ***Active Directory Migration Tool*** (*ADMT*) verwendet.

Die Migration der Gruppen noch vor der Migration der Benutzerkonten ermöglicht den Erhalt der Mitgliedschaft der Benutzerkonten bei der späteren Migration dieser Konten. Bei der Migration der Gruppen aus der Quelldomäne werden diese in der Zieldomäne neu erstellt und erhalten demnach auch eine neue Sicherheitskennung (*Security Identifier, SID*). Durch die ***SID-History*** wird während der Migration der Gruppen die ursprüngliche Sicherheitskennung (*SID*) auf das neue Gruppenobjekt in der Zieldomäne kopiert, so dass der Zugriff für die zu migrierenden, oder auch die bereits migrierten Benutzer auf die noch in der Quelldomäne verbliebenen Ressourcen erhalten bleibt.

Die Migration sollte bei den Gruppen der Quell- in die Zieldomäne beginnen. Gehen Sie hierzu wie folgt vor:

1. Starten Sie das *Active Directory Migration Tool* ***(ADMT)***.
2. Klicken Sie mit der rechten Maustaste auf *Active Directory-Migrationsprogramm*, und wählen Sie dann den ASSISTENT ZUM MIGRIEREN VON GRUPPENKONTEN.
3. Wählen Sie im ***Active Directory Migration Tool (ADMT)*** die ***Quell-*** und ***Zieldomäne***, sowie den ***Quell-*** und ***Zieldomänencontroller*** aus.
4. Wählen Sie in der Quelldomäne die zu migrierenden ***Gruppen*** aus.
5. Wählen Sie in der Zieldomäne die ***Organisationseinheit*** aus, zu der die zu migrierenden Gruppen hinzugefügt werden sollen.
6. Wählen Sie aus, ob die Benutzerkonten, welche als Gruppenmitglieder in den betreffenden Gruppen definiert sind, gleich auch mitsamt der jeweiligen Gruppen migriert werden sollen. In kleineren Active Directory-Umgebungen vereinfacht diese Option den kompletten Migrationsaufwand. In der Standardeinstellung von ADMT werden die Benutzerkonten in diesem Schritt jedoch nicht migriert.

Sollten Sie sich dazu entschließen, die Benutzerkonten, welche als Gruppenmitglieder der betreffenden Gruppe definiert sind, in diesem Schritt gleich auch zu migrieren, müssen Sie in der Zieldomäne mitunter nach der Migration die nicht zu migrierenden Konten einzeln herausfiltern und wieder löschen. Der Aufwand hierzu kann in sehr großen Umgebungen sehr zeitaufwändig sein, und ist deshalb vorweg gut abzuwägen.

WICHTIG! Beachten Sie, dass lediglich eine einzige Organisationseinheit als Ziel für die Migration von Gruppen ausgewählt werden kann. Wenn Sie die verschiedenen Gruppen der Quelldomäne in verschiedene Organisationseinheiten (*Organizational Units, OUs*) in der Zieldomäne verteilen möchten, so müssen Sie den Migrationsvorgang entweder mehrfach ausführen, oder die in die Zieldomäne migrierten Gruppen nachfolgend auf die dazu vorgesehenen Organisationseinheiten (*OUs*) verteilen.

Sie können bei umfangreicheren Migrationsprojekten, wie bereits benannte, mitunter vorweg eine Include-Datei erstellen, um unterschiedliche Speicherorte der zu migrierenden Objekte in der Zieldomäne zu definieren.

Nachdem alle Gruppen von der Quell- in die Zieldomäne migriert wurden, ist es nun an der Zeit, auch die notwendigen Benutzerkonten zu migrieren.

6.2.7 Migration der Benutzerkonten

Vor der Migration der Benutzerkonten aus der Quell- in die Zieldomäne sollte man festlegen, ob die Benutzerkontenkennwörter mit ADMT gleich ebenso migriert werden sollen.

INTERNET: ADMT bietet die Möglichkeit der Kennwortmigration durch den Installationsvorgang eines sogenannten *Password Export Servers (PES)* mittels der Datei *Pwdmig.msi* auf dem Quelldomänencontroller in der Quelldomäne. Dieser steht in der aktuellen Version 3.2 zum kostenfreien Download im Internet bereit unter:

https://connect.microsoft.com/site1164/program8540

Die Migration der Benutzerkonten aus der Quell- in die Zieldomäne kann problemlos in mehreren Schritten erfolgen. Dies ermöglicht ein selektives Migrieren der Benutzerkonten. Die Migrationsschritte ähneln dabei der Migration der Gruppenobjekte.

Um die Migration von Benutzerkonten mit dem Active Directory Migration Tool (*ADMT*) von einer Quell- zu einer Zieldomäne durchzuführen, gehen Sie wie folgt vor:

1. Starten Sie das *Active Directory Migration Tool (ADMT)*.
2. Klicken Sie mit der rechten Maustaste auf *Active Directory-Migrationsprogramm*, und wählen Sie dann den **Assistent zum Migrieren von Benutzerkonten**.
3. Wählen Sie im *Active Directory Migration Tool (ADMT)* die ***Quell-*** und ***Zieldomäne***, sowie den ***Quell-*** und ***Zieldomänencontroller*** aus.
4. Wählen Sie in der Quelldomäne die zu migrierenden *Benutzerkonten* aus.
5. Wählen Sie in der Zieldomäne die *Organisationseinheit (Organizational Unit, OU)* aus, die als Ziel für die Migration der Benutzerkonten geplant ist.
6. Wählen Sie aus, ob die ***Benutzerkontenkennwörter*** der betreffenden Benutzerkonten der Quelldomäne ebenso in die Zieldomäne migriert werden sollen. Das Active Directory Migration Tool (*ADMT*) bietet dabei die folgenden Optionen zur Auswahl an:
   a. **Komplexe Kennwörter generieren** Bei der Auswahl dieser Option werden die für die migrierten Benutzerkonten festgelegten, nach Zufallswerten generierten Kennwörter in einer Textdatei im CSV-Format (*Comma-separated Value*) gespeichert. Die Kennwörter können dann nachfolgend an die betreffenden Benutzer bekannt gemacht werden. Da die Kennwörter bis zum Ändern durch den Benutzer in einer Textdatei vorliegen, wird diese Option in Netzwerkumgebungen mit höheren Sicherheitsanforderungen nicht empfohlen.
   b. **Kennwörter migrieren** Bei Auswahl dieser Option werden die Benutzerkontenkennwörter von der Quell- zur Zieldomäne migriert. Diese Option stellt somit die sicherste von den benannten dar, setzt jedoch voraus, dass der betreffende Domänencontroller

als ***Password Export Server*** (*PES*) installiert wurde. Die Vorgehensweise hierfür wurde auf der vorherigen Seite erläutert.

c. **Kennwörter für vorhandene Benutzer nicht aktualisieren** Bei der Auswahl dieser Option werden Kennwörter für Benutzerobjekte, die bereits in der Zieldomäne vorhanden sind, nicht aktualisiert. Aktivieren Sie dieses Kontrollkästchen, wenn Sie Kennwörter nur für Benutzerobjekte aktualisieren möchten, die während der aktuellen Migration erstellt werden. Wenn Sie dieses Kontrollkästchen nicht aktivieren, werden von ADMT die Kennwörter für alle Benutzerobjekte aktualisiert, es sei denn, das Kennwort für das Quellbenutzerobjekt wurde seit der letzten Migration des Kennworts nicht geändert.

7. Sie können nachfolgend noch festlegen, wie die Benutzerkonten in der ***Quelldomäne*** (*deaktiviert, oder aktiviert für die definierbare Anzahl an Tagen*) oder auch der ***Zieldomäne*** (*aktiviert, deaktiviert oder gleich mit dem Konto in der Quelldomäne*) behandelt werden.

Migration von Benutzerkonten in der Praxis

In den meisten Migrationsszenarien empfiehlt es sich, die Benutzerkonten in der Zieldomäne erst einmal zu deaktivieren, bis der Vorgang der Migration abgeschlossen wurde. Dies ist gerade dann sinnvoll, wenn sehr große Active Directory-Umgebungen in einem sehr großen Zeitaufwand von einer oder mehreren Quell- in ein oder gleich mehrere Zieldomänen migriert werden sollen.

Sollte es erforderlich sein, die Migration schnellstmöglich durchzuführen, ist es wiederum möglich, die Benutzerkonten in der Quelldomäne gleich nach deren Migration zu deaktivieren. In diesem Szenario müssen sich die Benutzer dann auch sogleich mit dem neuen Benutzerkonto in der neuen Active Directory-Domäne anmelden.

Nachdem die Migration der Benutzerkonten abgeschlossen ist, geht es nun zur Migration der Computerkonten für die Arbeitsstationen der Mitarbeiter, sowie auch der Mitgliedsserver.

6.2.8 Migration der Computerkonten

Die Migration der Computerkonten verläuft ähnlich einfach, wie die Migration der Gruppen einer Quell- zu einer Zieldomäne. Mit dem Active Directory Migration Tool (*ADMT*) in der Version 3.2 ist es möglich, die Computerkonten von Arbeitsstationen und Servern ab Windows 2000 (oder höher) zu migrieren.

PRAXISTIPP! Die Migration von Computerkonten für Arbeitsstationen und Servern unter Windows 2000 sollte aus den bereits benannten Kompatibilitätsproblemen mit Windows Server 2012 R2 nicht in Erwägung gezogen werden. Diese Computer sollten zum Zwecke der Migration in eine Domäne unter Windows Server 2012 R2 bzw. Windows Server 2012 bei

Bedarf vorweg auf Windows 2008 (oder höher) bzw. Windows Vista (oder höher) aktualisiert werden. Anschließend ist die Migration mit ADMT in der Regel problemlos möglich.

Um die Computerkonten mit dem Active Directory Migration Tool (*ADMT*) von einer Quelldomäne in eine Zieldomäne zu migrieren, gehen Sie wie folgt vor:

1. Starten Sie das *Active Directory Migration Tool* ***(ADMT)***.
2. Klicken Sie mit der rechten Maustaste auf *Active Directory-Migrationsprogramm*, und wählen Sie dann **Computermigrations-Assistent**.
3. Wählen Sie im ***Active Directory Migration Tool (ADMT)*** die ***Quell-*** und ***Zieldomäne***, sowie den ***Quell-*** und ***Zieldomänencontroller*** aus.
4. Wählen Sie in der Quelldomäne die zu migrierenden ***Computerkonten*** aus.
5. Wählen Sie in der Zieldomäne die ***Organisationseinheit (Organizational Unit, OU)*** aus, die als Ziel für die Migration der Computerkonten geplant ist.
6. Bestimmen Sie unter ***Objekte konvertieren*** die Typen der Objekte, für die ADMT eine Sicherheitskonvertierung durchführen soll.
7. Wählen Sie die gewünschte Option für die ***Sicherheitskonvertierung*** aus:
   a. **Ersetzen** Ersetzt in den Zugriffssteuerungslisten (*Access Control Lists, ACLs*) die Sicherheitskennung (*SID*) des Kontos in der Quelldomäne durch die SID des Computerkontos in der Zieldomäne. Bei der Auswahl dieser Option erhält das Konto in der Zieldomäne dieselben Berechtigungen für die ausgewählten Objekte wie auch das Konto in der Quelldomäne. Zusätzlich werden die Berechtigungen aus dem Konto in der Quelldomäne entfernt.
   b. **Hinzufügen** Bei der Auswahl dieser Option fügt ADMT die SID des Kontos der Zieldomäne zu den ACLs der ausgewählten Objekte hinzu, welche die SID des Kontos der Quelldomäne enthalten. Hierbei erhält das Konto in der Zieldomäne dieselben Berechtigungen für die ausgewählten Objekte wie das Konto in der Quelldomäne.
   c. **Entfernen** Bei der Auswahl dieser Option wird die SID des Kontos in der Quelldomäne aus allen ACLs der ausgewählten Objekte, und somit die Berechtigungen für die ausgewählten Objekte aus dem Konto in der Quelldomäne entfernt.
8. Bestimmen Sie in der Seite ***Computeroptionen*** über die Option ***Minuten, bis der Computer nach Beenden des Assistenten neu gestartet wird***, nach wie viel Minuten der migrierte Computer nach Beenden des Assistenten automatisch neu gestartet wird. Erst danach gilt die Migration für den betreffenden Computer als abgeschlossen.

Nach der Ausführung des Assistenten, und dem nachfolgenden Neustart der betreffenden Computersysteme können diese in der neuen Domäne verwendet werden.

WICHTIG! Eine Migration von Domänencontrollern kann mit ADMT nicht durchgeführt werden. Um einen Domänencontroller beispielsweise von der Quell- zur Zieldomäne zu migrieren, müssen Sie die Active Directory-Domänendienste (*AD DS*) von diesem Server erst entfernen. Fügen Sie den Server anschließend zur neuen Domäne hinzu und stufen Sie ihn nun neu zu einem Domänencontroller der betreffenden Domäne herauf.

6.2.9 Migration der Dienstkonten

Nachdem die Computerkonten der Quelldomäne bereits in die Zieldomäne migriert wurden, steht nun der drittletzte Migrationsschritt an: die Migration der Dienstkonten. Dies ist ein wichtiger Schritt, da hierbei auch die für die Ausführung bestimmter Dienste auf den Mitgliedsservern der zu migrierenden Domäne migriert werden. Erst wenn auch die Dienstkonten in die neue Domäne migriert wurden, können diese für die Dienste auf den bereits migrierten Mitgliedsservern verwendet werden.

Um die Dienstkonten mittels ADMT von der Quell- in die Zieldomäne zu migrieren, gehen Sie wie folgt vor:

1. Starten Sie das *Active Directory Migration Tool (ADMT)*.
2. Klicken Sie mit der rechten Maustaste auf *Active Directory-Migrationsprogramm*, und wählen Sie dann **Assistent für die Migration von Dienstkonten**.
3. Wählen Sie im *Active Directory Migration Tool (ADMT)* die ***Quell-*** und ***Zieldomäne***, sowie den ***Quell-*** und ***Zieldomänencontroller*** aus.
4. Wählen Sie in der Quelldomäne die zu migrierenden ***Dienstkonten*** aus.
5. Wählen Sie in der Zieldomäne die ***Organisationseinheit (Organizational Unit, OU)*** aus, die als Ziel für die Migration der Dienstkonten geplant ist.
6. Die Kennwortmigration für die Dienstkonten wird von ADMT automatisch auf Ebene von ***komplexen Kennwörtern*** ausgeführt. Es ist hierbei unerheblich, ob Sie sich im Assistenten für eine andere Option für die Behandlung der Dienstkontenkennwörter entscheiden.

ADMT erkennt, dass Sie Dienstkonten migrieren und räumt diesen in der Zieldomäne automatisch das Recht ein, sich als Dienst anzumelden.

Nachdem ADMT die Migration der Dienstkonten abgeschlossen hat, stehen diese in der neuen Domäne für die Ausführung der betreffenden Dienste in der Domäne bereit.

6.2.10 Migration der Domänenressourcen der Quell- zur Zieldomäne

Nach der Migration der Kontenobjekte und Gruppen aus der Quell- in die Zieldomäne können Sie nun im nächsten Schritt damit beginnen, die noch vorhandenen Ressourcen (beispielsweise Dateiablagen, Drucker, Scanner, usw.) der Quelldomäne in die neue Active Directory-Gesamtstruktur zu migrieren. Für diesen Vorgang stehen weitere, kostenfreie Tools, wie zum Beispiel das ***Dateiservermigrationstool (File Server Migration Tool, FSMT)*** von Microsoft zum kostenfreien Download bereit. Auch kann man hierbei ggf. auch auf gängige Tools, wie ***Robocopy.exe*** zurückgreifen (ist u. a. auch in Windows 7, Windows 8/8.1, Windows 10, Windows Server 2008 (R2) sowie Windows Server 2012 (R2) bereits enthalten), um bestimmte Kopiervorgänge von Dateien und Ordnern von den Quell- zu den Zielservern durchzuführen.

Es existieren ebenfalls zwischenzeitlich viele, teils empfehlenswerte, kostenpflichtige Tools, welche man für die Migration bestimmter Ressourcen von einer Quell- zu einer Zieldomäne verwenden kann.

6.2.11 Auflösung der alten Gesamtstruktur

Nachdem alle Konten, Gruppen, Computer, Server und sonstige Ressourcen aus der Quell- zur Zieldomäne migriert worden sind, ist es bald an der Zeit, die alte Gesamtstruktur aufzulösen. Man sollte vorweg jedoch nochmals überprüfen, dass man keine der Ressourcen vergessen hat, und auch seit der Migration keinerlei Änderungen mehr an den ursprünglichen Konten und Ressourcen mehr vorgenommen wurden.

Die Auflösung der alten Gesamtstruktur beginnt hierbei mit der Beseitigung der für die Migration eingerichteten Vertrauensstellungen. Anschließend kann man dann die alte Gesamtstruktur auflösen, indem man die einzelnen, verbliebenen Server und Arbeitsstationen außer Betrieb nimmt.

6.3 Gesamtstrukturinterne Migration

Als Alternative zur gesamtstrukturübergreifenden Migration besteht in einigen Fällen auch die Möglichkeit, eine gesamtstrukturinterne Migration von Konten und Ressourcen durchzuführen. Diese Art der Migration wird häufig zur Konsolidierung von bestehenden, umfangreichen Active Directory-Gesamtstrukturen genutzt. So können beispielsweise viele untergeordnete Active Directory-Domänen im Bedarfsfall zu einer einzigen Stammdomäne zusammengefasst, und die Objekte der bisherigen Domänen somit nach der Migration in Organisationseinheiten gespeichert, und die Verwaltung der betreffenden Objekte, beispielsweise um das bisherige Administrationsmodell beizubehalten, bei Bedarf sogar an die betreffenden Administratoren delegiert werden.

6.3.1 Wichtiger Unterschied zur gesamtstrukturübergreifenden Migration

Die gesamtstrukturinterne Migration von Active Directory-Objekten unterscheidet sich jedoch in einem ganz wichtigen Punkt von der gesamtstrukturübergreifenden Migration:

Die zu migrierenden Objekte können innerhalb der gleichen Active Directory-Gesamtstruktur nicht kopiert, sondern lediglich verschoben werden. Hierbei werden die Objekte in die Zieldomäne kopiert und anschließend in der Quelldomäne automatisch gelöscht.

WICHTIG! Eine parallele Nutzung der betreffenden Active Directory-Objekte in der Quell- und Zieldomäne während einer gesamtstrukturinternen Migration ist nicht möglich. Dies sollte man bei der Planung einer Migration unbedingt berücksichtigen.

Die gesamtstrukturinterne Migration lässt sich, vergleichbar von den Vorgängen bei der gesamtstrukturübergreifenden Migration, mit dem ***Active Directory-Migrationstool*** *(ADMT)* verhältnismäßig einfach durchführen.

Closed Set

Um sicherzustellen, dass die Gruppenmitgliedschaften der Benutzerkonten nach der Migration erhalten bleiben, müssen die betreffenden Gruppen im gleichen Vorgang migriert werden. Diesen Vorgang bezeichnet man im englischen als „***Closed Set***“. Dieser Vorgang ist nicht unkritisch.

Besondere Beachtung sollte man hierbei der möglichen Verschachtelung von globalen Gruppen in andere globale Gruppen innerhalb der Quelldomäne schenken. So kann bei einer gesamtstrukturinternen Migration von Benutzerkonten, während der man auch die über die Gruppenmitgliedschaft der Benutzer verknüpften Gruppen migrieren kann (*Closed Set*), zum Verlust der Mitgliedschaft dieser Gruppen in anderen globalen Gruppen auftreten. Die ursprünglichen Gruppenverschachtelungen müssen dann nachfolgend manuell rekonstruiert werden.

WICHTIG! Die gesamtstrukturinterne Migration mit dem *Active Directory-Migrationstool (ADMT)* erfordert eine *sorgfältige Vorbereitung und nachfolgende Überprüfung der Migrationsschritte*, um mögliche Zugriffsprobleme durch den Verlust der Gruppenverschachtelung zu vermeiden, bzw. diese zu beheben.

6.4 Alternative zur Migration: Gesamtstrukturvertrauensstellungen

Eine Alternative zur Migration von Active Directory-Gesamtstrukturen und -Domänen stellt die Konfiguration von Gesamtstrukturvertrauensstellungen (engl. *Forest Trusts*) zwischen den verschiedenen Active Directory-Gesamtstrukturen dar.

Gesamtstrukturübergreifende Vertrauensstellungen können seit der Einführung von Windows Server 2003 zwischen Active Directory-Gesamtstrukturen eingerichtet werden, die in der ***Gesamtstrukturfunktionsebene Windows Server 2003 oder höher*** ausgeführt werden. Dies setzt auf allen Domänencontroller beider betreffenden Gesamtstrukturen das Betriebssystem Windows Server 2003 oder höher voraus.

Die Active Directory-Gesamtstrukturen bleiben bei der Einrichtung von gesamtstrukturübergreifenden Vertrauensstellungen völlig erhalten, und jede der Gesamtstrukturen führt weiterhin seinen eigenen globalen Katalog der jeweiligen Active Directory-Objekte. Im Bedarfsfall kann man die gesamtstrukturübergreifende Vertrauensstellung wieder entfernen, falls der Bedarf dazu besteht.

PRAXISTIPP! Eine Gesamtstrukturvertrauensstellung ermöglicht durch das dabei standardmäßig aktivierte ***Namensuffix-Routing*** den übergreifenden, auf Wunsch ein- oder gleich gegenseitigen Zugriff auf Ressourcen. Durch die Verwendung des Namensuffix-Routing zwischen den betreffenden Gesamtstrukturen kann der Zugriff von Benutzern bestimmter, beispielsweise untergeordneter Active Directory-Domänen auf die Ressourcen in den Domänen der jeweils anderen Gesamtstruktur geregelt werden. Bei der Anmeldung der Benutzer durch den Benutzerprinzipalnamen (*User Principal Name, UPN*) wird hierbei der Domänensuffix anhand der Definition des Namensuffix-Routing ausgewertet, und somit die gesamtstrukturübergreifende Ressourcennutzung gefiltert.

6.4.1 Vor- und Nachteile

Der Vorteil der Verwendung einer gesamtstrukturübergreifenden Vertrauensstellung zwischen zwei Active Directory-Gesamtstrukturen anstelle einer oft umfangreichen Migration von Domänen liegt klar auf der Hand. Mit ein paar Klicks kann auf Wunsch jeder der betreffenden Domänen den Zugriff auf die in der jeweils anderen Gesamtstruktur befindlichen Ressourcen erhalten. Die Verwaltungsautonomie der in der jeweiligen Gesamtstruktur enthaltenen Objekte kann unter Verwendung der gesamtstrukturübergreifenden Vertrauensstellung bei Bedarf erhalten bleiben.

Als Nachteil einer solchen Konstellation bleibt der Umstand, dass nun zwei Active Directory-Gesamtstrukturen mitsamt allen darin befindlichen Domänen, Domänencontrollern und Ressourcen verwalten, dokumentiert und gewartet werden müssen. Der Ressourcen- und auch der Verwaltungsaufwand sind bei der Verwendung von zwei Active Directory-Gesamtstrukturen grundsätzlich höher. Auch muss die Redundanz jeder der Gesamtstrukturen gewahrt bleiben, so dass für die Bereitstellung der Domänencontroller, DNS-Namensserver, und auch anderer Infrastrukturserver prinzipiell mehr Ressourcen eingesetzt werden müssen.

Diese und auch noch weitere Aspekte sollten Sie bei der Planung der Gesamtstrukturvertrauensstellungen als Alternative zur Migration der betreffenden Objekte zwischen den Active Directory-Domänen unbedingt berücksichtigen.

WICHTIG! Eine Gesamtstrukturvertrauensstellung kann nur zwischen zwei verschiedenen Active Directory-Gesamtstrukturen eingerichtet werden. Selbst wenn eine der Gesamtstrukturen über mehrere Gesamtstrukturvertrauensstellungen zu anderen, verschiedenen Active Directory-Gesamtstrukturen verfügt, können diese zueinander nicht transitiv, sondern immer nur zwischen den beiden bei der Einrichtung angegebenen Active Directory-Gesamtstrukturen verwendet werden.

6.4.2 Einrichtung von Gesamtstrukturvertrauensstellungen

Die Einrichtung der Gesamtstrukturvertrauensstellung zwischen zwei verschiedenen Active Directory-Gesamtstrukturen lässt sich verhältnismäßig einfach durchführen. Der Assistent zum Einrichten von Vertrauensstellungen, welcher über die Konsole *Active Directory-Domänen und Vertrauensstellungen* aufgerufen werden kann, bietet bei der Erfüllung der notwendigen Voraussetzungen die Einrichtung einer Gesamtstrukturvertrauensstellung im Konfigurationsverlauf an.

Als zu erfüllende Voraussetzung für die Einrichtung der Gesamtstrukturvertrauensstellung wird hierbei die Gesamtstrukturfunktionsebene beider Active Directory-Gesamtstrukturen überprüft. Diese müssen beide in der ***Gesamtstrukturfunktionsebene Windows Server 2003 oder höher*** ausgeführt werden.

PRAXISTIPP! Um eine Gesamtstrukturvertrauensstellung zwischen zwei Active Directory-Gesamtstrukturen einrichten zu können muss man der Gruppe der *Organisations-Administratoren* angehören. Vor der Einrichtung muss sichergestellt werden, dass die *Namensauflösung* zwischen beiden Active Directory-Gesamtstrukturen mittels DNS möglich ist.

Zum Einrichten einer Gesamtstrukturvertrauensstellung zwischen zwei verschiedenen Active Directory-Gesamtstrukturen gehen Sie anschließend wie folgt vor:

1. Öffnen Sie die Konsole *Active Directory-Domänen und -Vertrauensstellung* als Mitglied der Gruppe der *Organisations-Administratoren*.
2. Klicken Sie mit der rechten Maustaste auf den Namen der Stammdomäne der Active Directory-Gesamtstruktur, und wählen Sie im Kontextmenü den Eintrag **Eigenschaften** aus.
3. Wechseln Sie zum Register **Vertrauensstellungen**.
4. Klicken Sie auf die Schaltfläche **Neue Vertrauensstellung...**, und klicken Sie anschließend auf **Weiter**.
5. Geben Sie im Dialog *Vertrauensstellungsname* den DNS-Namen (oder NetBIOS-Namen) der anderen Gesamtstruktur an, und klicken Sie auf **Weiter**.
6. Wählen Sie im Dialog *Vertrauenstyp* die Option ***Gesamtstruktur-Vertrauenswürdigkeit*** aus, und klicken Sie anschließend auf **Weiter**.

7. Wählen Sie im Dialog Richtung der Vertrauensstellung eine der folgenden Optionen aus:

   a. **Bidirektional** Die Vertrauensstellung wird in beide Richtungen eingerichtet, so dass die Benutzer Zugriff auf die Ressourcen der jeweils anderen Gesamtstruktur erhalten können.

   b. **Unidirektional: eingehend** Die Vertrauensstellung wird so eingerichtet, dass die Benutzer der angegebenen Gesamtstruktur keinen Zugriff auf die Ressourcen dieser Gesamtstruktur erhalten können. Umgekehrt ist der Zugriff auf Ressourcen hierdurch möglich.

   c. **Unidirektional: ausgehend** Die Vertrauensstellung wird so eingerichtet, dass lediglich die Benutzer der anderen Gesamtstruktur den Zugriff auf diese Gesamtstruktur erhalten können. Umgekehrt ist der Zugriff auf Ressourcen hierdurch nicht möglich.

8. Klicken Sie auf **Weiter**, und folgen Sie den weiteren Anweisungen des Assistenten.

Nach der Einrichtung der Gesamtstrukturvertrauensstellung zwischen zwei Active Directory-Gesamtstrukturen kann nun der Zugriff auf die jeweiligen Ressourcen konfiguriert werden.

PRAXISTIPP! Wenn Sie bei Einrichten der Gesamtstrukturvertrauensstellung die ausgewählte Authentifizierung auf bestimmte Benutzer oder Gruppen aus der angegebenen Gesamtstruktur beschränken möchten, so klicken Sie auf der Seite ***Einstellungen für ausgehende Vertrauensstellung*** auf ***Ausgewählte Authentifizierung***. Diese Option sollte verwendet werden, wenn die Vertrauensstellung zwischen Active Directory-Gesamtstrukturen verschiedener Unternehmen eingerichtet wird.

6.5 Zusammenfassung

Wie Sie in den vorangegangenen Seiten erfahren haben, sind die durchzuführenden Schritte für die Migration der Objekte und Ressourcen einer vorhandenen Active Directory-Domäne zu einer neu gestalteten Active Directory-Gesamtstruktur mitunter sehr umfangreich. Einfacher lässt sich die Aktualisierung einer vorhandenen Domänenstruktur auf Windows Server 2012 R2 bzw. Windows Server 2012 durchführen, setzt seinerseits jedoch voraus, dass die komplette Struktur der Active Directory-Gesamtstruktur vorhanden bleiben soll und dass die Betriebssysteme der betreffenden Domänencontroller auf Windows Server 2012 R2 bzw. Windows Server 2012 aktualisiert werden können.

Natürlich steht es auch frei, auf die im Markt erhältlichen Migrationslösungen diverser Drittanbieter zurückzugreifen, dann jedoch oft kostenpflichtig.

Eine Alternative zur Migration von Active Directory-Gesamtstrukturen und Domänen stellt mitunter das Einrichten von Gesamtstrukturvertrauensstellungen dar. Sie sollten jedoch die Vor- und Nachteile einer solchen Konstellation bei der Planung der zukünftigen Active Directory-Infrastruktur berücksichtigen. Nicht unerheblich ist der hierbei anfallende Mehraufwand seitens der Administration, Dokumentation und auch Wartung mehrerer Gesamtstrukturen mitsamt der darin enthaltenen Ressourcen.

Nachdem Sie sich mit der Migration und Domänenaktualisierung befasst haben, ist es jetzt an der Zeit, sich näher mit dem Betriebssystem Windows Server 2012 R2 bzw. Windows Server 2012 zu befassen. Im nächsten Kapitel erfahren Sie die notwendigen Schritte zur Einrichtung eines Serversystems unter Windows Server 2012 R2 oder unter Windows Server 2012 sowie auch zur Aktualisierung des Betriebssystems von vorherigen Betriebssystemversionen.

Teil 3

Implementierung, Verwaltung und Wartung

Der Teil 3 dieses Buches bietet Ihnen in insgesamt 17 Kapiteln die notwendigen Informationen, um die Active Directory-Domänendienste unter Windows Server 2012 R2 bzw. Windows Server 2012 erfolgreich zu implementieren, zu verwalten und zu warten.

Der dritte Teil dieses Buches enthält die folgenden Kapitel:

- **Kapitel 7 – Installation & Konfiguration von Windows Server 2012 R2** Erfahren Sie die notwendigen Schritte und Details für die erfolgreiche Installation des Betriebssystems Windows Server 2012 R2. (*ab Seite 259*)
- **Kapitel 8 – Implementierung und Verwaltung von Domain Name System (DNS)** In diesem Kapitel werden die notwendigen Schritte zur Implementierung und Verwaltung der Namensauflösungsdienste des Domain Name Systems (DNS) unter Windows Server 2012 R2 beschrieben. (*ab Seite 292*)
- **Kapitel 9 – Implementieren der Active Directory-Domänendienste (AD DS)** In diesem Kapitel erfahren Sie die notwendigen Informationen, um die Active Directory-Domänendienste unter Windows Server 2012 R2 erfolgreich zu implementieren. (*ab Seite 322*)
- **Kapitel 10 – Verwalten der Betriebsmasterrollen** Dieses Kapitel bietet Ihnen detaillierte Informationen, um die Betriebsmasterrollen unter Windows Server 2012 R2 zu verwalten. (*ab Seite 354*)

- **Kapitel 11 – Verwalten globaler Katalogserver** In den Seiten dieses Kapitels werden Ihnen die notwendigen Schritte zur Verwaltung globaler Katalogserver erklärt. (*ab Seite 373*)

- **Kapitel 12 – Erstellen und Verwalten von Organisationseinheiten** Dieses Kapitel bietet Ihnen detaillierte Informationen, um Organisationseinheiten (OUs) unter Windows Server 2008 zu erstellen und zu verwalten. (*ab Seite 381*)

- **Kapitel 13 – Delegierung der Verwaltungsfunktionalität** Erfahren Sie die notwendigen Informationen zum Delegieren bestimmter Verwaltungsfunktionalitäten in den Active Directory-Domänendiensten unter Windows Server 2012 R2. (*ab Seite 395*)

- **Kapitel 14 – Erstellen und Verwalten von Active Directory-Objekten** Erfahren Sie die notwendigen Schritte rund um Active Directory-Objekte. (*ab Seite 404*)

- **Kapitel 15 – Erstellen und Verwalten von Gruppenrichtlinienobjekten** Erfahren Sie die notwendigen Schritte zum Erstellen und Verwalten von Gruppenrichtlinienobjekten unter Windows Server 2012 R2. (*ab Seite 459*)

- **Kapitel 16 – Verwalten der Computer- und Benutzerumgebung mit Gruppenrichtlinienobjekten** Diese Seiten vermitteln Ihnen das notwendige Wissen rund um die Gruppenrichtlinienobjekte unter Windows Server 2012 R2. (*ab Seite 526*)

- **Kapitel 17 – Planung und Einsatz von Kennworteinstellungen** Dieses Kapitel zeigt Ihnen die Implementierungsmöglichkeit verschiedener Kennwort- und Kontosperrungsrichtlinien innerhalb einer Domäne. (*ab Seite 565*)

- **Kapitel 18 –Schreibgeschützter Domänencontroller** Die notwendigen Schritte zur erfolgreichen Implementierung werden Ihnen in diesem Kapitel gezeigt. (*ab Seite 572*)

- **Kapitel 19 – Domänencontroller unter Server Core** Einrichten von Domänencontrollern (quasi) ohne Grafik. (*ab Seite 603*)

- **Kapitel 20 – Verwaltung von Standorten und Replikation** Erfahren Sie mehr über das Einrichten und Verwalten von Standorten und der Replikation innerhalb von Active Directory. (*ab Seite 631*)

- **Kapitel 21 – Wartung und Diagnose der Active Directory-Domänendienste** Dieses Kapitel bietet Ihnen die hierzu notwendigen Informationen. (*ab Seitc 645*)

- **Kapitel 22 – Sichern und Wiederherstellen der Active Directory-Domänendienste** Lernen Sie die notwendigen Tools und Schritte zum Sichern und Wiederherstellen der Active Directory-Domänendienste unter Windows Server 2012 R2 kennen. (*ab Seite 660*)

- **Kapitel 23 – Weitere Active Directory-Dienste** Zum Abschluss des Buches erhalten Sie einen Überblick über die weiteren Active Directory-Dienste unter Windows Server 2012 R2. (*ab Seite 685*)

7 Installation und Konfiguration von Windows Server 2012 R2

Dieses Kapitel vermittelt Ihnen die notwendigen Schritte, um Windows Server 2012 R2 als Betriebssystem auf einem neuen Serversystem zu installieren sowie auch bestehende Serversysteme auf Windows Server 2012 R2 zu aktualisieren. Anschließend erfahren Sie, welche Schritte nach der Installation notwendig werden, um die Implementierung der Rolle der Active Directory-Domänendienste (engl. *Active Directory Domain Services, AD DS*) durch die dazu notwendige Konfiguration vorzubereiten.

7.1 Neuinstallation oder Aktualisierung?

Vor der Implementierung von Windows Server 2012 R2 oder auch Windows Server 2012 sollte man abwägen, welche Vor- und Nachteile eine Neuinstallation oder im Gegensatz dazu eine Aktualisierung eines bereits bestehenden Serversystems mit sich bringt.

Bei einer Neuinstallation fallen grundlegend mehr Konfigurationsschritte an als bei einer Aktualisierung eines bereits vorhandenen Serversystems. Andererseits werden hierbei mögliche, unnötige Änderungen in beispielsweise der Windows-Registrierung durch vorangegangene Installations- und Deinstallationsvorgänge vom alten System nicht übernommen.

Nicht jedes beliebige Windows-Serversystem lässt sich bedenkenlos auf den Windows Server 2012 R2 bzw. Windows Server 2012 aktualisieren. Hierbei spielt auch die auf dem zu aktualisierenden Server vorhandene Betriebssystemversion eine sicher bedeutende Rolle.

Auf den nachfolgenden Seiten erfahren Sie nun die notwendigen Schritte zur Neuinstallation von Windows Server 2012 R2 sowie auch zur Aktualisierung.

7.2 Neuinstallation von Windows Server 2012 R2

Die Installation von Windows Server 2012 R2 lässt sich prinzipiell ähnlich einfach durchführen, wie dies bereits unter Windows Server 2008, Windows Server 2008 R2 oder auch unter Windows Server 2012 möglich war. Den Servernamen, sowie auch die Netzwerkeinstellungen konfiguriert man bei Bedarf erst nach der erfolgreichen Installation des Betriebssystems.

Microsoft liefert Windows Server 2012 R2 auf DVD-ROM sowie z. B. auch als ISO-Datei zum Download für Volumenlizenzkunden und MSDN-Abonnenten aus. Die Test- und Evaluierungsversionen von Windows Server 2012 R2 können ebenso einfach entweder als ISO-Datei oder aber direkt auch als fertige virtuelle Maschine in einer VHD-Datei für Hyper-V aus der Website von Microsoft heruntergeladen werden.

INTERNET: Die Test- und Evaluierungsversionen von Windows Server 2012 R2 (Release 2) stellt Microsoft als ISO-Datei bzw. als fertige virtuelle Maschinen im VHD-Formt für Hyper-V kostenfrei im Internet zum Download bereit. Diese sind i.d.R. für 180 Tage verwendbar und können bei Bedarf später sogar zu einer vollwertigen Lizenz freigeschaltet werden. Microsoft bietet den Download in der eigenen Website im Internet an unter:

https://www.microsoft.com/de-de/server-cloud/products/windows-server-2012-r2/try.aspx

7.2.1 Voraussetzungen

Vor der Installation von Windows Server 2012 R2 muss man die notwendige Hardwarevoraussetzung überprüfen. Die Hardwareanforderungen orientieren sich im Praxiseinsatz an der Vielzahl der in Windows Server 2012 R2 enthaltenen und darauf genutzten Serverrollen, Rollendiensten und Features. Die reellen Hardwareanforderungen für den Servereinsatz können somit von den hier angegebenen Daten abweichen. Die für die Kalkulation notwendigen Informationen findet man auf den TechNet-Webseiten von Microsoft im Internet. Auch muss die Kompatibilität von Hardwarekomponenten und Software auf den für die Installation vorgesehenen Computersystemen vorweg überprüft werden.

Hardwareanforderungen

Die folgenden Angaben stellen die von Microsoft vorgeschlagene, minimale Hardwareausstattung eines Serversystems zur Installation von Windows Server 2012 R2 dar:

- **1,4 GHz 64-Bit-Prozessor**, oder besser
- **512 MByte Arbeitsspeicher** (RAM), oder besser
- **32 GByte Festplattenspeicher**
- **Bildschirm** mit einer Auflösung von **mindestens 800x600 Bildpunkten**
- **DVD-ROM-Laufwerk**
- **Tastatur und Maus** (oder andere kompatible Zeigegeräte)

HINWEIS: Bedenken Sie bei der Planung der einzusetzenden Serverhardware, dass Windows Server 2012 R2 lediglich als reines 64-Bit-Betriebssystem erhältlich ist.

Ein praxiserfahrener Administrator wird aus den oben dargestellten Systemanforderungen leicht ableiten können, dass es sich dabei lediglich um empfohlene Mindestvoraussetzungen für die Installation von Windows Server 2012 R2 handelt. In der Praxis sollte man sich wenigstens eines aktuellen Prozessortyps (gerne Dualcore-Prozessor oder besser) mit x64-Unterstützung bedienen, sowie auch seitens des Arbeitsspeichers wenigstens 2 GByte (oder mehr) für den Betrieb von Windows Server 2012 R2 in das betreffende Serversystem einbauen.

Die Anforderungen an die Festplattenkapazität ist bei Windows Server 2012 R2 als Server Core-Installation noch geringer. Die in der Praxis notwendigen Hardwareanforderungen können jedoch von den obigen Angaben abweichen, wenn der zu installierende Server neben der Rolle als Domänencontroller auch noch weitere Rollen, wie zum Beispiel die eines Druckservers oder gar Drittanbieter-Software ausführen soll. Detaillierte Informationen zur Kalkulation der dann notwendigen Hardwareanforderungen entnehmen Sie in der jeweiligen Produktdokumentation.

7.2.2 Bestimmen der zu verwendenden Betriebssystemedition

Die Rolle eines Domänencontrollers der Active Directory-Domänendienste (*Active Directory Domain Services, AD DS*) kann auf verschiedenen der verfügbaren Editionen von Windows Server 2012 R2 ausgeführt werden. Bedenken Sie bei der Betriebssystemauswahl, dass Windows Server 2012 R2 - wie bereits auch sein direkter Vorgänger, Windows Server 2012 - von Microsoft aber lediglich noch in vier verschiedenen Editionen zur Verfügung gestellt wird. Hierbei sei zu beachten, dass sich die Standard- und die Datacenter-Edition lediglich noch im Umfang der damit verbundenen Virtualisierungsrechte unterscheiden - der Umfang der jeweils enthaltenen Serverrollen und Features ist bei beiden völlig identisch.

Verfügbare Betriebssystemeditionen

Insgesamt verfügbar sind von Windows Server 2012 R2, sowie auch von Windows Server 2012 die folgenden Betriebssystemeditionen:

Edition	Einsatzbereich	Enthaltene Funktionen
Datacenter	Große virtualisierte Private- und Hybrid-Cloud-Umgebungen	Vollständige Windows Server-Funktionalität
Standard	Unternehmensweiter Einsatz in kleinen, mittleren und großen Unternehmen, Behörden und Institutionen	Vollständige Windows Server-Funktionalität
Essentials	Kleine und mittlere Unternehmen	Eingeschränkte Windows Server-Funktionalität, unterstützt maximal 25 Benutzer und 50 Geräte.
Foundation	Einstiegsserver für kleine Unternehmen, Kanzleien und Freiberufler	Grundlegende Windows Server-Funktionalität, unterstützt bis zu 15 Benutzer.

Tabelle 7.1: *Erhältliche Editionen von Windows Server 2012 (R2)*

HINWEIS: Die Windows Server 2012 R2 Essentials Edition wird von Microsoft als der Nachfolger des Microsoft Small Business Server 2011 Standard/Essentials angeboten, und ist für die Verwendung Cloud-basierter Dienste konzipiert. Im Vergleich zum SBS 2011 enthält die Essentials Edition jedoch die zuvor noch im Umfang enthaltenen Exchange- und SQL-Server-Funktionalitäten nicht mehr. Diese Produkte müssen – alternativ zur Nutzung der von Microsoft angebotenen Cloud-basierten Dienste – bei Bedarf nunmehr zusätzlich beschafft und lizenziert werden.

Seitens der im Umfang enthaltenen Serverrollen und -funktionen gibt es unter Windows Server 2012 R2 keinen Unterschied zwischen der Standard Edition zur Datacenter Edition. So unterstützt selbst die Standard Edition nunmehr u. a. auch das Failover-Clustering. Lediglich in den Virtualisierungsrechten unterscheiden sich die beiden Betriebssystem-Editionen. Im Vergleich dazu fehlt in Windows Server 2012 R2 Essentials unter anderem die Unterstützung von Hyper-V und der Active Directory-Verbunddienste (engl. *Active Directory Federation Services, AD FS*). Der Windows Server 2012 R2 Foundation ist als „Einstiegsserver" noch weiter eingeschränkt und ist lediglich als OEM-Version (*Original Equipment Manufacture*) verfügbar.

Enthaltene Virtualisierungsrechte

Microsoft hat die Rechte zum Einrichten und Betreiben virtueller Computersysteme unter Windows Server 2012 R2 sowie auch unter Windows Server 2012 auf die Bedürfnisse von Unternehmen angepasst. Durch die Reduktion der verfügbaren Betriebssystem-Editionen ergeben sich unter Windows Server 2012 R2 sowie parallel auch unter Windows Server 2012 somit die folgenden Virtualisierungsrechte:

Edition	Virtualisierungsrechte
Datacenter	Unbegrenzte Anzahl an virtuellen Instanzen
Standard	Maximal 2 virtuelle Instanzen je Serverlizenz
Essentials	Keine Virtualisierungsrechte
Foundation	Keine Virtualisierungsrechte

Tabelle 7.2: *Virtualisierungsrechte unter den verschiedenen Editionen von Windows Server 2012 (R2)*

In der Tabelle deutlich zu erkennen ist, dass lediglich die Standard Edition, sowie die Datacenter Edition als einzige die Virtualisierungsrechte für die Ausführung von virtuellen Maschinen in Hyper-V verfügen. Die Hyper-V-Serverrolle ist bei den beiden übrigen Editionen im Umfang überhaupt nicht enthalten.

In Hinsicht der in der Standard Edition und Datacenter Edition bereits enthalten Virtualisierungsrechte sollte man noch vor der Einrichtung eines physikalisch installierten Domänencontrollers die Vor- und Nachteile der Virtualisierung ins Auge fassen. Die Virtualisierung von Domänencontrollern unter Windows Server 2012 R2 sowie auch Windows Server 2012 wird von Microsoft aktuell unterstützt.

Erweiterbarkeit der Virtualisierungsrechte

Die Begrenzung von Windows Server 2012 R2 in der Standard Edition auf die Unterstützung von maximal zwei virtuellen Serverinstanzen stellt für manche Unternehmen womöglich ein Problem dar. Im Bedarfsfall lässt sich die Windows Server 2012 R2 Standard Edition durch den Zukauf weiterer Serverlizenzen in der Anzahl der maximal erlaubten, virtuellen Instanzen aber problemlos um jeweils zwei weitere Instanzen erweitern.

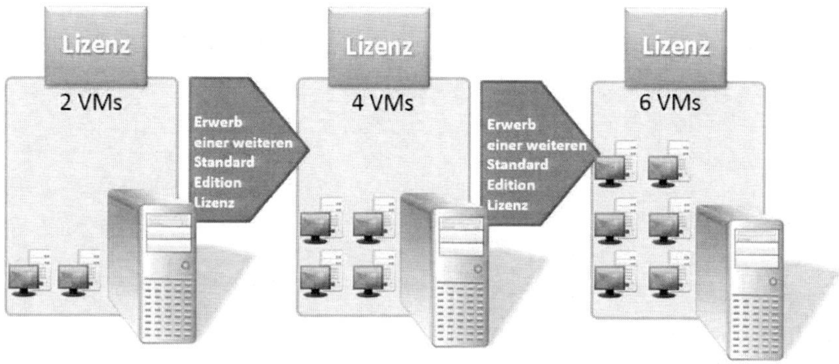

Abbildung 7.1: *Erweiterbarkeit der Virtualisierungsrechte der Standard Edition von Windows Server 2012 (R2)*

Spätere Aktualisierung von Standard- auf Datacenter-Lizenz

Viele kleinere und mittelständische Unternehmen werden sich bei der Auswahl der Betriebssystemedition von Windows Server 2012 R2 oft zuerst für die Standard Edition entscheiden. Diese genügt zu Beginn sicher für die meisten Einsatzmöglichkeiten von Serversystemen in Unternehmen. Wenn sich später herausstellen sollte, dass man im betreffenden Unternehmen doch zunehmend auf die Virtualisierung von Serversystemen zurückgreift, kann man die Standard Edition-Lizenz problemlos auf eine Enterprise Edition-Lizenz aktualisieren. Dies wird von Microsoft in deren Webseiten so auch dokumentiert. Da sich Windows Server 2012 R2 Standard und Datacenter Edition vom Umfang der installierbaren Serverrollen, Rollendienste und -funktionen völlig gleichen, müssen Sie für die Lizenzaktualisierung keine weiteren Vorbereitungen treffen.

Geben Sie auf dem Serversystem unter Windows Server 2012 R2 Standard Edition als Administrator den folgenden Befehl in der Kommandozeile ein, um die Aktualisierung der Lizenz von Windows Server 2012 R2 in der Standard Edition auf die Datacenter Edition durchzuführen,:

```
dism /online /set-edition:ServerDatacenter /ProductKey:XXXX-XXXX-XXXX-XXXX-XXXX /AcceptEula
```

HINWEIS: Verwenden Sie statt der Zeichenfolge *XXXX-XXXX-XXXX-XXXX-XXXX* den Produkt-Key für die Datacenter Edition von Windows Server 2012 R2.

Nach der Aktualisierung der Lizenz von Windows Server 2012 R2 Standard auf die Datacenter Edition räumt Ihnen Microsoft die uneingeschränkte Virtualisierungslizenz auf dem betreffenden Serversystem ein.

Spätere Aktualisierung von Essentials- auf Standard-Lizenz

Die Lizenz von Windows Server 2012 R2 Essentials kann bei Bedarf zu einem späteren Zeitpunkt auf die Lizenz der Windows Server 2012 Standard Edition aktualisiert werden, und unterstützt dann maximal bis zu 75 Benutzer oder Geräte. Windows Server 2012 R2 Standard und Datacenter beinhalten hierfür das optional installierbare *Essentials Experience*-Feature.

INTERNET: Weitere Informationen zur Lizenzierung von Windows Server 2012 R2 finden Sie auf der Microsoft-Website im Internet unter:

https://www.microsoft.com/en-us/Licensing/product-licensing/windows-server-2012-r2.aspx

7.2.3 Digital signierte Treiber erforderlich

Wie auch bereits der Vorgänger, Windows Server 2008 R2, unterstützen Windows Server 2012 und Windows Server 2012 R2 (Release 2) von Hause her lediglich digital signierte Kernelmodustreiber. Bei der Installation eines Plug & Play-Gerätes wird man unter Umständen darauf hingewiesen, dass der Treiber nicht digital signiert ist. Bei der Installation einer Anwendung, die einen nicht digital signierten Treiber enthält, wird man durch die Setup-Routine jedoch nicht zwangsläufig eine Fehlermeldung angezeigt. In beiden Fällen wird aber der nicht signierte Treiber von Windows Server 2012 R2 nicht geladen. Sollten im Anschluss an die Installation von Treibern womöglich Probleme auftreten, oder das Computersystem sich mit dem (vermeintlich) nicht signierten Treiber nicht mehr ordnungsgemäß starten lassen, so können Sie die folgende Vorgehensweise nutzen, um den nicht signierten Treiber wieder zu entfernen.

Gehen Sie wie folgt vor, um die Signaturanforderung für die Treiberinstallation unter Windows Server 2012 R2 bzw. Windows Server 2012 für den aktuellen Startvorgang zu deaktivieren:

1. Starten Sie den Computer neu, und drücken Sie beim Start die **F8-Taste**.
2. Wählen Sie die **Erweiterten Startoptionen** aus.
3. Wählen Sie **Erzwingen der Treibersignatur deaktivieren** aus.
4. Starten Sie den Computer neu, und deinstallieren Sie den nicht signierten Treiber.

INTERNET: Weitere Informationen zu der Signaturanforderung von Treibern erhalten Sie im Internet unter:

https://go.microsoft.com/fwlink/?LinkId=66577

7.2.4 Schritte zur Vorbereitung der Installation

Nach der Entscheidung über die benötigte Edition von Windows Server 2012 R2, sowie der möglichen Überprüfung der Kompatibilität von Anwendungen müssen vor der eigentlichen Installation des Betriebssystems noch einige wichtige Schritte unternommen werden.

Führen Sie noch vor der Installation von Windows Server 2012 R2 die folgenden Schritte aus:

- **Trennen von USV-Geräten** Sollte das Serversystem, auf dem Windows Server 2012 R2 installiert werden soll, mit Geräten für die unterbrechungsfreie Stromversorgung (*USV-Geräte*) verbunden sein, so trennen Sie das serielle Kabel dieser Geräte unbedingt vor Beginn der Installation. Der Setup-Prozess versucht u.a., die seriellen Schnittstellen an dem betreffenden Serversystem zu ermitteln. Ein angeschlossenes USV-Gerät kann hierbei zu Problemen führen, da es mitunter nicht oder nicht richtig erkannt wird.
- **Sichern vorhandener Server** Sichern Sie vor der Installation von Windows Server 2012 R2 unbedingt noch alle erforderlichen Daten und Konfigurationsinformationen, insbesondere auch Informationen zu vorhandenen Infrastrukturservern (beispielsweise zu DNS-, WINS- oder DHCP-Servern). Diese Daten können im Bedarfsfall bei einer möglichen späteren Wiederherstellung (beispielsweise nach einer fehlgeschlagenen Installation oder einem Serverausfall) verwendet werden, um die ursprüngliche Konfiguration bzw. das ursprüngliche Serversystem wieder herbeizuführen.
- **Bereitlegen notwendiger Treiber** Legen Sie die für die Installation notwendigen und vom jeweiligen Hardware-Hersteller bereitgestellten, digital signierten 64-Bit-Treiber (beispielsweise für die Installation eines speziellen SCSI-Controllers) vor der Installation auf Diskette, CD oder einem USB-Flashlaufwerk (*Universal Serial Bus*) bereit. Beachten Sie hierbei, dass x86-kompatible oder auch nicht signierte Treiber unter Windows Server 2012 R2 standardmäßig nicht installiert werden können.
- **Deaktivieren von Virenschutzprogrammen vor der Aktualisierung** Wenn statt der Neuinstallation ein bereits vorhandenes Betriebssystem auf Windows Server 2012 R2 aktualisiert werden soll, so könnte ein mitunter auf dem System bereits vorhandenes Virenschutzprogramm den Installationsprozess mitunter falsch interpretieren und somit zum Fehlschlag der Installation führen. Deaktivieren Sie deshalb möglicherweise vorhandene Virenschutzprogramm noch vor dem Beginn der Installation des Betriebssystems. Anschließend sollten Sie die betreffenden Programme jedoch unbedingt wieder aktivieren, um den Schutz vor potentiellen Schädlingen nicht zu gefährden.

- **Ausführen des Windows-Speicherdiagnosetools** Dieses Tool wird von Microsoft kostenfrei bereitgestellt und überprüft den im betreffenden Serversystem vorhandenen Arbeitsspeicher auf mögliche Probleme, die sonst vielleicht erst während oder gar nach der Installation des Betriebssystems auftreten würden.

7.2.5 Installationsschritte

Die Installation lässt sich, wie man das oft bereits von den vorherigen Windows-Betriebssystemen gewohnt ist, problemlos von der Installations-DVD von Windows Server 2012 R2 starten.

HINWEIS: Achten Sie darauf, dass das BIOS des betreffenden Computersystems für den Start von der DVD-ROM konfiguriert ist. Lesen Sie im Bedarfsfall in der Dokumentation des Hardware-Herstellers, wie Sie das DVD-Laufwerk im BIOS des betreffenden Computersystems als Boot-Laufwerk konfigurieren, um dieses von der DVD-ROM starten zu können. Achten Sie darauf, dass Windows Server 2012 (R2) lediglich noch Computersysteme mit x64-Prozessoren unterstützt.

Führen Sie die folgenden Schritte durch, um eine manuelle Neuinstallation von Windows Server 2012 R2 Standard oder Datacenter Edition auf einem Computer durchzuführen:

1. Starten Sie das Computersystem von der Installations-DVD.
2. Wählen Sie im Bildschirm *Windows Setup* von Windows Server 2012 R2 bei Bedarf die gewünschte Installationssprache, die Sprache für Uhrzeit und Währungsformat sowie die Tastatur- oder Eingabemethode aus und klicken Sie dann auf **Weiter**.

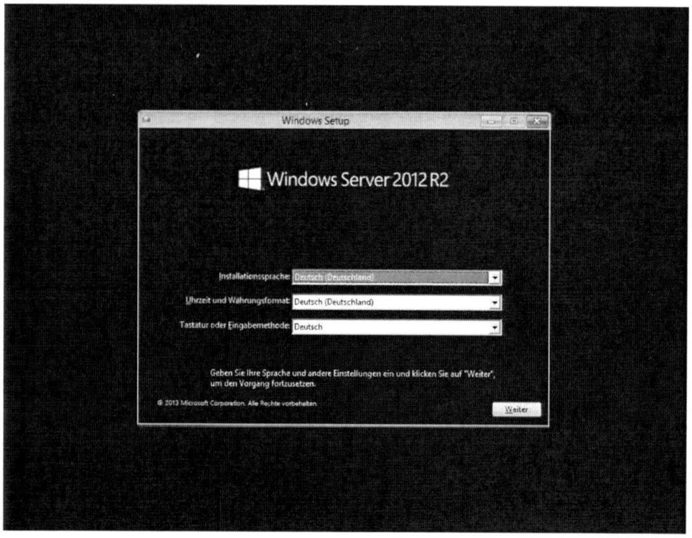

Abbildung 7.2: *Auswahl der Installationssprache und Tastaturlayout*

3. Klicken Sie im folgenden Dialog auf **Jetzt installieren**.

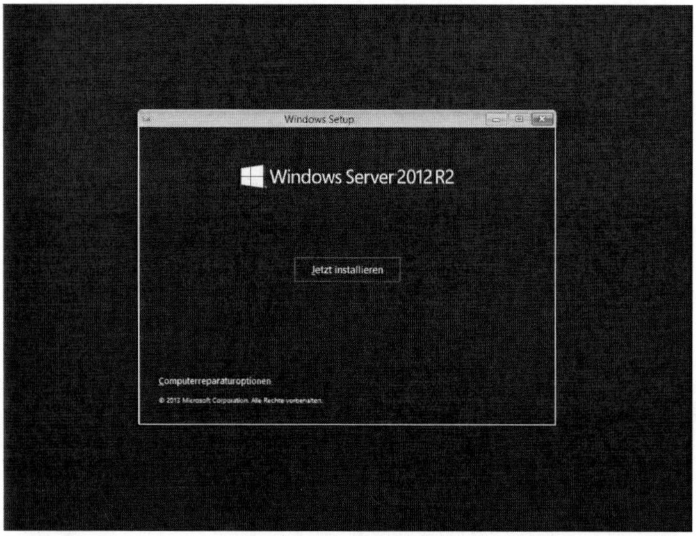

Abbildung 7.3: *Installationsdialog von Windows Server 2012 R2*

4. Geben Sie den Produkt-Key in das Eingabefeld ein, und klicken Sie dann auf **Weiter**.

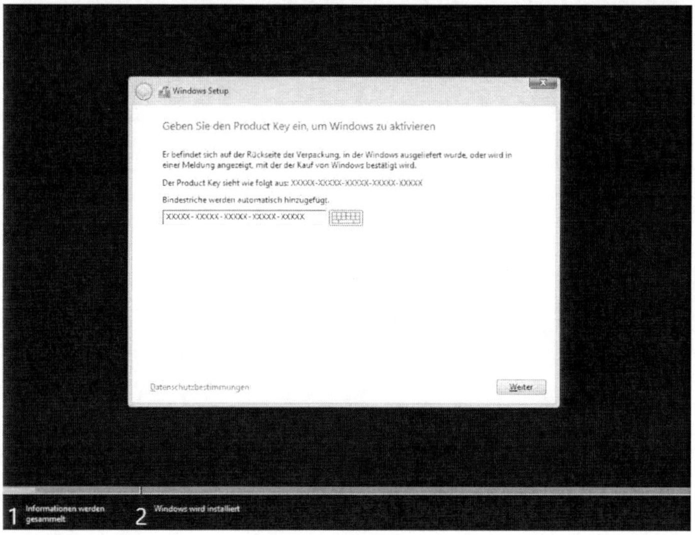

Abbildung 7.4: Eingabedialog für den Produkt-Key von Windows Server 2012 R2

HINWEIS: Anders als noch bei Windows Server 2008 R2 entscheidet unter Windows Server 2012 sowie auch unter Windows Server 2012 R2 nunmehr direkt der eingegebene Produkt-Key über die anschließend auswählbare, und somit auch installierbare Edition. Ohne die Eingabe eines korrekten Produkt-Keys lässt sich die Installation nicht weiter durchführen. Bei Bedarf können Sie durch einen Klick auf das **Tastatursymbol** rechts neben dem Eingabefeld die Bildschirmtastatur einblenden, und den Produkt-Key darüber eingeben.

5. Wählen Sie den zu installierenden Betriebssystemmodus (*als Server Core-Installation, oder als Server mit grafischer Benutzeroberfläche*) aus, und klicken Sie auf **Weiter**.

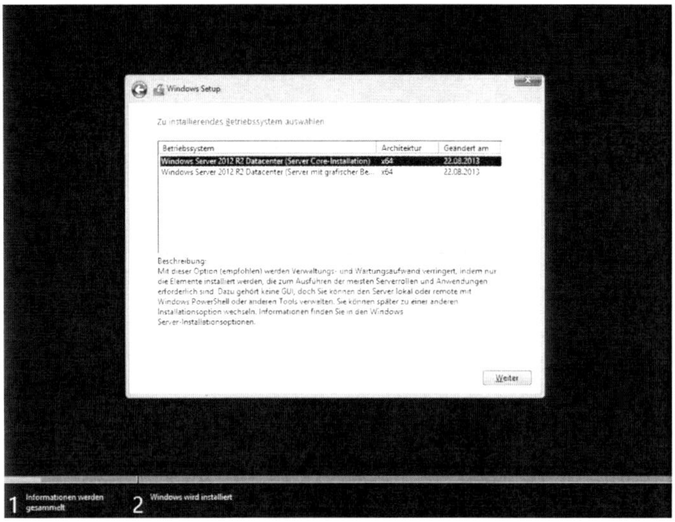

Abbildung 7.5: *Auswahl des Betriebssysteminstallationsmodus (grafisch oder als Server Core-Installation)*

HINWEIS: Beachten Sie, dass Sie - anders noch als es unter Windows Server 2008 R2 der Fall war - eine Server Core-Installation zu einem späteren Zeitpunkt wiederum durch die mögliche Nachinstallation zu einem Server mit grafischer Oberfläche umstellen können. Weitere Informationen hierzu finden Sie in den weiteren Kapiteln dieser Kursunterlage.

6. Akzeptieren Sie die Lizenzbedingungen, und klicken Sie auf **Weiter**.

Abbildung 7.6: Lizenzbedingungen von Windows Server 2012 R2

7. Da es sich bei dieser Installation um eine Neuinstallation von Windows Server 2012 R2 handelt, klicken Sie auf die Option **Benutzerdefiniert: nur Windows installieren (für fortgeschrittene Benutzer)**.

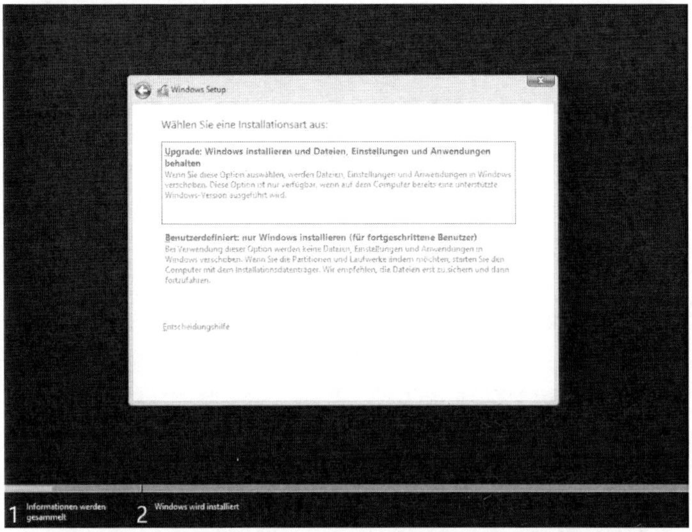

Abbildung 7.7: *Auswahl der benutzerdefinierten Installation*

HINWEIS: Die Installationsoption *„Upgrade: Windows installieren und Dateien, Einstellungen und Anwendungen behalten"* ist für die Aktualisierung von bereits installierten Betriebssystemen im Vorgang eines „Inplace-Upgrades" vorgesehen.

8. Im folgenden Dialogfenster wählen Sie die für die Installation zu verwendende Festplattenpartition aus. Um Windows Server 2012 R2 in die angezeigte Partition zu installieren, klicken Sie einfach auf **Weiter**.

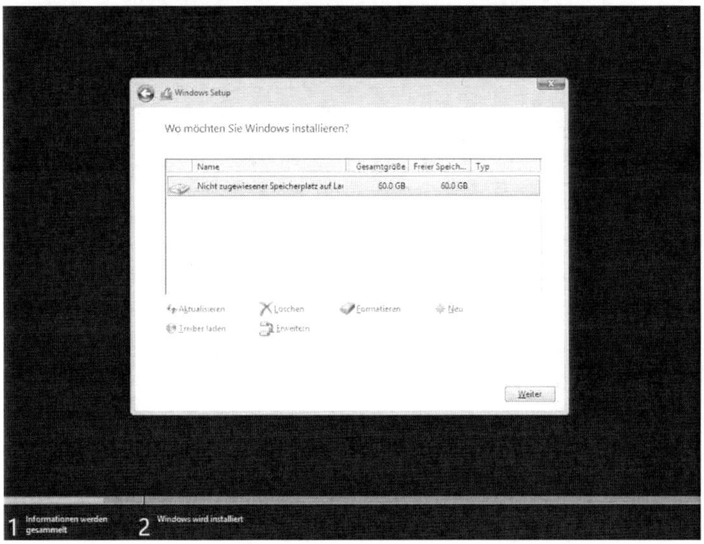

Abbildung 7.8: *Auswahl der Zielpartition für die Betriebssysteminstallation*

HINWEIS: Im Bedarfsfall können Sie über die Auswahl Laufwerksoptionen (erweitert) vorweg noch Partitionen anlegen. Sollte in diesem Dialogfenster keinerlei Festplattenpartition angezeigt werden, so können Sie im Bedarfsfall über die Option Treiber laden einen womöglich für den im Serversystem vorhandenen Festplattencontroller notwendigen Treiber von einer CD/DVD-ROM, oder einem USB-Laufwerk laden.

9. Der Installationsprozess installiert Windows Server 2012 R2 nunmehr völlig selbständig auf dem betreffenden Computersystem. Der Fortschritt wird dabei auf dem Bildschirm angezeigt. Das Computer-system wird automatisch neu gestartet.

10. Geben Sie nach der erfolgreichen Installation das gewünschte *Kennwort* für das Administratorkonto ein, und klicken Sie dann auf **Fertig stellen**.

Abbildung 7.9: *Hinweis auf die notwendige Eingabe eines Kennworts für das integrierte Administratorkonto von Windows Server 2012 R2*

HINWEIS: Das eingegebene Kennwort können Sie im Klartext über einen Klick über das Symbol rechts neben dem jeweiligen Eingabefeld anzeigen lassen und auf mögliche Eingabefehler hin kontrollieren.

Nach der ersten Anmeldung wird der neue Server-Manager von Windows Server 2012 R2 automatisch geladen und auf dem Bildschirm angezeigt. Die Installation von Windows Server 2012 R2 ist damit erfolgreich abgeschlossen.

Wie Sie sicherlich bemerkt haben, wurden - wie bereits auch unter Windows Server 2008 (R2) - eigentlich notwendige Informationen wie der Servername, die Netzwerkkonfiguration sowie beispielsweise auch die Entscheidung zum Beitritt zu einer womöglich vorhandenen Arbeitsgruppe oder Active Directory-Domäne im Verlauf der Installation von Windows Server 2012 R2 überhaupt nicht abgefragt. Diese Informationen müssen im Rahmen einer ersten Konfiguration nach der Installation noch vorgenommen werden.

7.2.6 Unbeaufsichtigte Installation

Alternativ zur manuellen Installation kann man Windows Server 2012 R2 in Verbindung mit einer Datei, in der die Installationsparameter angegeben sind, bei Bedarf auch unbeaufsichtigt installieren. Der hiermit verbundene Mehraufwand rechnet sich, wenn man Windows Server 2012 R2 als Betriebssystem für eine Vielzahl von Serversystemen installieren muss. Zur Vorbereitung einer solchen Installation bietet Microsoft das **Windows Assessment and Deployment Kit (ADK)** als kostenfreien Download im Internet an. Das Kit stellt sich prinzipiell als Nachfolger des *Windows Automated Installation Kit (WAIK) für Windows 8 und Windows Server 2012* dar. Im Umfang dieses Installations-Kits ist u. a. auch der ***Windows System Image-Manager* (*WSIM*)** enthalten, mit dem man eine Datei für die unbeaufsichtigte Installation (*Unattend.xml*) im XML-Format erstellen kann. In dieser Datei können alle einzelnen Konfigurationsschritte, beispielsweise der Computername und sogar die Netzwerkkonfiguration, enthalten sein, so dass das betreffende Serversystem bereits auch während der automatisierten Installation sogleich auch automatisch anhand der in der Datei für die unbeaufsichtigte Installation (*Unattend.xml*) enthaltenen Vorgaben konfiguriert werden kann.

HINWEIS: Nähere Informationen für die Planung und Durchführung einer unbeaufsichtigten Installation finden Sie in der Dokumentation von ADK, sowie in der Microsoft-Webseite.

7.3 Konfigurationsschritte nach der Installation

Nach der erfolgreichen Installation von Windows Server 2012 R2 kann das Serversystem nun für den Praxiseinsatz vorbereitet werden. Bestimmte Informationen, wie die Netzwerkkonfiguration, den Servernamen, die mögliche Domänenmitgliedschaft und ähnliches wurden während der Betriebssysteminstallation noch nicht festgelegt. Diese Konfigurationsschritte werden in einer weiteren Phase durch den Administrator noch festgelegt.

7.3.1 Systemeigenschaften im Server-Manager

Die konfigurierbaren Systemeigenschaften findet man zentral im grafischen *Server-Manager*. Dort kann man sie bequem über einen einfachen Klick aufrufen und die jeweilige Konfiguration vornehmen. Die im Server-Manager konfigurierbaren Systemeigenschaften umfassen:

Option	Beschreibung
Computername	Ermöglicht das Festlegen bzw. das Ändern des Computernamens
Arbeitsgruppe / Domäne	Ermöglicht den Beitritt des Computersystems als Mitglied zu einer Arbeitsgruppe oder Active Directory-Domäne.
Zuletzt installierte Updates	Zeigt eine Übersicht über zuletzt installierte Updates, und ermöglicht den Wechsel zum Konfigurationsdialog.
Windows Update	Zeigt den aktuellen Status der Konfiguration zu Windows Update, und ermöglicht den Wechsel zum Konfigurationsdialog.
Zuletzt auf Updates geprüft	Zeigt den aktuellen Status, und ermöglicht den Wechsel zum Konfigurationsdialog.
Windows-Firewall	Zeigt den Status der Windows-Firewall, und ermöglicht den Wechsel zur Konfigurationskonsole.
Remoteverwaltung	Zeigt den Aktivierungsstatus, und ermöglicht den Wechsel zum Konfigurationsdialog.
Remotedesktop	Zeigt den Aktivierungsstatus, und ermöglicht den Wechsel zum Systemeigenschaften-Dialog zur Konfiguration.
NIC-Teamvorgang	Zeigt den Status, und ermöglicht den Wechsel zum Konfigurationsdialog für das Netzwerkkarten-Teaming.
Ethernet, Ethernet 2, …	Zeigt die aktuelle Konfiguration, und ermöglicht die Netzwerkkonfiguration, wie IP-Adressen, Subnet-Mask, usw.
Windows-Fehlerberichterstattung	Zeigt den aktuellen Status, und ermöglicht die Konfiguration zur Windows-Fehlerberichterstattung.
Programm zur Verbesserung der Benutzerfreundlichkeit	Zeigt den aktuellen Status, und ermöglicht die Konfiguration zur Teilnahme am Programm zur Verbesserung der Benutzerfreundlichkeit.
Verstärkte Sicherheitskonfiguration für IE	Zeigt den aktuellen Status, und ermöglicht die Anpassung der verstärkten Sicherheitskonfiguration für Administratoren und Benutzer.
Zeitzone	Zeigt den aktuellen Status, und ermöglicht die Anpassung der Einstellungen für die Zeitzone, in der das System eingesetzt ist, sowie das Datum und die Uhrzeit. Darüber hinaus lassen sich über das Register Zusätzliche Uhren noch bis zu zwei weitere Uhren für weitere Zeitzonen konfigurieren.
Produkt-ID	In diesem Feld werden die Produkt-ID, sowie der Aktivierungsstatus angezeigt. Darüber hinaus kann man zum Dialog zur

Option	Beschreibung
	Eingabe des Produkt-Key wechseln und das System hierüber bei Bedarf manuelle aktivieren.

Tabelle *7.3*: Konfigurationsoptionen in den Eigenschaften eines Serversystems im Server-Manager unter Windows Server 2012 R2

7.3.2 Schritte zur Konfiguration der Systemeigenschaften

Die Konfiguration der Systemeigenschaften lässt sich zentral direkt im grafischen Server-Manager unter Windows Server 2012 R2 durchführen. Alle die in der Tabelle genannten Konfigurationsoptionen stehen dort mitsamt dem aktuellen Status zur Verfügung.

Gehen Sie wie folgt vor, um die Systemeigenschaften eines zuvor neu installierten oder auch bereits verwendeten Serversystems unter Windows Server 2012 R2 direkt lokal im Server-Manager zu konfigurieren:

1. Melden Sie sich am betreffenden Computersystem unter Windows Server 2012 R2 als Administrator an.
2. Öffnen Sie den *Server-Manager* (soweit dies nicht automatisch geschieht), und klicken Sie auf **Lokaler Server**.
3. Klicken Sie dann unter *Eigenschaften für <Servername>* auf die zu konfigurierende *Systemeigenschaft*, und folgen Sie den Anweisungen des jeweiligen Konfigurationsdialogs.

7.4 Aktivierung des Betriebssystems

Mit der Installation alleine ist es in der Praxis nicht getan. Wie auch bereits die vorangegangene Betriebssystemversion muss auch eine Installation von Windows Server 2012 R2 nachfolgend aktiviert werden, damit diese dauerhaft genutzt werden kann. Windows 8/8.1, Windows 10 und Windows Server 2012 (R2) müssen direkt bei der Installation aktiviert werden. Bleibt die Aktivierung von Windows-Betriebssystemen aus, können die Benutzer bestimmte Anpassungen nach der Installation nicht abschließen. Diese Aktivierung von Windows Server 2012 R2 soll die missbräuchliche Nutzung von nicht-lizenzierten Windows-Versionen verhindern.

Beim Vorgang der Aktivierung werden keine personenbezogenen Daten an den Hersteller Microsoft übertragen. Lediglich bestimmte, Hardware- und Softwarebezogene Informationen dienen zur Identifikation des betreffenden Serversystems.

7.4.1 Produktaktivierung oder „Volume Activation"

Microsoft unterscheidet bei der Aktivierung von Windows Server 2012 R2 zwischen der Produktaktivierung auf der einen und der Volumenaktivierung auf der anderen Seite. Die Produktaktivierung beschreibt hierbei die Einzelaktivierung von Windows Server 2012 R2.

WICHTIG: Entscheidend für die Art der Aktivierung ist der bei der Installation angegebene Produkt-Key.

Volumenaktivierung (Volume Activation)

Für größere Unternehmen bietet Microsoft ein vereinfachtes Aktivierungsverfahren, um den dabei anfallenden Aufwand zur Aktivierung von mehreren Serversystemen zu reduzieren. Die Volumenaktivierung wird für die Automatisierung und Verwaltung des Aktivierungsprozesses für Volumeneditionen von Windows Server 2008, Windows Server 2008 R2, Windows Server 2012, Windows Server 2012 R2, Windows Vista, Windows 7, Windows 8/8.1 und auch Windows 10 verwendet.

MAK oder KMS?

Für die Aktivierung von Windows Server 2012 R2 stellt Microsoft verschiedene, den jeweiligen Volumen-Lizenzvereinbarungen entsprechende Schlüsseltypen bereit. Einerseits kommt hierbei ein Mehrfachaktivierungsschlüssel (engl. *Multiple Activation Key, MAK*), andererseits ein Schlüsselverwaltungsdienstschlüssel für die Einrichtung eines Schlüsselverwaltungsdienstes (engl. *Key Management Service, KMS*), welcher auf einem der Server integriert werden kann, zum Einsatz. Der Rechner, welcher den KMS ausführt, muss von allen anderen, zu aktivierenden Servern unter Windows Server 2012 R2 erreichbar sein. Ebenso muss der betreffende Rechner über eine Verbindung zum Internet verfügen. Sollte eine Verbindung von Serversystemen unter Windows Server 2012 R2 zum KMS-System nicht möglich sein, so stellt hierzu die MAK-Aktivierung eine Alternative dar.

Schlüsselverwaltungsdienstschlüssel (KMS)

Mit dem Schlüsselverwaltungsdienstschlüssel wird ein lokaler Aktivierungsdienst, der Schlüsselverwaltungsdienst (engl. *Key Management Service, KMS*), auf einem der vorhandenen Computersysteme in einer Netzwerkumgebung eingerichtet. Dieser Schlüssel kann verwendet werden, um standardmäßig bis zu sechs verschiedene KMS-Systeme innerhalb eines Netzwerks zu aktivieren. Für den Einsatz des Schlüsselverwaltungsdienstes ist hierbei kein dediziertes Computersystem notwendig. Der Dienst kann auf einem Serversystem beispielsweise problemlos neben anderen, vorhandenen Diensten betrieben werden. Zwecks eigener Aktivierung müssen diese Systeme einmalig über das Internet oder auch telefonisch bei Microsoft aktiviert werden. Die im Netzwerk installierten Windows Server 2008-, Windows Server 2008 R2, Windows Server 2012, Windows Server 2012 R2, Windows 7-, Windows

8/8.1-, Windows 10- oder Windows Vista-Systeme müssen zur Aktivierung selbst nicht zum Internet, sondern lediglich zum vorhandenen KMS-System kommunizieren.

Jedes KMS-System ermöglicht eine unbegrenzte Aktivierung von physikalischen und virtuellen Systemen. Die Voraussetzung für den Einsatz eines Schlüsselverwaltungsdienstes (engl. *Key Management Service, KMS*) wird von Microsoft **mit mindestens 5 Servern** unter Windows Server 2012 R2 **und 25 Computern** unter Windows 8/8.1 bzw. Windows 10 angegeben. Die Mindestanzahl wird zwischen den Betriebssystemen kumuliert.

Alle Computersysteme unter Windows Server 2008, Windows Server 2008 R2, Windows Server 2012, Windows Server 2012 R2, Windows 7, Windows 8/8.1, Windows 10 und auch Windows Vista, die mittels KMS aktiviert wurden, müssen anschließend mindestens alle 6 Monate eine Verbindung mit einem KMS-System herstellen, um die für 180 Tage gültige Aktivierung zu erneuern. Standardmäßig versucht deshalb jedes mittels KMS aktiviertes Computersystem alle 7 Tage erneut, eine Verbindung zu einem der vorhandenen KMS-Systeme herzustellen.

INTERNET: Weitere Informationen zu Volumenaktivierung und zum Schlüsselverwaltungsdienst (KMS) erhalten Sie im Internet unter:

https://technet.microsoft.com/de-de/library/hh831612.aspx

Mehrfachaktivierungsschlüssel (MAK)

Im Gegensatz zur Volumenaktivierung wird der *Mehrfachaktivierungsschlüssel* (engl. *Multiple Activation Key, MAK*) dazu eingesetzt, eine vorweg definierte, vertraglich vereinbarte Anzahl an Serversystemen jeweils einmalig direkt bei Microsoft zu aktivieren. Die Anzahl der zulässigen Aktivierungen mittels eines bestimmten Mehrfachaktivierungsschlüssels kann über das Microsoft-Aktivierungscenter jederzeit nach Bedarf erhöht werden. Die eigentliche Aktivierung der betreffenden Systeme kann beim Einsatz eines Mehrfachaktivierungsschlüssels online, telefonisch oder mithilfe des *Volume Activation Management Tools* (*VAMT*) von Microsoft durchgeführt werden. Bei diesem Verfahren ist eine erneute Aktivierung, beispielsweise nach einem bestimmten Zeitraum, nicht notwendig.

7.4.2 Aktivierung über Active Directory

Die Aktivierung über Active Directory ist ein Rollendienst, mit dem man Active Directory-Domänendienste (engl. *Active Directory Domain Services, AD DS*) zum Speichern von Aktivierungsobjekten verwenden kann. Hierdurch kann man die Aufrechterhaltung der Volumenaktivierungsdienste für ein Netzwerk noch weiter vereinfachen. Bei der Active Directory-basierten Aktivierung ist kein zusätzlicher Server erforderlich, und die Aktivierungsanforderungen werden während des Computerstarts verarbeitet.

Auf Computern, auf denen Windows 8/8.1, Windows 10 oder Windows Server 2012 (R2) mit einem generischen Volumenlizenzschlüssel ausgeführt wird und die mit der Active Directory-

Domäne verbunden sind, erfolgt die Aktivierung des Betriebssystems völlig automatisch und transparent. Die Systeme bleiben so lange aktiviert, wie sie Mitglieder der Domäne sind, und halten regelmäßigen Kontakt zu einem Domänencontroller. Die Aktivierung erfolgt nach dem Start des Lizenzierungsdienstes. Beim Start dieses Dienstes kontaktiert der Computer unter Windows 8/8.1 oder Windows Server 2012 (R2) automatisch die Active Directory-Domänendienste, empfängt das Aktivierungsobjekt und führt die Aktivierung automatisch durch - völlig ohne Benutzeraktion.

Die Active Directory-Domänendienste müssen auf der Funktionsebene von Windows Server 2012 (oder höher) ausgeführt werden, damit Aktivierungsobjekte in den AD DS gespeichert werden können.

HINWEIS: Weitere Informationen zur Aktivierung über Active Directory erhalten Sie in der Windows-(Online-)Hilfe von Windows Server 2012 R2.

7.4.3 (Einzel-)Produktaktivierung

Je nachdem, welcher Produkt-Key bei der Installation eines Servers unter Windows Server 2012 R2 zum Einsatz kommt, ist mitunter die (Einzel-) Produktaktivierung des Betriebssystems erforderlich. Hierbei muss jeder der installierten Server manuell aktiviert werden. Mechanismen, wie der Key Management Service (*KMS*), der bei der Volumenaktivierung zum Einsatz kommt, sind hierbei nicht verwendbar.

Die Produktaktivierung von Windows Server 2012 R2 kann hierbei wahlweise entweder über das Internet oder auch telefonisch erfolgen.

HINWEIS: In der Regel erfolgt die **Aktivierung von Windows Server 2012 R2 automatisch**, sobald das Computersystem eine Verbindung zum Internet, und damit zu den Aktivierungsdiensten von Microsoft aufnehmen kann. Alternativ kann man das Betriebssystem auch manuell über das Internet aktivieren.

Aktivierung über das Internet

Bei der Aktivierung über das Internet muss die Kommunikation des Servers unter Windows Server 2012 R2 mit dem Internet möglich sein. Hierfür muss nach der Installation die notwendige Netzwerkkonfiguration vorgenommen werden.

Gehen Sie zur manuellen Aktivierung von Windows Server 2012 R2 über das Internet wie folgt vor:

1. Starten Sie unter Windows Server 2012 R2 die Eingabeaufforderung (alternativ die *Windows PowerShell*), geben Sie den Befehl **SLUI 3** ein, und drücken Sie die **Eingabetaste.**

2. Geben Sie den *Product Key* ein. Die Aktivierung startet automatisch. Der Vorgang dauert mitunter einige Minuten.

3. Klicken Sie nach erfolgreicher Aktivierung auf den Schalter **Schließen**.

Telefonische Aktivierung

Die telefonische Aktivierung erfolgt über ein automatisches Sprachsystem. Bei der Auswahl der telefonischen Aktivierung wird die zu wählende Telefonnummer länderbezogen angezeigt.

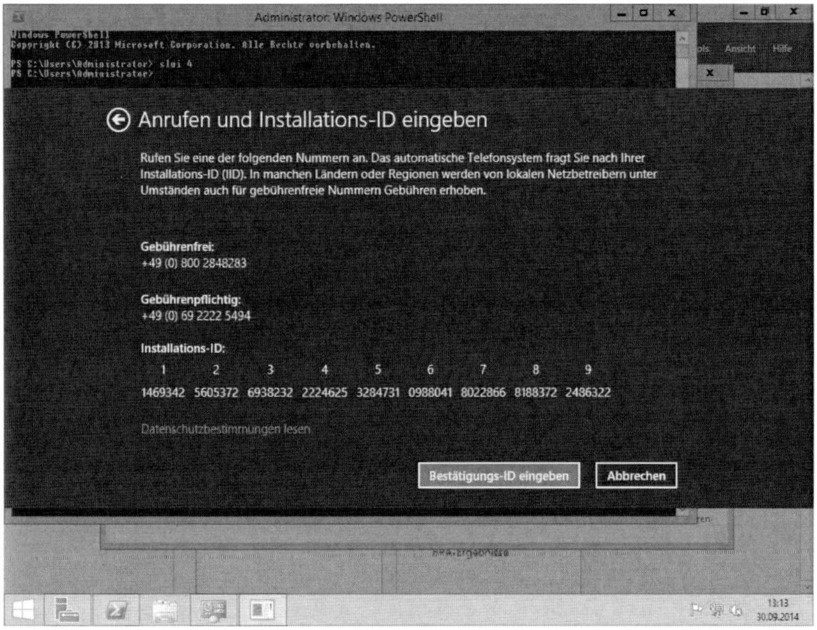

Abbildung 7.10: *Telefonische Aktivierung von Windows Server 2012 R2*

Gehen Sie zur telefonischen Aktivierung des Betriebssystems von Windows Server 2012 R2 wie folgt vor:

1. Starten Sie unter Windows Server 2012 R2 die *Eingabeaufforderung* (alternativ die *Windows PowerShell*), geben Sie den Befehl **SLUI 4** ein, und drücken Sie die **Eingabetaste.**

2. Wählen Sie im folgenden Dialog nun das Ihrem Standort nächstgelegene Land aus (beispielsweise Deutschland). Klicken Sie nachfolgend auf **Weiter**.

3. Wählen Sie die im Dialog angegebene Telefonnummer an, um sich mit dem Sprachsystem zur Produktaktivierung zu verbinden. Folgen Sie den telefonischen Anweisungen.

Aktivierung über die Kommandozeile

Die Aktivierung kann im Bedarfsfall auch über die Kommandozeile erfolgen. Dies ist bei einem Serversystem unter Windows Server 2012 R2 als Server Core alterativ zu der ebenso in der Kommandozeile bereitgestellten Konsolenverwaltung ***sconfig*** sonst die einzige Möglichkeit, das Serversystem dauerhaft zu verwenden. Ein Serversystem unter Server Core enthält standardmäßig erst einmal nicht die notwendigen Grafiktools und Assistenten, die in den vorangegangenen Seiten für die Aktivierung des Serversystems beschrieben wurden. Bei Bedarf kann man die grafische Benutzeroberfläche auf einem Serversystem unter Windows Server 2012 R2 als Server Core nachinstallieren, jedoch ist dies nur alleine für die Aktivierung des Betriebssystems i.d.R. nicht notwendig, wenn nicht sogar unverhältnismäßig.

Zur Aktivierung eines Serversystems über die Kommandozeile kann ein in Windows Server 2012 R2 vorhandenes VB-Script mit dem Namen ***slmgr.vbs*** verwendet werden.

7.4.4 Erneute Aktivierung?

Mitunter ist es notwendig, das Betriebssystem eines Servers unter Windows Server 2012 R2 zu einem späteren Zeitpunkt erneut aktivieren zu müssen. Dies kann in den folgenden Situationen erforderlich werden:

- **Neuinstallation des Servers** Wenn Sie das bereits installierte Betriebssystem auf einem anderen Server erneut installieren, ist eine erneute Aktivierung erforderlich.
- **Änderungen an der Hardware** Wenn Sie verschiedene Hardware-Komponenten des Serversystems austauschen, kann dies eine erneute Aktivierung unter Umständen erforderlich machen.
- **Formatieren der Festplatte** Wenn Sie die Festplatte eines bereits installierten Servers unter Windows Server 2012 R2 formatieren, so muss das Betriebssystem nach einer anschließenden Neuinstallation wiederum aktiviert werden.
- **Virusbefall** Bei einem Virusbefall ist es möglich, dass die Aktivierungsdaten auf dem betreffenden Serversystem unter Windows Server 2012 R2 verloren gehen oder beschädigt werden. Hiernach kann eine erneute Aktivierung erforderlich werden.

HINWEIS: Wenn nach Eintritt der beschriebenen Szenarien eine Meldung über die Notwendigkeit der Aktivierung des Serversystems unter Windows Server 2012 R2 erfolgt, sollten Sie alsbald handeln. Wenn Sie den angegebenen Zeitraum der (Zwangs-)Aktivierung ohne Reaktion verstreichen lassen, kann das Serversystem bis zur Aktivierung nicht mehr verwendet werden.

7.5 Aktualisierung vorhandener Serversysteme

Ein vorhandenes Serversystem kann unter bestimmten Voraussetzungen auf Windows Server 2012 R2 aktualisiert werden. Vorhandene Windows-Server lassen sich häufig im Verlauf eines einfachen „***Inplace Upgrades***" auf das neue Serverbetriebssystem aktualisieren. Abhängig von den auf dem zu aktualisierenden Serversystem ausgeführten Serverrollen und Rollendienste kann es jedoch notwendig sein, vorweg die vorhandene Active Directory-Gesamtstruktur bzw. das darin vorhandene Active Directory-Schema zu aktualisieren.

HINWEIS: Beachten Sie, dass Windows Server 2012 R2 (Release 2) kein kostenfreies Update von Windows Server 2012, sondern eine völlig eigene, kostenpflichtige Lizenzversion darstellt.

In diesem Abschnitt werden die notwendigen Schritte erklärt, um die Aktualisierung vorhandener Serversysteme und Netzwerkumgebungen möglichst problemlos durchführen zu können. Noch bevor man den Aktualisierungsvorgang eines vorherigen Betriebssystems zu Windows Server 2012 R2 startet, muss man sich darüber informieren, ob der gewünschte Aktualisierungsvorgang technisch oder auch lizenzrechtlich überhaupt unterstützt wird. Auch zeigt sich für viele der Administratoren ein weiteres Problem: Das neue Serverbetriebssystem ist lediglich noch als 64-Bit-Edition erhältlich. Eine vorherige 32-Bit-Betriebssystemversion, beispielsweise von Windows Server 2003, oder Windows Server 2008 kann auf eine 64-Bit-Betriebssystemversion von Windows Server 2012 R2 überhaupt nicht aktualisiert werden. Hierbei käme dann nur eine Migration der auf dem ursprünglichen Serversystem aktuell ausgeführten Serverrollen, Rollendienste oder -funktionen auf ein neu installiertes Serversystem unter Windows Server 2012 R2 in Frage. Bevor man jedoch die Aktualisierung eines älteren Serversystems planen kann, sollte man sich über die unterstützten Aktualisierungspfade zu Windows Server 2012 R2 informieren.

7.5.1 Unterstützte Aktualisierungspfade

Die erste Überlegung bei einer zu planenden Serveraktualisierung sollte in Richtung des angedachten sowie des im Vergleich dazu stehenden, realisierbaren Aktualisierungspfades zu Windows Server 2012 R2 gehen. Die folgende Tabelle enthält die möglichen, von Microsoft unterstützten Aktualisierungspfade von vorherigen Betriebssystemversionen zu Windows Server 2012 R2:

Aktuell ausgeführtes Betriebssystem	Zieledition(en)
Windows Server 2008 R2 Standard mit Service Pack 1 (SP1) *oder* Windows Server 2008 R2 Enterprise mit Service Pack 1 (SP1)	Windows Server 2012 R2 Standard *oder wahlweise* Windows Server 2012 R2 Datacenter
Windows Server 2008 R2 Datacenter mit Service Pack 1 (SP1)	Windows Server 2012 R2 Datacenter

Aktuell ausgeführtes Betriebssystem	Zieledition(en)
Windows Web Server 2008 R2 mit Service Pack 1 (SP1)	Windows Server 2012 R2 Standard
Windows Server 2012 Standard	Windows Server 2012 R2 Standard *oder wahlweise* Windows Server 2012 R2 Datacenter
Windows Server 2012 Datacenter	Windows Server 2012 R2 Datacenter
Windows Web Server 2008 R2 mit SP1	Windows Server 2012 R2 Standard

Tabelle 7.4: *Unterstützte Aktualisierungspfade von vorherigen Windows-Betriebssystemen zu Windows Server 2012 R2*

Wie in der Tabelle zu sehen, existieren umfangreiche Aktualisierungsmöglichkeiten von bereits installierten Serversystemen unter Windows Server 2008 R2 und Windows Server 2012. Eine Aktualisierung von älteren Betriebssystemen zu Windows Server 2012 R2 wird jedoch nicht unterstützt.

Im Übrigen gelten prinzipiell die gleichen Voraussetzungen, wie bei einer Neuinstallation. Die durchzuführenden Schritte zur eigentlichen Aktualisierung eines bereits installierten Serversystems auf Windows Server 2012 R2 sind wiederum sehr überschaubar und lassen sich sehr übersichtlich erklären.

7.5.2 Notwendige Schritte vor der Aktualisierung

Noch vor Beginn der eigentlichen Serveraktualisierung auf Windows Server 2012 R2 müssen verschiedene, vorbereitende Schritte durchgeführt werden. Nur so stellt man den erfolgreichen Verlauf einer anschließenden Serveraktualisierung sicher. Die vorbereitenden Schritte umfassen u.a.:

- **Trennen von USV-Geräten** Sollte das Serversystem, auf dem Windows Server 2012 R2 installiert werden soll, mit Geräten für die unterbrechungsfreie Stromversorgung (*USV-Geräte*) verbunden sein, so trennen Sie das serielle Kabel dieser Geräte unbedingt vor Beginn der Installation. Der Setup-Prozess versucht u.a., die seriellen Schnittstellen an dem betreffenden Serversystem zu ermitteln. Ein angeschlossenes USV-Gerät kann hierbei zu Problemen führen, da es mitunter nicht oder nicht richtig erkannt wird.
- **Sichern vorhandener Server** Sichern Sie vor der Installation von Windows Server 2012 R2 unbedingt noch alle erforderlichen Daten und Konfigurationsinformationen, insbesondere auch Informationen zu vorhandenen Infrastrukturservern (beispielsweise zu DNS-, WINS- oder DHCP-Servern). Diese Daten können im Bedarfsfall bei einer mögli-

chen späteren Wiederherstellung (beispielsweise nach einer fehlgeschlagenen Installation oder einem Serverausfall) verwendet werden, um die ursprüngliche Konfiguration bzw. das ursprüngliche Serversystem wieder herbeizuführen.

- **Bereitlegen notwendiger Treiber** Legen Sie die für die Installation notwendigen und vom jeweiligen Hardware-Hersteller bereitgestellten, digital signierten 64-Bit-Treiber (beispielsweise für die Installation eines speziellen SCSI-Controllers) vor der Installation auf Diskette, CD oder einem USB-Flashlaufwerk (*Universal Serial Bus*) bereit. Beachten Sie hierbei, dass x86-kompatible oder auch nicht signierte Treiber unter Windows Server 2012 R2 standardmäßig nicht installiert werden können.

- **Deaktivieren von Virenschutzprogrammen vor der Aktualisierung** Wenn statt der Neuinstallation ein bereits vorhandenes Betriebssystem auf Windows Server 2012 R2 aktualisiert werden soll, so könnte ein mitunter auf dem System bereits vorhandenes Virenschutzprogramm den Installationsprozess mitunter falsch interpretieren und somit zum Fehlschlag der Installation führen. Deaktivieren Sie deshalb möglicherweise vorhandene Virenschutzprogramm noch vor dem Beginn der Installation des Betriebssystems. Anschließend sollten Sie die betreffenden Programme jedoch unbedingt wieder aktivieren, um den Schutz vor potentiellen Schädlingen nicht zu gefährden.

- **Ausführen des Windows-Speicherdiagnosetools** Dieses Tool wird von Microsoft kostenfrei bereitgestellt und überprüft den im betreffenden Serversystem vorhandenen Arbeitsspeicher auf mögliche Probleme, die sonst vielleicht erst während oder gar nach der Installation des Betriebssystems auftreten würden.

- **Die Windows-Firewall muss standardmäßig aktiviert sein** Bei der Aktualisierung von vorhandenen Serversystemen auf Windows Server 2012 R2 muss die Windows-Firewall aktiviert sein, damit entsprechende, eingehende Regeln für die darauf ausgeführten Serveranwendungen erstellt werden können. Detaillierte Informationen zur Windows-Firewall finden Sie im Internet auf der Website von Microsoft unter:
https://technet.microsoft.com/de-de/network/bb545423.aspx

- **Überprüfung der Anwendungskompatibilität** Insbesondere in der Vorbereitung der Aktualisierung vorhandener Serversysteme ist es von großer Bedeutung, die Kompatibilität der darauf installierten (Anwendungs-)Software mit dem neuen Windows Server 2012 R2-Betriebssystem zu überprüfen. Eine gute Vorbereitung und Überprüfung erspart so manches Problem während der eigentlichen Aktualisierung des Betriebssystems. Das *Microsoft Application Compatibility Toolkit* (*ACT*) kam in den vorherigen Versionen bereits in Verbindung mit den früheren Windows-Betriebssystemen zum Einsatz, und umfasst verschiedene Tools, mit denen man die Kompatibilität von Anwendungen aber auch Webseiten zu Windows Server 2012 R2 überprüfen kann. Damit besteht die Möglichkeit, mögliche Kompatibilitätsprobleme festzustellen, bevor man mit der eigentlichen Installation von Windows Server 2012 R2 bzw. der Aktualisierung vorhandener Serversysteme unter Windows Server 2008 R2 oder auch Windows Server 2012 beginnt. Nähere Informationen zum *Microsoft Application Compatibility Toolkit* (*ACT*) finden Sie im Internet unter: **https://www.microsoft.com/de-de/download/details.aspx?id=39982**

7.5.3 Digital signierte Treiber erforderlich

Wie auch bei einer Neuinstallation unterstützt Windows Server 2012 R2 auch bei der Aktualisierung von älteren Windows-Betriebssystemen von Hause her lediglich digital signierte Kernelmodustreiber. Bei der Installation eines Plug & Play-Gerätes wird man unter Umständen darauf hingewiesen, dass der Treiber nicht digital signiert ist. Bei der Installation einer Anwendung, die einen nicht digital signierten Treiber enthält, wird man durch die Setup-Routine jedoch nicht zwangsläufig eine Fehlermeldung angezeigt. In beiden Fällen wird aber der nicht signierte Treiber von Windows Server 2012 R2 nicht geladen. Sollten im Anschluss an die Installation von Treibern womöglich Probleme auftreten, oder das Computersystem sich mit dem (vermeintlich) nicht signierten Treiber nicht mehr ordnungsgemäß starten lassen, so können Sie die folgende Vorgehensweise nutzen, um den nicht signierten Treiber wieder zu entfernen.

Gehen Sie wie folgt vor, um die Signaturanforderung für die Treiberinstallation unter Windows Server 2012 R2 für den aktuellen Startvorgang zu deaktivieren:

1. Starten Sie den Computer neu, und drücken Sie beim Start die **F8-Taste**.

2. Wählen Sie die **Erweiterten Startoptionen** aus.

3. Wählen Sie **Erzwingen der Treibersignatur deaktivieren** aus.

4. Starten Sie den Computer neu, und deinstallieren Sie den nicht signierten Treiber.

INTERNET: Weitere Informationen zu der Signaturanforderung von Treibern erhalten Sie im Internet unter:

https://go.microsoft.com/fwlink/?LinkId=66577

Erst wenn Sie alle der notwendigen Schritte zur Vorbereitung der Serveraktualisierung auf Windows Server 2012 R2 durchgeführt haben, sollten Sie mit der eigentlichen Aktualisierung des Betriebssystems beginnen. Mitunter kann es notwendig sein, sogar noch weitere Schritte zur Vorbereitung der Aktualisierung vorhandener Serversysteme auf Windows Server 2012 R2 durchzuführen. Insbesondere, wenn das zu aktualisierende Serversystem bislang als Domänencontroller einer Active Directory-Domäne eingesetzt wurde, muss diese auf den Einsatz des neuen Serverbetriebssystems mitsamt seiner darin enthaltenen Neuerungen vorbereitet werden.

7.5.4 Vorbereitung der Active Directory-Umgebung

Als Mitgliedsserver lassen sich Serversysteme i.d.R. problemlos und ohne große Vorbereitungen in aktuellen Active Directory-Domänen, sowie auch als Mitglieder in Arbeitsgruppen betreiben. Im Zusammenhang mit der Aktualisierung eines bereits vorhandenen, bislang als Domänencontroller eingesetzten Serversystems unter Windows Server 2008 R2 oder Windows Server 2012 auf Windows Server 2012 R2 sind vorweg aber noch weitere Schritte notwendig. In einem ersten Schritt muss die Active Directory-Gesamtstruktur (engl. *forest*), in der das zu aktualisierende Serversystem bisher eingesetzt wurde, seitens des Active Directory-Schemas für den Einsatz von Windows Server 2012 R2 aktualisiert werden. In einem weiteren Schritt muss dann noch die Aktualisierung der betreffenden Active Directory-Domäne für den Einsatz eines Domänencontrollers unter Windows Server 2012 R2 durchgeführt werden. Erst im Anschluss folgt dann die eigentliche Aktualisierung des Betriebssystems des betreffenden Serversystems.

HINWEIS: Die Aktualisierung vorhandener Domänencontroller einer Active Directory-Domäne auf Windows Server 2012 R2 setzt voraus, dass sich die Active Directory-Infrastruktur mindestens in der Gesamtstrukturfunktionsebene auf Windows Server 2003 oder höher befindet. Gleichsam müssen demnach auch alle vorhandenen Domänencontroller mindestens auf Windows Server 2003 oder höher ausgeführt werden, und auch alle Domänen vorweg bereits auf die Domänenfunktionsebene von Windows Server 2003 umgestellt worden sein. Domänencontroller unter Windows 2000 Server oder niedriger werden parallel zu Domänencontrollern unter Windows Server 2012 R2 in den aktualisierten Active Directory-Domänen nicht mehr unterstützt.

Beachten Sie in diesem Zusammenhang unbedingt, dass das Heraufstufen der Domänenfunktionsebene und auch der Gesamtstrukturfunktionsebene von Windows Server 2003 auf eine höhere Funktionsebene nicht mehr rückgängig gemacht werden kann. Lediglich von der Funktionsebene unter Windows Server 2012 sowie in einem bestimmten Fall unter Windows Server 2008 R2 besteht ggf. die Möglichkeit, die Funktionsebene auf die niedrigere Funktionsebene von Windows Server 2008 umzustellen - nicht jedoch mehr auf Windows Server 2003.

Weitere Informationen hierzu finden Sie u. a. im Internet unter:
https://technet.microsoft.com/de-de/library/hh994618

Das für die Aktualisierung der vorhandenen Active Directory-Gesamtstruktur und -Domäne notwendige Tool **adprep.exe** finden Sie im **Ordner *\Support\Adprep*** auf der Installations-DVD von Windows Server 2012 R2.

HINWEIS: Das Tool *adprep32.exe* für die mögliche Aktualisierung der vorhandenen Active Directory-Umgebung auf einem 32-Bit-basierten Serversystem unter Windows Server 2003 oder Windows Server 2008 ist auf der Installations-DVD von Windows Server 2012 R2 nicht mehr enthalten. Vereinheitlicht findet sich darauf lediglich noch das Tool *adprep.exe* im Ordner *\Support\Adprep* der Installations-DVD.

Vorbereitung der Active Directory-Gesamtstruktur (forestprep)

Führen Sie zur Vorbereitung einer bereits vorhandenen *Active Directory-Gesamtstruktur* auf die Aktualisierung von vorhandenen Domänencontrollern unter Windows Server 2008 R2 oder Windows Server 2012 auf Windows Server 2012 R2 den folgenden Befehl auf dem Domänencontroller aus, der als ***Schemamaster*** der Gesamtstruktur fungiert:

```
Adprep /forestprep
```

HINWEIS: Zum Ausführen dieser Aktualisierung muss man über die entsprechenden Rechte in der Gesamtstruktur verfügen. Standardmäßig sind lediglich die Mitglieder der Sicherheitsgruppen der Organisations-Administratoren und der Schema-Administratoren in der Lage, die Aktualisierung auf der Ebene einer Active Directory-Gesamtstruktur vorzunehmen.

Anschließend muss noch die betreffende Active Directory-Domäne, in welcher der zu aktualisierende Domänencontroller eingesetzt wird, für die Aktualisierung auf Windows Server 2012 R2 bzw. Windows Server 2012 vorbereitet werden.

Vorbereitung der Active Directory-Domäne (domainprep)

Zur Vorbereitung einer Active Directory-Domäne auf die Aktualisierung eines Domänencontrollers von Windows Server 2008 R2 oder Windows Server 2012 auf Windows Server 2012 R2 muss sich diese zumindest in der Domänenfunktionsebene von Windows Server 2003 (oder höher) befinden. Zur Aktualisierung der betreffenden Active Directory-Domäne müssen Sie den folgenden Befehl auf einem der vorhandenen Domänencontroller ausführen:

```
Adprep /domainprep
```

HINWEIS: Die Aktualisierung einer Active Directory-Domäne kann problemlos von einem der Domänen-Administratoren durchgeführt werden. Höhere Rechte sind hierzu nicht erforderlich. Der Befehl muss in jeder der Domänen einer Active Directory-Gesamtstruktur ausgeführt werden, in denen die Domänencontroller auf Ebene von Windows Server 2012 R2 eingesetzt werden sollen.

Nach Abschluss der Domänenvorbereitung können Sie im nächsten Schritt mit der eigentlichen Aktualisierung des Serverbetriebssystems der Domänencontroller auf Windows Server 2012 R2 beginnen.

7.5.5 Durchführung der Serveraktualisierung

Die Aktualisierung eines vorhandenen Serversystems auf Windows Server 2012 R2 lässt sich mit einfachen Schritten durchführen.

HINWEIS: Beachten Sie unbedingt nochmals, dass es nicht möglich ist, ein x86-basiertes Serversystem unter Windows Server 2003 (*R2*) oder Windows Server 2008 zu Windows Server 2012 R2 als x64-basiertes Betriebssystem zu aktualisieren.

Wenn Sie die entsprechenden Schritte zur Vorbereitung der Aktualisierung auf Windows Server 2012 R2 abgeschlossen haben, so gehen Sie zur Durchführung der eigentlichen Aktualisierung eines vorhandenen Serversystems - hier im Beispiel von Windows Server 2008 R2 mit SP1 - auf Windows Server 2012 R2 wie folgt vor:

1. Legen Sie die Installations-DVD für Windows Server 2012 R2 in das DVD-Laufwerk des zu aktualisierenden Serversystems ein. Der Installationsassistent startet in der Regel automatisch und wird auf dem Bildschirm angezeigt. Klicken Sie auf **setup.exe ausführen**.

HINWEIS: Alternativ können Sie die Installationsdateien auf einem anderen Server im Netzwerk freigeben. Starten Sie in diesem Fall die Aktualisierung durch das Ausführen des Befehls ***Setup.exe*** im Stammverzeichnis des Installationsmediums.

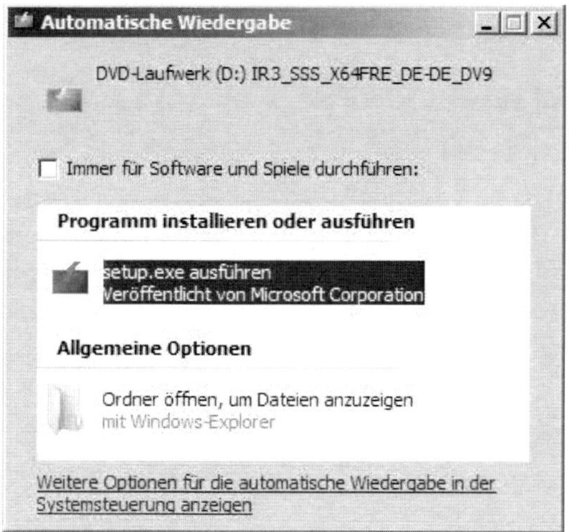

Abbildung 7.11: *Automatische Wiedergabe unter Windows Server 2012 R2*

2. Klicken Sie im Dialog *Windows Setup* auf **Jetzt installieren**.

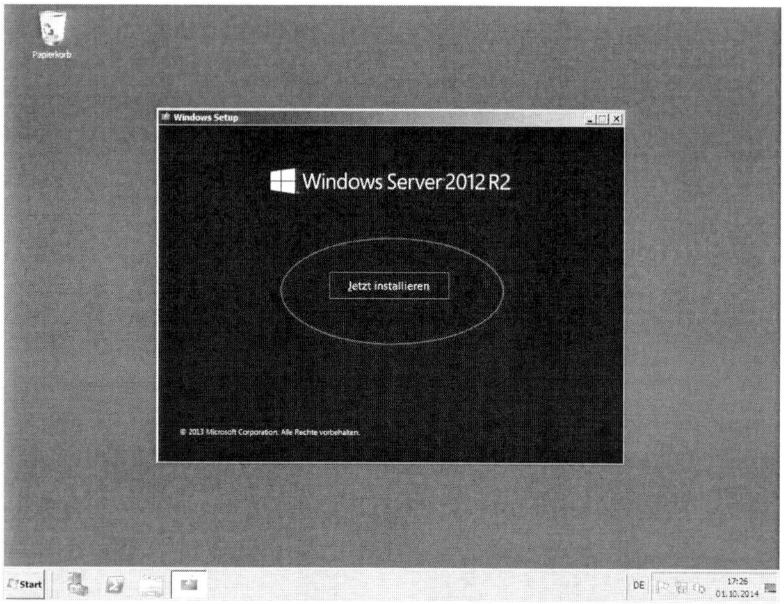

Abbildung 7.12: *Installationsdialog von Windows Server 2012 R2*

3. Im nächsten Dialog wird angeboten, die neuesten Updates für das Betriebssystem herunterzuladen und zu installieren. Hierzu muss der betreffende Server über eine Verbindung zu den Aktualisierungsdiensten von Microsoft (*Windows-Update*) oder intern zu einem Server mit den installierten und konfigurierten Windows Server Update Services (*WSUS*) verfügen. Zusätzlich wird Ihnen die Option angeboten, zur *Verbesserung der Windows-Installation* beizutragen. Wenn Sie diese Option aktivieren, sammelt das Computersystem Informationen zum Verlauf der Windows-Installation, und sendet diese anschließend anonym an Microsoft. Zum Fortfahren klicken Sie einfach auf die gewünschte Option.

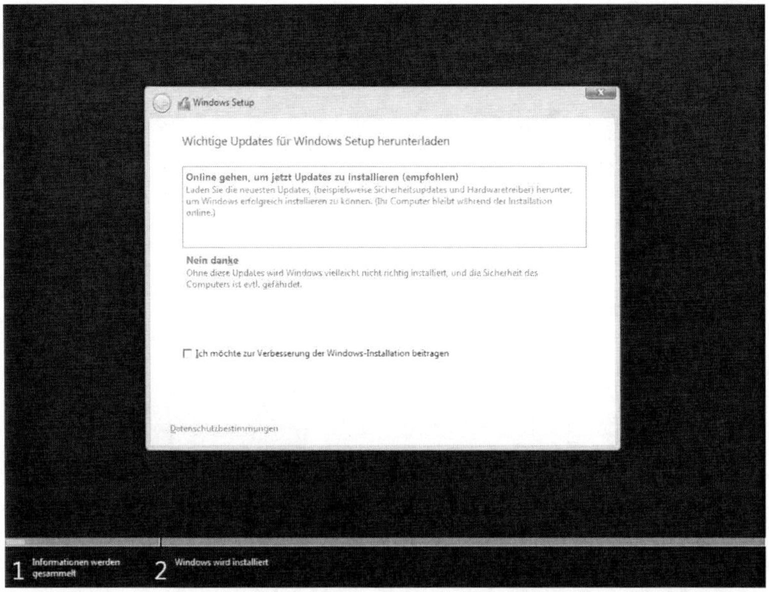

Abbildung 7.13: *Möglichkeit zur Installation von Updates vor der Aktualisierung*

4. Im nächsten Dialog müssen Sie den *Produkt-Key* von Windows Server 2012 R2 eingeben. Klicken Sie anschließend auf **Weiter**.

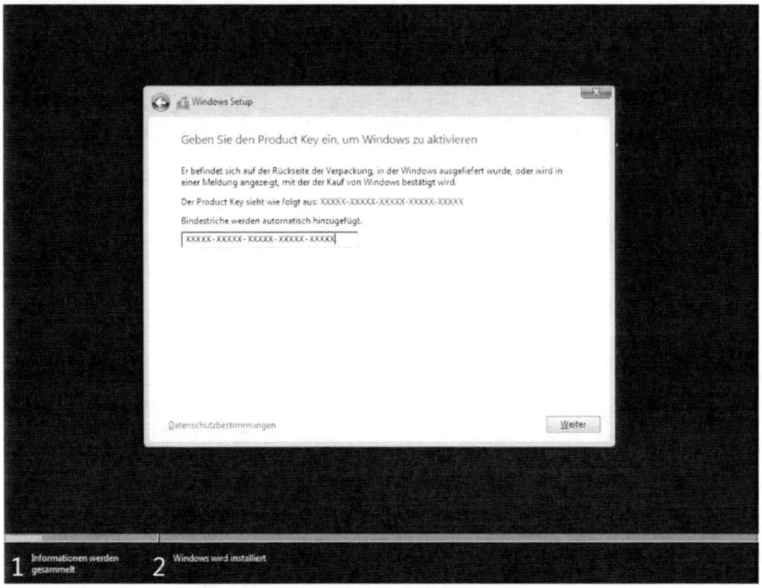

Abbildung 7.14: *Dialog zur Eingabe des Produkt-Key für Windows Server 2012 R2*

5. Wählen Sie den gewünschten Installationsmodus aus, um Windows Server 2012 R2 als *Server Core-Installation* oder als *Server mit grafischer Benutzeroberfläche* zu installieren, und klicken Sie dann auf **Weiter**.

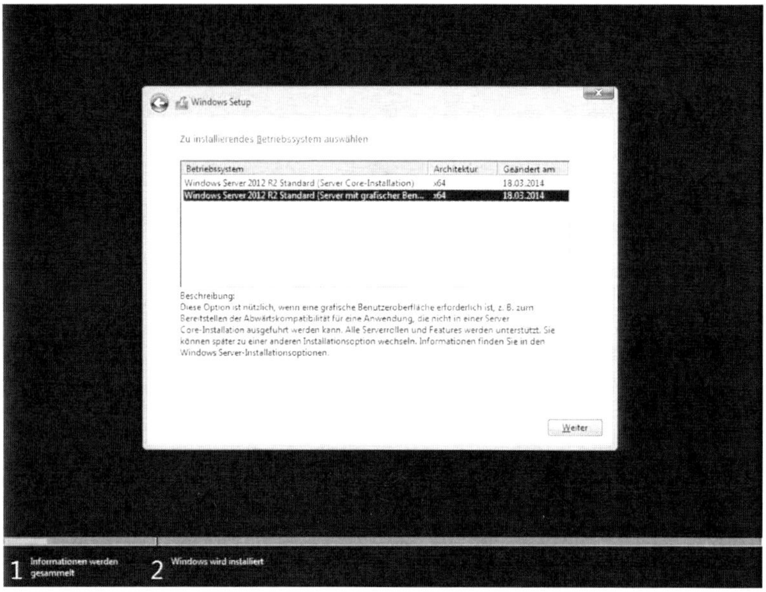

Abbildung 7.15: *Auswahl des zu installierenden Betriebssystemmodus*

6. Nehmen Sie die Lizenzbedingungen an, und klicken Sie auf **Weiter**.

Abbildung 7.16: *Lizenzbedingungen von Windows Server 2012 R2*

7. Wählen Sie als Installationsart ***Upgrade: Windows installieren und Dateien, Einstellungen und Anwendungen behalten*** aus.

   Bei Auswahl der *Benutzerdefinierten Installation* ist es nicht möglich, ein vorhandenes Serversystem zu aktualisieren. Diese Option dient der Neuinstallation eines Serversystems (ggf. als *Parallelinstallation* neben einem bereits vorhandenen Betriebssystem, sprich: *Dualboot*). Wenn Sie diese Option wählen, werden keine der Dateien oder Konfigurationsinformationen des bereits vorhandenen Betriebssystems übernommen.

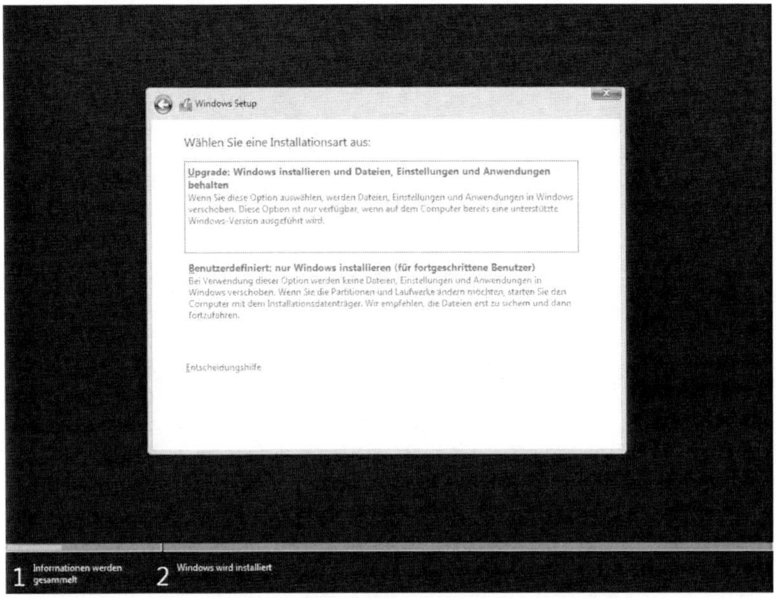

Abbildung 7.17: *Auswahl der Installationsart*

8. Im nun erscheinenden Dialog werden Sie nochmals auf die Notwendigkeit der *Überprüfung der Anwendungskompatibilität* von möglicherweise auf dem zu aktualisierenden Serversystem vorhandener Anwendungssoftware hingewiesen. Im Bedarfsfall haben Sie die Möglichkeit, die Installation mittels eines Klicks auf das Kreuz in der oberen rechten Ecke des Dialogfensters abzubrechen. Bislang wurden noch keine Änderungen an dem bestehenden Serversystem vorgenommen.

   Wenn Sie die Aktualisierung des vorhandenen Betriebssystems nach Windows Server 2012 R2 jetzt starten möchten, so klicken Sie auf die Schaltfläche **Weiter**.

   Im Rahmen der Aktualisierung werden alle vorhandenen Einstellungen des ursprünglichen Betriebssystems auch unter Windows Server 2008 R2 beibehalten. Die Aktualisierung des Serversystems wird durchgeführt.

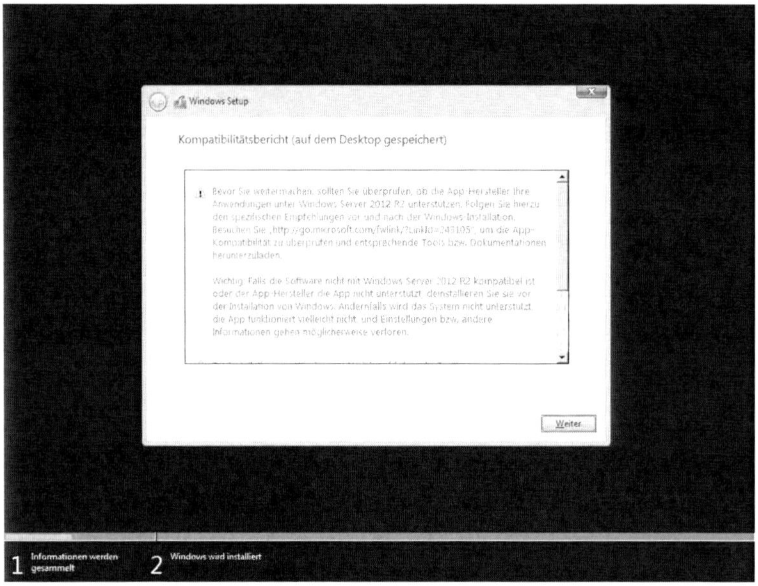

Abbildung 7.18: *Hinweis auf die Notwendigkeit der Überprüfung möglicher Kompatibilitätsprobleme*

HINWEIS: Der Upgrade-Vorgang kann (je nach Leistungsvermögen des zu aktualisierenden Serversystems) mitunter mehrere Stunden dauern. Dies sollten Sie in Ihre Planung der Aktualisierung von vorhandenen Serversystemen mit einbeziehen.

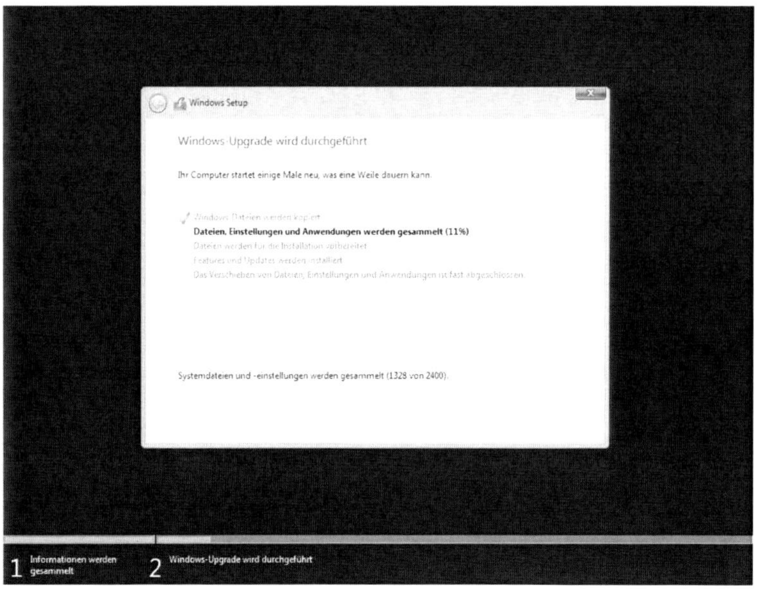

Abbildung 7.19: *Aktualisierung von Windows Server 2008 R2 auf Windows Server 2012 R2*

Während der Aktualisierung werden alle vorhandenen Einstellungen und Dateien des ursprünglichen Serversystems vollständig übernommen. Der Installationsprozess startet den Server im Bedarfsfall selbständig neu.

Zum Ende der Installation wird Ihnen der Bildschirm von Windows Server 2012 R2 angezeigt. Nach der ersten Anmeldung am System wird standardmäßig der neue Server-Manager von Windows Server 2012 R2 gestartet und die auf dem System vorhandenen Serverrollen, Rollendienste und Funktionen ermittelt. Diese werden anschließend innerhalb des Server-Managers angezeigt.

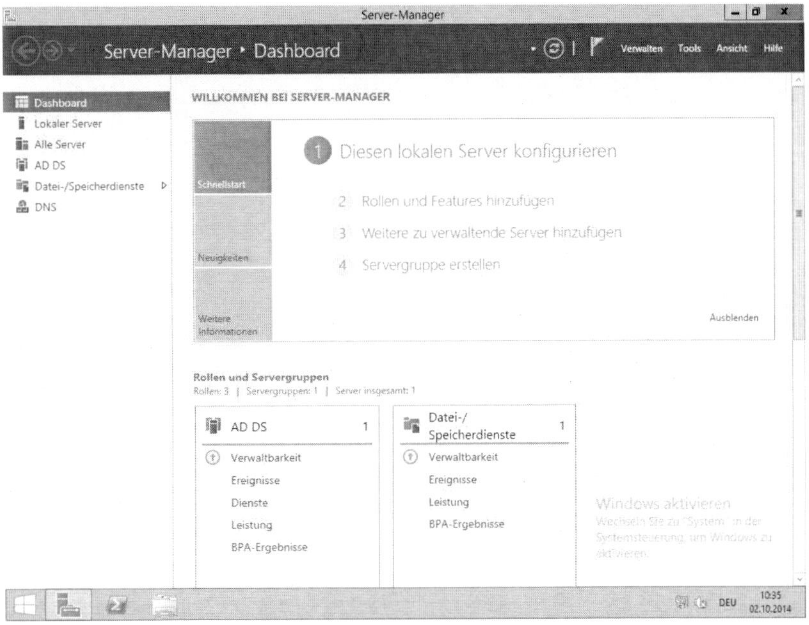

Abbildung 7.20: *Der neue Server-Manager auf dem von Windows Server 2008 R2 auf Windows Server 2012 R2 aktualisierten Serversystem*

7.5.6 Überprüfung der erfolgreichen Aktualisierung

Nachfolgend sollten Sie nun die erfolgreiche Aktualisierung des betreffenden Serversystems anhand der Einträge in der Ereignisanzeige überprüfen. Mögliche Probleme oder auch Fehler u. a. auch im Zusammenhang mit der Aktualisierung des Serversystems werden dort neben den allgemeinen Informationen in Form von Ereignisanzeigeneinträgen festgehalten.

Gehen Sie zur Anzeige der Ereignisanzeigeneinträge des zuvor aktualisierten Serversystems unter Windows Server 2012 R2 wie folgt vor:

1. Klicken Sie im *Server-Manager* oben auf **Tools**, und dann auf **Ereignisanzeige**.

2. Klicken Sie in der *Ereignisanzeige* auf das gewünschte Ereignisprotokoll, beispielsweise unter *Anwendungs- und Dienstprotokolle* auf **Verzeichnisdienst**.

Prüfen Sie das Ereignisprotokoll auf eventuelle Warnungen und Fehlermeldungen.

7.6 Zusammenfassung

In diesem Kapitel haben Sie erfahren, welche Schritte für die Installation von Windows Server 2012 R2 bzw. Windows Server 2012 notwendig sind. Ebenso wurden Ihnen die nach der Installation des Betriebssystems durchzuführenden Schritte für die Erstkonfiguration detailliert erklärt, um einen Server unter Windows Server 2012 R2 bzw. Windows Server 2012 auf die Rolle als Active Directory-Domänencontroller vorzubereiten. Die Aktualisierung vorhandener Serversysteme unter Windows 2008 R2 sowie die damit verbundene, notwendige Aktualisierung der Active Directory-Gesamtstruktur und -Domänen waren ebenso Bestandteil dieses Kapitels.

Wenden wir uns nun dem für die Active Directory-Domänendienste (*Active Directory Domain Services, AD DS*) quasi lebensnotwendigen Dienst, dem Domain Name System (*DNS*), zu. Das nachfolgende Kapitel vermittelt Ihnen die notwendigen Schritte für die Implementierung und Verwaltung von DNS unter Windows Server 2012 R2.

8 Implementierung und Verwaltung von Domain Name System (DNS)

Die Active Directory-Domänendienste (*Active Directory Domain Services, AD DS*) setzen seitens der darin verwendeten Namensstrukturen völlig auf dem Domain Name System (*DNS*) auf. Hieraus ergibt sich auch die Abhängigkeit der Domänendienste schon bereits seit der Einführung von Active Directory mit Windows 2000 von funktionalen DNS-Servern.

Die DNS-Infrastruktur wird innerhalb von Active Directory-Gesamtstrukturen beispielsweise für die Suche nach Ressourcen, aber ebenso auch zum Lokalisieren von Domänencontrollern für die Anmeldevorgänge von Benutzern und Computern in den Active Directory-Domänen verwendet. Auch nutzen viele der BackOffice-Anwendungen, wie zum Beispiel Microsoft Exchange Server 2016, die DNS-Namensauflösung für das Lokalisieren der Benutzerpostfächer über den globalen Katalog von Active Directory sowie auch für den Empfang und Versand von E-Mail-Nachrichten. Der Office SharePoint Server 2016 stellt seine Ressourcen über die Namensauflösung mittels DNS ebenso bereit.

Eine Active Directory-Infrastruktur ist völlig von einer funktionalen DNS-Infrastruktur abhängig, so dass man sich zwangsläufig intensiv auch mit den notwendigen Schritten für die Bereitstellung und Verwaltung der DNS-Dienste unter Windows Server 2012 R2 vertraut machen muss.

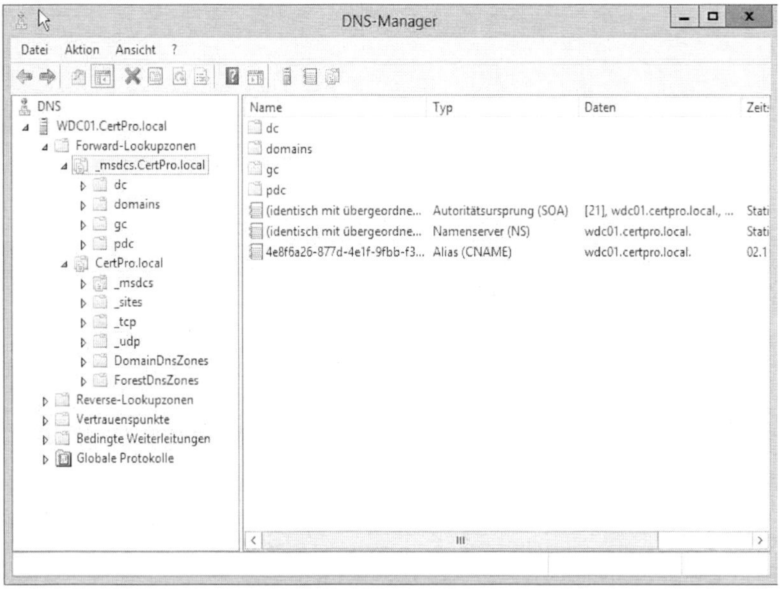

Abbildung 8.1: *Verwaltung der DNS-Serverrolle unter Windows Server 2012 R2*

Die notwendigen Schritte zur Installation und Verwaltung des DNS-Dienstes unter Windows Server 2012 R2 werden Ihnen in diesem Kapitel detailliert erklärt.

8.1 Installation der DNS-Serverrolle

Das Domain Name System (*DNS*) kann zur Namensauflösung unter Windows Server 2012 R2 sowie bereits auch unter Windows Server 2012 als Serverrolle implementiert werden. Die notwendigen Schritte hierzu sind recht einfach gehalten. Anspruchsvoller wird die nachfolgende Verwaltung der auf dem DNS-Server gespeicherten DNS-Namenszonen und der darin enthaltenen DNS-Einträge.

8.1.1 Voraussetzungen

Für die Installation des DNS-Dienstes unter Windows Server 2012 R2 oder unter Windows Server 2012 müssen keine besonderen Voraussetzungen erfüllt werden. Lediglich sollte man dem betreffenden Serversystem feste IP-Adressen zuordnen, damit die Erreichbarkeit des Servers auch bei Ausfall eines im Netzwerk möglicherweise vorhandenen DHCP-Servers (*Dynamic Host Configuration Protocol*) gewährleistet bleibt.

Die für die geplante Bereitstellung der Active Directory-Domänendienste (*Active Directory Domain Services, AD DS*) notwendigen DNS-Zonennamen sollte man vorweg bereits festlegen, um diese bei der anschließenden Konfiguration direkt angeben zu können.

8.1.2 Installationsschritte

Die Installation der DNS-Serverrolle lässt sich in einfachen Schritten über den Server-Manager von Windows Server 2012 R2 durchführen.

HINWEIS: Der DNS-Dienst kann auch während des Heraufstufens eines Serversystems unter Windows Server 2012 R2 zu einem Domänencontroller durch den betreffenden Assistenten automatisch eingerichtet und konfiguriert werden. Dies stellt sicher die einfachste Weise der Bereitstellung von DNS in einer Active Directory-Infrastruktur dar.

Gehen Sie wie folgt vor, um die DNS-Serverrolle auf einem Serversystem unter Windows Server 2012 R2 mithilfe des *Assistenten zum Hinzufügen von Rollen und Features* im grafischen Server-Manager hinzuzufügen:

1. Melden Sie sich als *Administrator* am Serversystem an.
2. Öffnen Sie den *Server-Manager* (soweit dies nicht automatisch geschieht) über einen Klick in der *Taskleiste* auf das **Symbol für den Server-Manager** bzw. im *Startbildschirm* auf die entsprechende **Kachel**.
3. Klicken Sie oben im *Server-Manager* auf **Verwalten**, und dann auf **Rollen und Features hinzufügen**.
4. Klicken Sie im Dialog *Vorbemerkungen* auf **Weiter**.
5. Wählen Sie im Dialog *Installationstyp auswählen* die Option **Rollenbasierte oder featurebasierte Installation**, und klicken Sie auf **Weiter**.
6. Klicken Sie im Dialog *Zielserver auswählen* auf den Namen des gewünschten Servers, und klicken Sie dann auf **Weiter**.
7. Aktivieren Sie das Kontrollkästchen vor *DNS-Server*, und klicken Sie auf **Features hinzufügen**, um die Installation der DNS-Servertools zu bestätigen. Klicken Sie anschließend auf **Weiter**.
8. Klicken Sie im Dialog *Features auswählen* auf **Weiter**.
9. Klicken Sie im Dialog *DNS-Server* auf **Weiter**.
10. Klicken Sie auf **Installieren**, um die Installationsauswahl zu bestätigen.
11. Klicken Sie auf **Schließen**, um den Dialog *Assistent zum Hinzufügen von Rollen und Features* zu schließen.

Die erfolgreiche Installation der DNS-Serverrolle wird Ihnen in der oberen *Befehlsleiste* des Server-Managers durch einen Klick auf das **Fahnensymbol** angezeigt.

Die DNS-Serverrolle kann nach der erfolgreichen Installation u. a. grafisch über den DNS-Manager verwaltet werden, den man z. B. direkt im *Server-Manager* von Windows Server 2012 R2 aufrufen kann. Nach der Installation müssen die notwendigen DNS-Namenszonen eingerichtet werden, um Namensauflösungen für die betreffenden Namensräume über den DNS-Server zu ermöglichen.

Den DNS-Manager als grafische Verwaltungskonsole für die DNS-Rolle können Sie entweder durch einen Klick mit der rechten Maustaste auf den Server im Abschnitt *SERVER* der DNS-Serverrolle aus dem Kontextmenü, oder aber über eine Klick auf **Tools** in der Befehlsleiste des Server-Managers unter der Bezeichnung *DNS-Manager* aufrufen.

8.2 DNS-Namenszonen

DNS-Namenszonen bilden die Basis für die Namensauflösung innerhalb einer Active Directory-Infrastruktur. In ihr werden Namensräume mitsamt der darin notwendigen Diensteinträge (*SRV Records*), Hosteinträge (*A-Records*) der Clients und Server sowie noch weitere Einträge gespeichert, und somit für die Abfrage zur Namensauflösung auf dem DNS-Server bereitgestellt.

DNS-Namenszonen können unter Windows Server 2012 R2 aber natürlich auch unabhängig von den Active Directory-Domänendiensten (engl. *Active Directory Domain Services, AD DS*), beispielsweise für die Bereitstellung einer Intranet- oder Internet-Namenszone, eingerichtet und verwaltet werden.

In der oben stehenden Grafik sehen Sie einen Vergleich eines Namensraums im Internet mit dem einer Active Directory-Gesamtstruktur. In beiden kommen Internetkonforme Namensstrukturen zum Einsatz.

8.2.1 Zonentypen

Die für die Namensauflösung zu verwendenden Namensräume werden in DNS-Servern mithilfe von Namenszonen definiert. Beim Einrichten von DNS-Namenszonen unter Windows Server 2012 R2 unterscheidet man grundsätzlich zwischen

- **Standardzonen (primär oder sekundär)**
- **Active Directory-integrierten Zonen**
- **Stub-Zonen**

In den nachfolgenden Seiten werden Ihnen die einzelnen Zonentypen detailliert erklärt.

Darüber hinaus können die DNS-Namenszonen für sogenannte *Forward-Lookup-* oder *Reverse-Lookup-Namensauflösungsvorgänge* eingerichtet werden.

8.2.2 Forward-Lookup-Zonen

Die sogenannten Forward-Lookup-Zonen im DNS-Server unter Windows Server 2012 R2 dienen zur Auflösung von (*bekannten*) Hostnamen in die in den DNS-Namenszonen zugeordneten (*unbekannte*) IP-Adressen. Beispielsweise löst ein Clientcomputer bei einem Kommunikationsvorgang, der seitens des betreffenden Anwenders anhand eines Rechnernamens eingeleitet werden soll, den Name für die Kommunikation mit dem betreffenden Computersystem über den DNS-Server in eine IP-Adresse auf.

Die Namensauflösungsvorgänge in einer Active Directory-Infrastruktur basieren im Schwerpunkt auf Forward-Lookup-Abfragen an die vorhandenen DNS-Server.

8.2.3 Reverse-Lookup-Zonen

Bei den sogenannten Reverse-Lookup-Zonen handelt es sich um DNS-Namenszonen, die eine Auflösung einer (*bekannten*) IP-Adresse in den ihr in der DNS-Namenszone zugeordneten (*unbekannten*) Hostnamen ermöglicht. Wenn ein Anwender den Hostnamen eines lediglich anhand der IP-Adresse bekannten Rechners im Netzwerk ermitteln möchte, so kann er beispielsweise mittels **`nslookup.exe`** eine Reverse-Lookup-Abfrage an den konfigurierten DNS-Server senden. Wenn in dessen konfigurierter Reverse-Lookup-Zone vorweg ein passender Eintrag gespeichert wurde, so gibt der DNS-Server den in der DNS-Namenszone gespeicherten Hostnamen als Ergebnis an den anfragenden Anwender zurück.

HINWEIS: Prinzipiell sind Reverse-Lookup-Zonen in einer reinen Active Directory-Infrastruktur nicht zwangsläufig notwendig, da die Namensauflösungsvorgänge für die Kommunikation innerhalb einer Umgebung der Active Directory-Domänendienste (engl. *Active Directory Domain Services, AD DS*) schwerpunktmäßig über Forward-Lookup-Abfragen durchgeführt werden. Es existieren jedoch (*BackOffice-*)Anwendungen, die das Vorhandensein einer Reverse-Lookup-Namenszone erforderlich machen. Für die Problembehebung in Active Directory-basierten Netzwerken kann eine Reverse-Lookup-Namenszone für die Administratoren wiederum eine große Hilfe sein.

8.3 Standardzonen

Standardzonen auf DNS-Servern unter Windows Server 2012 und Windows Server 2012 R2 sind DNS-Namenszonen, die, vergleichbar mit Namenszonen auf UNIX/Linux-basierten BIND-Namensauflösungsdiensten, in Zonendateien auf der Festplatte des betreffenden Serversystems gespeichert werden.

Als Standardzonen kann man primäre oder sekundäre Zonen erstellen.

8.3.1 Primäre Standardzonen

Primäre Standardzonen sind, wie es der Namen bereits ableiten lässt, die beschreibbaren (Original-)Namenszonen eines damit definierbaren DNS-Namensraums. In diesen Zonen können DNS-Einträge angelegt, geändert oder auch gelöscht werden.

8.3.2 Sekundäre Standardzonen

Eine sekundäre Standardzone stellt eine Kopie einer primären (Original-)Namenszone dar, die aus Gründen der Fehlertoleranz oder auch des Lastenausgleichs auf einem weiteren Serversystem im Netzwerk bereitgestellt wird. Sekundäre Standardnamenszonen sind schreibgeschützt und können lediglich über einen Zonenübertragungsvorgang von einer Namenszone des bei der Einrichtung der Zone zugeordneten, sogenannten *Master-DNS-Servers* aktualisiert werden.

Sekundäre Namenszonen stehen prinzipiell in Abhängigkeit von den jeweiligen primären Namenszonen.

8.3.3 Erstellen von primären DNS-Namenszonen

Primäre DNS-Namenszonen können – unabhängig von irgendwelchen weiteren Namenszonen – auf den DNS-Servern unter Windows Server 2012 R2 erstellt werden. Sie sind, wie bereits benannt, vollwertig beschreibbare DNS-Namenszonen.

Gehen Sie zum Erstellen einer primären DNS-Namenszone auf einem Serversystem unter Windows Server 2012 R2 wie folgt vor:

1. Starten Sie den *DNS-Manager* auf dem Server, und erweitern Sie die Einträge für die DNS-Server-Rolle in der Konsolenstruktur bis zum Eintrag *Forward-Lookupzonen.*
2. Klicken Sie mit der rechten Maustaste auf den Eintrag *Forward-Lookupzonen*, und wählen Sie den Kontexteintrag **Neue Zone...**
3. Klicken Sie im *Willkommensbildschirm* des Assistenten auf **Weiter**.
4. Wählen Sie den Zonentyp *Primäre Zone* aus, und klicken Sie auf **Weiter**.

HINWEIS: Sollte der DNS-Server auch als Active Directory-Domänencontroller konfiguriert sein, so wird Ihnen das Erstellen einer Active Directory-integrierten Zone angeboten. Deaktivieren Sie in diesem Fall die Option Zone in Active Directory speichern (DNS-Server muss als schreibbarer Domänencontroller eingerichtet sein) für die neu einzurichtende, primäre DNS-Namenszone.

5. Geben Sie den Zonennamen der neu zu erstellenden DNS-Namenszone an und klicken Sie auf **Weiter**.

6. Wählen Sie im Dialogfenster *Zonendatei* die Option *Neue Datei mit diesem Dateinamen erstellen* und übernehmen Sie den vorgeschlagenen DNS-Zonennamen durch einen Klick auf die Schaltfläche **Weiter**.

7. Im Dialogfenster *Dynamische Updates* werden die Optionen für die dynamische Aktualisierung der Zoneninhalte angezeigt:

   a. **Nur sichere dynamische Updates zulassen (für Active Directory empfohlen)** Diese Option steht nur zur Verfügung, wenn die DNS-Namenszone als Active Directory-integrierte Zone auf einem DNS-Server eingerichtet wird, der ebenso auch die Rolle als Active Directory-Domänencontroller ausführt. Bei Auswahl dieser Option kann sich nur noch der Client oder Server in der betreffenden DNS-Namenszone dynamisch eintragen, der über ein Computerkonto in der betreffenden Active Directory-Domäne verfügt. Bei Verwendung dieser Option wird somit die Sicherheit in der Namensauflösungsumgebung erhöht.

   b. **Nicht sichere und sichere dynamische Updates zulassen** Bei Auswahl dieser Option ist die dynamische Aktualisierung von DNS-Ressourceneinträgen grundsätzlich aktiviert. Es wird bei einer Aktualisierung eines DNS-Eintrags nicht überprüft, ob der betreffende Client oder Server zum Erstellen oder Aktualisieren eines Eintrags in der betreffenden DNS-Namenszone berechtigt ist.

   c. **Dynamische Updates nicht zulassen** Bei Auswahl dieser Option können DNS-Einträge nur noch manuell durch die betreffenden Administratoren erstellen oder auch aktualisiert werden.

   Wählen Sie die gewünschte Option und klicken Sie nachfolgend auf **Weiter**.

8. Klicken Sie im Dialogfenster *Fertigstellen des Assistenten* auf **Fertig stellen**, um die primäre DNS-Namenszone zu erstellen.

Die neu erstellte, primäre DNS-Namenszone wird im *DNS-Manager* von Windows Server 2012 R2 unter dem Eintrag *Forward-Lookupzonen* angezeigt und kann anschließend verwaltet werden.

8.3.4 Erstellen von sekundären DNS-Namenszonen

Sekundäre Namenszonen verweisen auf eine primäre Namenszone auf einem anderen DNS-Server, der als Masterserver bezeichnet wird. Über den Zonenübertragungsvorgang von diesem Server erhält die sekundäre Namenszone ihre Inhalte.

Um eine sekundäre DNS-Namenszone auf einem DNS-Server unter Windows Server 2012 R2 zu erstellen, gehen Sie wie folgt vor:

1. Starten Sie den *DNS-Manager* auf dem Server, und erweitern Sie die Einträge für die DNS-Server-Rolle in der Konsolenstruktur bis zum Eintrag *Forward-Lookupzonen*.

2. Klicken Sie mit der rechten Maustaste auf den Eintrag *Forward-Lookupzonen*, und wählen Sie den Kontexteintrag **Neue Zone...**

3. Klicken Sie im Willkommensbildschirm des Assistenten auf **Weiter**.

4. Wählen Sie den Zonentyp *Sekundäre Zone* aus und klicken Sie auf **Weiter**.

5. Geben Sie den Zonennamen der neu zu erstellenden DNS-Namenszone an und klicken Sie auf **Weiter**.

HINWEIS: Der Zonenname der neu zu erstellenden, sekundären DNS-Namenszone *muss* übereinstimmend mit der primären DNS-Namenszone auf dem Masterserver sein.

6. Geben Sie im Dialogfenster *Master-DNS-Server* die IP-Adresse oder den DNS-Namen des betreffenden DNS-Servers ein, von dem die Inhalte der DNS-Namenszone auf diesen Server kopiert werden soll. Klicken Sie nachfolgend auf die [⭾]-Taste.

HINWEIS: Die angegebene IP-Adresse oder auch der DNS-Servername werden nach dem Klick auf die Tabulator-Taste auf die Erreichbarkeit hin überprüft. Diese Option wurde mit Windows Server 2008 neu eingeführt. Falls Sie auf einen anderen als den Master-DNS-Server der betreffenden Namenszone verweisen, erhalten Sie ein Fehlersymbol, und in der Spalte *Überprüft* die Meldung, dass der betreffende DNS-Server nicht autorisierend für die betreffende Namenszone ist. Korrigieren Sie in diesem Fall ihre Angabe. Wenn der Eintrag auf den autorisierenden DNS-Namensserver für die Zone verweist, wird Ihnen dies durch den Eintrag *OK* in der Spalte *Überprüft* angezeigt

   Klicken Sie anschließend auf **Weiter**.

7. Klicken Sie im Dialogfenster *Fertigstellen des Assistenten* auf **Fertig stellen**, um die sekundäre DNS-Namenszone zu erstellen.

Die neu erstellte, sekundäre DNS-Namenszone wird im *Server-Manager* von Windows Server 2012 R2 unter dem Eintrag *Forward-Lookupzonen* angezeigt und kann anschließend verwaltet werden.

Mitunter erhalten Sie beim Aufruf der Inhalte der sekundären DNS-Namenszone eine Fehlermeldung, dass diese noch nicht vom Master-DNS-Server geladen werden konnten. Standardmäßig ist die Zonenübertragung der Inhalte von primären DNS-Namenszonen an sekundäre DNS-Zonenserver nicht aktiviert. In den nächsten Seiten erfahren Sie die hierzu notwendige Konfiguration.

Es sollte noch erwähnt werden, dass eine sekundäre DNS-Namenszone im Bedarfsfall (beispielsweise bei Ausfall des DNS-Servers der primären DNS-Namenszone als Masterzone) in eine primäre DNS-Namenszone umgewandelt werden kann. Der betreffende DNS-Server wird damit für die Namenszone autorisierend, so dass darin entsprechende Änderungen (z.B. an den darin enthaltenen Host-Namenseinträgen usw.) vorgenommen werden können. Weitere Informationen hierzu erhalten Sie in der Windows-Hilfe.

8.3.5 Umwandeln einer sekundären in eine primäre Namenszone

Im Bedarfsfall ist es möglich, eine sekundäre Namenszone, welche die Inhalte der Zone von einem Masterserver erhält, in eine primäre Zone umzuwandeln. Eine Aktualisierung der Zoneninhalte mit dem ehemaligen Masterserver findet nach der Umwandlung der Zone nicht mehr statt.

Die Umwandlung einer sekundären in eine primäre DNS-Namenszone kann erforderlich werden, wenn der Masterserver der Zone für längere Zeit ausgefallen und die Aktualisierung der Zoneneinträge notwendig wird.

Um eine sekundäre DNS-Namenszone auf einem DNS-Server unter Windows Server 2012 R2 in eine primäre Namenszone umzuwandeln, gehen Sie wie folgt vor:

1. Starten Sie den *DNS-Manager* auf dem Server, und erweitern Sie die Einträge für die DNS-Server-Rolle in der Konsolenstruktur bis zum Eintrag *Forward-Lookupzonen*.
2. Klicken Sie mit der rechten Maustaste auf den Namen der betreffenden *sekundären DNS-Namenszone*, und wählen Sie den Kontexteintrag **Eigenschaften**.
3. Klicken Sie im Dialogfenster *Eigenschaften von (Zonenname)* im Register *ALLGEMEIN* auf die Schaltfläche **Ändern**.
4. Wählen Sie im Dialogfenster *Zonentyp ändern* die Option *Primäre Zone*, und klicken Sie auf **OK**.
5. Zum Übernehmen der Änderung klicken Sie nochmals auf **OK**.

Die ehemalige, sekundäre DNS-Namenszone wurde somit zu einer primären DNS-Namenszone umgewandelt. Änderungen an den Einträgen in der betreffenden DNS-Namenszone sind somit nunmehr direkt möglich. Eine nachfolgende Aktualisierung des ehemaligen Master-DNS-Namensservers der Zone findet nicht mehr statt, sodass auch eine Konsistenz der Inhalte der Namenszone auf den betreffenden DNS-Servern nicht mehr gewährleistet werden kann.

Sie können die betreffende, von einer sekundären in eine primäre Zone umgewandelte DNS-Namenszone ebenso auch wieder in eine sekundäre Namenszone umwandeln. Gehen Sie hierzu auf dem gleichen Wege vor, und geben Sie dann den betreffenden Master-DNS-Server der Zone an.

8.3.6 Active Directory-integrierte Zonen

Eine Alternative zu den primären und sekundären Standardnamenszonen stellen seit der Einführung von Windows 2000 die Active Directory-integrierten Zonen dar. Wie der Name es bereits ableiten lässt, werden diese DNS-Namenszonen direkt in der Datenbank der Active

Directory-Domänendienste (engl. *Active Directory Domain Services, AD DS*) gespeichert. Dies setzt wiederum voraus, dass der betreffende DNS-Server auch als Active Directory-Domänencontroller konfiguriert ist.

HINWEIS: Active Directory-integrierte DNS-Namenszonen werden grundsätzlich als primäre Zonen eingerichtet. Der jeweilige DNS-Server, der eine solche Zone führt, wird automatisch auch autorisierend für diese DNS-Namenszone. Änderungen können somit auf jedem im Netzwerk vorhandenen DNS-Server, der eine Active Directory-integrierte DNS-Namenszone führt, vorgenommen werden. Die Änderungen werden nachfolgend anhand eines zwischen den vorhandenen DNS-Servern vereinbartem Multimaster-Replikationsmodell untereinander repliziert und stehen anschließend auf allen vorhandenen DNS-Servern im Netzwerk zur Verfügung.

Eine Active Directory-integrierte DNS-Namenszone kann so konfiguriert werden, dass dynamische Aktualisierungen der DNS-Ressourceneinträge der Zone nur noch durch Clients und Server zugelassen werden, die über Computerkonto in einer der Domänen der betreffenden Active Directory-Gesamtstruktur verfügen. Eine Ausnahme stellen Stub-Zonen dar, die quasi als Sekundärzonen fungieren.

Gehen Sie zum Einrichten einer Active Directory-integrierte DNS-Namenszone auf einem DNS-Server unter Windows Server 2012 R2 wie folgt vor:

1. Starten Sie den *DNS-Manager* auf dem Server, und erweitern Sie die Einträge für die DNS-Server-Rolle in der Konsolenstruktur bis zum Eintrag *Forward-Lookupzonen.*

2. Klicken Sie mit der rechten Maustaste auf den Eintrag *Forward-Lookupzonen* und wählen Sie den Kontexteintrag **Neue Zone...**

3. Klicken Sie im Willkommensbildschirm des Assistenten auf **Weiter**.

4. Wählen Sie den Zonentyp *Primäre Zone* aus und achten Sie darauf, dass die Option *Zone in Active Directory speichern (DNS-Server muss als schreibbarer Domänencontroller eingerichtet sein)* aktiviert ist. Klicken Sie anschließend auf **Weiter**.

HINWEIS: Die Option *Zone in Active Directory speichern (DNS-Server muss als schreibbarer Domänencontroller eingerichtet sein)* wird Ihnen für die neu einzurichtende, primäre DNS-Namenszone nur angeboten, wenn der betreffende DNS-Server ebenso auch die Rolle als Active Directory-Domänencontroller ausführt.

5. Wählen Sie im Dialogfenster *Active Directory-Zonenreplikationsbereich* des Assistenten aus, wie die Zonendaten repliziert werden sollen. Hierzu stehen die folgenden Optionen zur Auswahl:

   a. **Auf allen DNS-Servern in dieser Gesamtstruktur:** *<Domänenname>* Bei Auswahl dieser Option wird der Inhalt der neu anzulegenden DNS-Namenszone auf alle DNS-

Server in der Gesamtstruktur repliziert, die auch die Rolle als Active Directory-Domänencontroller ausführen.

b. **Auf allen DNS-Servern in dieser Domäne:** <*Domänenname*> Bei Auswahl dieser Option wird der Inhalt der neu anzulegenden DNS-Namenszone auf alle DNS-Server in der betreffenden Active Directory-Domäne repliziert, die auch die Rolle als Active Directory-Domänencontroller ausführen.

c. **Auf allen Domänencontrollern in dieser Domäne (Windows 2000-Kompatibilität):** <*Domänenname*> Bei Auswahl dieser Option wird der Inhalt der neu anzulegenden DNS-Namenszone auf alle Domänencontroller in der betreffenden Domäne repliziert.

d. **Auf allen Domänencontroller, die im Bereich der Verzeichnispartition angegeben werden** Diese Option steht nur auf Active Directory-Domänencontrollern ab Windows Server 2003 zur Verfügung, die über eine entsprechende, vorweg manuell erstellte Anwendungsverzeichnispartition in der lokalen Active Directory-Datenbank verfügen. Bei Auswahl dieser Option wird der Inhalt der neu zu erstellenden DNS-Namenszone nur an die Domänencontroller repliziert, die ebenso über die gleiche, manuell erstellte Anwendungsverzeichnispartition in der Active Directory-Datenbank verfügen.

Wählen Sie die gewünschte Option und klicken Sie anschließend auf **Weiter**.

6. Geben Sie den Zonennamen der neu zu erstellenden DNS-Namenszone an und klicken Sie auf **Weiter**.

7. Im Dialogfenster *Dynamische Updates* werden die Optionen für die dynamische Aktualisierung der Zoneninhalte angezeigt:

   a. **Nur sichere dynamische Updates zulassen (für Active Directory empfohlen)** Diese Option steht nur zur Verfügung, wenn die DNS-Namenszone als Active Directory-integrierte Zone auf einem DNS-Server eingerichtet wird, der ebenso auch die Rolle als Active Directory-Domänencontroller ausführt. Bei Auswahl dieser Option kann sich nur noch der Client oder Server in der betreffenden DNS-Namenszone dynamisch eintragen, der über ein Computerkonto in einer der Domänen der betreffenden Active Directory-Gesamtstruktur verfügt. Bei Verwendung dieser Option wird somit die Sicherheit in der Namensauflösungsumgebung erhöht.

   b. **Nicht sichere und sichere dynamische Updates zulassen** Bei Auswahl dieser Option ist die dynamische Aktualisierung von DNS-Ressourceneinträgen grundsätzlich aktiviert. Es wird bei einer Aktualisierung eines DNS-Eintrags nicht überprüft, ob der betreffende Client oder Server zum Erstellen oder Aktualisieren eines Eintrags in der betreffenden DNS-Namenszone berechtigt ist.

   c. **Dynamische Updates nicht zulassen** Bei Auswahl dieser Option können DNS-Einträge nur noch manuell durch die betreffenden Administratoren erstellt oder auch aktualisiert werden.

   Wählen Sie die gewünschte Option und klicken Sie nachfolgend auf **Weiter**.

8. Klicken Sie im folgenden Dialog auf **Fertig stellen**, um die Active Directory-integrierte DNS-Namenszone zu erstellen.

Die neu erstellte, Active Directory-integrierte DNS-Namenszone wird im *DNS-Manager* von Windows Server 2012 R2 unter dem Eintrag *Forward-Lookupzonen* angezeigt und kann anschließend verwaltet werden.

8.3.7 Einrichten und Verwalten von Stub-Zonen

Das Einrichten von Stub-Zonen in DNS-Servern unter Windows Server 2008 ist vergleichbar mit dem Einrichten sekundärer DNS-Namenszonen. Diese Zonen verhalten sich ebenso ähnlich wie die sekundären Zonen. Lediglich die Inhalte von Stub-Zonen unterscheiden sich von denen einer sekundären DNS-Standardnamenszone. Sie enthält lediglich den Autoritätsursprung-Ressourceneintrag (Start of Authority, SOA), die Namensserver-Ressourceneinträge (Name Service, NS) und die zutreffenden Glue A-Ressourceneinträge der betreffenden DNS-Namensserver für die delegierte Zone.

HINWEIS: Stub-Zonen wurden von Microsoft mit Windows Server 2003 erstmalig in DNS eingeführt. Eine Stub-Zone im DNS-Server bezieht sich, wie auch sekundäre Standardzonen, immer auf eine DNS-Namenszone auf einem Master-DNS-Server.

Die Inhalte der Zone werden standardmäßig mithilfe eines Zonenübertragungsvorgangs von der betreffenden Master-DNS-Namenszone an die Stubzone übertragen. Dies setzt voraus, dass die Zonenübertragung in der Konfiguration des Master-DNS-Servers zugelassen ist.

Eine Stub-Zone kann, wie auch die primären, Active Directory-integrierten Namenszonen, ebenso in der Active Directory-Datenbank des betreffenden Servers gespeichert werden, wenn dieser neben der Rolle des DNS-Servers auch die eines Domänencontrollers ausführt.

In diesem Fall findet dann jedoch keine Zonenübertragung, sondern die Replikation der Zoneninhalte zwischen den Servern statt. Um eine Stub-Zone auf einem DNS-Server unter Windows Server 2008 einzurichten, gehen Sie wie folgt vor:

1. Starten Sie den *DNS-Manager* auf dem Server, und erweitern Sie die Einträge für die DNS-Server-Rolle in der Konsolenstruktur bis zum Eintrag *Forward-Lookupzonen*.

2. Klicken Sie mit der rechten Maustaste auf den Eintrag *Forward-Lookupzonen*, und wählen Sie den Kontexteintrag **Neue Zone...**

3. Klicken Sie im *Willkommensbildschirm* des Assistenten auf **Weiter**.

4. Wählen Sie den Zonentyp **Stub-Zone** aus. Beachten Sie, dass die Option *Zone in Active Directory speichern (DNS-Server muss als schreibbarer Domänencontroller eingerichtet sein)* beim Einrichten einer Stub-Zone auf DNS-Servern, die auch als Active Directory-Domänencontroller konfiguriert sind, standardmäßig aktiviert ist.

   HINWEIS: Wenn Sie die Option Zone in Active Directory speichern (DNS-Server muss als schreibbarer Domänencontroller eingerichtet sein) für die neu einzurichtende Stub-Zone aktiviert lassen, so müssen Sie im folgenden Dialogfenster Active Directory-Zonenreplikationsbereich des Assistenten nun auswählen, wie die Zonendaten repliziert werden sollen. Wenn Sie die Option deaktivieren, so wird die Stub-Zone vergleichbar mit einer sekundären Standardzone eingerichtet, und die Inhalte der Zone werden in einer Zonendatei auf dem DNS-Server gespeichert.

   Klicken Sie anschließend auf **Weiter**.

5. Geben Sie den *Zonennamen* der vorhandenen, primären DNS-Namenszone an, aus der die zu erstellende Stub-Zone abgeleitet werden soll, und klicken Sie auf **Weiter**.

   WICHTIG! Der Zonenname der neu zu erstellenden Stub-Zone *muss* übereinstimmend mit der primären DNS-Namenszone auf dem Master-DNS-Server sein.

6. Geben Sie im Dialogfenster Master-DNS-Server die IP-Adresse oder den DNS-Namen des betreffenden DNS-Servers ein, von dem die Inhalte der Stub-Zone auf diesen Server kopiert werden sollen. Klicken Sie nachfolgend auf die [Tab]-Taste.

   WICHTIG! Die angegebene IP-Adresse oder auch der DNS-Servername werden nach dem Klick auf die Tabulator-Taste auf die Erreichbarkeit hin überprüft. Diese Option wurde mit Windows Server 2008 neu eingeführt. Falls Sie auf einen anderen als den Master-DNS-Server der betreffenden Namenszone verweisen, erhalten Sie ein Fehlersymbol und in der Spalte *Überprüft* die Meldung, dass der betreffende DNS-Server nicht autorisierend für die betreffende Namenszone ist. Korrigieren Sie in diesem Fall Ihre Angabe. Wenn der Eintrag auf den autorisierenden DNS-Namensserver für die Zone verweist, wird Ihnen dies durch den Eintrag *OK* in der Spalte *Überprüft* angezeigt.

   Klicken Sie anschließend auf **Weiter**.

7. Klicken Sie im Dialogfenster *Fertigstellen des Assistenten* auf **Fertig stellen**, um die sekundäre DNS-Namenszone zu erstellen.

Die neu erstellte, sekundäre DNS-Namenszone wird im *Server-Manager* von Windows Server 2012 R2 unter dem Eintrag *Forward-Lookupzonen* angezeigt und kann anschließend verwaltet werden. Mitunter erhalten Sie beim Aufruf der Inhalte der neu erstellten Stub-Zone eine Fehlermeldung, dass diese noch nicht vom Master-DNS-Server geladen werden konnten. Standardmäßig ist die Zonenübertragung der Inhalte von primären DNS-Namenszonen an andere DNS-Server nicht konfiguriert. Auf den nächsten Seiten erfahren Sie die hierzu notwendigen Konfigurationsschritte.

8.3.8 Einrichten und Verwalten von Reverse-Lookupzonen

Reverse-Lookupzonen dienen, wie zuvor bereits beschrieben, zur Auflösung von IP-Adressen in zugeordnete Hostnamen. Dies kann sehr dienlich sein, wenn man in einem der Ereignisprotokolle eines Servers eine IP-Adresse lokalisiert und hierzu den Hostnamen des betreffenden Computersystems ermitteln möchte.

Reverse-Lookupzonen beziehen sich immer auf ein Netzwerksegment. Beim Einrichten einer solchen DNS-Zone muss man die Netzwerkkennung des betreffenden Subnetzes in Zahlenform angeben.

Bei der Auflösung einer IP-Adresse in einen zugehörigen Hostnamen wird seitens des betreffenden DNS-Servers eine passende Netzwerkkennung anhand der Zonennamen von vorhandenen Reverse-Lookupzonen verglichen, und (falls vorhanden) der betreffende *Zeigereintrag* (engl. *Pointer*) passend zur angegebenen IP-Adresse ermittelt. Der dazu in der Reverse-Lookupzone gespeicherte Hostname wird vom DNS-Server als Ergebnis der Abfrage zurückgegeben.

HINWEIS: Eine Reverse-Lookupzone kann, vergleichbar mit einer Forward-Lookupzone, ebenso als Active Directory-integrierte DNS-Namenszone angelegt werden. Darüber hinaus stehen die Optionen für die dynamische Aktualisierung der Zoneneinträge für Reverse-Lookupzonen ebenso zur Auswahl. Auch kann eine Reverse-Lookupzone aus Redundanz- und Fehlertoleranzgründen in Form von primären und auch sekundären DNS-Namenszonen angelegt werden.

Um eine primäre Reverse-Lookupzone auf einem DNS-Server unter Windows Server 2012 R2 einzurichten, gehen Sie wie folgt vor:

1. Starten Sie den *DNS-Manager* auf dem Server, und erweitern Sie die Einträge für die DNS-Server-Rolle in der Konsolenstruktur bis zum Eintrag *Reverse-Lookupzonen.*
2. Klicken Sie mit der rechten Maustaste auf den Eintrag *Reverse-Lookupzonen* und wählen Sie den Kontexteintrag **Neue Zone...**
3. Klicken Sie im Willkommensbildschirm des Assistenten auf **Weiter**.
4. Wählen Sie den Zonentyp *Primäre Zone* aus und klicken Sie auf **Weiter**.

   HINWEIS: Sollte der DNS-Server auch als Active Directory-Domänencontroller konfiguriert sein, so wird Ihnen das Erstellen einer Active Directory-integrierten Zone angeboten. Deaktivieren Sie in diesem Fall die Option *Zone in Active Directory speichern (DNS-Server muss als schreibbarer Domänencontroller eingerichtet sein)* für die neu einzurichtende, primäre DNS-Namenszone.

5. Wählen Sie im Dialogfenster *Name der Reverse-Lookupzone* eine der folgenden Optionen:

   a. ***IPv4 Reverse-Lookupzone*** Bei Auswahl dieser Option müssen Sie nachfolgend die Netzwerk-ID des betreffenden Subnetzes als Teil einer IPv4-basierten IP-Adresse angeben.

   b. ***IPv6 Reverse-Lookupzone*** Bei Auswahl dieser Option müssen Sie nachfolgend ein IPv6-Adressenpräfix als Teil Ihres IPv6-basierten Netzwerks eingeben. Wählen Sie diese Option nur, wenn Sie in Ihrem Netzwerk IPv6-Adressen verwenden.

   Wählen Sie in diesem Beispiel die Option *IPv4 Reverse-Lookupzone* und klicken Sie anschließend auf **Weiter**.

6. Geben Sie im folgenden Dialogfenster die Netzwerkkennung des betreffenden IP-Subnetzes (*beispielsweise 192.168.1 für das Netzwerk 192.168.1.0/24*) an und klicken Sie anschließend auf **Weiter**.

7. Wählen Sie im Dialogfenster *Zonendatei* die Option *Neue Datei mit diesem Dateinamen erstellen* und übernehmen Sie den vorgeschlagenen DNS-Zonennamen durch einen Klick auf die Schaltfläche **Weiter**.

8. Im Dialogfenster *Dynamische Updates* werden die Optionen für die dynamische Aktualisierung der Zoneninhalte angezeigt:

   a. **Nur sichere dynamische Updates zulassen (für Active Directory empfohlen)** Diese Option steht nur zur Verfügung, wenn die DNS-Namenszone als Active Directory-integrierte Zone auf einem DNS-Server eingerichtet wird, der ebenso auch die Rolle als Active Directory-Domänencontroller ausführt. Bei Auswahl dieser Option kann sich nur noch der Client oder Server in der betreffenden DNS-Namenszone dynamisch eintragen, der über ein Computerkonto in einer der Domänen der betreffenden Active Directory-Gesamtstruktur verfügt. Bei Verwendung dieser Option wird somit die Sicherheit in der Namensauflösungsumgebung erhöht.

   b. **Nicht sichere und sichere dynamische Updates zulassen** Bei Auswahl dieser Option ist die dynamische Aktualisierung von DNS-Ressourceneinträgen grundsätzlich aktiviert. Es wird bei einer Aktualisierung eines DNS-Eintrags nicht überprüft, ob der betreffende Client oder Server zum Erstellen oder Aktualisieren eines Eintrags in der betreffenden DNS-Namenszone berechtigt ist.

   c. **Dynamische Updates nicht zulassen** Bei Auswahl dieser Option können DNS-Einträge nur noch manuell durch die betreffenden Administratoren erstellt oder auch aktualisiert werden.

   Wählen Sie die gewünschte Option und klicken Sie nachfolgend auf **Weiter**.

9. Klicken Sie im Dialogfenster *Fertigstellen des Assistenten* auf **Fertig stellen**, um die primäre Reverse-Lookupzone zu erstellen.

Die neu erstellte, primäre Reverse-Lookupzone wird im *Server-Manager* von Windows Server 2012 R2 unter dem Eintrag *Reverse-Lookupzonen* angezeigt. Sie können die Zone mitsamt der Zoneninhalte nun verwalten.

Vergleichbar mit dem Anlegen neuer, primärer Reverse-Lookupzonen können Sie aus Gründen der Fehlertoleranz, der Redundanz und des Lastenausgleichs bei Bedarf ebenso sekundäre Reverse-Lookupzonen auf anderen DNS-Servern erstellen. Diese beziehen sich, wie auch bei den primären DNS-Namenszonen, auf die jeweils konfigurierten Master-DNS-Server, welche die betreffende Zone autorisierend ausführen.

8.4 Zonenübertragung

Die Inhalte von primären Standardzonen oder auch Active Directory-integrierten DNS-Namenszonen können mittels eines Zonenübertragungsvorgangs in sekundäre DNS-Namenszonen übertragen werden. Die Zonenübertragung einer primären DNS-Namenszone an andere DNS-Server als sekundäre Zonenserver ist unter Windows Server 2003, Windows Server 2008 (R2) sowie auch unter Windows Server 2012 und Windows Server 2012 R2 standardmäßig jedoch beschränkt.

Die Zonenübertragung wird in den Eigenschaften der betreffenden DNS-Namenszone im Register *Zonenübertragung* konfiguriert. Hierbei stehen die folgenden Optionen zur Auswahl:

- **An jeden Server** Bei Auswahl dieser Option wird die Zonenübertragung der Zonendaten an jeden beliebigen DNS-Server und somit auch an unautorisierte DNS-Server zugelassen. Diese Option sollte man, wenn überhaupt, nur in Netzwerken mit niedriger Sicherheitsanforderung aktivieren.

- **Nur an Server, die in der Registerkarte Namensserver aufgeführt sind** Bei Auswahl dieser Option wird die Zonenübertragung der Zonendaten nur an Server zugelassen, die im Register *Namensserver* der *Eigenschaften* der betreffenden DNS-Namenszone aufgeführt sind. Diese Option verhindert die Zonenübertragung an unautorisierte DNS-Server im Netzwerk.

- **Nur an folgende Server** Diese Option ermöglicht die Angabe von für die Zonenübertragung zugelassenen DNS-Server gleich im Register *Zonenübertragung* der *Eigenschaften* der betreffenden DNS-Namenszone. Die DNS-Server werden hierbei anhand ihrer IP-Adresse angegeben.

HINWEIS: Die Zonenübertragung der DNS-Namenszonen von den primären an die sekundären DNS-Server erfolgt in der Regel unverschlüsselt. Wenn die Gefahr einer Man-in-the-Middle-Attacke für die zu übertragenden DNS-Zonendaten in einem Netzwerk besteht, so kann man beispielsweise die IPSec-Verschlüsselung zwischen den betreffenden DNS-Servern konfigurieren. Weitere Informationen zur Konfiguration der IPSec-Verschlüsselung finden Sie in der Hilfe von Windows Server 2012 R2.

Die Zonenübertragung für DNS-Namenszonen ist bei primären Standardzonen standardmäßig aktiviert, unter Windows Server 2012 R2 jedoch lediglich an DNS-Server zugelassen, die in der Registerkarte *Namensserver* aufgelistet sind. DNS-Server können bei Bedarf in der *Liste der Namensserver* eingetragen werden.

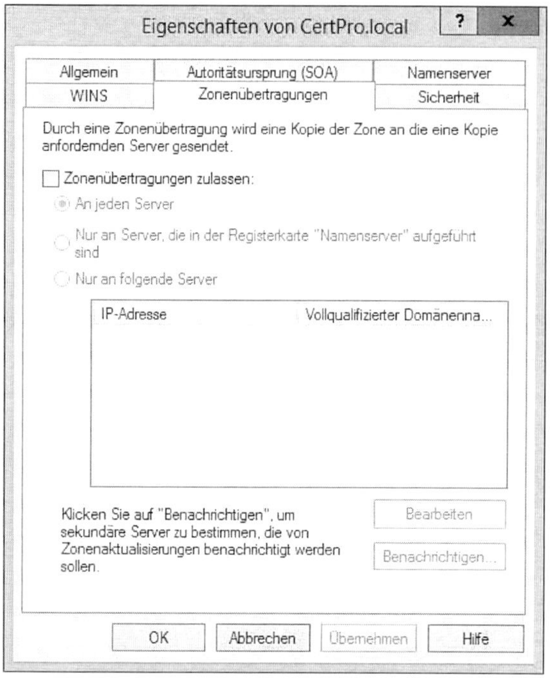

Abbildung 8.2: *Konfiguration der Zonenübertragung einer DNS-Namenszone*

Die Zonenübertragung einer Active Directory-integrierte DNS-Namenszonen an sekundäre DNS-Server ist unter Windows Server 2012 R2 standardmäßig deaktiviert. Um diese zuzulassen, muss diese erst aktiviert und konfiguriert werden.

Um die Zonenübertragung einer primären Forward-Lookupzone auf einem DNS-Server unter Windows Server 2012 R2 an einen anderen DNS-Server, der eine sekundäre Namenszone der betreffenden Zone führt, zuzulassen, gehen Sie wie folgt vor:

1. Starten Sie den *DNS-Manager* auf dem Server, und erweitern Sie die Einträge für die DNS-Server-Rolle in der Konsolenstruktur bis zum Eintrag *Forward-Lookupzonen*.
2. Klicken Sie mit der rechten Maustaste auf die zu konfigurierende DNS-Namenszone und wählen Sie den Kontexteintrag **Eigenschaften**.
3. Wechseln Sie zum Register *Namensserver* und klicken Sie auf die Schaltfläche **Hinzufügen...**

4. Geben Sie den vollqualifizierten Serverdomänenname des DNS-Servers (beispielsweise: *DNS01.Certpro.local*) an, an den die Zonenübertragung zugelassen werden soll, und klicken Sie auf **Auflösen**.

5. Kontrollieren Sie in der Liste *IP-Adressen dieses Namensservereintrags* die angezeigte IP-Adresse und klicken Sie anschließend auf **OK**.

6. Der Name sowie die IP-Adresse des betreffenden DNS-Servers werden im Register *Namensserver* angezeigt. Um die Konfiguration abzuschließen, wechseln Sie nun zum Register *Zonenübertragungen*.

7. Aktivieren Sie die Option *Zonenübertragungen zulassen*, wählen Sie die Option *Nur an Server, die in der Registerkarte „Namensserver" aufgeführt sind*, und klicken Sie auf **OK**.

8.4.1 Konfiguration der Zonenübertragung

Die Häufigkeit der Zonenübertragung kann durch den Administrator festgelegt werden. Es existiert bereits ein Standardwert (15 Minuten) für das Aktualisierungsintervall. Diese Einstellung kann im Register *Autoritätsursprung (SOA)* in den *Eigenschaften* der betreffenden, primären DNS-Namenszone konfiguriert werden.

Abbildung 8.3: *Konfigurationsoptionen für die Zonenübertragung*

Die Zonenübertragung zwischen dem Master-DNS-Server einer DNS-Namenszone zu dem oder den sekundären DNS-Namensserver(n) der Zone findet nach der Konfiguration entweder *inkrementell* (*IXFR*) oder *vollständig* (*AXFR*) statt. Bei der inkrementellen Zonenübertragung (*IXFR*) werden lediglich die Änderungen in der betreffenden DNS-Namenszone zwischen den betreffenden DNS-Server übertragen. Diese Art der Zonenübertragung wird erst seit der Einführung von Windows Server 2000 unterstützt. Die Zonenübertragung zu älteren Betriebssystemversionen findet demnach immer vollständig statt.

8.4.2 BIND-Sekundärzonen

Im Umfeld von DNS-Servern unter Windows Server 2012 R2 können auch UNIX/Linux-basierte BIND-Server als sekundäre DNS-Zonenserver verwendet werden. Die Standardkonfiguration der Serveroptionen der DNS-Dienste unter Windows Server 2008 wurde im Vergleich zu Windows Server 2003 verändert. Die Option *BIND-Sekundärzonen* ist standardmäßig deaktiviert. Hierdurch wird durch den DNS-Server unter Windows Server 2012 R2 eine schnellere Zonenübertragung an die BIND-Sekundärzonen durchgeführt, die von älteren BIND-Versionen (vor Version 4.9.4) noch nicht unterstützt wurde. Bei Bedarf kann diese Option im Server-Manager unter Windows Server 2012 R2 jederzeit im Register Erweitert der Eigenschaften des betreffenden DNS-Servers aktiviert werden.

Die Speicherung von BIND-basierten DNS-Servern unter UNIX/Linux setzt voraus, dass man über das notwendige Wissen zur Konfiguration und auch zur Absicherung der betreffenden Namenszonen unter UNIX/Linux-Servern verfügt. Es ist auch möglich, die aktuelle BIND-Version unter UNIX/Linux-Servern für die Speicherung von primären DNS-Namenszonen für die Active Directory-Domänendienste (engl. *Active Directory Domain Services, AD DS*) zu verwenden. Man sollte hierbei jedoch bedenken, dass man dann wiederum die Zonenübertragung konfigurieren muss, da diese Arten von DNS-Namenszonen nicht in der Active Directory-Datenbank gespeichert werden können. Demnach kann eine solche Zone auf UNIX/Linux-basierten BIND-Servern auch nicht für die sichere dynamische Aktualisierung der Zonendaten konfiguriert werden.

8.4.3 Zonenreplikation im Vergleich zur Zonenübertragung

Wenn die DNS-Namenszonen als Active Directory-integrierte Zonen auf DNS-Servern, die auch die Rolle als Active Directory-Domänencontroller ausführen, in der jeweils lokalen Active Directory-Datenbank gespeichert werden, so werden die Zoneninhalte standardmäßig automatisch zwischen den betreffenden Servern repliziert. Die gesonderte Konfiguration der Zonenübertragung von Standardzonen mitsamt der dabei notwendigen Überwachung und Pflege entfällt hierbei vollständig.

Die Replikation der Zonendaten von Active Directory-integrierten DNS-Namenszonen findet zwischen den einzelnen Active Directory-Domänencontrollern im Rahmen der standardmäßigen Domänenreplikation statt und muss demnach nicht gesondert konfiguriert werden.

Über die Konfiguration von Anwendungsverzeichnispartitionen auf bestimmten Domänencontrollern innerhalb einer Active Directory-Gesamtstruktur kann die Replikation der Inhalte einer Active Directory-integrierten DNS-Namenszone noch spezifischer stattfinden. Hierbei erhält nur der Domänencontroller die Inhalte der betreffenden DNS-Namenszone mittels Replikationsvorgang, der ebenso über die gleiche Anwendungsverzeichnispartition in der jeweils lokalen Active Directory-Datenbank verfügt.

8.4.4 Speicherung von DNS-Namenszonen in Anwendungsverzeichnispartitionen

Die Zonendaten einer Active Directory-integrierten DNS-Namenszone können zwecks gezielter Replikationssteuerung in einer manuell zu erstellenden Anwendungsverzeichnispartition gespeichert werden. Die Replikation kann dabei so eingerichtet werden, dass nur der Domänencontroller, der ebenso über die gleiche Anwendungsverzeichnispartition verfügt, ein Replikat der betreffenden Zonendaten erhält.

Anwendungsverzeichnispartitionen (engl. *Application Directory Partitions*) werden in DNS bereits seit Windows Server 2003 (und höher) unterstützt. Sie können z. B. mit dem Kommandozeilenbefehl *dnscmd.exe* auf einem Domänencontroller erstellt werden.

Erstellen einer Anwendungsverzeichnispartition

Um eine Anwendungsverzeichnispartition auf einem Domänencontroller unter Windows Server 2012 R2 zu erstellen, starten Sie die Eingabeaufforderung, und geben Sie den folgenden Befehl ein:

dnscmd *<Servername>* **/CreateDirectoryPartition** *<Named der Partition>*

Hierzu ein Beispiel:

dnscmd *DC1.CertPro.de* **/CreateDirectoryPartition** *App1.CertPro.de*

In dem oberen Beispiel wird auf dem Domänencontroller *DC1* der Domäne *CertPro.de* eine Anwendungsverzeichnispartition mit dem Namen *App1.CertPro.de* angelegt.

Mit dem Schalter **/EnumDirectoryPartitions** des Befehls **dnscmd.exe** kann man sich alle vorhandenen Anwendungsverzeichnispartitionen auf einem Domänencontroller anzeigen lassen.

Mit dem Aufruf von **dnscmd /?** in der Eingabeaufforderung von Windows Server 2012 R2 wird Ihnen die Hilfe zu dem Kommandozeilenbefehl angezeigt.

Weitere Informationen zur Verwaltung von Anwendungsverzeichnispartitionen finden Sie in der Hilfe von Windows Server 2012 R2.

Speicherung von Zonendaten in einer Anwendungsverzeichnispartition

Um die Zonendaten einer Active Directory-integrierten DNS-Namenszone auf einem DNS-Server, der ebenso die Rolle als Active Directory-Domänencontroller ausführt, in einer dafür erstellten Anwendungsverzeichnispartition zu speichern, gehen Sie wie folgt vor:

1. Starten Sie den *DNS-Manager* auf dem Server, und erweitern Sie die Einträge für die DNS-Server-Rolle in der Konsolenstruktur bis zum Eintrag *Forward-Lookupzonen*.
2. Klicken Sie mit der rechten Maustaste auf die zu konfigurierende, Active Directory-integrierte DNS-Namenszone, und wählen Sie den Kontexteintrag **Eigenschaften**.
3. Klicken Sie im Register *ALLGEMEIN* neben *Replikation* auf die Schaltfläche **Ändern**
4. Aktivieren Sie die Option *Auf allen Domänencontrollern im Bereich dieser Verzeichnispartition*, und wählen Sie im Pull-down-Menü den Namen der entsprechenden Anwendungsverzeichnispartition aus. Klicken Sie anschließend auf **OK**.
5. Klicken Sie nochmals auf **OK**, um die Konfiguration zu bestätigen.

Die Inhalte dieser DNS-Namenszone werden nachfolgend nur noch an solche Domänencontroller repliziert, auf denen man vorweg die gleiche Anwendungsverzeichnispartition erstellt hat.

PRAXISTIPP! Wenn möglich, sollte man alle in einer Infrastruktur der Active Directory-Domänendienste (*Active Directory Domain Services, AD DS*) eingesetzten DNS-Namenszonen als Active Directory-integrierte Zonen in der Active Directory-Datenbank der Domänencontroller speichern. Bei einer solchen Konfiguration werden die Zonendaten zwischen den einzelnen Domänencontrollern sicher repliziert, und darüber hinaus kann für diese Zonenart die sichere dynamische Aktualisierung der Zonendaten konfiguriert werden.

8.5 Verwalten von DNS-Einträgen

Nachdem Sie die entsprechenden DNS-Namenszonen erstellt haben, ist es nun an der Zeit, sich mit der Verwaltung von DNS-Einträgen zu befassen.

DNS-Namenszonen umfassen mitunter eine Vielzahl an verschiedensten Zonendaten. Neben den Diensteinträgen (*SRV Records*) für Active Directory-Domänencontrollern findet man darin auch die notwendigen Einträge für die Namensauflösung von Clients und Servern im Active Directory-Umfeld. In einer DNS-Namenszone können verschiedene DNS-Einträge, wie beispielsweise Host-Einträge (*A Records*) oder Zeiger-Einträge (*Pointer Records, kurz: PTR*), angelegt und verwalten werden.

8.5.1 Manuelles Erstellen von DNS-Einträgen

In den primären Standardzonen, sowie auch in den Active Directory-integrierten DNS-Namenszonen kann man als Administrator manuelle DNS-Einträge anlegen. Um beispielsweise einen Host-Eintrag (*A Record*) für einen Clientcomputer manuell in einer DNS-Namenszone unter Windows Server 2012 R2 anzulegen, gehen Sie wie folgt vor:

1. Starten Sie den *DNS-Manager* auf dem Server, und erweitern Sie die Einträge für die DNS-Server-Rolle in der Konsolenstruktur bis zum Eintrag *Forward-Lookupzonen*.

2. Klicken Sie mit der rechten Maustaste auf die zu konfigurierende, primäre DNS-Namenszone und wählen Sie den Kontexteintrag **Neuer Host (A oder AAAA)...**

3. Geben Sie im Dialogfenster *Neuer Host* im Eingabefeld *Name* den gewünschten Hostnamen und nachfolgend im Eingabefeld *IP-Adresse* die zugehörige IP-Adresse ein. Klicken Sie zum Abschluss auf die Schaltfläche **Host hinzufügen**.

   HINWEIS: Im Dialogfenster *Neuer Host* können Sie bei Bedarf die Option *Verknüpften PTR-Eintrag erstellen* aktivieren. Wenn auf dem betreffenden DNS-Server eine der IP-Adresse des neuen Hosts entsprechenden Reverse-Lookupzone vorhanden ist, so wird für ihn in dieser Zone auch gleich ein Zeigereintrag (*PTR Record*) erstellt. Es ist dann nachfolgend sogar möglich, den Hostnamen des neu eingetragenen Computersystems über die betreffende Reverse-Lookupzone anhand dessen IP-Adresse zu ermitteln.

4. Der Host-Eintrag für den betreffenden Computer wurde in der DNS-Namenszone erstellt. Bestätigen Sie den folgenden Dialog mit einem Klick auf **OK**.

5. Wenn Sie keinen weiteren Host-Eintrag mehr erstellen möchten, klicken Sie auf **Abbrechen**.

Nach dem gleichen Verfahren können Sie vorgehen, wenn Sie noch weitere Einträge in der betreffenden DNS-Namenszone manuell anlegen möchten.

8.5.2 Dynamische Aktualisierung

Die primären Standardzonen und auch die Active Directory-integrierten DNS-Namenszonen können auf DNS-Servern seit der Betriebssystemversion Windows 2000 bis hin zu Windows Server 2012 R2 so eingerichtet werden, dass eine dynamische Aktualisierung der Zoneninhalte ermöglicht wird. Bei der Konfiguration der DNS-Namenszonen können hierzu die folgenden Einstellungen vorgenommen werden:

- **Dynamische Updates: Keine** Wählen Sie diese Konfiguration der DNS-Namenszone, wenn Sie die Inhalte der Zone manuell verwalten möchten. Eine dynamische Aktualisierung durch der DNS-Einträge Clients oder Server ist bei dieser Einstellung nicht möglich.

- **Dynamische Updates: Nicht sichere und sichere** Bei Auswahl dieser Konfiguration können Clientcomputer und Server sich dynamisch in der betreffenden DNS-Namenszone registrieren. Standardmäßig ist dabei jeder Rechner in der Lage, sich dynamisch in der betreffenden DNS-Namenszone zu registrieren.

- **Dynamische Updates: Nur sichere** Diese Konfiguration steht bei für Active Directory-integrierten DNS-Namenszonen zur Verfügung. Die betreffende Namenszone muss dazu auf einem DNS-Server ab Windows 2000 und höher ausgeführt werden, der ebenso auch als Active Directory-Domänencontroller konfiguriert ist. Die dynamische Registrierung sowie auch die nachfolgende, dynamische Aktualisierung von DNS-Einträgen sind dann nur noch möglich, wenn der betreffende Computer über ein Computerkonto in einer der vorhandenen Domänen der Active Directory-Gesamtstruktur verfügt.

PRAXISTIPP! Um den Aufwand für Verwaltung der DNS-Namenszonen zu reduzieren, gleichzeitig aber auch die Sicherheit zu erhöhen, sollte man innerhalb einer Active Directory-Gesamtstruktur für die internen DNS-Namensräume nach Möglichkeit nur Active Directory-integrierte DNS-Namenszonen verwenden. Die dynamische Aktualisierung von DNS-Einträgen sollte dabei auf ***Nur sichere*** eingestellt werden.

8.5.3 DNSUpdateProxy

Seit der Einführung von Windows 2000 ist es bereits möglich, dass ein DHCP-Server (*Dynamic Host Configuration Protocol*), welcher IP-Adressen dynamisch an Clientcomputer und Server im Netzwerk dynamisch vergeben, und diese parallel auch gleich dynamisch in DNS-Namenszonen registrieren kann. Auch ist die Aktualisierung solcher Einträge, beispielsweise bei der Änderung der IP-Adresse für einen bereits registrierten Clientcomputer, durch den betreffenden DHCP-Server in der DNS-Namenszone möglich. Der DHCP-Server wird durch die Registrierung des DHCP-Clients in der betreffenden DNS-Namenszone zum Ersteller/Besitzer dieses Eintrags.

Wenn ein DHCP-Server nun nachfolgend durch einen anderen DHCP-Server ersetzt werden muss, vielleicht bedingt durch den Ausfall des ursprünglichen DHCP-Servers, so steht der neue DHCP-Server nun vor einem Problem: Wenn dieser neue DHCP-Server nun versucht, einen bereits in der DNS-Namenszone durch den ursprünglichen DHCP-Server bereits registrierten DNS-Eintrag eines DHCP-Clients zu aktualisieren, ist dieser hierzu standardmäßig nicht berechtigt. Es gilt, wie bereits benannt, auch in einer DNS-Namenszone des *Ersteller/Besitzer-Prinzip*: Nur der Ersteller/Besitzer darf seine eigenen DNS-Einträge aktualisieren.

Um eine dynamische Aktualisierung der DNS-Einträge eines ursprünglichen DHCP-Servers in einer DNS-Namenszone durch einen anderen DHCP-Server zu ermöglichen, kommt nun die Sicherheitsgruppe *DNSUpdateProxy* zum Einsatz.

Wenn man die Computerkonten der DHCP-Server vorweg als *Mitglied* der Gruppe *DNSUpdateProxy* definiert, können die DHCP-Server ihre Einträge auch gegenseitig aktualisieren.

Die Gruppe *DNSUpdateProxy* wird mit der Installation des DNS-Dienstes unter Windows Server 2012 R2 auf dem betreffenden Server bzw. in der Active Directory-Datenbank im Container **Users** erstellt.

8.5.4 Alterungs- und Aufräumprozess

In Active Directory-Umgebungen, in denen die dynamische Aktualisierung von DNS-Einträgen in den DNS-Namenszonen konfiguriert ist, findet man häufig veraltete DNS-Einträge. Diese stammen teilweise von Clientcomputern, die bereits vor Wochen, Monaten oder gar Jahren aus dem Unternehmensnetzwerk, jedoch nicht aus der DNS-Datenbank entfernt wurden. Die DNS-Datenbank sollte demnach in bestimmten Abständen auf solche veralteten Einträge hin kontrolliert und bereinigt werden.

Da die manuelle Bereinigung in sehr großen Active Directory-Infrastrukturen somit zu einer Lebensaufgabe für die Administratoren mutieren würde, besitzt der DNS-Server unter Windows Server 2012 R2 die Konfigurationsmöglichkeit des *Alterungs- und Aufräumprozesses* (engl. *Aging and Scavenging*) für die DNS-Namenszonen.

Standardmäßig ist der Alterungs- und Aufräumprozess auf den DNS-Servern unter Windows Server 2012 R2 nicht aktiviert.

Konfiguration des Alterungs- und Aufräumvorgangs für eine DNS-Namenszone

Um den Alterungs- und Aufräumprozess für eine DNS-Namenszone unter Windows Server 2012 R2 zu konfigurieren, gehen Sie wie folgt vor:

1. Starten Sie den *DNS-Manager* auf dem Server, und erweitern Sie die Einträge für die DNS-Server-Rolle in der Konsolenstruktur bis zum Eintrag *Forward-Lookupzonen*.
2. Klicken Sie mit der rechten Maustaste auf die zu konfigurierende DNS-Namenszone und wählen Sie den Kontexteintrag **Eigenschaften**.
3. Klicken Sie im Register *Allgemein* auf die Schaltfläche **Alterung...**
4. Aktivieren Sie im Dialogfenster *Zonenalterung/Eigenschaften für Aufräumvorgang* das Kontrollkästchen *Veraltete Ressourceneinträge aufräumen*, konfigurieren Sie die gewünschten Intervalle und klicken Sie anschließend auf **OK**. Falls Sie dazu aufgefordert werden, klicken Sie auf *Ja*, um die zuvor konfigurierten Einstellungen beizubehalten.
5. Klicken Sie im Dialogfenster *Eigenschaften von <Zonenname>* nochmals auf ***OK***, um ihre Konfiguration abzuschließen.

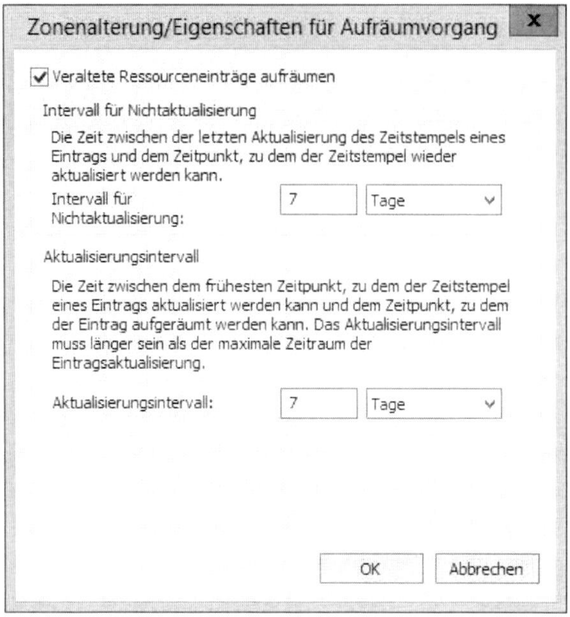

Abbildung 8.4: *Konfiguration des Alterungs- und Aufräumvorgangs für eine DNS-Namenszone unter Windows Server 2012 R2*

Aktivierung des automatischen Aufräumvorgangs bei veralteten Ressourceneinträgen

Nach der Konfiguration der Intervalle für die Alterungs- und Aufräumvorgänge muss der eigentliche Aufräumvorgang auf dem betreffenden DNS-Server noch aktiviert werden. Gehen Sie unter Windows Server 2012 R2 dazu wie folgt vor:

1. Starten Sie den *DNS-Manager* auf dem Server, klicken Sie mit der rechten Maustaste auf den zu konfigurierenden DNS-Namensserver und wählen Sie den Kontexteintrag **Eigenschaften**.
2. Klicken Sie auf die Registerkarte **Erweitert**.
3. Aktivieren Sie das Kontrollkästchen *Aufräumvorgang bei veralteten Einträgen automatisch aktivieren.*
4. Wählen Sie für *Zeitraum des Aufräumvorgangs* aus der Dropdownliste ein Intervall in Stunden oder Tagen aus und geben Sie dann im Textfeld eine gewünschte Zahl ein.
5. Bestätigen Sie die Auswahl mit einem Klick auf die Schaltfläche **OK**.

Die veralteten DNS-Einträge in der betreffenden DNS-Namenszone werden nach Ablauf des Alterungsintervalls (setzt sich zusammen aus dem Intervall für die Nichtaktualisierung sowie dem Aktualisierungsintervall) aus der Datenbank gelöscht, und die DNS-Namenszone auf diesem Wege aktuell gehalten.

HINWEIS: Der Alterungs- und Aufräumvorgang kann über das Kontextmenü des DNS-Servers im Server-Manager direkt auch für alle vorhandenen DNS-Namenszonen festgelegt werden. Die spezifische Konfiguration der einzelnen Zonen setzt sich gegenüber diesen Einstellungen jedoch durch.

8.6 Manuelles Löschen von DNS-Einträgen

Die Einträge in den primären oder auch Active Directory-integrierten DNS-Namenszonen auf den DNS-Servern unter Windows Server 2012 R2 können bei Bedarf einfach wieder entfernt, sprich: gelöscht werden.

Das Entfernen von einzelnen DNS-Einträgen innerhalb von sekundären DNS-Namenszonen oder Stub-Zonen ist direkt nicht möglich. Hier muss man den Umweg über das Löschen des betreffenden DNS-Eintrages in der jeweiligen primären DNS-Namenszone und anschließender Zonenübertragung gehen. Hierbei werden die in der primären DNS-Namenszone gelöschten Einträge im Zusammenhang mit der Zonenaktualisierung, die während der Zonenübertragung zur sekundären DNS-Namenszone stattfindet, auch dort nachfolgend entfernt.

Um einen DNS-Eintrag manuell aus einer primären oder auch Active Directory-integrierten DNS-Namenszone als Forward-Lookupzone im DNS-Dienst unter Windows Server 2012 R2 zu entfernen, gehen Sie wie folgt vor:

1. Starten Sie den *DNS-Manager* auf dem Server, und erweitern Sie die Einträge für die *DNS-Server-Rolle* in der Konsolenstruktur bis zur betreffenden DNS-Namenszone.
2. Klicken Sie mit der rechten Maustaste auf den zu löschenden DNS-Eintrag und wählen Sie den Kontexteintrag **Löschen**.
3. Bestätigen Sie den Löschvorgang des betreffenden DNS-Eintrags mit einem Klick auf die Schaltfläche **Ja**.

Der Eintrag wird aus der DNS-Namenszone entfernt.

Das Löschen von Zeigereinträgen (*PTR Records*) aus einer primären oder auch Active Directory-integrierten Reverse-Lookupzone unter Windows Server 2012 R2 erfolgt vergleichbar.

8.7 WINS-Forward-Lookup

Nicht in allen Fällen kann ein DNS-Server die geforderte Namensauflösung herbeiführen. Wenn in einem Unternehmensnetzwerk jedoch noch die NetBIOS-Namensauflösung über WINS-Server implementiert ist, so besteht die Möglichkeit, statt einer möglichen Fehlermeldung nun doch noch ein passendes Ergebnis zur Namensabfrage zu erhalten. Die Clientcomputer versuchen standardmäßig nach einem Misserfolg der Namensauflösungsabfrage bei einem DNS-Server nachfolgend den für sie konfigurierten WINS-Server zu erreichen, und stellen die gleiche Namensabfrage nochmals an diese Server.

Um jedoch die Vielzahl an Namensauflösungsabfragen von Clientcomputern in einem Unternehmensnetzwerk zu reduzieren, kann man die DNS-Server unter Windows Server 2003, Windows Server 2008 (R2) und Windows Server 2012 (R2) seitens der betreffenden DNS-Namenszone für die Weiterleitung von Namensauflösungsabfragen an vorhandene WINS-Server konfigurieren.

HINWEIS: Ein anfragender Clientcomputer oder Server erkennt anhand des vom DNS-Server übermittelten Ergebnisses der Namensauflösungsanfrage nicht, dass diese unter Verwendung einer WINS-Forward-Lookup (*WINS-Namensabfrage*) ursprünglich von einem WINS-Server ermittelt wurde. Der DNS-Server liefert neben der IP-Adresse ebenso auch das der Namenszone des Clients entsprechenden Domänennamensuffix als Ergebnis der Namensabfrage. Somit wird es sicher erkennbar, dass der Einsatz der WINS-Forward-Lookup in DNS-Namenszonen in umfangreicheren Active Directory-Gesamtstrukturen nur bedingt, und unter Beachtung der größtmöglichen Sorgfalt, eingesetzt werden kann.

Gehen Sie zur Konfiguration eines DNS-Servers zur Verwendung von WINS-Forward-Lookup-Abfragen in einer DNS-Namenszone unter Windows Server 2012 R2 wie folgt vor:

1. Starten Sie den *DNS-Manager* auf dem Server, und erweitern Sie die Einträge für die DNS-Server-Rolle in der Konsolenstruktur bis zum Eintrag *Forward-Lookupzonen*.
2. Klicken Sie mit der rechten Maustaste auf die zu konfigurierende DNS-Namenszone und wählen Sie den Kontexteintrag **Eigenschaften**.
3. Klicken Sie auf das Register *WINS* und aktivieren Sie das Kontrollkästchen *WINS-Forward-Lookup verwenden*.
4. Geben Sie die IP-Adresse des oder der gewünschten WINS-Server in der Netzwerkinfrastruktur an und klicken Sie anschließend auf **Hinzufügen**.

   HINWEIS: Über die Schaltfläche *Erweitert...* gelangen Sie zur *Erweiterten Konfiguration* der WINS-Forward-Lookup-Abfragen der betreffenden DNS-Namenszone. Hierin können Sie festlegen, wie lange ein durch eine WINS-Forward-Lookup-Abfrage aufgelöster Hosteintrag auf dem DNS-Server zwischengespeichert werden soll, und somit für die benannten Zeit für weitere Clientabfragen nach den aufgelösten Namen zur Verfügung steht. Darüber hinaus können Sie festlegen, wie lange der DNS-Server auf die mögliche Antwort durch den angefragten WINS-Server warten soll.

5. Klicken Sie anschließend auf **OK**, um die Konfiguration zu bestätigen.

8.8 Bedingte Weiterleitungen

Die DNS-Server unter Windows Server 2012 R2 ermöglichen neben der Einrichtung von *WINS-Forward-Lookups* auch die Konfiguration von *bedingten Weiterleitungen*. Diese können spezifisch für bestimmte Domänen festgelegt werden. So ist es beispielsweise möglich, die Namensauflösung bestimmter Domänen über die dafür konfigurierten DNS-Server zu ermöglichen, ohne dass dafür die Wege über die Stammserver des Internet beschritten werden müssen. Ein Unternehmen kann für die Namensauflösung der Domänennamen eines Geschäftspartners direkt deren DNS-Server zur Namensauflösung durch die Konfiguration einer bedingten Weiterleitung auf einem DNS-Server unter Windows Server 2012 R2 definieren.

Die konfigurierbaren, bedingten Weiterleitungen werden in der DNS-Verwaltung unter Windows Server 2012 R2 in einem eigenen Container geführt. Diese bedingten Weiterleitungen können nun sogar im Active Directory gespeichert und somit auch an andere DNS-Server oder auch Domänencontroller in der betreffenden Active Directory-Gesamtstruktur repliziert werden.

Gehen Sie zum Einrichten einer bedingten Weiterleitung im DNS-Server unter Windows Server 2012 R2 wie folgt vor:

1. Starten Sie den *DNS-Manager* auf dem Server, erweitern Sie die Einträge für die DNS-Server-Rolle in der Konsolenstruktur und anschließend den Knoten für den betreffenden DNS-Server.

2. Klicken Sie mit der rechten Maustaste auf den Container *Bedingte Weiterleitungen* und wählen Sie im Kontextmenü den Menüpunkt **Neue bedingte Weiterleitung...**

3. Geben Sie im Dialogfenster *Neue bedingte Weiterleitung* im Eingabefeld *DNS-Domäne:* den gewünschten DNS-Domänennamen ein.

4. Klicken Sie im darunterliegenden Eingabefeld *IP-Adressen der Masterserver:* auf den Eintrag *<Hier klicken, um IP-...* und geben Sie die passende IP-Adresse des DNS-Servers ein, der für die Namensabfragen der angegebenen Domäne genutzt werden soll. Sie können bei Bedarf auch gleich mehrere IP-Adressen angeben.

   HINWEIS: Aktivieren Sie bei Bedarf das Kontrollkästchen *Diese bedingte Weiterleitung in Active Directory speichern und wie folgt replizieren:* und wählen Sie den Replikationsbereich für den Eintrag aus.

5. Klicken Sie anschließend auf **OK**, um die bedingte Weiterleitung anzulegen.

Die gerade konfigurierte, bedingte Weiterleitung wird im *Server-Manager* unter Windows Server 2012 R2 nun im Container *Bedingte Weiterleitungen* des betreffenden DNS-Servers angezeigt. Über die Eigenschaften der bedingten Weiterleitung können Sie im Bedarfsfall auch Änderungen vornehmen.

Wenn der DNS-Server nach einer Namensauflösung zu der betreffenden, in der bedingten Weiterleitung konfigurierten DNS-Domäne aufgefordert wird, leitet er die Anfrage direkt an den angegebenen DNS-Server weiter.

8.9 Starten und Beenden des DNS-Dienstes

Der DNS-Dienst auf einem Serversystem unter Windows Server 2012 R2 kann bei Bedarf über das Kontextmenü des betreffenden Servers im *DNS-Manager* oder über die Verwaltungskonsole *Dienste* angehalten, beendet, gestartet oder auch neu gestartet werden. Auch in der Kommandozeile ist dies über die Befehle **net stop** und **net start** möglich. Alternativ lässt sich dazu auch die Windows PowerShell verwenden.

Um den DNS-Dienst auf einem Server unter Windows Server 2012 R2 im *DNS-Manager* neu zu starten, gehen Sie wie folgt vor:

1. Starten Sie den *DNS-Manager* auf dem Server, und erweitern Sie die Einträge für die DNS-Server-Rolle in der Konsolenstruktur.

2. Klicken Sie mit der rechten Maustaste auf den betreffenden DNS-Server und wählen Sie im Kontextmenü unter *Alle Aufgaben* den Menüpunkt **Neu starten**.

8.10 Entfernen von DNS-Namenszonen

Wenn sich der Bedarf ergibt, so können die im DNS-Dienst unter Windows Server 2012 R2 angelegten DNS-Namenszonen problemlos wieder entfernt werden. Beachten Sie hierbei jedoch unbedingt, dass eine sekundäre DNS-Namenszone beim Entfernen der hierzu konfigurierten, primären oder auch Active Directory-integrierten DNS-Namenszone auf einem anderen DNS-Server alleine nicht existieren kann. Wenn notwendig, kann man die vorhandene, sekundäre DNS-Namenszone vor dem Entfernen der zugehörigen, primären DNS-Namenszone des Master-DNS-Servers ebenso in eine primäre oder Active Directory-integrierte DNS-Namenszone umwandeln. Somit bleibt der Inhalt der DNS-Namenszone vollständig erhalten und kann auch nach dem Entfernen der ursprünglichen, primären DNS-Namenszone weiter genutzt werden.

HINWEIS: Beim Entfernen einer DNS-Namenszone gehen alle darin konfigurierten DNS-Einträge verloren. Wenn Sie die Zoneninhalte weiterhin nutzen möchten, so sollten Sie die Zone vorweg zumindest beispielsweise in Form einer sekundären DNS-Namenszone auf einen anderen DNS-Server im Netzwerk übertragen. Eine sekundäre DNS-Namenszone kann im Bedarfsfall anschließend in eine primäre DNS-Namenszone umgewandelt werden. Den Vorgang hierzu hatte ich Ihnen in den vorherigen Seiten beschrieben.

Gehen Sie zum Entfernen einer DNS-Namenszone auf einem DNS-Server unter Windows Server 2012 R2 wie folgt vor:

1. Starten Sie den *Server-Manager* auf dem Server, und erweitern Sie die Einträge für die DNS-Server-Rolle in der Konsolenstruktur bis zur betreffenden DNS-Namenszone.

2. Klicken Sie mit der rechten Maustaste auf die zu löschende DNS-Namenszone und wählen Sie den Kontexteintrag **Löschen**.

3. Bestätigen Sie den Löschvorgang der betreffenden DNS-Namenszone mit einem Klick auf die Schaltfläche **Ja**.

Die DNS-Namenszone wird aus dem DNS-Server entfernt.

8.11 Entfernen der DNS-Dienste

Im Bedarfsfall kann man die DNS-Dienste als Serverrolle von einem Server unter Windows Server 2012 R2 wieder entfernen, falls diese nicht mehr benötigt werden oder dem Server andere Serverrollen oder -funktionen zugewiesen werden sollen.

HINWEIS: Beim Entfernen des DNS-Dienstes gehen alle darin konfigurierten DNS-Namenszonen und -Einträge verloren. Wenn Sie die Zoneninhalte weiterhin nutzen möchten, so sollten Sie vorweg bei Active Directory-integrierten Zonen auf einem anderen DNS-Server ein Replikat anlegen, oder die Zone zumindest in Form einer sekundären DNS-Namenszone auf einen anderen DNS-Server im Netzwerk übertragen. Eine sekundäre DNS-Namenszone kann im Bedarfsfall nachfolgend in eine primäre DNS-Namenszone umgewandelt werden. Den Vorgang hierzu hatte ich Ihnen in den vorherigen Seiten beschrieben.

Gehen Sie wie folgt vor, um die DNS-Serverrolle auf einem Serversystem unter Windows Server 2012 R2 mithilfe des *Assistenten zum Entfernen von Rollen und Features* im grafischen Server-Manager entfernen:

1. Melden Sie sich als *Administrator* am Serversystem an.

2. Öffnen Sie den *Server-Manager* (soweit dies nicht automatisch geschieht) über einen Klick in der *Taskleiste* auf das **Symbol für den Server-Manager** bzw. im *Startbildschirm* auf die entsprechende **Kachel**.

3. Klicken Sie oben im *Server-Manager* auf **Verwalten**, und dann auf **Rollen und Features entfernen**.

4. Klicken Sie im Dialog *Vorbemerkungen* auf **Weiter**.

5. Klicken Sie im Dialog *Zielserver auswählen* auf den Namen des gewünschten Servers, und klicken Sie dann auf **Weiter**.

6. Deaktivieren Sie das Kontrollkästchen vor *DNS-Server*, und klicken Sie auf **Features entfernen**, um die Deinstallation der DNS-Servertools zu bestätigen. Klicken Sie anschließend auf **Weiter**.

7. Klicken Sie im Dialog *Features entfernen* auf **Weiter**.
8. Bestätigen Sie Ihre Auswahl im Dialogfenster *Entfernungsauswahl bestätigen* über einen Klick auf die Schaltfläche **Entfernen**.
9. Klicken Sie nach Abschluss des Vorgangs im Dialogfenster *Entfernungsergebnis* auf **Schließen**.
10. Führen Sie einen Neustart des betreffenden Serversystems durch, um die Deinstallation der DNS-Serverrolle abzuschließen.

Nachdem der Server neu gestartet wurde, ist der Vorgang der Entfernung der DNS-Serverrolle von dem betreffenden Serversystem unter Windows Server 2012 R2 abgeschlossen.

8.12 Zusammenfassung

In diesem Kapitel haben Sie die notwendigen Schritte zur Implementierung und Verwaltung der DNS-Dienste als Serverrolle unter Windows Server 2012 R2 sowie unter Windows Server 2012 erfahren. Neben den verschiedenen Zonentypen und -arten wurden Ihnen auch die Möglichkeiten zur dynamischen Aktualisierung von Host-Einträgen erklärt, aber auch, wie man sich gegen unberechtigte Aktualisierung dieser Einträge schützen kann. Hierbei wurde deutlich, dass man die höchste Sicherheitsstufe erreicht, indem man die DNS-Namenszonen direkt in die Active Directory-Datenbank auf den Domänencontrollern als Active Directory-integrierte Zonen implementiert. Auf diese Weise kann man die dynamische Aktualisierung von Zoneneinträgen auf *Nur sichere* einstellen und somit die dynamische Registrierung von Unbefugten in der DNS-Zonendatenbank verhindern.

Nachdem wir uns den für die Active Directory-Infrastrukturen notwendigen DNS-Namensauflösungsdiensten zugewandt haben, geht es nun an die eigentliche Implementierung der Active Directory-Domänendienste (*Active Directory Domain Services, AD DS*). Im nachfolgenden Kapitel erhalten Sie alle hierzu notwendigen Informationen.

9 Implementieren der Active Directory-Domänendienste (AD DS)

Die Active Directory-Verzeichnisdienste, wie man sie oft bereits den vorangegangenen Serverbetriebssystemen, wie z. B. Windows 2003 oder Windows Server 2008 kennt, werden auch unter Windows Server 2012 R2 als Serverrolle behandelt. Die ursprünglich unter Windows 2000 als Active Directory ins Leben gerufenen Active Directory-Domänendienste (*Active Directory Domain Services, AD DS*) stellen u. a. eine zentrale Instanz für die Ressourcenverwaltung, sowie die Authentifizierung von Benutzern und Computersystemen in modernen Computernetzwerken dar. Dafür wurden die Dienste von Microsoft auch in Windows Server 2012 R2 - wie zuvor auch bereits in Windows Server 2012 - nochmals verbessert.

Damit man die Active Directory-Domänendienste (AD DS) jedoch überhaupt verwenden kann, muss man sie auf Serversystemen installieren. Hierfür bestehen gleich mehrere Möglichkeiten, die - je nach Bedarf - zum Einsatz kommen können.

PRAXISTIPP! In der Windows PowerShell steht das Cmdlet **`Test-ADDSDomainControllerInstallation`** zum Testen der Voraussetzungen für die Installation der Active Directory-Domänendienste auf einem Serversystem zur Verfügung. Für das Einrichten eines schreibgeschützten Domänencontrollers verwendet man das Cmdlet **`Test-ADDSReadOnlyDomainControllerAccount`**. Änderungen in der vorhandenen Umgebung werden dabei nicht vorgenommen.

9.1 Installationsarten

Windows Server 2012 R2 bietet gleich drei verschiedene Installationsarten für die Active Directory-Domänendienste (engl. *Active Directory Domain Services, AD DS*) an:

- Installation über den grafischen **Server-Manager**
- Installation über die **Windows PowerShell**
- *Unbeaufsichtigte Installation* mithilfe des Kommandozeilenprogramms **dcpromo.exe** in Verbindung mit einer zu erstellenden *Unattend*-Datei

HINWEIS: Beachten Sie, dass der Befehl **dcpromo.exe** in Windows Server 2012 R2 und auch in Windows Server 2012 nicht mehr als grafischer Installations-Assistent sondern lediglich noch als Kommandozeilentool für die unbeaufsichtigte Installation der Active Directory-Domänendienste (*AD DS*) verwendet werden kann. Der grafische Installationsprozess der AD DS ist seit Windows Server 2012 vollständig in den Server-Manager integriert.

Bevor die Gesamtstruktur jedoch eingerichtet werden kann, müssen zuerst die notwendigen Schritte zur Vorbereitung der Installation der Active Directory-Domänendienste (*Active Directory Domain Services, AD DS*) durchgeführt werden.

9.2 Vorbereitende Schritte zur Installation

Zur Vorbereitung der Installation der Active Directory-Domänendienste unter Windows Server 2012 R2 müssen Sie die folgenden Schritte bereits abgeschlossen haben:

- **Konfiguration von statischen IP-Adressen**
- **Festlegen des Servernamens**
- **Überprüfung auf ausreichenden Speicherplatz** Die Installation erfordert ausreichend Speicherplatz zum Speichern der Active Directory-Domänendienste-Datenbank (250 MByte) und der zugehörigen Log-Dateien (50 MByte). Zusätzlich sind noch 15 MByte an freiem Speicherplatz auf der Systempartition erforderlich. Die zum Speichern der Daten geplanten Partitionen müssen mit NTFS formatiert sein.

- **Installation und Konfiguration des DNS-Dienstes** (Optional)

Nachdem die vorbereitenden Schritte für die Installation der Active Directory-Domänendienste erfolgreich abgeschlossen wurden, kann die Installation nun gestartet werden.

9.3 Installationsmethoden

Die Installation der Active Directory-Domänendienste-Rolle unter Windows Server 2012 R2, sowie das Heraufstufen des jeweiligen Serversystems zu einem Domänencontroller lässt sich in der Regel in einfachen Schritten durchführen. Die möglichen Installationsmethoden werden in den nächsten Seiten dargestellt.

9.3.1 Installation über den Server-Manager

Die Active Directory-Domänendienste (*Active Directory Domain Services, AD DS*) können im Server-Manager von Windows Server 2012 R2 jederzeit über einen Klick auf **Verwalten** und dann auf **Rollen und Features hinzufügen** entweder lokal oder mitunter sogar remote auf einem Serversystem im Netzwerk installiert werden. Der grafische Installationsprozess verwendet im Hintergrund die dafür in Windows Server 2012 R2 integrierten Windows PowerShell-Cmdlets.

HINWEIS: Das Hinzufügen der Serverrolle der Active Directory-Domänendienste (*AD DS*) mithilfe des Server-Managers bereitet die Rolle eines Servers unter Windows Server 2012 R2 als Domänencontroller in einem ersten Schritt erst einmal lediglich vor. Das eigentliche Einrichten der Serverrolle als Domänencontroller muss anschließend auf jeden Fall in einem weiteren Schritt ausgeführt werden. Der Server-Manager zeigt nach dem Hinzufügen der Rolle entsprechende Meldungen an.

Schritt 1: Installation der Serverrolle

Gehen Sie wie folgt vor, um eine neue Active Directory-Domäne in einer neuen Active Directory-Gesamtstruktur mithilfe des *Assistenten zum Hinzufügen von Rollen und Features* im grafischen Server-Manager auf einem Serversystem unter Windows Server 2012 R2 einzurichten:

1. Melden Sie sich als *Administrator* am Serversystem an.

2. Öffnen Sie den *Server-Manager* (soweit dies nicht automatisch geschieht) über einen Klick in der *Taskleiste* auf das **Symbol für den Server-Manager** bzw. im *Startbildschirm* auf die entsprechende **Kachel**.

3. Klicken Sie oben im *Server-Manager* auf **Verwalten**, und dann auf **Rollen und Features hinzufügen**.

4. Klicken Sie im Dialog *Vorbemerkungen* auf **Weiter**.

5. Wählen Sie im Dialog *Installationstyp auswählen* die Option **Rollenbasierte oder featurebasierte Installation**, und klicken Sie auf **Weiter**.

6. Klicken Sie im Dialog *Zielserver auswählen* auf den Namen des gewünschten Servers, und klicken Sie dann auf **Weiter**.

7. Aktivieren Sie das Kontrollkästchen vor *Active Directory-Domänendienste*, und klicken Sie auf **Features hinzufügen**, um die Installation der notwendigen Remoteserver-Verwaltungstools zu bestätigen. Klicken Sie anschließend auf **Weiter**.

8. Klicken Sie im Dialog *Features auswählen* auf **Weiter**.

9. Klicken Sie im Dialog *Active Directory-Domänendienste* auf **Weiter**.

10. Klicken Sie auf **Installieren**, um die Installationsauswahl zu bestätigen.

11. Klicken Sie auf **Schließen**, um den Dialog *Assistent zum Hinzufügen von Rollen und Features* zu schließen.

Die erfolgreiche Installation der Active Directory-Domänendienste wird Ihnen in der oberen *Befehlsleiste* des Server-Managers durch einen Klick auf das **Fahnensymbol** angezeigt. Nach der Aktualisierung des Server-Managers zeigt ein Klick auf das Fahnensymbol zudem einen Hinweis, dass der Server in einem weiteren Schritt zu einem Domänencontroller heraufgestuft werden muss.

Abbildung 9.1: *Hinweis auf die notwendige Konfiguration nach der Installation der Active Directory-Domänendienste (AD DS) im Server-Manager unter Windows Server 2012 R2*

Eine ähnliche Meldung wird nach einem Klick auf AD DS im Server-Manager angezeigt.

Schritt 2: Heraufstufen des Servers zu einem Domänencontroller

Gehen Sie wie folgt vor, um ein Serversystem unter Windows Server 2012 R2 nach der Installation der Active Directory-Domänendienste (*AD DS*) zu einem Domänencontroller für eine neue Active Directory-Domäne in einer neuen Active Directory-Gesamtstruktur heraufzustufen:

1. Öffnen Sie den *Server-Manager* (soweit noch nicht geschehen) über einen Klick in der *Taskleiste* auf das **Symbol für den Server-Manager** bzw. im *Startbildschirm* auf die entsprechende **Kachel**.
2. Klicken Sie oben im *Server-Manager* auf das **Fahnensymbol**, und dann auf **Server zu einem Domänencontroller heraufstufen**.
3. Wählen Sie im Dialog *Bereitstellungskonfiguration* die Option **Neue Gesamtstruktur hinzufügen**, geben Sie im Feld *Name der Stammdomäne* den gewünschten Domänennamen für die neue Active Directory-Domäne ein, und klicken Sie auf **Weiter**.
4. Wählen Sie im Dialog *Domänencontrolleroptionen* die gewünschte Funktionsebene der neuen Gesamtstruktur und der Stammdomäne, achten Sie darauf, dass das Kontrollkästchen für DNS-Server aktiviert ist, Geben Sie im Feld *Kennwort*, sowie im Feld *Kennwort bestätigen* das für die mögliche Wiederherstellung der Verzeichnisdienste notwendige Kennwort ein, und klicken Sie auf **Weiter**.

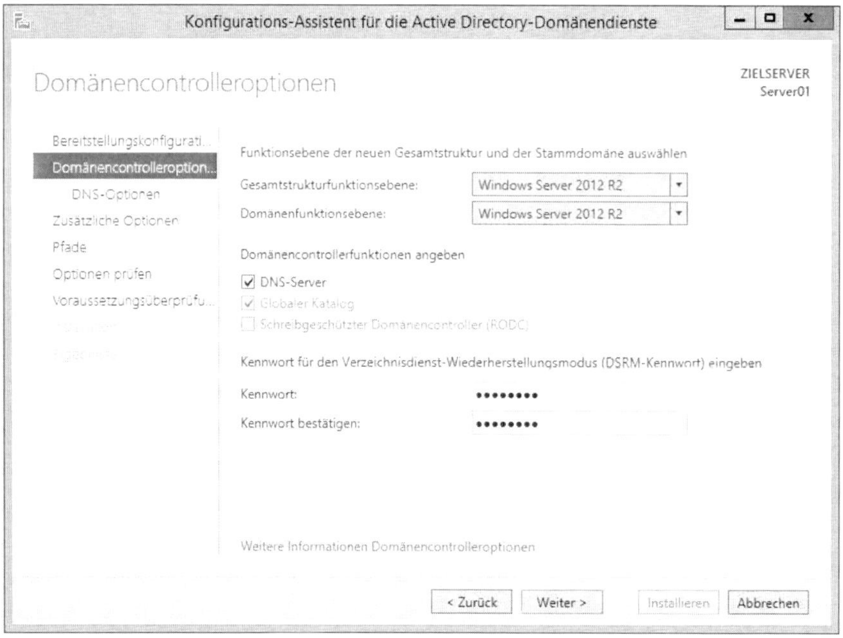

Abbildung 9.2: *Konfiguration der Domänencontrolleroptionen unter Windows Server 2012 R2*

INTERNET: Mit der Gesamtstruktur- bzw. Domänenstrukturfunktionsebene legt man die niedrigste Betriebssystemversion der zu nutzenden Active Directory-Domänencontroller fest. Beachten Sie, dass die Gesamtstruktur- und die Domänenfunktionsebene zu einem späteren Zeitpunkt i.d.R. nicht einfach mehr niedriger eingestellt werden kann. Weitere Informationen hierzu findet man im u. a. Internet auf der Website von Microsoft unter:

https://technet.microsoft.com/de-de/library/hh994618.aspx

5. Klicken Sie im Dialog *DNS-Optionen* auf **Weiter**.
6. Überprüfen Sie im Dialog *Zusätzliche Optionen* den vorgeschlagenen NetBIOS-Domänennamen, und klicken Sie dann auf **Weiter**.

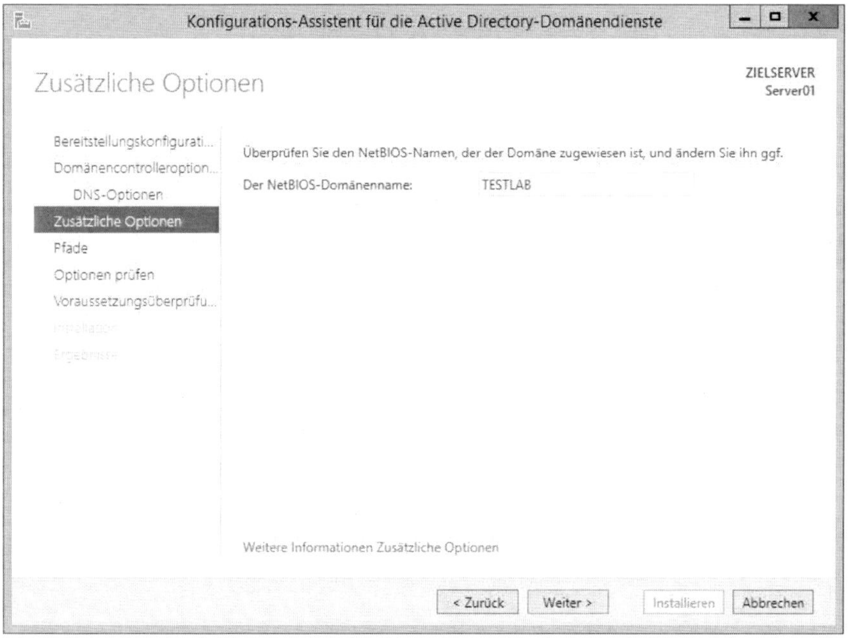

Abbildung 9.3: *Angabe des NetBIOS-Domänennamens der neu zu erstellenden Active Directory-Domäne*

7. Klicken Sie im Dialog *Pfade* auf **Weiter**.
8. Überprüfen Sie im Dialog *Optionen prüfen* die von Ihnen zuvor vorgenommene Konfigurationsauswahl, und klicken Sie dann auf **Weiter**.

HINWEIS: Über die Schaltfläche **Skript anzeigen** können Sie sich die Konfigurationsschritte auf Ebene der Windows PowerShell anzeigen lassen, und diese für eine mögliche, spätere Verwendung als Skriptdatei speichern.

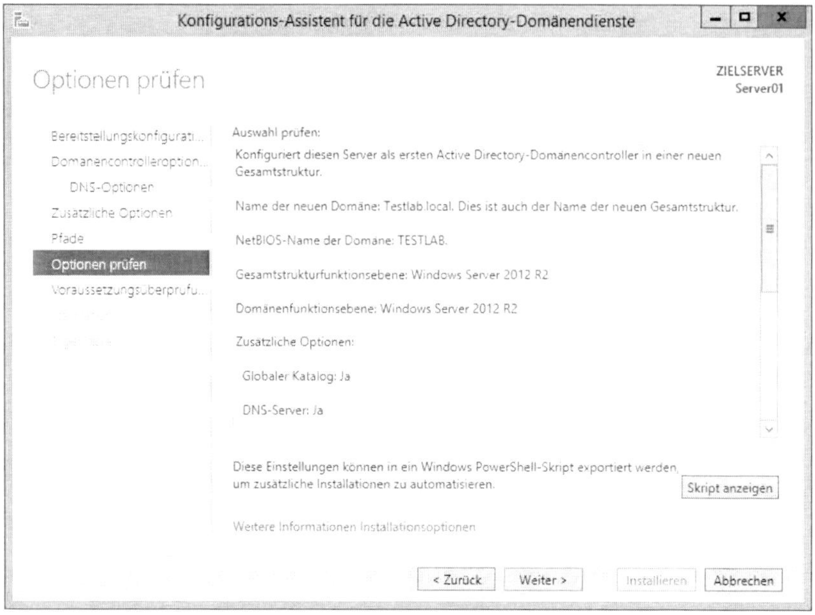

Abbildung 9.4: *Möglichkeit zur Überprüfung der gewählten Konfigurationsoptionen*

9. Überprüfen Sie die Angaben im Dialog *Voraussetzungsüberprüfung*, und klicken Sie anschließend auf **Installieren**.

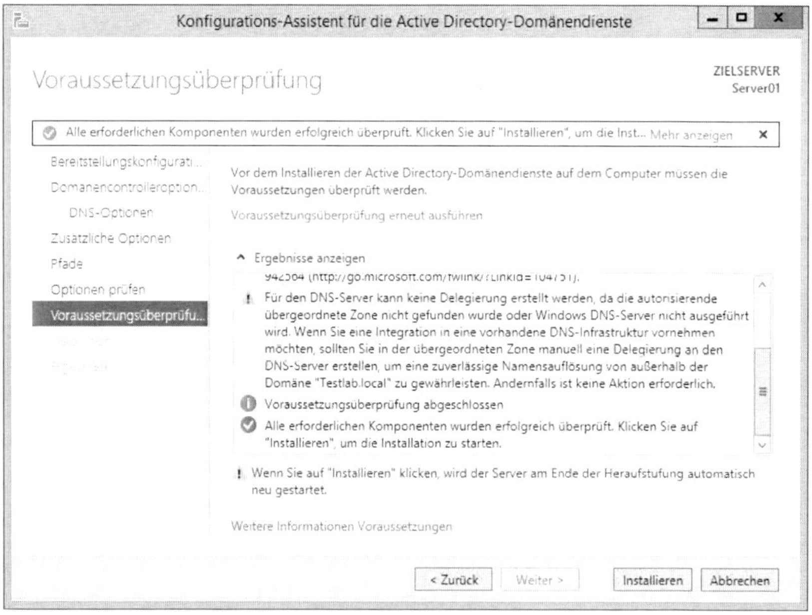

Abbildung 9.5: *Ergebnis der Voraussetzungsüberprüfung im Konfigurations-Assistent für die Active Directory-Domänendienste unter Windows Server 2012 R2*

HINWEIS: Beachten Sie, dass der Server am Ende der Heraufstufung automatisch neu gestartet wird.

Nach der erfolgreichen Installation der Active Directory-Domänendienste (*AD DS*) auf einem Server unter Windows Server 2012 R2, und dem Heraufstufen des Serversystems zu einem Domänencontroller kann man sich als Administrator an dem Serversystem anmelden. Mitunter erscheint während des ersten Anmeldeversuchs ein Hinweis, dass das zuvor für das lokale Administratorkonto verwendete Kennwort abgelaufen ist, und man ein neues Kennwort für das Administratorkonto der Active Directory-Domäne angeben muss.

Nach dem ersten Anmelden wird der Server-Manager standardmäßig automatisch gestartet. Darin findet man eine Verknüpfung zum Serverpool für die *AD DS*. Über einen Klick darauf wird der zuvor neu eingerichtete Active Directory-Domänencontroller angezeigt. Mit einem Klick mit der rechten Maustaste auf das Serversystem erhält man im Kontextmenü u. a. eine Auswahl der möglichen Verwaltungs- und Konfigurationsprogramme der Active Directory-Domänendienste (*AD DS*). Alternativ kann man diese Werkzeuge auch über einen Klick auf **Tools** in der oberen Befehlszeile des Server-Mangers aufrufen.

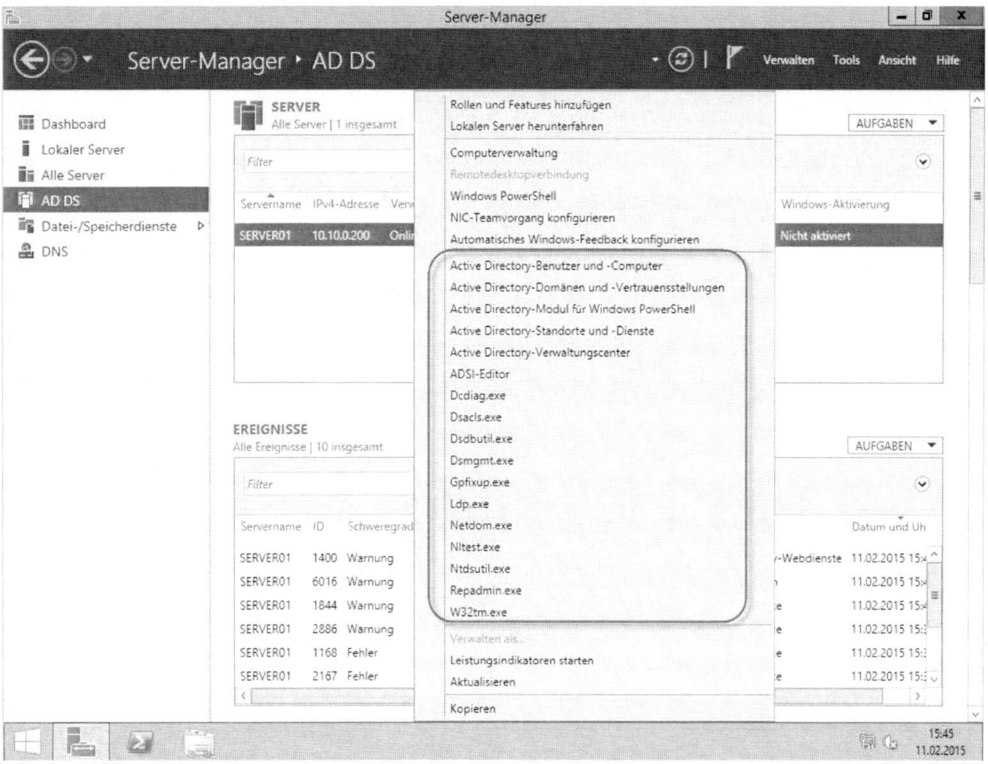

Abbildung 9.6: *Aufruf der Tools für die Verwaltung und Konfiguration der Active Directory-Domänendienste im Server-Manager unter Windows Server 2012 R2*

INTERNET: Weitere Informationen zum Einrichten eines Active Directory-Domänencontrollers mithilfe des grafischen Server-Managers unter Windows Server 2012 bzw. Windows Server 2012 R2 findet man u. a. im Internet auf der Microsoft-Website unter:

https://technet.microsoft.com/de-de/library/hh472162.aspx

9.3.2 Installation mithilfe der Windows PowerShell

Alternativ zur Installation der Active Directory-Domänendienste (*AD DS*) mithilfe des Server-Managers von Windows Server 2012 R2 kann dies auch direkt in der Windows PowerShell unter Verwendung entsprechender Windows PowerShell-Cmdlets durchgeführt werden. Diese kommen im Hintergrund auch während der grafischen Installation der AD DS im Server-Manager zum Einsatz. Insbesondere die Automatisierung der Installation der Active Directory-Domänendienste (*AD DS*) in großen und auch sehr großen Computernetzwerken wird durch die Verwendung der dazu entwickelten und in Windows Server 2012 erstmalig implementierten Windows PowerShell-Cmdlets ermöglicht.

Gehen Sie wie folgt vor, um die Active Directory-Domänendienste (*AD DS*) mithilfe der Windows PowerShell auf einem Serversystem unter Windows Server 2012 R2 für die Einrichtung einer neuen Active Directory-Domäne in einer neuen Active Directory-Gesamtstruktur zu installieren:

1. Starten Sie die Windows PowerShell, und geben Sie zur Installation der Active Directory-Domänendienste den folgenden Befehl ein:

```
Install-WindowsFeature -name AD-Domain-Services
-IncludeManagementTools
```

HINWEIS: Der Befehl installiert die Active Directory-Domänendienste (*AD DS*) mitsamt den notwendigen Verwaltungstools dem jeweiligen Serversystem unter Windows Server 2012 R2.

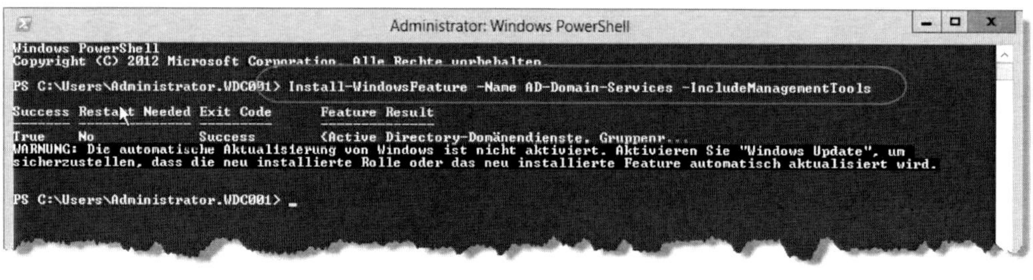

Abbildung 9.7: *Installation der AD-Domänendienste mit der Windows PowerShell*

2. Geben Sie anschließend den folgenden Befehl in der Windows PowerShell ein, um das Serversystem unter Windows Server 2012 R2 zu einem Domänencontroller einer neuen Stammdomäne einer neuen Active Directory-Gesamtstruktur heraufzustufen:

```
Install-ADDSForest -DomainName CertPro.de -DomainMode Win2012
-ForestMode Win2008R2 -DatabasePath "D:\NTDS" -SYSVOLPath
"d:\SYSVOL" -LogPath "D:\Logs" -SafeModeAdministratorPassword
(Read-Host -Prompt "DSRM Password:" -AsSecureString)
```

HINWEIS: In dem oberen Beispiel wird eine neue Stammdomäne mit dem Namen *CertPro.de* einer neuen Active Directory-Gesamtstruktur in der Domänenfunktionsebene *Windows Server 2012* und der Gesamtstrukturfunktionsebene Windows Server 2008 R2 eingerichtet. Zudem wird der Datenbank-, Sysvol- und der Pfad für die Protokolldateien auf das *Laufwerk D:* konfiguriert. Für die Eingabe des Kennworts für die Verzeichnisdienstwiederherstellung erfolgt die Eingabeaufforderung gleich während der Ausführung des Befehls in der Windows PowerShell. Die Serverrolle DNS-Server wird beim Ausführen von `Install-ADDSForest` standardmäßig installiert.

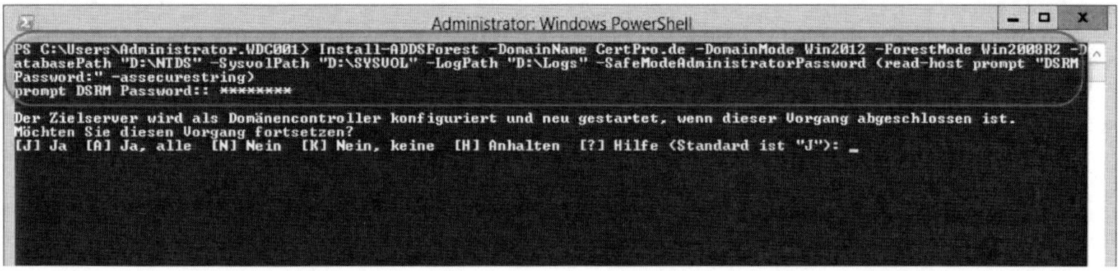

Abbildung 9.8: *Heraufstufen eines Servers mithilfe der Windows PowerShell zu einem Active Directory-Domänencontroller*

HINWEIS: Die Windows PowerShell kann seit der Version 3.0 mit den im Modul für die Active Directory-Domänendienste enthaltenen Windows PowerShell-Cmdlets ebenso dazu verwendet werden, neue Domänen zu bereits vorhandenen Active Directory-Gesamtstrukturen oder auch neue Domänencontroller zu bereits vorhandenen Active Directory-Domänen hinzuzufügen. Auch kann man die Installation der Active Directory-Domänendienste mittels Windows PowerShell-Skripts bei Bedarf auch automatisieren.

INTERNET: Weitere Informationen zur Installation der Active Directory-Domänendienste und dem Heraufstufen von Serversystemen zu Domänencontrollern mittels PowerShell-Cmdlets findet man im Active Directory-Modul in der Windows PowerShell unter Windows Server 2012 bzw. Windows Server 2012 R2, oder auch im Internet auf der Website von Microsoft unter:

https://technet.microsoft.com/de-de/library/hh472162.aspx

9.3.3 Unbeaufsichtigte Installation

Neben der grafischen Installation der Active Directory-Domänendienste, sowie der Installation mithilfe der Windows PowerShell ab der Version 3.0 besteht zusätzlich die Möglichkeit, diese auch unbeaufsichtigt durchzuführen. Hierzu wird, wie bereits unter den vorangegangenen Windows-Serverbetriebssystemen der folgende Befehl verwendet:

`dcpromo.exe /unattend:``[`*`Unattend-Datei`*`]`

Die Installationsdaten, welche während der grafischen Installation der Active Directory-Domänendienste angegeben werden müssen, werden bei der unbeaufsichtigten Installation mittels der Datei `[`*`Unattend-Datei`*`]` an den Installationsassistenten übergeben. Der Dateiname der betreffenden Datei wird mitsamt dem Dateispeicherpfad beim Befehlsaufruf gleich hinter dem Schalter `/unattend:` angegeben.

Erstellen einer Datei für die unbeaufsichtigte Installation der Active Directory-Domänendienste

Der Befehl **dcpromo.exe** verfügt über einen Befehlsschalter, mit welchem man auf einem bereits bestehenden Domänencontroller unter Windows Server 2012 bzw. Windows Server 2012 R2 eine Datei zur unbeaufsichtigten Installation der Active Directory-Domänendienste auf weiteren Servern der betreffenden Active Directory-Domäne durchführen kann. Der Befehl hierzu lautet wie folgt:

`dcpromo.exe /answer:`*`InstADDS.txt`*

Der Wert *`InstADDS.txt`* beschreibt hierbei den Namen der zu erstellenden Datei für die nachfolgende, unbeaufsichtigte Installation der Active Directory-Domänendienste.

Beispieldatei für die unbeaufsichtigte Installation der Active Directory-Domänendienste unter Windows Server 2012 R2 bzw. Windows Server 2012

Nachfolgend finden Sie den Inhalt einer Beispieldatei für die unbeaufsichtigte Installation der Active Directory-Domänendienste (*Active Directory Domain Services, AD DS*) unter Windows Server 2012 bzw. Windows Server 2012 R2.

Unter Verwendung der oben dargestellten Beispieldatei mit dem Namen *DCUnattend.txt* wird unter dem Namen CertPro.de eine neue Active Directory-Gesamtstruktur eingerichtet. Darüber hinaus sind die automatische Installation des DNS-Dienstes (*InstallDNS=Yes*) sowie die Zuordnung der Funktion als globaler Katalogserver (*ConfirmGc=Yes*) bereits aktiviert. Die in der letzten Zeile der Datei angegebene Option *RebootOnCompletion=Yes* steht für den automatischen Neustart des Servers nach der Installation der Active Directory-Domänendienste (*AD DS*). Die Datei kann bei Bedarf jederzeit mit einem Editor angepasst werden.

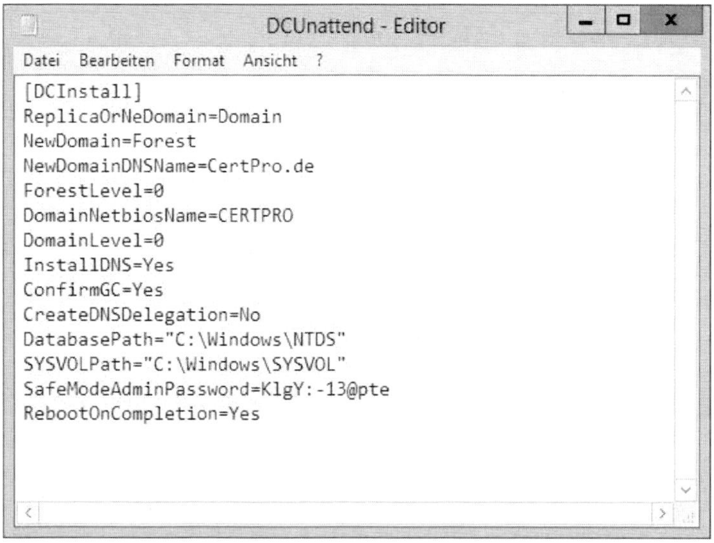


```
[DCInstall]
ReplicaOrNeDomain=Domain
NewDomain=Forest
NewDomainDNSName=CertPro.de
ForestLevel=0
DomainNetbiosName=CERTPRO
DomainLevel=0
InstallDNS=Yes
ConfirmGC=Yes
CreateDNSDelegation=No
DatabasePath="C:\Windows\NTDS"
SYSVOLPath="C:\Windows\SYSVOL"
SafeModeAdminPassword=KlgY:-13@pte
RebootOnCompletion=Yes
```

Abbildung 9.9: *Die Datei „DCUnattend.txt" für die unbeaufsichtigte Installation der Active Directory-Domänendienste (AD DS)*

9.4 Überprüfung der erfolgreichen Installation

Nach Beendigung der Installation der Active Directory-Domänendienste und dem Neustart des neuen Domänencontrollers muss nun überprüft werden, ob die Installation erfolgreich verlaufen ist. Gehen Sie hierzu wie folgt vor:

- Öffnen Sie die Verwaltungskonsole *Active Directory-Verwaltungscenter*, um die Konnektivität zur Active Directory-Domänendienste-Datenbank zu prüfen.
- In der DNS-Verwaltungskonsole muss man nun prüfen, ob die notwendigen Diensteinträge für den Domänencontroller bereits angelegt wurden.
- Anschließend sollten Sie unbedingt die für den nachfolgenden Betrieb notwendigen Freigaben (**SYSVOL** und **Netlogon**) des Domänencontrollers auf Erreichbarkeit im Netzwerk überprüfen.
- Wenn der Domänencontroller zu einer bereits vorhandenen Domänenstruktur hinzugefügt wurde, muss auch das Replikationsverhalten mit den anderen Domänencontrollern kontrolliert werden.
- Zuletzt lohnt sich ein Blick in die Ereignisanzeigenprotokolle des Servers. Hierin werden ggf. vorhandene Probleme erfasst und dokumentiert.

Wenn die Überprüfung der Installation der Active Directory-Domänendienste (*Active Directory Domain Services, AD DS*) erfolgreich verlaufen ist, sollte man dies nun in der Serverdokumentation (*Serverakte*) festhalten.

9.5 Installation von einem Medium

Wie zu Beginn des Kapitels bereits erwähnt, ist es mitunter auch möglich, einen weiteren Domänencontroller einer bereits bestehenden Domäne direkt aus einer Sicherung der Systemstatusdaten oder einem dafür erstellten Installationsmedium hinzuzufügen. Dieser Vorgang wird auch als *„**Install from Media (IFM)**"* bezeichnet. Diese Installationsart ist besonders interessant, wenn Domänencontroller in Remote-Standorten, die über eine schmalbandige WAN-Verbindung an einen Hauptstandort angebunden sind, eingerichtet werden sollen. Durch die lokale Bereitstellung der Systemstatusdaten über ein Installationsmedium (beispielsweise USB-Stick, CD-ROM oder DVD-ROM) und damit auch einer Kopie der Active Directory-Domänendienste-Datenbank, entfällt die vollständige Replikation dieser Inhalte über die WAN-Verbindung. Nach der Installation des neuen Domänencontrollers müssen lediglich noch die Änderungen seit der Erstellung des Installationsmediums repliziert werden, um den Domänencontroller auf den neuesten Stand zu bringen.

Mittels der Installation von einem Medium ist es auch möglich, schreibgeschützte Domänencontroller (*Read-Only Domain Controllers, RODCs*) einzurichten. Bei diesem Vorgang werden jedoch alle gespeicherten Kennwörter aus der dabei entstehenden Kopie der Active Directory-Domänendatenbank entfernt.

9.5.1 Erstellen eines Installationsmediums

Windows Server 2012 R2 sowie auch Windows Server 2012 bieten für die Erstellung von Installationsmedien zur Installation der Active Directory-Domänendienste zwei verschiedene Methoden und Tools an:

- Erstellung eines Installationsmediums mittels **Ntdsutil.exe**
- Systemstatusdatensicherung mit **Wbadmin.exe**

Der Befehl **Ntdsutil.exe** wurde zum Erstellen eines Installationsmediums bereits unter Windows Server 2008 um neue Funktionen erweitert. Mit dem Befehl unter Windows Server 2012 R2 bzw. Windows Server 2012 kann man bei Bedarf unterschiedliche, auf den betreffenden Domänencontroller zugeschnittene Installationsmedien erstellen.

Erstellen eines Installationsmediums mittels Ntdsutil.exe

Mittels des Befehls **Ntdsutil.exe** ist es möglich, ein entsprechendes Installationsmedium für die vollwertig beschreibbare Installation der Active Directory-Domänendienste (AD DS) auf einem neuen Domänencontroller zu erstellen.

Die verschiedenen Installationsmedien

Insgesamt stehen mittels **ntdsutil.exe** und ***IFM*** vier verschiedene Optionen für die Erstellung eines Installationsmediums zur Installation von neuen Domänencontrollern zur Verfügung.

Die folgende Tabelle zeigt Ihnen diese mitsamt der Information des jeweils zu erstellenden Installationsmediums:

IFM-Befehl	Installationsmedium für den Installationstyp
create full	vollwertig beschreibbarer Domänencontroller ohne SYSVOL-Verzeichnis
create RODC	schreibgeschützter Domänencontroller (Read-Only Domain Controller, RODC) ohne SYSVOL-Verzeichnis
create sysvol full	vollwertig beschreibbarer Domänencontroller inklusive SYSVOL-Verzeichnis
create sysvol RODC	schreibgeschützter Domänencontroller (Read-Only Domain Controller, RODC) inklusive SYSVOL-Verzeichnis

Tabelle 9.1: *IFM-Befehle für das Erstellen eines Installationsmediums*

Wie Sie in der oberen Tabelle sehen, kann man das *SYSVOL*-Verzeichnis, in welchem beispielsweise die Gruppenrichtlinienobjekte einer Domäne gespeichert sind, aus dem Installationsmedium auslassen. Dies ist sinnvoll, wenn man das zu erstellende Installationsmedium für die Einrichtung von Domänencontrollern für neue Domänen oder Domänenstrukturen verwenden möchte.

Schritte zum Erstellen eines Installationsmediums

Zum Erstellen eines Installationsmediums für die Installation eines weiteren Domänencontrollers gehen Sie wie folgt vor:

1. Melden Sie sich als Domänen-Administrator auf einem vollwertig beschreibbaren Domänencontroller unter Windows Server 2012 R2 in der Domäne an.
2. Klicken Sie **Windows-Taste** und geben Sie **`cmd.exe`** auf der Tastatur ein. Klicken Sie anschließend auf **OK**.
3. Geben Sie in der Kommandozeile **ntdsutil.exe** ein, und drücken Sie die **Eingabetaste**.
4. Geben Sie als Nächstes **activate instance ntds** ein, und drücken Sie die **Eingabetaste**.
5. Geben Sie **ifm** ein, und drücken Sie die **Eingabetaste**.
6. Geben Sie **create sysvol full c:***InstMedium* ein, um ein Installationsmedium für einen neuen, vollwertig beschreibbaren Domänencontroller zu erstellen. Wenn Sie ein Installationsmedium für die Installation eines schreibgeschützten Domänencontrollers erstellen möchten, so geben Sie stattdessen **create RODC c:***InstMedium* ein. Drücken Sie anschließend die **Eingabetaste**.
7. Beenden Sie ntdsutil.exe mittels der zweimaligen Eingabe von **quit**.

8. Überprüfen Sie anschließend, ob das beim Ausführen von Ntdsutil.exe angegebene Verzeichnis auf Laufwerk C: (in diesem Beispiel: `C:\InstMedium`) erstellt und die Installationsdaten darin gespeichert wurden.

Kopieren Sie die Installationsdaten nachfolgend auf einen Wechseldatenträger und übermitteln Sie diesen an den Remote-Standort, an dem der neue Domänencontroller eingerichtet werden soll.

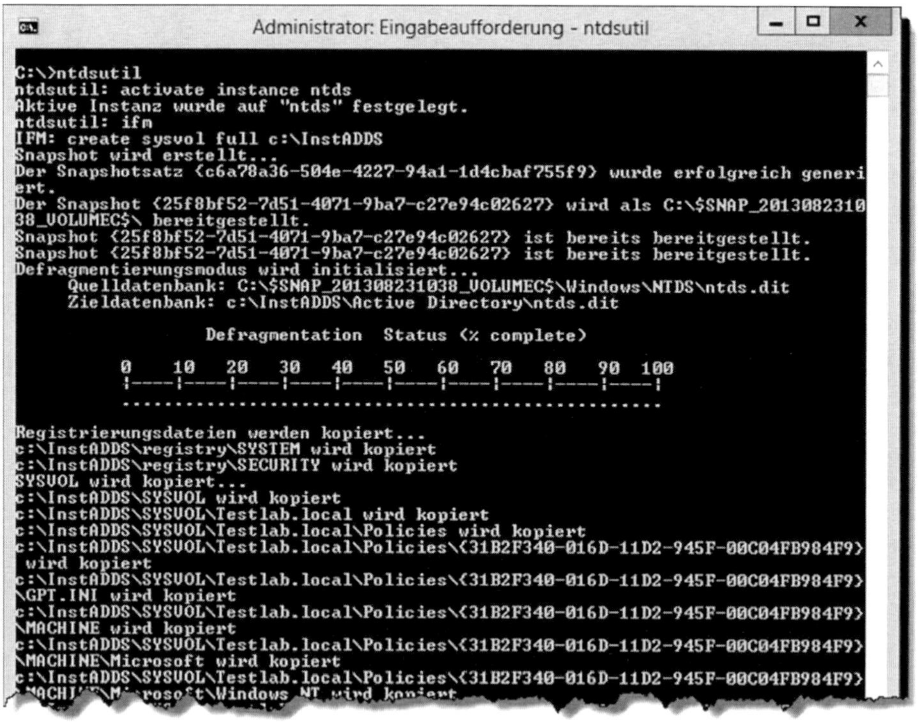

Abbildung 9.10: *Erstellen eines Installationsmediums für die Installation der Active Directory-Domänendienste (AD DS)*

Schritte zur Installation von einem Medium

Nachdem Sie die Installationsdaten auf den Wechseldatenträger kopiert und an den Remote-Standort übermittelt haben, legen Sie dieses anschließend in das Serversystem ein, welches zum Domänencontroller heraufgestuft werden soll. Windows Server 2012 R2 oder auch Windows Server 2012 muss auf dem Server bereits installiert und konfiguriert sein. Dies erfolgt zu Beginn prinzipiell wie der manuelle Installationsprozess, und umfasst die folgenden zwei Phasen:

Schritt 1: Installation der Active Directory-Domänendienste mittels grafischem Server-Manager

Zur Installation der Active Directory-Domänendienste (*Active Directory Domain Services, AD DS*) gehen Sie nun wie folgt vor:

1. Melden Sie sich als Administrator am Serversystem unter Windows Server 2012 R2 an.
2. Öffnen Sie den *Server-Manager* (soweit dies nicht automatisch geschieht) über einen Klick in der *Taskleiste* auf das **Symbol für den Server-Manager** bzw. im *Startbildschirm* auf die entsprechende **Kachel**.
3. Klicken Sie oben im *Server-Manager* auf **Verwalten**, und dann auf **Rollen und Features hinzufügen**.
4. Klicken Sie im Dialog *Vorbemerkungen* auf **Weiter**.
5. Wählen Sie im Dialog *Installationstyp auswählen* die Option **Rollenbasierte oder featurebasierte Installation**, und klicken Sie auf **Weiter**.
6. Klicken Sie im Dialog *Zielserver auswählen* auf den Namen des gewünschten Servers, und klicken Sie dann auf **Weiter**.
7. Aktivieren Sie das Kontrollkästchen vor *Active Directory-Domänendienste*, und klicken Sie auf **Features hinzufügen**, um die Installation der notwendigen Remoteserver-Verwaltungstools zu bestätigen. Klicken Sie anschließend auf **Weiter**.
8. Klicken Sie im Dialog *Features auswählen* auf **Weiter**.
9. Klicken Sie im Dialog *Active Directory-Domänendienste* auf **Weiter**.
10. Klicken Sie auf **Installieren**, um die Installationsauswahl zu bestätigen.
11. Klicken Sie auf **Schließen**, um den Dialog *Assistent zum Hinzufügen von Rollen und Features* zu schließen.

Die erfolgreiche Installation der Active Directory-Domänendienste wird Ihnen in der oberen *Befehlsleiste* des Server-Managers durch einen Klick auf das **Fahnensymbol** angezeigt. Nach der Aktualisierung des Server-Managers zeigt ein Klick auf das Fahnensymbol zudem einen Hinweis, dass der Server in einem weiteren Schritt zu einem Domänencontroller heraufgestuft werden muss.

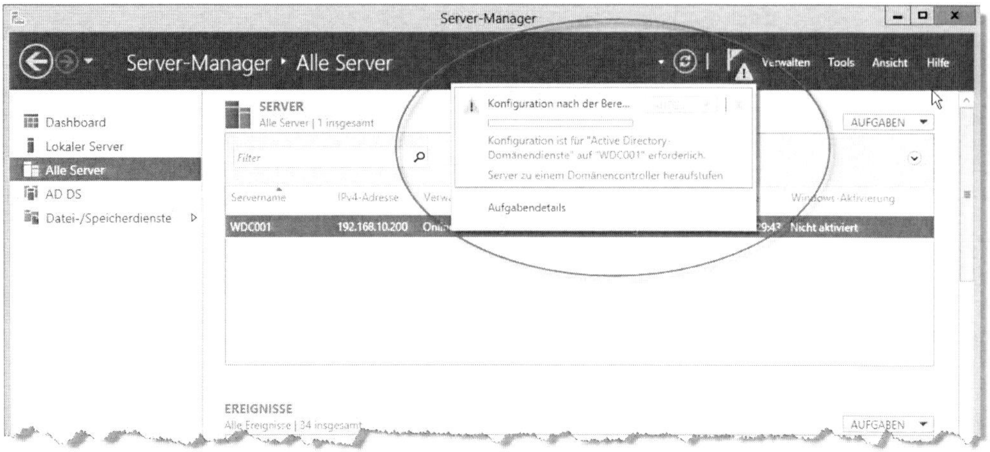

Abbildung 9.11: *Hinweis auf die notwendige Konfiguration nach der Installation der Active Directory-Domänendienste (AD DS) im Server-Manager*

Eine ähnliche Meldung wird nach einem Klick auf AD DS im Server-Manager angezeigt.

Schritt 2: Heraufstufen des Servers zu einem Domänencontroller

Gehen Sie wie folgt vor, um ein Serversystem unter Windows Server 2012 R2 nach der Installation der Active Directory-Domänendienste (*AD DS*) zu einem Domänencontroller für eine neue Active Directory-Domäne in einer neuen Active Directory-Gesamtstruktur heraufzustufen:

1. Öffnen Sie den *Server-Manager* (soweit noch nicht geschehen) über einen Klick in der *Taskleiste* auf das **Symbol für den Server-Manager** bzw. im *Startbildschirm* auf die entsprechende **Kachel**.
2. Klicken Sie oben im *Server-Manager* auf das **Fahnensymbol**, und dann auf **Server zu einem Domänencontroller heraufstufen**.
3. Wählen Sie im Dialog *Bereitstellungskonfiguration* die Option **Domänencontroller zu einer vorhandenen Domäne hinzufügen**, geben Sie im Feld *Domäne* den Domänennamen der bereits vorhandenen Active Directory-Domäne ein. Geben sie anschließend (soweit erforderlich) noch die für diesen Vorgang zu verwendenden Anmeldeinformationen eines Domänenadministrators ein, und klicken Sie auf **Weiter**.

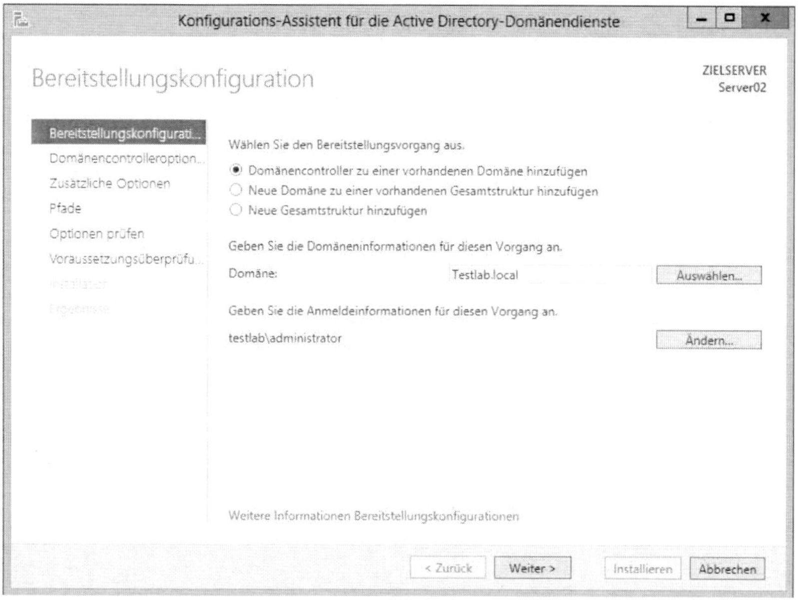

Abbildung 9.12: *Auswahl des Bereitstellungsvorgangs*

4. Wählen Sie im Dialog *Domänencontrolleroptionen* die gewünschten Domänencontrollerfunktionen und Standortinformationen. Geben Sie im Feld *Kennwort*, sowie im Feld *Kennwort bestätigen* das für die mögliche Wiederherstellung der Verzeichnisdienste notwendige Kennwort ein, und klicken Sie auf **Weiter**.

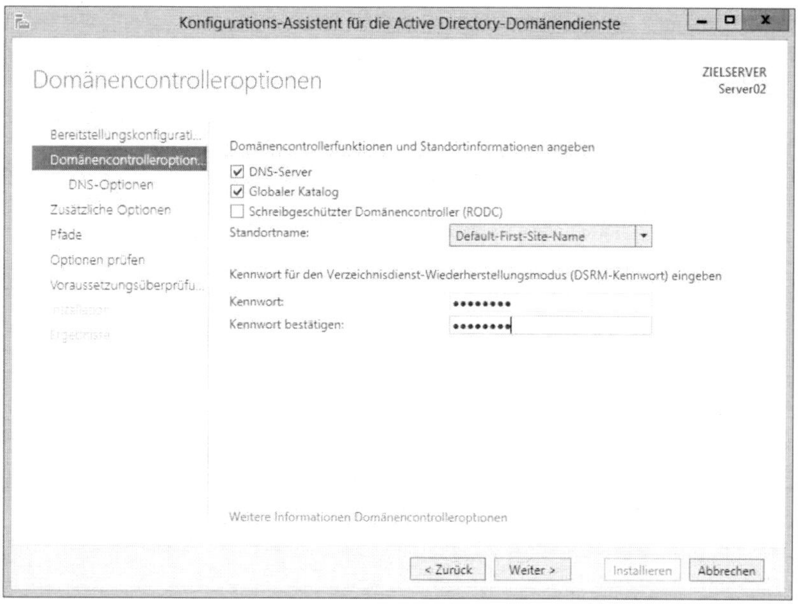

Abbildung 9.13: *Auswahl der Domänencontrolleroptionen*

5. Klicken Sie im Dialog DNS-Optionen auf **Weiter**.
6. Aktivieren Sie im Dialog ***Zusätzliche Optionen*** das Kontrollkästchen **Vom Medium installieren**, und geben Sie im Feld ***Pfad:*** den Speicherpfad zu dem zuvor erstellten *„Medium für die Installation"* an (bspw. *C:\InstADDS*). Wählen Sie bei Bedarf den für die Replikation zu verwendenden Domänencontroller aus, und klicken Sie anschließend auf Weiter.

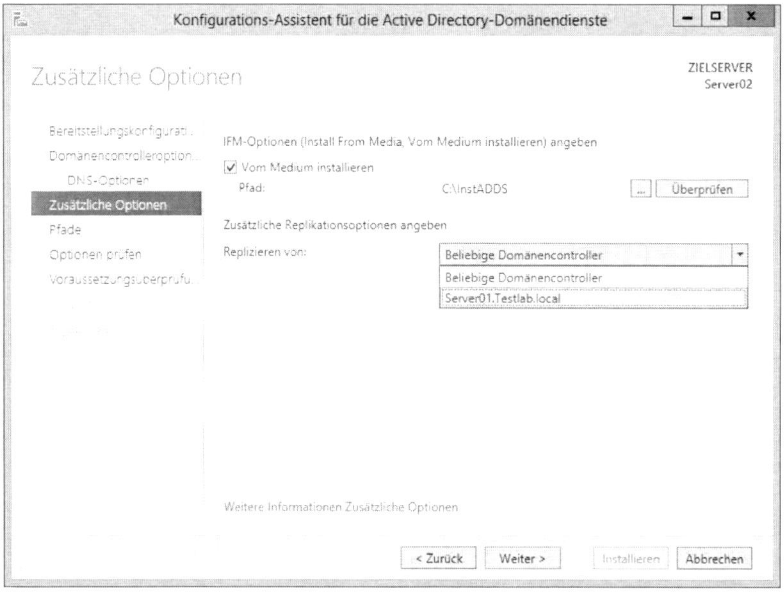

Abbildung 9.14: *Auswahl der Bereitstellungskonfiguration für das Hinzufügen eines Domänencontrollers zu einer bereits vorhandenen Domäne*

7. Klicken Sie im Dialog *Pfade* auf **Weiter**.
8. Überprüfen Sie im Dialog *Optionen prüfen* die von Ihnen zuvor vorgenommene Konfigurations-auswahl, und klicken Sie dann auf **Weiter**.

HINWEIS: Über die Schaltfläche **Skript anzeigen** können Sie sich die Konfigurationsschritte auf Ebene der Windows PowerShell anzeigen lassen, und diese für eine mögliche, spätere Verwendung als Skriptdatei speichern.

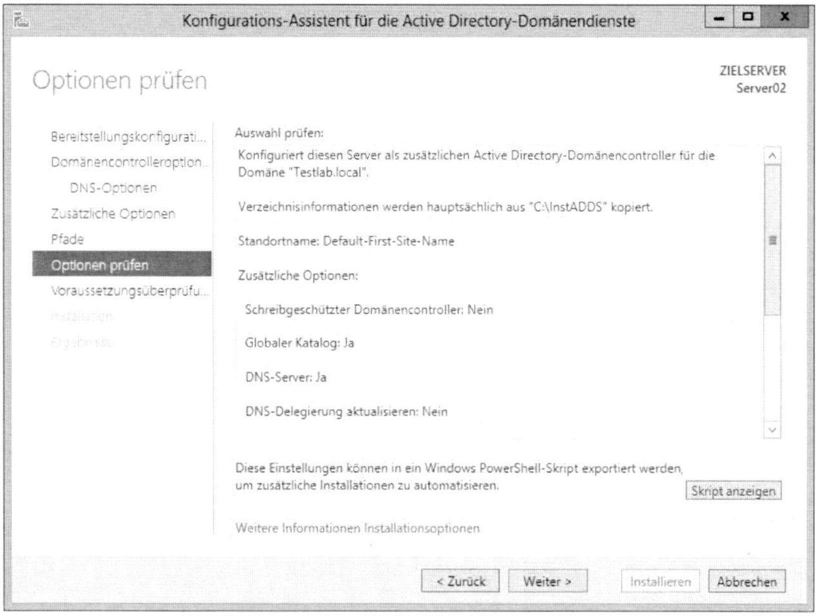

Abbildung 9.15: *Möglichkeit zur Überprüfung der gewählten Konfigurationsoptionen*

9. Überprüfen Sie die Angaben im Dialog *Voraussetzungsüberprüfung*, und klicken Sie anschließend auf **Installieren**.

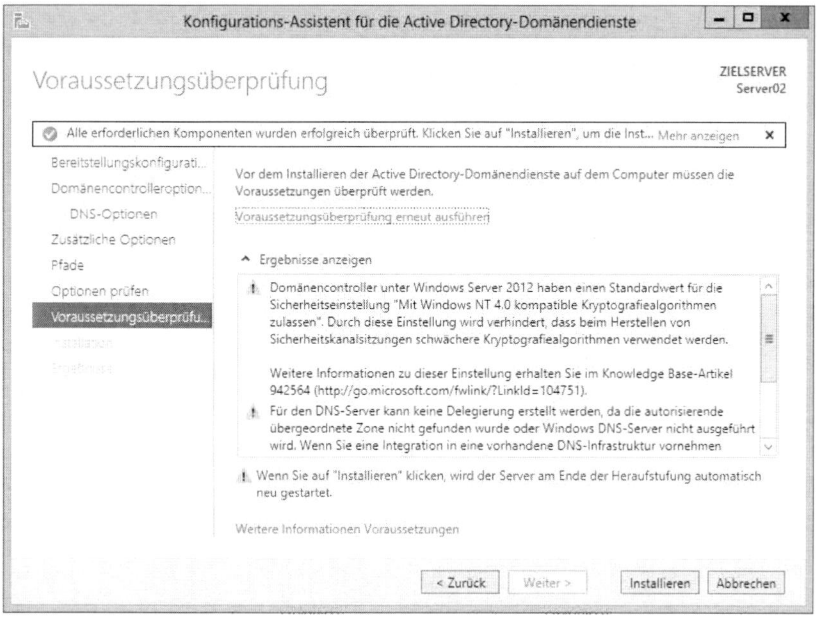

Abbildung 9.164: *Ergebnis der Voraussetzungsüberprüfung im Konfigurations-Assistent für die Active Directory-Domänendienste*

HINWEIS: Beachten Sie, dass der Server am Ende der Heraufstufung automatisch neu gestartet wird.

Nach dem Neustart des neu eingerichteten Domänencontrollers repliziert dieser die Inhalte der Datenbank der Active Directory-Domänendienste mit den anderen Domänencontrollern der Domäne und erhält so die Änderungen, die seit der Erstellung des Installationsmediums an den Active Directory-Objekten erfolgt sind.

9.6 Entfernen der Active Directory-Domänendienste

Die Active Directory-Domänendienste können bei Bedarf von einem Domänencontroller wieder entfernt werden. Hierzu steht wiederum der grafische Server-Manager zur Verfügung.

Durch das Entfernen der Active Directory-Domänendienste von einem Domänencontroller werden die vorhandenen Active Directory-Domänendienste, die AD DS-Datenbank, die Protokolldateien, sowie das freigegebene Verzeichnis SYSVOL vom Serversystem gelöscht. Für die lokale Kontenführung wird die SAM-Datenbank (*Security Accounts Manager*) erstellt. Der Server wird zum Mitgliedsserver heruntergestuft und kann anschließend bei Bedarf für andere Rollen, beispielsweise als Datei- oder Druckserver verwendet werden.

9.6.1 Vorbereitung des Herunterstufens eines Domänencontrollers

Bevor Sie einen Domänencontroller zu einem Mitgliedsserver herabstufen und dabei die Active Directory-Domänendienste von dem betreffenden Server entfernen, sollten Sie sich über die Auswirkungen informieren. Wenn der betreffende Domänencontroller beispielsweise als Betriebsmasterrolleninhaber agiert, könnte das Entfernen zu Problemen in der Domäne führen.

Sie sollten vor dem Entfernen des Domänencontrollers wie folgt vorgehen:

- Verschieben Sie alle ***Betriebsmasterrollen*** des zu entfernenden Domänencontrollers (soweit zutreffend) auf einen anderen, verbleibenden Domänencontroller (möglichst den dafür vorgesehenen Standby-Server).
- Überprüfen Sie, ob der zu entfernende Domänencontroller als ***bevorzugter oder alternativer DNS-Server*** für die Clients und Server im Netzwerk konfiguriert ist. Wenn dies zutrifft, so ändern Sie vor dem Entfernen des Domänencontrollers die Einstellungen bei den betreffenden Clients und Servern.
- Entfernen Sie alle ***verzeichnisdienstbasierte Anwendungen***, beispielsweise die Active Directory-Zertifikatdienste (*AD CS*), von dem betreffenden Domänencontroller, bevor Sie ihn zu einem Mitgliedsserver herabstufen.

- Überprüfen Sie, ob der zu entfernende Domänencontroller als ***globaler Katalogserver*** konfiguriert ist. Wenn dies zutrifft, so konfigurieren Sie einen anderen Domänencontroller als globalen Katalogserver und entfernen Sie die Funktion von dem zu entfernenden Domänencontroller, bevor Sie ihn zu einem Mitgliedsserver herabstufen.
- Überprüfen Sie, ob der zu entfernende Domänencontroller in der Standortkonfiguration der Active Directory-Domänendienste (*AD DS*) als ***Bridgeheadserver*** konfiguriert ist. Wenn dies zutrifft, so konfigurieren Sie einen anderen Domänencontroller als Bridgeheadserver und entfernen Sie die Funktion von dem zu entfernenden Domänencontroller, bevor Sie ihn zu einem Mitgliedsserver herabstufen.

HINWEIS: Um den Vorgang des Herunterstufens eines Domänencontrollers vorweg zu testen, steht in der Windows PowerShell das Cmdlet **Test-ADDSDomainControllerUninstallation** zur Verfügung. Hilfe zu dem Cmdlet erhält man durch den Aufruf des folgenden Befehls in der Windows PowerShell: **Get-Help Test-ADDSDomainControllerUninstallation**

9.6.2 Herunterstufen eines Domänencontrollers

Wenn Sie die Schritte zur Vorbereitung des Herunterstufens eines Domänencontrollers durchgeführt haben, können Sie die Active Directory-Domänendienste (*AD DS*) von dem betreffenden Domänencontroller entfernen. Gehen Sie hierzu wie folgt vor:

1. Melden Sie sich als *Administrator* am Serversystem unter Windows Server 2012 R2 an.
2. Öffnen Sie den *Server-Manager* (soweit dies nicht automatisch geschieht) über einen Klick in der *Taskleiste* auf das **Symbol für den Server-Manager** bzw. im *Startbildschirm* auf die entsprechende **Kachel**.
3. Klicken Sie oben im *Server-Manager* auf **Verwalten**, und dann auf **Rollen und Features entfernen**.
4. Klicken Sie im Dialog *Vorbemerkungen* auf **Weiter**.
5. Wählen Sie im Dialog *Installationstyp auswählen* die Option **Rollenbasierte oder feature-basierte Installation**, und klicken Sie auf **Weiter**.
6. Klicken Sie im Dialog *Zielserver auswählen* auf den Namen des gewünschten Servers, und klicken Sie dann auf **Weiter**.
7. Deaktivieren Sie im Dialog *Serverrollen entfernen* die Option **Active Directory-Domänendienste**, klicken Sie auf **Features entfernen.**

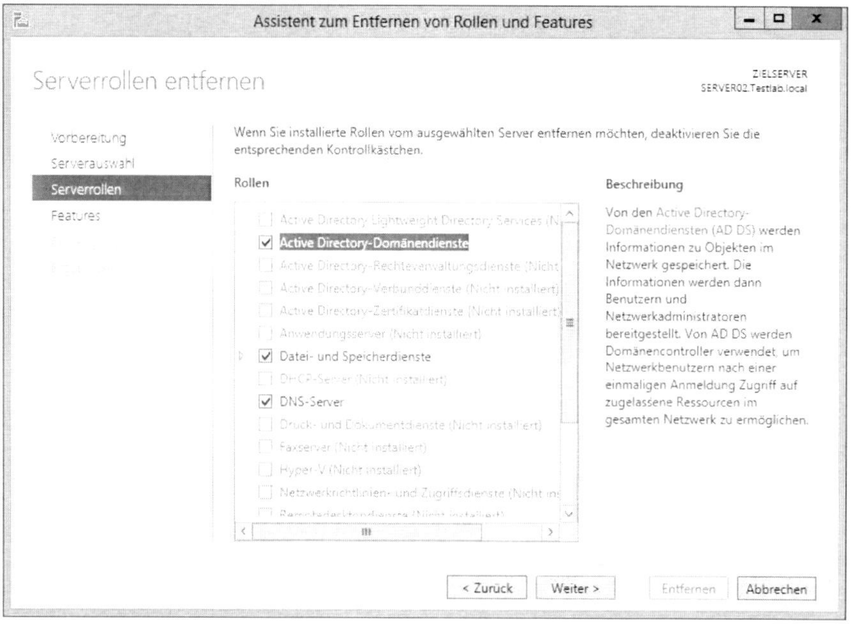

Abbildung 9.17: *Entfernen der Active Directory-Domänendienste als Rolle*

8. Klicken Sie im Dialog *Validierungsergebnisse* auf **Diesen Domänencontroller tiefer stufen**.

Abbildung 9.18: *Option zum „tiefer stufen" des Domänencontrollers*

9. Geben Sie im Dialog *Anmeldeinformationen* (soweit notwendig) die entsprechenden Anmeldeinformationen ein, und klicken Sie dann auf **Weiter**.

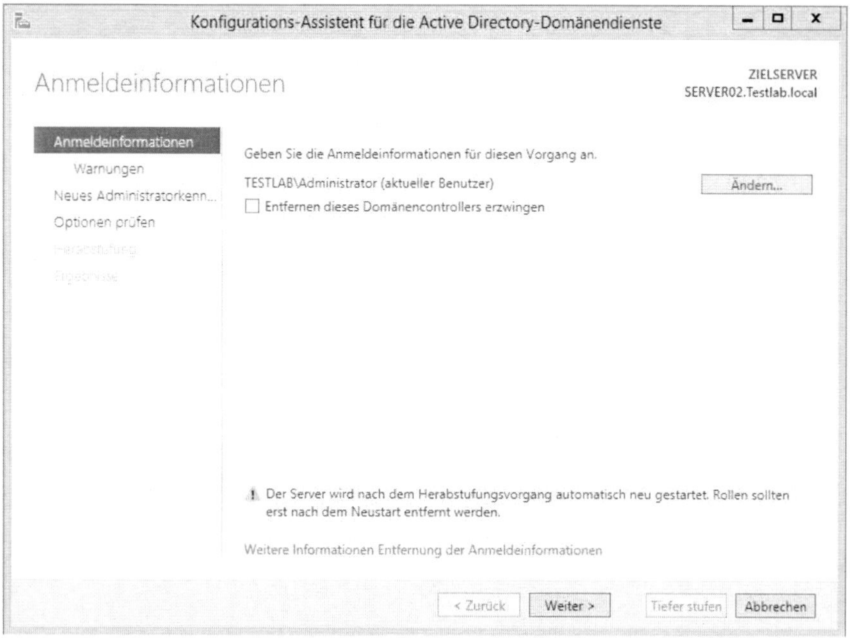

Abbildung 9.19: *Entfernen der Active Directory-Domänendienste als Rolle*

Sollte das Entfernen des Domänencontrollers zuvor Probleme bereitet haben, so kann man das Entfernen dieses Domänencontrollers durch die Auswahl der entsprechenden Option bei Bedarf erzwingen.

10. Überprüfen Sie im Dialog *Warnungen* die Meldung. Fahren Sie nur dann weiter fort, wenn die betreffenden Rollen noch auf weiteren Domänencontrollern der betreffenden Active Directory-Domäne bereitgestellt werden. Aktivieren Sie dazu die Option **Entfernung fortsetzen**, und klicken Sie auf **Weiter**.

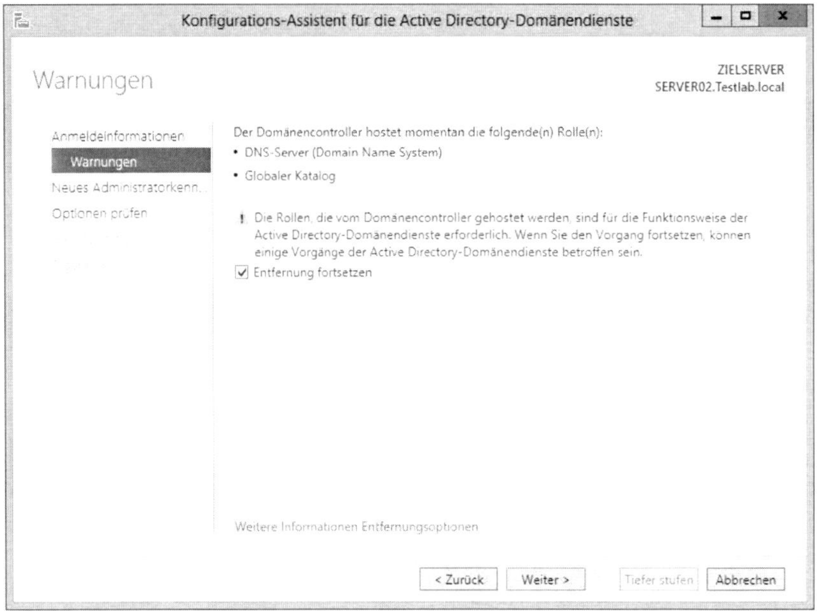

Abbildung 9.20: *Warnungen während des Entfernens der Active Directory-Domänendienste*

11. Geben Sie im Dialog *Neues Administratorkennwort* das gewünschte für das lokale Administratorkonto des betreffenden Servers ein, und klicken Sie dann auf **Weiter**.

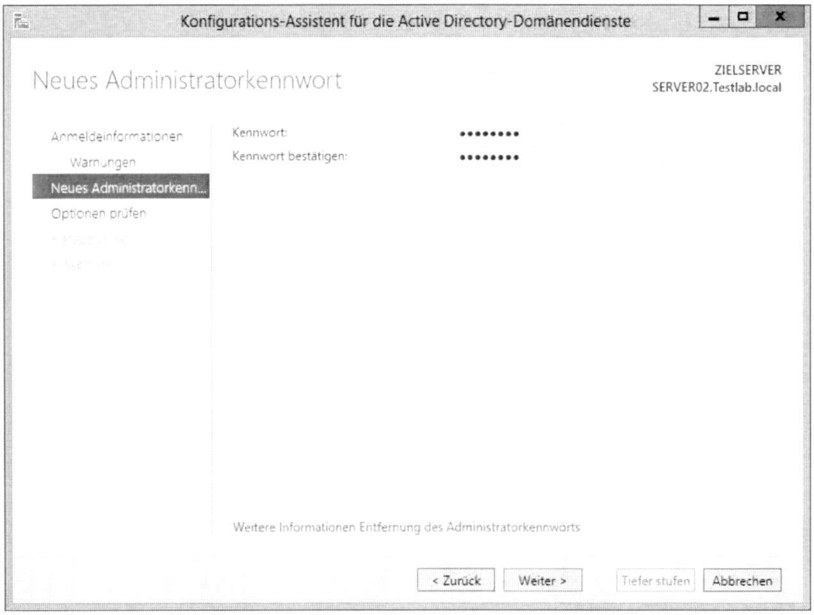

Abbildung 9.21: *Angabe des Kennworts für das lokale Administratorkonto*

12. Klicken Sie im Dialog *Optionen prüfen* auf **Tiefer stufen**.

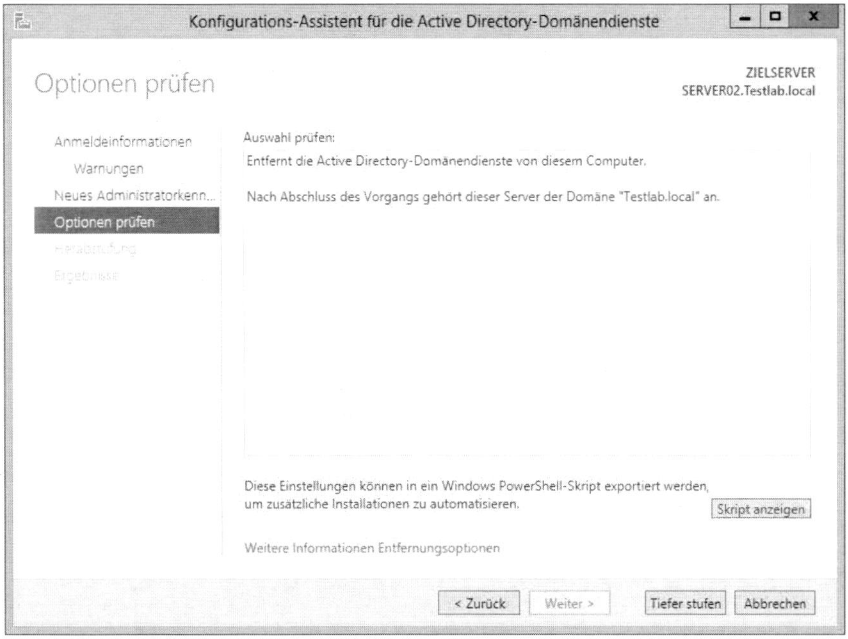

Abbildung 9.22: *Dialog zum Prüfen der Optionen zum Herunterstufen eines Domänencontrollers*

Das Computersystem wird während des Vorgangs automatisch neu gestartet.

Nach dem Neustart des Serversystems ist das Herunterstufen des Servers zu einem Mitgliedsserver der betreffenden Domäne abgeschlossen.

HINWEIS: Alternativ zum grafischen Assistenten zum Herunterstufen eines Active Directory-Domänencontrollers kann auch das Cmdlet **Uninstall-AddsDomainController** der Windows PowerShell verwendet werden. Details hierzu findet man nach der Eingabe des folgenden Befehls in der Windows PowerShell: **Get-Help Uninstall-AddsDomainController**

9.6.3 Entfernen der Active Directory-Domänendienste als Rolle

Die Active Directory-Domänendienste können nach dem Herunterstufen des Serversystems als Serverrolle von diesem entfernt werden. Gehen Sie dazu wie folgt vor:

1. Melden Sie sich als *Administrator* am Serversystem unter Windows Server 2012 R2 an.
2. Öffnen Sie den *Server-Manager* (soweit dies nicht automatisch geschieht) über einen Klick in der *Taskleiste* auf das **Symbol für den Server-Manager** bzw. im *Startbildschirm* auf die entsprechende **Kachel**.

3. Klicken Sie oben im *Server-Manager* auf **Verwalten**, und dann auf **Rollen und Features entfernen**.

4. Klicken Sie im Dialog *Vorbemerkungen* auf **Weiter**.

5. Wählen Sie im Dialog *Installationstyp auswählen* die Option **Rollenbasierte oder feature-basierte Installation**, und klicken Sie auf **Weiter**.

6. Klicken Sie im Dialog *Zielserver auswählen* auf den Namen des gewünschten Servers, und klicken Sie dann auf **Weiter**.

7. Deaktivieren Sie im Dialog *Serverrollen entfernen* die Option **Active Directory-Domänendienste**, klicken Sie auf **Features entfernen.** Klicken Sie dann auf **Weiter**.

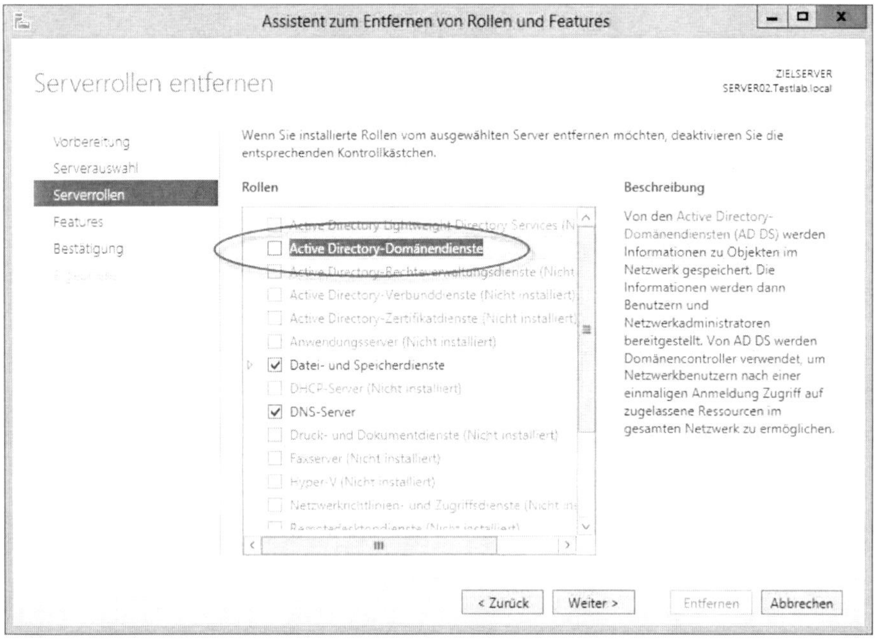

Abbildung 9.23: *Dialog zum Entfernen von Serverrollen*

8. Klicken Sie im Dialog *Features entfernen* auf **Weiter**.

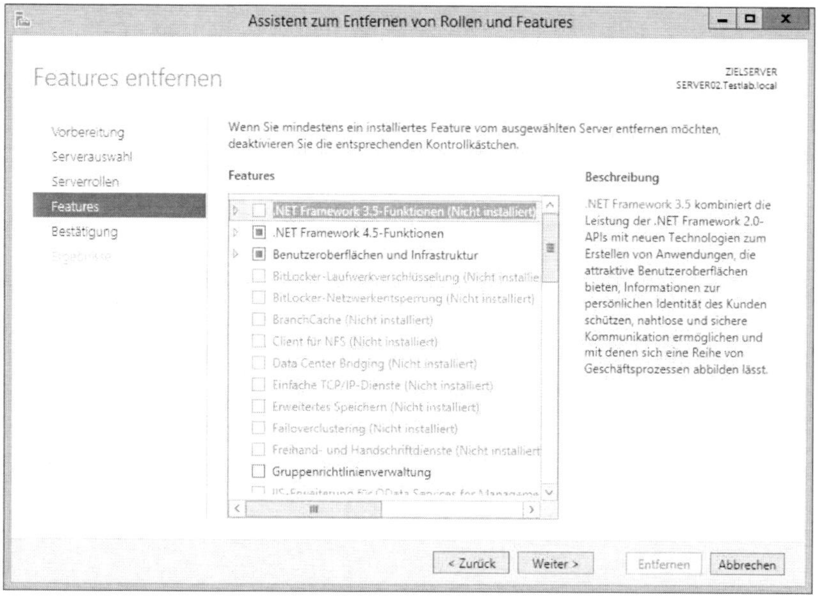

Abbildung 9.24: *Dialog zum Entfernen von Features*

9. Aktivieren Sie im Dialog *Entfernungsauswahl bestätigen* die Option ***Zielserver bei Bedarf automatisch neu starten***, bestätigen Sie die Meldung zum möglichen Neustart mit **Ja**, und klicken Sie dann auf **Entfernen**.

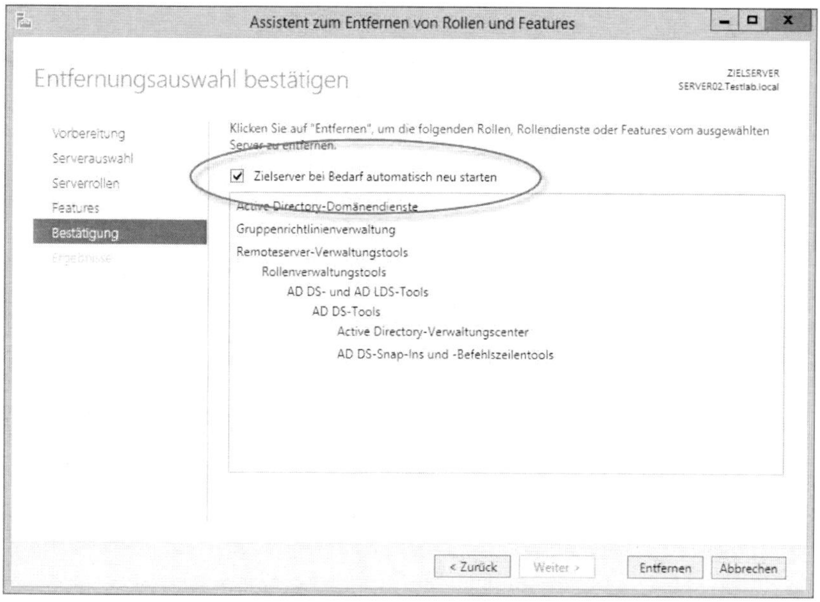

Abbildung 9.25: *Dialog zu Bestätigung der Entfernungsauswahl*

Die Active Directory-Domänendienste als Rolle werden von dem betreffenden Server entfernt. Der betreffende Server wird automatisch neu gestartet.

10. Melden Sie sich nach dem Neustart nochmals als Administrator an, und prüfen Sie den Fortschritt der Entfernung der Rolle im Server-Manager. Klicken Sie im *Assistent zum Enfernen von Rollen und Features* auf **Schließen**.

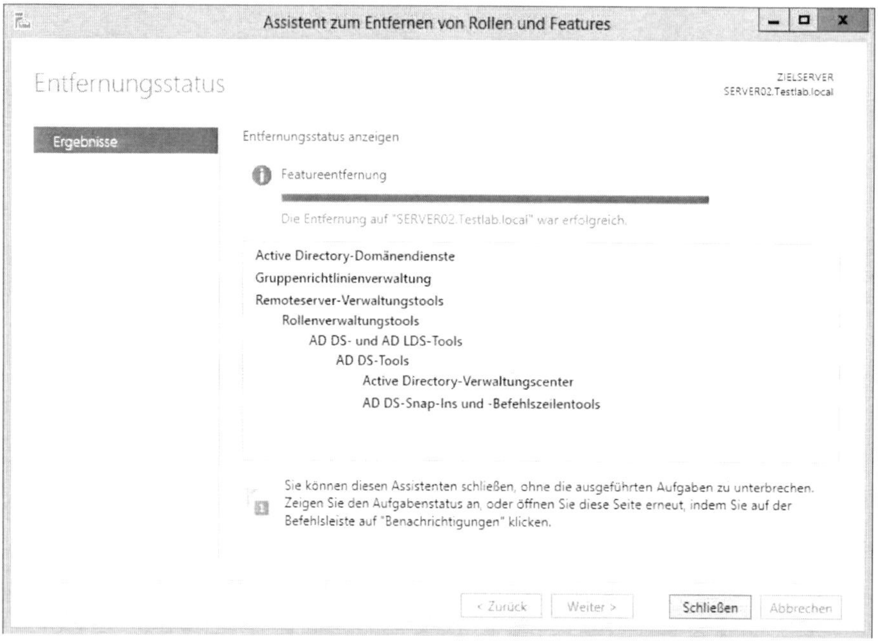

Abbildung 9.26: *Anzeige des Entfernungsstatus*

Das Serversystem steht anschließend für die Installation weiterer Serverrollen oder -funktionen in der Domäne zur Verfügung.

HINWEIS: Alternativ zum grafischen Assistenten zum Entfernen der Active Directory-Domänendienste kann auch der folgende Befehl der Windows PowerShell verwendet werden: **Uninstall-WindowsFeature AD-Domain-Services**

9.6.4 Entfernen der Active Directory-Domänendienste erzwingen

Sollte ein Domänencontroller die Verbindung zur Domäne verloren haben und Sie ihn deshalb nicht mehr einfach zu einem Mitgliedsserver herabstufen können, so kann man das Entfernen der Active Directory-Domänendienste auf diesem Server erzwingen. Dies kann im grafischen **Server-Manager** durch die Auswahl der entsprechenden *Option während des Herunterstufens des Domänencontrollers*, auf dem betreffenden Serversystem erfolgen.

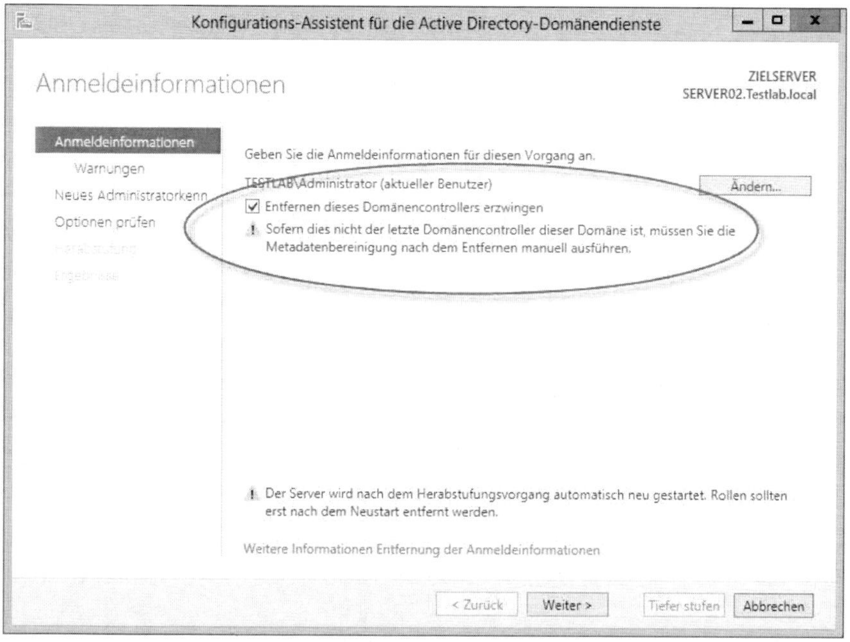

Abbildung 9.27: *Entfernen eines Domänencontrollers erzwingen*

HINWEIS: Alternativ zum grafischen Assistenten kann das Cmdlet **`Uninstall-AddsDomainController`** der Windows PowerShell mit dem Schalter **`-ForceRemoval`** verwendet werden, um das Entfernen der Active Directory-Domänendienste auf einem Serversystem zu erzwingen. Details hierzu findet man nach der Eingabe des folgenden Befehls in der Windows PowerShell: **`Get-Help Uninstall-AddsDomainController`**

Auswirkungen nach dem erzwungenen Herabstufen eines Domänencontrollers

Das Erzwingen des Entfernens eines Domänencontrollers geschieht nicht ohne Nacharbeit.

Anders als beim standardmäßigen Herabstufen eines Domänencontrollers wird der betreffende Server nach dem erzwungenen Entfernen der Active Directory-Domänendienste ***kein Mitgliedsserver*** der ursprünglichen Domäne. In dieser wird das Computerkonto des betreffenden Servers ja noch als Domänencontroller geführt.

Der Server wird nach erfolgreichem Erzwingen der Entfernung der Active Directory-Domänendienste zu einem Stand-alone-Server, den man *nach der Bereinigung der Metadaten* der Active Directory-Domänendienste wieder zu der betreffenden Domäne hinzufügen kann.

Die Active Directory-Domänendienste auf anderen Domänencontrollern sind über das erzwungene Herabstufen des betreffenden Domänencontrollers *noch nicht informiert*. Dies geschieht erst durch das *Bereinigen der Metadaten auf einem der noch vorhandenen Domänencontroller* der betreffenden Domäne.

Die DNS-Einträge des durch das erzwungene Herabstufen entfernten Domänencontrollers sind in der DNS-Namenszone *noch immer vorhanden*. Diese müssen manuell gelöscht werden.

Bereinigung der Metadaten

Nach dem erzwungenen Entfernen der Active Directory-Domänendienste (AD DS) auf einem Domänencontroller und dem damit verbundenen Herunterstufen zu einem Stand-alone-Server steht dieser noch immer in der Datenbank der betreffenden Active Directory-Domäne. Mitunter versuchen die anderen Domänencontroller, den zuvor herab gestuften Server für Replikationsvorgänge zu erreichen. Dies kann zu Fehlermeldungen in der Ereignisanzeige der vorhandenen Domänencontroller führen.

Um den heruntergestuften Domänencontroller auch aus der Active Directory-Domäne zu entfernen, müssen die Metadaten der Active Directory-Domänendienste bereinigt werden. Dieses Vorgehen wird auch dann vollzogen, wenn ein Domänencontroller einer Active Directory-Domäne dauerhaft ausgefallen ist und nicht wieder installiert werden kann.

Gehen Sie zum Bereinigen der Metadaten der Active Directory-Domänendienste (*AD DS*) wie folgt vor:

1. Melden Sie sich an einem der Domänencontroller der betreffenden Domäne als Domänenadministrator an.
2. Klicken Sie auf die **Windows-Taste** und geben Sie **cmd.exe** auf der Tastatur ein, um die Eingabeaufforderung zu starten. Klicken Sie anschließend auf **OK**.
3. Geben Sie in der Eingabeaufforderung den Befehl **ntdsutil.exe** ein, und drücken Sie nachfolgend auf die **Eingabetaste**.
4. Geben Sie **metadata cleanup** ein, und drücken Sie nachfolgend auf die **Eingabetaste**.
5. Geben Sie **connections** ein, drücken Sie nachfolgend auf die **Eingabetaste**.
6. Geben Sie den Befehl **connect to Server** <*Namen des Domänencontrollers*> ein. Verwenden Sie hierbei den Namen eines Domänencontrollers, auf dem Sie die Bereinigung durchführen möchten. Drücken Sie nachfolgend auf die **Eingabetaste**.
7. Geben Sie den Befehl **quit** ein, und drücken Sie nachfolgend auf die **Eingabetaste**, um zu dem vorangegangenen Menü zu gelangen.
8. Geben Sie den Befehl **select operation target** ein. Drücken Sie dann auf die **Eingabetaste**.

9. Lassen Sie sich mittels des Befehls **list domains** die Namen aller vorhandener Active Directory-Domänen anzeigen.

10. Geben Sie den Befehl **select domain** <*Nummer der Domäne*> ein, um die betreffende Domäne auszuwählen, aus welcher der Domänencontroller entfernt werden soll. Drücken Sie nachfolgend auf die **Eingabetaste**.

11. Geben Sie den Befehl **list sites** ein, und drücken Sie auf die **Eingabetaste**, um alle Active Directory-Standorte anzeigen zu lassen.

12. Wählen Sie durch den Befehl **select site** <*Nummer des Standorts*> den Active Directory-Standort aus, aus welchem der Domänencontroller entfernt werden soll. Drücken Sie anschließend auf die **Eingabetaste**.

13. Geben Sie den Befehl **list servers in site** ein, um eine Liste der in dem betreffenden Active Directory-Standort vorhandenen Domänencontroller anzeigen zu lassen. Drücken Sie nachfolgend auf die **Eingabetaste**.

14. Wählen Sie mit dem Befehl **select server** <*Nummer des Servers*> den zu entfernenden Server aus, und drücken Sie nachfolgend auf die **Eingabetaste**.

15. Geben Sie nach der Auswahl des Servers **quit** ein, und drücken Sie auf die **Eingabetaste**. Hierdurch wechseln Sie zurück ins Menü *metadata cleanup*.

16. Geben Sie den Befehl **remove selected server** ein, und drücken Sie auf die **Eingabetaste**. Bestätigen Sie die folgende Warnmeldung zum Entfernen des Servers. Der Fortschritt der Bereinigung wird angezeigt.

17. Wenn der Vorgang abgeschlossen ist, geben Sie **quit** ein, um *ntdsutil.exe* zu beenden. Drücken Sie nachfolgend auf die **Eingabetaste**.

Wenn die Bereinigung der Metadaten der Active Directory-Domänendienste (*AD DS*) abgeschlossen ist, werden die Änderungen an der Active Directory-Datenbank (in diesem Fall das Entfernen des betreffenden Domänencontrollers) von dem betreffenden Server, auf welchem der Vorgang durchgeführt wurde, an alle anderen Domänencontroller repliziert.

9.6 Zusammenfassung

In diesem Kapitel haben Sie erfahren, mit welchen Schritten man die Active Directory-Domänendienste (*Active Directory Domain Services, AD DS*) unter Windows Server 2012 R2 bzw. Windows Server 2012 implementieren kann. Neben der manuellen Einrichtung der Active Directory-Domänendienste wurden Ihnen auch die Schritte für die Vorbereitung und Durchführung einer unbeaufsichtigten Installation erklärt.

Im nun folgenden Kapitel wenden wir uns der Verwaltung der einzelnen Komponenten einer Active Directory-Domänendienste-Umgebung zu. Wir beginnen hierbei mit der Verwaltung der Betriebsmasterrollen.

10 Verwaltung der Betriebsmasterrollen

Im vorangegangenen Kapitel haben Sie erfahren, wie man die Active Directory-Domänendienste (*Active Directory Domain Services, AD DS*) als Serverrolle unter Windows Server 2012 R2 oder auch unter Windows Server 2012 implementiert. Gleichzeitig wurden auf dem betreffenden Serversystem als Domänencontroller auch die für den Betrieb der Active Directory-Domänendienste notwendigen Betriebsmasterrollen bereitgestellt. Man unterscheidet diese zwischen den in der Active Directory-Gesamtstruktur und den in einer jeweiligen Domäne bereitgestellten Betriebsmasterrollen.

10.1 Betriebsmasterrollen in einer Active Directory-Gesamtstruktur

In einer Active Directory-Gesamtstruktur kommen die folgenden Betriebsmasterrollen zum Einsatz:

a. **Nur in der *Stammdomäne der Active Directory-Gesamtstruktur je 1x*:**
   - *Schema-Master* (engl. *Schema Master*)
   - *Domänennamenmaster* (engl. *Domain Naming Master*)

b. ***In einer jeden Domäne* der Active Directory-Gesamtstruktur *je 1 x*:**
   - *PDC-Emulator* (engl. *Primary Domain Controller Emulator*)
   - *RID-Master* (engl. *Relative Identifier, RID-Master*)
   - *Infrastrukturmaster* (engl. *Infrastructure Master*)

Auf dem ersten in der Stammdomäne der Gesamtstruktur eingerichteten Domänencontroller befinden sich somit alle fünf, auf dem jeweils ersten Domänencontroller aller zusätzlich in der Gesamtstruktur eingerichteter Domänen dann zusätzlich drei der Betriebsmasterrollen einer jeweiligen Domäne.

Diese Betriebsmasterrollen können im Bedarfsfall (beispielsweise aus längerfristigen Wartungsgründen) von einem anderen in der jeweiligen Domäne vorhandenen Domänencontroller übernommen werden.

10.1.1 Schemamaster

Im Active Directory-Schema (oft auch als „Blaupause" oder auch „Vorlage" des Active Directory bezeichnet) werden die Klassen und Attribute der in einer Infrastruktur der Active Directory-Domänendienste (*AD DS*) genutzten Objekte festgelegt. Anhand dieser Vorgaben, die als gemeinsames Schema auf allen in einer Active Directory-Gesamtstruktur vorhandenen Domänencontroller gleich sind, werden die Active Directory-Objekte erstellt. Eine besonders tragende Rolle übernimmt hierbei der lediglich nur einmal in einer Active Directory-Gesamtstruktur vorhandene Schemamaster. Dieser führt die folgenden Funktionen aus:

- Enthält die originalen, änderbaren Schemainformationen über alle vorhandenen Objektklassen und -attribute.
- Steuert die Aktualisierung des Active Directory-Schemas.
- Repliziert die Schemaaktualisierungen an alle anderen Domänencontroller innerhalb der jeweiligen Active Directory-Gesamtstruktur.

In einer Active Directory-Gesamtstruktur gibt es nur einen einzigen Domänencontroller in der Stammdomäne, der die Betriebsmasterrolle des Schemamasters ausführt. Somit wird eine zentrale Steuerung von Schemaänderungen (beispielsweise durch die Implementierung von Microsoft Exchange Server, wozu verschiedene Schemaerweiterungen notwendig werden) möglich.

HINWEIS: Sollte der Schemamaster aus bestimmten Gründen einmal nicht mehr verfügbar sein, so können in dieser Zeit am Active Directory-Schema keine Änderungen oder Aktualisierungen vorgenommen werden.

Standardmäßig dürfen nur Mitglieder der Gruppe *Schema-Administratoren* Änderungen am Active Directory-Schema vornehmen.

10.1.2 Domänennamenmaster

Eine Active Directory-Gesamtstruktur ist in ihrer Art flexibel gehalten und kann ganz nach Bedarf skaliert werden. Innerhalb einer Active Directory-Gesamtstruktur werden dazu Domänen erstellt bei Bedarf auch wieder aufgelöst. Die hierbei anfallenden Änderungen in der Active Directory-Infrastruktur werden zwischen den einzelnen Domänencontrollern einer Active Directory-Gesamtstruktur repliziert.

- Der Domänennamenmaster (engl. *Domain Naming Master*) führt als Betriebsmasterrolle dabei die folgenden Funktionen aus:
- Steuert das Hinzufügen und Entfernen von Domänen innerhalb einer Active Directory-Gesamtstruktur.
- Verhindert, dass mehrere Domänen mit dem gleichen Namen innerhalb einer Active Directory-Gesamtstruktur implementiert werden.

In einer Active Directory-Gesamtstruktur gibt es nur einen einzigen Domänencontroller in der Stammdomäne, der die Betriebsmasterrolle des Domänennamenmasters ausführt. Somit wird eine zentrale Steuerung der Änderungen an der gesamten Active Directory-Infrastruktur möglich.

HINWEIS: Sollte der Domänennamenmaster aus bestimmten Gründen einmal nicht mehr verfügbar sein, so können zu der betroffenen Active Directory-Gesamtstruktur beispielsweise keine Domänen hinzugefügt und auch keine der vorhandenen Domänen aus der Gesamtstruktur entfernt werden.

Standardmäßig dürfen nur die *Organisations-Admins* Domänen zu einer bestehenden Active Directory-Gesamtstruktur hinzufügen. Diese Berechtigung kann an andere Benutzer in der Active Directory-Gesamtstruktur delegiert werden.

10.1.3 PDC-Emulator

Ein PDC-Emulator (engl. *Primary Domain Controller, PDC Emulator*) ist in seiner Grundfunktion vergleichbar mit einem primären Domänencontroller unter Windows NT 4.0. Er steht für Betriebssysteme auf Clientcomputer und Servern, die älter als Windows 2000 sind, beispielsweise als Anmeldeserver sowie für notwendige Kennwortänderungen zur Verfügung.

- Der PDC-Emulator führt als Betriebsmasterrolle in einer Active Directory-Domäne u.a. die folgenden Funktionen aus:
- Er dient als Zeitgeber für die Domänencontroller innerhalb der jeweiligen Active Directory-Domäne.
- In Active Directory-Umgebungen bis einschließlich Windows Server 2003, in denen mitunter noch Sicherungsdomänencontroller (eng. *Backup Domain Controllers, BDCs*) unter Windows NT 4.0 zum Einsatz kommen, repliziert der PDC-Emulator die Änderungen in der Active Directory-Domäne an diese Domänencontroller.
- Er minimiert die Replikationslatenz für Kennwortänderungen innerhalb der Domäne. Wenn das Kennwort eines Clientcomputers unter Windows 2000 oder höher geändert wird, leitet der betreffende Domänencontroller diese Änderung sofort an den PDC-Emulator der Domäne weiter. Sollte die Authentifizierung bei einem der Domänencontroller der Domäne wegen der mitunter noch unbekannten Kennwortänderung fehlschlagen, so leitet dieser Domänencontroller die betreffende Anmeldeanfrage an den PDC-Emulator weiter, bevor der Anmeldeversuch als Fehlschlag gewertet wird.
- In einer Active Directory-Domäne gibt es nur einen einzigen Domänencontroller, der die Betriebsmasterrolle des PDC-Emulators (engl. *Primary Domain Controller, PDC Emulator*) ausführt.

HINWEIS: Wenn der PDC-Emulator (*engl. Primary Domain Controller, PDC Emulator*) einer Active Directory-Domäne ausgefallen ist, können die in einer Domäne vorhandenen Domänencontroller ihre Systemzeit mit dem Server, der den PDC-Emulator führt, nicht mehr synchronisieren. Ein länger andauernder Ausfall kann somit beispielsweise zu Problemen in der Kerberos-Authentifizierung der betreffenden Active Directory-Domäne führen kann.

10.1.4 RID-Master

Der RID-Master (engl. *Relative ID, RID Master*) sorgt durch das Bereitstellen von RID-Pools für die vorhandenen Domänencontroller für die Eindeutigkeit der Active Directory-Objekte einer Domäne. Wenn auf einem der Domänencontroller einer Active Directory-Domäne ein neues Objekt erstellt wird, so wird diesem eine eindeutige Sicherheitskennung (*Security Identifier, SID*) zugewiesen. Die Sicherheitskennung setzt sich aus der Domänenkennung und einer RID zusammen, welche für jedes Objekt innerhalb einer Domäne eindeutig ist.

- Der RID-Master führt als Betriebsmaster innerhalb einer Active Directory-Domäne die folgenden Funktionen aus:
- Weist jedem Domänencontroller einen RID-Pool (ein eindeutiger Block an Sicherheitskennungen) für das Erstellen von Objekten zu.
- Verhindert das Entstehen doppelter Objekte beim Verschieben von Active Directory-Objekten zwischen Domänen.
- Füllt die RID-Pools auf den Domänencontrollern innerhalb der Active Directory-Domäne auf Anforderung wieder auf, wenn diese aufgebraucht sind.
- In einer Active Directory-Domäne gibt es nur einen einzigen Domänencontroller, der die Betriebsmasterrolle des RID-Masters (engl. *Relative ID, RID Master*) ausführt.

HINWEIS: Wenn der RID-Master in einer Active Directory-Domäne ausgefallen ist, hat dies meist keine direkte Auswirkung auf die Funktionsfähigkeit der Domäne. Die auf den Domänencontrollern vorhandenen RID-Pools (für das Anlegen von Objekten notwendige, eindeutige Kennungen, engl. IDs) können dann jedoch nicht mehr aufgefüllt werden, so dass in der betroffenen Domäne in absehbarer Zeit keine Active Directory-Objekte mehr erstellt werden können.

10.1.5 Infrastrukturmaster

Der Infrastrukturmaster (engl. *Infrastructure Master*) einer Active Directory-Domäne aktualisiert die Objektreferenzen (den globalen Bezeichner, kurz: *GUID für Global Uniqueness ID*, sowie den Objektnamen) von Active Directory-Objekten innerhalb und auch bei der Verschachtelung von Objekten über die Grenzen einer Active Directory-Domäne, beispielsweise bei der Verschachtelung einer globalen Sicherheitsgruppe in die domänenlokale Sicherheitsgruppe einer anderen Domäne der Gesamtstruktur.

- Der Infrastrukturmaster (engl. *Infrastructure Master*) führt als Betriebsmaster innerhalb einer Active Directory-Domäne die folgende Funktion aus:
- Aktualisiert die Objektidentifikation, wenn ein Active Directory-Objekt in eine andere Domäne der Gesamtstruktur verschoben oder verknüpft wird.

- In einer Active Directory-Domäne gibt es nur einen einzigen Domänencontroller, der die Betriebsmasterrolle des Infrastrukturmasters ausführt.

HINWEIS: Wenn der Infrastrukturmaster einer Active Directory-Gesamtstruktur mit nur einer einzigen Domäne ausgefallen ist, hat dies keinerlei Auswirkungen. Lediglich wenn mehrere Domänen vorhanden sind, können die Objektreferenzen zwischen den Active Directory-Domänen nicht mehr aktualisiert werden, so dass dies unter Umständen zu Problemen bei der Gruppenverschachtelung zwischen den betroffenen Domänen führen kann.

Neben den Betriebsmasterrollen finden sich noch weitere, wichtige Funktionen auf den Domänencontrollern im Umfeld der Active Directory-Gesamtstrukturen und Domänen. Nicht in allen Fällen jedoch kann man diese wahlfrei auf den Domänencontrollern platzieren. So besteht bereits seit Windows 2000 in einer gewissen Konstellation ein Problem beim gemeinsamen Einsatz des Infrastrukturmasters und des globalen Kataloges auf ein und demselben Domänencontroller.

HINWEIS: Der globale Katalog (engl. *Global Catalog, GC*) steht in Active Directory-Gesamtstrukturen als ein „Repository" (sprich: *eine Auswahl*) von Informationen über die darin gespeicherten Active Directory-Objekte dar. Dieser wird beim Einrichten des ersten Domänencontrollers einer Active Directory-Gesamtstruktur automatisch auf ihm erstellt. Im Bedarfsfall können gerne noch weitere Domänencontroller die Funktion des globalen Katalogservers übernehmen. Nähere Informationen zum globalen Katalog erhalten Sie weiter unten in diesem Kapitel.

Infrastrukturmaster und der globale Katalog

Der Infrastrukturmaster überprüft innerhalb einer Active Directory-Domäne in regelmäßigen Zeitabständen die Objektreferenzen von Objekten, die sich auf anderen Domänencontrollern befinden. Aktuelle Informationen zu den betreffenden Objekten (beispielsweise den definierten Namen und der Sicherheitskennung) fragt er bei einem globalen Katalogserver ab. Sollten hierbei Änderungen auftreten, so übernimmt er diese in seine lokale Active Directory-Datenbank und repliziert diese an alle anderen Domänencontroller der betreffenden Active Directory-Domäne.

Der Domänencontroller, welchem die Betriebsmasterrolle des Infrastrukturmasters zugeordnet ist, darf in Gesamtstrukturen, in denen mehrere Active Directory-Domänen vorhanden sind, nicht auch als globaler Katalogserver konfiguriert sein. Ist dies doch der Fall, so funktioniert die Aktualisierung der Objektreferenzen der betreffenden Active Directory-Domäne durch den Infrastrukturmaster nicht mehr, da für ihn durch den auf dem gleichen Server vorhandenen globalen Katalog keine Änderungen an den Active Directory-Objekten mehr erkennbar sind. Eine Ausnahme stellen hierbei Active Directory-Domänen dar, in denen alle vorhandenen Domänencontroller ebenso auch als globale Katalogserver konfiguriert sind. In einem solchen Szenario kann die Rolle des Infrastrukturmasters prinzipiell auf einem beliebigen Domänencontroller implementiert sein.

10.2 Verschieben von Betriebsmasterrollen

Standardmäßig werden die Betriebsmasterrollen auf dem jeweils zuerst eingerichteten Domänencontroller einer Domäne oder auch der Stammdomäne der Gesamtstruktur platziert. Wenn es aus wartungstechnischen Gründen einmal notwendig wird, so kann man die Betriebsmasterrollen mit einfachen Konfigurationsschritten von dem ursprünglichen Rolleninhaber auf einen anderen Domänencontroller der betreffenden Domäne übertragen. Dies setzt voraus, dass beide Domänencontroller, der ursprüngliche Rolleninhaber sowie der geplante Rolleninhaber der Betriebsmasterrollen, funktional sind und zueinander kommunizieren können.

10.2.1 Gründe für das Verschieben von Betriebsmasterrollen

In der Praxis ergeben sich bestimmte Gründe, weshalb die Betriebsmasterrollen von einem Active Directory-Domänencontroller auf einen anderen Domänencontroller verschoben werden müssen:

- Austausch bzw. Aussonderung veralteter Serverhardware
- Wartung eines Serversystems über einen längeren Zeitraum
- Optimierung der Active Directory-Infrastruktur

10.2.2 Auswirkungen auf die Active Directory-Infrastruktur

Bei der Übertragung der Betriebsmasterrollen zwischen funktionalen Domänencontrollern innerhalb einer Active Directory-Domäne treten keinerlei Probleme oder gar Datenverlust auf. Die Betriebsmasterrolle wird bei der Übertragung einfach auf einen anderen Domänencontroller verschoben. Die Änderung des Rolleninhabers der betreffenden Betriebsmasterrolle wird auf alle anderen Domänencontroller der Active Directory-Domäne bzw. der Gesamtstruktur repliziert.

Übergabe der Rollen beim Herunterstufen

Wenn ein Active Directory-Domänencontroller, welcher die Betriebsmasterrollen einer Domäne oder gar der Gesamtstruktur ausführt, zu einem Mitgliedsserver herabgestuft wird, so übergibt er die betreffenden Betriebsmasterrollen während dieses Vorgangs an einen anderen, vorhandenen Active Directory-Domänencontroller der jeweiligen Domäne. Es kommt hierbei zu keinerlei Ausfall der Betriebsmasterrollen. Die Änderung wird nachfolgend an alle Active Directory-Domänencontroller der betreffenden Active Directory-Domäne bzw. der -Gesamtstruktur repliziert.

10.2.3 Notwendige Berechtigungen

Um die Betriebsmasterrollen von einem Domänencontroller auf einen anderen Domänencontroller zu verschieben, muss man über die ausreichenden Berechtigungen innerhalb der betreffenden Active Directory-Domäne oder gar -Gesamtstruktur verfügen.

Die folgende Tabelle zeigt Ihnen die hierzu notwendigen Gruppenmitgliedschaften in Sicherheitsgruppen, um die Berechtigung zum Verschieben der Betriebsmasterrollen innerhalb einer Domäne oder der Gesamtstruktur zu erhalten:

Betriebsmasterrolle	Notwendige Gruppenmitgliedschaft
Schemamaster	Schema-Admins
Domänennamenmaster	Organisations-Admins
PDC-Emulator	Domänen-Admins
RID-Master	Domänen-Admins
Infrastrukturmaster	Domänen-Admins

Tabelle 10.1: *Notwendige Gruppenmitgliedschaft zum Verschieben der Betriebsmasterrollen*

10.2.4 Ermitteln des Rolleninhabers der Betriebsmasterrollen

Vor der Übertragung der Betriebsmasterrollen auf einen anderen Active Directory-Domänencontroller sollte man den ursprünglichen Rolleninhaber erst einmal ermitteln.

Sie können zum Anzeigen der Rolleninhaber der Betriebsmasterrollen in einer Gesamtstruktur den folgenden Befehl in der Eingabeaufforderung von Windows Server 2012 R2 oder auch von Windows Server 2012 ausführen:

```
netdom query fsmo
```

Nach der Ausführung des Befehls werden die Rolleninhaber der einzelnen Betriebsmasterrollen wie folgt angezeigt:

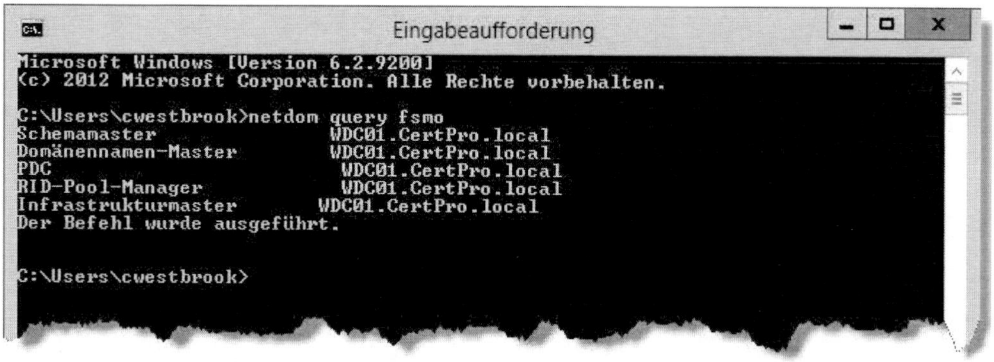

Abbildung 10.1: *Ermitteln der aktuellen Rolleninhaber der Betriebsmasterrollen*

Alternativ besteht auch in der Windows PowerShell die Möglichkeit, den Rolleninhaber der Betriebsmasterrollen zu ermitteln. Dazu gibt man den folgenden Befehl in der *Windows PowerShell* unter Windows Server 2012 R2 ein, und drückt anschließend die **Eingabetaste**:

```
Get-ADDomainController -Filter * | Select-Object, Name, Domain,
Forest, OperationMasterRoles | Where-Object {$_.OperationMas-
terRoles}
```

Selektiv kann man die Rollen mittels des jeweiligen Namens auch einzeln ermitteln. Dazu kann man den Befehl in der Windows PowerShell wie folgt verwenden:

```
Get-ADDomain | Select-Object InfrastructureMaster, RIDMaster,
PDCEmulator
```

oder auch

```
Get-ADForest | Select-Object DomainNamingMaster, SchemaMaster
```

Es ist darüber hinaus möglich, die Rolleninhaber in den grafischen Managementkonsolen für die Active Directory-Verwaltung anzeigen zu lassen.

Ermitteln des Schemamaster-Rolleninhabers

Um den Rolleninhaber der Betriebsmasterrolle des Schemamasters anzeigen zu lassen, müssen Sie in der Regel zuerst einmal das MMC-Snap-In Active Directory-Schema über die Datei *schmmgmt.dll* im betreffenden Domänencontroller registrieren. Gehen Sie dazu wie folgt vor:

1. Melden Sie sich am betreffenden Domänencontroller unter Windows Server 2012 R2 als Administrator an.

2. Starten Sie die Eingabeaufforderung (**cmd.exe**) und geben Sie den folgenden Befehl ein:

   ```
   regsvr32 schmmgmt.dll
   ```

3. Drücken Sie anschließend die **Eingabetaste**.

4. Bestätigen Sie den nachfolgenden Dialog für die erfolgreiche Registrierung über einen Klick auf die Schaltfläche **OK**.

Nun können Sie das MMC-Snap-In *Active Directory-Schema* aufrufen. Gehen Sie dazu wie folgt vor:

1. Wechseln Sie zum Startbildschirm, und geben Sie den folgenden Befehl in die Tastatur ein, und drücken Sie anschließend die **Eingabetaste**: **`mmc.exe`**
2. Bestätigen Sie den Dialog für die Benutzerkontensteuerung mit einem Klick auf die Schaltfläche **Ja**.
3. Klicken Sie in der leeren MMC-Konsole auf **Datei** und dann auf **Snap-In hinzufügen/ entfernen**
4. Wählen Sie unter *Verfügbare Snap-Ins:* das MMC-Snap-In *Active Directory-Schema* aus, klicken Sie auf die Schaltfläche *Hinzufügen*, und dann auf **OK**.
5. Klicken Sie auf den Konsolenstamm *Active Directory-Schema*, um die Einstellung zu fokussieren.
6. Klicken Sie dann mit der rechten Maustaste auf *Active Directory-Schema*, und wählen Sie im Kontextmenü den Eintrag **Betriebsmaster...**

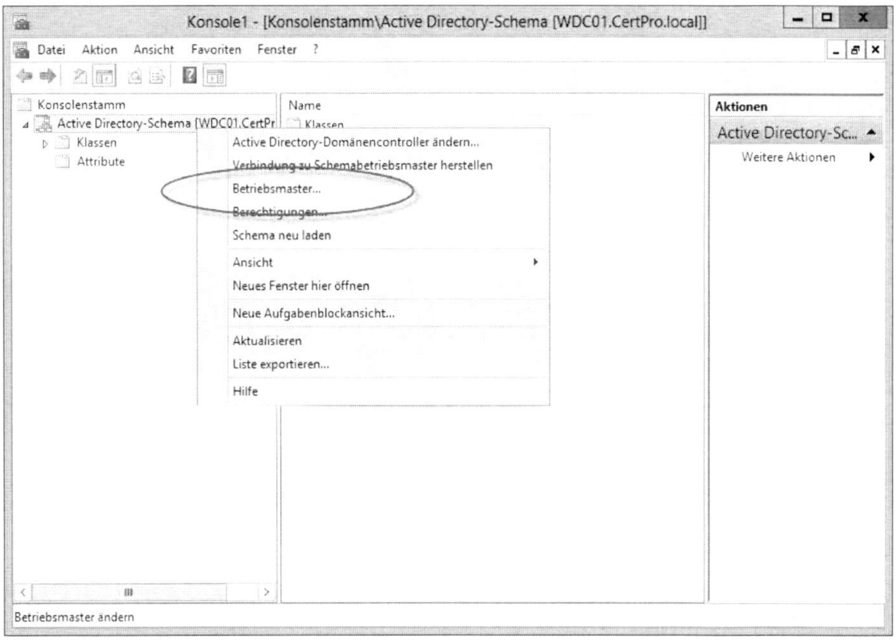

Abbildung 10.2: *Verwaltungskonsole für das Active Directory-Schema*

7. Im nun folgenden Dialog wird der Rolleninhaber unter *Aktueller Schemamaster (online):* angezeigt.

8. Klicken Sie anschließend auf **Schließen**, um das Dialogfenster zu schließen.

In dem Dialog könnte man den aktuellen Schemamaster auf ähnlichem Wege auch auf einen anderen Domänencontroller übertragen. Dies erfordert jedoch noch weitere, kleine Schritte, die in den nächsten Seiten detailliert erklärt werden.

Domänennamenmaster

Um den aktuellen Rolleninhaber für die Betriebsmasterrolle des Domänennamenmasters einer Active Directory-Gesamtstruktur zu ermitteln, gehen Sie wie folgt vor:

1. Melden Sie sich als *Administrator* am Serversystem unter Windows Server 2012 R2 an.

2. Öffnen Sie das *Server-Manager* (soweit dies nicht automatisch geschieht) über einen Klick in der *Taskleiste* auf das **Symbol für den Server-Manager** bzw. im *Startbildschirm* auf die entsprechende **Kachel**.

3. Klicken Sie oben im *Server-Manager* auf **Tools**, und dann auf **Active Directory-Domänen und -Vertrauensstellung**.

4. Klicken Sie oberhalb der angezeigten Domänen mit der rechten Maustaste auf den Konsolenstamm *Active Directory-Domänen und -Vertrauensstellungen* und wählen Sie im Kontextmenü den Eintrag **Betriebsmaster...**

5. Der aktuelle Rolleninhaber wird im Feld *Domänennamen-Betriebsmaster:* angezeigt.

6. Klicken Sie im Dialogfenster anschließend auf **Schließen**.

PDC-Emulator

Um den aktuellen Rolleninhaber für die Betriebsmasterrolle des PDC-Emulators einer Active Directory-Domäne zu ermitteln, gehen Sie wie folgt vor:

1. Melden Sie sich als *Administrator* am Serversystem unter Windows Server 2012 R2 an.

2. Öffnen Sie das *Server-Manager* (soweit dies nicht automatisch geschieht) über einen Klick in der *Taskleiste* auf das **Symbol für den Server-Manager** bzw. im *Startbildschirm* auf die entsprechende **Kachel**.

3. Klicken Sie oben im *Server-Manager* auf **Tools**, und dann auf **Active Directory-Benutzer und -Computer**.

4. Klicken Sie mit der rechten Maustaste auf den *Domänennamen* und wählen Sie im Kontextmenü den Eintrag **Betriebsmaster...**

5. Wechseln Sie zum Register *PDC*. Der aktuelle Rolleninhaber wird Ihnen im Feld *Betriebsmaster:* angezeigt.

RID-Master

Um den aktuellen Rolleninhaber für die Betriebsmasterrolle für den RID-Master einer Active Directory-Domäne zu ermitteln, gehen Sie wie folgt vor:

1. Melden Sie sich als *Administrator* am Serversystem unter Windows Server 2012 R2 an.
2. Öffnen Sie das *Server-Manager* (soweit dies nicht automatisch geschieht) über einen Klick in der *Taskleiste* auf das **Symbol für den Server-Manager** bzw. im *Startbildschirm* auf die entsprechende **Kachel**.
3. Klicken Sie oben im *Server-Manager* auf **Tools**, und dann auf **Active Directory-Benutzer und -Computer**.
4. Klicken Sie mit der rechten Maustaste auf den *Domänennamen* und wählen Sie im Kontextmenü den Eintrag **Betriebsmaster...**
5. Wechseln Sie zum Register *RID*. Der aktuelle Rolleninhaber wird Ihnen im Feld *Betriebsmaster:* angezeigt.

Infrastrukturmaster

Um den aktuellen Rolleninhaber für die Betriebsmasterrolle des Infrastrukturmasters einer Active Directory-Domäne zu ermitteln, gehen Sie wie folgt vor:

1. Melden Sie sich als *Administrator* am Serversystem unter Windows Server 2012 R2 an.
2. Öffnen Sie das *Server-Manager* (soweit dies nicht automatisch geschieht) über einen Klick in der *Taskleiste* auf das **Symbol für den Server-Manager** bzw. im *Startbildschirm* auf die entsprechende **Kachel**.
3. Klicken Sie oben im *Server-Manager* auf **Tools**, und dann auf **Active Directory-Benutzer und -Computer**.
4. Klicken Sie mit der rechten Maustaste auf den *Domänennamen* und wählen Sie im Kontextmenü den Eintrag **Betriebsmaster...**
5. Wechseln Sie zum Register *Infrastruktur*. Der aktuelle Rolleninhaber wird Ihnen im Feld *Betriebsmaster:* angezeigt.

10.2.5 Übertragen der Betriebsmasterrollen

Es existieren verschiedene Möglichkeiten, die Betriebsmasterrollen von einem funktionalen Active Directory-Domänencontroller auf einen anderen Domänencontroller zu übertragen.

Einerseits kann diese mittels des Befehls **Dsmgmt.exe** über die Kommandozeile, mittels Windows PowerShell, aber auch, wie bereits vorweg erwähnt, über die vorhandenen, grafischen MMC-Snap-Ins durchgeführt werden.

HINWEIS: Um eine der Betriebsmasterrollen mittels der grafischen MMC-Snap-Ins auf einen anderen als den aktuellen Domänencontroller zu übertragen, müssen Sie sich mit dem jeweiligen Zieldomänencontroller verbinden und können so die Betriebsmasterrolle auf diesen übernehmen (Pull-Verfahren), sprich: man „zieht" die Rolle quasi auf den betreffenden Zieldomänencontroller. Die Übertragung einer Betriebsmasterrolle von einem bestehenden Rolleninhaber auf einen anderen Domänencontroller ist mittels Push-Verfahren nicht möglich.

Übertragung der Betriebsmasterrollen mittels Windows PowerShell

Eine weitere Möglichkeit, die Betriebsmasterrollen von einem auf einen anderen Domänencontroller zu übertragen, steht in der Windows PowerShell mit dem Cmdlet **`Move-ADDirectoryServerOperationMasterRole`** zur Verfügung. Um zum Beispiel alle vorhandenen Betriebsmasterrollen auf einen einzelnen Server zu übertragen, verwendet man einfach den folgenden Befehl in der Windows PowerShell:

```
Move-ADDirectoryServerOperationMasterRole -Identity "<Zielserver>"
-OperationMasterRole SchemaMaster,RIDMaster,InfrastructureMaster,DomainNamingMaster,PDCEmulator
```

Alternativ zu den Namen der einzelnen Betriebsmasterrollen kann man die den einzelnen Rollen zugeordnete Zahlen verwenden. Der Befehl für die Übertragung der Rollen sieht dann in der Praxis so aus:

```
Move-ADDirectoryServerOperationMasterRole -Identity "<Zielserver>"
-OperationMasterRole 0,1,2,3,4
```

Erklärung / Rollenzuordnung:

Rollenname	Zahl
PDCEmulator	0
RIDMaster	1
InfrastructureMaster	2
SchemaMaster	3
DomainNamingMaster	4

Tabelle 10.2: *Zuordnung der einzelnen Betriebsmasterrollen*

Schemamaster

Wie bereits beschrieben, besteht die Möglichkeit, die Betriebsmasterrollen entweder mittels der grafischen MMC-Snap-Ins, mittels Windows PowerShell oder mittels des Kommandozeilenbefehls **Dsmgmt.exe** von einem ursprünglichen auf einen anderen Domänencontroller zu übertragen.

Übertragung der Schemamasterrolle mittels MMC-Snap-In

Um die Betriebsmasterrolle des Schemamasters mittels des MMC-Snap-Ins *Active Directory-Schema* auf einen anderen als den aktuellen Domänencontroller zu übertragen, gehen Sie wie folgt vor:

1. Wechseln Sie zum Startbildschirm, und geben Sie den folgenden Befehl in die Tastatur ein, und drücken Sie anschließend die **Eingabetaste**: `mmc.exe`
2. Bestätigen Sie den Dialog für die Benutzerkontensteuerung mit einem Klick auf die Schaltfläche **Ja**.
3. Klicken Sie in der leeren MMC-Konsole auf **Datei** und dann auf **Snap-In hinzufügen/entfernen**
4. Wählen Sie unter *Verfügbare Snap-Ins:* das MMC-Snap-In *Active Directory-Schema* aus, klicken Sie auf die Schaltfläche *Hinzufügen*, und dann auf **OK**.
5. Klicken Sie auf den Konsolenstamm *Active Directory-Schema*, um die Einstellung zu fokussieren.
6. Klicken Sie dann mit der rechten Maustaste auf *Active Directory-Schema* und wählen Sie im Kontextmenü den Eintrag **Active Directory-Domänencontroller ändern**
7. Wählen Sie den Domänencontroller aus, auf welchen Sie die Betriebsmasterrolle des Schemamasters übertragen wollen, und klicken Sie anschließend auf **OK**.
8. Klicken Sie dann mit der rechten Maustaste auf *Active Directory-Schema* und wählen Sie im Kontextmenü den Eintrag **Betriebsmaster...**
9. Klicken Sie im Dialogfenster *Schemamaster ändern* auf die Schaltfläche **Ändern** und bestätigen Sie die nachfolgende Abfrage mit einem Klick auf die Schaltfläche **Ja**.
10. Bestätigen Sie die fehlerfreie Übertragung auf den betreffenden Domänencontroller mit einem Klick auf die Schaltfläche **OK** und klicken Sie nachfolgend auf die Schaltfläche **Schließen**, um das Dialogfenster *Schemamaster ändern* zu schließen.

Domänennamenmaster

Die Betriebsmasterrolle des Domänennamenmasters einer Active Directory-Gesamtstruktur kann ähnlich einfach auf einen anderen Domänencontroller übertragen werden. Auch hier besteht die Möglichkeit, entweder den entsprechenden MMC-Snap-In *Active Directory-Domänen und -Vertrauensstellungen*, die Windows PowerShell oder den Kommandozeilenbefehl **`ntdsutil.exe`** zu verwenden.

Übertragung der Domänennamenmasterrolle mittels MMC-Snap-In

Gehen Sie zum Übertragen der Betriebsmasterrolle des Domänennamenmasters einer Active Directory-Gesamtstruktur mittels des MMC-Snap-Ins *Active Directory-Domänen und -Vertrauensstellungen* auf einen andern Domänencontroller wie folgt vor:

1. Melden Sie sich als *Administrator* am Serversystem unter Windows Server 2012 R2 an.
2. Öffnen Sie das *Server-Manager* (soweit dies nicht automatisch geschieht) über einen Klick in der *Taskleiste* auf das **Symbol für den Server-Manager** bzw. im *Startbildschirm* auf die entsprechende **Kachel**.
3. Klicken Sie oben im *Server-Manager* auf **Tools**, und dann auf **Active Directory-Domänen und -Vertrauensstellung**.
4. Klicken Sie oberhalb der angezeigten Domänen mit der rechten Maustaste auf den Konsolenstamm *Active Directory-Domänen und -Vertrauensstellungen* und wählen Sie im Kontextmenü den Eintrag **Domänencontroller ändern**
5. Wählen Sie den Domänencontroller aus, auf welchen Sie die Betriebsmasterrolle übertragen wollen und klicken Sie anschließend auf **OK**.
6. Klicken Sie dann mit der rechten Maustaste auf *Active Directory-Domänen und -Vertrauensstellungen* und wählen Sie im Kontextmenü den Eintrag **Betriebsmaster...**
7. Klicken Sie im Dialogfenster *Betriebsmaster* auf die Schaltfläche **Ändern** und bestätigen Sie die nachfolgende Abfrage mit einem Klick auf die Schaltfläche *Ja*.
8. Bestätigen Sie die fehlerfreie Übertragung auf den betreffenden Domänencontroller mit einem Klick auf die Schaltfläche **OK** und klicken Sie nachfolgend auf die Schaltfläche **Schließen**, um das Dialogfenster *Betriebsmaster* zu schließen.

PDC-Emulator, RID-Master und Infrastrukturmaster

Die innerhalb einer jeden Active Directory-Domäne jeweils einmal vorhandenen Betriebsmasterrollen des PDC-Emulators, des RID-Masters und des Infrastrukturmasters können im Bedarfsfall ebenso einfach auf einen anderen Domänencontroller übertragen werden. Auch hier besteht die Möglichkeit, entweder das entsprechende MMC-Snap-In *Active Directory-*

Benutzer und -Computer, die Windows PowerShell oder den Kommandozeilenbefehl **`Dsmgmt.exe`** zu verwenden.

Übertragung von PDC-Emulator, RID-Master oder Infrastrukturmaster mittels MMC-Snap-In

Gehen Sie zum Übertragen der Betriebsmasterrolle des PDC-Emulators, des RID-Masters oder des Infrastrukturmasters einer Active Directory-Domäne mittels des MMC-Snap-Ins *Active Directory-Benutzer und -Computer* auf einen andern Domänencontroller wie folgt vor:

1. Melden Sie sich als *Administrator* am Serversystem unter Windows Server 2012 R2 an.
2. Öffnen Sie das *Server-Manager* (soweit dies nicht automatisch geschieht) über einen Klick in der *Taskleiste* auf das **Symbol für den Server-Manager** bzw. im *Startbildschirm* auf die entsprechende **Kachel**.
3. Klicken Sie oben im *Server-Manager* auf **Tools**, und dann auf **Active Directory-Benutzer und -Computer**.
4. Klicken Sie mit der rechten Maustaste auf den *Domänennamen* und wählen Sie im Kontextmenü den Eintrag **Domänencontroller ändern**
5. Wählen Sie den Domänencontroller aus, auf welchen Sie die Betriebsmasterrolle übertragen wollen und klicken Sie anschließend auf **OK**.
6. Klicken Sie dann nochmals mit der rechten Maustaste auf den Domänennamen und wählen Sie im Kontextmenü den Eintrag **Betriebsmaster...**
7. Klicken Sie im Dialogfenster *Betriebsmaster* auf das Register der zu übertragenden Betriebsmasterrolle, anschließend auf die Schaltfläche **Ändern** und bestätigen Sie die nachfolgende Abfrage mit einem Klick auf die Schaltfläche **Ja**.
8. Bestätigen Sie die fehlerfreie Übertragung auf den betreffenden Domänencontroller mit einem Klick auf die Schaltfläche **OK** und klicken Sie nachfolgend auf die Schaltfläche **Schließen**, um das Dialogfenster ***Betriebsmaster*** zu schließen.

HINWEIS: Alternativ zur Übertragung der Betriebsmasterrollen mithilfe der MMC-Snap-Ins lässt sich dies auch mithilfe des Kommandozeilenbefehls **Dsmgmt.exe** durchführen. Nähere Informationen hierzu erhalten Sie in der Hilfe von ntdsutil.exe und in der Windows-Hilfe unter Windows Server 2012 R2.

10.3 Übernahme der Betriebsmasterrollen bei Ausfall des aktuellen Rolleninhabers

In Umgebungen der Active Directory-Domänendienste (*Active Directory Domain Services, AD DS*) kommt es zwar selten, aber mitunter vor, dass ein Domänencontroller seitens der Serverhardware ausfällt. Wenn dieser Domänencontroller gleichzeitig auch die Betriebsmasterrollen einer Active Directory-Gesamtstruktur oder -Domäne ausführt, so kann der Verlust der Rollen mitunter zu Problemen innerhalb der jeweiligen Active Directory-Umgebung führen.

Wenn der ursprüngliche Rolleninhaber einer Betriebsmasterrolle dauerhaft ausgefallen ist, so kann die jeweils betroffene Rolle nicht einfach auf einen anderen Domänencontroller übertragen werden. Sie muss vielmehr von einem noch vorhandenen Domänencontroller übernommen werden. Da der ursprüngliche, ausgefallene Domänencontroller von einer solchen Übernahme der betreffenden Betriebsmasterrollen durch einen anderen Domänencontroller nichts erfährt, kann es zu ernsthaften Problemen führen, wenn dieser beispielsweise nach einem Austausch des Mainboards einfach wieder in Betrieb genommen werden würde.

Man muss die Übernahme der Betriebsmasterrollen auf einen anderen Active Directory-Domänencontroller vorweg gut abwägen, um mögliche Probleme (beispielsweise durch die nachfolgende Wiederinbetriebnahme eines ursprünglichen Active Directory-Schema-Masters innerhalb einer Active Directory-Gesamtstruktur) zu vermeiden. Nicht in allen Situationen müssen bei Ausfall eines Active Directory-Domänencontrollers sogleich auch die dadurch betroffenen Betriebsmasterrollen auf einem anderen Domänencontroller festgelegt werden.

WICHTIG! Der ursprüngliche Betriebsmasterrolleninhaber muss vor einer Übernahme der betreffenden Betriebsmasterfunktion durch einen anderen Domänencontroller unbedingt permanent vom Netzwerk getrennt werden, und darf anschließend ohne Neuinstallation des Betriebssystems ***nicht*** mehr in Betrieb genommen werden.

10.3.1 Gründe für die Übernahme der Betriebsmasterrollen

In der Praxis sprechen wenige Gründe für die Übernahme der Betriebsmasterrollen einer Active Directory-Gesamtstruktur oder -Domäne auf einen anderen Domänencontroller.

PRAXISTIP: Wenn es absehbar ist, dass der ursprüngliche Betriebsmasterrolleninhaber in annehmbarer Zeit wieder hergestellt werden kann, so sollten Sie die Übernahme der Betriebsmasterrolle nicht in Erwägung ziehen. Wenn der Betriebsmasterrolleninhaber kurzzeitig offline ist, so ist eine Übernahme der Betriebsmasterrollen auf einen anderen Domänencontroller unter Umständen nicht erforderlich.

In den folgenden Fällen sollten Sie die Übernahme der Betriebsmasterrollen eines ausgefallen Domänencontrollers auf einen anderen Domänencontroller in Erwägung ziehen:

- Der ursprüngliche Betriebsmasterrolleninhaber kann in annehmbarer Zeit nicht mehr in Betrieb genommen werden.

- Die ausgefallene Betriebsmasterrolle beeinträchtigt die Leistung der Active Directory-Gesamtstruktur oder -Domäne auf inakzeptable Weise.

Seien Sie sich jedoch in allen Fällen über die möglichen Konsequenzen des Ausfalls, sowie der Übernahme der Betriebsmasterrollen durch einen anderen Domänencontroller mit anschließender Wiederinbetriebnahme des ursprünglichen Rolleninhabers bewusst.

10.3.2 Mögliche Auswirkungen des Ausfalls

Vor der Übernahme der Betriebsmasterrollen einer Active Directory-Gesamtstruktur oder -Domäne muss man sich über die möglichen Auswirkungen des Ausfalls, sowie der fehlerhaften Wiederherstellung informieren. Die folgende Tabelle enthält die hierzu notwendigen Informationen:

Betriebsmasterrolle	Probleme bei Ausfall der Betriebsmasterrolle	Wiederinbetriebnahme des ursprünglichen Rolleninhabers nach Übernahme der Rolle auf einen anderen Domänencontroller
Schemamaster	Änderungen am Schema können nicht vorgenommen werden	*NICHT empfehlenswert!* Kann zu einer Beschädigung der Gesamtstruktur führen.
Domänennamenmaster	Es können keine Domänen zur Gesamtstruktur hinzugefügt, oder daraus entfernt werden	*NICHT empfehlenswert!* Kann eine Neuerstellung der Domänen notwendig machen.
PDC-Emulator	Zeitsynchronisation zwischen den Domänencontrollern ist nicht mehr sichergestellt. Die Replikation auf Windows NT 4.0-Domänencontroller findet nicht mehr statt. Kennwörter von Clientcomputern, auf denen die Active Directory-Clientsoftware nicht installiert ist, können nicht mehr geändert werden.	*Zulässig* Die Benutzerauthentifizierung kann mitunter vorübergehend gestört sein, jedoch entstehen keine dauerhaften Schäden.
RID-Master	Es können keine neuen Active Directory-Objekte erstellt werden, wenn die RID-Pools der	*NICHT empfehlenswert!* Kann unter Umständen die Neuerstellung der betreffenden Domäne notwendig machen.

Betriebsmasterrolle	Probleme bei Ausfall der Betriebsmasterrolle	Wiederinbetriebnahme des ursprünglichen Rolleninhabers nach Übernahme der Rolle auf einen anderen Domänencontroller
	Domänencontroller erschöpft sind.	
Infrastrukturmaster	Führt zur Verzögerung der Aktualisierung der Anzeige der Gruppenmitgliedschaften in der Benutzeroberfläche.	*Zulässig* Kann sich lediglich auf die Leistung des betroffenen Domänencontrollers auswirken, ruft jedoch keine dauerhaften Schäden hervor.

Tabelle 10.3: *Mögliche Auswirkungen des Ausfalls, sowie der Übernahme von Betriebsmasterrollen*

Wie in der Tabelle zu sehen, stellt sich die Wiederinbetriebnahme eines ursprünglichen Betriebsmasterrolleninhabers mitunter als sehr kritisch dar. Es sollte deshalb sehr gut abgewogen werden, inwieweit die Wiederinbetriebnahme überhaupt erforderlich ist. Eine Neuinstallation des Betriebssystems des ursprünglichen Rolleninhabers mit anschließendem Heraufstufen zum Domänencontroller, sowie der nachfolgenden Übertragung der Betriebsmasterrollen ist zwar prinzipiell aufwändiger, jedoch sicher auch der empfehlenswertere Weg.

PRAXISTIPP! Wenn lediglich der Rolleninhaber für den PDC-Emulator oder Infrastrukturmaster ausgefallen war, und die Rollen zwischenzeitlich von einem anderen Domänencontroller übernommen wurden, so ist eine Wiederinbetriebnahme des ursprünglichen Rolleninhabers in diesem Fall nicht kritisch. Nach der Inbetriebnahme des ursprünglichen Betriebsmasters repliziert sich dieser mit den anderen Domänencontrollern der Domäne und erfährt hierbei, dass die betreffenden Betriebsmasterrollen bereits durch einen anderen Domänencontroller ausgeführt werden. Er übernimmt die Änderung und führt die beiden Rollen nachfolgend nicht weiter aus.

10.3.3 Übernehmen der Betriebsmasterrollen

Die Übernahme der Betriebsmasterrollen nach Ausfall des ursprünglichen Rolleninhabers auf einen anderen Domänencontroller kann mittels des Befehls ntdsutil.exe erfolgen. Sie müssen über die hierzu notwendigen Berechtigungen verfügen.

Übernahme der Betriebsmasterrollen mittels Windows PowerShell erzwingen

Eine weitere Möglichkeit, die Betriebsmasterrollen nach Ausfall des eigentlichen Rolleninhabers auf einen anderen Domänencontroller zu erzwingen, steht in der Windows PowerShell mit dem Cmdlet **`Move-ADDirectoryServerOperationMasterRole`** zur Verfügung. Um zum Beispiel die Übernahmen aller vorhandenen Betriebsmasterrollen auf einen einzelnen Server zu erzwingen, verwendet man einfach den folgenden Befehl in der Windows PowerShell:

```
Move-ADDirectoryServerOperationMasterRole -Identity "<Name des Zielservers>" -OperationMasterRole SchemaMaster,RIDMaster,InfrastructureMaster,DomainNamingMaster,PDCEmulator -Force
```

Übernahme der Betriebsmasterrollen mittels ntdsutil.exe erzwingen

Gehen Sie zur Übernahme der Betriebsmasterrollen auf einem Domänencontroller unter Windows Server 2012 R2 mittels ntdsutil.exe wie folgt vor:

1. Starten Sie die ***Eingabeaufforderung*** auf dem Domänencontroller in der betreffenden Active Directory-Domäne.

2. Geben Sie den Befehl **`ntdsutil`** ein, und drücken Sie die **Eingabetaste**.

3. Geben Sie den Befehl **`roles`** ein, um zur Ebene ***fsmo maintenance*** zu gelangen.

4. Geben Sie **`Connections`** ein, um eine Verbindung mit dem Zieldomänencontroller für die Betriebsmasterrolle herzustellen.

5. Fokussieren Sie den Zieldomänencontroller durch die Eingabe des Befehls **`Connect to Server`** *`<Servername>`*

6. Geben Sie **`quit`** ein, um zurück zur Ebene ***fsmo maintenance*** zu wechseln.

7. Zum Übernehmen der gewünschten Betriebsmasterrolle auf den soeben fokussierten Domänencontroller geben Sie den notwendigen Befehl ein:

   ```
   Seize schema master

   Seize naming master

   Seize PDC master

   Seize RID master

   Seize infrastructure master
   ```

8. Bestätigen Sie die jeweils folgende Abfrage mit einem Klick auf die Schaltfläche **Ja**.

9. Wiederholen Sie im Bedarfsfall die Schritte 7 und 8 bis alle gewünschten Betriebsmasterrollen auf den Zieldomänencontroller übernommen wurden.

10.4 Zusammenfassung

Wie Sie in den vorangegangenen Seiten dieses Buches erfahren haben, besteht die Möglichkeit, die Betriebsmasterrollen innerhalb einer Active Directory-Gesamtstruktur oder -Domäne bei Funktionalität der betreffenden Domänencontroller problemlos zwischen diesen zu übertragen. Hierzu steht neben den grafischen *MMC-Snap-Ins* auch der Kommandozeilenbefehl **`ntdsutil.exe`** zur Verfügung. Wichtig ist hierbei, dass man über die jeweils notwendigen Berechtigungen zum Übertragen der Betriebsmasterrollen verfügt.

Bei Ausfall eines Domänencontrollers, der auch als Betriebsmasterrolleninhaber konfiguriert war, besteht weiterhin die Möglichkeit der Übernahme der betroffenen Rollen durch einen anderen Domänencontroller der jeweiligen Active Directory-Domäne. Wie aber beschrieben, sollte man diesen Schritt gut abwägen, da er – insbesondere in Bezug auf die Wiederinbetriebnahme des ursprünglichen Rolleninhabers – mitunter große Auswirkungen auf die Funktionalität der Active Directory-Domäne oder gar der -Gesamtstruktur haben kann.

Neben den Betriebsmasterrollen führen die Active Directory-Domänencontroller bei Bedarf noch eine weitere Funktion aus. Im nächsten Kapitel erfahren Sie mehr über die Verwaltungsmöglichkeit der Funktion des globalen Katalogs.

11 Verwaltung globaler Katalogserver

In Active Directory-Gesamtstrukturen stellt ein globaler Katalog ein Repository für Informationen über die darin vorhandenen Active Directory-Objekte dar. Dieser wird beim Einrichten des ersten Domänencontrollers einer Active Directory-Gesamtstruktur automatisch erstellt und diesem hierzu die Funktion als globaler Katalogserver zugewiesen. Im Bedarfsfall können noch weitere Domänencontroller innerhalb der vorhandenen Domänen einer Active Directory-Gesamtstruktur die Funktion des globalen Katalogservers übernehmen.

11.1 Funktionen des globalen Katalogservers

Ein Domänencontroller unter Windows führt als ein globaler Katalogserver grundsätzlich die folgenden Funktionen aus:

- Ermöglicht die Netzwerkanmeldung der Benutzer durch die Bereitstellung der Informationen zur Mitgliedschaft in universellen Gruppen einer Active Directory-Gesamtstruktur.
- Stellt auf Abfrage die gespeicherten Informationen zu Active Directory-Objekten, wie beispielsweise E-Mail-Adressen der Benutzer, bereit.

Die Funktion des globalen Katalogservers auf den einzelnen Domänencontrollern einer Active Directory-Gesamtstruktur bzw. innerhalb von Active Directory-Standorten wird im DNS-Dienst anhand entsprechender Diensteinträge (*SRV Records*) publiziert. Somit ist der globale Katalogserver von den in der Gesamtstruktur vorhandenen Clientcomputern und Servern mittels einer Abfrage an einen der vorhandenen DNS-Server ermittelbar.

11.2 Ausfall eines globalen Katalogservers

Wenn in einer Active Directory-Gesamtstruktur ausfallbedingt nicht mindestens ein Domänencontroller vorhanden ist, der die Funktion als globaler Katalogserver bereitstellt, so können sich Benutzer der betreffenden Active Directory-Infrastruktur im Netzwerk nicht mehr anmelden. Dies resultiert aus der Tatsache, dass während des Anmeldevorgangs die möglichen Gruppenmitgliedschaften der Benutzer in universellen Gruppen nicht mehr ermittelt werden können. Hierdurch könnte die Sicherheit der vorhandenen Ressourcen der betreffenden Active Directory-Infrastruktur in Mitleidenschaft gezogen werden, sodass sogar ein zwischenzeitlich mitunter nicht mehr erlaubter Zugriff auf bestimmte Ressourcen ermöglicht würde. Es ist deshalb wichtig zu erfahren, wie man einem weiteren, vorhandenen Domänencontroller die Funktion als globaler Katalogserver zuweist.

WICHTIG! Bei Ausfall aller globalen Katalogserver einer Active Directory-Gesamtstruktur ist man nur noch über das Administratorkonto in der Lage, sich in der jeweiligen Domäne lokal an den vorhandenen Domänencontrollern anzumelden.

11.3 Zuweisen der Funktion als globaler Katalogserver

Innerhalb einer Active Directory-Gesamtstruktur oder -Domäne kann man prinzipiell jedem Domänencontroller ab Windows 2000 (oder höher) die Funktion als globaler Katalogserver zuweisen. Eine Ausnahme stellen hierbei prinzipiell nur die schreibgeschützten Domänencontroller (engl. *Read Only Domain Controllers, RODCs*) dar. Lediglich wenn in einer Active Directory-Gesamtstruktur mehr als eine Domäne vorhanden ist, sollte man darauf achten, dass entweder alle Domänencontroller die Funktion als globaler Katalogserver ausführen oder man diese nicht auf den Domänencontrollern aktiviert, die auch als Infrastrukturmaster eingesetzt werden. Eine weitere Einschränkung könnte sich lediglich durch unzureichende Bandbreitenkapazität auf WAN-Verbindungen (*Wide Area Network*) ergeben, da die Inhalte des globalen Katalogs zueinander repliziert werden müssen. Wenn die zur Verfügung stehende Bandbreite einer Zweigniederlassung zu einem Unternehmenshauptsitz die Replikation nicht ausreichend ermöglicht, so sollte man vom Einsatz globaler Katalogserver an diesen Standorten absehen. Als Alternative bei einem möglichen Ausfall der WAN-Verbindung kann man an diesen Standorten auf Domänencontrollern ab Windows Server 2003 (oder höher) die Zwischenspeicherung der universellen Gruppenmitgliedschaft in Erwägung ziehen.

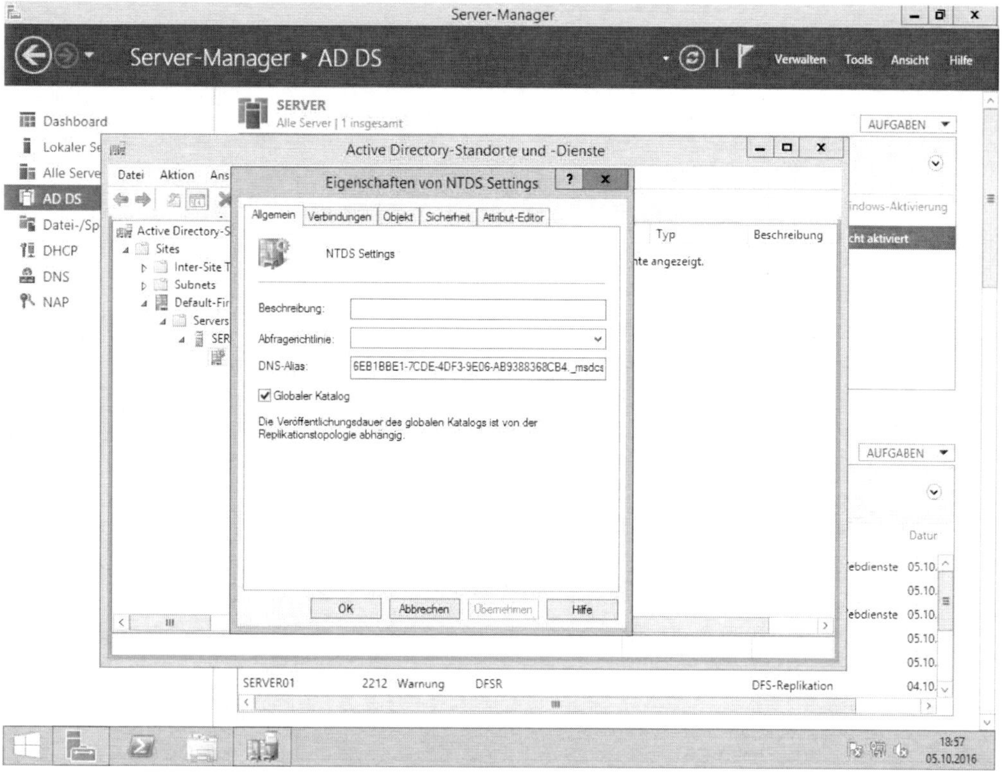

Abbildung 11.1: *Konfiguration eines Domänencontrollers unter Windows Server 2012 R2*

HINWEIS: Um einem Domänencontroller die Funktion als globaler Katalogserver zuzuweisen, muss man der Sicherheitsgruppe der *Domänen-Admins* der betreffenden Domäne oder der *Organisations-Admins* angehören.

Gehen Sie wie folgt vor, um einem vollwertigen Domänencontroller unter Windows Server 2012 R2 die Funktion eines globalen Katalogservers zuzuweisen:

1. Melden Sie sich als *Administrator* am Serversystem an.
2. Öffnen Sie das *Server-Manager* (soweit dies nicht automatisch geschieht) über einen Klick in der *Taskleiste* auf das **Symbol für den Server-Manager** bzw. im *Startbildschirm* auf die entsprechende **Kachel**.
3. Klicken Sie oben im *Server-Manager* auf **Tools**, und dann auf **Active Directory-Standorte und -Dienste**.
4. Erweitern Sie den Knoten für *Sites* (*Standorte*), dann den gewünschten Standort, den Container *Servers* (*Server*) und anschließend den des betreffenden Domänencontrollers.

5. Klicken Sie mit der rechten Maustaste auf *NTDS-Settings* des gewünschten Domänencontrollers und wählen Sie im Kontextmenü den Eintrag **Eigenschaften**.

6. Aktivieren Sie das Kontrollkästchen *Globaler Katalog*, und klicken Sie dann auf **OK**.

Nach der Aktivierung der Funktion als globaler Katalogserver repliziert der Domänencontroller die Inhalte des globalen Katalogs mit den übrigen, vorhandenen globalen Katalogservern.

Wie bereits erwähnt, enthält ein globaler Katalogserver einen Auszug an Informationen über die in einer Active Directory-Gesamtstruktur vorhandenen Benutzer-, Computer- und Gruppenobjekte. Diese Objekte kann man in einem Serversystem unter Windows Server 2012 R2 gegenüber den vorherigen Betriebssystemversionen nunmehr noch gezielter verwalten. Es stehen ja, wie bereits vorweg erwähnt, einige neue Verwaltungswerkzeuge und Methoden zur Verfügung.

11.4 Anpassen des globalen Katalogs

In der Praxis wird es mitunter schon einmal notwendig, die Inhalte des globalen Katalogs an die Unternehmensbedürfnisse anzupassen. Nicht jedes Attribut der Active Directory-Objekte wird automatisch auch im globalen Katalogserver gespeichert. Man kann weitere, ggf. sogar selbst erstellte Attribute über den globalen Katalog in der Active Directory-Gesamtstruktur publizieren.

Um mögliche Änderungen an den Inhalten des globalen Katalogs einer Active Directory-Gesamtstruktur vorzunehmen, müssen Sie in der Regel zuerst einmal das MMC-Snap-In ***Active Directory-Schema*** über die Datei ***schmmgmt.dll*** im betreffenden Domänencontroller registrieren. Gehen Sie dazu wie folgt vor:

1. Melden Sie sich als *Administrator* am Serversystem unter Windows Server 2012 R2 an.

2. Öffnen Sie den **Startbildschirm**, geben Sie den folgenden Befehl in der Tastatur ein, und drücken Sie anschließend die **Eingabetaste**: **`cmd.exe`**

3. Geben Sie in der Eingabeaufforderung den folgenden Befehl ein, und drücken Sie anschließend die **Eingabetaste**: **`regsvr32 schmmgmt.dll`**

4. Klicken Sie nun auf **OK**, um den Befehl auszuführen.

5. Bestätigen Sie den nachfolgenden Dialog für die erfolgreiche Registrierung über einen Klick auf die Schaltfläche **OK**.

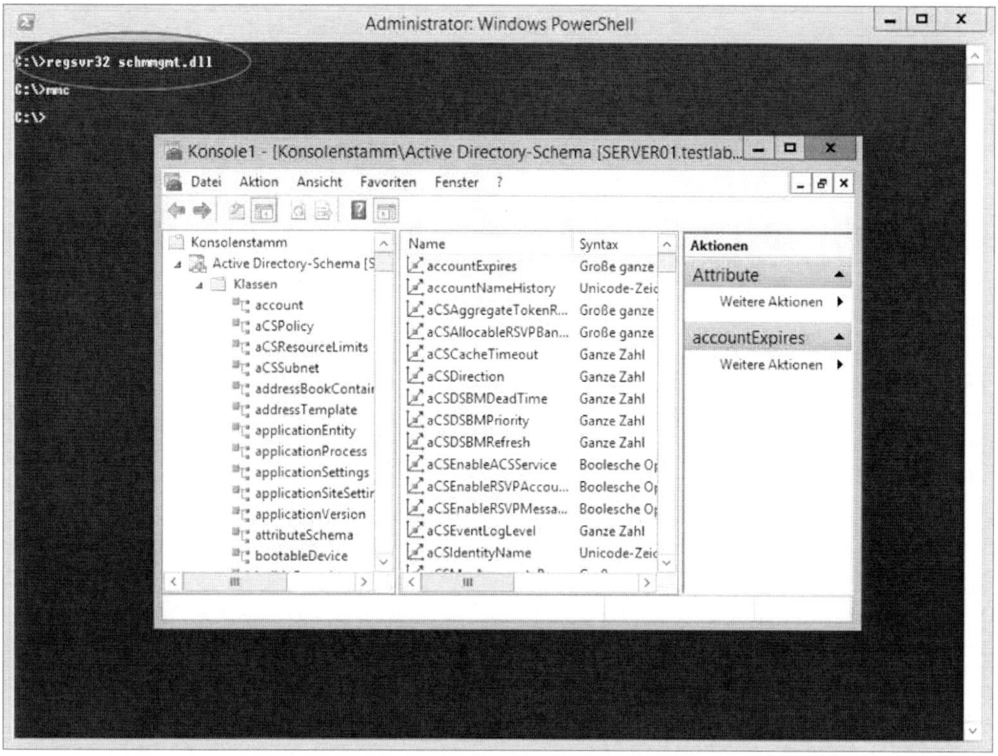

Abbildung 11.2: *Anzeige des MMC-Snap-Ins Active Directory-Schema*

Nun können Sie das MMC-Snap-In ***Active Directory-Schema*** aufrufen. Gehen Sie unter Windows Server 2012 R2 dazu wie folgt vor:

1. Öffnen Sie den **Startbildschirm**, geben Sie den folgenden Befehl in der Tastatur ein, und drücken Sie anschließend die **Eingabetaste**: **`mmc.exe`**
2. Klicken Sie in der leeren MMC-Konsole nun auf **Datei / Snap-In hinzufügen/entfernen...**
3. Wählen Sie unter ***Verfügbare Snap-Ins:*** nun das MMC-Snap-In **Active Directory-Schema** aus, klicken Sie auf die Schaltfläche **Hinzufügen**, und dann auf **OK**.
4. Klicken Sie nun auf den Konsolenstamm **Active Directory-Schema**, um die Einstellung zu fokussieren.
5. Klicken Sie dann mit der rechten Maustaste auf ***Active Directory-Schema***, und wählen Sie im Kontextmenü den Eintrag **Verbindung zu Schemabetriebsmaster herstellen**.
6. Erweitern Sie in der Konsolenstruktur den Knoten ***Active Directory-Schema***, und klicken Sie auf **Attribute**.

7. Klicken Sie im Detailfenster mit der rechten Maustaste auf die Attribute, die Sie dem globalen Katalog hinzufügen möchten, und wählen Sie den Kontextmenüeintrag **Eigenschaften**.

8. Aktivieren Sie die Option **Attribut in den globalen Katalog replizieren**, und klicken Sie anschließend auf **OK**.

HINWEIS: Wenn die Gesamtstrukturfunktionsebene der betreffenden Active Directory-Gesamtstruktur nicht auf mindestens Windows Server 2003 eingestellt ist, so bewirkt das Hinzufügen von Attributen eine vollständige Replikation des globalen Katalogs zwischen den vorhandenen globalen Katalogservern. Domänencontroller unter Windows 2000 replizieren bei Änderungen immer den gesamten Inhalt des globalen Katalogs.

Wie erwähnt, bietet es sich nicht in allen Fällen an, einem Domänencontroller die Funktion als globaler Katalogserver zuzuweisen. Dies kann, wie bereits beschrieben, der Fall sein, wenn ein Unternehmen Domänencontroller an Zweigniederlassungsstandorten einsetzt, die über eine geringe WAN-Bandbreite an den Unternehmenshauptsitz angebunden sind. Als mögliche Alternative kann man an den jeweiligen Standorten unter Domänencontrollern ab Windows Server 2003 die Zwischenspeicherung der universellen Gruppenmitgliedschaft aktivieren. Die Replikation der Inhalte von globalen Katalogservern entfällt hierbei vollständige, jedoch wird für die vor Ort befindlichen Benutzer der Anmeldevorgang dennoch ermöglicht, auch wenn die WAN-Verbindung zum Hauptstandort, und somit auch zu den vorhandenen, globalen Katalogservern einmal unterbrochen werden sollte.

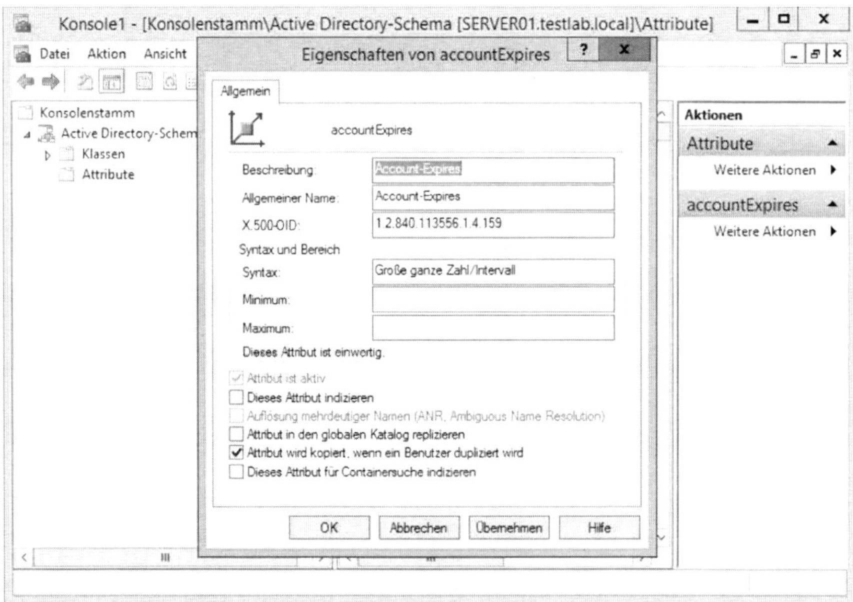

Abbildung 11.3: *Beispiel für die Konfiguration eines Attributs im Active Directory-Schema für die Replikation in den globalen Katalog*

11.5 Zwischenspeichern der universellen Gruppenmitgliedschaft

Das Zwischenspeichern der universellen Gruppenmitgliedschaft von Benutzern in Active Directory wird innerhalb von Active Directory-Standorten aktiviert. Diese Funktion steht erst unter Domänencontrollern ab Windows Server 2003 (oder höher) zur Verfügung.

Wenn sich - nach Aktivierung des Zwischenspeicherns der universellen Gruppenmitgliedschaft - ein Benutzer innerhalb des Active Directory-Standorts anmeldet, so ermittelt der vor Ort befindliche Domänencontroller im globalen Katalog des bei der Konfiguration angegebenen, anderen Standorts nun die universellen Gruppenmitgliedschaften des Benutzers, und speichert diese in seinem Zwischenspeicher für nachfolgende Anmeldevorgänge zwischen.

Nach erfolgter Zwischenspeicherung der universellen Gruppenmitgliedschaft eines Benutzers kann sich dieser in seinem Standort - für die definierte Dauer des Aktualisierungsintervalls - ohne den nochmaligen Kontakt zum im anderen Standort befindlichen Domänencontroller, der als globaler Katalogserver agiert, anmelden.

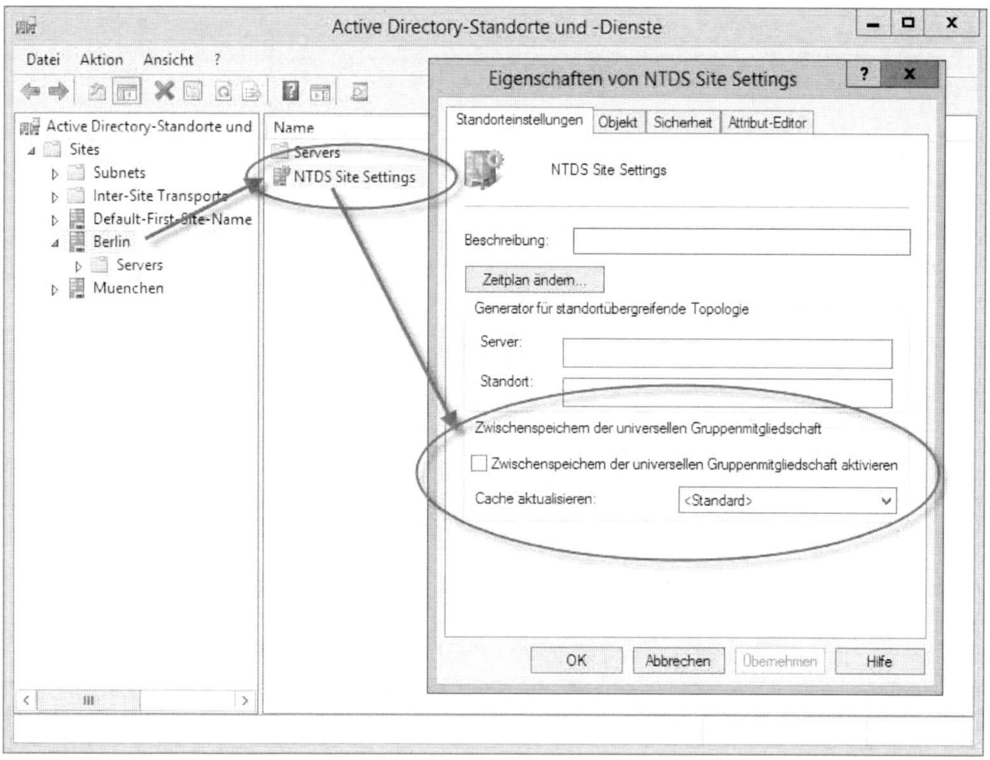

Abbildung 11.4: *Aktivierung der Zwischenspeicherung der universellen Gruppenmitgliedschaft für einen Active Directory-Standort*

Standardmäßig werden die im Zwischenspeicher jeder Domäne enthaltenen Informationen zur universellen Gruppenmitgliedschaft ***alle 8 Stunden*** aktualisiert. Ein Domänencontroller ab Windows Server 2003 (oder höher) kann bis zu 500 universelle Gruppenmitgliedschaften gleichzeitig aktualisieren.

HINWEIS: Wenn die Gruppenmitgliedschaften der universellen Gruppen eines Benutzers während des Anmeldeprozesses von einem globalen Katalogserver ermittelt und auf einem Domänencontroller für einen Active Directory-Standort zwischengespeichert wurde, findet eine erneute Aktualisierung dieser Daten standardmäßig erst wieder nach Ablauf der Cache-Laufzeit statt.

Gehen Sie zum Aktivieren der Zwischenspeicherung der universellen Gruppenmitgliedschaft für einen Active Directory-Standort wie folgt vor:

1. Melden Sie sich als *Administrator* am Serversystem unter Windows Server 2012 R2 an.
2. Öffnen Sie das *Server-Manager* (soweit dies nicht automatisch geschieht) über einen Klick in der *Taskleiste* auf das **Symbol für den Server-Manager** bzw. im *Startbildschirm* auf die entsprechende **Kachel**.
3. Klicken Sie oben im *Server-Manager* auf **Tools**, und dann auf **Active Directory-Standorte und -Dienste**.
4. Erweitern Sie den Knoten für ***Sites (Standorte)***, und klicken Sie in der Konsolenstruktur auf den gewünschten Active Directory-Standort.
5. Klicken Sie im Detailfenster nun mit der rechten Maustaste auf ***NTDS Site Settings***, und wählen Sie im Kontextmenü den Eintrag **Eigenschaften**.
6. Aktivieren Sie die Option ***Zwischenspeichern der universellen Gruppenmitgliedschaft aktivieren***, wählen Sie einen anderen Standort aus, über den dieser Standort die Aktualisierung des Zwischenspeichers erhalten soll, und klicken Sie auf **OK**.

11.6 Zusammenfassung

In diesem Kapitel haben Sie erfahren, wie man einem Domänencontroller einer Active Directory-Gesamtstruktur die Funktion als globaler Katalogserver zuweisen kann. Wichtig ist hierbei nochmals die Erkenntnis, dass Benutzer sich in einer Active Directory-Domänendienste-Umgebung nur anmelden können, wenn wenigstens ein globaler Katalogserver vorhanden ist. Es sollte deshalb abgewogen werden, ob man nicht mehreren oder gleich gar allen vorhandenen Domänencontrollern die Funktion als globaler Katalogserver zuweisen kann.

Für kleinere Unternehmensstandorte, die über eine ggf. unbeständige Anbindung an beispielsweise den Unternehmenshauptstandort mit geringer Bandbreite verfügen, besteht die

Möglichkeit der Aktivierung der Zwischenspeicherung der universellen Gruppenmitgliedschaft. Somit kann die Netzwerkanmeldung der Benutzer auch dann ermöglicht werden, wenn die Fernverbindung zum globalen Katalogserver einmal gestört sein sollte.

Nachdem Sie nun die notwendigen Informationen über die Active Directory-Infrastrukturen erhalten haben, ist es nun an der Zeit, sich intensiver mit der Strukturierung der Active Directory-Domänen zu befassen. Im nächsten Kapitel erfahren Sie nun mehr über die Verwaltungsmöglichkeit von Organisationseinheiten (engl. *Organizational Units, OUs*).

12 Erstellen und Verwalten von Organisationseinheiten

Innerhalb der Active Directory-Domänen dienen Organisationseinheiten (engl. *Organizational Units, OUs*), wie es der Name bereits ahnen lässt, dazu, die vorhandenen Objekte zu organisieren und gezielt zu verwalten. Microsoft Windows Server 2012 R2 und auch Windows Server 2012 bieten eine Reihe von grafischen Verwaltungskonsolen sowie auch Befehlszeilenprogrammen, mit denen Organisationseinheiten erstellt und verwaltet werden können. Darüber hinaus kann man diese mittels Windows Script Host und auch per Windows PowerShell verwalten.

12.1 Planen und Erstellen von Organisationseinheiten

Die Active Directory-Objekte werden in der Regel nicht wahllos, sondern oft in klaren Verwaltungsstrukturen gespeichert. Hierzu legt man in der jeweiligen Active Directory-Domäne sogenannte *Organisationseinheiten* (engl. *Organizational Units, OUs*) an, die dann als Containerobjekte für die zu verwaltenden Active Directory-Objekte dienen. Diese können verwenden werden, um die zu verwaltenden Active Directory-Objekte beispielsweise nach einem physikalischen Standort, einer Abteilungen oder einer Funktion zu organisieren. Häufig wird sogar eine Mischform hieraus verwendet.

Standardmäßig finden sich in einer neu installierten Active Directory-Domäne unter Windows Server 2012 R2 und auch unter Windows Server 2012 bereits vordefinierte Active Directory-Objekte. Diese werden u. a. im Standardcontainer *Users* (*Benutzer*) gespeichert.

Im Umfang der vordefinierten Active Directory-Objekte findet sich neben dem Gast-Konto auch das eigentliche Administrator-Konto sowie notwendige, verwaltungsbezogene Sicherheitsgruppen. Um die zur Verwaltung von Unternehmensressourcen zu erstellenden Active Directory-Objekte effektiv verwalten zu können, werden anstelle des Standardcontainers *Users* zumeist eigens dafür erstellte Organisationseinheiten-Container verwendet.

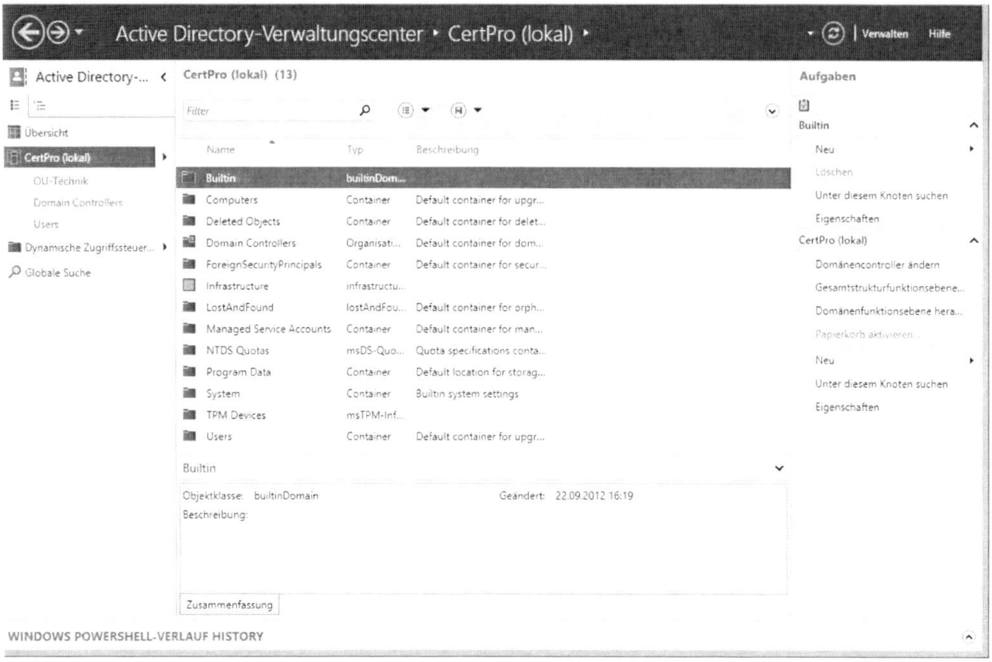

Abbildung 12.1: *Standardmäßig vorhandene Active Directory-Container*

12.2 Werkzeuge zum Erstellen und Verwalten von Organisationseinheiten

Insgesamt stehen unter Windows Server 2012 R2 wie auch unter Windows Server 2012 u. a. die folgenden Werkzeuge für die Verwaltung von Organisationseinheiten zur Verfügung:

- **Active Directory-Verwaltungscenter** Eine auf der Windows PowerShell-basierte, grafische Verwaltungsoberfläche zum Erstellen und Verwalten von Organisationseinheiten, sowie auch sonstiger Objekte einer Active Directory-Domäne.

- **Active Directory-Benutzer und -Computer** Ein MMC-Snap-In zum Erstellen, Ändern und Löschen von Organisationseinheiten, sowie auch der Verwaltung sonstiger Objekte innerhalb einer Active Directory-Domäne.

- **Verzeichnisdienstprogramme** Seit der Einführung von Windows Server 2003 stehen bestimmte Verzeichnisdienstprogramme zur Verfügung, mit denen unter anderem auch die Organisationseinheiten innerhalb einer Active Directory-Domäne verwaltet werden können. Zu diesen zählen beispielsweise die Kommandozeilenbefehle **dsadd**, **dsmod** und **dsrm**.

- **Ldifde *(Lightweight Directory Access Protocol Data Interchange Format Directory Exchange)*** Ein Befehlszeilenprogramm zum Erstellen und Verwalten von Organisationseinheiten, sowie auch anderer, innerhalb einer Active Directory-Domäne vorhandenen Objekte. **`Ldifde`** wird in Verbindung mit einer Eingabedatei genutzt, in welcher die Informationen über die zu erstellenden, zu ändernden oder auch zu löschenden Objekte enthalten sind. Die einzelnen Objekte innerhalb der Eingabedatei, welche im normalen Texteditor erstellt werden kann, werden hierin jeweils durch eine Leerzeile voneinander getrennt.
- **Windows Script Host** Mittels Windows Script Host (WSH) ist es möglich, Organisationseinheiten und auch andere Objekte innerhalb von Active Directory-Domänen per Skripts automatisiert zu verwalten.
- **Windows PowerShell** Zwischenzeitlich umfasst die Windows PowerShell in Windows Server 2012 R2 und Windows Server 2012 viele *CmdLets*, um Active Directory-Objekte in der Shell-Umgebung verwalten zu können.

12.3 Erstellen von Organisationseinheiten

Es existieren verschiedene Werkzeuge zum Erstellen von Organisationseinheiten. Die nächsten Seiten enthalten dazu einige Beispiele. Wichtig hierbei ist, dass man über die entsprechenden Berechtigungen zum Erstellen von Organisationseinheiten in der jeweiligen Active Directory-Domäne verfügt.

12.3.1 Erstellen im Active Directory-Verwaltungscenter

Gehen Sie wie folgt vor, um eine neue Organisationseinheit (*OU*) in einer Active Directory-Domäne mithilfe dem grafischen ***Active Directory-Verwaltungscenter*** eines Domänencontrollers unter Windows Server 2012 R2 zu erstellen:

1. Melden Sie sich als *Administrator* am Serversystem an.
2. Öffnen Sie das *Server-Manager* (soweit dies nicht automatisch geschieht) über einen Klick in der *Taskleiste* auf das **Symbol für den Server-Manager** bzw. im *Startbildschirm* auf die entsprechende **Kachel**.
3. Klicken Sie oben im *Server-Manager* auf **Tools**, und dann auf **Active Directory-Verwaltungscenter**.
4. Klicken Sie mit der rechten Maustaste auf den *Domänennamen* und wählen Sie im Kontextmenü den Eintrag **Neu** und dann **Organisationseinheit**.
5. Geben Sie im Feld *Name:* den gewünschten Namen der zu erstellenden Organisationseinheit ein und klicken Sie dann auf **OK**.

Die neu erstellte Organisationseinheit (*OU*) wird in der Konsole angezeigt.

HINWEIS: Die in den Active Directory-Domänendiensten (*AD DS*) unter Windows Server 2012 R2 bzw. Windows Server 2012 R2 neu erstellten Organisationseinheiten-Objekte (*Organizational Units, OUs*) werden standardmäßig vor „versehentlichem Löschen" geschützt. Bevor man diese löschen kann, muss man die Option *Vor versehentlichem Löschen schützen* in den Eigenschaften des Containers zuerst deaktivieren.

12.3.2 Erstellen mittels MMC-Snap-In

Der einfachste Weg zum Erstellen von Organisationseinheiten führt zum grafischen MMC-Snap-In ***Active Directory-Benutzer und -Computer***. Mit diesem Snap-In kann man Organisationseinheiten und auch andere Active Directory-Objekte einer Active Directory-Domäne übersichtlich erstellen, ändern und auch löschen.

Gehen Sie unter Windows Server 2012 R2 zum Erstellen einer Organisationseinheit mittels MMC-Snap-In ***Active Directory-Benutzer und -Computer*** wie folgt vor:

1. Melden Sie sich als *Administrator* am Serversystem unter Windows Server 2012 R2 an.
2. Öffnen Sie das *Server-Manager* (soweit dies nicht automatisch geschieht) über einen Klick in der *Taskleiste* auf das **Symbol für den Server-Manager** bzw. im *Startbildschirm* auf die entsprechende **Kachel**.
3. Klicken Sie oben im *Server-Manager* auf **Tools**, und dann auf **Active Directory-Benutzer und -Computer**.
4. Klicken Sie nun mit der rechten Maustaste auf den Domänennamen oder die Organisationseinheit, in der Sie die neue Organisationseinheit erstellen möchten, und wählen Sie im Kontextmenü den Eintrag **Neu / Organisationseinheit**
5. Geben Sie im Dialogfenster ***Neues Objekt - Organisationseinheit*** nun den Namen der neu zu erstellenden Organisationseinheit im Feld ***Name:*** ein. Übernehmen Sie die Option ***Container vor zufälliger Löschung schützen***, und klicken Sie auf **OK**.

PRAXISTIPP! Die Option ***Container vor zufälliger Löschung schützen*** können Sie bei Bedarf auch deaktivieren. Standardmäßig ist diese Option beim Erstellen von Objekten in Active Directory-Domänen unter Windows Server 2012 R2 aktiviert, und schützt selbst die Administratoren vor versehentlichem Löschen von Objekten auf Domänencontrollern unter Windows Server 2012 R2.

12.3.3 Organisationseinheit erstellen mit dsadd.exe

Seit der Einführung von Windows Server 2003 existiert der Kommandozeilenbefehl **dsadd.exe** zum Erstellen von Objekten in Active Directory-Domänen. Der Befehl kann einfach in der Eingabeaufforderung von Windows Server 2012 R2 eingegeben werden. Er ermöglicht auch die Automatisierung der Erstellung von Active Directory-Objekten, indem man ihn in eine Stapelverarbeitungsdatei (Batch-Datei) einbindet.

WICHTIG! Beim Erstellen einer Organisationseinheit mittels **dsadd.exe** wird die Option ***Objekt vor zufälligem Löschen schützen*** nicht automatisch gesetzt. Somit besteht nach dem Erstellen der betreffenden Objekte *kein* Schutz vor dem versehentlichen Löschen.

Befehlssyntax

Der Befehl **dsadd.exe** verwendet zum Erstellen einer Organisationseinheit eine recht einfache Syntax:

dsadd ou *<Organisationseinheit-DN>* **-desc** *<Beschreibung>* **-d** *Domäne* **-u** *Benutzername* **-p** *Passwort*

Die Syntax beschreibt sich wie folgt:

Organisationseinheit-DN Steht für den definierten Namen (engl. *Distinguished Name, DN*) der zu erstellenden Organisationseinheit. Wenn in einer Domäne ***CertPro.de*** beispielsweise die Organisationseinheit mit dem Namen ***Verwaltung*** erstellt werden soll, so lautet der hierfür zu verwendende Organisationseinheiten-DN:

ou=Verwaltung,dc=CertPro,dc=de

-desc *Beschreibung* (Optional) Gibt die Beschreibung der neu zu erstellenden Organisationseinheit an.

-d *Domäne* (Optional) Gibt die Domäne an, zu der eine Verbindung zum Erstellen der Organisationseinheit hergestellt werden soll, um die Autorisierung für das Benutzerkonto des Erstellers der OU zu überprüfen. Wenn diese Option nicht angegeben wird, verwendet der Befehl die aktuelle Anmeldedomäne.

-u *Benutzername* (Optional) Gibt das Benutzerkonto an, unter welchem die neu zu erstellende Organisationseinheit erstellt werden soll. Wenn dieser Namen nicht angegeben wurde, verwendet der Befehl das Benutzerkonto des gerade angemeldeten Benutzers, unter dem der Befehl ausgeführt wurde.

-p *Passwort* (Optional) Gibt das Kennwort für das benannte Benutzerkonto zum Erstellen der Organisationseinheit an. Wenn man **dsadd** innerhalb von Stapelverarbeitungsdateien verwendet, kann man statt des Kennworts auch das Sonderzeichen * verwenden. Hierdurch wird man beim Ausführen der Stapelverarbeitungsdatei durch das *-Zeichen dann zur Eingabe des entsprechenden Kennworts aufgefordert.

PRAXISTIPP! Zum Kommandozeilenbefehl **`dsadd.exe`** existieren noch weitere Befehlsoptionen, insbesondere für die Stapelverarbeitung, die man sich durch die Eingabe von **`dsadd ou /?`** in der Eingabeaufforderung anzeigen lassen kann. Weitere Informationen erhalten Sie in der Hilfe von Windows Server 2012 R2.

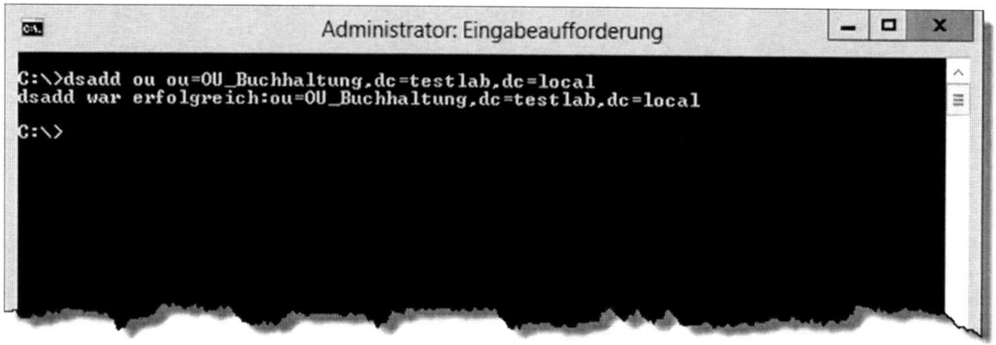

Abbildung 12.2: *Beispiel für das Erstellen einer Organisationseinheit mithilfe von dsadd.exe*

12.3.4 Erstellen mittels Ldifde.exe

Schon zu den Zeiten von Windows 2000 konnte man Objekte in einer Active Directory-Domäne mittels des Kommandozeilenbefehls Ldifde.exe erstellen. Dies lässt sich unter Windows Server 2012 R2 sowie Windows Server 2012 ebenso fortführen. Ldifde.exe verwendet zum Erstellen von Active Directory-Objekten, wie beispielsweise Organisationseinheiten, eine Eingabedatei in Textformat. Diese Datei wird nicht automatisch bereitgestellt, und muss demnach durch die Administratoren erst einmal erstellt werden. Zum Erstellen der Eingabedatei kann ein einfacher Texteditor verwendet werden. Wichtig ist hierbei die inhaltliche Form der Datei.

WICHTIG! Beim Erstellen einer Organisationseinheit mittels **`Ldifde.exe`** wird die Option ***Objekt vor zufälligem Löschen schützen*** nicht automatisch gesetzt. Somit besteht nach dem Erstellen der betreffenden Objekte *kein* Schutz vor dem versehentlichen Löschen.

Beispiel für eine Eingabedatei:

Nachfolgend sehen Sie ein Beispiel für eine Eingabedatei, die in Verbindung mit dem Befehl **`Ldifde.exe`** zum Erstellen von Organisationseinheiten verwendet werden kann:

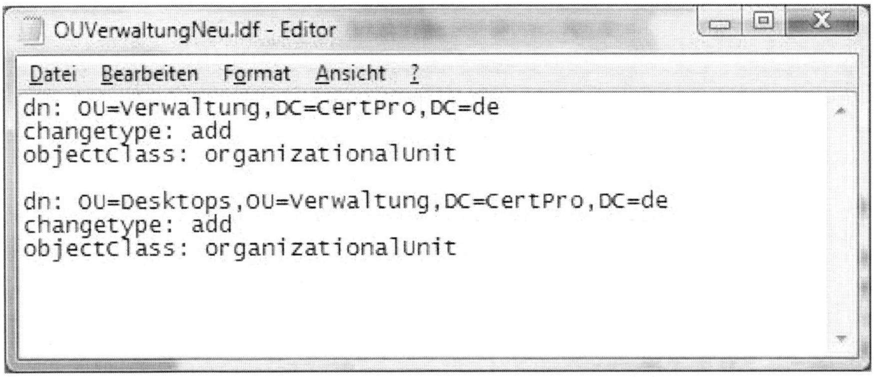


```
dn: OU=Verwaltung,DC=CertPro,DC=de
changetype: add
objectClass: organizationalUnit

dn: OU=Desktops,OU=Verwaltung,DC=CertPro,DC=de
changetype: add
objectClass: organizationalUnit
```

Abbildung 12.3: *Beispiel für eine Eingabedatei zum Erstellen von Organisationseinheiten mittels Ldifde.exe*

Erläuterung zur Eingabedatei

In dem oberen Beispiel wird der Inhalt einer Eingabedatei mit dem Namen ***OUVerwaltungNeu.ldf*** im Editor von Windows gezeigt. Mit dieser Datei sollen zwei neue Organisationseinheiten-Objekte in der Domäne ***CertPro.de*** erstellt werden. Die zweite Organisationseinheit „***Desktops***" wird hierbei unterhalb der zuerst zu erstellenden Organisationseinheit „***Verwaltung***" erstellt.

Changetype bestimmt für das jeweilige Objekt den Änderungstyp, in diesem Beispiel: **add** für das Erstellen/Hinzufügen. **ObjectClass** bestimmt die Objektklasse des zu erstellenden Active Directory-Objekts. Wichtig ist es, dass die zu erstellenden Objekte jeweils durch eine Leerzeile voneinander getrennt werden. In der ersten Zeile jedoch darf keine Leerzeile verwendet werden, da der Befehl dies sonst als Fehler dokumentiert.

12.3.5 Verwenden der Eingabedatei mit Ldifde.exe

Um die Eingabedatei nun zum Erstellen der darin aufgeführten Organisationseinheiten zu verwenden, geben sie in der Eingabeaufforderung des Domänencontrollers einfach die folgende Befehlssyntax ein:

`ldifde -i -k -f OUVerwaltungNeu.ldf -b` *`Benutzername Domäne Passwort`*

Befehlssyntax

Im oberen Beispiel wird der Befehl **`Ldifde.exe`** zum Erstellen der Organisationseinheiten wie folgt verwendet:

`-i` Bestimmt den Importmodus. Wenn dieser Befehlsschalter nicht angegeben wird, so wendet Ldifde.exe automatisch den Exportmodus an.

-k Ignoriert Fehler während des Importvorgangs und setzt die Verarbeitung einfach bis zum Ende der Datei fort. Wenn dieser Befehlsschalter nicht angegeben wird, beendet **Ldifde.exe** die Ausführung des Importvorgangs an der Stelle, an der ein Fehler auftritt.

-f Definiert den Dateinamen der Eingabe- (Import-) oder Ausgabe- (Export-)datei.

OUVerwaltungNeu.ldf Steht für den Dateinamen der zu verwendenden Eingabedatei.

-b Definiert den Benutzernamen, Domänennamen und das Kennwort für das Benutzerkonto, unter welchem der Import- oder Exportvorgang durchgeführt werden soll.

PRAXISTIPP! Zum Kommandozeilenbefehl **Ldifde.exe** existieren noch weitere Befehlsoptionen, insbesondere für die Stapelverarbeitung, die man sich mitsamt verschiedener Praxisbeispiele durch die Eingabe von **Ldifde /?** in der Eingabeaufforderung anzeigen lassen kann.

12.3.6 Erstellen mittels Windows Script Host

Wenn der Vorgang des Erstellens von Organisationseinheiten oder auch anderer Objekte innerhalb einer Active Directory-Domäne automatisiert werden soll, so bietet sich hierzu die Verwendung von ***Windows Script Host*** (früher: Windows Scripting Host) an. Windows Server 2012 R2 enthält hierzu die ADSI-API (*Application Programming Interface*), die man über Windows Script Host zum Verwalten von Active Directory-Objekten verwenden kann.

Um eine Organisationseinheit mithilfe von Windows Script Host zu erstellen, gehen Sie wie folgt vor:

1. Starten Sie den *Texteditor*, um eine Textdatei mit der Dateinamenserweiterung ***VBS*** zu erstellen. Fügen Sie die folgenden Befehle in die Datei ein, und speichern Sie die Datei.

   a. Zuerst stellt man eine Verbindung mit der betreffenden Active Directory-Domäne her. Dies geschieht anhand des folgenden Befehls:
   Set objDom = GetObject(„LDAP://dc=CertPro, dc=de")

   WICHTIG! Im oberen Beispiel muss die Zeichenfolge ***LDAP*** in Großbuchstaben geschrieben werden.

   b. Anschließend wird angegeben, dass eine Organisationseinheit (engl. *Organizational-Unit*) mit dem gewünschten Namen erstellt werden soll:
   Set objOU=objDom.Create („organizationalUnit", „ou=NeueOU")

   In diesem Beispiel steht ***NeueOU*** für den Namen der neu zu erstellenden Organisationseinheit.

c. Zum Abschluss muss die neue Organisationseinheit in der Active Directory-Datenbank gespeichert werden. Dies geschieht anhand des folgenden Befehls:
`objOU.SetInfo`

2. Nach dem Erstellen und Speichern der Datei geben Sie nun den folgenden Befehl in der Eingabeaufforderung ein, um die Organisationseinheit zu erstellen:
`wscript` *`Scriptdateiname`***`.vbs`**

INTERNET: Weitere Informationen zum Verwalten von Active Directory-Objekten mithilfe von Windows Script Host finden Sie im Internet unter:

https://technet.microsoft.com/de-de/scriptcenter

12.3.7 Erstellen mittels Windows PowerShell

Bereits unter Windows Server 2008 R2 konnte man in der standardmäßig bereits zum Umfang gehörenden Windows PowerShell in der Version 2.0 bereits auch Objekte in einer Active Directory-Domäne mittels dazu bereitgestellter Windows PowerShell-CommandLets (CmdLets) erstellen und Verwalten. Dazu musste man damals zuerst noch das Active Directory-Modul für Windows PowerShell importierte. Auf Domänencontrollern unter Windows Server 2012 R2 oder auch unter Windows Server 2012 kann man sich in der Windows PowerShell letzteres sparen, da das Active Directory-Modul für Windows PowerShell bei Bedarf einfach automatisch nachgeladen wird.

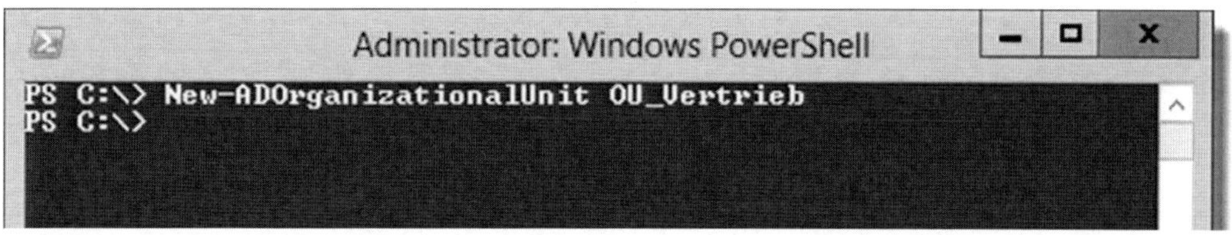

Abbildung 12.4: *Beispiel für das Erstellen von Organisationseinheiten mittels Windows PowerShell*

WICHTIG! Beim Erstellen einer Organisationseinheit mittels **Windows PowerShell** unter Windows Server 2012 R2 bzw. Windows Server 2012 wird die Option ***Objekt vor zufälligem Löschen schützen*** automatisch gesetzt. Somit besteht nach dem Erstellen der betreffenden Objekte der Schutz vor dem versehentlichen Löschen.

Gehen Sie wie folgt vor, um eine neue Organisationseinheit mittels Windows PowerShell unter Windows Server 2012 R2 zu erstellen:

1. Starten Sie die Windows PowerShell.

2. Geben Sie den folgenden Befehl ein, und drücken Sie anschließend die **Eingabetaste**:
`New-ADOrganizationalUnit` *<Name der neuen OU>*

12.4 Löschen von Organisationseinheiten

So einfach, wie man eine Organisationseinheit in einer Active Directory-Domäne erstellen kann, so einfach lässt sich diese auch wieder löschen. Man sollte darauf achten, dass in der zu löschenden Organisationseinheit keine weiteren Active Directory-Objekte mehr enthalten sind. Im Bedarfsfall können diese jedoch auch im selben Schritt entfernt werden.

Seit Windows Server 2008 enthalten die Serverbetriebssysteme die Option Objekt vor zufälligem Löschen schützen, die verhindern kann, dass selbst Administratoren die vorhandenen Objekte in einer Active Directory-Domäne nicht versehentlich löschen. Wenn diese Option für ein Objekt in der Active Directory-Datenbank aktiviert ist, muss man diese erst deaktivieren, um den Löschvorgang erfolgreich durchführen zu können.

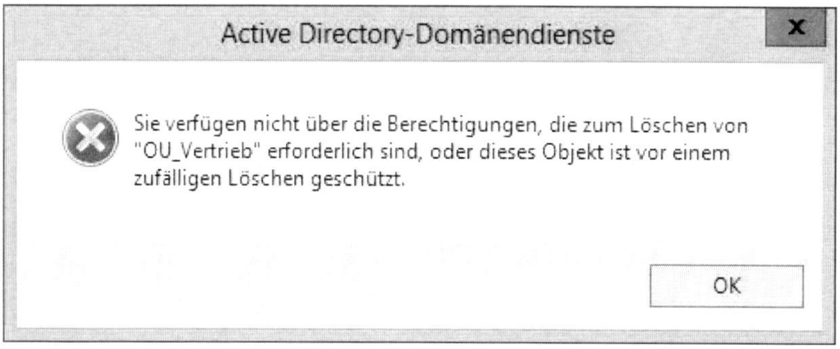

Abbildung 12.5: *Schutz vor versehentlichem Löschen einer Organisationseinheit unter Windows Server 2012 R2*

12.4.1 Löschen im Active Directory-Verwaltungscenter

Gehen Sie wie folgt vor, um eine Organisationseinheit (*OU*) in einer Active Directory-Domäne mithilfe dem grafischen *Active Directory-Verwaltungscenter* eines Domänencontrollers unter Windows Server 2012 R2 zu löschen:

1. Melden Sie sich als *Administrator* am Serversystem unter Windows Server 2012 R2 an.
2. Öffnen Sie das *Server-Manager* (soweit dies nicht automatisch geschieht) über einen Klick in der *Taskleiste* auf das **Symbol für den Server-Manager** bzw. im *Startbildschirm* auf die entsprechende **Kachel**.
3. Klicken Sie oben im *Server-Manager* auf **Tools**, und dann auf **Active Directory-Verwaltungscenter**.
4. Klicken Sie anschließend mit der rechten Maustaste auf die zu löschende Organisationseinheit, und wählen Sie im Kontextmenü den Eintrag **Eigenschaften**.

5. Wechseln Sie zum Register ***Objekt***, und deaktivieren Sie die Option ***Objekt vor zufälligem Löschen schützen***. Klicken Sie anschließend auf **OK**.

6. Klicken Sie nun mit der rechten Maustaste auf die zu löschende Organisationseinheit, und wählen Sie im Kontextmenü den Eintrag **Löschen**.

7. Bestätigen Sie die Sicherheitsabfrage mit einem Klick auf die Schaltfläche **Ja**.

HINWEIS: Die in den Active Directory-Domänendiensten (*AD DS*) unter Windows Server 2012 R2 bzw. Windows Server 2012 neu erstellten Organisationseinheiten-Objekte (*Organizational Units, OUs*) werden standardmäßig vor „versehentlichem Löschen" geschützt. Bevor man diese löschen kann, muss man die Option *Vor versehentlichem Löschen schützen* in den Eigenschaften des Containers zuerst deaktivieren.

12.4.2 Löschen mittels MMC-Snap-In

Der einfachste Weg zum Löschen von Organisationseinheiten führt wiederum zum MMC-Snap-In *Active Directory-Benutzer und -Computer*. Gehen Sie wie folgt vor, um eine durch die Option *Objekt vor zufälligem Löschen schützen* geschützte Organisationseinheit in einer Active Directory-Domäne unter Windows Server 2012 R2 mithilfe des MMC-Snap-Ins *Active Directory-Benutzer und -Computer* zu löschen:

1. Melden Sie sich als *Administrator* am Serversystem unter Windows Server 2012 R2 an.

2. Öffnen Sie das *Server-Manager* (soweit dies nicht automatisch geschieht) über einen Klick in der *Taskleiste* auf das **Symbol für den Server-Manager** bzw. im *Startbildschirm* auf die entsprechende **Kachel**.

3. Klicken Sie oben im *Server-Manager* auf **Tools**, und dann auf **Active Directory-Benutzer und -Computer**.

4. Klicken Sie in der Menüleiste auf Ansicht, und dann auf **Erweiterte Features**, um die erweiterte Ansicht für die Objekte in der Active Directory-Datenbank zu aktivieren.

5. Klicken Sie anschließend mit der rechten Maustaste auf die zu löschende Organisationseinheit, und wählen Sie im Kontextmenü den Eintrag **Eigenschaften**.

6. Wechseln Sie zum Register ***Objekt***, und deaktivieren Sie die Option ***Objekt vor zufälligem Löschen schützen***. Klicken Sie anschließend auf **OK**.

7. Klicken Sie nun mit der rechten Maustaste auf die zu löschende Organisationseinheit, und wählen Sie im Kontextmenü den Eintrag **Löschen**.

8. Bestätigen Sie die Sicherheitsabfrage mit einem Klick auf die Schaltfläche **Ja**.

12.4.3 Löschen mittels von dsrm.exe

Eine weitere Möglichkeit zum Löschen von Organisationseinheiten steht mit dem Kommandozeilenbefehl **dsrm.exe** seit Windows Server 2003 zur Verfügung.

WICHTIG! Wenn für eine Organisationseinheit oder auch ein anderes Objekt in Active Directory die Option ***Objekt vor zufälligem Löschen schützen*** aktiviert ist, kann es mittels **dsrm.exe** nicht einfach gelöscht werden. Es erscheint bei dem Löschversuch eine entsprechende Fehlermeldung, dass der ***Zugriff verweigert*** wurde. Die Option muss vor dem Löschen erst aufgehoben werden.

Befehlssyntax

Der Befehl **`dsrm.exe`** verwendet zum Löschen einer Organisationseinheit eine recht einfache Syntax:

`dsrm` *`<Organisationseinheit-DN>`* **`-d`** *`<Domäne>`* **`-u`** *`<Benutzername>`* **`-p`** *`<Passwort>`*

Die Syntax beschreibt sich wie folgt:

`<Organisationseinheit-DN>` Steht für den definierten Namen (engl. *Distinguished Name, DN*) der zu löschenden Organisationseinheit. Wenn in einer Domäne ***CertPro.de*** beispielsweise die Organisationseinheit mit dem Namen ***Verwaltung*** gelöscht werden soll, so lautet der hierfür zu verwendende Organisationseinheiten-DN:

`ou=Verwaltung,dc=CertPro,dc=de`

`-d` *`<Domäne>`* (Optional) Gibt die Domäne an, zu der eine Verbindung zum Erstellen der Organisationseinheit hergestellt werden soll, um die Autorisierung für das Benutzerkonto zum Löschen der OU zu überprüfen. Wenn diese Option nicht angegeben wird, verwendet der Befehl die aktuelle Anmeldedomäne.

`-u` *`<Benutzername>`* (Optional) Gibt das Benutzerkonto an, unter welchem die Organisationseinheit gelöscht werden soll. Wenn dieser Namen nicht angegeben wurde, verwendet der Befehl das Benutzerkonto des gerade angemeldeten Benutzers, unter dem der Befehl ausgeführt wurde.

`-p` *`<Passwort>`* (Optional) Gibt das Kennwort für das benannte Benutzerkonto zum Löschen der Organisationseinheit an. Wenn man *dsrm* innerhalb von Stapelverarbeitungsdateien verwendet, kann man statt des Kennworts auch das Sonderzeichen **`*`** verwenden. Hierdurch wird man beim Ausführen der Stapelverarbeitungsdatei durch das **`*`**-Zeichen dann zur Eingabe des entsprechenden Kennworts aufgefordert.

12.4.4 Löschen mittels Windows PowerShell

Eine weitere Möglichkeit zum Löschen von Organisationseinheiten steht mit dem Windows PowerShell-CmdLet **`Remove-ADOrganizationalUnit`** in der Windows PowerShell unter Windows Server 2012 R2 oder Windows Server 2012 zur Verfügung.

> **WICHTIG!** Wenn für eine Organisationseinheit oder auch ein anderes Objekt in Active Directory die Option ***Objekt vor zufälligem Löschen schützen*** aktiviert ist, kann es mittels **Windows PowerShell-CmdLet** nicht einfach gelöscht werden. Es erscheint bei dem Löschversuch eine entsprechende Fehlermeldung, dass der ***Zugriff verweigert*** wurde. Die Option muss vor dem Löschen erst aufgehoben werden.

Gehen Sie wie folgt vor, um eine vorhandene Organisationseinheit mittels Windows PowerShell unter Windows Server 2012 R2 bzw. Windows Server 2012 zu löschen:

1. Starten Sie die *Windows PowerShell.*
2. Geben Sie den folgenden Befehl ein, und drücken Sie anschließend die **Eingabetaste**:
   `Remove-ADOrganizationalUnit` *`<Organisationseinheit-DN>`*
3. Bestätigen Sie den Löschvorgang durch das Drücken der **Eingabetaste**.

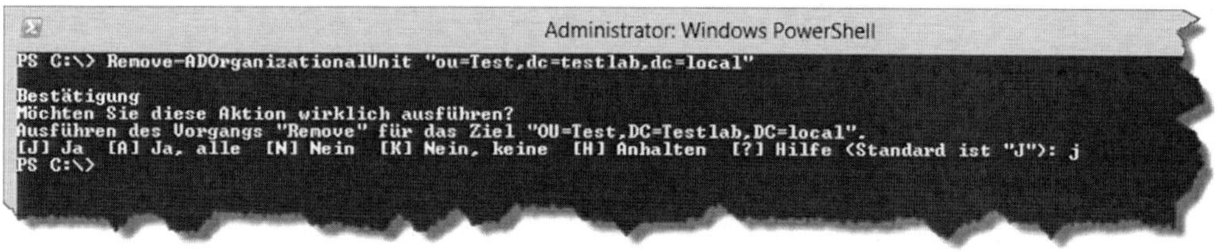

Abbildung 12.6: *Löschen einer Organisationseinheit in der Windows PowerShell unter Windows Server 2012 R2*

12.5 Verwaltung der Attributwerte von Organisationseinheiten

Bereits in Windows Server 2008 wurde das MMC-Snap-In *Active Directory-Benutzer und -Computer* um eine wichtige Funktion erweitert: den *Attribut-Editor.* Es ist ebenso unter Windows Server 2012 R2 und unter Windows Server 2012 möglich, die Attribute der vorhandenen Objekte in einer Active Directory-Domäne direkt im MMC-Snap-In *Active Directory-Benutzer und -Computer* zu bearbeiten. Bis einschließlich Windows Server 2003 verwendete man hierzu das Tool *ADSIEdit.* Der *Attribut-Editor* bietet die Möglichkeit der Anzeige, sowie auch das Ändern und Löschen von Attributwerten eines betreffenden Active Directory-Objekts.

PRAXISTIPP! Der *Attribut-Editor* unter Windows Server 2012 R2 steht in dem MMC-Snap-In *Active Directory-Benutzer und -Computer* nur nach der Aktivierung der *Erweiterten Features* zur Verfügung, und kann über die Eigenschaften des betreffenden Objekts angezeigt und verwendet werden.

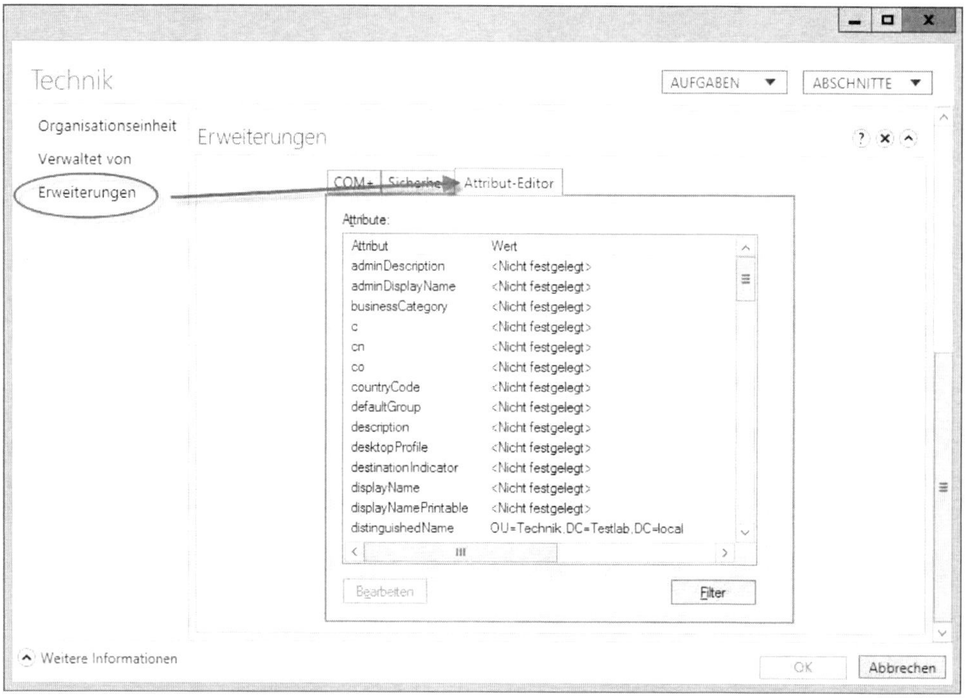

Abbildung 12.7: *Der Attribut-Editor in den Eigenschaften einer Organisationseinheit im Active Directory-Verwaltungscenter unter Windows Server 2012 R2*

Gehen Sie wie folgt vor, um die Attributwerte einer Organisationseinheit in einer Active Directory-Domäne unter Windows Server 2012 R2 zu verwalten:

1. Öffnen Sie den **Server-Manager**, klicken Sie in der Befehlsleiste auf **Tools**, und dann auf **Active Directory-Benutzer und -Computer**.
2. Klicken Sie in der Menüleiste auf Ansicht, und dann auf **Erweiterte Features**, um die erweiterte Ansicht für die Objekte in der Active Directory-Datenbank zu aktivieren.
3. Klicken Sie anschließend mit der rechten Maustaste auf die zu bearbeitende Organisationseinheit, und wählen Sie im Kontextmenü den Eintrag **Eigenschaften**.
4. Wechseln Sie zum Register ***Attribut-Editor***, klicken Sie auf das zu ändernden Objekt-Attribut, und klicken Sie auf **Bearbeiten**.
5. Nach der Änderung des Attributwerts klicken Sie auf **OK**, und nochmals auf **OK**, um die Änderung an dem entsprechenden Attributwert zu bestätigen.

12.6 Zusammenfassung

Wie Sie in diesem Kapitel erfahren haben, stehen den Administratoren verschiedene Werkzeuge zum Verwalten von Organisationseinheiten in einer Active Directory-Domäne zur Verfügung. Es stehen grafische sowie auch kommandozeilenbasierte Tools zur Verfügung. Auch wird die Automatisierung von Verwaltungsvorgängen durch den Einsatz von *ldifde.exe, Windows Script Host, sowie natürlich auch mittels Windows PowerShell* möglich. Bereits unter Windows Server 2008 wurden die Verwaltungsmöglichkeiten der vorhandenen Objekte einer Active Directory-Domäne durch die Erweiterung des MMC-Snap-Ins *Active Directory-Benutzer und -Computer* mit dem *Attribut-Editor* nochmals erweitert. Seit Windows Server 2012 stellt das Active Directory-Verwaltungscenter (engl. Active Directory Administration Center, AD AC) ein ebenso nützliches Verwaltungswerkzeug für die Verwaltung von Organisationseinheiten (*OUs*), sowie der darin gespeicherten Objekte dar.

Organisationseinheiten (*OUs*) dienen jedoch nicht nur zur geordneten Speicherung von Active Directory-Objekten. Sie ermöglichen vielmehr auch die Delegierung von Teilbereichen einer Active Directory-Domäne, beispielsweise an untergeordnete Administratoren. Die hierfür notwendige Vorgehensweise wird Ihnen im nun folgenden Kapitel detailliert erklärt.

13 Delegierung der Verwaltungsfunktionalität

In großen Unternehmen können in einer Active Directory-Domäne mitunter tausende Benutzer- und Computerobjekte und Gruppen gespeichert sein. So ergeben sich oft täglich Änderungen an diesen Objekten. Auch wird bei einer größeren Anzahl an Benutzerkonten die Wahrscheinlichkeit größer, dass die Benutzerkontenkennwörter häufiger als in kleineren Active Directory-Domänen zurückgesetzt werden müssen, da die Benutzer dieses durch längere Abwesenheit (beispielsweise Urlaub oder Mutterschutz) schlicht und einfach vergessen haben. Somit ergibt sich für die Administratoren solcher Active Directory-Domänen oft eine kaum noch zu bewältigende Masse an Arbeitsaufwand. Um die Arbeitslast für die betroffenen Administratoren zu reduzieren, und diesen somit zeitlichen Freiraum für die übrigen Aufgaben zu schaffen, kann man die Verwaltung bestimmter Objekte einer Active Directory-Domäne an Benutzer oder Gruppen delegieren. Dies geschieht in der Regel auf Ebene einer Organisationseinheit (engl. *Organizational Unit, OU*).

Im MMC-Snap-In *Active Directory-Benutzer und Computer* wird ein Assistent für die Delegierung der Verwaltungsberechtigung bereitgestellt. Dieser Assistent ermöglicht die vereinfachte Delegierung bestimmter Active Directory-Objekte oder auch ganzer OU-Strukturen. Die delegierte Berechtigung wird auf Ebene der betreffenden Organisationseinheit (OU) und auch der darin enthaltenen Objekte als Zugriffskontrolleintrag (engl. Access Control Entry, ACE) in einer jeweiligen Zugriffskontrollliste (engl. Access Control List, ACL) gespeichert. Anhand dieser Zugriffskontrolllisten kann man die Delegierung im Nachhinein bei Bedarf auch wieder aufheben oder verändern. Dies ist vergleichbar mit der Berechtigungsvergabe für den Zugriff auf Dateien und Ordner in einem mit NTFS formatierten Datenträger.

Die Delegierung der Verwaltungsberechtigung kann bei Bedarf auch direkt auf Ebene einer jeweiligen Active Directory-Domäne erfolgen.

PRAXISTIPP! Die ständig neu hinzukommenden Nebenaufgaben belasten viele der verantwortlichen Administratoren so sehr, dass ihnen kaum mehr Zeit für die Durchführung der eigentlichen Aufgaben (beispielsweise die Wartung und Optimierung der Active Directory-Infrastruktur mitsamt allen darin eingesetzten Diensten) verbleibt. Die Delegierung bestimmter Aufgaben, beispielsweise das Zurücksetzen von Benutzerkennwörtern an Supportmitarbeiter des Unternehmens, kann sehr zur Entlastung der verantwortlichen Administratoren beitragen. Wichtig ist jedoch, dass eine erfolgte Delegierung unbedingt auch schriftlich dokumentiert werden muss, um eine spätere Nachvollziehbarkeit zu ermöglichen. Darüber hinaus sollte man die Delegierung möglichst auf Ebene einer Sicherheitsgruppe statt auf Ebene von einzelnen Benutzern konfigurieren.

13.1 Schritte zur Delegierung der Verwaltungsberechtigung

Die Delegierung der Verwaltungsberechtigung für bestimmte Objekte innerhalb einer Active Directory-Domäne lässt sich mit einfachen Schritten durchführen.

Um die Verwaltungsberechtigung für bestimmte Active Directory-Objekte, beispielsweise Benutzerobjekte in einer bestimmten Organisationseinheit (OU), mittels MMC-Snap-In *Active Directory-Benutzer und -Computer* an eine vorhandene Sicherheitsgruppe der Active Directory-Domäne zu delegieren, gehen Sie wie folgt vor:

1. Klicken Sie im grafischen *Server-Manager* unter Windows Server 2012 R2 auf **Tools**, und dann auf **Active Directory-Benutzer und -Computer**.
2. Klicken Sie in der Konsolenstruktur mit der rechten Maustaste auf die Organisationseinheit (*OU*), die an eine Gruppe delegiert werden soll, und wählen Sie im Kontextmenü den Eintrag **Objektverwaltung zuweisen....**
3. Klicken Sie im *Willkommensbildschirm* auf **Weiter**.
4. Klicken Sie auf die Schaltfläche HINZUFÜGEN... und wählen Sie im darauf folgenden Dialog die Gruppe aus, an welche die Verwaltungsberechtigung delegiert werden soll. Klicken Sie anschließend auf **OK**.
5. Klicken Sie im *Assistent zum Zuweisen der Objektverwaltung* auf **Weiter**.
6. Bestimmen Sie die zuzuweisenden Aufgaben und klicken Sie dann auf **Weiter**.

7. Klicken Sie im Dialog *Fertigstellen des Assistenten* auf **Fertig stellen**, um die Schritte zur Delegierung der Verwaltungsberechtigung abzuschließen.

PRAXISTIPP! Der Vorgang der Delegierung von Verwaltungsberechtigungen für bestimmte Active Directory-Objekte kann sich mitunter sehr komplex darstellen. Legen Sie die zu delegierenden Berechtigungen deshalb im Vorfeld bereits genau fest. Dokumentieren Sie die konfigurierte Delegierung unbedingt schriftlich.

13.2 Vererbung der Verwaltungsberechtigung

Die auf Ebene einer Active Directory-Domäne oder einer darin enthaltenen Organisationseinheit (OU) konfigurierte Verwaltungsberechtigung wird standardmäßig auf alle darunter befindlichen Objekte vererbt. Wenn man also auf Ebene der Domäne die Berechtigung für das Zurücksetzen von Benutzerkontenkennwörtern an bestimmte Benutzer oder Gruppen delegieren würde, so würde diese Berechtigung an alle in der Domäne enthaltenen Objekte vererbt werden. Die betreffenden Benutzer oder Gruppen könnten somit die Benutzerkontenkennwörter aller in der betreffenden Domäne enthaltenen Benutzerobjekte zurücksetzen - einschließlich der Benutzerkonten der Administratoren.

Je nach der zu delegierenden Verwaltungsberechtigung kann dieser „Vererbungseffekt" mitunter sehr effektiv eingesetzt werden. Man sollte jedoch unbedingt die Auswirkung der Vererbung der Verwaltungsberechtigung bedenken, um keine unerwünschten Zugriffe auf Objekte zu ermöglichen.

13.2.1 Blockieren der Vererbung der Verwaltungsberechtigung

Die Vererbung der Verwaltungsberechtigung kann auf Ebene der Domäne bzw. auch auf den darin enthaltenen Organisationseinheiten (OUs) blockiert werden. Dies ist jedoch nicht über den Assistenten zum Zuweisen der Verwaltungsberechtigung, sondern lediglich in den Sicherheitseinstellungen des betreffenden Objekts möglich.

WICHTIG! Wenn Sie die Vererbung von Berechtigungen auf der Ebene einer untergeordneten Organisationseinheit (OU) blockieren, so werden keine der von übergeordneten Objekten ursprünglich vererbten Berechtigungen mehr angewendet. Man kann die Vererbung nicht für einzelne Berechtigungen blockieren. Man muss deshalb sehr genau bedenken, ab welcher Ebene man die Verwaltungsberechtigung für bestimmte Benutzer oder Gruppen delegieren sollte.

Schritte zum Blockieren der Vererbung

Um die Vererbung der Verwaltungsberechtigung auf Ebene eines Objektes in einer Active Directory-Domäne zu blockieren, gehen Sie wie folgt vor:

1. Klicken Sie im grafischen *Server-Manager* unter Windows Server 2012 R2 auf **Tools**, und dann auf **Active Directory-Benutzer und -Computer**.
2. Soweit noch nicht geschehen, klicken Sie in der Menüleiste auf **Ansicht** und dann auf **Erweiterte Features**, um die erweiterten Funktionen zu aktivieren.
3. Klicken Sie Konsolenstruktur mit der rechten Maustaste auf die gewünschte Organisationseinheit (*OU*) oder das gewünschte Objekt und wählen Sie im Kontextmenü den Eintrag **Eigenschaften**.
4. Wechseln Sie zum Register *SICHERHEIT*, und klicken Sie auf die Schaltfläche **Erweitert**, um zum Dialog *Erweiterte Sicherheitseinstellungen* zu wechseln.
5. Deaktivieren Sie die Option ***Vererbbare Berechtigungen des übergeordneten Objekts einschließen***, und klicken Sie im Dialog Windows-Sicherheit auf die Schaltfläche **Entfernen**.
6. Klicken Sie im Dialogfenster ***Erweiterte Sicherheitseinstellungen*** auf die Schaltfläche **OK**.

Wie Sie sicher bemerkt haben, lässt sich die Delegierung durch die Verwendung des *Assistenten zum Zuweisen der Objektverwaltung* sehr einfachen vollziehen. Dieser Assistent liefert jedoch keinerlei Informationen über mitunter bereits definierte Verwaltungsberechtigungen. Hierzu muss man in dem MMC-Snap-In *Active Directory-Benutzer und -Computer* zusätzliche Schritte durchführen.

13.3 Überprüfen der Delegierung der Verwaltungsberechtigung

Das MMC-Snap-In *Active Directory-Benutzer und -Computer* bietet neben dem *Assistenten zum Zuweisen der Objektverwaltung* natürlich auch die Möglichkeit der Überprüfung der bereits delegierten Verwaltungsberechtigungen für Objekte innerhalb einer Active Directory-Domäne.

Um die eingangs dieses Kapitels erwähnte Zugriffskontrollliste (engl. *Access Control List, ACL*) mitsamt der darin enthaltenen Zugriffskontrolleinträgen (engl. *Access Control Entries, ACEs*) für die konfigurierten Objektzugriffsberechtigungen anzeigen zu lassen, muss man in dem MMC-Snap-In *Active Directory-Benutzer und -Computer* die *erweiterten Features* aktivieren. Gehen Sie unter Windows Server 2012 R2 bzw. Windows Server 2012 dazu wie folgt vor:

1. Klicken Sie im grafischen *Server-Manager* auf **Tools**, und dann auf **Active Directory-Benutzer und -Computer**.
2. Soweit noch nicht geschehen, klicken Sie in der Menüleiste auf **Ansicht** und dann auf **Erweiterte Features**, um die erweiterten Funktionen anzuzeigen.

3. Klicken Sie Konsolenstruktur mit der rechten Maustaste auf die zu überprüfende Organisationseinheit (*OU*) oder das gewünschte Objekt und wählen Sie im Kontextmenü den Eintrag **Eigenschaften**.

4. Wechseln Sie zum Register *Sicherheit*, um die Zugriffskontrollliste (*ACL*) anzeigen zu lassen.

5. Um eine detailliertere Ansicht der konfigurierten Verwaltungsberechtigung zu erhalten, können Sie über einen Klick auf die Schaltfläche **Erweitert** zum Dialog ***Erweiterte Sicherheitseinstellungen*** wechseln.

PRAXISTIPP! Im Dialog ***Erweiterte Sicherheitseinstellungen*** können Sie die Delegierung der Verwaltungsberechtigung sehr gezielt vornehmen. Anders als im Assistenten zum Zuweisen der Objektverwaltung stellt sich die Delegierung hierin mitunter jedoch sehr komplex dar, weshalb sich der Einsatz des Assistenten in den meisten Situationen bevorzugt anbietet.

13.3.1 Effektive Berechtigungen

Im Dialogfenster *Erweiterte Sicherheitseinstellungen* existiert über die Registerkarte *Effektive Berechtigungen* die Möglichkeit, die Berechtigungen einzelner Benutzer oder Gruppen gezielt zu überprüfen. Leider erfasst dieser Dialog nicht alle konfigurierbaren Zugriffsberechtigungen, so dass eine erfolgte Delegierung der Verwaltungsberechtigungen hierüber nicht vollständig angezeigt werden kann.

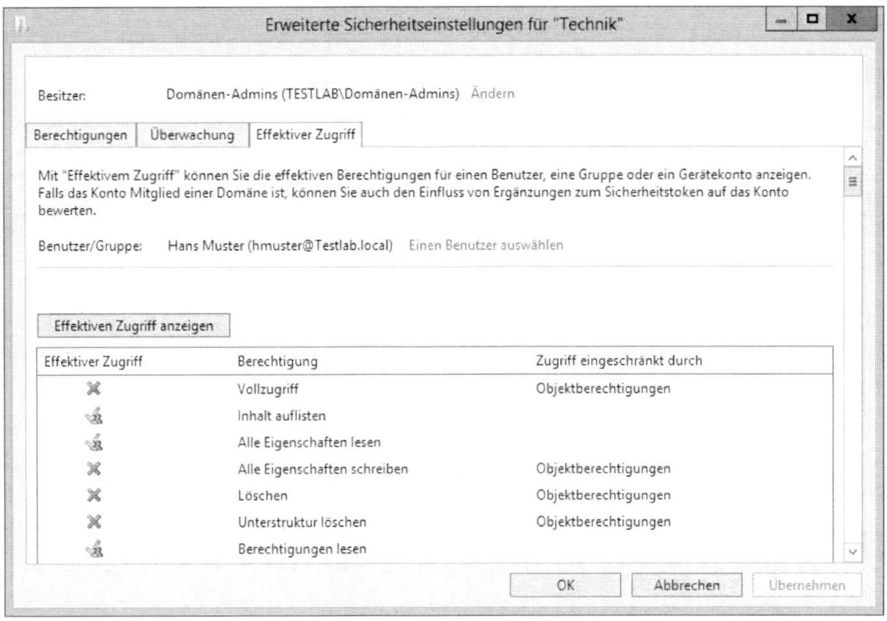

Abbildung 13.1: *Anzeige der effektiven Berechtigungen eines Benutzers für eine Organisationseinheit (OU) einer Active Directory-Domäne*

13.4 Beendigung der Delegierung der Verwaltungsberechtigung

Die verantwortlichen Administratoren einer Active Directory-Domäne können die konfigurierten Verwaltungsberechtigungen für bestimmte Benutzer oder Gruppen im Zugriff auf bestimmte Objekte jederzeit wieder entfernen. Hierzu kann der *Assistent zum Zuweisen der Objektverwaltung* jedoch nicht verwendet werden.

Eine konfigurierte Verwaltungsberechtigung muss direkt in der Zugriffskontrollliste (ACL) des betreffenden Active Directory-Objekts entfernt werden. Gehen Sie dazu wie folgt vor:

1. Klicken Sie im grafischen *Server-Manager* unter Windows Server 2012 R2 auf **Tools**, und dann auf **Active Directory-Benutzer und -Computer**.
2. Soweit noch nicht geschehen, klicken Sie in der Menüleiste auf **Ansicht** und dann auf **Erweiterte Features**, um die erweiterten Funktionen anzuzeigen.
3. Klicken Sie mit der rechten Maustaste auf die Organisationseinheit (*OU*) bzw. das gewünschte Objekt und wählen Sie im Kontextmenü den Eintrag **Eigenschaften**.
4. Wechseln Sie zum Register *Sicherheit*, um die Zugriffskontrollliste (*ACL*) anzeigen zu lassen.
5. Um die Verwaltungsberechtigung für bestimmte Benutzer oder Gruppen vollständig aufzuheben, klicken Sie auf den entsprechenden Eintrag (*ACE*) in der Zugriffskontrollliste (*ACL*), und nachfolgend auf die Schaltfläche **Entfernen**.
6. Klicken Sie im Dialog ***Eigenschaften*** auf **OK**.

Der Berechtigungseintrag wird somit aus der Zugriffskontrollliste (engl. *Access Control List, ACL*) entfernt. Der betreffende Benutzer bzw. die Gruppe erhält die ursprünglich konfigurierte Zugriffsberechtigung nachfolgend nicht mehr.

PRAXISTIPP! Um lediglich bestimmte Berechtigungen für Benutzer oder Gruppen zu entfernen, klicken Sie in den ***Eigenschaften*** des betreffenden Objektes auf die Schaltfläche **Erweitert**, um zum Dialog ***Erweiterte Sicherheitseinstellungen*** zu wechseln. Klicken Sie in diesem Dialog auf den gewünschten Eintrag, und nachfolgend auf die Schaltfläche **Bearbeiten...**. Nun können Sie die gewünschten Zugriffsberechtigungen einzeln aktivieren bzw. deaktivieren.

13.5 Bereitstellen angepasster Verwaltungskonsolen

Wenn ein Administrator die Delegierung der Verwaltungsberechtigung für bestimmte Objekte in einer Active Directory-Domäne konfiguriert hat, kann der betreffende Benutzer oder die Gruppe nun mit der Verwaltung der betreffenden Objekte beginnen. Für die Verwaltung von Benutzer-, Gruppen- und Computerobjekten wird in der Regel das MMC-Snap-In *Active Directory-Benutzer und -Computer* verwendet. In großen Active Directory-Umgebungen kann sich die Orientierung in der Verwaltungskonsole mitunter sehr schwierig gestalten. Es werden darin u. a. alle vorhandenen Organisationseinheiten, Benutzer-, Gruppen-, Kontakte-, Computer- und Domänencontrollerobjekte angezeigt. Um einem (Hilfs-)Administrator nach der konfigurierten Verwaltungsdelegierung lediglich die für ihn notwendigen Objekte (beispielsweise Benutzer- oder Computerobjekte) anzeigen zu lassen, kann man eine *angepasste Verwaltungskonsole* erstellen. Diese leitet sich aus dem standardmäßigen MMC-Snap-In *Active Directory-Benutzer und -Computer* ab.

PRAXISTIPP! Das Bereitstellen einer angepassten Verwaltungskonsole, worin der betreffende (Hilfs-)Administrator lediglich die für ihn relevanten Objekte angezeigt bekommt, kann mitunter auch sicherheitstechnisch relevant sein. Das unberechtigte „Ausspähen" einer Active Directory-Domäne kann durch den Einsatz einer angepassten und nach bestimmten Objekten gefilterten Verwaltungskonsole erschwert werden.

Nach der Delegierung der Verwaltungsfunktionalität kann man für den betreffenden Benutzer oder die Sicherheitsgruppe eine angepasste Verwaltungskonsole erstellen und diese beispielsweise über eine Freigabe im Netzwerk für die zweckgebundene Verwendung bereitstellen.

13.5.1 Erstellen einer angepassten Verwaltungskonsole

Im Bereich der Delegierung der Benutzerverwaltung (beispielsweise das *Zurücksetzen von Benutzerkontenkennwörtern*) für bestimmte Organisationseinheiten wird in der Praxis häufig eine angepasste Verwaltungskonsole erstellt. Diese zeigt durch definierte Filterungsvorgänge lediglich die für die Verwaltung relevanten Active Directory-Objekte (beispielsweise Benutzerobjekte) an.

Gehen Sie zum Erstellen einer angepassten Verwaltungskonsole für die Benutzerverwaltung auf Ebene einer Organisationseinheit (OU) in einer Active Directory-Domäne wie folgt vor:

1. Geben Sie im *Startbildschirm* unter Windows Server 2012 R2 **`mmc.exe`** ein, und drücken Sie anschließend die **Eingabetaste**. Klicken Sie (soweit angezeigt) im Dialog *Benutzerkontensteuerung* auf **Ja**.

2. Klicken Sie in der Menüleiste auf **Datei, Snap-In hinzufügen/entfernen...**

3. Klicken Sie unter *Verfügbare Snap-Ins:* auf **Active Directory-Benutzer und -Computer** und dann auf die Schaltfläche **Hinzufügen>**.

4. Klicken Sie auf die Schaltfläche **OK**, um den Dialog *Snap-Ins hinzufügen bzw. entfernen* zu schließen.

5. Erweitern Sie die Knoten in der Konsolenstruktur und klicken Sie auf die gewünschte Organisationseinheit (OU).

6. Klicken Sie mit der rechten Maustaste auf die Organisationseinheit und wählen Sie im Kontextmenü den Eintrag **Neue Aufgabenblockansicht...**
7. Klicken Sie im *Willkommensbildschirm* auf **Weiter.**
8. Nehmen Sie in der Seite *Aufgabenblockstil* die gewünschten Einstellungen vor und klicken Sie anschließend auf **Weiter.**
9. Wählen Sie in der Seite *Aufgabenblockwiederverwendung* die Option *Ausgewähltes Strukturelement* und klicken Sie auf **Weiter.**
10. Geben Sie den Namen und die Beschreibung für die zu erstellende Verwaltungskonsole ein und klicken Sie anschließend auf **Weiter.**
11. Achten Sie darauf, dass auf der Seite *Fertigstellen des Assistenten* das Kontrollkästchen **Neue Aufgaben zu diesem Aufgabenblock hinzufügen nachdem der Vorgang abgeschlossen wurde** aktiviert ist und klicken Sie zum Erstellen der neuen Konsole auf **Fertig stellen**.
12. Klicken Sie in der *Willkommensseite* auf die Schaltfläche **Weiter**.
13. Wählen Sie in der Seite *Befehlstyp* die Option *Menübefehl* und klicken Sie anschließend auf **Weiter**.
14. Klicken Sie im linken Fensterbereich auf eines der angezeigten Objekte und wählen Sie anschließend unter *Verfügbare Befehle:* den gewünschten Befehl (beispielsweise *Kennwort zurücksetzen...*) aus, welcher in der Verwaltungskonsole angezeigt werden soll. Klicken Sie dann auf **Weiter**.
15. Geben Sie in der Seite *Namen und Beschreibung* die gewünschten Informationen ein und klicken Sie auf **Weiter**.
16. Wählen Sie in der Seite *Aufgabensymbol* ein auf die zu definierende Verwaltungsaufgabe passendes MMC-Symbol aus und klicken Sie auf **Weiter**.
17. Wenn Sie noch weitere Verwaltungsbefehle zur Verwaltungskonsole hinzufügen möchten, müssen Sie in der Seite *Fertigstellen des Assistenten* das Kontrollkästchen **Assistenten nach dem Klicken auf „Fertig stellen" erneut ausführen** aktivieren.

    HINWEIS: Bei Auswahl dieser Option müssen Sie die Schritte 12 bis 17 für die zusätzlich zu konfigurierenden Verwaltungsbefehle wiederholen.

18. Klicken Sie anschließend auf **Fertig stellen**.
19. Klicken Sie zum *Ausblenden der Konsolenstruktur* in der Symbolleiste auf die entsprechende Schaltfläche. Falls gewünscht, klicken Sie ebenso auf die entsprechende Schaltfläche, um das *Aktionsfeld auszublenden*. Beide Schaltflächen sind standardmäßig aktiviert.

20. Zum Filtern der Ansicht klicken Sie in der Menüleiste auf **Ansicht** und dann auf **Filteroptionen...**
21. Aktivieren Sie die Option **Nur folgende Objekttypen anzeigen:** und nachfolgend das Kontrollkästchen *Benutzer*. Klicken Sie anschließend auf **OK**.
22. Doppelklicken Sie auf die anzuzeigende Organisationseinheit. In der folgenden Ansicht werden lediglich noch Benutzerobjekte angezeigt. Die Ansicht anderer Objekttypen wurde durch die Konfiguration der Filterung deaktiviert.
23. Klicken Sie in der Menüleiste auf **Ansicht** und dann auf **Anpassen...**
24. Deaktivieren Sie alle Kontrollkästchen (soweit gewünscht) und klicken Sie auf **OK**.
25. Klicken Sie in der Menüleiste auf **Datei** und dann auf **Optionen...**
26. Klicken Sie neben *Konsolenmodus:* auf das Pulldown-Menü und wählen Sie **Benutzermodus - beschränkter Zugriff, Einzelfenster**. Aktivieren Sie das Kontrollkästchen **Änderungen für diese Konsole nicht speichern**, deaktivieren Sie das Kontrollkästchen **Anpassen von Ansichten durch Benutzer zulassen**, und klicken Sie anschließend auf OK.
27. Klicken Sie in der Menüleiste auf **Datei** und dann auf **Speichern unter...**, wählen Sie den Speicherpfad, geben Sie den gewünschten Konsolennamen ein und klicken Sie dann auf die Schaltfläche **Speichern**.

PRAXISTIPP! Wenn Sie noch Änderungen an der Verwaltungskonsole vornehmen möchten, sollten Sie diese nach dem Speichern nicht sofort schließen. Da alle für Änderungen notwendigen Menü- und Symbolleisten ausgeblendet wurden, lässt sich diese Konsole nach dem Schließen nur noch eingeschränkt öffnen und kann dann nicht mehr verändert werden. Um die Konsole weiter anzupassen, müssten Sie dann erst wieder eine neue Konsole erstellen.

Die neu erstellte Verwaltungskonsole kann den Benutzern oder Gruppen, an welche die Verwaltung der Benutzerobjekte in der betreffenden Organisationseinheit delegiert wurde, bereitgestellt werden.

13.6 Zusammenfassung

In diesem Kapitel wurde Ihnen erklärt, wie einfach man die Delegierung der Verwaltungsberechtigung für die Objekte in einer Active Directory-Domäne realisieren kann. Dies stellt eine wichtige Möglichkeit der Entlastung der verantwortlichen Administratoren dar. In der Praxis wird beispielsweise das Zurücksetzen von Benutzerkontenkennwörtern häufig an Support-Mitarbeiter delegiert. Auch kann man auf diesem Wege das Hinzufügen von Computern zu einer Domäne an bestimmte Benutzer oder Gruppen delegieren.

Die konfigurierten Verwaltungsberechtigungen lassen sich über die Zugriffskontrollliste (engl. *Access Control List, ACL*) der betreffenden Objekte nachvollziehen, ändern oder gar aufheben. Da die Delegierung der Verwaltungsberechtigung nicht auf den ersten Blick ersichtlich wird, sollte man diese unbedingt in die schriftliche Dokumentation aufnehmen und bei Bedarf auch aktualisieren.

Benutzern und Gruppen, für die eingeschränkte Verwaltungsberechtigungen konfiguriert wurden, sollte man für die Verwaltung bei Bedarf eingeschränkte, angepasste Verwaltungskonsolen bereitstellen. Damit werden die Orientierungsmöglichkeit sowie auch die Sicherheit innerhalb der betreffenden Active Directory-Domäne erhöht.

Da in einer Active Directory-Domäne mehr als nur Organisationseinheiten existieren, wenden wir uns im nächsten Kapitel nun der Verwaltung der Active Directory-Objekte zu.

14 Erstellen und Verwalten von Active Directory-Objekten

Die Hauptaufgabe eines Domänenadministrators besteht nach dem Einrichten einer Active Directory-Domäne in der Verwaltung der darin enthaltenen Objekte der Active Directory-Domänendienste (*Active Directory Domain Services, AD DS*). Anhand von Objekten wird die Sicherheit in der betreffenden Active Directory-Domäne sichergestellt, sowie auch der Ressourcenzugriff gesteuert.

In einer Active Directory-Domäne werden verschiedene Objekttypen, wie beispielsweise Benutzer-, Gruppen- oder Computerobjekte erstellt, verwaltet und bei Bedarf auch wieder gelöscht. Natürlich muss ein verantwortlicher Administrator in der Lage sein, die vorhandenen Objekte einer Active Directory-Domäne zu verwalten.

14.1 Benutzerobjekte

Benutzerobjekte werden, wie eingangs dieses Buches bereits erwähnt, für die eindeutige Benutzerauthentifizierung, sowie auch die Autorisierung (beispielsweise im Zugriff auf bestimmte Ressourcen) verwendet. Solche Objekte kann man auf vielfältige Weise erstellen.

Standardmäßig existieren in einer neu installierten Active Directory-Domäne bereits vordefinierte Benutzerobjekte, wie beispielsweise das Administrator- oder das Gastkonto.

14.1.1 Tools zum Erstellen und Verwalten von Benutzerobjekten

Zum Erstellen und Verwalten von Benutzerobjekten in einer Active Directory-Domäne stehen den Administratoren unter Windows Server 2008 verschiedene Tools zur Verfügung. Zu diesen zählen mitunter die folgenden:

- MMC-Snap-In Active Directory-Benutzer und -Computer
- Active Directory-Verwaltungscenter (AD AC)
- DS-Tools (*dsadd.exe, dsmod.exe*)
- csvde.exe,
- ldifde.exe
- net user
- Windows Script Host (WSH)
- Windows PowerShell

Die Kommandozeilentools zum Erstellen und Verwalten von Benutzerobjekten bieten die Möglichkeit zur Automatisierung der Verwaltungsschritte durch den Einsatz der Befehle in Stapelverarbeitungsdateien oder Scripts.

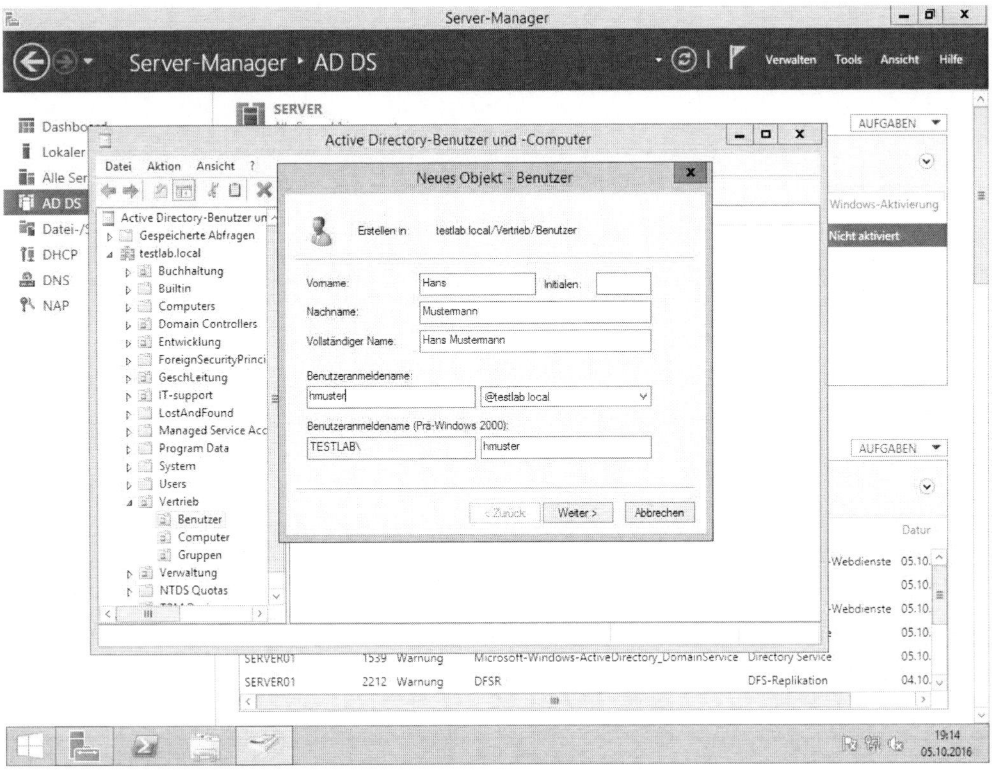

Abbildung 14.1: *Erstellen von Benutzerobjekten mittels MMC-Snap-In Active Directory-Benutzer und Computer unter Windows Server 2012 R2*

14.1.2 Erstellen von Benutzerobjekten mittels MMC-Snap-In

Ein einfacher Weg, um Benutzerobjekte in einer Active Directory-Domäne zu erstellen, führt zum MMC-Snap-In *Active Directory-Benutzer und Computer*. In dieser Konsole kann selbst ein unerfahrener Administrator problemlos Benutzerobjekte erstellen.

Gehen Sie zum Erstellen von Benutzerobjekten in einer Active Directory-Domäne unter Windows Server 2012 R2 bzw. Windows Server 2012 mittels des MMC-Snap-Ins *Active Directory-Benutzer und -Computer* wie folgt vor:

1. Klicken Sie im grafischen *Server-Manager* unter Windows Server 2012 R2 auf **Tools**, und dann auf **Active Directory-Benutzer und -Computer**.
2. Erweitern Sie die Konsolenansicht im linken Fensterbereich bis zu der Organisationseinheit (*OU*) oder dem Container, in dem das neue Benutzerobjekt erstellt werden soll.
3. Klicken Sie mit der rechten Maustaste auf die Organisationseinheit (*OU*) oder das Containerobjekt und wählen Sie im Kontextmenü den Befehl **Neu**, **Benutzer** aus.
4. Geben Sie im Dialog *Neues Objekt - Benutzer* die gewünschten Informationen ein und klicken Sie anschließend auf **Weiter**.
5. Geben Sie im Feld *Kennwort:* das gewünschte Benutzerkennwort ein, wiederholen Sie dieses im Feld *Kennwort bestätigen:*, wählen Sie die weiteren Kennwortoptionen aus und klicken Sie dann auf **Weiter**.

HINWEIS: Das Benutzerkennwort muss gemäß den Kennwortrichtlinien einer Windows Server 2012 R2- bzw. Windows Server 2012-Domäne der darin geforderten Komplexitätsvoraussetzung entsprechen. Einfache Kennwörter, die beispielsweise nur aus Groß- oder Kleinbuchstaben bestehen, werden in Active Directory-Domänen seit Windows Server 2003 standardmäßig nicht mehr unterstützt.

6. Klicken Sie zum Erstellen des neuen Benutzerkontos abschließend auf die Schaltfläche **Fertig stellen**.

Das neue Benutzerobjekt wird angelegt.

14.1.3 Erstellen von Benutzerobjekten im grafischen Active Directory-Verwaltungscenter (AD AD)

Im grafischen Active Directory-Verwaltungscenter (engl. *Active Directory Administration Center, AD AC*), welches auf der Windows PowerShell aufsetzt, bietet eine sehr einfache und sicher zeitgemäße Möglichkeit zum Erstellen einzelner Benutzerobjekte.

Gehen Sie wie folgt vor, um ein neues Benutzerobjekt im grafischen Active Directory-Verwaltungscenter (*AD AC*) unter Windows Server 2012 R2 bzw. Windows Server 2012 zu erstellen:

1. Klicken Sie im grafischen *Server-Manager* unter Windows Server 2012 R2 auf **Tools**, und dann auf **Active Directory-Verwaltungscenter**.
2. Klicken Sie in der *linken Listenansicht* auf den Namen der *Domäne*.
3. Klicken Sie im mittleren Detailbereich mit der linken Maustaste auf den Container, in dem das neue Benutzerkonto erstellt werden soll, wählen Sie im Kontextmenü **Neu**, und dann **Benutzer**.
4. Geben Sie im Dialog *Benutzer erstellen:* die gewünschten Informationen ein, und klicken Sie dann auf **OK**.

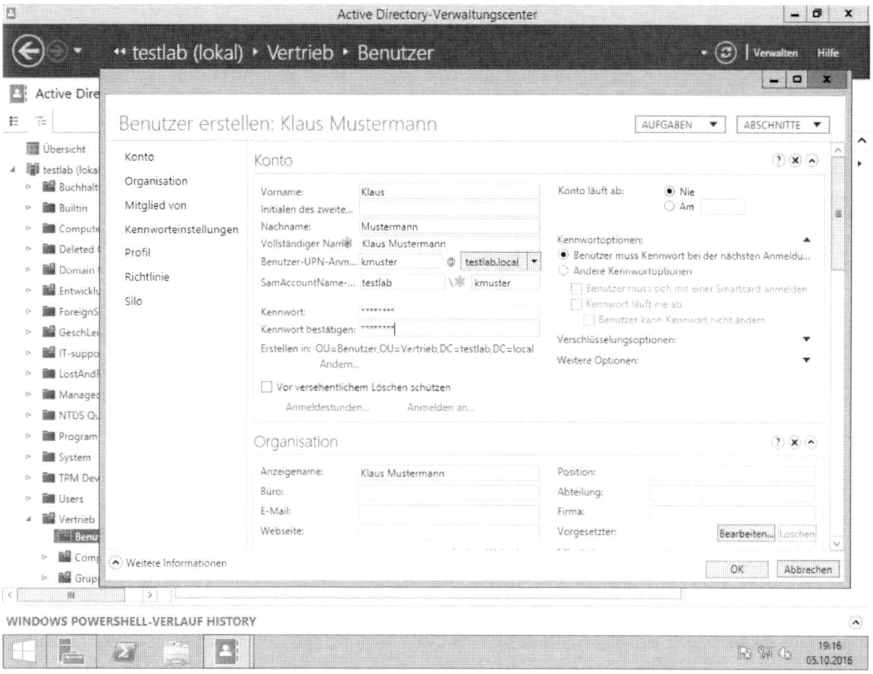

Abbildung 14.2: *Erstellen von Benutzerobjekten im grafischen Active Directory-Verwaltungscenter (AD AC) unter Windows Server 2012 R2*

HINWEIS: Das Erstellen eines neuen Benutzerobjekts mit dem Active Directory-Verwaltungscenter (AD AC) geschieht im Hintergrund über die Windows PowerShell. Anzeigen lassen kann man sich dies durch das Erweitern der Windows PowerShell-Verlauf-History am unteren Rand des Active Directory-Verwaltungscenters (AD AC). Es ist hierbei technisch betrachtet erst einmal nicht notwendig, ein Benutzerkennwort festzulegen. In diesem Fall wird das Benutzerobjekt zwar angelegt, jedoch automatisch deaktiviert. Zum Aktivieren muss des

Objektes diesem dann zuvor noch ein den Kennwortrichtlinien entsprechendes Kennwort zugewiesen werden.

14.1.4 Erstellen von Benutzerobjekten mittels dsadd.exe

Ein weiteres Tool, um Benutzerobjekte in einer Active Directory-Domäne zu erstellen, wurde bereits mit Windows Server 2003 eingeführt: **dsadd.exe**

Das Kommandozeilentool wurde konzipiert, um Objekte (u. a. auch Benutzerobjekte) über die Eingabeaufforderung in einer Active Directory-Domäne zu erstellen.

Um mit dem Kommandozeilentool **dsadd.exe** ein Benutzerobjekt in einer Active Directory-Domäne auf einfachem Wege zu erstellen, geben Sie in der Eingabeaufforderung den folgenden Befehl ein:

dsadd user <Benutzer-DN> -pwd <Kennwort>

Erklärung zur Befehlssyntax:

- **dsadd user** - steht für das Erstellen eines neuen Benutzerkontos
- **<Benutzer-DN>** - steht für den definierten Objektnamen (Distinguished Name) des neu zu erstellenden Benutzerobjekts
- **-pwd <Kennwort>** - steht für das Kennwort für das neue Benutzerkonto

PRAXISTIPP! Es existieren noch weitere Befehlsparameter (beispielsweise **-fn** für den Vornamen (engl. *first name*) oder **-ln** für den Nachnamen (engl. *last name*). Diese kann man durch den Aufruf des Befehls **dsadd user /?** in der Eingabeaufforderung anzeigen lassen.

Ein Beispiel für das Erstellen eines neuen Benutzerkontos mittels **dsadd.exe** kann wie folgt aussehen:

Abbildung 14.3: *Beispiel für das Erstellen eines Benutzerobjekts mittels dsadd.exe in einer Active Directory-Domäne unter Windows Server 2012 R2*

In dem dargestellten Beispiel wird ein neues Benutzerobjekt mit dem Namen ***hmuster*** in der Organisationseinheit (OU) ***Vertrieb*** der Domäne ***CertPro.de*** erstellt. Zusätzlich erhält dieses

Objekt den *Prä-Windows 2000-kompatiblen* Anmeldenamen ***hmuster***, sowie den Benutzerprinzipalnamen (engl. *User Principal Name, UPN*) ***hmuster@certpro.de***. Zudem wird dem Objekt das Anmeldekennwort ***P@ssw0rd*** (wobei 0 für die Zahl *„Null"* steht) zugewiesen.

Das Erstellen des Benutzerobjekts wurde nach der Ausführung des Befehls anhand einer entsprechenden Meldung bestätigt.

HINWEIS: Weitere Informationen zum Erstellen von Benutzerobjekten mittels ***dsadd.exe*** erhalten Sie in der Hilfe von Windows Server 2012 R2.

14.1.5 Erstellen von Benutzerobjekten mittels csvde.exe

Mit dem Kommandozeilenbefehl **`csvde.exe`** besteht eine weitere Möglichkeit, Benutzerobjekte in einer Active Directory-Domäne zu erstellen. Hierbei kommt eine *Eingabedatei* zum Einsatz, die durch den Administrator vorweg manuell erstellt werden muss.

Hier ein Beispiel für die Eingabedatei zum Erstellen von Benutzerobjekten in einer Active Directory-Domäne:

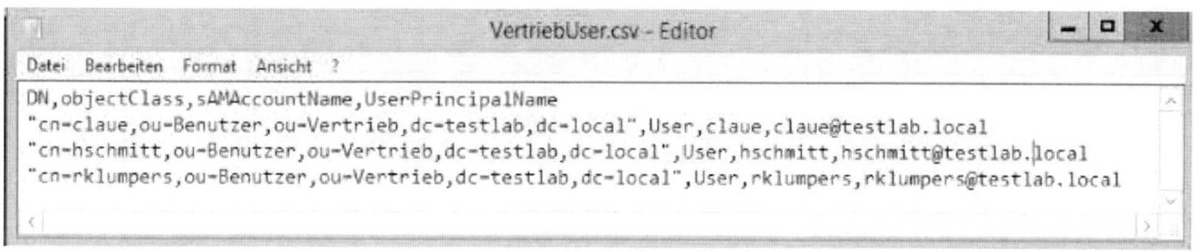


```
DN,objectClass,sAMAccountName,UserPrincipalName
"cn=claue,ou=Benutzer,ou=Vertrieb,dc=testlab,dc=local",User,claue,claue@testlab.local
"cn=hschmitt,ou=Benutzer,ou=Vertrieb,dc=testlab,dc=local",User,hschmitt,hschmitt@testlab.local
"cn=rklumpers,ou=Benutzer,ou=Vertrieb,dc=testlab,dc=local",User,rklumpers,rklumpers@testlab.local
```

Abbildung 14.4: *Beispiel für eine Eingabedatei für das Erstellen von Benutzerobjekten mittels csvde.exe*

Die Eingabedatei

In der Eingabedatei findet man in der ersten Zeile die notwendigen Objektattribute:

- **`DN`** - steht für den definierten Namen des zu erstellenden Benutzerobjekts (engl. *Distinguished Name, DN*)
- **`objectClass`** - beschreibt die Objektklasse des zu erstellenden Objekts
- **`sAMAccountName`** - steht für den Prä-Windows 2000-kompatiblen Anmeldenamen des neu zu erstellenden Benutzerobjekts
- **`userPrincipalName`** - steht für den Benutzerprinzipalnamen (engl. *User Principal Name, UPN*) des neu zu erstellenden Benutzerobjekts

Die einzelnen Attribute sind in der Datei durch ein Komma getrennt und entsprechen somit auch dem Eingabeformat des Befehls ***csvde.exe*** (*csv* steht hierbei für *„comma separated value"* - kommagetrennter Wert).

Die erforderlichen Attributwerte zum Erstellen von Benutzerobjekten sind in den nachfolgenden Zeilen der Datei angegeben. Jedes zu erstellende Benutzerobjekt wird hierbei in einer eigenen Textzeile aufgeführt.

HINWEIS: Im downloadbaren Online-Inhalt zum Buch finden Sie Beispieldateien für das Erstellen von Active Directory-Objekten mithilfe von ***Ldifde.exe*** und ***Csvde.exe***.

Befehlsausführung

Um mittels des Kommandozeilenbefehls **`csvde.exe`** in Verbindung mit der ***Eingabedatei*** die entsprechenden Benutzerobjekte zu erstellen, muss der Befehl in der Eingabeaufforderung wie folgt angewendet werden:

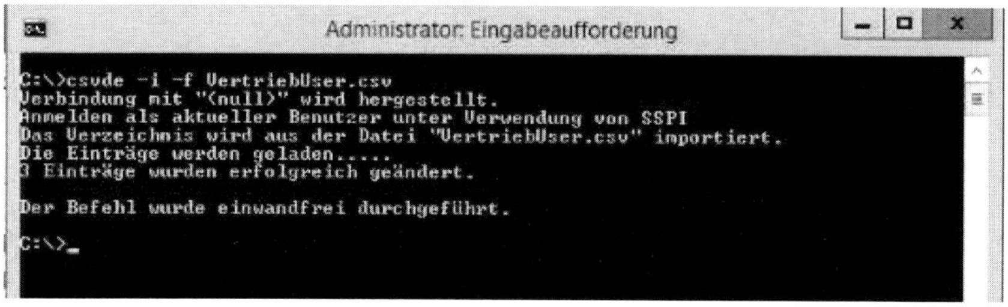

Abbildung 14.5: *Beispiel für das Erstellen von Benutzerobjekten mittels csvde.exe unter Verwendung einer Eingabedatei (vertriebuser.csv)*

Erklärung zur Befehlseingabe:

- **`csvde`** - ruft den eigentlichen Kommandozeilenbefehl auf
- **`-i`** - steht für den Importvorgang von Objekten
- **`-f`** *`vertriebuser.csv`* - verweist auf die zu verwendende Eingabedatei (engl. *import file*), in diesem Beispiel die Datei ***vertriebuser.csv***

PRAXISTIPP! Wenn man den Befehl **`csvde.exe`** ohne den Befehlsschalter **`-i`** für den Importvorgang verwendet, so kann man die aktuelle Active Directory-Domäne durch die Angabe einer Ausgabedatei mittels des Schalters **`-f`** in eine Textdatei exportieren. Dies kann für Dokumentationszwecke mitunter sehr hilfreich sein.

Nachteil bei der Verwendung von csvde.exe

So einfach sich neue Benutzerobjekte mittels **`csvde.exe`** und einer Eingabedatei erstellen lassen, so birgt dieser Vorgang doch einen mitunter bedeutenden Nachteil: Sie können den neu zu erstellenden Benutzerobjekten ***kein Benutzerkennwort*** mitgeben, so dass die Konten zwar erstellt, jedoch in Domänen ab Windows Server 2003 (und höher) aufgrund der darin bestehenden Kennwortrichtlinien sofort ***deaktiviert*** werden.

14.1.6 Erstellen von Benutzerobjekten mittels ldifde.exe

Eine Alternative zum Erstellen von Benutzerobjekten in der Eingabeaufforderung stellt der Kommandozeilenbefehl **ldifde.exe** dar. Dieser verfolgt ein ähnliches Konzept wie auch bereits **csvde.exe**, jedoch in einem etwas anderen Format der der Eingabedatei. Darüber hinaus kann man den Benutzerobjekten nach dem Erstellen in einem nachfolgenden, weiteren Verwaltungsschritt mithilfe von **ldifde.exe** auch Benutzerkennwörter zuweisen.

Nachfolgend sehen Sie ein Beispiel für die Eingabedatei zum Erstellen von Benutzerobjekten mittels ldifde.exe in einer Active Directory-Domäne:

Abbildung 14.6: *Beispiel für eine Eingabedatei für das Erstellen von Benutzerobjekten mittels ldifde.exe*

Die Eingabedatei

In der Eingabedatei (.ldf) werden die Objektinformationen blockweise, zueinander mit einer Leerzeile getrennt, aufgelistet. Die jeweiligen Objektattribute stehen dabei direkt hinter dem mit einem Doppelpunkt, sowie nachfolgendem Leerzeichen versehenen Attributbezeichner.

Die oben dargestellte Beispieldatei enthält dabei die folgenden Attribute:

- **DN** - steht für den definierten Namen des zu erstellenden Benutzerobjekts (engl. *Distinguished Name, DN*)
- **objectClass** - beschreibt die Objektklasse des zu erstellenden Objekts
- **sAMAccountName** - steht für den Prä-Windows 2000-kompatiblen Anmeldenamen des neu zu erstellenden Benutzerobjekts
- **userPrincipalName** - steht für den Benutzerprinzipalnamen (engl. *User Principal Name, UPN*) des neu zu erstellenden Benutzerobjekts

Natürlich können weitere Objektattribute, wie zum Beispiel der Vor- oder Nachname eines Benutzers, auch gleich beim Erstellen eines Objektes mit angegeben werden.

HINWEIS: Im downloadbaren Online-Inhalt zum Buch finden Sie Beispieldateien für das Erstellen von Active Directory-Objekten mithilfe von ***Ldifde.exe*** und ***Csvde.exe***.

Befehlsausführung

Um mittels des Kommandozeilenbefehls **`ldifde.exe`** in Verbindung mit der ***Eingabedatei*** die entsprechenden Active Directory-Objekte zu erstellen, muss der Befehl in der Eingabeaufforderung wie folgt angewendet werden:

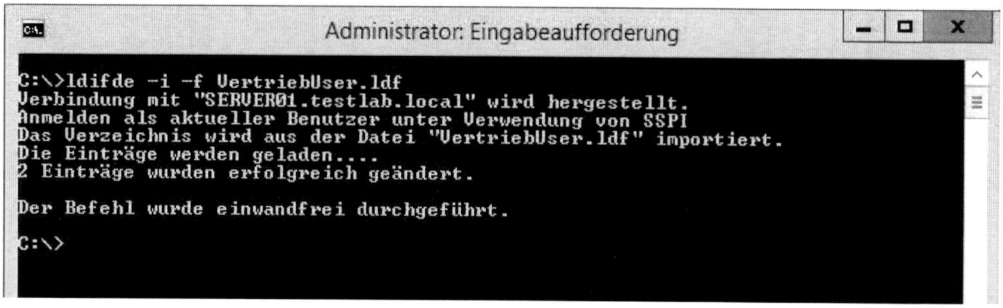

Abbildung 14.7: *Beispiel für das Erstellen von Benutzerobjekten mittels ldifde.exe unter Verwendung einer Eingabedatei (vertriebuser.ldf)*

Erklärung zur Befehlseingabe:

- **`ldifde`** - ruft den eigentlichen Kommandozeilenbefehl auf
- **`-i`** - steht für den Importvorgang von Objekten
- **`-f`** *`vertriebuser.ldf`* - verweist auf die zu verwendende Eingabedatei (engl. import file), in diesem Beispiel die Datei ***vertriebuser.ldf***

PRAXISTIPP! Wenn man den Befehl **`ldifde.exe`** ohne den Befehlsschalter **`-i`** für den Importvorgang verwendet, so kann man die aktuelle Active Directory-Domäne durch die Angabe einer Ausgabedatei mittels des Schalters **`-f`** in eine Textdatei exportieren. Dies kann für Dokumentationszwecke mitunter sehr hilfreich sein.

Nachteil bei der Verwendung von ldifde.exe

So einfach sich neue Benutzerobjekte mittels **`ldifde.exe`** und einer Eingabedatei erstellen lassen, so birgt dieser Vorgang doch einen mitunter bedeutenden Nachteil: Sie können den neu zu erstellenden Benutzerobjekten direkt beim Anlegen der Objekte mithilfe von ldifde.exe ***kein Benutzerkennwort*** mitgeben, so dass die Konten zwar erstellt, jedoch in Domänen ab Windows Server 2003 aufgrund der darin bestehenden, standardmäßig strengeren Kennwortrichtlinien sofort ***deaktiviert*** werden.

14.1.7 Erstellen von Benutzerobjekten mit net user

Im Gegensatz zu den neuen Befehlszeilentools, wie **dsadd**, steht unter Windows Server 2012 R2 noch immer der Kommandozeilenbefehl **net**, u. a. auch zum Erstellen und Verwalten von Benutzerobjekten, zur Verfügung. Die Syntax des Befehls lautet dabei wie folgt:

```
net user [Benutzername [Kennwort | *] [Optionen]] [/domain]
Benutzername {Kennwort | *} /add [Optionen] [/domain]
Benutzername [/delete] [/domain]
```

Im folgenden Beispiel wird ein Benutzerkonto angelegt, dem der Befehl gleichzeitig das Kennwort P@$$w0rd zuweist:

```
net user „Carlo Westbrook" P@$$w0rd /add
```

> ***PRAXISTIPP!*** Benutzerkonten, die man mittels des Befehls **net user** erstellt, werden standardmäßig im Standardcontainer ***Users*** der betreffenden Active Directory-Domäne angelegt. Den Standardspeicherort für neue Benutzerkonten kann man seit Windows Server 2003 mithilfe des Befehls **Redirusr.exe** verändern. Vorausgesetzt wird hierzu lediglich die einheitliche Domänenfunktionsebene unter Windows Server 2003 (oder höher).

14.1.8 Erstellen von Benutzerobjekten mittels Windows Script Host (WSH)

Eine Alternative zur Verwendung der vorweg genannten Befehlszeilenprogramme stellt die Verwendung von Windows Script Host (*WSH*) über das ADSI (*Active Directory Service Interface*) dar. Hiermit kann man u. a. auch Active Directory-Objekte unter Verwendung kleiner Scriptdateien erstellen, verändern oder auch löschen.

Die Scriptdatei

Um ein Objekt mittels WSH in Active Directory zu erstellen, legt man vorweg eine Scriptdatei in einem Texteditor an, und vergibt dieser beim Speichern die Dateinamenserweiterung für Visual Basic-Scripts (.vbs).

Sehen Sie hier ein Beispiel für eine Scriptdatei (*NewUser.vbs*) zum Erstellen eines Benutzerobjekts in einer Active Directory-Datenbank:

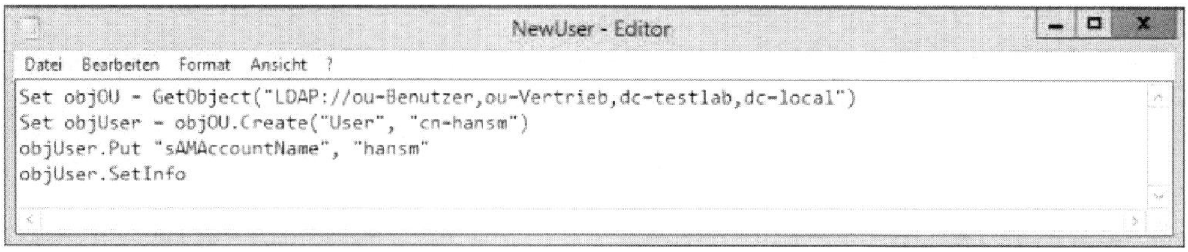

Abbildung 14.8: *Beispiel für eine Script-Datei zum Anlegen eines Benutzerobjekts in Active Directory mittels Windows Script Host (WSH)*

Die einzelnen Anweisungen innerhalb der Scriptdatei erklären sich hierbei wie folgt:

- **`Set ObjOU=GetObject("LDAP://ou=Benutzer,ou=Vertrieb, dc=testlab,dc=local")`**
  Mit dieser Zeile wird eine Verbindung zum Container hergestellt, in dem das neue Objekt erstellt werden soll. Wichtig: Der Kennzeichner LDAP muss in Großbuchstaben geschrieben werden, da der Script sonst eine Fehlermeldung zurückgibt.

- **`Set objUser=objOU.Create("User", "cn=hansm")`**
  Diese Zeile legt das eigentliche Objekt anhand der benannten Objektklasse (User) und dem Objektnamen an.

- **`objUser.Put "sAMAccountName", "hansm"`**
  Mit dieser Zeile wird der Wert für den Prä-Windows 2000-kompatiblen Anmeldenamen festgelegt.

- **`objUser.SetInfo`**
  Diese Zeile schreibt (bzw. speichert) das voran genannte Objekt mitsamt aller angegebenen Attribute in die Active Directory-Datenbank.

HINWEIS: Im downloadbaren Online-Inhalt zum Buch finden Sie Beispieldateien für das Erstellen von Active Directory-Objekten mithilfe von ***Ldifde.exe*** und ***Csvde.exe***.

Ausführung von WSH-Scripts

Um den soeben erstellten WSH-Script auf einem Domänencontroller unter Windows Server 2012 R2 auszuführen, können Sie entweder den folgenden Befehl an der Eingabeaufforderung starten, oder einfach auf die erstellte Scriptdatei doppelklicken:

`wscript.exe` *`NewUser.vbs`*

INTERNET: Weitere Informationen zum Erstellen von Scripts für die Verwaltung von Active Directory-Objekten findet man im Internet, beispielsweise unter:

https://technet.microsoft.com/de-de/scriptcenter

14.1.9 Erstellen von Benutzerobjekten mittels Windows PowerShell

Eine weitere Möglichkeit zum Erstellen von Benutzerobjekten unter Windows Server 2012 R2 besteht in der Windows PowerShell. Diese verfügt über bestimmte ***CmdLets*** (kleine Befehlsprogramme), mit denen man die Objekte in Active Directory-Datenbanken anlegen, verwalten und auch löschen kann.

Gehen Sie wie folgt vor, um auf einem Domänencontroller unter Windows Server 2012 R2 ein neues Benutzerobjekt mithilfe der Windows PowerShell zu erstellen:

1. Klicken Sie in der Taskleiste unter Windows Server 2012 R2 auf das Symbol für die **Windows PowerShell**.
2. Geben Sie den folgenden Befehl ein, und drücken Sie anschließend die Eingabetaste:

   ```
   new-ADUser -Name <Benutzername>
   ```

Das neue Benutzerkonto wird im Standardcontainer der Active Directory-Domäne (i.d.R. der Container *Users*) erstellt.

Die vollständige Befehlssyntax kann man sich mit dem folgenden Befehl in der Windows PowerShell anzeigen lassen: **`Get-Help New-ADUser`**

HINWEIS: Das Erstellen eines neuen Benutzerobjekts mit der Windows PowerShell lässt sich einfach umsetzen. Es ist dabei technisch betrachtet erst einmal nicht notwendig, ein Benutzerkennwort festzulegen. In diesem Fall wird das Benutzerobjekt zwar angelegt, jedoch automatisch deaktiviert. Zum Aktivieren muss des Objektes diesem dann zuvor noch ein den Kennwortrichtlinien entsprechendes Kennwort zugewiesen werden.

14.2 Kontingente in Active Directory

Um zu verhindern, dass bestimmte Benutzer oder Gruppen unzählig viele Objekte in einer Datenbank der Active Directory-Domänendienste erstellen, kann man - vergleichbar mit dem NTFS-Dateisystem - für diesen Fall bestimmte Kontingente (engl. *Quotas*) definieren. Anhand der dabei festgelegten Kontingentgrenzen wird es einem Benutzer oder auch einer Gruppe nicht erlaubt, mehr als die definierte Anzahl an Objekten innerhalb der Active Directory-Datenbank zu erstellen. Zum Ermitteln der bereits durch einen Benutzer oder eine Gruppe erstellten Objekte wird das Ersteller-Besitzer-Prinzip angewendet. Die Berechnung der Anzahl der Objekte wird anhand der dem betreffenden Benutzerkonto oder auch der Gruppe zugeordneten Sicherheitskennung (SID) ermittelt.

Kontingente werden bereits seit der Einführung von Windows Server 2003 innerhalb der Active Directory-Datenbank unterstützt. Hierzu ist keine besondere Domänen- oder Gesamtstrukturfunktionsebene erforderlich.

14.2.1 Einrichtung und Verwaltung

Für die auf Domänencontrollern ab Windows Server 2003 in der Active Directory-Datenbank konfigurierbaren Kontingente verwendet man zur Einrichtung und Verwaltung verschiedene Kommandozeilenprogramme, wie **`dsadd.exe`**, **`dsquery.exe`** oder auch **`dsget.exe`**. Ein grafisches Verwaltungstool hatte Microsoft für die Kontingentverwaltung innerhalb der Active Directory-Datenbanken bisher nicht vorgesehen.

Unter Windows Server 2012 R2 können Sie sich die bereits eingerichteten Kontingenteinträge jedoch detailliert anzeigen lassen - im *Attribut-Editor* in den Eigenschaften des Containers ***NTDS Quotas*** in dem MMC-Snap-In *Active Directory-Benutzer und -Computer*. Diesen kann man über die Aktivierung der *erweiterten Features* des MMC-Snap-Ins anzeigen lassen.

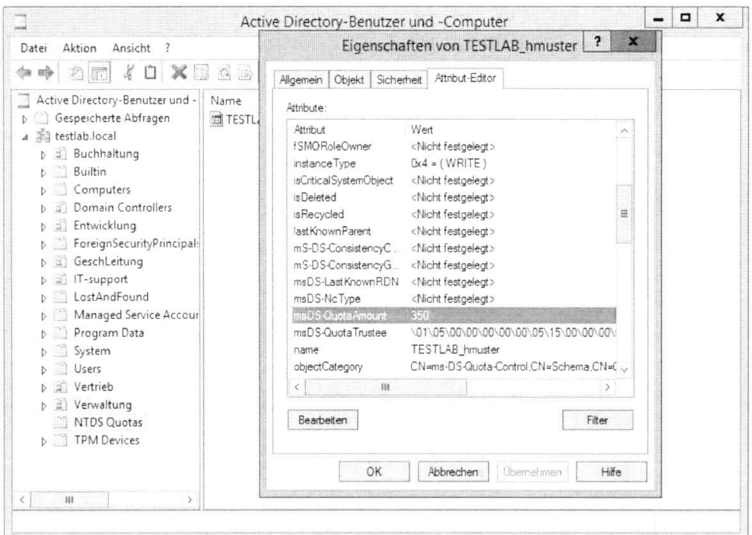

Abbildung 14.9: *Anzeige der Eigenschaften eines Kontingenteintrags in einer Active Directory-Domäne mittels Attribut-Editor*

14.2.2 Erstellen eines neuen Kontingenteintrags

Um einen Kontingenteintrag für einen Benutzer in einer Active Directory-Domäne zu erstellen, geben Sie den folgenden Befehl in der Eingabeaufforderung des betreffenden Domänencontrollers unter Windows Server 2012 R2 ein:

```
dsadd quota -part dc=certpro,dc=de -acct certpro\ hmuster -qlimit 450
```

Erläuterung

Die angegebene Befehlssyntax erklärt sich hierbei wie folgt:

- **`dsadd quota`** Richtet einen neuen Kontingenteintrag ein.
- **`-part`** Bezeichnet die Datenbankpartition, in welcher der Kontingenteintrag erstellt werden soll. Diese Angabe ist erforderlich.
- **`-acct`** Bezeichnet das Benutzerobjekt, für welches der Kontingenteintrag erstellt wird.
- **`-qlimit`** Gibt die maximale Anzahl der durch den betreffenden Benutzer erstellbaren Objekte an.

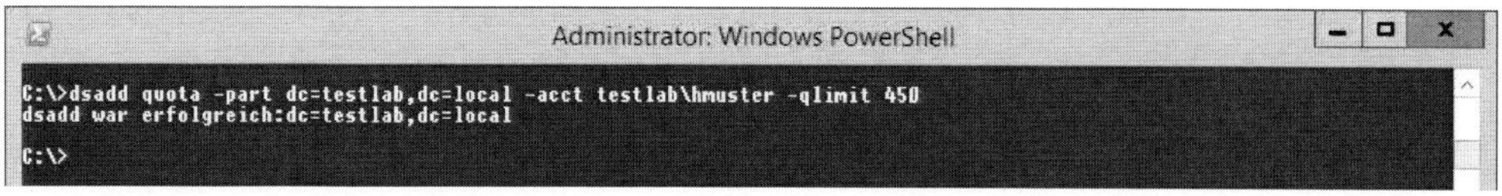

Abbildung 14.10: *Erstellen eines Kontingenteintrags für ein Benutzerkonto in einer Active Directory-Domäne*

PRAXISTIPP! Die Kontingentgrenze für die maximale Anzahl der erstellbaren Objekte ist im Attribut ***ms-DS-MachineAccountQuota*** des Domänen-Namenskontexts hinterlegt und kann beispielsweise mit dem MMC-Snap-In *ADSI Edit* (adsiedit.msc) oder mittels *Attribut-Editor* des MMC-Snap-Ins *Active Directory-Benutzer und -Computer* geändert werden.

14.2.3 Anzeige aller vorhandenen Kontingenteinträge

Um sich alle in einer Active Directory-Domäne vorhandenen Kontingenteinträge anzeigen zu lassen, gibt man den folgenden Befehl in der Eingabeaufforderung unter Windows Server 2012 R2 ein:

```
dsquery quota
```

Ermitteln der Besitzer der meisten Active Directory-Objekte

Um herauszufinden, welche Benutzer die meisten Objekte innerhalb einer Active Directory-Datenbank besitzen, kann man den Kommandozeilenbefehl **`dsget.exe`** wie folgt verwenden:

```
dsget partition dc=certpro,dc=de -TopObjOwner 0
```

14.2.4 Ändern vorhandener Kontingenteinträge

Die bereits in einer Active Directory-Datenbank angelegten Kontingenteinträge können bei Bedarf problemlos wieder geändert werden. Hierzu kann man beispielsweise das MMC-Snap-In *ADSI Edit* (adsiedit.msc) oder den Attribut-Editor des MMC-Snap-Ins *Active Directory-Benutzer und -Computer* verwenden.

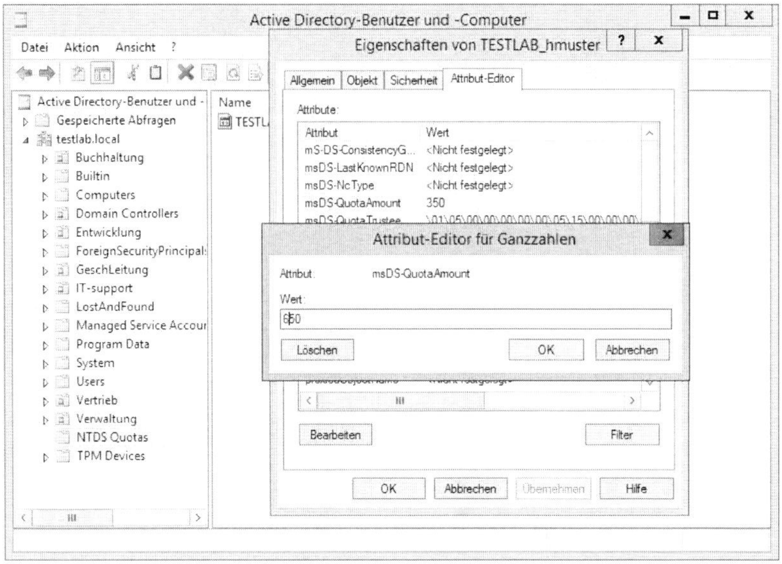

Abbildung 14.11: *Ändern eines Kontingenteintrags mittels ADSI-Editor*

14.2.5 Löschen von Kontingenteinträgen

Wenn diese nicht mehr benötigt werden, können die vorhandenen Kontingenteinträge in einer Active Directory-Datenbank wieder gelöscht werden.

Da diese ebenso als Active Directory-Objekte im Container ***NTDS Quotas*** angelegt wurden, kann man sie innerhalb einer Domänenpartition der Active Directory-Datenbank so einfach, wie auch ein Benutzerobjekt, in dem MMC-Snap-In *Active Directory-Benutzer und -Computer* wieder löschen.

14.3 Verwalten von Benutzerobjekten

Das Verwalten von Benutzerobjekten gehört in vielen Unternehmensnetzwerken zu den häufigsten Aufgaben der Administratoren. Zumeist dreht es sich hierbei um das Zurücksetzen von Benutzerkontenkennwörtern, wenn ein Benutzer sein Kennwort vergessen oder auch zu oft falsch eingegeben hat. Es gehören jedoch auch noch andere Aufgaben zur Verwaltung der Benutzerobjekte, wie zum Beispiel das Deaktivieren bzw. das Aktivieren bestimmter Konten, die Änderung von Nachnamen bei Heirat, usw..

14.3.1 Attribut-Editor

Wenn es in Active Directory unter Windows 2000 Server oder Windows Server 2003 erforderlich wurde, bestimmte Attribute eines Benutzerkontos zu ändern, die man jedoch in dem grafischen Verwaltungstool *Active Directory-Benutzer und -Computer* nicht angezeigt bekam, griff man ersatzweise zu *ADSIEdit*. In diesem Tool kann man alle vorhandenen Attribute der in Active Directory vorhandenen Objekte anzeigen und bei Bedarf auch ändern.

Da viele der Unternehmensadministratoren zwischenzeitlich auf eigens erstellte Attribute zurückgreifen, hat Microsoft diesem Umstand bereits in Windows Server 2008 Rechnung getragen, und in dieser, sowie allen nachfolgenden Versionen bis einschließlich Windows Server 2012 R2 einen *Attribut-Editor* direkt in das MMC-Snap-In *Active Directory-Benutzer und -Computer* integriert.

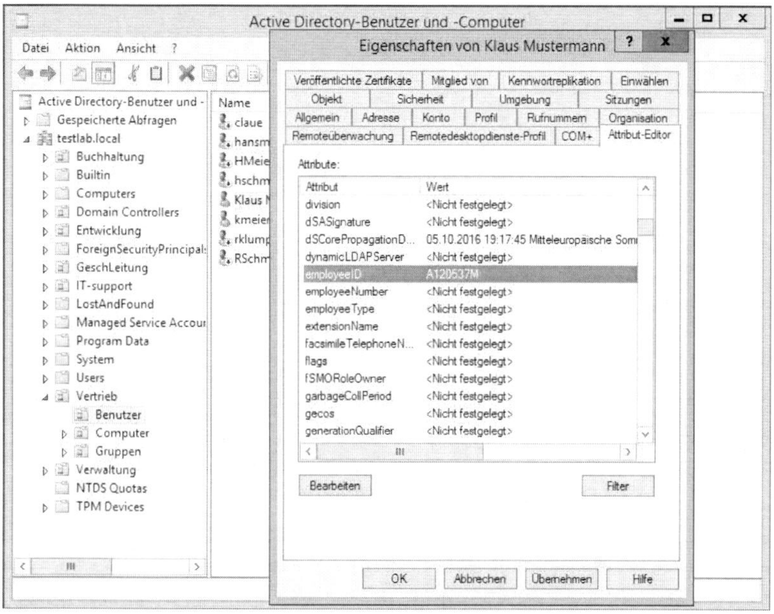

Abbildung 14.12: *Attribut-Editor in den Eigenschaften eines Benutzerobjekts in einer Active Directory-Domäne*

Natürlich kann das MMC-Snap-In *ADSIEdit.msc* weiterhin zur Verwaltung der Attribute von Active Directory-Objekten eingesetzt werden. Es steht deshalb unter Windows Server 2012 R2 gleich nach der Installation des Betriebssystems zur Verfügung und muss nicht mehr gesondert nachinstalliert werden.

Alternativ kann man die Attribute eines vorhandenen Benutzerobjekts auch über die *Erweiterungen* in den *Eigenschaften* gleich auch im grafischen *Active Directory-Verwaltungscenter (AD AC)* anzeigen lassen oder bei Bedarf auch ändern.

14.3.2 Kopieren von Benutzerkonten

In manchen, oft sehr großen Unternehmen ist es häufig notwendig, neue Benutzerkonten innerhalb der Active Directory-Domänendatenbank anzulegen. Da die Benutzerkonten meist mit spezifischen, abteilungs- oder funktionsbezogenen Informationen versehen werden, die bei vielen der Mitarbeiter gleich sind, ist es oft sinnvoll, sich Kontenvorlagen zu erstellen.

Dies Kontenvorlagen werden wie normale Benutzerkonten angelegt, erhalten anschließend die jeweiligen, abteilungs- oder funktionsspezifischen Eigenschaften, wie beispielsweise die notwendige Gruppenzugehörigkeit. Nach dem Erstellen werden die Kontenvorlagen in der Regel deaktiviert, so dass diese von niemandem für Anmeldeprozesse verwendet werden können.

Wenn nun nach dem Anlegen der Benutzerkontenvorlage ein neues Benutzerkonto benötigt wird, so kann man die vorweg erstellte Vorlage hierzu einfach kopieren.

Durch das Kopieren einer Benutzerkontenvorlage wird hieraus eine Kopie mit jedoch einer eigenen, individuellen Sicherheitskennung (SID) erstellt, wodurch die Eindeutigkeit und Einzigartigkeit des jeweiligen Benutzerkontos erhalten bleibt.

Beim Kopiervorgang einer Benutzerkontenvorlage werden die meisten Benutzerkonteneigenschaften kopiert, mit Ausnahme beispielsweise der folgenden:

- Anmeldenamen
- Straße
- Titel

Pfadangaben in Benutzerkontenvorlagen

Um einen Profilpfad, sowie einen Pfad zu einem Basisordner bereits in einer Benutzerkontenvorlage variabel zu konfigurieren, und somit auch auf die Kopien der Vorlage individuell anwenden zu können, sollte man statt des Namens der Vorlage die Variable `%username%` verwenden. Ein Bespiel für die Definition eines möglichen, servergespeicherten Profilpfads für eine Benutzerkontenvorlage könnte demnach wie folgt aussehen:

`\\Server13\Profiles\%username%`

Empfehlungen für das Erstellen und Verwenden von Benutzerkontenvorlagen

In der Praxis empfiehlt es sich, die folgenden Empfehlungen in Bezug auf die Erstellung und Verwendung von Benutzerkontenvorlagen zu berücksichtigen:

- Erstellen einer individuellen Benutzerkontenvorlage für die verschiedenen Abteilungen oder Fachbereiche
- Erstellen individueller Benutzerkontenvorlagen für temporäre (befristete) oder auch Fremdmitarbeiter,
- Festlegen eines passenden Ablaufdatums für befristete Benutzerkonten
- Deaktivieren von Benutzerkontenvorlagen gleich nach der Erstellung

- Kennzeichnung der Benutzerkontenvorlagen gleich in der Namensvergabe durch vorangestellte Sonderzeichen, beispielsweise „_" (Unterstrich) oder „**V**_" als Kennzeichen für den Begriff „Vorlage".

14.3.3 Entsperren von Benutzerkonten

In der Praxis kommt es in manchen Unternehmen häufiger vor, dass Mitarbeiter ihre Benutzerkontenkennwörter vergessen und bei anschließenden Anmeldeversuchen gleich mehrfach falsch eingeben. Die Kennwortrichtlinien der Active Directory-Domänen werden häufig auf einen Schwellenwert der Kontosperrungsschwelle hin konfiguriert, wonach bei eine mehrfachen Falscheingabe des Kennworts das betreffende Benutzerkonto aus Sicherheitsgründen automatisch gesperrt wird. Um einem Benutzer anschließend nun das Anmelden zu ermöglichen, kann ein Administrator das betreffende Benutzerobjekt in der Active Directory-Domäne entsperren.

Abbildung 14.13: *Hinweis unter Windows 7 auf ein gesperrtes Benutzerkonto*

WICHTIG! Die Sperrung eines Benutzerkontos in einer Active Directory-Domäne kann nicht manuell von den Administratoren, sondern lediglich durch den betreffenden Domänencontroller erfolgen. Administratoren können ein Benutzerkontenobjekt im Bedarfsfall lediglich deaktivieren bzw. aktivieren.

Sollte ein Benutzerkonto in einer Active Directory-Domäne gesperrt sein, so muss dies durch den betreffenden Domänencontroller nach einer vordefinierten Anzahl an fehlgeschlagenen Anmeldeversuchen erfolgt sein. Dies kann in der Praxis mitunter auch ein Indiz für eine mögliche Man-in-the-Middle-Attacke auf Benutzer- oder Dienstkonten sein.

Um ein Benutzeranmeldekonto in einer Active Directory-Domäne zu entsperren, muss man als berechtigter Administrator lediglich die Option ***„Kontosperrung aufheben"*** in den Eigenschaften des betreffenden Benutzerobjekts in Active Directory aktivieren. Der Benutzer verfügt anschließend wiederum über die gleiche Anzahl an vordefinierten Anmeldeversuchen, um sich erfolgreich an der Domäne anzumelden.

Das Entsperren eines Benutzerkontos kann z. B. mithilfe des *Active Directory-Verwaltungscenter (AD AC)*, der Konsole *Active Directory-Benutzer und -Computer* oder auch mittels *Windows PowerShell* erfolgen.

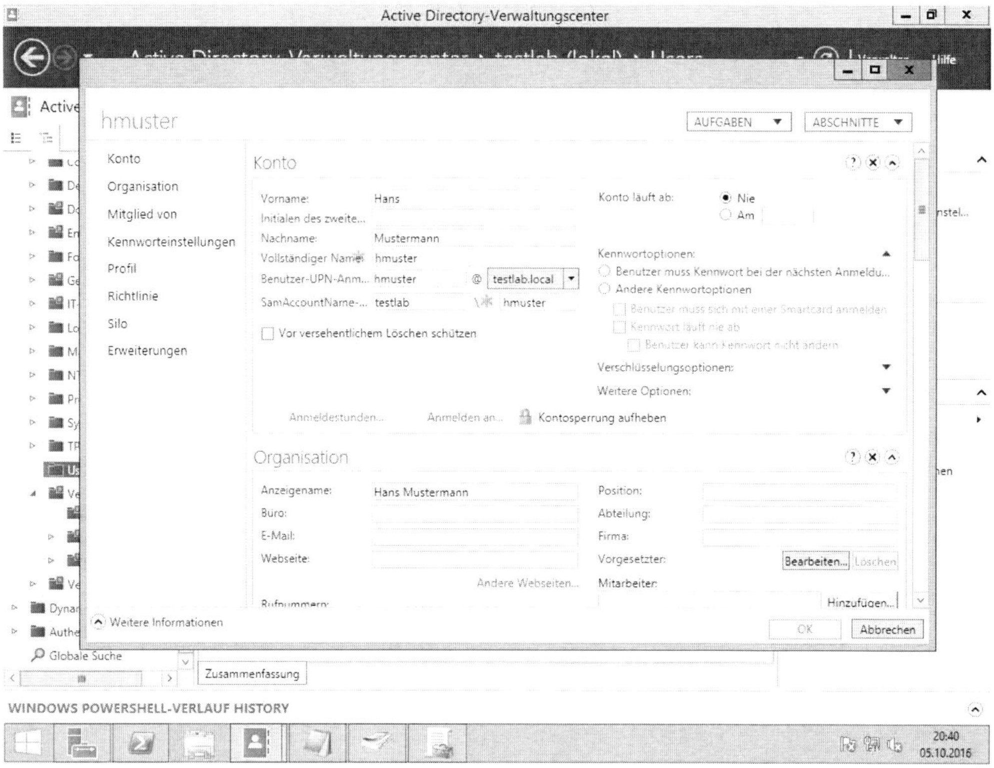

Abbildung 14.14: *Eigenschaften eines gesperrten Benutzerkontos in einer Active Directory-Domäne unter Windows Server 2012 R2*

Oft reicht das Entsperren von Benutzerkonten nicht aus, um dem betreffenden Benutzer das Anmelden in der Domäne erneut zu ermöglichen. Wenn das Konto wegen eines vergessenen Kennworts gesperrt wurde, sollte man dieses ebenso zurücksetzen, um dem Benutzer das erfolgreiche Anmelden in der Domäne zu ermöglichen.

14.3.4 Zurücksetzen der Benutzerkontenkennwörter

Das Zurücksetzen eines Benutzerkontenkennworts lässt sich prinzipiell so einfach umsetzen, wie auch das Entsperren eines Benutzerkontos. Wichtig ist hierbei, dass man über die dazu notwendigen Berechtigungen verfügt.

Benutzerkontenkennwörter können am Einfachsten in dem grafischen *Active Directory-Verwaltungscenter (AD AC)* zurückgesetzt werden.

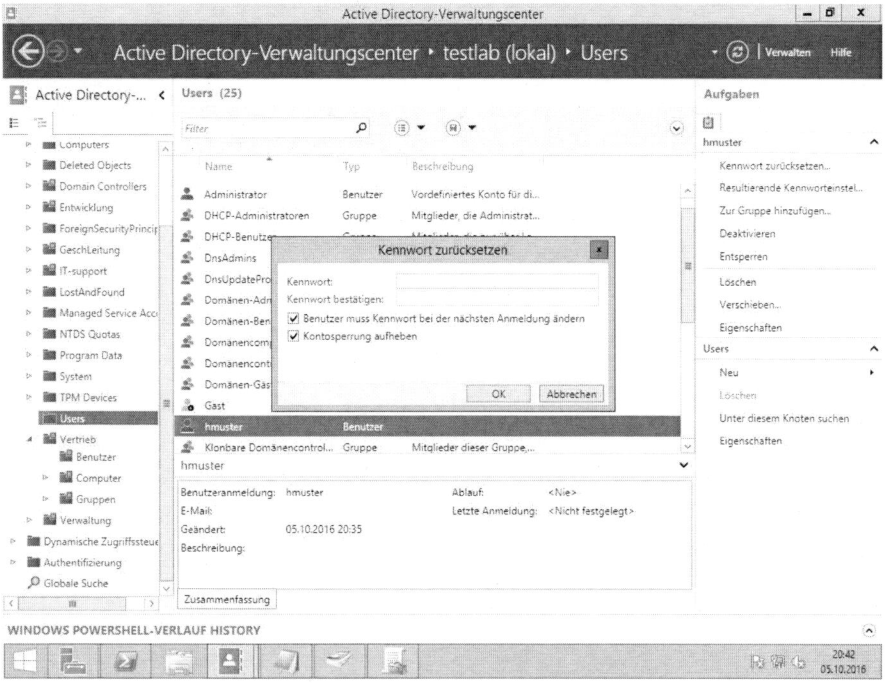

Abbildung 14.15: *Zurücksetzen eines Benutzerkontenkennworts*

Alternativ besteht ebenso im grafischen MMC-SnapIn *Active Directory-Benutzer und -Computer*, mittels *Kommandozeilenbefehl* über die *Eingabeaufforderung* oder auch mithilfe der *Windows PowerShell* die Möglichkeit, ein Benutzerkontenkennwort bei Bedarf zurückzusetzen.

Geben Sie den folgenden Befehl in der Eingabeaufforderung unter Windows Server 2012 R2 ein, um das Kennwort eines Benutzerobjekts in einer Active Directory-Domäne zurückzusetzen:

```
dsmod user "cn=hmuster,ou=benutzer,ou=vertrieb,dc=testlab,
dc=local" -pwd Pa$$w0rd -mustchpwd yes
```

Erläuterung

Die angegebene Befehlssyntax erklärt sich hierbei wie folgt:

- **`dsmod user`** Steht für das Ändern des nachfolgend benannten Benutzerobjekts.
- **`-pwd`** Bezeichnet das neu festzulegende Benutzerkontenkennwort.
- **`-mustchpwd`** ***`yes`*** Fordert den Benutzer bei der nächsten Anmeldung zum Ändern des vorgegebenen Kennworts auf.

14.3.5 Deaktivieren bzw. Aktivieren von Benutzerkonten

In manchen Situationen kann es erforderlich sein, ein Benutzerkonto innerhalb einer Active Directory-Domäne für einen bestimmten Zeitraum zu deaktivieren. Dies empfiehlt sich - je nach Unternehmen - mitunter für die Benutzerkonten der Vorstands- oder auch anderer Führungsmitglieder des Unternehmens, wenn sich diese in den sicher wohlverdienten Urlaub begeben. Um in deren Abwesenheit mögliche Angriffe auf die betreffenden Benutzerkonten zu verhindern, kann man diese Konten vorübergehend deaktivieren. Dies setzt voraus, dass die betroffenen Benutzer innerhalb dieser Zeit nicht doch noch auf die Benutzerkonten zurückgreifen wollen, um sich in der Domäne anzumelden.

Das Deaktivieren bzw. auch das nachfolgende Aktivieren von Benutzerkonten lässt sich am Einfachsten innerhalb des Kontextmenüs der betreffenden Benutzerkonten entweder in grafischen *Active Directory-Verwaltungscenter (AD AC), der Windows PowerShell*, oder auch in dem MMC-Snap-In *Active Directory-Benutzer und -Computer* vollziehen.

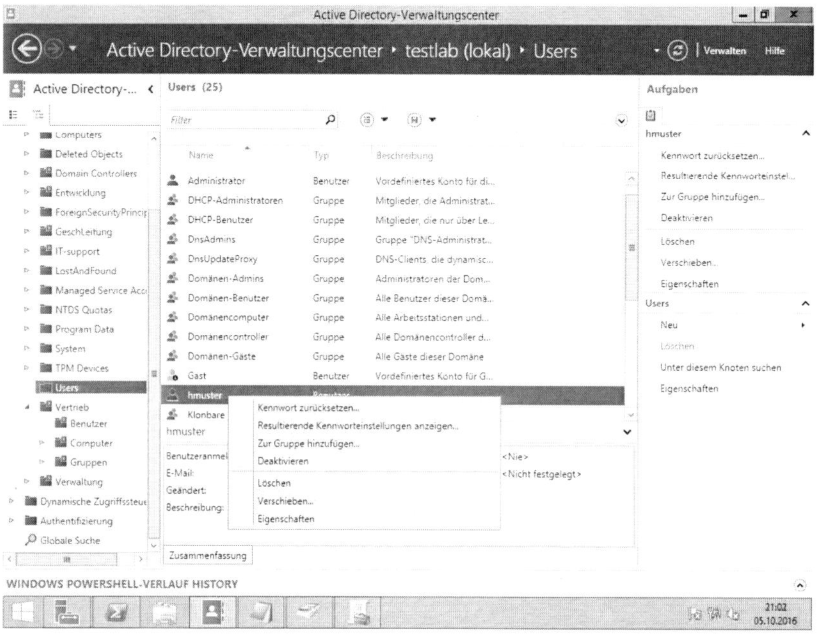

Abbildung 14.16: *Deaktivieren eines Benutzerkontos im grafischen Active Directory-Verwaltungscenter unter Windows Server 2012 R2*

Ebenso einfach lässt sich ein Benutzerkonto auch in der Eingabeaufforderung mittels des Kommandozeilenbefehls **`dsmod.exe`** deaktivieren bzw. wieder aktivieren. Sehen Sie hierzu ein Beispiel:

```
dsmod user "cn=hmuster,ou=benutzer,ou=vertrieb,
dc=testlab,dc=local" -disabled yes
```

Erläuterung

Der für den Befehl **dsmod.exe** vorhandene Schalter **-disabled** kann entweder mit dem Wert *yes* (deaktivieren) oder *no* (aktivieren) auf Benutzerkonten in einer Active Directory-Domäne angewendet werden.

Wenn ein Benutzer ein Unternehmen dauerhaft verlässt, so ist es auf absehbare Zeit notwendig, sein nicht mehr benötigtes Benutzerkonto nicht einfach nur zu deaktivieren, sondern dauerhaft zu entfernen, sprich: zu löschen.

14.3.6 Löschen von Benutzerkonten

Das Löschen von Benutzerobjekten lässt sich mit den entsprechenden Berechtigungen so einfach ausführen, wie auch das Löschen von Computer- oder Gruppenobjekten.

VORSICHT! Beim Löschen eines Objektes in der Datenbank der Active Directory-Domänendienste (AD DS) wird dieses unwiderruflich als gelöscht markiert und steht nachfolgend nicht mehr zur Verfügung. Die dem Objekt zugeordnete Sicherheitskennung (SID) ist nach dem erfolgreichen Löschen nicht wieder verwendbar. Einem Objekt, welches man nach dem Löschen als Duplikat anlegt, erhält beim Anlegen automatisch eine neue Sicherheitskennung (SID), und entspricht intern somit nicht dem gelöschten Objekt.

Objekte in der Datenbank der Active Directory-Domänendienste (*Active Directory Domain Services, AD DS*) können auf verschiedene Weisen gelöscht werden. Zum einen steht hierzu das MMC-Snap-In *Active Directory-Benutzer und -Computer*, andererseits beispielsweise auch der Kommandozeilenbefehl `dsrm.exe` zur Verfügung. Auch können *Visual Basic-Skripts* verwendet werden, um Objekte aus der Active Directory-Datenbank zu löschen.

Schutz vor versehentlichem Löschen

In der Vergangenheit kam es gerade beim Entfernen von nicht mehr benötigten Objekten schon mal vor, dass aus Versehen die falschen Objekte gelöscht wurden. Das nachfolgende Wiederherstellen der betroffenen Objekte war oft mit einem zeitlich umfangreichen Aufwand verbunden. In dem MMC-Snap-In *Active Directory-Benutzer und -Computer* sowie auch im grafischen *Active Directory-Verwaltungscenter* (*AD AC*) hat Microsoft deshalb einen Schutz vor versehentlichem Löschen integriert, der sogar die Administratoren eines Unternehmens quasi „vor sich selbst" schützen kann.

Dieser Schutz wird in den jeweiligen Objekteigenschaften festgelegt, die man z. B. über die Ansicht eines Benutzerkontos im grafischen Active Directory-Verwaltungscenter (AD AC) unter Windows Server 2012 R2 anzeigen lassen kann.

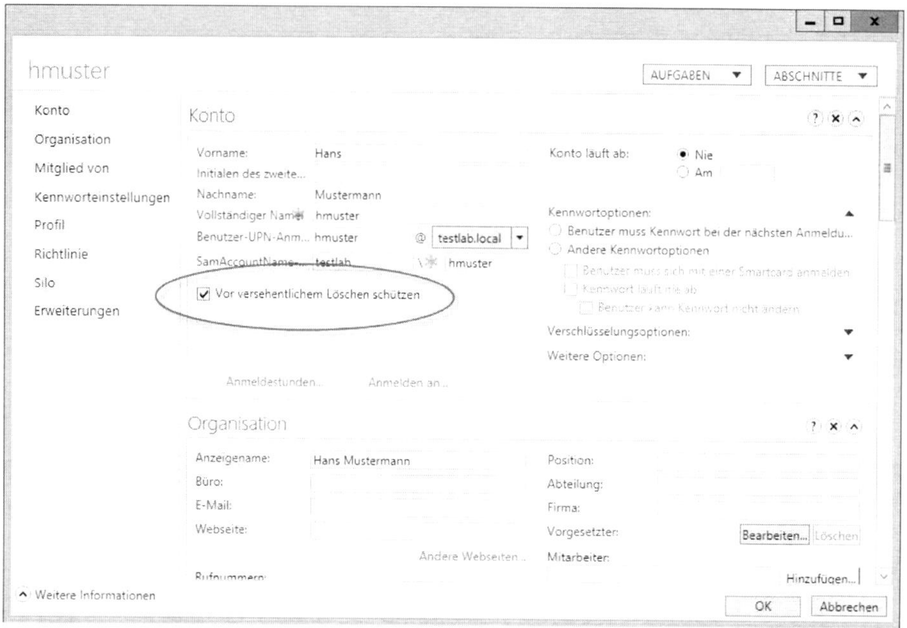

Abbildung 14.17: *Schutz vor „versehentlichem Löschen" von Objekten*

Die Option *„Vor versehentlichem Löschen schützen"* wird beim Anlegen von Benutzerobjekten *nicht* standardmäßig aktiviert. Wichtige Objekte, wie beispielsweise bestimmte Dienst- oder auch Computerkonten sollte man auf diese Weise jedoch unbedingt vor versehentlichem Löschen schützen.

14.4 Benutzerprofile und Basisverzeichnisse

Den Benutzerobjekten kann man in der Datenbank der Active Directory-Domänendienste (AD DS) unter Windows Server 2012 R2 wie bereits schon unter Windows 2000 Server auch Pfade für Benutzerprofile, bzw. bestimmte Basisverzeichnisse zuordnen. Dies geschieht oft in Verbindung mit der vordefinierten Variablen `%username%`, anhand welcher der jeweilige Benutzername in den damit definierten Pfadangaben zum Einsatz kommt.

Die Definition der Pfade kann ebenso wiederum über die Objekteigenschaften des betroffenen Benutzerobjektes in dem MMC-Snap-In *Active Directory-Benutzer und -Computer* oder auch mittels des Befehls **`dsmod.exe`** über die Kommandozeile erfolgen.

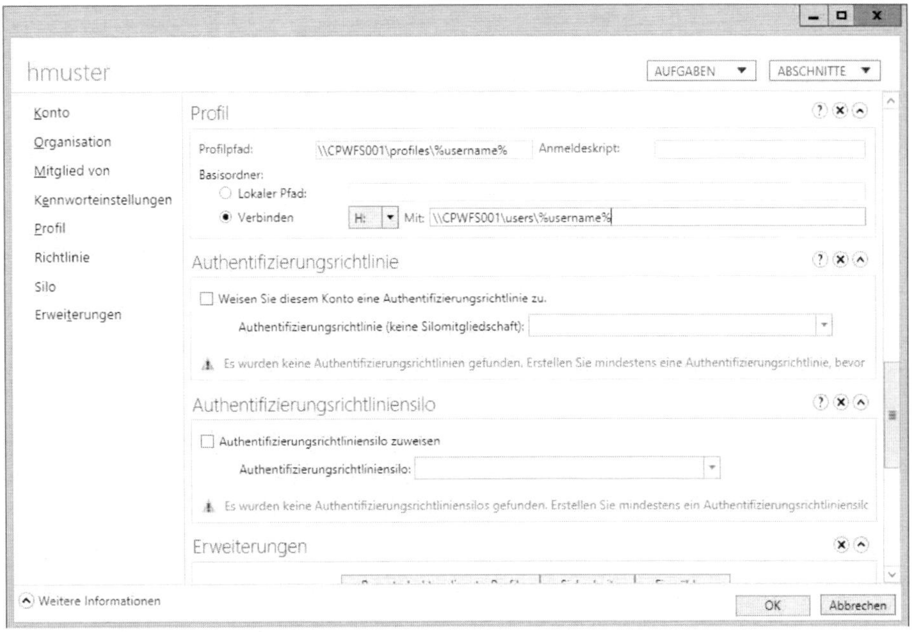

Abbildung 14.18: *Pfadangaben für den Benutzerprofilpfad und den Basisordner*

14.5 Dienstkonten

Neben den für die Authentifizierung und Autorisierung von Benutzern verwendeten Benutzerobjekten kommen in Active Directory-Gesamtstrukturen häufig auch Dienstkonten zum Einsatz. Diese werden für die Ausführung bestimmter Dienste wie beispielsweise die SharePoint-Dienste, SQL-Datenbanken usw. benötigt. Solchen Benutzerkonten, die man als Dienstkonten bezeichnet, sollte man ein komplexes und langes Kennwort zuordnen.

WICHTIG! Ein Benutzerobjekt, das als Dienstkonto innerhalb einer Active Directory-Gesamtstruktur eingesetzt wird, sollte über ein komplexes Kennwort verfügen.

14.5.1 Standardmäßig vorhandene Dienstkonten

Windows Server 2012 R2 stellt standardmäßig bereits bestimmte Dienstkonten bereit:

- **System**
- **Lokaler Dienst**
- **Netzwerkdienst**

Diesen speziellen Dienstkonten wurden standardmäßig bereits die für die Ausführung von Diensten notwendigen Rechte zugewiesen. Ihnen können durch die Administratoren keine Kennwörter zugewiesen werden. Eine weitergehende Verwaltung der standardmäßigen Dienstkonten ist prinzipiell nicht vorgesehen.

14.5.2 Gruppenverwaltete Dienstkonten (Group Managed Service Accounts, gMSA)

Im Gegensatz zu den standardmäßig vorhandenen Dienstkonten, die beim Einrichten der Active Directory-Domäne automatisch angelegt werden, kann man auf Domänencontrollern unter Windows Server 2012 R2 oder auch Windows Server 2012 eigene, bei Bedarf auch mehrfach verwendbare, gruppenverwaltete Dienstkonten (engl. *group Managed Service Accounts, gMSA*) erstellen und nach Bedarf einsetzen.

Eingeführt wurden die verwalteten Dienstkonten (engl. *Managed Services Accounts, MSA*) bereits unter Windows Server 2008 R2 und Windows 7. Der Vorteil dieser verwalteten Dienstkonten liegt darin, dass die Passwortverwaltung innerhalb der Domäne automatisch stattfindet. Durch den Einsatz eines Dienstprinzipialnamens (engl. *Service Principal Name, SPN*) ist auch die Delegierung von verwalteten Dienstkonten an andere Administratoren möglich.

Unter Windows Server 2012 R2 wurden diese Dienstkonten in ihrer Einsatzmöglichkeit nochmals erweitert, und können als gruppenverwaltete Dienstkonten nunmehr parallel gleich auf mehreren Servern eingesetzt werden. Dies ermöglicht zum Beispiel die Verwendung eines einzelnen, gruppenverwalteten Dienstkontos (gMSA) auf mehreren Servern innerhalb einer SQL-Datenbankserverfarm.

HINWEIS: Gruppenverwaltete Dienstkonten werden standardmäßig nur über die Windows PowerShell erstellt und verwaltet. Um gruppenverwaltete Dienstkonten in Domänen mit Windows Server 2008- bzw. Windows Server 2008 R2-Domänencontrollern nutzen zu können, muss zuvor das Active Directory-Schema auf Windows Server 2012 R2 aktualisiert werden. Zusätzlich muss mindestens ein Domänencontroller unter Windows Server 2012 R2 ausgeführt werden.

Kennwörter der gruppenverwalteten Dienstkonten werden, wie dies auch bei Computerobjekten in den Active Directory-Domänen automatisch verwaltet. Das Kennwort erhält hierbei eine Länge von 240 Buchstaben, Zahlen und Sonderzeichen, und wird zudem standardmäßig bereits gegen mögliche Angriffe stark verschlüsselt.

Vorbereitung für den Einsatz gruppenverwalteter Dienstkonten (gMSA)

Der Einsatz gruppenverwalteter Dienstkonten (gMSA) erfordert zunächst die Vorbereitung der betreffenden Active Directory-Domäne. In dieser muss mit einem Windows PowerShell-Befehl zunächst ein neuer Master-Schlüssel für das Erstellen neuer gruppenverwalteter Dienstkonten bereitgestellt werden. Verwenden Sie dazu den folgenden Befehl:

```
Add-KdsRootKey -EffectiveImmediately
```

Standardmäßig dauert es insgesamt 10 Stunden, bis der neue Master-Schlüssel in der Domäne erstellt ist, und man beginnen kann, verwaltete Dienstkonten anzulegen. In Testumgebungen kann man diese zeitliche Verzögerung mithilfe des folgenden Befehls umgehen:

```
Add-KdsRootKey -EffectiveImmediately ((Get-Date).addhours(-10))
```

Speicherort gruppenveralteter Dienstkonten

Gruppenverwaltete Dienstkonten (gMSA) werden in der jeweiligen Active Directory-Domäne in der Organisationseinheit *Managed Service Accounts* gespeichert. Um diesen in der Konsole *Active Directory-Benutzer und -Computer* anzuzeigen, müssen in dieser über die *Ansicht* noch die *erweiterten Features* aktiviert werden.

Erstellen gruppenverwalteter Dienstkonten

Zum Erstellen gruppenverwalteter Dienstkonten (gMSA) steht standardmäßig lediglich die Windows PowerShell mit dem Cmdlet `New-ADServiceAccount` zur Verfügung.

Die vollständige Syntax des Cmdlets lautet:

```
New-ADServiceAccount [-Name] <string> [-AccountExpirationDate
<System.Nullable[System.DateTime]>] [-AccountNotDelegated
<System.Nullable[bool]>] [-AccountPassword <SecureString>]
[-AuthType {<Negotiate> | <Basic>}] [-Certificates <string[]>]
[-Credential <PSCredential>] [-Description <string>] [-Display-
Name <string>] [-Enabled <System.Nullable[bool]>] [-HomePage
<string>] [-Instance <ADServiceAccount>] [-OtherAttributes
<hashtable>] [-PassThru <switch>] [-Path <string>] [-SamAc-
countName <string>] [-Server <string>] [-ServicePrincipalNames
<string[]>] [-TrustedForDelegation <System.Nullable[bool]>]
[-Confirm] [-WhatIf] [<CommonParameters>]
```

INTERNET: Detaillierte Informationen zur Syntax des Cmdlet `New-ADServiceAccount` erhält man über den Befehl **`Get-Help New-ADServiceAccount`** oder alternativ im Internet auf der Website von Microsoft unter:

https://technet.microsoft.com/en-us/library/ee617211.aspx

Um ein neues, gruppenverwaltetes Dienstkonto anzulegen, geben Sie den folgenden Befehl in der Windows PowerShell ein, und drücken Sie die Eingabetaste:

```
New-ADServiceAccount "<Name des Dienstkontos>"
```

Alternativ kann man ein neues, gruppenverwaltetes Dienstkonto beim Anlegen auch gleich registrieren, sowie den damit verbundenen Dienstprinzipalnamen (engl. Service Principal Name, SPN) erstellen lassen. Dies wird im folgenden Beispiel ersichtlich:

```
New-ADServiceAccount SQLSvc -PrincipalsAllowedToRetrieveMana-
gedPassword SQLSVR -ServicePrincipalNames „MSSQLSVC/SVR1.Cert-
Pro.intra"
```

In diesem Beispiel wird ein neues, gruppenverwaltetes Dienstkonto erstellt, den Computern als Mitgliedern der Gruppe *SQLSVR* das Recht eingeräumt, das Kennwort für das Dienstkonto anzufordern, und letztlich wird das Dienstkonto mit einem Dienstprincipalname in Active Directory registriert. Der Schalter **-PrincipalsAllowedToRetrieveManagedPassword** bestimmt hierbei, wer das dem Dienstkonto zugewiesene Kennwort verwenden darf.

HINWEIS: Mit dem Cmdlet **Get-ADServiceAccount** kann man sich vorhandene, gruppenverwaltete Dienstkonten anzeigen lassen. Änderungen an gruppenverwalteten Dienstkonten hingegen kann man mit dem Cmdlet **Set-ADServiceAccount** durchführen, und zum Löschen steht das Cmdlet **Remove-ADServiceAccount** in der Windows PowerShell von Windows Server 2012 R2 bereit.

Schritte zur Verwendung gruppenverwalteter Dienstkonten

Die folgenden, einzelnen Schritte sind zum Verwenden von gruppenverwalteten Dienstkonten (gMSA) notwendig:

1. Anlegen des gruppenverwalteten Dienstkontos in der Active Directory-Domänen, sowie Verbinden des Dienstkontos mit dem Computerkonto.
   Im folgenden Beispiel wird ein neues, gruppenverwaltetes Dienstkonto angelegt, und der Sicherheitsgruppe „Domänencontroller" der Domäne für die mögliche Verwendung durch diese Server entsprechend zugeordnet:
   New-ADServiceAccount -Name *MyDomSVC* **-DNSHostName** *MyDomSVC.CertPro.intra* **-PrincipalsAllowedToRetrieveManagedPassword** *„Domänencontroller"*
   Der Schalter **-PrincipalsAllowedToRetrieveManagedPassword** bestimmt, wer das dem Dienstkonto zugewiesene Kennwort verwenden darf.
2. Installieren des verwalteten Dienstkontos auf dem betreffenden Computer. Hierfür verwendet man den folgenden Befehl in der Windows PowerShell:
   Install-ADServiceAccount *<gMSA-Name>*
3. Anpassen der Einstellungen des Dienstes, der Rolle oder der Anwendung zur Verwendung des gruppenverwalteten Dienstkontos.

Der Name des gruppenverwalteten Dienstkontos wird gefolgt von einem $-Zeichen (wie zum Beispiel *MyDomSVC$*) in das entsprechende Feld in der Anwendung oder den Eigenschaften des Dienstes eingetragen. Das Kennwortfeld bleibt hierbei leer, da die Kennwortverwaltung im Hintergrund völlig automatisch durchgeführt wird.

INTERNET: Ein umfangreiches Beispiel für das Erstellen und Zuordnen von gruppenverwalteten Dienstkonten unter Windows Server 2012 R2 bzw. Windows Server 2012 findet man auf der Website von Microsoft im Internet unter:

https://blogs.technet.microsoft.com/askpfeplat/2012/12/16/windows-server-2012-group-managed-service-accounts/

Grafische Verwaltung mittels Managed Service Accounts GUI

Im Internet steht ein grafisches Tool mit dem *Namen Managed Service Accounts GUI* zur grafischen Verwaltung der gruppenverwalteten Dienstkonten zum kostenfreien Download zur Verfügung.

INTERNET: Das Tool *Managed Service Accounts GUI* dient dazu, verwaltete Dienstkonten unter Windows Server 2008 R2, sowie auch gruppenverwaltete Dienstkonten unter Windows Server 2012 und Windows Server 2012 R2 zu erstellen und zu verwalten. Herunterladen kann man dieses Tool kostenfrei im Internet unter:

http://www.cjwdev.co.uk/Software/MSAGUI/Info.html

14.6 InetOrgPerson-Objekte

Als Alternative zu den standardmäßig genutzten Benutzerkontenobjekten in Active Directory stehen seit der Einführung von Windows Server 2003 auch die so genannten InetOrgPerson-Objekte zur Verfügung. Microsoft hat diese Objekte in die Active Directory-Domänendienste integriert, um eine nahtlosere Integration und Kommunikation mit anderen X.500-Verzeichnisdiensten zu ermöglichen. InetOrgPerson-Konten können, wie auch standardmäßige Benutzerobjekte in Active Directory, beispielsweise mittels des MMC-Snap-In *Active Directory-Benutzer und -Computer* erstellt und verwaltet werden. InetOrgPerson-Objekte stellen eine untergeordnete Klasse der in Active Directory verwendeten Benutzerobjekte dar, wonach sie ebenso wie diese beispielsweise auch in Zugriffskontrolllisten (*Access Control Lists, ACLs*) für die Steuerung der Zugriffsberechtigungen, oder auch für Anmelde- und Authentifizierungsvorgänge verwendet werden können.

Die Klasse *InetOrgPerson* ist im Schema des Active Directory bereits seit Windows Server 2003 enthalten und steht für die Verwendung bereit.

14.7 Kontakt-Objekte

Neben den bisher benannten Benutzer- und InetOrgPerson-Objekten ist es bereits seit Active Directory unter Windows 2000 Server möglich, Kontakt-Objekte in der Datenbank der Active Directory-Domänendienste (*Active Directory Domain Services, AD DS*) anzulegen und zu nutzen.

Diese Objekte werden häufig verwendet, um Kontaktdaten zu externen Mitarbeitern oder auch Geschäftspartnern für alle Mitarbeiter zentral abrufbar in der Datenbank der Active Directory-Domänendienste zu speichern.

Die Kontakt-Objekte enthalten eine geringere Anzahl an Informationen, als diese beispielsweise bei Benutzerobjekten der Fall ist. Zudem können diese Objekte nicht zur Authentifizierung oder sonstiger Rechtevergabe verwendet werden.

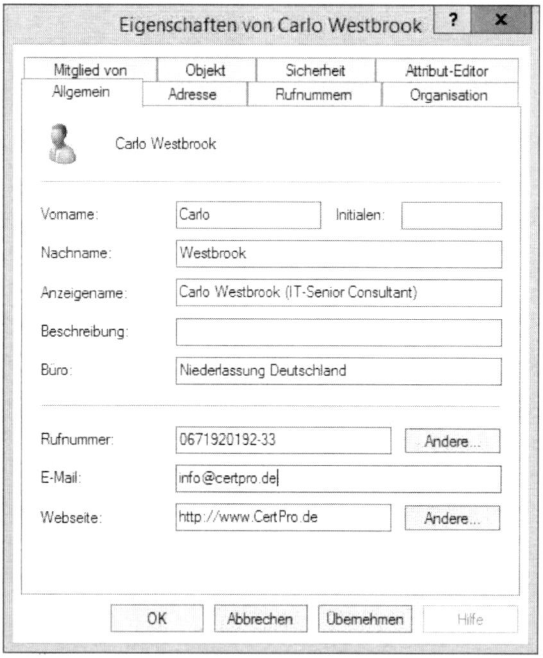

Abbildung 14.19: *Eigenschaften eines Kontakt-Objekts in den Active Directory-Domänendiensten unter Windows Server 2012 R2*

PRAXISTIPP! Im grafischen Active Directory-Verwaltungscenter unter Windows Server 2012 R2 und Windows Server 2012 lassen sich Kontakt-Objekte nicht anlegen, jedoch ist es möglich, bereits vorhandene Objekte darin zu verwalten.

14.8 Gruppenobjekte

Um in einer Active Directory-Gesamtstruktur die Zugriffe auf Ressourcen, sowie auch das Anmeldeverhalten zu steuern, werden zusätzlich zu den Benutzerkontenobjekten in der Regel auch Gruppenobjekte eingesetzt. Diese dienen in erster Linie dazu, die Rechte- und Berechtigungsvergabe innerhalb eines Computersystems oder gar innerhalb ganzer Active Directory-Gesamtstrukturen zu vereinfachen. Benutzer, die beispielsweise gemeinsamen Zugriff auf bestimmte Ressourcen benötigen, fasst man zu einer Sicherheitsgruppe zusammen, und vergibt die benötigte Zugriffsberechtigung letztlich der Gruppe statt jedem Benutzer einzeln. Diese Vorgehensweise vereinfacht die Verwaltung der Zugriffsberechtigung auf Ressourcen besonders bei mittelgroßen bis großen Netzwerkumgebungen mit vielen zu verwaltenden Datei- und Druckressourcen ungemein. Gruppen werden in Active Directory-Umgebungen jedoch nicht nur für die Rechte- oder Berechtigungsvergabe verwendet.

14.8.1 Gruppentypen

In einer Active Directory-Gesamtstruktur unterscheidet man zwischen Sicherheits- und Verteilergruppen. Sicherheitsgruppen werden, wie es der Name bereits ableiten lässt, oft für die Berechtigungs- oder Rechtevergabe verwendet. Reine Verteilergruppen dagegen können beispielsweise in einer Microsoft Exchange-Umgebung dazu verwendet werden, um E-Mail-Nachrichten, die an die jeweilige Gruppe versandt wurden, an alle Gruppenmitglieder in Form von Kontakt- oder auch E-Mail-aktivierten Benutzerobjekten weiterzureichen, sprich: zu „verteilen". Eine Rechtevergabe an eine Verteilergruppe ist technisch nicht vorgesehen. Eine Verteilergruppe kann im Bedarfsfall jedoch zu einer Sicherheitsgruppe konvertiert werden, insoweit die Domänenfunktionsebene der betreffenden Domäne mindestens Windows 2000 einheitlich oder höher beträgt.

Sicherheitsgruppen in Active Directory besitzen erst einmal die gleichen Eigenschaften, wie auch die reinen Verteilergruppen. Diese Gruppen können anhand ihrer Sicherheitskennung (engl. *Security Identifier, SID*), wie bereits erwähnt, zusätzlich aber auch zur Rechte- und Berechtigungsvergabe verwendet werden. Allen Mitgliedern der betreffenden Gruppen werden demnach auch die gleichen Rechte und Berechtigungen eingeräumt, wie sie für die jeweilige Gruppe definiert wurden.

HINWEIS: Technisch ist es möglich, Sicherheitsgruppen zu Verteilergruppen zu konvertieren. Von dieser Möglichkeit sollte man aus Sicherheitsgründen heraus absehen. Wenn eine Sicherheitsgruppe anhand ihrer Sicherheitskennung (SID) beispielsweise Zugriffsberechtigungen auf bestimmte Ressourcen erhält, so bleiben diese Berechtigungen auch nach der Konvertierung zu einer reinen Verteilergruppe erhalten. Da der Gruppentyp der betreffenden Gruppe nach der Konvertierung jedoch als Verteilergruppe angezeigt wird, kann dies zu Verwirrungen in der Rechtevergabe und Zugriffssteuerung führen.

14.8.2 Gruppenbereiche

Seit der Einführung von Active Directory unter Windows 2000 unterscheidet man zwischen drei verschiedenen Gruppenbereichen:

- **domänenlokal**
- **global**
- **universell**

Der jeweilige Gruppenbereich entscheidet über die Einsatzmöglichkeit und Wirkungsweise aber auch die Verschachtelungsmöglichkeiten einer jeweiligen Gruppe.

Die folgende Tabelle zeigt die Unterscheidungsmerkmale der verschiedenen Gruppenbereiche in einer Active Directory-Umgebung:

Gruppenbereich	Mögliche Gruppenmitgliedschaft	Verwendung
domänenlokale Gruppe	kann Benutzerkonten, sowie globale und universelle Gruppen aus jeder Domäne der Gesamtstruktur, sowie aus vertrauten Domänen enthalten; kann im einheitlichen Domänenmodus domänenlokale Gruppen derselben Domäne enthalten.	zur Vergabe von Rechten und Berechtigungen in der lokalen Domäne; auf allen Domänencontrollern in der Domäne unter Windows 2000, Windows Server 2003, Windows Server 2008 (R2) und Windows Server 2012 (R2).
globale Gruppe	kann Benutzerkonten der eigenen Domäne enthalten; kann im einheitlichen Domänenmodus andere globale Gruppen derselben Domäne enthalten.	zur Vergabe von Rechten und Berechtigungen in allen Domänen innerhalb und auch zwischen vertrauenden Gesamtstrukturen; auf allen Domänencontrollern und Mitgliedsservern unter Windows NT, Windows 2000, Windows Server 2003, Windows Server 2008 (R2) und Windows Server 2012 (R2).
universelle Gruppe	kann Benutzerkonten, sowie globale, sowie universelle Gruppen einer beliebigen Domäne der Gesamtstruktur enthalten. steht erst im einheitlichen Domänenmodus ab Windows 2000 einheitlich zur Verfügung.	zur Vergabe von Rechten und Berechtigungen in allen Domänen innerhalb und auch zwischen vertrauenden Gesamtstrukturen; auf allen Domänencontrollern und Mitgliedsservern unter Windows 2000, Windows Server 2003, Windows Server 2008 (R2) und Windows Server 2012 (R2).

Tabelle 14.1: *Mögliche Gruppenbereiche in Active Directory*

14.8.3 Vordefinierte Gruppen

Gleich nach der Installation der Active Directory-Domänendienste (*Active Directory Domain Services, AD DS*) unter von Windows Server 2012 R2 existieren eine Reihe von vordefinierten Gruppen. Diese werden im Container ***Builtin***, bzw. im Container ***Users*** gespeichert.

Standardgruppen im Builtin-Container

Die im ***Builtin***-Container vorhandenen Gruppen entsprechen in vielem denen auf Mitgliedsservern unter Windows Server 2012 R2 nach der Installation standardmäßig enthaltenen Gruppen. Eine Ausnahme stellt beispielsweise die Gruppe der Kontenoperatoren dar, welche zwar auf Domänencontrollern, nicht jedoch auf Mitgliedsservern existiert. Umgekehrt wiederum existiert die Gruppe der Hauptbenutzer nur auf Mitgliedsservern, jedoch nicht auf Domänencontrollern.

Die in diesem Container enthaltenen Gruppen gelten innerhalb der Active Directory-Domäne für alle darin enthaltenen Domänencontroller gleichermaßen einheitlich.

Bei den vordefinierten Gruppen im ***Builtin***-Container handelt es sich um domänenlokale Gruppen.

Nach der Installation der Active Directory-Domänendienste sind im ***Builtin***-Container standardmäßig die folgenden Gruppenobjekte enthalten:

Gruppenname	Beschreibung
Administratoren	Mitglieder dieser Gruppe besitzen uneingeschränkten Zugriff auf die Domänencontroller in der Domäne.
Benutzer	Mitglieder dieser Gruppe können keine zufälligen oder beabsichtigten Änderungen am betreffenden System durchführen und dürfen die meisten herkömmlichen Anwendungen ausführen.
Distributed COM-Benutzer	Mitglieder dieser Gruppe können Distributed-COM-Objekte auf den Domänencontrollern starten, aktivieren und verwenden.
Druck-Operatoren	Mitglieder dieser Gruppe können Drucker auf den Domänencontrollern der Domäne verwalten.
Ereignisprotokollleser	Mitglieder dieser Gruppe dürfen Ereignisprotokolle der Domänencontroller lesen.
Erstellungen eingehender Gesamtstrukturvertrauensstellung	Mitglieder dieser Gruppe können eingehende, unidirektionale Vertrauensstellungen zu dieser Gesamtstruktur erstellen.
Gäste	Mitglieder dieser Gruppe besitzen eingeschränkte Zugriffsrechte in der Domäne.
Hyper-V-Administratoren	Mitglieder dieser Gruppen erhalten uneingeschränkten Zugrif auf sämtliche Features von Hyper-V.
IIS_IUSRS	Von Internetinformationsdiensten verwendete integrierte Gruppe.
Konten-Operatoren	Mitglieder dieser Gruppe können Domänenbenutzer und -gruppen verwalten.

Gruppenname	Beschreibung
Kryptografie-Operatoren	Mitglieder dieser Gruppe sind berechtigt, kryptografische Vorgänge durchzuführen.
Leistungsprotokollbenutzer	Mitglieder dieser Gruppe können die Protokollierung von Leistungsindikatoren planen, Traceanbieter aktivieren und Ereignistraces sammel, sowohl lokal als auch über Remotezugriff.
Leistungsüberwachungsbenutzer	Mitglieder dieser Gruppe können lokal und remote auf Leistungszählerdaten zugreifen.
Netzwerkkonfigurations-Operatoren	Mitglieder dieser Gruppe verfügen über einige Administratorrechte zum Verwalten der Konfiguration von Netzwerkfunktionen.
Prä-Windows 2000 kompatibler Zugriff	Eine mit Vorgängerversionen kompatible Gruppe, die allen Benutzern und Gruppen in der Domäne Lesezugriff gewährt.
RDS-Endpunktserver	Auf den Servern dieser Gruppe werden virtuelle Computer ausgeführt und Sitzungen für RemoteApp-Programme und persönliche virtuelle Desktops der Benutzer gehostet. Die Gruppe muss auf denjenigen Servern aufgefüllt werden, die den RD-Verbindungsbroker ausführen.
RDS-Remotezugriffsserver	Die Server dieser Gruppe bieten Benutzern von RemoteApp-Programmen und persönlichen virtuellen Desktops Zugriff auf diese Ressourcen. Bei Bereitstellungen mit Internetzugriff werden sie in der Regel einem Umkreisnetzwerk zugeordnet.
RDS-Verwaltungsserver	Auf den Servern dieser Gruppe werden administrative Routineaktionen für Server ausgeführt, auf denen die Remotedesktopdienste (RDS) installiert sind. Die Gruppe muss auf allen Servern aufgefüllt werden, die Teil der RDS-Bereitstellung sind.
Remotedesktopbenutzer	Mitglieder dieser Gruppe haben die Berechtigung, sich remote anzumelden.
Remoteverwaltungsbenutzer	Mitglieder dieser Gruppe können über Verwaltungsprotokolle auf WMI-Ressourcen zugreifen.
Replikations-Operator	Unterstützt Dateireplikationen in Domänen.
Server-Operatoren	Mitglieder dieser Gruppe können Domänenserver verwalten.
Sicherungs-Operatoren	Mitglieder dieser Gruppe können Daten sichern und wiederherstellen, sowie sich am System lokal anmelden.
Systemmonitorbenutzer	Mitglieder dieser Gruppen können lokal oder remote auf Leistungszählerdaten zugreifen.
Terminalserver-Lizenzserver	Mitglieder dieser Gruppe können Benutzerkonten in Active Directory für Nachverfolgungs- und Berichtszwecke mit Informationen zur Lizenzausstellung aktualisieren.

Gruppenname	Beschreibung
Windows-Autorisierungszugriffsgruppe	Mitglieder dieser Gruppe haben Zugriff auf das berechnete Attribut „tokenGroupsGlobalAndUniversal" für Benutzerobjekte.
Zertifikatdienst-DCOM-Zugriff	Mitglieder dieser Gruppe sind berechtigt, eine Verbindung mit den Zertifizierungsstellen im Unternehmen herzustellen.
Zugriffssteuerungs-Unterstützungsoperatoren	Mitglieder dieser Gruppe können remote Autorisierungsattribute und -berechtigungen für Ressourcen auf dem Computer abfragen.

Tabelle 14.2: *Standardgruppen im Built-In-Container*

Standardgruppen im Users-Container

Nach der Einrichtung der Active Directory-Domänendienste (*Active Directory Domain Services, AD DS*) finden sich auf den Domänencontrollern im Container Users noch weitere, vordefinierte Gruppen. Diese Gruppen dienen zur Vergabe von Rechten und Berechtigungen in Active Directory und den darin enthaltenen Ressourcen.

Standardmäßig sind im Container Users nach der Einrichtung der Active Directory-Domänendienste die folgenden Gruppenobjekte enthalten:

Gruppenname	Beschreibung
Abgelehnte RODC-Kennwortreplikationsgruppe	Mitglieder, deren Kennwörter nicht auf schreibgeschützte Domänencontroller (RODCs) repliziert werden.
DNSAdmins	Mitglieder dieser Gruppe können DNS-Objekte in der Domäne verwalten.
DNSUpdateProxy	Mitglieder dieser Gruppe (typischer Weise DHCP-Server) können im Namen anderer Clients dynamische Aktualisierungen in der DNS-Datenbank vornehmen.
Domänen-Admins	Mitglieder dieser Gruppe besitzen administrative Rechte und Berechtigungen innerhalb der Active Directory-Domäne.
Domänen-Benutzer	Alle Benutzerkonten in dieser Domäne.
Domänencomputer	Alle Arbeitsstationen und Mitgliedsserver in dieser Domäne.
Domänencontroller	Alle Domänencontroller in dieser Domäne.
Domänencontroller der Organisation ohne Schreibzugriff	Alle schreibgeschützten Domänencontroller (RODCs) der Active Directory-Gesamtstruktur.
Domänencontroller ohne Schreibzugriff	Alle schreibgeschützten Domänencontroller (RODCs) der Active Directory-Domäne.
Domänen-Gäste	Alle Gäste dieser Domäne.

Gruppenname	Beschreibung
Klonbare Domänencontroller	Mitglieder dieser Gruppe, die Domänencontroller sind, können geklont werden.
Organisations-Admins	Mitglieder dieser Gruppe besitzen administrative Rechte in der Active Directory-Gesamtstruktur.
Protected Users	Mitglieder dieser Gruppe erhalten zusätzlichen Schutz vor Sicherheitsbedrohungen.
RAS- und IAS-Server	Server in dieser Gruppe können auf die RAS-Eigenschaften von Benutzern zugreifen.
Richtlinien-Ersteller-Besitzer	Mitglieder dieser Gruppe können Gruppenrichtlinienobjekte in der Domäne erstellen oder ändern.
Schema-Admins	Mitglieder dieser Gruppe können Änderungen im Schema der Active Directory-Gesamtstruktur vornehmen.
Schreibgeschützte Domänencontroller	Mitglieder dieser Gruppe sind schreibgeschützte Domänencontroller der Domäne.
Schreibgeschützte Domänencontroller der Organisation	Mitglieder dieser Gruppe sind schreibgeschützte Domänencontroller im Unternehmen.
Zertifikatherausgeber	Mitglieder dieser Gruppe können Zertifikate innerhalb von Active Directory veröffentlichen.
Zulässige RODC-Kennwortreplikationsgruppe	Mitglieder, deren Kennwörter auf schreibgeschützte Domänencontroller (RODCs) repliziert werden.

Tabelle 14.3: *Standardgruppen im Users-Container*

PRAXISTIPP! Um Benutzern die Berechtigungen auf bestimmte Ressourcen innerhalb einer Active Directory-Gesamtstruktur oder -Domäne zu erteilen, sollte man die Verwendung der bereits vorhandenen Gruppen überprüfen. Nur wenn bestimmte, nicht mit den vorhandenen Gruppen übereinstimmende, oder gar eingeschränktere Rechte oder Berechtigungen vergeben werden sollen, sollte man das Anlegen weiterer Gruppen in Erwägung ziehen.

14.8.4 Gruppenstrategien

In Unternehmensnetzwerken müssen oft mehrere hundert bis zu mehreren tausend Ressourcen für die Benutzer bereitgestellt werden. Hierdurch ergibt sich für die verantwortlichen Administratoren zwangsläufig ein oft nicht unbedeutender Aufwand in der Steuerung der Zugriffsberechtigung auf die einzelnen Ressourcen. Um die in Active Directory-Gesamtstrukturen notwendigen Zugriffsberechtigungen, sowie auch Rechte effektiv einsetzen und verwalten zu können, wendet man in der Regel entsprechende Gruppenstrategien an, in denen man sich die Gruppenbereiche zunutze macht.

Die zumeist verwendete Gruppenstrategie in einer Active Directory-Infrastruktur lautet dabei:

A - G - DL - P

Bei dieser Gruppenstrategie werden die Benutzerkonten (*Accounts, A*) in globalen Gruppen (*Global Groups, G*) zusammengefasst. Diese globalen Gruppen wiederum werden anschließend einer sogenannten domänenlokalen Gruppe (*Domain Local Group, DL*) zugeordnet (verknüpft), welcher die entsprechende Berechtigung (*Permission, P*) zugewiesen wird.

Durch die hierdurch entstehende Gruppenverschachtelung erhält jedes Mitglied der betreffenden, globalen Gruppen die jeweils bestimmte Berechtigung. Diese Art der Verwaltung erspart den Administratoren gerade in mittelgroßen, großen bis sehr großen Umgebungen unwahrscheinlich viele Administrationsschritte. Statt den Benutzern einzeln Berechtigungen zuzuweisen, geschieht dies zeitsparend und übersichtlich über die entsprechenden Gruppen.

Da die Gruppensymbole in der Active Directory-Verwaltung, beispielsweise dem MMC-Snap-In *Active Directory-Benutzer und -Computer* gleich aussehen, empfiehlt es sich, den jeweiligen Gruppen einfach einen Kennzeichner für den jeweiligen Gruppenbereich im Namen voranzustellen. Somit wird die Übersichtlichkeit in der Gruppenverwaltung mitunter sogar um ein Vielfaches verbessert.

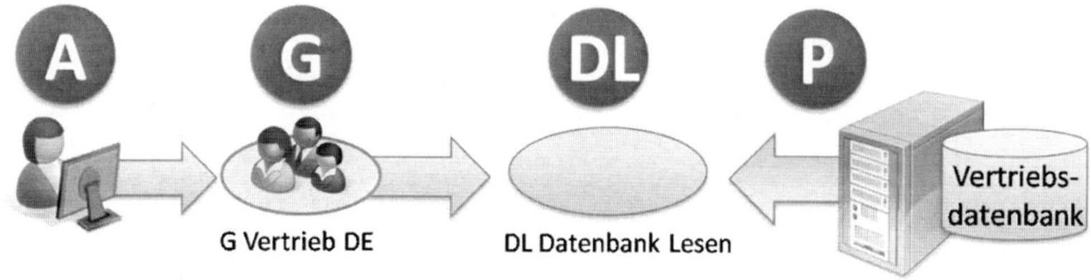

Abbildung 14.20: *Gruppenstrategie für die effektive Zugriffssteuerung*

Neben der bereits benannten Gruppenstrategie bestehen noch weitere Strategien für die effektive und effiziente Zugriffs- und Rechteverwaltung in einer Active Directory-Infrastruktur. So findet eine weitere Strategie ihre Verwendung, sobald man eine Arbeitsstation oder einen Mitgliedsserver zu einer bestehenden Domäne hinzufügt:

A - G - L - P

Hierbei wird während des Vorgangs eines Rechners als Mitglied zur einer Active Directory-Domäne die globale Gruppe (*G*) der Domänen-Administratoren automatisch zur lokalen Gruppe (*L*) der Administratoren des betreffenden Computersystems verknüpft, und erhält auf diese Weise die Berechtigung (*P*) zur Verwaltung. Da das in der Domäne standardmäßig vorhandene Benutzerkonto Administrator (*A*) automatisch auch Mitglied der globalen Gruppe der Domänen-Administratoren (*G*) ist, vervollständigt sich hierdurch die Gruppenstrategie.

Natürlich existieren noch weitere Gruppenstrategien, die in den weltweit vorhandenen Active Directory-Infrastrukturen mehr oder weniger häufig zum Einsatz kommen. Zu diesen Gruppenstrategien zählen unter anderem:

A - G - G - U - DL - P

Diese Gruppenstrategie kommt mitunter bei sehr großen Active Directory-Infrastrukturen zum Einsatz. Sehen Sie hierzu ein Beispiel:

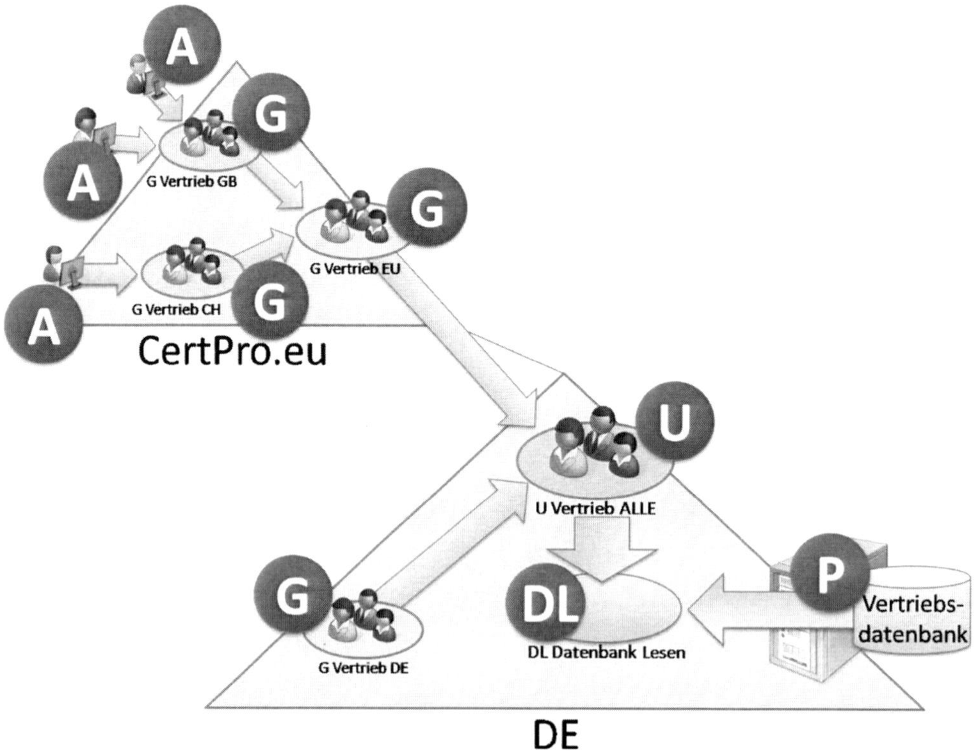

Abbildung 14.21: *Beispiel für die Anwendung einer Gruppenstrategie in großen bis sehr großen Active Directory-Infrastrukturen*

In dem oben dargestellten Beispiel werden die Benutzerkonten der Mitarbeiter (*A*) der verschiedenen Vertriebsgruppen der einzelnen Domänen in jeweils eigene globale Gruppen (*G*) verschachtelt. Diese globalen Gruppen (*G*) werden zum Teil nochmals in einer weiteren globalen (Haupt-)Gruppe (*G*) zusammengefasst. Um nun den einheitlichen Zugriff für alle Vertriebsmitarbeiter auf die vorhandene Vertriebsdatenbank zu ermöglichen, werden alle globalen (Haupt-)Gruppen gemeinsam in eine universelle Gruppe (*U*) verknüpft. Die Zugriffsberechtigung (*P*) wird letztlich durch die Gruppenverschachtelung der universellen Gruppe (*U*) in die dazu vorgesehene domänenlokale Gruppe (*DL*) ermöglicht.

Dieses Beispiel verdeutlicht die Möglichkeit der effizienten Zugriffsverwaltung über eine entsprechende Gruppenstrategie. Da die Zugriffsanforderungen in der Praxis jedoch oft völlig unterschiedlich sind, muss man sich für die jeweils effektivste und oft auch effizienteste Gruppenstrategie entscheiden. Es existieren jedoch noch viel einfachere Beispiele für die Gruppenverschachtelung:

A - G - P

Bei dieser Gruppenstrategie wird einer globalen Gruppe (*G*), in die ein oder mehrere Benutzer (*A*) verknüpft sind, direkt auch die Berechtigung (*P*) zugewiesen.

A - L - P

Bei dieser Gruppenstrategie erhält ein Benutzerkonto (*A*) durch die direkte Gruppenverschachtelung in die lokale Gruppe (*L*) die entsprechende Zugriffsberechtigung (*P*).

Für welche der Gruppenstrategien man sich in der Praxis auch immer entscheidet - wichtig ist es, diese ordnungsgemäß und vollständig zu dokumentieren. Damit wird eine Nachvollziehbarkeit und Kontrollierbarkeit bei möglichen Unstimmigkeiten im Bedarfsfall ermöglicht.

Neben den Benutzerkonten und Gruppen kommen in den Active Directory-Gesamtstrukturen noch weitere Objekte zum Einsatz - die Computerobjekte.

14.8.5 Erstellen und Verwalten von Gruppenobjekten

Gruppenobjekte in einer Active Directory-Domäne können mit verschiedenen Tools erstellt, verwaltet und auch wieder gelöscht werden. Zu diesen Tools zählen unter anderem:

- MMC-Snap-In *Active Directory-Benutzer und -Computer*
- grafisches *Active Directory-Verwaltungscenter* (*AD AC*)
- DS-Tools (*dsadd.exe, dsmod.exe, dsrm.exe*)
- csvde.exe
- ldifde.exe
- net group
- Windows Script Host (WSH)
- Windows PowerShell

Erstellen von Gruppenobjekten mittels MMC-Snap-In

Gruppenobjekte lassen sich auf einfache Weise mittels des MMC-Snap-Ins *Active Directory-Benutzer und -Computer* erstellen.

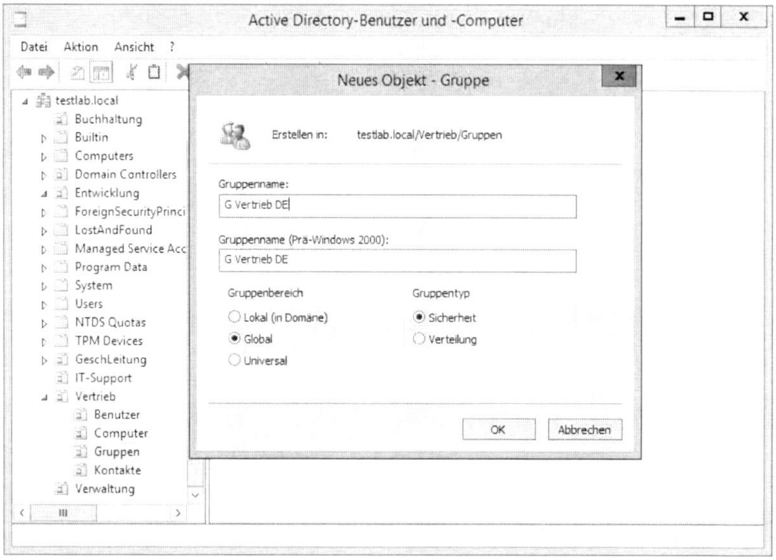

Abbildung 14.22: *Erstellen eines neuen Gruppenobjekts mittels MMC-Snap-In Active Directory-Benutzer und -Computer unter Windows Server 2012 R2*

Gehen Sie zum Erstellen von Gruppenobjekten in einer Active Directory-Domäne unter Windows Server 2012 R2 mittels des MMC-Snap-Ins *Active Directory-Benutzer und -Computer* wie folgt vor:

1. Klicken Sie im grafischen ***Server-Manager*** in der oberen Befehlsleiste auf **Tools**, und dann auf **Active Directory-Benutzer und -Computer**.
2. Erweitern Sie die Konsolenansicht im linken Fensterbereich bis zu der Organisationseinheit (*OU*) oder dem Container, in dem das neue Gruppenobjekt erstellt werden soll.
3. Klicken Sie mit der rechten Maustaste auf die Organisationseinheit (*OU*) oder das Containerobjekt und wählen Sie im Kontextmenü den Eintrag **Neu**, **Gruppe** aus.
4. Geben Sie im Dialog *Neues Objekt - Gruppe* den gewünschten Gruppennamen ein, wählen Sie den Gruppenbereich und Gruppentyp für die neue Gruppe, und klicken Sie anschließend auf **OK**.

Das neue Gruppenobjekt wird angelegt.

Die vorhandenen Gruppenobjekte können in dem MMC-Snap-In *Active Directory-Benutzer und -Computer* ebenso auch verwaltet und bei Bedarf auch wieder entfernt werden.

Erstellen von Gruppenobjekten im grafischen Active Directory-Verwaltungscenter (AD AC)

Ein weiteres Tool zum Erstellen von Gruppenobjekten in Active Directory-Domänen wurde mit dem *Active Directory-Verwaltungscenter* (engl. *Active Directory Administrative Center, AD AC*) bereits mit Windows Server 2008 R2 eingeführt. Transparent nutzbar wurde diese grafische Konsole jedoch erstmalig unter Windows Server 2012, und sie ist prinzipiell unverändert auch unter Windows Server 2012 R2, u. a. für das Erstellen und Verwalten von Objekten in den Active Directory-Domänendiensten enthalten.

1. Klicken Sie im grafischen ***Server-Manager*** in der oberen Befehlsleiste auf **Tools**, und dann auf **Active Directory-Verwaltungscenter**.
2. Erweitern Sie die Konsolenansicht im linken Fensterbereich bis zu der Organisationseinheit (*OU*) oder dem Container, in dem das neue Gruppenobjekt erstellt werden soll.
3. Klicken Sie mit der rechten Maustaste auf den Container, dann auf Neu, und dann auf Gruppe.
4. Geben Sie den Gruppennamen, sowie alle weiteren Informationen ein, konfigurieren Sie die Gruppe nach Bedarf, und klicken Sie dann auf **OK**.

Die neu erstellte Gruppe wird im Container angezeigt.

Erstellen von Gruppenobjekten mittels dsadd.exe

Ein weiteres Tool zum Erstellen von Gruppenobjekten in Active Directory-Domänen wurde bereits mit Windows Server 2003 eingeführt: **`dsadd.exe`**

Um mit dem Kommandozeilentool **`dsadd.exe`** ein Gruppenobjekt in einer Active Directory-Domäne zu erstellen, können Sie den folgenden Befehl in der Eingabeaufforderung von Windows Server 2012 R2 eingegeben:

```
dsadd group <Gruppen-DN>
```

Erklärung zur Befehlssyntax:

- **`dsadd group`** - steht für das Erstellen eines neuen Gruppenobjekts
- *`<Gruppen-DN>`* - steht für den definierten Objektnamen (engl. *Distinguished Name*) des neu zu erstellenden Gruppenobjekts

weitere, optionale Parameter (Auszug):

- **`-secgrp yes | no`** - bestimmt, ob die neue Gruppe als Sicherheitsgruppe angelegt werden soll (standardmäßig: *yes*)
- **`-scope l | g | u`** - bestimmt den Gruppenbereich der neuen Gruppe (standardmäßig: **`g`**)

- **-memberof** *<DN>* - bestimmt die Mitgliedschaft der neu zu erstellenden Gruppe in anderen, bereits vorhandenen Gruppen
- **-members** *<DN>* - bestimmt die Mitglieder der neu zu erstellenden Gruppe

PRAXISTIPP! Es existieren noch weitere Befehlsparameter, die man durch die Eingabe des Befehls **dsadd group /?** in der Eingabeaufforderung anzeigen lassen kann.

Ein Beispiel für das Erstellen eines neuen Gruppenobjekts mittels **dsadd.exe** kann wie folgt aussehen:

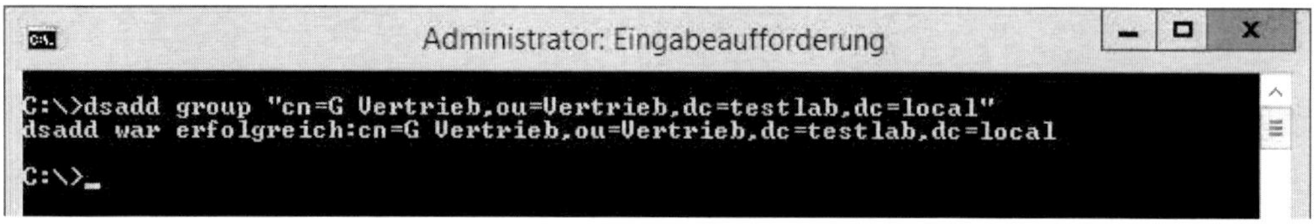

Abbildung 14.23: *Beispiel für das Erstellen eines Gruppenobjekts mittels dsadd.exe in einer Active Directory-Domäne unter Windows Server 2012 R2*

In dem dargestellten Beispiel wird eine neue globale Sicherheitsgruppe mit den Namen ***G Vertrieb*** in der Organisationseinheit ***Vertrieb*** der Domäne ***Testlab.local*** erstellt.

Das Erstellen des Gruppenobjekts wurde nach der Ausführung des Befehls anhand einer entsprechenden Meldung bestätigt.

Erstellen von Gruppenobjekten mit der Windows PowerShell

Eine weitere Möglichkeit zum Erstellen von Gruppen in den Active Directory-Domänendiensten unter Windows Server 2012 R2 findet man in der Windows PowerShell. Gehen Sie wie folgt vor, um auf einem Domänencontroller unter Windows Server 2012 R2 ein neues Gruppenobjekt mithilfe der Windows PowerShell zu erstellen:

1. Klicken Sie in der Taskleiste unter Windows Server 2012 R2 auf das Symbol für die **Windows PowerShell**.
2. Geben Sie den folgenden Befehl ein, und drücken Sie anschließend die **Eingabetaste**:

   ```
   new-ADGroup -Name <Gruppenname> -GroupScope Global
   -GroupCategory Security
   ```

Die neue Gruppe wird als *globale Sicherheitsgruppe* im Standardcontainer der Active Directory-Domäne (i.d.R. der Container *Users*) erstellt und angezeigt.

Die vollständige Befehlssyntax kann man sich mit dem folgenden Befehl in der Windows PowerShell anzeigen lassen: **Get-Help New-ADGroup**

HINWEIS: Weitere Informationen zum Erstellen und Verwalten von Gruppenobjekten erhalten Sie in der Hilfe von Windows Server 2012 R2.

Neben den bereits benannten Benutzer-, Kontakt- und Gruppenobjekten existieren noch weitere, wichtige Objekte in Active Directory-Domänen: die Computerobjekte.

14.9 Computerobjekte

Computerobjekte erfüllen in einer Active Directory-Infrastruktur wichtige Zwecke. Die effektive Kontrolle von Ressourcen in Active Directory-Gesamtstrukturen wird erst durch den Einsatz von Computerobjekten ermöglicht. Computerobjekte werden in den Active Directory-Domänen angelegt, um Domänencontroller, Mitgliedsserver und auch Arbeitsstationen ab dem Betriebssystem Windows NT entsprechend ihrer Domänenzugehörigkeit zu authentifizieren. Durch diese Vorgehensweise wird den verantwortlichen Domänenadministratoren die Kontrolle der innerhalb von Domänen eingesetzten Computersysteme ermöglicht. Den Computerobjekten selbst werden beim Anlegen bestimmte Kennwörter zugewiesen, welche standardmäßig alle 30 Tage gegenüber den in der betreffenden Domäne vorhandenen Domänencontrollern anhand von vordefinierten Hintergrundprozessen automatisch erneuert werden.

PRAXISTIPP! Wenn ein Computerobjekt in einer Active Directory-Domäne manuell erstellt wird, so handelt der betreffende Domänencontroller bei der ersten Verwendung dieses Computerobjekts ein entsprechendes Kennwort mit dem betreffenden Computersystem aus. Somit wird die nachfolgende Authentifizierung des Computersystems gegenüber der Active Directory-Domäne möglich.

14.9.1 Erstellen von Computerobjekten

Computerobjekte in einer Active Directory-Domäne lassen sich anhand verschiedener Tools oder auch Prozesse erstellen. Zu den hierzu verwendbaren Tools zählen unter anderem:

- MMC-Snap-In *Active Directory-Benutzer und -Computer*
- grafisches *Active Directory-Verwaltungscenter* (*AD AC*)
- DS-Tools (*dsadd.exe, dsmod.exe, dsrm.exe*)
- csvde.exe
- ldifde.exe
- net computer
- Windows Script Host (WSH)
- Windows PowerShell

PRAXISTIPP! Computerobjekte können auch völlig ohne den Einsatz von Tools gleich während des Hinzufügens des Computersystems zu einer Domäne in der betreffenden Active Directory-Datenbank automatisch erstellt werden.

Erstellen von Computerobjekten mittels MMC-Snap-In

Computerobjekte können mittels MMC-Snap-In *Active Directory-Benutzer und -Computer* auf einfache Weise erstellt werden. Gehen Sie hierzu wie folgt vor:

1. Klicken Sie im grafischen ***Server-Manager*** in der oberen Befehlsleiste auf **Tools**, und dann auf **Active Directory-Benutzer und -Computer**.
2. Erweitern Sie die Konsolenansicht im linken Fensterbereich bis zu der Organisationseinheit (*OU*) oder dem Container, in dem das neue Computerobjekt erstellt werden soll.
3. Klicken Sie mit der rechten Maustaste auf die Organisationseinheit (*OU*) oder das Containerobjekt und wählen Sie im Kontextmenü den Eintrag **Neu**, **Computer** aus.
4. Geben Sie im Dialog *Neues Objekt - Computer* den gewünschten Gruppennamen ein, wählen Sie den Gruppenbereich und Gruppentyp für die neue Gruppe, und klicken Sie anschließend auf **OK**.

Das neue Computerobjekt wird angelegt.

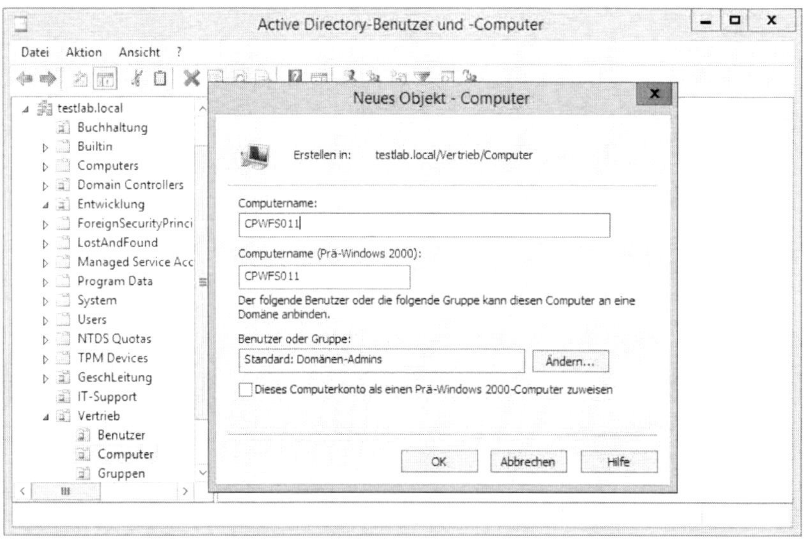

Abbildung 14.24: *Erstellen eines neuen Computerobjekts mittels MMC Snap-In Active Directory-Benutzer und -Computer unter Windows Server 2012 R2*

Genauso einfach lässt sich ein Computerkonto auch im grafischen Active Directory-Verwaltungscenter (AD AC) anlegen.

Erstellen von Computerobjekten mittels Windows PowerShell

Eine einfache Alternative zu den grafischen Tools zum Erstellen von Computerobjekten in Active Directory stellt unter Windows Server 2012 R2 die Windows PowerShell dar. in dem Active Directory-Modul für Windows PowerShell findet sich auf dem Domänencontroller unter Windows Server 2012 R2 unter anderem der Befehl new-ADComputer.

Die Befehlssyntax hierzu ist recht einfach:

```
new-ADComputer -Name <Computername>
```

In diesem Beispiel wird ein neues Computerobjekt im Standardcontainer einer Active Directory-Domäne (standardmäßig der Container *„Computers"*) angelegt. Mit dem Schalter **-Path** kann man bei Bedarf noch den LDAP-Pfad z. B. zu einer bestimmten Organisationseinheit (OU) mit angeben, in dem das neue Computerobjekt erstellt werden soll.

HINWEIS: Weitere Informationen zum Erstellen von Computerobjekten erhält man in der Hilfe der Windows PowerShell.

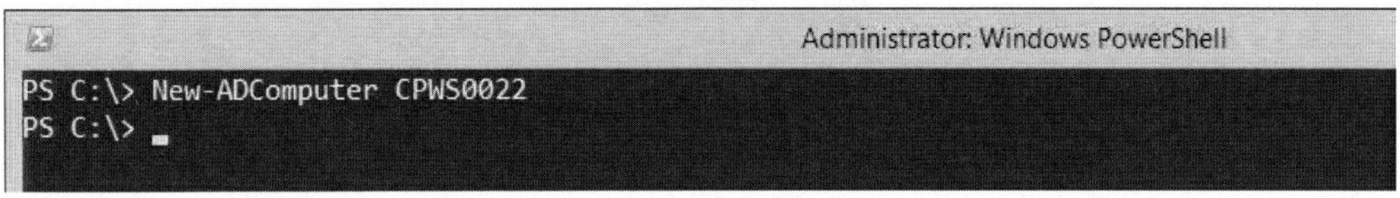

Abbildung 14.25: *Beispiel für das Erstellen eines neuen Computerobjekts in einer Active Directory-Domäne mittels Windows PowerShell unter Windows Server 2012 R2*

Erstellen von Computerobjekten mittels net computer

Eine weitere Variante zum Erstellen von Computerobjekten steht mit dem Befehl **net** zur Verfügung. Anhand des Unterbefehls **computer** lassen sich hiermit ebenso Computerobjekte in einer Active Directory-Domäne erstellen.

Die Befehlssyntax hierzu ist recht einfach:

```
net computer \\<Computername> /ADD
```

Anhand der dargestellten Befehlssyntax wird ein neues Computerobjekt erstellt.

Erklärung zur Befehlssyntax:

- **net computer** - steht für das Erstellen eines Computerobjekts
- *<Computername>* - bezeichnet den Computernamen des neu zu erstellenden Computerobjekts
- **/ADD** - steht als Parameter für das Erstellen des Computerobjekts

weiterer, optionaler Parameter:

- **/DEL** - steht als Parameter für das Entfernen eines Computerobjekts

Das mit dem Befehl **net computer** angelegte, neue Computerobjekt wird in der betreffenden Active Directory-Domäne, in der sich der Computer als Mitglied befindet, von welchem aus der Befehl ausgeführt wird, im Container ***Computers*** angelegt.

PRAXISTIPP! Der Standardcontainer für neu angelegte Computerobjekte in einer Active Directory-Domäne ist der Container Computers. Seit der Einführung von Windows Server 2003 kann man den Standardcontainer anhand des Befehls **redircmp.exe** bei Bedarf auf einen anderen Container, beispielsweise eine Organisationseinheit (*OU*) umleiten. Der Befehl **redircmp.exe** setzt voraus, dass sich die betreffende Domäne im Domänenbetriebsmodus Windows Server 2003 befindet. Die Syntax des Befehls ist recht einfach:

redircmp „ou=NeueComputerOU,dc=CertPro,dc=de"

Wenn der Standardcontainer für neue Computerobjekte, wie im obigen Beispiel auf eine Organisationseinheit (*OU*) verweist, so können nachfolgend sofort auch Gruppenrichtlinienobjekte auf die neuen, zur Domäne hinzuzufügenden Computerkonten angewendet werden. Weitere Informationen hierzu finden Sie in der Hilfe von Windows Server 2012 R2.

Beispiel für das Anlegen eines neuen Computerobjekts

Nachfolgend sehen Sie ein Beispiel für das Anlegen eines neuen Computerobjekts in einer Active Directory-Domäne mittels **net computer**:

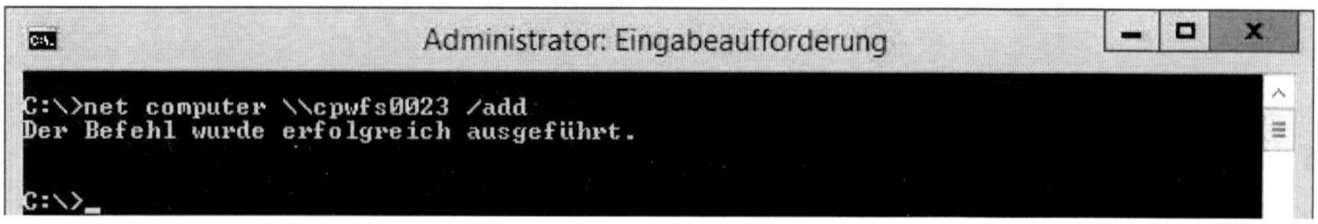

Abbildung 14.26: *Beispiel für das Erstellen eines neuen Computerobjekts in einer Active Directory-Domäne mittels net computer unter Windows Server 2012 R2*

HINWEIS: Computersysteme unter Windows NT 4.0 und höher benötigen ein Computerkonto in Form eines Computerobjekts in einer Active Directory-Domäne. Computersysteme unter Windows 95, Windows 98 oder Windows Me hingegen können keinem Computerkonto in Active Directory-Domänen zugewiesen werden und sind somit auch nicht vollständig verwaltbar.

Wie in den vorangegangenen Beispielen zu erkennen, lassen sich Computerobjekte in einer Active Directory-Umgebung anhand der verfügbaren Tools verhältnismäßig einfach erstellen. Nicht in allen Fällen jedoch benötigt man hierzu spezielle Tools. Wie vorweg schon erwähnt, kann man ein neues Computerobjekt auch direkt beim ersten Hinzufügen eines Computersystems zu einer Domäne erstellen lassen. Dies sah man so bereits auch schon zu den Zeiten von Windows NT 4.0 vor. Nicht alle Administratoren von modernen Active Directory-Infrastrukturen ist der Umstand jedoch bekannt, dass selbst ein einfacher Benutzer, der ein Benutzerkonto in einer Active Directory-Domäne besitzt, seinen Computer standardmäßig zur Domäne hinzufügen darf - genaugenommen nicht einen, sondern gar bis zu 10 Arbeitsstationen!

14.9.2 Berechtigung zum Hinzufügen von Arbeitsstationen zur Domäne

Die Standardeinstellung der Benutzerrechte in einer Active Directory-Domäne sehen vor, dass jeder „***authentifizierte Benutzer***" bis zu 10 Arbeitsstationen zu einer Domäne hinzufügen darf - wohl gemerkt: JEDER Benutzer, der über ein eigenes Benutzerkonto in einer der Domänen der betreffenden Active Directory-Gesamtstruktur verfügt!

Die Standardeinstellung findet sich in den Active Directory-Domänen in der „***Default Domain Controllers Policy***", welche standardmäßig auf alle Domänencontroller der betreffenden Active Directory-Domäne angewendet wird.

Sollte es nicht gewünscht sein, dass beispielsweise neben den verantwortlichen Administratoren noch andere Benutzer weitere Computer zu der betreffenden Domäne hinzufügen können, so sollte diese Richtlinie entsprechend angepasst werden.

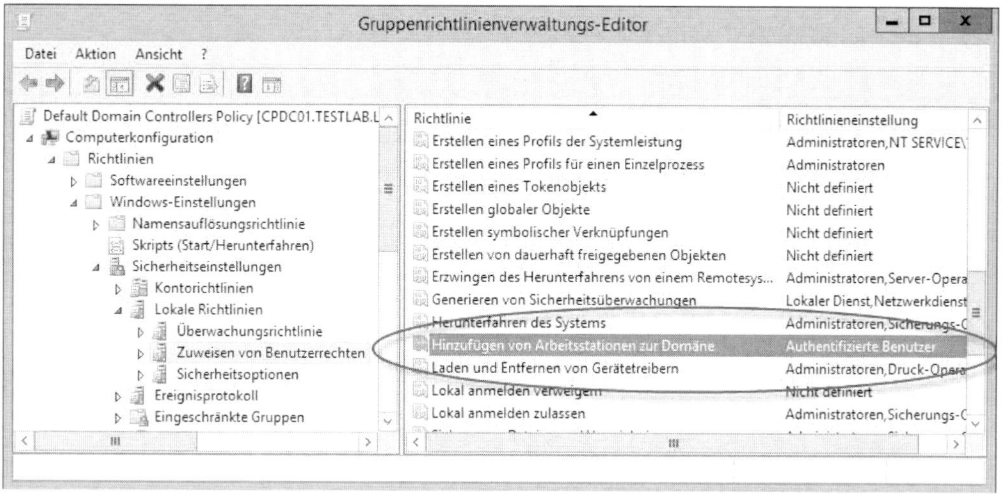

Abbildung 14.27: *Standardmäßiges Benutzerrecht zum Hinzufügen von Arbeitsstationen zu einer Active Directory-Domäne*

14.9.3 Verwalten von Computerobjekten

Zu den weiteren, administrativen Schritten in der Verwaltung von Computerobjekten gehört mitunter auch das Zurücksetzen von Computerkonten in einer Active Directory-Domäne.

Dieser Umstand kann sich aus der Situation heraus ergeben, dass ein zu einer Active Directory-Domäne gehörendes Clientcomputersystem über einen längeren Zeitraum mit dieser nicht mehr verbunden ist. Aus Sicherheitsgründen ändert der in der Domäne vorhandene Domänencontroller das mit dem Clientcomputer vereinbarte Computerkontenkennwort automatisch nach rund 30 Tagen. Wenn der Clientcomputer in dieser Zeit nicht mehr mit der Domäne verbunden war, veraltet somit sein auf ihm gespeichertes Computerkennwort gegenüber der Domäne. Wenn der Clientcomputer zum nächsten Mal versucht, sich gegenüber der Domäne zu authentifizieren, meldet er sich somit mit einem nicht mehr übereinstimmenden Computerkennwort - und wird vom betreffenden Domänencontroller abgewiesen.

PRAXISTIPP! Wenn ein Mitgliedsserver oder ein Clientcomputer anhand einer älteren Sicherung wieder hergestellt wird, können anschließend mitunter Kommunikationsprobleme mit der jeweiligen Active Directory-Domäne auftreten. In diesem Zusammenhang ist es möglich, dass das auf den Domänencontrollern sowie auf dem betreffenden Computersystem gespeicherte Computerkennwort nicht mehr übereinstimmt, und somit die Kommunikation zueinander verweigert wird. Als mögliche Lösung hierzu kommt oft das Zurücksetzen des Computerkontos in Frage.

Man ist nach Verlust der Synchronisation des Computerkennworts nicht mehr in der Lage, sich mittels eines Domänenbenutzerkontos von diesem betreffenden Clientcomputer in der betreffenden Active Directory-Domäne anzumelden.

Um das Computerkonto wieder erfolgreich für Anmeldevorgänge in der Active Directory-Domäne verwenden zu können, muss das auf den Domänencontrollern sowie auf dem betreffenden Clientcomputer gespeicherte Computerkennwort (wird auch als „lokales Geheimnis" bezeichnet) zurückgesetzt und anschließend neu vereinbart werden.

Es existieren verschiedene Wege, das Computerkennwort zurückzusetzen, damit es anschließend zwischen einem Domänencontroller der Domäne und dem Clientcomputer neu vereinbart werden kann:

- Zurücksetzen des Computerkontos (*Computerobjekts*) mittels MMC-Snap-In *Active Directory-Benutzer und -Computer*, oder des grafischen *Active Directory-Verwaltungscenters (AD AC)*, sowie nachfolgendem Entfernen, sowie erneuten Hinzufügen des Clientcomputers zur betreffenden Domäne. Hierbei bleibt die SID des Computerobjekts erhalten.
- Zurücksetzen des Computerkontos (*Computerobjekts*) mittels Windows PowerShell mit dem Befehl **`Reset-ComputerMachinePassword`**
- Synchronisieren des Computerkennworts des lokalen (Client-)Computers mittels **`netdom.exe`** mit dem auf den Domänencontrollern gespeicherten Kennworts

Bei ersterem Beispiel wird das Computerkonto des betreffenden Computersystems in der Active Directory-Domäne zurückgesetzt. Damit der Clientcomputer das Kennwort anschließend neu synchronisieren kann, muss dieser zuerst lokal aus der Domäne entfernt, und anschließend einfach wieder zur Domäne hinzugefügt werden.

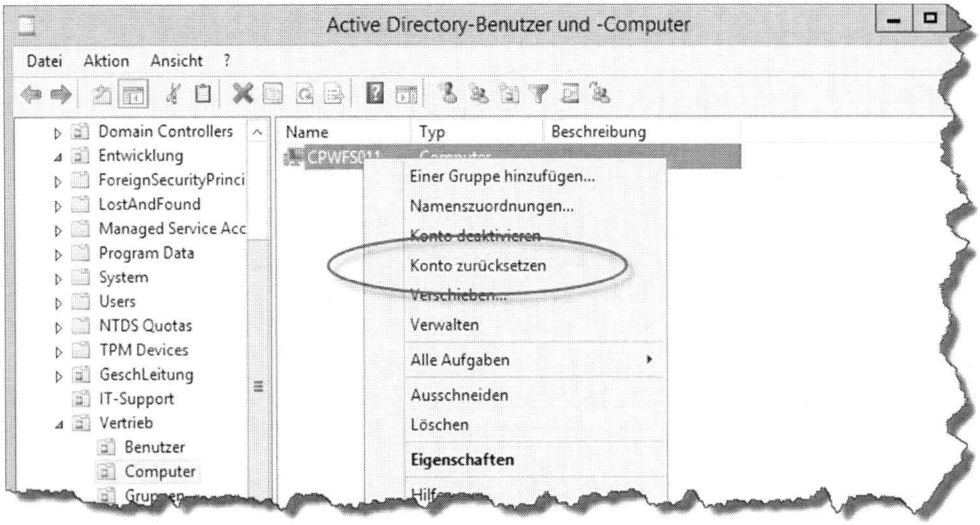

Abbildung 14.28: *Dialog zum Zurücksetzen eines Computerkontos im MMC-Snap-In Active Directory-Benutzer und -Computer unter Windows Server 2012 R2*

Beim Zurücksetzen mittels Windows PowerShell bzw. *netdom.exe* muss das betreffende Computersystem nicht einmal mehr aus der Domäne entfernt und anschließend wieder neu hinzugefügt werden. Der Vorgang synchronisiert das lokal gespeicherte Kennwort direkt mit einem der Domänencontroller der betreffenden Domäne, so dass hierdurch das Vertrauen zwischen beiden ohne weiteren Verzug wieder hergestellt werden kann.

PRAXISTIPP! Das Synchronisieren des Computerkennworts kann im Bedarfsfall sogar auf Domänencontroller einer Active Directory-Domäne angewendet werden, wenn zwischen den Domänencontrollern Kommunikationsprobleme aufgetreten sind, die auf die nicht mehr synchronen Computerkennwörter zurückzuführen sind. Die Computerkonten von Domänencontrollern können in dem MMC-Snap-In *Active Directory-Benutzer und -Computer* sowie im *Active Directory-Verwaltungscenter (AD AC)* nicht einfach zurückgesetzt werden, weshalb zur Neusynchronisation des jeweiligen Computerkennworts im Bedarfsfall nur der Weg über die Windows PowerShell oder aber den Befehl **`netdom.exe`** verbleibt. Auf dem betreffenden Domänencontroller muss vorher der KDC-Dienst (*Key Distribution Center Service*) beendet werden, um ihn mit den anderen in der Domäne vorhandenen Domänencontrollern seitens seines Computerkennworts neu zu synchronisieren.

Beispiel für das Synchronisieren des Computerkennworts mittels Windows PowerShell

Das folgende Beispiel zeigt die notwendige Syntax des Windows PowerShell-Cmdlets **reset-ComputerMachinePassword** zum Synchronisieren eines Computerkennworts eines lokalen Computers mit dem auf den Domänencontrollern der betreffenden Domäne gespeicherten Kennworts:

reset-ComputerMachinePassword

Der Befehl setzt das Kennwort des lokalen Computersystems in Active Directory zurück.

> **HINWEIS:** Detaillierte Informationen zum Verwenden sowie der Syntax des Cmdlets **reset-ComputerMachinePassword**, findet man in der Hilfe der Windows PowerShell.

Beispiel für das Synchronisieren des Computerkennworts mittels netdom.exe

Das folgende Beispiel zeigt die notwendige Syntax des Kommandozeilenbefehls **netdom.exe** zum Synchronisieren eines Computerkennworts eines lokalen Computers mit dem auf den Domänencontrollern der betreffenden Domäne gespeicherten Kennworts:

netdom reset /s:*<Servername>* **/du:***<Domäne>* **\Administrator /pd:***

Erklärung zur Befehlssyntax:

- **nedom reset** - Befehl zum Zurücksetzen des Computerkennworts
- **/s:***<Servername>* - Server (Domänencontroller), mit welchem das Kennwort des lokalen Computers synchronisiert werden soll
- **/du:***<Domäne>***\Administrator** - Benutzerkonto, welches über administrative Rechte auf dem lokalen, sowie auf dem betreffenden Domänencontroller zum Synchronisieren des Computerkennworts verfügt
- **/pd:** * - das Benutzerkennwort für das neben /du: angegebene Benutzerkonto (bei * wird das Kennwort interaktiv abgefragt)

> **HINWEIS:** Alternativ zum Befehl **netdom reset** existiert auch noch der Unterbefehl **resetpwd**. Letzterer dient dazu, das Computerkennwort des jeweiligen Domänencontrollers zurückzusetzen, auf dem der Befehl ausgeführt wird.
>
> Nach der Ausführung des Befehls **netdom reset** muss das betreffende Computersystem zum Abschluss der Synchronisierung neu gestartet werden.

Ähnlich einfach, wie Computerobjekte können auch Druckerobjekte in Active Directory verwaltet werden. Diese dienen jedoch nicht zur Authentifizierung oder zur Steuerung von Druckberechtigungen, sondern eher dem Auffinden von Druckern nach Bedarf

14.10 Verwaltung von Druckerobjekten

Beim Einsatz von Domänencontrollern unter Windows 2000 Server oder Windows Server 2003 wurden die auf Domänencomputern freigegebenen Drucker automatisch in den Active Directory-Domänendiensten veröffentlicht. Durch diesen Automatismus waren die Benutzer innerhalb der Domäne oder auch Active Directory-Gesamtstruktur in der Lage, anhand definierbarer Kriterien, wie beispielsweise die maximale Seitenzahl pro Minute, gezielt nach bestimmten Druckern im Netzwerk zu suchen, und sich mit diesen bei Bedarf auch direkt zu verbinden.

Auf Domänencontrollern unter Windows Server 2008 und höher werden freigegebene Drucker nicht mehr automatisch als Drucker-Objekte in den Active Directory-Domänendiensten (AD DS) veröffentlicht. Dies muss im Bedarfsfall entweder manuell oder über entsprechende Gruppenrichtlinieneinstellungen erfolgen.

In Active Directory kann anhand von definierbaren Kriterien nach bestimmten Druckern gesucht werden.

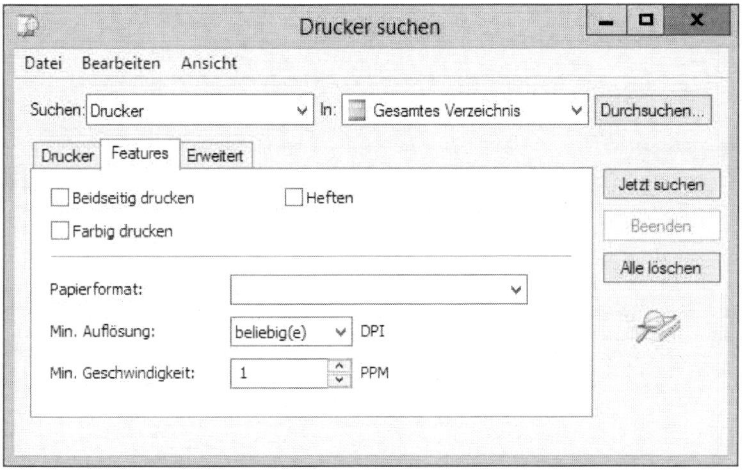

Abbildung 14.29: *Dialog zur Suche nach Druckern in Active Directory mittels MMC-Snap-In Active Directory-Benutzer und -Computer unter Windows Server 2012 R2*

Darüber hinaus bietet Windows Server 2012 R2 eine Reihe an Gruppenrichtlinien für die Verwaltung der in Active Directory veröffentlichten Druckerobjekte an.

Nicht nur nach freigegebenen Druckern, auch nach Dateifreigaben kann man in der Active Directory-Datenbank suchen. Diese können ebenso wie auch Drucker anhand von bestimmten Objekten in einer Active Directory-Gesamtstruktur veröffentlicht werden. Somit wird den Anwendern die Suche nach bestimmten Dateien, beispielsweise bestimmten Dokumentvorlagen, anhand der in der Konfiguration von *Freigegebener Ordner*-Objekten in den Active Directory-Domänendienste (*AD DS*) definierbaren Schlüsselwörtern ermöglicht.

Abbildung 14.30: *Gruppenrichtlinieneinstellungen für die Verwaltung von veröffentlichten Druckern in Active Directory unter Windows Server 2012 R2*

14.11 Veröffentlichung von freigegebenen Ordnern

Ein freigegebener Ordner lässt sich auf einfache Weise in einer Active Directory-Gesamtstruktur veröffentlichen. Hierzu kann zum Beispiel entweder die Computerverwaltung oder auch das MMC-Snap-In *Active Directory-Benutzer und -Computer* verwendet werden.

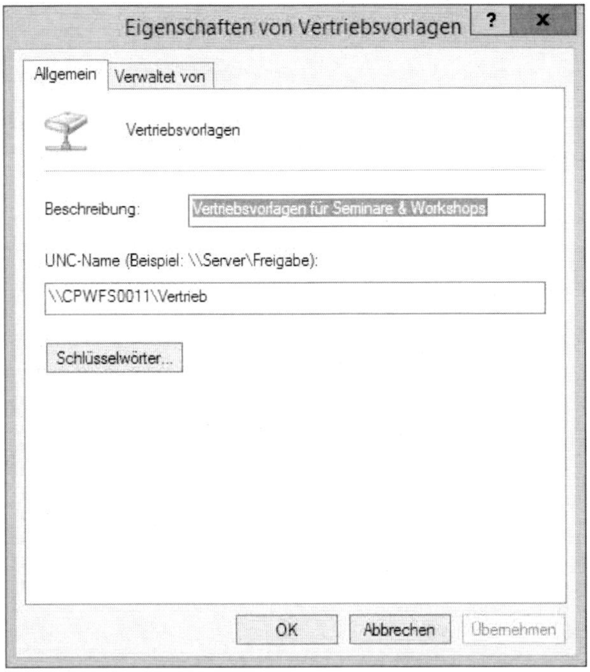

Abbildung 14.31: *Veröffentlichung von Dateifreigaben in Active Directory unter Windows Server 2012 R2*

Der Vorteil der Veröffentlichung von freigegebenen Ordnern liegt darin, dass man den Inhalten der jeweiligen Freigabe bestimmte Schlüsselwörter zuordnen und den Anwendern im Unternehmensnetzwerk somit eine gezielte Suche nach bestimmten Inhalten ermöglichen kann.

HINWEIS: Es ist möglich, vorhandene Dateifreigaben in Active Directory zu veröffentlichen. In diesem Zusammenhang ist es jedoch nicht möglich, über ein in einer Active Directory-Domäne erstelltes *Freigegebener Ordner*-Objekt eine Dateifreigabe einzurichten. Die Objekte in der Active Directory-Datenbank dienen hierbei lediglich zur Veröffentlichung des ursprünglich beim Einrichten der Freigabe definierten UNC-Pfades.

Abbildung 14.32: *Definition von Schlüsselwörtern für eine in Active Directory veröffentlichte Dateifreigabe unter Windows Server 2012 R2*

Wenn ein Anwender bei der Suche nach bestimmten Dateifreigaben erfolgreich war, so kann er diese auf Wunsch sogleich auch dauerhaft mit einem Laufwerksbuchstaben verbinden.

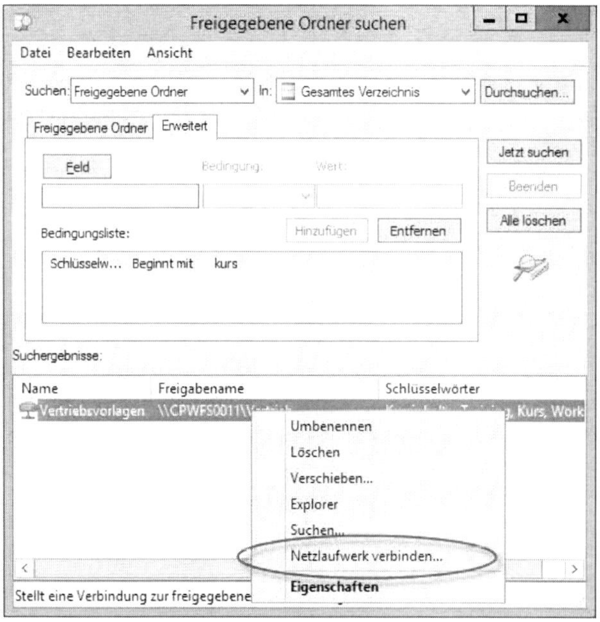

Abbildung 14.33: *Suchdialog bei der Suche nach veröffentlichten, freigegebenen Ordnern unter Windows Server 2012 R2*

Aber nicht nur nach freigegebenen Ordnern oder Druckerobjekten kann in Active Directory gesucht werden. Prinzipiell lassen sich - die entsprechende Berechtigung vorausgesetzt - (fast) alle Daten aus der Active Directory-Datenbank herauslesen.

14.12 Suche nach Objekten

In Active Directory-Gesamtstrukturen sind - je nach Ausdehnung, sowie Anzahl der Standorte - mitunter mehrere Hunderttausende oder gar Millionen Objekte gespeichert. Um sich in einer solchen Umgebung noch zurechtzufinden, bieten das MMC-Snap-In *Active Directory-Benutzer und -Computer* sowie auch das grafische *Active Directory-Verwaltungscenter (AD AC)* entsprechend umfangreiche Suchfunktionen.

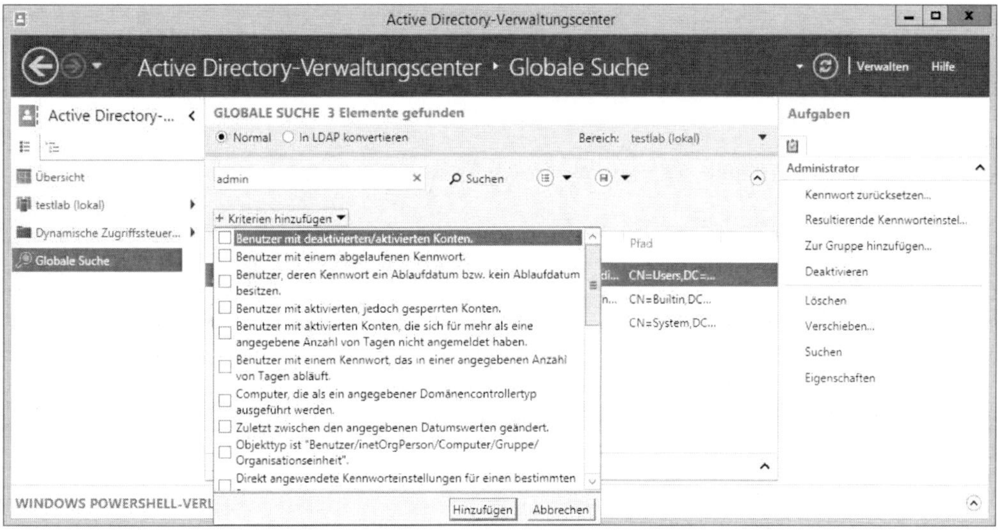

Abbildung 14.34: *Dialog für die benutzerdefinierte Suche nach Objekten Active Directory unter Windows Server 2012 R2*

14.12.1 Gespeicherte Abfragen

Für die Suche nach Objekten steht neben dem standardmäßigen Suchdialog in dem MMC-Snap-In *Active Directory-Benutzer und -Computer* auch die Möglichkeit zur Verfügung, Suchvorgänge als *„gespeicherte Abfragen"* dauerhaft zu speichern. Die Speicherung der jeweiligen Abfrage geschieht hierbei im Profil des jeweils angemeldeten Benutzers.

Beim Klick auf die jeweils gespeicherte Abfrage in dem MMC-Snap-In *Active Directory-Benutzer und -Computer* wird die darin definierte Abfrage jeweils aktuell ausgeführt, so dass sich das Abfrageergebnis stets wieder aktualisiert.

Um eine bessere Übersicht zu erreichen, kann man für die zu speichernden Abfragen noch Container anlegen, beispielsweise um Benutzer- von den Computerabfragen visuell zu trennen.

HINWEIS: Gespeicherte Suchabfragen konnte man bereits in dem MMC-Snap-In *Active Directory-Benutzer und -Computer* unter Windows Server 2003 erstellen.

Die gespeicherten Abfragen können bei Bedarf auch exportiert und unter einem anderen Benutzerprofil oder auf einem anderen Computer wiederum in das MMC-Snap-In *Active Directory-Benutzer und -Computer* importiert werden.

Erstellen einer gespeicherten Abfrage

Um in der aktuellen Domäne eine gespeicherte Abfrage nach deaktivierten Benutzerobjekten in dem MMC-Snap-In *Active Directory-Benutzer und -Computer* zu erstellen, gehen Sie wie folgt vor:

1. Klicken Sie im grafischen ***Server-Manager*** in der oberen Befehlsleiste auf **Tools**, und dann auf **Active Directory-Benutzer und -Computer**.
2. Klicken Sie mit der rechten Maustaste auf den Container **Gespeicherte Abfragen**, und wählen Sie im Kontextmenü den Eintrag **Neu** und dann **Abfrage**.
3. Tragen Sie im Feld *Name* den Namen der zu speichernden Abfrage, sowie optional die **Beschreibung** ein.
4. Klicken Sie auf die Schaltfläche **Festlegen...**, um die Suchkriterien festzulegen.
5. Aktivieren Sie im Register *Benutzer* die Option **Deaktivierte Konten**, und klicken Sie anschließend auf **OK**.
6. Die Abfragezeichenfolge wird im Dialogfenster *Neue Abfrage* angezeigt. Klicken Sie nachfolgend auf **OK**, um die Abfrage zu speichern.

Die Abfrage wird anschließend angelegt.

Exportieren einer gespeicherten Abfrage

Im Bedarfsfall lässt sich eine gespeicherte Abfrage in eine XML-Datei exportieren. Dies ermöglicht, vorhandene, mitunter sogar sehr komplexe Abfragen an Administratorenkollegen weiterzureichen.

Gehen Sie wie folgt vor, um eine gespeicherte Abfrage in eine XML-Datei zu exportieren:

1. Öffnen Sie, soweit noch nicht geschehen, das MMC-Snap-In *Active Directory-Benutzer und -Computer*.
2. Klicken Sie mit der rechten Maustaste auf die zu exportierende Abfrage und wählen Sie im Kontextmenü den Eintrag **Abfragedefinition exportieren...**
3. Geben Sie im Dialog **Speichern unter** den Pfad und den Dateinamen an und klicken Sie anschließend auf **Speichern**.

Importieren einer gespeicherten Abfrage

Die exportierte Abfrage kann im Bedarfsfall in das MMC-Snap-In Active Directory-Benutzer und -Computer importiert werden. Gehen Sie dazu wie folgt vor:

1. Öffnen Sie, soweit noch nicht geschehen, das MMC-Snap-In *Active Directory-Benutzer und -Computer*.
2. Klicken Sie mit der rechten Maustaste auf den Container **Gepeicherte Abfragen**, und wählen Sie im Kontextmenü den Eintrag **Abfragedefinition importieren...**
3. Wechseln Sie zu der zu importierenden Abfragedatei und klicken Sie anschließend auf **Öffnen**.

14.13 Zusammenfassung

Wie Sie in den vorangegangenen Seiten erfahren haben, kommen in einer Active Directory-Infrastruktur verschiedene Objekttypen zum Einsatz. Zu diesen zählen hauptsächlich die Benutzerobjekte, über welche die Benutzer einer Domäne authentifiziert und auch autorisiert werden können. Es existieren auch noch weitere Objekttypen, wie beispielsweise Kontakt-Objekte, Gruppen- oder auch Computerobjekte. Zur Verwaltung dieser Objekte stehen den verantwortlichen Administratoren viele verschiedene Werkzeuge zur Verfügung, die einerseits grafisch, andererseits über die Kommandozeile das Erstellen, Verwalten oder auch das Löschen bestimmter Objekte innerhalb der Active Directory-Datenbank ermöglichen.

Wie in dem Kapitel sicher bereits ersichtlich wurde, stellt die Verwaltung einer Active Directory-Infrastruktur teils doch große Anforderungen an die verantwortlichen Administratoren. Dies verstärkt sich noch durch die möglichen Richtlinieneinstellungen, mit denen sich das Arbeitsumfeld der Mitarbeiter im Netzwerk anpassen und steuern lässt.

In Windows Server 2012 R2 sind doch viele Erfahrungen aus den vorangegangenen Versionen des Server-Betriebssystems eingeflossen. Diese spiegeln sich in vielen kleinen Details, teilweise in der Oberfläche der verschiedenen Verwaltungstools wieder.

Im nun folgenden Kapitel werden wir uns genau diesem immens umfangreichen, wichtigen Thema widmen: den Gruppenrichtlinienobjekten in Active Directory.

15 Erstellen und Verwalten von Gruppenrichtlinienobjekten

Bereits zu Zeiten von Windows NT 4.0 spielten Richtlinien eine teils bedeutende Rolle in der zentralen Verwaltung der Clientcomputer und Server innerhalb von Domänengrenzen. Erst jedoch mit der Einführung von Windows 2000 und somit auch der ersten Version des Microsoft Active Directory konnte man sich der Vielfalt der Richtlinien bedienen, um die Desktopumgebung der Anwender, sowie auch die Sicherheit in den Domänennetzwerken zentral und flexibel zu verwalten. Viele der zur damaligen Zeit noch erwünschten Funktionen hat Microsoft zwischenzeitlich in die Gruppenrichtlinienobjekte eingebaut. Diese wurden um viele neue, bisher fehlende Richtlinien und Funktionen, beispielsweise der Möglichkeit zur Verwaltung von mobilen Geräten, der Steuerung der Telemetrie in Windows 10 mittels Gruppenrichtlinien, oder auch der Druckerverwaltung erweitert. Somit wird die zentrale Verwaltbarkeit der Active Directory-Infrastruktur noch mehr optimiert. In den nächsten Seiten erfahren Sie mehr über die Implementierungsmöglichkeiten von Gruppenrichtlinien unter Windows Server 2012 R2.

15.1 Einführung und Funktionsweise

Die in Active Directory-Infrastrukturen verwendeten Gruppenrichtlinienobjekte (engl. *Group Policy Objects, GPOs*) werden erst ab dem Betriebssystem Windows 2000 und höher unterstützt. Sie enthalten eine Vielzahl an Einstellungsmöglichkeiten, die sich in der Masse auf die Registrierungseinstellungen an Clientcomputern und Servern im Netzwerk auswirken. Gruppenrichtlinienobjekte im Umfeld einer Active Directory-Domäne können nicht verwendet werden, um damit Clientcomputer unter Windows 95, Windows 98, Me oder Windows NT zu verwalten. Für diese Betriebssysteme konnte und kann man heute immer noch Richtliniendateien mit dem Namen *config.pol* bzw. *ntconfig.pol* bereitstellen, die man vorweg mit dem Richtlinieneditor namens *poledit.exe* erstellt hat.

Gruppenrichtlinienobjekte umfassen eine Vielzahl an Konfigurationsoptionen, die unternehmensweit zentral konfiguriert und bereitgestellt werden können. Standardmäßig sind in einer Active Directory-Domäne zwei verschiedene, bereits vordefinierte Gruppenrichtlinienobjekte vorhanden:

- **Default Domain Policy**
- **Default Domain Controllers Policy**

Die in diesen beiden Gruppenrichtlinienobjekten vordefinierten Einstellungen stellen grundlegende Sicherheitseinstellungen für die modernen Active Directory-Domänen bereit. In der ***Default Domain Policy*** beispielsweise werden die standardmäßigen Kennwortrichtlinien vordefiniert, welche sich auf alle in einer Active Directory-Domäne vorhandenen Benutzerkonten auswirken. Somit ist es möglich, innerhalb der Domänenumgebung einheitlich für alle Benutzer eine bestimmte Mindestlänge an Zeichen für das Benutzerkontenkennwort zu definieren. Diese Einstellungen sind für alle durch die Richtlinie betroffenen Computersysteme und Anwender standardmäßig obligatorisch.

Die Computersysteme ab Windows 2000 besitzen ebenso eine Reihe an vordefinierten, lokalen Richtlinieneinstellungen. Diese werden beispielsweise noch vor dem eigentlichen Domänenbeitritt nach dem Hochfahren des jeweiligen Computersystems verarbeitet. Vorrang bei einer möglichen Überschneidung von Richtlinieneinstellungen erhält dann jedoch die jeweilige, domänenbasierte Einstellung.

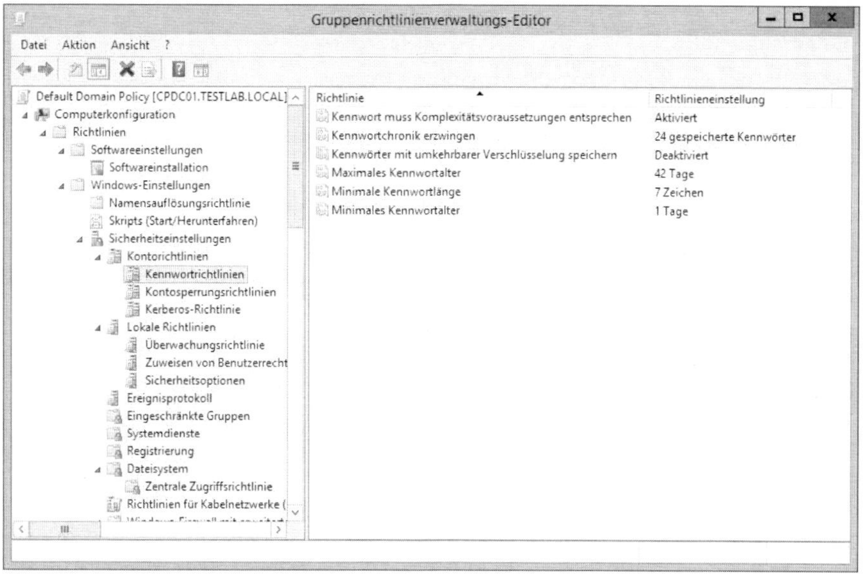

Abbildung 15.1: *Einstellungen der Default Domain Policy im Gruppenrichtlinienverwaltungs-Editor unter Windows Server 2012 R2*

15.1.1 Konfigurierbare Einstellungen

Mittels der Gruppenrichtlinienobjekte in den Active Directory-Domänen unter Windows Server 2012 R2 können verschiedene Einstellungen vorgenommen werden. Hierzu zählen unter anderem:

- Softwareinstallation
- Skripts (beim Start/Herunterfahren bzw. An-/Abmelden)
- Sicherheitseinstellungen
- Richtlinienbasierter Quality-of-Service (QoS)
- Administrative Vorlagen (ADM- und ADMX-Dateien)
- Windows-Einstellungen
- Systemsteuerungseinstellungen
- Ordnerumleitung
- Internet Explorer-Einstellungen
- Druckerinstallation
- Verhindern der Geräteinstallation
- Energieverwaltung

HINWEIS: Nicht alle Einstellungen, die in Gruppenrichtlinienobjekten unter Windows Server 2012 R2 vorgenommen werden können, sind von allen Betriebssystemvarianten verarbeitbar. Die verschiedenen Gruppenrichtlinieneinstellungen werden zum Teil erst ab einer bestimmten Betriebssystemversion von Windows unterstützt. Detailliertere Informationen hierzu entnehmen Sie bitte dem Hilfetext zur jeweiligen Richtlinieneinstellung.

Im Bedarfsfall sind die vorhandenen Gruppenrichtlinien durch eigene Richtlinien ergänzbar, die man beispielsweise anhand eigener, administrativer Vorlagen (.adm- bzw. .admx-Dateien) definiert.

15.1.2 Speicherorte von Gruppenrichtlinienobjekten

Die in Active Directory-Domänen bereitgestellten Gruppenrichtlinienobjekte werden an zwei verschiedenen Orten gespeichert:

- im Gruppenrichtliniencontainer in der **Active Directory-Datenbank**
- im freigegebenen, zwischen den Domänencontrollern replizierten Ordner **SYSVOL**

Änderungen an den Gruppenrichtlinieneinstellungen werden an beiden Speicherorten vorgenommen, um eine notwendige Konsistenz der Daten zu erreichen. Diese Änderungen werden zwischen den Domänencontrollern innerhalb einer Active Directory-Domäne automatisch repliziert.

Der Gruppenrichtliniencontainer

Der Gruppenrichtliniencontainer (engl. *Group Policy Container, GPC*) wird in der jeweiligen Domänenpartition der Active Directory-Datenbank geführt und enthält alle in der Domäne erstellten Gruppenrichtlinienobjekte (engl. *Group Policy Objects, GPOs*). Die Eigenschaften der jeweiligen Gruppenrichtlinienobjekte kann man sich beispielsweise mittels *ADSIEdit.msc* detailliert anzeigen lassen. Änderungen sollten mit diesem Tool - wenn überhaupt auf diesem Wege - jedoch nur mit Bedacht vorgenommen werden, da das betreffende Gruppenrichtlinienobjekt mitsamt allen darin enthaltenen Richtlinieneinstellungen durch eine falsche Konfiguration ggf. nicht mehr genutzt werden kann. Dies könnte sich beispielsweise wiederum negativ auf die Sicherheit oder gar auf die Funktionalität des einzelnen Gruppenrichtlinienobjekts im Netzwerk auswirken. Es empfiehlt sich deshalb grundsätzlich, Änderungen nur mittels der *Gruppenrichtlinienverwaltungskonsole* (engl. *Group Policy Management Console, GPMC*) vorzunehmen.

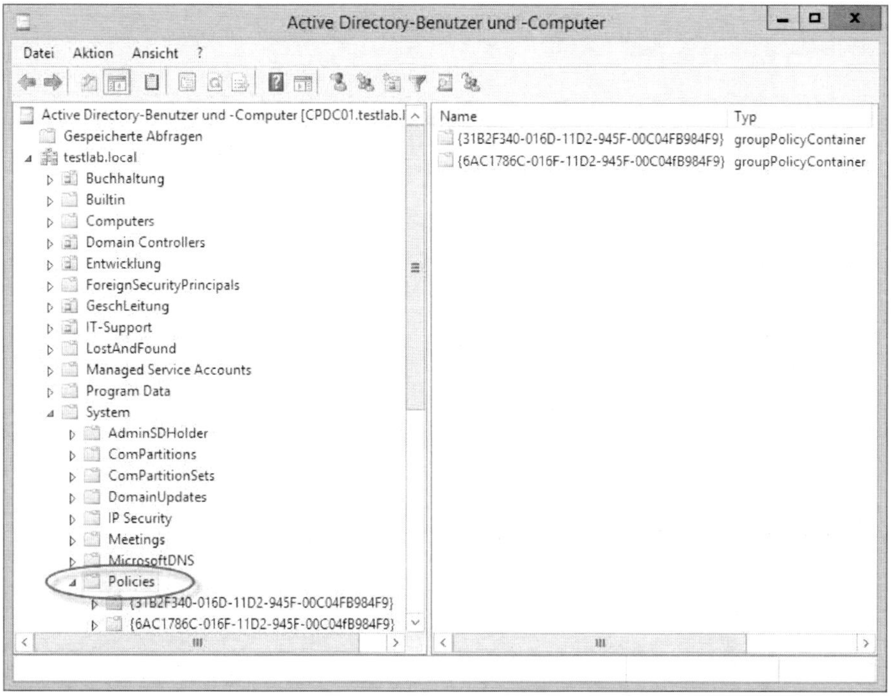

Abbildung 15.2: *Active Directory-Gruppenrichtliniencontainer (GPC)*

Freigegebener Ordner SYSVOL

Damit die Gruppenrichtlinienobjekte einer Active Directory-Domäne im Netzwerk auch von den anderen Client- und Serversystemen erreichbar sind, werden diese nach dem Erstellen automatisch in der auf den Domänencontrollern seit Windows 2000 vorhandenen Freigabe *SYSVOL* publiziert. Gleich beim Anlegen eines Gruppenrichtlinienobjekts wird eine entsprechende *Gruppenrichtlinienvorlage* (engl. *Group Policy Template, GPT*) in der Freigabe gespeichert und somit auch sofort für andere Rechner innerhalb der Active Directory-Domänenumgebung ansprechbar gemacht.

Den Speicherpfad für den Ordner *SYSVOL* bestimmt man bei der Einrichtung eines Domänencontrollers. Standardmäßig verweist dieser auf den Pfad **systemroot%\SYSVOL** (beispielsweise auf den Standardpfad *C:\Windows\SYSVOL*). Zur Veröffentlichung der Gruppenrichtlinienobjekte im Netzwerk wird der folgende Ordner als Freigabe unter dem Namen *SYSVOL* veröffentlicht: **%systemroot%\SYSVOL\sysvol**

Im selben Pfad wird standardmäßig ebenso ein weiterer Ordner mit dem Namen *scripts* angelegt, welcher unter dem Namen *Netlogon* für die Bereitstellung von Richtlinien für ältere Clients (beispielsweise Windows 95/98 oder Windows NT 4.0) auch automatisch freigegeben wird. Der Standardspeicherpfad der Freigabe *Netlogon* lautet:

%systemroot%\SYSVOL\sysvol<*Domänenname*>**\scripts**

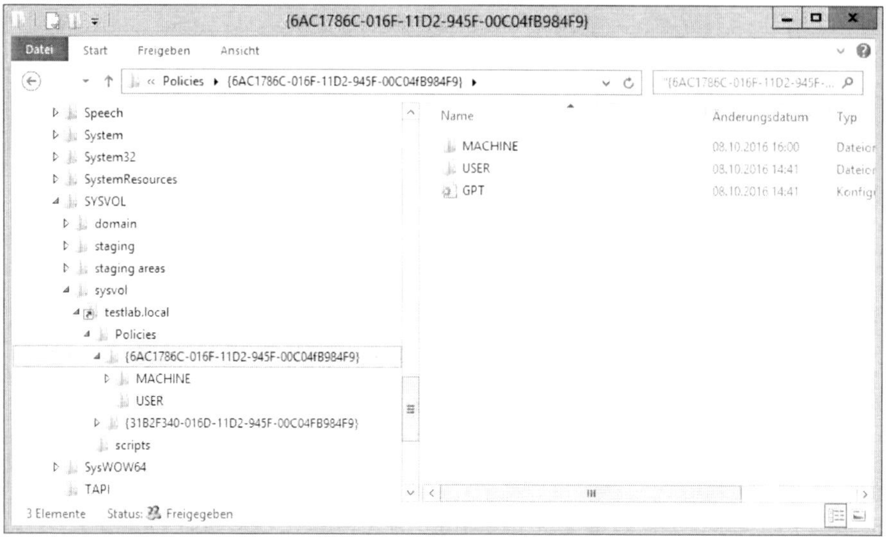

Abbildung 15.3: *Speicherung der Gruppenrichtlinienobjekte in der Freigabe SYSVOL*

PRAXISTIPP! Der unter dem Namen *Netlogon* freigegebene Ordner *Scripts* wird in der Praxis häufig für die Bereitstellung von Anmeldeskripts für Benutzer verwendet. Skriptdateien, die man in diesen Ordner speichert, werden zwischen allen vorhandenen Domänencontrollern der betreffenden Domäne automatisch repliziert.

15.1.3 Komponenten der Gruppenrichtlinienvorlagen

Beim Anlegen eines neuen Gruppenrichtlinienobjekts wird dieses, wie vorweg bereits erwähnt, auf dem betreffenden Domänencontroller der Active Directory-Domäne an zwei verschiedenen Speicherorten erstellt. Einerseits entsteht das Gruppenrichtlinienobjekt im System-Container der Active Directory-Datenbank. Andererseits wird eine entsprechende *Gruppenrichtlinienvorlage* (engl. *Group Policy Template, GPT*) in der Freigabe *SYSVOL* erstellt. Die folgende Tabelle enthält eine Übersicht über die einzelnen Komponenten einer *Gruppenrichtlinienvorlage* (*GPT*):

Komponente	Beschreibung
Datei „Gpt.ini“	Enthält den Anzeigenamen und die Versionsnummer des betreffenden Gruppenrichtlinienobjekts.
Ordner „User“	Enthält die Komponenten und/oder Einstellungen für die Benutzerkonfiguration.
Ordner „Machine“	Enthält die Komponenten und/oder Einstellungen für die Computerkonfiguration.
Ordner „Adm“	Enthält eine Kopie aller beim Erstellen des betreffenden Gruppenrichtlinienobjekts verwendeten, administrativen Vorlagen (.ADM-Dateien).

Komponente	Beschreibung
	Für Windows Vista, Windows Server 2008 oder höher wird dieser Ordner nicht benötigt.

Tabelle 15.1: *Komponenten von Gruppenrichtlinienvorlagen (Group Policy Templates, GPTs)*

Alle auf einem Domänencontroller erstellten Gruppenrichtlinienobjekte werden innerhalb der Active Directory-Domäne standardmäßig auf alle anderen, vorhandenen Domänencontroller repliziert. Unter Windows Server 2012 R2 erfolgt diese Replikation bei einer neu eingerichteten Domäne in der Domänenfunktionsebene Windows Server 2008 oder höher über den *Distributed File System Replication Service* (*DFS-R*), bei der Domänenfunktionsebene bis einschließlich Windows Server 2003 jedoch noch über den einfachen *Dateireplikationsdienst* (engl. *File Replication Service, FRS*).

Schauen wir uns nun einmal die eigentlichen Neuerungen im Rahmen der Gruppenrichtlinien unter Windows Server 2012 R2 an.

15.1.4 Neuerungen in Windows Server 2012 R2

Gegenüber den vorherigen Versionen von Windows wurden die Gruppenrichtlinienobjekte um eine Vielzahl an Einstellungen und Funktionen ergänzt. Auch gibt es Neuerungen in der Verwaltung der Gruppenrichtlinienobjekte. Zu diesen zählen u. a.:

- **IPv6-Unterstützung** Die Gruppenrichtlinienobjekte unter Windows Server 2012 R2 wurden im Rahmen der Unterstützung von IPv6 entsprechend erweitert. Diese Erweiterungen für IPv6 finden sich zum Beispiel unter den Voreinstellungen in den Systemsteuerungseinstellungen bei der Druckerbereitstellung mittels IPv6-Adressen, im Umfang der Zielgruppenadressierung auf Elementebene unter IP-Adressbereich, sowie auch in den Voreinstellungen in den Systemsteuerungseinstellungen unter Netzwerkoptionen bei der Einrichtung von VPN-Verbindungen - auch dabei kann man nunmehr IPv6-Adressen festlegen.

- **Zwischenspeichern von Sicherheitsrichtlinien** In Windows Server 2012 R2 lassen sich neue Versionen von Sicherheitsrichtlinien zwischenspeichern, was die Unterstützung von Computersystemen, die mit DirectAccess oder lokal angebunden sind, im Zeitaufwand für das Verarbeiten von Richtlinien verbessert.

Des Weiteren fanden sich bereits unter Windows Server 2012 die folgenden Verbesserungen und Neuerungen in den Gruppenrichtlinienobjekten:

- **Gruppenrichtlinienupdate** Die grafisches Konsole Gruppenrichtlinienverwaltung kann mittels der Option *Gruppenrichtlinienupdate* im Kontext einer in der Domäne vorhandenen Organisationseinheit verwendet warden, um Gruppenrichtlinienaktualisierungen auf alle darin enthaltenen Computerobjekte anzuwenden bzw. zu erzwingen.

- **Überprüfen des Gruppenrichtlinieninfrastruktur-Status** In Windows Server 2012 stand in der grafischen Konsole Gruppenrichtlinienverwaltung erstmalig die Option zur Überprüfung des Gruppenrichtlinieninfrastruktur-Status zur Verfügung. Mit dieser kann man die Konsistenz von Gruppenrichtlinienobjekten zwischen den in der Domäne vorhandenen Domänencontrollern, sowie diese auf mögliche Replikationsprobleme hin überprüfen.
- **Neue Starter-Gruppenrichtlinienobjekte** Windows Server 2012 wurde um neue Starter-Gruppenrichtlinienobjekte erweitert, welche man bei Bedarf für die Erstellung neuer Gruppenrichtlinienobjekte verwenden kann.
- **Neue Windows PowerShell-Cmdlets** In Windows Server 2012 wurden neue Cmdlets zur Verwaltung von Gruppenrichtlinienobjekten in die Windows PowerShell integriert. Diese warden in den nachfolgenden Modulen noch detailliert vorgestellt.
- **Internet Explorer 10-Richtlinieneinstellungen** Die Gruppenrichtlinienobjekte unter Windows Server 2012 wurden um Gruppenrichtlinieneinstellungen sowie auch um Einstellungen für Richtlinien für Internet Explorer 10 erweitert.

Richtlinieneinstellungen können jedoch nicht erst auf Ebene einer Domäne definiert werden. Die lokalen Computer verfügen auch bereits über die Möglichkeit der Konfiguration bestimmter Richtlinieneinstellungen. Zum besseren Verständnis muss man sich hierzu einmal die entsprechende Verarbeitungsreihenfolge von Richtlinien ansehen.

15.1.5 Die Richtlinienverarbeitungsfolge

Die Verarbeitungsfolge bei der Abarbeitung von Gruppenrichtlinieneinstellungen entscheidet - insbesondere im Konfliktfall - über das zu erzielende Ergebnis. Wenn ein Computersystem, beispielsweise unter Windows 10 Professional, eingeschaltet wird, so verarbeitet dieses - unabhängig von möglichen Domänenmitgliedschaften mitsamt der damit verbundenen Gruppenrichtlinieneinstellungen aus einer Active Directory-Domäne - seine lokal definierten Richtlinieneinstellungen. Wenn dieses Computersystem als Mitglied zu einer Active Directory-Domäne gehört, so werden erst im Nachhinein die dort definierten Gruppenrichtlinieneinstellungen verarbeitet. Somit kann man sicherstellen, dass bestimmte Richtlinieneinstellungen auch dann verarbeitet werden, wenn das betreffende Computersystem einerseits nicht zu einer Domäne zugeordnet wurde, oder diese andererseits aus bestimmten Gründen nicht erreichbar ist.

Der genaue Ablauf der Richtlinienverarbeitungsfolge stellt sich wie folgt dar:

1. Das Computersystem wird eingeschaltet und verarbeitet - unabhängig von einer möglichen Domänenmitgliedschaft - die lokalen Gruppenrichtlinieneinstellungen.
2. Wenn das Computersystem als Mitglied einer Active Directory-Domäne definiert ist, werden nachfolgend die auf den jeweiligen Active Directory-Standort (*Site*) verknüpften Gruppenrichtlinienobjekte (*GPOs*) verarbeitet. Sollten diese in Konflikt mit möglichen, in

der lokalen Gruppenrichtlinie definierten Einstellungen stehen, so setzen sich die auf dem Standort definierten Richtlinien durch.

3. Als Nächstes werden die mit der jeweiligen Active Directory-Domäne verknüpften Gruppenrichtlinienobjekte (*GPOs*) verarbeitet. Sollten hierbei Konflikte mit möglichen Einstellungen auf Ebene des Active Directory-Standorts oder auch mit den lokal definierten Richtlinien auftreten, so setzen sich die auf der Domäne definierten Richtlinieneinstellungen standardmäßig durch.
4. Im nächsten Schritt werden (falls zutreffend) die auf die jeweilige Organisationseinheit (engl. *Organizational Unit, OU*), in der das Objekt des betreffenden Computersystems gespeichert ist, verknüpften Gruppenrichtlinieneinstellungen verarbeitet und setzen sich gegenüber möglichen, in Konflikt stehenden, lokal oder auf Ebene des Active Directory-Standorts und der Domäne definierten Gruppenrichtlinieneinstellungen standardmäßig durch.

   Innerhalb einer Active Directory-Domäne findet standardmäßig eine Gruppenrichtlinienvererbung statt, wodurch die Gruppenrichtlinieneinstellungen einer übergeordneten Organisationseinheit (OU) an alle darunter angelegten Organisationseinheiten (OUs) vererbt werden.

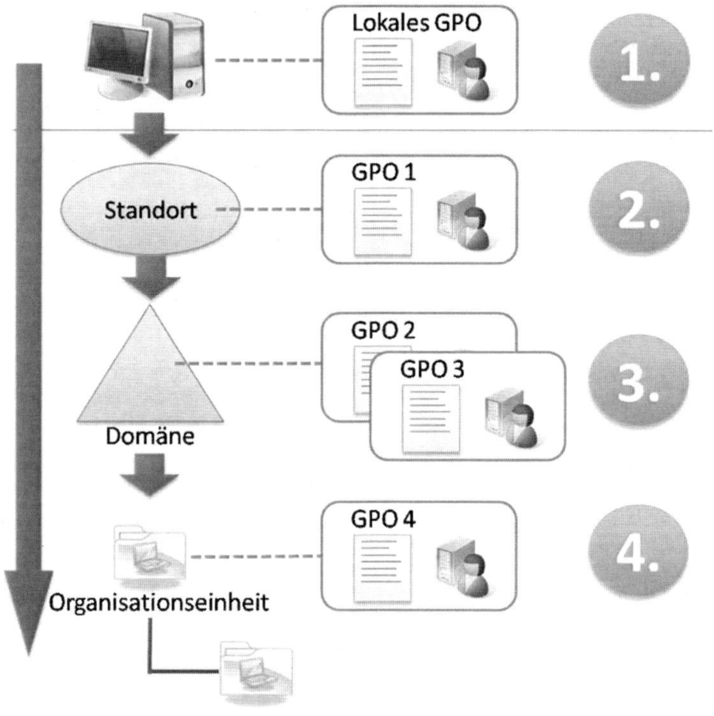

Abbildung 15.4: *Standardmäßige Reihenfolge der Verarbeitung von Gruppenrichtlinieneinstellungen*

15.1.6 Die Gruppenrichtlinienverarbeitung

Die Gruppenrichtlinienverarbeitung verläuft, wie in der vorangegangenen Grafik ersichtlich, in einer bestimmten Reihenfolge. Im Detail betrachtet, findet hier eine Interaktion zwischen Servern (den Domänencontrollern) und Clientcomputern statt. Serverseitig werden die Gruppenrichtlinien innerhalb der Gruppenrichtlinienobjekte *(GPOs)* anhand von *„serverseitigen Erweiterungen"* (engl. *Server-Side Extensions, SSEs*) in der Gruppenrichtlinienverwaltungskonsole definiert und über die Freigabe *SYSVOL* in das Netzwerk publiziert. Die Clientcomputer (Domänenmitglieder der betreffenden Active Directory-Domäne in Form von Servern und Arbeitsstationen) verwenden ihrerseits nun sogenannte *„clientseitige Erweiterungen"* (engl. *Client-Side Extensions, CSEs*), um die serverseitig definierten Richtlinien zu interpretieren und auf das betreffende Computersystem anzuwenden.

Für die Verarbeitung dieser clientseitigen Erweiterungen (*CSEs*) ist seit Windows Server 2008 sowie Windows Vista und höher der damit neu eingeführte Dienst namens *Gruppenrichtlinienclient* (engl. *Group Policy Client Service*), welcher als Datei *gpsvc.exe* ausgeführt wird, zuständig. Unter den Betriebssystemen bis einschließlich Windows Server 2003 und Windows XP war hierfür noch der *Windows-Anmeldedienst* (*Winlogon.exe*) verantwortlich.

Clientseitige Erweiterungen (client-side extensions, CSEs)

Die in den Gruppenrichtlinienobjekten nutzbaren, clientseitigen Erweiterungen (*CSEs*) sind in den Windows-Betriebssystemen seit Windows 2000 bereits als .dll-Dateien enthalten. Diese Dateien werden im Verzeichnis ***%windir%\system32*** gespeichert. Damit die jeweilige *clientseitige Erweiterung* (*CSE*) funktional angewendet werden kann, wird diese in der Windows-Registry unter dem folgenden Registrierungsschlüssel erfasst:

HKEY_LOCAL_MACHINE\Software\Microsoft\Windows NT\CurrentVersion\Winlogon\GPExtensions

Die clientseitigen Erweiterungen (*CSEs*) werden unter dem Registrierungsschlüssel in Form von so genannten GUIDs (*Global Uniqueness Identifiers*) geführt.

Die folgende Tabelle enthält eine Übersicht über die standardmäßig vorhandenen, *clientseitigen Erweiterungen* (engl. *client-side extensions, CSEs*):

Clientseitige Erweiterung (CSE)	GUID
Administrative Vorlagen (userenv.dll)	{35378EAC-683F-11D2-A89A-00C04FBBCFA2}
Wireless Group Policy (gptext.dll)	{0ACDD40C-75AC-47ab-BAA0-BF6DE7E7FE63}
Group Policy Environment (gpprefcl.dll)	{0E28E245-9368-4853-AD84-6DA3BA35BB75}
Group Policy Local Users and Groups (gpprefcl.dll)	{17D89FEC-5C44-4972-B12D-241CAEF74509}

Clientseitige Erweiterung (CSE)	GUID
Group Policy Device Settings (gpprefcl.dll)	{25537BA6-77A8-11D2-9B6C-0000F8080861}
Folder Redirection (fdeploy.dll)	{25537BA6-77A8-11D2-9B6C-0000F8080861}
Microsoft Disk Quota (dskquota.dll)	{3610eda5-77ef-11d2-8dc5-00c04fa31a66}
Group Policy Network Options (gpprefcl.dll)	{3A0DBA37-F8B2-4356-83DE-3E90BD5C261F}
QoS Packet Scheduler (gptext.dll)	{426031c0-0b47-4852-b0ca-ac3d37bfcb39}
Scripts (gptext.dll)	{42B5FAAE-6536-11d2-AE5A-0000F87571E3}
Internet Explorer Zone Mapping (iedkcs32.dll)	{4CFB60C1-FAA6-47f1-89AA-0B18730C9FD3}
Group Policy Drive Maps (gpprefcl.dll)	{5794DAFD-BE60-433f-88A2-1A31939AC01F}
Group Policy Folders (gpprefcl.dll)	{6232C319-91AC-4931-9385-E70C2B099F0E}
Group Policy Network Shares (gpprefcl.dll)	{6A4C88C6-C502-4f74-8F60-2CB23EDC24E2}
Group Policy Files (gpprefcl.dll)	{7150F9BF-48AD-4da4-A49C-29EF4A8369BA}
Group Policy Data Sources (gpprefcl.dll)	{728EE579-943C-4519-9EF7-AB56765798ED}
Group Policy Ini Files (gpprefcl.dll)	{74EE6C03-5363-4554-B161-627540339CAB}
Windows Search Group Policy Extension (srchadmin.dll)	{7933F41E-56F8-41d6-A31C-4148A711EE93}
Security (scecli.dll)	{827D319E-6EAC-11D2-A4EA-00C04F79F83A}
Deployed Printer Connections (gpprnext.dll)	{8A28E2C5-8D06-49A4-A08C-632DAA493E17}
Group Policy Services (gpprefcl.dll)	{91FBB303-0CD5-4055-BF42-E512A681B325}
Internet Explorer Branding (iedkcs32.dll)	{A2E30F80-D7DE-11d2-BBDE-00C04F86AE3B}
Group Policy Folder Options (gpprefcl.dll)	{A3F3E39B-5D83-4940-B954-28315B82F0A8}
Group Policy Scheduled Tasks (gpprefcl.dll)	{AADCED64-746C-4633-A97C-D61349046527}
Group Policy Registry (gpprefcl.dll)	{B087BE9D-ED37-454f-AF9C-04291E351182}
EFS Recovery (scecli.dll)	{B1BE8D72-6EAC-11D2-A4EA-00C04F79F83A}
802.3 Group Policy (dot3gpclnt.dll)	{B587E2B1-4D59-4e7e-AED9-22B9DF11D053}
Group Policy Printers (gpprefcl.dll)	{BC75B1ED-5833-4858-9BB8-CBF0B166DF9D}
Group Policy Shortcuts (gpprefcl.dll)	{C418DD9D-0D14-4efb-8FBF-CFE535C8FAC7}
Microsoft Offline Files (cscobj.dll)	{C631DF4C-088F-4156-B058-4375F0853CD8}

Clientseitige Erweiterung (CSE)	GUID
Software Installation (appmgmts.dll)	{c6dc5466-785a-11d2-84d0-00c04fb169f7}
IP Security (userenv.dll bzw. ab Windows Vista: polstore.dll)	{e437bc1c-aa7d-11d2-a382-00c04f991e27}
Group Policy Internet Settings (gpprefcl.dll)	{E47248BA-94CC-49c4-BBB5-9EB7F05183D0}
Group Policy Start Menu Settings (gpprefcl.dll)	{E4F48E54-F38D-4884-BFB9-D4D2E5729C18}
Group Policy Regional Options (gpprefcl.dll)	{E5094040-C46C-4115-B030-04FB2E545B00}
Group Policy Power Options (gpprefcl.dll)	{E62688F0-25FD-4c90-BFF5-F508B9D2E31F}
Group Policy Applications (gpprefcl.dll)	{F9C77450-3A41-477E-9310-9ACD617BD9E3}
Enterprise QoS (gptext.dll)	{FB2CA36D-0B40-4307-821B-A13B252DE56C}

Tabelle 15.2: *Clientseitige Erweiterungen (engl. client-side Extensions, CSEs)*

INTERNET: Die vorhandenen, *clientseitigen Erweiterungen* (engl. *Client-Side Extensions, CSEs*) können von Drittanbietern ebenso für eigene Entwicklungen erweitert werden. Die hierzu notwendigen Informationen findet man im *Microsoft Developer Network* (*MSDN*) im Internet unter: **http://msdn.microsoft.com**

Wenn ein Administrator in einem Gruppenrichtlinienobjekt die gewünschten Richtlinien konfiguriert hat, so werden diese seitens der Clientcomputer nach dem Neustart, bzw. nachfolgend in bestimmten Zeitabständen abgerufen und aktualisiert. Nicht in allen Fällen jedoch werden die gewünschten Richtlinien sofort auf die betreffenden Computersysteme oder Benutzerobjekte im Netzwerk angewendet. Vielmehr unterliegt der Aktualisierungsprozess wiederum bestimmten Bedingungen, die nachfolgend detailliert erläutert werden.

15.2 Der Gruppenrichtlinienaktualisierungsprozess

Die in den Gruppenrichtlinienobjekten einer Active Directory-Domäne definierten Richtlinieneinstellungen lassen sich entweder manuell oder auch dynamisch auf die betreffenden Computer- und Benutzerobjekte anwenden.

15.2.1 Dynamische Aktualisierung

Ob überhaupt und wann die in den Gruppenrichtlinienobjekten einer Active Directory-Domäne definierten Richtlinieneinstellungen von den vorhandenen Servern, Clientcomputern oder Benutzerobjekten der Domäne verarbeitet werden, hängt von bestimmten Faktoren ab. Hierzu zählen unter anderem:

- Betriebssystemversion des Computers

- Domänenmitgliedschaft des Computers
- Speicherort des Active Directory-Objekts
- konfigurierter Richtlinienaktualisierungsintervall
- verfügbare Bandbreite

Natürlich können noch andere Faktoren dafür verantwortlich sein, dass ein Clientcomputer die auf dem Domänencontroller definierten Gruppenrichtlinieneinstellungen nicht übernehmen kann. Dies könnte mitunter sogar auf ein Namensauflösungs- oder auch ein Netzwerkproblem zurückzuführen sein.

Betriebssystemversion des Computers

Die Clientcomputer und Serversysteme seit Windows 2000 und höher aktualisieren die Gruppenrichtlinieneinstellungen als Mitglied einer Domäne in bestimmten Zeitabständen anhand eines jeweils konfigurierten Richtlinienaktualisierungsintervalls ganz automatisch. Computersysteme unter Windows NT 4.0, Windows 95, Windows 98 oder Windows Me waren dazu technisch nicht in der Lage.

Domänenmitgliedschaft des Computers

Ein Clientcomputer oder Server aktualisiert die in einer Active Directory-Domäne definierten Gruppenrichtlinieneinstellungen nur, wenn auch eine Mitgliedschaft des jeweiligen Computersystems in der betreffenden Domäne besteht. Computersysteme, die einer Arbeitsgruppe zugehörige sind, können lediglich die lokalen Richtlinien verarbeiten.

Speicherort des Active Directory-Objekts

Je nach Speicherort können ein oder auch mehrere Gruppenrichtlinienobjekte mitsamt der darin enthaltenen Richtlinieneinstellungen auf ein Computer- oder Benutzerobjekt in Active Directory angewendet werden. Wenn das betreffende Computer- oder Benutzerobjekt beispielsweise in einer Organisationseinheit (OU) gespeichert wurde, für welche die Vererbung der Gruppenrichtlinieneinstellungen deaktiviert wurde, können mögliche, auf die darüber liegenden Organisationseinheiten verknüpfte Gruppenrichtlinienobjekte nicht auf die betreffenden Objekte angewendet werden.

Konfigurierter Richtlinienaktualisierungsintervall

Alle Clientcomputer und Server unter Windows 2000 und höher aktualisieren die für sie zutreffenden Gruppenrichtlinieneinstellungen als Mitglied einer Active Directory-Domäne automatisch in bestimmten, vordefinierten Zeitabständen. Diese Zeitintervalle wurden standardmäßig wie folgt festgelegt:

- Alle Domänencontroller unter Windows 2000 und höher aktualisieren die vorhandenen Gruppenrichtlinieneinstellungen alle 5 Minuten.

- Alle Clientcomputer und Server unter Windows 2000 und höher aktualisieren die vorhandenen Gruppenrichtlinieneinstellungen alle 90 Minuten (+ 0 bis 30 Minuten als zufälligen, zeitlichen Versatz).

Das Richtlinienaktualisierungsintervall kann bei Bedarf jedoch angepasst werden. Die hierzu notwendigen Richtlinieneinstellungen findet man in den Gruppenrichtlinienobjekten als:

- ***Gruppenrichtlinien-Aktualisierungsintervall für Domänencontroller***

  oder

- ***Gruppenrichtlinien-Aktualisierungsintervall für Computer***

  unter dem Richtlinienpfad:

  `Computerkonfiguration\Richtlinien\Administrative Vorlagen\System\Gruppenrichtlinie`

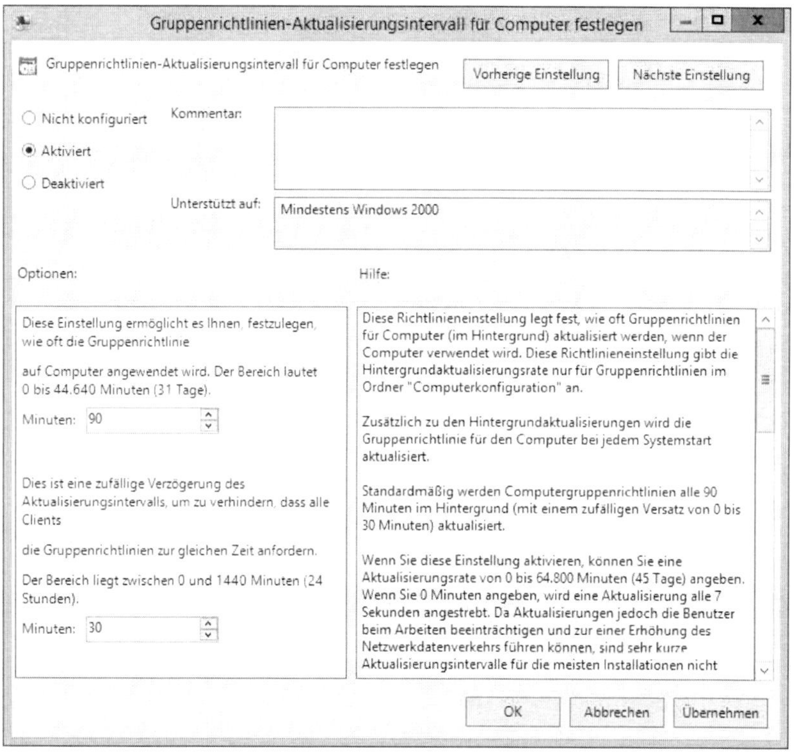

Abbildung 15.5: *Richtlinieneinstellung zur Anpassung des Richtlinienaktualisierungsintervalls für Computer*

Verfügbare Bandbreite

Sollte die Bandbreite in der Kommunikation eines Clientcomputers oder Servers zu seinem Domänencontroller *weniger als 500 Kbps* betragen, so werden nur noch die definierten, als

„kritisch" eingestuften, *clientseitigen Erweiterungen* (engl. *client-side extensions, CSEs*) auf diese angewendet. Eine Softwareverteilung mittels Gruppenrichtlinien beispielsweise lässt sich somit standardmäßig über einen Kommunikationsweg mit geringerer Bandbreite nicht durchführen. Der Schwellenwert kann mittels Gruppenrichtlinieneinstellungen bei Bedarf jedoch angepasst werden. Die notwendige Richtlinie *„Gruppenrichtlinien zum Erkennen von langsamen Verbindungen"* findet man in den Gruppenrichtlinienobjekten unter:

Computerkonfiguration\Richtlinien\Administrative Vorlagen\System\Gruppenrichtlinie

bzw.

Benutzerkonfiguration\Richtlinien\Administrative Vorlagen\System\Gruppenrichtlinie

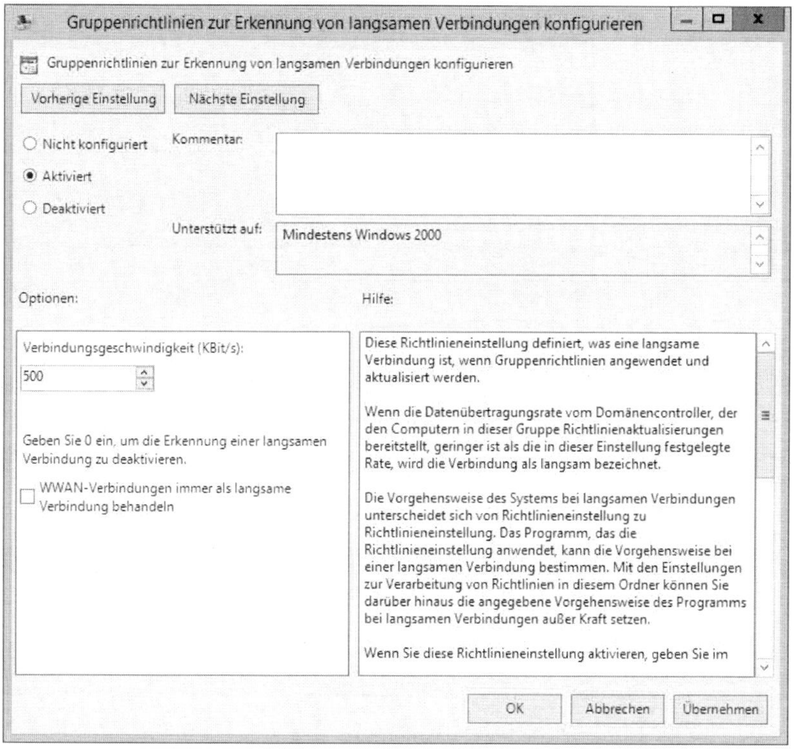

Abbildung 15.6: *Konfiguration des Schwellenwerts für die Erkennung von langsamen Verbindungen in Gruppenrichtlinienobjekten*

Wenn eine Verbindung eines Clientcomputers als „langsame Verbindung" erkannt wird (dies geschieht seitens des Domänencontrollers bis einschließlich Windows Server 2003 anhand des *Ping-Verhaltens* des Clients, seit Windows Server 2008 (oder höher) mittels des *Network Location Awareness-Dienstes*), so werden nicht mehr alle definierten Gruppenrichtlinieneinstellungen auf den betreffenden Computer angewendet. Die folgende Tabelle enthält eine Übersicht zum Verhalten beim Erkennen von langsamen Verbindungen:

Clientseitige Erweiterung (CSE)	Verhalten bei langsamen Verbindungen
Administrative Templates	werden angewendet (können nicht deaktiviert werden)
Software Installation	wird nicht angewendet
Security	wird angewendet (kann nicht deaktiviert werden)
Folder Redirection	wird nicht angewendet
Scripts	werden nicht angewendet
IP Security	wird angewendet (kann nicht deaktiviert werden)
Internet Explorer Maintenance and Zone Mapping	wird angewendet
Microsoft Disk Quota	wird nicht angewendet (lediglich zwischengespeicherte Quotierungen werden angewendet)
EFS Recovery	wird angewendet (kann nicht deaktiviert werden)
Windows Search Group Policy Extension	wird angewendet
Wireless Group Policy	wird angewendet
QoS Packet Scheduler and Enterprise QoS	werden angewendet (können nicht deaktiviert werden)
Deployed Printer Connections	werden nicht angewendet
802.3 Group Policy	wird angewendet
Microsoft Offline Files	werden angewendet
Software Restriction Policies	werden angewendet
Group Policy Preferences	werden angewendet

Tabelle 15.3: *Standardmäßiges Verhalten der clientseitigen Erweiterungen (CSEs) bei langsamen Verbindungen*

PRAXISTIPP! Bei Bedarf kann man das Verhalten der *clientseitigen Erweiterungen* (engl. *client-side extensions, CSEs*) durch Gruppenrichtlinieneinstellungen verändern, so dass möglicherweise standardmäßig nicht anzuwendende CSEs doch angewendet werden können. Die hierzu notwendigen Richtlinien findet man innerhalb der Gruppenrichtlinienobjekte im Pfad:

`Computerkonfiguration\Richtlinien\Administrative Vorlagen\System\Gruppenrichtlinie`

Neben der dynamischen Aktualisierung von Gruppenrichtlinieneinstellungen ist es auch möglich, eine manuelle Aktualisierung einzuleiten. Dies kann beispielsweise bei der Definition bestimmter Sicherheitseinstellungen erforderlich sein, um die ansonsten notwendige Wartezeit der Richtlinienaktualisierung zu verkürzen.

15.2.2 Manuelle Aktualisierung

Neben der automatischen Aktualisierung der Gruppenrichtlinieneinstellungen ist es seit Windows 2000 ebenso auch möglich, den Aktualisierungsprozess manuell einzuleiten. Bislang kann man dies ohne den Einsatz von Drittanbietertools oder Scripts lediglich lokal am betreffenden Computersystem durchführen.

Der Vorgang unterscheidet sich hierbei zwischen Windows 2000- und den neueren Betriebssystemen:

- Seit Windows XP Professional, sowie Windows Server 2003 und höher muss man den folgenden Befehl verwenden, um die Aktualisierung der Gruppenrichtlinieneinstellungen manuell einzuleiten: **`gpupdate /force`**
- Unter Windows 2000 (Professional oder Server) musste man den folgenden Befehl eingeben, um die Aktualisierung der Gruppenrichtlinieneinstellungen manuell einzuleiten:

  ```
  secedit /refreshpolicy machine_policy /enforce
  ```

  bzw.

  ```
  secedit /refreshpolicy user_policy /enforce
  ```

HINWEIS: Der Befehl `secedit.exe` ist unter den betroffenen Betriebssystemen zwar noch immer vorhanden, jedoch wurde seit der Einführung von Windows XP der Schalter `/refreshpolicy` durch den eigenständigen Befehl `gpupdate.exe` ersetzt.

Gruppenrichtlinienupdate - aus der grafischen Konsole

Mittels eines Rechtsklicks auf einen der Container in der Konsole *Gruppenrichtlinienverwaltung* lässt sich die Gruppenrichtlinienaktualisierung über die Option **Gruppenrichtlinienupdate** auf alle darin befindlichen Benutzer- und Computerkonten erzwingen. Die Aktualisierung von Gruppenrichtlinien wird für die betreffenden Objekte **innerhalb eines Zeitraumes von standardmäßig 10 Minuten erzwungen**. Hilfreich ist diese Funktion in der Praxis sicher in vielen möglichen Situationen - und nicht nur aus der Sicht der IT-Sicherheit.

Gehen Sie wie folgt vor, um die Gruppenrichtlinienaktualisierung auf einem Container in einer Active Directory-Domäne mithilfe der Konsole Gruppenrichtlinienverwaltung unter Windows Server 2012 R2 auf alle darin gespeicherten Benutzer- und Computerobjekte zu erzwingen:

1. Melden Sie sich als *Administrator* am Serversystem an.
2. Öffnen Sie das *Server-Manager* (soweit dies nicht automatisch geschieht) über einen Klick in der *Taskleiste* auf das **Symbol für den Server-Manager** bzw. im *Startbildschirm* auf die entsprechende **Kachel**.
3. Klicken Sie oben im *Server-Manager* auf **Tools**, und dann auf **Gruppenrichtlinienverwaltung**.
4. Erweitern Sie die *Konsolenstruktur* bis zu dem gewünschten *Container*, auf den die Aktualisierung von Gruppenrichtlinien angewendet werden soll.
5. Klicken Sie mit der rechten Maustaste auf den betreffenden *Container*, und wählen Sie im Kontextmenü die Option **Gruppenrichtlinienupdate...**
6. Bestätigen Sie die Meldung zur Aktualisierung der Richtlinien mit einem Klick auf **Ja**.

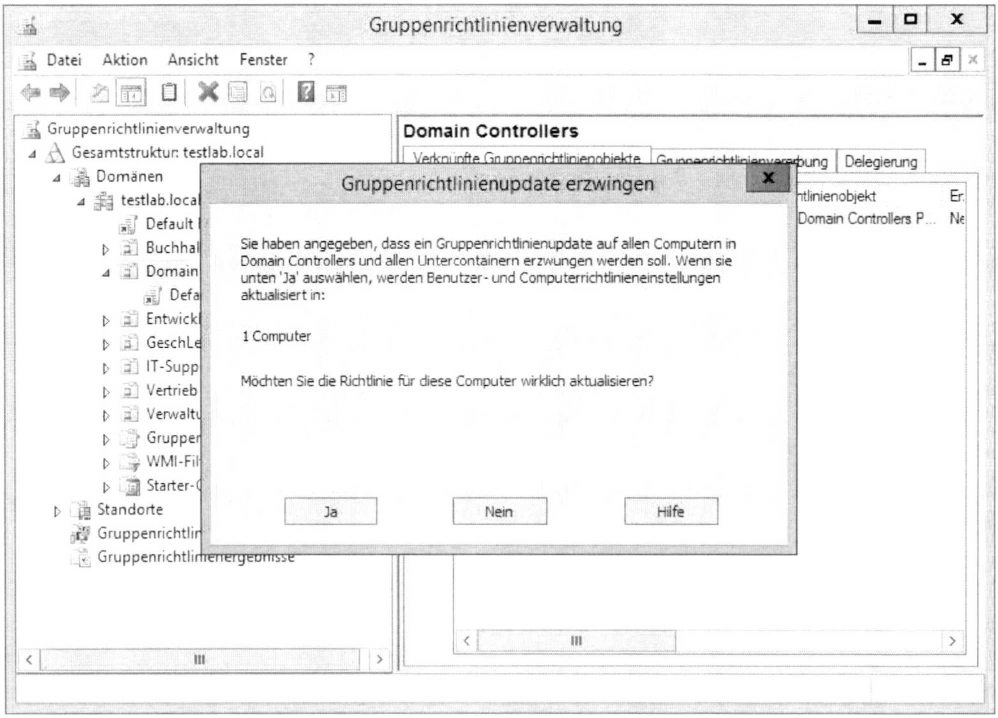

Abbildung 15.7: *Aktualisierungsvorgang von Gruppenrichtlinien in der Konsole Gruppenrichtlinienverwaltung unter Windows Server 2012 R2*

Die Ergebnisse der Gruppenrichtlinien-Remoteaktualisierung werden in einem Dialog angezeigt. Das Ergebnis kann bei Bedarf als CSV-Datei gespeichert werden.

Abbildung 15.8: *Bericht über die erfolgreiche Aktualisierung von Gruppenrichtlinienobjekten*

HINWEIS: Sollten sich in dem für die Aktualisierung ausgewählten Container in der Active Directory-Domäne kein zu aktualisierendes Computer- oder Benutzerobjekt enthalten sein, so wird dies durch den Aktualisierungsvorgang in einer entsprechenden Meldung angezeigt.

PRAXISTIPP! Die Firma *Special Operations Software* hatte bereits zu Zeiten von Windows Server 2008 das kostenfreie Tool *Specops Gpupdate* entwickelt, mit dem sich die Funktionsweise des Befehls *GPUpdate.exe* aus einer grafischen Konsole heraus zentral über das Netzwerk bei Bedarf auch gleich auf eine Vielzahl an Computern, beispielsweise innerhalb einer speziellen Organisationseinheit (OU) anwenden und die Durchführung sich nachfolgend anhand eines Berichts verfolgen lässt. Die Software findet man zum kostenfreien Download auf der Website von Specops unter: **http://www.specopssoft.com**

Nicht in allen Fällen jedoch möchte man die vorhandenen Gruppenrichtlinien aktualisieren. Dies trifft insbesondere dann zu, wenn sich Benutzer an speziellen Computersystemen, beispielsweise an Kiosk-PCs, Bibliothekscomputer oder Terminalservern im Unternehmen anmelden. In diesem Fall kann man den *Loopbackverarbeitungsmodus für Benutzergruppenrichtlinie* anwenden.

15.3 Loopbackverarbeitungsmodus

Die in Gruppenrichtlinienobjekten (engl. *Group Policy Objects, GPOs*) definierten Gruppenrichtlinieneinstellungen werden standardmäßig entweder auf Ebene von Computer- oder Benutzerobjekten angewendet. Wenn sich nun ein Benutzer, dessen Benutzerobjekt beispielsweise über Gruppenrichtlinieneinstellungen spezielle Software zugewiesen wird, an einem Terminalserver anmeldet, für den wiederum ganz spezielle Richtlinieneinstellungen anhand eines anderen Gruppenrichtlinienobjekts (*GPOs*) definiert wurden, so ist ein möglicher Gruppenrichtlinienkonflikt fast vorprogrammiert. Wenn man verhindern möchte, dass die dem Benutzerobjekt zugewiesenen Richtlinieneinstellungen auf dem betreffenden Computerobjekt angewendet werden sollen, so kommt nun der *Loopbackverarbeitungsmodus für Benutzergruppenrichtlinie* zum Einsatz.

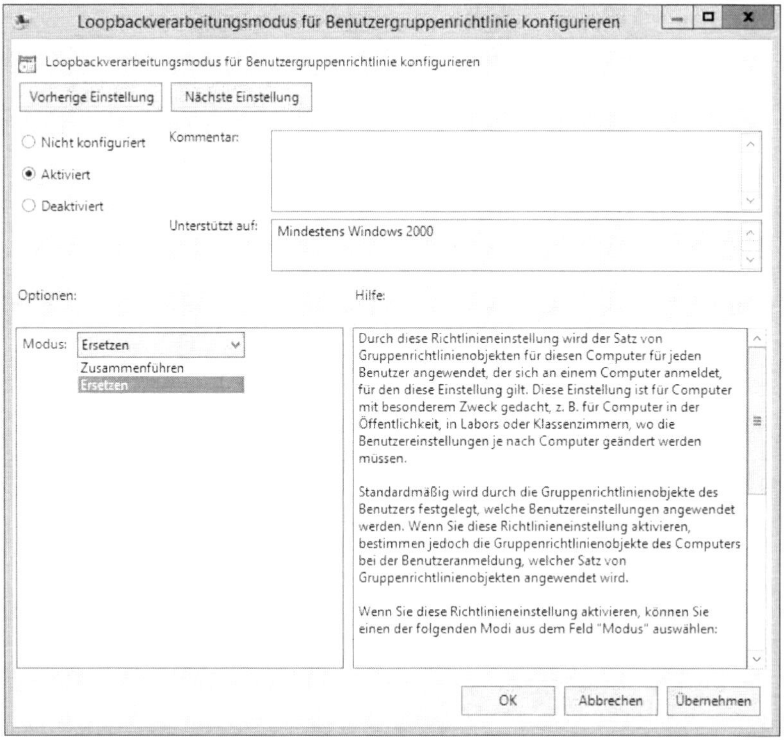

Abbildung 15.95: *Dialog zur Definition des Loopbackverarbeitungsmodus für Benutzergruppenrichtlinie unter Windows Server 2012 R2*

Dieser kann in dem beschriebenen Szenario in dem Gruppenrichtlinienobjekt, welches man dem Computerobjekt zuweist, aktiviert und auf *„Ersetzen"* eingestellt werden. Somit wird sichergestellt, dass die dem Benutzer zugewiesenen Gruppenrichtlinienobjekte mitsamt derer Gruppenrichtlinieneinstellungen auf dem betreffenden Computersystem nicht zur Anwendung kommen. Im Gegensatz dazu könnte man nun spezielle Richtlinien im dem Computerobjekt zugewiesenen Gruppenrichtlinienobjekt im Abschnitt der *Benutzerkonfiguration* für die sich darauf anmeldenden Benutzer definieren.

Alternativ ist es möglich, den *Loopbackverarbeitungsmodus für Benutzergruppenrichtlinie* auf *„Zusammenführen"* zu definieren. Somit würden dann in dem vorangegangenen Beispiel die dem Benutzerobjekt und nachfolgend zusätzlich auch noch die dem Computerobjekt zugewiesenen Gruppenrichtlinienobjekte mitsamt der darin auf Ebene der Benutzerkonfiguration definierten Richtlinien nacheinander folgend verarbeitet. Bei einem möglichen Konflikt würde sich hierbei die zuletzt verarbeitete Richtlinieneinstellung durchsetzen.

Es wird nun Zeit sich der eigentlichen Verwaltung von Gruppenrichtlinienobjekten (engl. *Group Policy Objects, GPOs*) in den modernen Active Directory-Domänen unter Windows Server 2012 R2 zuzuwenden.

15.4 Die Gruppenrichtlinienverwaltungskonsole (GPMC)

Als Microsoft die Active Directory-Domänen unter Windows 2000 erstmalig einführte, musste man die visuelle Verwaltung von Gruppenrichtlinienobjekten standardmäßig über die Konsole Active Directory-Benutzer und -Computer durchführen. Die Verwaltung zeigte sich damals als sehr umständlich und wenig transparent. Eine eigentlich notwendige Dokumentation von vorgenommenen Gruppenrichtlinieneinstellungen war aus den Konsolen heraus ebenso nicht möglich. Erst parallel zu Windows Server 2003 entwickelte Microsoft dann die erste Version der *Gruppenrichtlinienverwaltungskonsole* (engl. *Group Policy Management Console, GPMC*), die man nach einem kostenfreien Download unter Windows Server 2003 oder Windows XP Professional problemlos installieren und nachfolgend für die Gruppenrichtlinienverwaltung verwenden konnte. Diese Konsole bietet seit der ersten Version bereits eine bequeme und sehr umfangreiche Möglichkeit der Verwaltung und auch Dokumentation von Gruppenrichtlinienobjekten mitsamt allen notwendigen Einstellungen. Microsoft hat dies bei der Entwicklung von Windows Server 2008 (und höher) berücksichtigt und die Konsole *Gruppenrichtlinienverwaltung* (*GPMC*) gleich auch als installierbare Komponente (*Feature*) zum Server hinzugepackt. Als Konsequenz lassen sich die Gruppenrichtlinienobjekte jedoch aus der dem Server ebenso beigefügten Konsole *Active Directory-Benutzer und -Computer* nicht mehr durchführen. Die Verknüpfung zur Verwaltung der Gruppenrichtlinienobjekte wurde jedoch bereits unter Windows Server 2008 entfernt.

15.4.1 Verwaltungsmöglichkeiten

Mithilfe der Konsole *Gruppenrichtlinienverwaltung* verwaltet man die Gruppenrichtlinienobjekte (engl. *Group Policy Objects, GPOs*) im Umfeld der Active Directory-Domänendienste (engl. *Active Directory Domain Services, AD DS*). Mit dieser Konsole können die folgenden Verwaltungsschritte durchgeführt werden:

- Erstellen, Verwalten und Löschen von Gruppenrichtlinienobjekten
- Verwalten der in den Gruppenrichtlinienobjekten enthaltenen Richtlinieneinstellungen
- Sichern, Wiederherstellen, Importieren und Kopieren von Gruppenrichtlinienobjekten

- Steuern des Bereichs von Gruppenrichtlinienobjekten
- Verwenden des Richtlinienergebnissatzes zum Verwalten von Gruppenrichtlinien
- Delegieren der Berechtigungen für Gruppenrichtlinien
- Generieren, Speichern und Drucken von Berichten über Gruppenrichtlinien und den darin enthaltenen Einstellungen

INTERNET: Für die erweiterte Gruppenrichtlinienverwaltung bietet Microsoft seinen Kunden das *Advanced Group Policy Management (AGPM)* als Bestandteil des *Microsoft Desktop Optimization Pack (MDOP) for Software Assurance.* Nähere Informationen hierzu findet man im Internet unter: **https://technet.microsoft.com/de-de/windows/hh826067.aspx**

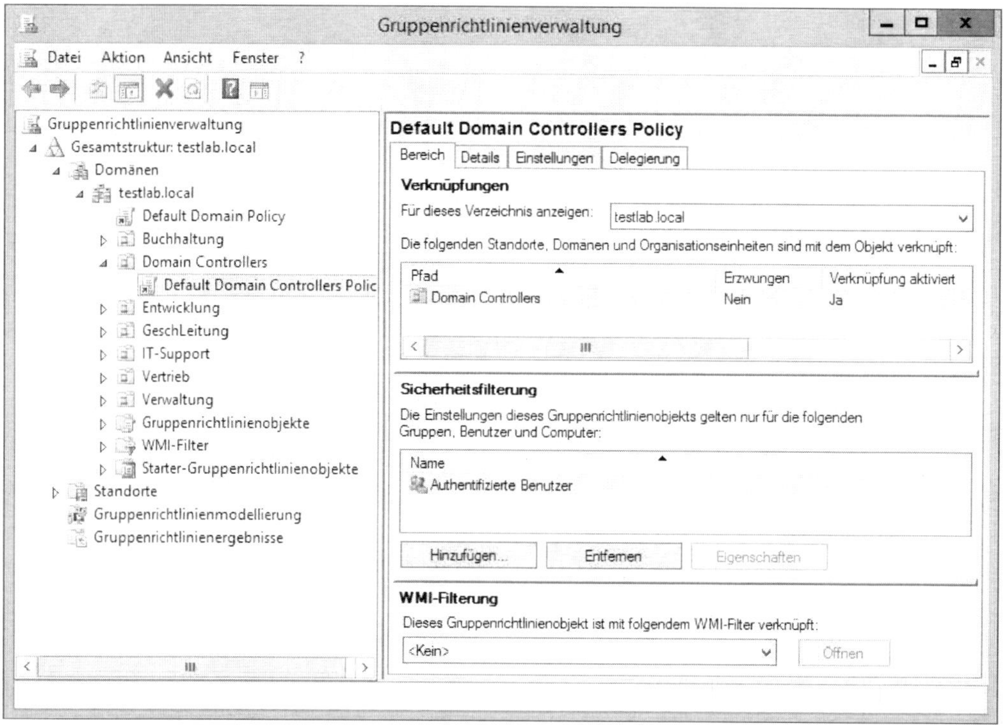

Abbildung 15.10: *Die Konsole Gruppenrichtlinienverwaltung unter Windows Server 2012 R2*

15.4.2 Installation der Gruppenrichtlinienverwaltungskonsole (GPMC)

Die Konsole *Gruppenrichtlinienverwaltung* (*GPMC*) ist im Umfang von Windows Server 2012 R2 als Funktion (*Feature*) bereits enthalten, wird jedoch bei der Standardinstallation eines Servers nicht automatisch mit installiert. Es bestehen zwei Möglichkeiten, die Installation der Konsole *Gruppenrichtlinienverwaltung* unter Windows Server 2012 R2 durchzuführen:

- Installation mittels ***Server-Manager***
- Installation mithilfe der ***Windows PowerShell***

Unabhängig von der Durchführung der Installation wird in beiden Fällen die grafische Konsole *Gruppenrichtlinienverwaltung* mitsamt aller damit ebenso installierten Skriptdateien auf dem betreffenden Serversystem unter Windows Server 2012 R2 installiert.

PRAXISTIPP! Wenn Sie auf einem Server unter Windows Server 2012 R2 die Rolle *Active Directory-Domänendienste* (engl. *Active Directory Domain Services, AD DS*) installieren, so wird in diesem Zusammenhang auch automatisch die Konsole *Gruppenrichtlinienverwaltung* auf dem betreffenden Server installiert.

Installation mittels Server-Manager

Der einfachste Weg, die Konsole *Gruppenrichtlinienverwaltung* unter Windows Server 2012 R2 als Feature zu installieren, führt über den *Server-Manager*. Gehen Sie dazu wie folgt vor:

1. Öffnen Sie den *Server-Manager*, (soweit dies nicht automatisch nach dem Anmelden geschieht) mit einem Klick in der Taskleiste auf das ***Symbol für den Server-Manager***.
2. Klicken Sie im *Server-Manager* in der oberen Befehlsleiste auf **Verwalten**, und dann auf **Rollen und Features hinzufügen....**
4. Klicken Sie im Dialog *Vorbemerkungen* auf **Weiter**.
5. Klicken Sie im Dialog *Installationstyp auswählen* auf **Weiter**.
6. Wählen Sie bei Bedarf den entsprechenden Zielserver aus, und klicken Sie auf **Weiter**.
7. Klicken Sie im Dialog *Serverrollen auswählen* auf **Weiter**.
8. Aktivieren Sie das Feature ***Gruppenrichtlinienverwaltung***, und klicken Sie auf **Weiter**.
9. Klicken Sie im Dialog *Installationsauswahl bestätigen* auf **Weiter**, um die Installation durchzuführen.
10. Klicken Sie zum Abschluss auf die Schaltfläche **Schließen**.

Die Konsole *Gruppenrichtlinienverwaltung* kann nun über die Verknüpfung im *Server-Manager* in der oberen Befehlsleiste unter **Tools** aufgerufen werden.

Installation mithilfe der Windows PowerShell

Als Alternative zur grafischen Installation über den Server-Manager lässt sich die Konsole *Gruppenrichtlinienverwaltung* auch über die Windows PowerShell installieren. Gehen Sie dazu wie folgt vor:

1. Öffnen Sie die *Windows PowerShell*, geben Sie darin den folgenden Befehl ein, und drücken Sie anschließend auf die **Eingabetaste**:

   ```
   install-WindowsFeature GPMC
   ```

Schließen Sie die Windows PowerShell, sobald die Installation abgeschlossen ist. Die Konsole *Gruppenrichtlinienverwaltung* kann nun über die Verknüpfung im *Server-Manager* in der oberen Befehlsleiste unter Tools aufgerufen werden.

PRAXISTIPP! Die Konsole *Gruppenrichtlinienverwaltung* lässt sich nach der Installation auch über den direkten Aufrufs der Datei **`gpmc.msc`** öffnen.

15.5 Arbeiten mit Gruppenrichtlinienobjekten

Nach der Installation der Konsole Gruppenrichtlinienverwaltung kann man sich nun an die Verwaltung der *Gruppenrichtlinienobjekte* (engl. *Group Policy Objects, GPOs*) wagen. Wie bereits erwähnt, lassen sich mit der Gruppenrichtlinienverwaltungskonsole neue Gruppenrichtlinienobjekte erstellen, oder auch bereits vorhandene Gruppenrichtlinienobjekte modifizieren und anpassen. Zum Bearbeiten der Richtlinien eines Gruppenrichtlinienobjekts steht in der Konsole *Gruppenrichtlinienverwaltung* ein darauf angepasster *Gruppenrichtlinienobjekt-Editor* (*gpedit.msc*) zur Verfügung.

15.5.1 Erstellen eines neuen Gruppenrichtlinienobjekts

Um ein neues Gruppenrichtlinienobjekt innerhalb einer Umgebung der Active Directory-Domänendienste (engl. *Active Directory Domain Services, AD DS*) unter Windows Server 2012 R2 zu erstellen, gehen Sie wie folgt vor:

1. Starten Sie die Konsole *Gruppenrichtlinienverwaltung*.
2. Erweitern Sie die Konsolenstruktur der Gesamtstruktur und Domäne bis zum Container *Gruppenrichtlinienobjekte*.
3. Klicken Sie mit der rechten Maustaste auf den Container *Gruppenrichtlinienobjekte* und wählen Sie im Kontextmenü den Eintrag **Neu** aus.
4. Geben Sie im Dialogfeld *Neues Gruppenrichtlinienobjekt* den Namen für das neu zu erstellende Gruppenrichtlinienobjekt ein, und klicken Sie dann auf **OK**.

PRAXISTIPP! Es ist möglich, neue Gruppenrichtlinienobjekte direkt auch im Kontext einer vorhandenen Organisationseinheit (OU) zu erstellen und dieses direkt mit dem betreffenden Container zu verknüpfen. Hiervon wird standardmäßig jedoch abgeraten, da sich alle nachfolgenden Änderungen der Richtlinien des betreffenden Gruppenrichtlinienobjekts unmittelbar auch auf die möglicherweise in dem Container bereits vorhandenen Computer- und Benutzerobjekte auswirken können. Der sichere Weg, neue Gruppenrichtlinienobjekte ohne direkte Auswirkung auf die Domänenobjekte zu erstellen und nachfolgend gezielt zu konfigurieren, ergibt sich durch das Erstellen der Objekte im Container Gruppenrichtlinienobjekte. Erst nach Abschluss der Konfiguration der in dem GPO zu verwaltenden Richtlinien sollte man dieses mit den gewünschten Containern (der Domäne oder Organisationseinheiten) verknüpfen.

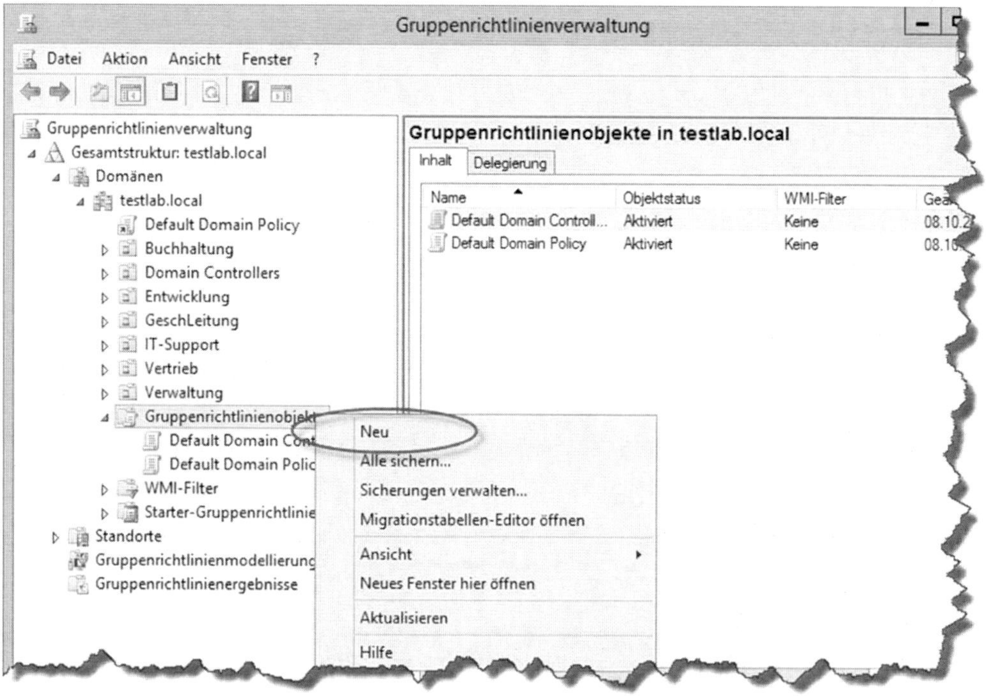

Abbildung 15.11: *Erstellen eines neuen Gruppenrichtlinienobjekts im Container Gruppenrichtlinienobjekte*

15.5.2 Bearbeiten von Gruppenrichtlinienobjekten

Um ein vorhandenes Gruppenrichtlinienobjekt mittels Konsole Gruppenrichtlinienverwaltung inhaltlich zu bearbeiten, gehen Sie wie folgt vor:

1. Öffnen Sie die Konsole *Gruppenrichtlinienverwaltung*.
2. Wechseln Sie über die Gesamtstruktur und Domäne zum Container *Gruppenrichtlinienobjekte*.
3. Klicken Sie mit der rechten Maustaste auf das zu bearbeitende Gruppenrichtlinienobjekt und wählen Sie im Kontextmenü den Eintrag **Bearbeiten...** aus.

Das betreffende Gruppenrichtlinienobjekt wird im Gruppenrichtlinienobjekt-Editor geöffnet und kann inhaltlich bearbeitet werden.

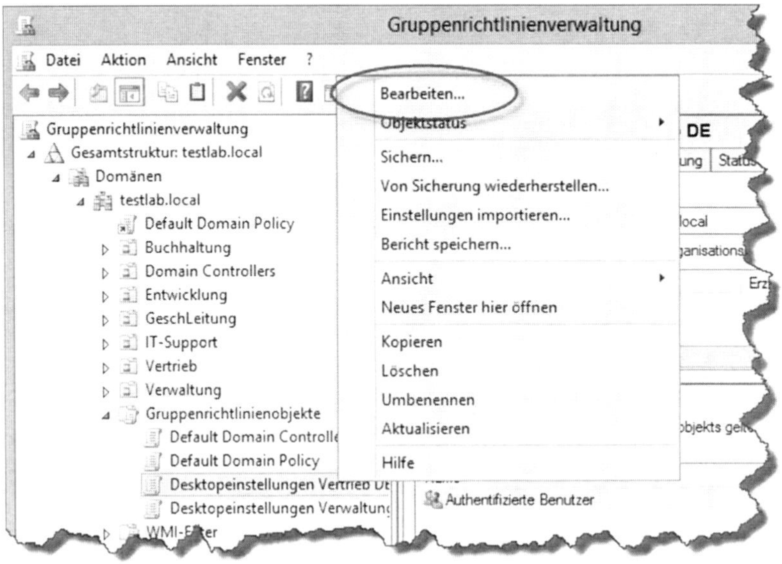

Abbildung 15.12: *Öffnen eines vorhandenen Gruppenrichtlinienobjekts in der Konsole Gruppenrichtlinienverwaltung zur Bearbeitung mittels Gruppenrichtlinienobjekt-Editor*

WICHTIG! Alle Änderungen, die inhaltlich an einem Gruppenrichtlinienobjekt vorgenommen werden, wirken sich *automatisch auf alle Verknüpfungen* des betreffenden Gruppenrichtlinienobjekts aus. Wenn ein Gruppenrichtlinienobjekt beispielsweise auf drei verschiedene Organisationseinheiten (*OUs*) verknüpft ist, so wirkt sich eine Änderung an dem eigentlichen Gruppenrichtlinienobjekt auf alle Objekte in den drei verschiedenen Organisationseinheiten (*OUs*) gleichermaßen aus. Gleichsam verhält es sich, wenn man die Änderung eines Gruppenrichtlinienobjekts über die Gruppenrichtlinienobjektverknüpfung auf Ebene der Domäne oder einer Organisationseinheit (*OU*) einleitet. Auch in diesem Fall werden die inhaltlichen Änderungen direkt am Gruppenrichtlinienobjekt vollzogen und wirken sich demnach wiederum auch auf alle daraus abgeleiteten Verknüpfungen aus. Dies sollte man bei der Planung von Änderungen an bereits vorhandenen und verknüpften Gruppenrichtlinienobjekten unbedingt beachten.

15.5.3 Löschen von Gruppenrichtlinienobjekten

So einfach wie das Erstellen von Gruppenrichtlinienobjekten lassen sich diese ebenso auch wieder löschen. Hierbei allerdings sollte man vorweg bereits die Auswirkungen bedenken. Wenn ein Gruppenrichtlinienobjekt mitsamt seinen darin enthaltenen Richtlinieneinstellungen auf einen Standort, eine Domäne oder eine Organisationseinheit (OU) verknüpft ist, so wird beim Löschen des Gruppenrichtlinienobjekts ebenso auch das jeweilige Verknüpfungsobjekt gelöscht. Somit werden die in dem gelöschten GPO enthaltenen Richtlinieneinstellungen auf die betreffenden Computer- und Benutzerobjekte nicht mehr angewendet.

Gehen Sie zum Löschen von Gruppenrichtlinienobjekten (engl. *Group Policy Objects, GPOs*) in einer Active Directory-Infrastruktur unter Windows Server 2012 R2 wie folgt vor:

1. Öffnen Sie die Konsole *Gruppenrichtlinienverwaltung* und wechseln Sie über die Verknüpfungen zur Gesamtstruktur und Domäne zum Container *Gruppenrichtlinienobjekte*.
2. Klicken Sie mit der rechten Maustaste auf das zu löschende Gruppenrichtlinienobjekt und wählen Sie im Kontextmenü den Eintrag **Löschen**.
3. Klicken Sie zum Löschen des betreffenden Gruppenrichtlinienobjekts in der folgenden Sicherheitsabfrage auf **Ja**.

HINWEIS: Die Gruppenrichtlinienobjekte *Default Domain Policy* und *Default Domain Controllers Policy* als Standardrichtlinienobjekte einer Active Directory-Domäne können nicht gelöscht werden.

15.5.4 Wiederherstellen der Standardrichtlinienobjekte

Sollte in einer Active Directory-Domäne einmal ein Problem beim Bereitstellen der beiden Standardrichtlinienobjekte *Default Domain Policy* bzw. *Default Domain Controllers Policy* auftreten, so kann man diese nicht einfach löschen und neu erstellen. Wie vorweg bereits erwähnt, können diese beiden Gruppenrichtlinienobjekte manuell nicht gelöscht werden. Für eine mögliche „Reparatur" der beiden Richtlinienobjekte hat Microsoft bereits mit Windows Server 2003 ein Tool mit dem Namen **`DcGPOFix.exe`** eingeführt. Dieses Kommandozeilentool ermöglicht es, die Standardgruppenrichtlinienobjekte einer Active Directory-Domäne (*Default Domain Policy* und/oder *Default Domain Controllers Policy*) entweder einzeln oder auch gemeinsam mit dem Zustand nach der Installation des ersten Domänencontrollers wieder herzustellen. Mögliche, im Nachfolgenden an diesen beiden Standardrichtlinienobjekten vorgenommene Änderungen gehen hierbei unweigerlich verloren.

Befehlssyntax

Die Syntax des Kommandozeilenbefehls **`DcGPOFix.exe`** ist recht einfach gehalten:

```
DcGPOFix [/ignoreschema] [/Target: Domain | DC | BOTH]
```

Erklärung:

- **`/ignoreschema`** Unterdrückt die Überprüfung der Active Directory-Schemaversion
- **`/Target:`** Legt fest, ob der Befehl die ***Default Domain Policy*** (**Domain**), die ***Default Domain Controllers Policy*** (**DC**) oder beide (**BOTH**) wiederherstellen soll. Standardmäßig werden beide Gruppenrichtlinienobjekte (**BOTH**) wieder hergestellt.

Wenn auf einem der Domänencontroller einer Active Directory-Domäne eine oder gar beide der Standardgruppenrichtlinienobjekte mittels **`DcGPOFix.exe`** wieder hergestellt werden mussten, so wird diese Änderung anschließend an alle anderen, in der Domäne vorhandenen Domänencontroller repliziert.

PRAXISTIPP! Statt eines der Standardgruppenrichtlinienobjekte (oder gar beide) mittels des Befehlszeilentools **`DcGPOFix.exe`** wieder herzustellen, sollte man bevorzugt die Wiederherstellung aus einer vorangegangenen *Sicherung* bevorzugen. Somit bleiben dann auch die Änderungen an den beiden Standardgruppenrichtlinienobjekten, die seit der Einrichtung der Domäne möglicherweise erfolgt sind, erhalten.

So wie der Befehl *DcGPOFix.exe* es ermöglicht, die Standardgruppenrichtlinienobjekte einer Active Directory-Domäne mit Standardeinstellungen wieder herzustellen, so kann man sich bei der Verwaltung von Gruppenrichtlinienobjekten unter Windows Server 2012 R2 bei Bedarf auch einfach der Starter-Gruppenrichtlinienobjekte bedienen.

15.6 Starter-Gruppenrichtlinienobjekte

Gruppenrichtlinienobjekte werden in der Regel unternehmensweit auf alle vorhandenen Abteilungen und Fachbereiche eingesetzt. Viele dieser Bereiche benötigen spezifische Richtlinieneinstellungen, wobei für alle jedoch eine bestimmte Anzahl an Richtlinieneinstellungen gleich voreingestellt bleiben soll. Bisher war es bereits möglich, sich eine Art *„Vorlagen-GPO"* zu schaffen, in der die für alle Mitarbeiter oder auch Computer eines Unternehmens zutreffenden Richtlinieneinstellungen quasi als eine Art „Basis" festgelegt wurden. Dieses *Vorlagen-GPO* wurde anschließend kopiert und umbenannt, so dass man das daraus resultierende Gruppenrichtlinienobjekt dann jeweils abteilungs- oder fachbereichsbezogen mit den noch weiteren, spezifischen Richtlinieneinstellungen versehen konnte. Dieser Umstand hat die Richtlinienverwaltung und -duplizierung in Unternehmensumgebungen mit einer Vielzahl an Abteilungen oder Fachbereichen ungemein vereinfacht. Microsoft hat diesen Umstand ebenso erkannt, und ermöglicht unter Windows Server 2012 R2 die Einrichtung sogenannter Starter-Gruppenrichtlinienobjekte. Diese Objekte (erstmalig in Windows Server 2008 enthalten) dienen ebenso als „Vorlagen-GPO" und können nach dem Anlegen und Einrichten gleich beim Erstellen von neuen Gruppenrichtlinienobjekten als „Basis-GPO" verwendet werden. Alle darin vorgenommenen Richtlinieneinstellungen werden dann anschließend in die daraus abgeleiteten Gruppenrichtlinienobjekte übernommen - sprich: prinzipiell das, was man vorweg bereits manuell vollzog, lässt sich nun auch vereinfacht umsetzen.

Starter-Gruppenrichtlinienobjekte können (als .CAB-Dateien) importiert und exportiert, und somit problemlos auch an andere Active Directory-Umgebungen weitergereicht werden.

15.6.1 Einrichten des Speicherorts für Starter-Gruppenrichtlinienobjekte

Starter-Gruppenrichtlinienobjekte lassen sich bequem mittels der Konsole *Gruppenrichtlinienverwaltung* unter Windows Server 2012 R2 erstellen. Diese werden in einem Ordner mit dem Namen *StarterGPOs* im freigegebenen Ordner *SYSVOL* auf dem Domänencontroller gespeichert.

HINWEIS: Wenn der Ordner *StarterGPOs* noch nicht vorhanden ist, so wird in der Konsole Gruppenrichtlinienverwaltung die Schaltfläche **Ordner für Starter-Gruppenrichtlinienobjekte erstellen** angezeigt. Durch einen Klick auf die Schaltfläche wird der Speicherort für die Starter-Gruppenrichtlinienobjekte dann angelegt.

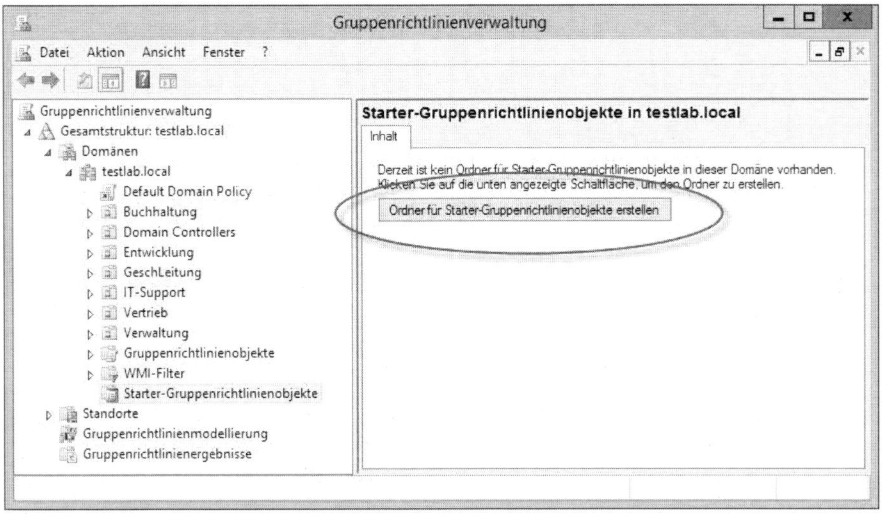

Abbildung 15.13: *Schaltfläche zum Einrichten des Speicherorts für die Starter-Gruppenrichtlinienobjekte einer Active Directory-Domäne unter Windows Server 2012 R2*

Nach einem Klick auf die Schaltfläche **Ordner für Starter-Gruppenrichtlinienobjekte erstellen** wird der Speicherort für die Starter-Gruppenrichtlinienobjekte auf dem betreffenden Domänencontroller angelegt und an die anderen, in der Domäne befindlichen Domänencontroller repliziert.

15.6.2 Erstellen von Starter-Gruppenrichtlinienobjekten

Starter-Gruppenrichtlinienobjekte lassen sich unter Windows Server 2012 R2 in dem betreffenden Speicherort mittels der Konsole *Gruppenrichtlinienverwaltung* problemlos anlegen und verwalten. Die in diesen Objekten definierten Gruppenrichtlinieneinstellungen werden nachfolgend an alle daraus abgeleiteten Gruppenrichtlinienobjekte weitergegeben. Gehen Sie zum Erstellen eines *Starter-Gruppenrichtlinienobjekts* unter Windows Server 2012 R2 wie folgt vor:

1. Öffnen Sie die Konsole *Gruppenrichtlinienverwaltung.*
2. Wechseln Sie in der Konsolenstruktur über die Gesamtstruktur und Domäne zum Container *Starter-Gruppenrichtlinienobjekte.*
3. Klicken Sie mit der rechten Maustaste auf den Container **Starter-Gruppenrichtlinienobjekte** und wählen Sie im Kontextmenü den Eintrag **Neu...**

4. Geben Sie den Namen des neuen Starter-Gruppenrichtlinienobjekts und bei Bedarf auch einen Kommentar zum Objekt ein, und klicken Sie anschließend auf die Schaltfläche **OK**.

Das neue Starter-Gruppenrichtlinienobjekt wird angelegt und kann anschließend mittels des Gruppenrichtlinien-Editors inhaltlich bearbeitet werden.

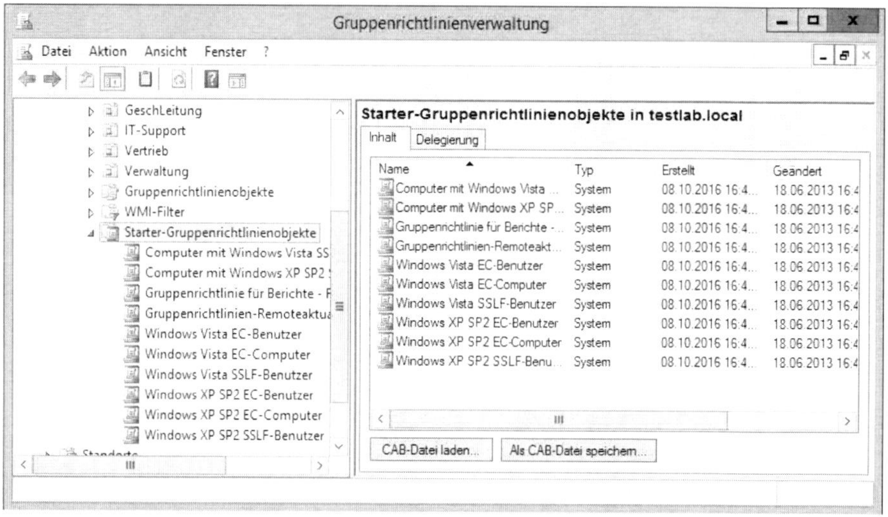

Abbildung 15.14: *Starter-Gruppenrichtlinienobjekte in der Konsole Gruppenrichtlinienverwaltung unter Windows Server 2012 R2*

15.6.3 Bearbeiten eines Starter-Gruppenrichtlinienobjekts

Nachdem ein Starter-Gruppenrichtlinienobjekt mittels der Konsole *Gruppenrichtlinienverwaltung* unter Windows Server 2012 R2 erstellt wurde, kann es inhaltlich seitens der Richtlinieneinstellungen nach Bedarf konfiguriert werden. Um ein Starter-Gruppenrichtlinienobjekt unter Windows Server 2012 R2 inhaltlich zu bearbeiten, gehen Sie wie folgt vor:

1. Öffnen Sie die Konsole *Gruppenrichtlinienverwaltung*.
2. Wechseln Sie in der Konsolenstruktur über die Gesamtstruktur und Domäne zum Container *Starter-Gruppenrichtlinienobjekte*.
3. Klicken Sie mit der rechten Maustaste auf das zu bearbeitende Starter-Gruppenrichtlinienobjekt und wählen Sie im Kontextmenü den Eintrag **Bearbeiten...**
4. Das betreffende Starter-Gruppenrichtlinienobjekt wird im *Gruppenrichtlinienobjekt-Editor* geöffnet und kann seitens der darin enthaltenen Richtlinieneinstellungen bearbeitet werden.

Nach dem Bearbeiten eines Starter-Gruppenrichtlinienobjekts stehen die geänderten Richtlinien beim Erstellen von neuen, aus dem betreffenden Starter-Gruppenrichtlinienobjekt zukünftig abzuleitenden Gruppenrichtlinienobjekten zur Verfügung. Bereits vorweg abgeleitete

Gruppenrichtlinienobjekte sind von den Änderungen jedoch nicht betroffen, da diese aus einer älteren Kopie des Starter-Gruppenrichtlinienobjekts erstellt wurden.

15.6.4 Löschen eines Starter-Gruppenrichtlinienobjekts

Starter-Gruppenrichtlinienobjekte können im Bedarfsfall wieder gelöscht werden. Hierbei entfernt man physikalisch lediglich das Starter-Gruppenrichtlinienobjekt. Die daraus vorweg abgeleiteten Gruppenrichtlinienobjekte selbst werden hierbei jedoch nicht entfernt, da beim Erstellen aus einem Starter-Gruppenrichtlinienobjekt eine Kopie des jeweiligen Objekts erstellt wurde.

Gehen Sie zum Löschen eines Starter-Gruppenrichtlinienobjekts unter Windows Server 2012 R2 wie folgt vor:

1. Öffnen Sie die Konsole *Gruppenrichtlinienverwaltung*.
2. Wechseln Sie in der Konsolenstruktur über die Gesamtstruktur und Domäne zum Container *Starter-Gruppenrichtlinienobjekte*.
3. Klicken Sie mit der rechten Maustaste auf das zu löschende Starter-Gruppenrichtlinienobjekt und wählen Sie im Kontextmenü den Eintrag **Löschen**.
4. Bestätigen Sie die Sicherheitsabfrage durch einen Klick auf die Schaltfläche **OK**.
5. Bestätigen Sie den Löschvorgang nochmals durch einen Klick auf die Schaltfläche **OK**.

15.6.5 Exportieren und Importieren von Starter-Gruppenrichtlinienobjekten

Wie eingangs bereits erwähnt, kann man Starter-Gruppenrichtlinienobjekte problemlos exportieren und auch importieren - bei Bedarf auch zwischen unterschiedlichen Active Directory-Infrastrukturen. Beim Exportvorgang wird das betreffende Starter-Gruppenrichtlinienobjekt in eine CAB-Datei geschrieben, welche eine HTML- und einer XML-basierten Vorlagendatei beinhaltet. Diese CAB-Datei kann dann bei Bedarf sogar zwischen verschiedenen Active Directory-Infrastrukturen weitergereicht werden.

Exportieren eines Starter-Gruppenrichtlinienobjekts

Um ein Starter-Gruppenrichtlinienobjekt unter Windows Server 2012 R2 mittels der Konsole Gruppenrichtlinienverwaltung in eine CAB-Datei zu exportieren, gehen Sie wie folgt vor:

1. Öffnen Sie die Konsole *Gruppenrichtlinienverwaltung*.
2. Wechseln Sie in der Konsolenstruktur über die Gesamtstruktur und Domäne zum Container *Starter-Gruppenrichtlinienobjekte*.
3. Klicken Sie auf den Container **Starter-Gruppenrichtliniencontainer** und im Infobereich der Konsole unter *Inhalt* dann auf das zu exportierende Starter-Gruppenrichtlinienobjekt

4. Klicken Sie im Infobereich anschließend auf die Schaltfläche **Als CAB-Datei speichern...**, um das betreffende Starter-Gruppenrichtlinienobjekt zu exportieren.
5. Geben Sie im Dialog *Starter-Gruppenrichtlinienobjekt als CAB-Datei speichern* den Namen und Speicherpfad vor und klicken Sie dann auf **Speichern**.

Das Starter-Gruppenrichtlinienobjekt wird anschließend als CAB-Datei im angegebenen Speicherpfad angelegt.

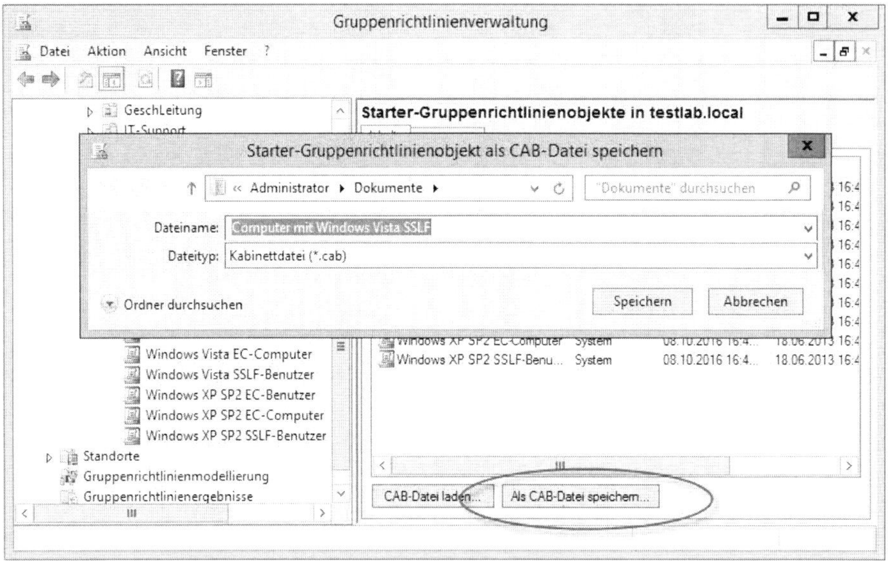

Abbildung 15.15: *Exportieren eines Starter-Gruppenrichtlinienobjekts mittels Konsole Gruppenrichtlinienverwaltung unter Windows Server 2012 R2*

Importieren eines Starter-Gruppenrichtlinienobjekts

So einfach, wie sich ein Starter-Gruppenrichtlinienobjekt exportieren lässt, so einfach kann man ein solches Objekt auch wiederum importieren. Gehen Sie dazu unter Windows Server 2012 R2 wie folgt vor:

1. Öffnen Sie die Konsole *Gruppenrichtlinienverwaltung*.
2. Wechseln Sie in der Konsolenstruktur über die Gesamtstruktur und Domäne zum Container *Starter-Gruppenrichtlinienobjekte*.
3. Klicken Sie auf den Container **Starter-Gruppenrichtliniencontainer** und im Infobereich der Konsole unter *Inhalt* dann auf die Schaltfläche **CAB-Datei laden...**
4. Klicken Sie im Dialog *Starter-Gruppenrichtlinienobjekt laden* auf die Schaltfläche **CAB-Datei suchen...**, wählen Sie die gewünschte CAB-Datei für den Import des Starter-Gruppenrichtlinienobjekts aus, und klicken Sie dann auf die Schalfläche **Öffnen**. Allgemeine Informationen zu dem zu importierenden Starter-Gruppenrichtlinienobjekt werden im Dialog *Starter-Gruppenrichtlinienobjekt laden* angezeigt.

5. Klicken Sie zum Importieren des Starter-Gruppenrichtlinienobjekts auf die Schaltfläche **OK**.

HINWEIS: Sollte in dem Ordner für die Starter-Gruppenrichtlinienobjekte bereits ein Starter-Gruppenrichtlinienobjekt mit dem Namen des zu importierenden Objekts enthalten sein, so erfolgt hierzu eine entsprechende Mitteilung. Im Bedarfsfall kann der Importvorgang dann durch einen Klick auf die Schaltfläche **Abbrechen** abgebrochen, bzw. das bereits vorhandene Starter-Gruppenrichtlinienobjekt durch einen Klick auf die Schaltfläche **OK** mit den Einstellungen des zu importierenden Objekts überschrieben werden.

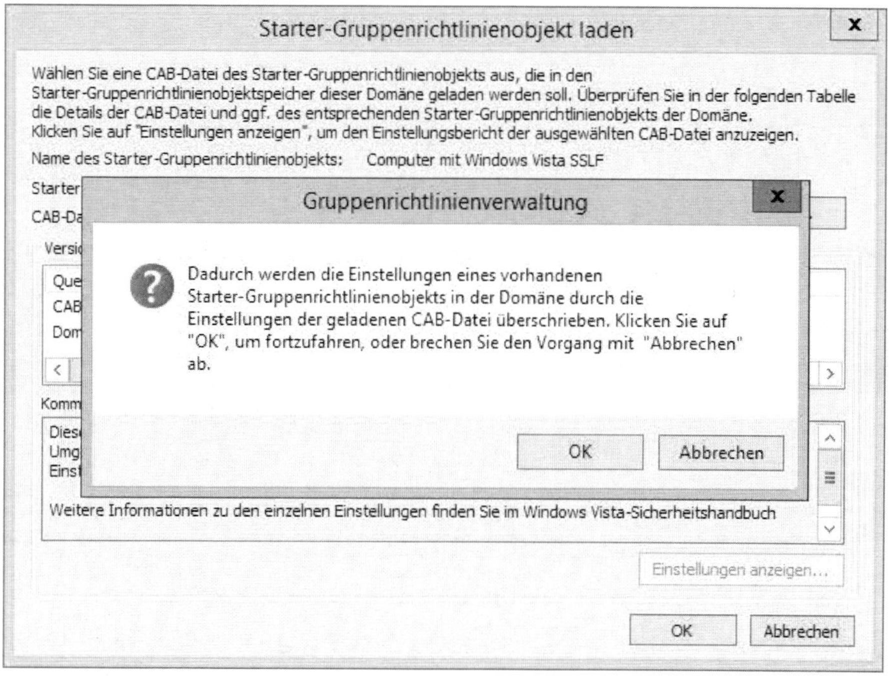

Abbildung 15.16: *Hinweismeldung vor dem Überschreiben eines bereits vorhandenen Starter-Gruppenrichtlinienobjekts beim Importvorgang unter Windows Server 2012 R2*

15.6.6 Erstellen eines neuen Gruppenrichtlinienobjekts aus einem Starter-Gruppenrichtlinienobjekt

Bei Erstellen eines neuen Gruppenrichtlinienobjekts in einer Active Directory-Domäne, welches aus einem vorweg erstellen Starter-Gruppenrichtlinienobjekt abgeleitet sein soll, kann man sich für einen von zwei möglichen Wegen entscheiden. Entweder wählt man direkt im Kontextmenü eines Starter-Gruppenrichtlinienobjekts die Option zum Erstellen eines neuen Gruppenrichtlinienobjekts, oder man wählt beim Erstellen eines neuen Gruppenrichtlinienobjekts im Container Gruppenrichtlinienobjekte ein entsprechendes Starter-Gruppenrichtlinienobjekt als Basis für das neu zu erstellende Objekt aus. In beiden Fällen werden die in dem Starter-Gruppenrichtlinienobjekt bereits vorhandenen Gruppenrichtlinieneinstellungen in das neu zu erstellende Gruppenrichtlinienobjekt übernommen.

Gehen Sie zum Erstellen eines *neuen Gruppenrichtlinienobjekts aus einem Starter-Gruppenrichtlinienobjekt* unter Windows Server 2012 R2 im Container Gruppenrichtlinienobjekte wie folgt vor:

1. Öffnen Sie die Konsole *Gruppenrichtlinienverwaltung*.
2. Wechseln Sie in der Konsolenstruktur über die Gesamtstruktur und Domäne zum Container *Gruppenrichtlinienobjekte*.
3. Klicken Sie mit der rechten Maustaste auf den Container **Gruppenrichtlinienobjekte** und wählen Sie im Kontextmenü den Eintrag **Neu**.
4. Geben Sie im Dialog *Neues Gruppenrichtlinienobjekt* im Feld *Name:* den Namen des zu erstellenden Gruppenrichtlinienobjekts an, und wählen Sie unter *Quell-Starter-Gruppenrichtlinienobjekt:* das gewünschte Richtlinienobjekt aus. Klicken Sie dann auf **OK**.

Das neue Gruppenrichtlinienobjekt wird erstellt und alle in dem ausgewählten Starter-Gruppenrichtlinienobjekt vorgenommenen Gruppenrichtlinieneinstellungen werden in das neue Objekt übernommen.

HINWEIS: Die Richtlinieneinstellungen eines Starter-Gruppenrichtlinienobjekts werden beim Erstellen eines neuen Gruppenrichtlinienobjekts in das jeweils neue Objekt kopiert. Änderungen, die im Nachhinein an dem für das Erstellen genutzten Starter-Gruppenrichtlinienobjekt vorgenommen werden, wirken sich auf die bereits erstellten Gruppenrichtlinienobjekte nicht mehr aus.

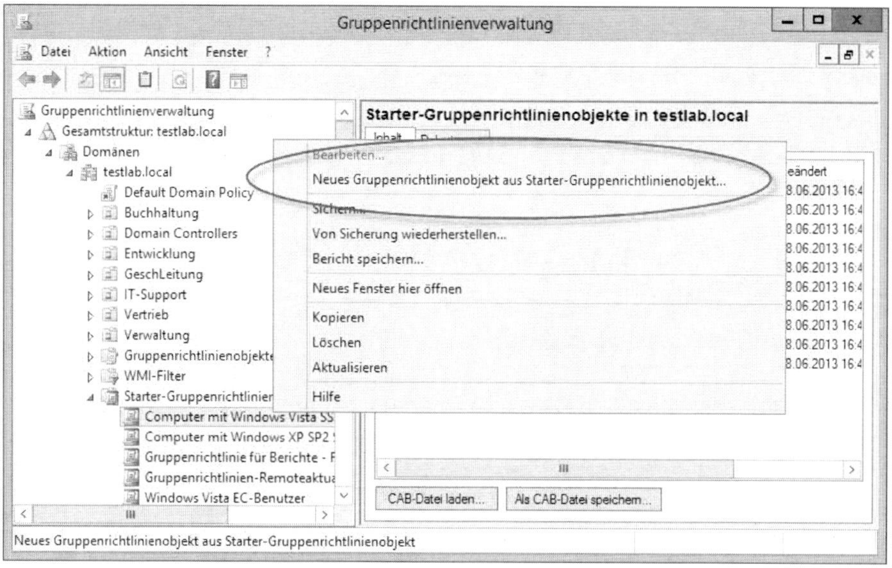

Abbildung 15.17: *Erstellen eines neuen Gruppenrichtlinienobjekts aus einem Starter-Gruppenrichtlinienobjekt unter Windows Server 2012 R2*

15.7 Verknüpfen von Gruppenrichtlinienobjekten

Nachdem Gruppenrichtlinienobjekte erstellt wurden, kann man diese auf die in einer Domäne vorhandenen Computer- und/oder Benutzerobjekte anwenden. Hierzu werden die Gruppenrichtlinienobjekte auf den gewünschten Active Directory-Standort, die Domäne oder die Organisationseinheit (OUs) innerhalb einer Active Directory-Domäne verknüpft.

Ein Gruppenrichtlinienobjekt kann problemlos parallel beispielsweise auf mehrere, unterschiedliche Organisationseinheiten (OUs) verknüpft sein. Die in dem Gruppenrichtlinienobjekt definierten Richtlinieneinstellungen werden über die Verknüpfung auf die damit betroffenen Computer- und Benutzerobjekte angewendet. Änderungen, die man an dem verknüpften Gruppenrichtlinienobjekt vornimmt, wirken sich jedoch auf alle vorhandenen Verknüpfungen und damit auch gleichsam auf alle dadurch betroffenen Computer- und Benutzerobjekte aus.

15.7.1 Erstellen der Verknüpfung eines Gruppenrichtlinienobjekts mit einer Organisationseinheit (OU)

Um ein vorhandenes Gruppenrichtlinienobjekt in einer Active Directory-Domäne unter Windows Server 2012 R2 auf eine vorhandene Organisationseinheit (OU) zu verknüpfen, gehen Sie wie folgt vor:

1. Öffnen Sie die Konsole *Gruppenrichtlinienverwaltung.*

2. Wechseln Sie in der Konsolenstruktur über die Gesamtstruktur und Domäne zur gewünschten Organisationseinheit (OU).
3. Klicken Sie mit der rechten Maustaste auf die betreffende Organisationseinheit (OU) und wählen Sie im Kontextmenü den Eintrag **Vorhandenes Gruppenrichtlinienobjekt verknüpfen...**
4. Wählen Sie im Dialog *Gruppenrichtlinienobjekt auswählen* das gewünschte Gruppenrichtlinienobjekt und klicken Sie dann auf **OK**.

Ein Verknüpfungsobjekt wird erstellt und das ausgewählte Gruppenrichtlinienobjekt mit der betreffenden Organisationseinheit (OU) verknüpft.

PRAXISTIPP! Die Richtlinieneinstellungen eines direkt mit einem Container einer Active Directory-Domäne verknüpften Gruppenrichtlinienobjekts setzt sich in der Regel gegenüber einem an das jeweilige Containerobjekt vererbte Gruppenrichtlinienobjekt eines darüber liegenden Containers durch. Die Einstellungen der Verknüpfung sind demnach „näher" an den betreffenden Objekten, als die vererbten Einstellungen, und gelten dadurch höher priorisiert.

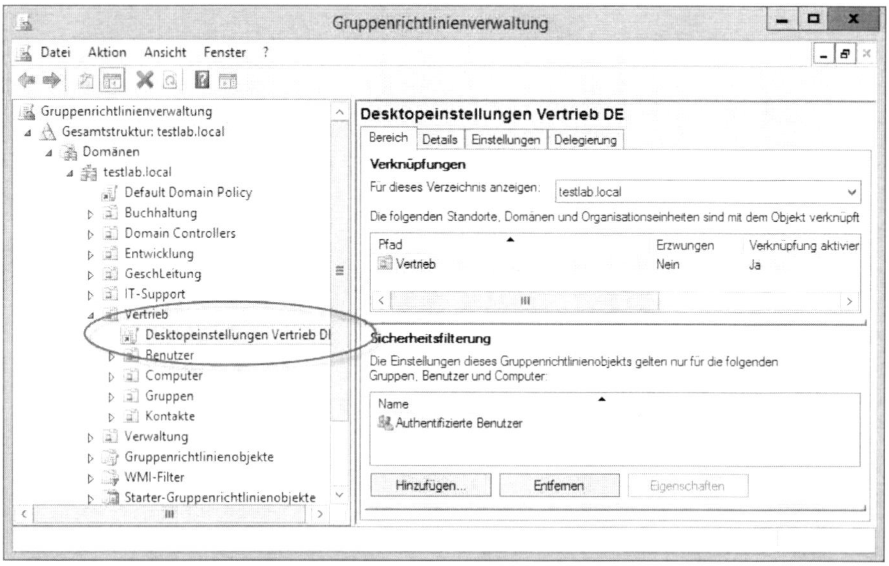

Abbildung 15.18: *Verknüpfung eines vorhandenen Gruppenrichtlinienobjekts innerhalb einer Active Directory-Domäne unter Windows Server 2012 R2*

15.7.2 Löschen der Verknüpfung eines Gruppenrichtlinienobjekts

So einfach, wie sich ein Gruppenrichtlinienobjekt mit einer Organisationseinheit (OU) oder beispielsweise auch direkt mit einer Domäne verknüpfen lässt, so einfach lässt sich die Verknüpfung prinzipiell auch wieder löschen. Hierbei muss man jedoch bedenken, dass nach dem Löschen der Verknüpfung die Gruppenrichtlinieneinstellungen des damit verbundenen Gruppenrichtlinienobjekts auf die Objekte im betreffenden Container nicht mehr angewendet werden.

Gehen Sie wie folgt vor, um die Verknüpfung eines Gruppenrichtlinienobjekts auf eine Organisationseinheit (OU) in einer Active Directory-Domäne unter Windows Server 2012 R2 zu löschen:

1. Öffnen Sie die Konsole *Gruppenrichtlinienverwaltung*.
2. Wechseln Sie in der Konsolenstruktur über die Gesamtstruktur und Domäne zur gewünschten Organisationseinheit (OU).
3. Klicken Sie mit der rechten Maustaste auf das Verknüpfungsobjekt, welches gelöscht werden soll und wählen Sie im Kontextmenü den Eintrag **Löschen**.
4. Bestätigen Sie die folgende Abfrage zum Löschen der Verknüpfung mit einem Klick auf die Schaltfläche **OK**.

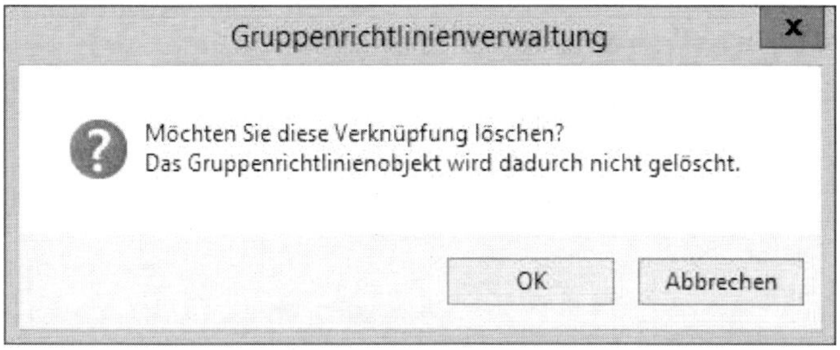

Abbildung 15.19: *Hinweis bei Löschen einer Gruppenrichtlinienverknüpfung in der Konsole Gruppenrichtlinienverwaltung unter Windows Server 2012 R2*

Wie der Dialog es bereits aussagt, bleibt das eigentliche Gruppenrichtlinienobjekt, zu welchem man die Verknüpfung entfernt hat, vollständig erhalten.

15.7.3 Deaktivieren einer Gruppenrichtlinienverknüpfung

Nicht in allen Fällen aber möchte man eine vorhandene Gruppenrichtlinienverknüpfung vollständig entfernen. Beispielsweise aus reinen Wartungsgründen kann es erforderlich sein, eine Gruppenrichtlinienverknüpfung kurzzeitig zu entfernen. Für diesen Fall hat Microsoft vorgesehen, dass man vorhandene Gruppenrichtlinienverknüpfungen deaktivieren kann, statt sie vollständig zu löschen. Es ist nachfolgend sehr einfach, die Gruppenrichtlinienverknüpfung einfach wieder zu aktivieren, statt sie vollständig wieder zu erstellen.

Gehen Sie wie folgt vor, um eine Gruppenrichtlinienverknüpfung in einer Active Directory-Domäne unter Windows Server 2012 R2 zu deaktivieren:

1. Öffnen Sie die Konsole *Gruppenrichtlinienverwaltung*.
2. Wechseln Sie in der Konsolenstruktur über die Gesamtstruktur und Domäne zur gewünschten Organisationseinheit (OU).

3. Klicken Sie mit der rechten Maustaste auf das Verknüpfungsobjekt, welches deaktiviert werden soll und wählen Sie im Kontextmenü den Eintrag **Verknüpfung aktiviert**.

Das ursprüngliche Verknüpfungssymbol bleibt nachfolgend erhalten, wird jedoch farblich leicht ausgeblichen dargestellt. Um die Verknüpfung nachfolgend wiederum zu aktivieren, muss man lediglich den gleichen Weg gehen. Nach einer Reaktivierung erscheint das Verknüpfungssymbol farblich dann wieder vollwertig.

15.7.4 Festlegen der Verknüpfungsreihenfolge

Wenn mit einem Container in einer Active Directory-Infrastruktur, beispielsweise einer Organisationseinheit (OU) gleich mehrere, unterschiedliche Gruppenrichtlinienobjekte verknüpft sind, spielt die Verarbeitungsreihenfolge mitunter eine wichtige Rolle. Mitunter kommt es zwischen den direkt mit dem Container verbundenen Gruppenrichtlinienobjekten innerhalb bestimmter Richtlinieneinstellungen zu Konflikten. Dies kann eintreten, wenn beispielsweise die Richtlinie eines verknüpften Gruppenrichtlinienobjekts eine bestimmte Einstellung aktiviert, während diese wiederum in einem anderen, ebenso verknüpften Gruppenrichtlinienobjekt deaktiviert wird. Zur letztlichen Entscheidungsfindung zählt nun die Verknüpfungsreihenfolge der Gruppenrichtlinienverknüpfungen des jeweiligen Containers.

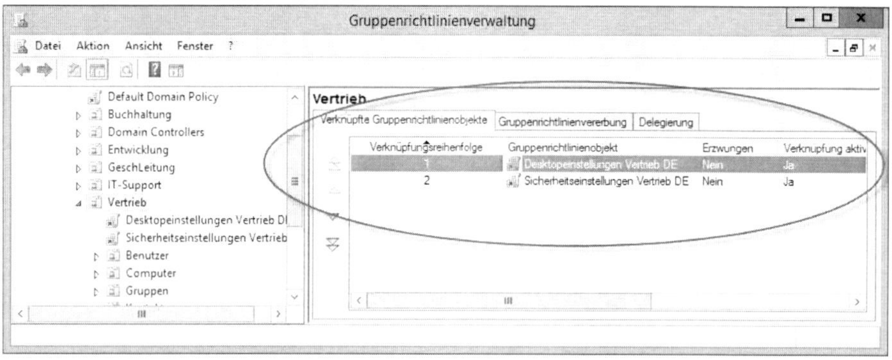

Abbildung 15.20: *Verknüpfungsreihenfolge von Gruppenrichtlinien auf einer Organisationseinheit (OU) in einer Active Directory-Domäne unter Windows Server 2012 R2*

Das Gruppenrichtlinienobjekt, dessen Gruppenrichtlinienverknüpfung innerhalb des betreffenden Containers in der Verknüpfungsreihenfolge auf Rang 1 gesetzt wurde, setzt sich im Konfliktfall gegenüber den anderen, ebenso direkt mit dem betreffenden Container verknüpften Gruppenrichtlinienobjekten durch.

Die Verknüpfungsreihenfolge der direkt mit einem Container verknüpften Gruppenrichtlinienobjekte kann in der Konsole Gruppenrichtlinienverwaltung bei Bedarf über entsprechende Schaltflächen verändert werden.

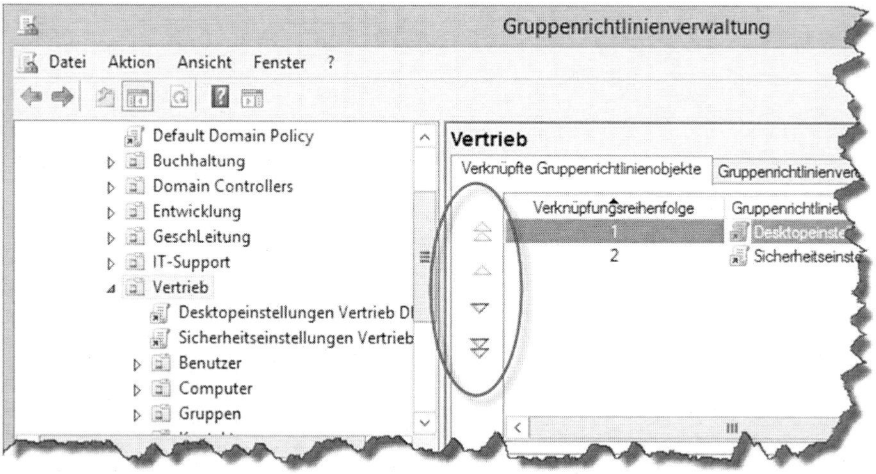

Abbildung 15.21: *Schaltflächen zur Bestimmung der Verknüpfungsreihenfolge von Gruppenrichtlinien in der Konsole Gruppenrichtlinienverwaltung*

15.8 Gruppenrichtlinienvererbung

Nicht zwangsläufig muss man ein Gruppenrichtlinienobjekt mit einem Active Directory-Container verknüpfen, um Gruppenrichtlinieneinstellungen auf die darin gespeicherten Computer- und/oder Benutzerobjekte anwenden zu können. Gruppenrichtlinienobjekte, die auf einen Container verknüpft sind, werden standardmäßig an die darin enthaltenen, untergeordneten Container vererbt, und die darin definierten Richtlinien damit auch auf alle unterhalb des betreffenden Containers (beispielsweise der Domäne oder einer Organisationseinheit) gespeicherten Active Directory-Objekte angewendet. Die Vererbung von Gruppenrichtlinienobjekten kann man in der Konsole *Gruppenrichtlinienverwaltung* nachvollziehen.

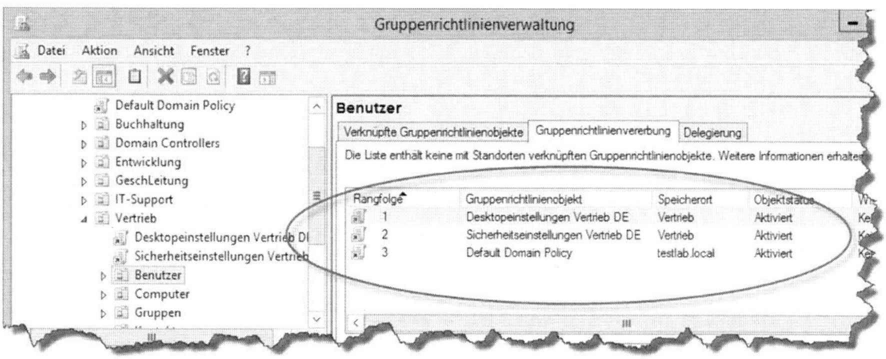

Abbildung 15.22: *Vererbte Gruppenrichtlinienobjekte in einer Active Directory-Domäne unter Windows Server 2012 R2*

Durch die Gruppenrichtlinienvererbung erspart man sich das unzählige Verknüpfen bestimmter Gruppenrichtlinienobjekte, deren Einstellungen auf mehrere Container einer Active Directory-Domäne angewendet werden sollen.

15.8.1 Vererbung deaktivieren

Nicht in allen Fällen ist es wünschenswert, dass Gruppenrichtlinienobjekte innerhalb von Active Directory-Domänen auf die darin enthaltenen, untergeordneten Organisationseinheiten (OUs), und damit wiederum auf die darin ebenso enthaltenen Computer- oder Benutzerobjekte standardmäßig vererbt werden. Wenn man die in einer bestimmten Organisationseinheit (OU) gespeicherten Objekte von der Vererbung der Gruppenrichtlinienobjekte ausnehmen möchte, so kann man die Vererbung für den betreffenden Container deaktivieren. Die Vererbungsfolge wird dann ab dieser Ebene der Hierarchie der Active Directory-Organisationseinheiten (OUs) unterbrochen und wirkt sich somit auch auf die diesem Container untergeordneten Container und Objekte aus.

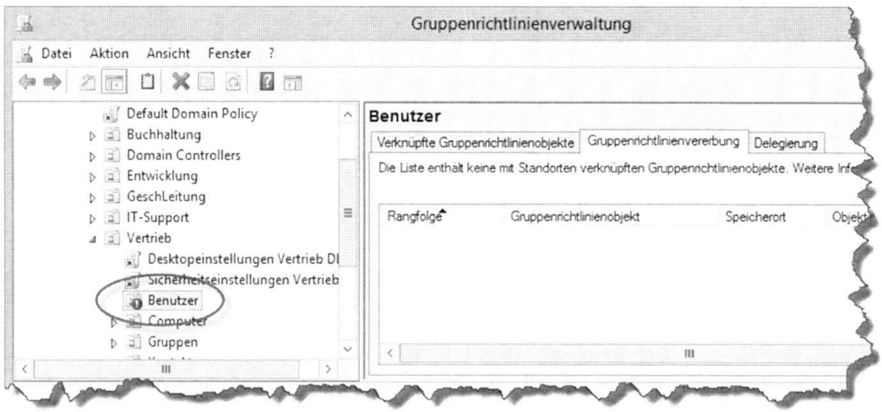

Abbildung 15.23: *Deaktivierung der Vererbung von Gruppenrichtlinienobjekten für eine Organisationseinheit (OU) in einer Active Directory-Domäne unter Windows Server 2012 R2*

Gehen Sie wie folgt vor, um die Vererbung von Gruppenrichtlinienobjekten für eine Organisationseinheit (OU) in einer Active Directory-Domäne unter Windows Server 2012 R2 zu deaktivieren:

1. Öffnen Sie die Konsole *Gruppenrichtlinienverwaltung*.
2. Wechseln Sie über die Gesamtstruktur und Domäne zur Organisationseinheit (OU), für welche die Vererbung von Gruppenrichtlinienobjekten deaktiviert werden soll.
3. Klicken Sie mit der rechten Maustaste auf die betreffende Organisationseinheit (OU) und wählen Sie im Kontextmenü den Eintrag **Vererbung deaktivieren**.

Die Deaktivierung der Vererbung von Gruppenrichtlinien wird in Form eines blauen Symbols mit einem weißen Ausrufezeichen gekennzeichnet.

WICHTIG! Wenn man die Vererbung von Gruppenrichtlinienobjekten auf einer Organisationseinheit (OU) deaktiviert, so sind hiervon standardmäßig alle zu vererbenden Gruppenrichtlinienobjekte betroffen. Es kann bei der Deaktivierung der Vererbung nicht unterschieden werden, dass nur bestimmte Gruppenrichtlinienobjekte von der Vererbung ausgeschlossen werden sollen. Standardmäßig werden nach der Deaktivierung der Vererbung von Gruppenrichtlinienobjekten überhaupt keine Gruppenrichtlinien mehr auf die betreffenden Computer- und Benutzerobjekte in dem betreffenden Container angewendet.

Um die Deaktivierung der Vererbung von Gruppenrichtlinien für den betreffenden Container wieder aufzuheben, gehen Sie den gleichen Weg, und wählen Sie am Ende im Kontextmenü nochmals den Eintrag **Vererbung deaktivieren**.

Nach dem erfolgreichen Aufheben der Deaktivierung wird das Symbol der Organisationseinheit wieder zurückgesetzt.

15.8.2 Erzwingen von Gruppenrichtlinien

Um sicherzustellen, dass bei der möglichen Deaktivierung der Vererbung von Gruppenrichtlinien innerhalb einer Struktur von Organisationseinheiten (OUs) jedoch bestimmte Gruppenrichtlinien trotzdem angewendet werden, beispielsweise die *Default Domain Policy* mit ihren Vorgaben für Benutzerkontenkennwörter, kann man die Anwendung von Gruppenrichtlinien erzwingen. Dies setzt sich prioritätsgemäß auch gegenüber der Deaktivierung der Vererbung durch. Erzwungene, mitunter auch vererbte Gruppenrichtlinienobjekte setzen sich demnach auch gegenüber direkt mit einem Container verbundenen Gruppenrichtlinienobjekten durch. Dies sollte man bei der Planung der Gruppenrichtlinienarchitektur unbedingt beachten.

Gehen Sie wie folg vor, um die Vererbung von Gruppenrichtlinieneinstellungen für ein Gruppenrichtlinienobjekt über die zugehörige Gruppenrichtlinienverknüpfung in einer Active Directory-Domäne unter Windows Server 2012 R2 zu erzwingen:

1. Öffnen Sie die Konsole *Gruppenrichtlinienverwaltung*.
2. Wechseln Sie über die Gesamtstruktur zur Domäne oder zur Organisationseinheit (OU), auf welche das zu erzwingende Gruppenrichtlinienobjekt (GPO) verknüpft ist.
3. Klicken Sie mit der rechten Maustaste auf die zu erzwingende Gruppenrichtlinienobjektverknüpfung und wählen Sie im Kontextmenü den Eintrag **Erzwungen**.

Die Gruppenrichtlinieneinstellungen des soeben konfigurierten Gruppenrichtlinienobjekts werden ab dieser Hierarchieebene innerhalb der jeweiligen Active Directory-Domäne nach unten hindurch erzwungen.

PRAXISTIPP! Das Erzwingen, wie auch die Deaktivierung der Vererbung von Gruppenrichtlinienobjekten innerhalb einer Active Directory-Infrastruktur muss zwangsläufig dokumentiert werden. Dies kann bei einer möglichen, späteren Fehleranalyse hilfreich für das Auffinden von Fehlerquellen sein.

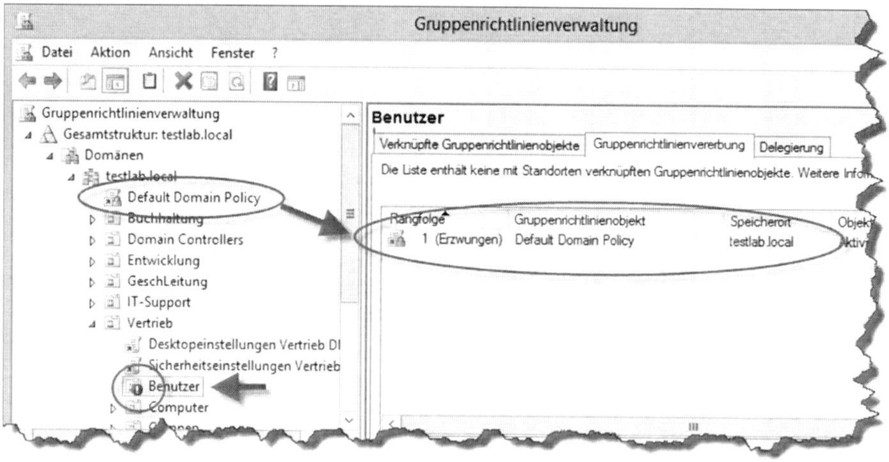

Abbildung 15.24: *Erzwingen von Gruppenrichtlinieneinstellungen trotz deaktivierter Vererbung von Gruppenrichtlinienobjekten*

15.9 Filterung von Gruppenrichtlinienobjekten

Nicht in allen Fällen ist es ausreichend, oder gar technisch möglich, die Vererbung von Gruppenrichtlinienobjekten einfach zu deaktivieren. In diesem Fall schließt man ja die gesamte untergeordnete Struktur von Organisationseinheiten, und somit auch alle darin enthaltenen Objekte von der Übernahme von Gruppenrichtlinieneinstellungen aus. In anderen Fällen möchte man mitunter jedoch wiederum nicht jedes Objekt zur Übernahme von bestimmten Gruppenrichtlinieneinstellungen zwingen. In solchen Fällen verbleibt eine weitere, mögliche Lösung - die Filterung von Gruppenrichtlinienobjekten.

Gruppenrichtlinienobjekte können auf zwei verschiedene Arten gefiltert werden:

- **Sicherheitsfilterung**
- **WMI-Filterung**

Die einfachere Art der Filterung ist hierbei sicher die Sicherheitsfilterung, wobei sie nicht weniger an Planungsaufwand erfordert.

15.9.1 Die Sicherheitsfilterung

Standardmäßig werden die Gruppenrichtlinieneinstellungen auf alle authentifizierbaren Benutzer, sprich: auf alle vorhandenen Standardbenutzer und Computer innerhalb einer jeweiligen Active Directory-Domäne angewendet. Bei der Sicherheitsfilterung von Gruppenrichtlinienobjekten entscheidet man nun anhand von Sicherheitskennungen, ob ein einzelnes, oder gar eine Vielzahl von Objekten von der Richtlinienverarbeitung bestimmter Gruppenrichtlinienobjekte ausgenommen werden sollen. Die Sicherheitsfilterung kann neben den einzelnen Active Directory-Objekten wie Benutzer- und Computerobjekten auch auf Sicherheitsgruppen und damit gleich auf alle Mitglieder der betreffenden Gruppe angewendet werden.

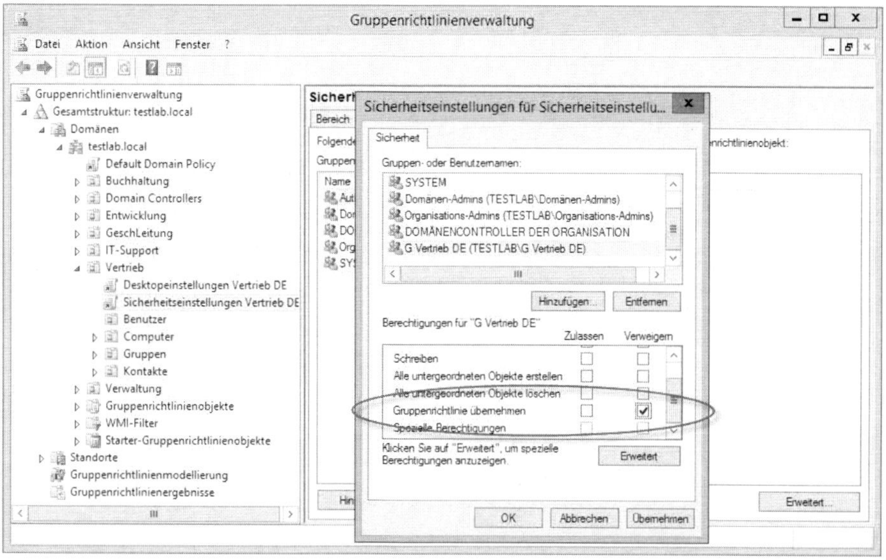

Abbildung 15.25: *Sicherheitsfilterung von Gruppenrichtlinienobjekten in einer Active Directory-Domäne unter Windows Server 2012 R2*

Um eine bestimmte Sicherheitsgruppe von der Übernahme der Richtlinieneinstellungen eines bestimmten Gruppenrichtlinienobjekts einer Active Directory-Domäne unter Windows Server 2012 R2 auszunehmen, sprich: zu filtern, gehen Sie wie folgt vor:

1. Öffnen Sie die Konsole *Gruppenrichtlinienverwaltung*.
2. Wechseln Sie über die Gesamtstruktur zur Domäne oder zur Organisationseinheit (OU), auf welche das zu filternde Gruppenrichtlinienobjekt (GPO) verknüpft ist.
3. Klicken Sie auf die Gruppenrichtlinienverknüpfung für das zu filternde Gruppenrichtlinienobjekt.
4. Klicken Sie dann rechts im Infobereich auf das Register *Delegierung* und dann am unteren, rechten Rand auf die Schaltfläche **Erweitert...** Die Zugriffskontrollliste (engl. *Access Control List, ACL*) für die betreffende Gruppenrichtlinienobjektverknüpfung wird angezeigt.
5. Klicken Sie auf die Schaltfläche **Hinzufügen...**, wählen Sie die zu filternde Sicherheitsgruppe aus und klicken Sie dann auf die Schaltfläche **OK**.
6. Nachdem die Sicherheitsgruppe zur ACL hinzugefügt wurde, markieren Sie diese unter *Gruppen- oder Benutzernamen:*.
7. Aktivieren Sie im Abschnitt *Berechtigungen* das Kontrollkästchen **Verweigern** für die Berechtigung *Gruppenrichtlinie übernehmen*.

8. Klicken Sie auf **OK**, um die Sicherheitsfilterung zu aktivieren.

Nach der Aktivierung der Sicherheitsfilterung sind alle Mitglieder der betreffenden Sicherheitsgruppe von der Übernahme der Gruppenrichtlinieneinstellungen des gefilterten Gruppenrichtlinienobjekts ausgeschlossen. Die Verweigerung der Übernahme der Gruppenrichtlinieneinstellungen bezieht sich hierbei immer auf das gesamte Gruppenrichtlinienobjekt mitsamt allen darin konfigurierten Einstellungen und Richtlinien.

WICHTIG! Die Sicherheitsfilterung sollte stets mit Bedacht vorgenommen und sofort auch dokumentiert werden. Beachten Sie den Umstand, dass die Verweigerung der Übernahme von Gruppenrichtlinien sich grundsätzlich gegenüber allen anderen Berechtigungen durchsetzt. Wenn einem Benutzer die Übernahme von Gruppenrichtlinieneinstellungen erlaubt wird, er jedoch als Mitglied zu einer Sicherheitsgruppe gehört, welcher die Übernahme der Gruppenrichtlinie verweigert wurde, so wird auch ihm die Übernahme verweigert. Die Verweigerung setzt sich hierbei in jedem Fall durch.

15.9.2 Die WMI-Filterung

Eine weitere Methode der Filterung von Gruppenrichtlinienobjekten ist die Verwendung von WMI-Filtern (*Windows Management Instrumentation*). Diese werden als Abfragen bestimmter Bedingungen oder Zustände in der Konsole *Gruppenrichtlinienverwaltung* erstellt und mit dem gewünschten Gruppenrichtlinienobjekt verknüpft.

HINWEIS: WMI-Filter werden auf Gruppenrichtlinienobjekte, nicht jedoch auf Gruppenrichtlinienverknüpfungen angewendet. Sie können beliebig oft mit verschiedenen Gruppenrichtlinienobjekten, diese jedoch maximal mit einem einzigen WMI-Filter verknüpft werden. Sowohl das Gruppenrichtlinienobjekt, als auch der WMI-Filter müssen zwecks Verknüpfung aus der gleichen Domäne stammen.

Abfragebereiche von WMI-Filtern

WMI-Filter können verwendet werden, um bestimmte Werte oder Zustände zu ermitteln. Die folgende Liste zeigt eine kleine Auswahl möglicher Bereiche, aus denen Werte zur Definition von WMI-Abfragen genutzt werden können:

- Hardware- und Softwareinventar
- Systeminformationen (z.B. CPU, RAM, Festplattenspeicher, etc.)
- Active Directory
- Dateisystem
- Treiber
- Registrierungseinträge
- Netzwerkeinstellungen

- SNMP
- SQL
- Exchange

Funktionsweise der WMI-Filterung

Die Client- und Servercomputer werten die mit den Gruppenrichtlinienobjekten verknüpften WMI-Filter aus und ermitteln einen ***False***- oder ***True***-Wert als Ergebnis der als Filter definierten Abfrage. Wenn das ermittelte Ergebnis den Wert ***True*** ergibt, liest das betreffende Computersystem das Gruppenrichtlinienobjekt ein und verarbeitet dieses. Bei ermitteltem ***False***-Wert jedoch wird das gesamte, betreffende Gruppenrichtlinienobjekt mitsamt allen darin enthaltenen Richtlinieneinstellungen vollständig ignoriert.

PRAXISTIPP! WMI-Filter werden erst ab Windows XP und höher angewendet. Windows 2000 ignoriert WMI-Filter und wendet stattdessen die betroffenen Richtlinieneinstellungen an. Bei Windows 2000-Systemen kann die Verarbeitung von Gruppenrichtlinienobjekten nur über Sicherheitsfilterung gesteuert werden.

Speicherort von WMI-Filtern

WMI-Filter werden als eigenständige Objekte in der Datenbank der Active Directory-Domänendienste im folgenden Pfad gespeichert:

`CN=GUID,CN=SOM,CN=WMIPolicy,CN=System,DC=Domäne,DC=Domäne`

HINWEIS: `GUID` steht im Pfadbeispiel für die eindeutige ID (Kennung) des jeweiligen WMI-Filters.

Abfragesyntax in WMI-Filtern

Für die Erstellung von Abfragen verwenden WMI-Filter die *WMI Query Language* (*WQL*), die in ihrer Syntax und Struktur der SQL-Sprache ähnelt. Ein WMI-Filter kann mehrere Abfragen enthalten, die über ***AND***- oder ***OR***-Verknüpfungen kombiniert werden können. Damit ein Gruppenrichtlinienobjekt angewendet wird, müssen bei ***AND***-Verknüpfungen alle Kriterien erfüllt werden, während bei ***OR***-Verknüpfungen bereits das Erfüllen eines einzigen Kriteriums ausreicht.

Jede Abfrage muss sich auf einen bestimmten Namensraum beziehen, welcher verschiedene Klassen enthält, die in einem WMI-Filter abgefragt werden können. In der Regel wird für WMI-Abfragen der Namensraum *root\CIMv2* verwendet, welcher die meisten Informationen eines Computersystems abfragbar macht.

Syntax von WMI-Filtern

Die folgende Syntax wird als Basis für die Erstellung von WMI-Abfragen verwendet:

`Namespace; Select * from` *`Klasse`* **`where`** *`Name Operator Wert`* **`[AND/OR]`**

Erläuterung zur Syntax:

`Namespace`	Dient der Angabe des Namensraums, auf den sich die Abfrage bezieht. Wird kein expliziter Namensraum angegeben, so wird ***root\CIMv2*** verwendet.
`Select * from` *`Klasse`* **`where`**	Über diese Formulierung wird eine Abfrage auf alle enthaltenen Elemente in der angegebenen Klasse eingeleitet.
`Name`	Hierbei muss das gewünschte Objekt der Klasse angegeben werden, welches überprüft werden soll.
`Operator`	Eine WMI-Abfrage unterstützt eine Reihe von vergleichbaren Operatoren für die Erstellung eines Filters, beispielsweise: = entspricht *gleich* < entspricht *kleiner als* > entspricht *größer als* <> entspricht *ungleich*
`Wert`	Angabe des Wertes, welcher innerhalb der Abfrage erfüllt werden muss.
`AND/OR`	Um weitere zu erfüllende Kriterien in die Abfrage einzubauen, können diese über **AND** oder **OR** verknüpft werden.

Tabelle 15.4: *Bestandteile einer WMI-Abfrage*

Beispiele für WMI-Filter

WMI-Filter können zu sehr unterschiedlichen Abfragen genutzt werden. Nachfolgend finden Sie ein paar Beispiele für mögliche WMI-Abfragen, die man in der Praxis mit Gruppenrichtlinienobjekten verknüpfen kann:

Betriebssystemabfrage

Das folgende Beispiel zeigt eine WMI-Abfrage, mit der überprüft wird, ob auf einem Computersystem die Betriebssystemversion Windows Server 2008 R2 Enterprise Edition installiert ist:

```
Root\CIMv2; Select * from Win32_OperatingSystem where Caption =
„Microsoft(R) Windows (R) Server 2008 R2 Enterprise Edition"
```

Arbeitsspeicherkapazität abfragen

Das folgende Beispiel zeigt eine Abfrage, mit der ein Computersystem auf mindestens 256 MByte Arbeitsspeicher (RAM) abgefragt wird, und demnach erst ab dieser Kapazität das mit dem WMI-Filter verbundene Gruppenrichtlinienobjekt verarbeiten dürfte:

```
Root\CIMv2; Select * from Win32_PhysicalMemoryArray where
MaxCapacity > 262144
```

Abfrage von freiem Speicherplatz

Bei der folgenden WMI-Abfrage wird das Laufwerk C: auf mindestens 1 GByte freien Speicherplatz abgefragt:

```
Root\CIMv2; Select * from Win32_LogicalDisk where FreeSpace >
1073741824 AND Name = „C:"
```

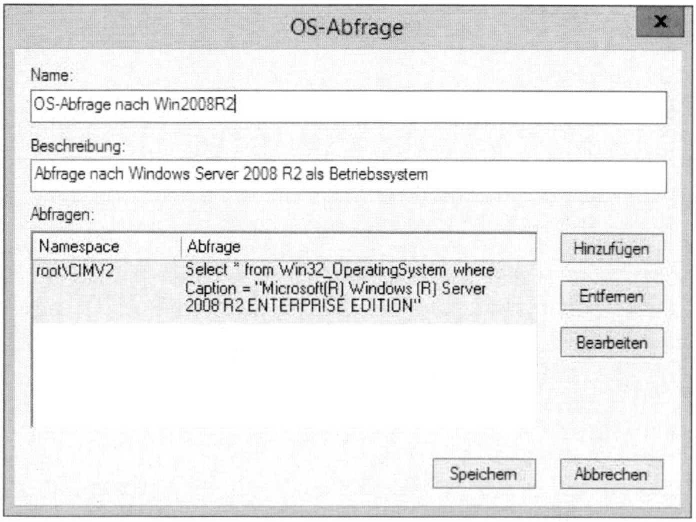

Abbildung 15.26: *Beispiel für einen definierten WMI-Filter in der Konsole Gruppenrichtlinienverwaltung unter Windows Server 2012 R2*

INTERNET: Eine Übersicht über die in WMI-Abfragen verwendbaren Klassen findet man im Internet, unter anderem auch unter: **http://msdn.microsoft.com**

WMI-Filter erstellen

Gehen Sie wie folgt vor, um einen WMI-Filter in der Konsole Gruppenrichtlinienverwaltung unter Windows Server 2012 R2 zu erstellen:

1. Öffnen Sie die Konsole *Gruppenrichtlinienverwaltung.*
2. Erweitern Sie, falls notwendig, den Knoten der gewünschten Domäne. Klicken Sie anschließend mit der rechten Maustaste auf **WMI-Filter** und wählen Sie im Kontextmenü die Option **Neu**.
3. Geben Sie den Namen für den WMI-Filter und (optional) eine Beschreibung ein.
4. Klicken Sie auf **Hinzufügen**.
5. Geben Sie im Feld *Abfrage* die gewünschte WMI-Abfrage ein und bestätigen Sie die Abfrage mit **OK**.

6. Klicken Sie auf **Speichern**, um Ihre WMI-Abfrage in der Active Directory-Datenbank als Objekt zu speichern.

WMI-Filter mit Gruppenrichtlinienobjekten verknüpfen

Gehen Sie wie folgt vor, um einen vorhandenen WMI-Filter mit einem Gruppenrichtlinienobjekt in der Konsole Gruppenrichtlinienverwaltung unter Windows Server 2012 R2 zu verknüpfen:

1. Öffnen Sie die Konsole *Gruppenrichtlinienverwaltung*.
2. Erweitern Sie, falls notwendig, den Knoten der gewünschten Domäne und wechseln Sie zum Container *Gruppenrichtlinienobjekte*.
3. Klicken Sie im Container *Gruppenrichtlinienobjekte* auf das mit dem WMI-Filter zu verknüpfende Gruppenrichtlinienobjekt.
4. Klicken Sie im Eigenschaftsfenster des Gruppenrichtlinienobjekts auf das Register **Bereich**.
5. Klicken Sie im unteren Bereich des Dialogfensters auf das Pull-down-Menü für die Option **WMI-Filterung: Dieses Gruppenrichtlinienobjekt ist mit folgendem WMI-Filter verknüpft**.
6. Wählen Sie aus der Pull-down-Anzeige den zutreffenden WMI-Filter aus.
7. Bestätigen Sie den folgenden Dialog mit **Ja**.

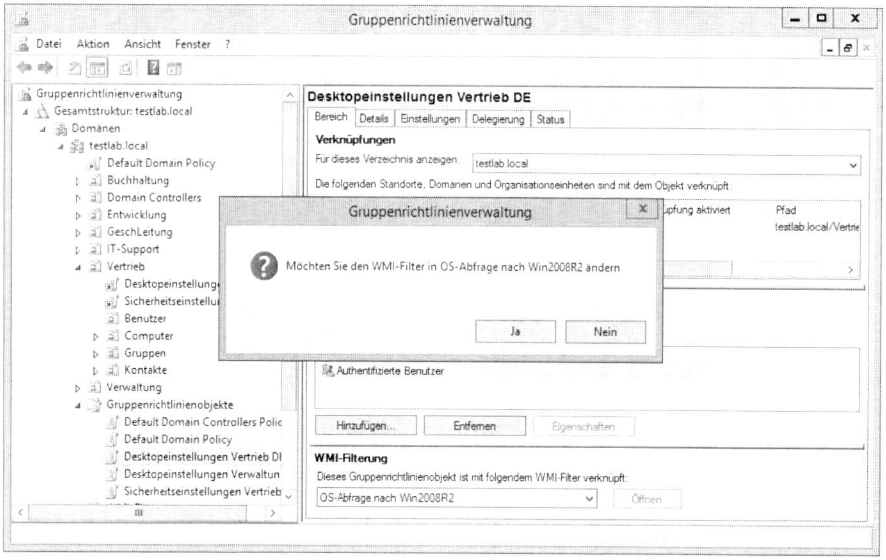

Abbildung 15.27: *Einrichtung der Verknüpfung eines WMI-Filters mit einem Gruppenrichtlinienobjekt unter Windows Server 2012 R2*

Entfernen eines WMI-Filters

Um die Verknüpfung eines WMI-Filters mit einem Gruppenrichtlinienobjekt wieder zu entfernen, gehen Sie wie folgt vor:

1. Öffnen Sie die Konsole *Gruppenrichtlinienverwaltung*, erweitern Sie, falls notwendig, den Knoten der gewünschten Domäne und wechseln Sie zum Container *Gruppenrichtlinienobjekte*.
2. Klicken Sie im Container *Gruppenrichtlinienobjekte* auf das mit dem WMI-Filter zu verknüpfende Gruppenrichtlinienobjekt.
3. Klicken Sie im Eigenschaftsfenster des Gruppenrichtlinienobjekts auf das Register **Bereich**.
4. Klicken Sie im unteren Bereich des Dialogfensters auf das Pull-down-Menü für die Option **WMI-Filterung: Dieses Gruppenrichtlinienobjekt ist mit folgendem WMI-Filter verknüpft**.
5. Wählen Sie aus der Pull-down-Anzeige den Eintrag **<Kein>** aus.
6. Bestätigen Sie den folgenden Dialog mit **Ja**.

15.10 Delegieren der Gruppenrichtlinienverwaltung

Wie Sie in den vorangegangenen Seiten erfahren konnte, stellt sich die Verwaltung von Gruppenrichtlinienobjekten mitunter sehr umfangreich dar. Insbesondere in mittleren und großen Netzwerken mit entsprechend umfangreichen Active Directory-Infrastrukturen kann die Verwaltungsanforderung so umfangreich sein, dass man Teilbereiche der Verwaltung auf verschiedene Personen im Unternehmen delegieren muss. Es ist ebenso möglich, die Verwaltung von Gruppenrichtlinienobjekten innerhalb einer Active Directory-Domäne an bestimmte Personen oder Gruppen von Personen zu delegieren.

15.10.1 Delegierungsumfang

Die Delegierung der Gruppenrichtlinienverwaltung in einer Umgebung der Active Directory-Domänendienste (engl. *Active Directory Domain Services, AD DS*) kann sich mitunter sehr komplex darstellen. Es existieren verschiedene Delegierungsmöglichkeiten:

- Delegierung zum Erstellen, Ändern und Löschen von Gruppenrichtlinienobjekten
- Delegierung der Gruppenrichtlinienverknüpfung
- Delegierung für das Erstellen von Gruppenrichtlinienergebnissätzen

15.10.2 Delegierungsmöglichkeiten

Standardmäßig verfügen die nur die Mitglieder der Gruppe der Domänen-Admins, der Gruppe der Richtlinien-Ersteller-Besitzer, sowie das Systemkonto über die Berechtigung, um Gruppenrichtlinienobjekte in einer Active Directory-Domäne zu erstellen, zu ändern und zu löschen. Diese Berechtigungen können an weitere Personen delegiert werden. Die Mitglieder der Gruppe der Richtlinien-Ersteller-Besitzer sind hierbei jedoch zusätzlich eingeschränkt und dürfen lediglich die eigens erstellten Gruppenrichtlinienobjekte verwalten.

HINWEIS: Die Gruppe der ***Organisations-Admins*** ist auch ohne explizite Delegierung ebenso in der Lage, Gruppenrichtlinienobjekte innerhalb von Domänen der betreffenden Active Directory-Gesamtstruktur zu erstellen, zu ändern und zu löschen.

Delegierung der Verwaltung von Gruppenrichtlinienobjekten

Die standardmäßige Berechtigung der Verwaltung von Gruppenrichtlinienobjekten in einer Active Directory-Domäne lässt sich im Register *Delegierung* des Containers *Gruppenrichtlinienobjekte* der Konsole *Gruppenrichtlinienobjekte* unter Windows Server 2012 R2 problemlos delegieren. Um einem weiteren Benutzer oder einer Sicherheitsgruppe das Erstellen oder Löschen von Gruppenrichtlinienobjekten innerhalb einer Active Directory-Domäne zu ermöglichen, muss man diese lediglich zu der Liste im Register *Delegierung* des Containers hinzufügen.

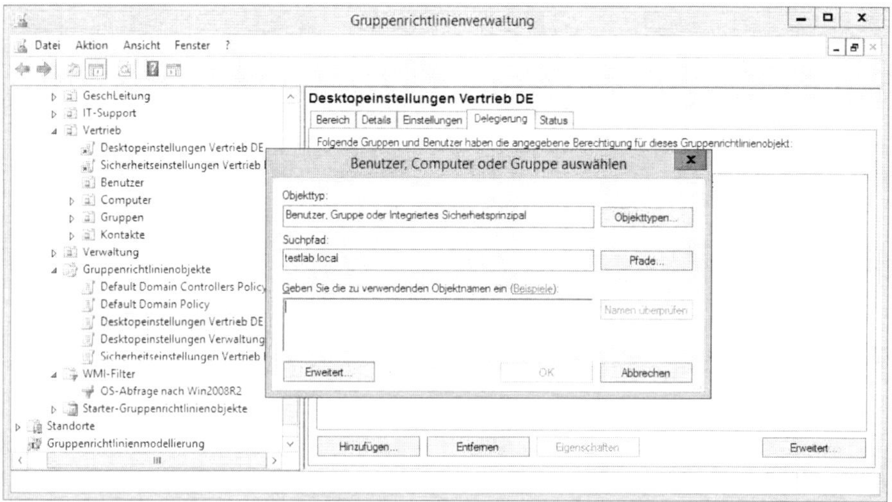

Abbildung 15.28: *Delegierung der Verwaltung von Gruppenrichtlinienobjekten in einer Active Directory-Domäne unter Windows Server 2012 R2*

Delegierung der Verwaltung von Gruppenrichtlinienobjektverknüpfungen

Soll die Delegierung nicht so weitläufig ausgelegt sein, und sich lediglich auf die Möglichkeit der Verknüpfungsverwaltung von bereits vorhandenen Gruppenrichtlinienobjekten beschränken, so muss man hierzu eine andere Art der Delegierung beschreiten. In der Konsole *Active Directory-Benutzer und -Computer* lässt sich die Verwaltung problemlos auf Ebene der

Domäne oder auch einer entsprechenden Organisationseinheit (*OU*) anhand eines *Assistenten zum Zuweisen der Objektverwaltung* durchführen. Hierzu muss man dem gewünschten Benutzer oder der Sicherheitsgruppe lediglich die zu delegierende Berechtigung zuweisen. Kontrollieren oder gar aufheben lässt sich die Delegierung im Nachhinein jederzeit über das Register *Sicherheit* des betreffenden Containerobjekts (der Domäne oder Organisationseinheit), auf welchem die Delegierung ursprünglich eingerichtet wurde.

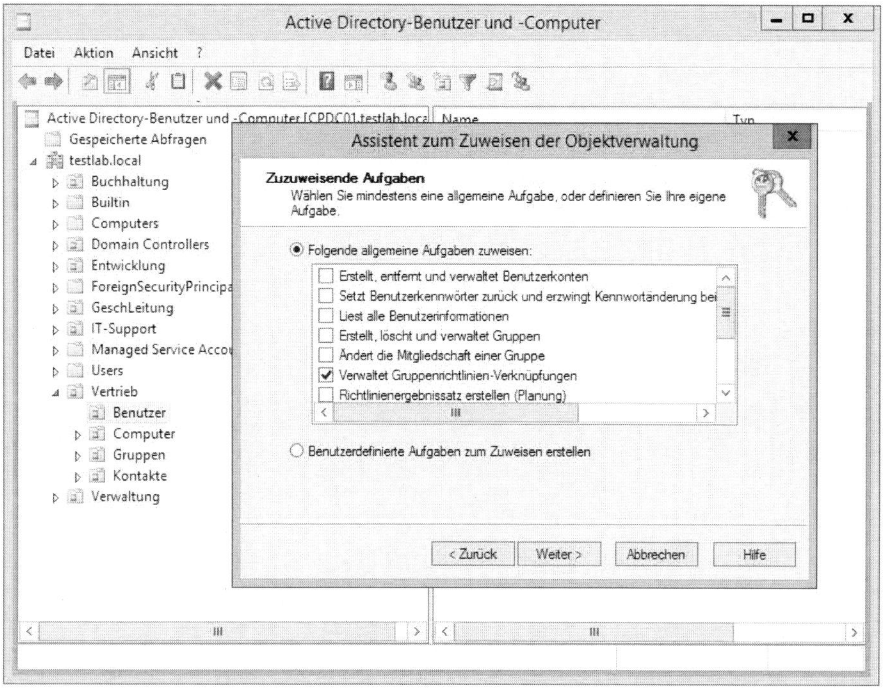

Abbildung 15.29: *Assistent zum Zuweisen der Objektverwaltung in der Konsole Active Directory-Benutzer und -Computer unter Windows Server 2012 R2*

WICHTIG! Die Delegierung der Verwaltungsberechtigung wird innerhalb einer Domäne standardmäßig an alle unterhalb vorhandenen Objektcontainer und Objekte vererbt. Wenn man beispielsweise die Verwaltung der Gruppenrichtlinienverknüpfung auf einer übergeordneten Organisationseinheit zulässt, so wird diese Berechtigung standardmäßig an alle darunterliegenden Organisationseinheiten vererbt. Um diese Vererbung zu verhindern, muss man die Vererbung von Berechtigungen auf dem darunterliegenden Containerobjekt deaktivieren. Dies wirkt sich jedoch dann auf alle vererbbaren Berechtigungen aus. Deshalb sollte man die Verwaltungsdelegierung gut planen, um möglichen Probleme zu vermeiden.

Delegierung für das Erstellen von Gruppenrichtlinienergebnissätzen

In größeren Active Directory-Infrastrukturen werden mitunter Personen für die Auswertung der Gruppenrichtlinienverarbeitung eingesetzt. Dies kann auch an Support-Mitarbeiter delegiert werden, um eine mögliche Problemerörterung im Zusammenhang mit der Gruppenrichtlinienobjektverarbeitung zu ermöglichen. Die hierzu notwendige Delegierung lässt sich so einfach umsetzen, wie auch bereits die Delegierung der Verwaltung der Gruppenrichtlinienverknüpfungen - diese wird ebenso über den *Assistenten zum Zuweisen der Objektverwaltung* in der Konsole *Active Directory-Benutzer und -Computer* konfiguriert.

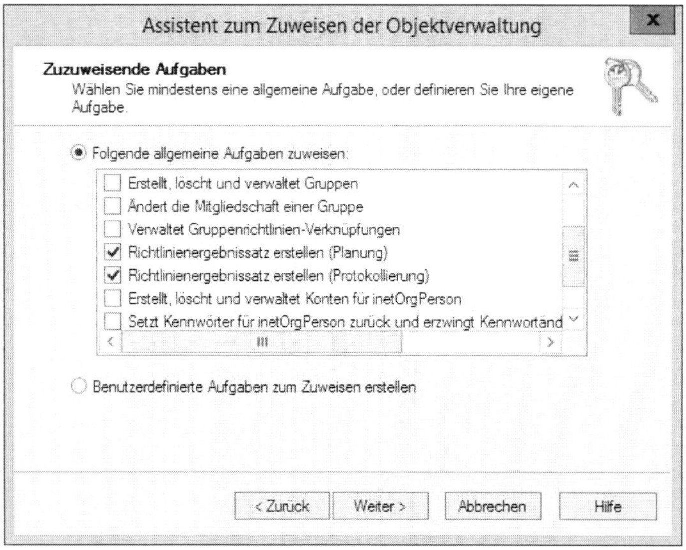

Abbildung 15.30: *Delegierung der Auswertungsmöglichkeit von Gruppenrichtlinien in der Konsole Active Directory-Benutzer und -Computer unter Windows Server 2012 R2*

15.10.3 Berichterstellung und Auswertung

Nachdem Gruppenrichtlinienobjekte seitens der verantwortlichen Administratoren erstellt und auf die entsprechenden Containerobjekte innerhalb der Active Directory-Domänen verknüpft wurden, ist es nun an der Zeit, sich mit der *Gruppenrichtlinien-Berichterstellung* (*engl. Group Policy Reporting*) zu befassen. Dieser Gruppenrichtlinien-Berichterstellung ordnet man zwei verschiedene Tools zu:

- Befehlszeilentool ***GPResult.exe***
- ***Gruppenrichtlinienergebnis-Assistent*** in der Konsole Gruppenrichtlinienverwaltung (*GPMC*)

Anhand dieser Tools ist es möglich, die Implementierung von Gruppenrichtlinienobjekten mitsamt den darin enthaltenen Richtlinien zu überprüfen. Ebenso vereinfachen diese Tools die mögliche Problembehandlung mit Gruppenrichtlinien in Active Directory-Infrastrukturen.

Problembehandlung mittels GPResult.exe

Während der Problembehandlung, wenn beispielsweise bestimmte, in Gruppenrichtlinienobjekten definierte Einstellungen nicht wie gewünscht auf die betreffenden Computer- oder Benutzerkonten in einer Active Directory-Domäne angewendet werden, kann man eine Überprüfung mithilfe des *„Gruppenrichtlinienergebnis-Tools" (GPResult.exe)* durchführen. Hiermit kann ein Satz an *Gruppenrichtlinienergebnissen* (engl. *Group Policy Results*) ermittelt werden, welcher genauen Aufschluss über die auf bestimmte Objekte angewendeten Gruppenrichtlinienobjekte ermöglicht.

PRAXISTIPP! Der mithilfe des Tools **`gpresult.exe`** ermittelte Richtlinienergebnissatz, welcher standardmäßig als Ergebnis der Abfrage auf dem Bildschirm angezeigt wird, kann anhand des Parameters **`/X`** für eine weitere Verarbeitung oder auch Archivierung in einer ***XML-Datei*** bzw. anhand des Parameters **`/H`** in eine ***HTML-Datei*** gespeichert werden. Natürlich ist es ebenso möglich, die Ergebnisausgabe mit den in der Befehlszeile unter Windows sonst üblichen Umleitungszeichen **>** oder **>>** in eine Textdatei umzuleiten.

Das Tool ist vergleichbar mit der Berichtsgenerierung mithilfe des *Gruppenrichtlinienergebnis-Assistent* der Konsole *Gruppenrichtlinienverwaltung*.

Befehlssyntax:

Das Kommandozeilenprogramm **`gpresult.exe`** verfügt über die folgende Befehlssyntax:

GPRESULT [/S *System* **[/U** *Benutzername* **[/P** *Kennwort***]]] [/SCOPE** *Bereich***] [/USER** *Zielbenutzername***] [/R | /V | /Z] [(/X | /H)** *<Dateiname>* **[/F]]**

Befehlsparameter:	Beschreibung:
/?	Zeigt die Hilfe zum Befehl an.
/U [Domäne\]Benutzer	Bestimmt den Benutzerkontext, unter dem der Befehl ausgeführt wird. Kann nicht mit /X, /H verwendet werden.
/P [Kennwort]	Bestimmt das Kennwort für den Benutzerkontext. Auslassung fordert zur Kennworteingabe auf. Kann nicht mit /X, /H verwendet werden.
/SCOPE	Legt fest, ob die Benutzer- oder die Computereinstellungen angezeigt werden sollen. Gültige Werte: "USER", "COMPUTER".

Befehlsparameter:	Beschreibung:
/USER [Domäne\]Benutzer	Legt den Benutzername fest, für den die RSOP-Daten angezeigt werden sollen.
/X <Dateiname>	Speichert den Bericht im XML-Format an dem Speicherort und mit dem Dateinamen, der durch den Parameter <Dateiname> angegeben ist (gültig ab Windows Vista SP1 und Windows Server 2008)
/H <Dateiname>	Speichert den Bericht im HTML-Format an dem Speicherort und mit dem Dateinamen, der durch den Parameter <Dateiname> angegeben ist (gültig ab Windows Vista SP1 und Windows Server 2008)
/F	Zwingt gpresult zum Überschreiben des im Befehl "/X" oder "/H" angegebenen Dateinamens.
/R	Zeigt RSoP-Zusammenfassungsdaten an.
/V	Legt fest, dass ausführliche Informationen angezeigt werden sollen. Dadurch werden zusätzliche detaillierte Einstellungen, die mit 1 angewendet wurden.
/Z	Legt fest, dass besonders ausführliche Informationen angezeigt werden sollen. Diese Informationen zeigen zusätzliche detaillierte Einstellungen, die mit 1 oder höher angegeben wurden, an. Somit können Sie erkennen, ob eine Einstellung an mehreren Stellen gesetzt wurde. Weitere Informationen erhalten Sie in den Gruppenrichtlinien-Onlinehilfethemen.

Tabelle 15.5: *Befehlssyntax des Kommandozeilenbefehls gpresult.exe*

Um mittels *GPResult.exe* unter Windows Server 2012 R2 einen *Gruppenrichtlinienergebnissatz* (engl. *Resultant Set of Policy, RSOP*) zu ermitteln, gehen Sie wie folgt vor:

1. Melden Sie sich am betreffenden Computersystem unter Windows Server 2012 R2 an.
2. Starten Sie die Eingabeaufforderung und führen Sie den Befehl **gpresult.exe** mitsamt den gewünschten Parametern aus. Das ermittelte Ergebnis wird standardmäßig auf dem Bildschirm in der Eingabeaufforderung angezeigt.

Abbildung 15.31: *Beispiel für die Verwendung von gpresult.exe zur Ermittlung der Anwendung von Gruppenrichtlinien auf das Administratorkonto*

Verwenden des Gruppenrichtlinienergebnis-Assistenten

Mittels des *Gruppenrichtlinienergebnis-Assistenten* der Konsole *Gruppenrichtlinienverwaltung* lässt sich ein detaillierter Bericht im HTML-Format erstellen, welcher einen genauen Aufschluss über die einzelnen angewendeten oder auch abgelehnten Gruppenrichtlinieneinstellungen gibt. Dieser Bericht kann anschließend (beispielsweise für eine spätere Auswertung oder Archivierung) in einer Datei im HTML- oder XML-Format gespeichert oder im Bedarfsfall auch ausgedruckt werden.

HINWEIS: Der mithilfe des *Gruppenrichtlinienergebnis-Assistenten* der Konsole *Gruppenrichtlinienverwaltung* ermittelte Bericht entspricht prinzipiell einem anhand des Befehls **`gpresult.exe`** ermittelten Gruppenrichtlinienergebnissatzes. Die Informationen stehen jedoch in übersichtlicherer Weise zur Auswertung zur Verfügung.

Gehen Sie wie folgt vor, um einen Bericht über die Anwendung bestimmter Gruppenrichtlinieneinstellungen von Gruppenrichtlinienobjekten in einer Active Directory-Domäne unter Windows Server 2012 R2 mittels *Gruppenrichtlinienergebnis-Assistent* der Konsole *Gruppenrichtlinienverwaltung* (*GPMC*) zu erstellen:

1. Öffnen Sie die Konsole *Gruppenrichtlinienverwaltung* (*GPMC*).
2. Erweitern Sie die Verknüpfung der jeweiligen Active Directory-Gesamtstruktur, klicken Sie mit der rechten Maustaste auf den Container **Gruppenrichtlinienergebnisse** und wählen Sie im Kontextmenü den Eintrag **Gruppenrichtlinienergebnis-Assistent**...
3. Klicken Sie im *Willkommensbildschirm* auf **Weiter**.

4. Wählen Sie den Computer aus, für den die Richtlinieneinstellungen ermittelt werden sollen. Alternativ können Sie noch die Option aktivieren, sodass keine Richtlinieneinstellungen für den ausgewählten Computer im ermittelten Ergebnis angezeigt werden. Bei Auswahl dieser Option werden anschließend lediglich die Benutzerrichtlinieneinstellungen angezeigt. Klicken Sie anschließend auf **Weiter**.
5. Wählen Sie im Dialogfenster *Benutzerauswahl* den gewünschten Benutzer, für welchen die Richtlinienergebnisdaten ermittelt werden sollen. Alternativ können Sie die Option aktivieren, sodass keine Richtlinieneinstellungen für Benutzer im ermittelten Ergebnis angezeigt werden. Bei Auswahl dieser Option werden anschließend lediglich die Computerrichtlinieneinstellungen angezeigt. Klicken Sie anschließend auf **Weiter**.

PRAXISTIPP! In dem Dialogfenster ***Benutzerauswahl*** werden lediglich die Konten der Benutzer aufgeführt, die sich an dem vorweg ausgewählten Computersystem vorweg bereits einmal erfolgreich angemeldet hatten, und für deren Gruppenrichtlinienergebnisdaten man über Leserechte verfügt.

6. Kontrollieren Sie in der *Zusammenfassung der Auswahl* die angegebenen Daten und klicken Sie dann auf **Weiter**, um die Richtlinienermittlung zu starten.
7. Klicken Sie auf die Schaltfläche **Fertig stellen**, um den Assistenten zu beenden.

Der soeben erstellte *Gruppenrichtlinienergebnissatz* wird im Infobereich der Konsole *Gruppenrichtlinienverwaltung* auf drei verschiedene Registerkarten aufgeteilt angezeigt:

- ***Zusammenfassung*** Enthält eine Übersicht über überprüften Objekte, sowie die darauf angewendeten oder abgelehnten Gruppenrichtlinienobjekte.
- ***Einstellungen*** Enthält eine detaillierte Übersicht über die durch die jeweiligen Gruppenrichtlinienobjekte *effektiv* angewendeten Gruppenrichtlinieneinstellungen.
- ***Richtlinienergebnisse*** Enthält eine Übersicht über erfolgreiche oder fehlgeschlagene Gruppenrichtlinienergebnisse als gefilterten Auszug aus dem Ereignisprotokoll.

Gruppenrichtlinienergebnissätze können, wie im oberen Abschnitt erkennbar, immer erst erstellt werden, wenn Gruppenrichtlinien auf Objekte in einer Umgebung Active Directory-Domänendienste (engl. *Active Directory Domain Services, AD DS*) angewendet werden. Um jedoch bereits bei der Planung zu erkennen, wie sich Gruppenrichtlinieneinstellungen in Gruppenrichtlinienobjekten auf bestimmte Benutzer oder Computer auswirken, kann man einen weiteren Assistenten der Konsole Gruppenrichtlinienverwaltung verwenden: Den Gruppenrichtlinienmodellierungs-Assistent.

Gruppenrichtlinienplanung mithilfe des Gruppenrichtlinienmodellierungs-Assistenten

Wenn der Einsatz von Gruppenrichtlinienobjekten geplant wird, ist es oft sehr sinnvoll, sich vorweg bereits über mögliche Auswirkungen - insbesondere beim Einsatz möglicherweise widersprüchlicher Einstellungen - zu informieren. Dies ermöglicht der *Gruppenrichtlinienmodellierungs-Assistent* der Konsole *Gruppenrichtlinienverwaltung.*

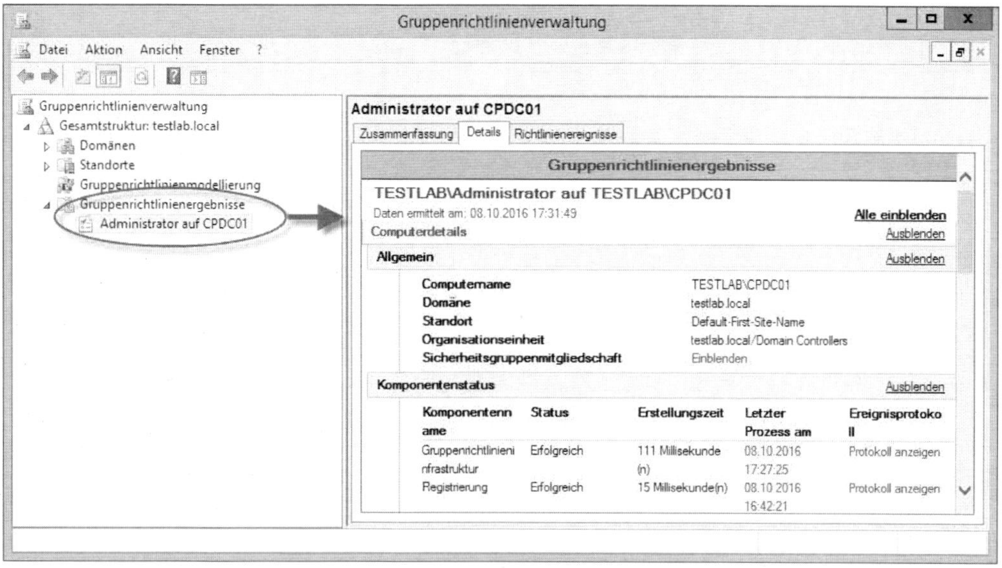

Abbildung 15.32: *Registerkarten eines in der Konsole Gruppenrichtlinienverwaltung ermittelten Gruppenrichtlinienergebnissatzes*

Mit diesem Assistenten wird es möglich, die potentiellen Auswirkungen von Gruppenrichtlinienobjekten für bestimmte Benutzer und bestimmte Computer vorweg zu testen und zu dokumentieren. Hierdurch lassen sich die Gruppenrichtlinienobjektverknüpfungen und -einstellungen optimal aufeinander anpassen, ohne dass dafür ein Anmeldeprozess ausgelöst werden muss. Die Ermittlung der Anwendung der jeweiligen Richtlinieneinstellungen erfolgt hierbei völlig planungstechnisch, und völlig ohne die Mitwirkung der betreffenden Benutzer.

Simulation bestimmter Situationen

In die Ergebnisermittlung des Assistenten können die folgenden Situationen einbezogen werden:

- Simulation für *„**Langsame Netzwerkverbindung**"*
- Simulation für ***Loopbackverarbeitung*** (*Ersetzen* oder *Zusammenführen*)
- Bestimmte ***Standortzugehörigkeiten***
- Filterung anhand bestimmter ***Sicherheitsgruppen***
- Verknüpfung von ***WMI-Filtern***

Diese Einstellungen können während der Konfiguration des Gruppenrichtlinienmodellierungs-Assistenten ausgewählt bzw. aktiviert werden.

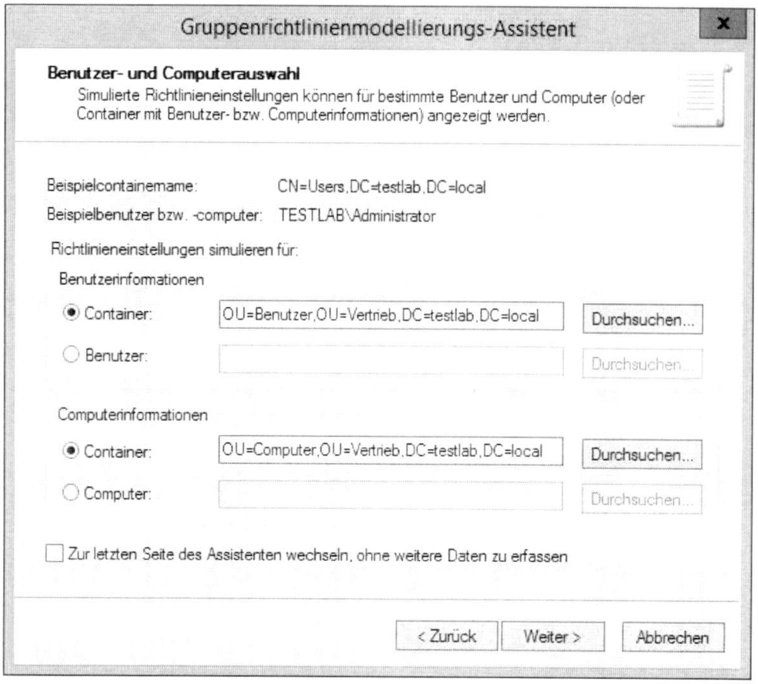

Abbildung 15.33: *Auswahl der anhand des Gruppenrichtlinienmodellierungs-Assistenten der Konsole Gruppenrichtlinienverwaltung zu testenden Benutzer- und Computerobjekte einer Active Directory-Domäne unter Windows Server 2012 R2*

Verwenden des Gruppenrichtlinienmodellierungs-Assistenten

Gehen Sie wie folgt vor, um mithilfe des *Gruppenrichtlinienmodellierungs-Assistenten* der Konsole *Gruppenrichtlinienverwaltung* (*GPMC*) einen Ergebnisbericht über die mögliche, geplante Gruppenrichtlinienanwendung für bestimmte Benutzer oder Computer zu erstellen:

1. Öffnen Sie die Konsole *Gruppenrichtlinienverwaltung* (*GPMC*).
2. Erweitern Sie die Verknüpfung der jeweiligen Active Directory-Gesamtstruktur, klicken Sie mit der rechten Maustaste auf den Container **Gruppenrichtlinienmodellierung** und wählen Sie im Kontextmenü den Eintrag **Gruppenrichtlinienmodellierungs-Assistent**...

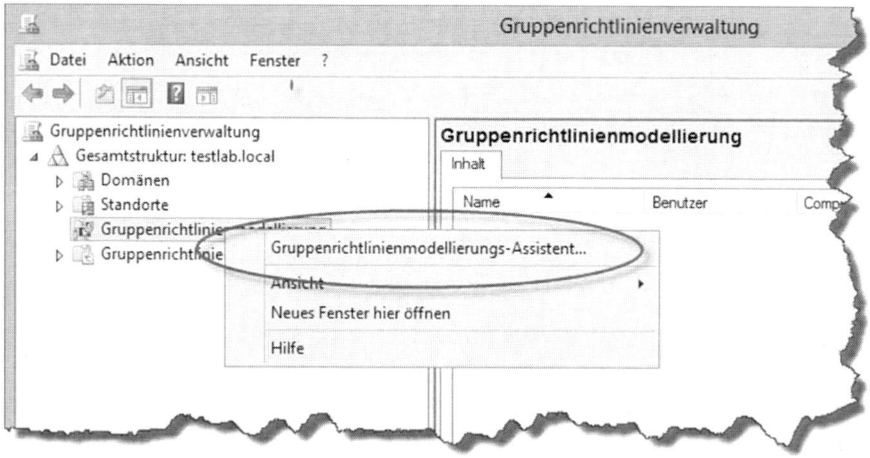

Abbildung 15.34: *Start des Gruppenrichtlinienmodellierungs-Assistenten*

3. Klicken Sie im *Willkommensbildschirm* auf **Weiter**.
4. Wählen Sie die für die Simulation zutreffende Domäne und den Domänencontroller aus, auf dem die Simulation erfolgen soll. Klicken Sie anschließend auf **Weiter**.
5. Bestimmen Sie im Dialog *Benutzer- und Computerauswahl*, auf welche der Objekte in der Active Directory-Domäne der Anwendung von Gruppenrichtlinienobjekten simuliert werden sollen. Hierbei kann man jeweils entweder ein einzelnes Objekt oder gleich eine vorhandene Organisationseinheit (OU) auswählen. Zusätzlich können Sie die Option **Zur letzten Seite des Assistenten wechseln, ohne weitere Daten zu erfassen** aktivieren, falls Sie nachfolgend keine weiteren Einstellungen mehr vornehmen und mit der Simulation beginnen möchten. Klicken Sie anschließend auf **Weiter**.
6. In dem Dialogfenster *Erweiterte Simulationsoptionen* können Sie festlegen, ob bestimmte Situationen während der simulierten Anwendung von Gruppenrichtlinieneinstellungen auf die ausgewählten Objekte mit einbezogen werden sollen. Zur Auswahl stehen hierbei die Simulation einer *„langsamen Netzwerkverbindung"*, der *Loopbackverarbeitungsmodus* (sinnvoll, wenn die Anmeldung an einem Terminalserver, Kiosk-System oder ähnlichem simuliert werden soll), sowie das Festlegen eines speziellen, vorhandenen *Active Directory-Standorts*. Zusätzlich können Sie die Option ***Zur letzten Seite des Assistenten wechseln, ohne weitere Daten zu erfassen*** aktivieren, falls Sie nachfolgend keine weiteren Einstellungen mehr vornehmen und mit der Simulation beginnen möchten. Klicken Sie anschließend auf ***Weiter***.

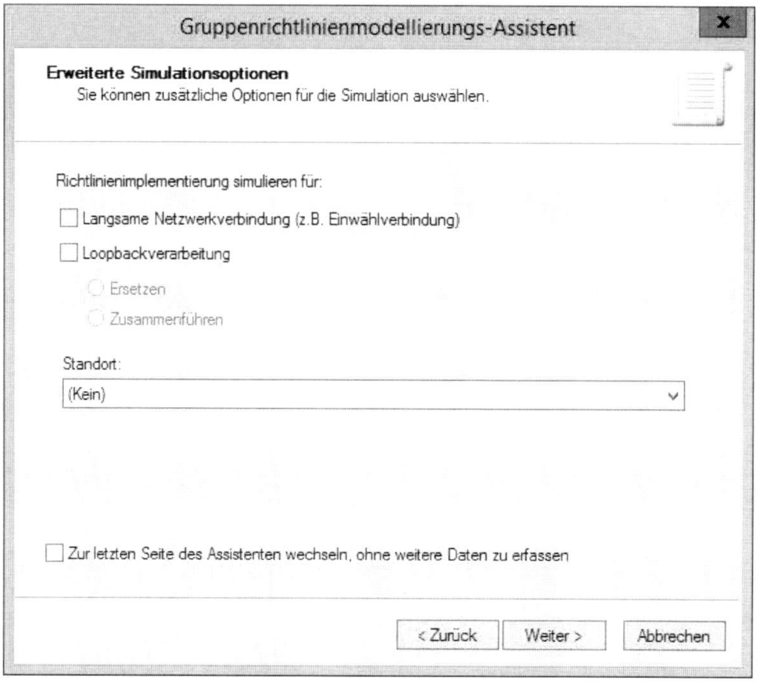

Abbildung 15.35: *Konfigurationsmöglichkeit weiterer Simulationsoptionen*

7. Im Dialog *Benutzersicherheitsgruppen* können Sie die zu simulierende Gruppenzugehörigkeit der zu überprüfenden Benutzerkonten zu speziellen Sicherheitsgruppen simulieren. Hierbei kann man die möglichen Auswirkungen der Sicherheitsfilterung auf Gruppenebene überprüfen. Über die Schaltfläche **Hinzufügen...** können Sie bei Bedarf noch weitere Gruppen zur Auswahl hinzufügen. Anhand dieser Einstellungen ist es möglich, die *Auswirkungen bei möglichen Änderung der Gruppenzugehörigkeiten* zu simulieren. Zusätzlich können Sie die Option **Zur letzten Seite des Assistenten wechseln, ohne weitere Daten zu erfassen** aktivieren, falls Sie nachfolgend keine weiteren Einstellungen mehr vornehmen und mit der Simulation beginnen möchten. Klicken Sie anschließend auf **Weiter**.

8. Im Dialog *Computersicherheitsgruppen* können Sie die zu simulierende Gruppenzugehörigkeit der zu überprüfenden Computerkonten zu speziellen Sicherheitsgruppen simulieren. Hierbei kann man die möglichen Auswirkungen der Sicherheitsfilterung auf Gruppenebene überprüfen. Über die Schaltfläche **Hinzufügen...** können Sie bei Bedarf noch weitere Gruppen zur Auswahl hinzufügen. Anhand dieser Einstellungen ist es möglich, die *Auswirkungen bei möglichen Änderung der Gruppenzugehörigkeiten* zu simulieren. Zusätzlich können Sie die Option **Zur letzten Seite des Assistenten wechseln, ohne weitere Daten zu erfassen** aktivieren, falls Sie nachfolgend keine weiteren Einstellungen mehr vornehmen und mit der Simulation beginnen möchten. Klicken Sie anschließend auf **Weiter**.

9. Im nachfolgenden Dialogfenster *WMI-Filter für Benutzer* kann festgelegt werden, ob während der Simulation der Anwendung von Gruppenrichtlinien ebenso auch bestimmte WMI-Filter auf die Benutzerobjekte angewendet werden sollen. Wenn Sie eine spezielle Filterung vornehmen möchten, so können Sie über die Option ***Nur diese Filter:*** bestimmte WMI-Filter für die Simulation angeben. Zusätzlich können Sie die Option **Zur letzten Seite des Assistenten wechseln, ohne weitere Daten zu erfassen** aktivieren, falls Sie nachfolgend keine weiteren Einstellungen mehr vornehmen und mit der Simulation beginnen möchten. Klicken Sie anschließend auf **Weiter**.

10. Im Dialogfenster *WMI-Filter für Computer* kann festgelegt werden, ob während der Simulation der Anwendung von Gruppenrichtlinien ebenso auch bestimmte WMI-Filter auf die Computerobjekte angewendet werden sollen. Wenn Sie eine spezielle Filterung vornehmen möchten, so können Sie über die Option ***Nur diese Filter:*** bestimmte WMI-Filter für die Simulation angeben. Zusätzlich können Sie die Option **Zur letzten Seite des Assistenten wechseln, ohne weitere Daten zu erfassen** aktivieren, falls Sie nachfolgend keine weiteren Einstellungen mehr vornehmen und mit der Simulation beginnen möchten. Klicken Sie anschließend auf **Weiter**.

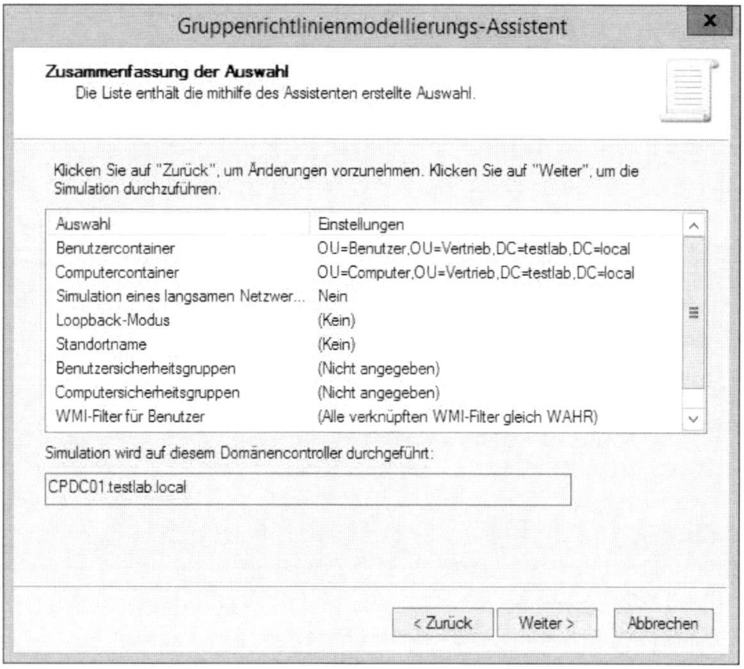

Abbildung 15.36: *Zusammenfassung der für die nachfolgend durchzuführende Simulation konfigurierten Optionen*

11. Klicken Sie im Dialogfenster *Fertigstellen des Assistenten* zur Durchführung der Simulation der Anwendung von Gruppenrichtlinien anhand der konfigurierten Optionen auf die ausgewählten Benutzer und Computer, sowie zum Erstellen des daraus ermittelten Ergebnisberichts auf die Schaltfläche **Fertig stellen.**

Nach dem Fertigstellen des Ergebnisberichts wird dieser in der Konsole *Gruppenrichtlinien-verwaltung* angezeigt und kann anschließend im HTML- oder XML-Format in einer Datei gespeichert, oder bei Bedarf auch ausgedruckt werden.

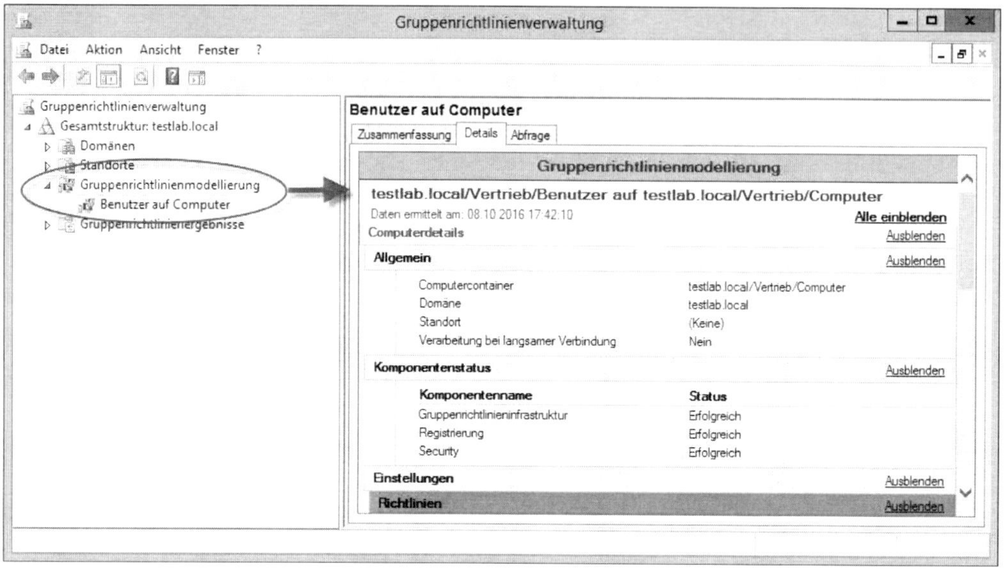

Abbildung 15.37: *Anzeige des Ergebnisberichts für die vorangegangene Simulation der Anwendung von Gruppenrichtlinien*

HINWEIS: Während der Anwendung des Gruppenrichtlinienmodellierungs-Assistenten auf bestimmte Benutzer und Computer werden *keinerlei* Veränderungen an vorhandenen Active Directory-Objekten vorgenommen. Die Anwendung von Gruppenrichtlinienobjekten wird mithilfe des Assistenten lediglich simuliert.

Die Simulation der Verwendung von Gruppenrichtlinien auf Benutzer und Computer bietet den Administratoren eine gute Planungsgrundlage für Gruppenrichtlinienobjekte in Umgebungen der Active Directory-Domänendienste (*Active Directory Domain Services, AD DS*). Wenn die Gruppenrichtlinienobjekte nach der Überprüfungsphase fertig gestellt sind, müssen diese für eine spätere, mögliche Wiederherstellung, aber auch für die potentielle Problembehandlung schriftlich dokumentiert werden. Auch hierzu kann die Konsole *Gruppenrichtlinienverwaltung* unter Windows Server 2012 R2 verwendet werden.

15.10.4 Gruppenrichtlinien dokumentieren

In der Konsole *Gruppenrichtlinienverwaltung* (engl. *Group Policy Management Console, GPMC*) konnte man bereits in der ersten Version des Tools die Einstellungen von Gruppenrichtlinienobjekten zu Dokumentationszwecken im HTML-Format bzw. bei Bedarf auch im XML-Format speichern oder gar ausdrucken.

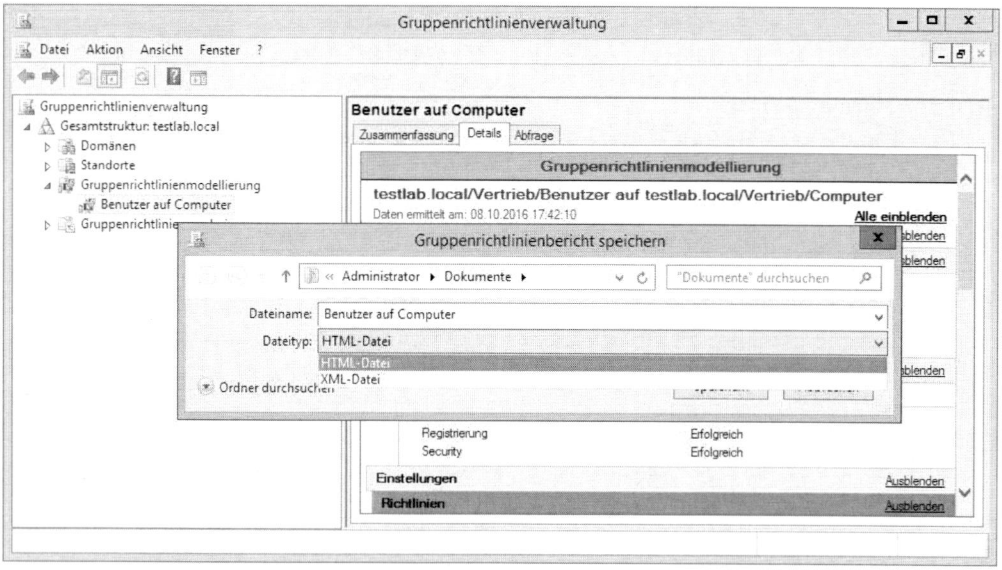

Abbildung 15.38: *Speichern der Einstellungen eines Gruppenrichtlinienobjekts in der Konsole Gruppenrichtlinienverwaltung unter Windows Server 2012 R2*

Gehen Sie wie folgt vor, um die Einstellungen eines Gruppenrichtlinienobjekts in der Konsole *Gruppenrichtlinienverwaltung* unter Windows Server 2012 R2 im HTML-Format auf der Festplatte zu speichern:

1. Öffnen Sie die Konsole *Gruppenrichtlinienverwaltung* (*GPMC*).
2. Wechseln Sie zum Container *Gruppenrichtlinienobjekte* und klicken Sie auf das gewünschte Gruppenrichtlinienobjekt. Alternativ können Sie (falls vorhanden) ebenso auch auf die jeweilige Gruppenrichtlinienobjektverknüpfung klicken.
3. Klicken Sie im Infobereich auf das Register **Einstellungen**.
4. Klicken Sie mit der rechten Maustaste in den angezeigten Infobereich unter dem Register **Einstellungen**, und wählen Sie im Kontextmenü den Eintrag **Bericht speichern...**
5. Geben Sie den gewünschten Dateinamen, den Speicherpfad und den gewünschten Dateityp (*HTML-Datei* oder *XML-Datei*) an und klicken Sie auf die Schaltfläche **Speichern**.

Der gespeicherte Bericht liegt nun dauerhaft als Nachweis vor und kann jederzeit, beispielsweise zum Abgleich mit neuern Einstellungen, herangezogen werden. Diese Berichte dienen jedoch lediglich zu reinen Dokumentationszwecken. Sollte eines der Gruppenrichtlinienobjekte einmal versehentlich verändert oder gelöscht werden, so könnte ein zuvor gespeicherter Bericht zum betreffenden Gruppenrichtlinienobjekt lediglich als Vorlage zum Wiederherstellen dienen. Eine Wiederherstellung direkt aus dem Bericht heraus ist hierbei jedoch nicht möglich.

15.10.5 Sichern und Wiederherstellen von Gruppenrichtlinienobjekten

In der Praxis kam es bisher gar nicht so selten vor, dass ein Administrator (insbesondere in größeren, umfangreicheren Active Directory-Infrastrukturen) einmal versehentlich ein falsches Gruppenrichtlinienobjekt modifizierte oder löschte. Die Auswirkungen dieses „Missgeschicks" auf die vorhandenen Active Directory-Objekte waren hierbei oft auch sofort ermittelt worden. Um die daraus entstandenen Probleme im Umfeld der vorhandenen Benutzer oder Computer alsbald wieder zu beheben, mussten die möglichen Änderungen bzw. die Löschung des betreffenden Gruppenrichtlinienobjekts schnellstmöglich rückgängig gemacht werden.

Die Konsole *Gruppenrichtlinienverwaltung (engl. Group Policy Management Console, GPMC)* unter Windows Server 2012 R2 bietet die Möglichkeit, die darin erstellten Gruppenrichtlinienobjekte für eine mögliche, spätere Wiederherstellung zu sichern. Dies kann direkt in der grafischen Konsole oder auch skriptgesteuert mittels Windows PowerShell erfolgen. Microsoft bietet in der im Internet angebotenen Downloadseite eine Vielzahl an Beispielskripts für die Sicherung von Gruppenrichtlinienobjekten zum kostenfreien Download an.

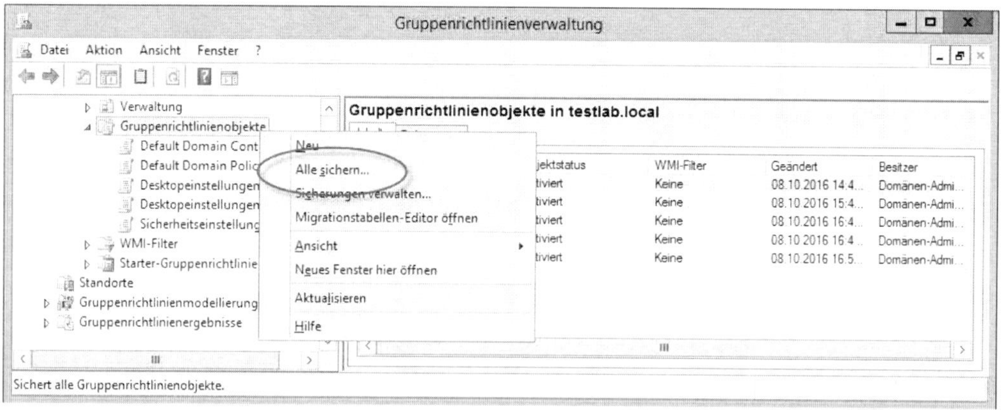

Abbildung 15.39: *Sicherung der vorhandenen Gruppenrichtlinienobjekte einer Active Directory-Domäne mit der Konsole Gruppenrichtlinienverwaltung unter Windows Server 2012 R2*

Sicherung mit der Konsole Gruppenrichtlinienverwaltung

Gehen Sie wie folgt vor, um die in einer Domäne vorhandenen Gruppenrichtlinienobjekte mittels der Konsole Gruppenrichtlinienverwaltung in einen definierbaren Pfad auf der lokalen Festplatte des Servers zu sichern:

1. Öffnen Sie die Konsole *Gruppenrichtlinienverwaltung*.
2. Klicken Sie mit der rechten Maustaste auf den Container **Gruppenrichtlinienobjekte** und wählen Sie im Kontextmenü den Eintrag **Alle sichern...** aus.

3. Geben Sie im Feld *Speicherort:* den Pfad an, unter dem die Gruppenrichtlinienobjekte gesichert werden sollen. Alternativ können Sie den Sicherungspfad durch einen Klick auf die Schaltlfläche **Durchsuchen** auswählen.
4. Optional können Sie im Feld **Beschreibung:** noch eine Beschreibung für die Sicherung (beispielsweise den Sicherungsumfang, o. ä.) eingeben.
5. Klicken Sie zum Start der Sicherung der vorhandenen Gruppenrichtlinienobjekte auf die Schaltfläche **Sichern**.
6. Der Sicherungsstatus wird Ihnen im Dialog *Sichern* angezeigt. Wenn der Sicherungsvorgang erfolgreich abgeschlossen wurde, klicken Sie auf die Schaltfläche **OK**.

Die Sicherung der vorhandenen Gruppenrichtlinienobjekte wird mithilfe der Konsole *Gruppenrichtlinienverwaltung* durchgeführt. Dieses Verfahren hat jedoch noch einen, oft bedeutenden Nachteil: Sie können diese Art der Sicherung immer nur manuell durchführen und nicht zeitlich steuern.

Sicherung der Gruppenrichtlinienobjekte mittels Windows PowerShell

Um die Sicherung der vorhandenen Gruppenrichtlinien (oder auch ganz gezielt einzelner, bestimmter Gruppenrichtlinienobjekte) zeitgesteuert und automatisch durchzuführen, kann man sich eines Windows PowerShell-Cmdlets bedienen, das man in ein kleines Skript schreibt - und mittels der *Aufgabenplanung* unter Windows Server 2012 R2 zeitlich ablaufen lässt.

Gehen Sie wie folgt vor, um die in einer Domäne vorhandenen Gruppenrichtlinienobjekte mithilfe der Windows PowerShell auf einem Domänencontroller unter Windows Server 2012 R2 in einen Ordner auf dem Laufwerk C: zu sichern:

```
Backup-GPO -All -Path c:\GPOBackup -Comment "Tägliche Sicherung"
```

Erklärung zur Syntax:

- **Backup-GPO** - ruft das eigentliche Windows PowerShell-Cmdlet für die Sicherung der in der betreffenden Domäne des auszuführenden Rechners vorhandenen Gruppenrichtlinien auf.
- **-All** -weist an, alle vorhandenen GPOs zu sichern.
- **-Path** *C:\GPOBackup* - steht für den zu verwendenden Zielordner, in den die Sicherung der Gruppenrichtlinienobjekte geschrieben werden soll. Der Ordner muss zuvor manuell erstellt werden.
- **-Comment** *"Tägliche Sicherung"* - steht für einen Kommentar, den man optionalen zur besseren Unterscheidung der Sicherungen zueinander verwenden kann.

Wenn die Sicherung der Gruppenrichtlinienobjekte erfolgreich verlaufen ist, kann man den möglichen Problemen entgegensehen, die eine Wiederherstellung von Gruppenrichtlinienobjekten unter Umständen notwendig machen.

Wiederherstellung mit der Konsole Gruppenrichtlinienverwaltung

Um im Bedarfsfall ein oder auch mehrere vorweg mithilfe der Konsole *Gruppenrichtlinienverwaltung* (*GPMC*) oder auch per Windows PowerShell gesicherten Gruppenrichtlinienobjekte wieder herstellen zu können, kann man wie folgt vorgehen:

1. Öffnen Sie die Konsole *Gruppenrichtlinienverwaltung* (*GPMC*).
2. Wechseln Sie in der gewünschten Active Directory-Domäne zum Container **Gruppenrichtlinienobjekte**.
3. Klicken Sie mit der rechten Maustaste auf den Container **Gruppenrichtlinienobjekte** und wählen Sie im Kontextmenü den Eintrag **Sicherungen verwalten…**
4. Falls notwendig, geben Sie im Feld *Sicherungsverzeichnis* das für die Sicherung der Gruppenrichtlinienobjekte verwendete Verzeichnis an. Im Bedarfsfall können Sie diesen auch über die Schaltfläche **Durchsuchen** auswählen.
5. Klicken Sie im Abschnitt *Gesicherte Gruppenrichtlinienobjekte* auf das wiederherzustellende Gruppenrichtlinienobjekt und anschließend auf die Schaltfläche **Wiederherstellen**. Bestätigen Sie die Sicherheitsabfrage mit einem Klick auf die Schaltfläche **OK**. Bestätigen Sie die erfolgreiche Wiederherstellung mit einem Klick auf die Schaltfläche **OK**. Verfahren Sie (falls gewünscht) ebenso mit noch weiteren, wiederherzustellenden Gruppenrichtlinienobjekten.
6. Wenn die gewünschten Gruppenrichtlinienobjekte wieder hergestellt wurden, klicken Sie anschließend auf die Schaltfläche **Schließen**, um das Dialogfenster **Sicherungen verwalten** zu schließen.

Die Wiederherstellung überschreibt auch mögliche, noch vorhandene Gruppenrichtlinienobjekte mit der Version aus der Sicherung. Somit können auf diesem Wege auch Gruppenrichtlinienobjekte wieder hergestellt werden, die man inhaltlich (mitunter vielleicht sogar versehentlich) sehr umfangreich verändert hat, und den ursprünglichen Zustand wiederum erreichen möchte.

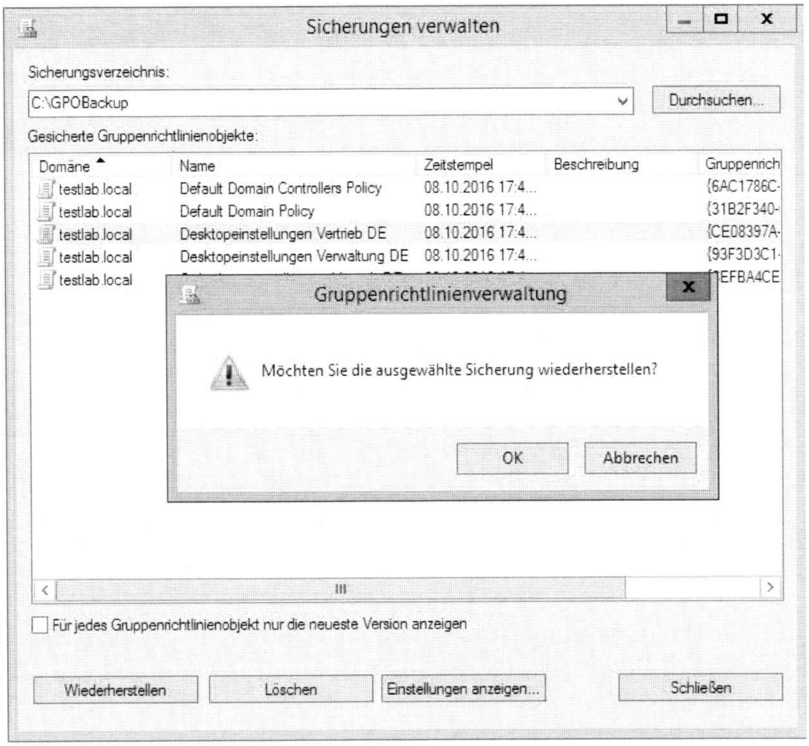

Abbildung 15.40: *Wiederherstellung eines Gruppenrichtlinienobjekts mithilfe der Konsole Gruppenrichtlinienverwaltung unter Windows Server 2012 R2*

Ebenso wie mit der Konsole *Gruppenrichtlinienverwaltung* (*GPMC*) lässt sich die Wiederherstellung von Gruppenrichtlinienobjekten wiederum mithilfe der Windows PowerShell auf einem Domänencontroller unter Windows Server 2012 R2 durchführen. Hierzu steht das Cmdlet `Restore-GPO` zur Verfügung. Nähere Informationen zur Syntax, sowie zu Beispielen zum Wiederherstellen von Gruppenrichtlinienobjekten mithilfe der Windows PowerShell entnehmen Sie einfach der darin enthaltenen Hilfeinformationen.

PRAXISTIPP! Die Firma *Dell* hat mit dem *Recovery Manager for Active Directory* ein kommerzielles Tool auf dem Markt, mit dem sich die Sicherung und auch Wiederherstellung von einzelnen Active Directory-Objekten (beispielsweise Benutzerobjekten, Computerkonten oder auch Gruppenrichtlinienobjekten) sehr effektiv durchführen lässt. Nähere Informationen zu dem *Recovery Manager for Active Directory*, sowie auch noch weiteren Tools der Firma *Quest Software* finden Sie im Internet unter:

http://www.dell.com/de/unternehmen/p/dell-software-recovery-manager-for-active-directory/pd

15.11 Zusammenfassung

In diesem Kapitel haben Sie erfahren, wie man Gruppenrichtlinienobjekte unter Windows Server 2012 R2 erstellen und verwalten kann. Nach der Einführung und der Erläuterung der Funktionsweise von Gruppenrichtlinienobjekten wurden Ihnen die möglichen, konfigurierbaren Einstellungen vorgestellt. Sie haben darüber hinaus erfahren, dass Gruppenrichtlinienobjekte bei der Erstellung jeweils an zwei verschiedenen Speicherorten gespeichert werden: der Datenbank der Active Directory-Domänendienste (*ntds.dit*) und der Freigabe SYSVOL auf den betreffenden Domänencontrollern.

Im Verlauf wurden Ihnen die als Vorlage für die Erstellung weiterer Gruppenrichtlinienobjekte verwendbaren Starter-Gruppenrichtlinienobjekte erläutert. Auch wurden Ihnen die in den Gruppenrichtlinienobjekten unter Windows Server 2012 R2 vorhandenen, *clientseitigen Erweiterungen* (engl. *client-side extensions, CSEs*) mitsamt deren zugehöriger Datei vorgestellt. Nach der Erläuterung des Gruppenrichtlinienaktualisierungsprozesses ging es dann über zum sicher wichtigsten aller in diesem Rahmen notwendigen Tools, der Konsole *Gruppenrichtlinienverwaltung* (engl. *Group Policy Management Console, GPMC*). Hierzu erhielten Sie die notwendigen Informationen zum Erstellen, Verwalten und Löschen von Gruppenrichtlinienobjekten unter Windows Server 2012 R2.

Zum Ende des Kapitels wurde Ihnen erklärt, mit welchen Methoden man Gruppenrichtlinienobjekte sichern und im Bedarfsfall auch wieder herstellen kann. Somit sollten Sie nunmehr gut auf die praktische Verwaltung von Gruppenrichtlinienobjekten vorbereitet sein. Im nächsten Kapitel werden wir uns der Verwaltung der Benutzerumgebung mit Gruppenrichtlinienobjekten zuwenden.

16 Verwaltung der Benutzerumgebung mit Gruppenrichtlinienobjekten

Die Arbeitsumgebung der Benutzer innerhalb einer Active Directory-Infrastruktur lässt sich seitens der verantwortlichen Administratoren mithilfe von Gruppenrichtlinienobjekten gezielt verwalten. Neben der Möglichkeit der Bereitstellung bestimmter Informationen, beispielsweise Laufwerksverknüpfungen, kann man die Gruppenrichtlinien ebenso dazu verwenden, die Benutzerumgebung den jeweiligen Unternehmensbedürfnissen anzupassen. Hierbei kann man zum Beispiel alle von den Benutzern nicht benötigten Funktionen des Windows-Betriebssystems oder auch in der Windows-Benutzeroberfläche deaktivieren bzw. ausblenden. Um dies in den Unternehmensnetzwerken zu realisieren, hat Microsoft in die Gruppenrichtlinienobjekte neben den konfigurierbaren Richtlinieneinstellungen aus den ADM-Vorlagen nunmehr auch spezielle Einstellungen (so genannte *Gruppenrichtlinienvorgaben*) aufgenommen. Diese stehen über neue, clientseitige Erweiterungen (engl. *Client-Side Extensions, CSEs*) zur Verfügung.

In diesem Kapitel wird Ihnen umfangreich erläutert, wie man anhand von Gruppenrichtlinienobjekten und den darin möglichen Einstellungen und Vorgaben die Benutzerumgebung in einer Active Directory-Infrastruktur verwalten kann.

16.1 Konfigurieren der Gruppenrichtlinieneinstellungen

Anhand von Gruppenrichtlinien können die unterschiedlichsten Einstellungen bereitgestellt werden. Einige der Richtlinien werden dazu einfach aktiviert bzw. deaktiviert, andere hingegen erfordern eine teilweise sehr komplexe Konfiguration. Grundsätzlich existieren innerhalb der Gruppenrichtlinieneinstellungen drei verschiedene Statuswerte:

- **Nicht konfiguriert**
- **Aktiviert**
- **Deaktiviert**

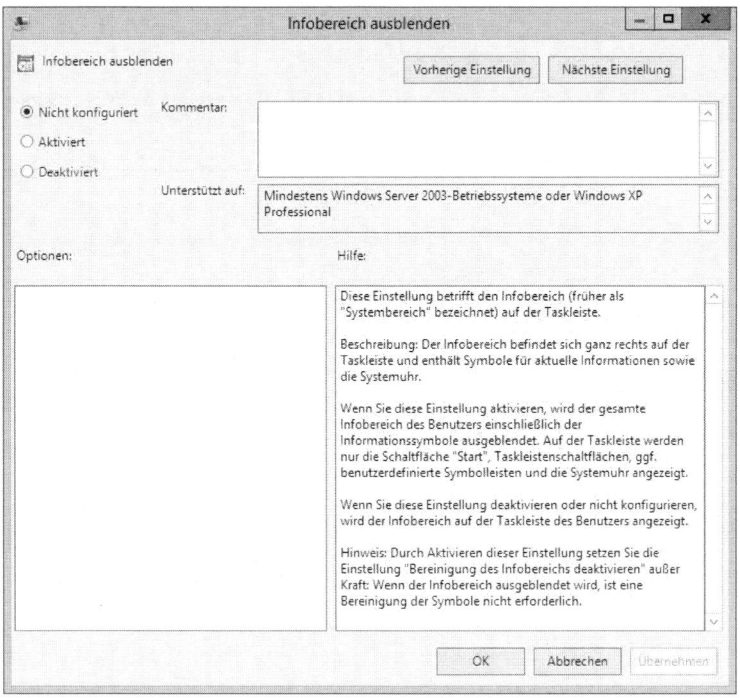

Abbildung 16.1: *Konfigurierbare Statuswerte einer Gruppenrichtlinie*

16.1.1 Konfiguration von Einzelwerten

Bei der Auswahlmöglichkeit einzelner Konfigurationswerte innerhalb von Gruppenrichtlinien stehen in der Regel die folgenden Konfigurationsmöglichkeiten zur Verfügung:

- Statuswert „***Nicht konfiguriert***“
  Bei Auswahl dieser Einstellung (welche die Standardeinstellung ist) wird die betreffende Richtlinie auf die verknüpften Clientcomputer oder Server nicht angewendet. Die entsprechende, vorangegangene Konfiguration der jeweiligen Einstellung bleibt nach dem Verarbeiten des Statuswertes dieser Richtlinie erhalten.

- Statuswert „***Aktiviert***“
  Bei dieser Konfiguration wird die betreffende Einstellung auf dem Clientcomputer oder Server aktiviert.

- Statuswert „***Deaktiviert***“
  Bei dieser Konfiguration wird die betreffende Einstellung auf dem Clientcomputer oder Server deaktiviert.

16.1.2 Konfiguration von Mehrfachwerten

Einige der Gruppenrichtlinieneinstellungen, wie beispielsweise die Einstellungen für den Microsoft Updatedienst, verlangen darüber hinaus die Angabe bestimmter Werte, beispielsweise die IP-Adresse oder auch den Servernamen in einem URL.

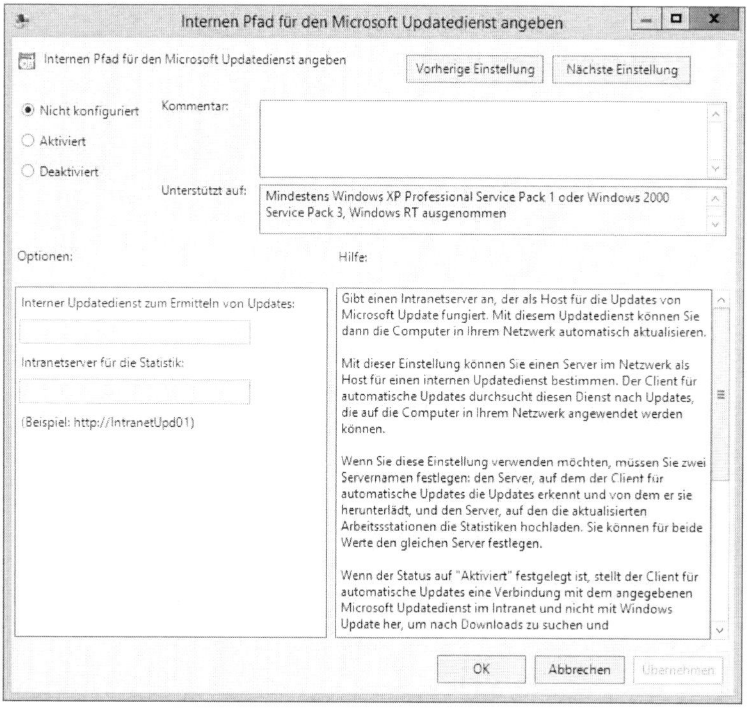

Abbildung 16.2: *Richtlinieneinstellung mit mehreren Werten*

Der jeweils programmierte Aufbau einer Gruppenrichtlinie entscheidet letztlich über die Möglichkeit der Definition einzelner oder auch mehrerer Werte.

16.2 Die Erweiterungen für Gruppenrichtlinienvoreinstellungen

Microsoft hat die Gruppenrichtlinienobjekte bereits seit Windows Server 2008 um *clientseitige Erweiterungen* (engl. *Client-Side Extensions, CSEs*) ergänzt. Technisch werden diese von Microsoft auch als *„Erweiterungen für Gruppenrichtlinienvoreinstellungen"* (engl. *Group Policy Preferences, GPP*) bezeichnet. Im Gegensatz zu den konfigurierbaren Gruppenrichtlinieneinstellungen der Gruppenrichtlinienobjekte werden diese Gruppenrichtlinienvoreinstellungen nicht erzwungen. Vielmehr dienen diese dazu, die bisherigen „Lücken" der Gruppenrichtlinienobjekte zu schließen. In der Vergangenheit setzten viele Administratoren beispielsweise spezielle Anmeldeskripts ein, um Laufwerksverknüpfungen für die Anwender im Netzwerk gleich während des Anmeldeprozesses bereitzustellen. Diese Laufwerksverknüpfungen können seit der Einführung von Windows Server 2008 in den Gruppenrichtlinienvoreinstellungen der Gruppenrichtlinienobjekte beispielsweise problemlos konfiguriert werden, ohne dass dazu ein Script geschrieben oder auch bereitgestellt werden müsste.

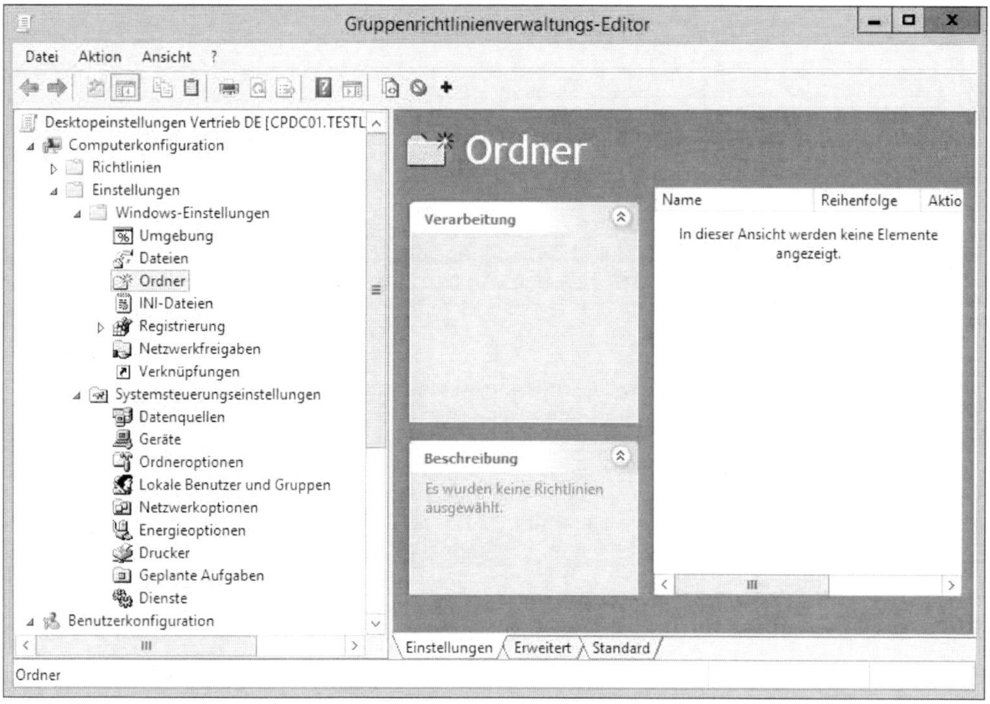

Abbildung 16.3: *Beispiel für die neuen Gruppenrichtlinienvoreinstellungen anhand der definierbaren Windows-Einstellungen in der Computerkonfiguration*

Die Gruppenrichtlinienvoreinstellungen vereinfachen die zentrale Verwaltung verschiedenster Konfigurationseinstellungen auf den Clientcomputern und Servern in einer Active Directory-Infrastruktur. Viele der Einstellungen mussten bislang teils über entsprechende Skriptdateien, andere wiederum manuell an den betreffenden Computern vorgenommen werden.

PRAXISTIPP! Die Erweiterungen für Gruppenrichtlinienvoreinstellungen unter Windows Server 2012 R2 können auf Clientbetriebssysteme ab Windows XP Professional mit Service Pack 2 oder höher, sowie auf Serverbetriebssysteme ab Windows Server 2003 mit Service Pack 1 (SP1) angewendet werden.

16.2.1 Windows-Einstellungen

Die Erweiterungen der Gruppenrichtlinienobjekte um Gruppenrichtlinienvoreinstellungen umfassen im Rahmen der Windows-Einstellungen u. a.:

Name der Erweiterung	Zweck
Anwendungen	Dient zum Konfigurieren von Einstellungen für Anwendungen.
Laufwerkszuordnungen	Dient zum Erstellen, Ändern oder Löschen zugeordneter Laufwerke sowie zum Konfigurieren der Sichtbarkeit aller Laufwerke.
Umgebung	Dient zum Erstellen, Ändern oder Löschen von Umgebungsvariablen.
Dateien	Dient zum Kopieren, Ersetzen oder Löschen von Dateien sowie zum Ändern der Attribute von Dateien.
Ordner	Dient zum Erstellen, Ändern oder Löschen von Ordnern.
INI-Dateien	Dient zum Hinzufügen, Ersetzen oder Löschen von Abschnitten oder Eigenschaften in Dateien mit Konfigurationseinstellungen (.ini-Dateien) oder in Dateien mit Setupinformationen (.inf-Dateien).
Netzwerkfreigaben	Dient zum Erstellen, Ändern oder Löschen (Aufheben der Freigabe) von Freigaben.
Registrierung	Dient zum Kopieren von Registrierungseinstellungen sowie zum Anwenden der Einstellungen auf andere Computer. Dient außerdem zum Erstellen, Ersetzen oder Löschen von Registrierungseinstellungen.
Verknüpfungen	Dient zum Erstellen, Ändern oder Löschen von Verknüpfungen, beispielsweise von bestimmten Programmen in das Startmenü oder den Desktop von Benutzern.

Tabelle 16.1: *Konfigurierbare Voreinstellungen im Rahmen der Windows-Einstellungen in Gruppenrichtlinienobjekten*

16.2.2 Systemsteuerungseinstellungen

Als Voreinstellungserweiterungen für die Systemsteuerungseinstellungen stehen die folgenden Konfigurationsmöglichkeiten zur Verfügung:

Name der Erweiterung	Zweck
Datenquellen	Dient zum Erstellen, Ändern oder Löschen von ODBC (Open Database Connectivity)-Datenquellennamen.
Geräte	Dient zum Aktivieren oder Deaktivieren von Hardwaregeräten oder Geräteklassen.
Ordneroptionen	Dient zum Konfigurieren von Ordneroptionen des Typs Öffnen mit für Dateinamenserweiterungen sowie zum Erstellen, Ändern oder Löschen von einem Dateityp zugeordneten Dateinamenserweiterungen.
Interneteinstellungen	Dient zum Ändern der durch die Benutzer konfigurierbaren Interneteinstellungen.
Lokale Benutzer und Gruppen	Dient zum Erstellen, Ändern oder Löschen lokaler Benutzer und Gruppen. Kann auch zum Ändern von Kennwörtern lokaler Benutzerkonten verwendet werden.
Netzwerkoptionen	Dient zum Erstellen, Ändern oder Löschen von VPN (Virtual Private Network)- oder DFÜ (Datenfernübertragungs)-Verbindungen.
Energieoptionen	Dient zum Ändern der Energieoptionen sowie zum Erstellen, Ändern oder Löschen von Energieschemas.
Drucker	Dient zum Erstellen, Ändern oder Löschen von TCP/IP-Druckerverbindungen sowie von freigegebenen und lokalen Druckerverbindungen.
Regionale Einstellungen	Dient zum Ändern regionaler Einstellungen.
Name der Erweiterung	Zweck
Diensteerweiterung	Dient zum Ändern von Diensten.
Geplante Tasks	Dient dem Erstellen, Ändern oder Löschen von geplanten, auszuführenden Tasks.
Startmenü	Dient zum Ändern der Startmenüoptionen.

Tabelle 16.2: *Konfigurierbare Voreinstellungen im Rahmen der Systemsteuerungseinstellungen in Gruppenrichtlinienobjekten*

16.2.3 Beispiel für die Anwendung von Windows-Einstellungen

Wie bereits erwähnt, können anhand der in den Gruppenrichtlinienobjekten unter Windows Server 2012 R2 konfigurierbaren Windows-Einstellungen mitunter sogar die bisher für bestimmte Konfigurationsschritte verwendeten Skriptdateien abgelöst werden. Ein Beispiel hierfür sind die in Unternehmensnetzwerken oft notwendigen Laufwerkszuordnungen für Benutzer.

Konfiguration von Laufwerkszuordnungen

Um Benutzern im Unternehmensnetzwerk notwendige Dateifreigaben unter bestimmten Laufwerksbuchstaben konstant bereitzustellen, kann man sich seit der Einführung von Windows Server 2008 der erweiterten Konfigurationsmöglichkeiten der Windows-Einstellungen bedienen. Hiermit ist es möglich, die Zuordnung eines Laufwerksbuchstabens (beispielsweise den Buchstaben „H" für das „Home-„ oder „Heimatverzeichnis" eines Benutzers) anhand einer entsprechenden Gruppenrichtlinienvoreinstellung in der Umgebung der Active Directory-Domänendienste zu definieren.

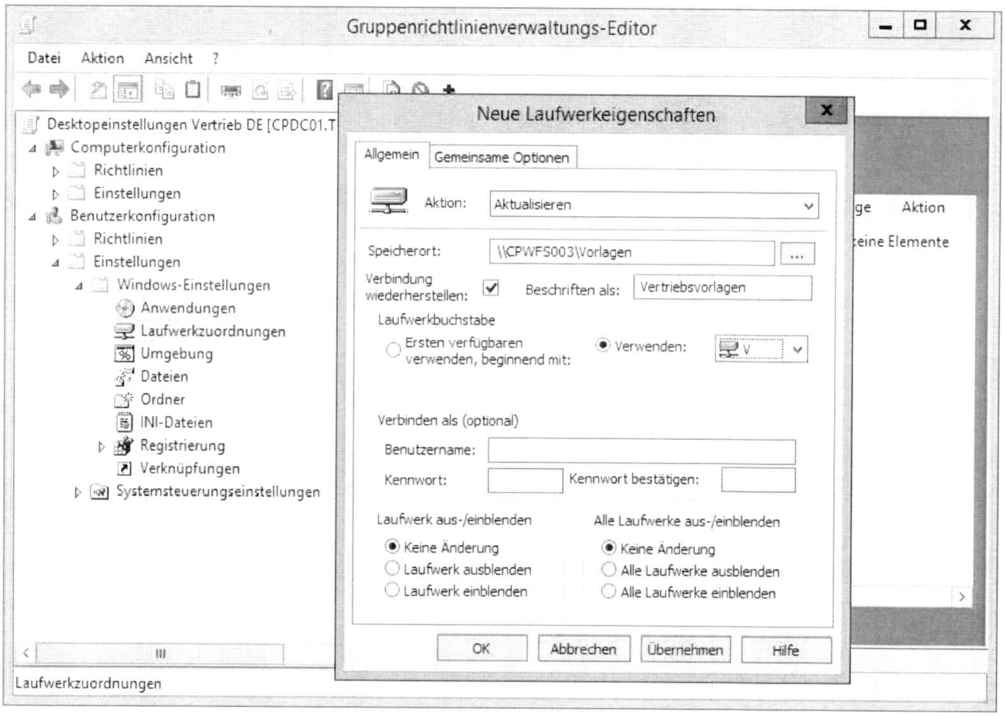

Abbildung 16.4: *Beispiel für die Konfiguration einer Laufwerkszuordnung anhand der Windows-Einstellungen in einem Gruppenrichtlinienobjekt*

Gehen Sie wie folgt vor, um eine Laufwerkszuordnung für eine bestimmte Netzwerkfreigabe anhand der konfigurierbaren Gruppenrichtlinienvoreinstellungen in Gruppenrichtlinienobjekten unter Windows Server 2012 R2 vorzunehmen:

1. Öffnen Sie die Konsole *Gruppenrichtlinienverwaltung* und wechseln Sie zum betreffenden Gruppenrichtlinienobjekt bzw. der zu bearbeitenden Gruppenrichtlinienverknüpfung.
2. Klicken Sie mit der rechten Maustaste auf das zu bearbeitende Gruppenrichtlinienobjekt, bzw. die entsprechende Gruppenrichtlinienverknüpfung und wählen Sie im Kontextmenü den Eintrag **Bearbeiten...** aus.
3. Erweitern Sie im *Gruppenrichtlinienobjekt-Editor* den Knoten für die **Benutzerkonfiguration**, die **Einstellungen** und die **Windows-Einstellungen**.
4. Klicken Sie anschließend mit der rechten Maustaste auf **Laufwerkszuordnungen**, und wählen Sie im Kontextmenü den Eintrag **Neu - Zugeordnetes Laufwerk**.
5. Konfigurieren Sie im Dialogfenster **Eigenschaften von Neue/s Laufwerk** die gewünschte Aktion, geben Sie im Feld **Speicherort:** den Netzwerkpfad in Form eines UNC-Pfads zum gewünschten Ziel, sowie den anzuzeigenden Namen im Feld *Beschriften als:* an. Wählen Sie im Abschnitt *Laufwerksbuchstabe* die gewünschte Option.
6. Im Bedarfsfall können Sie im Abschnitt *Verbinden als (optional)* spezifische Anmeldedaten in Form eines Benutzernamens und dem zugehörigen Kennwort angeben, welche für den Zugriff auf die jeweilige Freigabe genutzt werden sollen. Die Zugriffe auf die hierbei konfigurierte Laufwerkszuordnung erfolgen dann anschließend grundsätzlich anhand dieser Anmeldeinformationen. Die Eingabe eines Kennworts ist nach der Aktualisierung der Windows-Updates nicht mehr vorgesehen (siehe Anmerkung unten).
7. Bestimmen Sie in den Abschnitten *Laufwerk aus-/einblenden*, bzw. *Alle Laufwerke aus-/einblenden* bei Bedarf noch die notwendigen Optionen und klicken Sie anschließend auf **OK**.

Im *Infobereich* der *Windows-Einstellung* für Laufwerkszuordnungen wird die konfigurierte Laufwerkszuordnung anhand eines Konfigurationssymbols angezeigt. Änderungen können hierüber jederzeit vorgenommen werden.

Bei der nächsten Verarbeitung der Gruppenrichtlinienobjekte übernehmen die betreffenden Benutzerobjekte die Laufwerkszuordnung, und das verknüpfte Laufwerk wird den Benutzern (je nach Konfiguration) anhand des jeweiligen Laufwerksbuchstabens angezeigt bzw. bereitgestellt.

WICHTIG! Angreifer fanden die Möglichkeit heraus, die in den Gruppenrichtlinienerweiterungen eingetragenen, in der Sysvol-Freigabe der Domänencontroller für den Abruf durch Clientcomputer verschlüsselt gespeicherten Kennwörter mit einfachen Mitteln auszulesen. Aus Sicherheitsgründen hat Microsoft deshalb sämtliche Kennwortfelder in den Gruppenrichtlinienerweiterungen mittels eines Sicherheitspatches deaktiviert. Nähere Informationen hierzu findet man im Internet unter: **https://support.microsoft.com/de-de/kb/2962486**

Wie Sie anhand der gezeigten Konfiguration sicher erkennen konnten, erfolgt diese für den Administrator sehr transparent und nachvollziehbar. Problematisch kann es in Unternehmensnetzwerken jedoch sein, eine Laufwerkszuordnung quasi pauschal für eine bestimmte Benutzergruppe zu konfigurieren. Mitunter ist der Laufwerksbuchstabe, welcher für die Bereitstellung der Laufwerkszuordnung ausgewählt wurde, im Benutzerumfeld bereits anderweitig vergeben. In diesem Fall würde die Laufwerkszuordnung nicht funktionieren.

Es existieren Möglichkeiten, anhand bestimmter Kriterien eine sogenannte Zielgruppenadressierung vorzunehmen. Dies entspricht einer möglicherweise sehr detaillierten Filterung der Zielgruppenobjekte für die Bereitstellung bestimmter Windows-Einstellungen oder auch Systemsteuerungseinstellungen.

16.2.4 Zielgruppenadressierung

Da oft nicht alle Einstellungen, die anhand von Windows-Einstellungen oder auch Systemsteuerungseinstellungen konfigurierbar sind, pauschal auch auf alle vorhandenen Benutzer oder Computer innerhalb einer Organisationseinheit oder Domäne angewendet werden sollten, kann man innerhalb der jeweiligen Konfiguration eine entsprechende Zielgruppenadressierung vornehmen. Hierbei kann sehr detailliert festgelegt, sprich: gefiltert werden, welcher der vorhandenen Benutzer oder Computer die konfigurierte Einstellung überhaupt übernehmen darf.

PRAXISTIPP! Die Zielgruppenadressierung hat einen entscheidenden Vorteil gegenüber der sonst gängigen Sicherheitsfilterung oder auch WMI-Filterung von Gruppenrichtlinienobjekten: Die Zielgruppenadressierung lässt sich auf einzelne Einstellungen innerhalb von Gruppenrichtlinienobjekten anwenden, statt auf das jeweils ganze Gruppenrichtlinienobjekt.

Anwendbare Kriterien bei der Zielgruppenadressierung

Die folgenden Kriterien können für die Definition der Zielgruppenadressierung angewendet werden:

- Batterie vorhanden
- Computername
- CPU-Geschwindigkeit
- Datumsübereinstimmung
- Einwählverbindung
- Festplattenspeicher
- Domäne
- Umgebungsvariable

- Dateiübereinstimmung
- IP-Adressbereich
- Sprache
- LDAP-Abfrage
- MAC-Adressbereich
- MSI-Abfrage
- Betriebssystem
- Organisationseinheit
- PCMCIA vorhanden
- Tragbarer Computer
- Verarbeitungsmodus
- RAM
- Registrierungsübereinstimmung
- Sicherheitsgruppe
- Standort
- Terminalsitzung
- Zeitbereich
- Benutzer
- WMI-Abfrage

Jede der konfigurierbaren Kriterien lässt sich mehr oder weniger umfangreich definieren und spezifizieren. Beispielsweise kann man im Rahmen eines IP-Adressbereichs festlegen, dass sich die zu konfigurierenden Zielgruppenelemente (Computer oder Benutzer) seitens des die Richtlinie verarbeitenden Computers in einem definierten IP-Adressbereich zwischen einem ersten und einem zweiten Wert (beispielsweise „zwischen 192.168.1.10 und 192.168.1.50") befinden muss. Erst wenn diese Vorgabe zutreffend ist, kann die zu konfigurierende Einstellung auf dies betreffenden Computer oder Benutzer angewendet werden.

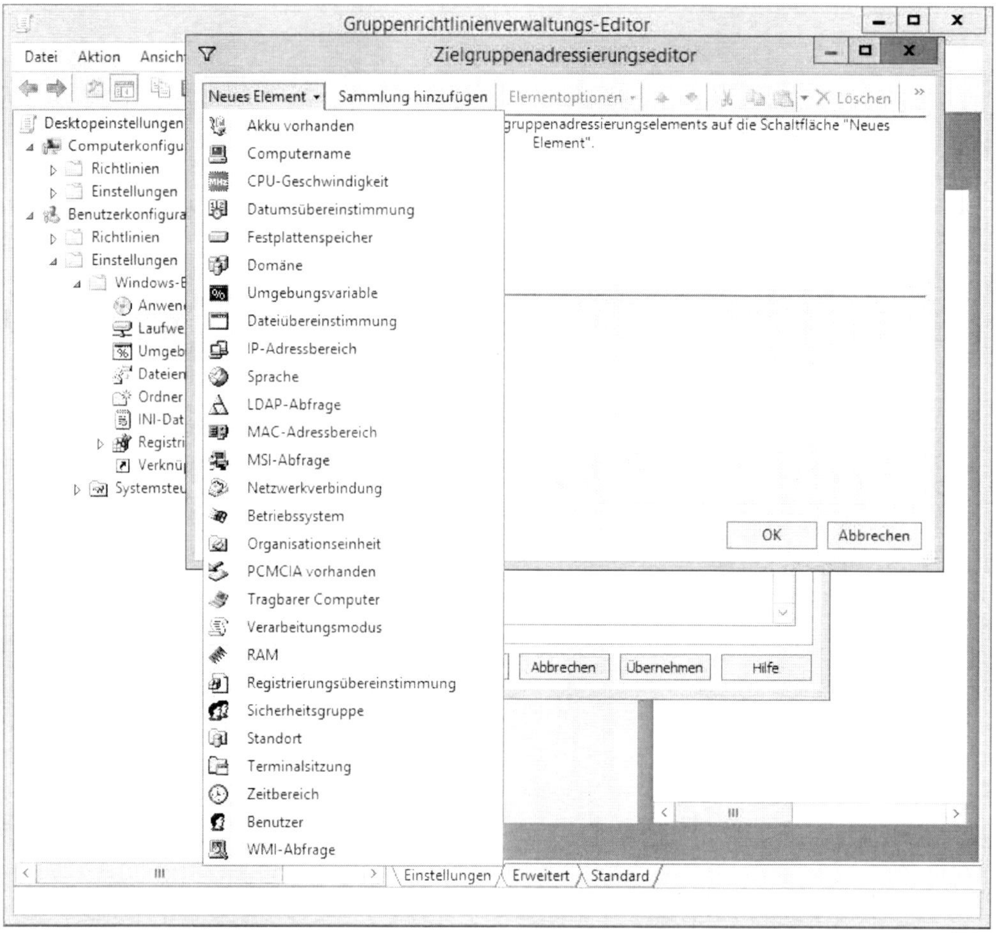

Abbildung 16.5: *Konfiguration der Zielgruppenadressierung für konfigurierte Einstellungen in Gruppenrichtlinienobjekten unter Windows Server 2012 R2*

Konfigurationsschritte zum Einrichten einer Zielgruppenadressierung

Gehen Sie wie folgt vor, um die Zielgruppenadressierung für eine bestimmte Windows-Einstellung oder auch Systemsteuerungseinstellung in den Gruppenrichtlinienobjekten unter Windows Server 2012 R2 vorzunehmen:

1. Öffnen Sie die Konsole *Gruppenrichtlinienverwaltung* (GPMC).
2. Wechseln Sie zu der zu bearbeitenden Gruppenrichtlinienverknüpfung bzw. zu dem zu konfigurierenden Gruppenrichtlinienobjekt. Klicken Sie mit der rechten Maustaste auf das betreffende Objekt und wählen Sie im Kontextmenü den Eintrag **Bearbeiten...**

3. Wechseln Sie im *Gruppenrichtlinienobjekt-Editor* auf Ebene der *Computer-* oder *Benutzerkonfiguration* über den jeweiligen Container **Einstellungen ZUR Windows-Einstellung** oder **Systemsteuerungseinstellung**, für die Sie eine Zielgruppenadressierung konfigurieren möchten.
4. Klicken Sie im Infobereich mit der rechten Maustaste auf die zu konfigurierende **Windows-Einstellung** oder **Systemsteuerungseinstellung** und wählen Sie im Kontextmenü den Eintrag **Eigenschaften**.
5. Wechseln Sie im Dialog *Eigenschaften von* < > zum Register **Gemeinsam**, aktivieren Sie die Option **Zielgruppenadressierung auf Elementebene** und klicken Sie auf die Schaltfläche **Zielgruppenadressierung...**
6. Klicken Sie im Dialogfenster *Zielgruppenadressierungseditor* auf **Neues Element** und wählen Sie das als Kriterium festzulegende Element aus.
7. Geben Sie den als Zielgruppenwert zu definierenden Voreinstellungswert an und klicken Sie anschließend auf **OK**.
8. Klicken Sie im Dialog *Eigenschaften von* < > auf die Schaltfläche **OK**.

Die Zielgruppenadressierung ist nach der Konfiguration für die betreffende Windows-Einstellung oder Systemsteuerungseinstellung sofort anwendbar. Die betreffende Einstellung wird nur noch auf die zutreffenden Computer oder Benutzer angewendet.

Man könnte noch unzählige, weitere Beispiele für die Verwendung der neuen Gruppenrichtlinienvoreinstellungen aufzeigen, so umfangreich lassen sich diese in Unternehmensnetzwerken auf die vorhandenen Computer- und Benutzerobjekte der Active Directory-Domänendienste (engl. *Active Directory Domain Services, AD DS*) anwenden. Man muss diese jedoch nicht zwangsläufig einsetzen und seine bisherigen Methoden, beispielsweise die Bereitstellung von Skriptdateien für die Laufwerkszuordnungen, verwerfen - im Gegenteil. Die neuen Gruppenrichtlinienerweiterungen sollten als umfangreiche Ergänzung betrachtet und für den möglichen Einsatz in Unternehmensnetzwerken entsprechend bewertet werden.

16.3 Bereitstellen und Anwenden von Skripts mithilfe von Gruppenrichtlinien

Bereits seit der Einführung von Windows 2000 konnte man mittels der Gruppenrichtlinienobjekte auch Skripts auf die in der Netzwerkumgebung vorhandenen Benutzer und Computer anwenden. Oft dienten diese Skripts dazu, den Benutzern gleich während des Anmeldeprozesses bestimmte Netzwerkfreigaben über bestimmte Laufwerksbuchstaben bereitzustellen, oder den Desktop beim Abmelden des Benutzers zu bereinigen.

Die erstellten Skripts können zum einen auf die Computer, andererseits auf die Benutzer in einer Active Directory-Infrastruktur angewendet werden. Die Skripts in den Gruppenrichtlinienobjekten unter Windows Server 2012 R2 können eingesetzt werden während dem:

- Starten von Computern

- Herunterfahren von Computer
- Anmelden der Benutzer
- Abmelden der Benutzer

Die Skripts zum Starten und Herunterfahren können dabei in den Gruppenrichtlinien auf Ebene der Computerkonfiguration, die Skripts zum An- und Abmelden wiederum auf Ebene der Benutzerkonfiguration eingesetzt werden.

Die in den Gruppenrichtlinienobjekten verwendeten Skripts können in jeder von den Clientcomputern und Servern unterstützten Sprachen geschrieben sein. Häufig werden hierbei die in Windows Script Host (WSH)-unterstützten Sprachen (beispielsweise als Visual Basic-Script, Java-Script) und Befehlsdateien verwendet. Auch werden die notwendigen Skriptdateien teilweise einfach als Stapelverarbeitungs- (.BAT-) oder Command-Dateien (.CMD) erstellt und angewendet. Auch kann man problemlos Windows PowerShell-Skript mithilfe der Gruppenrichtlinienobjekte anwenden.

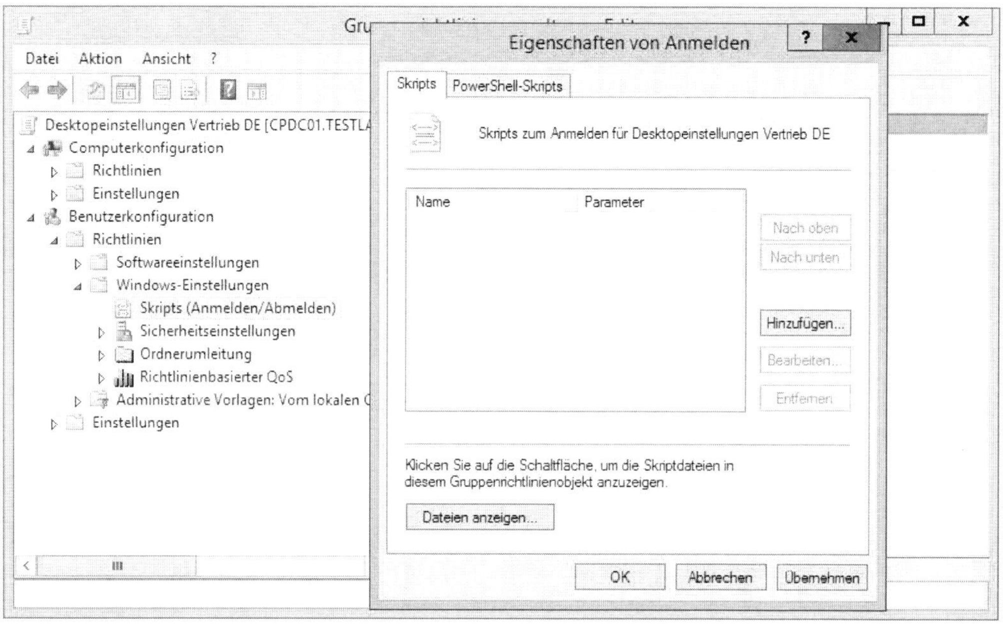

Abbildung 16.6: *Hinzufügen eines Anmeldeskripts zu einem vorhandenen Gruppenrichtlinienobjekt unter Windows Server 2012 R2*

16.3.1 Beispiel für ein Anmeldeskript

Nachfolgend sehen Sie ein einfaches Beispiel für ein mögliches Anmeldskript, das man in der Benutzerkonfiguration von Gruppenrichtlinienobjekten in einer Active Directory-Domäne verknüpfen und somit auf die davon betroffenen Benutzerkonten anwenden kann:

```
Set objNetwork = WScript.CreateObject(„WScript.
Network")

objNetwork.MapNetworkDrive "F:","\\CPWFS03\Daten"

msgbox "Firmendaten erfolgreich mit F: verbunden!"
```

Die im oberen Beispiel für ein mögliches Anmeldeskript dargestellten Codezeilen müssen lediglich in einer einfachen Textdatei als VB-Script (beispielsweise als Datei „***DriveMap.vbs***") gespeichert werden. Dieses Anmeldeskript lässt sich anschließend einfach in ein vorhandenes oder auch neues Gruppenrichtlinienobjekt verknüpfen und somit auf die davon betroffenen Benutzerkonten in der gewünschten Active Directory-Domäne anwenden.

16.3.2 Anwenden eines Anmeldeskripts

Gehen Sie wie folgt vor, um ein Anmeldeskript für die Benutzeranmeldung mithilfe der Konsole *Gruppenrichtlinienverwaltung* (GPMC) in ein vorhandenes Gruppenrichtlinienobjekt in einer Active Directory-Domäne unter Windows Server 2012 R2 zu verknüpfen:

1. Kopieren Sie die für die Verwendung in den Gruppenrichtlinienobjekten vorgesehene Skriptdatei im Windows-Explorer in der Freigabe *Netlogon* in den Ordner *Logon* auf den Domänencontroller, der für die Erstellung bzw. Konfiguration des betreffenden Gruppenrichtlinienobjekts verwendet werden soll.
2. Öffnen Sie die Konsole *Gruppenrichtlinienverwaltung (GPMC)*.
3. Wechseln Sie über die Gesamtstruktur und Domäne zum Gruppenrichtlinienobjekt bzw. der Gruppenrichtlinienobjektverknüpfung, welcher das Anmeldeskript zugewiesen werden soll.
4. Klicken Sie mit der rechten Maustaste auf das entsprechende Gruppenrichtlinienobjekt bzw. die -verknüpfung und wählen Sie im Kontextmenü den Eintrag **Bearbeiten...**
5. Wechseln Sie im *Gruppenrichtlinienverwaltungs-Editor* über den Knoten für die **Benutzerkonfiguration** und **Richtlinien** in den Container **Windows-Einstellungen**. Klicken Sie auf den Container **Skripts (Anmelden/Abmelden)**.
6. Klicken Sie anschließend im Infobereich mit der rechten Maustaste auf die Verknüpfung ANMELDEN und wählen Sie im Kontextmenü den Eintrag **Eigenschaften**.
7. Klicken Sie auf die Schaltfläche **Hinzufügen**.
8. Klicken Sie im Dialogfenster *Hinzufügen eines Skripts* auf die Schaltfläche **Durchsuchen**, wählen Sie die gewünschte Skriptdatei aus und klicken Sie anschließend auf **Öffnen**.
9. Geben Sie im Feld *Skriptparameter:* falls gewünscht noch passende Parameterinformationen für die Ausführung der Skriptdatei an, und klicken Sie dann auf die Schaltfläche **OK**.
10. Übernehmen Sie die Konfiguration im Dialogfenster **Eigenschaften von Anmelden** mit einem Klick auf die Schaltfläche **OK**.

Die mit dem Gruppenrichtlinienobjekt soeben verknüpfte Skriptdatei wird standardmäßig zwischen allen vorhandenen Domänencontrollern der betreffenden Active Directory-Domäne automatisch repliziert und auf die mit dem Gruppenrichtlinienobjekt verknüpften Benutzerkonten der Domäne angewendet.

16.3.3 Speicherorte von Skriptdateien

Damit Skripts im Netzwerk auf allen Domänencontrollern zur Verfügung stehen, werden diese zwischen den Domänencontrollern über den Dateireplikationsdienst (engl. *File Replication Service, FRS*) bzw. den *Distributed File Replication Service (DFRS)* unter Windows Server 2008 und höher, repliziert. Für diesen Vorgang sollten die zu replizierenden Skriptdateien in den folgenden Ordnern gespeichert werden:

Skriptdateien zum Anmelden:

%Windir%\SYSVOL\sysvol<*Domänenname*>**\Policies***GUID***\User\Scripts \Logon**

Skriptdateien zum Abmelden:

%Windir%\SYSVOL\sysvol<*Domänenname*>**\Policies***GUID***\User\Scripts \Logoff**

Alternativ kann man die zu replizierenden Skriptdateien auch in dem folgenden Ordner speichern:

%Windir%\SYSVOL\sysvol<*Domänenname*>**\scripts**

HINWEIS: Der Ordner **scripts** wird standardmäßig als ***Netlogon***-Freigabe im Netzwerk bereitgestellt.

16.3.4 Überlegungen zur Planung von Skriptdateien

Bei der Planung von Skriptdateien sollten Sie die folgenden Aspekte mit einbeziehen:

- ***Start- und Herunterfahrenskripts*** werden unter dem lokalen Systemkonto ausgeführt und verfügen demnach über alle diesem Konto zugewiesenen Rechte.
- ***An- und Abmeldeskripts*** werden standardmäßig im Kontext des jeweiligen Benutzerkontos ausgeführt, und sind demnach mitunter von den Rechten her eingeschränkt.

HINWEIS: Die in den Gruppenrichtlinienobjekten verknüpften Skriptdateien werden, falls mehrere Skripts parallel verknüpft sind, standardmäßig asynchron zueinander ausgeführt. Zwar ist es möglich, die synchrone Ausführung der Skripts zu konfigurieren, jedoch kann dadurch beispielsweise der Anmelde- oder Abmeldevorgang verlangsamt werden.

Wenn mehrere Skriptdateien in einem Gruppenrichtlinienobjekt verknüpft sind, kann man die Verarbeitungsreihenfolge der Skripts innerhalb des jeweiligen Gruppenrichtlinienobjekts festlegen. Hierbei gilt wiederum: Die Skripts werden in der Reihenfolge standardmäßig von unten nach oben verarbeitet.

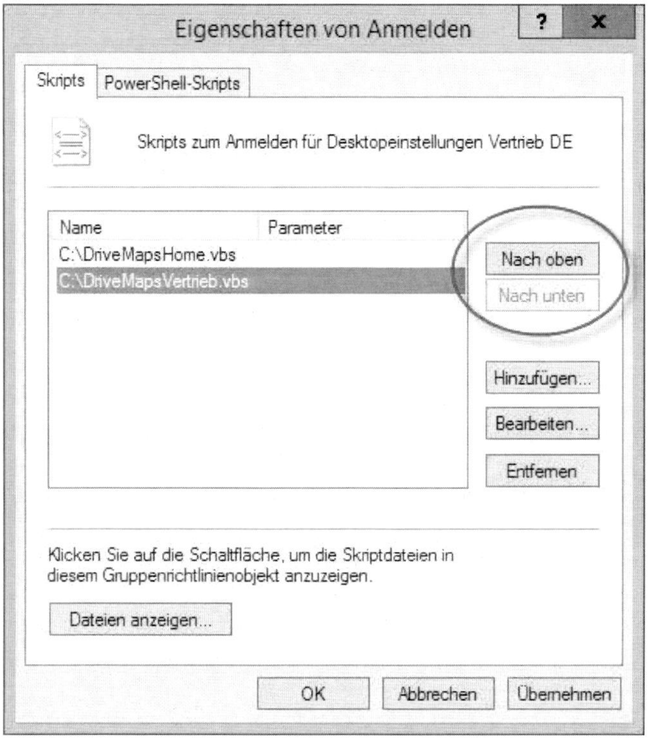

Abbildung 16.7: *Änderung der Verarbeitungsreihenfolge von Skriptdateien in Gruppenrichtlinienobjekten unter Windows Server 2012 R2*

Neben der Anwendung von Skriptdateien besteht in den Gruppenrichtlinienobjekten noch eine weitere Möglichkeit, auf die Bereitstellung von Ordnern im Netzwerk einzuwirken - die Ordnerumleitung.

Seitens der einsetzbare Windows PowerShell-Skripts lässt sich zudem noch festlegen, ob diese zuerst, oder gar zuletzt (sprich: nach den Standardskriptdateien) verarbeitet werden sollen.

16.4 Konfigurieren der Ordnerumleitung

Die Benutzereinstellungen und Benutzerdateien werden standardmäßig im lokalen Benutzerprofil eines Anwenders gespeichert. Der Zugriff auf die darin gespeicherten Dateien kann somit lediglich auf dem betreffenden Computersystem erfolgen. Wenn ein Benutzer jedoch an mehreren Computern im Netzwerk tätig ist, stellt das dabei jeweils genutzte, lokale Benutzerprofil ein Problem im Zugriffsverhalten auf die darin gespeicherten Informationen dar.

Abhilfe kann hierbei die Ordnerumleitung bestimmter, im Benutzerprofil vorhandener Ordner in einen Netzwerkpfad schaffen.

Mit der in den Gruppenrichtlinienobjekten konfigurierbaren Ordnerumleitung kann man den Speicherort bestimmter Ordner innerhalb von Benutzerprofilen zu einem neuen Speicherort umleiten. Somit kann man sicherstellen, dass ein Benutzer von überall aus auf die in das Netzwerk umgeleiteten Ordner Zugriff erhält.

Die Ordnerumleitung kann somit parallel zu einem möglichen, servergespeicherten Profilpfad für Benutzerprofile in Unternehmensnetzwerken verwendet werden. Alternativ lässt die Ordnerumleitung auch andere, lokale Zielordner zu, so dass man nicht gezwungen ist, Speicherpfade im Netzwerk zu definieren.

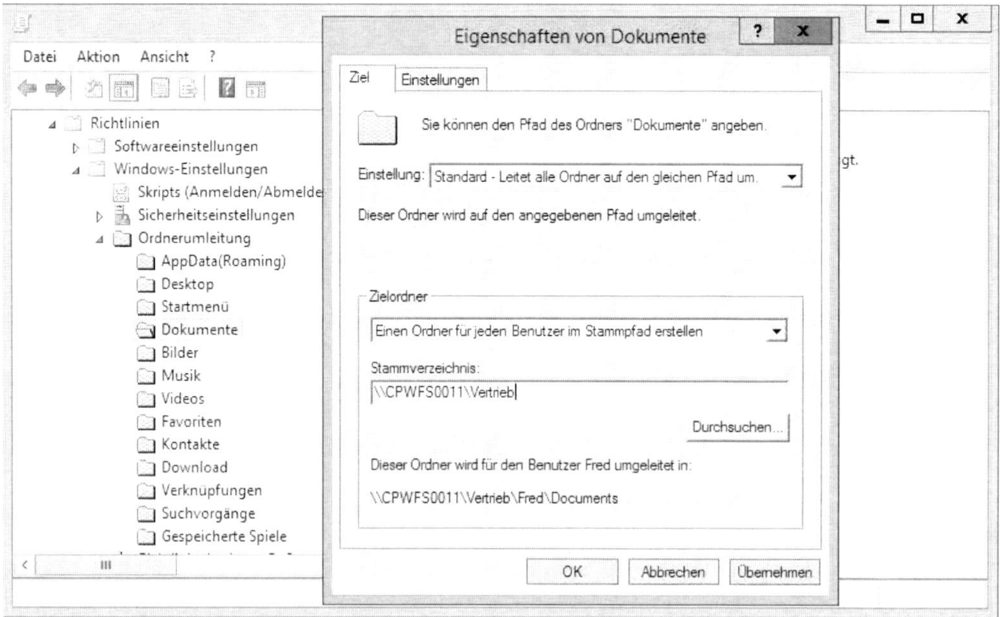

Abbildung 16.8: *Konfiguration der Ordnerumleitung in einem Gruppenrichtlinienobjekt unter Windows Server 2012 R2*

Die anhand einer konfigurierten Ordnerumleitung in einem Netzwerkpfad gespeicherten Dateien, beispielsweise Dokumente und Vorlagen, stehen den betroffenen Benutzern somit im gesamten Netzwerk zur Verfügung. Die Dateien und Ordner können genauso genutzt werden, als wären diese lokal auf dem jeweiligen Rechner gespeichert.

16.4.1 Vorteile der Orderumleitung

Die Verwendung der Ordnerumleitung in Unternehmensnetzwerken birgt die folgenden Vorteile:

- Die in den umgeleiteten Ordnern gespeicherten Dateien lassen sich von den betreffenden Benutzern genauso nutzen, als wenn diese lokal gespeichert wären.
- Die Verwendung von Offlinedateien (standardmäßig für die Ordnerumleitung aktiviert) ermöglicht den Benutzern auch dann den Zugriff auf die Dateien und Ordner, wenn sie nicht mit dem Netzwerk verbunden sind. Dies ist insbesondere für Mitarbeiter mit tragbaren Computern sehr nützlich.
- Beim Einsatz von servergespeicherten Profilen werden diese in Verbindung mit der Ordnerumleitung seitens der Gesamtgröße reduziert, so dass die Benutzeran- und -abmeldung zeitlich schneller durchgeführt werden kann. Die mittels Ordnerumleitung umgeleiteten Dateien und Ordner werden nicht mit dem Benutzerprofil geladen, sondern werden im Hintergrund mithilfe der Offlinedateien synchronisiert, nachdem sich der Benutzer bereits angemeldet hat.
- Für die durch die Ordnerumleitung genutzten Benutzerprofilordner können Datenträgerkontingente festgelegt werden, um den durch die Dateien und Ordner genutzten Speicherplatz zu beschränken.
- Die Ordnerumleitung kann bei Bedarf auch auf Ebene von Sicherheitsgruppen definiert werden, so dass der Zielserver jeder einzelnen Sicherheitsgruppe sich von dem der anderen unterscheidet. Die Richtlinie für die Ordnerumleitung für einen bestimmten Ordner der Gruppe Vertrieb kann so beispielsweise zu Server 1, die Umleitung für den gleichen Ordner der Gruppe Verwaltung zu Server 2, usw. definiert werden.

16.4.2 Umleitbare Ordner

Nicht alle auf einem Computersystem vorhandenen Ordner können anhand von Richtlinien einfach umgeleitet werden. Die in Gruppenrichtlinienobjekten definierbaren Richtlinien für die Ordnerumleitung zielen hierbei auf die innerhalb eines Benutzerprofils vorhandenen Ordner ab. Hierbei unterscheidet man die jeweiligen Ordner jedoch zwischen Windows Vista (und höher) im Vergleich zu früheren Betriebssystemen:

Ordner in Windows Vista (und höher)	Entsprechender Ordner in früheren Windows-Versionen
Anwendungsdaten\Servergespeichert	Anwendungsdaten
Desktop	Desktop
Startmenü	Startmenü
Dokumente	Eigene Dateien
Bilder	Eigene Bilder
Musik	-

Ordner in Windows Vista (und höher)	Entsprechender Ordner in früheren Windows-Versionen
Videos	-
Favoriten	-
Kontakte	-
Downloads	-
Verknüpfungen	-
Suchvorgänge	-
Gespeicherte Spiele	-

Tabelle 16.3: *Vergleich der Ordner im Benutzerprofil zwischen Windows Vista (und höher) zu älteren Windows-Betriebssystemversionen*

Wie in der obigen Tabelle zu erkennen ist, existieren unter Windows Vista (und höher) viele Ordner, die in den vorangegangenen Windows-Versionen noch nicht vorhanden waren. Natürlich muss man bei der Konfiguration der Ordnerumleitung noch bestimmen, an welchen Speicherort die in den Ordnern enthaltenen Daten umgeleitet werden sollen.

16.4.3 Zieldefinition der Ordnerumleitung

Die Ordnerumleitung kann anhand der Auswahl im Feld *Einstellung:* in der Registerkarte *Ziel* der Eigenschaften eines umzuleitenden Ordners auf einen bestimmten Zielordner im Netzwerk oder im lokalen Benutzerprofil konfiguriert werden.

Hierbei können die folgenden Einstellungen vorgenommen werden:

- ***Standard - Leitet alle Ordner auf den gleichen Pfad um*** Diese Einstellung ermöglicht das Umleiten aller Ordner an denselben Speicherort und gilt für alle Benutzer, auf die das betreffende *Gruppenrichtlinienobjekt* (engl. *Group Policy Object, GPO*) angewendet wird.
- ***Erweitert - Gibt Pfad für verschiedene Benutzergruppen an*** Bei Auswahl dieser Einstellung kann das Umleitungsverhalten für den Ordner basierend auf der jeweiligen Sicherheitsgruppenmitgliedschaft der Benutzer, auf die das betreffende *Gruppenrichtlinienobjekt* (engl. *Group Policy Object, GPO*) angewendet wird, konfiguriert werden.
- ***Folgen Sie dem Ordner „Dokumente"*** Diese Option ist nur für die Ordner ***Musik***, ***Bilder*** und ***Videos*** verfügbar. Bei Auswahl dieser Option können die betreffenden Ordner nicht gesondert umgeleitet werden und erben die Umleitungsoptionen und Einstellungen vom Ordner ***Dokumente***.
- ***Nicht konfiguriert*** Dies ist die *Standardeinstellung*. Bei Auswahl dieser Einstellung wird festgelegt, dass eine Ordnerumleitung des betreffenden Orders anhand dieser Richtlinie

nicht stattfindet. Die darin gespeicherten Daten verbleiben am ursprünglichen Speicherort.

Abbildung 16.9: *Konfiguration des Zielordners für die Ordnerumleitung*

16.4.4 Weitere, konfigurierbare Einstellungen

Neben der Definition des Umleitungsziels der Ordnerumleitung können in der Registerkarte Einstellungen darüber hinaus noch weitere Konfigurationsoptionen ausgewählt werden:

- ***Dem Benutzer exklusive Zugriffsrechte gewähren*** Diese Einstellung ist standardmäßig aktiviert. Bei Auswahl dieser Option wird dem Administrator, sowie auch allen anderen Benutzern der Zugriff auf den Ordner nicht gewährt. Lediglich der betreffende Benutzer ist in der Lage, auf die in dem Ordner gespeicherten Daten zuzugreifen.
- ***Den Inhalt von [Ordnername] an den neuen Ort verschieben*** Anhand dieser Einstellung wird festgelegt, dass die im ursprünglichen, umzuleitenden Ordner gespeicherten Daten in das Umleitungsziel, beispielsweise in eine Netzwerkfreigabe verschoben.
- ***Umleitungsrichtlinie auch auf die Betriebssysteme Windows 2000, Windows 2000 Server, Windows XP und Windows Server 2003 anwenden*** Durch diese Einstellung

kann die betreffende Ordnerumleitung für Windows Vista sowie auch für frühere Betriebssystemversionen verwendet werden. Diese Option gilt nur für umleitbare Ordner in frühern Windows-Betriebssystemen. Betroffen sind hiervon die Ordner ***Anwendungsdaten***, ***Desktop***, ***Eigene Dateien***, ***Eigene Bilder*** und ***Startmenü***.

- ***Ordner nach Entfernen der Richtlinie am neuen Ort belassen*** Bei Auswahl dieser Option (Standardeinstellung) verbleiben die anhand der mit dieser Ordnerumleitung ursprünglich an den neuen Zielordner umgeleiteten Inhalte am neuen Speicherort. Dies trifft zu, sobald die Richtlinie entfernt wird (beispielsweise durch das Löschen des Gruppenrichtlinienobjekts).
- ***Ordner nach Entfernen der Richtlinie zurück an den Ort des lokalen Benutzerprofils umleiten*** Bei Auswahl dieser Optionen werden die ursprünglich anhand dieser Ordnerumleitung an den neuen Ort verschobenen Daten zurück in das lokale Benutzerprofil kopiert, sobald die Richtlinie entfernt wird (beispielsweise durch das Löschen des Gruppenrichtlinienobjekts).

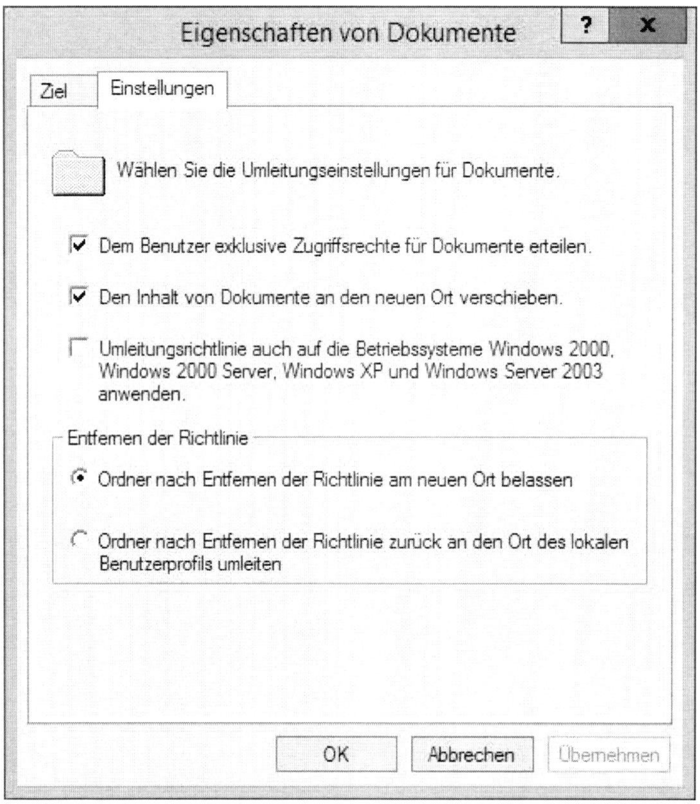

Abbildung 16.10: *Konfiguration von Umleitungseinstellungen für den Ordner Dokumente*

Die Einrichtung einer Ordnerumleitung mithilfe von Gruppenrichtlinienobjekten sollte sorgfältig geplant werden, um die Bereitstellung der Benutzerdaten sicherzustellen.

WICHTIG! Wenn anhand der konfigurierten Ordnerumleitung lediglich dem betreffenden Benutzer exklusive Zugriffsrechte für die in dem Ordner enthaltenen Dokumente erteilt werden, kann selbst ein Sicherungsprogramm, welches ggf. sogar unter dem Systemkonto die Sicherung der Daten durchführen möchte, auf die Daten nicht mehr zugreifen. Die Sicherung der Daten durch das Sicherungsprogramm schlägt in diesem Fall fehl.

16.4.5 Sicherheitsaspekte bei der Orderumleitung

Die in Gruppenrichtlinienobjekten konfigurierbare Ordnerumleitung ermöglicht es, den Benutzern, deren Ordner zu einem Zielordner umgeleitet wurden, exklusiven Zugriff zu gewähren. Damit ist der Zugriff auch durch die Administratoren erst einmal nicht möglich. Man sollte hierbei jedoch bedenken, dass auch ein Sicherungsprogramm (Backup-Programm) bei einer solch konfigurierten Einschränkung keine Zugriffsmöglichkeit auf die mitunter zu sichernden Daten der jeweiligen Benutzer erhält. Es empfiehlt sich deshalb, noch vor der Konfiguration der Ordnerumleitung entsprechende Freigabe- und NTFS-Berechtigungen für die Zielordner der jeweiligen Ordnerumleitung zu definieren. Eine nachträgliche, manuelle Konfiguration durch den Administrator kann dadurch eingespart werden.

Freigabeberechtigung für den Stammordner

Für die Stammordner, welche als Zielordner für die Ordnerumleitung mittels Gruppenrichtlinien dienen, sollten die folgenden Freigabeberechtigungen definiert werden:

Benutzerkonto bzw. Sicherheitsgruppe	Standardeinstellung für die Ordnerumleitung	Erforderliche Mindestberechtigung
Jeder	Vollzugriff	Keine Berechtigung (bei Verwendung der jeweiligen Sicherheitsgruppe der Benutzer oder der Gruppe der Authentifizierten Benutzer)
Sicherheitsgruppe der Benutzer, welche auf die umgeleiteten Daten zugreifen *alternativ* Authentifizierte Benutzer	Nicht zutreffend	Vollzugriff

Tabelle 16.4: *Erforderliche Freigabeberechtigung für die Zielordner der Ordnerumleitung mithilfe von Gruppenrichtlinienobjekten*

Des Weiteren müssen die innerhalb des freigegebenen Ordners konfigurierbaren NTFS-Berechtigungen für den jeweils notwendigen Zugriff definiert werden.

NTFS-Berechtigung für den Stammordner

Die folgenden NTFS-Berechtigungen sollten für den Zugriff auf den Stammordner für die Ordnerumleitung definiert werden:

Benutzerkonto bzw. Sicherheitsgruppe	Standardeinstellung für die Ordnerumleitung	Erforderliche Mindestberechtigung
Ersteller-Besitzer	Vollzugriff; Zugriff auf diesen Ordner, Unterordner und Dateien	Vollzugriff; Zugriff auf diesen Ordner, Unterordner und Dateien
Administratoren	Keine Berechtigung	Keine Berechtigung
Jeder	Keine Berechtigung	Keine Berechtigung
System (bzw. Dienstkonto für die Datensicherung)	Vollzugriff; Zugriff auf diesen Ordner, Unterordner und Dateien	Vollzugriff; Zugriff auf diesen Ordner, Unterordner und Dateien
Sicherheitsgruppe der Benutzer, welche auf die umgeleiteten Daten zugreifen	Nicht zutreffend	Ordner auflisten/Daten lesen, Ordner erstellen/ Daten anhängen - Nur für diesen Ordner

Tabelle 16.5: *Notwendige NTFS-Berechtigungen für die Zielordner der Ordnerumleitung mithilfe von Gruppenrichtlinienobjekten*

PRAXISTIPP! Beachten Sie, dass die Definition „*Keine Berechtigung*" sich darauf bezieht, dass für die betreffenden Konten bzw. Gruppen *keine Einträge* in der *Zugriffskontrollliste* (engl. *Access Control List, ACL*) des jeweiligen Ordners vorgenommen werden. Sie sollten sich *nicht* verleiten lassen, den betreffenden Konten bzw. Gruppen die Zugriffsberechtigungen explizit zu „*verweigern*". Da beispielsweise prinzipiell jedes vorhandene Benutzerkonto einschließlich der Administratoren, usw. der Systemgruppe „*Jeder*" zugehörig sind, würde bei der expliziten Zugriffsverweigerung allen Benutzerkonten der Zugriff auf die Zielordner verweigert werden.

16.4.6 Beispiele für die Konfiguration der Ordnerumleitung

Nachfolgend finden Sie zwei Beispiele, die Ihnen die Konfiguration der Ordnerumleitung beschreiben:

Ordnerumleitung anhand der Standardkonfiguration

Um eine Ordnerumleitung für einen Ordner im Benutzerprofil der Benutzer mithilfe von Gruppenrichtlinienobjekten in einer Umgebung der Active Directory-Domänendienste (AD DS) unter Windows Server 2012 R2 zu konfigurieren, gehen Sie wie folgt vor:

1. Öffnen Sie die Konsole *Gruppenrichtlinienverwaltung* (*GPMC*).
2. Wechseln Sie über die Gesamtstruktur und Domäne zum Container *Gruppenrichtlinienobjekte.*
3. Klicken Sie mit der rechten Maustaste auf das zu bearbeitende Gruppenrichtlinienobjekt und wählen Sie im Kontextmenü den Eintrag **Bearbeiten...** (Alternativ können Sie auch ein neues Gruppenrichtlinienobjekt erstellen und dieses anschließend auf demselben Weg bearbeiten.).
4. Wechseln Sie im *Gruppenrichtlinienverwaltungs-Editor* über den Pfad **Benutzerkonfiguration\Richtlinien\Windows-Einstellungen\Ordnerumleitung** zu dem Ordner, der umgeleitet werden soll (beispielsweise *Dokumente* oder *Desktop*).
5. Klicken Sie mit der rechten Maustaste auf den umzuleitenden Ordner und wählen Sie im Kontextmenü den Eintrag **Eigenschaften**.
6. Wählen Sie im Dialogfenster *Eigenschaften von [Ordnername]* im Feld **Einstellung:** die Option **Standard - Leitet alle Ordner auf den gleichen Pfad um**.
7. Übernehmen Sie im Feld **Zielordner** die Option **Einen Ordner für jeden Benutzer im Stammpfad erstellen**, und geben Sie im Feld **Stammverzeichnis:** den UNC-Pfad zum freigegebenen Ordner im Netzwerk an. Alternativ können Sie diesen über einen Klick auf die Schaltfläche **Durchsuchen...** auswählen.
8. Um die Ordnerumleitung auch auf ältere Betriebssysteme anzuwenden, wechseln Sie zur Registerkarte *Einstellungen*, und aktivieren Sie die Option **Umleitungsrichtlinie auch auf die Betriebssysteme Windows 2000, Windows 2000 Server, Windows XP und Windows Server 2003 anwenden.**
9. Klicken Sie zum Abschluss der Konfiguration der Orderumleitungsrichtlinie auf die Schaltfläche **OK**.

HINWEIS: Anhand der im vorangegangenen Beispiel konfigurierten Ordnerumleitung erhält der jeweilige Benutzer exklusiven Zugriff auf den betreffenden Ordner. Dem Administrator und auch allen anderen Benutzern wird der Zugriff auf den umgeleiteten Ordner verwehrt.

Die Ordnerumleitung lässt sich in Infrastrukturen der *Active Directory-Domänendienste* (engl. *Active Directory Domain Services, AD DS*) zumeist sehr effizient einsetzen. Mittels Gruppenrichtlinienobjekten stehen in den Active Directory-Infrastrukturen unter Windows Server 2012 R2 jedoch noch weitere Möglichkeiten und Optionen, z.B. für die Steuerung der Benutzerumgebung zur Verfügung.

16.5 Konfigurieren der Benutzerumgebung

Die Verwaltung der Benutzerumgebung stellt für viele Administratoren eine große Herausforderung dar. Insbesondere beim Deaktivieren von Funktionen in der Benutzerumgebung müssen diese unter Berücksichtigung aller Sicherheitsoptionen oft sehr sensibel vorgehen, da die Benutzer beispielsweise viele der möglichen Funktionen unter Windows 7, Windows 8/8.1 oder Windows 10 oft von zu Hause aus bereits kennen. Nur zu oft wird eine mögliche

Deaktivierung von Funktionen durch die Administratoren durch die Benutzer bemerkt - und anschließend ebenso häufig als mögliches „Systemproblem" an den Benutzersupport gemeldet. Ganz nach dem Motto: *„...bei mir zu Hause geht das doch auch..."* werden hier bestimmte Einstellungen und Funktionen verlangt, die in Unternehmensumgebungen aufgrund von möglichen Sicherheitsgefährdungen jedoch besser deaktiviert werden sollten. Aber, was kann man denn anhand von administrativen Vorlagen, die es übrigens in ihrer ursprünglichen Form bereits zu Zeiten von Windows 95 und Windows NT gab, so alles konfigurieren?

16.5.1 Administrative Vorlagen

In den administrativen Vorlagen, welche standardmäßig als Vorlagendateien bereits in den Gruppenrichtlinienobjekten einer Active Directory-Domäne, sowie auch beispielsweise für die lokalen Gruppenrichtlinien unter Windows 7, 8/8.1 oder auch Windows 10 bereitgestellt werden, können die verantwortlichen Administratoren bestimmte Richtlinieneinstellungen definieren. Im Umfeld von Windows 2000, Windows Server 2003 und Windows XP wurden in den Gruppenrichtlinienobjekten so genannte .ADM-Dateien als administrative Vorlagen eingesetzt. Diese erinnern von der inhaltlichen Struktur her an die Zeiten unter Windows NT 4.0. Die in den administrativen Vorlagen vordefinierten Richtlinien bezogen sich damals meist auf einen Registrierungswert, welchen man anhand von bestimmten Konfigurationseinstellungen in den Gruppenrichtlinienobjekten auf den die Richtlinien verarbeitenden Computerobjekten verändern konnte. Die meisten in den „klassischen", administrativen Vorlagen (so werden die .ADM-Dateien in Bezug auf ihren Ursprung bezeichnet) enthaltenen Richtlinien bewirken genau dies - sie schreiben Werte in die Registrierung des betreffenden Computers, welcher diese dann anschließend verarbeitet.

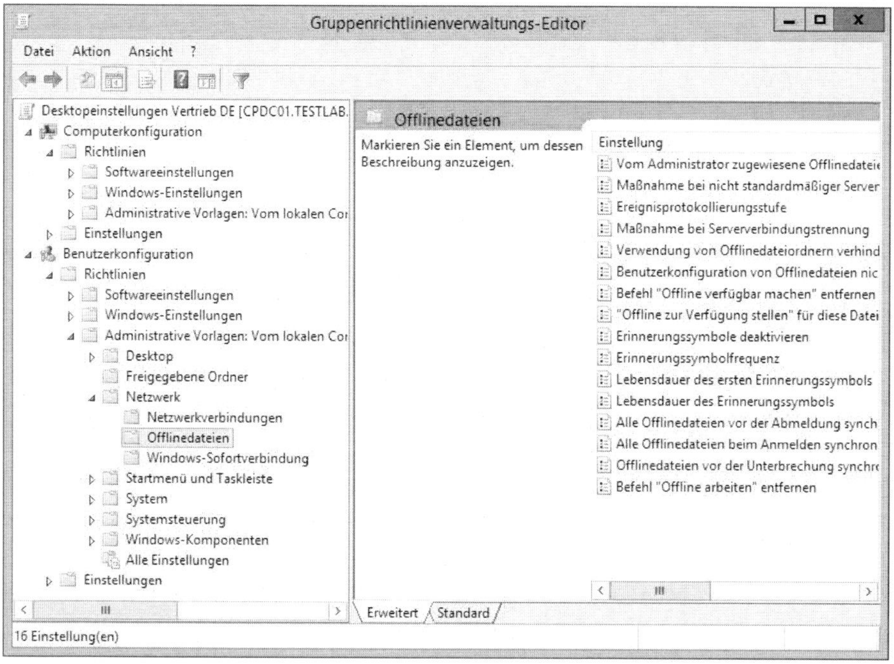

Abbildung 16.11: *Konfigurierbare Richtlinien innerhalb der administrativen Vorlagen auf Ebene der Computerkonfiguration in der Konsole Gruppenrichtlinienverwaltung*

Administrative Vorlagen als XML-Dateien

Mit der Einführung von Windows Vista wurde das Konzept der Anwendung von administrativen Vorlagen unter Windows vollständig überarbeitet. Nicht dass Windows Vista einfach neue Vorlagen mit sich brachte, nein - die seit Windows Vista bzw. Windows Server 2008 enthaltenen, administrativen Vorlagen sind im XML-Format als .ADMX-Dateien einheitlich in englischer Sprache gespeichert. Um einen jeweils länderbezogenen Einsatz der administrativen Vorlagen in Gruppenrichtlinienobjekten zu ermöglichen, existieren neben den ***ADMX-Dateien*** ebenso noch ***ADML-Dateien*** als Sprachdateien für die jeweiligen, von Microsoft für das jeweilige Betriebssystem unterstützten Landessprachen.

Speicherort von .ADMX-Vorlagen

Die neuen administrativen Vorlagen werden seit Windows Vista und Windows Server 2008, sowie in allen nachfolgenden Windows-Betriebssystemen lokal im folgend Pfad gespeichert:

`C:\Windows\PolicyDefinitions`

Unterhalb dieses Ordners findet sich ein jeweils sprachenbezogener, weiterer Ordner (bspw. **`de-DE`** für den Speicherort der deutschen, oder **`en-US`** für den Speicherort der englischen ADML-Datei), in dem die für die administrativen Vorlagen verwendbaren Übersetzungen bereitgestellt werden. Hierdurch ist es möglich, die Gruppenrichtlinien in allen z. B. von

Windows 7, Windows 8/8.1, Windows 10 oder auch Windows Server 2012 (R2), und Windows Server 2016 unterstützten Landessprachen „lesbar" bereitzustellen. Dies freut selbst in Deutschland eine Vielzahl an Administratoren, da diese nach eigener Aussage teils selbst ungern mit englischen administrativen Vorlagen arbeiteten (beispielsweise die administrativen Vorlagen für die Anpassung von Office 2000 oder 2003). Wenn man eine der in den administrativen Vorlagen vorhandenen Richtlinien aufgrund eines möglichen Übersetzungsfehlers falsch definieren würde, so könnte dies mitunter sehr „fürchterliche" Auswirkungen auf die jeweiligen Benutzer und/oder Computer der betreffenden Domäne haben.

Die neuen, XML-basierten, administrativen Vorlagen werden von den Betriebssystemen unter Windows erst seit Windows Vista und Windows Server 2008, sowie allen nachfolgenden Windows-Betriebssystemen verarbeitet. Ältere Windows-Betriebssysteme können diese Art von administrativen Vorlagen nicht verarbeiten. Anders hingegen sieht es mit den „klassischen" administrativen Vorlagen aus. Wenn man in einer Domäne unter Windows Server 2003 die klassischen, administrativen Vorlagen verwendet, so sind die neueren Betriebssysteme seit Windows Vista und Windows Server 2008 in der Regel sehr wohl in der Lage, die darin enthaltenen Richtlinien zu verarbeiten. Aber lassen Sie uns erst einmal den Begriff „klassisch" im Bezug auf administrative Vorlagen erörtern.

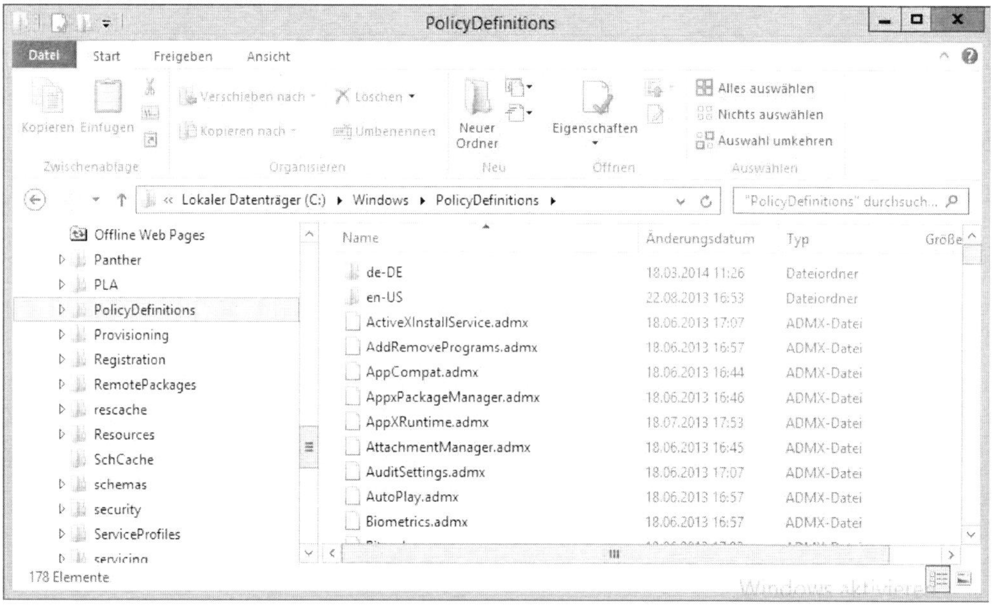

Abbildung 16.12: *Speicherort der administrativen Vorlagen (.ADMX-Dateien) unter Windows Server 2012 R2*

Verbesserungen bei der Verwendung von ADMX-Vorlagen

Bei der Verwendung der klassischen administrativen Vorlagen wurden unter den älteren Windows-Betriebssystemen die in den Gruppenrichtlinienobjekten verwendeten ADM-

Dateien jeweils in das SYSVOL-Verzeichnis des betreffenden Domänencontrollers kopiert, auf welchem das Gruppenrichtlinienobjekt bearbeitet wurde. Diese ADM-Dateien mussten dann anschließend an jeden anderen Domänencontroller in der Domäne repliziert. Hierzu wurde insbesondere in großen Netzwerkumgebungen eine große Menge an Netzwerkbandbreite, sowie auch Festplattenspeicher für die Speicherung von nicht selten dutzenden bis zu hunderten von Gruppenrichtlinienobjekten verschwendet. Seit der Einführung von Windows Vista hat Microsoft hier endlich eine Verbesserung geschaffen.

Wenn man ein domänenbasiertes Gruppenrichtlinienobjekt auf einem Server unter Windows Server 2008 (R2), Windows Server 2012 (R2), Windows 2016 oder auf der Arbeitsstation unter Windows 7, 8/8.1 oder Windows 10 erstellt, so werden die administrativen Vorlagen für die in dem Gruppenrichtlinienverwaltungs-Editor (bzw. Gruppenrichtlinienobjekt-Editor) angezeigten Richtlinien standardmäßig aus dessen jeweils lokalem Verzeichnis *C:\Windows\PolicyDefinition* geladen. Die ADMX- und die zugehörigen ADML-Dateien werden nicht in das Verzeichnis SYSVOL auf dem Domänencontroller kopiert. Auf diese wird lediglich lokal verwiesen, wodurch die Netzwerkbelastung und auch der Speicherverbrauch für die Bereitstellung von mitunter vielen hunderten Gruppenrichtlinien reduziert werden.

Hinzufügen von Gruppenrichtlinienvorlagen für Windows 10-Computer

Windows 10 wurde bekanntlich nach Windows 8.1 und Windows Server 2012 R2 auf den Markt gebracht. In dem neuesten Betriebssystem finden sich viele Neuerungen und Verbesserungen, die sich auch in den lokalen Gruppenrichtlinieneinstellungen des jeweiligen Computersystems unter Windows 10 verwalten lassen. Erst einmal problematisch ist wiegt hierbei der Umstand, dass die Domänencontroller unter Windows Server 2012 R2 mit den ganzen Neuerungen in Windows 10 richtlinientechnisch betrachtet noch nicht viel anfangen können.

Damit man die neuen Einstellungen in den Gruppenrichtlinien von Windows 10 auch zentral mittels Gruppenrichtlinienobjekten in einer Active Directory-Domäne verwalten kann, muss man sich zunächst die von Microsoft dazu veröffentlichten Gruppenrichtlinienvorlagen aus dem Internet herunterladen.

INTERNET: Die Administrativen Vorlagen der Gruppenrichtlinieneinstellungen für Windows 10 kann man kostenfrei aus dem Internet herunterladen unter:

https://www.microsoft.com/de-DE/download/details.aspx?id=48257

Nach dem Herunterladen kann man diese einfach auspacken und in das entsprechende Verzeichnis auf dem Domänencontroller kopieren unter:

C:\Windows\PolicyDefinitions

Nach dem Kopieren der Administrativen Vorlagen-Dateien für Windows 10 stehen diese gleich beim nächsten Aufruf der Konsole Gruppenrichtlinienverwaltung zur Verfügung, und können ganz nach Bedarf auf Computersysteme unter Windows 10 angewendet werden.

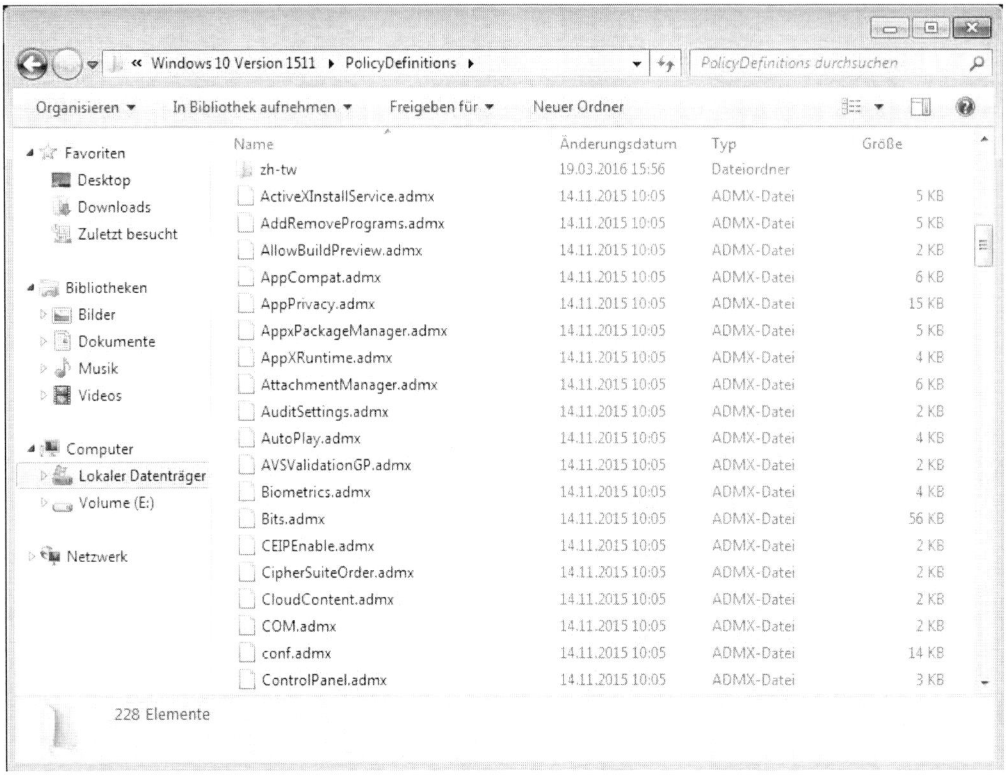

Abbildung 16.13: *Administrativen Vorlagen (.ADMX- und -ADML-Dateien) für Windows 10*

Einrichten eines zentralen Speichers

Bereits schon seit der Einführung von Windows Vista und Windows Server 2008 unterstützen die Windows-Betriebssysteme die Einrichtung eines zentralen Speichers, der als Repository für administrative Vorlagen dient. Dieser Speicher dient als Netzwerkspeicherort für alle offiziellen ADMX- und ADML-Dateien (und alle benutzerdefinierten ADMX- und ADML-Dateien, die man selbst erstellt hat). Somit wird die wirksame Kontrolle der ADMX-Dateien für die Bearbeitung von Gruppenrichtlinien möglich. Nach dem Einrichten eines zentralen Speichers verweist die anschließende Bearbeitung von Gruppenrichtlinien, z.B. unter Windows 7 oder Windows Server 2012 (R2), automatisch auf diesen und nutzt somit die netzwerkbasierten Versionen statt der jeweils lokal gespeicherten Versionen. Die Inhalte des Verzeichnisses *SYSVOL* werden zwischen allen Domänencontrollern der jeweiligen Domäne automatisch repliziert.

Das Einrichten eines zentralen Speichers kann mit einfachen Schritten durchgeführt werden. Gehen Sie wie folgt vor, um einen zentralen Speicher auf einem Domänencontroller zu erstellen:

1. Öffnen Sie den Windows Explorer und navigieren Sie zum freigegebenen Ordner ***sysvol*** (standardmäßig ***C:\Windows\SYSVOL\sysvol***).

HINWEIS: Die Konsole *Gruppenrichtlinienverwaltung* verbindet sich beim Start standardmäßig mit dem Domänencontroller, der als *PDC-Emulator* konfiguriert ist. Deshalb sollte man auch den zentralen Speichers auf diesem Server erstellen. Die darin nachfolgend enthaltenen Richtlinienvorlagen können auf diesem Server noch vor der Replikation des SYSVOL-Verzeichnisses zu anderen Domänencontrollern bei der Bearbeitung von Gruppenrichtlinienobjekten aus dem zentralen Speicher genutzt werden.

2. Erstellen Sie in dem Ordner ***sysvol*** ein neues Verzeichnis mit der Namensbezeichnung ***PolicyDefinitions***.
3. Kopieren Sie den kompletten Inhalt des lokal vorhandenen Ordners **C:\Windows\PolicyDefintions** einer Arbeitsstation unter Windows 8/8.1 oder 10 bzw. eines Serversystems unter Windows Server 2012 (R2) (inklusive aller darin enthaltenen Dateien) mitsamt der darin ebenso enthaltenen, untergeordneten Verzeichnisse für die jeweiligen Sprachversionen (beispielsweise **de-DE**) und deren gesamten Inhalt (sprachabhängige ADML-Dateien) in den im Ordner ***sysvol*** neu angelegten Ordner ***PolicyDefinitions***.

Beim nächsten Aufruf der Konsole ***Gruppenrichtlinienverwaltung*** erkennt diese den vorweg eingerichteten zentralen Speicher im SYSVOL-Verzeichnis auf dem Domänencontroller und verwendet dann die auf dem Server bereitgestellten Richtlinienvorlagen bei der anschließenden Gruppenrichtlinienverwaltung. Die auf dem jeweiligen, für das Erstellen und Verwalten von Gruppenrichtlinien genutzten Rechner lokal gespeicherten administrativen Vorlagen werden dabei vollständig ignoriert.

16.5.2 Klassische administrative Vorlagen

Bereits in den früheren Windows-Betriebssystemen, wie Windows 2000 wurden administrative Vorlagen verwendet, um bestimmte Richtlinieneinstellungen im Netzwerk bereitzustellen. Diese wurden als administrative Vorlagen in einem bestimmten, programmierähnlichen Inhaltsformat bereitgestellt, in dem es galt, sich an bestimmten, vordefinierten Abschnitten und Kategorien zu orientieren. Da ein solcher Aufbau von administrativen Vorlagen bereits bei der ursprünglichen Einführung von Gruppenrichtlinien bereitgestellt und verarbeitet wurde, bezeichnet man diese als „klassische", administrative Vorlagen.

Die klassischen administrativen Vorlagen werden als .ADM-Dateien gespeichert und können zu den Gruppenrichtlinienobjekten in einer Active Directory-Domäne hinzugefügt oder bei Bedarf auch aus diesen entfernt werden.

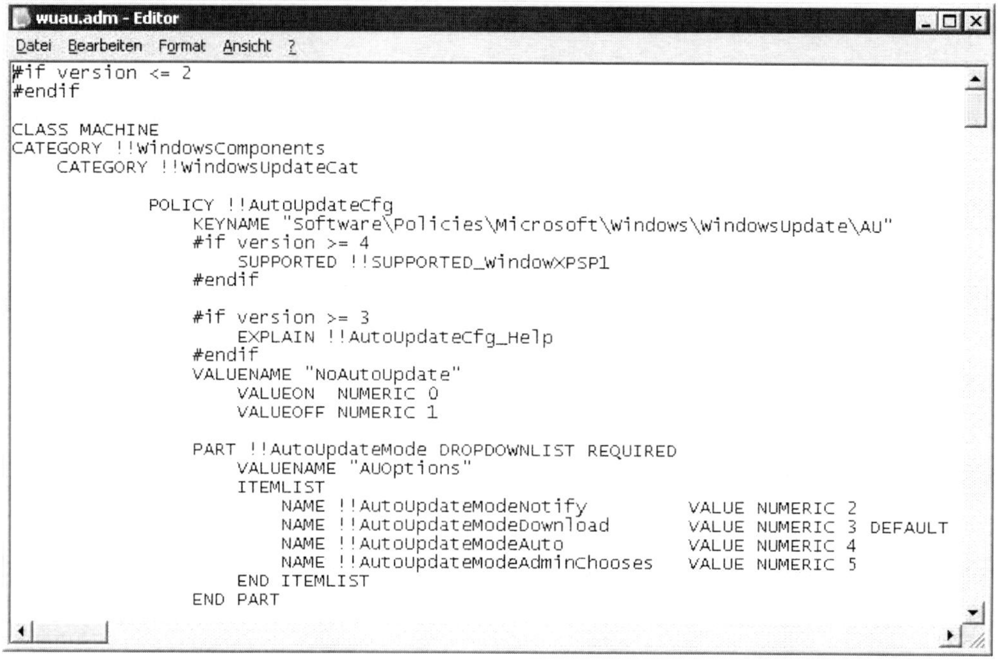

wuau.adm - Editor

Datei Bearbeiten Format Ansicht ?

```
#if version <= 2
#endif

CLASS MACHINE
CATEGORY !!WindowsComponents
    CATEGORY !!WindowsUpdateCat

            POLICY !!AutoUpdateCfg
                KEYNAME "Software\Policies\Microsoft\Windows\WindowsUpdate\AU"
                #if version >= 4
                    SUPPORTED !!SUPPORTED_WindowXPSP1
                #endif

                #if version >= 3
                    EXPLAIN !!AutoUpdateCfg_Help
                #endif
                VALUENAME "NoAutoUpdate"
                    VALUEON  NUMERIC 0
                    VALUEOFF NUMERIC 1

                PART !!AutoUpdateMode DROPDOWNLIST REQUIRED
                    VALUENAME "AUOptions"
                    ITEMLIST
                        NAME !!AutoUpdateModeNotify         VALUE NUMERIC 2
                        NAME !!AutoUpdateModeDownload       VALUE NUMERIC 3 DEFAULT
                        NAME !!AutoUpdateModeAuto           VALUE NUMERIC 4
                        NAME !!AutoUpdateModeAdminChooses   VALUE NUMERIC 5
                    END ITEMLIST
                END PART
```

Abbildung 16.14: *Beispiel für den Aufbau einer klassischen administrativen Vorlage (Datei WUAU.ADM) unter Windows Server 2003*

Standardmäßige ADM-Vorlagen

Windows Server 2003 enthält bereits verschiedene administrative Vorlagendateien. Diese werden standardmäßig im Pfad ***%SystemRoot%\Inf*** (standardmäßig *C:\Windows\Inf*) gespeichert. Die folgende Tabelle enthält eine Übersicht, sowie den Verwendungszweck der in Windows Server 2003 standardmäßig vorhandenen, klassischen, administrativen Vorlagen (ADM-Dateien):

Vorlagendatei	Verwendungszweck
Conf.adm	Stellt Einstellungen für NetMeeting bereit.
Inetset.adm und Inetres.adm	Stellen Einstellungen im Rahmen der Internet Explorer-Wartung direkt über die administrativen Vorlagen bereit.
System.adm	Dies ist die umfangreichste und komplexeste Vorlage, mit der die meisten der möglichen Einstellungen zum System, dem Internet Explorer und weiteren Komponenten bereitgestellt werden.
Wmplayer.adm	Stellt Einstellungen für den Windows Media Player bereit.
Wuau.adm	Mit dieser Vorlage werden Einstellungen der clientseitigen Konfiguration für die Verwendung von Windows Server Update Services (WSUS) sowie auch der Software Update Services (SUS) bereitgestellt.

Vorlagendatei	Verwendungszweck
Common.adm	Enthält allgemeine Einstellungen für Windows NT 4.0 und Windows 95, welche mit dem poledit.exe verarbeitet werden können.
Inetcorp.adm	Stellt Einstellungen für den Internet Explorer bereit. Diese Vorlage ist nur für die Verwendung in Poledit.exe für ältere Systeme entwickelt worden.
Windows.adm	Diese Vorlage ist ausschließlich für die Verwendung im Poledit.exe gedacht und konfiguriert spezifische Einstellungen für Windows 9x-Systeme.
Winnt.adm	Diese Vorlage ist ausschließlich für die Verwendung im Poledit.exe gedacht und konfiguriert spezifische Einstellungen für Windows NT-Systeme.

Tabelle 16.6: *Unter Windows Server 2003 standardmäßig vorhandene administrative Vorlagendateien (ADM-Dateien)*

VORSICHT! Die administrativen Vorlagen *Common.adm*, *Inetcorp.adm*, *Windows.adm* und *Winnt.adm* sind ***nur für ältere*** *Systeme* entwickelt worden und dürfen in Computersystemen ab Windows 2000 und höher ***nicht*** verwendet werden, da es sonst zu unerwünschten Effekten bis hin zum Systemabsturz führen könnte.

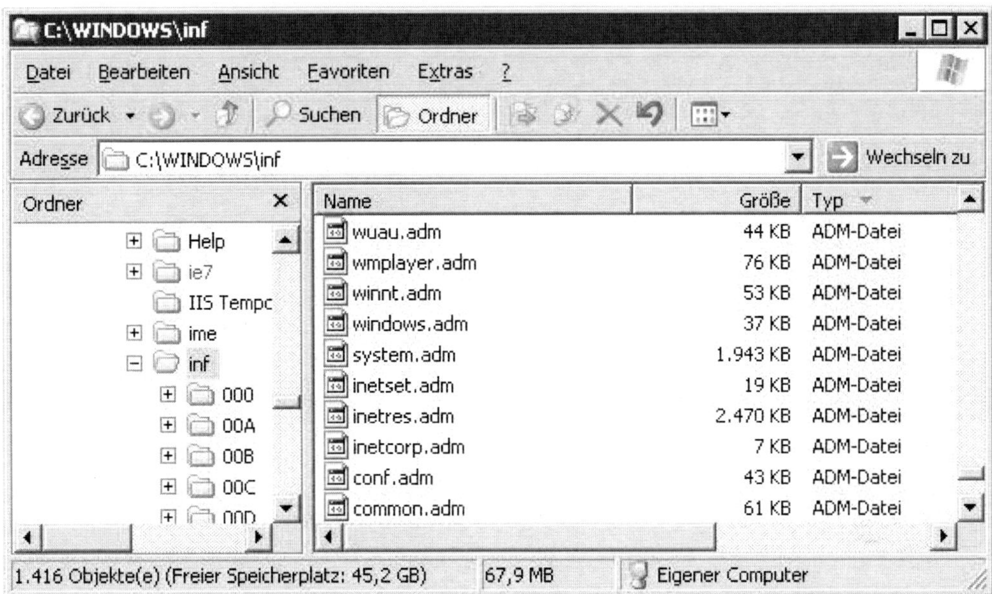

Abbildung 16.15: *Speicherort von .ADM-Dateien unter Windows Server 2003*

Erstellen von eigenen administrativen Vorlagen (ADM-Dateien)

Die bereits in Windows Server 2003 vorhandenen, klassischen administrativen Vorlagen können durch eigens entwickelte ADM-Vorlagen bei Bedarf noch erweitert werden. Erstellen kann man eigene ADM-Vorlagen problemlos mit einem einfachen Texteditor - den inhaltlich passenden, textlichen Aufbau vorausgesetzt.

PRAXISTIPP! Die Verfahrensweisen, um eigene, administrative Vorlagendateien als ADM-Dateien zu erstellen, werden auf der *Microsoft-TechNet*-Website im Internet publiziert. Einen sehr guten Praxisbezug hierzu liefert auch Mark Heitbrink als „MVP" (Microsoft Most Valuable Professional) in seiner inhaltlich sehr umfangreichen Website - unbedingt anschauen! Die Webseite erreichen Sie im Internet unter: **http://www.gruppenrichtlinien.de**

Die eigens erstellten, administrativen Vorlagen lassen sich problemlos zu Gruppenrichtlinienobjekten hinzufügen. Beachten Sie jedoch, dass man damit - vergleichsweise mit Windows NT 4.0 - lediglich „feste Einstellungen" in der Registrierung von Windows-Computern vornehmen kann. Wenn man eine der Richtlinien auf ein Computersystem, beispielsweise unter Windows XP Professional, angewendet hatte, mustes man die Richtlinie zum Entfernen erst noch einmal gegenseitig konfigurieren und nachfolgend von dem betreffenden Computersystem verarbeiten lassen. Im Gegensatz zu den von Microsoft bereitgestellten, standardmäßigen administrativen Vorlagen reichte es nicht aus, das Gruppenrichtlinienobjekte, in welchem man die Richtlinie definiert hat, einfach zu löschen, um somit auch die durch die eigene administrative Vorlage definierte Richtlinie zu widerrufen. Dies sollte man bereits schon bei der Planung eigener Richtlinien bedenken.

Konvertierung der klassischen administrativen Vorlagen

Wie bereits erwähnt, kann man eigene administrative Vorlagen als ADM-Dateien erstellen und in Gruppenrichtlinien verwenden. Diese klassischen administrativen Vorlagen lassen sich sogar in das XML-Format konvertieren, um sie neben den vielen anderen, neuen administrativen Vorlagen ebenso als ADMX-Dateien unter Windows 7, 8/8.1, 10 und Windows Server 2008 (R2), Windows Server 2012 (R2) oder Windows Server 2016 zu verwenden - und beispielsweise auch einheitlich zu verwalten.

PRAXISTIPP! Unter Windows Vista, Windows Server 2008 und höher können auch weiterhin noch die Richtlinien aus den klassischen, administrativen Vorlagen verarbeiten. Durch die Konvertierung einer ADM-Vorlage zu einer XML-basierten ADMX-Vorlage steht diese dann jedoch in einer einheitlich Konvention mit den anderen Richtlinien zur Verfügung. Eine entsprechende ADML-Datei für die jeweilige Sprachversion wird dabei ebenso bereitgestellt.

Zum Konvertieren von klassischen ADM-Vorlagendateien in ADMX-Vorlagendateien (inkl. der Erstellung der sprachbezogenen ADML-Dateien), sowie auch zum Erstellen neuer ADMX-Dateien steht das englischsprachige Tool ***FullArmor ADMX Migrator*** zur Verfügung. Details zum Konvertieren älterer administrativer Vorlagen, sowie auch die Schritte zum Erstellen neuer, eigener administrativer Vorlagen entnehmen Sie bitte der dem Tool beigefügten Hilfe.

INTERNET: Das Tool *FullArmor ADMX Migrator* kann man im Internet kostenfrei von der Microsoft-Website (englischsprachig) downloaden unter:

https://www.microsoft.com/en-us/download/details.aspx?id=15058

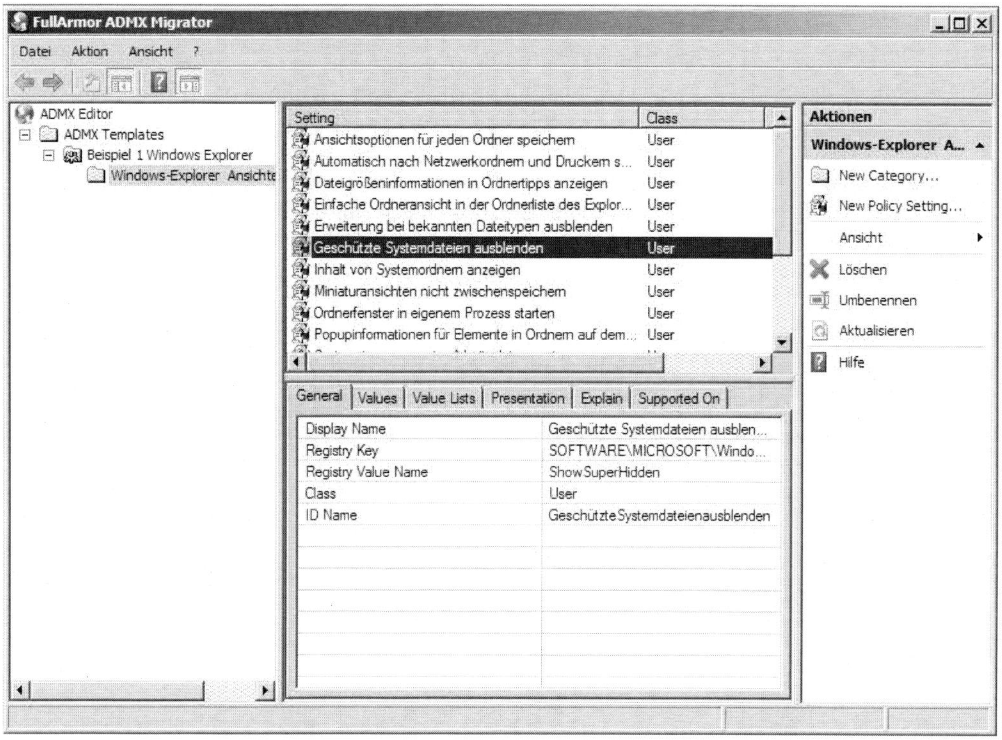

Abbildung16.16: *FullArmor ADMX-Migrator zum Konvertieren von ADM-Vorlagendateien zu ADMX-Vorlagendateien*

Hinzufügen oder Entfernen von klassischen administrativen Vorlagen

Wie bereits vorweg erwähnt, lassen sich klassische administrative Vorlagen problemlos in Gruppenrichtlinienobjekte unter Windows Server 2008 (R2) oder Windows Server 2012 (R2) einfügen, um die darin definierten Richtlinien auf bestimmte Computer oder Benutzer anzuwenden.

Gehen Sie wie folgt vor, um unter Windows Server 2012 R2 eine *klassische administrative Richtlinienvorlage* (ADM-Datei) mithilfe der Konsole *Gruppenrichtlinienverwaltung* in ein vorhandenes Gruppenrichtlinienobjekt hinzuzufügen:

1. Öffnen Sie (falls noch nicht geschehen) die Konsole *Gruppenrichtlinienverwaltung*.

2. Wechseln Sie über die Verknüpfung zur Gesamtstruktur und der jeweiligen Domäne zum Container *Gruppenrichtlinienobjekte*.
3. Klicken Sie mit der rechten Maustaste auf das zu bearbeitende Gruppenrichtlinienobjekt und wählen Sie im Kontextmenü den Eintrag **Bearbeiten...**
4. Erweitern Sie im *Gruppenrichtlinienverwaltungs-Editor* den Abschnitt der *Computer-* ODER *Benutzerkonfiguration*, sowie den darin enthaltenen Knoten *Richtlinien* und klicken Sie mit der rechten Maustaste auf **Administrative Vorlagen**. Wählen Sie im Kontextmenü den Eintrag *Vorlagen hinzufügen/entfernen*.
5. Klicken Sie im Dialogfenster *Vorlagen hinzufügen/entfernen* auf **Hinzufügen...**, wählen Sie die hinzuzufügende Richtliniendatei aus, und klicken Sie anschließend auf **Öffnen**.
6. Die ausgewählte Richtlinienvorlage wird Ihnen im Dialogfenster *Vorlagen hinzufügen/entfernen* im Abschnitt *Aktuelle Richtlinienvorlagen* angezeigt. Klicken Sie auf **Schließen**.
7. Erweitern Sie den Knoten *Administrative Vorlagen* dann den Knoten für *Klassische administrative Vorlagen*. Darin werden Ihnen die soeben hinzugefügten Richtlinien angezeigt.

Die in den Vorlagen enthaltenen Richtlinien werden im rechten Infobereich angezeigt und können nach dem erfolgreichen Hinzufügen zum jeweiligen Gruppenrichtlinienobjekt bei Bedarf entsprechend konfiguriert werden.

Die zu den Gruppenrichtlinienobjekten hinzugefügten, klassischen administrative Vorlagen werden auf dem betreffenden Domänencontroller automatisch in die Freigabe ***SYSVOL*** kopiert und anschließend an die anderen, in der betreffenden Domäne vorhandenen Domänencontroller repliziert.

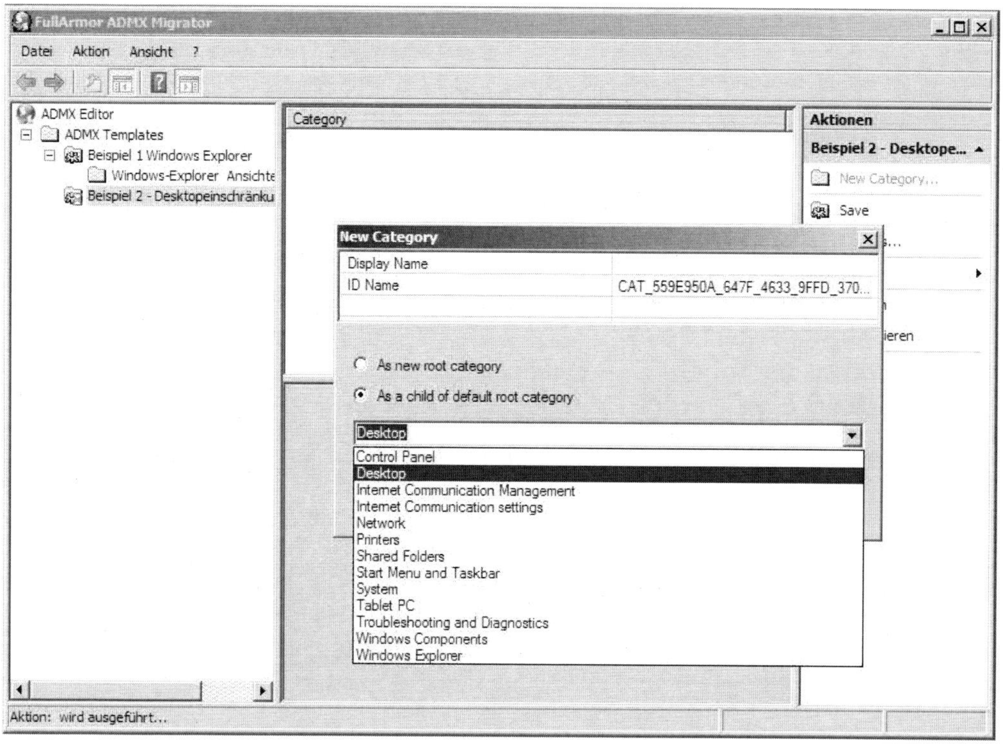

Abbildung 16.17: *Verwendung von klassischen administrativen Vorlagen in der Konsole Gruppenrichtlinienverwaltung*

HINWEIS: Richtlinien aus eigens erstellten, klassischen administrativen Vorlagendateien (ADM-Dateien) wurden in der Konsole Gruppenrichtlinienverwaltung unter Windows XP oder Windows Server 2003 nicht automatisch angezeigt. Diese musste man erst über die Konfiguration der Ansicht anzeigen lassen. Seit Windows Server 2008 sowie den nachfolgenden Windows-Betriebssystemen hingegen werden die Richtlinien in selbst erstellten Richtlinienvorlagen (ADM-Dateien) sofort angezeigt, können jedoch ihrerseits über die Konfiguration der Ansichtsoptionen wiederum herausgefiltert werden.

Filtern von administrativen Vorlagen

Die Konsole ***Gruppenrichtlinienverwaltung*** bietet bereits seit Windows Server 2008 nochmals verbesserte ***Optionen zur Filterung*** der Anzeige von Gruppenrichtlinien. Wenn man in der Vielzahl der in den Gruppenrichtlinienobjekten enthaltenen Richtlinien beispielsweise ganz spezielle Einstellungen für bestimmte Betriebssystem- oder auch Internet Explorer-Versionen vornehmen möchte, kann man die Anzeige entsprechend Filtern. Es werden dann lediglich noch die dem aktivierten Filter entsprechenden Richtlinien angezeigt. Ebenso ist es möglich, die Filterung anhand von bestimmten Schlüsselbegriffen vorzunehmen. Wenn man also beispielsweise nach Richtlinien für die Konfiguration der Eingabeaufforderung sucht, so kann man die Anzeige der in den administrativen Vorlagen enthaltenen Gruppenrichtlinien anhand dieses Schlüsselworts filtern.

PRAXISTIPP! Beachten Sie, dass ein mögliches Filtern der Anzeige von konfigurierten Richtlinien diese jedoch nur in der Darstellung der Konsole *Gruppenrichtlinie* unterdrückt, die Anwendung der betreffenden Richtlinien wird damit jedoch nicht verhindert. Die Filterung dient lediglich der *Anpassung der Anzeige* von Richtlinien, um eine übersichtlichere Verwaltung der enthaltenen Richtlinien zu ermöglichen. Wenn Sie die Anwendung bestimmter Richtlinien verhindern möchten, so müssen Sie diese, wie gewohnt, entsprechend konfigurieren.

In der Konsole Gruppenrichtlinienverwaltung unter Windows Server 2012 R2 ist es möglich, folgende Filterungen von Gruppenrichtlinien zu konfigurieren:

- auf Ebene des ***Typs von Richtlinieneinstellungen*** (Verwalteter Computer:, Konfiguriert: und Kommentiert:),
- anhand eines aktivierbaren ***Schlüsselwortfilters*** innerhalb des Richtlinieneinstellungstitels, der enthaltenen Erklärungen oder eines möglichen Kommentars,
- anhand eines ***Anforderungsfilters*** (beispielsweise auf Ebene einer bestimmten Betriebssystem- oder Internet Explorer-Version).

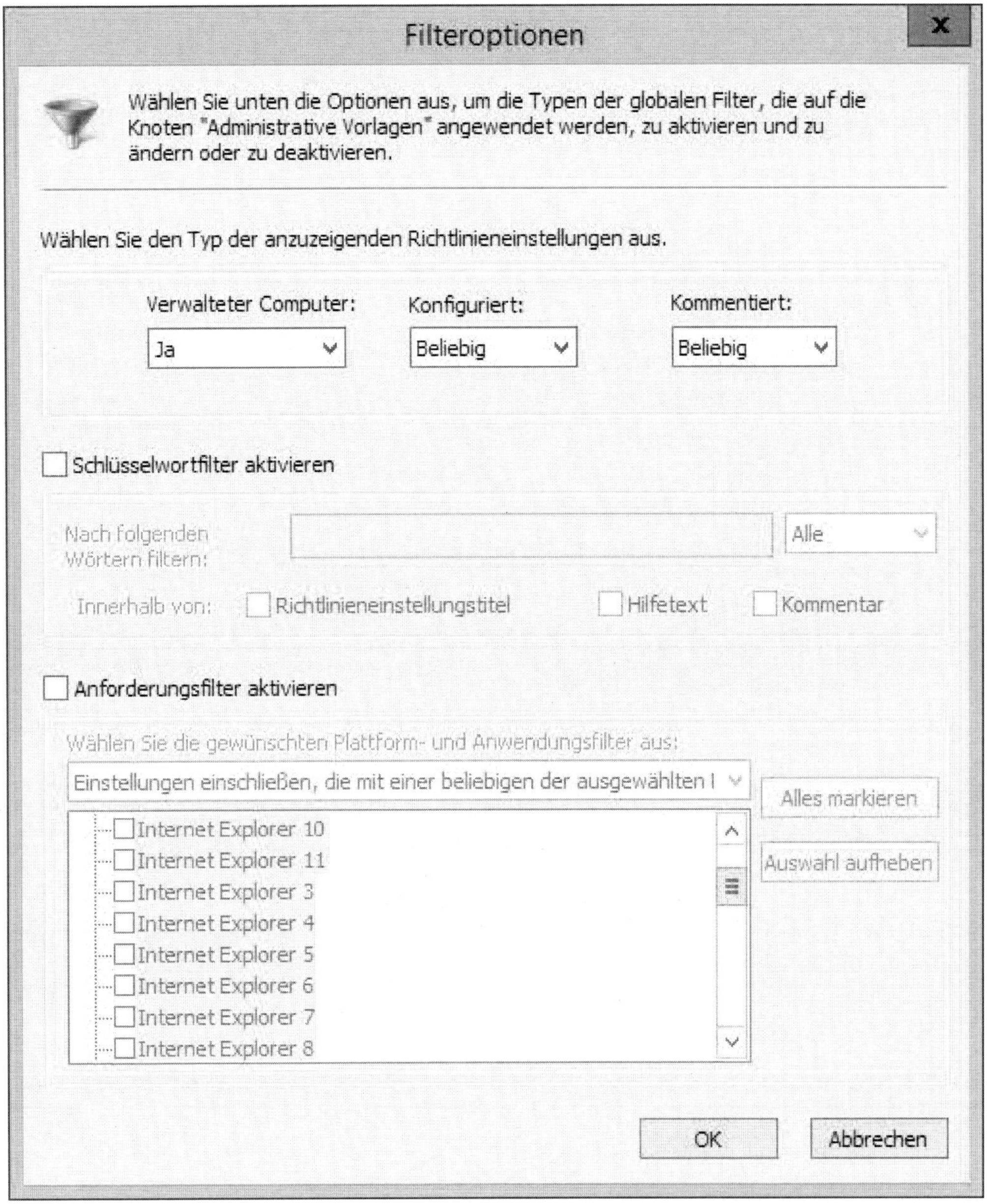

Abbildung 16.18: *Filteroptionen für die Anzeige von Richtlinien der Administrativen Vorlagen in der Konsole Gruppenrichtlinienverwaltung*

Die vorweg konfigurierten Filter können auf Ebene des Containers ***Administrative Vorlagen*** eines Gruppenrichtlinienobjekts jeweils ***aktiviert*** oder ***deaktiviert*** werden.

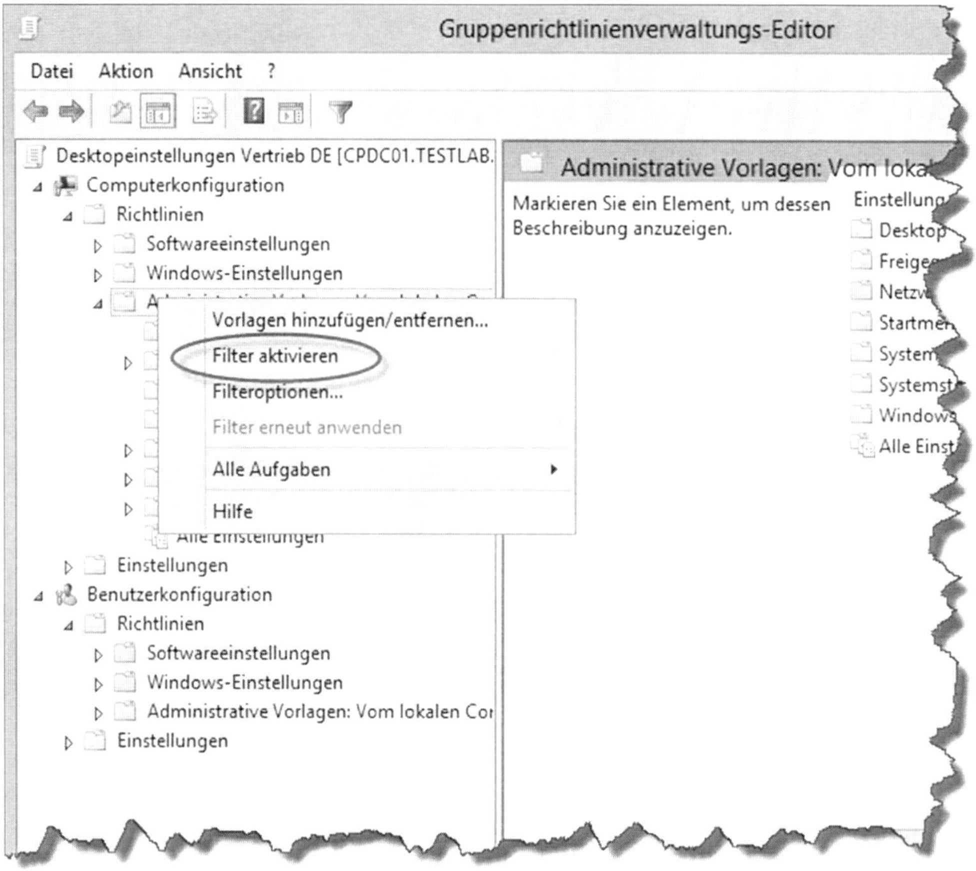

Abbildung 16.19: *Option zur Aktivierung eines vorweg konfigurierten Filters für die Anzeige von Gruppenrichtlinien in der Konsole Gruppenrichtlinienverwaltung*

16.6 Zusammenfassung

In diesem Kapitel haben Sie die notwendigen Informationen zum Verwalten der Benutzerumgebung mithilfe von Gruppenrichtlinienobjekten erfahren. Eine unwahrscheinliche Bereicherung in den Gruppenrichtlinienobjekten bereits schon seit Windows Server 2008 stellen die Erweiterungen für Gruppenrichtlinienvoreinstellungen (engl. *Group Policy Preferences, GPP*) dar. Viele der damit definierbaren Einstellungen standen bislang nur nach mühsamer Vorarbeit durch das Erstellen eigener administrativer Vorlagen als Richtlinien zur Verfügung. Die Möglichkeit, anhand von Gruppenrichtlinieneinstellungen auf den in Netzwerk vorhandenen Servern und Arbeitsstationen bei Bedarf sogar Verzeichnisse anzulegen und diese über eine nächste Richtlinie sogar gleich für die Verwendung im Netzwerk freizugeben - bei Bedarf sogar anhand eines damit speziell verknüpften Laufwerkbuchstabens - möchte man sich in der Praxis kaum mehr wegdenken. Auch liefern die neuen Richtlinienvoreinstellungen endlich auch die Möglichkeit, beispielsweise einheitlich auf bestimmten Arbeitsstationen im

Netzwerk anhand eines definierten Gruppenrichtlinienobjekts ein spezielles Benutzerkonto als Dienstkonto einzurichten und diesem sogleich auch ein passendes Kennwort zuzuweisen. Die Arbeitsstationen können hierzu sogar anhand von bestimmten Kriterien bestimmt werden, wie zum Beispiel einer bestimmten IP-Adressierung, eines Standorts oder einer bestimmten Sicherheitsgruppe.

Der Abschnitt über die Bereitstellung und Anwendung von Skripts mithilfe von Gruppenrichtlinien zeigt Ihnen auf, dass man Skriptdateien während des Starts und des Herunterfahrens von Computer sowie auch während des Anmelde- oder Abmeldevorgangs von Benutzern im Umfeld einer Active Directory-Domäne verarbeiten lassen kann. Auch stellt Microsoft mit der Ordnerumleitung mithilfe von Gruppenrichtlinien eine nicht unbedeutende Möglichkeit zur Verfügung, mit der man in der Praxis mitunter sogar den Problemen beim Laden von „übergroßen" Benutzerprofilen entgegen wirken kann. Die Möglichkeit zur Softwareverteilung mittels Gruppenrichtlinien wurde in diesem Abschnitt nicht besonders berücksichtigt, da diese Option in der Praxis zwischenzeitlich eher selten oft noch zum Einsatz kommt.

Letztlich enthielt das Kapitel zum Ende noch die notwendigen Informationen für die Verwendung von administrativen Vorlagen in den Gruppenrichtlinienobjekten einer Active Directory-Infrastruktur.

Natürlich kann man anhand der Gruppenrichtlinienobjekte auch die Sicherheitseinstellungen innerhalb der jeweiligen Domänen- oder Gesamtstrukturgrenze einer Active Directory-Implementierung definieren. Hierzu steht den verantwortlichen Administratoren eine Vielzahl an Richtlinien zur Verfügung.

Nicht jedoch jede der Sicherheitsfunktionen von Windows lässt sich mithilfe von Richtlinien realisieren. Eine klare Ausnahme stellen hierbei die bereits seit Windows Server 2008 konfigurierbaren, „fein abgestimmten Richtlinien für Kennwörter" (engl. *fine-grained Passwords*), auch „Kennworteinstellungen" genannt, dar. Diese werden im nächsten Kapitel detailliert vorgestellt.

17 Planung und Einsatz von Kennworteinstellungen

Der Wunsch vieler Domänenadministratoren in Active Directory-Umgebungen weltweit wurde von Microsoft bereits zu Zeiten von Windows Server 2008 erhört: es ist möglich, mit „on Board"-Mitteln unterschiedliche Kennworteinstellungen für Benutzerkontenkennwörter innerhalb einer Active Directory-Domäne zu definieren. In der englischen Übersetzung nennt Microsoft diese *„fine-grained Password Policies"*.

Zwar ist in der Definition hierbei der Begriff „Richtlinie" enthalten, jedoch werden diese nicht innerhalb von Gruppenrichtlinienobjekten definiert. Für das Einrichten unterschiedlicher

Richtlinien für Benutzerkontenkennwörter hat Microsoft seit Windows Server 2008 einen entsprechenden ActiveDirectory-Container erstellt, den *Password Settings Container* (kurz: *PSC*). Dieser wird im Container *System* der jeweiligen Domänenpartition der Active Directory-Datenbank (Datei *ntds.dit*) bereitgestellt.

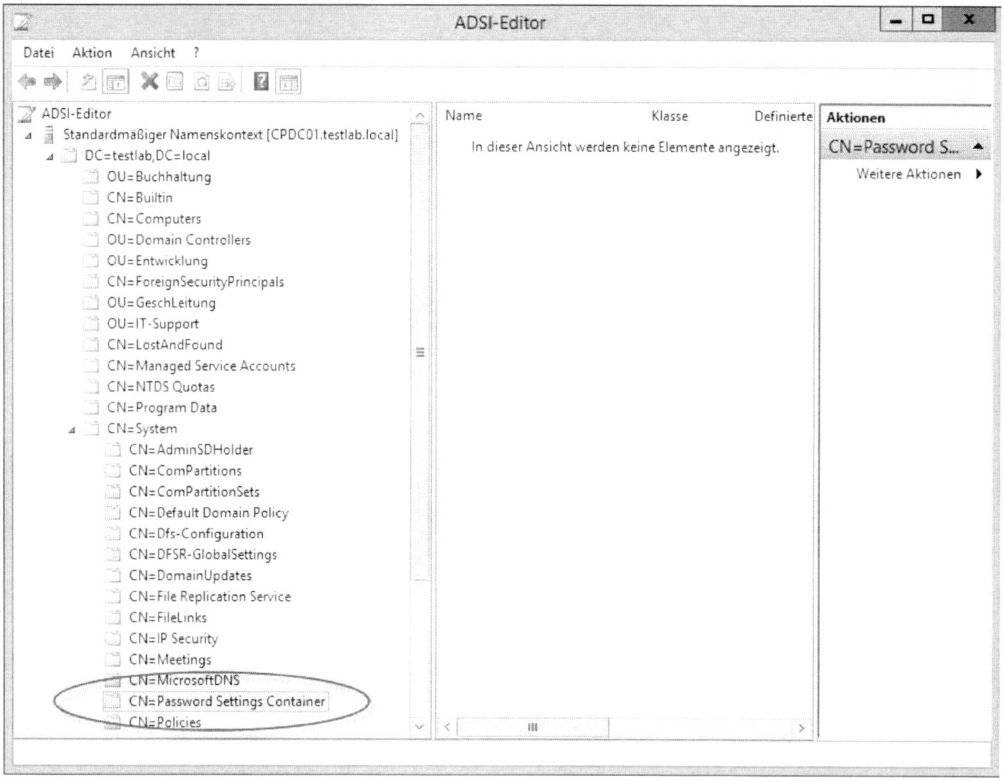

Abbildung 17.1: *Der „Password Settings Container" in Windows Server 2012 R2 zur Definition unterschiedlicher Kennwortrichtlinien für Benutzerkennwörter innerhalb einer Active Directory-Domäne*

Dieser Umstand lässt sicher bereits ableiten, dass die Kennworteinstellungen für Benutzerkontenkennwörter sich Domänencontrollerseitig frühestens ab Windows Server 2008 (oder höher) realisieren lassen. Darüber hinaus wird hierbei die Domänenfunktionsebene der betreffenden Active Directory-Domäne unter Windows Server 2008 (oder höher) vorausgesetzt.

PRAXISTIPP! Anders als noch unter Windows Server 2008 und Windows Server 2008 R2 lassen sich die abgestimmten Kennwortrichtlinien im neuen Active Directory-Verwaltungscenter unter Windows Server 2012 (R2) bequem und übersichtlich verwalten. Die dazu notwendigen Konfigurationsschritte werden in den nächsten Seiten detailliert dargestellt.

17.1 Funktionsweise

Die Kennworteinstellungen werden jeweils als Active Directory-Objekte (*ms-DS-Password-Settings-Objekte*) erstellt und lassen sich nachfolgend auf Ebene von Benutzerobjekten, InetOrgPerson-Objekten und globalen Sicherheitsgruppen verknüpfen. Eine Verknüpfung auf Ebenen von Organisationseinheiten (engl. *Organizational Units, OUs*) ist hierbei nicht möglich.

PRAXISTIPP! Die Objekte für die Kennworteinstellungen können lediglich auf Benutzerobjekte, InetOrgPerson-Objekte oder globale Sicherheitsgruppen, nicht jedoch auf Organisationseinheiten oder gar die Domäne verknüpft werden.

Die Objekte der Kennworteinstellungen besitzen ein neues Attribut mit dem Namen *ms-DS-Password-Settings-Precedence* der Klasse *ms-DS-Password-Settings*. Anhand des diesem Attribut zugewiesenen Zahlenwertes wird eine Priorisierung ermöglicht, falls mehrere Richtlinienobjekte auf dasselbe Active Directory-Objekt, wie ein Benutzerobjekt, verknüpft sind. Das Richtlinienobjekt mit dem niedrigeren Wert für das Attribut *ms-DS-Password-Settings-Precedence* setzt sich im Konfliktfall gegenüber allen anderen Kennwortrichtlinienobjekten durch. Auch stehen die explizit erstellten, neuen Richtlinienobjekte der Kennworteinstellungen in der Priorisierung über der *Default Domain Policy* (oder einem eigens erstellten, vergleichbaren Gruppenrichtlinienobjekt), mit der bislang die Kennwortrichtlinie einheitlich für alle Benutzer in einer Domäne definiert wurde. Sobald einem Benutzer in einer Active Directory-Domäne ein Objekt mit Kennworteinstellungen zugewiesen wird, setzt diese die eigentliche *Default Domain Policy* (oder das vergleichbar auf der Ebene der Domäne definierte Gruppenrichtlinienobjekt) für diesen Benutzer außer Kraft.

Sollten mehrere Objekte für Kennworteinstellungen mit jeweils gleicher Priorität auf ein Benutzerobjekt verknüpft sein, so setzt sich die Richtlinie durch, welche die kleinere *GUID* (*Global Unique Identifier*) besitzt. Da dieser Umstand nicht sonderlich transparent erscheint, empfiehlt Microsoft die Verwendung von eindeutigen Prioritätswerten für die Kennworteinstellungen.

Sollte ein Kennworteinstellungen-Objekt nicht direkt auf einen Benutzer, sondern auf eine Sicherheitsgruppe verknüpft sein, in welcher der betreffende Benutzer Mitglied ist, so wird dieses auf das Benutzerkonto angewendet.

17.1.1 Auswertelogik

Da es möglich ist, z. B. einem Benutzer-Objekt mitunter gleich mehrere Objekte mit verschiedensten Kennworteinstellungen zuzuweisen, wird zur Konfliktvermeidung ein entsprechendes, vordefiniertes Auswerteschema angewendet. Die nachfolgende Grafik (Abb. 17.2) zeigt Ihnen die Auswertelogik beim Verarbeiten der Objekte für Kennworteinstellungen:

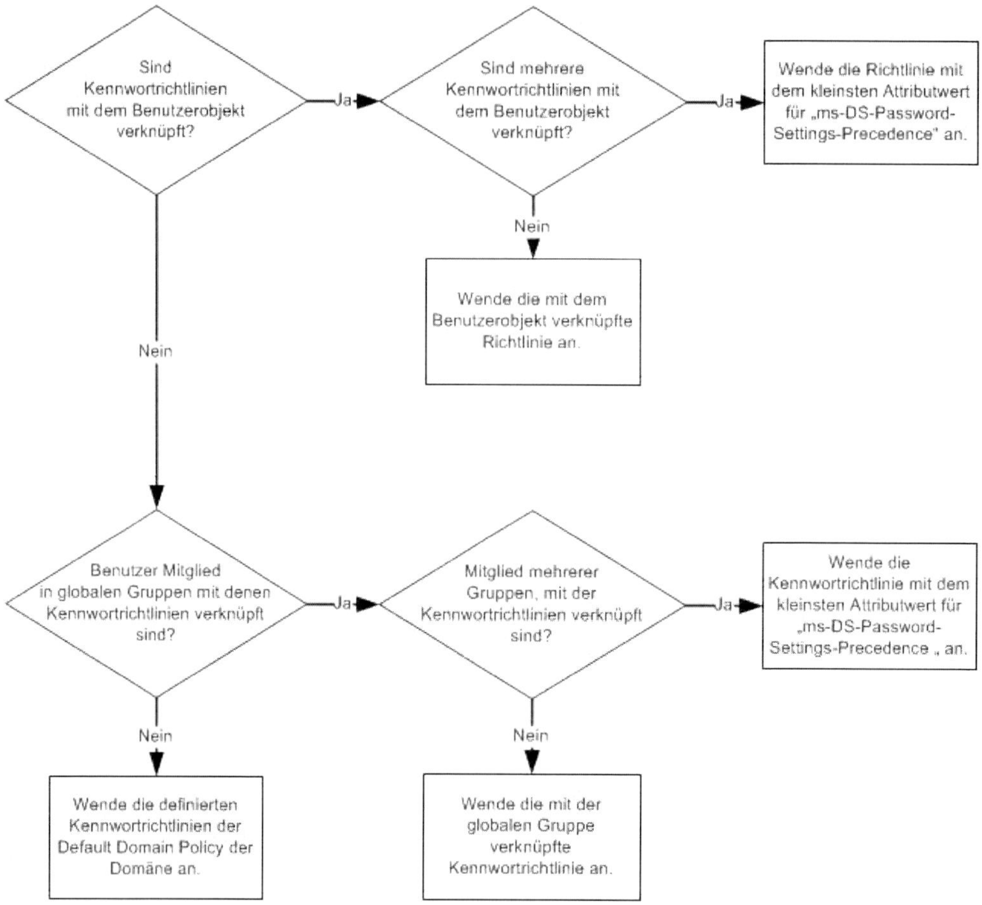

Abbildung 17.2: *Auswertelogik bei der Verarbeitung von Kennworteinstellungen-Objekten*

Wie in der Grafik 17.2 zu sehen, setzt sich die Objekte mit Kennworteinstellungen mit dem niedrigsten Attributwert für *ms-DS-Password-Settings-Precedence* gegenüber anderen verknüpften Kennwortrichtlinien, insbesondere auch gegenüber den Kennwortrichtlinien der standardmäßigen *Default Domain Policy*, durch.

Da die Richtlinienobjekte direkt auf dem jeweiligen Domänencontroller als Active Directory-Objekte angelegt werden, können diese nach der Replikation auf alle anderen Domänencontroller einer Active Directory-Domäne sofort angewendet werden. Eine zeitliche Verzögerung, wie sie standardmäßig bei der Verarbeitung von domänenbasierten Gruppenrichtlinienobjekten auftritt, kommt hier nicht zur Anwendung. Wenn beispielsweise eine neue Kennwortrichtlinie für einen Benutzer oder eine Sicherheitsgruppe mit veränderten Werten erstellt und auf die betreffenden Objekte verknüpft wird, so können diese anschließend sofort auf diese angewendet werden.

17.2 Schritte zum Erstellen von Objekten für Kennworteinstellungen

Unter Windows Server 2008 und auch Windows Server 2008 R2 musste man, wenn man lediglich auf die „*Onboard*"-befindlichen Tools und Programme zurückgreifen konnte, die *Objekte für Kennworteinstellungen* noch umständlich mittels ADSIEdit.exe erstellen und konfigurieren. Erst in Windows Server 2012 hat Microsoft das *Active Directory-Verwaltungscenter* für die Verwaltung der abgestimmten Kennwortrichtlinien entsprechend erweitert.

Gehen Sie wie folgt vor, um abgestimmte Kennwortrichtlinien für Benutzer im Active Directory-Verwaltungscenter unter Windows Server 2012 R2 zu erstellen und zu konfigurieren:

1. Melden Sie sich als *Administrator* am Serversystem unter Windows Server 2012 an.
2. Öffnen Sie das *Server-Manager* (soweit dies nicht automatisch geschieht) über einen Klick in der *Taskleiste* auf das **Symbol für den Server-Manager** bzw. im *Startbildschirm* auf die entsprechende **Kachel**.
3. Klicken Sie oben im *Server-Manager* auf **Tools**, und dann auf **Active Directory-Verwaltungscenter**.
4. Doppelklicken Sie auf den *Domänennamen*, den Container *System*, und dann auf *Password Settings Container*.
5. Klicken Sie in der *Aufgabenleiste* auf **Neu**, und dann auf **Kennworteinstellungen**.
6. Geben Sie die gewünschten Konfigurationsdaten für das neu zu erstellende Kennwortrichtlinienobjekt in die entsprechenden Felder ein. Klicken Sie anschließend auf **Hinzufügen**, um das Passwortrichtlinienobjekt nach dem Erstellen auf bestimmte Benutzer oder Sicherheitsgruppen anzuwenden, und klicken Sie anschließend auf **OK**.

Nach dem Erstellen wird das neue Kennworteinstellungen-Objekt (engl. *Password Settings Object, PSO*) im *Active Directory-Verwaltungscenter* im Container *Password Settings Container (PSC)* angezeigt. Die darin definierten Kennwortrichtlinien werden unverzüglich auf die davon betroffenen Benutzerkonten angewendet.

17.3 Anzeigen der auf einen Benutzer angewandten Kennworteinstellungen

Im Bedarfsfall kann man im Active Directory-Verwaltungscenter unter Windows Server 2012 R2 problemlos kontrollieren, ob und welche der vorhandenen Kennwortrichtlinienobjekte auf ein bestimmtes Benutzerkonto angewendet werden. Dies kann auch im Einzelfall sehr hilfreich sein, wenn Probleme beim Ändern von Benutzerkontenkennwörtern auftreten sollten.

Gehen Sie wie folgt vor, um die auf ein bestimmtes Benutzerkonto in den Active Directory-Domänendiensten unter Windows Server 2012 R2 angewendeten Kennwortrichtlinien eines abgestimmten Kennwortrichtlinienobjekts im *Active Directory-Verwaltungscenter* anzeigen zu lassen:

1. Melden Sie sich als *Administrator* am Serversystem unter Windows Server 2012 R2 an.
2. Öffnen Sie das *Server-Manager* (soweit dies nicht automatisch geschieht) über einen Klick in der *Taskleiste* auf das **Symbol für den Server-Manager** bzw. im *Startbildschirm* auf die entsprechende **Kachel**.
3. Klicken Sie oben im *Server-Manager* auf **Tools**, und dann auf **Active Directory-Verwaltungscenter**.
4. Klicken Sie mit der rechten Maustaste auf den *Domänennamen*, und wählen Sie im Kontextmenü den Eintrag **Unter diesem Knoten suchen**.
5. Geben Sie im Feld *Suchen* den gewünschten Benutzernamen (oder einen Teil davon) ein, und klicken Sie auf **Suchen**.
6. Klicken Sie auf das gewünschte *Benutzerkonten*, und dann in der Aufgabenleiste auf **Resultierende Kennworteinstellungen anzeigen...**

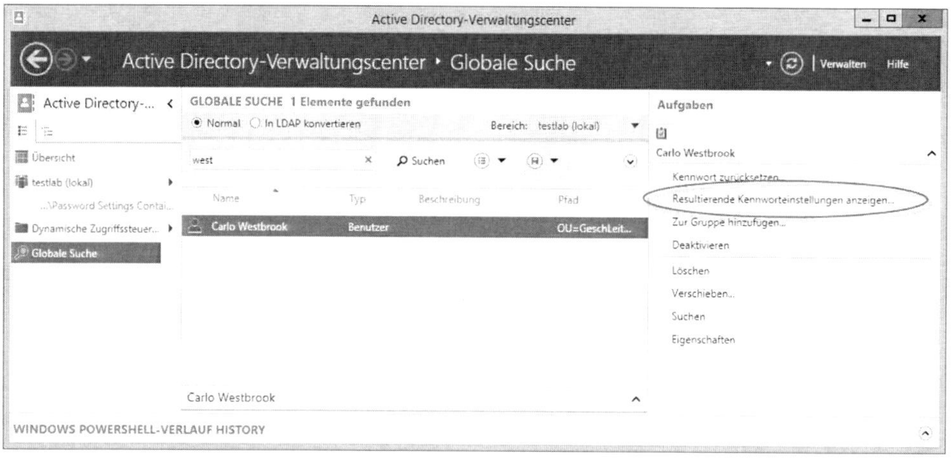

Abbildung 17.3: *Filterergebnis bei der Suche nach bestimmten Benutzerobjekten, um resultierende Kennworteinstellungen anzeigen zu lassen*

7. Die auf das Benutzerobjekt angewendeten Kennwortrichtlinien werden angezeigt.

HINWEIS: Sollten mehrere Objekte mit Kennworteinstellungen auf ein einzelnes Benutzerkonto angewendet werden, so wird dennoch lediglich das letzte Objekt geöffnet, das sich am Ende gegenüber den anderen Kennworteinstellungsobjekten durchgesetzt hat.

Wie Sie in den vorangegangenen Schritten erkennen konnten, ist das Anlegen von Richtlinienobjekten für die Definition von bestimmten Kennworteinstellungen unter Windows Server 2012 R2 durch die direkte Implementierung in das Active Directory-Verwaltungscenter endlich transparent geworden. Dieser Umstand wird in absehbarer Zeit sicher dafür sorgen, dass noch mehr Administratoren sich dazu entscheiden, die abgestimmten Kennwortrichtlinien in den Computernetzwerken von Unternehmen einzusetzen.

PRAXISTIPP! Weitere Informationen zu den Objekten für abgestimmte Kennworteinstellungen (*Fine Grained Password Policies, FGPP*) finden Sie in der Windows-Hilfe von Windows Server 2012 R2, sowie in der Microsoft-Website im Internet unter:

http://technet.microsoft.com/de-de/library/cc770394.aspx

17.4 SpecOps Password Policy Basic

Man muss zugeben, dass die Idee, die abgestimmten Kennworteinstellungen auch „annehmbar" grafisch verwaltbar bereitzustellen nicht ganz neu ist - die Firma *SpecOps* hatte mit *Password Policy Basic* bereits zu den Zeiten von Windows Server 2008 ein entsprechendes, kostenfrei downloadbares, grafisches Verwaltungstool für die Verwaltung von abgestimmten Kennwortrichtlinien (*Fine Grained Password Policies, FGPP*) im Internet angeboten.

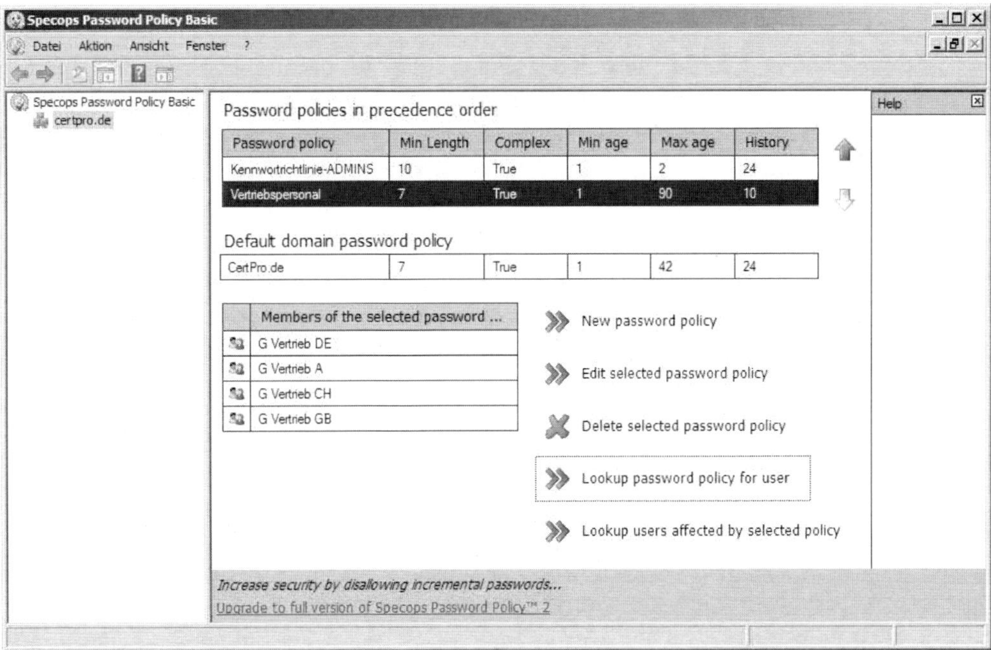

Abbildung 17.4: *SpecOps Password Policy Basic unter Windows Server 2008 (R2)*

Nachdem Microsoft nun endlich die transparente, grafische Möglichkeit zur Verwaltung von abgestimmten Kennwortrichtlinien bereits in das Active Directory-Verwaltungscenter eingebaut hat, muss man für sich abwägen, ob sich der Einsatz des kostenfreien Tools von SpecOps vielleicht dennoch empfiehlt.

INTERNET: Weitere Informationen, sowie auch die Möglichkeit zum Download und zum Produkt-WIKI zu *SpecOps Password Policy Basic* finden Sie im Internet auf der Website des Herstellers unter: **http://www.specopssoft.com**

17.5 Zusammenfassung

In diesem Abschnitt wurden die bereits in Windows Server 2008 eingeführten Objekte für Kennworteinstellungen vorgestellt. Neu ist hierbei die Option zur grafischen Erstellung und Verwaltung gleich im grafischen Active Directory-Verwaltungscenter unter Windows Server 2012 bzw. Windows Server 2012 R2.

Im nächsten Abschnitt dreht sich nun alles um das Einrichten und Verwalten von schreibgeschützten Domänencontrollern.

18 Schreibgeschützte Domänencontroller

In zumeist kleineren Unternehmensniederlassungen, in denen die physikalische Sicherheit für die in der Datenbank der Active Directory-Domänendienste (engl. *Active Directory Domain Services, AD DS*) gespeicherten Active Directory-Objekte nicht gewährleistet werden kann, besteht seit Windows Server 2008 R2 die Möglichkeit, Serversysteme unter als schreibgeschützte Domänencontroller (engl. *Read-Only Domain Controller, RODC*) zu verwenden. Diese Domänencontroller besitzen, wie es sich bereits aus dem Namen ableiten lässt, lediglich eine schreibgeschützte Version der Active Directory-Domänendienste-Datenbank.

Änderungen an den Objekten in der Active Directory-Datenbank sind auf den schreibgeschützten Domänencontrollern lediglich durch die Replikation von einem in der jeweiligen Active Directory-Domäne vorhandenen, schreibbaren Domänencontroller unter Windows Server 2008, Windows Server 2008 R2, Windows Server 2012 oder Windows Server 2012 R2 möglich. Darüber hinaus lässt es sich anhand von neuen Sicherheitsgruppen klar abgrenzen, wessen Kennwörter seitens des vollwertigen Domänencontrollers an die schreibgeschützten Domänencontroller (*RODCs*) repliziert werden dürfen. Somit liegt einem potentiellen Angreifer, wenn er einen der schreibgeschützten Domänencontroller (*RODCs*) entwenden sollte, nun doch kein Kennwort der verantwortlichen Administratoren vor. Zudem kann man innerhalb der Active Directory-Domäne alle bis zum Entwenden des schreibgeschützten Domänencontrollers darauf durch Replikationsvorgänge gespeicherten Kennwörter widerrufen. Wenn ein Angreifer es demnach schaffen würde, eines oder auch mehrere der auf dem entwendeten RODC womöglich gespeicherten Kennwörter zu entschlüsseln, so hat er nachfolgend keine Möglichkeit mehr, diese gegen die jeweilige Domäne anzuwenden.

HINWEIS: Schreibgeschützte Domänencontroller (*RODCs*) können innerhalb einer Active Directory-Domäne problemlos parallel zu Domänencontrollern unter Windows Server 2003 betrieben werden. Für die Implementierung eines RODCs ist lediglich mindestens ein schreibbarer Domänencontroller unter Windows Server 2008, Windows Server 2008 R2 oder höher sowie die Domänenfunktionsebene *Windows Server 2003 (oder höher)* notwendig.

- Vor der Installation eines schreibgeschützten Domänencontrollers in einer Gesamtstruktur unter Windows Server 2003 oder einer auf Windows Server 2008 bzw. Windows Server 2008 R2 aktualisierten Gesamtstruktur muss der Befehl *adprep /rodcprep* auf einem der vorhandenen Computer in der betreffenden Gesamtstruktur ausgeführt werden. Dieser Vorgang kontaktiert den Infrastrukturmaster einer jeden vorhandenen Domäne, um die Berechtigungen für die Anwendungsverzeichnispartitionen zu aktualisieren. Wenn eine neue Active Directory-Gesamtstruktur direkt unter Windows Server 2012 R2 eingerichtet wird, ist dieser Schritt nicht erforderlich.
- Die Gesamtstrukturfunktionsebene muss mindestens auf Windows Server 2003 heraufgestuft sein, damit die verknüpfte Wertereplikation für eine höhere Replikationskonsistenz gewährleistet werden kann. Die Domänenfunktionsebene muss Windows Server 2003 (oder höher) lauten, damit eine durch Kerberos eingeschränkte Delegierung zur Verfügung steht.
- In der betreffenden Active Directory-Domäne muss mindestens ein beschreibbarer Domänencontroller unter Windows Server 2008, Windows Server 2008 R2, Windows Server 2012 oder Windows Server 2012 R2 ausgeführt werden, welcher als Replikationspartner für den geplanten RODC dient.

18.1 Vorteile beim Einsatz von RODCs

Der Einsatz von schreibgeschützten Domänencontrollern (engl. *Read-Only Domain Controllers, RODCs*), beispielsweise in Zweigniederlassungen, birgt die folgenden Vorteile für Unternehmen:

- **Schreibgeschützte Active Directory-Datenbank** Die Active Directory-Datenbank liegt auf einem RODC lediglich als schreibgeschützte Version vor, so dass Änderungen an den darin gespeicherten Objekten standardmäßig lediglich durch die Replikation von einem schreibbaren Domänencontroller erfolgen können.
- **Unidirektionale Replikation** Änderungen an der auf den schreibgeschützten Domänencontrollern (*RODCs*) gespeicherten AD DS-Datenbank sind nur über die unidirektionale Replikation von einem vollwertigen Domänencontroller möglich. Sollte ein Angreifer es doch schaffen, Änderungen an der Datenbank eines schreibgeschützten Domänencontrollers vorzunehmen, so würden diese lediglich lokal auf dem betroffenen Server wirken, jedoch aufgrund der lediglich unidirektionalen Replikation nicht an die anderen Domänencontroller der Active Directory-Gesamtstruktur repliziert werden.

- **Zwischenspeichern von Anmeldeinformationen** Schreibgeschützte Domänencontroller speichert standardmäßig keine Benutzerkontenkennwörter zwischen, wodurch die Sicherheit gegenüber Hackern erhöht wird.
- **Schreibgeschützter DNS-Server** RODCs können neben der Rolle als schreibgeschützte Domänencontroller auch die von schreibgeschützten DNS-Servern übernehmen.
- **Aufteilung der Administratorrolle** Die Administratorrolle kann aufgeteilt werden, so dass ein vor Ort befindlicher Administrator einer Zweigniederlassung zwar zum lokalen Administrator des schreibgeschützten Domänencontrollers (*RODCs*) bestimmt werden kann, ihm dadurch trotzdem jedoch keinerlei Änderungen an den in der Datenbank der Active Directory-Domänendienste gespeicherten Objekten auf dem jeweiligen Server ermöglicht werden.
- **Attributsatz mit RODC-Filter** Es besteht die Möglichkeit, die Speicherung von vertraulichen Active Directory-Daten (beispielsweise Anmeldeinformationen, Verschlüsselungsschlüsseln usw.) auf den schreibgeschützten Domänencontrollern (*RODCs*) durch einen definierbaren Attributsatz mit RODC-Filter zu verhindern.
- **RODC als globaler Katalogserver** Schreibgeschützte Domänencontroller (*RODCs*) können problemlos auch die Funktion des globalen Katalogservers übernehmen.

18.2 Einschränkungen beim Einsatz von RODCs

Die Implementierung von schreibgeschützten Domänencontrollern bringt neben den benannten Vorteilen auch einige Einschränkungen mit sich. Schließlich handelt es sich bei dieser Art von Domänencontroller ja nicht um einen vollwertig beschreibbaren Domänencontroller. Die Active Directory-Datenbank liegt auf den RODCs lediglich als *schreibgeschützte* Version vor. Beachten Sie deshalb bei der Planung des Einsatzes von schreibgeschützten Domänencontrollern die folgenden Einschränkungen:

- RODCs können die Replikation lediglich von einem schreibbaren Domänencontroller unter Windows Server 2008, Windows Server 2008 R2, Windows Server 2012 oder Windows Server 2012 R2 erhalten. Die Replikation von einem Domänencontroller unter Windows Server 2003 zu einem RODC unter Windows Server 2008 R2 (oder höher) wird nicht unterstützt.
- Zwischen den schreibgeschützten Domänencontrollern innerhalb einer Gesamtstruktur können keine Replikationsvorgänge durchgeführt werden.
- In Unternehmensstandorten, in denen auch Exchange-Server betrieben werden, muss mindestens ein weiterer, vollwertiger Domänencontroller vorhanden sein, der den globalen Katalog ausführt.

- Schreibgeschützte Domänencontroller können keine Betriebsmasterrollen (engl. *Flexible Single Master Operations Roles, FSMO Roles*) ausführen, da hierfür die Änderungsmöglichkeit an der jeweils lokal gespeicherten Active Directory-Datenbank notwendig wäre.
- Da die schreibgeschützten Domänencontroller lediglich eingehende Replikationsvorgänge zulassen, können diese nicht als Bridgeheadserver für einen Standort verwendet werden.

18.3 Platzierung von RODCs

Den Überlegungen Microsofts zufolge, sind die schreibgeschützten Domänencontroller (*RODCs*) für Standorte entwickelt worden, in denen sich keine anderen Domänencontroller befinden. Trotzdem kann ein RODC problemlos an einem Standort parallel zu anderen Domänencontrollern betrieben werden. Lediglich im Umgang mit den vor Ort befindlichen Clientcomputern und Servern verhält sich ein RODC anders als schreibbare Domänencontroller.

Ein RODC kann problemlos als einziger Domänencontroller an einem Standort betrieben werden, welcher über eine WAN-Verbindung zu einem Standort mit einem schreibbaren Domänencontroller unter Windows Server 2008 R2, Windows Server 2012 oder Windows Server 2012 R2 angebunden ist. Wenn die WAN-Verbindung zu diesem Standort während des Anmeldeverkehrs eines Benutzers, dessen Kennwort auf dem RODC nicht zwischengespeichert ist, nicht zur Verfügung steht, so kann der Benutzer zu diesem Zeitpunkt nicht authentifiziert werden. Der Anmeldevorgang schlägt in diesem Szenario fehl. Diesen Umstand sollte man bei der Planung der Platzierung von RODCs berücksichtigen. Alternativ ist es (zumindest technisch) möglich, den RODC an dem betreffenden Standort parallel zu einem schreibbaren Domänencontroller unter Windows Server 2008 R2, Windows Server 2012 oder Windows Server 2012 R2 betreiben. Dies widerspricht jedoch dem möglichen Einsatzzweck eines RODCs, da die Sicherheit an dem jeweiligen Standort durch diese Konstellation wieder „aufgeweicht" wird.

Man sollte ebenso berücksichtigen, dass ein RODC in bestimmten Situationen auch außerhalb des Anmeldeverkehrs weitere Daten über die WAN-Verbindung versendet. Beispielsweise versucht ein RODC eine sofortige Replikation mit dem schreibbaren Domänencontroller unter Windows Server 2008 R2, Windows Server 2012 oder Windows Server 2012 R2, wenn er selbst nicht in der Lage war, bestimmte Anforderungen (beispielsweise der Versuch eines DNS-Updates eines Clientcomputers bei einem RODC als schreibgeschützter DNS mit Weiterleitung an einen schreibbaren DNS-Server) direkt zu erfüllen.

18.4 Bereitstellen schreibgeschützter Domänencontroller (RODCs)

Ein schreibgeschützter Domänencontroller (Read-Only Domain Controller, RODC) unter Windows Server 2012 R2 lässt sich mit einfachen Schritten bereitstellen. Vorweg sollte überprüft werden, ob die Active Directory-Infrastruktur die notwendige Voraussetzung erfüllt – die Gesamtstrukturfunktionsebene muss mindestens auf Windows Server 2003 (oder höher) eingestellt sein. Sollten in der betreffenden Active Directory-Gesamtstruktur noch Domänencontroller unter Windows 2000 Server betrieben werden, so müssen diese entweder auf Windows Server 2003 oder besser auf Windows Server 2008 aktualisiert oder aus der Gesamtstruktur entfernt werden. Die Installation schreibgeschützter Domänencontroller setzt als Gesamtstrukturfunktionsebene mindestens Windows Server 2003 (oder höher) voraus. In einer solchen Active Directory-Gesamtstruktur müssen vorweg alle darin enthaltenen Domänen seitens der jeweiligen Domänenfunktionsebenen auf Windows Server 2003 (oder höher) heraufgestuft werden. Dies wiederum setzt voraus, dass innerhalb aller Domänen der betreffenden Gesamtstruktur nur noch Domänencontroller unter Windows Server 2003, Windows Server 2008 (oder höher) eingesetzt werden.

Zur Vorbereitung der Installation eines schreibgeschützten Domänencontrollers müssen verschiedene Schritte durchgeführt werden. Zu diesen zählen:

18.4.1 Überprüfung der Gesamtstrukturfunktionsebene

Wie bereits erwähnt, ist für die Implementierung eines RODCs mindestens die Gesamtstrukturfunktionsebene *Windows Server 2003 (oder höher)* der Active Directory-Gesamtstruktur erforderlich.

Um die Gesamtstrukturfunktionsebene der Active Directory-Gesamtstruktur für die geplante Bereitstellung eines schreibgeschützten Domänencontrollers (*RODCs*) unter Windows Server 2012 R2 zu überprüfen, gehen Sie wie folgt vor:

1. Öffnen Sie das *Active Directory-Verwaltungscenter (AD AC)*.
2. Klicken Sie in der Konsolenstruktur mit der rechten Maustaste auf den Namen der Domäne, und wählen Sie im Kontextmenü den Eintrag **Eigenschaften**.
3. Überprüfen Sie, ob die Gesamtstrukturfunktionsebene mindestens unter Windows Server 2003 angezeigt wird. Klicken Sie anschließend auf **Abbrechen**.
4. Falls die Gesamtstrukturfunktionsebene noch heraufgestuft werden muss, klicken Sie in der Konsolenstruktur mit der rechten Maustaste auf den Domänennamen, und wählen Sie im Kontextmenü den Eintrag **Gesamtstrukturfunktionsebene heraufstufen...**
5. Wählen Sie unter *Wählen Sie eine verfügbare Gesamtstrukturfunktionsebene aus:* die Option *Windows Server 2003* und klicken Sie dann auf **OK**.
6. Bestätigen Sie den Hinweis, dass der Vorgang unter Umständen nicht mehr rückgängig gemacht werden kann mit einem Klick auf **OK**.

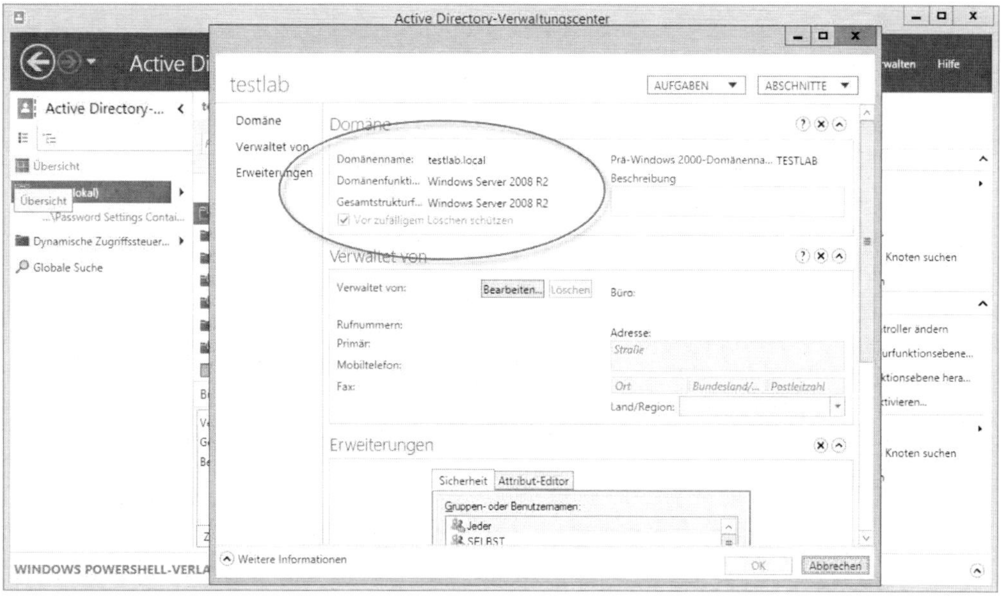

Abbildung 18.1: *Überprüfung der Gesamtstrukturfunktionsebene einer Active Directory-Gesamtstruktur im Active Directory-Verwaltungscenter unter Windows Server 2012 (R2)*

Nachdem die Gesamtstrukturfunktionsebene überprüft bzw. heraufgestuft wurde, kann die Bereitstellung eines RODCs nun mit dem nächsten Schritt fortgesetzt werden.

18.4.2 Aktualisieren der Berechtigungen für DNS-Anwendungsverzeichnispartitionen

In Active Directory-Gesamtstrukturen, die nicht als neue Gesamtstrukturen gleich unter Windows Server 2012 R2 neu eingerichtet wurden, müssen vor der Bereitstellung von schreibgeschützten Domänencontrollern vorweg die Berechtigungen für die DNS-Anwendungsverzeichnispartitionen aktualisiert werden. Somit können diese anschließend auf alle RODCs repliziert werden, die ebenfalls als DNS-Server konfiguriert sind.

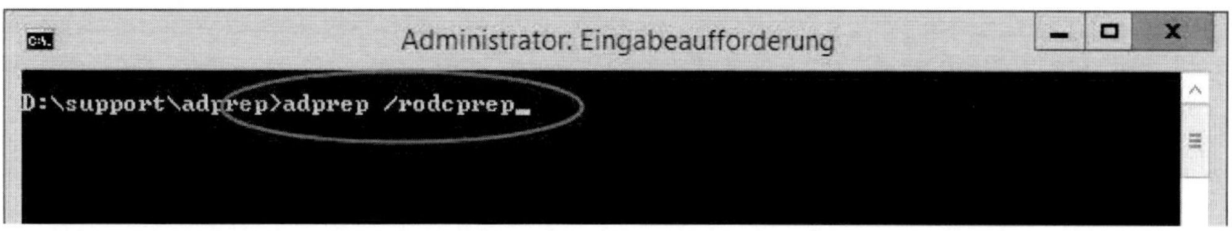

Abbildung 18.2: *Aktualisierung der Berechtigungen für die DNS-Anwendungsverzeichnispartitionen mithilfe von adprep.exe*

Um die Aktualisierung der Berechtigungen für die DNS-Anwendungsverzeichnispartitionen in einer Active Directory-Gesamtstruktur als Vorbereitung auf die nachfolgende Bereitstellung von schreibgeschützten Domänencontrollern (*RODCs*) durchzuführen, gehen Sie wie folgt vor:

1. Legen Sie die Installations-DVD-ROM für Windows Server 2012 R2 in das DVD-Laufwerk ein, öffnen Sie die *Eingabeaufforderung* und wechseln Sie zum Ordner **\support\adprep.**
2. Geben Sie in der *Eingabeaufforderung* anschließend den Befehl **adprep /rodcprep** ein und drücken Sie dann auf die **Eingabetaste**.

Nach der Aktualisierung der Berechtigungen für die in der Active Directory-Gesamtstruktur vorhandenen DNS-Anwendungsverzeichnispartitionen steht nun der nächste Schritt der Vorbereitung der Bereitstellung von schreibgeschützten Domänencontrollern (*RODCs*) an.

18.4.3 Installation eines RODC unter Windows Server 2012 R2

Soweit noch nicht geschehen, müssen Sie in der vorhandenen Active Directory-Domäne, in welcher Sie den schreibgeschützten Domänencontroller implementieren möchten, zumindest einen schreibbaren (vollwertigen) Domänencontroller unter Windows Server 2008, Windows Server 2008 R2, Windows Server 2012 oder Windows Server 2012 R2 bereitstellen. Dieser dient als Quelle für die Replikation von Daten zu den schreibgeschützten Domänencontrollern (*RODCs*). Der schreibbare Domänencontroller kann dabei als vollwertige Installation oder als Server Core-Installation von Windows Server 2008 (oder höher) ausgeführt werden.

Wenn die Installation abgeschlossen ist, kann anschließend mit der Bereitstellung eines schreibgeschützten Domänencontrollers (*RODCs*) begonnen werden.

Nach dem erfolgreichen Abschluss der vorbereitenden Schritte kann die Installation eines schreibgeschützten Domänencontrollers (RODCs) unter Windows Server 2012 R2 durchgeführt werden. Hierbei besteht die Möglichkeit, den RODC auf einer vollständigen Installation oder einer Server Core-Installation unter Windows Server 2012 R2 durchzuführen. Nachfolgend werden die notwendigen, praktischen Schritte zum Einrichten eines RODC unter Windows Server 2012 R2 detailliert erläutert.

Installationsschritte

Die Installation eines schreibgeschützten Domänencontrollers (*RODCs*) auf einer vollständigen Installation von Windows Server 2012 R2 lässt sich in der Grafikumgebung völlig transparent durchführen.

Gehen Sie wie folgt vor, um einen schreibgeschützten Domänencontroller auf einer vollständigen Installation von Windows Server 2012 R2 einzurichten:

1. Melden Sie sich als *Administrator* am Serversystem unter Windows Server 2012 R2 an.
2. Öffnen Sie den *Server-Manager* (soweit dies nicht automatisch geschieht) über einen Klick in der *Taskleiste* auf das **Symbol für den Server-Manager** bzw. im *Startbildschirm* auf die entsprechende **Kachel**.
3. Klicken Sie oben im *Server-Manager* auf **Verwalten**, und dann auf **Rollen und Features hinzufügen**.
4. Klicken Sie im Dialog *Vorbemerkungen* auf **Weiter**.
5. Wählen Sie im Dialog *Installationstyp auswählen* die Option **Rollenbasierte oder featurebasierte Installation**, und klicken Sie auf **Weiter**.
6. Klicken Sie im Dialog *Zielserver auswählen* auf den Namen des gewünschten Servers, der als RODC eingerichtet werden soll, und klicken Sie dann auf **Weiter**.
7. Aktivieren Sie das Kontrollkästchen vor *Active Directory-Domänendienste*, und klicken Sie auf **Features hinzufügen**, um die Installation der notwendigen Remoteserver-Verwaltungstools zu bestätigen. Klicken Sie anschließend auf **Weiter**.
8. Klicken Sie im Dialog *Features auswählen* auf **Weiter**.
9. Klicken Sie im Dialog *Active Directory-Domänendienste* auf **Weiter**.
10. Klicken Sie auf **Installieren**, um die Installationsauswahl zu bestätigen.
11. Klicken Sie auf **Schließen**, um den Dialog *Assistent zum Hinzufügen von Rollen und Features* zu schließen.

Die erfolgreiche Installation der Active Directory-Domänendienste wird Ihnen in der oberen *Befehlsleiste* des Server-Managers durch einen Klick auf das **Fahnensymbol** angezeigt. Nach der Aktualisierung des Server-Managers zeigt ein Klick auf das Fahnensymbol zudem einen Hinweis, dass der Server in einem weiteren Schritt zu einem Domänencontroller heraufgestuft werden muss.

Abbildung 18.3: *Hinweis auf die notwendige Konfiguration nach der Installation der Active Directory-Domänendienste (AD DS) im Server-Manager unter Windows Server 2012 R2*

Eine ähnliche Meldung wird nach einem Klick auf AD DS im Server-Manager angezeigt.

Heraufstufen des Servers zu einem RODC

Gehen Sie wie folgt vor, um ein Serversystem unter Windows Server 2012 (R2) nach der Installation der Active Directory-Domänendienste (*AD DS*) zu einem schreibgeschützten Domänencontroller (*Read Only Domain Controller, RODC*) für eine bereits vorhandene Active Directory-Domäne heraufzustufen:

1. Öffnen Sie den *Server-Manager* (soweit noch nicht geschehen) über einen Klick in der *Taskleiste* auf das **Symbol für den Server-Manager** bzw. im *Startbildschirm* auf die entsprechende **Kachel**.
2. Klicken Sie oben im *Server-Manager* auf das **Fahnensymbol**, und dann auf **Server zu einem Domänencontroller heraufstufen**.
3. Wählen Sie im Dialog *Bereitstellungskonfiguration* die Option **Domänencontroller zu einer vorhandenen Domäne hinzufügen**, wählen Sie im Feld *Domäne* den gewünschten *Domänennamen* aus, zu welcher der Server als RODC hinzugefügt werden soll, passen Sie bei Bedarf noch die *Anmeldeinformationen* an, und klicken Sie auf **Weiter**.

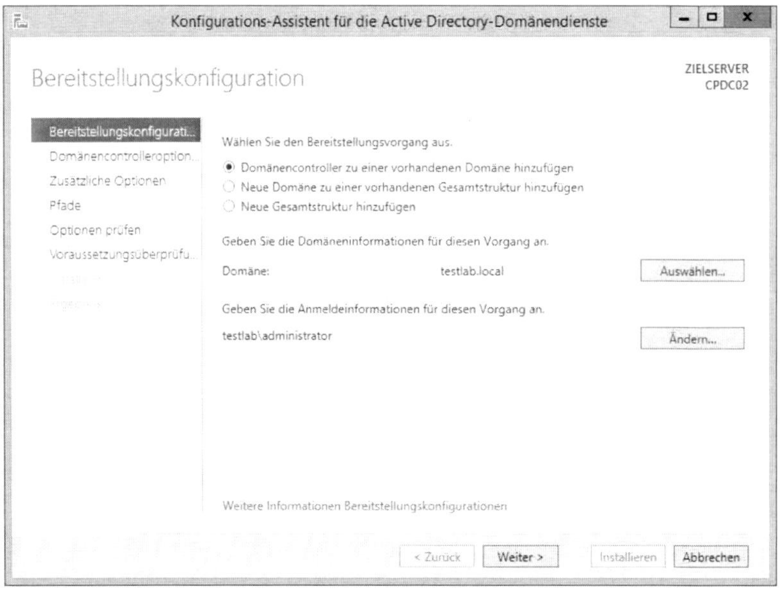

Abbildung 18.4: *Festlegen der Bereitstellungskonfiguration*

4. Aktivieren Sie im Dialog *Domänencontrolleroptionen* die Option **Schreibgeschützter Domänencontroller (RODC)**, wählen Sie den zutreffenden *Active Directory-Standort*

für den Server aus, geben Sie das *Kennwort für den Verzeichnisdienst-Wiederherstellungsmodus* in die zutreffenden Felder ein, und klicken Sie auf **Weiter**.

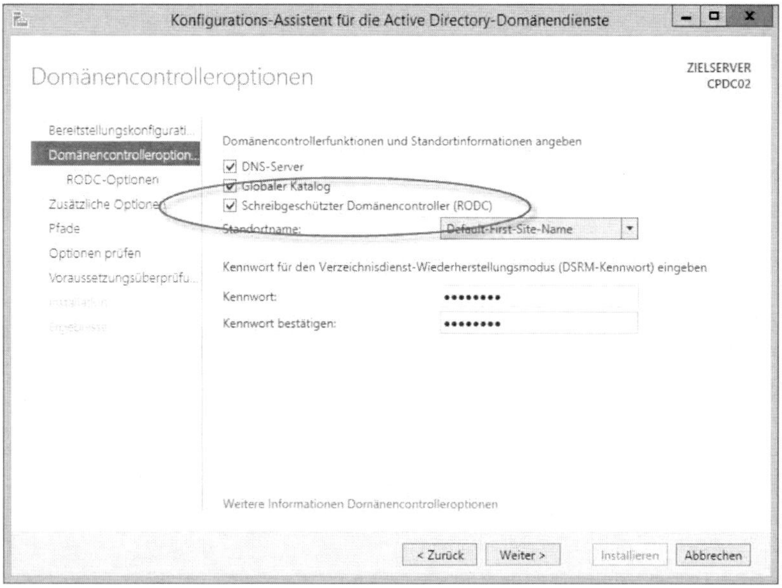

Abbildung 18.5: *Auswahl der Konfigurationsoption als schreibgeschützter Domänencontroller (RODC)*

5. Wählen Sie im Dialog *RODC-Optionen* ein Benutzerkonto bzw. eine Sicherheitsgruppe als *Delegiertes Administratorkonto* (soweit zutreffend), und klicken Sie auf **Weiter**.

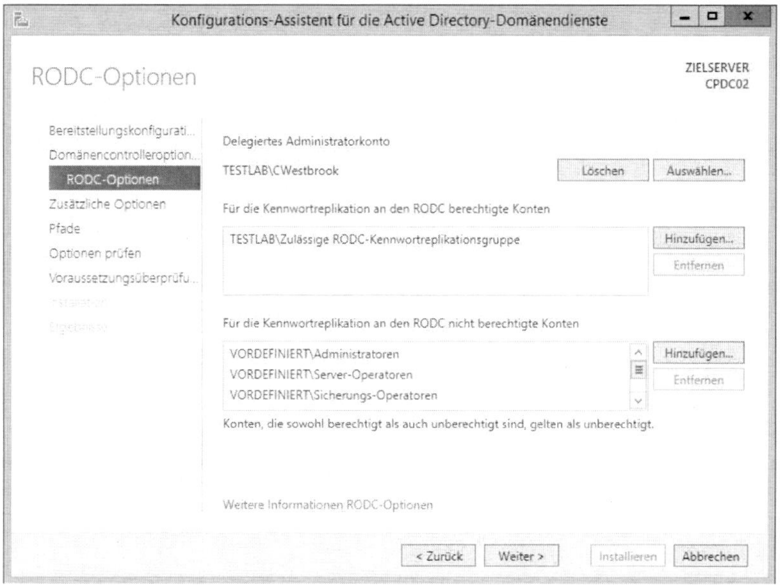

Abbildung 18.6: *Festlegen der RODC-Optionen*

HINWEIS: Der ausgewählte Benutzer bzw. die ausgewählte Gruppe als Delegiertes Administratorkonto erhält die Berechtigung, den Server als lokaler *Administrator* zu verwalten. Die Konfiguration der Kennwortreplikation kann gleich in dem Dialog *RODC-Optionen* oder bei Bedarf auch problemlos zu einem späteren Zeitpunkt vorgenommen werden.

6. Wählen Sie im Dialog *Zusätzliche Optionen* bei Bedarf noch den für die Replikation auf den RODC zu verwendenden Domänencontroller aus, und klicken Sie auf **Weiter**.

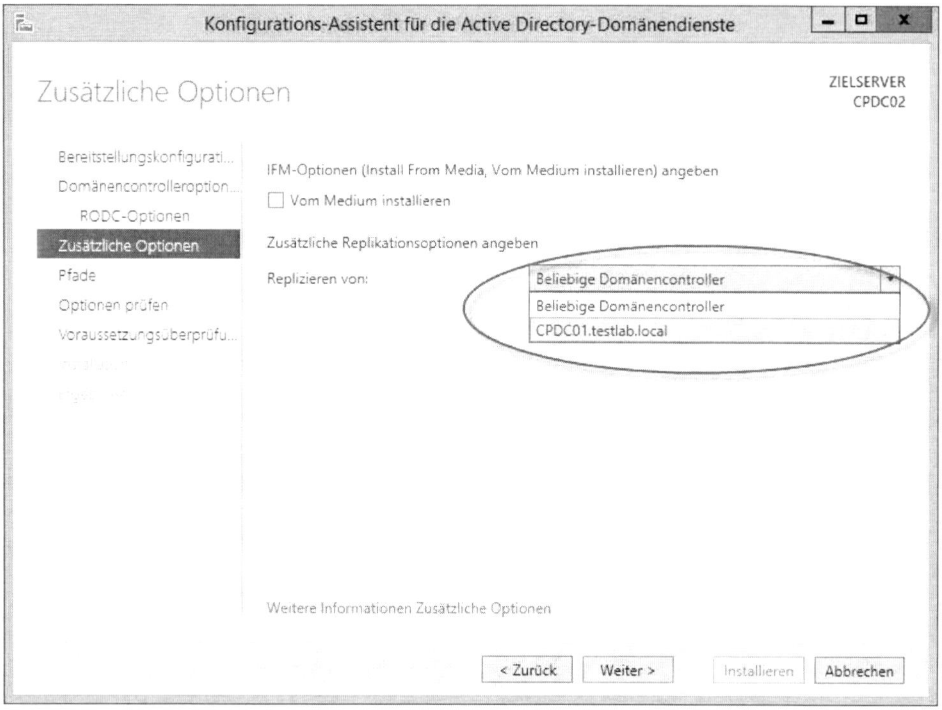

Abbildung 18.7: *Festlegen zusätzlicher Optionen*

7. Bestätigen Sie im Dialog *Pfade* die angegebenen Standardpfade, bzw. passen Sie diese bei Bedarf entsprechend an. Klicken Sie dann auf **Weiter**.

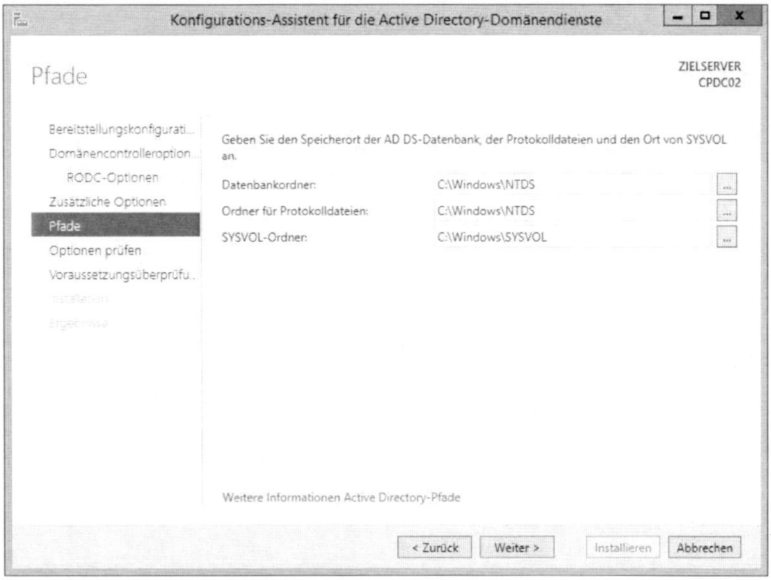

Abbildung 18.8: *Konfiguration der Speicherpfade für die AD DS-Datenbank, die Protokolldateien und den Ordner SYSVOL*

8. Prüfen Sie im Dialog *Optionen prüfen* nochmals die von Ihnen vorgenommen Konfigurationseinstellungen, und klicken Sie dann auf **Weiter**.

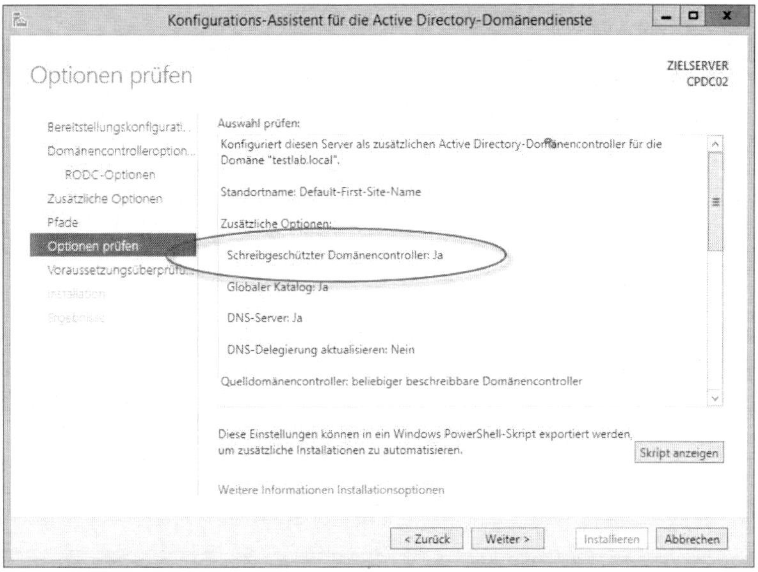

Abbildung 18.9: *Überprüfung der Konfigurationsoptionen*

9. Klicken Sie im Dialog *Voraussetzungsüberprüfung* auf **Installieren**.

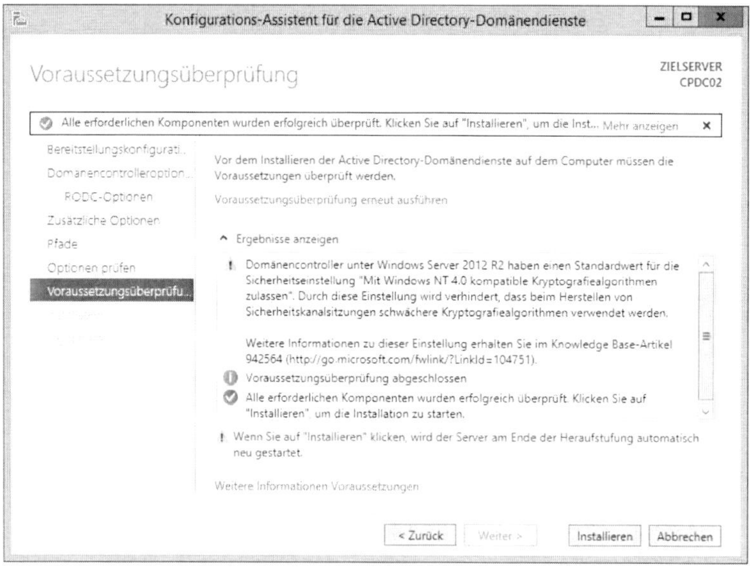

Abbildung 18.10: *Voraussetzungsüberprüfung für die Installation als schreibgeschützter Domänencontroller (RODC)*

Die Installation des Serversystems als schreibgeschützter Domänencontroller (*RODC*) wird durchgeführt. Zu Abschluss der Konfiguration wird der Server automatisch gestartet.

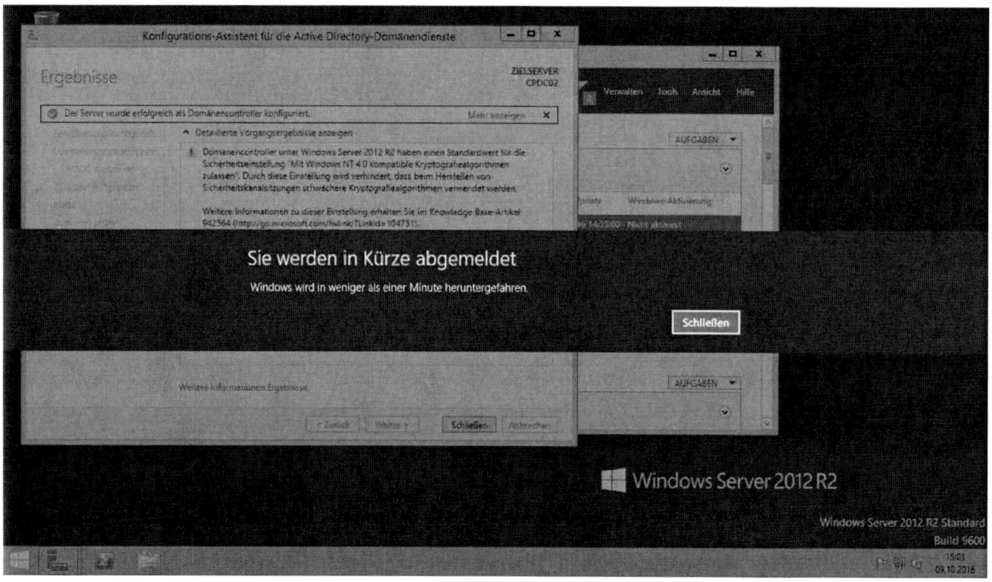

Abbildung 18.11: *Hinweis auf den automatischen Neustart während der Konfiguration als schreibgeschützter Domänencontroller (RODC)*

Nach dem Neustart steht der Server als schreibgeschützter Domänencontroller (*RODC*) in der betreffenden Active Directory-Domäne zur Verfügung.

INTERNET: Alternativ zur Installation des RODCs auf einer vollständigen Installation unter Windows Server 2012 (R2) können Sie diesen auf einem Server mit einer Server-Core-Installation einrichten. Die Schritte zur Durchführung der Installation unterscheiden sich jedoch von den bisher gezeigten, da eine Server Core-Installation von Windows Server 2012 R2 im Prinzip nicht über die notwendige Grafikoberfläche für die Ausführung von Programmen verfügt. Detaillierte Informationen zur Einrichtung eines RODC auf einem Server unter Windows Server 2012 R2 als Server Core-Installation erhalten Sie u. a. im Internet auf der Website von Microsoft unter:

https://technet.microsoft.com/en-us/library/cc771744.aspx

18.4.4 Delegierung der Installation von RODCs

Die Installation von schreibgeschützten Domänencontrollern kann im Bedarfsfall an einfache Benutzer in Zweigstellennetzwerken delegiert werden. Hierzu kann ein verantwortlicher Domänenadministrator vorweg ein entsprechendes RODC-Konto in der Domäne erstellen und während dieses Vorgangs die Installation und nachfolgende Serververwaltung an einen bestimmten Benutzer oder eine bestimmte Sicherheitsgruppe delegieren.

Für die Delegierung der Installation von schreibgeschützten Domänencontrollern steht im Active Directory-Verwaltungscenter eine entsprechende Option zur Verfügung, um ein Computerkonto in der jeweiligen Active Directory-Domäne vorab zu erstellen und entsprechend zu konfigurieren.

Gehen Sie wie folgt vor, um im Rahmen der Delegierung der Installation eines schreibgeschützten Domänencontrollers ein entsprechendes Computerkonto im Active Directory-Verwaltungscenter unter Windows Server 2012 R2 vorab zu erstellen:

1. Melden Sie sich als *Administrator* am Serversystem unter Windows Server 2012 R2 an.
2. Öffnen Sie das *Server-Manager* (soweit dies nicht automatisch geschieht) über einen Klick in der *Taskleiste* auf das **Symbol für den Server-Manager** bzw. im *Startbildschirm* auf die entsprechende **Kachel**.
3. Klicken Sie oben im *Server-Manager* auf **Tools**, und dann auf **Active Directory-Verwaltungscenter**.
4. Klicken Sie doppelt auf den *Domänennamen*, und anschließend auf den Container **Domain Controllers**.
5. Klicken Sie in der *Aufgabenleiste* auf die Option **Konto für schreibgeschützten Domänencontroller vorab erstellen...**
6. Klicken Sie im Willkommensbildschirm auf **Weiter**.

7. Verwenden Sie die aktuellen oder bei Bedarf alternative Anmeldeinformationen, und klicken Sie auf **Weiter**.
8. Geben Sie den *Namen* des Computers an, der als schreibgeschützter Domänencontroller (RODC) vorgesehen ist. Das Konto wird in der Datenbank der Active Directory-Domänendienste erstellt. Klicken Sie dann auf **Weiter**.

HINWEIS: Der Server, für den das RODC-Computerkonto erstellt wird, darf unter dem angegebenen Namen noch nicht Mitglied der betreffenden Active Directory-Domäne sein. Es ist nicht möglich, ein Computerkonto mit dem Namen eines in der Domäne bereits vorhandenen Computerkontos zu erstellen.

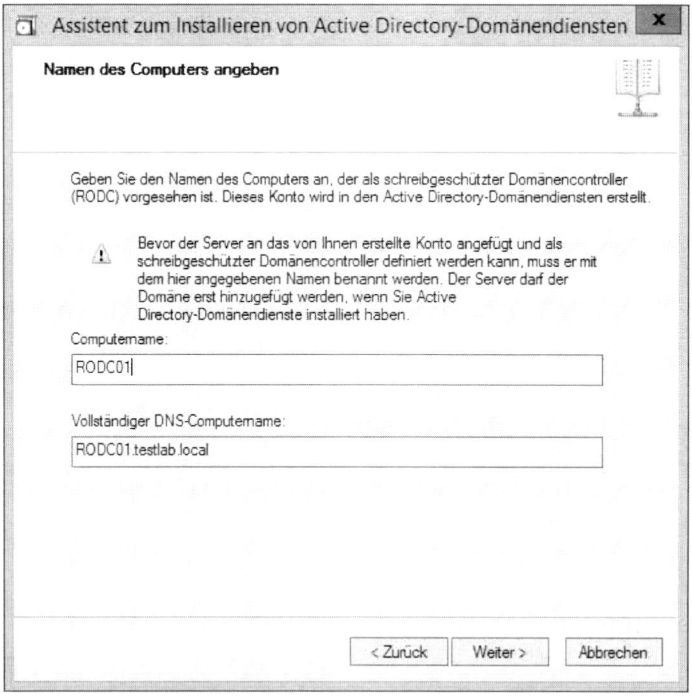

Abbildung 18.12: *Festlegen des Computernamens für den neu einzurichtenden, schreibgeschützten Domänencontroller (RODC)*

9. Wählen Sie den *Standort* für den neuen Domänencontroller aus, und klicken Sie auf **Weiter**.
10. Wählen Sie, soweit vorgesehen, noch weitere Optionen für den neuen Domänencontroller fest, und klicken Sie auf **Weiter**.
11. Legen Sie für *die Delegierung der Installation und der Verwaltung des RODCs* den Benutzer oder die Sicherheitsgruppe fest, und klicken Sie dann auf **Weiter**.

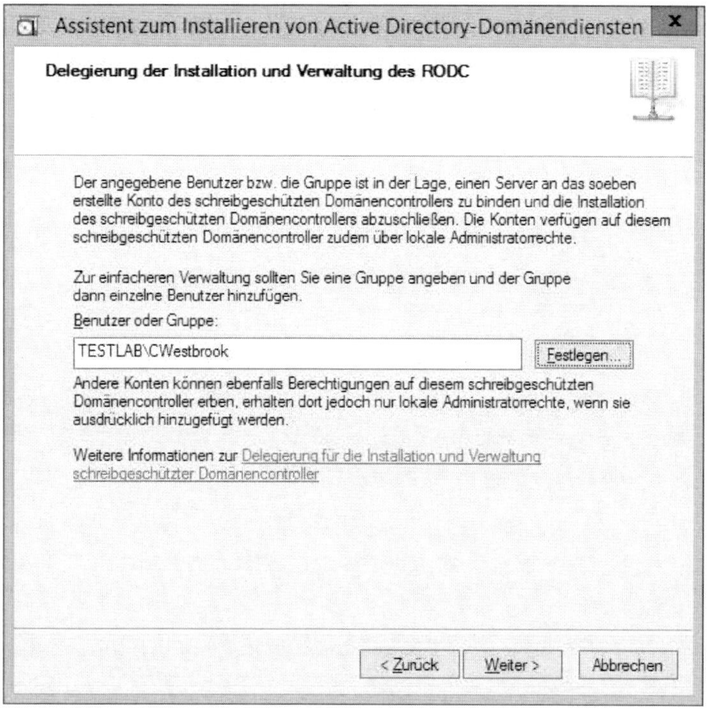

Abbildung 18.13: *Delegierung der Installation und Verwaltung des RODC*

HINWEIS: Der ausgewählte Benutzer bzw. die ausgewählte Sicherheitsgruppe erhält die Berechtigung, den Server als RODC an die betreffende Active Directory-Domäne anzubinden, sowie diesen anschließend als lokaler Administrator zu verwalten.

12. Überprüfen Sie in der *Zusammenfassung* die zuvor ausgewählten Konfigurationsoptionen, und klicken Sie dann zum Erstellen des RODC-Computerkontos auf **Weiter**.
13. Klicken Sie nach Abschluss auf die Schaltfläche **Fertig stellen**, um den Assistenten zu schließen.

Das zuvor neu erstellte RODC-Computerkonto wird im *Active Directory-Verwaltungscenter* in der Organisationseinheit *Domain Controllers* (Domänencontroller) als *„Nicht belegtes Domänencontrollerkonto..."* angezeigt.

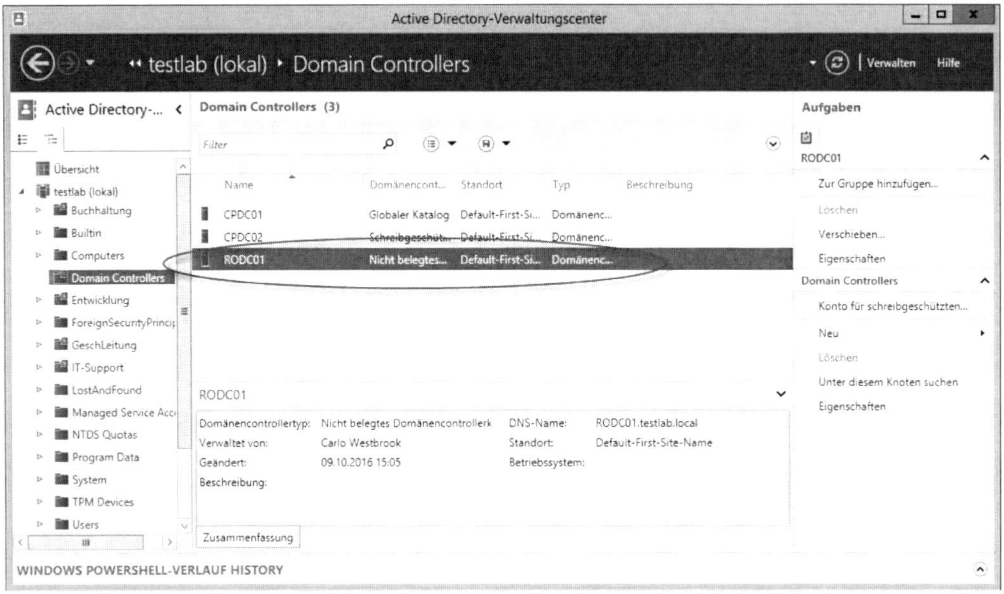

Abbildung 18.14: *Zuvor neu erstelltes Computerkonto für einen schreibgeschützten Domänencontroller (RODC)*

18.4.5 Durchführung der delegierten RODC-Installation

Nach der Einrichtung des vorbereiteten Computerkontos für den schreibgeschützten Domänencontroller (*RODC*) kann der jeweils delegierte Benutzer bzw. ein Mitarbeiter als Mitglied der delegierten Sicherheitsgruppe den betreffenden Server unter Windows Server 2012 R2 (welcher zur Zeit noch als Mitglied einer Arbeitsgruppe definiert ist) umbenennen. Anschließend kann dieser die Active Directory-Domänendienste (AD DS) auf dem betreffenden Serversystem installieren, und den Server dann zu einem RODC heraufstufen.

HINWEIS: Damit der Server als RODC zu einer bestehenden Active Directory-Domäne hinzugefügt werden kann, muss dieser in der Lage sein, den Domänennamen in eine für die Kommunikation notwendige IP-Adresse aufzulösen. Zu diesem Zweck muss wenigstens einer der für die entsprechende DNS-Namenszone autorisierten DNS-Server anhand dessen IP-Adresse in der TCP/IP-Konfiguration des geplanten RODCs eingetragen sein.

Gehen Sie nach der Installation der Active Directory-Domänendienste (AD DS) auf dem als RODC geplanten Server unter Windows Server 2012 R2 wie folgt vor, um ihn als RODC zu einer vorhandenen Active Directory-Domäne hinzuzufügen:

1. Öffnen Sie den *Server-Manager* (soweit noch nicht geschehen) über einen Klick in der *Taskleiste* auf das **Symbol für den Server-Manager** bzw. im *Startbildschirm* auf die entsprechende **Kachel**.

2. Klicken Sie oben im *Server-Manager* auf das **Fahnensymbol**, und dann auf **Server zu einem Domänencontroller heraufstufen**.

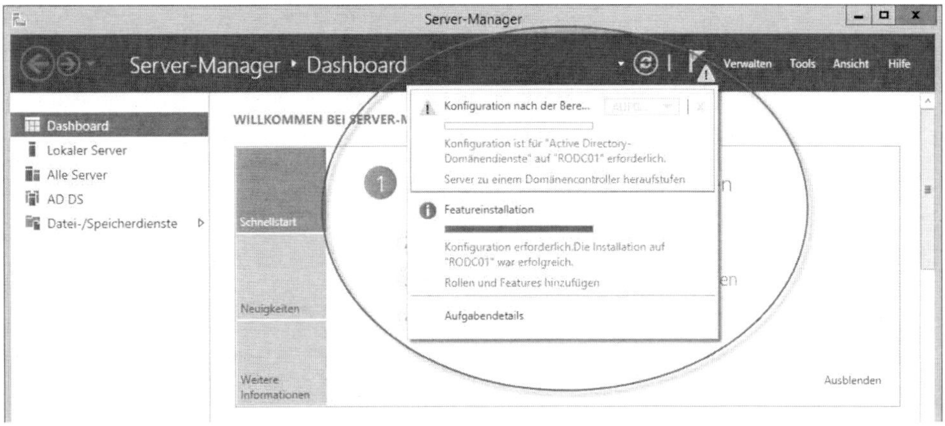

Abbildung 18.15: *Konfigurationshinweis im grafischen Server-Manager*

3. Wählen Sie im Dialog *Bereitstellungskonfiguration* die Option **Domänencontroller zu einer vorhandenen Domäne hinzufügen**, geben Sie im Feld *Domäne* den gewünschten *Domänennamen* ein, zu welcher der Server als RODC hinzugefügt werden soll, passen Sie bei Bedarf noch die *Anmeldeinformationen* an, und klicken Sie auf **Weiter**.

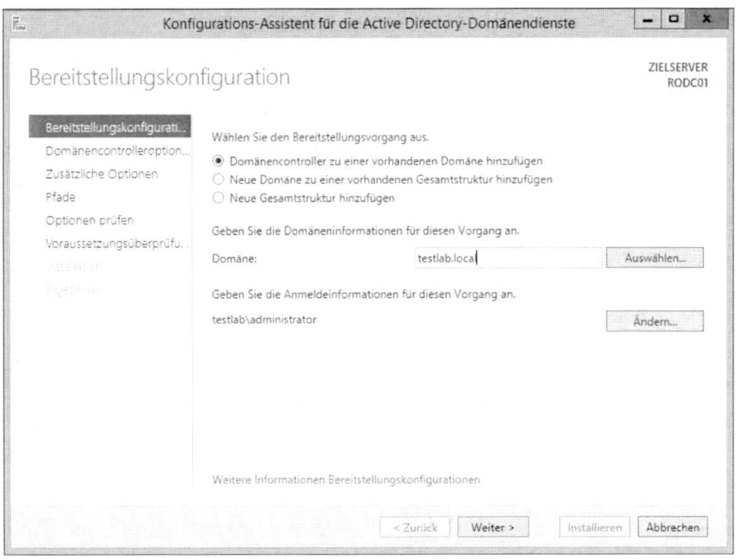

Abbildung 18.16: *Auswahl der Bereitstellungsoption während der Installation eines RODC*

4. Im Dialog *Domänencontrolleroptionen* wird in einem Hinweis erklärt, dass ein zuvor erstelltes RODC-Konto in den Active Directory-Domänendiensten bereits vorhanden ist, welches den gleichen Namen wie der aktuell verwendete trägt.

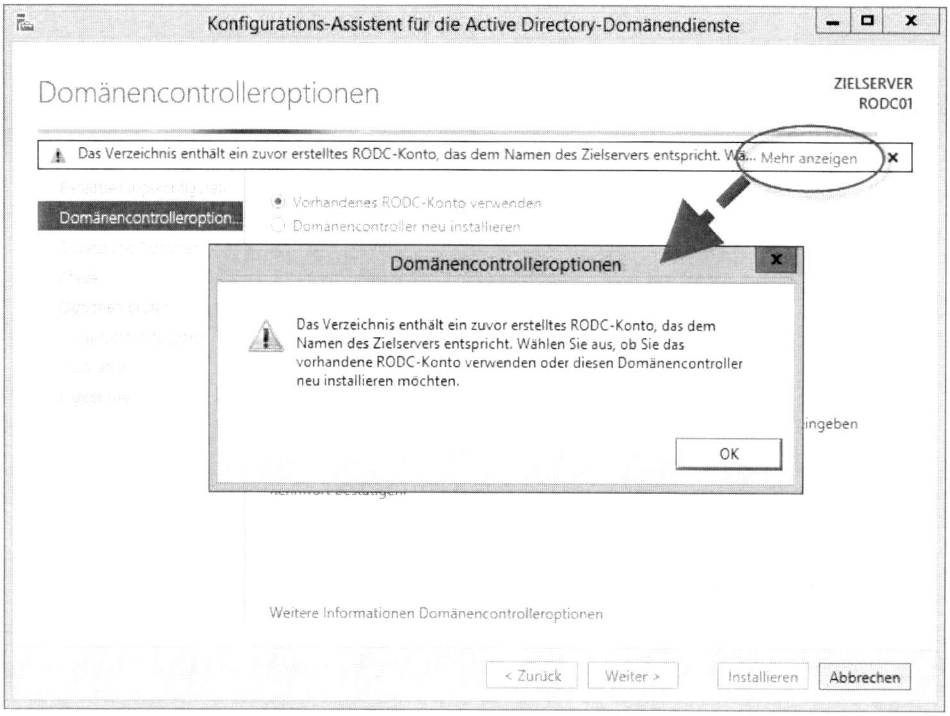

Abbildung 18.17: *Hinweis auf ein bereits vorhandenes Computerkonto in der Active Directory-Domäne während des Hinzufügens eines Servers als RODC*

Belassen Sie im Dialog Domänencontrolleroptionen die Option auf *Vorhandenes RODC-Konto verwenden*, wählen Sie im Feld *Standortname:* den gewünschten Standort aus, geben Sie das für die Verzeichnisdienst-Wiederherstellung zu verwendende Kennwort in die entsprechenden Felder ein, und klicken Sie auf **Weiter**.

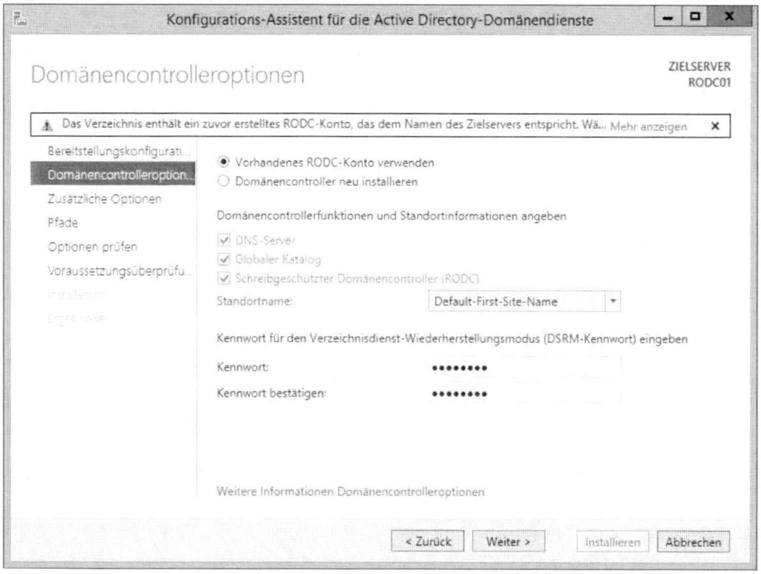

Abbildung 18.18: *Auswahl der Domänencontrolleroptionen*

5. Wählen Sie im Dialog *Zusätzliche Optionen* den gewünschten Domänencontroller, von dem aus die Replikation zum RODC durchgeführt werden soll, und klicken Sie auf **Weiter**.
6. Passen Sie im Dialog *Pfade* bei Bedarf die Installationspfade für die AD DS-Datenbank, die Protokolldateien und den Ordner SYSVOL entsprechend an, und klicken Sie auf **Weiter**.
7. Kontrollieren Sie im Dialog *Optionen prüfen* die zuvor vorgenommenen Konfigurationseinstellungen, und klicken Sie auf **Weiter**.

HINWEIS: Über einen Klick auf die Schaltfläche *Skript anzeigen* im Dialog *Optionen prüfen* können Sie sich die für die Konfiguration verwendeten Windows PowerShell-Cmdlets mitsamt aller vorgenommenen Konfigurationsoptionen anzeigen lassen. Diese kann man bei Bedarf als Vorlage für eine Skriptdatei für die spätere Verwendung abspeichern.

8. Klicken Sie im Dialog *Voraussetzungsprüfung* auf **Installieren**, um das Serversystem unter Windows Server 2012 R2 zu einem schreibgeschützten Domänencontroller (RODC) heraufzustufen.

Die Installation des Serversystems als schreibgeschützter Domänencontroller (*RODC*) wird durchgeführt. Zu Abschluss der Konfiguration wird der Server automatisch gestartet.

Nach der Installation erhält man auf dem lokalen RODC lediglich Lesezugriff auf die darauf gespeicherten Active Directory-Objekte. Im nächsten Schritt folgt nun die Verwaltung des RODCs.

18.5 Verwaltung schreibgeschützter Domänencontroller

Die Verwaltung der schreibgeschützten Domänencontroller fällt auf dem jeweiligen Serversystem (insgesamt betrachtet) sehr gering aus. Der delegierte Benutzer darf an den Inhalten der auf dem RODC gespeicherten Active Directory-Datenbank keinerlei Änderungen vornehmen. Diese werden lediglich auf dem vollwertig schreibbaren Domänencontroller ermöglicht und anschließend anhand eines unidirektionalen Replikationsvorgangs auf den RODC übertragen.

Die eigentlichen Verwaltungsaufgaben auf dem schreibgeschützten Domänencontroller (*RODC*) sind prinzipiell gleich mit denen eines schreibbaren Domänencontrollers. Hierunter zählen beispielsweise die routinemäßige Datensicherung sowie auch das Installieren von Software-Updates. Durch die Delegierung ist der jeweilige Benutzer in der Lage, diese administrativen Schritte zu erledigen.

18.5.1 Verwaltung der Kennwortreplikationsrichtlinie

Bei der ersten Bereitstellung eines schreibgeschützten Domänencontrollers wird anhand der Kennwortreplikationsrichtlinie festgelegt, welche der Kennwörter auf den RODC repliziert werden darf. Die Kennwortreplikationsrichtlinie fungiert als Zugriffssteuerungsliste (engl. *Access Control List, ACL*). Anhand dieser Liste wird bestimmt, ob ein Kennwort von einem RODC zwischengespeichert werden darf. Wenn ein RODC eine Anmeldeanforderung eines authentifizierten Benutzers oder Computers erhält, bestimmt er anhand der Vorgaben aus der Kennwortreplikationsrichtlinie, ob das jeweilige Kennwort zwischengespeichert werden darf.

Die Kennwortreplikationsrichtlinie listet die Konten auf, die zwischengespeichert werden dürfen, sowie die Konten, für welche die Zwischenspeicherung untersagt wird.

HINWEIS: Die Liste der Benutzer- und Computerkonten in einer Kennwortreplikationsrichtlinie lässt noch nicht darauf schließen, ob die Kennwörter der betreffenden Objekte bereits auf dem schreibgeschützten Domänencontroller (*RODC*) zwischengespeichert wurden.

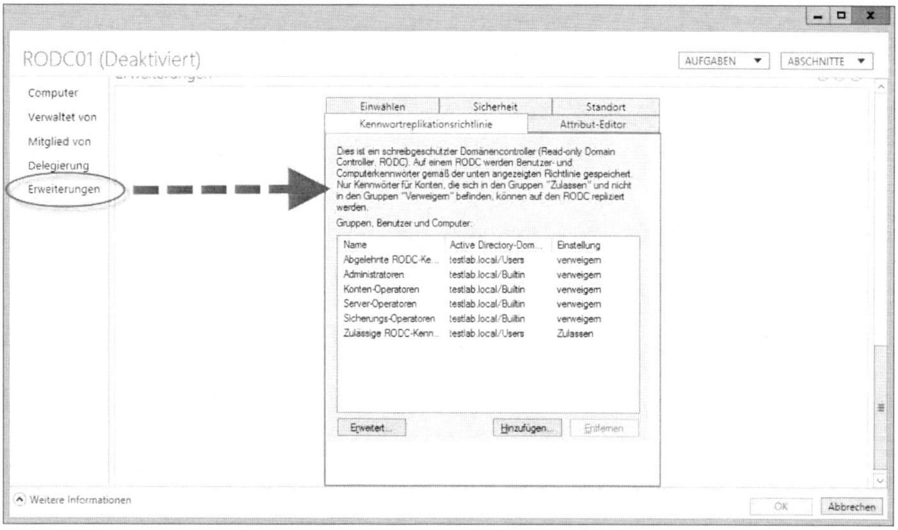

Abbildung 18.19: *Standardmäßige Kennwortreplikationsrichtlinien im Abschnitt Erweiterungen in den Eigenschaften eines RODC-Computerkontos im Active Directory-Verwaltungscenter unter Windows Server 2012 R2*

Damit ein schreibgeschützter Domänencontroller (*RODC*) bestimmte Benutzer-, Computer- oder Dienstkonten lokal verarbeiten kann, müssen diese zur Kennwortreplikationsrichtlinie hinzugefügt werden.

In der Planung der Kennwortreplikationsrichtlinie sollte man sehr genau abwägen, für welche der Kennwörter der Benutzer-, Computer- und Dienstkonten einer Zweigniederlassung man die Replikation verweigert bzw. zulassen möchte.

Die Kennwörter in der Liste der zulässigen Objekte kann man bei Bedarf jederzeit manuell auf den RODC replizieren. Es spielt dabei überhaupt keine Rolle, ob sich das jeweilige Konto vorweg bereits am RODC angemeldet hat. Dieser Vorgang wird ausschließlich zur Vereinfachung der Verwaltung durch die Benutzeranmeldung ausgelöst.

HINWEIS: Die Kennwortreplikationsrichtlinie kann für jeden RODC innerhalb einer Active Directory-Domäne verschieden sein. Wenn keine der Kennwortrichtlinien geändert werden, gilt die effektive Richtlinie für alle RODC in einer Domäne gleich.

Steuerung der Replikation von Kennwörtern

Um die gezielte Steuerung der möglichen Replikationsvorgänge von Kennwörtern im Umfeld der schreibgeschützten Domänencontroller (*RODCs*) zu ermöglichen, hat Microsoft zwei neue, integrierte Gruppen zu den Active Directory-Domänendiensten (*AD DS*) hinzugefügt:

- **Zulässige RODC-Kennwortreplikationsgruppe**
- **Abgelehnte RODC-Kennwortreplikationsgruppe**

Die beiden Gruppen werden standardmäßig im Container *Users* einer Active Directory-Domäne gespeichert. Über diese Gruppen lassen sich Standardlisten der zulässigen Objekte bzw. der verweigerten Objekte für die RODC-Kennwortreplikationsrichtlinie implementieren.

Zulässige RODC-Kennwortreplikationsgruppe Diese Gruppe enthält standardmäßig keine Mitglieder. In der Kennwortreplikationsrichtlinie ist diese Gruppe als einzige für die Replikation von Kennwörtern definiert. Sobald man einen Benutzer-, Computerobjekt oder eine Sicherheitsgruppe als Mitglied zu dieser Gruppe hinzufügt, wird damit die Replikation des jeweiligen Kennworts an schreibgeschützte Domänencontroller (*RODCs*) erlaubt.

Abgelehnte RODC-Kennwortreplikationsgruppe Für alle Mitglieder dieser Gruppe ist die Replikation des jeweils zugehörigen Kennworts an schreibgeschützte Domänencontroller (*RODCs*) verweigert. Diese Gruppe enthält standardmäßig bereits die folgenden Mitglieder:

- **Domänen-Admins**
- **Domänencontroller**
- **Domänencontroller ohne Schreibzugriff**
- **krbtgt**
- **Organisations-Admins**
- **Richtlinien-Ersteller-Besitzer**
- **Schema-Admins**
- **Zertifikatherausgeber**

Bei Bedarf können problemlos noch weitere Benutzer, Gruppen oder Computer als Mitglied zur Gruppe *Abgelehnte RODC-Kennwortreplikationsgruppe* hinzugefügt werden.

Attribute für die Steuerung der Kennwortreplikation

Neben den benannten Sicherheitsgruppen für die Steuerung der Kennwortreplikation zu schreibgeschützten Domänencontrollern (RODCs) verfügt jedes RODC-Computerkonto in den *Eigenschaften* über die folgenden Attribute:

- Liste der zulässigen Objekte ***(msDS-Reveal-OnDemandGroup)***
- Liste der verweigerten Objekte ***(msDS-NeverRevealGroup)***

Diese beiden Attribute ermöglichen die genaue Regelung der möglichen Kennwortreplikation für jeden einzelnen, schreibgeschützten Domänencontroller (*RODC*) innerhalb einer Active Directory-Domäne. Die Attribute werden in der Kennwortreplikationsrichtlinie der Eigenschaften des jeweiligen RODCs verwaltet.

HINWEIS: Die deutsche Namensvergabe für die neuen, der für die Kennwortreplikation genutzten Attribute (Liste der zulässigen Objekte und Liste der verweigerten Objekte) stellt sich seitens des Begriffs „Liste" eher zweideutig dar. Beachten Sie, dass es sich hierbei um Attribute und Attributwerte, nicht jedoch um einzeln verwaltbare Listen handelt. Angezeigt wird die Listenauswahl lediglich bei Erstellen neuer Kennwortreplikationsrichtlinien. Die den einzelnen Attributen zugewiesenen Werte (*Einträge*) werden jedoch gemeinsam innerhalb des dabei verwendeten Dialogs angezeigt.

Standardmäßige Einträge in der Kennwortreplikationsrichtlinie

Standardmäßig enthält das Attribut *Liste verweigerter Objekte* der Kennwortreplikationsrichtlinie in den Eigenschaften eines schreibgeschützten Domänencontrollers (*RODCs*) unter Windows Server 2012 (R2) die folgenden Einträge:

- **Abgelehnte RODC-Kennwortreplikationsgruppe**
- **Administratoren**
- **Konten-Operatoren**
- **Server-Operatoren**
- **Sicherungs-Operatoren**

Die Kennwörter aller Mitglieder der Liste der verweigerten Objekte sind von der Replikation ausgeschlossen.

In dem Attribut *Liste der zulässigen Objekte* findet sich jedoch standardmäßig auch bereits ein Eintrag:

- **Zulässige RODC-Kennwortreplikationsgruppe**

Die Replikation aller Mitglieder dieser Gruppe ist somit standardmäßig erlaubt.

In Verbindung mit den domänenweiten Gruppen *Zulässige RODC-Kennwortreplikationsgruppe* und *Abgelehnte RODC-Kennwortreplikationsgruppe* bieten diese beiden Attribute eine ideale Kombinationsmöglichkeit für die Verwaltung der Kennwortreplikation zu den schreibgeschützten Domänencontrollern (*RODCs*) einer Domäne.

HINWEIS: Das Attribut *Liste verweigerter Objekte* hat im Konfliktfall grundsätzlich Vorrang vor dem Attribut *Liste zugelassener Objekte.*

18.6 Konfigurieren der Kennwortreplikationsrichtlinie für einen RODC

Die Konfiguration der Kennwortreplikationsrichtlinie eines schreibgeschützten Domänencontrollers (*RODCs*) kann jeweils völlig unabhängig von womöglich weiteren, vorhandenen RODCs in derselben Domäne erfolgen. Standardmäßig verfügen die Mitglieder der Gruppe der Domänen-Admins über die Berechtigung zur Verwaltung der Kennwortreplikationsrichtlinie für RODCs in der jeweiligen Domäne.

Gehen Sie wie folgt vor, um die Kennwortreplikationsrichtlinie für einen RODC zu konfigurieren:

1. Melden Sie sich als *Administrator* am Serversystem unter Windows Server 2012 R2 an.
2. Öffnen Sie das *Server-Manager* (soweit dies nicht automatisch geschieht) über einen Klick in der *Taskleiste* auf das **Symbol für den Server-Manager** bzw. im *Startbildschirm* auf die entsprechende **Kachel**.
3. Klicken Sie oben im *Server-Manager* auf **Tools**, und dann auf **Active Directory-Verwaltungscenter**.
4. Klicken Sie doppelt auf den *Domänennamen*, und anschließend auf den Container **Domain Controllers**.
5. Klicken Sie mit der rechten Maustaste auf das *Computerkonto* des zu konfigurierenden RODCs, und wählen Sie im Kontextmenü den Eintrag **Eigenschaften**.
6. Klicken Sie in den *Eigenschaften* auf **Erweiterungen**, und dann auf das Register **Kennwortreplikationsrichtlinie**.
7. Klicken Sie auf die Schaltfläche **Hinzufügen**, um weitere Gruppen und Benutzer zum Attribut *Liste der verweigerten* oder *zugelassenen Objekte* für die Kennwortreplikation hinzuzufügen. Wählen Sie im angezeigten Dialogfenster die gewünschte Option und klicken Sie dann auf **OK**.
8. Wählen Sie dann im folgenden Dialog die gewünschte Gruppe, den Benutzer oder den Computer aus und klicken Sie auf **OK**.
9. Klicken Sie zum Abschluss im Dialogfenster *Eigenschaften* des jeweiligen RODC-Computerkontos auf **OK**.

Konten, deren Anmeldeinformationen nicht auf dem RODC zwischengespeichert werden, können den RODC dennoch zur Anmeldung an der Domäne verwenden. Die jeweiligen Anmeldeinformationen werden jedoch für spätere Anmeldevorgänge auf dem RODC nicht zwischengespeichert.

18.7 Anzeige der auf einem RODC zwischengespeicherten Anmeldeinformationen

Die jeweils aktuell gespeicherten Anmeldeinformationen kann man sich für jeden der RODC anzeigen lassen. Hierzu sind keine besonderen Berechtigungen notwendig. Jeder Domänenbenutzer kann sich standardmäßig die Liste aller aktuell auf einem RODC zwischengespeicherten Anmeldeinformationen anzeigen lassen – natürlich nicht das Kennwort selbst.

Gehen Sie wie folgt vor, um die auf einem RODC aktuell zwischengespeicherten Anmeldeinformationen anzeigen zu lassen:

1. Melden Sie sich als *Administrator* am Serversystem unter Windows Server 2012 R2 an.
2. Öffnen Sie das *Server-Manager* (soweit dies nicht automatisch geschieht) über einen Klick in der *Taskleiste* auf das **Symbol für den Server-Manager** bzw. im *Startbildschirm* auf die entsprechende **Kachel**.
3. Klicken Sie oben im *Server-Manager* auf **Tools**, und dann auf **Active Directory-Verwaltungscenter**.
4. Klicken Sie doppelt auf den *Domänennamen*, und anschließend auf den Container **Domain Controllers**.
5. Klicken Sie mit der rechten Maustaste auf das *Computerkonto* des zu konfigurierenden RODCs, und wählen Sie im Kontextmenü den Eintrag **Eigenschaften**.
6. Klicken Sie in den *Eigenschaften* auf **Erweiterungen**, und dann auf das Register **Kennwortreplikationsrichtlinie**.
7. Klicken Sie auf **Erweitert**.
8. Klicken Sie in der Dropdownliste auf **Konten, deren Kennwörter auf diesem schreibge-schützten Domänencontroller gespeichert sind**. Die jeweiligen Konten werden in der Liste angezeigt.

18.8 Überprüfung der für einen RODC authentifizierten Konten

Die Liste der aktuell auf einem RODC zwischengespeicherten Informationen, wie sie in der vorangegangenen Schrittfolge angezeigt wurde, bietet einem Administrator die Überprüfungsmöglichkeit der Benutzer, die sich vorweg bereits über den RODC im Netzwerk angemeldet haben.

Um die bereits für einen bestimmten RODC authentifizierten Konten anzeigen zu lassen, gehen Sie wie folgt vor:

1. Melden Sie sich als *Administrator* am Serversystem unter Windows Server 2012 R2 an.
2. Öffnen Sie das *Server-Manager* (soweit dies nicht automatisch geschieht) über einen Klick in der *Taskleiste* auf das **Symbol für den Server-Manager** bzw. im *Startbildschirm* auf die entsprechende **Kachel**.
3. Klicken Sie oben im *Server-Manager* auf **Tools**, und dann auf **Active Directory-Verwaltungscenter**.
4. Klicken Sie doppelt auf den *Domänennamen*, und anschließend auf den Container **Domain Controllers**.
5. Klicken Sie mit der rechten Maustaste auf das *Computerkonto* des zu konfigu-rierenden RODCs, und wählen Sie im Kontextmenü den Eintrag **Eigenschaften**.

6. Klicken Sie in den *Eigenschaften* auf **Erweiterungen**, und dann auf das Register **Kennwortreplikationsrichtlinie**.
7. Klicken Sie auf **Erweitert**.
8. Klicken Sie in der Dropdownliste auf **Von diesem schreibgeschützten Domänencontroller authentifizierte Konten**. Die jeweiligen Konten werden, soweit zutreffend, in der Liste angezeigt.

Wenn es geplant ist, die Kennwörter bestimmter Benutzer im Netzwerk auf den jeweils vorhandenen RODCs zwischenzuspeichern, so kann man dies für die Benutzer noch gezielter vorbereiten.

18.9 Auffüllen des Kennwortcache für RODCs

Bereits bevor sich ein Benutzer oder Computer im Netzwerk über einen RODC anmeldet, kann man sein Kennwort bereits auf dem schreibgeschützten Domänencontroller in der jeweiligen Zweigstelle zwischenspeichern. Hierzu steht eine Funktion zur Verfügung, mit welcher sich der Kennwortcache eines RODCs manuell auffüllen lässt.

Durch das manuelle Auffüllen des Kennwortcache stellt man sicher, dass sich ein Benutzer oder Computer (bspw. in Niederlassungsstandorten) auch dann im Netzwerk anmelden kann, wenn die WAN-Verbindung zu den schreibbaren Domänencontrollern (am Hauptstandort des Unternehmens) unterbrochen ist.

Der Kennwortcache eines RODCs kann beispielsweise über die grafische Oberfläche mithilfe der Konsole *Active Directory-Verwaltungscenter* oder alternativ über den Kommandozeilenbefehl `repadmin.exe` aufgefüllt werden. Um den Kennwortcache eines RODCs aufzufüllen, muss man zur Gruppe der Domänen-Admins gehören.

18.9.1 Schritte zum Auffüllen des Kennwortcache

Gehen Sie wie folgt vor, um den Kennwortcache eines RODCs unter Windows Server 2012 R2 mithilfe der Konsole *Active Directory-Verwaltungscenter* aufzufüllen:

1. Melden Sie sich als *Administrator* am Serversystem unter Windows Server 2012 an.
2. Öffnen Sie das *Server-Manager* (soweit dies nicht automatisch geschieht) über einen Klick in der *Taskleiste* auf das **Symbol für den Server-Manager** bzw. im *Startbildschirm* auf die entsprechende **Kachel**.
3. Klicken Sie oben im *Server-Manager* auf **Tools**, und dann auf **Active Directory-Verwaltungscenter**.
4. Klicken Sie doppelt auf den *Domänennamen*, und anschließend auf den Container **Domain Controllers**.

5. Klicken Sie mit der rechten Maustaste auf das *Computerkonto* des zu konfigu-rierenden RODCs, und wählen Sie im Kontextmenü den Eintrag **Eigenschaften**.
6. Klicken Sie in den *Eigenschaften* auf **Erweiterungen**, und dann auf das Register **Kennwortreplikationsrichtlinie**.
7. Klicken Sie auf **Erweitert**.
8. Klicken Sie auf **Kennwörter auffüllen**.
9. Geben Sie den Namen der Benutzer- oder Computerkonten ein, deren Kennwörter in den Kennwortcache des jeweiligen RODCs aufgenommen werden sollen und klicken Sie dann auf **OK**.
10. Bestätigen Sie die folgende Abfrage, ob die Kennwörter der jeweiligen Konten an den RODC gesendet werden sollen, mit einem Klick auf die Schaltfläche **Ja**.

Alternativ können Sie dies beispielsweise auch mithilfe des Befehls `repadmin.exe` auch über die Kommandozeile erledigen.

18.10 Überprüfen den Kennwortzwischenspeicherung für einzelne Benutzer

Im Fall der Fehlerbehebung beispielsweise kann man anhand eines Ergebnissatzes genau feststellen, ob ein Kennwort eines bestimmten Active Directory-Kontos für die Zwischenspeicherung zugelassen oder verweigert wird.

Gehen Sie wie folgt vor, um festzustellen, ob das Kennwort für ein bestimmtes Benutzerkonto für die Replikation auf einen RODC unter Windows Server 2012 R2 zugelassen oder verweigert wird:

1. Melden Sie sich als *Administrator* am Serversystem unter Windows Server 2012 R2 an.
2. Öffnen Sie das *Server-Manager* (soweit dies nicht automatisch geschieht) über einen Klick in der *Taskleiste* auf das **Symbol für den Server-Manager** bzw. im *Startbildschirm* auf die entsprechende **Kachel**.
3. Klicken Sie oben im *Server-Manager* auf **Tools**, und dann auf **Active Directory-Verwaltungscenter**.
4. Klicken Sie doppelt auf den *Domänennamen*, und anschließend auf den Container **Domain Controllers**.
5. Klicken Sie mit der rechten Maustaste auf das *Computerkonto* des zu konfigurierenden RODCs, und wählen Sie im Kontextmenü den Eintrag **Eigenschaften**.
6. Klicken Sie in den *Eigenschaften* auf **Erweiterungen**, und dann auf das Register **Kennwortreplikationsrichtlinie**.
7. Klicken Sie auf **Erweitert**.
8. Wechseln Sie zum Register *Richtlinienergebnis*.

9. Klicken Sie auf **Hinzufügen**, wählen Sie das zu überprüfende Konto aus und klicken Sie dann auf **OK**.
10. Es wird Ihnen in der Spalte *Ergebniseinstellung* sofort angezeigt, ob die Zwischenspeicherung des Kennworts für das überprüfte Konto auf dem RODC zugelassen oder verweigert wird.

18.11 Zurücksetzen von zwischengespeichertern Kennwörtern

Die Active Directory-Domänendienste (*AD DS*) unter Windows Server 2012 R2 ermöglichen nicht nur den Einsatz von schreibgeschützten Domänencontrollern (*RODCs*). Microsoft hat das Konzept zu Ende gedacht und bietet eine Lösung für den Fall des Diebstahls eines RODCs mit zwischengespeicherten Kennwörtern. Hierbei wird das Computerkonto des gestohlenen oder kompromittierten RODCs in der Active Directory-Domäne einfach gelöscht. In diesem Zusammenhang können auch gleich alle auf dem betreffenden RODC bislang zwischengespeicherten Kennwörter zurückgesetzt werden. Es besteht innerhalb dieser Konfigurationsschritte auch die Möglichkeit, eine Liste als Übersicht aller betroffenen Konten, die nach dem Löschen des RODC-Kontos zurückgesetzt werden müssen, in eine Datei zu exportieren. Um die auf einem RODC unter Windows Server 2012 R2 zwischengespeicherten Kennwörter im Fall eines Diebstahls oder der Kompromittierung zurückzusetzen, gehen Sie wie folgt vor:

1. Melden Sie sich als *Administrator* am Serversystem unter Windows Server 2012 R2 an.
2. Öffnen Sie das *Server-Manager* (soweit dies nicht automatisch geschieht) über einen Klick in der *Taskleiste* auf das **Symbol für den Server-Manager** bzw. im *Startbildschirm* auf die entsprechende **Kachel**.
3. Klicken Sie oben im *Server-Manager* auf **Tools**, und dann auf **Active Directory-Benutzer und -Computer**.
4. Erweitern Sie den *Domänennamen*, und anschließend den Container **Domain Controllers**.
5. Klicken Sie mit der rechten Maustaste auf das *Computerkonto* des zu entfernenden RODCs, und wählen Sie im Kontextmenü den Eintrag **Löschen**.
6. Klicken Sie zur Bestätigung des Löschvorgangs auf **Ja**.
7. Aktivieren Sie im Dialogfeld *Domänencontroller löschen* das Kontrollkästchen *Alle Kennwörter für Benutzerkonten zurücksetzen, die auf diesem RODC zwischengespeichert waren* wie in der folgenden Abbildung dargestellt. Optional können Sie auch das Kontrollkästchen *Die Liste mit den Konten, die auf diesem schreibgeschützten Domänencontroller zwischengespeichert wurden, in folgende Datei exportieren* aktivieren, um eine Liste aller Konten zu erstellen, deren Kennwörter nach dem Löschen des RODC-Kontos zurückgesetzt werden müssen. Diese Kontoliste ist nach dem Löschen des RODC-Computerkontos sonst nicht mehr verfügbar.

Wie Sie in den vorangegangenen Seiten erfahren haben, sind die einzelnen Schritte zur Installation und Verwaltung schreibgeschützter Domänencontroller (RODCs) unter Windows Server 2012 R2 sicher überschaubar und auch nachvollziehbar. Auch wurde dargestellt, wie man beim Erstellen eines RODC-Computerkontos die Verwaltung für den schreibgeschützten Domänencontroller (RODC) an bestimmte Benutzer oder Sicherheitsgruppen delegieren kann.

18.12 Konfiguration zur Aufteilung der Administratorrolle auf RODCs

Im Bedarfsfall kann man neben dem bei der Einrichtung des Computerkontos für den RODC festgelegten Benutzer oder der Gruppe noch weitere Benutzer oder Sicherheitsgruppen für die Verwaltung eines RODC delegieren. Hierzu muss man als Mitglied zur Gruppe der Domänen-Admins gehören.

Wenn Sie die lokale Verwaltung des RODC an bestimmte Benutzer delegieren möchten, gehen Sie wie folgt vor:

1. Melden Sie sich als *Administrator* am Serversystem unter Windows Server 2012 R2 an.
2. Klicken Sie auf die Windows-Taste, geben Sie im Startbildschirm den Befehl **dsmgmt.exe** ein, und drücken Sie die **Eingabetaste**.
3. Geben Sie an der Eingabeaufforderung dann **local roles** ein, und drücken Sie die **Eingabetaste**.
4. Geben Sie **?** ein, um eine Liste aller zulässigen Parameter anzeigen zu lassen, und drücken Sie die **Eingabetaste**.
5. Geben Sie den folgenden Befehl ein, und drücken Sie anschließend die **Eingabetaste**:
   add *<Domäne>\<Benutzer> <Administratorrolle>*

   In dem nachfolgenden Beispiel wird der Benutzer *CWestbrook* der Domäne *CertProCorp* zur *lokalen Administratorrolle* auf dem betreffenden RODC hinzugefügt:
   add CertProCorp\cwestbrook administratoren

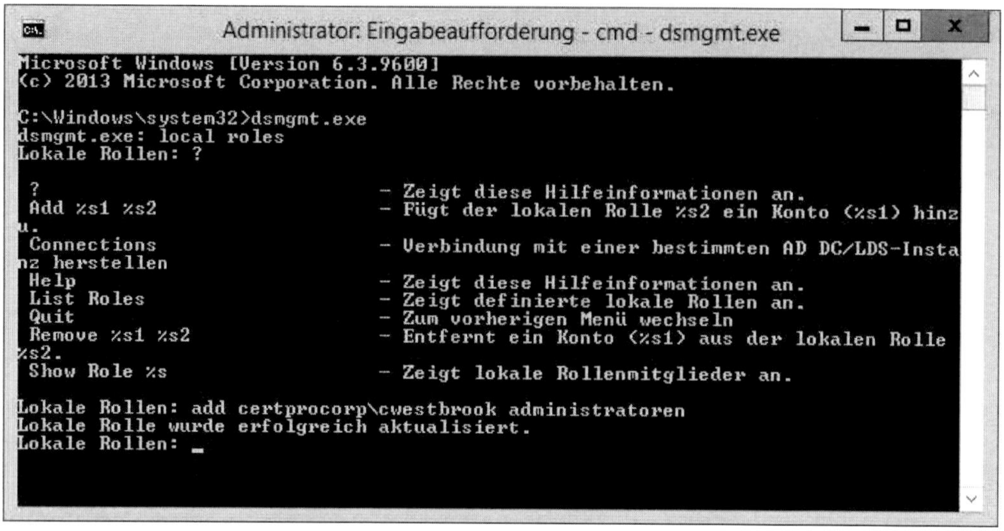

Abbildung 18.20: *Beispiel für das Hinzufügen eines Benutzers zur lokalen Administratorrolle auf einem RODC unter Windows Server 2012 R2*

Mithilfe des Befehls *dsmgmt.exe* können die Mitglieder aus der lokalen Administratorrolle jederzeit auch wieder entfernt werden.

18.13 Zusammenfassung

In den vorangegangenen Seiten haben Sie erfahren, wie man schreibgeschützte Domänencontroller (*Read-Only Domain Controllers, RODCs*) unter Windows Server 2012 R2 installiert, konfiguriert und verwaltet. Wichtig war hierbei die Erkenntnis, dass RODCs lediglich in Domänen eingesetzt werden können, die unter der Domänenfunktionsebene und auch der Gesamtstrukturfunktionsebene Windows Server 2003 ausgeführt werden.

Die Installation schreibgeschützter Domänencontroller kann auf bestimmte Personen oder Mitglieder bestimmter Sicherheitsgruppen delegiert werden. Dies stellt sich sicher für viele der Unternehmen, die kleinere Niederlassungsstandorte betreiben, als Vorteil dar. Es muss zum Einrichten des RODC kein Administrator mehr persönlich vor Ort sein. Im Rahmen der Verwaltungsschritte haben Sie zudem erfahren, wie man Kennwörter in den Kennwortcache auf einem RODC zwischenspeichern kann, ohne dass sich ein Benutzer vorweg im Netzwerk angemeldet haben muss. In diesem Zusammenhang hat Microsoft die Sicherheit in Unternehmensnetzwerken bedacht und ermöglicht, die auf den RODCs gespeicherten Kennwörter im Bedarfsfall (beispielsweise dem Diebstahl eines RODC) in der Domäne zurückzusetzen.

Im nächsten Kapitel erfahren Sie die notwendigen Schritte für die erfolgreiche Implementierung von Domänencontrollern unter Windows Server 2012 R2 als Server Core-Installation.

19 Domänencontroller unter Server Core

Serversysteme unter Windows Server 2012 R2 kann man, wie dies auch in den vorangegangenen Serverbetriebssystemen wie Windows Server 2008, Windows Server 2008 R2 (Release 2) und auch Windows Server 2012 bereits möglich war, auf Unternehmensservern als Server Core-Installation bereitstellen. Hierbei wird das Windows-basierte Serversystem (fast) ohne Grafikumgebung installiert und eingesetzt. Aus der Sicht der IT-Sicherheit beispielsweise reduziert dies die mögliche Angriffsfläche der Serversysteme gegenüber potentiellen Angreifern.

Die Vorteile von Windows Server 2012 R2 als Server Core-Installation liegen klar auf der Hand:

- **Verminderter Verwaltungsaufwand** Auf einem Server Core werden in der Regel weniger Dienste und Anwendungen ausgeführt, sodass sich hierdurch auch der notwendige Verwaltungsaufwand reduziert.
- **Kleinere Angriffsfläche** Durch die Reduzierung der auszuführenden Dienste und Anwendungen auf einem Serversystem unter Server Core beschränkt sich gleichzeitig auch die Angriffsfläche gegenüber Hackern.
- **Reduzierter Wartungsaufwand** Durch den Wegfall der Grafikumgebung sowie der, im Gegensatz zu einer vollwertigen Installation von Windows Server 2012 R2, installierten Dienste und Anwendungen reduziert sich auch der notwendige Wartungsaufwand mitunter erheblich. Für nicht vorhandene Komponenten müssen beispielsweise auch keine Updates oder Patches eingespielt werden.
- **Geringere Speicheranforderungen** Die Installation eines Windows Server 2012 R2 als Server Core belegt, je nach installierten Serverrollen und -funktionen, im Vergleich zu vollwertig installierten Serversystemen etwa 4 GB weniger an Speicherplatz auf der Festplatte des betreffenden Serversystems.

Die grafischen Tools zur Verwaltung eines Server Core unter Windows Server 2012 R2 sind hierbei auf ein Minimum beschränkt. So ist es zwar möglich, den Task-Manager, den Registrierungseditor und das Notepad grafisch zu starten, jedoch stehen sonst kaum mehr Tools zur Verfügung.

So kann beispielsweise über den Aufruf des folgenden Befehls die Konfiguration für die *internationalen Einstellungen* aufgerufen werden: **control intl.cpl**. Die Konfiguration der *Zeitzone* wiederum wird über die Eingabe des folgenden Befehls aufgerufen und konfiguriert: **control timedate.cpl**

PRAXISTIPP! Eine Übersicht der gebräuchlichsten Befehle unter Windows Server 2012 R2 als Server Core erhalten Sie, indem Sie den folgenden Befehl in der Kommandozeile eingeben: **cscript %windir%\system32\scregedit.wsf /CLI**

Den *Task-Manager* erreichen Sie über das gleichzeitige Drücken der Tasten ***Steuerung***, ***Alt*** und ***Entf***. Wählen Sie im darauf folgenden Dialog die Verknüpfung zum *Task-Manager* aus.

Die Explorer-Shell wird bei einer Server Core-Installation standardmäßig nicht installiert. Stattdessen steht auf einem solchen System die *Eingabeaufforderung* für die Verwaltung der Serverrollen und -funktionen zur Verfügung. Diese lässt sich entweder lokal oder über eine *Terminalserververbindung* auch im Remotezugriff nutzen.

HINWEIS: Wenn man die *Eingabeaufforderung* geschlossen hat, so kann man im *Task-Manager* des Server Core unter Windows Server 2012 R2 über die Menüpunkte ***Datei/Ausführen*** und der nachfolgenden Eingabe von **cmd.exe** eine neue Eingabeaufforderung öffnen.

Unter Windows Server 2012 R2 steht neben der *Eingabeaufforderung* zusätzlich auch die *Windows Power-Shell 4.0* mit den darin verfügbaren PowerShell-Cmdlets zur Verwaltung von Rollen, Features und Ressourcen bereit.

19.1 Hardware-Anforderungen

Vor der eigentlichen Installation eines Serversystems unter Windows Server 2012 R2 als Server Core müssen die von Microsoft vorgegebenen Hardware-Voraussetzungen erfüllt werden. Die Hardware-Anforderungen orientieren sich im Praxiseinsatz an der Vielzahl der in Windows Server 2012 R2 enthaltenen und darauf genutzten Serverrollen, Rollendienste und Funktionen (*Features*). Die reelle Hardware-Anforderung für den Servereinsatz kann somit von den hier angegebenen Daten abweichen.

Die folgende Tabelle umreißt die minimale sowie die empfohlene Hardware-Ausstattung eines Serversystems zur Installation von Windows Server 2012 R2:

- **1,4 GHz 64-Bit-Prozessor**, oder besser
- **512 MByte Arbeitsspeicher** (RAM), oder besser
- **32 GByte Festplattenspeicher**, oder mehr)

Wenn das zu installierende Serversystem unter Windows Server 2012 R2 über mehr als 16 Gigabyte Arbeitsspeicher verfügen sollte, so muss dies in Bezug auf die Auslagerungsdatei von Windows Server 2012 R2 bei der Kalkulation der Festplattenkapazität berücksichtigt werden.

19.2 Schritte zur Vorbereitung der Installation

Um Windows Server 2012 R2 als Server Core zu installieren, müssen Sie, vergleichbar mit der Installation eines vollständig installierten Servers, bestimmte Schritte zur Vorbereitung der Installation ausführen.

Führen Sie noch vor der Installation von Windows Server 2012 R2 als Server Core die folgenden, wichtigen Schritte aus:

- **Trennen von USV-Geräten** Sollte das Serverbetriebssystem, auf welchem Windows Server 2012 R2 installiert werden soll, mit Geräten für die unterbrechungsfreie Stromversorgung (USV-Geräte) verbunden sein, so trennen Sie das serielle Kabel dieser Geräte unbedingt noch vor dem Start der Installation vom Serversystem. Der Setup-Prozess versucht u.a. die seriellen Schnittstellen an dem betreffenden Serversystem zu ermitteln. Ein angeschlossenes USV-Gerät kann hierbei zu Problemen führen.
- **Bereitlegen der notwendigen Treiber** Legen Sie die für die Installation notwendigen und vom jeweiligen Hersteller bereitgestellten Treiber (beispielsweise für die Installation eines speziellen SCSI-Controllers) vor der Installation auf Diskette, CD oder einem USB-Flashlaufwerk (Universal Serial Bus) bereit.
- **Windows-Speicherdiagnosetool ausführen** Nach dem Einlegen der Installations-DVD für Windows Server 2012 R2 kann während des Installationsverlaufs das darauf befindliche Windows-Speicherdiagnosetool ausgeführt werden. Dieses Tool überprüft den Arbeitsspeicher des betreffenden Serversystems auf mögliche Probleme, die sonst vielleicht erst während oder gar nach der Installation des Betriebssystems auftreten würden.

Wenn die Schritte zur Vorbereitung abgeschlossen sind, kann man mit der eigentlichen Installation von Windows Server 2012 R2 als Server Core beginnen.

19.3 Installationsschritte

Die Installation von Windows Server 2012 R2 als Server Core startet wie die Installation eines vollwertigen Servers. Lediglich die nachfolgenden Schritte sowie die anschließende Erstkonfiguration des Serversystems weichen hiervon ab. Gehen Sie zur Installation von Windows Server 2012 R2 als Server Core wie folgt vor:

1. Legen Sie das Installations-Medium in das DVD-Laufwerk des zu installierenden Serversystems ein und starten Sie den Server neu.
2. Die Installationsroutine wird automatisch gestartet. Es erscheint der Bildschirm zur Sprachauswahl für die Installation. Klicken Sie auf **Weiter** um die Installation fortzuführen.
3. Klicken Sie im darauf folgenden Bildschirm auf **Jetzt installieren**, um die Installation zu starten.
4. Im nächsten Dialog müssen Sie den Produkt-Key von Windows Server 2012 R2 eingeben. Klicken sie anschließend auf **Weiter**.
5. Der Dialog für die Auswahl des zu installierenden Betriebssystems wird angezeigt. Wählen Sie als Installationsmodus *Windows Server 2012 R2 Standard bzw. Datacenter (Server Core-Installation*) aus, und klicken Sie dann auf **Weiter**.

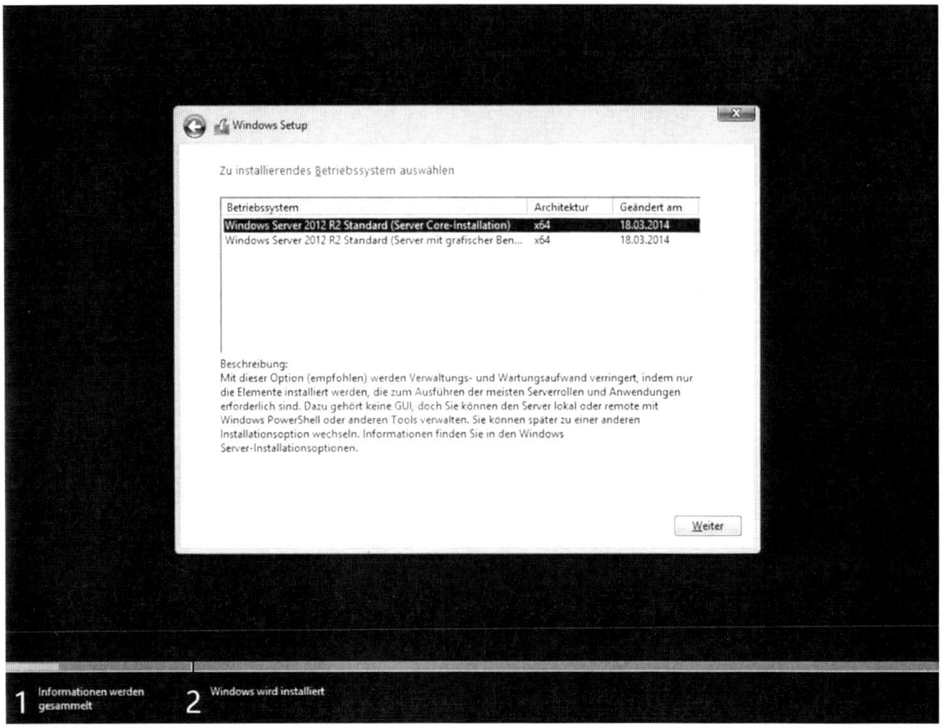

Abbildung 19.1: *Auswahl der Server Core-Installation*

6. Akzeptieren Sie im folgenden Dialog die Lizenzbedingungen für die Nutzung von Windows Server 2012 R2, und klicken Sie dann auf **Weiter**.
7. Klicken Sie im Dialog *Wählen Sie eine Installationsart aus* auf **Benutzerdefiniert: nur Windows installieren (für fortgeschrittene Benutzer)**.
8. Legen Sie den Datenträger für die Installation von Windows Server 2012 R2 als Server Core fest und klicken Sie dann auf **Weiter**.

PRAXISTIPP! Im Bedarfsfall können Sie über die Auswahl *Laufwerksoptionen (erweitert)* vorweg noch Partitionen anlegen. Sollte in diesem Dialogfenster keinerlei Festplattenpartition angezeigt werden, so können Sie im Bedarfsfall über die Option *Treiber laden* einen womöglich für den im Serversystem vorhandenen Festplattencontroller notwendigen Treiber von einer CD/DVD-ROM, einer Diskette oder einem USB-Laufwerk laden.

9. Der Installationsprozess installiert Windows Server 2012 R2 nunmehr völlig selbständig auf dem betreffenden Computersystem. Der Fortschritt wird dabei auf dem Bildschirm angezeigt.
10. Nach Beendigung der Installation wird der Server automatisch neu gestartet. Anschließend erscheint ein Hinweis, dass das Benutzerkennwort vor der ersten Anmeldung geändert werden muss. Klicken Sie auf **OK**.

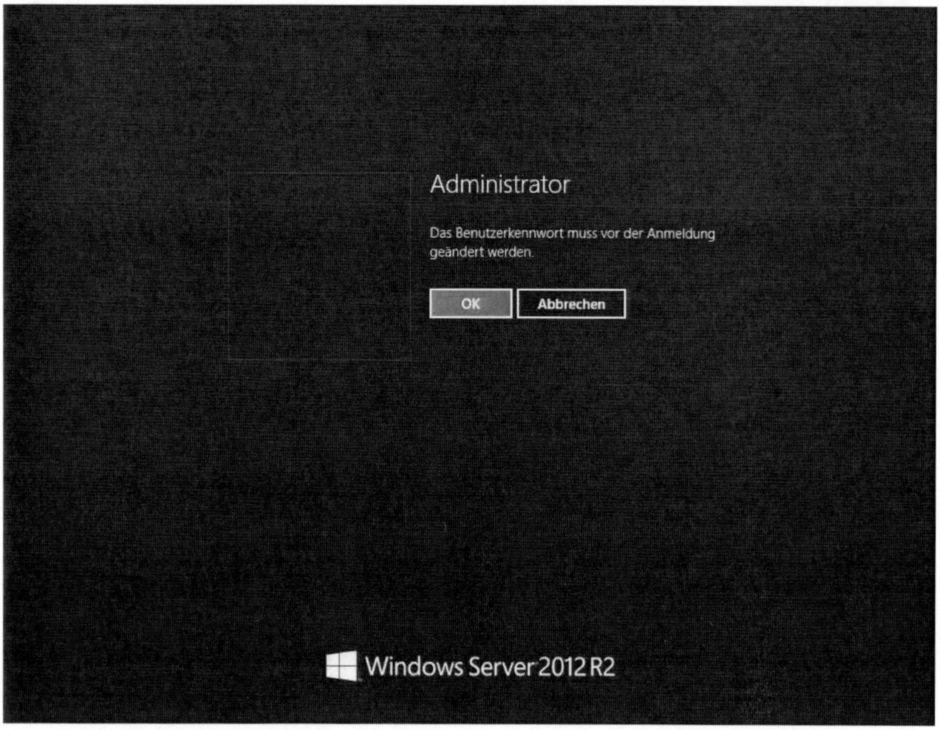

Abbildung 19.2: *Aufforderung zum Ändern des Administrator-Kennworts nach der Installation von Windows Server 2012 R2 als Server Core-Installation*

11. Geben Sie anschließend ein Benutzerkennwort für das Administratorkonto des neu installierten Serversystems unter Windows Server 2012 R2 ein, wiederholen Sie dies und klicken Sie dann auf die **blaue Pfeiltaste**.
12. Bestätigen Sie den Hinweis für das erfolgreiche Ändern des Kennworts mit einem Klick auf die Schaltfläche **OK**.
13. Der „Benutzeroberfläche" von Server Core unter Windows Server 2012 R2 wird geladen und auf dem Bildschirm angezeigt.

Wie Sie in den vorangegangenen Schritten sicher bemerkt haben, lässt sich die Installation eines Serversystems unter Windows Server 2012 R2 als Server Core mit einfachen Schritten durchführen. Der eigentliche Aufwand ergibt sich erst anschließend im Rahmen der Erstkonfiguration sowie der Installation und Konfiguration der zu implementierenden Serverrollen, Rollendienste und Funktionen (*Features*). Auch lässt sich die grafische Benutzeroberfläche, wie zuvor bereits erwähnt, bei Bedarf nachträglich noch installieren.

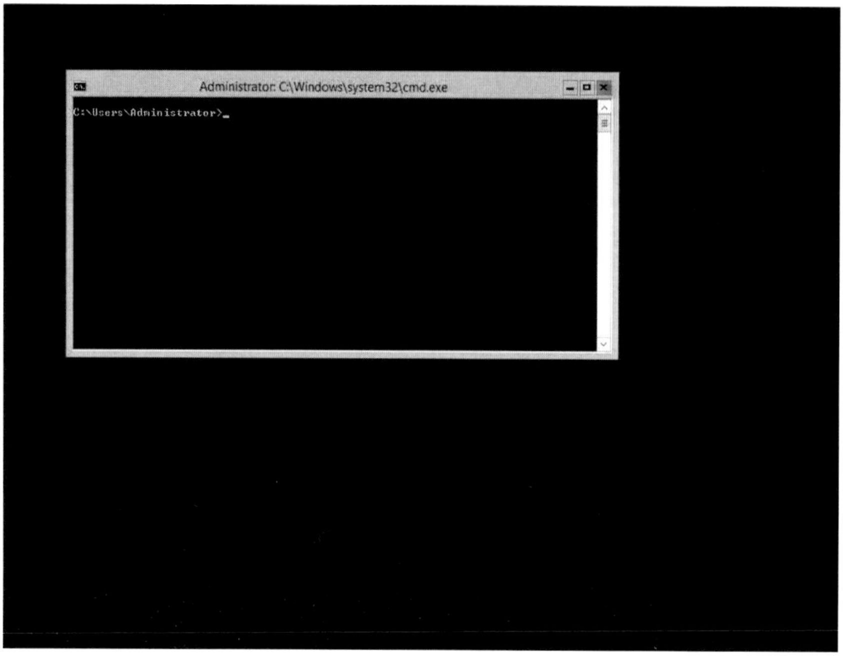

Abbildung 19.3: *Oberfläche von Windows Server 2012 R2 als Server Core-Installation*

19.4 Unbeaufsichtigte Installation

Alternativ zur vorweg beschriebenen, manuellen Installation und zu den Schritten der Erstkonfiguration können Sie Windows Server 2012 R2 als Server Core auch mittels einer unbeaufsichtigten Installation auf einem Serversystem installieren. Hierbei können die meisten Aufgaben der Erstkonfiguration des Servers gleich während der Installation durchgeführt werden.

19.4.1 Vorteile der unbeaufsichtigten Installation

Die Durchführung einer unbeaufsichtigten Installation von Windows Server 2012 R2 als Server Core bringt die folgenden Vorteile mit sich:

- Die Schritte zur Erstkonfiguration können weitgehend alle bereits während der Installation durchgeführt werden. Eine manuelle Konfiguration dieser notwendigen Einstellungen entfällt damit.
- Die Aktivierung der Remoteverwaltung kann in den Vorgang der unbeaufsichtigten Installation gleich mit einbezogen werden, so dass auch diese Konfigurationsschritte nachfolgend entfallen.
- Bestimmte Einstellungen, wie zum Beispiel die Konfiguration der Bildschirmauflösung, können während der unbeaufsichtigten Installation bereits konfiguriert werden.

Der Aufwand der Aufbereitung bzw. Erstellung einer Datei für die unbeaufsichtigte Installation lohnt sich zeitlich sicher dann, wenn gleich mehrere Serversysteme unter Windows Server 2012 R2 als Server Core installiert werden sollen.

INTERNET: Detaillierte Informationen über die unbeaufsichtigte Installation von Windows Server 2012 bzw. Windows Server 2012 R2 als Server Core sowie die Konfiguration der dazu notwendigen Datei *Unattend.xml* erhalten Sie im Internet auf der Microsoft-Webseite im Internet unter:

https://technet.microsoft.com/de-de/library/jj574135.aspx

19.5 Erstkonfiguration

Nach der erfolgreichen Installation eines Serversystems unter Windows Server 2012 R2 als Server Core erfolgen die Schritte zur Erstkonfiguration. Da beispielsweise der Servername oder die IP-Konfiguration, wie man sie gleich noch während der Installation eines Serversystems unter Windows Server 2003 definierte, bei einem Server unter Windows Server 2012 R2 erst nach der Installation vorgegeben werden kann, müssen diese Anpassungen nun durchgeführt werden.

Zu den Schritten der Erstkonfiguration von Windows Server 2012 R2 als Server Core zählen die folgenden:

- **Festlegen des Administratorkennworts**
- **Konfiguration einer statischen IP-Adresse**
- **Umbenennen des Servers**
- **Beitreten zu einer Active Directory-Domäne**
- **Aktivieren des Betriebssystems**
- **Konfigurieren der Windows-Firewall**
- **Aktivieren der Remoteverwendung von Windows PowerShell**
- **Hinzufügen von Serverrollen und -funktionen**

Die notwendigen Schritte zur Erstkonfiguration müssen in der Regel über die Eingabeaufforderung erfolgen. Diese wird nach dem ersten Anmelden am Serversystem unter Windows Server 2012 R2 als Server Core automatisch angezeigt.

19.5.1 Festlegen des Administratorkennworts

Bereits im Anschluss an die Installation von Windows Server 2012 R2 als Server Core wird man zur Eingabe eines Kennworts für das Administratorkennwort aufgefordert. Bei Bedarf kann man dieses Kennwort später jederzeit ändern, indem man die Tasten **Strg**, **Alt** und **Entf** gleichzeitig drückt, und im Menü *Windows-Sicherheit* auf **Kennwort ändern** klickt.

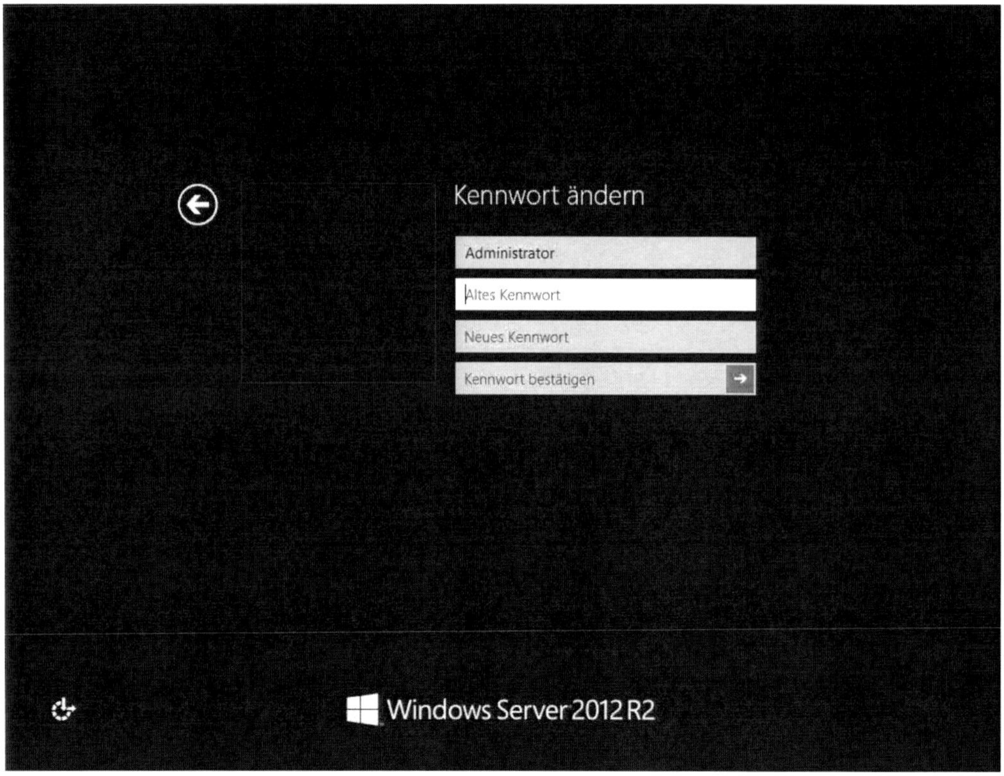

Abbildung 19.4: *Möglichkeit zum Ändern des Administrator-Kennworts unter Windows Server 2012 R2 als Server Core-Installation*

19.5.2 Konfiguration einer statischen IP-Adresse

Nachdem man sich am Serversystem unter Windows Server 2012 R2 als Server Core-Installation als Administrator angemeldet hat, muss man die IP-Adresse des betreffenden Servers konfigurieren. Dies kann entweder mithilfe der *Windows PowerShell*, unter Verwendung von *sconfig* oder anhand des Kommandozeilenbefehls *netsh* erfolgen.

Der neue Server kann die für die Netzwerkkommunikation notwendige IP-Adresse auch über einen *DHCP-Server* (*Dynamic Host Configuration Protocol*) dynamisch beziehen. In diesem Fall ist es nicht notwendig, die folgenden Konfigurationsschritte für die Definition einer festen IP-Adresse durchzuführen, da ein Server als Server Core bereits nach der Installation für die dynamische IP-Adressvergabe konfiguriert ist. Dies empfiehlt sich jedoch nicht für Server, die in festen Rollen, wie die eines Domänencontrollers, eingesetzt werden sollen.

Konfiguration mithilfe der Windows PowerShell

Gehen Sie zur Konfiguration der Netzwerkeinstellungen auf einem Serversystem unter Windows Server 2012 R2 als Server Core mithilfe der Windows PowerShell wie folgt vor:

1. Geben Sie **`PowerShell`** in der Eingabeaufforderung ein, und drücken Sie die **Eingabetaste**.
2. Geben Sie **`Get-NetIPInterface`** in der Windows PowerShell ein, und drücken Sie die **Eingabetaste**.

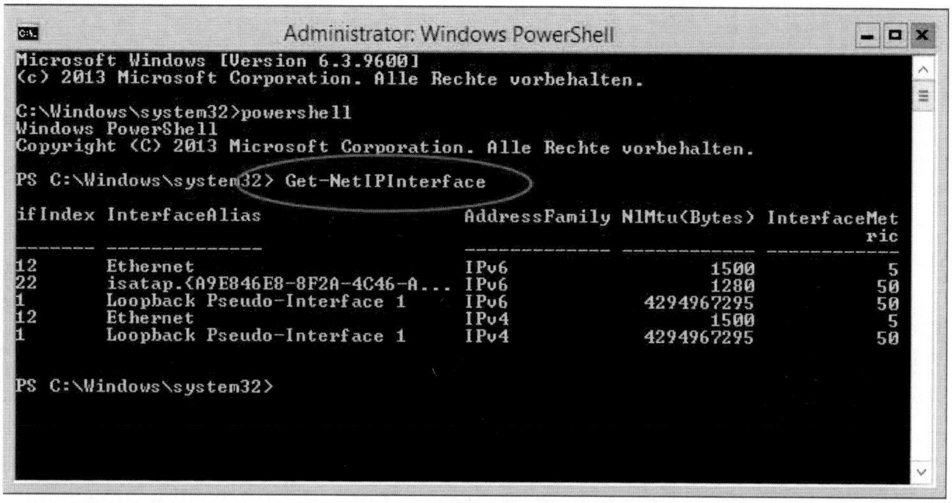

Abbildung 19.5: *Ermitteln der vorhandenen Netzwerkkarten*

3. Notieren Sie die in der Spalte *IfIndex* der Ausgabe für die zu konfigurierende IP-Schnittstelle angezeigte Zahl.
4. Geben Sie den folgenden Befehl in der *Windows PowerShell* ein, und drücken Sie anschließend die **Eingabetaste**:

   `New-NetIPAdress -InterfaceIndex` *<Wert>* **`-IPAddress`** *<IP-Adresse>* **`-PrefixLength`** *<Wert>* **`-DefaultGateway`** *<IP-Adresse>*

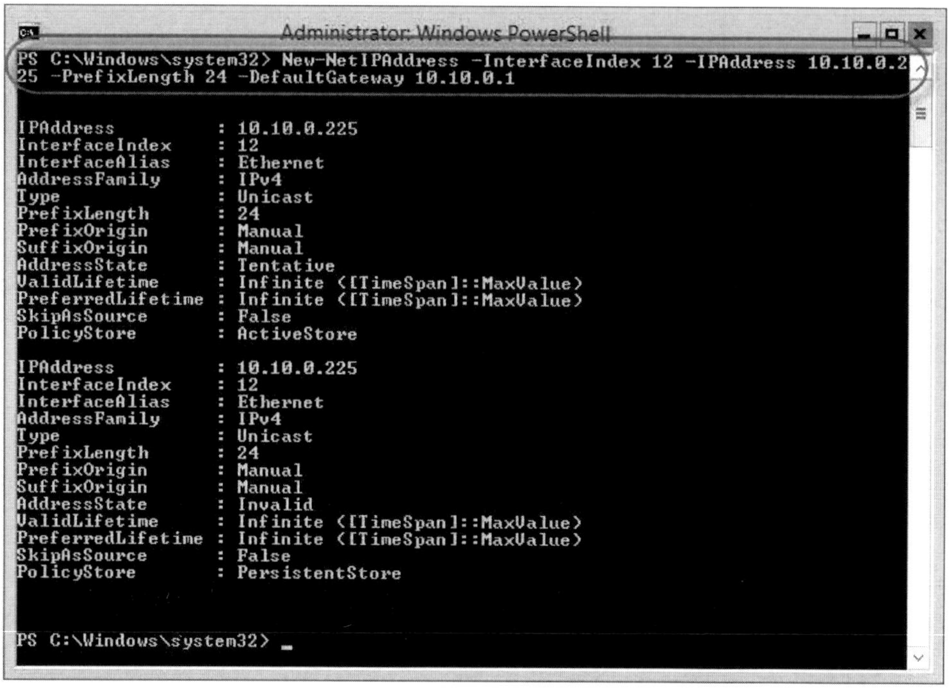

Abbildung 19.6: *Konfiguration der statischen IP-Adresskonfiguration in der Windows PowerShell unter Windows Server 2012 R2*

Erläuterung:

InterfaceIndex steht für den Wert aus der Spalte *IfIndex* für die zu konfigurierende Netzwerkkarte;

IPAddress steht für die zu konfigurierende, statische IP-Adresse (bspw. *192.168.1.200*);

PrefixLength steht für die Länge der Subnet-Maske (bspw. der Wert *24* für 255.255.255.0);

DefaultGateway steht für die IP-Adresse des zu verwendenden Standardgateway (bspw. *192.168.1.254*).

5. Führen Sie den folgenden Befehl in der *Windows PowerShell* zur Konfiguration der DNS-Serveradresse aus, und drücken Sie anschließend die **Eingabetaste**:

   Set-DNSClientServerAddress -InterfaceIndex *<Wert>* **-ServerAddresses** *<IP-Adresse(n) des/der DNS-Servers>*

Abbildung 19.7: *Konfiguration der IP-Adresse von DNS-Servern*

Um zu einem späteren Zeitpunkt wieder zur Verwendung eines DHCP-Servers zur Adressvergabe zu wechseln, geben Sie den folgenden Befehl in der *Windows PowerShell* ein, und drücken Sie anschließend die **Eingabetaste**:

`Set-NetIPInterface -InterfaceIndex` *<Wert>* **`-Dhcp Enabled`**

Konfiguration mithilfe von sconfig

Gehen Sie zur Konfiguration der Netzwerkeinstellungen auf einem Serversystem unter Windows Server 2012 R2 als Server Core mithilfe von **`sconfig`** wie folgt vor:

1. Geben Sie **`sconfig`** in der *Eingabeaufforderung* ein und drücken Sie die **Eingabetaste**.
2. Geben Sie die Zahl **8** für die Auswahl der **8) Netzwerkeinstell.** ein und drücken Sie die **Eingabetaste**.

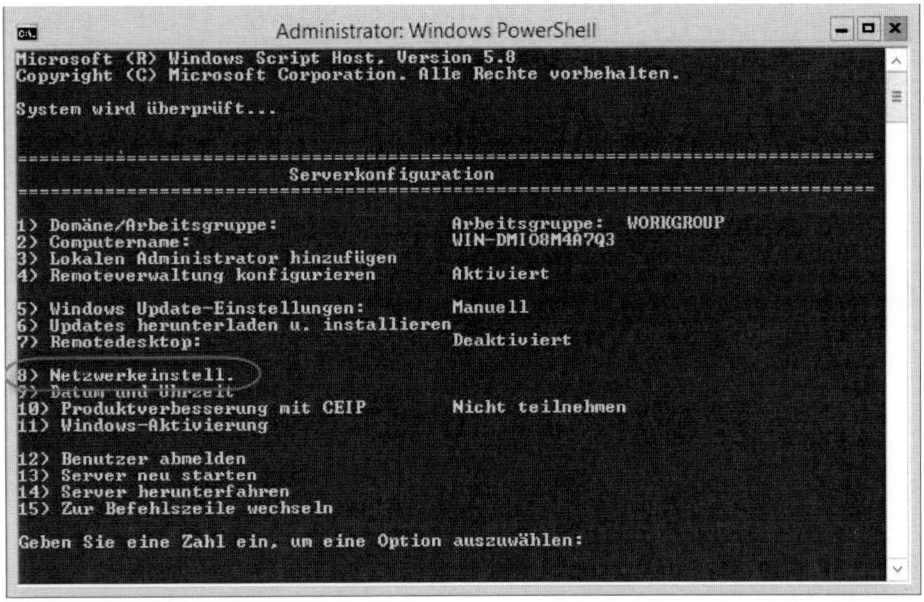

Abbildung 19.8: *Konfiguration der Netzwerkeinstellungen in sconfig unter Windows Server 2012 R2 als Server Core-Installation*

3. Folgen Sie nun dem Konfigurationsassistenten bis die gewünschte Konfiguration abgeschlossen ist.

Alternativ zur Konfiguration mithilfe von **`sconfig`** können Sie die Netzwerkeinstellungen mit dem Kommandozeilenbefehl **netsh** vornehmen.

Konfiguration mithilfe von netsh

Gehen Sie zur Konfiguration einer statischen IP-Adresse (IPv4) für ein Serversystem unter Windows Server 2012 R2 Server Core wie folgt vor:

1. Geben Sie in der Eingabeaufforderung des Servers die folgende Befehlszeile ein:

   netsh interface ipv4 show interfaces

2. Merken Sie sich nachfolgend den Zahlenwert, der in der Spalte *IDx* der Netzwerkkarte angezeigt wird. Wenn der Server über mehrere Netzwerkkarten verfügt, so merken Sie sich die Zahl, die der zu konfigurierenden Netzwerkkarte entspricht.
3. Geben Sie die folgende Befehlszeile in der Eingabeaufforderung des Serversystems ein:

   netsh interface ipv4 set address name=*<ID>* **source=static address=***<IP-Adresse>* **mask=***<SubnetMask>* **gateway=***<DefaultGateway>*

   In diesem Beispiel entspricht die *<ID>* dem Zahlenwert der zu konfigurierenden Netzwerkkarte.

4. Geben Sie anschließend den folgenden Befehl in der Eingabeaufforderung ein:

   netsh interface ipv4 add dnsserver name=*<ID>* **address=***<DNS-IP-Adresse>* **index=1**

Auch in diesem Beispiel entspricht die *<ID>* dem Zahlenwert der zu konfigurierenden Netzwerkkarte. Wiederholen Sie diesen Schritt für jede weitere IP-Adresse eines DNS-Servers, die Sie zu der Konfiguration der betreffenden Netzwerkkarte hinzufügen möchten.

Dynamische IP-Adressen verwenden Wenn Sie für die Netzwerkkarte eines Serversystems unter Windows Server 2012 R2 als Server Core nach der Konfiguration einer statischen IP-Adresse wiederum die dynamische IP-Adressvergabe aktivieren möchten, so geben Sie hierzu den folgenden Befehl in der Eingabeaufforderung des betreffenden Serversystems ein:

netsh interface ipv4 set address name=*<ID>* **source=*dhcp***

Die **ID** steht auch in diesem Beispiel für die ermittelte Zahl der betreffenden Netzwerkkarte. Bei Bedarf können Sie jederzeit wiederum statische IP-Adressen für die in Server Core vorhandenen Netzwerkkarten konfigurieren.

19.5.3 Umbenennen des Servers

Bei der Installation wurde für den neuen Server unter Windows Server 2012 R2 als Server Core ein zufälliger Computername vergeben. Dieser passt in aller Regel nicht in das Namensschema vorhandener Active Directory-Domänen. Es besteht die Möglichkeit, den Computernamen entweder mithilfe der Windows PowerShell, unter Verwendung von **sconfig** oder mittels des Kommandozeilenbefehls **netdom** zu ändern.

Ändern des Servernamens mithilfe der Windows PowerShell

Gehen Sie zum Ändern des Servernamens auf einem Serversystem unter Windows Server 2012 R2 als Server Core mithilfe der *Windows PowerShell* folgt vor:

1. Geben Sie zum Ermitteln des aktuellen Servernamens den Befehl **`hostname`** in der *Windows PowerShell* ein, und drücken Sie die **Eingabetaste**.
2. Geben Sie **`Rename-Computer`** in der *Windows PowerShell* ein und drücken Sie die **Eingabetaste**.
3. Geben Sie hinter *NewName:* den gewünschten Namen ein, und drücken Sie die **Eingabetaste**.
4. Starten Sie den Computer neu, damit die Änderung des Namens wirksam wird. Hierzu können Sie den folgenden Befehl verwenden: **`shutdown /r /t 0`** oder alternativ **`Restart-Computer`**

Alternativ zur Konfiguration mithilfe der Windows PowerShell können Sie Änderung des Computernamens auch mithilfe von **`sconfig`** vornehmen.

Ändern des Servernamens mithilfe von sconfig

Gehen Sie zum Ändern des Servernamens auf einem Serversystem unter Windows Server 2012 R2 als Server Core mithilfe von **`sconfig`** wie folgt vor:

1. Geben Sie **`sconfig`** in der *Eingabeaufforderung* ein und drücken Sie die **Eingabetaste**.
2. Geben Sie die Zahl **2** für die Auswahl von *2) Computername* ein und drücken Sie die **Eingabetaste**.
3. Folgen Sie nun den Anweisungen des Konfigurationsassistenten.

Alternativ zur Konfiguration mithilfe von **`sconfig`** können Sie Änderung des Computernamens auch mit dem Kommandozeilenbefehl *netdom* vornehmen.

Ändern des Servernamens mithilfe von netdom

Gehen Sie zum Ändern des Computernamens eines Servers unter Windows Server 2012 R2 als Server Core mithilfe des Kommandozeilenbefehls *netdom* wie folgt vor:

1. Geben Sie den Befehl **`hostname`** in der *Eingabeaufforderung* des betreffenden Servers ein, um den aktuellen Servernamen anzeigen zu lassen:, und drücken Sie anschließend die **Eingabetaste**.
2. Geben Sie zum Umbenennen des Servers die folgende Befehlszeile in der Eingabeaufforderung ein, und drücken Sie anschließend die **Eingabetaste**:

   netdom renamecomputer *<Computername(alt)>* **/NewName:** *<Computername(neu)>*

3. Der Computer muss nach dem Umbenennen neu gestartet werden. Hierzu können Sie den folgenden Befehl verwenden: **`shutdown /r /t 0`**

Nach dem Neustart steht der Server mit dem neuen Namen zur Verfügung.

19.5.4 Beitreten zu einer Active Directory-Domäne

Als nächsten Schritt fügen Sie den neu installierten Server unter Windows Server 2012 R2 Server Core als Mitgliedsserver zu einer bereits bestehenden Active Directory-Domäne hinzu. Dies kann entweder mithilfe der Windows PowerShell, unter Verwendung von **`sconfig`** oder mittels des Kommandozeilenbefehls **`netdom`** erfolgen.

Beitritt zu einer Active Directory-Domäne mithilfe der Windows PowerShell

Gehen Sie zum Beitreten des Serversystems unter Windows Server 2012 R2 als Server Core als Mitglied zu einer vorhandenen Active Directory-Domäne mithilfe der *Windows PowerShell* folgt vor:

1. Geben Sie **`Add-Computer`** *<Domänenname>* in der Windows PowerShell ein und drücken Sie die **Eingabetaste**.
2. Geben Sie bei Aufforderung die für den Beitritt zur Active Directory-Domäne zu verwendenden Anmeldeinformationen mitsamt dem zugehörigen Kennwort ein, und klicken Sie auf **OK**.

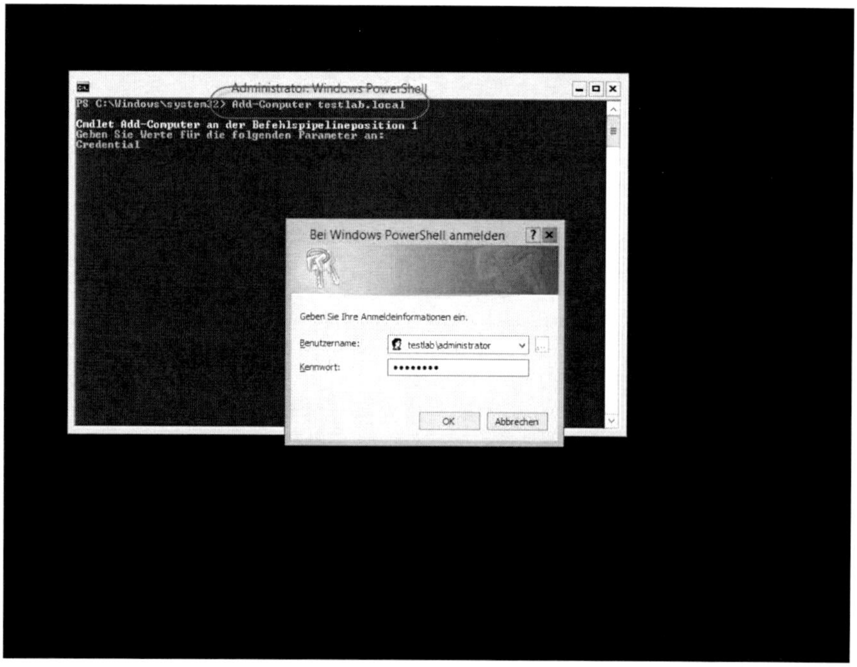

Abbildung 19.9: *Aufforderung zur Eingabe von Anmeldedaten während des Hinzufügens eines Servers unter Windows Server 2012 R2 als Server Core-Installation zu einer vorhandenen Active Directory-Domäne*

3. Starten Sie den Computer neu, damit die Änderung wirksam wird. Hierzu können Sie den folgenden Befehl verwenden:

   `shutdown /r /t 0` oder alternativ **`Restart-Computer`**

Alternativ zur Konfiguration mithilfe der Windows PowerShell können Sie den Beitritt des Computersystems unter Windows Server 2012 R2 auch mithilfe von **`sconfig`** vornehmen.

Beitritt zu einer Active Directory-Domäne mithilfe von sconfig

Gehen Sie zum Beitreten des Serversystems unter Windows Server 2012 R2 als Server Core als Mitglied zu einer vorhandenen Active Directory-Domäne mithilfe von **`sconfig`** wie folgt vor:

1. Geben Sie **`sconfig`** in der Eingabeaufforderung ein und drücken Sie die **Eingabetaste**.
2. Geben Sie die Zahl **`1`** für die Auswahl von *1) Domäne/Arbeitsgruppe* ein und drücken Sie die **Eingabetaste.**
3. Folgen Sie nun den Anweisungen des Konfigurationsassistenten.

Alternativ zu **`sconfig`** können Sie auch mit dem Kommandozeilenbefehl *netdom* als Mitglied zu einer vorhandenen Active Directory-Domäne beitreten.

Beitritt zu einer Active Directory-Domäne mithilfe von netdom

Gehen Sie wie folgt vor, um ein Computersystem unter Windows Server 2012 R2 als Server Core mithilfe des Kommandozeilenbefehls **`netdom`** als Mitglied zu einer vorhandenen Active Directory-Domäne hinzuzufügen:

1. Geben Sie in der Eingabeaufforderung des Windows Server 2012 R2 als Server Core die folgende Befehlszeile ein, und drücken Sie anschließend die **Eingabetaste**:

   `netdom join` *<Computername>* **`/domain:`***<Domänenname>*
   `/userd:`*<Benutzername>* **`/passwordd:`** *

HINWEIS: Verwenden Sie als Benutzername den Namen eines Domänenbenutzerkontos, welches die Berechtigung besitzt, den Server zu der betreffenden Domäne hinzuzufügen.

2. Geben Sie bei Aufforderung das Kennwort für das betreffende Domänenbenutzerkonto ein.
3. Der Computer muss nach dem Beitritt zur Active Directory-Domäne neu gestartet werden. Hierzu können Sie den folgenden Befehl verwenden: **`shutdown /r /t 0`**

Nach dem Neustart steht der Server als Mitgliedsserver der betreffenden Active Directory-Domäne zur Verfügung.

HINWEIS: Das Computerkonto des neu zur betreffenden Active Directory-Domäne hinzugefügten Servers wird standardmäßig im Container *Computers* erstellt. Sie können mittels des Schalters **/OU** den vollständig qualifizierten DNS-Namen einer Organisationseinheit (OU) innerhalb der Domäne angeben, um das Computerkonto in einem anderen Container zu erstellen.

19.5.5 Aktivieren von Windows Server 2012 R2 als Server Core

Nach der Installation des Windows Server 2012 R2 als Server Core muss dieser seitens des Betriebssystems noch aktiviert werden, um ihn dauerhaft nutzen zu können. Die Aktivierung des Server Core kann hierbei einfach über das Internet oder auch telefonisch durchgeführt werden.

Um einen Server unter Windows Server 2012 R2 als Server Core zu aktivieren, gehen Sie wie folgt vor:

1. Geben Sie in der *Eingabeaufforderung* des betreffenden Servers die folgende Befehlszeile zur Konfiguration des Produkt-Keys ein, und drücken Sie anschließend die **Eingabetaste**: **slmgr.vbs -ipk**<*Produkt-Key*>
2. Bestätigen Sie die erfolgreiche Installation des Product Key mit einem Klick auf **OK**.
2. Geben Sie in der *Eingabeaufforderung* des betreffenden Servers die folgende Befehlszeile zur Aktivierung des Betriebssystems ein, und drücken Sie anschließend die **Eingabetaste**: **slmgr.vbs -ato**

Wenn die Aktivierung des Betriebssystems des betreffenden Servers erfolgreich verlief, so erscheint hierbei keine Meldung.

19.5.6 Remoteaktivierung

Ein Serversystem unter Windows Server 2012 R2 Server Core kann über die Befehlszeile auch von einem anderen Serversystem unter Windows Server 2012 R2 remote aktiviert werden. Geben Sie hierzu einfach die folgende Befehlszeile in der *Eingabeaufforderung* des Remote-Servers ein, und drücken Sie anschließend die **Eingabetaste**:

```
cscript windows\system32\slmgr.vbs <Servername> <Benutzername>
<Kennwort> -ato
```

19.5.7 Konfigurieren der Remoteverwaltung

Damit der neu installierte Server unter Windows Server 2012 R2 als Server Core von anderen Computersystemen im Netzwerk remote verwaltet werden kann, muss die auf dem Server vorhandene Windows-Firewall entsprechend konfiguriert sein.

Standardmäßig ist die Remoteverwaltung auf einem Serversystem unter Windows Server 2012 R2 - auch auf einer Installation als Server Core - bereits *aktiviert*.

Im Bedarfsfall kann man die Remoteverwaltung entweder mithilfe von *sconfig* oder aber mittels des Kommandozeilenbefehls *netsh* deaktivieren oder später wieder aktivieren.

Remoteverwaltung mithilfe von sconfig konfigurieren

Gehen Sie auf einem Server unter Windows Server 2012 R2 als Server Core wie folgt vor, um die Remoteverwaltung in der Windows-Firewall mithilfe von **sconfig** konfigurieren:

1. Geben Sie **`sconfig`** in der *Eingabeaufforderung* ein und drücken Sie die **Eingabetaste**.
2. Geben Sie die Zahl **4** für die Auswahl von ***4) Remoteverwaltung konfigurieren*** ein und drücken Sie die **Eingabetaste**.

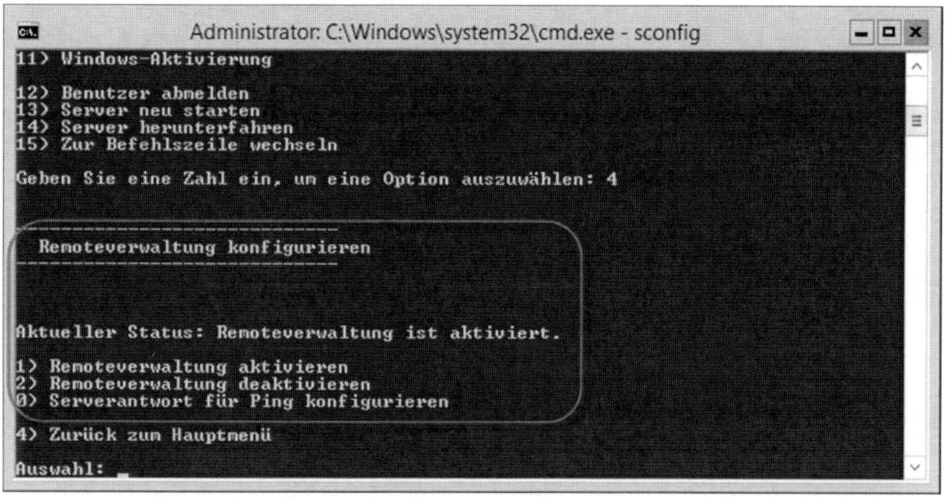

Abbildung 19.10: *Konfiguration der Remoteverwaltung mithilfe von sconfig unter Windows Server 2012 R2 als Server Core*

3. Geben Sie die Zahl für die gewünschte Option ein, und drücken Sie die **Eingabetaste**.
4. Bestätigen Sie den Dialog über die erfolgreiche Aktivierung mit einem Klick auf die Schaltfläche ***OK***.

Alternativ zu *sconfig* können Sie die Remoteverwaltung auch mit dem Kommandozeilenbefehl **`netsh`** konfigurieren.

Remoteverwaltung der Firewall-Konfiguration

Sie können den Server Core so konfigurieren, dass die Einstellungen der vorhandenen Windows-Firewall von einem Remotesystem aus verwaltet werden können. Dies bietet sich an, wenn Sie mehr als nur die Remoteverwaltung, beispielsweise bestimmte Firewall-Regeln für spezielle Anwendungen, konfigurieren möchten.

Um die Remoteverwaltung der Firewall-Konfiguration eines Server Core unter Windows Server 2012 R2 zu ermöglichen, geben Sie auf dem betreffenden Server die folgende Befehlszeile ein:

```
netsh advfirewall firewall set rule group="Windows-Firewallremoteverwaltung" new enable=yes
```

Anschließend können Sie sich mit der Verwaltungskonsole für die Windows-Firewall mit erweiterter Sicherheit z. B. von Windows 7, Windows 8/8.1, Windows 10 oder einem anderen Serversystem unter Windows Server 2012 R2 auf das betreffende Serversystem unter Server Core verbinden und die Einstellungen remote verwalten.

19.6 Hinzufügen der grafischen Benutzeroberfläche unter Server Core

Anders als noch bei den vorangegangenen Serverbetriebssystemen kann man die grafische Benutzeroberfläche unter Windows Server 2012 sowie Windows Server 2012 R2 als Server Core bei Bedarf „nachinstallieren". Die dazu notwendigen Elemente werden in Windows Server 2012 R2 als Windows-Features bereitgestellt. Man unterscheidet jedoch grundlegend zwischen der reinen *Server Core-Installation*, der Installation mit *„minimaler Serverbenutzeroberfläche"* und der Installation als *„Server mit grafischer Benutzeroberfläche"*. Zusätzlich besteht die Möglichkeit, das Feature *„Desktopdarstellung"* zu installieren, was für den Einsatz von Windows Server 2012 R2 z. B. als Remotedesktopservice-Host (sprich: als *Terminalserver*) gedacht ist. Die Unterschiede der verschiedenen Installationsoptionen von Windows Server 2012 und Windows Server 2012 R2 werden in der nächsten Tabelle verdeutlicht:

	Server Core-Installations-option	Minimale Serverbenutzeroberfläche	Installation als „Server mit grafischer Benutzer-oberfläche"	Installiertes Feature „Desktop-darstellung"
Eingabeaufforderung	**verfügbar**	**verfügbar**	**verfügbar**	**verfügbar**
Windows PowerShell/ Microsoft .NET	**verfügbar**	**verfügbar**	**verfügbar**	**verfügbar**
Server-Manager	*nicht verfügbar*	**verfügbar**	**verfügbar**	**verfügbar**

	Server Core-Installations-option	Minimale Serverbenut-zeroberfläche	Installation als „Server mit grafischer Benutzer-oberfläche“	Installiertes Feature „Desktop-darstellung“
Microsoft Management Console (MMC)	*nicht verfügbar*	**verfügbar**	**verfügbar**	**verfügbar**
Systemsteuerung	*nicht verfügbar*	*nicht verfügbar*	**verfügbar**	**verfügbar**
Windows-Explorer	*nicht verfügbar*	*nicht verfügbar*	**verfügbar**	**verfügbar**
Taskleiste	*nicht verfügbar*	*nicht verfügbar*	**verfügbar**	**verfügbar**
Infobereich	*nicht verfügbar*	*nicht verfügbar*	**verfügbar**	**verfügbar**
Internet Explorer	*nicht verfügbar*	*nicht verfügbar*	**verfügbar**	**verfügbar**
Integriertes Hilfesystem	*nicht verfügbar*	*nicht verfügbar*	**verfügbar**	**verfügbar**
Designs	*nicht verfügbar*	*nicht verfügbar*	*nicht verfügbar*	**verfügbar**
Windows 8-Shell	*nicht verfügbar*	*nicht verfügbar*	*nicht verfügbar*	**verfügbar**
Windows Store und Unterstützung für Windows Store-Apps	*nicht verfügbar*	*nicht verfügbar*	*nicht verfügbar*	**verfügbar**
Windows Media Player	*nicht verfügbar*	*nicht verfügbar*	*nicht verfügbar*	**verfügbar**

Tabelle 19.1: *Auflistung verfügbarer Features der einzelnen Installationsoptionen*

19.6.1 Wechsel von der Server Core-Installation zu einer Serverinstallation mit grafischer Benutzeroberfläche

Gehen Sie wie folgt vor, um auf einem Server unter Windows Server 2012 R2 von einer Server Core-Installation zu einer Serverinstallation mit grafischer Benutzeroberfläche zu wechseln:

1. Geben Sie in der *Windows PowerShell* den folgenden Befehl ein, um die verfügbaren, grafischen Features auflisten zu lassen, und drücken Sie anschließend die **Eingabetaste:** **`Get-WindowsFeature *GUI*`**

HINWEIS: *Server-Gui-Shell* steht hierbei für die *Minimale Serverbenutzeroberfläche*, `Server-GUI-Mgmt-Infra` für die *grafische Benutzeroberfläche*. Nach der Installation beider Features wechselt das Serversystem von der *Server Core*- zu einem Server mit *vollständiger Installation* von Windows Server 2012 R2.

Abbildung 19.11: *Ermitteln der für die grafische Benutzeroberfläche notwendigen Windows-Features*

2. Geben Sie in der *Windows PowerShell* den folgenden Befehl ein, um die Indexnummer der passenden Edition (*SERVERDATACENTER* oder *SERVERSTANDARD*) mit darin verfügbaren, grafischen Features auf der Installations-DVD-ROM von Windows Server 2012 R2 zu ermitteln, und drücken Sie die **Eingabetaste**:

   `Get-WindowsImage -ImagePath` *<Quellpfad>*

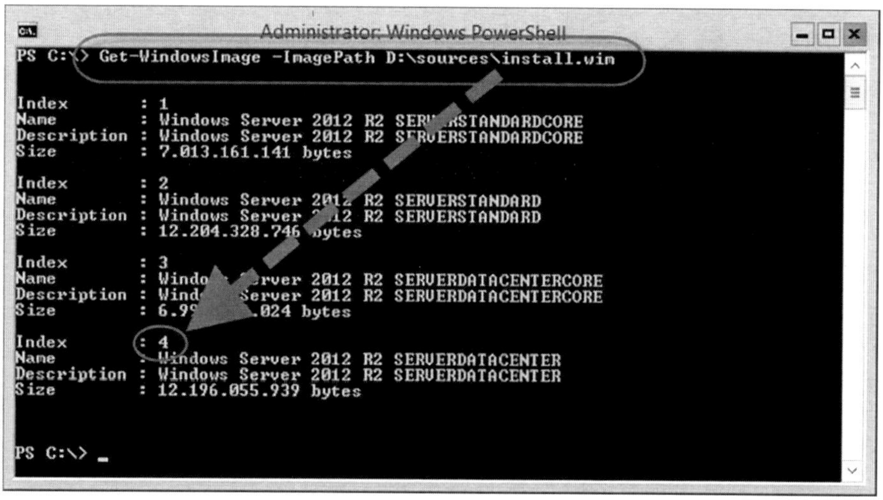

Abbildung 19.12: *Ermitteln der Indexnummer zur Auswahl der für die Installation von grafischen Features notwendigen Betriebssystem-Edition*

HINWEIS: Als Quellpfad für die Installation kann hierbei die auf der Installations-DVD-ROM von Windows Server 2012 R2 enthaltene Datei ***install.wim*** verwendet werden (bspw. **`D:\Sources\Install.wim`**).

3. Geben Sie in der *Windows PowerShell* den folgenden Befehl ein, um die *grafische Benutzeroberfläche* zu installieren, und drücken Sie die **Eingabetaste**:

   Install-WindowsFeature Server-GUI-Mgmt-Infra,Server-Gui-Shell -Source wim:*<Quellpfad\Quelldatei>***:***<Indexnummer>*

HINWEIS: Als Quellpfad für die Installation kann hierbei die auf der Installations-DVD-ROM von Windows Server 2012 R2 enthaltene Datei ***install.wim*** gefolgt von der zuvor ermittelten Indexnummer verwendet werden (bspw. **-Source im:D:\Sources\Install.wim:4**).

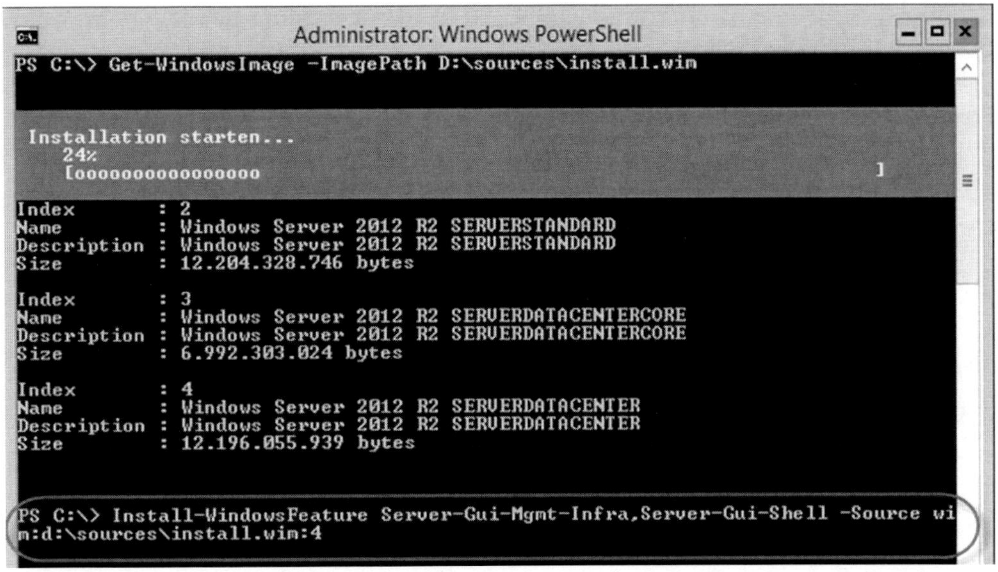

Abbildung 19.13: *Hinzufügen der grafischen Benutzeroberfläche unter Windows Server 2012 R2 als Server Core-Installation*

Der Server muss nach dem Hinzufügen neuer Features neu gestartet werden, um den Vorgang abschließen zu können. Sie können für den Neustart den folgenden Befehl in der Windows PowerShell unter Windows Server 2012 R2 verwenden:

shutdown /r /t 0 oder **Restart-Computer**

INTERNET: Wenn Sie die Quelle (**-Source**) bei der Installation von zusätzlichen Windows-Features nicht angeben, versucht der Installationsprozess womöglich fehlende Dateien direkt von ***Windows Update*** aus dem Internet zu laden. Als Quelle kann man beispielsweise die Datei ***Install.wim*** aus dem Ordner ***\Sources*** der Installations-DVD-ROM von Windows Server 2012 R2 verwenden. Nähere Informationen zum Hinzufügen und Entfernen von Windows-Features erhalten Sie u. a. auch im Internet unter:

https://technet.microsoft.com/en-us/library/jj574158.aspx

19.7 Entfernen der grafischen Benutzeroberfläche

Ebenso einfach, wie das Hinzufügen der grafischen Benutzeroberfläche zu einem Server unter Windows Server 2012 R2 als Server Core-Installation, so einfach lässt sich diese bei Bedarf wiederum entfernen. Diese Wechselmöglichkeiten erlauben auch weniger erfahreneren Administratoren mitunter den Einsatz von Serversystemen unter Server Core - in der Vergangenheit hat man sich aufgrund der kommandozeilenlastigen Verwaltung oft gegen den Einsatz solcher Serversysteme gewehrt.

Zum Entfernen von Windows-Features für die grafische Benutzeroberfläche steht in der Windows PowerShell das PowerShell-Cmdlet **`Uninstall-WindowsFeature`** zur Verfügung. Darüber hinaus kann man die Features der grafischen Benutzeroberfläche ebenso einfach direkt im *Server-Manager* über **Verwaltung** *und dann über* **Rollen und Features entfernen** unter Windows Server 2012 R2 entfernen.

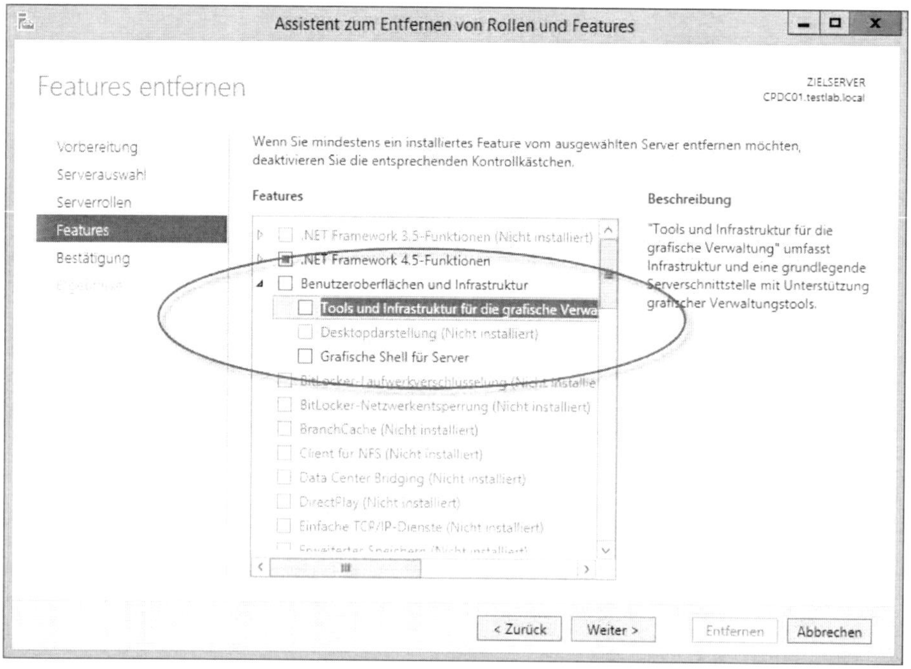

Abbildung 19.14: *Entfernen der grafischen Benutzeroberfläche im Server-Manager unter Windows Server 2012 R2*

INTERNET: Nähere Informationen zum Hinzufügen und Entfernen von Windows-Features unter Windows Server 2012 bzw. Windows Server 2012 R2 erhalten Sie u. a. auch im Internet unter: **https://technet.microsoft.com/en-us/library/jj574158.aspx**

19.8 Server Core als DNS-Server

Die Serverrolle als DNS-Server kann bequem mithilfe des grafischen Server-Managers von einem Remotecomputer unter Windows Server 2012 bzw. Windows Server 2012 R2 oder beispielswiese auch lokal mithilfe der Windows PowerShell einfach auf dem Serversystem unter Windows Server 2012 R2 Server Core installiert werden. Letzteres kann beispielsweise bei der Verwaltung von Servern mittels Windows PowerShell-Scripts Verwendung finden. Für die Installation von Serverrollen und Funktionen mittels Windows PowerShell wird der PowerShell-Befehl **Install-WindowsFeature** verwendet.

HINWEIS: Die Serverrolle eines DNS-Servers kann auf einem Serversystem unter Windows Server 2012 R2 Server Core auch im Rahmen der Installation der Active Directory-Domänendienste-Rolle integriert werden. Hierzu steht ein entsprechender Abschnitt für die Datei *Unattend.txt* zur Verfügung.

19.8.1 Installation der DNS-Serverrolle

Gehen Sie zur Installation der Serverrolle eines DNS-Servers auf einem Serversystem unter Windows Server 2012 R2 Server Core mithilfe der Windows PowerShell wie folgt vor:

1. Geben Sie in der Windows PowerShell den folgenden Befehl ein, um die Indexnummer der passenden Edition (*SERVERDATACENTER* oder *SERVERSTANDARD*) mit darin verfügbaren, grafischen Features auf der Installations-DVD-ROM von Windows Server 2012 R2 zu ermitteln, und drücken Sie die **Eingabetaste**:

```
Get-WindowsImage -ImagePath <Quellpfad>
```

HINWEIS: Als Quellpfad für die Installation kann hierbei die auf der Installations-DVD-ROM von Windows Server 2012 R2 enthaltene Datei ***install.wim*** verwendet werden (bspw. **D:\Sources\Install.wim**).

2. Geben Sie in der Windows PowerShell den folgenden Befehl ein, um die DNS-Serverrolle zu installieren, und drücken Sie die **Eingabetaste**:

```
Install-WindowsFeature DNS -Source
wim:<Quellpfad\Quelldatei>:<Indexnummer>
```

HINWEIS: Als Quellpfad für die Installation kann hierbei die auf der Installations-DVD-ROM von Windows Server 2012 R2 enthaltene Datei ***install.wim*** gefolgt von der zuvor ermittelten Indexnummer verwendet werden (bspw. **-Source im:D:\Sources\Install.wim:4**).

19.8.2 Verwaltung des Server Core als DNS-Server

Nachdem die Serverrolle *DNS-Server* auf dem Server Core installiert wurde, kann diese wiederum entweder lokal auf dem Server mittels des Kommandozeilentools *dnscmd.exe* oder per Remoteverwaltung von einem anderen Computer aus mittels des *MMC-Snap-Ins DNS-Manager* verwaltet werden.

Die Remoteverwaltung erfolgt mittels des *MMC-Snap-Ins DNS-Manager* so problemlos einfach wie bei jedem anderen DNS-Server.

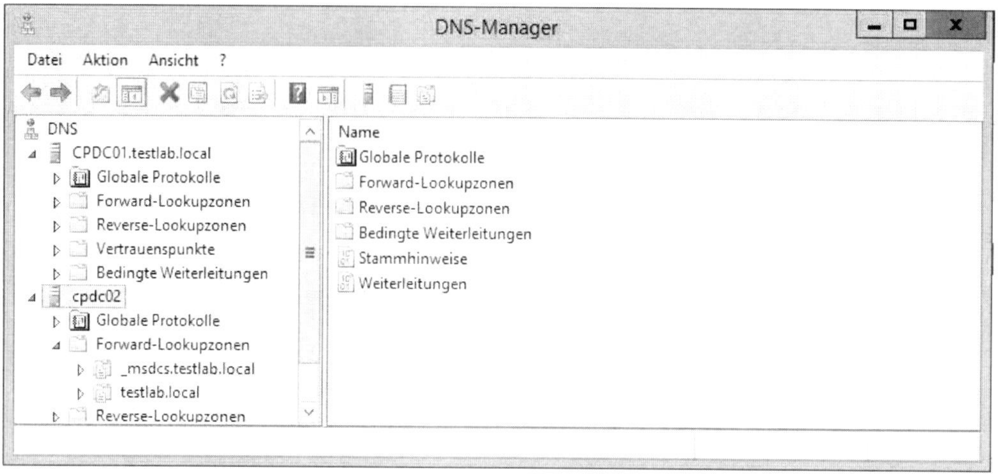

Abbildung 19.15: *Remoteverwaltung eines DNS-Server unter Server Core*

Alternative Verwaltung mittels dnscmd.exe

Eine Alternative besteht in der lokalen oder auch Remoteverwaltung über die *Eingabeaufforderung* mittels des Kommandozeilenbefehls *dnscmd.exe.*

Die notwendige Syntax wird Ihnen nach Eingabe des folgenden Befehls auf dem Bildschirm angezeigt: **`dnscmd /?`**

Alternative Verwaltung mittels Windows PowerShell

Eine weitere Alternative zur Verwaltung der DNS-Serverrolle findet man in der Windows PowerShell unter Windows Server 2012 R2.

Eine Übersicht der für die Verwaltung der DNS-Serverrolle mithilfe der Windows PowerShell wird mit dem folgenden Befehl angezeigt:

```
Get-Command -Module DnsServer
```

Hilfe zu den einzelnen Windows PowerShell-Cmdlets kann man sich mithilfe des folgenden Befehls anzeigen lassen:

```
Get-Help <Name des Cmdlets>
```

19.8.3 Entfernen der DNS-Serverrolle

Um die Serverrolle eines DNS-Servers von einem Serversystem unter Windows Server 2012 R2 Server Core zu entfernen, kann man wiederum entweder den grafischen Server-Manager von einem Remotecomputer aus, oder aber lokal auf dem Server die Windows PowerShell verwenden.

Geben Sie zum Entfernen der *DNS-Serverrolle* auf dem betreffenden Server unter Windows Server 2012 R2 als Server Core-Installation die folgende Befehlszeile in der *Windows PowerShell* ein, und drücken Sie anschließend die **Eingabetaste**:

```
Uninstall-WindowsFeature DNS
```

Nach der Eingabe des Befehls muss das betreffende Serversystem zum Abschluss des Entfernens der Serverrolle neu gestartet werden.

Bei den weiteren, unter Windows Server 2012 R2 als Server Core-Installation verfügbaren Serverrollen, Rollendiensten und Features verhält es sich in der Regel ebenso einfach, wie dies am Beispiel von DNS dargestellt wurde. Insbesondere die mögliche, zentrale Verwaltung von Serversystemen als Server Core-Installation mithilfe des neuen Server-Managers unter Windows Server 2012 R2 ermöglicht einen einfacheren, sowie auch effizienteren Einsatz solcher Serversysteme.

19.9 Server Core als Domänencontroller

Die Serverrolle als Active Directory-Domänencontroller der Active Directory-Domänendienste (*Active Directory Domain Services, AD DS*) kann auf dem Serversystem unter Windows Server 2012 R2 als Server Core-Installation entweder von einem vollwertig installierten Windows-Computer über den darauf ausgeführten, grafischen Server-Manager über das Netzwerk, lokal auf dem betreffenden Serversystem mittels des Kommandozeilenbefehls dcpromo.exe als „unbeaufsichtigte Installation", oder ebenso lokal über die Windows-PowerShell bereitgestellt werden.

PRAXISTIPP! Ein Serversystem unter Windows Server 2012 R2 als Server Core kann die Serverrolle der Active Directory-Domänendienste (*Active Directory Domain Services, AD DS*) auch als schreibgeschützter Domänencontroller (*Read-Only Domain Controller, RODC*) ausführen. Hierdurch kann die Sicherheit für die Benutzerkontenkennwörter in Niederlassungsstandorten von Unternehmen noch weiter erhöht werden.

19.9.1 Heraufstufen über den grafischen Server-Manager

Der grafische Server-Manager unter Windows Server 2012 R2 kann verwendet werden, um ein vorhandenes Serversystem als Server Core-Installation zu einem Domänencontroller heraufzustufen. Die Schritte hierzu entsprechen prinzipiell den gleichen, wie beim Heraufstufen eines Serversystems unter Windows Server 2012 R2 als vollwertige Installation.

19.9.2 Unbeaufsichtigte Installation der Active Directory-Domänendienste mittels dcpromo.exe

Um die Active Directory-Domänendienste auf einem Serversystem unter Windows Server 2012 R2 als Server Core zu installieren, wird der Installations-Assistent (*dcpromo.exe*) in Verbindung mit einer Datei für die unbeaufsichtigte Installation (*Unattend.txt*) verwendet. Diese muss für die Installation der Serverrolle zur Verfügung stehen.

Verwenden Sie die folgende Befehlszeile, um die Active Directory-Domänendienste (*AD DS*) im Rahmen einer unbeaufsichtigten Installation auf einem Serversystem unter Windows Server 2012 R2 als Server Core zu installieren:

```
Dcpromo /unattend:<Pfad>\unattend.txt
```

Die Datei *Unattend.txt* enthält hierbei alle notwendigen Informationen für die unbeaufsichtigte Installation der Active Directory-Domänendienst-Rolle auf dem betreffenden Serversystem.

Beispiel für die Datei Unattend.txt

Nachfolgend sehen Sie ein Beispiel der Datei *Unattend.txt* für das Hinzufügen eines weiteren Domänencontrollers zu einer bereits bestehenden Active Directory-Domäne:

```
[DCInstall]_
; Replica DC promotion
ReplicaOrNewDomain=Replica
ReplicaDomainDNSName=CertPro.de
SiteName=Default-First-Site-Name
InstallDNS=Yes
ConfirmGc=Yes
CreateDNSDelegation=No
UserDomain=CertPro.de
UserName=*
Password=*
DatabasePath="C:\Windows\NTDS"
LogPath="C:\Windows\NTDS"
SYSVOLPath="C:\Windows\SYSVOL"
; Set SafeModeAdminPassword to the correct value prior to using
theunattend file
SafeModeAdminPassword=P@ssw0rd
; Run-time flags (optional)
RebootOnCompletion=Yes
```

In dem oberen Beispiel wird ein weiterer Domänencontroller zu der bereits bestehenden Domäne *CertPro.de* hinzugefügt. Auf dem Server werden zugleich auch die DNS-Dienste eingerichtet (**InstallDNS=Yes**). Der Server übernimmt zudem die Funktion als globaler Katalogserver (**ConfirmGc=Yes**). Nach der Installation der Active Directory-Domänendienste (AD DS) wird der Server automatisch neu gestartet (**RebootOnCompletion=Yes**). Das für das Hinzufügen des neuen Domänencontrollers verwendete Benutzerkonto wird mitsamt dem zugehörigen Kennwort während der Installation der Active Directory-Domänendienste (*AD DS*) abgefragt, da diese mit einem Sternchen (*) gekennzeichnet wurden. Dies erhöht die Sicherheit für das betreffende Benutzerkonto, wenn die Datei *Unattend.txt* unter Umständen auch für Dritte zugänglich ist.

19.9.3 Heraufstufen über die Windows PowerShell

Das Heraufstufen eines Serversystems unter Windows Server 2012 R2 als Server Core-Installation erfolgt prinzipiell in zwei Schritten:

1. Installation der Serverrolle der Active Directory-Domänendienste (AD DS)

2. Heraufstufen des Serversystems zu einem Active Directory-Domänencontroller

Nach der Durchführung des zweiten Schrittes muss ein Neustart des betreffenden Serversystems erfolgen, um den Vorgang abzuschließen.

Vorausgesetzt wird hierbei, dass das Serversystem bereits mit einer festen IP-Adresse, sowie auch dem gewünschten Servernamen konfiguriert wurde.

Installation der Serverrolle der Active Directory-Domänendienste (AD DS) mittels Windows PowerShell

In einem ersten Schritt muss die Serverrolle der Active Directory-Domänendienste (AD DS) auf dem Serversystem unter Windows Server 2012 R2 als Server Core-Installation installiert werden. Gehen Sie dazu wie folgt vor:

1. Melden Sie sich am betreffenden Serversystem als Administrator an.
2. Starten Sie die *Windows PowerShell*, geben Sie den folgenden Befehl und drücken Sie anschließend die **Eingabetaste**:
   Install-WindowsFeature -Name AD-Domain-Services

Heraufstufen des Serversystems zu einem Active Directory-Domänencontroller mittels Windows PowerShell

Im zweiten Schritt wird das Serversystem mittels Windows PowerShell zu einem Active Directory-Domänencontroller heraufgestuft. Gehen Sie dazu wie folgt vor:

1. Melden Sie sich am betreffenden Serversystem als Administrator an.
2. Starten Sie die *Windows PowerShell*, geben Sie den folgenden Befehl und drücken Sie anschließend die **Eingabetaste**:

$Password = ConvertTo-SecureString -AsPlainText -String *<Passwort>* **-Force**

Mit diesem Befehl wird der unter *<Passwort>* angegebene Wert als Passwort für die eigentliche Heraufstufung des Serversystems in eine Variable mit der Bezeichnung $Password als „Sichere Zeichenfolge" (Secure String) übergeben.

3. Geben Sie den folgenden Befehl in der *Windows PowerShell* ein, und drücken Sie anschließend die **Eingabetaste**:
   Install-ADDSDomainController -DomainName *<DomainName>* **-DatabasePath** „%SYSTEMROOT%\NTDS" **-LogPath** „%SYSTEMROOT%\NTDS" **-SysvolPath** „%SYSTEMROOT%\SYSVOL" **-InstallDNS -ReplicationSourceDC** *<DC-Name als FQDN>* **-SafeModeAdministratorPassword** *$Password* **-NoRebootOnCompletion**

   Erläuterung:

   Mit diesem Befehl wird der Server unter Windows Server 2012 R2 als Server Core-Installation zu einem weiteren Domänencontroller einer bereits vorhandenen Active Directory-Domänen hinzugefügt. Unter der Option **-DomainName** gibt man den Namen der vorhandenen Active Directory-Domäne an. Die Option **-InstallDNS** bestimmt, dass mit dem Heraufstufen auch die DNS-Dienste auf dem Server installiert und eingerichtet werden sollen. Mit der Option **-ReplicationSourceDC** wird der Name eines bereits vorhandenen Domänencontrollers angegeben, von dem aus die Replikation der Active Directory-Domänendatenbank, sowie der vorhandenen Gruppenrichtlinienobjekte erfolgen soll. Mit der Option **-SafeModeAdministratorPassword** wird das Administrator-Passwort für den Recovery-Modus des Serversystems als Domänencontroller festgelegt. Die Option **-NoRebootOnCompletion** verhindert den automatischen Neustart nach dem Heraufstufen.

4. Geben Sie zum Neustarten des Serversystems noch den folgenden Befehl in der *Windows PowerShell* ein, und drücken Sie anschließend die **Eingabetaste**:
   Restart-Computer -Force

Nach dem Neustart ist der Vorgang abgeschlossen.

Die Verwaltung der Active Directory-Domänendienste kann nach der Installation auf einem Serversystem unter Windows Server 2012 R2 als Server Core nun problemlos von einem Remotesystem aus über die betreffenden Konsolentools, wie zum Beispiel das Active Directory-Verwaltungscenter (AD AC), erfolgen.

19.10 Zusammenfassung

Auf den vorangegangenen Seiten wurde Ihnen der Einsatz von Windows Server 2012 R2 als Domänencontroller unter einer Server Core-Installation vorgestellt. Neben der Installation erhielten Sie einen Überblick über die notwendige Erstkonfiguration eines Windows-Serversystems (quasi) ohne grafische Benutzeroberfläche. Anschließend wurden die Schritte erklärt, mit denen man ein Serversystem als Server Core-Installation mit Rollen und Features, insbesondere hierbei die DNS-Rolle sowie die Active Directory-Domänendienste (*AD DS*), versehen kann. Dabei erhielten Sie ebenso einen Einblick in die Möglichkeit, die grafische Benutzeroberfläche bei Bedarf auf einem Core-Server zu installieren, oder, insoweit gewünscht, zu einem späteren Zeitpunkt wiederum entfernen kann.

Im nächsten Kapitel dreht sich nun alles um die Verwaltung von Standorten und die Replikation der Active Directory-Domänendienste (AD DS).

20 Verwaltung von Standorten und Replikation

Active Directory-Gesamtstrukturen bestehen oft aus einzelnen oder auch aus gleich mehreren Domänen, die sich räumlich über mehrere physikalische Standorte von Unternehmen verteilen können. Um in solchen Infrastrukturen den zwischen den darin eingesetzten Domänencontrollern regeln zu können, besteht die Möglichkeit zur Definition von Active Directory-Standorten. Diese ermöglichen nicht nur die Steuerung, welcher der Serversysteme mit welchem anderen die Replikationsdaten austauscht - sondern auch die zeitliche Steuerung. Auch dienen Standorte des Active Directory zur Steuerung des Clientanmeldeverkehrs in der Netzwerkinfrastruktur. Genauere Informationen sind in diesem Abschnitt zusammengefasst.

20.1 Standorte und die Replikation

Active Directory-Standorte dienen im Umfeld der Active Directory-Domänendienste (AD DS) in erster Linie zum Steuern des Replikations- und des Clientanmeldeverkehrs. Oft werden diese, zu den logischen Elementen einer Active Directory-Infrastruktur zählenden Objekte, übereinstimmend mit der physikalischen Standortausrichtung eines Unternehmens erstellt. Sie entsprechen damit oft der physikalischen Standorttopologie des Unternehmens.

HINWEIS: Im Umfeld von Windows 2000 und Windows Server 2003 ordnete man die Active Directory-Standorte noch der „physikalischen Active Directory-Struktur" zu. Seit der Einführung von Windows Server 2008 jedoch zählt Microsoft die Active Directory-Standorte jedoch zu den übrigen, logischen Elementen (Objekten) einer Active Directory-Infrastruktur. Nähere Informationen hierzu findet man im *Active Directory-Resource Kit* von *Microsoft Press.*

Im Bedarfsfall muss ein verantwortlicher Administrator in der Lage sein, neue, logische Standorte zu definieren und an die vorhandene Active Directory-Infrastruktur anzubinden. Beispielsweise erstellt man Active Directory-Standorte um den Clientanmeldeverkehr für Mitarbeiter an einem kleineren Unternehmensstandort mit geringer WAN-Bandbreite zum Firmenhauptsitz zu steuern.

20.2 Erstellen eines Active Directory-Standorts

Standardmäßig wird in einer neuen Implementierung einer Active Directory-Gesamtstruktur ein Standort mit dem Namen *„**Standardname-des-ersten-Standorts**"* (engl. *Default-First-Site-Name*) erstellt. Diesem Standort werden alle in der Gesamtstruktur installierten Domänencontroller aller vorhandenen Domänen zugeordnet. Im Bedarfsfall kann man (insbesondere für kleinere Standorte mit geringer WAN-Bandbreite) jederzeit neue Active Directory-Standorte erstellen. Einem solchen Standort ordnet man in der Regel nachfolgend ein oder mehrere Domänencontroller bzw. Server mit bestimmten Active Directory-basierten Applikationen zu.

Um einen neuen Active Directory-Standort einrichten zu können, muss man mindestens Mitglied der Gruppe der Organisations-Admins oder Domänen-Admins der Stammdomäne der Gesamtstruktur bzw. einer entsprechend delegierten Sicherheitsgruppe sein. Gehen Sie wie folgt vor, um einen neuen Active Directory-Standort unter Windows Server 2012 R2 zu erstellen:

1. Öffnen Sie die Konsole *Active Directory-Standorte und -Dienste*.
2. Klicken Sie in der Konsolenstruktur mit der rechten Maustaste auf *Standorte (Sites)*, und wählen Sie im Kontextmenü den Eintrag **Neuer Standort...**
3. Geben Sie im Feld *Name* den gewünschten Namen des neuen Standorts ein.
4. Klicken Sie unter *VerknüpfungsnamE* auf ein Standortlinkobjekt (bspw. *DEFAULTIP-SITELINK*), und klicken Sie dann auf **OK**.

Nachfolgend erscheint ein Hinweis, dass der Active Directory-Standort erstellt wurde. Darüber hinaus wird man u. a. darauf hingewiesen, dass man die in dem Standort vorhandenen Subnetze dem Subnetz-Container zufügen soll. Die notwendigen Konfigurationsschritte hierzu erfahren Sie in den nächsten Seiten.

HINWEIS: Der Name eines Active Directory-Standorts darf keine Leerzeichen enthalten. Man kann mehrere Begriffe innerhalb des Namens jedoch problemlos mit einem Bindestrich (-) miteinander verbinden. Beispielsweise kann der Name *„Standort München"* nicht verwendet werden, jedoch akzeptiert Active Directory den Namen in der Schreibform als *„Standort-München"*. Dies sollten Sie bei der Standortplanung berücksichtigen.

20.3 Erstellen eines Subnet-Objektes

Um eine Standortzuordnung von Client- und Serversystemen zu ermöglichen, muss man die in dem jeweils physikalischen Standort vorhandenen IP-Subnetze als Active Directory-Objekte anlegen und dabei dem jeweiligen Active Directory-Standort zuweisen. Neu ist seit

Windows Server 2008 und höher hierbei die Unterstützung von IPv6-Subnetzen neben den bisher verwendeten IPv4-Subnetzen.

HINWEIS: Um neue Active Directory-Subnetze einrichten zu können, muss man mindestens Mitglied der Gruppe der *Organisations-Admins* oder Domänen-Admins der *Stammdomäne der Gesamtstruktur* bzw. einer entsprechend delegierten Sicherheitsgruppe sein.

Gehen Sie wie folgt vor, um ein neues Subnet-Objekt in Active Directory unter Windows Server 2012 R2 zu erstellen:

1. Öffnen Sie die Konsole *Active Directory-Standorte und -Dienste*.
2. Doppelklicken Sie in der Konsolenstruktur auf den Container **Standorte (Sites)**, klicken Sie dann mit der rechten Maustaste auf **Subnetze (Subnets)**, und wählen Sie im Kontextmenü den Eintrag **Neues Subnetz...**
3. Geben Sie im Feld *Präfix* das zutreffende ***IP-Adresspräfix*** an, klicken Sie im Abschnitt *Standortobjekt für dieses Präfix auswählen* auf den gewünschten Standort, und dann auf **OK**.

20.4 Erstellen einer Standortverknüpfung

Nachdem in der Active Directory-Gesamtstruktur neue Active Directory-Standorte erstellt wurden, ist es nun an der Zeit, diese logisch miteinander zu verknüpfen. In Active Directory-Standorten, welche mithilfe einer Standortverknüpfung (*Site Link*) direkt miteinander verbunden sind, nutzen die Domänencontroller diese Verknüpfungen für die Replikation untereinander. Man definiert anhand der Standortverknüpfungen die möglichen Replikationspfade.

Wie bereits bei den Standorten und den Subnetzen muss man auch zum Erstellen von Standortverknüpfungen mindestens Mitglied der Gruppe der Organisations-Admins oder Domänen-Admins der Stammdomäne der Gesamtstruktur bzw. einer entsprechend delegierten
Sicherheitsgruppe sein.

Um eine neuen Standortverknüpfung (*Site Link*) in einer Active Directory-Gesamtstruktur einzurichten, gehen Sie wie folgt vor:

1. Öffnen Sie die Konsole *Active Directory-Standorte und -Dienste*.
2. Erweitern Sie in der Konsolenstruktur den Container *Sites (Standorte)*, *Inter-Site-Transports (Standortübergreifender Transport)* und klicken Sie mit der rechten Maustaste auf **IP** oder **SMTP**. Wählen Sie im Kontextmenü den Eintrag **Neue Standortverknüpfung...**
3. Geben Sie im Feld *Name* den Namen der neu zu erstellenden Standortverknüpfung (*Site Link*) an.
4. Markieren Sie im linken Feld unter *Standorte außerhalb dieser Standortverknüpfung* die gewünschten Standortnamen und klicken Sie dann auf **Hinzufügen**.
5. Klicken Sie zum Abschluss auf **OK**.

Die neue Standortverknüpfung (*Site Link*) wird nach dem Erstellen in der Konsole *Active Directory-Standorte und -Dienste* angezeigt.

Natürlich kann es nachfolgend jederzeit notwendig werden, weitere Active Directory-Standorte zu einer bereits vorhandenen Standortverknüpfung hinzuzufügen bzw. diese aus der entsprechenden Standortverknüpfung zu entfernen. Wie bereits beim Erstellen von Standorten, Subnetzen und Standortverknüpfungen muss man auch zum Verwalten von Standortverknüpfungen mindestens Mitglied der Gruppe der *Organisations-Admins* oder *Domänen-Admins* der *Stammdomäne der Gesamtstruktur* bzw. einer entsprechend delegierten Sicherheitsgruppe sein.

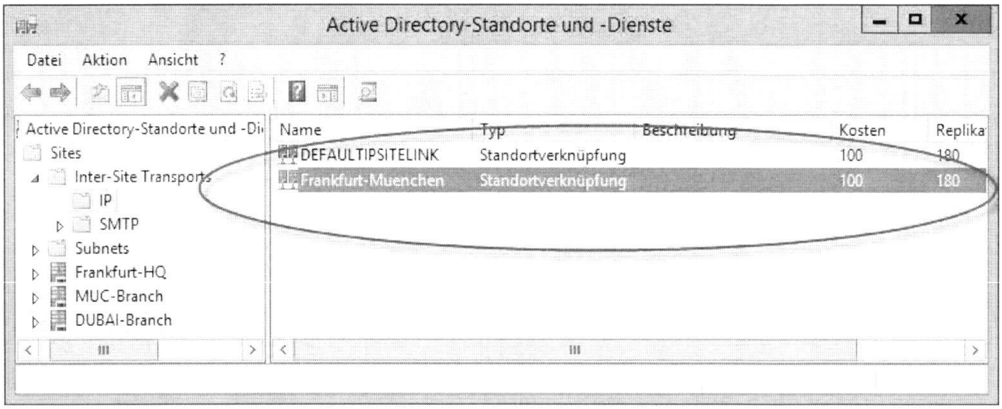

Abbildung 20.1: *Neu erstellte Standortverknüpfung (Site Link)*

20.4.1 Hinzufügen eines Standorts zu einer Standortverknüpfung

Gehen Sie wie folgt vor, um einen Standort zu einer bestehenden Standortverknüpfung hinzufügen:

1. Öffnen Sie die Konsole *Active Directory-Standorte und -Dienste.*
2. Erweitern Sie in der Konsolenstruktur die Container *Sites (Standorte), Inter-Site-Transports (Standortübergreifender Transport)* und *IP* (oder *SMTP*).
3. Klicken Sie mit der rechten Maustaste auf das entsprechende Standortverknüpfungsobjekt, und wählen Sie im Kontextmenü den Eintrag **Eigenschaften**
4. Klicken Sie im Feld *Standorte außerhalb dieser Standortverknüpfung*: den gewünschten Standortnamen an, und klicken Sie dann auf **Hinzufügen**.

Abbildung 20.2: *Auswahl eines Standorts außerhalb der Standortverknüpfung*

5. Der Standort wird in der Liste der *Standorte in dieser Standortverknüpfung* angezeigt.
6. Klicken Sie zum Abschluss auf **OK**.

20.4.2 Entfernen von Standorten aus einer Standortverknüpfung

Gehen Sie wie folgt vor, um einen Standort aus einer bestehenden Standortverknüpfung zu entfernen:

1. Öffnen Sie die Konsole *Active Directory-Standorte und -Dienste.*
2. Erweitern Sie in der Konsolenstruktur die Container *Sites (Standorte), Inter-Site-Transports (Standortübergreifender Transport)* und IP (oder SMTP).
3. Klicken Sie mit der rechten Maustaste auf das entsprechende Standortverknüpfungsobjekt, und wählen Sie im Kontextmenü den Eintrag ***Eigenschaften***
4. Klicken Sie im Feld *Standorte in dieser Standortverknüpfung:* den gewünschten Standortnamen an, und klicken Sie dann auf ***Entfernen***.

Abbildung 20.3: *Auswahl eines Standorts zum Entfernen aus der Standortverknüpfung*

5. Der Standort wird in der Liste der *Standorte außerhalb dieser Standortverknüpfung* angezeigt.
6. Klicken Sie zum Abschluss auf **OK**.

20.5 Planen der Replikation zwischen Active Directory-Standorten

Active Directory-Standorte dienen u. a. auch zur Steuerung der Replikationsvorgänge. In den Active Directory-Domänendiensten (AD DS) wird die Replikation zwischen Standorten anders verarbeitet als die standortinterne Replikation, da die Bandbreite zwischen verschiedenen, physikalischen Standorten oft begrenzt ist. Die *Active Directory-Konsistenzüberprüfung* (engl. *Knowledge Consistency Checker, KCC*) eines Domänencontrollers erstellt mithilfe eines kostengünstigen Strukturentwurfs die standortübergreifende Replikationstopologie. Die Replikation zwischen Standorten erfolgt automatisch auf der Grundlage eines konfigurierbaren Zeitplans.

Ein verantwortlicher Administrator kann die Replikation zwischen Active Directory-Standorten sehr gezielt steuern, indem er den zeitlichen Replikationsintervall, sowie die Kosten der Replikation zwischen Standorten definiert. *Standardmäßig erfolgt die standortübergreifende Replikation alle 180 Minuten* (*3 Stunden*) über jede Standortverknüpfung (*Site Link*). Dieses Intervall kann jedoch bei Bedarf an die jeweiligen Bedürfnisse angepasst werden. Standardmäßig ist eine Standortverknüpfung (*Site Link*) an 7 Tagen der Woche jeweils 24 Stunden verfügbar, um Replikationsdatenverkehr zu übertragen. Man kann auch diese Verfügbarkeit auf bestimmte Wochentage oder Uhrzeiten beschränken, um so Einfluss auf die Replikationshäufigkeit und -last zu nehmen. Beispielsweise kann man die Replikation zwischen Active Directory-Standorten so planen, dass diese lediglich an 5 Tagen die Woche und nur außerhalb der üblichen Geschäftszeiten stattfinden kann.

Innerhalb von Active Directory-Gesamtstrukturen, in denen mehrere Standortverknüpfungen (*Site Links*) zwischen den Active Directory-Standorten eingerichtet wurden, entstehen so oft auch verschiedene Routen für die Replikation zwischen den einzelnen Standorten. Wenn mehrere Standortverknüpfungen (*Site Links*) für die Replikation zwischen zwei Standorten definiert sind, so kann man die Kosten der Replikation für die einzelnen Standortverknüpfungen verwenden, um eine Route gegenüber anderen Routen zu bevorzugen.

INTERNET: Weitere Informationen zur Auswirkung der Kosten auf standortübergreifende Replikationsrouten findet man im Internet unter:

http://go.microsoft.com/fwlink/?LinkID=93526

20.5.1 Notwendige Kommunikationsports für die Replikation

Standardmäßig verwendet die RPC-basierte Replikation dynamisches Port-Mapping. Dieses wird über den Standard-Port 135 initiiert. Darüber hinaus sind noch weitere Kommunikationsports für die Active Directory-Replikation notwendig. Diese sind in der folgenden Tabelle aufgeführt:

Dienstname	UDP-Port	TCP-Port
LDAP	389	389
LDAP		636 (Secure Socket Layer, SSL)
LDAP		3268 (Globaler Katalog, GC)
Kerberos	88	88
DNS	53	53
SMB over IP	445	445

Tabelle 20.1: *Für die Active Directory-Replikation benötigte Kommunikationsports im Netzwerk*

PRAXISTIPP! Bei Bedarf kann man die Verwendung fester Kommunikationsports für die RPC-Kommunikation über eine Firewall entsprechend festlegen. Details hierzu findet man im Internet u. a. unter:

https://technet.microsoft.com/de-de/library/cc739941

20.5.2 Replikationstransport

Die Replikation innerhalb von Active Directory-Standorten findet standardmäßig mittels RPC (*Remote Procedure Calls, Remoteprozeduraufrufe*) über IP (*Internet Protocol*) statt. RPC über IP wird auch für die Replikation zwischen verschiedenen Standorten verwendet. Zum Schutz der Daten während der Übertragung zwischen Standorten werden bei der Replikation mithilfe von RPC über IP sowohl die Authentifizierung (anhand von KerberosV5) sowie auch die Datenverschlüsselung verwendet.

Wenn keine direkte oder zuverlässige IP-Verbindung verfügbar ist, kann die Replikation zwischen Active Directory-Standorten unter Verwendung von SMTP (*Simple Mail Transport Protocol*) konfiguriert werden. Dies stellt sich unter Windows Server 2012 R2 jedoch als optional dar, so dass die SMTP-Komponenten des standortübergreifenden Messagingdienstes erst manuell hinzugefügt werden müssen, um diese zu verwenden.

INTERNET: Nähere Informationen zur Verwendung der SMTP-Replikation erhalten Sie im Internet unter: **http://go.microsoft.com/fwlink/?LinkId=93526**

Um Änderungen an der Replikationskonfiguration vorzunehmen zu können, muss man mindestens Mitglied der Gruppe der Organisations-Admins oder Domänen-Admins der Stammdomäne der Gesamtstruktur bzw. einer entsprechend delegierten Sicherheitsgruppe sein.

Konfiguration des Zeitplans für die standortübergreifende Replikation

Die standortübergreifende Replikation kann zeitlich geplant werden. Hierzu verfügen die in Active Directory enthaltenen Standortverknüpfungsobjekte über einen entsprechenden, konfigurierbaren Zeitplan.

Gehen Sie wie folgt vor, um den Zeitplan für eine standortübergreifende Replikation zwischen verschiedenen Active Directory-Standorten zu planen:

1. Öffnen Sie die Konsole *Active Directory-Standorte und -Dienste*.
2. Erweitern Sie in der Konsolenstruktur die Container *Sites (Standorte), Inter-Site-Transports (Standortübergreifender Transport)* und *IP* (oder *SMTP*).
3. Klicken Sie mit der rechten Maustaste auf das entsprechende **Standortverknüpfungsobjekt**, und wählen Sie im Kontextmenü den Eintrag **Eigenschaften**
4. Klicken Sie im Register *Allgemein* auf **Zeitplan ändern...**
5. Markieren Sie die gewünschten Zeiträume in der die Replikation verfügbar, bzw. nicht verfügbar sein soll, und klicken Sie dann auf **OK**.
6. Klicken Sie dann nochmals auf **OK**, um die Konfiguration zu bestätigen.

Innerhalb des soeben definierten Zeitplans legt man die Stunden und Wochentage fest, in denen die Replikation zwischen den betreffenden Standorten möglich ist. Wie häufig innerhalb des angegebenen Zeitfensters jedoch repliziert werden darf, wird letztlich anhand eines standardmäßig vordefinierten Minutenwertes festgelegt. Dieser Wert kann bei Bedarf entsprechend angepasst werden.

Konfiguration der Häufigkeit der standortübergreifende Replikation

Neben der Definition von „Zeitfenstern", in denen die Replikation zwischen den betreffenden Standorten überhaupt möglich ist, kann darüber hinaus auch die Häufigkeit der Replikation während der Verfügbarkeit in Minuten definiert werden. Die standortübergreifende Replikation kann zeitlich geplant werden. Hierzu verfügen die in Active Directory enthaltenen Standortverknüpfungsobjekte über die entsprechende Konfigurationsmöglichkeit. Anhand dieses Zeitintervalls (bspw. alle 120 Minuten einmal) wird festgelegt, wie oft ein an einem Standort als Bridgeheadserver fungierender Domänencontroller Änderungen von seinem Replikationspartner an dem jeweils anderen Standort anfordert. ***Der Standardwert liegt bei 180 Minuten*** (3 Stunden).

Gehen Sie wie folgt vor, um den Zeitintervall für die standortübergreifende Replikation zu konfigurieren:

1. Öffnen Sie die Konsole *Active Directory-Standorte und -Dienste.*
2. Erweitern Sie in der Konsolenstruktur die Container *Sites (Standorte), Inter-Site-Transports (Standortübergreifender Transport)* und *IP* (oder *SMTP*).
3. Klicken Sie mit der rechten Maustaste auf das entsprechende ***Standortverknüpfungsobjekt***, und wählen Sie im Kontextmenü den Eintrag *Eigenschaften*
4. Ändern Sie im Register *Allgemein* im Abschnitt *Replizieren alle:* den Wert für *Minuten* und klicken Sie dann auf **OK**.

Die Replikation zwischen den betreffenden Active Directory-Standorten wird nachfolgend im entsprechenden Intervall durchgeführt. Diese „künstlich" herbeigeführte Verzögerung der Replikation zwischen Domänencontrollern wird auch als „***Latenz***" bezeichnet.

Nicht in allen Fällen funktioniert jedoch alles immer problemlos. Was ist zu tun, wenn die vor Stunden bereits vollzogenen Änderungen trotz passend konfigurierter Replikationsintervalle noch immer nicht an einem anderen Replikationsstandort angekommen sind?

20.6 Überprüfung und Problembehandlung

Die Replikation dient als Vorgang zum „Abgleich" der Inhalte der Active Directory-Datenbank, und in diesem Zusammenhang ebenso auch für die Übertragung von Änderungen zwischen den vorhandenen Domänencontrollern einer Active Directory-Gesamtstruktur bzw. innerhalb einer Active Directory-Domäne. Falls die Replikation fehlschlagen sollte, so entsteht eine gewisse Inkonsistenz zwischen den betroffenen Domänencontrollern. Diese gilt es seitens der Administratoren zu vermeiden.

Es stehen verschiedene Tools zur Verfügung, um die Replikation zu überprüfen und Probleme in diesem Zusammenhang zu erkennen, und um diese nachfolgend (möglichst) zu beheben. Zu diesen Tools zählen die folgenden:

- ***Repadmin.exe***

- ***Dcdiag.exe***
- ***Active Directory-Ereignisprotokoll*** *(in der Ereignisanzeige)*
- ***Windows PowerShell***
- ***AD Replication Status Tool***
- ***AdInsight***
- ***nltest.exe***

Das grafische Tool ***Replmon.exe***, mit welchem man die Replikation unter Windows 2000 und Windows Server 2003 überprüfen konnte, wurde nicht weiterentwickelt und ist in Windows Server 2012 R2 nicht mehr enthalten.

20.6.1 Standortermittlung mit nltest.exe

Beim Einsatz von Active Directory-Standorten werden Domänencontroller, wie auch Mitgliedsserver und Clientcomputer bestimmten Sites zugeordnet. Die Domänencontroller zum Zwecke der Steuerung der Anmeldeflüsse und Replikation, die übrigen Computer zum Zwecke des Anmeldeverkehrsverhaltens. Im Zweifelfall lässt sich der Standort eines Computersystems mithilfe des folgenden Befehls in der Eingabeaufforderung ermitteln:

```
nltest /dsgetsite
```

Das Tool *nltest.exe* verfügt über noch weitere Befehlsoptionen, die man sich durch die Eingabe des folgenden Befehls anzeigen lassen kann:

```
nltest /?
```

20.6.2 Überprüfung der Replikation mit Repadmin.exe

Mit dem Befehlszeilentool *Repadmin.exe* (als wichtigstes Tool für die Replikationsüberprüfung unter Windows Server 2012 R2) können Sie die Replikation zwischen zwei oder mehr Replikationspartnern überprüfen. Im Folgenden sehen Sie ein Beispiel für die Verwendung des Befehls Repadmin.exe, um alle Replikationspartner, sowie auch alle möglichen Replikationsprobleme für einen bestimmten Server in der Domäne zu ermitteln und nachfolgend auf dem Bildschirm anzuzeigen:

```
repadmin /showrepl CPWDC0003.CertPro.intra
```

Das Tool *repadmin.exe* verfügt über noch weitere Befehlsoptionen, die man sich durch Eingabe des folgenden Befehls anzeigen lassen kann:

```
repadmin /?
```

20.6.3 Überprüfung der Replikation mit Dcdiag.exe

Dcdiag.exe dient als weiteres Befehlszeilentool zur Überprüfung möglicher Replikationsprobleme. Mithilfe dieses Tools kann ein Domänencontroller auf verschiedene Weisen auf mögliche Fehler getestet werden, unter anderem auch speziell auf Fehler im Zusammenhang mit der Replikation.

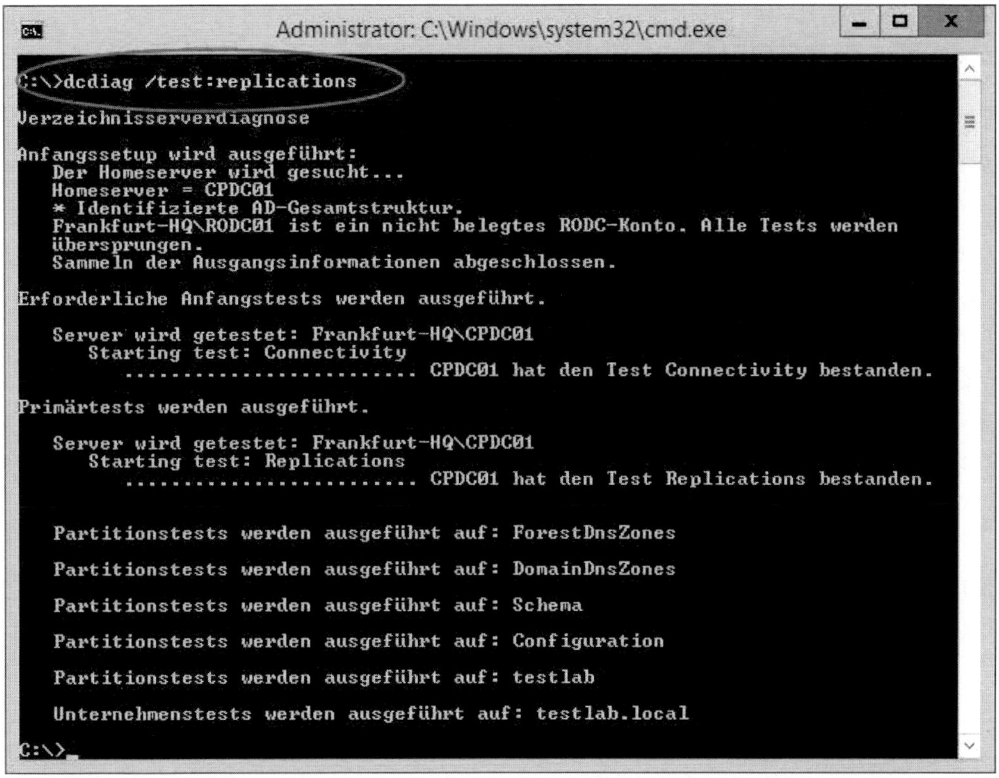

Abbildung 20.4: *Überprüfung möglicher Replikationsprobleme mithilfe von dcdiag.exe*

Um auf einem Domänencontroller in einer Active Directory-Domäne mögliche Replikationsprobleme zu ermitteln, geben Sie den folgenden Befehl in der Kommandozeile ein:

```
dcdiag /test:replications
```

Nach der Ausführung dieses Befehls erhalten Sie eine Ergebnisausgabe auf dem Bildschirm, wie sie in der obigen Grafik dargestellt ist.

Geben Sie in der Kommandozeile den folgenden Befehl ein, um eine Übersicht über die weiteren Befehlsoptionen von ***dcdiag*** anzeigen zu lassen:

```
dcdiag /?
```

20.6.4 Überprüfung der Replikation mit Windows PowerShell

Zum Abrufen des Status der Replikation der Active Directory-Domänendienste kann man die in der Windows PowerShell enthaltenen Cmdlets verwenden.

Die folgenden Windows PowerShell-Cmdlets stehen zur Überprüfung der Replikationsinfrastruktur zur Verfügung:

Get-ADReplicationFailure

Get-ADReplicationSite

Get-ADReplicationPartnerMetadata

Die Hilfe zu den einzelnen Cmdlets erhält man durch die Eingabe des folgenden Befehls in der Windows PowerShell:

Get-Help *<Name des Cmdlet>*

20.6.5 Überprüfung der Replikation mit dem AD Replication Status Tool

Für die Diagnose der Replikation der Active Directory-Domänendienste (AD DS) stellt Microsoft das kostenfreie, grafische AD Replication Status Tool zum Download zur Verfügung.

Abbildung 20.5: *Das grafische AD Replication Status Tool (Quelle: Microsoft)*

Das Tool scannt nach dem Starten die Domänencontroller der betreffenden Active Directory-Domäne oder -Gesamtstruktur und zeigt eventuell vorhandene Replikationsprobleme an.

INTERNET: Das *AD Replication Status Tool* von Microsoft kann man kostenfrei aus dem Internet herunterladen unter:

https://www.microsoft.com/en-us/download/details.aspx?id=30005

20.6.6 LDAP-Echtzeitüberwachung mit ADInsight

Das grafische Tool ADInsight ist ein LDAP-Echtzeitüberwachungstool (Lightweight Directory Access Protocol), das man für die Problembehandlung in Active Directory-Cleintanwendungen verwenden kann. Die detaillierte Ablaufverfolgung zwischen Clientsystemen und Active Directory-Domänencontrollern kann verwendet werden, um zum Beispiel mögliche Probleme mit der Windows-Authentifizierung zu erkennen und zu lösen.

INTERNET: Das *Tool ADInsight* von Microsoft kann man kostenfrei aus dem Internet herunterladen unter:

https://technet.microsoft.com/de-de/sysinternals/adinsight.aspx

20.6.7 ADExplorer

Der ADExplorer (Active Directory Explorer) ist ein grafisches Tool, das man als Active Directory-Viewer oder auch als -Editor verwenden kann. Ähnlich dem Tool ADSI-Edit, das im Umfang eines Domänencontrollers unter Windows Server 2012 R2 standardmäßig bereits enthalten ist, kann man mit dem ADExplorer ebenso die Objekte innerhalb einer Active Directory-Domäne anzeigen lassen oder auch verwalten.

Das Tool ADExplorer bietet zusätzlich die Möglichkeit, bei Bedarf Snapshots der Active Directory-Datenbank zu speichern, um diese offline anzuzeigen und zu vergleichen. Der Zugriff auf die Snapshots geschieht ebenso gleich, wie der Zugriff auf die originale Active Directory-Datenbank. Mit dem Tool lässt sich so zum Beispiel mittels einer Vergleichsfunktion feststellen, welche Unterschiede zwischen zwei Snapshots der Active Directory-Datenbank bestehen.

INTERNET: Das *Tool ADExplorer* von Microsoft kann man kostenfrei aus dem Internet herunterladen unter:

https://technet.microsoft.com/de-de/sysinternals/bb963907

20.6.8 Überprüfung des Ereignisprotokolls

Neben den benannten Tools stehen noch das Ereignisprotokoll *„Verzeichnisdienst"* sowie das Protokoll *„DFS-Replikation"* für die Active Directory-Domänendienste auf dem Windows-

Domänencontroller zur Verfügung, um mögliche Probleme im Zusammenhang mit der Replikation zu ermitteln.

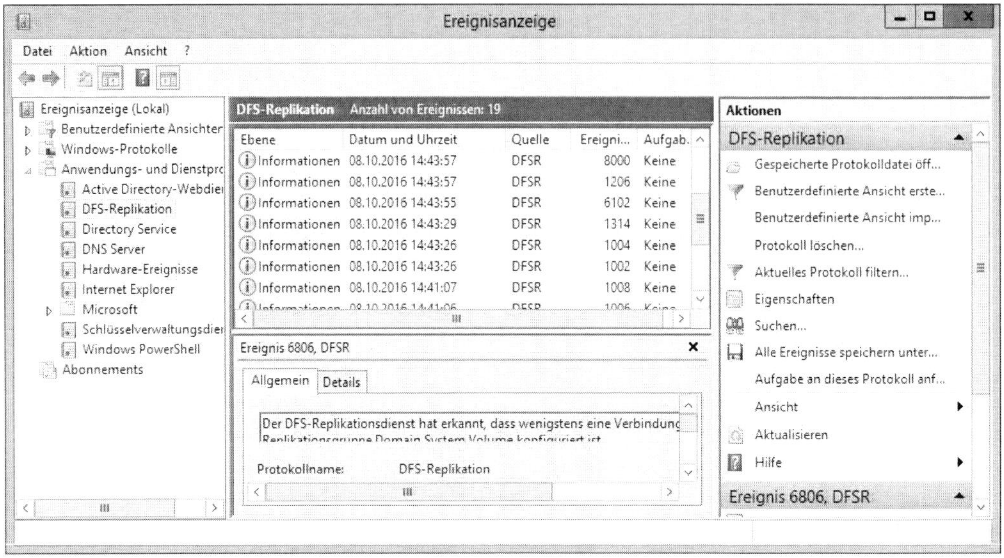

Abbildung 20.6: *Ereignisprotokoll „DFS-Replikation"*

In diesem Ereignisprotokoll werden alle möglichen Fehler und Warnungen im Zusammenhang mit der Replikation des jeweiligen Domänencontrollers aufgezeigt. Das Protokoll kann (beispielsweise für Archivierungszwecke) bei Bedarf auch in eine Datei exportiert werden.

Anhand der benannten Tools sollten die verantwortlichen Administratoren in der Lage sein, mögliche Probleme im Zusammenhang mit der Replikation von Domänencontrollern in einer Umgebung der Active Directory-Domänendienste (*Active Directory Domain Services, AD DS*) zu erkennen, zu erörtern und nachfolgend (hoffentlich) zu beseitigen.

20.7 Zusammenfassung

In den vorangegangenen Seiten wurde Ihnen detailliert erklärt, wie man Active Directory-Standorte, Subnet-Objekte sowie Standortverknüpfungsobjekte erstellt und verwaltet. Diese Art der Konfiguration ist standardmäßig erst einmal nur den Mitgliedern der Gruppen der Organisations-Admins bzw. der Domänen-Admins der Stammdomäne der jeweiligen Gesamtstruktur vorbehalten und kann bei Bedarf entsprechend delegiert werden.

Die Replikation kann - beispielsweise zur Optimierung des Leistungsverhaltens eines Netzwerkes - so gesteuert werden, dass diese bei Bedarf lediglich außerhalb von Spitzenlastzeiten verläuft.

Da die Replikation für eine Konsistenz der in einer Active Directory-Gesamtstruktur vorhandenen Objekte zwischen den darin eingesetzten Domänencontrollern sorgt, muss diese entsprechend konfiguriert und in Bezug auf mögliche Probleme auch überwacht werden. Hierzu stehen verschiedene Tools zur Verfügung.

Nicht nur im Zusammenhang mit der Replikation kann es im Umfeld einer Active Directory-Gesamtstruktur zu Problemen kommen. Die notwendigen Schritte zur Wartung und Diagnose der Active Directory-Domänendienste (im Schwerpunkt unter Windows Server 2012 R2) werden Ihnen im nächsten Abschnitt vorgestellt.

21 Wartung und Diagnose

Die Active Directory-Domänendienste (engl. *Active Directory Domain Services, AD DS*) sind in vielen der weltweit ansässigen Unternehmen die Basis nicht nur für den Benutzeranmeldeverkehr. Auch setzen zwischenzeitlich viele der zusätzlich notwendigen Dienste und Anwendungen (beispielsweise Microsoft Exchange Server) vollständig auf den Active Directory-Domänendiensten auf, so dass hier eine bestimmte Art der Abhängigkeit entstanden ist. Umso wichtiger ist es für die verantwortlichen Administratoren, die Umgebung der Active Directory-Domänendienste regelmäßig und sorgfältig zu warten und bei Bedarf auch mögliche Fehler und Probleme zu diagnostizieren. Die hierzu notwendigen Schritte werden Ihnen in den nächsten Seiten detailliert erklärt.

21.1 Überwachung der Active Directory-Domänendienste

Die Überwachung der Active Directory-Domänendienste ist prinzipiell unabdingbar. Anhand von möglichen Kriterien und Zuständen zeigt es sich, ob die Active Directory-Umgebung passend leistungsfähig, in bedingten Situationen sogar, ob sich zukünftig bestimmte Probleme einstellen werden, welche die Funktionsfähigkeit in einem gewissen Rahmen beeinflussen können.

Zur Überwachung der Active Directory-Domänendienste stehen in Windows Server 2012 R2 verschiedene Werkzeuge zur Verfügung. Zu diesen Tools zählen u. a.:

- **Ereignisanzeige**
- Konsole **Leistung**
- **Zuverlässigkeitsüberwachung**
- **Sammlungssätze**

Darüber hinaus zählen die im vorangegangenen Kapitel bereits vorgestellten Kommandozeilentools genauso zu den Tools zur Überwachung und Diagnose von Active Directory:

- **Repadmin.exe**
- **Dcdiag.exe**

21.1.1 Überwachung und Diagnose mithilfe der Ereignisanzeige

In den Ereignisprotokollen, die in Windows Server 2012 R2, wie bereits auch in den vorangegangenen Betriebssystemen, jederzeit über die Ereignisanzeige überprüft und ausgewertet werden können, ist es möglich, Fehler und Probleme im Zusammenhang mit den Active Directory-Domänendiensten zu erkennen.

Die Ereignisprotokolle sind ebenso über die Verknüpfung in der Verwaltung im Startmenü aufgerufen werden.

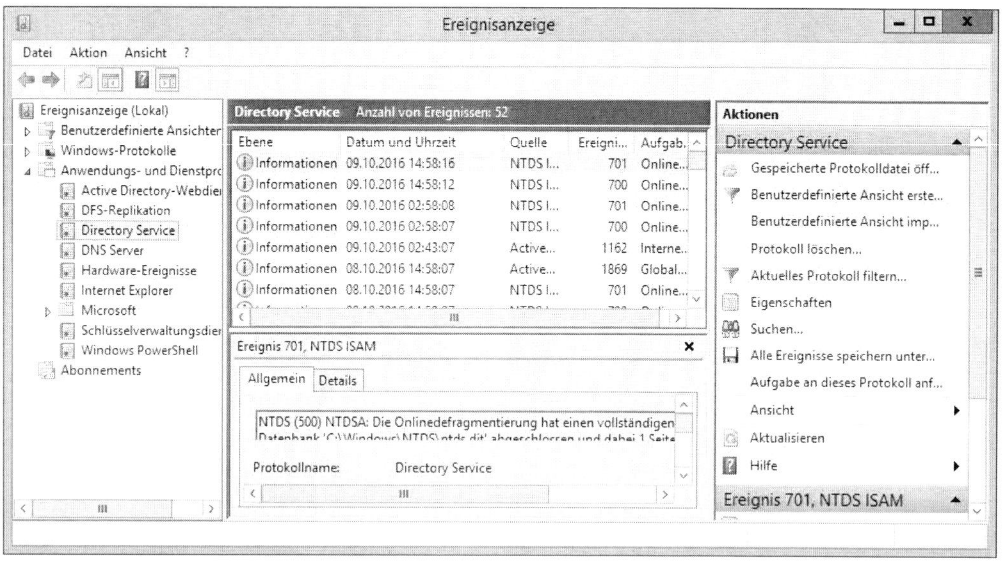

Abbildung 21.1: *Ereignisanzeige unter Windows Server 2012 (R2)*

Eine Zusammenfassung des jeweiligen Ereignisprotokolls wird darüber hinaus im neuen Server-Manager von Windows Server 2012 R2 auch gezielt für die jeweilige Serverrolle angezeigt. die Ereignisse sind hierbei ganz spezifisch vorgefiltert. Man kann von hieraus über eine entsprechende Verknüpfung wiederum direkt in das Ereignisanzeigenprotokoll wechseln, um sich alle Ereignisse darin anzeigen zu lassen.

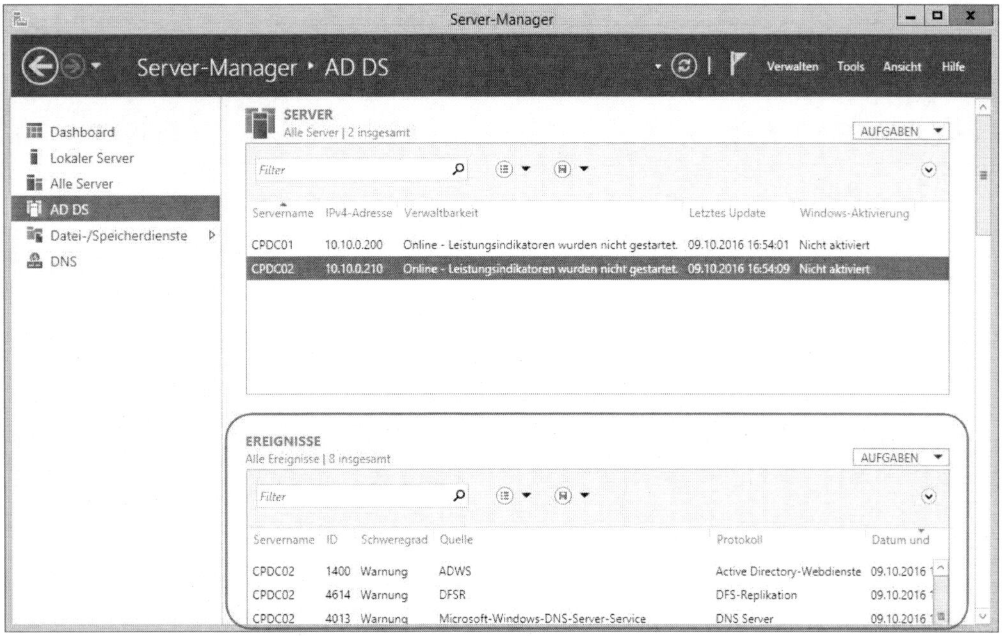

Abbildung 21.2: *Zusammenfassung von möglichen Ereignissen*

Zu überwachende Ereignisprotokolle

Im Zusammenhang mit den Active Directory-Domänendiensten (*AD DS*) sollten auf den vorhandenen Domänencontrollern im Bedarfsfall zumindest die folgenden Ereignisprotokolle auf mögliche Probleme hin überprüft werden:

- **Verzeichnisdienst** - enthält Ereignisse zu Active Directory.
- **DFS-Replikation** - enthält Ereignisse im Zusammenhang mit dem Distributed File System. In diesem Protokoll werden auch Ereignisse im Zusammenhang mit der ***SYSVOL***-Replikation erfasst.
- **DNS-Server** - (falls der Domänencontroller auch als DNS-Server konfiguriert ist) enthält Ereignisse zu den DNS-Namensauflösungsdiensten.

Mögliche Festplattenprobleme, die sich ihrerseits wiederum auf die Datenbank der Active Directory-Domänendienste auswirken können, werden wiederum im *Systemprotokoll* erfasst. Im Bedarfsfall (oder im Verdachtsfall) sollte man auch dieses Protokoll mit in die Überprüfung mit einbeziehen.

Ereignisdetails anzeigen

Eine detaillierte Übersicht zu dem jeweiligen Ereignis kann man sich anzeigen lassen, indem man in dem Ereignisprotokoll auf das entsprechende Ereignis doppelklickt. Diese Ereignisinformationen können bei Bedarf auch kopiert und in andere Dateien (beispielsweise Textdateien) importiert werden.

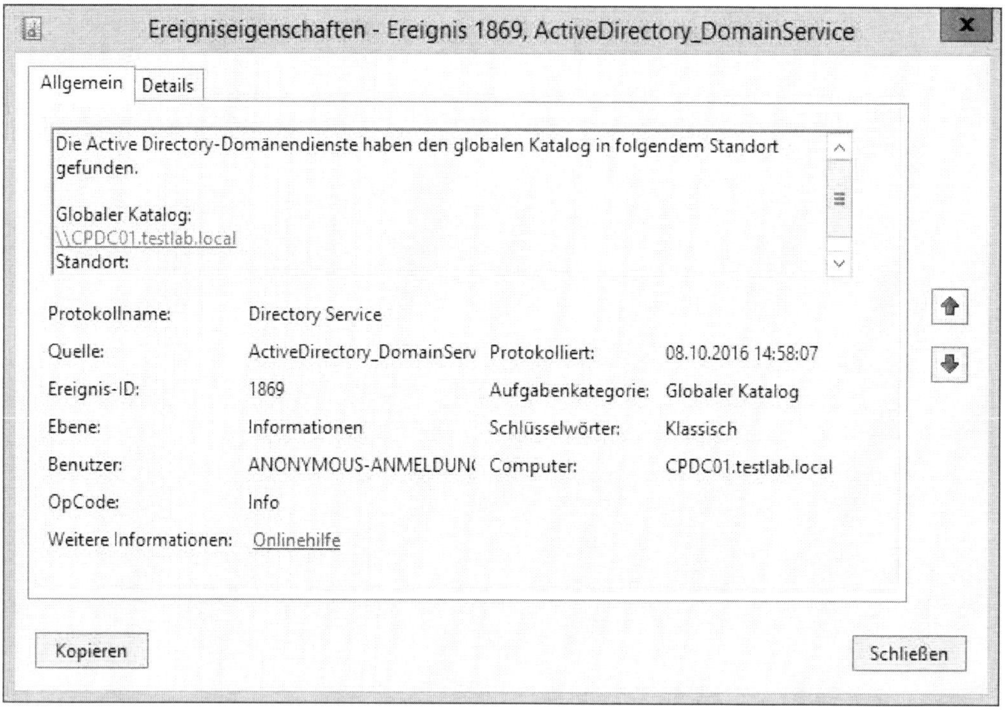

Abbildung 21.3: *Anzeige der Ereignisdetails*

Die Überwachung der Ereignisanzeigenprotokolle sollte in regelmäßigen Abständen erfolgen. Noch besser wäre hierbei der Einsatz eines entsprechenden Managementsystems, beispielsweise dem *Microsoft System Center Operations Manager (SCOM) 2012 R2*, mit welchem man die Überwachung der Domänencontroller und -funktionen anhand von Überwachungsagenten konfigurieren kann. Diese Agenten können dann bei Eintritt eines entsprechenden Ereignisses an ein Managementsystem melden, so dass eine zentrale Überwachung ganzer Serverfarmen mit verhältnismäßig geringem Aufwand ermöglicht wird.

INTERNET: Weitere Informationen zum Microsoft System Center Operations Manager (SCOM) finden Sie im Internet unter:

https://technet.microsoft.com/library/hh205987.aspx

Die Überwachung mithilfe der Ereignisanzeigenprotokolle stellt einen Teil der möglichen Überwachung dar.

21.1.3 Überwachung mithilfe der Konsole Leistung

Ein weiteres Tool für die Überwachung stellt der *Systemmonitor* dar. Mit diesem Tool kann man anhand bestimmter Indikatoren und den daraus ermittelbaren Werten das Leistungsverhalten eines Serversystems unter Windows bewerten.

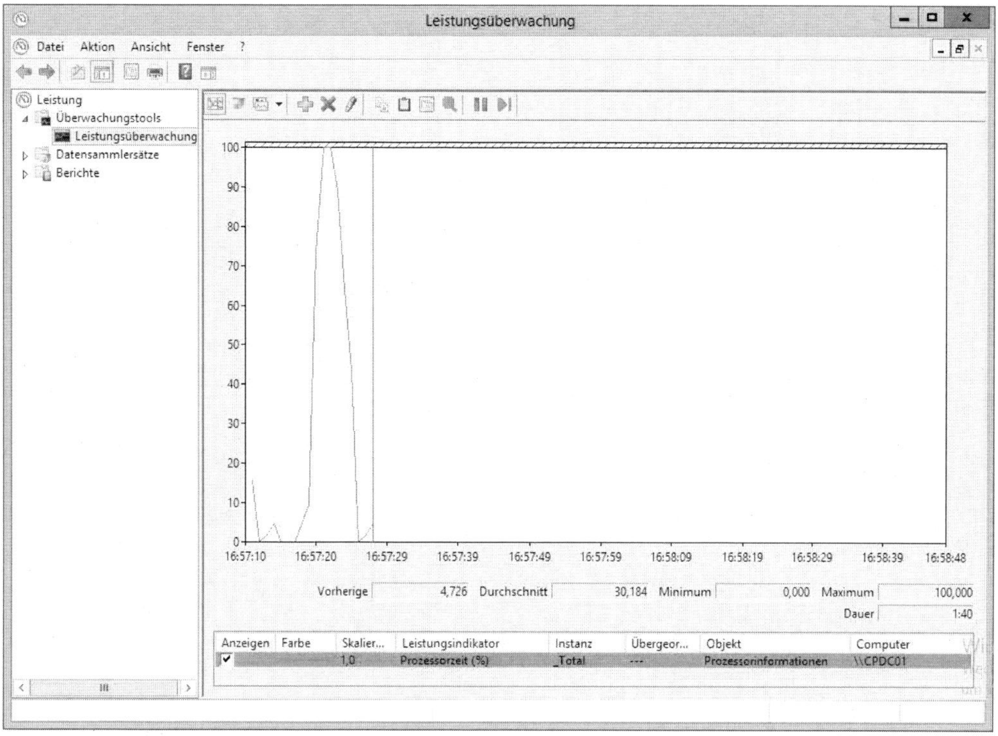

Abbildung 21.4: *Leistungsüberwachung mit der Konsole Leistung*

Mit diesem Tool ist mitunter auch eine Live-Überwachung des Serversystems möglich, um aktuelle Leistungsengpässe zu ermitteln. Die Anzeige des Systemmonitors kann so eingestellt werden, dass die Datenanzeige als *Linie*, als *Histogrammleiste* oder als *Bericht* (Anzeige von reinen Zahlenwerten) erfolgt.

PRAXISTIPP! Es empfiehlt sich, gleich nach dem Installieren eines Serversystems eine *„Base Line"* (*Basisline*) des Servers anhand bestimmter Grundindikatoren - zumindest der Grundkomponenten (*Speicher (RAM), CPU, Festplatte(n), Netzwerkkarte(n)*) - zu erstellen. Die dabei ermittelten Werte können für nachfolgende Bewertungen der Leistung als *„Standardwerte"* herangezogen, und Abweichungen hiervon passend abgeleitet werden.

Detaillierte Informationen zum Einrichten und Auswerten einer Basislinie zur Leistungsbemessung eines Serversystems findet man in der Hilfe von Windows Server 2012 R2.

Hinzufügen von Indikatoren

Standardmäßig ist im Systemmonitor lediglich der Indikator für die Überwachung der *Prozessorzeit* (in %) aktiviert. Gehen Sie wie folgt vor, um für die mögliche Systemüberwachung weitere Indikatoren zum Systemmonitor hinzufügen:

1. Klicken Sie in der Konsole *Zuverlässigkeit und Leistung* im Container *Überwachungstools* auf *Systemmonitor*.
2. Klicken Sie im Detailfenster in der Symbolleiste auf das **grüne Pluszeichen**. Alternativ können Sie auch die Tastenkombination **Strg + I** verwenden.
3. Wählen Sie im Dialogfenster *Leistungsindikatoren hinzufügen* unter *Verfügbare Leistungsindikatoren* die gewünschten Indikatoren aus, und klicken Sie auf **Hinzufügen**.
4. Klicken Sie zum Abschluss auf **OK**.

Weitere Informationen für die Leistungsüberwachung mit dem Systemmonitor finden Sie unter Windows Server 2012 R2 in Hilfe und Support.

21.1.4 Zuverlässigkeitsüberwachung

Erstmals bereits auch in Windows Vista und nachfolgend auch in den Windows Server 2008 hatte Microsoft die Zuverlässigkeitsüberwachung integriert. Anhand dieser Konsole wird es sofort ersichtlich, ob auf dem betreffenden Computersystem in der Vergangenheit mögliche Probleme aufgetreten sind.

Die Zuverlässigkeitsüberwachung zeigt hierbei Informationen zu möglichen Systemmeldung, Warnungen und Fehlern für folgende Fehlerquellen:

- **Softwareinstallationen/-deinstallationen**
- **Anwendungsfehler**
- **Hardwarefehler**
- **Windows-Fehler**
- **Verschiedene Fehler**

Die möglichen Ereignisse werden jeweils täglich erfasst, und auch tageweise dargestellt. Somit ist es möglich, vergangene Ereignisse Tag genau zu verfolgen.

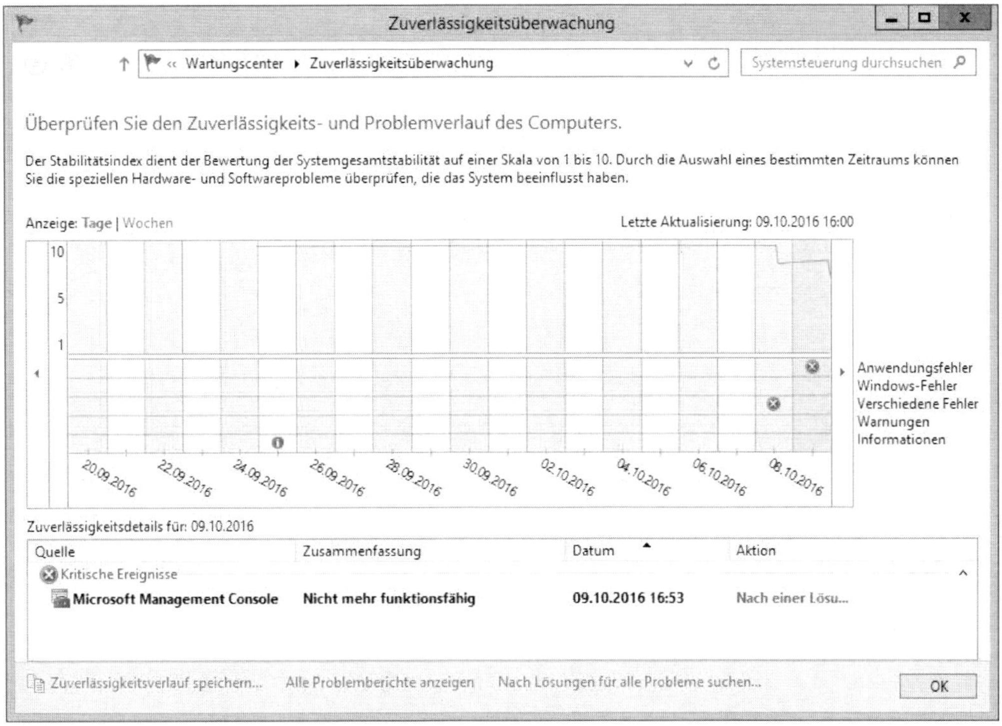

Abbildung 21.5: *Zuverlässigkeitsüberwachung in Windows Server 2012 R2*

Durch einen Klick auf die jeweilige Spalte werden die dabei erfassten Ereignisse den Kategorien im Systemstabilitätsbericht sortiert dargestellt.

PRAXISTIPP! Die Zuverlässigkeitsüberwachung muss zuerst 24 Stunden lang die Ereignisdaten für die Zuverlässigkeit eines Systems sammeln, um sie nachfolgend darzustellen. Eine Echtzeitüberwachung ist damit nicht vorgesehen.

21.1.5 Sammlungssätze

In Windows Server 2012 R2 hat Microsoft die bereits auch in den vorherigen Windows-Betriebssystemen enthaltenen Sammlungssätze integriert. Hiermit wird eine umfangreiche Überwachung und Analyse des betreffenden Serversystems möglich. Die Ergebnisse können hierbei in Berichtsform gespeichert und anschließend ausgewertet werden.

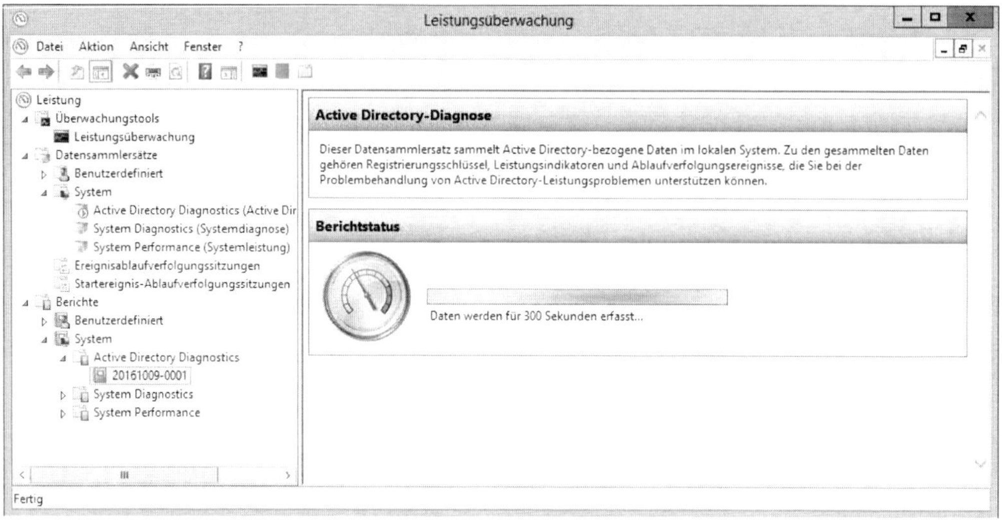

Abbildung 21.6: *Berichtsgenerierung im Rahmen der Active Directory-Diagnose*

Im Rahmen der Sammlungssätze können neben den vordefinierten Überwachungen auch benutzerdefinierte Überwachungen konfiguriert und ausgeführt werden. Insbesondere die Generierung eines Berichts anhand der *Active Directory-Diagnostics* bietet sich hierbei sehr umfangreich für mögliche Analysen der Active Directory-Domänendienste an.

Gehen Sie wie folgt vor, um eine Leistungs- und Zuverlässigkeitsüberprüfung mithilfe der ***Active Directory Diagnostics*** (*Active Directory-Diagnose*) unter Windows Server 2012 R2 durchzuführen:

1. Starten Sie die Konsole *Leistung*
2. Erweitern Sie die Knoten *Datensammlersätze* und *System*.
3. Klicken Sie mit der rechten Maustaste auf **Active Directory Diagnostics (Active Directory-Diagnose)**, und wählen Sie im Kontextmenü den Eintrag **Starten**.
4. Erweitern Sie anschließend die Knoten *Berichte*, *System* und *Active Directory Diagnostics*, und klicken Sie auf den mit Datum und Zahlen angezeigten **Bericht**. Im Detailfenster auf der rechten Seite wird dieser nach dem Erstellen inhaltlich angezeigt und kann dann ausgewertet werden.

Es besteht auch die Möglichkeit, sogenannte Startereignis-Ablaufverfolgungssitzungen und Ereignisablaufverfolgungssitzungen zu starten. Diese dienen wiederum der umfangreichen Bewertung des Zuverlässigkeits- und Leistungsverhaltens eines Serversystems.

Weitere Informationen zu den Möglichkeiten der Zuverlässigkeits- und Leistungsüberwachung erhalten Sie in Windows Server 2012 R2 unter Hilfe und Support.

Die Aufgaben eines Administrators beschränkt sich nicht nur auf die Überwachung von Leistung und Zuverlässigkeit, beispielsweise der Active Directory-Domänencontroller oder

DNS-Server. Die Wartung der Active Directory-Umgebung zählt hierbei ebenso zu den wichtigen, routinemäßigen Aufgaben.

21.2 Wartung der Active Directory-Domänendienste

Die Wartung der Active Directory-Domänendienste ist wichtig, um die Verfügbarkeit der Dienste gewährleisten zu können. Die meisten Wartungsaufgaben beschränken sich dabei auf die Datenbank der Active Directory-Domänendienste. Standardmäßig bereinigt sich diese Datenbank jedoch bereits weitgehend selbst (beispielsweise durch einen automatisierten Online-Defragmentierungsvorgang), so dass die damit verbundenen Wartungsaufgaben in der Praxis meist nur nach Bedarf statt in regelmäßigen Zeitabständen erfolgen müssen.

21.2.1 Garbage Collection

Zu den automatisch durchgeführten Wartungsaufgaben auf den Active Directory-Domänencontrollern zählt man klar den Garbage Collection-Vorgang. Dieser stellt einen Aufräumprozess für die Datenbank der Active Directory-Domänendienste dar und wird *standardmäßig alle 12 Stunden* ausgeführt.

Dem Garbage Collection-Prozess voraus geht das Entfernen von Tombstones aus der Active Dirctory-Datenbank. Als Tombstone bezeichnet man einen Kennzeichner für ein als gelöscht markiertes Objekt in der Active Directory-Datenbank. Wenn ein Administrator beispielsweise ein nicht mehr benötigtes Benutzer- oder Computerobjekt in der Active Directory-Datenbank löscht, so wird diese physikalisch nicht wirklich sofort entfernt. Das Atrribut „isDeleted" (*gelöscht*-Attribut) in der Active Directory-Datenbank wird für das betreffende Objekt auf „true" (*wahr*) gesetzt, so dass dieses anschließend nicht mehr angezeigt oder verwendet werden kann. Darüber hinaus werden die meisten der Objektattribute des gelöschten Objekts entfernt. Zurück bleiben lediglich einige wenige Attribute, um das Objekt identifizieren zu können, beispielsweise die GUID (*Global Unique Identifier*), die SID (*Security Identifier, Sicherheitskennung*), die USN (*Update Sequence Number*), sowie der DN (*Distinguished Name*) des Objekts. Der Tombstone beinhaltet einen Zeitwert (standardmäßig 180 Tage unter Windows Server 2012 R2), welcher darüber entscheidet, wann das gelöschte Objekt frühestens endgültig aus der Active Directory-Datenbank entfernt werden darf. Erst nach Ablauf dieser Frist steht das Objekt in der Datenbank nicht mehr zur Verfügung. Somit wird sichergestellt, dass auch die dem Objekt beim Erstellen ursprünglich zugewiesene, einzigartige Sicherheitskennung (*SID*) nach dem Löschen durch den Administrator nicht gleich wieder durch ein anderes Objekt in der Domäne verwendet werden kann. Durch diesen Vorgang wird die Sicherheit in den Active Directory-Gesamtstrukturen erhöht.

Wenn ein Domänencontroller den Gabage Collection-Vorgang *alle 12 Stunden* auslöst, werden u. a. alle Objekte, deren Tombstone-Zeitraum abgelaufen ist, aus der Datenbank der Active Directory-Domänendienste endgültig entfernt, sowie der durch das Objekt ursprünglich belegte Speicherplatz freigegeben. Auch werden nicht mehr benötigte Transaktionsprotokolle von dem Garbage Collection-Prozess aus dem Server entfernt.

Der Zeitrahmen für die Durchführung des Garbage Collection-Vorgangs kann im Bedarfsfall anhand des *garbageCollPeriod*-Attributs mithilfe von *ADSIedit.msc* angepasst werden.

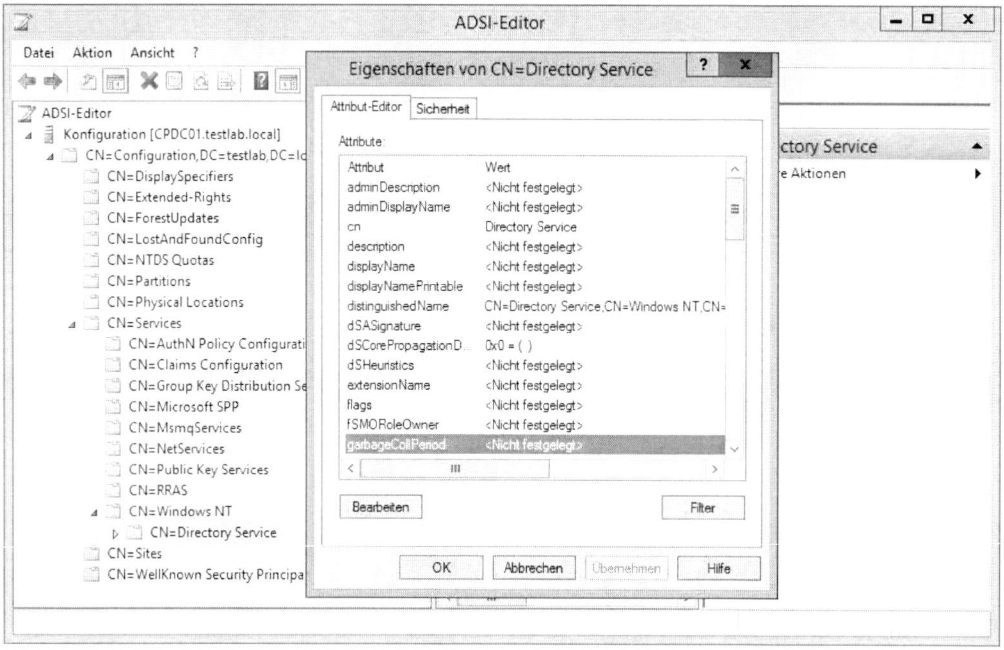

Abbildung 21.7: *Das garbageCollPeriod-Attribut zum Ändern der Ausführungszeiträume des Garbage Collection-Vorgangs (Aufräumprozesses)*

21.2.2 Online- und Offline-Defragmentierung

Damit die Datenbank durch ständige Lösch- und Aufräumvorgänge von der Größe her nicht ins Unermessliche anwächst, findet im Zusammenhang mit dem Garbage Collection-Vorgang automatisch auch eine Online-Defragmentierung der Active Directory-Datenbank statt. Durch diesen Online-Vorgang kann die Datenbankdatei selbst jedoch nicht verkleinern.

Online-Defragmentierung

Die Online-Defragmentierung wird als Teil des Garbage Collection-Prozesses durchgeführt. Hierbei wird die Datenbank nach der Freigabe des Speicherplatzes für entfernte Objekte inhaltlich aufgeräumt, und die durch die Löschung von Objekten bedingte Fragmentierung beseitigt.

Die erfolgreiche Durchführung der Online-Defragmentierung wird in der Ereignisanzeige im Protokoll *Verzeichnisdienst* entsprechend dokumentiert.

Im Bedarfsfall kann man zusätzlich neben der Online-Defragmentierung auch eine manuell eingeleitete Offline-Defragmentierung durchführen.

Offline-Defragmentierung

Eine Offline-Defragmentierung wird in den meisten Active Directory-Infrastrukturen kaum notwendig. Lediglich in großen Active Directory-Gesamtstrukturen, in denen auch die Datenbank der Active Directory-Domänendienste eine bestimmte Größe erreicht hat, wird es mitunter notwendig, eine Offline-Defragmentierung durchzuführen.

PRAXISTIPP! Erst mit der Durchführung einer Offline-Defragmentierung wird die Datenbankdatei eines Domänencontrollers nach dem Entfernen von vorweg gelöschten Objekten verkleinert.

Wenn man auf einem Domänencontroller beispielsweise die Funktion als globaler Katalogserver deaktiviert, so ist es bei sehr großen Active Directory-Gesamtstrukturen sicher sinnvoll, auf diesem eine Offline-Defragmentierung durchzuführen. Durch das Entfernen der Funktion als globaler Katalogserver und der nachfolgenden Offline-Defragmentierung kann die Datenbankdatei des Domänencontrollers mitunter nicht unerheblich verkleinert werden.

Gehen Sie wie folgt vor, um eine Offline-Defragmentierung der Active Directory-Datenbank eines Domänencontrollers unter Windows Server 2012 R2 durchzuführen:

1. Sichern Sie alle Active Directory-Daten auf dem Domänencontroller mithilfe einer Sicherungssoftware.
2. Öffnen Sie die Konsole *Dienste*.
3. Klicken Sie auf **Active Directory-Domänendienste**, und dann auf **Den Dienst beenden**. Alternativ können Sie in der Eingabeaufforderung den folgenden Befehl eingeben: **`net stop ntds`**
4. Öffnen Sie die *Eingabeaufforderung*, geben Sie **`ntdsutil`** ein, und drücken Sie die **Eingabetaste**.
5. Geben Sie dann **`activate instance ntds`** ein, und drücken Sie die **Eingabetaste**.
6. Geben Sie **`files`** ein, und drücken Sie die **Eingabetaste**.
7. Geben Sie **`info`** ein, und drücken Sie die **Eingabetaste**. Anhand dieser Option zeigt man die aktuellen Pfad- und Größenangaben für die Active Directory-Datenbank und Logdateien an.
8. Geben Sie **`compact to`** *`(Laufwerk:)\Verzeichnis`* ein. Der Pfad sollte über ausreichenden Speicherplatz für die Zwischenspeicherung einer Kopie der Active Directory-Datenbank verfügen. Drücken Sie anschließend die **Eingabetaste**.
9. Der Offline-Defragmentierungsprozess erstellt im weiteren Verlauf in dem vorweg angegebenen Pfad eine Datenbankdatei mit dem Namen *ntds.dit*.
10. Geben Sie zweimal **`quit`** (jeweils gefolgt von der Eingabetaste) in der Eingabeaufforderung ein, nachdem der Defragmentierungsvorgang abgeschlossen wurde.

11. Kopieren Sie die defragmentierte *ntds.dit*-Datei über die alte ntds.dit-Datei im ursprünglichen Active Directory-Datenbankpfad, und löschen Sie anschließend die durch den Defragmentierungsvorgang erstellte Datei, sowie die alten Log-Dateien.
12. Starten Sie den Domänencontroller neu.

Wie es aus den voran beschriebenen Konfigurationsschritten erkennbar ist, lässt sich eine Offline-Defragmentierung der Active Directory-Datenbank jeweils nur im Offline-Zustand der Datenbank bzw. des Domänencontrollers durchführen. Der Durchführungszeitpunkt der Offline-Defragmentierung muss demnach gut abgewogen werden, da der betreffende Domänencontroller in dieser Zeit für mögliche Anmeldeanfragen usw. im Netzwerk nicht zur Verfügung steht.

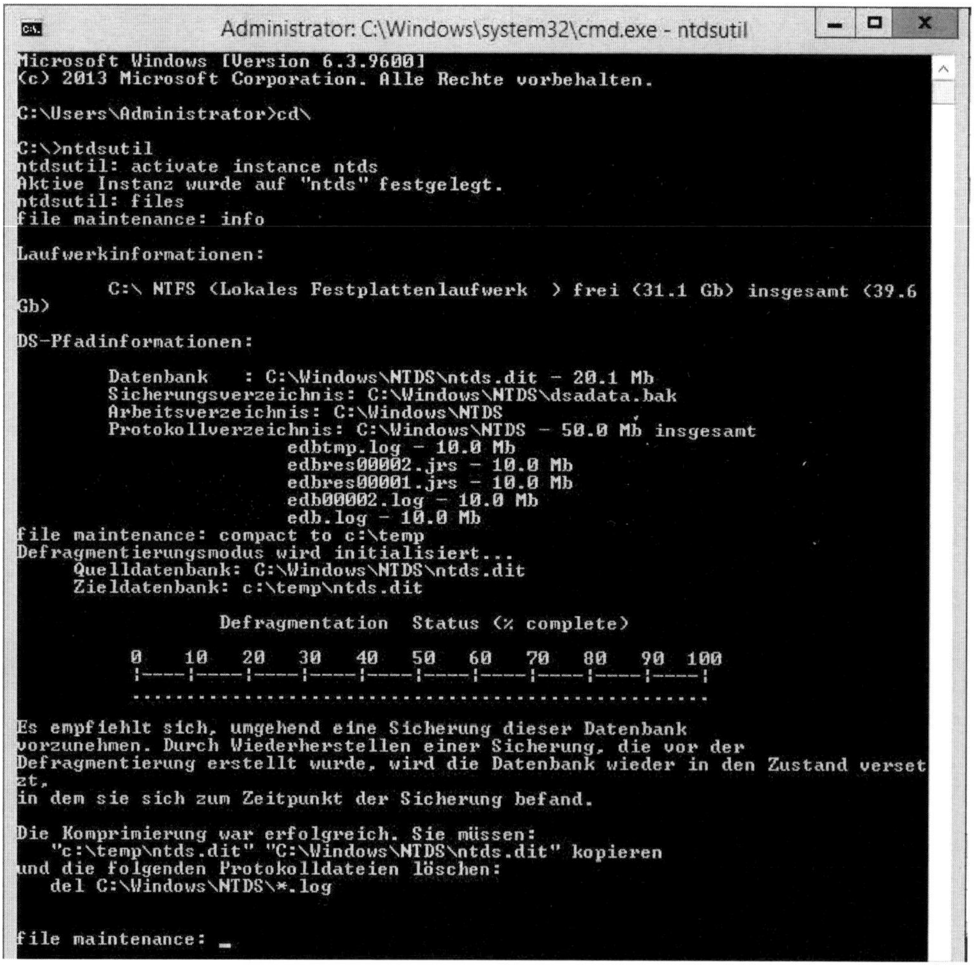

Abbildung 21.8: *Offline-Defragmentierung der Active Directory-Datenbank*

In manchen Fällen jedoch kommt es vor, dass eine Active Directory-Datenbank Fehler meldet. Dann kann es notwendig sein, die Datenbankdatei auf binärer Ebene auf mögliche Fehler hin zu überprüfen.

Integritätsprüfung der Active Directory-Datenbank

Das Befehlszeilenprogramm **`ntdsutil.exe`** ermöglicht neben vielen anderen Vorgängen u. a. auch die Integritätsprüfung der Datenbankdatei der Active Directory-Domänendienste. Dieser Überprüfungsvorgang prüft neben dem Datei-Header auch alle darin enthaltenen Tabellen auf mögliche Konsistenz. Da bei der Integritätsüberprüfung wirklich jedes einzelne Bit der Datenbankdatei geprüft wird, kann der Vorgang mitunter sehr lange dauern.

Um eine Integritätsüberprüfung der Datenbank der Active Directory-Domänendienste mithilfe des Kommandozeilenbefehls ntdsutil.exe durchzuführen, gehen Sie wie folgt vor:

1. Starten Sie die Konsole *Dienste*.
2. Klicken Sie auf **Active Directory-Domänendienste**, und dann auf **Den Dienst beenden**. Alternativ können Sie in der Eingabeaufforderung den folgenden Befehl eingeben: **`net stop ntds`**
3. Öffnen Sie die *Eingabeaufforderung*, geben Sie **`ntdsutil`** ein, und drücken Sie die **Eingabetaste**.
4. Geben Sie dann **`activate instance ntds`** ein, und drücken Sie die **Eingabetaste**.
5. Geben Sie **`files`** ein, und drücken Sie die **Eingabetaste**.
6. Geben Sie **`integrity`** ein, und drücken Sie die **Eingabetaste**. Die Integritätsüberprüfung wird durchgeführt und meldet nach Beendigung das Ergebnis auf dem Bildschirm.
7. Geben Sie zweimal **`quit`** (jeweils gefolgt von der Eingabetaste) in der Eingabeaufforderung ein, nachdem die Integritätsüberprüfung abgeschlossen wurde.
8. Starten Sie den Domänencontroller anschließend neu.

Zum Ende der Integritätsüberprüfung der Active Directory-Datenbank wird empfohlen dass man gleich nachfolgend auch eine *Semantik-Prüfung der Datenbank* durchführen sollte. Um die Betriebsfähigkeit eines Domänencontrollers sicherstellen zu können, sollte man dieser Empfehlung folgen.

Semantik-Prüfung der Active Directory-Datenbank

Die Semantik-Prüfung geht anders als die Integritätsüberprüfung der Active Directory-Datenbank vor. Bei dieser Überprüfung wird die Datenbank auf ihre Konsistenz hin überprüft. Es wird dabei festgestellt, ob die in der Datenbank befindlichen Objekte über eine entsprechende GUID, eine Sicherheitskennung (SID), sowie die korrekten Metadaten für die Replikation verfügen.

Gehen Sie wie folgt vor, um eine Semantik-Prüfung der Active Directory-Datenbank auf einem Domänencontroller unter Windows Server 2012 R2 durchzuführen:

1. Starten Sie die Konsole *Dienste*.
2. Klicken Sie auf **Active Directory-Domänendienste**, und dann auf **Den Dienst beenden**. Alternativ können Sie in der Eingabeaufforderung den folgenden Befehl eingeben: **`net stop ntds`**
3. Öffnen Sie die *Eingabeaufforderung*, geben Sie **`ntdsutil`** ein, und drücken Sie die **Eingabetaste**.
4. Geben Sie dann **`activate instance ntds`** ein, und drücken Sie die **Eingabetaste**.
5. Geben Sie **`semantic database analysis`** ein, und drücken Sie die **Eingabetaste**.
6. Geben Sie **`verbose on`** ein, und drücken Sie die **Eingabetaste**. Bei der anschließenden Ausführung der Semantic-Prüfung werden somit mehr Informationen über den jeweiligen Verlauf auf dem Bildschirm angezeigt.
7. Geben Sie **`go`** ein, und drücken Sie die **Eingabetaste**.
8. Geben Sie zweimal **`quit`** (jeweils gefolgt von der Eingabetaste) in der Eingabeaufforderung ein, nachdem die Semantic-Prüfung der Active Directory-Datenbank abgeschlossen wurde.
9. Starten Sie den Domänencontroller anschließend neu.

Verschieben der AD-Datenbank und -Protokolldateien

In manchen Fällen ist die Konsistenz und Integrität der Datenbank nicht das Problem, sondern der standardmäßige Speicherpfad der Datenbankdatei der Active Directory-Domänendienste. Wenn man mit der Zeit feststellt, dass die ursprüngliche, für die Installation der Domänendatenbank ausgewählte Laufwerkspartition zu klein geworden ist, kann man die Datenbankdatei mitsamt der Transaktionsprotokolldateien (Log Files) auf ein anderes Laufwerk verschieben.

Aus Gründen der Performance und möglicherweise auch der Redundanz kann es ebenso notwendig werden, die zwischenzeitlich mitunter immens angewachsene Datenbankdatei der Active Directory-Domänendienste von den Systemdateien aus Laufwerk C: zu trennen.

Gehen Sie wie folgt vor, um die Datenbank und auch die Transaktionsprotokolldateien auf ein anderes Laufwerk innerhalb des Domänencontrollers zu verschieben:

1. Starten Sie die Konsole *Dienste*.
2. Klicken Sie auf **Active Directory-Domänendienste**, und dann auf **Den Dienst beenden**. Alternativ können Sie in der Eingabeaufforderung den folgenden Befehl eingeben: **`net stop ntds`**

3. Öffnen Sie die *Eingabeaufforderung*, geben Sie **ntdsutil** ein, und drücken Sie die **Eingabetaste**.
4. Geben Sie dann **activate instance ntds** ein, und drücken Sie die **Eingabetaste**.
5. Geben Sie **files** ein, und drücken Sie die **Eingabetaste**.
6. Geben Sie **info** ein, und drücken Sie die **Eingabetaste**. Anhand dieser Option zeigt man die aktuellen Pfad- und Größenangaben für die Active Directory-Datenbank und Logdateien an.
7. Geben Sie **move db to** *<Laufwerk:\Verzeichnis>* ein, und drücken Sie die **Eingabetaste**. Die Angabe von <Laufwerk:\Verzeichnis> steht dabei für den neuen Pfadverweis in den die Datenbank verschoben werden soll (beispielsweise D:\NTDS).
8. Geben Sie **move logs to** *<Laufwerk:\Verzeichnis>* ein, wenn Sie ebenso auch die Transaktionsprotokolldateien (Log Files) verschieben möchten, und drücken Sie die **Eingabetaste**.
9. Geben Sie zweimal **quit** (jeweils gefolgt von der **Eingabetaste**) in der Eingabeaufforderung ein, nachdem das Verschieben der Active Directory-Datenbank und, sowie vorgesehen, der Transaktionsprotokolldateien abgeschlossen wurde.
10. Starten Sie den Domänencontroller anschließend neu.

Der Domänencontroller steht nach dem Neustart für Clients und Server im Netzwerk wieder zur Verfügung.

PRAXISTIPP! Die Speicherorte der Active Directory-Datenbank, sowie der Protokolldateien sollte man von vornherein planen, so dass es später kaum notwendig wird, die Datenbank oder die Protokolldateien manuell auf andere Laufwerke zu verschieben.

21.3 Zusammenfassung

In diesem Abschnitt haben Sie erfahren, welche Schritte im Rahmen der Überwachung und Wartung der Domänencontroller einer Active Directory-Domäne notwendig sind. Neben den neuen Überwachungsfunktionen und -möglichkeiten wurden Ihnen auch die notwendigen Schritte erklärt, die für die Wartung der Datenbankdatei der Active Directory-Domänendienste auf einem Domänencontroller mitunter notwendig werden können.

Im nächsten Abschnitt dreht sich alles um die Sicherung und Wiederherstellung der Active Directory-Datenbank und der darin gespeicherten Objekte.

22 Sichern und Wiederherstellen der Active Directory-Domänendienste

Die Sicherung der Active Directory-Datenbank war bereits unter Windows 2000 Server mit dem damals bereits vorhandenen Sicherungsprogramm ntbackup.exe bzw. dem grafischen Sicherungsprogramm möglich. Seit Windows Server 2008 sind diese Sicherungsprogramme (grafisch, sowie auch kommandozeilenbasiert) nicht mehr enthalten. Microsoft hat sich entschieden, die Sicherungskomponenten des Servers zu überarbeiten und stellt standardmäßig nicht installierte Programme für die Sicherung zur Verfügung.

Unabhängig von der möglichen, für die Sicherung eingesetzten Software ist es notwendig, einen *Notfallwiederherstellungsplan* (engl. *Disaster Recovery Plan*) für die Active Directory-Domänendienste zu entwickeln.

PRAXISTIPP! Beachten Sie bei der Entwicklung eines Notfallwiederherstellungsplans für die Active Directory-Domänendienste, dass ein Domänencontroller standardmäßig das sogenannte „*Circular Logging*"-Verfahren (welches auch im Microsoft Exchange Server aktiviert werden kann) beim Erstellen von Transaktionsprotokolldateien anwendet. Dies kann nicht deaktiviert oder verändert werden. Wenn demnach ein ausgefallener Domänencontroller von einer Sicherung wieder hergestellt werden muss, so kann dies zum Verlust von Active Directory-Daten führen, da diese in der letzten Sicherung noch nicht erfasst, und darüber hinaus mitunter noch nicht an andere Domänencontroller repliziert waren.

22.1 Active Directory-Datensicherung

Wie schon erwähnt, wurden die Sicherungsprogramme bereits in Windows Server 2008 gegenüber den vorherigen Server-Betriebssystemen vollständig überarbeitet. Diese tragen dem von Microsoft überarbeiteten Konzept für die Datensicherung unter Windows Server 2012 R2 Rechnung.

22.1.1 Unterstützte Sicherungstypen

Windows Server 2012 R2 unterstützt in Verbindung mit der *Windows Server-Sicherung*, der Windows PowerShell sowie dem Kommandozeilenprogramm *Wbadmin.exe* die folgenden Sicherungstypen:

- **Manuelle Sicherung** Mitglieder der Gruppe der *Administratoren* oder der *Sicherungs-Operatoren* können bei Bedarf jederzeit mit der *Windows Server-Sicherung, der Windows PowerShell* oder dem Kommandozeilenprogramm *Wbadmin.exe* eine manuelle Sicherung durchführen.

- **Geplante Sicherung** Mitglieder der Gruppe der *Administratoren* (nicht jedoch der Sicherungs-Operatoren) können die Datensicherung bei Bedarf jederzeit mit der *Windows Server-Sicherung, der Windows PowerShell* oder dem Kommandozeilenprogramm *Wbadmin.exe* planen. Die geplante Sicherung muss dabei als Ziel auf einem lokalen Laufwerk gespeichert werden, welches selbst keine wichtigen Volumes enthält.

Wie eingangs bereits erwähnt, können die Sicherungsdaten bei der Datensicherung mithilfe der in Windows Server 2012 R2 enthaltenen Sicherungsprogramme lediglich auf DVDs, CDs, lokal angeschlossene Festplatten oder in Netzwerkfreigaben geschrieben werden. Sicherungsbänder in Form von Magnetbandkassetten werden von diesen Programmen unter Windows Server 2012 R2 nicht unterstützt.

HINWEIS: Das Sichern einzelner Dateien und Ordner wird in der Windows Server-Sicherung unter Windows Server 2012 R2 unterstützt. Alternativ kann auch das gesamte Volume, welches die Daten enthält, gesichert werden.

22.1.2 Mögliche Wiederherstellungsarten

Aufgrund der veränderten Sicherungsarten haben sich zwangsläufig auch die möglichen Wiederherstellungsarten verändert. Unter Windows Server 2012 R2 können vorweg mithilfe der darin enthaltenen Sicherungsprogramme gesicherte Daten auf folgende Weise wieder hergestellt werden:

- Vollständige Serverwiederherstellung
- Wiederherstellung des Systemstatus
- Wiederherstellung von Dateien / Ordnern

PRAXISTIPP! Wie bereits auch bei den früheren Versionen von Active Directory kann auch unter Windows Server 2012 R2 eine Wiederherstellung des Systemstatus nur ausgeführt werden, wenn der Domänencontroller im Verzeichnisdienstwiederherstellungsmodus neu gestartet wurde. Sollte der betreffende Server sich nicht mehr starten lassen, so muss eine vollständige Serverwiederherstellung durchgeführt werden.

Darüber hinaus wird natürlich auch weiterhin die Durchführung der autorisierenden Wiederherstellung von gelöschten Active Directory-Objekten unterstützt. Hierzu aber in den späteren Seiten mehr.

22.2 Installation der Windows Server-Sicherung

Um auf einem Serversystem unter Windows Server 2012 R2 eine Sicherung mit der darin enthaltenen Windows Server-Sicherung durchzuführen, muss diese erst einmal installiert werden. Das Sicherungstool wird standardmäßig nicht installiert. Für die *Windows Server-Sicherung muss* zusätzlich auch das Feature *Windows-Wiederherstellungsdatenträger*, sowie auch die *Windows PowerShell* auf demselben Computer installiert sein. Sollte eine der notwendigen Komponenten noch nicht installiert sein, so weist der Assistent bei der Installation der Windows Server-Sicherung darauf hin.

Die *Windows Server-Sicherung* lässt sich als *Windows-Feature* im Server-Manager oder auch mittels Windows PowerShell auf dem Serversystem unter Windows Server 2012 R2 bei Bedarf installieren.

Nachdem die Windows Server-Sicherung unter Windows Server 2012 R2 installiert ist, kann man sich nun der Durchführung der Sicherung zuwenden.

22.2.1 Datensicherung und Wiederherstellung mit der Windows PowerShell

Nach der Installation des Feature Windows Server-Sicherung steht auf dem Serversystem unter Windows Server 2012 R2 eine Vielzahl an Cmdlets rund um die Sicherung und Wiederherstellung von Daten im Module WindowsServerBackup der Windows PowerShell zur Verfügung. Eine Übersicht zu den enthaltenen Cmdlets erhalten Sie, indem Sie den folgenden Befehl in der Windows PowerShell eingeben, und anschließend die **Eingabetaste** drücken:

```
Get-Command -Module WindowsServerBackup
```

Die Hilfe zu den einzelnen Cmdlets erhalten Sie durch den folgenden Befehl in der Windows PowerShell:

```
Get-Help <Name des Cmdlets>
```

22.3 Durchführung der Datensicherung

Im Rahmen der Datensicherung kann sich ein Administrator verschiedener Verfahren bedienen. Zur Auswahl stehen in Bezug auf die Sicherung von Domänencontrollern beispielsweise die folgenden Verfahren:

- vollständige Sicherung eines Domänencontrollers,
- ungeplante Sicherung wichtiger Volumes,
- geplante Sicherung eines Domänencontrollers.

22.3.1 Vollständige Serversicherung eines Domänencontrollers

Eine ungeplante Sicherung (als Einmalsicherung) der Active Directory-Domänendienste auf einem Serversystem unter Windows Server 2012 R2 kann jederzeit ausgeführt werden. Diese Sicherung kann entweder grafisch über die Windows Server-Sicherung, per Windows PowerShell oder über die Kommandozeile mithilfe des Befehls Wbadmin.exe erfolgen.

HINWEIS: Das für die ungeplante Sicherung als Speicherort zu verwendende Laufwerk kann ein lokal angeschlossenes oder ein Netzwerklaufwerk sein, es darf selbst jedoch nicht zu den zu sichernden Laufwerken (Volumes) gehören.

Bei einer vollständigen Serversicherung werden alle Volumes auf allen lokal angeschlossenen Volumes mit einbezogen. USB-Laufwerke und iSCSI-Geräte werden hierbei als lokal angeschlossene Laufwerke behandelt, und somit in die Sicherung einbezogen.

Um eine ungeplante, vollständige Serversicherung (*als Einmalsicherung*) unter Windows Server 2012 R2 durchführen zu können, muss man als Mitglied der Gruppe der Administratoren oder der Sicherungs-Operatoren angehören.

Vollständige Sicherung eines Domänencontrollers mithilfe des Befehlszeilenprogramms Wbadmin.exe

Eine Alternative zur grafischen Windows Server-Sicherung stellt neben der Windows PowerShell das Befehlszeilentool **`Wbadmin.exe`** dar. Die Voraussetzungen sind hierbei die gleichen, wie auch bei einer vollständigen Sicherung eines Domänencontrollers (*als Einmalsicherung*) mithilfe der Windows Server-Sicherung.

22.3.2 Ungeplante Sicherung wichtiger Volumes eines Domänencontrollers

Als Alternative zu einer vollständigen Serversicherung bietet das Sicherungsprogramm unter Windows Server 2012 R2 die Möglichkeit, eine ungeplante Sicherung (*als Einmalsicherung*) der Active Directory-Domänendienste auf einem Serversystem durchzuführen. Hierbei kann man die zu sichernden Volumes einzeln auswählen. Die Sicherung kann hierbei, wie bei einer vollständigen Serversicherung, über die grafische *Windows Server-Sicherung,* per Windows PowerShell oder über das Kommandozeilentool **`Wbadmin.exe`** erfolgen.

Zum Durchführen einer ungeplanten Sicherung wichtiger Volumes eines Domänencontrollers als benutzerdefinierte Sicherung muss man als Mitglied zur Gruppe der Administratoren oder der Sicherungs-Operatoren gehören.

22.4 Planen der täglichen Sicherung eines Domänencontrollers

Die Planung der täglichen Sicherung von Domänencontrollern sollte unverzüglich nach der Inbetriebnahme erfolgen. Um im Bedarfsfall in der Lage zu sein, einen Domänencontroller, oder gelöschte Objekte der Active Directory-Domänendienste aus einer Sicherung wiederherzustellen, muss man auf eine entsprechend aktuelle Sicherung zurückgreifen können.

Die Planung der Sicherung von Domänencontrollern kann unter Windows Server 2012 R2 lediglich durch Mitglieder der Gruppe der Administratoren durchgeführt werden. Sie kann entweder mithilfe der grafischen *Windows Server-Sicherung*, mittels Windows PowerShell oder mithilfe des Befehlszeilenprogramms **`Wbadmin.exe`** erfolgen.

HINWEIS: Das Zielvolume für die geplante Sicherung muss sich auf einer *anderen* physikalischen Festplatte befinden als die zu sichernden Quellvolumes. Auf eine Netzwerkfreigabe kann eine geplante Sicherung *nicht* durchgeführt werden.

Beachten Sie bei der Planung von täglichen Sicherungen, dass das angegebene Ziellaufwerk bei jedem Sicherungsvorgang neu formatiert wird. Zudem können Sie keine wöchentlichen oder gar monatlichen Sicherungen planen. Hierzu müssen Sie bei Bedarf ein Sicherungsprogramm eines Drittanbieters einsetzen, beispielsweise *Veritas BackupExec*.

Eine Alternative zur grafischen Planung der Sicherung von Domänencontrollern stellt die Planung mithilfe des Kommandozeilentools *Wbadmin.exe* dar. Die Voraussetzungen gelten auch in diesem Zusammenhang gleich.

22.4.1 Online-Sicherung

Bereits mit Windows Server 2012 hatte Microsoft auch die Möglichkeit zur direkten Online-Sicherung in der Microsoft Azure-Cloud im Internet eingeführt. Diese Möglichkeit bietet sich in erster Linie für kleine bis mittelständische Unternehmen und kleinere Büros oder Kanzleien an, die über lediglich wenige Möglichkeiten der lokalen Sicherung von Daten verfügen. Die gesicherten Daten werden bei der Online-Sicherung in verschlüsselter Form auf den Servern in der Microsoft-Cloud gespeichert, und durch den Einsatz eines starken Kennworts gegen unbefugten Zugriff geschützt.

Um die Online-Sicherung unter Windows Server 2012 R2 verwenden zu können, muss man sich zuerst bei Microsoft Azure anmelden und für die Benutzung des Online-Backup registrieren. Am einfachsten geschieht dies über die Schaltfläche *Registrieren* in der Verwaltungskonsole für die *Windows Server-Sicherung*.

INTERNET: Das Windows Azure Online Backup steht nach der Registrierung für 1 Monat zum Testen bereit. Die Nutzung über den Testzeitraum hinaus ist kostenpflichtig. Genaue Details zu den Nutzungsmöglichkeiten, sowie die dabei anfallenden Gebühren erhalten Sie direkt in der Microsoft Azure Website im Internet unter:

https://azure.microsoft.com/de-de/services/backup

Nach erfolgreicher Registrierung kann man den Online-Backupagent für Windows Server 2012 R2 aus dem Online-Portal von Microsoft auf den lokalen Rechner herunterladen und installieren. Anschließend muss man den jeweils zu sichernden Server einzeln noch im Online-Portal registrieren.

Gleich nach erfolgter Registrierung des Servers kann man einen entsprechenden Zeitplan für die Online-Sicherungen erstellen, und bei Bedarf sogleich auch eine manuelle Sicherung von

Daten in die Microsoft Azure-Cloud durchführen. Im Verlauf der Konfiguration kann man einen Aufbewahrungszeitraum für die Online-Sicherungen festlegen. Standardmäßig sieht Microsoft hierzu einen Zeitraum von 7 Tage vor, den man nach eigenem Bedarf jeweils problemlos anpassen kann.

INTERNET: Detaillierte Informationen zur Registrierung sowie zur Verwendung der Microsoft Online-Sicherung finden Sie im Internet unter:

http://technet.microsoft.com/library/hh831419.aspx

22.5 Durchführung der Datenwiederherstellung

Die Wiederherstellung von Daten stellt in Unternehmen eine gleichbleibende wichtige Aufgabe dar. Sei es nach einem Serverausfall, oder nach dem versehentlichen Löschen. Oft sind die wiederherzustellenden Daten immens wichtig für das Unternehmen. Auch in Bezug auf die Active Directory-Domänendienste stellt die Datenwiederherstellung oft ein wichtiges Verfahren für die Sicherstellung der Betriebsfähigkeit eines Unternehmens dar. Es existieren verschiedene Verfahren für die Datenwiederherstellung im Umfeld von Active Directory. Hierzu zählen unter anderem:

- **vollständige Serverwiederherstellung eines Domänencontrollers**
- **Ausführen einer nicht autorisierenden Wiederherstellung von AD DS**
- **Ausführen einer autorisierenden Wiederherstellung gelöschter AD DS-Objekte**
- **Wiederherstellung einer Sicherung wichtiger Volumes**

Die einzelnen Verfahren werden Ihnen in den folgenden Seiten detailliert erklärt.

22.5.1 Vollständige Serverwiederherstellung eines Domänencontrollers

Der vollständige Ausfall eines Active Directory-Domänencontrollers zählt glücklicherweise nicht zu den häufigsten, durchzuführenden Szenarien bei der Wiederherstellung von Daten in Unternehmensnetzwerken. Dennoch kommt es vor, dass ein Domänencontroller beispielsweise durch einen Festplattenausfall nach dem Ersatz der defekten Hardware auch softwaretechnisch wiederhergestellt werden muss. Windows Server 2012 R2 besitzt hierfür eine entsprechende Funktion. Beim Ausführen einer vollständigen Serverwiederherstellung werden alle Volumes aus dem betreffenden Sicherungssatz auf dem Server wieder hergestellt. Die vollständige Wiederherstellung eines Domänencontrollers entspricht einer nicht autorisierenden Wiederherstellung der Active Directory-Domänendienste (AD DS) auf dem Server.

Voraussetzungen für das Ausführen einer vollständigen Wiederherstellung eines Domänencontrollers

Das Ausführen einer vollständigen Wiederherstellung eines Domänencontrollers unter Windows Server 2012 R2 fordert die Erfüllung einiger Voraussetzungen. Zu diesen zählen u. a.:

- Vorhandensein einer vollständigen Serversicherung.
- Bereitstellen der Windows Server 2012 R2-Installations-DVD, oder Windows RE muss auf einer der Partitionen installiert sein, die nicht zu den „wichtigen Volumes" eines Domänencontrollers gehört.
- Genügend freier Speicherplatz auf den Festplatten zum Wiederherstellen aller in der Sicherung enthaltenen Volumes.

Wenn alle diese Voraussetzungen erfüllt sind, kann man die vollständige Wiederherstellung eines Domänencontrollers unter Windows Server 2012 R2 durchführen.

Die vollständige Wiederherstellung eines Domänencontrollers aus einer Sicherung unter Windows Server 2012 R2 kann alternativ auch über die Befehlszeile oder der Windows PowerShell ausgeführt werden.

22.5.2 Active Directory aus der Datensicherung wiederherstellen

Um eine Wiederherstellung durchzuführen, starten Sie zunächst den Domänencontroller neu und drücken direkt nach dem Start die **F8-Taste**, bis das Boot-Menü erscheint. Achten Sie aber darauf, dass sich die Datei, die die Datensicherung enthält, lokal auf dem Server befindet, da diese zur Wiederherstellung benötigt wird.

Wählen Sie in den *Boot-Optionen* den Menüpunkt *Verzeichnisdienstwiederherstellung* aus, anschließend startet Windows. Melden Sie sich bei der Anmeldung mit dem Kennwort des Verzeichnisdienstwiederherstellung-Modus (DSRM) an. Anschließend können Sie die Wiederherstellung durchführen.

Ausführen einer nicht autorisierenden Wiederherstellung der Active Directory-Domänendienste (AD DS)

Bei einer bereits im vorangegangenen Beispiel erklärten vollständigen Wiederherstellung eines Domänencontrollers werden standardmäßig alle Volumes aus der Serversicherung überschrieben. Dies ist nicht in allen Fällen gewünscht. Wenn lediglich die Systemstatusdaten eines Domänencontrollers wiederhergestellt werden sollen, so wird hierzu das Kommandozeilentool *Wbadmin.exe* unter Windows Server 2012 R2 verwendet.

HINWEIS: Die nicht autorisierende Wiederherstellung der Active Directory-Domänendienste unter Windows Server 2012 R2 entspricht prinzipiell der „nicht autorisierenden Wiederherstellung" der Systemstatusdaten unter früheren Betriebssystemversionen.

Systemstatusdaten unter Windows Server 2012 R2

Die Systemstatusdaten stellen eine Sammlung von kritischen Daten auf einem Serversystem seit Windows 2000 oder höher dar. Zu diesen Daten zählen:

- **Active Directory-Domänendienste-Datenbank (AD DS) mitsamt allen Protokolldateien**
- **SYSVOL-Verzeichnis (auf den Domänencontrollern)**
- **Windows-Registry des Servers**
- **COM+-Klassenregistrierungsdatenbank**
- **Clusterdienste-Informationen**
- **Systemdateien**
- **Active Directory-Zertifikatdienste-Datenbank (AD CS)**

Sicherung und Wiederherstellung der Systemstatusdaten

In Windows Server 2000 oder Windows Server 2003 konnte man die Systemstatusdaten einzeln sichern und bei Bedarf auch wieder herstellen. In Windows Server 2012 R2 ist dies in dem darin enthaltenen Sicherungsprogramm nicht mehr vorgesehen. Diese Daten werden nunmehr innerhalb der Sicherung „wichtiger Volumes" auf einem Domänencontroller unter Windows Server 2012 R2 gesichert.

Diese Sicherung kann unter anderem auch zur Installation der Active Directory-Domänendienste (AD DS) auf einem Serversystem unter Windows Server 2012 R2 genutzt werden. Windows Server 2012 R2 unterstützt hierzu das *„Install from Media (IFM)"*-Feature zur Installation von Domänencontrollern. Hierbei ist es möglich, ein Serversystem unter Windows Server 2012 R2 (beispielsweise an einem kleinen Unternehmensstandort mit geringer Bandbreitenanbindung an den Hauptsitz des Unternehmens) aus einer Sicherung heraus zu installieren. Dadurch, dass die meisten Daten der Active Directory-Domänendienste-Datenbank aus der Sicherung heraus hergestellt und nachfolgend lediglich noch die Änderungen seit der letzten Sicherung über die Remoteverbindung repliziert werden müssen, spart dies den Unternehmen nicht nur Geld, sondern den Administratoren auch Zeit. Der Sicherungssatz für die Einrichtung eines Domänencontrollers mithilfe des IFM-Features kann unter Windows Server 2012 R2 mit dem Programm *Windows Server-Sicherung*, *Wbadmin.exe* oder sogar mit dem Kommandozeilenbefehl *Ntdsutil.exe* erstellt werden. Dazu aber später mehr.

Wie bereits auch unter den vorangegangenen Serverbetriebssystemen Windows 2000 und Windows Server 2003 muss man einen Domänencontroller unter Windows Server 2012 R2 zur Durchführung einer nicht autorisierenden Wiederherstellung der Active Directory-Domänendienste (*AD DS*) ebenso neu starten, beim Hochfahren dann einfach die **F8**-Taste drücken, un in den Verzeichnisdienstwiederherstellungsmodus (*Directory Services Recovery Mode, DSRM*) des Servers wechseln.

In diesem Modus meldet man sich dann als Administrator mit dem *Kennwort für die Verzeichnisdienstwiederherstellung* des Domänencontrollers an, welches man bei der Ausführung von *dcpromo.exe* zum Einrichten des Domänencontrollers angegeben hatte.

PRAXISTIPP! Falls das *Kennwort für den Verzeichnisdienstwiederherstellungsmodus* unter Windows Server 2012 R2 nicht mehr bekannt ist, kann man dieses als Mitglied der Organisations-Admins oder der Domänen-Admins mithilfe des Kommandozeilenbefehls *Ntdsutil.exe* wieder neu setzen. Die Änderung erfolgt dabei lokal auf dem betroffenen Domänencontroller im Normalmodus.

Für die Wiederherstellung muss eine (möglichst) aktuelle Sicherung des Servers vorliegen.

Vorgehensweise für die Durchführung einer nicht autorisierenden Wiederherstellung der Active Directory-Domänendienste (*AD DS*)

Gehen Sie wie folgt vor, um eine nicht autorisierende Wiederherstellung der Active Directory-Domänendienste (*AD DS*) auf einem Server unter Windows Server 2012 (R2) durchzuführen:

1. Starten Sie den betreffenden Domänencontroller neu.
2. Drücken Sie die **F8-Taste**, sobald die Startoptionen des Servers angezeigt werden.
3. Wählen Sie in den *erweiterten Startoptionen* die *Verzeichnisdienstwiederherstellung* aus.

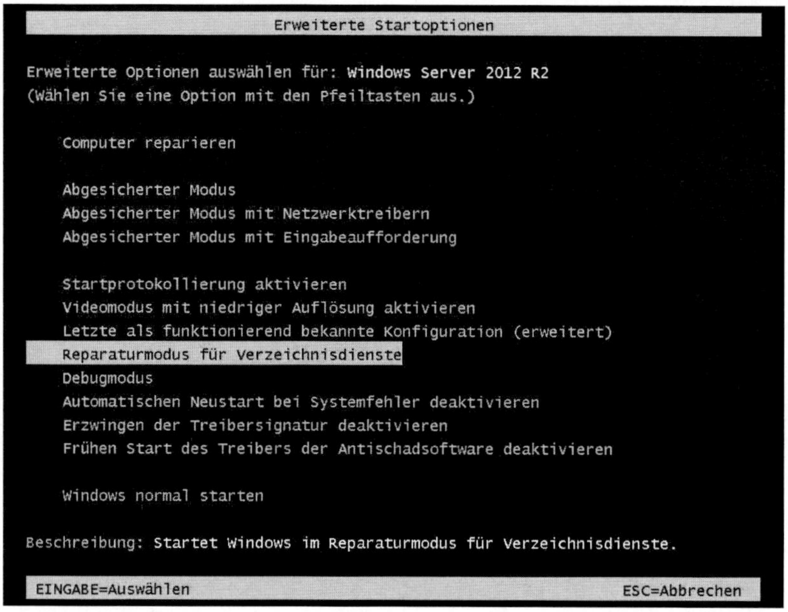

Abbildung 22.1: *Erweiterte Startoptionen von Windows Server 2012 R2*

4. Klicken Sie im Anmeldebildschirm auf **Benutzer wechseln**, und klicken Sie dann auf **Anderer Benutzer**.
5. Geben Sie im Feld für den Benutzernamen **`.\Administrator`**, und im Kennwortfeld das Kennwort für den Wiederherstellungsmodus (DSRM) ein, und drücken Sie dann die **Eingabetaste**.
6. Klicken Sie auf **Start**, klicken Sie dann mit der rechten Maustaste auf **Eingabeaufforderung**, und klicken Sie dann auf **Als Administrator ausführen**.
7. Geben Sie an der Eingabeaufforderung den folgenden Befehl ein, und drücken Sie dann die **Eingabetaste**:

```
wbadmin get versions -backuptarget:<targetDrive>:
-machine:<Computername>
```

Erklärung zu den Befehlsparametern:

<targetDriver>: steht für den Speicherort der Sicherung, die wiederhergestellt werden soll.

<Computername> steht für den Namen des Computers, auf dem die Sicherung wiederhergestellt werden soll.

8. Suchen Sie die Version aus, welche wieder hergestellt werden soll.
9. Geben Sie an der *Eingabeaufforderung* den folgenden Befehl ein, und drücken Sie dann die **Eingabetaste**:

wbadmin start systemstaterecovery -version: *<MM/TT/JJJJ-HH:MM>* **-backuptarget:***<targetDrive>:* **-machine:***<Computername>* **-quiet**

Erklärung zu den Befehlsparametern:

<MM/TT/JJJJ-HH:MM> steht für die Version der Sicherung, welche wieder hergestellt werden soll.

<targetDriver>: steht für den Speicherort der Sicherung, die wiederhergestellt werden soll.

<Computername> steht für den Namen des Computers, auf dem die Sicherung wiederhergestellt werden soll. Dieser Parameter muss angegeben werden, wenn die Sicherungsdaten auf einem Remotecomputer gespeichert sind.

-quiet führt den Vorgang der Wiederherstellung ohne weitere Aufforderung durch.

10. Wenn Sie den Befehlsparameter **-quiet** nicht angegeben hatten, drücken Sie **J**, wenn Sie dazu aufgefordert werden, um den Wiederherstellungsvorgang fortzusetzen. Darüber hinaus werden Sie dazu aufgefordert, nochmals **J** zu drücken, um zu bestätigen, dass das Replikationsmodul für SYSVOL seit dem Erstellen der Sicherung nicht geändert wurde.

Starten Sie den Server nach der Fertigstellung der Wiederherstellung neu. Nach dem Neustart repliziert sich der Domänencontroller mit den anderen, in der Domäne noch vorhandenen Domänencontroller (soweit zutreffend), wodurch er dann auch alle Änderungen in der Datenbank der Active Directory-Domänendienste (AD DS) und des SYSVOL-Verzeichnisses erhält.

PRAXISTIPP! Die Inhalte des SYSVOL-Verzeichnisses werden im Zusammenhang mit der nicht autorisierenden Wiederherstellung der Systemstatusdaten eines Domänencontrollers ebenso nicht autorisierend wiederhergestellt. Wenn Sie das SYSVOL-Verzeichnis hingegen autorisierend aus der Sicherung wiederherstellen möchten, geben Sie den Befehlsschalter *-authsysvol* zum Ende des oben benannten Wiederherstellungsbefehls an.

Die Inhalte des mithilfe des Schalters *-authsysvol* autorisierend wiederhergestellten SYSVOL-Verzeichnisses ersetzen dann bei der dem Neustart folgenden Replikation die auf den anderen Domänencontrollern der Domäne gespeicherten Inhalte des SYSVOL-Verzeichnisses.

Nach dem erfolgreichen Neustart müssen Sie die Funktionsfähigkeit des Domänencontrollers überprüfen.

Schritte nach der nicht autorisierenden Wiederherstellung der Active Directory-Domänendienste (AD DS)

Nach der Durchführung einer nicht autorisierenden Wiederherstellung der Active Directory-Domänendienste (AD DS) unter Windows Server 2012 R2 sollten Sie zumindest die folgenden Schritte durchführen, um die Funktionsfähigkeit des Domänencontrollers sicherzustellen:

- Prüfen Sie, ob alle zum Zeitpunkt der Sicherung vorhandenen Benutzer und Gruppenobjekte vorhanden sind.
- Prüfen Sie, ob die Freigaben NETLOGON und SYSVOL ordnungsgemäß eingerichtet wurden.
- Host- und SRV-Einträge in der entsprechenden DNS-Namenszone des zutreffenden DNS-Servers richtig registriert bzw. aktualisiert wurden.

Die nicht autorisierende Wiederherstellung der Systemstatusdaten eines Domänencontrollers kann sinnvoll sein, wenn die Datenbank der Active Directory-Domänendienste auf einem Domänencontroller mögliche Probleme mit der Konsistenz der Objekte oder ähnliches meldet. Durch die anschließende Replikation mit den anderen, in der Domäne womöglich noch vorhandenen Domänencontrollern werden die Inhalte aus der Wiederherstellung, welche dem Stand der letzten Sicherung entsprechen, auf den neuesten Stand gebracht, sprich: aktualisiert. Was aber, wenn man gar nicht alle Objekte in der Active Directory-Domänendatenbank, sondern nur einzelne Objekte daraus wieder herstellen möchte?

Objekte in der Active Directory-Domänendatenbank, welche (versehentlich) gelöscht wurden, können mithilfe einer nicht autorisierenden Wiederherstellung der Systemstatusdaten oder gar einer vollständigen Wiederherstellung eines Domänencontrollers - mit den Standardmethoden unter Windows Server 2012 R2 - in der Regel nicht einfach wieder hergestellt werden.

Das ist darin zu begründen, dass ein Objekt, wenn es gelöscht wird, in Wirklichkeit noch in der Active Directory-Domänendatenbank eines Domänencontrollers verbleibt, welcher das betreffende Objekt jedoch als „gelöscht" markiert. Das Objekt verbleibt noch einen vordefinierten Zeitraum (der technisch als „Tombstone-Lebensdauer" bezeichnet wird) in der Active Directory-Domänendatenbank eines Domänencontrollers. Erst wenn die Tombstone-Lebensdauer abgelaufen ist, wird das betreffende, als gelöscht markierte Objekt endgültig aus der Datenbank entfernt. Während der Tombstone-Lebensdauer kann auf das gelöschte Objekt nicht zugegriffen werden. Einzig kann man diesen Zustand nutzen, um das Objekte (beispielsweise nach dem versehentlichen Löschen) bei Bedarf wieder herzustellen.

Tombstone-Lebensdauer von Active Directory-Objekten

Die Tombstone-Lebensdauer ist nicht in jedem Fall gleich. Sie unterscheidet sich zwischen den Betriebssystemen der Windows-basierten Domänencontroller wie folgt:

Betriebssystem	Standardmäßige Tombstone-Lebensdauer von Objekten
Windows 2000 Server	60 Tage
Windows Server 2003 (ohne Service Pack)	60 Tage
Windows Server 2003 R2	60 Tage
Windows Server 2003 (mit Service Pack 1)	180 Tage
Windows Server 2003 (mit Service Pack 2)	180 Tage
Windows Server 2008	180 Tage
Windows Server 2008 R2	180 Tage
Windows Server 2012	180 Tage
Windows Server 2012 R2	180 Tage

Tabelle 22.1: *Standardmäßige Tombstone-Lebensdauer von Objekten*

Die Tombstone-Lebensdauer von Active Directory-Objekten wird innerhalb einer *Active Directory-Gesamtstruktur* definiert. Sie kann mithilfe der Konsole *ADSIEdit.msc* oder alternativ auch mittels Windows PowerShell nach Bedarf entsprechend angepasst werden.

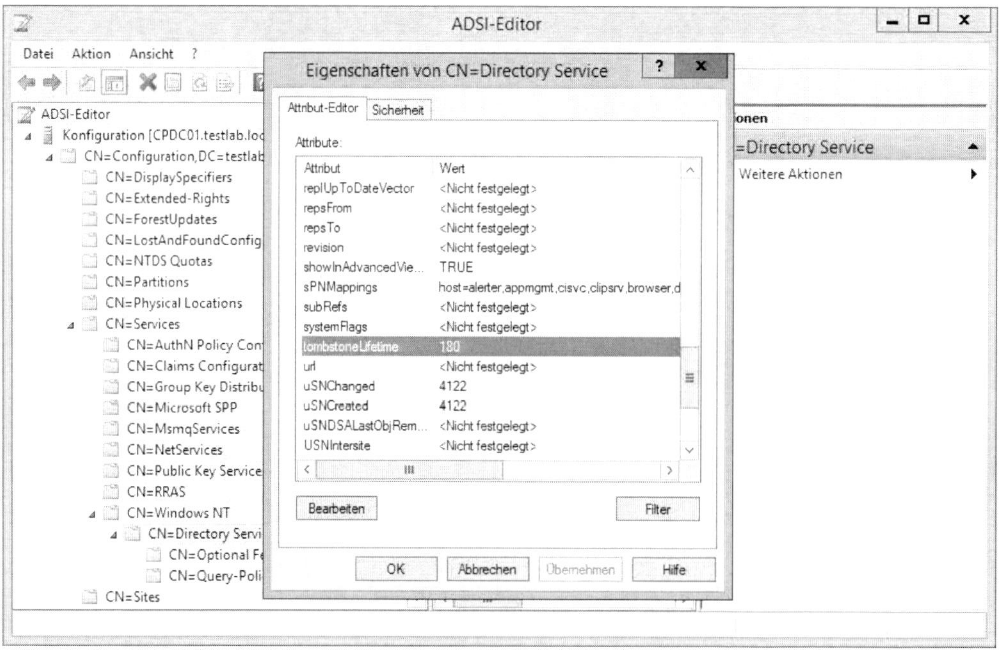

Abbildung 22.2: *Standardmäßige Tombstone-Lebensdauer für Objekte*

Der Attributwert für die Tombstone-Lebensdauer (engl. *tombstoneLifetime*) in einer Active Directory-Gesamtstruktur wird in der Konfigurationspartition der Active Directory-Domänendatenbank festgelegt. Das folgende Beispiel zeigt den Pfad in der Stammdomäne der Active Directory-Gesamtstruktur *„CertPro.de"*:

```
CN=Directory Services,CN=WindowsNT,CN=Services,CN=Configuration,
DC=CertPro,DC=DE
```

Standardmäßig ist die Anpassung der Tombstone-Lebensdauer von Objekten in einer Active Directory-Gesamtstruktur nicht notwendig.

Ändern der Tombstone-Lebensdauer mit der Windows PowerShell

In Hinsicht der Nutzungsmöglichkeit des grafischen Active Directory-Papierkorbs haben sich zwischenzeitlich bereits viele Administratoren entschlossen, den Wert der festgelegten Tombstone-Lebensdauer von standardmäßig 180 Tagen auf die Zeitdauer eines Jahres, also 365 Tage festzulegen. Dies kann man grafisch, oder aber auch direkt in der Windows PowerShell mithilfe des folgenden Befehls sehr einfach umsetzen:

```
Set-ADObject -Identity „CN=Directory Service,CN=Windows
NT,CN=Services,CN=Configuration,DC=CertPro,DC=DE" -Partition
„CN=Configuration,DC=CertPro,DC=DE" -Replace @{tombstone-
Lifetime='365'}
```

In diesem Beispiel wurde die Tombstone-Lebensdauer für die Domäne mit dem Namen *CertPro.de* auf einen Zeitraum von *365* Tage festgelegt.

Ausführen einer autorisierenden Wiederherstellung gelöschter Active Directory-Objekte

Nach dem (versehentlichen) Löschen von Active Directory-Objekten kann man diese innerhalb der in den vorangegangenen Seiten beschriebenen Tombstone-Lebensdauer in der Regel problemlos wieder herstellen. Unter Windows Server 2012 R2 lässt sich dies auch ohne die Hinzunahme von Drittanbietertools erledigt.

PRAXISTIPP! Es wird oft die Frage gestellt, warum man versehentlich gelöschte Active Directory-Objekte überhaupt wieder mithilfe einer autorisierenden Wiederherstellung behandeln muss, statt diese einfach manuell neu zu erstellen. Hierbei ist zu beachten, dass ein neu angelegtes Objekt, auch wenn es den gleichen Namen trägt, wie das vorweg (versehentlich) gelöschte Objekt, intern eine neue Sicherheitskennung (SID) erhält. Diese SID wird u. a. in Zugriffskontrolllisten (Access Control Lists, ACLs) auf Ebene der Datei- und Ordnersicherheit, sowie auch in Dateifreigaben eingetragen. Wenn ein Objekt also gelöscht, und anschließend einfach neu erstellt wird, erhält das neue Objekt trotz des visuell gleichen Namensbezugs nicht die Zugriffsrechte und -berechtigungen des gelöschten Objekts.

Ein autorisierendes Wiederherstellen eines Objekts (oder mitunter auch die Reanimierung des gelöschten Objekts als Tombstone-Objekt) lohnt sich in vielen Fällen, insbesondere sicher dann, wenn der betroffene Benutzer anhand des gelöschten Benutzerobjekts bereits aktiv im Netzwerk tätig war bzw. ihm bereits umfangreiche Berechtigungen und Rechte eingeräumt wurden.

Einer autorisierten Wiederherstellung gelöschter Active Directory-Objekte geht standardmäßig immer eine nicht autorisierende Wiederherstellung der Systemstatusdaten auf einem der Domänencontroller der betreffenden Domäne voraus. Wichtig ist hierbei jedoch, dass der Server nach dem Wiederherstellen der gelöschten Objekte und demnach vor der autorisierenden Wiederherstellung der betreffenden Objekte nicht neu gestartet wird. Stattdessen wird der Befehl **`ntdsutil authoritative restore`** verwendet, um die wieder herzustellenden Objekte als autorisierend zu kennzeichnen. Erst danach darf der Domänencontroller neu gestartet werden.

HINWEIS: Nach der nicht autorisierenden Wiederherstellung der Systemstatusdaten darf der Domänencontroller nicht direkt wieder neu gestartet werden, da die anhand der Sicherung wieder neu zurück geschriebenen Objekte durch den Replikationsvorgang mit einem weiteren, vorhandenen Active Directory-Domänencontroller sofort wieder als gelöscht markiert würden. Die Wiederherstellung der betreffenden Objekte würde damit sofort wieder zunichte gemacht.

Schritte zur Durchführung einer autorisierenden Wiederherstellung

Gehen Sie wie folgt vor, um gelöschte Active Directory-Objekte unter Windows Server 2012 R2 autorisierend wieder herzustellen:

1. Führen Sie eine *nicht autorisierende Wiederherstellung der Systemstatusdaten* auf einem der in der Domäne vorhandenen Domänencontroller durch, wie dies in den vorangegangenen Seiten dieses Fachbuchs beschrieben ist.

HINWEIS: Starten Sie den Server nach Abschluss der Wiederherstellung ***nicht*** neu, da die daran anschließende Replikation mit anderen Domänencontrollern die autorisierende Wiederherstellung zunichtemachen würde!

2. Starten Sie die *Eingabeaufforderung* auf dem Server, geben Sie den Befehl **`ntdsutil`** ein und drücken Sie anschließend die **Eingabetaste**.
3. Geben Sie **`activate instance ntds`** ein, und drücken Sie die **Eingabetaste**.
4. Geben Sie dann **`authoritative restore`** ein, und drücken Sie die **Eingabetaste**.
5. Geben Sie zum *autorisierenden Wiederherstellen* den entsprechenden Befehl ein, beispielsweise:

- **`restore subtree OU=Vertrieb,DC=CertPro,DC=de`** zum Wiederherstellen der OU „***Vertrieb***" der Domäne ***CertPro.de*** inklusive aller darin enthaltenen Objekte.
- **`restore object CN=Admin13,OU=Admins,DC=CertPro,DC=de`** zum Wiederherstellen des Benutzerobjekts „***Admin13***" in der OU „***Admins***" der Domäne ***CertPro.de***.

Die mithilfe des jeweiligen Befehls wiederherzustellenden Objekte werden anschließend seitens der Objektversion erhöht, die Markierung als „gelöscht" und die Tombstone-Lebensdauer werden entfernt.

6. Starten Sie den Domänencontroller nach Abschluss der autorisierenden Wiederherstellung neu.

Anschließend wird sich dieser mit den anderen Domänencontrollern der Active Directory-Domäne replizieren. Hierbei werden die soeben autorisierend wiederhergestellten Objekte aufgrund der höheren Objektversion, sowie des aktuelleren Änderungsdatums auf die anderen Domänencontroller repliziert und überschreiben die dort noch vorhandenen, und noch als gelöscht markierten Versionen der Objekte.

In dem beschriebenen Vorgang einer autorisierenden Wiederherstellung von gelöschten Active Directory-Objekten musst einer der vorhandenen Domänencontroller zwangsläufig neu und anschließend in den *Verzeichnisdienstwiederherstellungsmodus* (engl. *Directory Services Recovery Mode, DSRM*) gestartet werden. Somit steht der Domänencontroller während der Zeit der Wiederherstellung der gelöschten Objekte im Netzwerk für mögliche Anmeldevorgänge nicht zur Verfügung. Dies ist insbesondere sicher ärgerlich, wenn man den Domänencontroller für die Wiederherstellung eines einzelnen Benutzerkontos aus dem Betrieb herausnehmen muss. Es geht in diesem Zusammenhang vielleicht auch etwas einfacher - durch die Reanimierung des betreffenden Tombstone-Objekts.

22.5.3 Reanimieren von Tombstone-Objekten

Die Reanimierung von Tombstone-Objekten erlaubt das Wiederherstellen von gelöschten Active Directory-Objekten, ohne dass dazu einer der vorhandenen Domänencontroller neu gestartet werden muss. Man muss hierbei jedoch beachten, dass viele der ursprünglichen Attribute des Objekts beim Löschvorgang entfernt wurden. Diese müssen nach dem Reanimieren des Tombstone-Objekts manuell wieder hinzugefügt werden.

HINWEIS: Wenn ein Benutzerobjekt seitens der Reanimierung als Tombstone-Objekt wieder hergestellt wird, so werden die ursprünglichen Gruppenmitgliedschaften des Objekts nicht wieder hergestellt. Diese müssen (soweit sie dokumentiert sind) manuell wieder hergestellt werden.

Der Reanimierungsprozess kann mithilfe von zwei verschiedenen Tools erfolgen:

- **`Ldp.exe`**
  (ist im Umfang von Windows Server 2012 R2 bereits enthalten)
- **`AdRestore.exe`**
  (kostenfreies Tool aus der Windows Sysinternals-Website)

INTERNET: Das Tool *AdRestore.exe* kann kostenfrei von der Microsoft Sysinternals-Website im Internet heruntergeladen werden unter:

https://technet.microsoft.com/en-us/sysinternals/bb963906.aspx

Verwenden von Ldp.exe zum Reanimieren von Tombstone-Objekten

Gehen Sie wie folgt vor, um gelöschte Active Directory-Objekte als Tombstone-Objekte mithilfe von *Ldp.exe* unter Windows Server 2012 R2 wieder herzustellen:

1. Melden Sie sich am Domänencontroller unter Windows Server 2012 R2 als Administrator an.
2. Klicken Sie im grafischen *Server-Manager* auf die Servergruppe **AD DS**.
3. Klicken Sie dann mit der rechten Maustaste auf einen der vorhandenen Domänencontroller, und klicken Sie dann auf **Ldp.exe**.
4. Klicken Sie in der Menüleiste auf **Verbindung**, und dann auf **Verbinden...**
5. Geben Sie im Feld *Server:* den Namen des Domänencontrollers an, und klicken Sie auf **OK**.
6. Klicken Sie in der Menüleiste nochmals auf **Verbindung**, und dann auf **Binden...**
7. Klicken Sie im Dialogfenster *Bindung* auf **OK**, um als aktuell angemeldeter Benutzer eine Bindung zur vorhandenen Active Directory-Datenbank herzustellen.
8. Klicken Sie in der Menüleiste auf **Optionen**, und dann auf **Steuerelemente**.
9. Wählen Sie im Dialogfenster *Steuerelement* im Dropdown-Menü unter ***Vordefiniert laden:*** den Eintrag ***Return deleted objects***, und klicken Sie dann auf **OK**.

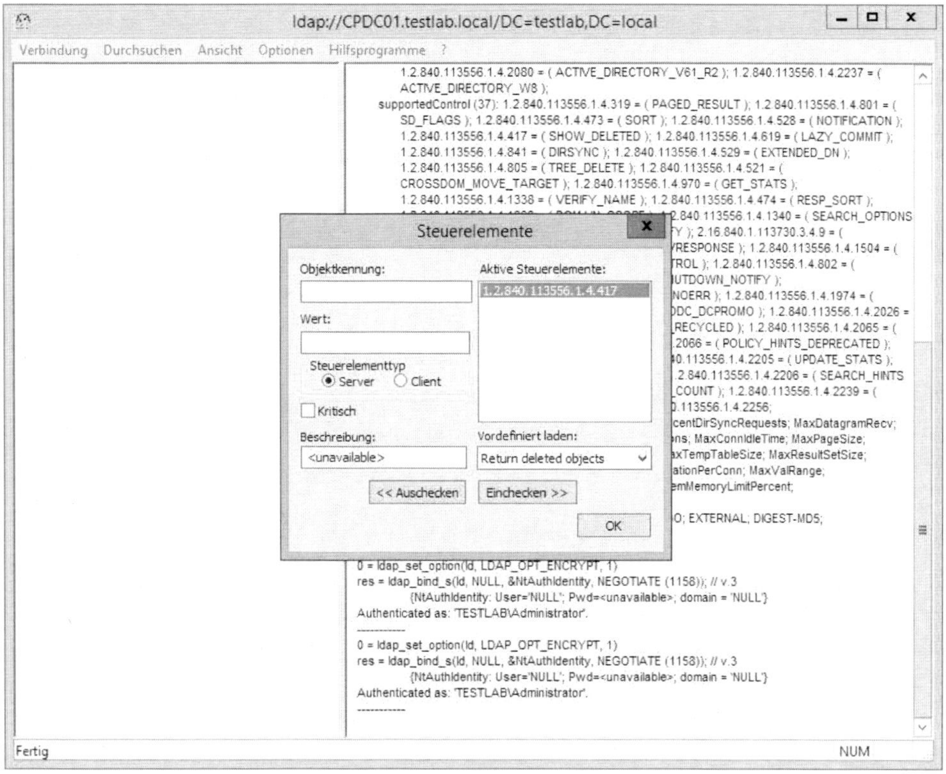

Abbildung 22.3: *Konfiguration von LDP.exe zum Anzeigen gelöschter Objekte*

10. Klicken Sie in der Menüleiste auf *Ansicht*, *Struktur*, wählen Sie im Dialogfeld *Strukturansicht* im Dropdown-Menü unter ***Basis-DN:*** die betreffende Active Directory-Domäne aus, und klicken Sie dann auf **OK**.
11. Erweitern Sie links in der Strukturansicht den ***Knoten der Domäne***, und doppelklicken Sie auf den Container **CN=Deleted Objects,DC=Domänenname...**
12. Klicken Sie mit der rechten Maustaste auf das zu reanimierende Objekt und wählen Sie im Kontextmenü den Eintrag **Ändern**.
13. Geben Sie im Feld *Attribut:* **isDeleted** ein, klicken Sie im Abschnitt *Vorgang* auf **Löschen**, und dann auf die Schaltfläche **Eingabe**.
14. Geben Sie im Feld *Attribut:* **distinguishedName**, im darunter liegenden Feld *Werte:* den neuen definierten Namen (***DN***) für das Benutzerobjekt ein, klicken Sie im Abschnitt *Vorgang* auf **Ersetzen**, und dann auf die Schaltfläche **Eingabe**.

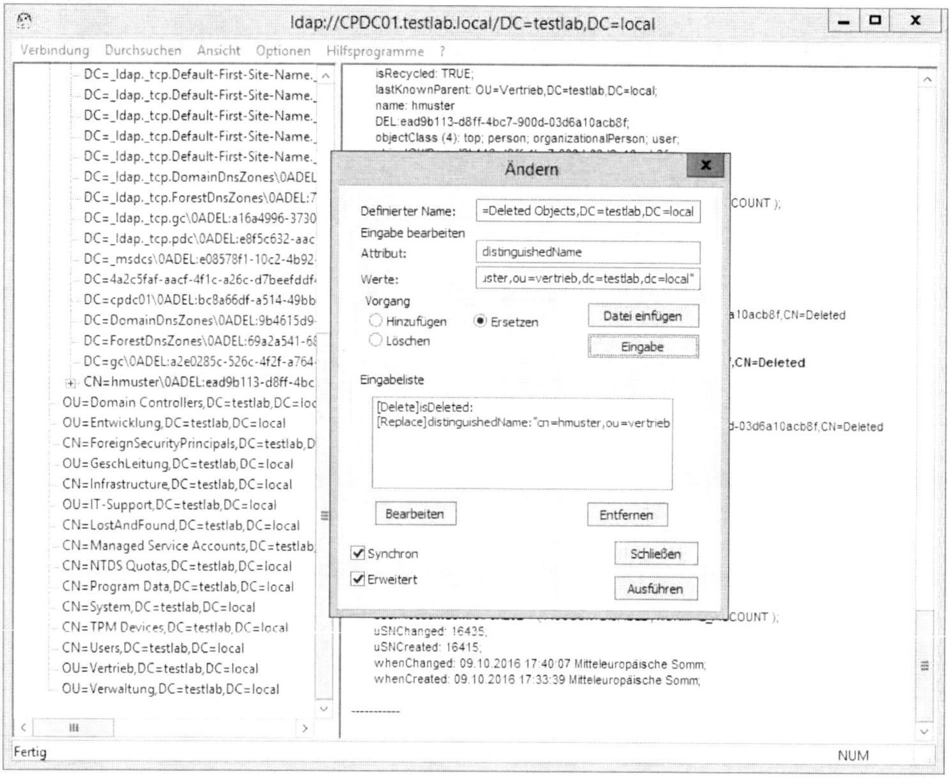

Abbildung 22.4: *Reanimieren eines gelöschten Objektes mit LDP.exe*

15. Aktivieren Sie am unteren Rand des Dialogfensters die Option *Erweitert*, und klicken Sie zum Reanimieren des Objekts auf die Schaltfläche **Ausführen**.
16. Klicken Sie auf **Schließen** und schließen Sie dann das Programm ***Ldp.exe***.

Das soeben reanimierte Benutzerobjekt wird in der Konsole *Active Directory-Benutzer und -Computer* wieder angezeigt. Das Objekt ist jedoch *deaktiviert*. Zum Aktivieren des Benutzerobjekts muss diesem vorweg ein neues Kennwort zugewiesen werden. Anschließend müssen alle noch beim Löschvorgang entfernten Attribute, sowie auch die ursprüngliche Gruppenzugehörigkeit des Benutzerobjekts wieder hergestellt werden.

Verwenden von AdRestore.exe zum Reanimieren von Tombstone-Objekten

Gehen Sie wie folgt vor, um gelöschte Active Directory-Objekte als Tombstone-Objekte mithilfe von **`AdRestore.exe`** unter Windows Server 2012 R2 wieder herzustellen:

1. Melden Sie sich an einem der Domänencontroller als Administrator an.
2. Laden Sie das Kommandozeilentool **`AdRestore.exe`** aus dem Internet.

3. Starten Sie die *Eingabeaufforderung*, geben Sie **`adrestore`** ein, und drücken Sie die **Eingabetaste**.
4. Klicken Sie, falls das Dialogfenster *A License Agreement* angezeigt wird, auf die Schaltfläche **Agree**.
5. Die in der Domäne vorhandenen, gelöschten Objekte werden aufgezeigt.
6. Geben Sie **`adrestore -r`** *`<Teil des Objektnames des wiederherzustellenden Objekts>`* ein, und drücken Sie die **Eingabetaste**.
7. Geben Sie **`y`** ein, um das betreffende Objekt wieder herzustellen, und drücken Sie die **Eingabetaste**.

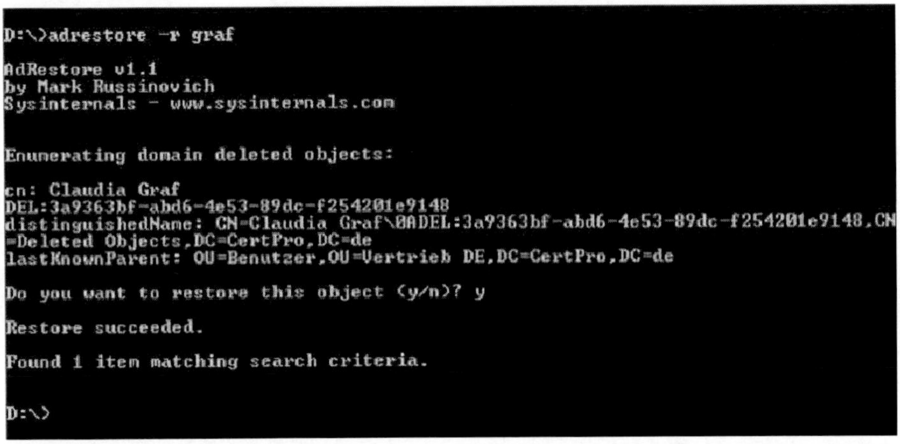

Abbildung 22.5: *Reanimierung eines gelöschten Benutzerobjekts mithilfe des Kommandozeilenbefehls AdRestore.exe*

Wenn mehrere gelöschte Objekte dem während der Ausführung des Befehls angegebenen Namen(steil) entsprechen, werden Sie mitunter mehrfach danach gefragt, ob Sie das dabei angezeigt Objekt wieder herstellen möchten.

22.6 Active Directory-Papierkorb - jetzt grafisch

Wie es sich vom Namen ableiten lässt, verbirgt sich hinter dem Active Directory-Papierkorb die Möglichkeit, Objekte zu löschen. Zugegeben, die Möglichkeit bestand vorher auch bereits, jedoch dient dieser neue Papierkorb dazu, die mitunter „versehentlich" gelöschten Active Directory-Objekte womöglich „unbeschadet" vollständig und ohne großen Aufwand schnell wieder herzustellen – und das ohne den Einsatz einer Datensicherung und ähnlichem. Eingeführt wurde dieses Feature bereits unter Windows Server 2008 R2, jedoch zur damaligen Zeit lediglich auf Ebene von Windows PowerShell-Cmdlets. Eine grafische Oberfläche fehlte zur damaligen Zeit noch - und wurde zum ersten Mal in Windows Server 2012 integriert.

Doch die Sache hat einen (*klitzekleinen*) Haken: Voraussetzung für die Verwendbarkeit des Active Directory-Papierkorbs ist mindestens der *Gesamtstrukturfunktionsebenenmodus*

„Windows Server 2008 R2" der Active Directory-Gesamtstruktur. Dies bedeutet, dass sich alle Domänen innerhalb der Active Directory-Gesamtstruktur in der *Domänenfunktionsebene „Windows Server 2008 R2"* und damit ebenso auch alle Domänencontroller mindestens auf Ebene des Betriebssystems Windows Server 2008 R2, Windows Server 2012 oder Windows Server 2012 R2 befinden müssen. Erst dann kann man den Active Directory-Papierkorb u. a. im Active Directory-Verwaltungscenter (AD AC) oder alternativ mithilfe der Windows PowerShell aktivieren.

WICHTIG! Das Aktivieren des Active Directory-Papierkorbs in einer Active Directory-Gesamtstruktur kann zu einem späteren Zeitpunkt nicht mehr rückgängig gemacht werden.

22.6.1 Schritte zum Aktivieren des Active Directory-Papierkorbs

Gehen Sie wie folgt vor, um den Active Directory-Papierkorb im Active Directory-Verwaltungscenter (AD AC) auf einem Server unter Windows Server 2012 R2 zu aktivieren:

1. Melden Sie sich als *Administrator* am Domänencontroller an.
2. Öffnen Sie den *Server-Manager* (soweit dies nicht automatisch geschieht) über einen Klick in der *Taskleiste* auf das **Symbol für den Server-Manager** bzw. im *Startbildschirm* auf die entsprechende **Kachel**.
3. Klicken Sie oben im *Server-Manager* auf **Tools**, und dann auf Active Directory-**Verwaltungscenter**.
4. Klicken Sie im Active Directory-Verwaltungscenter mit der rechten Maustaste auf den *Domänennamen*, und wählen Sie im Kontextmenü die Option **Papierkorb aktivieren...**

Abbildung 22.6: *Aktivieren des Active Directory-Papierkorbs im Active Directory-Verwaltungscenter von Windows Server 2012 R2*

5. Bestätigen Sie die Meldung, dass der Papierkorb nach der Aktivierung nicht mehr deaktiviert werden kann, durch einen Klick auf **OK**.
6. Bestätigen Sie den Dialog zur notwendigen Aktualisierung des Active Directory-Verwaltungscenters mit einem Klick auf **OK**.

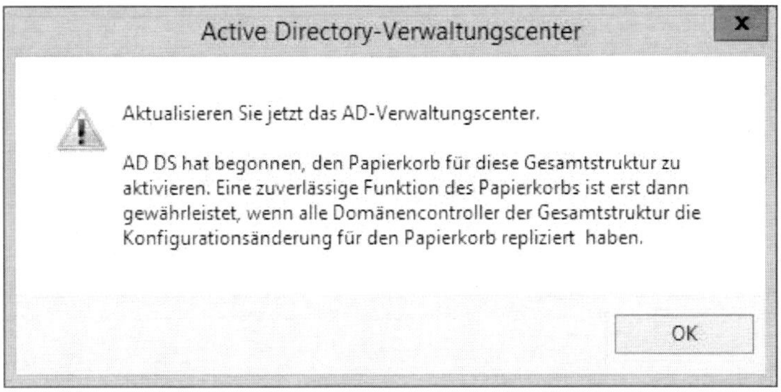

Abbildung 22.7: *Hinweis auf die Notwendigkeit der Aktualisierung des Active Directory-Verwaltungscenters während der Aktivierung des Active Directory-Papierkorbs*

HINWEIS: Nach der Aktivierung des Active Directory-Papierkorbs muss, wie dies in der vorangegangenen Meldung auch aufgezeigt wurde, die Replikation in der Active Directory-Gesamtstruktur zwischen den einzelnen, darin vorhandenen Domänencontrollern durchgeführt werden. Erst im Anschluss ist sichergestellt, dass man (versehentlich) gelöschte Active Directory-Objekt zuverlässig wieder herstellen kann.

Aktivierung des Active Directory-Papierkorbs mittels Windows PowerShell

Alternativ zur Aktivierung des Active Directory-Papierkorbs im Active Directory-Verwaltungscenter kann dies ebenso auch in der Windows PowerShell unter Windows Server 2012 R2 erfolgen. Verwenden Sie dazu den folgenden Befehl:

```
Enable-ADOptionalFeature -Identity 'CN=Recycle Bin Feature,
CN=Optional Features,CN=Directory Service,CN=Windows NT,
CN=Services,CN=Configuration,DC=CertPro,DC=local' -Scope
ForestOrConfigurationSet -Target 'certpro.local'
```

HINWEIS: In dem aufgeführten Beispiel wird der Active Directory-Papierkorb für die Domäne *CertPro.local* als optionales Features aktiviert. Um diesen Befehl anwenden zu können, muss zuvor das Active Directory-Modul für Windows PowerShell geladen werden.

22.6.2 Anzeigen und Wiederherstellen gelöschter Active Directory-Objekte

Die gelöschten Objekte in den Active Directory-Domänendiensten (AD DS) unter Windows Server 2012 R2 werden nach der Aktivierung des Active Directory-Papierkorbs im Active Directory-Verwaltungscenter unterhalb der jeweiligen Domäne im Container *Deleted Objects* angezeigt.

Die gelöschten Active Directory-Objekte lassen sich i.d.R. problemlos mittels eines Klicks mit der rechten Maustaste, und der Auswahl der entsprechenden Option *Wiederherstellen...* bzw. *Wiederherstellen in...* aus dem Papierkorb (sprich: dem Container *„Deleted Objects"*) zurückholen. Die Option *Wiederherstellen in...* ermöglicht es alternativ, das zuvor gelöschte Active Directory-Objekt bei Bedarf in einem anderen als dem ursprünglichen Container in der Active Directory-Datenbank wieder herzustellen.

Anzeigen und Wiederherstellen mittels Windows PowerShell

Alternativ zum grafischen Active Directory-Papierkorb kann man gelöschte Objekte auch mithilfe der Windows PowerShell anzeigen oder auch gleich wiederherstellen lassen. Verwenden Sie zum Anzeigen eines gelöschten Objekts einfach den folgenden Befehl:

```
Get-ADObject -Filter {displayName -eq „Carlo Westbrook"}
-IncludeDeletedObjects
```

Um ein gelöschtes Objekt wieder herzustellen, kann man einfach den folgenden Befehl verwenden:

```
Get-ADObject -Filter {displayName -eq „Carlo Westbrook"}
-IncludeDeletedObjects | Restore-ADObject
```

HINWEIS: Beim Wiederherstellen von Active Directory-Objekten aus dem Active Directory-Papierkorb werden auch alle zuvor zugewiesenen Attribute gleichsam ebenso wieder hergestellt.

22.7 Installation der AD-Domänendienste (AD DS) von einer Sicherung

Die mithilfe von Ntdsutil.exe erstellten Installationsmedien können bei Bedarf genutzt werden, um beispielsweise einen Domänencontroller (vielleicht sogar als Ersatzserver) an einem Remotestandort einzurichten. Durch den Einsatz eines Installationsmediums wird der Replikationsverkehr über mögliche Fernverbindungen reduziert.

22.7.1 Verschiedene Installationsmedien

Mithilfe von Ntdsutil.exe können insgesamt vier verschiedene Installationsmedien erstellt werden, die in der folgenden Tabelle aufgeführt sind.

Installationsmedium	Befehlsparameter	Beschreibung
Vollständiger (schreibbarer) Domänencontroller ohne SYSVOL	Create Full %s	Erstellt im Ordner „%s" ein Installationsmedium für einen vollwertig schreibbaren Domänencontroller (ohne SYSVOL-Daten)
Schreibgeschützter Domänencontroller ohne SYSVOL	Create RODC %s	Erstellt im Ordner „%s" ein Installationsmedium für einen RODC (ohne SYSVOL-Daten).
Vollständiger (schreibbarer) Domänencontroller	Create Sysvol Full %s	Erstellt im Ordner „%s" ein Installationsmedium für einen vollwertig schreibbaren Domänencontroller (inkl. SYSVOL-Daten)
Schreibgeschützter Domänencontroller	Create Sysvol RODC %s	Erstellt im Ordner „%s" ein Installationsmedium für einen RODC (inkl. SYSVOL-Daten).

Tabelle 22.2: *Typen von erstellbaren Installationsmedien für Domänencontroller unter Windows Server 2012 R2*

Um ein Installationsmedium eines vollwertig schreibbaren Domänencontrollers erstellen zu können, müssen Sie das Installationsmedium auf einem solchen Server erstellen. Wenn Sie hingegen ein Installationsmedium für einen schreibgeschützten Domänencontroller einrichten möchten, so müssen Sie dies wiederum auf einem solchen Server erstellen. Bei dem auf einem RODC erstellten Installationsmedium werden alle auf dem betreffenden Server vorhandenen, geheimen Daten (beispielsweise Kennwörter, digitale Zertifikate, usw.) entfernt.

Um ein Installationsmedium auf einem schreibbaren Domänencontroller erstellen zu können, muss man als Mitglied zur Sicherheitsgruppe der Organisations-Admins, Domänen-Admins, der Server-Operatoren oder Gruppe Vordefiniert\Administratoren angehören. Auf einem schreibgeschützten Domänencontroller (RODC) hingegen kann der jeweils delegierte Benutzer Installationsmedien - jedoch ausschließlich für RODCs - erstellen.

22.7.2 Erstellen eines Installationsmediums

Gehen Sie wie folgt vor, um ein Installationsmedium für die Einrichtung eines vollwertig beschreibbaren Domänencontrollers mithilfe des Befehlszeilenprogramms *Ntdsutil.exe* unter Windows Server 2012 R2 zu erstellen:

1. Wechseln Sie als Administrator in die *Eingabeaufforderung*.
2. Geben Sie den Befehl `ntdsutil` ein, und drücken Sie die **Eingabetaste**.
3. Geben Sie an der Eingabeaufforderung von **ntdsutil** den folgenden Befehl ein, und drücken Sie dann die **Eingabetaste**:

   ```
   activate instance ntds
   ```

4. Geben Sie an der Eingabeaufforderung dann den folgenden Befehl ein, und drücken Sie dann die **Eingabetaste**:

   ```
   ifm
   ```

5. Geben Sie in der *Eingabeaufforderung* **ifm:** den folgenden Befehl ein, um ein neues Installationsmedium inklusive SYSVOL-Verzeichnis in einem Ordner in Laufwerk D: zu erstellen:

   ```
   Create Sysvol Full D:\InstMediaSysvolFullDC
   ```

   Erklärung zur Befehlssyntax:

   - `Create Sysvol Full` erstellt ein neues Installationsmedium eines schreibbaren Domänencontrollers inklusive aller im SYSVOL-Verzeichnis vorhandenen Daten. Verwenden Sie zur Einrichtung von schreibgeschützten Domänencontrollern (RODCs) die entsprechenden Befehlsparameter, wie in der oberen Tabelle beschrieben.

   - `D:\InstMediaSysvolFullDC` steht als Pfadangabe für den Zielpfad, in dem das Installationsmedium erstellt werden soll. Als Ziel kann hierbei auch eine Netzwerkfreigabe verwendet werden.

Nach dem Erstellen des Installationsmediums kann dieses zur Einrichtung eines neuen Domänencontrollers verwendet werden.

22.7.3 Einrichten eines neuen Domänencontrollers mithilfe eines Installationsmediums

Nachdem ein Installationsmedium erstellt wurde, kann dieses für die Einrichtung der Active Directory-Domänendienste (AD DS) auf einem Server unter Windows Server 2012 R2 verwendet werden.

PRAXISTIPP! Die mithilfe des Befehls *Ntdsutil.exe* erstellten Installationsmedien können nur unter Windows Server 2012 R2 zur Einrichtung der Active Directory-Domänendienste (AD DS) verwendet werden. Unter Windows Server 2003 war es zwar auch bereits möglich, Domänencontroller anhand einer vorhandenen *Sicherung der Systemstatusdaten* eines Domänencontrollers mithilfe des Befehls *dcpromo /adv* einzurichten, jedoch können die Installationsmedien unter Windows Server 2003 nicht verwendet werden.

Die hierzu notwendigen Konfigurationsschritte für die Installation der Active Directory-Domänendienste mithilfe eines Mediums (*Install from Media, IFM*) finden sich im Kapitel 9 dieses Fachbuchs.

22.8 Zusammenfassung

In diesem Modul wurden Ihnen die notwendigen Details für die Sicherung und auch die Wiederherstellung der Active Directory-Domänendienste (*Active Directory Domain Services, AD DS*) unter Windows Server 2012 R2 erklärt.

Neben der Einführung in das Sicherungsprogramm *Windows Server-Sicherung* und dem Kommandozeilenprogramm *Wbadmin.exe* wurden auch die möglichen Sicherungsmethoden und auch Wege für die Wiederherstellung dargestellt. Es sei unbedingt nochmals erwähnt, dass auch die Windows PowerShell die für die Sicherung notwendigen PowerShell-CmdLets enthält. In der Praxis ist es notwendig, sich für ein auf die jeweilige Umgebung abgestimmtes Konzept zu entscheiden, um einen reibungslosen Wiederherstellungsprozess nach einem möglichen Ausfall von Domänencontrollern durchführen zu können.

Im nächsten Abschnitt werden Ihnen die weiteren Dienste unter dem Dach des Active Directory vorgestellt.

23 Weitere Active Directory-Dienste

Im bisherigen Verlauf dieses Buches haben Sie umfangreiche Informationen zu den Active Directory-Domänendiensten (engl. *Active Directory Domain Services, AD DS*) unter Windows Server 2012 R2 erfahren. In den nun folgenden Seiten erhalten Sie einen Überblick über die zusätzlichen, bereits seit Windows Server 2008 unter dem gemeinsamen Begriff des Active Directory zusammengefassten Dienste. Zu diesen Diensten zählen:

- **Active Directory-Domänendienste**
  (engl. Active Directory Domain Services, AD DS)
- **Active Directory Lightweight Directory Services**
  (AD LDS)
- **Active Directory-Zertifikatdienste**
  (engl. Active Directory Certificate Services, AD CS)
- **Active Directory-Rechteverwaltungsdienste**
  (engl. Active Directory Rights Management Services, AD RMS)
- **Active Directory-Verbunddienste**
  (engl. Active Directory Federation Services, AD FS)

Bereits bei der Installation der Dienste über den grafischen Server-Manager unter Windows Server 2012 R2 fällt die Gemeinsamkeit der Dienste auf. Die bereits unter Windows Server 2008 erstmalig fest dem Active Directory zugeordneten Dienste sind in ihren Möglichkeiten teils sehr komplex, sodass aufgrund der Fülle an notwendigen Informationen darüber auf den folgenden Seiten nur der Übersicht halber auf die Dienste eingegangen werden kann.

23.1 Die Dienste im Überblick

Die dem Active Directory erstmalig unter Windows Server 2008 begrifflich zugewiesenen Dienste werden klar der Identitäts- und Zugriffsverwaltung moderner Netzwerke zugeordnet. Einige von ihnen kombinieren sich für bestimmte Unternehmenslösungen, sodass die „Verschmelzung" unter dem Dach des Active Directory auch planungstechnisch vollkommen nachvollziehbar ist.

23.2.1 Active Directory Lightweight Directory Services (AD LDS)

Die Active Directory Lightweight Directory Services (kurz: AD LDS) waren bereits parallel zu Windows Server 2003, jedoch zur damaligen Zeit noch unter einem anderen Namen, einzeln von der Website von Microsoft herunterladbar und installierbar. Sie hießen ursprünglich Active Directory/Application Mode (kurz: *AD/AM*) und stellten bereits damals eine „leichtgewichtige" (abgespeckte) Version des Microsoft Active Directory dar, das man als einfache LDAP-konforme Datenbank (ohne Domänenzwang) bei Bedarf problemlos auch bereits unter Windows XP installieren konnte. Sie wurden deshalb in der Praxis oft auch als das „Microsoft openLDAP" bezeichnet.

Entwickelt wurden die AD LDS zur Unterstützung von LDAP-konformen, verzeichnisaktivierten Anwendungen. Eine AD LDS-Implementierung kann beispielsweise problemlos als Adress- oder Telefondatenbank oder gar als vollständige Unternehmensdatenbank für bestimmte Branchenanwendungen (LoB-Anwendungen) eingesetzt werden. AD LDS ist dabei so flexibel gehalten, sodass man problemlos mehrere verschiedene Instanzen parallel auch auf einem einzigen Rechner ausführen und für Anwendungen bereitstellen kann. Der Zwang eines Domänenkonzepts sowie der Einsatz von Domänencontrollern entfallen hierbei völlig.

Die Kommunikation mit den AD LDS findet über das Lightweight Directory Access Protocol (kurz: *LDAP*) statt.

Prinzipiell ist der Aufbau der AD LDS vergleichbar mit dem der Active Directory-Domänendienste (*Active Directory Domain Services, AD DS*), jedoch ohne die für Letztere notwendigen Domänenfunktionalitäten.

INTERNET: Weitere Informationen zu den Active Directory Lightweight Directory Services (AD LDS) erhalten Sie unter Hilfe und Support von Windows Server 2012 R2 sowie in *Microsoft TechNet* im Internet unter:

https://technet.microsoft.com/de-de/library/hh831593.aspx

23.2.2 Active Directory-Zertifikatdienste (AD CS)

Als nächsten der Dienste möchte ich Ihnen die Active Directory-Zertifikatdienste (engl. *Active Directory Certificate Services, AD CS*) vorstellen. Diese stellen die Implementierung einer PKI-Lösung von Microsoft dar. Eine PKI umfasst Komponenten und Prozesse für das Ausstellen und die Verwaltung digitaler Zertifikate, mitunter für die E-Mail-Verschlüsselung und -signatur, die SSL-Verschlüsselung, Authentifizierung mit SmartCards, EFS-Verschlüsselung usw.

Ein Server, der die Zertifikatdienste führt, wird als *Zertifizierungsstelle* (engl. *Certificate Authority, CA*) bezeichnet. Zu den weiteren Komponenten einer PKI-Lösung zählt man u. a. Zertifikatsperrlisten sowie die notwendigen Verwaltungstools.

Die Implementierung der Zertifikatdienste unter Windows Server 2012 R2 lässt sich ebenso einfach wie auch die AD LDS mithilfe des grafischen Server-Managers oder mithilfe alternativ, z. B. zur Installation der AD CS auf einem Server mit einer Server Core-Installation, mittels Windows PowerShell durchführen.

Bei der Installation der Zertifikatdienste unter Windows Server 2012 R2 muss man entscheiden, ob man diese als *unternehmensbasierte* (engl. *enterprise*) oder als *eigenständige* (engl. *stand alone*) *Zertifizierungsstelle* (engl. *Certificate Authority, CA*) einrichten möchte. Die unternehmensbasierte Implementierung bezieht sich hierbei auf die Implementierung in die Active Directory-Domänendienste (AD DS). Hierbei können die auszustellenden Zertifikate anhand von Gruppenrichtlinien bei Bedarf automatisch auf die betreffenden Computer und Benutzer ausgerollt werden. Genauso einfach können die Zertifikate der Stamm- und untergeordneten Zertifizierungsstelle an die betreffenden Computer und Benutzer im Unternehmensnetzwerk in den Speicher der vertrauenswürdigen Zertifizierungsstellen verteilt werden. Dies vereinfacht die Zertifikatverwaltung insgesamt ungemein.

Die Implementierung einer eigenständigen Zertifizierungsstelle wird in erster Linie in Erwägung gezogen, wenn man digitale Zertifikate für Nicht-Unternehmensangehörige (beispielsweise Kunden) ausstellen muss.

Die erste Zertifizierungsstelle richtet man in der Regel als (unternehmensbasierte oder eigenständige) Stammzertifizierungsstelle ein. Alternativ kann man im Bedarfsfall seine eigene Zertifizierungsstelle als untergeordnete Zertifizierungsstelle einer kommerziellen Stammzertifizierungsstelle (bspw. von VeriSign, GlobalTrust, TCTrustCenter, Telekom-CA etc.) einrichten. Diesen Schritt wird man in Erwägung ziehen, wenn man die selbst ausgestellten Zertifikate auch außerhalb des Unternehmens gegenüber Dritten als vertrauenswürdig vorlegen möchte, bspw. für E-Mail-Signatur und -Verschlüsselung gegenüber Kunden, Partnern, Behörden etc.

INTERNET: Nähere Informationen zu den einzelnen Funktionen der AD CS finden Sie unter Hilfe und Support in Windows Server 2012 R2 sowie in *Microsoft TechNet* im Internet unter:

https://technet.microsoft.com/de-de/library/hh831740.aspx

23.2.3 Active Directory-Rechteverwaltungsdienste (AD RMS)

Ebenso nicht neu, und auch bereits unter Windows Server 2008 zum ersten Mal direkt integriert findet man die Active Directory-Rechteverwaltungsdienste (engl. *Active Directory Rights Management Services, AD RMS*) unter Windows Server 2012 R2. Diese Dienste dienen, wie es der Name bereits andeutet, zur Rechte- und Zugriffsverwaltung. Unternehmen können diese Dienste unter Windows Server 2012 R2 einsetzen, um die Sicherheit digital gespeicherter Daten zu erhöhen. Im Bedarfsfall kann man bestimmte Daten so weit schützen, dass ein

Anzeigen der Informationen (beispielsweise der Inhalt eines Word-Dokuments oder einer Excel-Arbeitsmappe) einem Mitarbeiter erlaubt, das Versenden per E-Mail oder das Ausdrucken auf einem physikalischen Drucker nicht erlaubt ist. In der Behandlung von vertraulichen E-Mail-Inhalten kann man diese als Autor der E-Mail wiederum vom Weiterversand ausschließen und die betreffende E-Mail bei Bedarf sogar zeitlich ablaufen lassen.

Rechtevergabe auf digitale Inhalte

Zu den konfigurierbaren Rechten für den Zugriff auf digitale Inhalte zählen im Rahmen der Active Directory-Rechteverwaltungsdienste (AD RMS) unter anderem das Leserecht, Kopieren und Einfügen, Drucken, Speichern, Weiterleiten und Ändern. Damit das alles funktioniert, werden den definierten Benutzern Lizenzen in digitaler Form (digitalen Zertifikaten) zugewiesen.

INTERNET: Weitere Informationen zu den Active Directory-Rechteverwaltungsdiensten (*Active Directory Rights Management Services, AD RMS*) erhalten Sie in Hilfe und Support unter Windows Server 2012 R2 sowie im Internet unter:

https://technet.microsoft.com/de-de/library/hh831364(v=ws.11).aspx

23.2.4 Active Directory-Verbunddienste (AD FS)

Als letzten der Dienste des Active Directory unter Windows Server 2012 R2 existieren die *Active Directory-Verbunddienste* (engl. *Active Directory Federation Services, AD FS*). Diese Dienste können in Unternehmen zur Implementierung der Identitäts- und Zugriffsverwaltung von außen, beispielsweise von Partnerfirmen auf die internen Ressourcen, verwendet werden. Hierbei kann das Vertrauen gegenüber Personen außerhalb des Unternehmensnetzwerks (in Windows- oder auch Nicht-Windows-Umgebungen) ausgesprochen werden, ohne dafür eine Vertrauensstellung zwischen verschiedenen Unternehmensnetzwerken einrichten zu müssen.

Die Anbindung von internen Active Directory-Domänen an die Microsoft Cloud-Dienste im Internet sowie auch die damit mögliche Synchronisierung von Anmeldekonten zwischen beiden Welten lässt sich durch den Einsatz von AD FS in Verbindung mit einem Webanwendungsproxy (engl. *Web Application Proxy, WAP*) sicher gestalten. Dies ermöglicht unter anderem die Verwendung z. B. von Office365, den sicheren Zugriff auf Unternehmensdaten von Home-Office-Mitarbeitern, oder auch die Anbindung von mobilen Geräten, wie Smart-Phones und Tablet-PCs an vorhandene, interne Active Directory-Infrastrukturen.

Unterstützte Szenarien der AD FS

Die AD FS verfolgen hierbei verschiedene Implementierungsszenarien:

- **Business-to-Business (B2B)**
- **Business-to-Employee (B2E)**
- **Business-to-Consumer (B2C)**

In allen Szenarien dienen die AD FS zur Realisierung der einzigartigen Anmeldung (engl. *Single Sign-On, SSO*) für die einzelnen Anwender über das Internet oder auch aus dem internen Netzwerk.

INTERNET: Ausführliche Informationen über die Implementierung der *Active Directory-Verbunddienste* (engl. *Active Directory Federation Services, AD FS*) finden Sie in Hilfe und Support unter Windows Server 2012 R2 oder im Internet auf der Website von Microsoft unter:

https://technet.microsoft.com/de-de/library/hh831502(v=ws.11).aspx

23.3 Zusammenfassung

In diesem Kapitel erhielten Sie einen kleinen Überblick über die weiteren Active Directory-Dienste unter Windows Server 2012 R2. Prinzipiell waren alle diese Dienste bereits schon vor Windows Server 2008 erhältlich bzw. teilweise sogar schon in Windows Server 2003 implementiert. Durch die „Verzahnung" der einzelnen Dienste hat Microsoft mit der Zusammenfassung der Dienste unter dem Dach des Active Directory sicher genau den richtigen Weg beschritten.

Insgesamt stellen sich die einzelnen, in den vorangegangenen Seiten dieses Kapitels nur kurz vorgestellten Dienste – je nach geforderter Unternehmenslösung – in der Praxis meist als sehr komplex dar. Es ist demnach notwendig, sich vor der Implementierung der teils doch sehr komplexen Technologien weitergehend über diese Dienste mitsamt derer Möglichkeiten und Anforderungen zu informieren.

Stichwortverzeichnis

B

C

D

E

F

G

H

I

K

L

M

N

O

T

U

V

W

X

Z